हिन्दी कहानी वाया आलोचना

हिन्दी कहानी वाया आलोचना

[बीसवीं सदी की प्रतिनिधि कहानियों का मूल्यांकन]

सम्पादक

नीरज खरे

लोकभारती प्रकाशन

लोकभारती प्रकाशन
पहली मंजिल, दरबारी बिल्डिंग, महात्मा गांधी मार्ग
प्रयागराज-211 001

वेबसाइट : www.lokbhartiprakashan.com
ईमेल : info@lokbhartiprakashan.com

शाखाएँ : 1-बी, नेताजी सुभाष मार्ग, दरियागंज
नई दिल्ली-110 002
अशोक राजपथ, साइंस कॉलेज के सामने
पटना-800 006
36 ए, शेक्सपियर सरणी, कोलकाता-700 017

पहला संस्करण : 2022

मूल्य : ₹1495

बी.के. ऑफसेट
नवीन शाहदरा, दिल्ली-110 032
द्वारा मुद्रित

HINDI KAHANI VIA AALOCHANA
Edited by Neeraj Khare

ISBN : 978-93-93603-05-0

क्रम

दूसरा खंड

कहानी : नई होने की डगर

तीसरा खंड

कहानी : साठोत्तरी और उत्तर सदी

परिशिष्ट

भूमिका

हिन्दी कहानी की बीसवीं सदी

साहित्य के विभिन्न रूपों में कहानी अपने विधागत गुणों के चलते ज़्यादा लोकप्रिय रही है। कविता की लम्बी परम्परा के परिप्रेक्ष्य में कहानी ने विविधता, कलात्मकता और विस्तार को अपेक्षाकृत कम उतार-चढ़ाव में ही अर्जित कर लिया। कविता को साहित्य की 'मूल' विधा माना जाता है, पर 'कथा' उसकी समानान्तर और सहवर्ती आदि समय से ही रही है। प्राचीन महाकाव्य : कविता और कथा के समन्वय से ही रचे गए थे। इस मायने कहानी आदि विधा है। कहानी वैसे भी सार्वकालिक है—कब और कहाँ जन्मी इसका ठीक-ठीक किसे पता! उसकी एक विरासत हर देश और जाति में मिलेगी। भारत जैसे महादेश में इसकी अत्यन्त समृद्ध विरासत पर भला किसे सन्देह होगा! आधुनिक गद्य विधाओं में हिन्दी कहानी का रिश्ता भारतीय प्राचीन साहित्य में कथा के विविध रूपों, लोक कथा और आख्यानों की वाचिक परम्परा और विरासत से गहरे सूत्रबद्ध है। इसी परम्परा और विरासत को जब पश्चिमी कहानी के रूप-विन्यास और कला का प्रभाव मिला तो कहानी आधुनिक विधा के रूप में प्रस्फुटिक हुई। जल्दी ही कहानी तर्कातीत, अतिप्राकृत, अतिरंजित और उपदेश-शिक्षा की आस्थाओं के युग से निकलकर तर्कसंगत विचारों और सृजन विवेक के आलोक में गतिशील होने लगी। अन्य गद्य विधाओं की तरह, कहानी नवजागरणकालीन चेतना को ही आत्मसात् करके उपजी विधा है। बीसवीं सदी की अपनी रचना यात्रा में कहानी ने महत्त्वपूर्ण मुकाम हासिल किए।

डगमगाते क़दमों की आहटें

हिन्दी की पहली मौलिक कहानी के रूप में एक नहीं, कई नाम आते हैं। उनके बारे में मतभिन्नता के चलते उनकी मौलिकता के दावों और आधुनिक कहानी के पहले ही उत्थान में कहानियों की संख्या को देखते हुए—इतना मान लेना चाहिए कि उन्नीसवीं सदी के उत्तरकाल से ही कहानी के आविर्भाव की आहटें मिल रही थीं और बीसवीं सदी के आरम्भिक वर्षों के साथ उनके डगमगाते क़दम लगातार आगे बढ़ रहे थे। वैसे भी हिन्दी की पहली कहानी के न सुलझनेवाले विवाद और बहस इसी काल खंड में लिखी कहानियों को लेकर चलती रही हैं। इस काल खंड के सीमांकन को कुछ ढीला करते हुए—उन्नीसवीं सदी के बिलकुल उत्तरार्द्ध से बीसवीं सदी के पहले दशक की समाप्ति तक माना जा सकता है। हिन्दी की पहली कहानी के सम्बन्ध में विद्वानों-आलोचकों के अपने-अपने मत हैं। उनके उल्लेख, स्वीकार-अस्वीकार या औचित्य पर चर्चा से

बेहतर यह मानना चाहिए कि हिन्दी कहानी अपने उद्भवकाल में 'आधुनिक कहानी' बनने की ओर अग्रसर हो रही थी। एक नज़र कुछ आरम्भिक कहानियों के नामों पर डालें, जिन्हें लेकर पहली कहानी की दावेदारियाँ प्रस्तावित रही हैं—एक ज़मींदार का दृष्टान्त (रेवरेंड जे. न्यूटन, 1871), प्रणयिनी परिणय (किशोरीलाल गोस्वामी, 1887), सुभाषित रत्न (माधवराव सप्रे, 1900), इन्दुमती (किशोरीलाल गोस्वामी, 1900), मन की चंचलता (माधवराव सप्रे, 1900), एक टोकरी भर मिट्टी (माधवराव सप्रे, 1900), ग्यारह वर्ष का समय (रामचन्द्र शुक्ल, 1903), 'पंडित और पंडितानी' (गिरजादत्त वाजपेयी, 1903) दुलाईवाली (बंगमहिला राजेन्द्रबाला घोष, 1907) और राखीबन्द भाई (वृन्दावनलाल वर्मा, 1907)। बेहतर होता कि दावेदार का हल इनमें ही निकल जाता, पर इनके बाद की कहानियाँ भी पहली होने के लिए जेरे बहस रहीं—ग्राम (जयशंकर प्रसाद, 1911), सुखमय जीवन (चन्द्रधर शर्मा 'गुलेरी', 1911), रक्षाबन्धन (विश्वम्भरनाथ शर्मा 'कौशिक', 1913) और कानों में कंगना (राधिकारमण प्रसाद सिंह, 1913)। यही नहीं कभी-कभार उसने कहा था (चन्द्रधर शर्मा 'गुलेरी', 1915) और पंच परमेश्वर (प्रेमचन्द, 1916) कहानियों के नाम चर्चा में आते रहे हैं—जब कहानी विधा के पैर जमने लगे थे और मानना चाहिए कि कहानी दूसरे परिपक्व पड़ाव पर आ चुकी थी।

आश्चर्य कि इतनी आरम्भिक कहानियों की चर्चाओं के बावजूद पहली का नाम अब तक अनिर्णीत है। इसके निर्णय के निर्धारण से बेहतर पहले पड़ाव पर कुछ डगमगाते ही सही, पर उन क़दमों की आवाज़ों और कहानी की पथ रेखा पर अंकित हो चले निशानों के रूप में पहचानना चाहिए—जिनमें भविष्य की उम्मीदें आने को विकल हो रही थीं। उन उम्मीदों को गुलेरी, प्रेमचन्द और प्रसाद के मुकम्मल प्रयासों से मुकाम मिला। उन उम्मीदों के फलीभूत होने के पहले कहानी के बनते समाज या छोटे से संसार का योगदान नज़रअन्दाज़ नहीं करना चाहिए। जिसमें कहानी की बागडोर किसी एक कहानीकार के पास न होने और विविध प्रवृत्तियों के बीजारोपण के मद्देनज़र इसे पूर्व प्रेमचन्द युग मानना उचित ही है; यह सम्बोधन सुविधाजनक और आग्रह निरपेक्ष है। पहली कहानी किसे निर्धारित करें? इससे बेहतर आज इस बात पर पुनर्विचार करना चाहिए कि आदर्श और यथार्थ के द्वंद्व में अपने युगीन प्रश्नों से साक्षात्कार करती कहानियों में आगामी कहानी की आधुनिक चेतना का बीजारोपण हो चुका था—इन्हें सिर्फ़ कौतूहल, मनोरंजन, नैतिक उपदेश ही में सीमित नहीं करना चाहिए। और, न ही कहानी के शास्त्रीय-सैद्धान्तिक अवधारणाओं के आधार पर समर्थन या मीन-मेख निकालकर कहानी माने जाने से दाख़िल-ख़ारिज करना। मसलन स्त्री की समाज में बेहतर स्थिति के साथ-साथ सामन्ती वर्चस्व और शोषण के ख़िलाफ़ संघर्ष को आगे जाकर विस्तार मिला और कहानी आधुनिक चेतना से लगातार सम्पन्न हुई। राष्ट्र मुक्ति के रोमांटिक और सामाजिक आदर्श के सपने लिए और उनकी सीमाओं को जान-समझकर यथार्थग्राही हुई। आशय यह कि अगर नवजागरण की अभिसंधि पर युगीन सवालों की चेतना और विचार कहानी के प्रमुख सरोकार बने, तो उनकी आधारशिला 'इन्दुमती', 'प्लेग की चुड़ैल', 'ग्यारह वर्ष का समय', 'पंडित और पंडितानी', 'दुलाईवाली',

'एक टोकरी भर मिट्टी' जैसी कहानियों ने रख दी थी। यह बात अलग है कि इनमें से बहुतेरी कहानियों में देशकाल के इन ज़रूरी सवालों की प्रतिध्वनियाँ, दैवीय संयोग और अतिरेकों के कतिपय कच्चे स्थापत्य में गूँज रही थीं।

कथा साहित्य की दूसरी विधा उपन्यास का आरम्भ उन्नीसवीं सदी के उत्तरार्द्ध में हो गया था, पर उसे मुकम्मल स्थिति पाने में कहानी को बनिस्बत वक़्त लगा। कुछ हद तक ही यह मानना चाहिए कि कहानी की विकास-प्रक्रिया के साथ उसके बनने में पश्चिमी 'शार्ट स्टोरी' के प्रभाव रहे। यह ज़्यादा महत्त्वपूर्ण है कि 'आख्यान' और 'कथा' की अत्यन्त समृद्ध विरासत और उर्वर भूमि पर ही हिन्दी कहानी पनपी और बढ़ी है। आज आरम्भिक कहानियाँ कुछेक अपवादों को छोड़कर कला की दृष्टि से अपरिपक्व लग सकती हैं। उनमें यथार्थवादी चेतना से लगभग रहित होने या फिर पीछे खड़ी परम्परा का आदर्शवादी पाठ है। कहानी ने जल्दी ही शैशवकालीनता से उबरकर गौरव यात्रा के अगले मुकाम हासिल किए।

गुलेरी, प्रेमचन्द और प्रसाद के साथ-साथ

चन्द्रधर शर्मा 'गुलेरी' (1883-1922) की 'उसने कहा था' (1915) ने कहानी को शैशवकालीन कलात्मक अपरिपक्वता से छुटकारा दिलाकर उसका गौरव स्थापित किया। प्रथम विश्वयुद्ध की पृष्ठभूमि में तदयुगीन महत्त्वपूर्ण घटनाओं के बीच पवित्र प्रेम, आत्म-त्याग और बलिदान के आदर्श और उदात्त रूप में उद्घाटन विलक्षण और बेजोड़ है। कथा-वस्तु के अनुरूप शिल्प-विधान और भाषा के प्रौढ़ प्रयोगों का संगठन द्विवेदीयुगीन नैतिक आग्रहों के बीच तब रचनात्मक साहस के रूप में देखा गया था। कहानी की विकास-यात्रा की साक्षी बनी 'सरस्वती' पत्रिका में इसका प्रथम प्रकाशन हुआ। भारतीय परम्परा में जीवन के उदात्त रूपों की मार्मिक व्यंजना, गुलेरी जी ने भावना और कलात्मकता के ऐसे सधे रूप में की है कि कई विद्वान हिन्दी कहानी के स्वतंत्र विकास का पहला प्रस्थान इसी कहानी से मानने के पक्ष में हैं। गुलेरी जी की प्रकाशित कहानियाँ तीन ही हैं, पर 'उसने कहा था' के जोड़ की फिर उन्होंने कोई कहानी नहीं लिखी। कहानी के आरम्भिक युग में गुलेरी जी को हिन्दी की कालजयी कहानी लिखने का श्रेय मिला। आज एक सौ पाँच सालों बाद भी इस कहानी की पठनीयता, उसकी कलात्मक और वस्तुगत महत्ता कम नहीं हुई है। कहानी के सम्पर्क में आनेवाली लगभग हर पीढ़ी की स्मृतियों में गुलेरी जी सिर्फ़ 'उसने कहा था' के कारण रहे हैं और बने भी रहेंगे। ऐसे उदाहरण विरल ही हैं कि किसी कहानीकार की ख्याति एक ही कहानी के कारण रही हो! कहानी के आरम्भिक काल में यह अद्भुत और चमत्कारी है, जिसने आगे भी कहानी को अपनी रचनात्मक चुनौती निभाने का मार्ग प्रशस्त किया।

कहानी को साहित्यिक प्रौढ़ता की ओर ले जानेवाले दो कथाकार—प्रेमचन्द (1880-1936) और जयशंकर प्रसाद (1889-1937) हैं। ये दोनों कथाकार दो भिन्न कथा-भाषा, चिन्तन और कथा-दृष्टि के प्रवर्तक माने जाते है। गुलेरी, प्रेमचन्द और प्रसाद समकालीन ही है, पर युगान्तकारी प्रवर्तन प्रेमचन्द ने ही किया। कहानी में प्रेमचन्द के समानान्तर प्रसाद का अवदान कम भले हो, पर वे अपने रचनात्मक रुझानों में

'कहानी' के लिए भी प्रयत्नशील रहे। प्रेमचन्द ने कहानी पर अतीत-जीविता, कल्पना और रोमांटिक आदर्श के झिलमिलाते आवरण को हटाकर उसकी 'राह' बदलने का ऐतिहासिक कार्य किया। कथा-वस्तु, भाषा और रचना-शिल्प के स्तर पर ये बदलाव प्रसाद से भिन्न धरातल पर हैं, इसलिए उन्हें सुविधा से जानने के लिए सामाजिक-यथार्थवादी और समाजोन्मुखी चेतना का प्रस्तोता मान लिया गया है। ज़ाहिर है तब जयशंकर प्रसाद को उनके कवि और नाटककार के अनुरूप ऐतिहासिक-सांस्कृतिक पृष्ठभूमि में मनुष्य के भाव-संवेदन से जुड़नेवाली परम्परा का प्रस्तोता माना गया। प्रेमचन्द और प्रसाद से आरम्भ होनेवाली दो तरह की कथा-परम्पराएँ 'स्थूल' विभाजन की तरह स्वीकार रही हैं। बोध और अध्ययन की सुविधा इससे आसान हो जाती है। क्या इस तरह की रूढ़ हो चुकी कथा परम्पराओं के अलगाव पर पुनर्विचार की ज़रूरत नहीं है? क्या ये परम्पराएँ इतनी अलग हैं कि एक-दूसरे को स्पर्श करने की सम्भावना भी नहीं है? तात्पर्य यह कि व्यक्ति के अन्तर्मन की कहानी कहते हुए प्रसाद कतिपय सामाजिक सन्दर्भ भी जोड़ते हैं और प्रेमचन्द बाह्य सामाजिक-यथार्थ पर व्यापक दृष्टि रखते व्यक्ति के अन्तःकरण में भी झाँकते हैं। ऐसा नहीं है कि एक का दूसरे में अभाव है—प्रश्न 'भाव' और 'यथार्थ' की प्राथमिकता और व्यापकता का है। दोनों के यहाँ रचना-दृष्टि की भिन्नता होते हुए भी, समानता आदर्श-भावना की है—जिसका सम्बन्ध कहीं-न-कहीं पराधीन भारत की 'मुक्ति' के सपने से जुड़ा है।

प्रेमचन्द की कथा संवेदना में पूरा सामाजिक परिवेश अपनी समकालीन चुनौतियों के साथ सम्बद्ध है। वे उन्हें मानवीय सरोकारों से जोड़ते हैं और उनके घटित प्रभावों की गहरी अन्तर्दृष्टि से आलोचना करते हैं। विशुद्ध रूप से गद्यकार होने और विचारों की सघनता के कारण, उनकी कहानी-कला में विचार का पुट ज़्यादा गहराया है। हालाँकि, उनकी शुरुआती कहानियों में सामाजिक यथार्थ होते हुए भी लेखकीय आग्रह अक्सर सुधारवादी-दृष्टि और आदर्श-निरूपण के रूप में आया। आलोचकों ने इसे उनकी कहानी-कला की कमज़ोरी बताया, जिसे उन्होंने कहानी-लेखन के उत्तरार्द्ध में दूर भी कर लिया था। उनकी रचना-दृष्टि और रचना-शिल्प का यह अपूर्व परिवर्तन 'शतरंज के खिलाड़ी' (1924), 'सद्गति' (1930), 'पूस की रात' (1930), 'ठाकुर का कुआँ' (1932), 'ईदगाह' (1933) और 'कफ़न' (1936) जैसी यथार्थवादी-कलात्मक कहानियों में परिलक्षित भी हुआ। इनमें 'शतरंज के खिलाड़ी' सर्वथा अलग धरातल पर रची गई है, पर शेष पाँच कहानियाँ प्रेमचन्द की गहन सामाजिक चिन्ताओं का एक वृत्त बनाती हैं—जिनमें वे भारतीय समाज की मूल चिन्ताओं से रू-ब-रू कराते हैं। वैसे तो प्रेमचन्द की अनेक कहानियाँ उनके व्यापक सरोकारों का संचयन हैं, पर इन पाँच कहानियों में उनकी चिन्ताएँ यथार्थवादी कला के स्पर्श से प्रभावी सम्भावनाओं के जैसे शिखर छूती हुई नज़र आती हैं। इनमें एक ओर धर्मसत्ता, ब्राह्मणवाद और सामन्तवाद की छाँव में फलते सवर्ण वर्चस्व के ख़िलाफ़ दलितों के अमानवीय शोषण और अत्याचार के विरुद्ध कथाकार का गहरा प्रश्नांकन है, तो दूसरी ओर मुफ़लिसी के जीवन संघर्ष में मानवीय संवेदना का दुर्लभ साक्षात्कार। वहीं पूँजीवादी सामाजिक व्यवस्था में किसान और श्रमिक वर्ग के मोहभंग की भयावहता बयान है, इस भयावहता की पराकाष्ठा

उस वर्ग से उनकी मनुष्यता को भी छीन लेती है। ज़ाहिर है ये सभी चिन्ताएँ देश की स्वाधीनता संग्राम के बीच भारतीय मुक्ति की ज़मीनी चिन्ताएँ हैं, जिनसे उबरे बिना राष्ट्र मुक्ति के सपने एकांगी हैं। और, इन पाँचों कहानियों में इनके सन्दर्भ यहाँ अलग-अलग सविस्तार व्याख्यायित करना ज़रूरी भी नहीं, वे स्पष्ट भी हैं—उनमें आदर्श, समाधान या वांछनीय शुम के चुनाव का कोई लेखकीय आग्रह नहीं है। इन कहानियों की संरचना पर ग़ौर करें—'ईदगाह' में भावमूलकता हृदयस्पर्शी दिखती है, पर अपने भीतर कठोर सचाई को समेटे है। कहानी में प्रेमचन्द का ऐतिहासिक महत्त्व सर्वाधिक इसलिए है कि वे जन-सरोकारों के साथ जन-भाषा को शिखर पर ले गए। यह अकारण नहीं कि उनके बाद सृजन वाली पीढ़ियाँ उन्हें मानक-प्रस्थान या प्रेरक मानती रही हैं। परवर्ती कहानी पर उनके व्यापक प्रभावों को शायद ही कोई अस्वीकार करे।

प्रसाद की कहानियों में आदर्श-भावना के रोमांटिक रुझान हैं। उनकी कहानियाँ प्राय: ऐतिहासिक पृष्ठभूमि में गौरवशाली सांस्कृतिक पक्ष की खोज हैं। वे प्रेमचन्द की आदर्शोन्मुखी यथार्थ-भूमि से भिन्न, रोमांटिक आदर्शवाद की स्थापना विशिष्ट चरित्रों के माध्यम से करते हैं। समर्पण और उत्सर्ग की भावना उनके चरित्रों की मूल विशेषता है अपने आन्तरिक मनोद्वंद्व में वे प्राय: त्याग, बलिदान, सेवा और सहानुभूति जैसे मानवीय मूल्यों के पक्ष में ही अपने जीवन की सार्थकता निरूपित करते हैं। प्रेम का एक उदात्त मानवीय स्वरूप अपने निजत्व की सीमा लाँघकर राष्ट्रीयता के विराट-मूल्यों की ओर उन्मुख है। यही उनकी कहानियों का मूल तर्क है। प्रसाद मूलत: स्वच्छन्दतावादी-छायावादी चेतना के कवि हैं, अत: इस चेतना का उदात्त स्वरूप उनकी कहानियों में प्रतिबिम्बित है। वस्तुत: वे ऐतिहासिक कथानक में कल्पना से जिन चरित्रों की कथा कहते हैं—वह अपने समय-संवेदनों में उनके होने की अप्रत्यक्ष सांकेतिक महत्ता है। उनके द्वारा स्वाधीनता आन्दोलन के समानान्तर राष्ट्रीय-चेतना की व्यापक-भूमि निर्मित करने का प्रयत्न करते हैं। कहानी में प्रसाद एक सजग कला-निष्ठा के प्रतिमान बनकर खड़े हैं—अपनी रचना वस्तु के अनुरूप ही उन्होंने भाषा और शिल्प का निर्माण भी किया। राष्ट्रीयता के उदात्त-मूल्यों का रेखांकन करने, वे आदर्श पात्रों को निर्मित करते हैं। उनकी कहानियाँ कतिपय नाटकीय विधान में चरित्रों की भूमिका उभारकर त्याग और बलिदान का युगीन मूल्य स्थापित करती हैं। उनकी बहुपठित कहानी 'पुरस्कार' (सम्भावित रचना काल 1928-30 तथा 1931 में प्रकाशित कहानी-संग्रह 'आँधी' में संकलित) की मूल ध्वनि यही है। इसकी मुख्य पात्र मधूलिका के चरित्र विकास में यह कोशिश उल्लेखनीय है। आकाशदीप की 'चम्पा' में भी यह कोशिश देखी जा सकती है। लेकिन प्रेमचन्द के यथार्थ और आदर्श की आहट प्रसाद भी सुन रहे थे। जिसकी फलश्रुति बहुत अधिक 'मधुआ' में हुई। प्रसाद को प्रेमचन्द के समानान्तर रखकर देखने की रूढ़ परम्परा कभी-कभी अपर्याप्त सिद्ध होती है—स्वतंत्र रूप से देखने पर उनकी कहानियों का मूल्य आँका जा सकता है। प्रसाद की विशिष्टता अपनी मौलिकता को लेकर है। उनकी कहानियों में दो परस्पर भावनाओं का द्वंद्व जिस संवेदना की सृष्टि करता है, वह उनकी कहानी की मूल-चेतना है और पात्रों की व्यक्तिगत निजता भी। कहानी को भव्यता के उदात्त भाव-संवेदन तक लाने का श्रेय तो प्रसाद को ही है।

हिन्दी कहानी में दो दशकों (1916-1936) का कालखंड प्रेमचन्द युग के नाम से ख्यात है। प्रेमचन्द इस युग के ही नहीं हिन्दी कहानी के ऐसे उन्नायक हैं जिनसे आगे की कथा पीढ़ियाँ प्रेरणा लेती रही हैं। ज़ाहिर है उनके नाम से इस दौर का नामकरण सर्वथा उचित भी है, लेकिन उस दौर की सक्रियता को विस्तार देने में सुदर्शन, राजा राधिकारमण प्रसाद सिंह, विश्वम्भरनाथ शर्मा 'कौशिक', बेचन शर्मा 'उग्र', भगवती प्रसाद वाजपेयी, विनोद शंकर व्यास, चतुरसेन शास्त्री, पदुमलाल पुन्नालाल बख्शी, वृन्दावनलाल वर्मा, शिवरानी देवी, राय कृष्णदास और शिवपूजन सहाय जैसे कहानीकार अपने-अपने प्रयासों से कहानी को गति और दिशा दे रहे थे। आलोचकों और अध्येताओं ने इनमें से किसी को प्रेमचन्द की परम्परा या प्रभाव और किसी को प्रसाद की परम्परा या प्रभाव में सूचीबद्ध किया है। कई बार ऐसे सूचीकरण से कहानीकारों के मौलिक अवदान पर हमारी नज़र फिसल जाती है। मसलन, विश्वम्भरनाथ शर्मा 'कौशिक' (1891-1945) को 'ताई' (संग्रह : चित्रशाला, भाग-1, 1924 में संकलित) और सुदर्शन (1896-1967) को 'हार की जीत' (1920) के ज़रिये देखें—आज जिन्हें सिर्फ़ हृदय परिवर्तन के कोरे आदर्शवाद के प्रेमचन्दीय फ्रेम से ही देखना अपर्याप्त हो सकता है—जिनमें आदर्श से बाहर आने की कतिपय सम्भावनाएँ झाँकती हैं। शिवपूजन सहाय (1893-1963) की रची आरम्भिक कुछ कहानियों के माध्यम से वे माने जा सकते हैं प्रसाद के राष्ट्रबोध से प्रभावित; लेकिन उनकी 'कहानी का प्लाट' (1928) नामक कहानी इस धारणा को ध्वस्त कर देती है। यह कथानक की खोज में न सिर्फ़ नये शिल्प का, बल्कि उससे ज़्यादा नवजागरण के स्त्री प्रश्न लेकर समयबोध का गहरा प्रस्तावन है। बहरहाल, कहानियों के अकादमिक और आलोचकीय वर्गीकरण से परे इस पुस्तक में आरम्भिक दौर की दस कहानियों को आलोचना हेतु चुना है—*उसने कहा था, ताई, हार की जीत, पुरस्कार, कहानी का प्लाट, सद्गति, पूस की रात, ठाकुर का कुआँ, ईदगाह और कफ़न।* ज़ाहिर है ये कहानियाँ अपने दौर की प्रतिनिधियों में भी गिनी जाती हैं। इनमें अन्तर्वस्तु और रूप के अर्जित विश्वास इतने गहन और प्रस्तुति में कलाधर्मी हैं कि उन पर पुनर्विचार की सम्भावनाएँ बरकरार रही हैं। अत: *पहले खंड : बढ़ते क़दमों के निशान* की आलोचनाएँ इन कहानियों को ही नहीं, बल्कि उनके माध्यम से पूरे कथा काल को जानने-समझने की दृष्टि से नया प्रस्तावन करती हैं।

प्रेमचन्दोत्तर युग : वैचारिक प्रभावों का संक्रान्तिकाल

प्रेमचन्दोत्तर युग में सामान्यत: कहानी की रूपरेखा प्रसाद और प्रेमचन्द की कथादृष्टि से उपजी और विकसित होती मानी गई है—यह काफ़ी हद तक ग़लत नहीं है। लेकिन विविध वैचारिक प्रभावों और कतिपय वादों के आग्रह में इस दौर की कहानी को प्रसाद और प्रेमचन्द के फ्रेम में ही सीमित नहीं मानना चाहिए। इस दौर में जैनेन्द्र, अज्ञेय, इलाचन्द्र जोशी, यशपाल, भगवतीचरण वर्मा, उपेन्द्रनाथ 'अश्क', विष्णु प्रभाकर, अमृतराय, अमृतलाल नागर, रांगेय राघव, भैरवप्रसाद गुप्त, चन्द्रकिरण सौनरेक्सा, द्विजेन्द्रनाथ मिश्र 'निर्गुण' आदि कहानी को नये पड़ाव पर पहुँचाते हैं। यहाँ प्रसाद और प्रेमचन्द की परम्पराओं की अगली कड़ियाँ नज़र आने लगती हैं। जैनेन्द्र कुमार (1905-1988)

इस युग के विशिष्ट कहानीकार हैं। उनके कहानीकार के मानस-रचाव में प्रसाद की कहानी-परम्परा की भूमिका देखी जा सकती है। वह भूमिका कथा-बोध की है, राह उनकी भिन्न है। सामान्यतः यह राह, प्रेमचन्द की अनुवर्ती नहीं है, जबकि वे प्रेमचन्द के निकट सम्पर्क में थे। प्रेमचन्द ने प्रायः समाज के बाह्य स्वरूप की अभिव्यक्ति को महत्ता दी, वहीं जैनेन्द्र ने व्यक्ति के अन्तर्मन की सूक्ष्मता का अनुशीलन किया। उन्होंने कहानी को 'घटना' के स्तर से उठाकर 'चरित्र' और 'व्यक्ति' के मनोवैज्ञानिक सत्य पर प्रतिष्ठित किया। प्रेमचन्द ने भी व्यक्ति के मनोवैज्ञानिक पक्ष की अवहेलना नहीं की है—लेकिन वहाँ वह साधन है, साध्य नहीं। प्रेमचन्द के यहाँ जो साधन है, वही जैनेन्द्र के यहाँ साध्य है। जैनेन्द्र के यहाँ सामाजिक अन्तर्वस्तु या सामाजिक-सन्दर्भ मनोवैज्ञानिक भूमिका पर जाकर स्थापित होते हैं। वे व्यक्ति की संक्रान्त मनःस्थितियों के कहानीकार हैं—कभी-कभी एक दार्शनिकता का बोध भी शामिल होता है। कथाकार राजेन्द्र यादव ने 'काम, प्रेम और परिवार' उनकी चिन्ता के मूल विषय बताए हैं। जैनेन्द्र ने प्रेमचन्द की सलाह मानकर अपनी स्वतंत्र राह बनाई; इसीलिए वे प्रेमचन्द की परम्परा के वाहक नहीं उनसे विपरीत भाव-बोध के कहानीकार माने जाते हैं। उनके यहाँ मनोवैज्ञानिक प्रभाव और पात्र के मानसिक अन्तर्द्वंद्व का प्रतिनिधि रूप 'जाह्नवी' और 'पत्नी' (सम्भावित रचनाकाल क्रमशः 1934 और 1936) के ज़रिये जाना जा सकता है। ये दोनों कहानियाँ उनके 1938 में प्रकाशित कहानी-संग्रह 'नीलम देश की राजकन्या' में संकलित हैं। उनकी कहानियों में घटनाओं और प्रसंगों पर अधिक ज़ोर नहीं होता। कथा-तत्त्व भी क्षीण सा होता है। प्रायः उनकी कहानियाँ किसी विचार प्रतिपादन का उद्‌देश्य लेकर चलती हैं। वे उसकी अभिव्यक्ति के लिए पात्रों को माध्यम बनाते हैं। उपर्युक्त दोनों कहानियों में स्त्री की सामाजिक स्थिति के लिए, वे पात्रों के मनोभावों के ज़रिये आधुनिक दृष्टि का संकेत करते हैं। उनकी कहानियाँ प्रायः छोटी होती हैं—छोटे-छोटे वाक्य-विन्यास में लिखी गईं। प्रायः रहस्य के आवरण में संकेतों के ज़रिये अपनी वैचारिक निष्पत्तियों के निष्पादन को उनकी सीमाओं की तरह रेखांकित किया जाता रहा है, पर इसी कारण वे इस दौर के सर्वथा अलग कहानीकार भी हैं।

प्रेमचन्दोत्तर कहानी में जैनेन्द्र की तरह अज्ञेय (1911-1987) भी कई अर्थों में विशिष्ट हैं। वस्तु चयन में कहीं समानता होते हुए भी अज्ञेय में जैनेन्द्र की सहजता की तुलना में वैचारिकता का पुट अधिक हैं। उनकी कहानियाँ यायावर नायक के कारण ही नहीं, भाषा संस्कार और शिल्प की सार्थक तलाश के लिए भी महत्त्वपूर्ण हैं। उन्होंने व्यक्ति मन के जटिल स्तरों और संश्लिष्ट मनोभावों की सूक्ष्म अभिव्यंजना की है—इसके लिए वे प्रतीकों और संकेतों का सहारा लेते हैं। उनकी कहानियों में कवि सुलभ संवेदनशीलता और सौन्दर्य चेतना का प्रभाव स्पष्ट है। वे कविता की तरह अपनी कहानियों में भी प्रयोगधर्मी हैं। अज्ञेय की सभी कहानियों को ध्यान में रखते हुए, यह नहीं कहा जा सकता कि सामाजिक दायित्व-बोध उनके यहाँ अनुपस्थित है, पर उनके चिन्तनशील व्यक्तित्व का ही प्रभाव है कि उनकी कहानियों में अमूर्तता, रहस्य और सायास बौद्धिकता की उपस्थिति पाठक को सहज नहीं रहने देती हैं। सम्भवतः इसीलिए वे कहानी के प्रचलित फ़ॉर्म को अपर्याप्त समझते हैं। अज्ञेय की लिखी कहानियों में

विविधता है। अपने रोमानी रुझानों और भाववादी दृष्टिकोण के कारण उनके यहाँ स्त्री और प्रेम सम्बन्धी कहानियाँ अधिक हैं। लेकिन देश विभाजन की पृष्ठभूमि, शरणार्थी एवं क्रान्तिकारी जीवन, मनोवैज्ञानिक और सामाजिक सन्दर्भ भी उनके कथा जगत के महत्त्वपूर्ण आयाम हैं। अज्ञेय की कहानियों में गहरी आत्मनिष्ठा और व्यक्तिवादी रुझानों की काफ़ी आलोचना हुई हैं। इन आरोपों के चलते उनकी कुछ कहानियों को भुला दिया जाता है—जिनमें लेखक का अपना वैचारिक दृष्टिकोण कथा के सामाजिक सरोकारों को स्पर्श करता है। विशेषत: ऐसी कहानियों में परिवार और घर की दीवारों में सिमटी स्त्री है। वह दाम्पत्य जीवन में पुरुष के आश्रय को निष्ठा से स्वीकारना नियति मानती है। उनकी 'रोज' (1934) ऐसी ही कहानी है। जहाँ स्त्री को कुंठित और असहाय बनानेवाले परिवार के पुरुष केन्द्रित सामन्ती ढाँचे की सांकेतिक और मौन आलोचना है। इससे अलग उनके कथाबोध का दूसरा पहलू 'शरणदाता' (1947) में ग़ौरतलब है। कवि दृष्टि इस कहानी पर भी छाई हुई है, पर हिन्दू-मुस्लिम सम्बन्धों में साम्प्रदायिक तनाव और मानवीयता की तलाश करने में अज्ञेय की दृष्टि भयावह त्रासदी को केन्द्रित कर देती है। इसे हिन्दी में विभाजन पर लिखी गई कुछ चुनिन्दा कहानियों में शुमार किया जाता रहा है।

प्रेमचन्दोत्तर युग के श्रेष्ठ कहानीकार यशपाल (1903-1976) हैं—प्रेमचन्द की परम्परा का परवर्ती बोध उनकी कहानियों में प्राय: विचारों के आधार पर आया है। प्रगतिशील चेतना को अपनी रचना-दृष्टि से जिन कथाकारों ने विस्तार दिया, उनमें यशपाल अग्रणी हैं। कहानी के चौथे-पाँचवें दशक में मध्यवर्गीय समाज की विसंगतियों, विरोधाभासों और रूढ़ियों पर यशपाल की गहरी दृष्टि उनके सशक्त हस्तक्षेप की परिचायक हैं। उनकी रचना-भूमि के बीच कोई 'विचार' होता है—जिसके प्रतिपादन के लिए वे कहानी का स्वरूप देते हैं, इसीलिए उनकी कहानियाँ सायास लेखकीय प्रयत्न से निर्मित हैं। उन्होंने अपनी कहानियों में स्त्री के मूक शोषण का प्रबल विरोध किया है। यशपाल प्रगतिशील दृष्टि से स्त्री-पुरुष सम्बन्धों को परिभाषित कर, स्त्री को उसके सामाजिक और व्यक्तिगत 'वजूद' पर रूढ़ियों और जड़ताओं के घेरों से मुक्त करने पर बल देते हैं। वे स्त्री-पुरुष सम्बन्ध की कहानियों में भी सामाजिक समस्याओं और अन्तर्विरोधों से जोड़कर देखने का तर्क सामने रखते हैं। उनके बहुल कहानी-संसार में से अनेक कहानियाँ समकालीन प्रश्नों के मद्देनज़र विचारणीय हैं—लेकिन उनकी चर्चित कहानी 'परदा' में कथाकार की रचना-दृष्टि का सन्तुलन, उपलब्धि माना जा सकता है। बदलते आर्थिक-सामाजिक मूल्यों को लेकर कहानीकार ने अपने कथा कौशल से स्वयं मीमांसा इस कहानी में की है। चौधरी पीरबख़्श अपनी झूठी प्रतिष्ठा की रक्षा के लिए तमाम बहाने ढूँढ़ते हैं। बिना दरवाज़े के घर पर टँगा परदा क्या गिरा कि उनके घर की तंग हालत सामने आ गई। निम्न-मध्यवर्गीय ग़रीबी, परिवार का भार और परम्परागत जीवन-मूल्यों से चिपके रहना—इन दो विरोधाभासी पक्षों को यह कहानी सहजता से प्रस्तुत करती है। यहाँ वैचारिकता का वैसा प्रभाव नहीं है, जिसे यशपाल प्राय: कहानी का मुख्य उपादान बनाते रहे हैं।

प्रेमचन्दोत्तर काल में कुछ कहानीकार ऐसे हैं—कहानी जिनकी केन्द्रीय विधा नहीं रही, फिर भी उनकी रची कुछ उल्लेखनीय कहानियाँ ख़ासतौर से कहानी धारा में दर्ज

रहीं। उनमें से एक ऐसा ही नाम भगवतीचरण वर्मा (1903-1981) का है, जिनकी 'मुग़लों ने सल्तनत बख़्श दी' कहानी को अत्यन्त पाठकीय सराहना मिली है। आमजन के इतिहास-बोध के सहारे, व्यंग्य की अन्तर्निहित धारा से विकसित चिन्तन का गहरा सरोकार इस कहानी को ख़ास बनाता है। इसकी वजह एक सीधे-सरल रचना विधान में होकर भी यह कहानी किसी परम्परा के फ्रेम से अलग है। इस दौर के महत्त्वपूर्ण कहानीकार रांगेय राघव (1923-1962) की कहानियों में अपने देशकाल की अत्यन्त सार्थक अनुगूँज सुनाई पड़ती है। उनके बारे में आलोचक मधुरेश ने बहुत ठीक लिखा है—"समूचे प्रगतिवादी दौर में रांगेय राघव अकेले ऐसे कहानीकार ठहरते हैं जो शैली, शिल्प और रचना-तंत्र की दृष्टि से, कहानी में अपनी प्रयोग बहुलता के कारण, कहानी के उपलब्ध चौखटे को झकझोरते और तोड़ते दिखाई देते हैं।" (भारतीय साहित्य के निर्माता-मोनोग्राफ़ : रांगेय राघव, पृ. 69) अपने समकालीन और परवर्ती कहानीकारों के बीच अर्जित अनेक उपलब्धियों के बावजूद उन्हें सर्वाधिक ख्याति 'गदल' कहानी ने दिलाई; जो 1955 में निकले 'कहानी' पत्रिका के विशेषांक में छपी थी, जिसे नई कहानी आन्दोलन का महत्त्वपूर्ण दस्तावेज़ माना जाता है। अपनी रचना प्रकृति, संवेदना और दृष्टि के कारण 'गदल' को मिली अपूर्व सराहना के बावजूद रांगेय राघव और उनकी इस अतिप्रसिद्ध कहानी का उल्लेख 'नई कहानी' की चर्चाओं और व्याख्याओं में शायद ही कहीं आया हो! जबकि उस समय नये कहानीकारों की कहानियों के साथ प्रकाशित रांगेय राघव वय से भी बमुश्किल 32-33 साल के ही रहे होंगे। सम्भवत: कहानीकार पर लगी नई कहानी के पूर्व युग की छाप उन्हें इस गौरव से विमुख करती रही। किसी रचना की उपलब्धि विचारों के साहित्यिक आधारों, कालखंडों के विभाजन और आन्दोलनों की रणनीतियों से अलग अपनी पहचान ख़ुद बनाती है—'गदल' के ज़रिये रांगेय राघव की उपलब्धि को ऐसे ही देखना चाहिए, जो आज भी हिन्दी की श्रेष्ठ और विलक्षण प्रेम कहानी के रूप में याद की जाती है।

सामाजिक वर्जनाओं से बाहर स्त्री मन के प्रश्न और उनकी अभिव्यक्ति का साहस नई कहानी में जाकर हुआ, लेकिन 'गदल' जैसी कहानी में उसका बीजारोपण हो चुका था। वैसे भी कहानी में प्रेमचन्द का उत्तरकाल स्त्री चेतना की दृष्टि से सचेत रहा है। जब जीवन के हर क्षेत्र में स्त्री की उपस्थिति दर्ज हो रही थी—कहानी लेखन का क्षेत्र भी उससे अछूता नहीं था। स्त्री प्रश्नों को लेकर ही नहीं स्वयं स्त्री कथाकारों की उन प्रश्नों या इतर प्रश्नों को लेकर मौजूदगी को उभरती गद्य विधा में रेखांकित करना भी ज़रूरी है। आरम्भिक काल में अकेली स्त्री कहानीकार बंग महिला यानी श्रीमती राजेन्द्र बाला घोष के बाद एक अन्तराल है—जिसे भरने की कोशिश प्रेमचन्द के युग में दिखाई देती है—और, इस कोशिश में उल्लेखनीय नाम शिवरानी देवी प्रेमचन्द का है। प्रेमचन्द की सक्रिय रचनात्मक भूमिका के उस दौर में भले ही महिला रचनाकार कम हैं लेकिन स्त्री की क्रमश: उभरती हुई चेतना और स्त्री अस्मिता से जुड़े सन्दर्भ कहानी के प्रमुख सरोकार बनते हैं। स्वाधीनता आन्दोलन के साथ राजनीति में स्त्री की हिस्सेदारी, स्त्री शिक्षा और नारी उत्थान सम्बन्धी प्रयास उनकी लेखकीय चिन्ता में शामिल हैं। फिर भी 1930 से 1940 के बीच स्त्री मन को मुखर करती हुई कुछ महिला लेखिकाएँ हैं—उषा

देवी मित्रा, सत्यवती मल्लिक, कमला चौधरी, सुभद्रा कुमारी चैहान, होमवती देवी, सुमित्रा कुमारी सिन्हा, लीला अवस्थी और चन्द्रकिरण सौनरेक्सा आदि। इनके लेखन को लेकर सामान्यत: कहानी आलोचना में उपेक्षा ही रही, जबकि स्वाधीनता आन्दोलन की घटनाओं, मध्यवर्गीय समाज का अन्तरंग चित्रण और नारी-जीवन के उल्लेखनीय पहलुओं पर इनने कहानियाँ लिखी हैं। इसके बावजूद इस दौर की मुख्य कहानी धारा में इन्हें याद नहीं रखा गया। मध्यवर्गीय समाज से जुड़े अपने रचना वैविध्य में नारी मनोविज्ञान को कलात्मक स्तर पर व्यक्त करती उल्लेखनीय कहानियाँ चन्द्रकिरण सौनरेक्सा (1920-2009) ने लिखी हैं। अनेक उपलब्धियों भरे उनके रचना संसार में 'हिरनी' को प्रतिनिधि रूप में इसलिए रखा जा सकता है कि उसमें नारी की नैसर्गिक जीवन चेतना पर अंकुश लगाती पितृसत्तावादी संरचना की व्यावहारिक पहचान की गई है। अनुभव की जीवन्तता पर रची गई यह कहानी 'हिरनी' के रूपक में जैसे स्त्री की उन्मुक्तता पर पहरेदार की तरह खड़े सारे पुरुष निषिद्धों को ही नहीं, नारी के वर्ग शत्रुओं को भी गिरफ़्त कर लेती है—जो पितृसत्ता के एजेंट रूप में परिवार या समाज में मौजूद हैं। कहने को यह कहानी मुस्लिम वर्ग में स्त्री की नियति की कहानी लगती है पर संवेदनात्मक स्तर और अपने उठाए गए प्रश्न को लेकर, व्यापक भारतीय समाज में स्त्री की स्थिति की कहानी भी है—जहाँ हिन्दू समुदाय की स्त्रियों पर भी पितृसत्ता के शिकंजे कम नहीं हैं।

प्रेमचन्दोत्तर कहानी परिदृश्य का आभामंडल स्वतंत्रता प्राप्ति के कुछ वर्षों तक बना रहता है। कहानी की यहाँ तक यात्रा में कोई आन्दोलनात्मक रुख़ दिखाई नहीं देता। प्रसाद और प्रेमचन्द की दो कथा धाराओं के विभाजन में भी यह आभास नहीं है। किन्तु सन् 1936 में प्रगतिशील लेखक संघ की स्थापना से यह विभाजन स्पष्ट हो जाता है। साहित्य में प्रगतिशील आन्दोलन का सूत्रपात हुआ पर यह सिर्फ़ कहानी भर का नहीं, सभी विधाओं में 'चेतना' को विस्तार देनेवाला आन्दोलन था। सहज ही इसे पीछे खड़ी हुई प्रेमचन्द की परम्परा का आधार मिला। यशपाल एवं प्रगतिशील धारा के अन्य कहानीकारों के लेखन ने आन्दोलन जैसा आभास दिलाया, पर यह कहानी का घोषित या अघोषित आन्दोलन नहीं था। यह ज़रूर है कि इस युग की सीमाओं ने ही नहीं, उपलब्धियों ने भी 'नई कहानी' के आगमन की पूर्वपीठिका तैयार कर दी थी। ज़ाहिर है इस तैयारी के स्वर कई कहानियों में सुनाई पड़ते हैं, जिनकी कुछ प्रतिनिधि अनुगूँज *पत्नी, जाह्नवी, रोज, शरणदाता, परदा, गदल, मुग़लों ने सल्तनत बख़्श दी* और *हिरनी* में उल्लेखनीय है। पहले खंड में ही इन पर लिखी गईं आलोचनाएँ सिर्फ़ इन कहानियों का पुनर्मूल्यांकन ही नहीं करतीं, बल्कि इस दौर की कथा-भूमि की पहचान भी उनसे सुनिश्चित होगी। सघन वैचारिक आग्रहों, निजता के मनोद्वंद्व और सामाजिक प्रश्नों की रचना में व्याप्ति और प्रतिबद्ध चिन्ताओं की रचनात्मक भूमि तलाशने की जो कोशिश प्रेमचन्दोत्तर युग में शुरू हुई—उसे मुकम्मल राह सम्भवत: 'नई कहानी' में आकर मिली।

नई कहानी आन्दोलन

कहानी में प्रगतिशील धारा और इससे बाहर माने गए कहानीकारों ने प्रेमचन्दोत्तर कहानी (1936-1950 ई.) में परिवर्तित मूल्यों की गहरी छाप अंकित की। कहानी में परिवर्तन की

इन दिशाओं के भीतर आगामी कहानी के रचना विधान का आधारभूत संकेत है—जिन्हें ग्रहण या निषेध या कतिपय शिथिल रचनात्मकता का शून्य भरते हुए कहानी अगले मुकाम पर पहुँची। इस नई रचना-दृष्टि का उभार सन् 1950 ई. के आसपास दिखाई देने लगा था, जो सन् 1955-56 ई. में 'नई कहानी आन्दोलन' के रूप में स्वीकार हुआ। कहानी के इस पहले आन्दोलनात्मक रुख़ के पीछे आज़ादी और विभाजन के बाद की राजनीतिक-सामाजिक परिस्थितियों और बदलते परिवेश की महती भूमिका है। नई कहानी का कथा फ़लक अत्यन्त व्यापक और विविध है। एक ओर नगरीय मध्यवर्गीय सभ्यता में पनप रही आधुनिकता और आधुनिकता के अनुगमन में नये बनते मूल्यों के प्रति गहरी आलोचनात्मक दृष्टि, पारिवारिक-सामाजिक स्तर पर सम्बन्धों के बदलाव की पहचान, व्यवस्था का पाखंड और भ्रष्टाचार, जीवन में कई स्तरों पर घर कर रही विसंगतियाँ, विडम्बनाएँ और इनके प्रति आक्रोश; तो दूसरी ओर बदलते ग्राम परिवेश की ग्राम कथाएँ, आंचलिकता और क़स्बों की ज़िन्दगी आदि नई कहानियों में जगह बनाती हैं। कथ्यों में जितनी विविधता है, उतनी ही सम्पन्नता शिल्प और भाषा की प्रयोगशीलता में भी दिखाई पड़ती है। नई कहानी में यथार्थवाद, अतियथार्थवाद, प्रकृतवाद, अस्तित्ववाद, अलगाव और अकेलेपन के प्रभावों को भारतीय परिवेश के बीच पहचाना गया। इनमें अधिकांश प्रवृत्तियों के दर्शन कतिपय आधुनिकतावादी कला के साथ आए। प्रेमचन्दोत्तर कालीन कहानियों की रचनात्मक बनाव में विचारधाराओं की बुनियाद है। लेकिन नई कहानी में यथार्थ की अभिव्यक्ति बनावट से नहीं, यानी इस हेतु गढ़ी और कल्पित स्थिति के बजाय अनुभूत यथार्थ की प्रामाणिकता पर ज़ोर दिया गया। कहानियों में व्यक्ति के ज़रिये समाज की तलाश है—इस अर्थ में नई कहानी में व्यक्ति और समाज के बँटवारे का निषेध है या दोनों एकमएक हो गए हैं। कहा जा सकता है कि प्रेमचन्द युग के उत्तरार्द्ध में प्रेमचन्द की 'पूस की रात', 'ठाकुर का कुआँ' और 'कफ़न' कहानियों से आधुनिक कहानी में बदलाव के जो बिन्दु परिलक्षित हुए थे, वे नई कहानी में आकर पूरे हुए।

आज़ादी का सूरज हमें देश विभाजन का ग्रहण लगा मिला था। सन् 1940 से 1950 के एक दशक में अनेक परिवर्तन हुए। 1947 में आज़ादी और विभाजन के बाद हुए साम्प्रदायिक दंगों से सारे सामाजिक मूल्य ध्वस्त हो गए। आज़ादी के बाद राजनीतिक, आर्थिक, सामाजिक और सांस्कृतिक परिस्थितियाँ बदलीं। नई कहानी का परिवेश स्वातंत्र्योत्तर यथार्थ है—इतिहास का एक नया दौर। वस्तुतः परिवेश के अन्तर्गत मनुष्य का बाह्य वातावरण, उसकी मानसिक स्थितियाँ और उसके मन पर होनेवाली बाहरी स्थितियों की प्रतिक्रियाएँ भी आ जाती हैं। नई कहानी में परिवेश की भूमिका इसी सन्दर्भ में है। वहाँ परिवेश की प्रामाणिक अभिव्यक्ति और उसके प्रति ईमानदार जागरूकता महत्त्वपूर्ण है। इस दौर की परिस्थितियों के बारे में राजेन्द्र यादव ने लिखा है—"सन् 1940 से 1950 का युग भीषण राजनीतिक उथल-पुथल से भरा है। यही युद्ध के प्रारम्भिक दिन और समाप्ति है, महँगाई, मुद्रा स्फीति और चोर बाज़ारी से बाक़ायदा हमारा परिचय होता है, बयालीस की क्रान्ति और बंगाल का अकाल है, नाविक विद्रोह और आज़ाद हिन्द फ़ौजों की हलचलें हैं, स्वतंत्रता प्राप्ति और सदी की सबसे भयानक

दुर्घटना अर्थात् देश विभाजन है लाखों लोगों का इधर और उधर स्थानान्तरण है। हर शहर में शरणार्थियों में दल हैं, हत्या, लूटपाट, आग-बलात्कार की द्रावक घटनाएँ हैं। जीवित रहने के संघर्ष, स्वार्थों की टकराहट छूटे हुए का घाव और अपने ही देशवासियों की दुर्दशाओं और क्षुद्रताओं के प्रमाण, राजनीति से लेकर जीवन की छोटी-छोटी घटनाओं तक में दीखते हैं।" (कहानी : स्वरूप और संवेदना, पृ. 39) इन बदली हुई परिस्थितियों में प्रेमचन्दोत्तर कहानी के कहानीकारों की प्रखर रचनात्मकता नये समय बोध को आत्मसात् कर पाने में असमर्थ लगती है। कुछ हद तक यशपाल, अमृतराय, रांगेय राघव, अमृतलाल नागर आदि आवश्यक सामाजिक दायित्व के लिए प्रयत्नशील होते हैं। किन्तु कहानी के क्षितिज पर नई पीढ़ी का उदय हुआ, जिसने स्वातंत्र्योत्तर काल में ही लिखना शुरू किया था। इनकी कहानियों में अभिव्यक्त परिवेशगत यथार्थ उनकी अपनी दृष्टि से देखे और जिये अनुभव का हिस्सा था। कथ्य, शिल्प और भाषा तीनों स्तरों पर ये कहानियाँ पूर्ववर्ती कहानियों से भिन्न हैं—इन्हें नई कहानी से पहचाना गया। वैसे 1950 ई. के आसपास ही कहानी के नयेपन को रेखांकित करनेवाली कहानियाँ प्रकाश में आने लगी थीं, किन्तु विधिवत् चर्चा 1955 ई. में भैरवप्रसाद गुप्त के सम्पादन में 'कहानी' पत्रिका के प्रकाशन से प्रारम्भ हुई। कहानीकारों को इस पत्रिका के ज़रिये मंच मिला और आन्दोलन का वातावरण भी तैयार हो सका।

इस तरह कहानी में परिवर्तन का यह काल खंड 1950 ई. के आसपास शुरू होकर 1964-65 ई. तक फैला हुआ है। पर जिस पड़ाव को 'नई कहानी आन्दोलन' से जाना गया, उसे कथा आलोचक सन् 1954 से सन् 1968 की सीमाओं में बाँधते हैं। वैसे भी साहित्यिक विधाओं की यात्रा में तिथियों से ही कोई स्पष्ट विभाजक रेखा खींचना मुश्किल काम है और सर्वथा उचित भी नहीं। इन्हें कुछ शिथिलता के साथ यानी कुछ उदार होकर ही स्वीकारना चाहिए। नई कहानी के दौर में कहानी लेखन का वातावरण निर्मित हुआ—कहानीकारों की एक लम्बी पीढ़ी कहानी को मिली। साथ ही नामवर सिंह, सुरेन्द्र चौधरी, धनंजय वर्मा, देवीशंकर अवस्थी और मधुरेश जैसे कहानी के व्याख्याकार-आलोचक सामने आए। स्वयं कहानीकार भी इस कार्य में अपनी भूमिका निभा रहे थे। नई कहानी ने ही कथा आलोचना में आन्तरिक राजनीति को भी जन्म दिया। नगर कथा और ग्राम कथा का झगड़ा भी चला। नई कहानी पर आरोप-प्रत्यारोप लगे। नई कहानी के 'रोमानी रुझानों' से अलग सादगीपूर्वक मध्यवर्गीय ज़िन्दगी और प्रेमचन्द की परम्परा में लिखनेवाले उपेक्षित हुए। मोहन राकेश, राजेन्द्र यादव और कमलेश्वर की तिकड़ी जमी। इस दौर में कहानी को इतनी केन्द्रीयता मिली, जितनी प्रेमचन्द युग में भी नहीं मिली थी। नई कहानी की प्रवृत्तियों के लिए 'परिवेश के प्रति प्रतिबद्धता', 'अनुभूति की प्रामाणिकता' और 'भोगा हुआ यथार्थ' जैसे मानक सुनिश्चित हुए। ऐसे आधारभूत बिन्दुओं पर नई कहानी पुरानी से अलगाई गई। नई कहानी के प्रतिमानों को लेकर कथाकारों और आलोचकों के परस्पर अन्तर्विरोध भी रहे हैं। उनके चलते कहानी में जो नयापन परिलक्षित हुआ वह परम्परा का विकसित रूप अवश्य था, किन्तु नयेपन के बिन्दु भी स्पष्ट थे। नई कहानी ने कथ्य, शिल्प और भाषा की दृष्टि से परिवर्तन के स्पष्ट संकेत दिए गए थे। अनेक महत्त्वपूर्ण कहानीकार नई कहानी आन्दोलन से

उभरकर आए। उनकी कहानियाँ कथ्य, भाषा और शिल्प की दृष्टि से हिन्दी कहानी की उपलब्धियाँ हैं।

अपनी पुस्तक 'कहानी : नई कहानी' के निबन्धों से नामवर सिंह की बहुमुखी अध्ययनशीलता और मौलिक अवधारणाओं का पता चलता है। भले ही उनके इस लेखन ने असहमतियों को जन्म दिया, पर इस समीक्षा शृंखला का ऐतिहासिक महत्त्व प्रायः सभी ने माना है। 'कहानी' के सम्पादक भैरवप्रसाद गुप्त, कहानीकार मोहन राकेश, राजेन्द्र यादव और कमलेश्वर तथा आलोचक नामवर सिंह के अपने-अपने उपक्रमों से 'नई कहानी आन्दोलन' प्रतिष्ठित हुआ। उन्होंने नये कहानीकारों में बहुतों के नाम चुने और बहुतों के छोड़ भी दिए, पर केन्द्र में रहे निर्मल वर्मा और उनकी कहानियाँ। उनके द्वारा निर्मल वर्मा के 'परिन्दे' कहानी-संग्रह को नई कहानी की 'पहली कृति' घोषित करने के बाद, कथालोचना में उठे विवाद कभी थमे नहीं। निर्मल वर्मा की कहानी कला और कहानीकार के रूप में उनकी अलग उपस्थिति को लेकर भी विवाद बने रहे हैं। कालान्तर में उनके विरोध और समर्थन के दो खेमे बने। कथालोचक नामवर सिंह के हर मूल्यांकन में भी एक प्रमुख अन्तर्विरोध—'परिन्दे' सम्बन्धी घोषणाओं और विचारों का रहा है। इसके चलते भी कहानीकार के रूप में निर्मल वर्मा और कथालोचक के रूप में नामवर सिंह ख़ास चर्चा में रहे। उन्होंने नई कहानी के साथ कहानी समीक्षा की भी नई और पहली शुरुआत करते हुए, उसकी पद्धति प्रस्तावित की थी। वह बात कहीं पीछे रह गई, आरोपों और विवादों के बादल ही गहराते रहे।

उन्होंने 'नई कविता' के समानान्तर कहानी में भी नयेपन को रेखांकित करने के मानदंड को निर्धारित करने के लिए समीक्षा पद्धति निकाली, जिसे 'सहयोगी प्रयास' के रूप में रेखांकित किया। कुछ लोग 'नई कहानी' नामकरण का श्रेय भी उन्हें देते हैं। इस सम्बन्ध में उनके लिखे इन अंशों पर गौ़र करना चाहिए—पहला, 'आज की हिन्दी कहानी' निबन्ध के आरम्भ में है—"आज की कहानी पर विचार करते समय सबसे पहले मेरे मन में सवाल उठता है कि 'नई कविता' की तरह 'नई कहानी' नाम की भी कोई चीज़ है क्या? और हम पाते हैं कि 'नई कहानी' नाम से कोई आन्दोलन अभी तक नहीं चला है।" (कहानी : नई कहानी, पृ. 13) दूसरा उल्लेख, 'नई कहानी की पहली कृति: परिन्दे' नामक लेख के आरम्भ में ही मिलता है (जिसे लेख के अन्त में दोहराया भी गया है)—"फ़कत सात कहानियों का संग्रह 'परिन्दे' निर्मल वर्मा की ही पहली कृति नहीं है बल्कि जिसे हम 'नई कहानी' कहना चाहते हैं उसकी भी पहली कृति है।" (वही, पृ. 52) उनके उपर्युक्त दोनों कथनों का अंडरटोन आन्दोलन के प्रस्तावन की ओर है—लेकिन वह खुलकर नहीं है—अतः जिज्ञासा ही अधिक है या उस आन्दोलन के पहले से ही होने का स्वीकार है, वे जैसे उसकी दिशा निर्दिष्ट कर रहे हैं। कभी-कभी प्रश्न स्वयं अपने उत्तर की टोन में होता है—जिसकी ध्वनि कई दिशाओं में हो सकती है।

उनका उपर्युक्त पहला प्रश्न सूचक कथन जैसा ही है। उनके ये दोनों लेख क्रमशः 'कहानी' के नववर्षांक 1957 और 'कृति' अक्टूबर 1960 में प्रकाशित हुए थे। इसके पूर्व कल्पना के फरवरी 1955 अंक में दुष्यन्त कुमार अपने लेख 'नई कहानी : परम्परा और प्रयोग' में 'नई कहानी' नाम का प्रथम उल्लेख कर चुके थे। रमेश

उपाध्याय द्वारा लिए गए साक्षात्कार में उन्होंने साहित्यिक विधाओं में नयेपन की अवधारणा पर बातचीत की है। वे नामकरण के सम्बन्ध में कहते हैं—" 'नई कविता' नाम पहली बार अज्ञेय ने दिया था। लोग कहते हैं कि 'नई कहानी' नाम मैंने दिया है, लेकिन मैंने यह नाम नहीं दिया था। मैंने तो सवाल उठाया था कि कविता में 'नई कविता' की तरह कहानी में 'नई कहानी' नाम की भी कोई चीज़ है क्या? उस समय तक 'नई कहानी' नाम से कोई आन्दोलन नहीं चला था। तो क्या कहानी में कोई नयापन आया ही नहीं था? मैंने यह नहीं कहा था कि 'नई कविता' की तरह 'नई कहानी' का कोई आन्दोलन चलाओ। मैंने तो इस प्रश्न के साथ कहानी पर लिखना शुरू किया था कि आज की कहानी को 'नई कहानी' कहना ठीक है या नहीं? बाद में जब 'अकहानी', 'सहज कहानी', 'आम आदमी की कहानी' आदि आन्दोलन चले तो, तो मैंने स्पष्ट कहा कि 'नई कहानी' का नयापन सुपरिभाषित नहीं है। लेकिन यह तो तय है कि उस समय कहानी में कुछ नया हो रहा था। उसके बाद फिर जब नया होता दिखाई दिया कहानी में, तो मैंने उसे 'एक और शुरुआत' कहा। कहने का मतलब यह कि साहित्य में जब कुछ नया होता है, उसे एक नाम दिया जाता है।" (सम्मुख, पृ. 178-79) इसी साक्षात्कार में वे अन्तर्वस्तु, रूप, शिल्प, भाषा, संवेदना और प्रयोग आदि के सम्बन्ध में 'नये' की अवधारणा को स्पष्ट करते हुए सौन्दर्यशास्त्रीय अवधारणा तक ले जाते हैं और 'नये' के अर्थ को—'बेहतर विकल्प' के रूप में रेखांकित करते हैं। हालाँकि इस साक्षात्कार में कहानी पर चर्चा प्राय: नहीं है, पर वे अप्रत्यक्ष रूप से संकेत करते हैं कि 'नई कहानी' भी बेहतर विकल्प थी। लेकिन, बहुतों के बीच कौन सी कहानी या कहानियाँ? नामवर सिंह ने जब कथालोचना की शुरुआत की तब प्राय: सभी प्रमुख नये कहानीकारों की कहानियाँ पत्रिकाओं में प्रकाशित हो चुकी थीं, बल्कि संग्रह भी छप गए थे। लेकिन उन्होंने केवल निर्मल वर्मा के 'परिन्दे' का चयन किया। प्रश्न उठता है कि क्या अपनी पसन्द के सिर्फ़ एक कहानीकार की आलोचना से उस पूरे दौर का कथा-मानक तय हो सकता है? हालाँकि, 'कहानी : नई कहानी' के प्रथम चार निबन्धों के अलावा कुछ अन्य निबन्धों में उनकी स्थापनाएँ और पद्धति नई कहानी के नयेपन को समझने की दृष्टि से महत्त्वपूर्ण हैं।

'नई कहानी' के नाम को लेकर भी मतभेद का यह मामला भी गहरे अनुसंधान का विषय हो गया है कि 'नई कहानी' नामकरण नामवर सिंह ने किया या कवि दुष्यन्त कुमार ने या फिर नई कहानी की विख्यात त्रयी मोहन राकेश, कमलेश्वर या राजेन्द्र यादव के उपक्रमों ने किया। नई कविता के प्रभाववश यह नाम चलन में आना भी माना जाता है। बहरहाल 1960 में नामवर सिंह द्वारा निर्मल वर्मा के 'परिन्दे' कहानी-संग्रह को नई कहानी की पहली कृति घोषित किए जाने से, विवादों के स्वर उठना शुरू हुए। प्रश्न उठा कि सन् 1960 के पहले की लिखी कहानियाँ क्या नई कहानी नहीं थीं? आलोचक गोपाल राय ने अकारण नहीं लिखा कि "इस प्रकार छठे दशक के उत्तरार्द्ध में, नई कहानी का जो चरित्र उभर रहा था और कथ्य की दृष्टि से प्रगतिवादी दृष्टिकोण के निकट था, वह नामवर सिंह की इस घोषणा के बाद धुंध का शिकार हो गया।" (हिन्दी कहानी का इतिहास, खंड-2, पृ. 527) वैसे भी नई कहानी की कई उपधाराएँ बाँटकर वाद-विवाद चले थे—नगर कथा, ग्राम कथा, आंचलिक कथा, आधुनिकतावादी दृष्टियों का चलन, महानगरीय बोध आदि।

पर आज इतने वर्षों बाद स्वातंत्र्योत्तर काल के प्रथम उन्मेष की इन कहानियों को उस दौर की भिन्न-भिन्न उपलब्धियों के तौर पर पढ़ा जाना चाहिए। नई कहानी की प्रतिनिधि अनेक कहानियाँ हैं। उनके कुछ प्रतिमान *गुलरा के बाबा (मार्कण्डेय), रसप्रिया और तीसरी क़सम (फणीश्वरनाथ रेणु), चीफ़ की दावत और अमृतसर आ गया है (भीष्म साहनी), डिप्टी कलक्टरी, ज़िन्दगी और जोंक और दोपहर का भोजन, (अमरकान्त), मलबे का मालिक (मोहन राकेश), राजा निरबंसिया (कमलेश्वर), परिन्दे (निर्मल वर्मा), जहाँ लक्ष्मी क़ैद है और बिरादरी बाहर (राजेन्द्र यादव), कोसी का घटवार और बदबू (शेखर जोशी), कर्मनाशा की हार और नन्हों (शिवप्रसाद सिंह), बादलों के घेरे (कृष्णा सोबती), यही सच है (मन्नू भंडारी), वापसी (उषा प्रियंवदा), भोलाराम का जीव (हरिशंकर परसाई), पक्षी और दीमक (मुक्तिबोध), गुलकी बन्नो (धर्मवीर भरती) और बिरादरी (गुलशेर अहमद शानी)* जैसी कहानियों में उल्लेखनीय हैं। पुस्तक के दूसरे खंड—*कहानी : नई होने की डगर* में इनकी नई परख—इन कहानियों पर ही नहीं, नयेपन के लिहाज़ से कहानी के महत्त्वपूर्ण दौर को नई रौशनी में देखने के दृष्टि बिन्दु देती हैं।

नई कहानी : कहानीकार और कथा प्रवृत्तियाँ

नई कहानी आन्दोलन में मार्कण्डेय (1930-2010) की पहचान ग्राम कहानीकारों में अग्रणी रही, उनके यहाँ वैचारिक तेजस्विता का साहचर्य जितना ग्राम जीवन के परिवर्तनों से है उतना ही उस जीवन के प्रति गहरी रागात्मकता से भी है; बल्कि उस जीवन में जड़ताओं के चलते ठहराव के विरुद्ध आक्रोश भी मौजूद है। वे ग्राम कहानी के प्रवक्ता और सूत्रधार भी थे। नई कहानी के नयेपन पर उन्होंने जो कुछ लिखा है, ख़ास मायने रखता है। कहानियों की नवीनता के सम्बन्ध में उनका लिखा यह कथन ग़ौरतलब है—"नवीनता का गहरा सम्बन्ध लेखक की दृष्टि और उससे भी अधिक जीवन को देखने-समझने के कोण से है। आदमी नया होता है विचार से, इसलिए नया लेखक वही है जो इस बात पर ध्यान लगाकर बैठा है कि आदमी कहाँ बदल रहा है। यह सच है कि सचाइयों के इस परिवर्तन में आर्थिक, सामाजिक और राजनीतिक परिस्थितियों की मुख्य भूमिका है, पर इसके सजग सम्पर्क में बिना किसी कुंठा के बने रहनेवाले को ही हम नया मानेंगे। रचना के स्तर पर और भी अनेक दूसरी बातों की तैयारी ज़रूरी है—मसलन पात्र कहाँ से लिया जाए, कथानक को किस तरह रखा जाए, भाषा का कैसा रूप हो और इसमें सन्देह नहीं कि इस सबके लिए भी नये परिवेश की समझ ज़रूरी है। लेकिन कला के क्षेत्र में नवीनता का अर्थ विचारों और दृष्टि की नवीनता से ही है।" (कहानी की बात, पृ. 12-13) कहानी की नवीनता के सम्बन्ध में 1954 में प्रकाशित उनके पहले कहानी-संग्रह 'पान फूल' की कहानियाँ उनके रचनात्मक सरोकारों को जानने के मद्देनज़र उल्लेखनीय हैं। 'गुलरा के बाबा' (1951) इस संग्रह की पहली ही कहानी है, जो उनकी कुछ ख़ास कहानियों में से है। इसमें पुराने और नये मूल्य के बीच द्वंद्वात्मक आख्यान में पुराने यानी बाबा के प्रति भावुकतापूर्ण रोमानी आग्रह और चरित्रांकन के अतिरेक उत्साह के बावजूद, बाबा के प्रतिद्वंद्वी पात्र चैतू के रूप में नये उभरते मूल्य की संकटगामी परिणति को उभारना ही कहानीकार का लक्ष्य है। कथाकार

इन दो मूल्यों के बीच सेतु बनकर खड़ा नहीं होता, वह द्वंद्व को उभारता है। कहानी में कहानीकार का यही प्रयत्न उनके मूल्य सरोकार को व्यक्त करता है।

नई कहानी आन्दोलन की किसी आहट के पहले ही फणीश्वरनाथ रेणु (1921-1977) कहानियाँ लिख रहे थे। उनकी पहचान का सर्वथा अलग आधार 'लोक तत्त्व' आरम्भिक कहानियों में ही थे—वे प्रायः नई कहानी और उसके उत्तरवर्ती दौर तक कथा यात्रा में मौजूद रहे। ग्राम कथा बनाम आंचलिक कथा की बहुचर्चा और सन्दर्भों का परिप्रेक्ष्य रेणु की कहानियों के लिए महत्त्व रखता है, पर नई कहानी में उनकी उपस्थिति निर्मल वर्मा जैसी अलग नज़र आती है। यह बात इसके बावजूद कही जा सकती है कि कथा बोध का स्तर परस्पर सर्वथा अलग है। नई कहानी में 'प्रेम' सामाजिक सन्दर्भों और अनुभव के नये मानवीय धरातल पर दिखाई देता है। 'परिन्दे' (1957) के कुछ पहले ही रेणु की पहचान का पर्याय उनकी दो चर्चित प्रेम कहानियाँ 'रसप्रिया' (1955) और 'तीसरी क़सम उर्फ़ मारे गए गुलफ़ाम' (1956) लिखी जा चुकी थीं, पर नई कहानी के प्रथम पहचानकर्ता निर्मल वर्मा ही माने गए! कहानी की संरचना में नयेपन की जो बातें 'परिन्दे' में हैं—वे बेशक अनुभवों को नये स्तरों पर देखती हैं। रेणु के यहाँ नयेपन की भिन्नता के लिए कथा सौन्दर्य लोकाभिमुख है—अनूठे देशज संसार का कथा में निर्वाह कहानी संरचना में नया प्रस्थान है। अपनी रचना की कला को यथार्थ से बहुत हल्के टकराकर एक नायाब अनुभव संसार के बीच रखने की महारत उन्हें ही हासिल है। अंचलों और आंचलिक चरित्रों की गहरी जानकारी उन्हें है—उनकी कथा-प्रकृति में मोहकता रेशे-रेशे में है। वस्तुतः सही अर्थों में आंचलिकता तो रेणु के यहाँ ही है। आंचलिकता का यथार्थ से स्वभावतः विरोध नहीं, पर रेणु के यहाँ आंचलिकता कहानी का 'फ़ॉर्म' ग्रहण करती है—यथार्थ भी आंचलिकता के साथ कभी-कभी 'बाई प्रोडक्ट' बनकर आता है, किसी वैचारिक चेतना के स्तर पर नहीं। रेणु इसी अर्थ में विशुद्ध आंचलिक कथाकार हैं—जिसकी कसौटी उनकी कहानियाँ पूरी करती हैं। नई कहानी में वे विशिष्ट इसलिए भी हैं कि उन्होंने कहानी के रूप-विधान और सौन्दर्यबोध को बदलकर उसे नागर और अभिजात्यता से मुक्त किया—उसे लोकाभिमुख और देशज बनाया। वे हिन्दी कहानी में प्रेमचन्द के बाद सर्वाधिक प्रभाव छोड़नेवाले रचनाकार हैं—जिसका प्रवर्तन प्रकारान्तर से कहानीकारों की अगली पीढ़ी ने किया है। प्रेमचन्द की भाँति गाँव के निम्नवर्गीय—अवर्ण पात्र, उनकी कहानियों में भी मिलेंगे, पर वे उनके आर्थिक संघर्ष, जिजीविषा और विपन्नता की असहाय स्थितियों के बजाय उनके जीवन और परिवेश की सम्पन्न सांस्कृतिक विविधता को गहराते हैं।

उपर्युक्त दोनों कहानियाँ रेणु की प्रेम कहानियों में भी उल्लेखनीय हैं पर इनका सौन्दर्य नई कहानी की अन्य प्रेम कहानियों से अलग है। लोक मन की निश्छल और कला समर्पित संवेदना उनके कई पात्रों में अभिव्यक्त होती है। 'रसप्रिया' का पंचकौड़ी मिरदंगिया और रमपतिया भी लोक कलाकार हैं। दोनों का आन्तरिक सौन्दर्यबोध विविध आंचलिक छवियों के साथ दर्ज होता है। यहाँ प्रेम के दंश और संवेदना का अनूठा चित्रण है। जाति भय के कारण वह रमपतिया से चुमौना छोड़ भाग आता है पर उसके प्रेम से वह कभी नहीं भाग सका। यही प्रेम उसकी कला को जीवन्त रखने की ऊर्जा भी है।

'प्रेम' और 'कला' को किसी भोगवादी या व्यावसायिक नज़रिये से दूर रेणु के पात्र सच्ची लोक संवेदना और निष्ठा से जीते हैं। प्रेमचन्द की भाँति गाँव के निम्नवर्गीय—अवर्ण पात्र रेणु के यहाँ भी मिलते हैं, पर वे उनके आर्थिक संघर्ष, जिजीविषा, विपन्नता या शोषण की असहाय स्थितियों के बजाय उनके जीवन और परिवेश की सम्पन्न सांस्कृतिक विविधता को गहराते हैं। इसकी व्याप्ति 'तीसरी क़सम उर्फ़ मारे गए गुलफ़ाम' कहीं ज़्यादा है—विशेषत: यह सहजता और लोक कलाकार की विविध आंचलिक छवियों के साथ लिखी है। हिरामन के भीतर छिपे 'इनसान' को हीराबाई ने ही जाना है—उसने परख लिया है कि 'हिरामन सचमुच हीरा है।' हिरामन और हीराबाई दो विरोधाभासी संसार के पात्र हैं, जहाँ 'प्रेम' सम्भव नहीं है। हिरामन विधुर है और गाड़ीवानी करनेवाले के जीवन में 'प्रेम' की सम्भावना से ख़ाली है। हीराबाई की दुनिया नौटंकी है—जहाँ उससे प्रेम का स्वाँग भरनेवाले बहुत हैं, लेकिन वास्तविक प्रेम करनेवाला कोई नहीं! समानता यह है कि दोनों 'कलाकार' हैं। प्रेम की संवेदना का स्रोत दोनों के भीतर दबा है। यही स्रोत बैलगाड़ी की यात्रा में अवसर आते ही फूट कर दोनों को प्रेम की मार्मिक भूमि पर ला देता है। कहानी यथार्थ से स्वप्न और स्वप्न से यथार्थ की यात्रा करती है। इस यात्रा में रूप, रस, गंध, वर्ण और ध्वनियों के बिम्ब, छोटे-छोटे भाव चित्त और अभिभूत कर देनेवाले कथा खंड पाठक को मोह लेते हैं। आलोचकों ने इसकी कथा योजना को बिखरी और औपन्यासिक कहा है। लेकिन अन्त में कहानी के सभी सौन्दर्यमूलक उपादान कहानी की मूल संवेदना को रूपायित करते हैं। यह सब इतनी सुरुचि और कलात्मकता से सम्भव होता है कि कहानीकार ख़ुद सामने आए बिना, क़िस्सागोई की नवीन प्रविधि और भाषा-शिल्प के आंचलिक सम्मोहन को एक साथ साध लेता है। यह रेणु की कहानी कला की सबसे बड़ी ताक़त है। महुआ घटवारिन की लोककथा—मूल कथा को व्याप्ति देती है, पर हीराबाई महुआ घटवारिन नहीं है, हिरामन सौदागर का नौकर भी नहीं। नौटंकी की गुलबदन और गुलफ़ाम का क़िस्सा भी मामूली रूप से मूल कथा को स्पर्श करता है। पर हिरामन-हीराबाई की कहानी का अन्त उन सबसे अलग यथार्थमूलक है। जैसे स्वप्न भंग होने पर दिखती सचाई—करुणा और त्रास से समन्वित, जो हिरामन को अकेला, असहाय और उसकी स्मृति में एक दंश देकर छोड़ जाती है। कहानी की अनेक विशिष्टताओं को सँजोये यह रेणु की ही नहीं, हिन्दी की उत्कृष्ट प्रेम कहानियों में अविस्मरणीय है।

नई कहानी आन्दोलन के बीच कहानीकार भीष्म साहनी (1915-2003) की उपस्थिति उन प्रमुख लेखकों में रही है, जो अनुभव बहुल और आत्मपरक-बोध से अलग सामाजिकता और वर्गीय चेतना को लेकर सक्रिय थे। उन्हें इस दौर में प्रेमचन्द की परम्परा का सिद्धहस्त माना जाता है। उनकी कहानियों में मध्यवर्ग की कुंठा, पीड़ा, बिखराव, रूढ़ियाँ और उनके स्वार्थ उद्‌घाटित होते हैं। वे विचारधारा को कहानी के उपागम के रूप में इस्तेमाल करते है—उसके आधार पर निष्कर्ष और ढाँचा खड़ा नहीं करते। उनकी कहानियाँ प्राय: घटना और दृश्य पर आधारित होती हैं। उनका कथा-गद्य एक ऐसी उदात्त चमक लिये है जो जीवन से बहुत आत्मीय बनकर ही सम्भव होता है। वे किसी भी अतिरंजना के विरोधी हैं। वे जीवन की वास्तविकताओं से सीधे साक्षात्कार

करते हैं—कहानी के गद्य को काव्योपम उपकरणों से बचाते हैं, फिर भी नीरस और इतिवृत्तात्मक नहीं है। इसका प्रतिनिधि रूप 'चीफ़ की दावत' (1956) और 'अमृतसर आ गया है' (1971) में देखना चाहिए। उनकी बहुचर्चित कहानी 'चीफ़ की दावत'—नई कहानी में आए परिवर्तन की दृष्टि से अन्य कहानियों से ज़्यादा महत्त्वपूर्ण है। यह कहानी अपने कथ्य और संवेदना की प्रासंगिकता में आज भी पठनीय है। इस कहानी में 'माँ' एक ऐतिहासिक मूल्य हैं—उसके प्रति नई पीढ़ी के स्वार्थबुद्धि से प्रेरित दुर्व्यवहार का चित्रण है। मध्यवर्ग में घुसपैठ कर रही मूल्यहीनता के सूचक शामनाथ और उनकी धर्मपत्नी हैं। विशेषतः यह कहानी नई पीढ़ी के बदलते मूल्यों की आलोचना करती है—गहरे व्यंग्य से इस तरह की अन्तर्वस्तु में निहित करुणा कहीं भी खंडित नहीं होती। यह संवेदनात्मक स्तर पर प्रेमचन्द की 'बूढ़ी काकी' की अगली कड़ी है और वृद्धावस्था की त्रासदी पर हिन्दी की बेजोड़ कहानी के रूप में भी देखा जा सकता है। परिवार में वृद्ध माँ की उपेक्षा और मूल्यगत पतन, नई पीढ़ी की अवसरवादिता, महत्त्वाकांक्षा और 'माँ' को एक फ़ालतू सामान समझनेवाली 'अनैतिकता' का उद्‌घाटन तो इसका प्रमुख पहलू है ही, पर दूसरा भी उतना महत्त्व रखता है—माँ तो माँ ही होती है, अन्त इसी करुणा के साथ होता है—माँ का ममत्व और उसकी महत्ता के स्तुत्य और सम्मानित मूल्य को रेखांकित करते हुए। अपने बेटे की तरक़्क़ी का निमित्त वही बनती है। नई पीढ़ी के लिए यह इसलिए भी पठनीय है कि इसमें वृद्धजनों के प्रति मानवीय व्यवहार बरतने और उनका सम्मानकरने का भाव केन्द्रित है। भीष्म साहनी के यहाँ राजनीतिक सन्दर्भ बेहद संयत तौर पर आते हैं और इसका बिलकुल अलग अन्दाज़ 'अमृतसर आ गया' में मौजूद है। रचना-दृष्टि के लेखकीय सरोकार की महत्ता से, विभाजन पर लिखी कहानियों में इसका चयन बेशक किया जा सकता है। जिसमें वे साम्प्रदायिकता के मूल जन्म की पहचान स्थितियों के सूक्ष्म अवलोकन से कराते हैं।

अमरकान्त (1925-2014) 'नई कहानी' में प्रेमचन्द की परम्परा का अनुकरण करनेवाले कहानीकार हैं। पर नई कहानी के रचना तंत्र के अन्तर्गत अनुभूत यथार्थ की इस प्रामाणिक अभिव्यक्ति में वे प्रेमचन्द की चेतना को यथार्थ-बोध के धरातल पर सर्वथा सादगी और गम्भीर व्यंग्य पटुता के साथ सम्भव करते हैं। प्रगतिशील दृष्टि उनके यहाँ स्थूल फ़ॉर्मूलाबद्ध नहीं है। कमलेश्वर जिस कहानी को 'यथार्थ को खोजनेवाली' और 'अनुभव के धरातल पर नई' मानते हैं। अमरकान्त की कहानियाँ उसे पूरा करती हैं। अमरकान्त नई कहानी के बीच होकर भी उसके रोमानी और अनुभव बहुल संसार से असम्पृक्त रहे। यही असम्पृक्ति उन्हें विशिष्टता देती है—उन्होंने सादगी और गम्भीर व्यंग्य पटुता से अपने आसपास की ज़िन्दगी पर कहानियाँ लिखी हैं। उन्होंने निम्नवर्गीय या मध्यवर्गीय जीवन और परिवेश के चरित्रों को अगाध सहानुभूति से उभारा। उनके कथ्य गहरी और विश्वसनीय संवेदना से उपजे हैं। कुछ देर से ही सही अन्ततः उनकी कहानियों का मूल्य पहचाना गया। अमरकान्त को प्रेमचन्द की परम्परा और प्रगतिशील-दृष्टि के प्रति गहरा लगाव है—इनने लेखकीय-बोध को पुष्ट किया है। इसी बोधपुष्ट दृष्टि ने उन्हें 'डिप्टी कलक्टरी' (1956), 'ज़िन्दगी और जोंक' (1956) और 'दोपहर का भोजन' (1953) जैसी कहानी लिखने की प्रेरणा दी है। उनकी इन तीन कहानियों

को नई कहानी आन्दोलन में ही सर्वथा अलग इसलिए भी रखा जा सकता है कि इनमें रोमांटिक भावबोध का निषेध है और कुछ चरित्रों के माध्यम से आज़ादी के बाद पनपती भारतीय निम्न-मध्यवर्ग की सोच और मानसिकता की तलाश है—इस क्रम में वे उस वर्ग के स्वप्न, आकांक्षाओं और अभावों के त्रासद प्रभावों को उभारते हैं। अपने समय की मूलधारा यानी नई कहानी के रोमानी रुझानों से अलग होने का रचनात्मक साहस 'डिप्टी कलक्टरी' जैसी कहानी है—जहाँ निम्न-मध्यवर्ग में व्यवस्था के प्रति विश्वास की उपज एक उम्मीद का स्वप्न निर्मित करती है, तो दूसरी ओर उनके टूटने का त्रास—इस कहानी की ऐतिहासिक ज़रूरत सिद्ध करता है। वे अभावों की इस निम्नमध्यवर्गीय नियति को अत्यन्त निर्मम तटस्थता से 'दोपहर का भोजन' में इस तरह व्यक्त करते हैं कि नई कहानी में वातावरण और यथार्थबोध की व्यंजना का प्रचलित पैमाना ही जैसे बदल देते हैं। आश्चर्य लगता है कि संवेदना के रचनात्मक कसाव की दृष्टि से अलग उपलब्धि हासिल करती अमरकान्त की कहानियाँ उस दौर की चर्चाओं में फिर भी उपेक्षित रहीं! अमरकान्त जब विचाराधारा का रचनात्मक इस्तेमाल करते हैं, तो 'ज़िन्दगी और जोंक' जैसी कहानी जनमती है। इस कहानी का पात्र 'रजुआ' अन्य प्रगतिशील कहानियों के पात्रों की तरह क्रान्तिकारी नहीं है, चुपचाप शोषित होता रहता है। प्रगतिशील आशय उनके यहाँ उतने स्थूल नहीं हैं—फ़ैशन या फ़ॉर्मूला नहीं है। कहानी में रजुआ की जिजीविषा उतनी ही वास्तविकता से चित्रित है। मध्यवर्गीय समाज के बीच वह लगभग फ़ालतू और ग़ैरज़रूरी है। वह ज़्यादा से ज़्यादा नौकर है, जिसका जब-तब शोषण ही किया जा सकता है। मध्यवर्गीय स्वार्थों के लिए ही वह उपयोगी है पर उसकी ज़िन्दगी की जरूरतें इतनी अल्प हैं कि वह इस अमानवीय हो गए समाज से भी पूरी करवा लेता है। अपनी जीवन रक्षा के लिए वह ज़रूरी 'रस' खींच लेना जानता है। उसके लिए सारी स्थितियाँ ज़िन्दगी की विरोधी हैं पर उसकी व्यवहारिक बुद्धि या काँइयाँपन जीने भर की जुगत ढूँढ़ ही लेता है। कहानीकार ने उसकी ज़िन्दगी के सारे सन्दर्भों और व्यवहार को कलात्मकता और प्रतीकों से उभारा है। कुछ इस तरह कि एक ऐतिहासिक सचाई करुणा से आप्लावित होकर सहज मानवीय संवेदना की गरिमा को प्राप्त करती है। अमरकान्त की उपर्युक्त तीनों कहानियाँ उनकी ही नहीं, हिन्दी की श्रेष्ठ कहानियों में शामिल की गई हैं।

कहानीकार मोहन राकेश (1925-1976), कमलेश्वर (1932-2007) और राजेन्द्र यादव (1929-2013) नई कहानी आन्दोलन की त्रयी के रूप में प्रसिद्ध है। ये नगरीय मध्यवर्गीय जीवन के कहानीकार हैं इनकी कहानियों में तदयुगीन सामाजिक-राजनीतिक परिस्थितियों के बीच जीवन की विडम्बनाओं के साथ पारिवारिक जीवन के बदलते मूल्य एवं स्त्री-पुरुष सम्बन्धों का नया कोण चित्रित हुआ है। इन तीनों कथाकारों के यहाँ स्वानुभूत यथार्थ भिन्न-भिन्न छवियों में मौजूद है—वे नई कहानी आन्दोलन के प्रतिनिधि कहानीकार होने के साथ, इस आन्दोलन के नेतृत्वकर्ता भी रहे। तीनों कहानीकारों ने नई कहानी की अवधारणाओं को स्पष्ट करने तथा पुरानी कहानी से उसे अलगाने के लिए लेखन भी किया। यद्यपि आन्दोलन के केन्द्र में बने रहने के लिए भी उनके उपक्रमों और तत्परता को देखा जाता है। उनकी कहानियों ने इस दौर की रचनाशीलता को विविध

बनाया ही है, नई कहानी पर आरोप-प्रत्यारोप के सिलसिले में जवाब भी दिये। इस दौर में उनके बयान रणनीति का हिस्सा भी कहे जाते हैं, पर 'नई कहानी' को आन्दोलन के रूप में स्थापित करने में उक्त तीनों कहानीकारों का रोल ऐतिहासिक महत्त्व रखता है।

सामाजिक परिवेश से भोगे हुए सत्य के संवेदना समृद्ध उद्घाटन की दृष्टि से, मोहन राकेश नई कहानी के प्रतिष्ठित कहानीकार हैं। उनकी कई कहानियों में स्त्री-पुरुष सम्बन्धों की आधुनिक स्थितियाँ हैं—जहाँ स्त्री अकेलेपन का अभिशाप झेलती देखी जा सकती है। 'एक और ज़िन्दगी' इसी वर्ग के अन्तर्गत आती है। इस कहानी को उनके अपने जीवन की छाया के रूप में पढ़ा गया है। यहाँ आर्थिक रूप से स्वाधीन स्त्री का अकेलापन और अपने पति से विपरीत रुचि होने का टकराव अभिव्यक्ति हुआ है—इसके अलावा प्रकाश और बीना के अलगाव का और कोई बुनियादी कारण कहानी में मौजूदी नहीं है। कहानी में एक तनाव और अन्तर्द्वंद्व का चित्रण है। मोहन राकेश की अनेक कहानियों के पात्र ऐसी ही परिस्थितियों में होते हैं। इस कहानी में मध्यवर्गीय पढ़े-लिखे मनुष्य का यही त्रासद तनाव चित्रित हुआ है कि वह पहली ज़िन्दगी को न छोड़ पाता है और न चुनी हुई दूसरी ज़िन्दगी को अपना पाता है। नई कहानी में 'अनुभव की प्रामाणिकता', 'परिवेश के प्रति प्रतिबद्धता' और 'भोगे हुए यथार्थ' की अवधारणा चर्चित हुई थी—मोहन राकेश की कहानियों में उसकी रचनात्मक स्वीकृति सर्वाधिक मौजूद है। इस दौर में स्त्री-पुरुष सम्बन्धों को लेकर अनेक कहानियाँ प्रकाश में आई थीं। उनके माध्यम से मध्यवर्गीय जीवन में स्त्री-पुरुष के बीच बदलते सम्बन्धों के नये कोण, तनाव, अहं, परिवारों की टूटन के साथ प्रेम के बदलते मूल्यों का भी संकेत मिलता है। इस प्रचलन के बीच मोहन राकेश की 'मलबे का मालिक' और 'आर्द्रा' जैसी उल्लेखनीय कहानियाँ अलग महत्त्व रखती हैं। भारत विभाजन पर जो कुछ उल्लेखनीय कहानियाँ हिन्दी में लिखी गई हैं, उनमें 'मलबे का मालिक' (1956) अपनी मार्मिकता में बेजोड़ है। विभाजन की पीड़ा और साम्प्रदायिक तनाव को यह कहानी इतने रचनात्मक संयम और संकेतों में कहती है कि आशयों के अनेक स्तर खुलते नज़र आने लगते हैं।

कहानीकार के रूप में कमलेश्वर के यहाँ मध्यवर्गीय जीवन की कुंठाओं, वर्जनाओं, हताशा, आर्थिक विषमता और संक्रमण जैसी स्थितियों को मानवीय संवेदना के धरातल पर अभिव्यक्ति दी गई है। उनके कथ्य और भाषा, समाज के बदलते परिवेश से उपजे हैं। 'राजा निरबंसिया', 'क़स्बे का आदमी', 'नीली झील' जैसी उत्कृष्ट कहानियों के लेखक कमलेश्वर मध्यवर्गीय जीवन की सहजता से आरम्भ करते हुए महानगरीय बोध की आधुनिक संश्लिष्ट जीवन स्थितियों का भी अंकन करते हैं—'खोई हुई दिशाएँ' इसी दृष्टि से महत्त्वपूर्ण है। इसके बावजूद उनकी ख्याति का आधार 'राजा निरबंसिया' है, जो 'कहानी' पत्रिका के वार्षिकांक' 56 में पुरस्कृत होने से लेकर आज तक दोहरे कथा शिल्प के कारण सराही और चर्चा में रही है। लोक कथा इसका प्रबल रचनात्मक आधार है। अपने कथा काल को लाँघकर यह कहानी स्त्री-पुरुष सम्बन्धों के द्वंद्व और तनाव को सामाजिक परिस्थितियों के परिप्रेक्ष्य के साथ प्रस्तुत करती है। वह दाम्पत्य जीवन में संतति न आने के पीछे स्त्री को दोषी मानने की मनोवृत्ति वाला समाज है। पौरुषहीन पुरुष जैसे निरपेक्ष है! पुरुष का कुंठाग्रस्त होकर आत्महत्या करना और स्त्री को अपनी

कोख की उर्वरता प्रमाणित करने के लिए अन्य पुरुष से प्रेम करना—इस पूरे कथा तनाव को कमलेश्वर ने लोक कथा के समानान्तर अनुस्यूत करके कहानी के कथ्य ही नहीं, फ़ॉर्म को भी नयेपन में आविष्कृत किया। नई कहानी में अकेलापन और अजनबीपन आवश्यक विधान के रूप में चित्रित हुआ था। पश्चिम की प्रवृत्ति अलगाव बोध के दर्शन का भी प्रभाव माना गया है। गार्डन चार्ल्स रोडरमल ने हिन्दी कहानी के ज़रिये 'अलगाव' या 'अजनबीयत' को भारतीय जीवन के विविध स्तरों में पहचाना है। उन्होंने नई कहानी को लक्ष्य कर 'हिन्दी कहानी अलगाव का दर्शन' नामक पुस्तक भी लिखी है। यद्यपि यह भारतीय जीवन की व्यापक सचाई नहीं है। लेकिन आज़ादी के बाद नगर और महानगर की भीड़ और भागती ज़िन्दगी में इसकी अनुभूति आश्चर्यजनक भी नहीं है। कमलेश्वर ने महानगर दिल्ली के परिवेश में इस बोध को 'खोई हुई दिशाएँ' कहानी में दिखाया है। लेकिन कहानी अपने चरम पर पहुँचकर अतिरंजना का शिकार हो गई है पर एक क़स्बे या गाँव से निकले संवेदनशील युवक की आन्तरिक पीड़ा कहानी में बख़ूबी अभिव्यक्त हुई है—वह महानगर की बेशुमार भीड़ में अपने को अकेला पाता है। अपनी पूर्व प्रेमिका का बदला हुआ तेवर उसे अन्दर तक तोड़ देता है। पत्नी निर्मला के साथ भी वह अपने को विभाजित महसूस करता है और अन्त में उसे झिंझोड़ते हुए पूछ बैठता है 'मुझे पहचानती हो निर्मला?' मधुरेश मानते हैं कि 'अजनबीपन और अलगाव का यह बोध वस्तुतः उसी अस्तित्ववादी दर्शन और साहित्य की अनुगूँज है जिसकी धुंध नई कविता में छाई हुई थी। भले ही और बहुतों की तरह कमलेश्वर इसे पश्चिम से भिन्न अपने ही परिवेशगत सन्दर्भों की देन कहें, लेकिन इसकी जड़ें पारिवारिक विघटन और आर्थिक विषमता से बाहर कहीं हैं। ये हताशा, आत्मनिर्वासन, ऊब, अलगाव और पराजयबोध जैसी मन:स्थितियाँ वस्तुत: उसी क्षणवाद से जन्मी और उपजी हैं जो मनुष्य को इतिहास के समूचे प्रवाह से काटकर एक क्षण विशेष में, मात्र अपने लिए सीमित और सार्थक बनाकर छोड़ देती है।' (हिन्दी कहानी का विकास, पृ. 90) कहना न होगा ऐसी ही कहानियों के ज़रिये नई कहानी में सामाजिकता के दायरे सिकुड़ने के संकेत किए गए थे।

राजेन्द्र यादव की कहानियाँ मध्यवर्गीय स्त्री के प्रति अधिक सजग हैं। भारतीय समाज में स्त्री के शोषण-उत्पीड़न और उसकी इच्छाओं के हनन को वे संवेदनशीलता उभारते हैं। उनकी स्त्री-जीवन को केन्द्र में रखकर लिखी गई कहानियाँ पुरुष वर्चस्व वाले समाज में स्त्री-जीवन की सार्थकता को, विभिन्न कोणों से स्त्री मुक्ति के प्रश्नों को उठाती हैं। 'जहाँ लक्ष्मी क़ैद है' (1957 में प्रकाशित इसी नाम के संग्रह में संकलित) कहानी एक ओर पौराणिक रूपक में प्रभावित करती है। स्त्री को देह की एक जैविक अनिवार्यता है, उसका मानवीय हक़ भी। पिता रूपराम पुरुष सत्ता का प्रतीक है और लक्ष्मी को उसका हक़ नहीं मिलने देता। फलस्वरूप वह हिस्टीरिया का शिकार को चुकी है। पर इस कहानी का दूसरा पहलू भी उल्लेखनीय है—आज़ाद देश के तत्कालीन परिवेश में रूपराम जैसे महाजनों की उपस्थिति के चलते वैश्य वर्ग का विकास महाजन के स्तर पर ठहरा हुआ है। उनके अधीन 'लक्ष्मी' देश की औद्योगिक तरक़्क़ी के लिए नहीं, तिजोरियों में क़ैद है जबकि उसकी भूमिका वहाँ से मुक्ति के बाद ही है। नई और पुरानी पीढ़ी के द्वंद्व नई

कहानी की प्रमुख प्रवृत्तियों में शुमार रहे हैं। नये मूल्य और नई जीवन पद्धति से बनते परिवारों के नये वातावरण की अहमियत को राजेन्द्र यादव 'बिरादरी-बाहर' (1961) के केन्द्र में रखते हैं। इस तरह कि दो पीढ़ियों के मूल्य द्वंद्व को उभार पाने का ध्येय पूरा हो जाता है। बदलता समय और परिवेश यानी नई पीढ़ी की अपनी बिरादरियाँ बनती हैं—पुरानी पीढ़ी के लोग उनसे मेल न होने से अलग-थलग पड़ते हुए, अपने अस्तित्व को व्यर्थ समझने लगते हैं। कहानी में यह कथ्य वातावरण का नायकत्व रचने के अर्थ में मूर्त होता है। उस नायकत्व का पात्रों और कथ्य के साथ रिश्ता क्या हो सकता है—यह नई कहानियों ने प्रमाणित किया—'बिरादरी-बाहर' उसका प्रबल प्रतिनिधित्व करती है।

नई कहानी का जिन आधुनिकतावादी-अस्तित्ववादी और अनुभवपरक प्रवृत्तियों के आधार पर परिचय कराया गया था, निर्मल वर्मा (1929-2005) उनके विशिष्ट कथाकार हैं। नामवर सिंह द्वारा 'परिन्दे' (1957) को नई कहानी की 'पहली कृति' होने की घोषणा के बाद निर्मल वर्मा की कहानी कला को लेकर कथा आलोचना में उभरे विवाद कभी थमें नहीं! कालान्तर में उनके समर्थन और विरोध के दो खेमे बन चुके हैं। कहना न होगा कि इसके चलते भी निर्मल वर्मा विशिष्ट बन गए हैं। इस परिप्रेक्ष्य में निर्मल वर्मा की कहानियों का मूल्यांकन या इस परिप्रेक्ष्य को हटाकर, ख़ासा चुनौतीपूर्ण है। इसमें दो राय नहीं कि उन्होंने कहानी के बहुप्रचलित फ़ॉर्म, रूढ़ विषयवस्तु और भाषा शैली को छोड़कर अपनी स्वतंत्र, बेहद कलात्मक पद्धति की खोज की थी। उनका सम्बन्ध जोड़ना ही है तो जैनेन्द्र और अज्ञेय की कहानी कला के समीप पहुँचेगा। वे उन अनुभूतियों के कहानीकार हैं, जिन्हें ऐकान्तिक, अन्तर्मुखी और व्यक्तिपरक कहा गया है। समाज के कतिपय स्थूल या बाह्य यथार्थ की वास्तविकताओं का चित्रण करना, उनकी कहानियों का उद्‌देश्य नहीं है। वे इसके विपरीत आधुनिक परिवेश में व्यक्ति के नितान्त अकेले क्षणों और अनुभूतियों को परिवेश का सघन मानवीकरण करते हुए, काव्यात्मकता से संयुक्त भाषायी बुनावट से सम्भव करते हैं। उनकी कहानियों में प्रायः मूड या मनःस्थिति को गहराया जाता है। कहानी के सारे उपादान उस विशेष व्यक्ति (चरित्र) के मूड में केन्द्रित हो जाते हैं। 'परिन्दे' की लतिका की मनःस्थिति में व्यतीत प्रेम की स्मृतियों का दंश है—इसका बारीक़ फॉरमेशन कहानी में है। यहाँ भी परिवेश अनुभूतियों और स्मृतियों की वेदना को साकार करता है। परिवेश भी ऐसा कि बहुत परिचित या सामान्यतः भारतीय नहीं है—एकदम अभारतीय भले न हो। अकारण नहीं उनकी कहानियों को विदेशी प्रभाव की कह दिया गया। यही बात चरित्रों को लेकर है—उनके नायक या नायिकाएँ भारतीय हैं पर वे जिन संकटों, संत्रास या अलगाव या अनाम दंश को लेकर जीवन जी रहे हैं, वे हमारे बहुत परिचित नहीं बन पाते। यह अस्वीकार नहीं होना चाहिए कि किसी बेहद सीमित वर्ग या व्यक्ति का अनुभव संसार कहानी की चिन्ता का विषय न बने! वस्तुतः निर्मल वर्मा की कहानियों से अपनापन न हो पाने की समस्या, उनके यहाँ हमारे बहुत परिचित और व्यक्तिगत अनुभवों या जीवन स्थितियों का अनर्जित रह जाना है। पर इतने भर से निर्मल वर्मा अप्रासंगिक नहीं हो जाते हैं—स्वयं आरम्भिक दौर में वामपंथी विचारधारा से सम्बद्ध होकर भी अपनी कहानियों में उससे असम्पृक्त रहना, उनके लिए भी चुनौतीपूर्ण रहा होगा। अपनी रचना में इस चुनौती को सफलता से निभा

लेने यानी विचारधारा के कैसे भी प्रभाव से निरपेक्ष रहकर ही कहानी को 'नया' बनाने के लिए निर्मल वर्मा विशिष्ट माने जाएँगे। उनकी उपस्थिति को नज़रअन्दाज़ करके 'नई कहानी' का कोई भी उल्लेख अधूरा ही रहेगा।

नई कहानी में शिवप्रसाद सिंह (1928-1998) की उपस्थिति आंचलिक या ग्राम कथाकार के रूप में रही है। उनकी कहानियाँ आंचलिक होकर उसे अतिक्रमित भी करती हैं। वे सिर्फ़ रेणु की तरह आंचलिक नहीं हैं, उनके यहाँ प्रेमचन्द का कथाबोध भी शामिल है। उनकी कहानियों का समन्वित प्रभाव दर्शाता है कि आंचलिकता और यथार्थवाद का मेल सम्भव है। स्वातंत्र्योत्तर ग्रामीण जीवन के सामाजिक, राजनीतिक, आर्थिक और सांस्कृतिक अन्तर्विरोधों और विडम्बनाओं को देखने का आइना उनकी कहानियों में मिलता है। कथावस्तु के साथ-साथ वे कथा शिल्प के प्रति पर्याप्त सजग हैं। आरम्भ से ही उन्होंने नई कहानी के शिल्प विकास में भूमिका निभाई। उन्होंने प्राय: आत्मकथात्मक और पूर्वदीप्ति शैली का प्रयोग कहानियों में किया है—इसके साथ लोक तत्त्वों, बिम्बों और प्रतीकों के कलात्मक संयोजन में उन्हें कुशलता हासिल है। उन्हें अपनी कहानियों को सिर्फ़ 'आंचलिक' कहे जाने से एतराज़ है। इसे वे एक सीमित परिधि में बाँधना मानते थे। इसका अन्दाज़ा उनके इस कथन से लगता है, जिससे उनकी कथा प्रवृत्ति का भी संकेत मिलता है—"अक्सर सम्पूर्ण ग्राम कथा-साहित्य को आंचलिक मानने का भ्रम हिन्दी में फैला है। ग्राम कथा ज़्यादा व्यापक भावभूमि की वस्तु होती है। ग्राम जीवन सभी साहित्यों की परिचित वस्तु होता है, जबकि आंचलिकता एक ख़ास प्रकार के विशिष्ट श्रेय के जीवन से अपने को सम्पूर्णत: सम्बद्ध कर देती है। उस जीवन को पूर्णत: उपेक्षित और अछूता समझकर उसके समग्र रूप का छोटे-से-छोटे रूप में पुन: प्रस्तुतीकरण आंचलिकता का लक्ष्य होता है—प्रत्येक ग्राम कथा आंचलिकता नहीं होती जबकि प्रत्येक आंचलिक कथा ग्राम कथा हो सकती है।" (आंचलिकता और आधुनिकता परिवेश, शिवप्रसाद सिंह, कल्पना : मार्च 1965)

नई कहानी में बदले सम्बन्धों, विशेषत: स्त्री-पुरुष सम्बन्धों की कहानियाँ लिखने का बहुत ज़ोर था। नई कहानी के प्राय: सभी प्रमुख कहानीकारों के यहाँ कमोबेश ऐसी कहानियाँ अवश्य हैं। शिवप्रसाद सिंह इसके अपवाद नहीं हैं, उनके यहाँ ऐसी कहानियाँ बहुत कम ज़रूर हैं। 'नन्हों' उनकी इसी सीमित वर्ग की, किन्तु उनके सम्पूर्ण कथा संसार की प्रतिनिधि कहानियों में है। आज स्त्री विमर्श की बहस में इस कहानी का मूल्य नये सिरे से उभर आता है, क्योंकि इसका सम्बन्ध एक ग्रामीण स्त्री से है—जिसके साथ विवाह को लेकर छलावा हुआ—देखा किसी ने और ब्याह हुआ किसी से। अपने विकलांग पति मिश्रीलाल की मृत्यु के बाद भी रामसुभग की लाख कोशिश या पश्चात्ताप जैसे व्यवहार के बावजूद उसे स्वीकार नहीं करती। अपनी मूल संरचना में यह 'नन्हों' के स्वाभिमान की कहानी है। स्त्री के विरोध में खड़े समाज के रीति-रिवाज जिन्हें स्वीकारती नन्हों का आन्तरिक द्वंद्व और पीड़ा को गहरी विश्वसनीयता और संवेदनशीलता से उभारा गया है। पूर्वदीप्ति और आत्मकथात्मक शैली में नन्हों की आन्तरिक टूटन और विघटन को अभिव्यक्ति करती इस कहानी में अन्तर्मुखता से पर्याप्त बचकर बहिर्मुखता है—स्त्री के लिए बनी विवाह संस्था की आलोचना भी है। नन्हों स्वाभिमानी है पर मुँह दिखाई

में दिया गया रूमाल, रामसुभग को लौटा देने के बाद, वह द्वंद्व में खड़ी एक स्त्री भी है—'नन्हों' प्रेमचन्द युग में नहीं, नई कहानी के दौर में लिखी गई है। कहानी के अन्त में प्रतीक और संकेत का सार्थक प्रयोग उल्लेखनीय है—"रामसुभग ने रूमाल ले लिया। नन्हों उसका जाना भी न देख सकी। आँखें जल में तैर रही थीं। दिये की लौ जटामासी के फूल की तरह कई फॉकों में बँट गई थी। नन्हों ने किवाड़ बन्द कर लिए पर साँकल न चढ़ा सकी..." एक स्त्री ख़ासतौर से ग्रामीण स्त्री के जीवन के अन्तर्विरोधों की दृष्टि से यह हिन्दी की मूल्यवान कहानी है। समाज की जाति संरचना और अन्धविश्वास की जकड़न को एक साथ तोड़ती कहानी 'कर्मनाशा की हार' में सामाजिक रूढ़ियों के उद्‌घाटन और उसे ध्वस्त करने की कसौटी यहाँ भी प्रेम है। ज़ाहिर है उसकी नियति को झेलती स्त्री ही है। कहानी जिस तरह आदर्शीकरण की ओर उन्मुख होती है—उससे प्रेमचन्द द्वारा उठाए संकल्पों की प्रतिध्वनियाँ यहाँ गहन रूपों में सुनाई पड़ती हैं। इसी कारण यह नई कहानी के कथा प्रारूपों में सर्वथा चकित करते हुए, विकल्प का पुराना अनुकरण करती जान पड़ती है। इसकी अपेक्षा 'नन्हों' का रचना विधान नई कहानी की ज़्यादा ख़ूबियों को आत्मसात् किए है। वहीं 'कर्मनाशा की हार' में प्रेम की सामाजिक स्वीकृति को प्राकृतिक आपदा के कहर से जूझनेवाले ग्रामीण जीवन के व्यापक सत्य को सम्मुख रखकर, कहानीकार ने अपनी रचना प्रतिबद्धता का सघन और मज़बूत आधार प्रदान किया हैं।

शेखर जोशी (ज. 1939) ने पहाड़ के जीवन पर आधारित कुछ कहानियाँ लिखी हैं इसी आधार पर उन्हें आंचलिक कहानीकारों की सूची में रखा गया है, पर उनकी कहानियों का सम्बन्ध व्यापक सामाजिक सन्दर्भों तक जाता है। उनका सम्बन्ध पहाड़ी जीवन तक ही नहीं—क़ारखानों के मज़दूरों, मध्यवर्गीय परिवेश की विसंगतियों और परवर्ती दौर में उपभोक्ता-संस्कृति के आतंक से भी वास्ता रखता है। पर नई कहानी के दौर में प्रथमतः उनकी पहचान पहाड़ी जीवन के ग्राम कथाकार के रूप में उभरी थी। उनकी कहानियों में प्रेमचन्द की परम्परा का पारदर्शी रूप झलकता है। नई कहानी में 'अकेलापन' कहानी के आवश्यक विधान के रूप में आया था। शेखर जोशी की विशेषता यह है कि वे उसे आधुनिकतावादियों की तरह न स्वीकार कर, सामाजिकता में लीन कर देते हैं। उनकी चर्चित कहानी 'कोसी का घटवार' (1958 में प्रकाशित इसी नाम के संग्रह में संकलित) गुसाईं का अकेलापन आत्मघाती नहीं है—वह अपने घटवार में अनाज की पिसाई करके या ग्राहकों से बतियाकर अपने अकेलेपन को भरता है। अपने रचनात्मक सरोकारों में यह कहानी के रचना विधान की अनेक विशेषताएँ समेटे है। मूलतः प्रेम कहानी होकर भी यह रोमानी प्रभावों से मुक्त है। पहाड़ी प्रदेश का निविड़ एकान्त, पनचक्की की एक रस आवाज़, प्रेम में टूटा हुआ गुसाईं का अकेलापन और इस परिवेश में उसकी पूर्व प्रेमिका लछमा से आकस्मिक भेंट हो जाना—भावुक बना देनेवाली सम्भावित परिस्थितियों के बीच, गुसाईं का संयत व्यवहार उसे चारित्रिक ऊँचाई पर ला देता है। गुसाईं के अकेलेपन की अनुभूति का संकेत कहानी में ही है—कोई अज्ञात, अनाम या अस्पष्ट नहीं—"कभी-कभी गुसाईं को यह अकेलापन काटने लगता है। सूखी नदी के किनारे का यह अकेलापन नहीं, ज़िन्दगी भर साथ देने के लिए जो अकेलापन

उसके द्वार पर धरना देकर बैठ गया है, वही। जिसे अपना कह सके, ऐसे किसी प्राणी का स्वर उसके लिए नहीं। पालतू कुत्ते-बिल्ली का स्वर भी नहीं। क्या ठिकाना! ऐसे मालिक का, जिसका घर-द्वार, बीवी-बच्चे नहीं, खाने-पीने का ठिकाना नहीं..." गुसाईं अपने प्रेम से विरक्त हुआ—लछमा की हठ ने उसे अकेला कर दिया। वह टूटा हुआ है, लेकिन अपनी नियति के लिए समर्पित भी है। कहानी का वस्तु विधान जब शेखर जोशी की कहानी-कला और दृष्टि-बोध में ढलता है—तब छोटी-सी घटना या अनुभूति सामाजिक जीवन के मर्म खोल देती है। ग्राम कथा के प्रति अतिरिक्त उत्साह नई कहानी की चर्चाओं में रहा है, पर शेखर जोशी ने औद्योगिक संस्थानों से सम्बन्धित कहानियाँ लिखकर उन चर्चाओं की सीमाओं को तोड़ा। जिसका प्रतिनिधि रूप 'बदबू' (संग्रह : कोसी का घटवार, 1958 में संकलित) में देखना चाहिए। एक ओर यह कहानी लेखक के उस श्रमिक वर्ग से आत्मीय अनुराग को व्यक्त करती है, वहीं शोषण के विरुद्ध वर्गीय चेतना का सपना आकार लेता हुआ दिखता है। कहानीकार की वैचारिक ऊर्जा के प्रतिबद्ध सरोकार के लिए इस कहानी को याद किया जा सकता है।

नई कहानी की अन्तर्वस्तु में नया आयाम जोड़ने का श्रेय हरिशंकर परसाई (1922-1995) को है। वे लेखन को सामाजिक-कर्म मानते हैं। उनकी तात्कालिकता से वैचारिक प्रतिबद्धता है—साहित्य की शाश्वत भूमिका में उनका विश्वास नहीं। उन्होंने अपने लेखन में व्यंग्य की सर्जनात्मक सम्भावनाओं को प्रमाणित किया है। उनकी कहानियाँ आज़ादी के बाद के राजनीतिक, सामाजिक, सांस्कृतिक परिदृश्य में घुसपैठ कर रहीं विरूपताओं, विसंगतियों और विडम्बनाओं को लक्षित करती हैं जो प्राय: इनसान के विरोध में पनप रही थीं। वे अपनी कहानियों में व्यवस्था की विभिन्न विकृतियों को उभारते हुए मनुष्य की पीड़ा अन्याय, अभावों और शोषण के पक्ष में खड़े होते हैं। अपनी अन्तर्वस्तु का स्वरूप वे व्यंग्य-चेतना से गहराते हैं, लेकिन व्यंग्य हल्का और उथला नहीं, कारुणिक-संवेदना उपजाता है। परसाई की मूल-चेतना उन्हें प्रेमचन्द की परम्परा से जोड़ती है। कहा जा सकता है कि परसाई ने अपने जातीय-गंध की धार से कहानी में प्रेमचन्द की दृष्टि का अगला मुकम्मल प्रस्थान दिया। प्रेमचन्द की परम्परा में लिखनेवाले अन्य कहानीकारों ने तो व्यंग्य की अंडरटोन का इस्तेमाल किया है, परसाई के लिए तो व्यंग्य-कहानी का रूप है, बल्कि रूप से अधिक रूपायन (फॉर्मेशन) है, शिल्प तो कथ्य के अनुरूप अपनी राह खोज ही लेता है। इतिहास, पुराण, लोकवार्ता और फ़ैंटेसी का प्रयोग वे कहानी में अपने वर्तमान को व्यक्त करने का माध्यम बनाते हैं। उनकी प्रतिनिधि कहानी 'भोलाराम का जीव' बहुपठित है और इसी छोटे फ़ॉर्म में अनूठी कहानी है। इसमें फ़ैंटेसी है—पौराणिक पात्र नारद, यमराज, चित्रगुप्त आदि हैं पर वे वर्तमान की कथा को विस्तार और व्याप्ति देते हैं। नायक वही ऐतिहासिक आदमी भोलाराम है, जो भयग्रस्त है और जिसके साथ होने का यह व्यवस्था सिर्फ़ ढोंग करती है—उसकी सहूलियत और उसकी रक्षा के लिए नहीं, उसे छलने के लिए। पेंशन की बाट जोहते-जोहते भोलाराम की जान ही चली गई। नई कहानी में जब मध्यवर्गीय कुंठाओं और अनुभवों का कुहासा छाया था, तब परसाई ने इस धुंध को छाँटकर अपने समय के परिचित इनसान को उसकी निस्संग सचाइयों के साथ उपस्थित

किया। बहुत देर से सही, उनकी साधारण-सी दिखनेवाली कहानियों की असाधारण उत्कृष्टता को पहचाना गया। परसाई अपने सहज बोध और कथा गद्य में व्यंग्य चेतना की अनूठी वापसी को लेकर बार-बार पढ़े जानेवाले लेखक हैं।

नई कहानी की उपलब्धियों में इस दौर में सक्रिय महिला कहानीकारों की उपस्थिति उल्लेखनीय है। कहानी की आधी शताब्दी की यात्रा में जितनी महिला कहानीकार नहीं हुई, जितनी दस-बारह वर्षों के इस कथा आन्दोलन के बीच उभरकर आईं। यह स्त्री की बदलती स्थिति के कारण हुआ। महिला कहानीकारों को 'महिला' होने के कारण पृथक् रेखांकन या मूल्यांकन, सहानुभूति या अवमूल्यन का अन्देशा हो सकता है। पर इस दौर में महिला कहानीकारों की उपस्थिति और अपने-अपने अनुभवों से तपा-जिया लेखन सम्भवतः पहली बार प्रामाणिक और विश्वसनीय अभिव्यक्ति पा सका। नई कहानी की महिला त्रयी : कृष्णा सोबती, मन्नू भंडारी और उषा प्रियंवदा की कहानियों में इसके प्रमाण मौजूद हैं।

कृष्णा सोबती (1925-2019) ने कम कहानियाँ लिखकर भी नई कहानी आन्दोलन में अपनी विशिष्ट पहचान बनाई। उनकी कहानियों में जीवन के प्रति गहरी और अदम्य लालसा मौजूद है। नई कहानी में प्रेम और स्त्री-पुरुष सम्बन्धों पर बड़ी संख्या में कहानियाँ मौजूद हैं। कृष्णा सोबती के कथा संसार में इस तरह की उल्लेखनीय कहानियाँ हैं। उनकी प्रेम-सम्बन्धों वाली कहानियाँ अपने रचनात्मक आधार से मनोवैज्ञानिक कहानियों का पूर्व प्रचलित शास्त्र बदलती हैं। ऐसी कहानियों में नई कहानी के दौर की बहुतेरी प्रवृत्तियों को अपनाकर भी वे लेखकीय आत्मपरकता से प्रायः मुक्त मानी जा सकती हैं। जिसका प्रतिनिधित्व विलक्षण प्रेम का अहसास कराती कहानी 'बादलों के घेरे' में मिलता है। उनकी प्रेम कहानियों में रोमानियत और भावुकता का स्पर्श है, लेकिन वे प्रेम में तन और मन के अन्तर्द्वंद्व को नये विमर्श की जगह देती हैं। 'बादलों के घेरे' उन कुछ कहानियों में है जिसमें प्रेम की ताक़त को अपने स्वतःस्फूर्त रचना विधान द्वारा दर्ज किया गया है। जिसकी स्मृति भी किसी मनुष्य के लिए अपरिहार्य जीवन प्रत्यय की तरह है—लेखिका ने जिसका संवेदनात्मक धरातल पर सर्वथा अलग और ताज़गी भरा अहसास कराया है। इस अहसास को कहानी अपने पाठकों को, अपने साथ आत्मीयता से शामिल होने का अवसर देती है। स्त्री अस्मिता की सघन खोज और अर्थवत्ता के आयामों का प्रसार—उनकी कहानियों को ख़ास बनाता है। उन्होंने देश विभाजन की पृष्ठभूमि में मानवीय संवेदना का आख्यान रचती उल्लेखनीय कहानियाँ भी लिखी हैं। नई कहानी के उतार के बाद भी उनका सफ़र जारी रहा।

मन्नू भंडारी (ज. 1931) इस दौर की अकेली हैं जिन्होंने स्त्री के अनेक रूपों को पारिवारिक सम्बन्धों और व्यापक सामाजिक सन्दर्भों के साथ प्रस्तुत किया है। वे स्त्री के मन के अन्तर्द्वंद्वों, उफनते आवेगों और भीतर होनेवाले आत्म-मंथन को बड़ी सूक्ष्मता और मुखरता से उभारती हैं। उनकी 'यही सच है' (1960) कहानी त्रिकोण प्रेम की कहानी के रूप में काफ़ी चर्चित रही है। इसी पर बासु चटर्जी के निर्देशन में 'रजनीगंधा' नाम से फ़िल्म भी बनी थी। नई कहानी में प्रेम कहानियों की संख्या कम नहीं है। 'तीसरी क़सम', 'परिन्दे', 'कोसी का घटवार' प्रेम कहानियाँ ही हैं। 'नन्हों' भी इसी दायरे में आएगी।

ये सभी अपनी-अपनी तरह की विशिष्ट कहानियाँ हैं—यथार्थ और कल्पना के बीच ये जितनी प्रेम सम्बन्ध की कहानियाँ हैं, उनसे या उससे अधिक लेखकीय कला की भी प्रस्तुतियाँ हैं। 'यही सच है' में प्रेम का यथार्थ अनुभव बेहद ईमानदारी और खुलेपन के साथ व्यक्त हुआ है। स्त्री के भीतर संचित 'सच' की यह अभिव्यक्ति तब नई-नई, पर संयम से बँधी कला के भीतर थी। दीपा अपने पहले प्रेम 'निशीथ' को दूसरे प्रेम 'संजय' में तलाशती है—उसका अन्तर्द्वंद्व यही है। उसे निशीथ में संजय नहीं मिलता और संजय में निशीथ नहीं। तब संजय निमित्त है, वास्तविक आलिंगन तो निशीथ का है। पर इसमें संजय का निर्दोष है। संजय के लिए तो दीपा का प्रेम पहला और दुर्निवार है—भले ही वह निशीथ की उपेक्षा से प्रतिक्रियावश उपजा हो! डायरी शैली की आत्मकथात्मक ढंग से लिखी यह कहानी—वस्तुगत दुर्लभता का उदाहरण बन गई है। इसे स्त्री-मुक्ति के समकालीन प्रतिमानों के बीच पुनः पढ़ा जाना चाहिए।

नई कहानी की आधुनिकतावादी और प्रेम सम्बन्धों जैसी बहुप्रचलित प्रवृत्तियों पर उषा प्रियंवदा (ज. 1931) की अनेक कहानियाँ हैं, पर उनमें अनुभव और दृष्टि का वैसा विस्तार नहीं है जैसा कृष्णा सोबती या मन्नू भंडारी के यहाँ मिलता है। इसीलिए तमाम कहानियों के बीच उनकी पहचान का पुख्ता आधार 'वापसी' (1960) कहानी रही है। नई कहानी की तमाम 'अलगाव' या 'अकेलेपन' की कहानियों के बीच इस कहानी के गजाधर बाबू का अपने परिवार से 'अलगाव' या 'अकेलेपन' का सन्दर्भ अलग है। संयुक्त परिवारों का विघटन भी इस कहानी में चित्रित हुआ है—जिसे नई कहानी की कथ्यगत विशेषताओं में रखा गया। उषा प्रियंवदा ने यों तो विदेशी पृष्ठभूमि पर अनेक प्रेम कहानियाँ भी लिखी हैं, पर उन्हें 'वापसी' कहानी से ही सर्वाधिक लोकप्रियता मिली। यद्यपि यह कहानी भी अलगाव बोध के लिए अतिरंजना का सहारा लेती है। संयुक्त परिवार में बेटे-बहुओं और बेटी की गजाधर बाबू के प्रति उपेक्षा या तिरस्कृत व्यावहारिक सचाई है—पुराने और नये मूल्यों का टकराव है। प्राचीन रागात्मक-पारिवारिक मूल्यों के टूटने की ध्वनि है। पर गजाधर बाबू का रिटायरमेंट के बाद पुनः किसी नौकरी में वापस जाने के इरादे से, उनकी पत्नी की असम्पृक्ति कहानी के अलगाववादी विधान में बेहद बनावटी प्रतीत होती है। पत्नी के साथ उनका पैंतीस वर्षों का दाम्पत्य जीवन है, विश्वसनीय नहीं लगता कि उनके लिए भी वे अवांछित और ग़ैरज़रूरी हैं। बहरहाल 'चीफ़ की दावत' कहानी की तरह यहाँ परिवार में बुज़ुर्ग के प्रति बरती जानेवाली उपेक्षा नई पीढ़ी में मूल्यों के स्खलन का उद्घाटन करती है।

नई कहानी की स्थापनाओं में एक आधारभूत विशेषता यह रही है कि हर कहानीकार का अपना अनुभव का कोना है—अपना परिचित भू-खंड है, जिसकी वह कहानी लिखता है—जिसे परिवेश कहा गया, उससे कहानीकार की चेतना और रचना-दृष्टि का निर्माण होता है। इसके चलते नई कहानी को विविधरंगी विस्तार मिला। कहानियों में हर कहानीकार के यहाँ अपना विश्वसनीय लोकल है—ख़ासतौर से इसकी पहचान रेणु, मार्कण्डेय, शेखर जोशी, शिवप्रसाद सिंह और अवधनारायण सिंह के यहाँ मौजूद है—इनके यहाँ पूर्वांचल का वह जीवन है, जिसे हम पहले से ही प्रेमचन्द की ज़मीन से जानते आए हैं। इनमें से प्रथम तीन की चर्चा हम ऊपर करते हुए ही आए हैं। इस विविधता को ग्राम

कथा, शहर कथा और आंचलिकता के परिसीमन में नहीं देखा जाना चाहिए। कारण कि इस विविधता के रूप और भी हैं—उन्हें नई कहानी में नज़रअन्दाज़ करने का अर्थ है कि हम एक सुरुचिपूर्ण सामाजिक-सांस्कृतिक जीवन को उससे अलग कर रहे हैं। एक ओर अगर शानी और राजेन्द्र अवस्थी ने बस्तर के आदिवासियों की ज़िन्दगी को, तो दूसरी ओर शैलेश मटियानी, शिवानी और पानू खोलिया ने कुमाऊँ के पहाड़ी जीवन को अत्यन्त सार्थक उपस्थिति के साथ केन्द्रित किया। विद्यासागर नौटियाल की कहानियों का परिवेश भी पहाड़ी अंचल है। रमेश बक्षी की कहानियों में अगर मालवा का जीवन झाँकता है, तो कृष्णा सोबती, बलवन्त सिंह और अमृता प्रीतम के यहाँ पंजाबी जीवन के विविध वर्गीय रंग देखने को मिलते हैं। लेकिन इसका आशय सीमित नहीं मानना चाहिए कि इनमें बहुतों को हम उनके बहुपरिचित परिवेश से अलग उनकी कथा संवेदना के नियामक तत्त्वों को अनदेखा कर दें! मसलन शानी (1933-1995) की कहानियाँ, कहानी की सृजनात्मकता के लिए सम्बल बनते वाद, विचार या नारों के शोर से दूर रहकर यानी बग़ैर दावों और घोषणाओं की महत्त्वाकांक्षाओं के अपनी प्रगतिशीलता का चयन करती हैं। अलबत्ता मुस्लिम संस्कृति को कहानी के केन्द्र में लाने का श्रेय उन्हें बेशक दिया जा सकता है, पर यह उनकी सीमा नहीं है। उनके कथा संसार की परिधि व्यापक है—उनके यहाँ साम्प्रदायिकता के प्रश्न सिर्फ़ दो ध्रुवों की परस्पर विरोधी परिस्थितियों को आमने-सामने करके नहीं दिखाते—साम्प्रदायिकता भीतरी तनाव भी पैदा करती है, जिसे शानी पात्रों के व्यक्तित्व और उनकी निजता में चित्रित करते हैं। यह साम्प्रदायिक भेदभाव व्यक्ति के आचरण और व्यवहार में कैसे प्रवेश करता है—इसका एक मुकम्मल रूप उनके बाद के दौर की कहानी 'बिरादरी' (सम्भावित रचनाकाल 1976-77) में उल्लेखनीय है। जिसमें साम्प्रदायिकता की सामाजिक सचाई को बेहद ईमानदारी और तटस्थता के साथ प्रस्तुत किया गया है। धार्मिक संकीर्णता और वर्ग भेद की मनोवृत्ति का उद्घाटन जिस तरह कहानी में किया गया है, वह हमारे समकाल का कहीं ज़्यादा ख़ौफनाक सच है।

हिन्दी कहानी की यात्रा में कवि कहानीकारों का योगदान कम नहीं है। पीछे मुड़कर देखें तो प्रसाद और अज्ञेय जैसे सर्जक हैं—जिनकी कहानियों ने यह सिद्ध किया कि कथाकर्म केवल गद्यकारों का एकाधिकार क्षेत्र नहीं है—उसमें भगवतीचरण वर्मा का नाम भी आदर से शामिल होगा। नई कहानी के फ़लक को रचनात्मक बनाने में मुक्तिबोध, धर्मवीर भारती, रघुवीर सहाय, कुँवर नारायण, सर्वेश्वरदयाल सक्सेना जैसे कवि-कहानीकारों की बेमिसाल उपस्थिति मायने रखती है। कविता से कहानी के गहरे अन्त:सूत्र मुक्तिबोध (1917-1964) की कहनियों में मिलते हैं। वैसे तो उन्होंने 'ब्रह्मराक्षस का शिष्य', 'क्लारड ईथरली' और 'सतह से उठता आदमी' जैसी कहानियाँ लिखी हैं, पर 'पक्षी और दीमक' (1967 में प्रकाशित संग्रह 'काठ का सपना' में संकलित) में प्रतीकों का जैसा इस्तेमाल करते हैं, वह अपने आप में बेजोड़ है। नई कहानी में उपभोक्ता संस्कृति के प्रवेश से बदलते पारिवारिक-सामाजिक मूल्य कहानीकारों ने दृष्टिगत किए हैं, पर मुक्तिबोध ने उसकी भयावहता का पाठ प्रस्तुत किया है—इसे उनकी ख़ास रचनात्मक उपलब्धि के रूप में देखना चाहिए। धर्मवीर भारती (1926-1997) की 'गुलकी बन्नो'

(1969 में प्रकाशित संग्रह 'बन्द गली का आख़िरी मकान' में संकलित) को पढ़ते हुए यह धारणा सम्भवतः निर्मूल साबित होगी कि कवि-दृष्टि की रोमानियत का प्रभाव उस पर है। बल्कि, ग्रामीण यथार्थवाद के कई विकल्पों को वे यहाँ खुला छोड़ देते हैं। पितृसत्ता और सामन्तवाद की सूक्ष्म तहों के बीच यहाँ एक विकलांग और अशक्त स्त्री का संघर्ष और नियति है। यद्यपि कहानी का परिवेश गाँव है, पर आंचलिकता और ग्राम-कथा की प्रचलित धारणाओं से यह कहानी पर्याप्त रूप से अलग है और जिसके अन्तर्पाठ में विमर्श की कई सम्भावनाएँ अन्तर्निहित हैं।

कहानी के अन्य आन्दोलन

कहानी के पहले आन्दोलन 'नई कहानी' की सविस्तार चर्चा यहाँ पहले हो चुकी है। उस दौर की जिन कहानियों का उल्लेख आया है—उनसे उस दौर की विविधताओं का परिचय मिलता है। यह आन्दोलन सामूहिक रचनाशीलता का प्रतिफल था। इसकी उपलब्धियों में इज़ाफ़ा अनेक कहानीकारों ने किया। इसी दौर में कहानी की परस्पर विरोधाभासी प्रवृत्तियाँ भी सामने आईं—आन्दोलन के ही भीतर भिन्न-भिन्न उपधाराएँ और उनका नेतृत्व या समर्थन करनेवाले लेखकों के गुट भी बने। जैसा कि यहाँ प्रसंगवश संकेत भी हुआ कि इन अन्तर्विरोधों और नई कहानी की विभिन्न धाराओं में सभी कहानीकार सर्जनात्मक स्तर पर सक्रिय थे। यह अलग बात है कि कुछ तभी चर्चा में आ गए और कुछ को स्वीकृति बाद में मिली। नई कहानी अपनी विविधताओं के कारण ही अपनी ख़ास पहचान बना सकी। लेकिन, जब आधुनिकतावादी चलन में स्त्री-पुरुष सम्बन्धों की अभिव्यक्ति ज़्यादा होने लगी और कहानीकारों के अलग-अलग शिविर बने, तो इसका विस्तृत रचनाधर्मी फ़लक संकीर्ण होने लगा। यही बिखराव का बिन्दु है, जहाँ साठोत्तर दौर में दूसरे कहानी आन्दोलनों के नारे आगे-पीछे उठने लगते हैं। सातवें दशक में नई कहानी, 'अकहानी आन्दोलन' में परिणत होती है जिसे 'साठोत्तरी' या 'समकालीन कहानी' के नाम से भी जाना गया। यद्यपि नई कहानी बाद की नई पीढ़ी इसे अलग आन्दोलन मानती है पर नई कहानी के पुरस्कर्ता उसे नई कहानी का अगला विस्तार मानते हैं, जो किन्हीं सन्दर्भों में ठीक भी है।

नई कहानी आन्दोलन के अन्तिम चरण में जब कहानियों का सामाजिक दायरा अत्यधिक सिमटकर व्यक्ति केन्द्रित हो रहा था। उस समय जो कथा दृष्टियों में टकराहट थी, उसी के विरोधी मंचों के रूप में सातवें दशक के लगभग मध्य से कहानी के विभिन्न आन्दोलनधर्मी के स्वर उठने लगे थे। पं. नेहरू की मृत्यु के बाद राजनीतिक-सामाजिक परिस्थितियों में अराजकता और व्यवस्थागत अनेक विसंगतियों की तल्खी के विरुद्ध अकहानी के कथा बोध को व्यवस्था के प्रति मोहभंग का स्वर कहा जाता है। यह मोहभंग समस्त मान-मूल्यों के प्रति नकारात्मक दृष्टिकोण का जन्मदाता है। अकविता के रास्ते ही अकहानी आई। इसे पश्चिम की 'एंटी स्टोरी' से प्रेरित मानकर उसका भारतीय संस्करण कहा गया है। वस्तुतः अकहानी, कहानी के परम्परागत ढाँचे और रचना मूल्यों के निषेध का आन्दोलन था। उसका विरोध सिर्फ़ 'कथ्य' को लेकर ही नहीं 'शिल्प' और 'भाषा' का भी था। कहानी की सभी अवधारणाओं को अस्वीकार करती हुई अकहानी अपना

उत्स पश्चिमी विचारधाराओं में खोजती है। अकहानी के कथ्यों में प्राय: संत्रास, ऊब, अकेलापन, अजनबीपन, मृत्युबोध आदि निहित है। ये नई कहानी के आख़िरी चरण की ही प्रवृत्तियाँ थीं—जिन्हें कुछ हद तक कृष्ण बलदेव वैद और रमेश बक्षी विशेषत: नई कहानी के दौर से ही बल दे रहे थे। गंगाप्रसाद विमल और रवीन्द्र कालिया ने इस आन्दोलन के पक्ष में तर्क रखे। इस दौर की कहानियों में घोर व्यक्तिनिष्ठ, आत्मकेन्द्रित, मृत्युकामी और आत्मपीड़क पात्रों की भरमार है। नई कहानी के ही विरोध मंच के रूप में कहानीकार महीप सिंह ने नवम्बर 1964 में 'आधार' के संचेतन कहानी विशेषांक के ज़रिये 'सचेतन कहानी' नाम से भी एक आन्दोलन का प्रस्तावन किया। सर्जनात्मक स्तर पर इस आन्दोलन ने कोई प्रभाव नहीं छोड़ा। लगभग एक दशक तक राजकमल, दिल्ली से प्रकाशित होनेवाली पत्रिका 'नई कहानियाँ' नई कहानी आन्दोलन का सशक्त मंच बनी रही, जिसके सम्पादक भैरवप्रसाद गुप्त, कमलेश्वर और भीष्म साहनी भी रहे। 1968 में इसका स्वामित्व अमृतराय ने ले लिया और अपने सम्पादन में इलाहाबाद से प्रकाशित करने लगे। इसी पत्रिका में 'सहज कहानी' शीर्षक से सम्पादकीय लेखों में उन्होंने कहानी के कथ्य, शिल्प और अभिव्यक्ति में सहजता की बात प्रस्तावित की थी, जिस 'सहजता' को वे कहीं-न-कहीं 'नई कहानी' और 'अकहानी' के समय खो गई मानते थे। इन सम्पादकीयों से प्रस्तावित कहानी की रचना प्रक्रिया में 'सहजता' की माँग को ही लोगों ने एक नये आन्दोलन का उद्घोष मान लिया था और उठाई गई मूल बातें पीछे ही रह गईं। जबकि, अमृतराय ने अपने सम्पादकीयों में ज़ोर देकर इसे एक आन्दोलन मानने से इनकार किया। यह अलग है कि कहानी की जो रचनाशीलता 'नई कहानियाँ' पत्रिका के माध्यम से आई—वह औसत दर्जे से अधिक नहीं थी। शायद ही उनमें से किसी कहानी की कोई उल्लेखनीय उपस्थिति हिन्दी कहानी के इतिहास में दर्ज हुई हो! सम्भवत: इसे आन्दोलन मानने का ही भ्रम था कि अनेक महत्त्वपूर्ण बातें 'नई कहानियाँ' का प्रकाशन बन्द होने के बाद कहीं नेपथ्य में ही रह गईं।

आठवें दशक में कमलेश्वर ने 'सारिका' के मंच से 'समान्तर कहानी' नाम के आन्दोलन का उद्घोष किया। कहानी में आम आदमी के संघर्ष में सहभागी बन अपनी सामूहिक पक्षधरता की बात उठाई। आलोचक मानते हैं कि ऊँचे दावों और वादों के बावजूद इस आन्दोलन के ज़रिये कमलेश्वर के पुनर्स्थापित होने की महत्त्वाकांक्षा ही अधिक थी। 1977 में 'जनवादी विचार मंच' की स्थापना के साथ 'जनवादी कहानी' आन्दोलन की पूर्व पीठिका बन चुकी थी। 'जनवादी लेखक संघ' की स्थापना के साथ ही यह आन्दोलन गतिशील हुआ। आठवें दशक के आख़िर में मंच पत्रिका के सम्पादक राकेश वत्स ने 'सक्रिय कहानी' नाम से आन्दोलन का प्रस्तावन किया, पर कोई व्यापक प्रभाव नहीं छोड़ सका। इसकी अवधारणा समान्तर और जनवादी कहानी का ही मिला-जुला रूप थी। इस तरह आठवें दशक के उक्त तीनों आन्दोलनों की मूल संवेदना और दृष्टि में कोई मूलभूत अन्तर नहीं है। इनमें जनवादी कहानी का फ़लक ही विस्तृत दिखाई पड़ता है इसे कहानी की यथार्थवादी धारा को पुनर्स्थापित करने का प्रयास भी कहा जा सकता है। सातवें और आठवें दशक के उपर्युक्त कहानी आन्दोलनों में कुछ पूर्व आन्दोलनों या पहले से ही रचनारत कहानीकारों के साथ अनेक नये नाम

भी उनमें शामिल थे—जिन्हें अब सातवें और आठवें दशक के कहानीकारों के नाम से जानना सम्भवत: ज़्यादा सुविधाजनक है।

साठोत्तरी कथाकार : उपलब्धियों का सिलसिला

नई कहानी के बिखराव के बाद सातवें दशक में 'अकहानी' की पारी शुरू हुई, जिसे 'साठोत्तरी' या 'समकालीन कहानी' के नाम से भी जाना गया। इस आन्दोलन के 'चार यार' चर्चित रहे हैं—ज्ञानरंजन, रवीन्द्र कालिया, काशीनाथ सिंह और दूधनाथ सिंह। जिनकी मूल पहचान कहानी के इसी आन्दोलन से जुड़ी है। 'अकहानी' अपनी जिन प्रयोगधर्मी अभिव्यक्तियों को लेकर चर्चित और आलोचना की निगाह में भी रही—जिसने मूल्यों से असहमति को कथा का ज़रूरी उपकरण बनाया और कहानी को कुछ व्यक्ति केन्द्रित भी किया। इस दौर के प्राय: सभी कथाकारों के यहाँ कमोबेश यह पहचान मिलती भी है। इस समय के चार कथायार 'अकहानी' के दायरे से लगातार अपने को अलगाते भी रहे हैं। उनकी अपनी वैचारिक पक्षधरता ने आन्दोलन के नारों से बाहर भी देखने के अवसर दिए। यही वजह है कि वे अपनी रचनाधर्मी सामाजिकता और सरोकारों को लेकर कहानी की परम्परा में आन्दोलन से ही नहीं, अपने तईं भी पहचाने जा सके। और, यही कोशिश उन्हें साठोत्तरी कथा आन्दोलन के उत्तरवर्ती दौर में सृजनात्मक स्तर पर सक्रिय बनाए रखती है। इस पीढ़ी के दो कथाकार रवीन्द्र कालिया और दूधनाथ सिंह अब हमारे बीच नहीं हैं, लेकिन उनका परवर्ती लेखन महत्त्वपूर्ण है। कहानीकार ज्ञानरंजन ने कहानियाँ बाद में भले ही न लिखी हों, पर साहित्य जगत में अनेक लघु पत्रिकाओं के बावजूद 'पहल' की अत्यन्त सार्थक और सक्रिय उपस्थिति उनके सम्पादन में निरन्तर रही है। काशीनाथ सिंह ने अपनी अनुभवसिद्ध रचनादृष्टि से अकहानी से मौजूदा दौर तक सक्रिय हस्तक्षेप रखा है—सन् 1960 से शुरू करके कहानी यात्रा में उनके रचनात्मक बदलाव भी उल्लेखनीय हैं।

साठोत्तर कहानीकारों में ज्ञानरंजन (ज. 1936) के सीमित रचना संसार की उपलब्धियाँ बहुत हैं। वह संसार प्राय: क़स्बाई मध्यवर्गी बोध और पारिवारिक-सामाजिक सम्बन्धों पर आधारित कहानियों का है। नई कहानी की समाप्ति पर उससे भरसक अलग बनाने का सर्जनात्मक कौशल ज्ञानरंजन की कहानियों में मिलता है। वे अपने समय की स्थितियों या विडम्बनाओं पर भावुक होकर नहीं, तर्काश्रित दृष्टि से देखे जाने पर ज़ोर देते हैं। जीवन में जो बुनियादी परिवर्तन घटित हो रहा है या बूर्ज्वा संस्कारों से उपजी विकृतियाँ हैं। उन्हें वे वास्तविक अनुभव से उभारते हैं। वस्तुगत यथार्थ, शिल्प और भाषा—तीनों स्तरों पर साठोत्तरी कहानी में उनकी सर्वथा अलग पहचान है। कथा भाषा की दृष्टि से उनकी कहानियाँ उल्लेखनीय हैं—कहीं-कहीं उन्होंने बेहद विस्फोटक भाषा भी अपनाई है। ज्ञानरंजन की 'घंटा' कहानी सर्वाधिक चर्चित रही है। यह महज़ आपसी सम्बन्धों की कहानी न होकर अपनी व्याप्ति में पूरे काल को समेटेती हुई, उस पर आलोचनात्मक प्रतिक्रिया करती है। इस कहानी पर विचार करते हुए आलोचक सुरेन्द्र चौधरी ने लिखा था कि—"मानव सम्बन्धों की विडम्बना की यह कहानी पूरे समय की विडम्बना से गुज़र जाती है।" (हिन्दी कहानी : प्रक्रिया और पाठ, पृ. 161) अमरकान्त

की कहानियों की तरह व्यंग्य की अंडरटोन, ज्ञानरंजन के यहाँ मौजूद है—उसे समझकर ही कहानी की संवेदना के समीप पहुँचा जा सकता है। इस कहानी के कथानायक 'मैं' के माध्यम से बौद्धिक जगत की अवसरवादी मानसिकता और ढोंग का पर्दाफ़ाश हुआ है। इसमें घटनात्मक मोड़ न के बराबर है—स्थितियों को देखने और अनुभव का ढंग अधिक महत्त्वपूर्ण है। कहानी का कथानायक 'मैं' है जो इस द्वंद्व में है कि वह कुन्दन सरकार का घंटा बने या नहीं, कुन्दन सरकार जो सत्ता का घंटा है, 'मैं' के लिए सत्ता का ही प्रतीक है। यह कहानी 'मैं' शैली में लिखी गई है आत्मालोचन करते हुए। अकहानी के दौर में प्रायः इसी शैली में कहानियाँ लिखी गई हैं। कम कहानियाँ लिखकर भी ज्ञानरंजन महत्त्वपूर्ण कथाकार हैं—'घंटा' उनकी महत्त्वपूर्ण उपलब्धि है। इस दौर की एक ख़ास पहचान पारिवारिक सम्बन्धों में वितृष्णा का भाव है। विशेषतः माँ और पिता के प्रति तिरस्कार, पारम्परिक मूल्यों के निषेध के रूप में ही व्यक्त हुआ है। 'पिता' ऐसी ही कहानी है—जहाँ 'पिता' एक मूल्य है जो किसी भी आधुनिक बदलाव को स्वीकार नहीं करते और पुरानी रूढ़ियों से चिपके रहते हैं। वे अपनी ज़िद के कारण, नये मूल्यों का प्रतिनिधित्व करते बेटे और परिवार से अलग-थलग रहकर जीते हैं।

अपने समकालीनों में रवीन्द्र कालिया (1938-2016) के यहाँ साठोत्तरी या अकहानी आन्दोलन के 'बोध' और 'प्रभाव' अपेक्षाकृत अलग भी हैं। रवीन्द्र कालिया भी अपने समकालीन अन्यों की तरह जीवन की विसंगतियों के कहानीकार हैं। उन अर्थहीन विसंगतियों को वे विभिन्न सन्दर्भों में व्यंग्य के ज़रिये व्यक्त करते हैं। इस तरह कि स्थापित मूल्यों की आलोचना ही नहीं, उनके अस्वीकार की मुद्रा अपनाते हैं। महानगरीय परिवेश की एकरसता की ऊब के बीच जीने को अभिशप्त उनके पात्र पारिवारिक और निजी सम्बन्धों को लेकर सन्देहों और शंकाओं से घिरे हैं। 'सिर्फ़ एक दिन', 'बड़े शहर का आदमी', 'त्रास', 'अकहानी', 'नौ साल छोटी पत्नी', 'कोजी कार्नर' और 'डरी हुई औरत' जैसी कहानियों के ज़रिये रवीन्द्र कालिया अकहानी आन्दोलन के प्रमुख कहानीकार के रूप में चर्चित हुए। अनेक कहानियों में महानगरीय परिस्थितियों से जूझते बेरोज़गार युवक हैं—जिनका निजी स्तर से सामाजिक स्तर तक सम्बन्धों की आत्मीय गरमाहट से विश्वास उठ गया है। 'अकहानी' की प्रवृत्तियों और धारणाओं की अनेक कहानियाँ लिखने के बाद वे ख़ुद इनसे बाहर आने की कोशिश करते हैं—जहाँ निजता से सामाजिकता की ओर मुड़ने की बेचैनी झलकती है। 'काला रजिस्टर' 'चाल' और 'चकैयानीम' जैसी कहानियाँ इसका प्रमाण हैं। भले ही इनमें अचानक आन्दोलन से अर्जित उनकी पहचान बदल नहीं जाती, पर उस पहचान को तोड़कर बेहतर करने की कोशिशों को काफ़ी समर्थन देते हैं। प्रायः यह ऐतिहासिक तथ्य है कि आज़ादी के एक-डेढ़ दशक बाद उच्च शिक्षा प्राप्त युवकों की पीढ़ी में घोर निराशा का माहौल था। आज़ादी के भरोसों की उम्मीदें टूटी थीं। साहित्यिक विधाओं में 'मोहभंग' का स्वर अकारण नहीं आया था।

अकहानी के रसायन से निर्मित अपने कथाकार की सीमाओं का एहसास भी रवीन्द्र कालिया को जल्दी होने लगा था। बाद में उनकी प्रसिद्धि का आधार बनी कहानी 'काला रजिस्टर' (1972) में अपने कथाकार को सामाजिक परिप्रेक्ष्य में अधिक सार्थक करते

हैं। इसमें किसी अख़बार या पत्रिका के कार्यालय में कार्यरत कर्मचारियों के मूल नामों का लोप और उनके स्थान पर मोटा, पतला, मझला, छोटा, भेंगा और सम्पादक के लिए केबिन का प्रयोग परिवेश और निहितार्थों को प्रभावशाली बनाता है। एकमात्र 'छाया जी' का नाम ज़रूर बदला नहीं है, पर इस नाम में ही व्यंग्य छिपा है कि उनके ऊपर सम्पादक के प्रिय होने की छाया है और कार्यालय में उनकी सुविधाजनक स्थिति उनके अस्तित्त्व को ही प्रश्नांकित करती है। बहस यह भी हो सकती है कि कहानी में लेखक के व्यक्तिगत अनुभवों के पर्याप्त संकेत हैं, जिनके माध्यम से ही एक साप्ताहिक पत्र की व्यवस्था और नीतियों की आलोचना की गई है, जहाँ लेखक कुछ समय स्वयं काम करते थे। पर कहानीकार बड़े धैर्य से व्यक्तिगत अनुभवों को व्यापक सामाजिक सन्दर्भों तक ले जाते हैं। यही उपलब्धि इसके कथ्य को केवल एक दफ़्तर विशेष तक सीमित नहीं रखती। केबिन ही दफ़्तर का वह बॉस है जो एक काले रजिस्टर पर इल्ज़ाम लिखकर कर्मचारियों से स्पष्टीकरण माँगता है। इसके चलते कहानी में नौकरी करानेवाले किसी भी व्यवस्थातंत्र में मेहनत और ईमानदारी से काम करनेवाले उस व्यक्ति की अस्मिता का सवाल भी उठाया गया है—जिसके पास इनके अलावा और कोई तथाकथित 'गुण' नहीं हैं, जिन्हें वह तंत्र प्रश्रय देता है। मझले वह गुर बताता है और भेंगा अपने पूर्व दुःखद अनुभव। इस कहानी में भी अकहानी वाले प्रभाव कम नहीं हैं, पर रवीन्द्र कालिया उन प्रभावों के सापेक्ष अपनी दिशा भी बदलते हैं।

काशीनाथ सिंह (ज. 1937) की आरम्भिक कुछ कहानियाँ अकहानी की प्रवृत्तियों से प्रभावित जान पड़ती हैं, पर अपनी मूल प्रकृति में वैचारिक दृष्टि से नई वस्तु की तलाश की ओर उन्मुख दिखाई देती हैं। नई कहानी के लगभग अन्तिम दौर में अकहानी के कहानीकार अपना रचनात्मक सफ़र आरम्भ करते हैं। काशीनाथ सिंह नई कहानी से बहुत कुछ आत्मसात् करते हुए—उन सभी मूल्यों और अवधारणाओं का सिरे से निषेध भी करते हैं, जिनके चलते नई कहानी का विस्तृत रचनात्मक फ़लक कुछ सिकुड़ गया था। वे अपनी कहानियों में समाज के अन्तर्विरोधों की पहचान कराते हैं। इस प्रक्रिया में उनकी प्रगतिशील-चेतना वस्तु चयन में ख़ास भूमिका निभाती है। उनकी कहानियों में विचार या विचारधारा 'लेबिल' या 'ब्रांड' नहीं बनती है—अपनी रचना प्रक्रिया में लगातार इससे अलग उसकी रचनात्मक सम्भावनाओं की तलाश करते हैं। उनकी कहानियाँ जीवन स्थितियों को अत्यन्त सहज, किन्तु थोड़े नाटकीय रूपान्तरण से रोचक बना देती हैं। सीधे कथन या इतिवृत्तात्मक विवरणों से दूर, वे जीवन की भाषा को कथा विन्यास में पुनर्सृजित करते हैं—कुछ इस तरह कि कहानी पाठक से संवाद करते हुए, उसके रुचिबोध का विस्तार करती हैं। साठोत्तरी कहानी में ज्ञानरंजन की तरह काशीनाथ सिंह ने कथा भाषा को अपने परिवेश में लेकर उसे रचना-वस्तु और पात्र के अनुकूल इस्तेमाल किया। वे अन्तर्वस्तु को गहराने के लिए भाषा में चुहल पैदा करते हैं या ग़ज़ब का टटकापन, वे शब्दों के मारक प्रयोग से भी पात्रों या स्थितियों के अन्तर्विरोध, विडम्बनाओं या व्यंग्य को गाढ़ा कर लेते हैं। उनकी आरम्भिक कहानियों पर भले ही अकहानी के छींटे पड़े हों, पर समग्रता में उनका कथा संसार ध्वंस होते हुए पुराने मूल्यों और नये मूल्यों को लेकर अन्तर्द्वंद्व में खड़े आदमी की गतिविधियों और बदली मनोरचना की पहचान

करता है। सामाजिक-राजनीतिक तंत्र में घर कर रही विसंगतियों से लेकर जीवन-मूल्यों की पतनशीलता और क्रान्तिकारी तेवरों की पहचान भी उनके यहाँ सुनिश्चित होती है।

इसके दो मुकम्मल उदाहरण 'कविता की नई तारीख़' (1978) 'अपना रास्ता लो बाबा' (1984) हैं। दोनों ही परवर्ती दौर की कहानियाँ हैं, पर उनके कथा-संसार की प्रतिनिधि कहानी हैं। इन्हें उनकी वैचारिक गम्भीरता और सर्जनात्मक क्षमता की अपेक्षाकृत अधिक संयमित उपलब्धि माना जा सकता है। 'कविता की नई तारीख़' में कहानीकार ने राजनीति, सत्ता, आभिजात्य, अफ़सरी और बूर्ज्वाजी के अनेक स्तर उद्घाटित कर; बदल रही भारतीय परम्परा और संस्कृति का मध्यवर्गीय पात्र और परिवार के ज़रिये ख़ाका खींचा है। आत्मीय रिश्तों और संवेदनाओं का कृत्रिम हो जाना, हमारे उत्तर औपनिवेशिक युग का बड़ा सामाजिक-सांस्कृतिक विघटन है। कहानीकार ने इस कहानी में तथ्यों को इस तरह रचनात्मक बनाया है कि वे नारेबाजी के सतहीपन से बच गए हैं। इसमें आज़ादी के बाद सरकारी नौकरियों में ऊँचे पदों पर कार्यरत मध्यवर्ग की अनेक विकृतियों को खोला गया है। कहानीकार की लम्बी कहानी से अन्त:क्रिया का रचनात्मक मानक भी है—यह कहानी। इसी तरह 'अपना रास्ता लो बाबा' बदलते 'मूल्य' का दूसरा पहलू दिखाती है। अगर ज्ञानरंजन की 'पिता' पुराने मूल्य की आलोचना है तो 'अपना रास्ता लो बाबा' स्वार्थ-बुद्धि से प्रेरित शहराती—नई पीढ़ी के मूल्य की आलोचना है। नया मूल्य-बोध शहरी ज़िन्दगी में खपकर पनपा है। जहाँ सम्बन्धों का उथलापन, स्वार्थ, छद्म और दिखावा है। सीधे-सरल बाबा एक दिन को मात्र दवा-इलाज के लिए आए थे। उनका देवनाथ से गाँव का आत्मीय रिश्ता था। उनके लौट जाने पर भावुक क्षणों में देवनाथ अपने अतीत में अपने गाँव की स्मृतियों में उतर जाते हैं और सोचने लगते हैं—'...वे भी इतने ही सहज और आसान रहे होंगे जितने कि बाबा!' पर जल्दी ही वे फिर अपनी व्यावहारिक बुद्धि से वर्तमान में लौट आते हैं। इन दोनों कहानियों में अकहानी के प्रभाव नहीं हैं।

अपने समकालीनों में दूधनाथ सिंह (1936-2018) ने साठोत्तरी या अकहानी आन्दोलन के 'बोध' और 'प्रभावों' को अपेक्षाकृत अधिक ग्रहण किया। लम्बे अन्तराल के बाद उनके कथा लेखन का दूसरा दौर आया। जहाँ वे अपनी अनुभव-दृष्टि से पीछे मुड़कर नहीं देखते। वे इस दौर में कहानी को अधिक आख्यानात्मक, यथार्थपरक और अपने समय को चिन्हित करने का कला-साधन बनाते हैं। 'माई का शोकगीत', 'नमो अन्धकारं', 'धर्मक्षेत्रे-कुरुक्षेत्रे' और 'निष्कासन' आदि कहानियाँ; समकालीन कहानी में उनकी सक्रिय उपस्थिति के रूप में चर्चित रही हैं। इन कहानियों से उनकी मूल चेतना में बैठे कहानीकार के अपने समय से गहरे सरोकारों का पता चलता है। इन कहानियों की रचना लम्बे फ़ार्म में करते हुए वे अपने पाठक से भाषा और संवेदना का दंग करनेवाला अनुभव साझा करते हैं। प्राय: इन लम्बी कहानियों के संग्रह भी आए। इस पड़ाव के बाद कथाकार की यात्रा आगे भी जारी रही। दूधनाथ सिंह ने साठोत्तरी या अकहानी आन्दोलन में उपजे आज़ादी के मोहभंग से अपने कथाकार को अर्जित किया था। लेकिन वहाँ कथाकार अपने को छोड़ता नहीं, बल्कि साँस भरकर अपनी रचनात्मक तैयारियों के साथ आगे की राह पर खड़ा होता है। वे गद्य की दूसरी विधाओं

में सक्रिय लेखन के साथ फिर अपनी मूल विधा की ओर लौटते हैं। यह समय बीसवीं सदी का आख़िरी दौर है। जब वे लम्बे आख्यान कौशल में चरित्रों की विश्वसनीय पहचान और बदलती परिस्थितियों के प्रति सम्बद्धता से पुनः कहानी के मंच पर आए। उनकी विशेषता अपने कथा मुहावरे को बार-बार दोहराने में नहीं, उसे हर बार बदल देने में है। अकहानी से अर्जित उड़ान का यह शिखर है। अकारण नहीं कि वे इसी दौर में लिखी 'धर्मक्षेत्रे-कुरुक्षेत्रे' (हंस, अगस्त 1995) को अपनी सबसे प्रिय कहानी मानते थे। यह कहानी ग्रामीण समाज की पतनशील प्रवृत्तियों से साक्षात्कार कराती है। कभी गाँव, नगरों की तुलना में सहजता और संवेदना के केन्द्र माने जाते थे, अब उनका रूपान्तरण भयावह है। अब वहाँ व्यावसायिकता, मनुष्यता को रौंदकर प्रवेश कर चुकी है और एक धर्म प्राण देश की नैतिकताएँ पतन की पराकाष्ठा पर जा पहुँची हैं। अपराध को ही पेशा बनानेवाला सिउ महतो और उसका पुत्र मरकटवा इस कहानी के प्रमुख पात्र हैं। वे संवेदनहीन हैं, पर कहानी पाठक की संवेदनाएं जगाने में सक्षम है। सिउ महतो स्त्री की ख़रीद-बेंच का धन्धा करता है। व्यवसाय की हवस ऐसी है कि बाप और बेटा अपनी पुत्रवधू और पत्नी को ही बेचने पर उतर आते हैं। कहानी में जो अन्तिम दृश्य स्त्री की यातना का है, वह आदमी और जानवर का फ़र्क़ समाप्त कर देता है। अनेक सन्दर्भों और घटनाओं को बड़ी कलात्मकता से जोड़कर लम्बे फ़ॉर्म में ढाला गया है। भाषा और परिवेश में ग्रामीण संस्कृति का गहरा प्रभाव है, आंचलिक बोली के ठेठ शब्दों को ढूँढ़-ढूँढ़ कर रखा गया है। रेणु के बाद रेणु की तरह सम्मोहन कर पाना कहानीकारों के लिए मुश्किल काम रहा है, पर कहानी में यह फ़ॉमूले की तरह चल पड़ा। वैसे इस कहानी का ध्येय उतना नहीं, जितना यथार्थ की विद्रूपता को दिखाना है। मूलतः इस कहानी का सम्बन्ध ग्रामीण स्त्री के शोषण और यातना से जुड़ा है। बाज़ारीकरण के दौर में स्त्री की छवि बिक रही है, वह वस्तु में तब्दील हो रही है। गाँव में बाज़ारवादी मानसिकता की घुसपैठ से अपराधकर्मियों के बीच नारी का क्रय-विक्रय—प्रत्यक्षतः 'वस्तु' की तरह निर्जीव माननेवाला दुर्व्यवहार—बेहद घृणित व रोंगटे खड़े करनेवाला यथार्थ है। स्त्री पूजक देश में स्त्री के विरोध में खड़ा आपराधिक तंत्र, ग्रामीण समाज की नग्नता को उजागर करती यह कहानी चर्चा में रही है और समकालीन कहानी का प्रतिमान मानी गई है।

अकहानी के प्रवक्ताओं में गंगाप्रसाद विमल प्रमुख हैं और कहानीकार से ज़्यादा उनकी ख्याति का आधार भी यही है। उन्होंने इस आन्दोलन का पहले 'समकालीन कहानी' नाम प्रस्तावित किया था, लेकिन बाद में वे अकहानी के निषेधकारी प्रतिमानों को ही व्याख्यायित करने लगे। उनकी ख़ुद रची कहानियाँ निषेध और नकार का ज़बरदस्त शिकार हैं। उनके रचना-क्रम में आरम्भिक दौर की कहानियों पर अस्तित्ववाद का गहरा असर देखा जा सकता है; लेकिन वे उसके सतही, अप्रामाणिक और अमूर्त दार्शनिकता से आगे नहीं बढ़ते। गढ़ी गई अभारतीय स्थितियों की रचनात्मक दिशाहीनता के कारण उनकी कहानियों की आलोचनाएँ भी कम नहीं हुईं। लेकिन उनके यहाँ कुछ ऐसी कहानियाँ भी हैं जिनमें वे कृत्रिम आरोपण से बचकर सार्थक दिशा की तलाश करते हैं। यह दिशा उनकी आख़िरी दौर में लिखी कहानियों में ख़ासतौर से उल्लेखनीय हैं।

उनके आख़िरी संग्रह 'मैं भी जाऊँगा' में संकलित 'आसमान की तरफ़ उठे हाथ' ऐसी ही कहानी है, जो सम्भवत: बीसवीं सदी के आख़िर में लिखी गई थी। अगर कहानीकार को ख़ास तरह की रचना परिपाटी यानी आयातित और बनावटी रचनात्मक बोध के दायरे से अलग देखें तो इस कहानी को उनकी उपलब्धि के तौर पर रखा जा सकता है। जैसे इस कहानी में लेखक ने अपना सम्पूर्ण संचित अनुभव का सार प्रस्तुत कर दिया है—क्षेत्र, धर्म और भाषा जैसी संकीर्णताओं से परे जाकर यह कहानी मनुष्यता का मूल सवाल केन्द्र में रखती है। विमल जी ने इस कहानी को रचकर अपनी ही सीमाओं को लाँघकर सम्भावना का चरम प्रतिमानीकरण किया। उपर्युक्त साठोत्तरी कथाकारों की जो कहानियाँ इस पुस्तक की आलोचनाओं में शामिल हैं—उनके उल्लेख टिप्पणियों के साथ ऊपर आए हैं। उनमें ज्ञानरंजन की दो कहानियाँ 'घंटा' और 'पिता' और कुछ हद तक रवीन्द्र कालिया की 'काला रजिस्टर' ही साठोत्तरी दौर की रचनाएँ हैं। काशीनाथ सिंह, दूधनाथ सिंह और गंगाप्रसाद विमल की चयनित कहानियाँ उत्तर सदी की अच्छी कहानियों में शुमार हैं। उत्तर सदी यानी कहानी आन्दोलनों के बाद की रचनाशीलता का यह मुक्त प्रवाह विस्तृत है; जिसे सन् 1990 के बाद अलग प्रस्थान मिला। इस पूरे दौर की कहानी की दशा और दिशा की पहचान कुछ पहलुओं के अन्तर्गत करना प्रासंगिक होगा और उनके बीच ही आलोचना के लिए चयनित कहानियों के सन्दर्भ भी लिए जाएँगे।

उत्तर सदी में कहानी : बहुमुखी मुक्त प्रवाह

सन् 1980 तक हिन्दी कहानी में आन्दोलनों की विदाई मान लेना चाहिए। वैसे नवें दशक तक उनकी आँच बनी रहती है। विशेषत: आठवें दशक में जनवादी चेतना के विस्तार से, अगर 'जनवादी कहानी' को कहानी का आन्दोलन ही कहें, तो नौवें दशक तक इस आन्दोलन का प्रभाव बना रहता है। इसी समय कहानी में स्वतंत्र रचनाशीलता की जद्दोजहद शुरू हुई। साहित्य में बदलावों की प्रक्रिया किसी सुनिश्चित तारीख़ों से घोषित नहीं होती, पर बीसवीं सदी के लगभग आख़िरी दशक में यानी सन् 1990 के बाद कहानी का मुक्ताकाश बनता दिखता है, जो किसी आन्दोलन या वैचारिकी का मोहताज नहीं लगता।

समूची बीसवीं शताब्दी ही अनेक परिवर्तनों की व्यापकता समेटे है, किन्तु उसके अन्तिम बीस वर्ष ख़ास महत्त्वपूर्ण हैं—इस दौर की व्यापक उथल-पुथल अभूतपूर्व है। विशेषत: बीसवीं सदी के आख़िरी दशक में घटित सम्पूर्ण बदलावों को साहित्य, कला और संस्कृति के क्षेत्रों में गहराई से अनुभव किया गया है। अपने समय की अनुगूँजें कविता और साहित्य की अन्य विधाओं के बहुल संसार के बीच भी सुनी जा सकती हैं, पर इनके बीच कहानी की केन्द्रीय स्थिति है। जितनी तीव्रता से समूचा परिदृश्य बदला है, उतने बहुआयामी परिवर्तन कहानी की रचना प्रक्रिया में दिखाई दिए हैं। इधर की कहानियाँ अपने किसी पिछले दौर से आगे की कहानियाँ कही जा सकती हैं। कथा-सृजन की यह विविधता पुरानी और नई पीढ़ी के कहानीकारों की देन है। इस दौर की कहानियों में परम्परा का अगला मुकाम है। विशेषता है कहानी के फ़ार्म में परिवर्तन

की अगली दिशाएँ, कहानी कला का नवोन्मेष और अपने समय की प्रतिस्थापना का अनिवार्य लक्ष्य। इस काल खंड की कहानियों ने विचारधाराओं, कहानी की बहुप्रचलित और कतिपय रूढ़ मान्यताओं का घेरा तोड़ा है। इसके विरुद्ध अपने समय की सम्पूर्ण गतिशीलता को पहचानने के लिए अधिक खुला विन्यास धारण किया है। इस दौर की रचनाशीलता के उद्घाटन में कथा आलोचना के नये मानदंडों को आविष्कृत करने की चुनौतियाँ रही हैं। कहानी में अब अभिव्यक्त यथार्थ, विचार और समय चेतना की बदलती अवधारणा को जानने के लिए, वस्तुतः परम्परा से हटकर नये आलोचनात्मक बोध की ज़रूरत महसूस की गई, ताकि इस रचनाशीलता को मौजूदा सन्दर्भों और स्थितियों के परिप्रेक्ष्य में परखा जा सके।

बीसवीं सदी के आख़िरी दौर की रचनाशीलता के प्रस्थान को आठवें दशक की कहानी में खोजना अप्रासंगिक नहीं है। इस समय प्रेमचन्द की परम्परा और उनकी ज़मीन पर लौटने की जो कोशिशें शुरू हुईं, उससे समाजवादी यथार्थवाद की चर्चा प्रमुखता हासिल करने लगी थी। इस प्रक्रिया में समय और समाज का वास्तविक यथार्थ कहानी से छूट रहा था। जनान्दोलन और क्रान्ति समाज के भीतर से उपजी नहीं थी। धीरे-धीरे कहानीकार वस्तु सत्य से दूर, अतिरंजित यथार्थ प्रस्तुत कर रहे थे। आपातकाल ने लेखकों को वास्तविकता का अहसास करा ही दिया था। यद्यपि इस बीच कहानी का समाज सापेक्ष होना, सकारात्मक बदलाव था। लेकिन कहानियों में समाज के वास्तविक यथार्थ की गम्भीर पड़ताल के बिना, सतही सचाई चित्रित की जा रही थी। विचारधारा की लीक पीटने और रोमानी क्रान्तिकारिता के भावबोध से आक्रान्त होने के आरोप इस दौर की कहानी पर अकारण नहीं लगाए गए। आठवें दशक की कहानी वैचारिक बिन्दुओं पर कहीं-कहीं कुछ भिन्नता रखते हुए भी कथा संवेदना और स्वभाव में मिलती-जुलती है। नौवें दशक में आकर कहानी में आन्दोलनधर्मी जनोन्मुखता से मुक्त होने की कोशिशें आरम्भ हुईं। इस समय की परिस्थितियों से एकाकार होने की जागरूकता कहानियों में दिखाई देती है। नौवें दशक में साम्प्रदायिकता और आतंकवादी शक्तियाँ सिर उठाने लगती हैं। नारी उत्पीड़न, दलितों पर अत्याचार, भ्रष्ट व्यवस्था, सामाजिक विसंगतियों और जीवन-मूल्यों की गिरावट इस दौर की भयावह सचाइयाँ हैं। इन्हीं सचाइयों से कहानीकार, कहानी के कथ्य चुनते हैं। अब्दुल बिस्मिल्लाह, धीरेन्द्र अस्थाना, असग़र वजाहत, विवेकानन्द, मधुकर सिंह, सत्येन कुमार, महेश दर्पण, पंकज बिष्ट, उदय प्रकाश, संजीव, शिवमूर्ति, स्वयं प्रकाश, अखिलेश, राजेन्द्र लहरिया, महेश कटारे, जयनन्दन, सृंजय, राजेन्द्र दानी, सन्तोष चौबे, मिथिलेश्वर, रमाकान्त श्रीवास्तव, पुन्नी सिंह, हरि भटनागर आदि कहानीकार इस दौर में कहानी का संसार रचते हैं। इस निर्माण में ममता कालिया, चित्रा मुद्गल, राजी सेठ, सूर्यबाला, नमिता सिंह, उर्मिला शिरीष आदि स्त्री लेखिकाओं की महती भूमिका है। नौवें दशक में आरम्भ करनेवाले कई नये कहानीकारों की रचनाशीलता का उत्तरोत्तर उद्घाटन दसवें दशक में जाकर हुआ। बहरहाल आठवें दशक के बाद जिन कहानीकारों ने यथार्थ को वांछित जनोन्मुखी सन्दर्भों और परिस्थितियों में जाँचने-परखने की कोशिश दिखाई, उनके रचना विकास में बदलाव के चिह्न दिखाई देते हैं।

सन् 1990 के बाद बदली सामयिक परिस्थितियों और सन्दर्भों के बीच नारी की बदलती तस्वीर, उसकी वेदना और विवशता को कहानी ने प्रमुख चिन्ता के रूप में लिया है। भारतीय समाज में स्त्री की सामाजिक दशा सुधारने और पुरुष के समान दर्जा दिलाने के लिए सुगबुगाहट हर समय सुनाई पड़ती रही है। बीसवीं सदी के उत्तरार्द्ध और विशेषत: सदी के अन्त में स्त्री कथा लेखिकाओं की जो रचनाशीलता उभरकर आई है—उसके संवेदनात्मक आयामों का रेखांकन आवश्यक है। यह अकारण नहीं कि दलित विमर्श के समानान्तर स्त्री विमर्श की बहस, कथा-साहित्य में परवान चढ़ी और स्त्री लेखिकाओं की उपस्थिति पहचानी गई। पहले से सृजनरत और इधर नई पीढ़ी की कथा लेखिकाओं के नामों की सूची लम्बी है—ममता कालिया, चित्रा मुद्गल, मृदुला गर्ग, मेहरुन्निसा परवेज, मैत्रेयी पुष्पा, राजी सेठ, सूर्यबाला, नमिता सिंह, नासिरा शर्मा, चन्द्रकान्ता, अलका सरावगी, सारा राय, संजना कौल, मालती जोशी, दीपक शर्मा, गीतांजलि श्री, सुरभि पांडेय, कमल कुमार, लवलीन, उषा चौधरी, उर्मिला शिरीष, मीरा सीकरी, नीलिमा सिन्हा, मुक्ता, निर्मला मुराड़िया, शरद सिंह आदि—हो सकता है बहुत-से नाम छूटे भी हों। बहरहाल, यहाँ महिला लेखन के उस समवेत स्वर की पहचान करना हमारा ध्येय है जो स्वयं किसी बड़े सामाजिक बदलाव का द्योतक है।

कहानियों में स्त्री वि॒र्श के बहुआयामी रूप अपनी परम्परा से भी सूत्रबद्ध हैं और समकालीन दृष्टि में तत्त्वत: अलग भी हैं। स्त्री की एक दुनिया पुरुष वर्चस्व वाले समाज में अनुकूल स्थिति पाने को उत्कंठित और संघर्ष करती स्त्री है तो दूसरी ओर मीडिया और विज्ञापनों का भ्रमजाल स्त्री को उपभोग की वस्तु बना देने पर तुला है। भूमंडलीकृत समय में स्त्री मुक्ति के प्रश्न पहले से पर्याप्त भिन्न हैं। कहानी के स्त्री विमर्श सम्बन्धी दृष्टिकोण में शहरी स्त्री ही नहीं निम्नवर्गीय और ग्रामीण स्त्री के जीवन-सम्बन्धी अन्तर्विरोधों और दयनीय स्थितियों के प्रति कहानीकार सचेत रहे। इसे पुरुष कहानीकारों ने भी शिद्दत से लिखा है। उनका लेखन इस बात के रेखांकन के लिए पर्याप्त है कि स्त्री पीड़ा को वे भी लिख सकते हैं। ख़ासतौर से ग्रामीण नारी के उत्पीड़न और शोषण को गहरी संवेदना के साथ 'तिरिया चरित्तर', 'सिरी उपमा जोग' और 'अकाल दंड' (शिवमूर्ति), 'कहानी नहीं' (अरुण प्रकाश), 'फट जा पंचधार' और 'घास' (विद्यासागर नौटियाल), 'बलि' (स्वयं प्रकाश) और 'नाच के बाहर' (गौरीनाथ) जैसी कहानियाँ अभिव्यक्त करती हैं।

विद्यासागर नौटियाल (1933-2012) नई कहानी के दौर के उन कथाकारों में हैं, जो उस समय लिख तो रहे थे पर उन्हें वांछित स्थान नहीं मिला। नई कहानी की चर्चाओं की किसी सूची में शायद ही उनको याद रखा गया हो! आन्दोलन के वातावरण में नई कहानी की अवधारणाओं पर जमी बहसों के चलते, कुछ कहानीकार और उनकी कहानियाँ नेपथ्य में ही रह गईं। इस तरह कथा रचना की कतिपय भूमियाँ लगभग अदृश्य ही रहीं। वस्तुत: वे आन्दोलन के बहुचर्चित रोशन परिक्षेत्र से बाहर थे। 'भैंस का कट्या' उनकी चर्चित कहानी है जिसका रचना काल सन् 1953-54 है, यानी नई कहानी के आरम्भिक दौर की महत्त्वपूर्ण रचना है। काशी और प्रयाग के साहित्य जगत में पहले चर्चित होने

के बाद यह 'कल्पना' में छपी थी। तब से लेकर वे निरन्तर लेखन में सक्रिय रहे। बाद में लिखी 'फट जा पंचधार' हंस, अप्रैल 1991 में पहली बार प्रकाशित हुई थी। हंस के ही 'संघर्षशील आमजन की कहानियाँ' नामक विशेषांक (अगस्त, 2006) में पुनः छपी। सदियों से छली जा रही निम्नवर्गीय स्त्री की महागाथा उनकी कई कहानियों में उभरती है। 'फट जा पंचधार' तो सामन्ती व्यवस्था के विरुद्ध एक दलित स्त्री का आत्मकथ्य ही है। इस कहानी का नाम अपनी करुणाजनित समृद्ध रचना के कारण सन् 1990 के बाद महत्त्वपूर्ण कहानी में रहा है—स्त्री विमर्श की चर्चा के दौर में नौटियाल जी अपने लेखन को समकालीन लेखन की चुनौतियों से जोड़कर अद्यतन करते हैं। वे इन सन्दर्भों को प्रचलित का अनुकरण करने के लिए नहीं लिखते। उनके यहाँ ग्रामीण स्त्री की उपस्थिति—उसके शोषण, यातना और संघर्ष—लेखकीय सरोकारों की गहरी निष्ठा का हिस्सा हैं। पहाड़ी प्रकृति के सौन्दर्य की मोहकता के बजाय वहाँ के सामन्ती और जन विरोधी मूल्यों का विरोध उनकी कहानियों का स्वर है। समकालीन कहानी में जब ग्रामीण जीवन के बहुस्तरीय यथार्थ के छीजने के सवाल उठाए जाते हैं, तब शिवमूर्ति (ज. 1950) की कहानियाँ मुकम्मल भरोसे की तरह हैं। वे प्रेमचन्द और नई कहानी के ग्राम कथाकारों की चेतना-परम्परा का विस्तार करते हैं। उनकी कहानियों का रचना परिवेश और अभिव्यक्त यथार्थ, आज के ग्रामीण भारत की सच्ची तस्वीर पेश करता है। ग्रामीण नारी उनकी कई कहानियों में अपनी व्यथा के साथ मौजूद हैं। गाँवों में नारी पर ढाई जानेवाली अमानवीय क्रूरता की दारुण और हृदय विदारक कथा शिवमूर्ति ने 'तिरिया चरित्तर' (1987) में प्रस्तुत की है। इंटरनेट, सूचनाक्रान्ति, दलित और नारीवादी आन्दोलनों के बीच; उनकी यह कहानी स्त्री की कारुणिक कथा को विरोधाभास की तरह दर्ज करती हैं। इस चर्चित कहानी पर विवाद भी उठते रहे, पर स्त्री विमर्श के दायरे में ग्रामीण नारी की व्यथा को लाने में यह प्रतिनिधि रही है।

स्त्री लेखन को अलग से पहचानने की कोशिशें नई कहानी के समय से ही शुरू हुईं भी, जिन्हें साठोत्तरी दौर में ख़ासतौर से रेखांकित किया गया था। इस समय पश्चिमी नारी-मुक्ति आन्दोलन और आधुनिकताबोध के प्रभावों के चलते कुछ स्त्री कहानीकारों में उत्साह, साहसिकता और आकर्षण था—जिसे मृदुला गर्ग, ममता कालिया, मणिका मोहनी और मृणाल पांडेय की आरम्भिक कहानियों में देखा जा सकता है। इसी समय यह सवाल भी उठा कि हिन्दी कहानी के परिदृश्य में स्त्री लेखन को विभाजित करके देखना क्या उचित है? लेकिन साठोत्तरी दौर के बाद इन्हीं लेखिकाओं के साथ-साथ अनेक नई स्त्री कहानीकारों ने स्त्री-जीवन के सामाजिक परिस्थितियों से पैदा हुए ज़मीनी प्रश्नों और स्थितियों पर उल्लेखनीय कहानियाँ लिखीं; तो स्त्री लेखन को अलग करके देखे जाने पर उठा उपर्युक्त सवाल बेमानी लगने लगा। स्त्री लेखन के विस्तृत होते फ़लक में उनकी कहानियों को अलग देखने के दृष्टिकोण के पीछे किसी सहानुभूति या अवमूल्यन का सन्देह नहीं करना चाहिए, क्योंकि सामाजिक जीवन की अनेक स्थितियाँ, केवल स्त्री होने की नियति से जुड़ी हैं। यही वजह है कि नारी की उलझनों, विवशताओं और जटिलताओं को जितनी सूक्ष्मता और संवेदना से स्त्री कहानीकारों ने लिखा है—उतना पुरुषों ने नहीं। रुचि के अपने-अपने क्षेत्र हैं, किसी पर लादे तो नहीं

जा सकते? यों इतर सन्दर्भ महिला कहानीकारों के यहाँ भी कम नहीं हैं। स्त्री-जीवन के अन्तर्विरोधों और समय के बरक्स नारी अस्मिता के सवालों को कहानी के केन्द्र में रखकर 'प्रेतयोनि' (चित्रा मुद्गल), 'जिन्न' (क्षमा शर्मा), 'बोलनेवाली औरत' और 'खिड़की' (ममता कालिया), 'अन्तर्यात्रा' (कमल कुमार), 'बेलपत्र' (गीतांजलि श्री), 'राज्यादेश' (लवलीन) जैसी कहानियाँ रूढ़ मानदंडों की कलई खोलते हुए, समाज में स्त्री के हालत पर प्रतिक्रिया हैं। इनके सन्दर्भ लड़की के जन्म, परिवार या विवाह या शिक्षा जुड़े हैं—लेकिन उनकी केन्द्रीय समस्या, स्त्री के अस्तित्व में जन्म के साथ ही जन्मे एक 'भय' की है, पर ये कहानियाँ किसी डरी हुई स्त्री की कहानियाँ कदापि नहीं हैं। वस्तुतः इनमें भय के वास्तविक कारणों तक जाने की एक कोशिश दिखाई देती है। ममता कालिया (ज. 1940) की 'खिड़की' बाद के दौर की छोटी-सी कहानी है, जिसे काफ़ी सराहना मिली। कहानी की संवेदना चिर-परिचित है, लेकिन उसे जिस सहजता और स्पांटीनिटी के साथ पेश किया गया है, वही दिल को छूकर उसे ख़ास बना देती है। युवतियों की ब्याह करके ग्रहिणी बनने की पारम्परिक सोच से आगे बढ़कर जीवन को सार्थक आयाम देने की ज़रूरत को अत्यन्त सहज और स्वाभाविक ढंग से इसमें उभारा गया है। आन्दोलनों के उत्साहातिरेक से अलग चित्रा मुद्गल (ज. 1944) की कहानियों में स्त्री को मनुष्य की तरह देखने का संकल्प स्त्री-जीवन के मूल सरोकारों और सवालों के प्रति संवेदनात्मक स्तर पर एकाग्र करता है। इस लिहाज़ से उनकी प्रतिनिधि कहानी 'प्रेतयोनि' में स्त्री होने के भय की छाया है। अनीता के माध्यम से इस भय के तनाव के बीच पितृसत्ता के शिकंजों की अत्यन्त बारीक़ पहचान इसमें की गई है। कहानी मान-मर्यादा के रूढ़ मानदंडों को कटघरे में रखकर समाज में स्त्री की हालत पर तीखी प्रतिक्रिया व्यक्त करती है। मामूली सी घटना से बड़ी बात कहानी में कही गई है।

स्त्री चेतना सम्बन्धी इस दौर की स्त्री कहानीकारों का यह समूचा लेखन स्वयं एक बड़े सामाजिक बदलाव का द्योतक है। अपने प्रस्थान और प्रक्रिया से होकर कहानी में आया 'स्त्री विमर्श' ख़ास प्रतिपत्ति बनकर उभरा है—निस्सन्देह वह अपने युग सन्दर्भों से गहरे जुड़ा है और स्वयं स्त्रियों द्वारा अपनी देखी-भोगी दुनिया का आख्यान है। हिन्दी कहानी का यह लेखन जब स्त्री मुक्ति के वास्तविक सन्दर्भों से कटकर यौनांकन और यौन प्रसंगों के भँवर में घूमने लगा; तब उसकी अर्थवत्ता पर प्रश्नांकन अकारण नहीं किया गया। कहानियों में ये नारीवादी तेवर मुहिम की तरह चले। कई साहित्यिक पत्रिकाओं ने ऐसी कहानियों को लेखिकाओं की बोल्डनेस बताकर छापा। स्त्री-पुरुष सम्बन्धों और प्रेम पर अच्छी कहानी होना एक बात है और यौन चित्रण को कहानी की परिणति मान लेना अलग। सीमाएँ यहीं तय होने लगती हैं। 'चक्रवात' (लवलीन) जैसी कहानी इसीलिए अपना ठीक मुकाम तय नहीं कर पाती। स्त्री विरोधी स्थितियों के प्रति आक्रोश होना स्वाभाविक है—लेकिन जहाँ आक्रोश पुरुष को चुनौती के रूप में उसकी सत्ता के ख़िलाफ़ हो, वहाँ नारीवाद उभरता है। 'गोमा हँसती है' (मैत्रेयी पुष्पा) कहानी में अपनी क़िस्म का देशज नारीवाद ही है—जहाँ गोमा अपने बेमेल विवाह की विवशता का प्रतिकार विवाहेतर सम्बन्ध बनाकर करती है। यह पश्चिमी नारीवाद से तो भिन्न है जिसने भूमंडलीय परिदृश्य पर स्त्री की देह को उसकी मुक्ति का पर्याय बना दिया है।

इस नारीवाद ने विश्व स्तर पर नारी की छवि को बाज़ार के बरक्स रखकर जिस स्त्री मुक्ति का अभियान चलाया, वह भारतीय सामाजिक परिस्थितियों में बेहतर विकल्प देने की स्थिति नहीं है। वास्तविकता और इस छद्म के भेद को कितनी नारीवादी लेखिकाएँ और लेखक जानते हैं? कहानियाँ सिर्फ़ पाठ-रति या पाठ-क्रीड़ा के लिए ही नहीं लिखी जातीं, उनकी रचनात्मक जवाबदेही और मुक्तिकामी चेतना के विस्तार में बड़ी भूमिका है। बीसवीं सदी के आख़िरी दस-पन्द्रह वर्षों के भीतर विस्तृत हुई 'स्त्री विमर्श' की कथा चेतना के स्पष्टत: दो आयाम—नारीवाद और नारी चेतना के रूप में विभाजित हैं। अब इन कहानियों को चाहे पुरुषों ने लिखा हो या स्त्रियों ने, यह अलग बात है। इस लेखन के ज़रिये स्त्री की अस्मिता और समाज में उसकी न्यायपूर्ण उपस्थिति के लिए कहानियों में संघर्ष के जो सार्थक प्रयत्न हुए हैं यानी एक सुझाव-सोच जो उभरकर आया है, उसे कहानी की उपलब्धियों के हिस्से रखा जाना चाहिए।

दलित चेतना का विस्तार और हाशिए का जीवन

दबे-कुचले और शोषित जनों की यातना और समस्याओं को लेकर कहानी लेखन की परम्परा रही है। सन् 1980 के बाद कथा-साहित्य में स्त्री चेतना के समानान्तर ही दलित चेतना के विस्तार में कई ऐतिहासिक, सामाजिक और राजनीतिक कारण हो सकते हैं। कथा-साहित्य की दलित चेतना का प्रस्थान प्रेमचन्द से अकारण नहीं जोड़ा जाता, पर इससे इनकार नहीं हो सकता कि दलित समुदाय से आए कुछ कहानीकारों ने दलित चेतना को नया विस्तार दिया। ओमप्रकाश वाल्मीकि, मोहनलाल नैमिषराय, श्योराज सिंह बेचैन, सूरजपाल चौहान, रत्नकुमार सांभरिया आदि की कहानियों के ज़रिये शताब्दियों से मूक वंचितों की असहाय पीड़ा को अभिव्यक्ति मिली है—दलित जीवन के त्रासद, बेहद अमानवीय और अन्यायपूर्ण आयामों को उनकी कहानियों ने खोला है। इस वर्ग की स्त्रियों के संघर्ष, उत्पीड़न और पीड़ा इनका एक भयावह पक्ष है, जिसके कतिपय सन्दर्भ स्त्री चेतना सम्बन्धी कहानियों में भी दिखाई देते हैं। विशेषत: दलित लेखकों की कहानियों में इन पक्षों को मानवीय न्याय के लिए प्रतिबद्ध होते देख सकते हैं। मसलन ओमप्रकाश वाल्मीकि की कहानी 'अम्मा' इसलिए उल्लेखनीय है कि उसमें दलित चेतना के तार्किक और ज़रूरी संघर्ष का एक आयाम अछूत कहलानेवाली स्त्री से जुड़ा है। इस तरह की कहानियाँ—दलित और स्त्री, दोनों विमर्श की समान चिन्ताओं में शामिल हैं। दलित लेखन ने साहित्य की प्राय: सभी विधाओं में प्रखर चिन्ताओं के साथ, एक आन्दोलनात्मक रूप प्राप्त कर लिया है। यद्यपि इस विमर्श के अपने आन्तरिक अन्तर्विरोध और तर्क-वितर्क हैं। दलित लेखक मानते हैं—उनकी संवेदना ही सच्ची और ईमानदारी हो सकती है क्योंकि उन्होंने दलित जीवन के अपमान, लाचारी, दरिद्रता, अन्याय और त्रासद स्थितियों की आँच गहराई से महसूस की है। यह अपनी जगह कायम ज़रूरी तर्क है। लेकिन, 'भय' (ओमप्रकाश वाल्मीकि), 'मनु' (हृदयेश), 'पांडे का बयान' (हृषिकेश सुलभ), 'हलयोग' (मार्कण्डेय), 'सुअर के बच्चे' (अभय), 'ग्रासरूट' (अवधेश प्रीत) जैसी कहानियाँ इस चेतना के स्वर को प्रबल करती हैं। दलित कहानी के परिदृश्य पर ओमप्रकाश वाल्मीकि (1950-2013) की कहानियाँ; उत्पीड़न

का प्रतिरोध और उत्तर सदी के दलित विमर्श का सन्तुलन साधती हैं—इसलिए उनकी कहानी में आक्रोश की मुद्रा के बजाय वर्णव्यवस्था के सामाजिक अन्तर्विरोधों और जाति-दंश को अनेक दृष्टियों से देखने की कोशिश है। कथा दृष्टि, यथार्थ और उसे रचनात्मक स्वर देने के चलते उन्हें सिर्फ़ दलित चेतना के उस प्रचलित मुहावरे में नहीं देखना चाहिए, उनकी कहानियों के सरोकार उन्हें हिन्दी कहानी की मूल धारा से भी जोड़ते हैं—जिसमें जाति भेद का विरोध और सामाजिक न्याय की पक्षधरता प्रमुख रही है। उनकी अनेक महत्त्वपूर्ण कहानियों में से 'शवयात्रा' (1998) इसलिए उल्लेखनीय है कि वे इसमें दलित जाति के भीतरी संघर्ष को उभारते हैं—जहाँ एक जातिगत श्रेष्ठता का सवर्णवाद उसी समुदाय की दूसरी उपजाति के ख़िलाफ़ दंश को जन्म देता है। जैसे इस आन्तरिक संघर्ष को सामने लाकर उन्होंने ख़ुद दलित विमर्श के बीच जोखिम उठाया। अमूमन हिन्दी में इस विषय पर कहानियाँ नहीं हैं—इसे वाल्मीकि जी ने साहसिकता के साथ 'शवयात्रा' के केन्द्र में रखा है।

शोषित-उत्पीड़ित और पिछड़े लोगों के हक़, अन्याय या अमानवीय स्थिति को कहानी की मानवधर्मी चिन्ता के रूप में उभारना, कहानी के ज़रूरी सवाल हो सकते हैं। लेकिन इन प्रश्नों को पीछे छोड़कर अधिकार चेतना और आत्मसम्मान का वर्गीय स्वर उठाना ही ध्येय मान लिया जाए, तो मूल आर्थिक-सामाजिक प्रश्न पीछे छूटने लगते हैं। जिन कथाकारों के पास दलित जीवन के प्रत्यक्ष अनुभव हैं या जिनका इससे गहरा साहचर्य रहा है, उनके लेखन में अनुभव की प्रामाणिक आँच बराबर उपस्थित है। दलित चेतना में समाज के एक बड़े समुदाय की चिन्ताएँ-आकांक्षाएँ विस्तार प्राप्त करती हैं—सिर्फ़ 'जाति की अवधारणा' में इसका फ़लक संकुचित हो जाता है। 'दलित' यदि हालात हैं तो इसमें सिर्फ़ दलित जाति के लोग ही नहीं, समाज के विभिन्न वर्गों के वे तमाम लोग भी आते हैं—जो भूख और भय में जीते हैं। किसान, मज़दूर, अन्य पिछड़ी जातियाँ, आदिवासी लोग, शहर और गाँव का निम्नवर्गीय समाज। जिसमें इन सब वर्गों की स्त्रियाँ भी शामिल हैं। इसीलिए दलित और स्त्री विमर्श का हिन्दी की प्रगतिशील चेतना से गहरा नाता है। दलित और स्त्री विमर्शकार मानें या मानें, पर साहित्य की प्रगतिशील चेतना उन्हें अपना हमराही ही मानती है—कहानी के उस दौर में जब प्रतिबद्धता और सामाजिक सरोकारों की नई अवधारणाएँ विस्तृत हुई हैं।

बीसवीं सदी के हिन्दी कथा-साहित्य का एक बड़ा हिस्सा प्रेमचन्द की कथा दृष्टि का अनुगामी रहा है। उन्होंने कहानी की बुनियाद डाली थी। बीसवीं सदी के अन्तिम दो दशकों के कथा-साहित्य में विशेषत: सामने आई जिन दो प्रवृत्तियों (स्त्री चेतना और दलित चेतना) के बीज रूप प्रेमचन्द के कथा-साहित्य में मौजूद हैं। प्रेमचन्द का लेखन अपने समय के सरोकारों से गहरे जुड़ा रहा है, उनसे कहानी उऋण नहीं हो सकती। यह सच है कि उत्तरोत्तर बदलते यथार्थ की जटिलता को कहानी का पुराना फ़ॉर्म व्यक्त कर पाने में सक्षम न लगता हो। उसे कहानी में कितना कला साध्य बनाया जा सकता है—यह विचार का अलग मुद्दा हो सकता है। इधर की कहानी में चैंकानेवाली वस्तु, फ़ैंटेसी और जादुई यथार्थ कला जैसी प्रविधियों की अपनी महत्ता और चलन रहा है। लेकिन प्रेमचन्द से शुरू हुई कथा धारा, हमेशा नई कथा भूमियों की खोज करती रही

है। उनके द्वारा कायम कहानी की सार्थक, सोद्देश्य, जीवन्त और समाजोन्मुखी धारा का नये सन्दर्भों और परिस्थितियों में भाषा और कहन के विकासमान रूपों में फलित होना—इधर की कहानी की उल्लेखनीय उपलब्धि है। ऐसी कहानियाँ शहर, गाँव या क़स्बों के समाज के निचले स्तर में रहनेवाले निम्नवर्गीय लोगों के दु:ख-दर्द, जिजीविषा, संघर्ष और अतर्विरोधों को लिखती हैं। इनका प्रेमचन्द की परम्परा में होने का आशय, अपने समय में उनके 'बोध' या 'दृष्टि' को अपनाना है। इस दौर की कहानियाँ कमोबेश इसकी अभिव्यक्ति करती रही हैं। इन्हें ग्रामीण और उन तमाम जन के संघर्ष की कहानियाँ भी कहा गया है। इनके प्रतिनिधि रूप 'कुआँ' (महेश कटारे), 'सेवड़ी रोटियाँ और जले आलू' (हरि भटनागर) और 'बाज़ार में रामधन' (कैलाश बनवासी) जैसी कहानियाँ हैं। ये प्रेमचन्द की कथा दृष्टि की निरन्तरता को बनाए रखने के साथ बदलते समय में गाँव या उस वर्ग की चिन्ता को केन्द्र में रखती हैं। बहुचर्चित लेखन के समानान्तर ऐसी कहानियों का अपना शान्त और सार्थक रचनात्मक हस्तक्षेप है। महेश कटारे (ज. 1948) किसानी और ग्रामीण संवेदना के बेमिसाल कहानीकार हैं—गाँवों में हो रहे परिवर्तनों पर गहरी और सूक्ष्म नज़र रखनेवालों में अग्रणी। शिवमूर्ति की तरह उनकी कहानियाँ भी उस परम्परा का इज़ाफ़ा करती हैं, जिनके केन्द्र में 'गाँव' प्रमुख रहा है। आज गाँवों में राजनीतिक, जातिगत और आर्थिक समीकरणों के चलते पारम्परिक ग्रामीण मूल्य कैसे टूट रहे हैं—इसका स्पष्ट चित्र उनकी 'कुआँ' (१९९४) कहानी में मौजूद है। हरि भटनागर (ज. 1955) के यहाँ गाँव का यथार्थ इतनी सघनता में भले न आए, पर समाज के वंचित वर्ग की गहरी पीड़ा उनकी कहानियों में मौजूद है। उस वर्ग के सरोकारों की प्रतिबद्धता जिन कथाकारों के यहाँ मिलती है—उनमें वे सर्वथा अलग पहचान रखते हैं। उनकी नज़र यथार्थ के पीछे उस यथार्थ को खोजती है जो हमारे प्रत्यक्ष बोध से परे हैं, जो चाक्षुष और स्थूल नहीं हैं। कथा में स्थिति को नाटकीय चरम तक ले जाकर भी उनकी कहानियाँ उस क्राइसिस से पाठक की संवेदना का मेल करा देने में सक्षम हैं—जिसे कहानीकार व्यक्त करना चाहता है। अपनी काव्यात्मक अन्तर्रचना में 'सेवड़ी रोटियाँ और जले आलू' ऐसी ही कहानी है। बीसवीं सदी के आख़िरी दशक में कहानी भूमंडलीकरण की प्रक्रिया और उससे उपजे बाज़ारवादी प्रभावों से गहरा संवाद और प्रतिरोध करते हुए बढ़ी हैं। उस दौर के जिन युवा कहानीकारों ने उपभेक्तावाद के अपूर्व हमलों से जन्मी स्थितियों को गहराई से अनुभव किया, उनमें कैलाश बनवासी (ज. 1965) प्रमुख हैं। उनकी प्रतिनिधि कहानी 'बाज़ार में रामधन' पहली बार वसुधा : कहानी विशेषांक-1996 में प्रकाशित हुई थी। बाद में इसी नाम के संग्रह से इसे कहीं ज़्यादा चर्चा मिली। यह कहानी मानवीय सम्बन्धों पर ग्रहण लगाते बाज़ार की क्रूरता को दर्शाने के साथ, भूमंडलीकृत समय में बदलते गाँवों में किसान और किसानी के संकट को बेहद सादगी से अभिव्यक्त करती है।

साम्प्रदायिकता का प्रतिरोध

बीसवीं सदी के आख़िरी दो दशकों के बीच साम्प्रदायिक शक्तियों ने नये सिरे से उभारा पाया। सन् 1984 में श्रीमती इन्दिरा गांधी की हत्या के बाद साम्प्रदायिक

दंगों की आग देश-भर में (विशेषत: दिल्ली में) भड़क उठी थी। इसी तरह 6 दिसम्बर, 1992 को अयोध्या में विवादस्पद स्थल पर ध्वंस की कार्यवाही और वहाँ की हिंसक घटनाओं के बाद देश-भर में साम्प्रदायिक तनाव की स्थिति पनपी। इन दोनों घटनाओं को लेकर हिन्दी में सैकड़ों कहानियाँ लिखी गईं। पत्रिकाओं के साम्प्रदायिकता विरोधी विशेषांक निकले। नवम्बर 1984 की घटना से सिख विरोधी साम्प्रदायिकता ने जन्म लिया था। इस एक घटना पर अनेक कहानियों के बीच स्वयं प्रकाश (1947-2019) की 'क्या तुमने कोई सरदार भिखारी देखा?' सारी त्रासदी को अत्यन्त मार्मिक ढंग से बयान करती है। इस घटना से भड़के हिंसक उन्माद के कठिन वक़्त में जलालत, अपमान और तबाही सिखों को झेलनी पड़ी, उसे पूरी संवेदना के साथ इस कहानी में दिखाया गया है। इस छोटी कहानी में सरदार जी के प्रति ट्रेन के डिब्बे में दंगाइयों द्वारा किया गया अमानवीय सलूक तो एक अहम हिस्सा है, जो स्वातंत्र्योत्तर भारत के समाज का भयावह यथार्थ बयान करता है। लेकिन, सर्वाधिक अहम् पक्ष है उस अल्पसंख्यक कौम का स्वाभिमान। कहानी में दंगे का ख़ौफ़ है, दृश्य हैं लेकिन साम्प्रदायिक ताक़तों की भर्त्सना इसके पाठ की अन्तर्ध्वनि है। रामजन्मभूमि-बाबरी मस्जिद ढाँचे के ध्वंस की घटना तो साम्प्रदायिकता के लिए विभाजक रेखा की तरह है—फासीवादी ताक़तें खुलकर सामने आईं। मुम्बई के विस्फोट, देश-भर में दंगे और ईसाई धर्म प्रचारकों पर हमलों जैसी घटनाओं के कारण साम्प्रदायिक माहौल बहुत बिगड़ा। राजनीति और धर्म के गहरे और कुटिल मिलाप से यह माहौल लगातार विषाक्त हुआ। कहानीकारों ने बड़ी संख्या में इनसे जुड़े प्रश्नों को कहानी में उठाया। इस दौर की रचनाशीलता का यह समवेत स्वर, हिन्दी कहानी की साम्प्रदायिकता विरोधी भूमिका का विस्तार है। इसे कहानी की प्रतिबद्ध उत्तरदायी भूमिका भी कहा जा सकता है।

हिन्दी की अनेक साम्प्रदायिकता विरोधी कहानियों के बीच स्वयं प्रकाश की कहानियाँ साम्प्रदायिक सद्भाव, मानवीय मूल्यों और साझा-संस्कृति का सन्देश-पत्र या उन्हें बचाए रखने की रोमानी कहानियाँ भर नहीं हैं। उनमें समाज के उन अन्तर्विरोधों और यथार्थ-बिन्दुओं का रेखांकन है—जिनके कारण ही समाज में विभाजन जारी है। उन कारणों की सूक्ष्म पड़ताल स्वयं प्रकाश के यहाँ मिलेगी। अपनी बहुचर्चित कहानी 'पार्टीशन' में उन सवालों को खोजा है—जो भारतीय समाज के साझा मानवीय-सांस्कृतिक-मूल्यों का विघटन कर रहे हैं। क़ुर्बान भाई को इस देश से प्रेम था, इसकी मिट्टी में उनकी जड़ें थीं विभाजन हुआ, तो वे पाकिस्तान नहीं गए। वे अपनी खुद्दारी और प्रगतिशील सोच के साथ जीते हैं। लेकिन प्रतिक्रियावादी ताक़तें उन्हें मुसलमान के रूप में देखती हैं। उनके वज़ूद को कुचला जाता है, तो उसकी साफ़ प्रतिक्रिया अन्तत: टोपी लगाने और मस्ज़िद जाने के रूप में होती है। बिना फसाद के भी साम्प्रदायिकता समाज के बीच कैसा विघटन पैदा कर रही है—यह कहानी दिखाती है। क़ुर्बान भाई की पीड़ा इस कथन में व्यक्त है—'आप क्या ख़ाक हिस्ट्री पढ़ाते हैं? कह रहे हैं पार्टीशन हुआ था। हुआ था नहीं, हो रहा है, जारी है...' इसे स्वयं प्रकाश की दृष्टि ही देख सकती थी कि पहला पार्टीशन देश और देश के बीच हुआ था, लेकिन दूसरा पार्टीशन आदमी और आदमी के बीच घटित होना कितना त्रासद और घातक है। स्वयं प्रकाश ने यहाँ कथा

के साधारण शिल्प में, असाधारण वस्तु को परखा है। कहानी के कई आशय खुलने लगते हैं। यह देश की धर्मनिरपेक्ष और कौमी एकता पर आधात पहुँचानेवाली शक्तियों की पहचान करती है। वर्तमान समय की चुनौतियाँ स्वयं प्रकाश की ऐसी कहानियों पर पुनर्विचार के लिए प्रेरित करती हैं।

कहानी की साम्प्रदायिकता विरोधी रचनाशीलता : सामाजिक-सांस्कृतिक मूल्यों को उन्माद, धर्मान्धता और कौम की दाहकता से बचाने; उन्हें सौहार्द और मानवीय स्वरूप में स्वीकृत होने का संकल्पित दस्तावेज़ है। फिर भी इनकार नहीं किया जा सकता कि यथार्थ की इस अभिव्यक्ति में कई कहानियाँ साम्प्रदायिक घटनाओं को स्थूलता से चित्रित करती हैं—दंगों का हृदय विदारक चित्र खींचती हैं और सद्भाव और प्रतिरोध का सन्देश देती हैं, पर कहानी तो पत्रकारिता की 'समाचार कथा' से अलग कलात्मक रूप है। कहानी सिर्फ़ यथार्थ की रिपोर्टिंग नहीं करती, यथार्थ से परे भीतरी ताने-बाने को तोड़नेवाले सूक्ष्म कारकों को कथा संवेदना के आईने में पहचानती हैं। 'पार्टीशन' (स्वयं प्रकाश) और 'मर गया दीपनाथ' (चन्द्रकिशोर जायसवाल) जैसी कहानियों की रचना प्रक्रिया—इस भेद की सार्थकता को रेखांकित करती हैं। इनमें उन कारणों की सूक्ष्म पड़ताल है, जो भारतीय समाज के साझा मानवीय-सांस्कृतिक मूल्यों को विघटित कर रहे हैं। दोनों कहानियों में सन्दर्भ कतिपय भिन्न भी हैं, लेकिन पार्टीशन के 'कुर्बान भाई' और मर गया दीपनाथ के 'दीपनाथ' की भावनाओं के पीड़ित बदलाव में साझा सौमनस्य के टूटने की अनुगूँज है—जहाँ इनसान को इनसान की तरह नहीं, हिन्दू या मुस्लिम के रूप में देखा जाने लगा है। शायद पहले कभी इन आँखों को ऐसा देखने और कानों को ऐसा सुनने का अभ्यास नहीं था! 'बेलपत्र' (गीतांजलि श्री) कहानी के 'दम्पती' के अन्तर्धार्मिक विवाह में आए विरोधाभास आज के माहौल ने ही निर्मित किए हैं। '... और अन्त में प्रार्थना' (उदय प्रकाश) कहानी के 'वाकणकर' को अन्त में प्रार्थना के अतिरिक्त कुछ नहीं बचता। इस दौर की हिंसात्मक घटनाओं का राजनीतिकरण होने से ही साम्प्रदायिकता का उन्मादी चित्र उभारा है। वाकणकर जैसे मानवीय मूल्यों में आस्था रखनेवाले किसी भी व्यक्ति के लिए यह चिन्तनीय है। यह कहानी साम्प्रदायिकता की मनोवृत्ति का खुलासा ही नहीं करती, बल्कि अपनी वस्तु के बहुमुखी सन्दर्भों में बदले यथार्थ की कुरूपता को उसकी भरसक भर्त्सना करते हुए उभारती है। उदय प्रकाश ने समूची व्यवस्था को कटघरे में खड़ा किया है। कहानी का व्यापक फ़लक है और मनुष्य के पक्ष में कई विचारणीय प्रश्न निहित हैं।

कहानी के यथार्थ पर जादुई प्रभाव

वैसे तो जादुई यथार्थवाद दक्षिणी अमेरिकी देशों का 1950 के बाद उभरा कथा आन्दोलन है। वहाँ की ज़मीनी विरासत और परिस्थितियाँ भारत से काफ़ी मिलती-जुलती हैं। बावजूद हिन्दी में इसकी चर्चा कम ही हुई है। बल्कि इनके प्रयोगकर्ताओं को आरोपों से हतोत्साहित किया गया। यह ठीक है कि यथार्थ कहानी की प्राण-चेतना है। कहानी ही नहीं, यथार्थ के बिना कोई भी कला सम्भव नहीं। पर कोरा या नग्न यथार्थ, कहानीपन की क्षति करके आता है, तो उसके आने पर एक बार विचार होना चाहिए। समय या

देशकाल के बरअक्स यथार्थ को परखने की समस्या है कि हम यथार्थ को सिर्फ़ कुछ मानकों के नज़रिये से देखने के अभ्यस्त हैं। जबकि कहानी की उत्पत्ति इस अभ्यास के विरुद्ध ही हुई है। जादुई यथार्थ की अवधारणा का आरम्भ कहानी के सफ़र में काफ़ी बाद में हुआ, पर इसकी जड़ें 'कथा' की मूल प्रकृति से गहरे जुड़ी हैं—जो श्रुति-स्मृति परम्परा में मौखिक रही हैं। तब कहानी के लिए यथार्थ वैसा कोई सवाल नहीं था। मिथक, आख्यायिका, गल्प, निजंधरी-कथा और लोक कथा के आभासी देशकाल के बीच जीवन-मूल्य ही उसका यथार्थ था। कहानी की निष्पत्ति जितनी महत्त्वपूर्ण थी, उससे कहीं अधिक महत्त्वपूर्ण था कि वह निष्पत्ति होती कैसे है? इसी ख़ूबी को चमत्कारिता, कौतूहल, रोचकता, औत्सुक्य और कभी अलौकिक भी कहा गया। अतिरंजना और अतिलौकिकता या अद्‌भुत कल्पना से ही कहानी, कहानी बनती थी। 'बल' से बड़ी 'बुद्धि' होती है—यह कहने में ख़रगोश और सिंह के रूपकों में ढली कहानी अधिक आकर्षित करती है, न कि सिर्फ़ उसकी दी गई सीख! यानी बनावट में कोई न कोई असाधारण या असामान्य आयाम ही कहानी होने को चरितार्थ करते हैं। इन आयामों को सुविधा के लिए कहानी का 'जादूपन' भी कहा जा सकता है। भारत का प्राचीन कथा साहित्य, लोक-कथा और आख्यानों की वाचिक परम्परा में 'कहानी का जादूपन' भरा पड़ा है। यही विरासत आधुनिक हिन्दी कहानी की पृष्ठभूमि है। इस विरासत में पश्चिमी कहानी की कला का प्रभाव मिला, तो कहानी सृजन की नवीन आधुनिक विधा हुई। इस क्रम में कहानी की सारी जद्दोजहद अपने देशकाल को पहचानने के बीच जादूपन को बचाने में रही। कहानी की विरासत में यथार्थेतर संसार इस तरह उद्घाटित होता है कि कहीं अलग से लाया गया नहीं लगता। इस विरासत से काफ़ी कुछ सँजोकर, जब कहानी अपने वाचिक संसार यानी 'कहने' और 'सुनने' से मुद्रित पाठ यानी 'लिखने' और 'पढ़ने' में रूपान्तरित हुई। तभी लौकिक सचाइयों के अर्जन में तत्पर हुई।

इस प्रक्रिया में कहानी मिथकों, पौराणिक सन्दर्भों, दंत कथाओं में रची-बसी तर्कातीत, अतिप्राकृत, अतिरंजित और उपदेश-शिक्षा की सामुदायिक-जातीय स्मृतियों और धारणाओं से मुक्त हुई। आधुनिक कहानी ने अपने प्रादुर्भाव और यात्रा के अगले मुकामों पर अपनी शक्ति 'यथार्थ' को आयत्त करने में खपा दी। ज़ाहिर है अन्य विधाओं की तरह कहानी के भी आधुनिक होने के यही मापदंड थे। निःसन्देह यही होना भी चाहिए। इन सचाइयों के बिना कोई भी साहित्यिक विधा आगे बढ़ भी कैसे सकती है? कहानी में यह गुणात्मक परिवर्तन अपनी विरासत से बहुत कुछ जान-सीख कर प्रेमचन्द ने घटित किया। अकारण नहीं कि वे यथार्थवादी-समाजोन्मुख कथा-धारा के मानक हैं। उन्होंने कहानी को अपने सरोकारों की अभिव्यक्ति के लिए वस्तुतः आधुनिक बनाया। आलोचकों ने सामाजिक पक्षधरता, वैचारिकता और कथा-दृष्टि के चलते उनके कथा-साहित्य को यूरोपीय यथार्थवादी पद्धति के निकट माना है। कहानी को मुकम्मल राह पर लाना उनका ऐतिहासिक योगदान है। पर यह भी देखना चाहिए कि अनेक यथार्थवादी-आदर्शवादी कहानियाँ लिखते हुए, वे कहानी में 'अनहोनापन' ख़ास मानते थे। यह 'अनहोनापन' उनकी अतिप्रसिद्ध 'कफ़न' और 'पूस की रात' जैसी यथार्थवादी मानी गई कहानियों में भी है। उनके यहाँ 'दो बैलों की कथा', 'मूठ', 'मंत्र' और 'नागपूजा' जैसी कहानियाँ भी

हैं। इनमें रूपक, जादू-टोना, झाड़-फूँक या ऐसे मत-मान्यताओं का ज़िक्र है। हालाँकि, अन्धविश्वास और धार्मिक रूढ़ियों के विरोधी लेखक प्रेमचन्द पर इन मुद्दों पर कहानियाँ लिखने के आरोप भी लगे! पर अधिकांशत: वे उनके खंडन-मंडन के बजाय उनके सहारे अपने निहित उद्देश्य या मूल्य को सम्प्रेषित करते हैं। यहाँ कहानी के यथार्थेतर आयामों के चलते यथार्थ की ओर जाने की चेष्टा है। अगर प्रेमचन्द को यूरोपीय ढाँचा अपनी कहानी के लिए विचारणीय लगा, तो अपनी विरासत से मिले 'अनहोनेपन' (जिसे जादूपन भी कहा जा सकता है) को भी तरजीह दी है।

प्रेमचन्द के बाद कहानी में यथार्थ की उपस्थिति महत्त्वपूर्ण हुई। प्रगतिवादी कहानी में चमत्कारिक-जादुई एहसास का क्रमश: क्षरण हुआ। आश्चर्य कि यह सब प्रेमचन्दीय परम्परा के अनुकरण पर हुआ—जिन्होंने यथार्थग्राही होते हुए भी, कहानी में कभी-कभी जादुई एहसास (उनके अनुसार अनहोनापन) को अर्जित किया था। क़िस्सागो प्रेमचन्द की कथा आलोचना में यथार्थवादी 'मॉडल' की तरह इतनी चर्चा से, क्षति यह हुई कि उन्हें अपनी कथा परम्परा के विकसित नज़रिये से नहीं देखा गया। उनकी जिन कहानियों में यह सम्भावना अधिक दिखी तो उनको आदर्शवादी मॉडल या कमज़ोर क्राफ्ट की कहानियों में रखा। बहरहाल, नई कहानी के दौर में आधुनिकतावादी-अनुभववादी चलन के बीच 'कला' पर नये सिरे से विचार हुआ। उसे अपनी ज़मीन से भी देखा गया। राजेन्द्र यादव की 'सिंहवाहिनी' कमलेश्वर की 'अपने देश के लोग' और मुक्तिबोध की 'ब्रह्मराक्षस का शिष्य' जैसी कहानियों में यह कोशिश दिखती है। जादुई यथार्थ की पूर्वपीठिका यहाँ फ़ैंटेसी शिल्प के ज़रिये रची गई है और यथार्थ के किसी आयाम तक कहानी पहुँची है। हरिशंकर परसाई की 'भोलाराम का जीव' और 'इंस्पेक्टर मातादीन चाँद पर'; तो बिलकुल भिन्न अन्दाज़ की फ़ैंटेसी हैं। ऐसी कहानियों में अयथार्थ के आयाम ग़ौरतलब हैं। रेणु की 'तीसरी क़सम उर्फ़ मारे गए गुलफ़ाम' लोक कथा की प्रतीकात्मक शक्ति से अधिक समृद्ध और विश्वसनीय बनी है। सातवें दशक के बाद कहानी में फिर प्रेमचन्द की परम्परा में लौटने की कोशिशें हुईं। मालूम नहीं कि यह परम्परा गुम कब हुई थी! क्या प्रेमचन्द की परम्परा इतनी सीमित है? आठवें दशक में 'वर्ग संघर्ष' के नज़रिये से ही कहानीकार कमोबेश यथार्थ की 'आलोचना' करते हुए ही कहानियाँ लिख रहे थे। नौवाँ दशक इस मायने में काफ़ी महत्त्वपूर्ण है कि कहानी रूमानी क्रान्तिकारिता और रूढ़ जनवाद से अलग बदल रहे यथार्थ को उसकी संश्लिष्टता में देखती है। अब तक चली आ रही आलोचनात्मक और समाजवादी यथार्थवाद से अलग कथा-साहित्य में 'जादुई यथार्थवाद' की अवधारणा—नई पद्धति की तरह प्रचलित हुई। इसे अंजाम देनेवाले प्रमुख कथाकार पंकज बिष्ट और उदय प्रकाश हैं।

अगर कोई प्रवृत्ति हमारी परम्परा से गले मिले और उसका नया नामकरण कर दे तो इसमें बुराई क्या है? प्रचलित यथार्थ की कोटियों से भिन्न जादुई यथार्थवाद कहानी की ऐसी शैली है जिसमें लोककथाओं, मिथकों और दंत कथाओं की तर्ज पर अद्भुत चमत्कार, पुनर्जन्म, अन्धविश्वास, जादू-टोना, अफ़वाहों, किंवदंतियों, पारलौकिक घटनाओं, धर्म-कर्म और लोक आस्थाओं के तत्त्वों के सहारे यथार्थ को रचना में लाया जाता है। इन तत्त्वों का खंडन या मंडन करना कहानीकार का ध्येय नहीं होता, ध्येय तो

यथार्थ ही होता है—ये तो प्रयोग में उपकरण होते हैं। जैसा कि उल्लेख किया है—भारत में जादुई यथार्थवाद के मौलिक कथा शैली की तरह उभरने की सम्भावनाएँ रही हैं। कहानी परम्परा के कुछ उदाहरणों के साथ इस अपेक्षाकृत नये जादुई यथार्थवाद के मौजूदा तत्त्वों की पृष्ठभूमि को स्पष्ट करने की कोशिश ऊपर की गई है। उनमें जादुई यथार्थवाद का कोई मानक सिद्ध करना हमारा उद्देश्य नहीं है। उनके मार्फ़त कहानी में वह उर्वर ज़मीन दिखाना है जिस पर जादुई यथार्थवाद पनपने के अनेक अवसर हैं। हिन्दी कहानी में क़ायदे से इसकी शुरुआत पंकज बिष्ट (ज. 1946) की 'आवेदन करो', 'बच्चे गवाह नहीं हो सकते?' और 'मोहेंजोदड़ो' तथा उदय प्रकाश (ज. 1952) की 'टेपचू' और 'तिरिछ' जैसी कहानियों के ज़रिये आई। इस रचनात्मक पद्धति के विशिष्ट तौर पर प्रयोगकर्ता पंकज बिष्ट ज़रूर हैं, पर उनके यहाँ यह शिल्प सर्वथा अलग अन्दाज़ में है। वे ज़्यादातर उसके लिए अद्भुत और आश्चर्यजनक या चमत्कारी स्वप्न जैसे पक्षों की तरफ़ कहानी को मोड़ते हैं। उनकी सर्वाधिक चर्चित और प्रतिनिधि कहानी 'बच्चे गवाह नहीं हो सकते?' (1984) में इस अन्दाज़ को समझने के लिए कई मायनों में विचारणीय है। आज बेलगाम उपभोक्तावाद की जिन चरम ऊँचाइयों का दौर है। उसकी शुरुआत पिछली सदी के नौवें दशक से हो चुकी थी। इस उपभोक्तावाद का चरम वाहक दृश्य माध्यम बना था। मध्यवर्ग में ही नहीं निम्न और निम्न-मध्यवर्गीय समाज में टेलीविज़न ज़रूरत और प्रतिष्ठा का सवाल बन गया था और हर घर में उसे ख़रीदने की होड़ मची थी। सन् 1990 के बाद संकट में डूबी अर्थव्यवस्था को उबारने के लिए आर्थिक उदारीकरण का दौर आया। इस दौर को प्राय: भूमंडलीकरण की तमाम प्रक्रियाओं से पहचाना गया, जो अब जीवन में तकनीकी सूचना-संचार माध्यमों द्वारा अनेक प्रकार से रच-बस गई हैं कि हर आदमी एक उपभोक्ता है और बाज़ार में खड़ा है। इस बाज़ारवाद-उपभोक्तावाद को उन्माद की हद तक अनिवार्य करने तथा जीवन की मानवीय और संघर्षशील बुनियादी अनिवार्यताओं को अपदस्थ करने में मीडिया की ख़ासी भूमिका रही है। कहानी ने इन परिवर्तनों को लक्ष्य किया है—उसी की आरम्भिक कलात्मक पकड़ 'बच्चे गवाह नहीं हो सकते?' में देखी जा सकती है।

जादुई शिल्प की कहानियों ने प्रमाणित किया कि कहानियाँ यथार्थ की कोरी अख़बारी रपट नहीं हैं—वे आकर्षक और यथार्थ को प्रभावी रूप से उद्घाटित करने का कलात्मक स्वरूप भी हैं। फ़ैंटेसी के लिए अभ्यस्त कहानी के लिए सन् 1980 के बाद बदल रहे समय और यथार्थ की जादुई यथार्थवादी शैली द्वारा अभिव्यक्ति उदय प्रकाश की कहानियों में उल्लेखनीय हैं। उनकी 'तिरिछ' प्रथमत: हंस, 1987 में प्रकाशित हुई थी, जो इस शिल्प की महत्त्वपूर्ण कहानी है। कहानी में विहित यथार्थ और शिल्प के मेल ने प्रमाणित किया कि कहानी यथार्थ की कोरी रपट या विवरण नहीं—आख्यानक और यथार्थ को प्रभावी रूप से उद्घाटित करने का कलात्मक साधन भी है। अपनी मूल संवेदना में यह कहानी आधुनिकता की अन्धी दौड़ में शहरी समाज की संवेदनहीनता और अमानवीयता को ग्रामीण उदात्त-मूल्यों के समानान्तर व्यक्त करती है। स्वभावत: गाँव अपनी सहज मानवीयता के पर्याय रहे हैं और शहर अपेक्षाकृत 'भय' के जन्मदाता। कहानी के 'पिता' शहर के इसी भयवादी स्वरूप से आक्रान्त हैं। 'तिरिछ' जो इस कहानी

में शहरी सभ्यता के दुश्चरित्र का प्रतीक बनकर आया है—उसके माध्यम से कहानी अपने अभिप्राय की सार्थक और सफल अभिव्यक्ति करती है। वाचक पहले कथा में पिता से अन्तरंग है फिर तटस्थ हो जाता है, इसके बावजूद शहर के आतंक का अनुभव कराने में कहानी सक्षम है। तिरिछ एक विषैला जन्तु है, जिसके काट लेने पर मृत्यु अवश्यंभावी है और इस जन्तु के बारे में अनेक लोक विश्वास प्रचलित हैं। उसके काटने को लेकर प्रत्येक लोक विश्वास का उनकी ही अवधारणाओं में निहित बचने के तर्कों का समाधान कहानी में पिताजी की घटनाओं के साथ हो जाता है। जैसा कि सामान्यतः लगता है कि पिताजी की इतनी प्रताड़ना के पश्चात् अन्ततः मृत्यु का कारण तिरिछ का ज़हर है। जबकि कहानी में तमाम सूचनाओं और घटनाक्रम का संकलन मृत्यु के वास्तविक कारण की खोज है। कुछ लोगों ने इसमें आपातकाल के आतंक का आभास भी लक्षित किया है—जिसका अन्दाज़ा सम्भवतः वाचक के स्वप्न में बार-बार भयाक्रान्त और बेचैन हो जाने तथा कहानी में आई तिथियों की सूचना से लगाया गया है। उदय प्रकाश ने ख़ासतौर से लम्बी कहानियों के विन्यास में अनूठे प्रयोग किए हैं। अकारण नहीं कि उन्हें समकालीन कहानी की अन्तर्वस्तु और रूप में असाधारण बदलाव लाने का सर्वाधिक श्रेय है—बावजूद इसके कि उन पर आरोप लगानेवालों की कमी नहीं। दरअसल उन्होंने कहानी में यथार्थ की भाषिक और शिल्पगत पुनर्रचना कर भारतीय 'कथा' की समृद्ध विरासत का आख्यानात्मक विस्तार सम्भव किया है। उदय प्रकाश नवें-दसवें दशक के समर्थ कहानीकार हैं। उन्होंने कई महत्त्वपूर्ण कहानियों में प्रयोगों से समकालीन यथार्थ की चुनौतियों को अंगीकार किया है—'तिरिछ' उनमें से एक उल्लेखनीय और कहानी में सर्वथा नई और सचेत रचनाधर्मिता का अभिन्न उदाहरण है। उदय प्रकाश अपनी कहानियों को लेकर उठे विवादों को लेकर नहीं, इसलिए महत्त्वपूर्ण हैं कि कहानी के नवीनतम युवा पड़ावों के प्रस्थानसूत्र प्रायः उनकी कहानियों से जोड़े जाते हैं। उन्होंने नये युवा कहानीकारों की अन्तश्चेतना को गहराई से प्रभावित किया है। अब यही कहानीकार कहानी की अगली मंज़िल का पता लिख रहे हैं।

जादुई यथार्थवादी शैली के प्रयोग में कथाकार का ध्येय लोक आस्थावादी या उपर्युक्त वर्णित तत्त्वों का खंडन या मंडन करना नहीं होता, वरन् यथार्थ के प्रभावी उद्‌घाटन में, उनका रचनात्मक उपयोग कर लेना होता है। इसकी सफल सम्भावनाओं का उपर्युक्त कहानियाँ संकेत करती हैं। कहानी की पिछली परम्परा को देखें तो यह स्पष्ट हो जाएगा कि विभिन्न चिन्तन, धाराओं, मतों, वादों और दर्शनों में कहानी अछूता नहीं रही है। उस पर विविध प्रभाव प्रारम्भ से ही पड़ते रहे हैं चाहे विचारधारा के हों, दर्शन या कहानी के किसी आन्दोलन की वैचारिकी से सम्बन्धित। कहानी भारतीय ज़मीन से जुड़ी रहकर भी पश्चिम के प्रभावों से अप्रभावित नहीं रह पाई है। 'नई कहानी' के दौर से ही ऐसे प्रभाव प्रायः परिलक्षित होना शुरू हो गए थे। पश्चिम में हुई वैज्ञानिक प्रगति का प्रभाव भारतीय जीवन पर भी पड़ा जिससे मनुष्य का दृष्टिकोण भौतिकवादी और वैज्ञानिक हुआ। भारतीय चिन्तन पर मार्क्स और फ्रायड जैसे चिन्तकों के विचारों का ख़ासा प्रभाव पड़ा। इनके अलावा सात्र और कीर्केगार्द जैसे विचारकों ने भी भारतीय चिन्तन पर असर डाला। हिन्दी कहानी पर इनके प्रभाव आते रहे हैं। नई कहानी की

प्रवृत्तियों में अस्तित्ववादद और मार्क्सवाद का प्रभाव स्पष्ट ही है। अलगाव (एलियनेशन) की मनोदशा का भी चित्रण कहानी में हुआ है। 'अकहानी' में तो पाश्चात्य विचारकों (कामू, काफ़्का, सात्र) के विचारों के आधार पर कहानियाँ बहुतायत में लिखी गईं। अकहानी का अजनबीपन, संत्रास और मृत्युबोध पश्चिम से ही आयातित था। कहानी की समाज सापेक्ष जीवन्त धारा इन प्रवृत्तियों से विरोध भी करती रही है और उसे चलने की सही राह दिखलाती रही है।

भारतीय साहित्य और समाज के बीच श्रुति और स्मृति की परम्परा में कहानी के आदि रूप हजारों-हज़ार सालों से मौजूद थे। तब आधुनिक युग की एक साहित्यिक विधा 'कहानी' को कहीं अन्यत्र आसरा खोजने की ज़रूरत ही क्यों पड़ी? यह एक भावुक प्रश्न हो सकता है। हिन्दी कहानी को क्रमशः नये को ग्रहण करने की ज़रूरी चुनौतियों का सामना भी करना था, सम्भवतः अनेक विदेशी कथा लेखकों की शिल्प दृष्टि ने हिन्दी कहानीकारों को संस्कारित भी किया है। यद्यपि कहानी के क्षितिज पर, पिछले किसी दौर के पश्चिमी प्रभावों के बादल क्रमशः छँट चुके हैं—समय और समाज की सचाइयों की रचनात्मक पहचान लिए प्राथमिकता बलवती हुई हैं। नौवें दशक से ही रूपवादी और कलावादी प्रयोगों से कहानी क्रमशः दूर भी होती गई है। इस दौर से चलन में जादुई यथार्थवादी शैली का प्रयोग रूपवाद का पर्याय नहीं था, बल्कि नये यथार्थ को ग्रहण करने में भारतीय ज़मीन और फ़िज़ा के सर्वथा अनुकूल था—बशर्ते उसे रूपवाद से भिन्न सही परिप्रेक्ष्य में रखा गया हो।

कहानी : विचारधारा और समय चेतना

यद्यपि नौवें दशक की कहानी में आन्दोलनों से मुक्ति की जद्दोजहद है—विचारों का प्रभाव भी कहीं-न-कहीं बना ही रहता है। पर इसी समय विचारधाराओं के मूल्यांकन और प्रासंगिकता पर प्रश्न भी उठने लगते हैं। इस सन्दर्भ में दो कहानियों—'कामरेड का कोट' (सृंजय) और '...और अन्त में प्रार्थना' (उदय प्रकाश) का उल्लेख किया जाता रहा है, जो लगभग नौवें दशक के अन्तिम दौर में प्रकाशित होकर चर्चित रहीं। वस्तुतः विचारधारा इन दोनों कहानियों की उत्प्रेरक नहीं है—यहाँ विचारधारा का मूल्यांकन है, 'विचार' इनमें नायक की तरह मौजूद है और आलोचना का केन्द्र बिन्दु है। इन कहानियों से हिन्दी कहानी का एक प्रस्थान बिन्दु भी मान सकते हैं, जहाँ से कहानी में विचारधारा की रूढ़िबद्धता से मुक्ति की कोशिशें आरम्भ होती हैं। सन् 1990 के बाद कहानी में जो असाधारण रचनात्मक उभार आया; वह प्रमाणित करता है कि विचारधारा का अस्तित्व, अगर रचना के लिए है तो वह रचनाकार के विवेक, यथार्थ की समस्या और अभिव्यक्त कथ्य सन्दर्भ पर निर्भर है—किसी बँधे-बँधाए सोच या साँचे में नहीं।

बीसवीं सदी के आख़िरी दशक का अहम् परिवर्तन है—बाज़ार, सूचना-संचार और व्यापार का 'ग्लोबलाइज़' होना। बहुराष्ट्रीय कम्पनियों का बाज़ार में वर्चस्व और भूमंडलीकारण के नारे के बीच सूचना तंत्र द्वारा फैलाए जा रहे विज्ञापनी भ्रमजाल ने भारतीय समाज को सिर्फ़ उपभोक्तावाद की अन्धी दौड़ में धकेल दिया। बाज़ारी संस्कृति का घातक असर मध्य और निम्नवर्ग पर सर्वाधिक पड़ा। साहित्य के हलक़ों में फैला

'उत्तर-आधुनिकता' का शोर अन्तरराष्ट्रीय स्तर पर गूँज रहे नवउदारतावाद का ही एक हिस्सा है—वह पूँजी और बाज़ार से अलग कहाँ है! इस दौर की कहानियाँ प्राय: इसकी निरर्थकता और अमानवीय को ही रेखांकित करती हैं। उदय प्रकाश की 'पॉल गोमरा का स्कूटर' कहानी चकाचौंध भरे माहौल में, जहाँ सिर्फ़ सब कुछ ख़रीदा और बेचा जा रहा है, एक निम्न-मध्यवर्गीय संवेदनशील आदमी की पीड़ा बयान करती है। जिसका हश्र पालगोमरा से कम नहीं है। यह बात अलग है कि हिन्दी कवि और राष्ट्रीय दैनिक के क़लमकार राम गोपाल वर्मा (पाल गोमरा) उदय प्रकाश की प्रयोगशाला में क़ैद हैं, पर बाज़ारवादी युग और इससे पूरे समाज के बदलावों का अहसास कराना कहानी का ध्येय है—बीसवीं सदी के अन्तिम दौर के भारत की एक मुकम्मल तस्वीर। बाज़ारवादी तंत्र आम इनसान को कैसे निर्दयतापूर्वक रौंद डालता है—यही नहीं बाज़ारवादी-उपभोक्तावादी समाज में उपजी मूल्यहीनता, अनैतिकता, अश्लीलता और आधुनिकता के विरोधाभासों का दुर्लभ पाठ भी प्रस्तुत करती है। अखिलेश 'जलडमरूमध्य' कहानी में एक अकेले पड़ गए इनसान की आन्तरिक त्रासदी को व्यापक फ़लक पर उभारते हैं। इसमें अर्थव्यवस्था और उपभोक्तावाद के हमले में गाँव, शहर और महानगर तीनों जगहों पर मूल्यों के पतन का वस्तुनिष्ठ अंकन हैं—बूढ़े सहाय जी के टूटने-बिखरने की त्रासदी है। 'शापग्रस्त' और 'हाकिमकथा' कहानियों में अखिलेश उपभोक्तावाद की नकारात्मक भूमिका को ही उद्घाटित करते हैं—जब मध्यवर्गीय मनुष्य की सोच व संवेदना वस्तु-मोह की अन्तहीन हवस में बदलना शुरू हुई थी स्वयं प्रकाश की 'बर्डे' कहानी में भी यही तलाश है—उपभोक्तावाद और बाज़ार की घुसपैठ बहुत अन्दर तक है, लोगों के मन में भावनाहीन बाज़ारवादी मानदंड जगह घेर रहे हैं इन तमाम बदलावों के तहत हमारा सामाजिक-सांस्कृतिक परिदृश्य बाहर और भीतर बदला है। बीती सदी के आख़िरी दौर की कहानियों में रचनाशीलता का एक बड़ा हिस्सा उनके व्यापक प्रतिरोध में आकर खड़ा हुआ है। हर पीढ़ी के रचनाकार के लिए यह चिन्ता के अहम् प्रश्न बनते हैं—'उसका बीजमंत्र' (गिरिराज किशोर), 'अर्थतंत्र' (रमेश उपाध्याय), 'ब्लैक होल' (संजीव), 'पिताजी चुप रहते हैं' (ज्ञान प्रकाश विवेक), 'विश्व बाज़ार का ऊँट' (जयनन्दन) और 'बोधिवृक्ष' (प्रियंवद) जैसी कहानियाँ मनुष्य की विरासत और अस्मिताओं पर आसन्न खड़े संकट को अभिव्यक्त कर रही थीं।

उत्तर सदी के अनेकायामी यथार्थ की समर्थ अभिव्यक्ति अखिलेश (ज. 1960) की कहानियों की पहचान है। उनमें कथाकार की वैचारिक सम्पन्नता, पक्षधरता और कलात्मक संयम के उदाहरण मिलते हैं, पर उन्होंने बेरोज़गारी की पीड़ा को भी अपनी कहानियों का विषय बनाया है। जिसे मुकम्मल केन्द्रीयता उनकी कहानी 'चिट्ठी' (1989) में मिली है। विश्वविद्यालय के शिक्षित बेरोज़गारों की व्यथा-कथा को अत्यन्त विश्वसनीय और रोचक अन्दाज़ में अभिव्यक्त करनेवाली यह ऐसी कहानी है, जिसमें छात्रों के गुट का याराना और अलमस्ती के साथ उनकी दर्दभरी विवशताओं को रेखांकित किया गया है। कहानी का अन्त अत्यन्त मार्मिकता से उन स्थितियों के प्रति विचार करने के लिए प्रश्नाकुल करता है, जिनके चलते उन युवाओं को निराश करनेवाली कारुणिक परिणतियाँ दी हैं। वैसे तो बेरोज़गारी के दर्द पर बहुत कहानियाँ मिलेंगी, पर 'चिट्ठी' अपने यथार्थ की अनेकायामी ध्वन्यात्मकता, खिलंदड़ापन और

व्यंग्य के अद्भुत कौशल के कारण सहज ही याद रहनेवाली कहानी है। भूमंडलीकरण से उत्पन्न स्थितियों से इस दौर की नई पीढ़ी ने संवाद और प्रतिरोध की नई चेतना का विस्तार किया। समय के तमाम बदलावों ने मनुष्यता के विरोध में हिंसा और उन्माद की जटिल और भिन्न परिस्थितियों को जन्म दिया। शहर में ही नहीं गाँव की सीधी-सहज ज़िन्दगी के बीच उनकी घुसपैठ से मूल्य बदलने लगे थे। उस समय कहानी की नई रचनाशीलता ने इसे गहराई से अनुभव किया—संजय खाती (ज. 1962) की 'पिंटी का साबुन' (1990) कहानी यह सचाई बड़ी सादगी से खोल देती है कि बाज़ार और उपभोक्तावाद पूरे सामाजिक जीवन पर हावी है और पारिवारिक सम्बन्धों की आत्मीयता में घुसकर कटुता घोल रहा है। संजय खाती अत्यन्त सहजता से अपनी कहानियों के कथ्य खोजते हैं। उनकी कहानियाँ समय के बदलावों के प्रति सजग हैं। उन्होंने इन परिवर्तनों की भयानक सचाई को कोरी व्यथा-कथा की तरह न लिखकर, बिम्बों और रूपकों या प्रतीकों के ज़रिये उनकी कुशल और प्रभावपूर्ण स्थापना की है। 'पिंटी का साबुन' में 'साबुन' का रूपक गाँव के सम्पूर्ण कायाकल्प को सूक्ष्मता से उभारता है।

सन् 1980 के बाद कहानी के सरोकारों में समूची राजनीतिक एवं प्रशासनिक व्यवस्था में व्याप्त भ्रष्टाचार, संवेदनाहीनता, सत्ता का जनविरोधी चरित्र, शोषण और दमन का औपनिवेशिक रवैया प्रमुखता से शुमार है। दरअसल ये चिन्ताएँ कहानी में पहले भी थीं। बीसवीं सदी में आज़ादी के बाद राजनीति और प्रशासन में मूल्यों को लेकर एक ढलान से नीचे फिसलते देखा जा सकता है। इधर की कहानियाँ इस फिसलन को शिद्दत से अभिव्यक्त करती हैं। आज की प्रशासनिक व्यवस्था ऐसी है जो व्यक्ति की संवेदनाओं का गला घोंटकर अमानवीय बना देती है। देवेन्द्र की 'शहर कोतवाल की कविता' कहानी में ऐसे ही एक डंडा ठोंक जालिम पुलिस इंस्पेक्टर को चित्रित किया है, जिसके अन्दर कहीं अपवादस्वरूप जीवित रह गई कुछ संवेदनाएँ परिस्थितियों वश जागृत हो जाती हैं और वह आत्महत्या कर लेता है। डायरी में लिखी सूचनाएँ कविता मान ली जाती हैं और कोतवाल को कवि। इस व्यवस्था के लिए ऐसी संवेदनात्मक लिखावटें अजनबी और अचरज भरी हैं। कथा का पूरा वृत्तान्त गहरी व्यंजना लिए हुए है। देवेन्द्र (ज. 1958) सन् 1980 के बाद की कहानी के ऐसे हस्ताक्षर हैं, जिन्होंने अपनी रचनात्मक क्षमता से उल्लेखनीय उपस्थिति दर्ज कराई। उन्होंने अपनी कहानियों से व्यवस्था पर सवाल खड़े किए हैं। यद्यपि देवेन्द्र अपनी चर्चित कहानी 'क्षमा करो हे वत्स!' को व्यक्तिगत त्रासदी की दास्तान की तरह लिखते हैं, लेकिन इस मार्मिक आपबीती से पुलिस प्रशासन की असलियत अपने नग्न रूप में सामने आती है। इसे हिन्दी की बेहद कारुणिक कहानी की तरह याद रखा जाएगा।

राजनीति में महिलाओं को स्थानीय संस्थाओं के स्तर तक आरक्षण दिया गया, पर वास्तविक परिणति इससे अलग है। मैत्रेयी पुष्पा की 'शतरंज के खिलाड़ी' कहानी इस हक़ीक़त को दिखलाती है कि महिलाओं की स्थिति सिर्फ़ पुरुषों का मोहरा बनने तक सीमित है। अखिलेश की 'बायोडाटा' तथा 'ऊसर' कहानियाँ भी निचले स्तर की राजनीति का यथार्थ सामने रखती हैं जिसमें नैतिकता के लिए कोई जगह नहीं है। व्यवस्थाजन्य विसंगतियों के प्रति कहीं गहरी करुणा कहीं व्यंग्य से उभारने में कहानीकार सचाइयों

को पूरी निस्संगता से उद्घाटित करते हैं। 'नृशंस' (अवधेश प्रीत), 'जंगल में डेमोक्रेसी' (विष्णु नागर) और 'जंगल-गाथा' (नमिता सिंह) ऐसी ही कहानियाँ हैं। राजनीतिक और प्रशासन की विसंगतियों पर लिखने, कई कहानीकार आकुल रहे हैं और उनकी रुचि का यह क्षेत्र है। उनके साथ समस्या यही है कि कहानी यथार्थ के स्थूल निरूपण में अख़बारी रिपोर्टिंग की छवि बना लेती हैं। कहानी एक कला-रूप है—भाषा और संवेदना का मिश्रित प्रभावी स्वरूप। इसीलिए कहानी में यथार्थ से रू-ब-रू करनेवाली ढेरों कहानियों में 'टैरेस पर एक सेनानायक' (प्रियंवद) जैसी विलक्षण कहानी अलग नज़र आती हैं। भारतीय राजनीति में अनेक वर्षों से व्याप्त आतंकवाद को विभिन्न कोणों से कहानियों में उठाया गया है। पंजाब के आतंकवाद पर 'भैया एक्सप्रेस' (अरुण प्रकाश) और कश्मीर की रक्तरंजित पृष्ठभूमि पर 'काली बर्फ़' (चन्द्रकान्ता) पिछले दौर की उल्लेखनीय कहानियाँ हैं। अरुण प्रकाश (1948-2012) की कहानी में दुनिया बिहार के श्रमिकों के त्रास और पीड़ा को समर्पित है। वे अपनी कहानियों में जिस यथार्थ से साक्षात्कार कराते हैं, वह अभी भी थमा नहीं है। उन्होंने उस व्यथा को अत्यन्त संवेदनशीलता से कथा की जुबानी कहा है। जिसका प्रतिनिधित्व उनकी प्रसिद्ध कहानी 'भैया एक्सप्रेस' (1985) कराती है। यह कहानी आतंकवाद के परिप्रेक्ष्य में बिहार से काम की तलाश में पंजाब जानेवाले ग़रीबों के पूरे जातीय अपमान और तकलीफ़ को प्रकट करती है।

प्रेम, परिवार और समाज

अस्सी के बाद बीस वर्षों के कहानी संसार में अपने समय की प्रतिक्रियात्मक पुनर्रचना प्रमुख विशेषता है। यथार्थ के तमाम पहलुओं को समेटकर अपने समय की सच्ची चेतना की अभिव्यक्ति। पिछली सदी के आख़िरी दशक में तो ऐसी कहानियों की ही संख्या ज़्यादा है। एक सदी की कहानी के इस विस्मयकारी विस्तार में महज़ उन्हीं परिचित यथार्थ सन्दर्भों की उपस्थिति ही नहीं, एक दूसरी दुनिया भी शामिल है—जहाँ यथार्थ के हाहाकार से हटकर जीवन सौन्दर्य-बोध, प्रेम, व्यक्ति के निजी राग संवेग और जीवन सन्दर्भों का सूक्ष्म स्पन्दन है। कहानी के लिए प्रेम एक शाश्वत मूल्य है। प्रेम कहानियों की समृद्ध परम्परा है। कहानीकार प्रेम कहानी लिखने बैठता है, तो क़लम यौन चित्रण और काम प्रसंगों के वर्णन की ओर फिसलने लगती है। कहानी के लिए यह संकट कोई नया भी नहीं है। अस्सी के बाद तो यथार्थ और बाज़ार के दबाव लगातार पीछे लगे हुए हैं इसीलिए 'राम सजीवन की प्रेमकथा' से होकर आई कहानी 'पीली छतरी वाली लड़की' (उदय प्रकाश) में रूपान्तरित हो जाती है—यहाँ आकर वह सिर्फ़ प्रेम कहानी भर नहीं रह जाती। प्रेमकथा के समानान्तर यथार्थ के उद्घाटन करने की कला इस दौर में ही ज़्यादा प्रचलित हुई है। अपने समय के यथार्थ की अतिशय चिन्ता से ही कहानियों की वह दूसरी दुनिया सिमटी हुई लगती है! जितनी लगती है, उतनी है नहीं। आलोचना की यथार्थवादी कहानियों पर अधिक टिकनेवाली नज़र से शायद ऐसा हो! वरना प्रियंवद (ज. 1952) ने 'कैक्टस की नावदेह' (1981) जैसी प्रेम के विरल अनुभव की कहानी लिखी है। वे प्रेम की विषयवस्तु के लिए ख्यात हैं। उन्होंने बाद में और 'ख़रगोश' जैसी नाम के अनुरूप ही ख़ूबसूरत कहानी भी लिखी—हिन्दी

की तमाम मनोवैज्ञानिक प्रकृति की कहानियों से अलग, इस कहानी ने प्रेम कथा के समानान्तर बाल मन में विकसित हो रहे दैहिक संवेदन तथा मन के बीहड़ संसार का सटीक चित्रांकन किया है। प्रियंवद की कहानियाँ सर्वथा अलग भावबोध के कारण रुचि और आकर्षण पैदा करती हैं। कहानी में अपने अनोखे कथालोक, निराली कथा-प्रकृति और भाषा के जादुई सिफ़तों से सम्मोहित करने के लिए, उनकी कहानियाँ चर्चा में रही हैं। विवाहेतर प्रेम की स्थितियाँ प्राय: उनकी कहानियों की परिचित वस्तु है, वह परिचित वस्तु 'कैक्टस की नावदेह' में भी है। लेकिन यह कहानी अलग इसीलिए है कि उनकी इसी वस्तु पर लिखी अन्य कहानियों की तरह परिवार या समाज की बाहरी उपस्थिति का अभाव और पुरुष दृष्टि की प्रमुखता नहीं है। बच्चों का निश्छल संसार भी कहानियों में जगह पाता है। 'अबाबील की उड़ान' (सारा राय) में बचपन की निगाह से देखी जा रही रहस्यमयी दुनिया की तस्वीर है, तो 'टूटना' (ज्ञानप्रकाश विवेक) में एक बच्चे की कोमल संवेदनाओं के टूटने की कथा है। विकलांग बच्चों की एक अलग असहाय दुनिया है 'मैनेजमेंट क्या कहेगा' (निर्मला भुराड़िया) कहानी विकलांग बच्चों के प्रति कहीं अधिक मानवीय व्यवहार की ज़रूरत रेखांकित करती है। किशोरों और बच्चों को मिलनेवाली शिक्षा के प्रति औपनिवेशिक उपभोगवादी दृष्टिकोण तथा उसके परिणामस्वरूप बन रहे भारतीय युवा के मन-मिज़ाज पर 'मेढक' (गम्भीर सिंह पालनी) जैसी कहानी एक बेबाक और व्यंजनात्मक प्रतिक्रिया है। यह कहानी हमारे स्कूलों-कॉलेजों में दी जानेवाली शिक्षा के आजीविकावादी-औपनिवेशिक ढंग, वहाँ के माहौल और उनसे निकलनेवाले नौजवानों की दिशाहीन पीढ़ी के भविष्य को लक्ष्य करती है। कहानियों के विषयों को यह बहुलता दर्शाती है कि यह परिदृश्य कितना विविधता युक्त रहा है। सारा राय (ज. 1956) की कहानियाँ अनेक स्त्री कहानीकारों के मुहावरों से अलग सर्जना की सर्वथा अलग राह पकड़कर चलती हैं। जीवन को देखने और छूने का उनका अपना अन्दाज़ अलग है। सूक्ष्म संवेदनों को रचने और परिवेश के पर्यवेक्षणों को नई अर्थवत्ता देने का कमाल, वे भाषा की महीन बुनावट से सम्भव करती हैं। यही वजह है कि उनकी कहानियाँ, कहानी की मुख्य प्रवृत्तियों के किसी खाँचे में नहीं रखी जा सकतीं। इसीलिए अलग कथ्य और उसके अनूठे निरूपण के कारण 'अबाबील की उड़ान' कहानी; उनकी इस पहचान को पुख्ता करती है।

कहानीकार के रूप में संजीव (ज. 1947) की मूल पहचान जनसरोकारों के प्रतिबद्ध लेखक के तौर पर रही है। 1990 के बाद माध्यमवादी दौर में 'ग्लोबल भारत' के बहुस्तरीय यथार्थ को उनकी कहानियाँ अत्यन्त लेखकीय निष्ठा से व्यक्त करती हैं। भूमंडलीकरण के अभिप्राय पहले आर्थिक-राजनीतिक हैं, पर बाज़ारवाद और उपभोक्तावाद के विस्तार में गहरे रूप में सामाजिक हैं। ज़ाहिर है एक ओर उनके प्रमुख वाहक माध्यम हैं, तो दूसरी ओर मल्टीनेशनल कम्पनियों द्वारा फैलाया गया आजीविकावाद—जिसके ज़बरदस्त सम्मोहन में युवा पीढ़ी फँसती गई है। ऊपर से बेहतर लगती इन स्थितियों के सामाजिक-सांस्कृतिक दुष्प्रभाव, वैसे तो संजीव की कहानियों के केन्द्र में रहे हैं, पर उनकी कहानी 'मानपत्र' में कथाकार के सर्वथा अलग भावबोध और विचार दृष्टि की पहचान मिलती है। इसकी विषयवस्तु तो परिचित ही है, पर उसे संगीत की पृष्ठभूमि में

सर्वथा अलग अन्दाज़ मिला है। जैसा कि सामान्यत: देखा जाता है कि पति-पत्नी के बीच प्रतिभा और महत्त्वाकांक्षा के द्वंद्व में पुरुष, स्त्री को पीछे छोड़कर आगे बढ़ जाना चाहता है; चाहे वह प्रतिभा में उससे कमतर ही हो! पुरुष और स्त्री यहाँ दो संगीत के कला साधक हैं—पुरुष व्यवहार के विरुद्ध स्त्री मुखर या विद्रोही नहीं हैं, पर दो कलाकारों के द्वंद्व को प्रस्तुत करना ही इस कहानी को ख़ास बनाता है।

लम्बी कहानियों की उपलब्धियाँ

इस दौर की कहानी में वस्तुगत विविधता और यथार्थ की जटिलताओं के प्रगटन और उन्हें रचनात्मक आयाम देने के लिए विभिन्न कथा-रूप प्रचलन में आए। वे कहानियाँ वस्तु, रूप और भाषा के अद्‌भुत संगठनात्मक सम्बन्धों को अभिव्यक्त करती हैं। परिस्थितियों के दबाव में कहानी की संरचना काफ़ी प्रभावित हुई है। इधर की कहानी में सर्वाधिक महत्त्वपूर्ण बदलाव है—आकार में विशालता और औपन्यासिक कलेवर। यह दौर लम्बी कहानियों का रहा है। ऐसी अधिकांश कहानियाँ हैं—'नमो अन्धकारं', 'धर्मक्षेत्र-कुरुक्षेत्रे' (दूधनाथ सिंह), 'ऐ लड़की' (कृष्णा सोबती), '...और अन्त में प्रार्थना', 'पॉल गोमरा का स्कूटर', 'वारेन हेस्टिंग्स का साँड़', 'पीली छतरी वाली लड़की' और 'मोहनदास' (उदय प्रकाश), 'जलडमरूमध्य' और 'शापग्रस्त' (अखिलेश), 'तिरिया चरित्तर' (शिवमूर्ति), 'भैया एक्सप्रेस' (अरुण प्रकाश), 'अगले अँधेरे तक' (जीतेन्द्र भाटिया), 'साज़-नासाज़' (मनोज रूपड़ा) आदि कहानियाँ आकार में विशालता के उदाहरण हैं—जहाँ उपन्यास और कहानी के शास्त्रीय भेद को मिटा देने की जैसे कहानीकार ने ठान ली है। जीवन और परिवेश के प्रति गहरा सम्पर्क कहानी की जान है। लेकिन सामाजिक प्रतिबद्धता और कहने की पुरानी सीमाएँ लाँघना इस दौर के कहानीकार के लिए अनिवार्य है। 1990 के बाद कहानियों में अनुभवों और घटनाओं की पारस्परिक निर्भरता पहले की कहानी की तुलना में कहीं ज़्यादा बढ़ी। यथार्थ के उद्‌घाटन के लिए स्थितियों के विवरण, घटनाओं के ब्योरे और सूचना सन्दर्भों की बहुलता बढ़ी। अख़बारी पत्रकारिता का असर भी कहानी पर आया। इलेक्ट्रॉनिक मीडिया और फ़िल्म के शिल्प एवं तकनीक का परोक्ष दबाव कहानी की शैली पर भी पड़ा। कहानी में नई कहानी के बाद सदी का आख़िरी दौर कहानी के 'रूप' में असाधारण परिवर्तनों के लिए याद रखा जाएगा। इसके चलते यह नहीं भूला जा सकता कि साहित्य की विधा कहानी जिस मिज़ाज के लिए पढ़ी जाती है, वह इस दौर की कितनी कहानियों में बचा रहा? यानी रचना का भावोन्मेष और कथापन—इस दौर की यथार्थवादी कही जानेवाली कहानियों में इनकी कमी दिखेगी। उत्तरोत्तर बदलते यथार्थ को कहानीकार अपने अनुभव और निजता का हिस्सा बनाने के लिए फ़ैंटेसी, रूपक, प्रतीक या जादुई शैली के प्रयोग अवश्य चुन लेता है—इन शैलियों में नवीनता है, पर यथार्थ और कला का यहाँ कितना और कैसा मेल है? यह विचार करने का अलग पहलू है। 1990 के बाद कहानियों में फ़ार्म के विभिन्न परिवर्तन भी ग़ौरतलब हैं।

इधर की कहानियों में प्राय: ऐसा शिल्प चुना गया है, जो मनोवांछित विषयवस्तु की अभिव्यक्ति कर सके। ऐसा भी नहीं है कि कहानी का पुराना ढाँचा ही पूरी तरह

ध्वस्त हो गया था कि ऐसा करने के लिए ही कहानी लिखने की ठान ली है। सन् 1980 के बाद क्रमशः कहानियों के लम्बे आकार की चर्चा यहाँ पहले भी हुई। यथार्थ के उत्तरोत्तर जटिल रूपों और प्रसारों को लाने के लिए कहानी को औपन्यासिक फैलाव देना ज़रूरी समझा गया। कहानियों में घटना प्रधानता आई है। लम्बी कहानियों की रचना के पीछे यथार्थ की वह जटिलता और बहुरूपता उत्तरदायी है, जिसके उल्लेख के बिना कहानीकार को सब्र नहीं। कहानी के भीतर वस्तु की अन्तर्धारा होना ज़रूरी है, मगर जिस परिवेश में उसे रचा जा रहा है उसके बिना वस्तु के साथ न्याय कैसे हो! अगर कहानी के सच को समग्रता में तभी सम्भव किया जा सकता है, तो आकार बड़ा होना ही था। लम्बी कहानियों का चलन पहले भी रहा है, होता आ रहा है। लेकिन इस दौर की लम्बी कहानियों ने कहानी की प्रचलित परिभाषाओं—जिनमें कहानी की एकांगिता, एक स्थिति, एक खंड की झलक प्रस्तुत करनेवाली विधा माना गया है, को ख़ारिज कर दिया है। अब कहानियों में अन्य विधाओं जैसे निबन्ध, संस्मरण, यात्रा विवरण, जीवनी की घुसपैठ होते देखी जा सकती है। उपन्यास के बहुत क़रीब आने की जद्दोजहद तो है ही। इस दौर की लम्बी कहानियों में 'कहानीपन' की शर्त के साथ अन्य विधाओं को स्पर्श करने का रचनात्मक रुझान कहानियों की रचनात्मक परिणति हैं। अरुण प्रकाश की 'भैया एक्सप्रेस' यात्रा विवरण की तरह लिखी गई। स्वयं प्रकाश की 'बलि' में जीवनी का स्पर्श है। कृष्णा सोबती की 'ऐ लड़की' और शिवमूर्ति की 'तिरिया चरित्तर', उदय प्रकाश की '...और अन्त में प्रार्थना', 'पॉल गोमरा का स्कूटर', और 'वारेन हेस्टिंग्स का साँड़' आदि लघु उपन्यास के आकार तक जा पहुँची है। अखिलेश की लम्बी कहानी 'जलडमरूमध्य' में औपन्यासिक विज़न भी है। संस्मरणात्मक और निबन्धात्मक पुट तो कहानियों में मिल ही जाते हैं। इस तरह विभिन्न विधाओं के प्रतिरूप कहानियों में खोजे जा सकते हैं। कहानी में कथातत्त्व भी बना रहे—इसके प्रति सचेत रहते हुए, कहानीकारों ने अनेक प्रकार के औपन्यासिक आग्रह के साथ शिल्पगत प्रयोग अपनाए हैं। ख़ासतौर से यथार्थ का आख्यान रचनेवाले कहानीकारों ने मुद्दों और स्थितियों के व्यापक सरोकारों को कहानी में समेटने का प्रयत्न किया है। इस सन्दर्भ में संजीव, उदय प्रकाश, शिवमूर्ति, रमेश उपाध्याय, अखिलेश आदि की कहानियों के उदाहरण दिए जा सकते हैं। कहानी को कहने का अन्दाज़ बदला है तो आवश्यकतानुसार भाषा में भी नयापन है। उत्तर समय के नवपूँजीवाद और नई प्रौद्योगिकी ने जिस परिवर्तनशील और बहुस्तरीय यथार्थ को जन्मा, उसकी सविस्तार चर्चा ऊपर हुई है। उस समय चेतना को 1990 के बाद की लम्बी कहानियाँ अनेक रूपों में व्यक्त करती हैं। इस समय के यथार्थ की रचनात्मक स्फीति अनेक कहानियों की मुख्य पहचान है। उनके बीच मनोज रूपड़ा (ज. 1963) की 'साज़-नासाज़' (हंस, 1995) कहानी इस पूरे दौर की संवेदना और निहितार्थ को सर्वथा अलग अन्दाज़ में व्यक्त करती है—एक सिंथेसाइजर बजानेवाले बूढ़े पात्र की मनोदशा और उसके आत्म से उबरने की जद्दोजहद के समानान्तर मौजूदा समय को दर्ज करने की रचनात्मक कोशिश ही अभिव्यक्ति का वह अलग अन्दाज़ है। बहुरूपी यथार्थ के कायान्तरण को मनोज रूपड़ा की कहानियाँ जिस संरचना

और संवेदना के साथ अलग रचनात्मक आधार देती हैं—'साज़-नासाज़' में उसका मुकम्मल प्रतिनिधित्व मौजूद है।

बीसवीं सदी के आख़िरी बीस वर्षों के बीच की कहानी में एक ओर पुरानी पीढ़ी के कथाकार नई रचनाओं में अपनी रचनात्मक दमखम तथा कथा भाषा की नई ताज़गी के साथ उपस्थित हैं। दूसरी ओर इस दौर की कहानी को सर्वाधिक रचनाशील बनानेवाले कहानीकार जैसे पंकज बिष्ट, उदय प्रकाश, अलिखेश, स्वयं प्रकाश, प्रियंवद, संजीव, मनोज रूपड़ा, राजी सेठ, मैत्रेयी पुष्पा, सारा राय, आनन्द हर्षुल, हरि भटनागर आदि ने कथा भाषा को विशिष्ट संस्कार देने और कहने के पैमाने बदलने को तरजीह दी है। इसी पीढ़ी के बीच अख़बारी पत्रकारिता और इलेक्ट्रॉनिक मीडिया की भाषा के प्रभाव स्पष्ट हैं। यौनांकन, प्रेम प्रसंगों और संवादों में गाली-गलौच के प्रयोगों के अनेक उदाहरण मिल जाएँगे। यह चलन कहानियों में नया भी नहीं है—सातवें दशक में कहानीकार भाषा प्रयोगों के लिए चर्चित रह चुके हैं। पर इसे कथा भाषा की उपलब्धियों के हिस्से तो रखा नहीं जा सकता! कहानी का भाषायी पक्ष, अन्तर्वस्तु और रूप का ही अनिवार्य हिस्सा माना जाता है। इस दौर में कथा भाषा की सृजनशीलता का पक्ष अवश्य रेखांकन योग्य है। इधर भाषा का धारदार खिलंदड़ापन, विनोदी और व्यंग्य मिश्रित प्रयोग कहानियों की विशिष्टता है। यही नहीं इस पीढ़ी से चलकर ही इस परम्परा को नई युवा पीढ़ी के बीच स्थानान्तरित होकर प्रियता मिली है।

कहानी यात्रा में अब इक्कीसवीं सदी के दो दशक जुड़ गए हैं—कहानी का अगला पड़ाव शामिल है—यहाँ भूमिका के इस खंड में चर्चा पिछली सदी के आख़िरी दौर की कहानी पर ही केन्द्रित है। इस बड़े रचना फ़लक को समेटते हुए यह कहना असंगत नहीं है कि नई पीढ़ी की कहानी इन्हीं प्रस्थान-सूत्रों पर आगे बढ़ी है। इक्कीसवीं सदी के कहनीकारों की नई पीढ़ी को भाषा और संवेदना की विरासत अपने ठीक पहले सक्रिय पीढ़ी से ही मिली है। इस नई पीढ़ी के आगे भूमंडलीकरण, बाज़ारवाद, साम्प्रदायिकता, संचार क्रान्ति और मीडिया के विस्फोट के एक दशक बाद की दुनिया है। पहले यह सब आया ही आया था, अब तो जीवन में रच-बस गया है। सारी स्थितियाँ भिन्न रूपों में शिफ्ट हो गई हैं। कहानी सचेत होकर अपनी चुनौतियों को खोज रही है। इक्कीसवीं सदी के आरम्भिक दौर की कहानी के लिए, सन् 1980 के बाद कहानी के रचनाशील दो दशक और विशेषत: बीती सदी के आख़िरी वर्षों की रचनाशीलता ने गहरी और प्रभावशाली पूर्वपीठिका निर्मित की है।

आन्दोलनों के बाद कहानी : नामकरण का प्रश्न

बीसवीं सदी की कथा यात्रा में छठे से आठवाँ दशक कहानी के विभिन्न आन्दोलनों के उदित और अस्त होने का समय है। प्रत्येक आन्दोलन अपनी सक्रियता के कारण कुछ समय चर्चा के केन्द्र में रहे। उनकी अवधारणाओं में कहानियाँ लिखी गईं, उनकी आलोचनाएँ हुईं। सवालों-जवाबों का दौर चला। आन्दोलनों की उपलब्धियाँ भी गिनी गईं और उनकी कमियाँ भी आँकी गईं। आन्दोलनों के प्रभाव में लेखन को एक नई धार और सर्जना मिली, कहानीकारों की पीढ़ियाँ तैयार हुईं। अनेक आन्दोलनों के परिप्रेक्ष्य

को हम देखते आए हैं। सही मायने में 'नई कहानी' आन्दोलन का पूर्वार्द्ध और 'जनवादी कहानी' का दौर ही कथा सर्जना में नये आयाम जोड़ सका। वैसे भी जनवाद को आन्दोलन से ज़्यादा रचना की चेतना माना गया। जनवादी तेवर की कहानियों ने समय-समाज के परिवर्तनों के बरअक्स यथार्थवादी चेतना का विस्तार किया, जो आन्दोलनों के दरम्यान कुछ सिकुड़ गई थी। लेकिन देखा गया कि प्रगतिशील कहानी की तरह जनवादी कहानियों का भी फ़ॉर्मूला बनने लगा था। इन कहानियों में दृष्टि और चेतना थी, पर रूमानी क्रान्तिकारिता और रूढ़ जनवाद उन पर हावी था। कहानी में कला का वैविध्य और संवेदना का धरातल सीमित हो रहा था। बहुत-सी कहानियाँ पत्रकारिता की रिपोर्ट की तरह यथार्थ का बयान कर रही थीं। यद्यपि आठवें दशक के बाद कहानी में आन्दोलनों की वैसी घेराबन्दी नहीं थी, नौवें दशक में कहानी आन्दोलनों से मुक्त होने लगी थी। इसी बीच आलोचनात्मक यथार्थवाद एवं समाजवादी यथार्थवाद से अलग कथा-साहित्य में जादुई यथार्थवाद की अवधारणा—नई कथा पद्धति की तरह प्रचलन में आती है। विचार और यथार्थ के प्रति आग्रहशीलता जारी थी तो कहानी में 'कला' भी प्रविष्ट हो रही थी। बीसवीं सदी के अन्तिम दशक में आकर कहानी ने विचारधाराओं और आन्दोलनों के बने घेरों को लाँघा और अपने समय की सम्पूर्ण गतिशीलता के लिए अधिक खुला विन्यास अपनाया। अब कहानी में सांकेतिकता कम, विस्तार और ब्योरों की प्रमुखता बढ़ी। संजीव, शिवमूर्ति, उदय प्रकाश, अखिलेश, देवेन्द्र, मनोज रूपड़ा, गीतांजलि श्री आदि की कहानियों के ज़रिये ही इस दौर की कहानी में रूप के साथ अन्तर्वस्तु की विविधता का पता चलता है। यह विविधता छोटे या मझोले कलेवर में रमाकान्त श्रीवास्तव, स्वयं प्रकाश, महेश कटारे, हरि भटनागर और कैलाश बनवासी के यहाँ अलग है, तो शैलेंद्र सागर, जयनन्दन, अरुण प्रकाश के यहाँ अलग। रघुनन्दन त्रिवेदी, प्रियंवद, आनन्द हर्षुल, सारा राय की कहानियों में अपने समकालीनों से वस्तु के अन्दाज़े- बयाँ अलग हैं—जहाँ कहानी भाषा संवेदनों के कलात्मक कहन पर टिकी हुई हैं। कथ्यों के अपने-अपने निर्वाह के तरीक़ों में विविधता, स्वयं मुक्त दृष्टि है। नौवें दशक या उसके कुछ बाद के सम्भावनावान कहानीकार, आज स्थापित और सम्मानित कहानीकार हैं।

'नई कहानी' के दौर में नयेपन के रचनात्मक आयामों पर चर्चाएँ हुई थीं। कथा-आलोचना ने भरसक यह दायित्व निर्वहन किया। यहाँ हमारा ध्यान आलोचना की ज़िम्मेदारी पर नहीं, नई कहानी में तलाशे गए उस परिवर्तन को लेकर है, जिससे कई मायनों में कहानी ने पचासेक वर्षों में अर्जित अपनी पहचान को बदल लिया था। प्रायः हर कहानी समकालीन होती ही है, न भी हो तो उसके आशय अपने परिवर्तन से ही जुड़ते हैं। 'नई कहानी' का उल्लेख इसलिए कि यह दौर कहानी के नयेपन का महत्त्वपूर्ण प्रस्थान है—अपनी उपलब्धियों और सीमाओं के साथ। इसकी प्रासंगिक चर्चा पहले ही की गई है। क्या वर्तमान कहानियाँ उस तरह के व्यापक या बड़े बदलाव लेकर उपस्थित हैं? नई कहानी के बाद बड़ा बदलाव कब आया? तुरन्त बाद यह बदलाव भाषायी तेवर और मूल्यों की व्यापक असहमतियों में 'साठोत्तरी कहानी' में दिखता है। लेकिन वह नई कहानी का दूसरा पड़ाव ही लगता है। इसके साथ या बाद में जो

कहानी के तमाम आन्दोलन हुए, वे भी कोई बहुत बड़ा बदलाव सम्भव नहीं कर पाए। बल्कि, बड़े बदलाव उन आन्दोलनों के बाद हुए। सन् 1980 के आसपास या उसके बाद यथार्थग्राही चेतना, प्रेमचन्द की विरासत की वापसी के रूप में ज़रूर उल्लेखनीय कही जा सकती है, पर वहाँ कथ्य और रूप की समग्रता में कहानी का महाप्रस्थान नहीं कहा जा सकता। कहानी में बड़े बदलावों की ओर जाने की प्रक्रिया आन्दोलनों की समाप्ति के साथ शुरू होने लगी थी, पर यह पूरी तरह घटित हुई सन् 1990 के बाद। इस दौर में बड़ी तेज़ी से समय परिवर्तन हुआ और कहानी में समय चेतना को गहरी और व्यापक स्वीकृति मिली। अकारण नहीं कि इस दौर में ज़्यादातर लम्बी कहानियाँ प्रकाश में आईं। और, उनका रूप पहले की कतिपय लम्बी कहानियों से अलग था। तब कहानी में मुक्त दृष्टि दिखलाई पड़ती है—फ़ार्म की दृष्टि से विविधता और वस्तु में असाधारण समय संलग्नता बिना किसी सघन वैचारिक परिप्रेक्ष्य या प्रभाव के अनेक आयामों में अभिव्यक्त होती है। इस बीच विमर्शों का उदय भी होता है।

सन् 1990 के बाद कहानी में आए व्यापक परिवर्तन : बीसवीं सदी के आख़िरी दस-पन्द्रह वर्षों में घटित हुए। जिन्हें मोटे तौर पर भूमंडलीकरण, सूचना क्रान्ति, बाज़ारवाद, उपभोक्तावाद, मीडिया के विस्तार के नाम से जाना गया। इनके जितने गहरे पदचिह्न हैं—उनके बरअक्स बदलाव के अनगिनत धरातल हैं। बीसवीं सदी के आख़िरी दशक में राजनीतिक अस्थिरता और विसंगतियाँ साफ़तौर पर दिखाई दी हैं। रामजन्मभूमि बनाम बाबरी मस्जिद के आन्दोलन, अयोध्या की घटना तथा साम्प्रदायिक दंगों ने राजनीति समेत सामाजिक जीवन को व्यापक रूप से प्रभावित किया है, दूसरी तरफ़ मंडलवादी राजनीति ने देश में जातिवाद की समस्या में भारी उभार पैदा किया। इसी दौर में समाज और साहित्य में दलित और स्त्री-चेतना का उत्कर्ष आन्दोलन की तरह उभरा। साहित्य के हलकों में आधुनिकता के बाद विचारधारा और इतिहास के अन्त की घोषणाओं के साथ उत्तर-आधुनिकता के पाठ भी सुन पड़ते हैं। वस्तुतः यही सब स्थितियाँ उस समय में कहानी की दशा और दिशा की निर्णायक हैं।

पिछली सदी के आख़िरी दशक से नई सदी के बीते वर्षों की परिस्थितियाँ पर्याप्त बदली हैं। भूमंडलीकरण का रथ नवसूचना माध्यमों के पंखों से और वेगवान हुआ। यह भूमंडलीकरण का दूसरा फेज़ है जिसे आलोचक राकेश बिहारी 'भूमंडलोत्तर' और इस दौर की कहानी को 'भूमंडलोत्तर कहानी' की संज्ञा देते हैं। यह शब्द-पद कालबोध के स्तर पर पिछली सदी के आख़िरी दशक में जन्मी भूमंडलीकरण की ख़ास परिस्थितियों से अपने को अलगाता प्रतीत होता है। और, ख़ासतौर से इक्कीसवीं सदी की नई या युवा पीढ़ी की कहानी को सम्बोधित है। 'भूमंडलीकरण' एक आर्थिक-राजनीतिक-वैश्विक धारणा है। इसके वर्चस्व और प्रभावों के आधार पर इस कालबोध को उत्तर स्थिति मानना और इस दौर की सभी कथा प्रवृत्तियों को उसके अन्तर्गत समेटा जा सकता है? फ़िलहाल इसके विवेचन का अवसर यहाँ नहीं है। मुझे लगता है कि भूमंडलीकरण को उसके आने और लगातार विस्तृत होने के चरणों में देखना चाहिए। जिसका प्रतिरोध कहानी की ख़ास उपलब्धि और प्रवृत्ति तो है, लेकिन इसके अलावा अनेक प्रवृत्तियाँ और हैं, जिनका उल्लेख सविस्तार हम ऊपर कर चुके हैं। अतः वस्तुगत प्रवृत्ति या विमर्श के आधार

पर नामकरण उचित नहीं है। यह पूरा दौर जिस तरह माध्यमों की गिरफ़्त में है, उनका वर्चस्व तो 1990 के बाद से ही बढ़ने लगा था—अब ग्राहक और उपभोक्ता में तब्दील हमारे जीवन-मूल्य और तेज़ी से बदले हैं। इस नवपूँजीवादी विचार के आच्छादन को 'माध्यमवाद' कहा जा सकता है। 1990 के बाद से आज तक लगभग तीन दशकों का 'समय' है—इसी माध्यमवादी दौर में 'ग्लोबल भारत' का उदय और क्रमशः विकास हुआ। हालाँकि भूमंडलीकरण के अभिप्राय पहले आर्थिक-राजनीतिक हैं, पर बाज़ारवाद और उपभोक्तावाद के विस्तार में गहरे रूप में सामाजिक हैं और उनके प्रमुख वाहक माध्यम हैं। भारतीय समाज की दूसरी चुनौतियाँ और संघर्ष उसके आभामंडल के नीचे फिर नये रंग-रूपों में सिर उठाए खड़ी हुईं—चाहे वे किसानों-आदिवासियों के विस्थापन के रूप में हों या जातिभेद, लिंगभेद, वर्गभेद की दुखती रगें हों या साम्प्रदायिकता के नये चेहरे लिए आ खड़ी हों। कहानी में इन तीन दशकों का समय आन्दोलनों के बाद का दौर है और इन वर्षों में कहानी ने अपने फ्रेम को किसी भी तरह की धारणा और जकड़बन्दी से तो मुक्त किया, पर इन चिन्ताओं से नहीं। कहानी के इस दौर को नाम ही देना हो तो तुरन्त वही घिस चुके शब्द के सहारे 'समकालीन कहानी' कहना ज़्यादा सुविधाजनक लगता है—पर कहानी के 'मुक्त संघर्ष' को जाने बिना इसके निहितार्थ समझे नहीं जा सकते। इस दौर की समकालीनता जैसे अपने में 'उन्मुक्त कहानी' को धारण किए है—जो किसी तरह की घेराबन्दी के विरुद्ध है। वह घेराबन्दी चाहे 'वादों' या 'विचारों' की हो, आन्दोलन या कहानी के किसी भी प्रचलित कला अनुशासन की हो! इस मुक्ति में विचार की पक्षधरता उसके साथ है, विचारधारा से वह भले मुक्त हो! कहानी अपनी सम्पूर्ण रचना प्रक्रिया में रचनात्मक साहस के साथ खड़ी है। यह साहस कहानियों की थीम को व्यक्त करनेवाली भाषा और रूपों में दिख रहा है। उनसे सहमत या असहमत होना अलग बात है। लेकिन, बहुतेरे प्रभावों को आत्मसात् करके भी कहानी अपनी महान कथा परम्परा को पुनः इस प्रकार जी रही है कि आख्यान के नये रूपों की तलाश सामने आई है। इस पूरे दौर की कहानी ने अपने समय की सम्पूर्ण गतिशीलता पहचानने के लिए अधिक खुला विन्यास अपनाया है। इस रचनात्मक साहस को कहानी के किसी सरलीकृत विभाजन में नहीं देखना चाहिए। कहानीकारों की कम से कम तीन-चार पीढ़ियाँ लिख रही थीं/हैं—जो इस दौर के पहले के थे, इसी दौर में उभरे और मुकम्मल तौर पर स्थापित हुए। नई सदी के साथ सफ़र शुरू करनेवाले युवा कहानीकार और अभी-अभी आए युवतर चेहरे जो दिखाई दे रहे हैं।

अपने समय की ओर उद्धत इक्कीसवीं सदी के साथ लगभग दो दशकों में फैली कहानी की नई रचनाशीलता के प्रवर्तन के स्रोत इसके ठीक पहले यानी 1990 के बाद सक्रिय पीढ़ी की कहानी में देखना चाहिए। पिछले से कतिपय अलग यानी नई सर्जनात्मकता की पहचान के अन्तःसूत्र भी वहाँ मिल सकते हैं। बेशक इक्कीसवीं सदी की कहानियों में प्रतिमान बदले हैं। नई रचनाशीलता की अनेक कहानियाँ रचनात्मक निकष की नई ज़मीन पर हैं। इतने कहानीकार और इतनी कहानियाँ शायद ही किसी दौर में रही हों! रचनाशीलता की इस बहुलता की ठीक-ठीक आलोचनात्मक परिमाप भी चुनौतीपूर्ण है, पर पत्रिकाओं द्वारा नई पीढ़ी की कहानी पर बयानों से यह चुनौती

कितनी आसान हुई, कहना मुश्किल है। अब कहानी के शिल्प, कथ्य और भाषा में 'नयापन' है—भीतरी अन्त:सूत्र और रचनात्मक स्फीति बढ़ी है। आज की कहानी की पहचान, पूरे परिदृश्य की बहुलता को जाने बिना नहीं हो सकती। जबकि कतिपय पत्रिकाओं ने कुछ कहानियों और कहानीकारों को नई पीढ़ी की उपलब्धियों के रूप में प्रस्तावित किया! उनका यह प्रस्तावन अनुचित है—यह कहना उद्देश्य नहीं, पर नई पीढ़ी की पूरी पहचान वही नहीं हो सकती। इस पीढ़ी के पास भरसक नयापन और रचनात्मकता है, लेकिन इसके प्रस्थान की पहचान पहले ज़रूरी है कि पहले से भिन्न इस पीढ़ी की कहानी में नयापन क्या और कैसा है? इसे सिर्फ़ 'नयापन' कह देना, सुविधाजनक और तात्कालिक पद या मुहावरा है, जो हर दौर में इस्तेमाल होता रहा है। नई रचनाशीलता का मूल्यांकन करते हुए उसे पहले से भिन्न और नया कहना ही पर्याप्त नहीं, नयेपन का स्वरूप स्पष्ट होना ज़रूरी है। अन्तर्वस्तु और रूप में यह उन्मुक्तता दरअसल 1990 के बाद से ही दस्तक दे चुकी थी, जिसे क्रमश: विस्तार मिलता गया। जब इस पूरे दौर को उसकी कतिपय आन्तरिक समानताओं के अलग-अलग आयामों के साथ मिलाकर एक समकाल में यानी तीन दशकों या तीस वर्षों में बाँधकर देखते हैं—जिसका भूमंडलीकरण तो एक प्रमुख प्रत्यय है।

कहानी में घटित इन तीन दशकों के समकाल से कथाकार का अपना वैचारिक प्रतिरोध जितना मुक्त वस्तु चयन में है, उतना ही कहानी की बदलती संरचना की नज़र से भी महत्त्वपूर्ण है। जिनमें कहानी के भाषिक पाठ की आनुषंगिकता के साथ अपने 'समय' का कोई प्रतिपक्ष सृजित है। और, इसे कहानी के कलेवर में अनेक रूपों में देखा जा सकता है। इसके कुछ उदाहरण 1980 के बाद ही देखने को मिलते हैं। जब कहानी प्रेमचन्द की परम्परा और उनकी ज़मीन पर लौट रही थी। उसी दशक में समानान्तर कहानी, सक्रिय कहानी और जनवादी कहानी आन्दोलन भी चर्चा में थे। कहानीकार आन्दोलनों के हों या उनसे बाहर निम्न-मध्यवर्ग और जनसाधारण के संघर्षशील जीवन का चित्रण ही कहानी के केन्द्र में था। इस दौर के लेखकों ने तत्कालीन राजनीतिक-आर्थिक परिस्थितियों के चलते भारतीय पूँजीवाद के भयानक भीतरी संकट को देखा था। उससे उबरने के लिए तत्कालीन सत्ता द्वारा लगाए गए आपातकाल की दहशत का सामना भी लेखकों ने किया था। इसीलिए उस समय की कहानियों और उपन्यासों में क्रान्ति की आवाज़ सुनाई पड़ती थी। लेकिन जनान्दोलन और क्रान्ति समाज की भीतरी उपज न होने से, कुछ कहानीकार आरोपित-अतिरंजित यथार्थ की प्रस्तुति कर रहे थे। जनवाद की ओर मुड़ा यह लेखन बहुत कुछ फ़ॉर्मूलाबद्ध, गढ़ा और अविश्वसनीय माना गया। हालाँकि इस बीच कहानी का समाज सापेक्ष होना, सकारात्मक बदलाव था। लेकिन कहानियों में यथार्थ की गम्भीर पड़ताल के बिना सतही सचाई चित्रित हो रही थी। इस समय कहानी पर विचारधारा और रोमानी क्रान्ति के आरोप अकारण नहीं लगे। ग़ौर करना चाहिए कि इसी समय काशीनाथ सिंह ने 'सदी का सबसे बड़ा आदमी' कहानी में विचार की अभिव्यक्ति को कथा-रूपक में ढाला। वे इसमें नक्सलवादी आन्दोलन के प्रभाव और आपातकाल के बाद श्रमशील वर्ग की अस्मिता और संघर्ष में लोकतांत्रिक आस्था की सांकेतिक पहल करते हैं। इसी समय पंकज बिष्ट और उदय प्रकाश ने चालू ढर्रों से

अलग समकालीन यथार्थ के दुष्प्रभावों की पहचान के लिए कहानी में नये कलात्मक रूपों का संधान किया। उनकी कहानियों में हमारी कथा परम्परा से गले मिलती एक ऐसी प्रवृत्ति प्रचलन में आई जिसे 'जादुई यथार्थ' कहा गया। जिसकी अपेक्षित चर्चा हम यहाँ पहले ही कर चुके हैं। भारत में जादुई यथार्थवाद के मौलिक कथा शैली की तरह उभरने की सम्भावनाएँ रही हैं। हमारी विरासत और कहानी परम्परा में इसके उदाहरण मौजूद हैं। इस रचनात्मक पद्धति के विशिष्ट प्रयोग पंकज बिष्ट और उदय प्रकाश के यहाँ अपने अलग-अलग अन्दाज़ में है। लेकिन इन प्रयोगों ने कहानी को यथार्थ की रूढ़ अभिव्यक्ति से मुक्त किया। परवर्ती कहानी में भी जादुई यथार्थ के बहाने अपनी परम्परा की ओर देखा है।

1990 के बाद लम्बी कहानी के विन्यास में अनूठे प्रयोग हुए हैं। कहानी की अन्तर्वस्तु और रूप में असाधारण बदलाव ग़ौरतलब है। इधर की कहानियों ने भारतीय 'कथा' की समृद्ध विरासत का आख्यानात्मक विस्तार सम्भव किया। समकालीन यथार्थ की भाषिक और शिल्पगत पुनर्रचना कहानियों की उपलब्धि है। फ़ार्म के नज़रिये से कहानी में सर्वाधिक रेखांकन योग्य पहलू—लम्बी कहानियाँ लिखने का बढ़ता गया चलन है और वे पिछले दौर की लम्बी कहानियों से अलग भी हैं। कहानी में वस्तुगत विविधता तो है ही, विशेषतः अपने समय के यथार्थ और अनेक जटिल संस्तरों पर उसके प्रगटन के लिए कहानी में विविध लम्बे फ़ार्म स्वीकार हुए। अन्तर्वस्तु के अनुरूप उसका फ़ार्म और भाषा से अद्‍भुत संगठनात्मक सम्बन्ध उद्‍घाटित हुआ। क्या ऐसा सामयिक परिस्थितियों के दबाव या टेलिविज़न धारावाहिकों और फ़िल्मों की नई तकनीक के प्रभाव से हुआ? बहरहाल, औपन्यासिक संरचना दृष्टि से कहानियों ने बेहद नये कलेवर के उदाहरण पेश किए। इनमें उपन्यास और कहानी के सैद्धान्तिक भेद को पाटने के भरसक प्रयत्न हैं। यथार्थ की बहुआयामिता नई सदी में आकर अपने पूर्वजनित उपादानों में नये तकनीकी और सूचना-समाज की नई प्रक्रियाओं के साथ विस्तार लेती हैं। पहले से चली आ रही यथार्थ को बनाने/बदलनेवाली विभिन्न कारक-परिस्थितियाँ नये और भिन्न रूपों में शिफ्ट होती दिखाई पड़ती हैं।

नवपूँजीवादी और उत्तर-आधुनिक समय ने पारिवारिक-सामाजिक रिश्तों की तरह प्रेम सम्बन्धों पर भी असर डाला है। यह प्रभाव 1990 के बाद कहानियों में दिखने लगे थे। जिसका एक प्रतिनिधि रूप अखिलेश 'अगली शताब्दी के प्यार का रिहर्सल' कहानी में दिखाते हैं—यहाँ प्रेम पर हावी होती पूँजीवादी सोच के आरम्भिक लक्षण जैसे अगली सदी के प्रेम का भविष्य संकेत हैं। उदय प्रकाश ने 'रामसजीवन की प्रेम कथा' पहले ही लिखी थी—जो एकतरफ़ा प्रेम की कहानी है और जिसमें वर्ग भेद का फ़ासला प्रेम की विफलता का कारण था। उनकी 'पीली छतरी वाली लड़की' लम्बी कहानी वर्ष 2000 में हंस के पाँच अंकों में धारावाहिक छपी थी—जिसमें प्रेम तो एक हिस्सा भर है, जिसके बरअक्स पूँजीवाद के नये आक्रामक रूपों के बीच संघर्षों की पहचान है। प्रेम के बदलते मूल्यों और प्रेमकथा के बरअक्स यथार्थ उद्‍घाटन के लिए ये कहानियाँ ट्रेंड सेटर साबित हुईं। प्रेम और यथार्थ का युगपत नया नहीं हैं—सिनेमा से लेकर साहित्य तक यह फ़ार्मूलों की तरह भी ख़ूब चला, पर इसकी रचनात्मक सम्भावनाएँ हमेशा बनी

रहीं। उदय प्रकाश ने प्रेम और यथार्थ के मेल से आख्यानात्मक विस्तार का असाधारण फ़ार्म आविष्कृत किया। अगले दौर की कहानियों में उनके जैसा महाआख्यान तो नहीं पर उनका किसी स्तर पर प्रभाव ज़रूर है। प्रेम की प्रत्यंचा से अपने समय पर निशाना साधती ऐसी कहानियों में कहीं अधिक जवाबदेही साम्प्रदायिकता विरोध सम्बन्धी कहानियों में दिखती है। अयोध्या घटना के बाद उपजी स्थितियों और सांस्कृतिक-सामाजिक ताने-बाने टूटने की पीड़ा कहानियों में लगातार अनुभव की गईं। कहानियाँ यथार्थ के पाठ में मानवता विरोधी कारकों को तलाशती हैं। भीड़तंत्र से उपजे दंगों ने भयावह स्थितियाँ पैदा कीं। ऐसी तमाम कहानियाँ प्रायः एक प्रेम कथा का सूत्र पकड़कर चलती हैं—यह चलन मध्यकालीन कथाओं की भाँति प्रायः कथारूढ़ि बन गया। इन कहानियों में घटनाएँ हैं, पर उन्हें अंजाम देनेवाली फासीवादी ताक़तों के ख़ौफ़नाक 'खेल' का खुलासा और उनकी भर्त्सना इनका स्वर है। यहाँ इन कहानियों की अन्तर्वस्तु की मीमांसा में जाए बिना, ध्यातव्य यह है कि किसी स्तर पर कहानी का आख्यान यथार्थ की वैचारिक रूढ़बद्धता को तोड़कर, मुक्त संवेदना के पाठ में तब्दील करता है।

वरिष्ठ कथाकार काशीनाथ सिंह ने नई युवा पीढ़ी की कहानियों पर वागर्थ पत्रिका के दिसम्बर 2005 अंक में आकलन करते हुए शीर्षक 'यथार्थ से मुक्ति संघर्ष : नई सदी की कहानी' दिया था। वस्तुतः यह संघर्ष दो दशक पहले यानी पिछली सदी में लगभग 1990 के बाद ही शुरू हो चुका था, जिसका अगला उत्कर्ष उत्तरोत्तर नई सदी की कहानियों में भी दिखाई पड़ता है। यह मुक्त संघर्ष समय की चिन्ताओं से मुक्त न होकर—अपने वस्तु चयन, कहानी की संरचना, उसे रूप और भाषा देने में मुक्त है। और, कहानी परम्परा के पूर्व मुकामों की तरह यह कालखंड भी नामकरण की दरकार रखता है। कहानी का यह जो पूरा परिदृश्य है—उसकी प्रकृति के अनुरूप ही उसे 'उन्मुक्त कहानी' कहने की धारणा सुगम्य और किसी भी अधीनता से रहित है। इस नामकरण यानी शब्द-पद के औचित्य और अवधारणा के लिए ऊपर कुछ कहानियों के उदाहरणार्थ ही उल्लेख लिए हैं, इसके लिए हमें कुछ बातों की कतिपय पुनरावृत्ति भी करना पड़ी। लेकिन वे सभी बीसवीं सदी के उत्तर समय, बल्कि 1990 के बाद से ही चुनी गई हैं। इस पुस्तक की योजना के मुताबिक फ़िलहाल सन्दर्भों को हम इक्कीसवीं सदी के बीते दो दशकों तक नहीं ले गए हैं। ज़ाहिर है इस अगले दौर की कहानियाँ भी पुस्तक में आलोचनाओं के लिए शामिल नहीं हैं। इस पूरे दौर की कहानी को 1990 के बाद से तीन दशकों में माना है। और, जिसके अनेक आयामी विस्तार को देखते हुए 'उन्मुक्त कहानी' कहने का प्रस्तावन किया है—इस कालखंड की कहानियों में से कुछ कहानियाँ चुनकर उन पर आलोचनाओं की इसी तरह की एक अलग सम्पादन-योजना की जा सकती है—फ़िलहाल इसे भावी योजना ही माना जाए, अभी उसके बारे में और कुछ कहना जल्दबाज़ी ही होगी।

किताब की योजना पूरी होने में ही ख़ासा वक़्त लग गया। इस किताब की 70 आलोचनाएँ 45 आलोचकों ने लिखी हैं, जिनमें एक ख़ुद भी शामिल हूँ। कुछ लेख तो हमें बेहद समय पर ही मिल गए थे, लेकिन कुछ लेख हासिल करने में काफ़ी वक़्त लगा। पर इसकी तोहमत लेखकों पर मढ़ने से बेहतर दोषी ख़ुद को मानना चाहिए कि

लेखकों से समय पर लिखवा लेना भी कौशल का काम है, मैं शायद इस काम में उतना दक्ष नहीं हूँ। फिर भी कुछ देर से ही सही उसे निभा ले गया। सम्पादन कार्य में देर होने के लिए ख़ुद भी कम जिम्मेवार नहीं हूँ—ऊपर से पिछले दो सालों की अत्यन्त दुखदायी परिस्थितियाँ! जिनके कारण यह किताब भी अटकी रही। ख़ैर, अब आपके हाथों में है। और, जिसको हिन्दी आलोचना में सक्रिय अत्यन्त वरिष्ठ, उनके बाद स्थापित और अपेक्षाकृत नये यानी कई पीढ़ियों के लेखकों ने फलीभूत किया है। दुखद है कि किताब के दो आलोचक अब हमारे बीच नहीं हैं—नामवर सिंह और अर्चना वर्मा। उनकी स्मृति को नमन करते हुए खेद है कि उनके रहते यह किताब नहीं आ पाई। किताब का पहला लेख 'उसने कहा था' कहानी पर नामवर सिंह जी का व्याख्यान है, जिसका लिप्यंतरण कवि-आलोचक आशीष त्रिपाठी से प्राप्त हुआ। यहाँ वह अपेक्षित सम्पादन के साथ प्रस्तुत है। अर्चना जी ने मेरे अनुरोध पर अपना लेख काफ़ी पहले प्रेषित कर दिया था। किताब में केवल चार लेख ही ऐसे हैं, जो उनके लेखकों द्वारा पहले लिखे गए थे, पर यहाँ उन्हें आप कतिपय नयेपन के साथ ही पाएँगे। शेष सभी लेख इस किताब के लिए ही लेखकों ने लिखे और पहली बार यहाँ प्रकाशित हैं। मैंने उनका क्रम निर्धारण कहानी के प्रकाशन वर्ष या कहानीकारों की वरिष्ठता के आधार पर रखा है या कुछ अस्पष्टता की स्थिति में स्वविवेक से निर्धारण किया है। पुस्तक के आकार को देखते हुए हमने लेखों की शब्द सीमा निर्धारित की थी। प्राय: लेख उस सीमा के भीतर ही हैं, कुछ ज़रूर उससे बड़े और कुछ छोटे हैं। उनका पुस्तक की अपेक्षा के अनुरूप बहुत मामूली सम्पादन ही किया है—बहुत-से लेखों के शीर्षक ज़रूर निर्धारित किए हैं। 'तीसरी क़सम उर्फ़ मारे गए गुलफ़ाम' पर विश्वनाथ त्रिपाठी जी का लम्बा लेख उनकी अनुमति से अपेक्षित और सम्भव सम्पादन के साथ लिया है। उनका ही 'भोलाराम का जीव' कहानी पर लेख भी बातचीत/वक्तव्य आधारित है। जिसे उनसे मिलकर मेरे पूर्व छात्र गिरिजेश कुमार यादव ने रिकॉर्ड किया और लिप्यंतरित करके भेजा, वह ज़रूरी सम्पादन के साथ शामिल है। इसके अलावा 'ताई', 'पूस की रात', 'ईदगाह', '...और अंत में प्रार्थना', 'साज़-नासाज़' और 'बाज़ार में रामधन' कहानियों पर लेख कतिपय सम्पादन के साथ लिए गए हैं।

मेरी जानकारी में यह अपनी तरह की पहली कहानी आलोचना की किताब है, जिसमें एक सदी के बीच की इतनी अधिक कहानियों पर अलग-अलग आलोचनाएँ एक साथ हैं। मैंने लेखक और अध्यापक के रूप में अनुभव किया कि हिन्दी में नये पाठकों और छात्रों को कहानी पढ़ने के बाद उसे आत्मसात् करने और समझने के लिए इस तरह की किताब होना चाहिए। जिसमें एक सदी की कहानी परम्परा की प्रतिनिधि कहानियों पर मुकम्मल विचार हो; इस किताब में प्राय: ऐसी ही कहानियों का नया मूल्यांकन है। ज़ाहिर है इसकी बहुत-सी आलोच्य कहानियाँ अनेक विश्वविद्यालयों के स्नातक या स्नातकोत्तर पाठ्यक्रमों में भी शामिल हैं। प्रयत्न किया है कि एक सदी की कहानी का मुकम्मल प्रतिनिधित्व हो न कि सिर्फ़ कहानीकारों का; इसलिए चयन में कुछ कहानीकारों की एक से ज़्यादा कहानियाँ भी शामिल हैं। मूल्यांकन के लिए कहानी चयन का एक आधार यह भी हो सकता था कि परम्परा के कुछ और कहानीकारों को लेते और फिर सभी की एक-एक कहानी को लेते हुए चलते, पर हमने सिर्फ़ इसी आधार को पर्याप्त

नहीं माना। बीसवीं सदी की काल यात्रा में कहानी की रचना मुद्रा, संरचना के विभिन्न बदलाव, संवेदना के परिवर्तन का भरसक ध्यान रखा कि यह प्रतिनिधित्व समावेशी हो और कहानी आलोचनाओं का यह संकलन पाठकों और अध्यताओं की ज़रूरतों को पूरा कर सके। उम्मीद है कि पाठकों को अपनी-अपनी रुचियों और उद्देश्यों के मुताबिक हमारा यह प्रयास पसन्द आएगा। अगर आपको ऐसा अनुभव हो तो इसका श्रेय उनके लेखकों को दीजिए और अगर ख़ामियाँ दिखें तो दोष सम्पादक को दें—ख़ासतौर से पुस्तक की परियोजना सम्बन्धी, मसलन निर्धारित कालावधि की किसी कहानी पर आलोचना की आप अपेक्षा करें और वह इसमें मौजूद न हो! ऐसे हर बड़े संयोजन की सीमाएँ भी होती हैं, वे इस सम्पादन की भी हो सकती हैं। हमने भरसक ध्यान रखा है कि कहानी आलोचनाओं के इस चयन में, पाठकों की अधिकतम अपेक्षाएँ पूरी हों! इतने आलोचकों की मूल्यांकन-दृष्टि, श्रम और श्रेय को इस किताब के ज़रिये सामने लाते हुए, यह कहने में संकोच नहीं कि हमारा यह प्रयास कहानी के प्रेमी पाठकों, विद्यार्थियों और शोधार्थियों के लिए किसी-न-किसी स्तर पर ज़रूर सार्थक साबित होगा। बहरहाल, इसकी गुणवत्ता का आकलन तो आप ही करेंगे और अपनी प्रतिक्रियाएँ मुझे और उनके लेखक तक ज़रूर पहुँचाएँगे।

ज़ाहिर है यह किताब सभी लेखकों/आलोचकों के श्रम, विचार-दृष्टि और लेखन दक्षता का प्रतिफल है—लेखकों से उनकी सुविधानुसार एक, दो या किसी-किसी से तीन कहानियों पर लेख प्राप्त हुए। आलोचना हेतु कुछ कहानियों के निर्धारण में भी उनसे चर्चा मददगार रही। सभी लेखकों के प्रति आभार और धन्यवाद कहना, महज़ औपचारिक शब्द नहीं हैं—ज़ाहिर है उनके सहयोग के बिना यह कार्य असम्भव था। किताब के शीर्षक को लेकर कई नाम सूझे, पर कवि-आलोचक मित्र मिथलेश शरण चौबे ने बातचीत में ही नाम सुझाया 'हिन्दी कहानी वाया आलोचना' और यह भा गया। उसी तरह जैसे पत्रकारिता में 'कै'ची' शीर्षक कहा जाता है। इस योजना की कालावधि इस लम्बी भूमिका में समाहित ही है। सम्भवत: इससे आपको 'बीसवीं सदी की हिन्दी कहानी परम्परा' का कतिपय संज्ञान या आलोचनाओं तक जाने का कोई रास्ता या सूत्र भी मिल सके! हालाँकि प्रत्येक लेख में आलोचकों की उनकी मौलिक मान्यताएँ, निष्पत्तियाँ और विचार हैं—उनमें कोई सम्पादकीय हस्तक्षेप नहीं किया है। बहरहाल, किताब की तैयारी में सभी लेखकों, आत्मीय मित्रों और परिचितों के लेखकीय सहयोग, सुझाव या अन्य सहायता के लिए आभारी हूँ। कोरोना काल की गत दो वर्ष की परिस्थितियों से सभी लाचार और टूटे थे, फिर भी राजकमल-लोकभारती प्रकाशन ने पुस्तक की महत्ता और उपयोगिता को समझकर तत्परता से प्रकाशित किया। इसके लिए श्री आमोद माहेश्वरी, श्री सत्यानन्द निरुपम और श्री रमेश ग्रोवर का आभारी हूँ।

प्रेमचन्द जयन्ती : 31 जुलाई, 2021

—नीरज खरे
हिन्दी विभाग,
काशी हिन्दू विश्वविद्यालय, वाराणसी

पहला खंड

बढ़ते क़दमों के निशान

कहानी में सुरुचिता का पहला शिखर

नामवर सिंह

हिन्दी कहानियों के ऐसे चुंबकीय शीर्षक बहुत कम देखे हैं, जैसा चन्द्रधर शर्मा 'गुलेरी' की कहानी 'उसने कहा था' (1915) का है। इसका शीर्षक सबसे पहले आकर्षित करता है। किसने कहा था? क्या कहा था? इन उठे हुए सवालों का एकदम अन्त में जाकर जवाब मिलता है—जब कहानी ख़त्म होने को है। और, वह जवाब स्वप्न में चला था, जिससे कहा गया था। घायल-मरणासन्न लहनासिंह रह-रहकर मूर्च्छित होता है और स्वप्न चल रहा है। सूबेदारिनी कह रही है—"मैंने तेरे को आते ही पहचान लिया। एक काम कहती हूँ। मेरे तो भाग्य फूट गए। सरकार ने बहादुरी का ख़िताब दिया है, लायलपुर में ज़मीन दी है। आज नमकहलाली का मौक़ा आया है, तो सरकार ने हम तीमियों की एक घघरिया पलटन क्यों न बना दी, जो मैं भी सूबेदार जी के साथ चली जाती। एक बेटा है। फ़ौज में भर्ती हुए उसे एक ही बरस हुआ है। उसके पीछे चार हुए, पर एक भी नहीं जिया। सूबेदारनी रोने लगी। अब दोनों जाते हैं। मेरे भाग्य! तुम्हें याद है एक दिन ताँगे वाले का घोड़ा दही वाले की दुकान के पास बिगड़ गया था। तुमने उस दिन मेरे प्राण बचाए थे। आप घोड़ों की लातों में चले गए थे और मुझे उठाकर दुकान के तख़्ते पर खड़ा कर दिया था। ऐसे ही इन दोनों को बचाना। ये मेरी भिक्षा है। मैं तुम्हारे आगे आँचल पसारती हूँ।" ज़रा भाषा पर ध्यान दीजिएगा। एक काम कहती हूँ—'मेरे तो भाग्य फूट गए, सरकार ने बहादुरी का खिताब...एक काम कहती हूँ—कहते ही काम नहीं तुरन्त बताया। क्या काम कहती हूँ? जैसे गीत की टेक होती है, ध्रुपद जिसे कहते हैं, ये बार-बार गूँजता है—चार बार—उसने कहा था, उसने कहा था बल्कि एक जगह पंजाबी में कहा है 'उननूं कहा था'। बदले हुए सन्दर्भ में आवृत्त होती है उसने कहा था, उसने कहा था,...यह मँडराता है। इसलिए इस कहानी का शीर्षक 'उसने कहा था' बार-बार हांट करता है, एक कहे हुए को—आदमी ज़िन्दगी भर कैसे निभाता है? क्या रिश्ता है?

जब इस कहानी को आचार्य महावीरप्रसाद द्विवेदी ने 'सरस्वती' में छापा, तब पहला महायुद्ध चल रहा था, जो 1914 में शुरू होकर 1917-18 में ख़त्म हुआ। यह कहानी युद्ध शुरू होने के ठीक बाद ही लिखी गई, छपी 1915 में थी। हो सकता है कि 1914 के अन्त में लिखी गई हो! इस पर पाठालोचन की दृष्टि से भी विचार किया जाना चाहिए। जिस रूप में छपी है, उस पर आचार्य महावीरप्रसाद द्विवेदी की क़लम

चली है। कहीं सम्पादक ने बदला है। मूलपाठ, जो 'गुलेरी ग्रंथावली' में मनोहरलाल जी ने छापा है, उसमें नीचे टिप्पणियाँ दी हैं बदलाव किए जाने के सम्बन्ध में, पर अपनी शुद्ध हिन्दी वाली क़लम से पंडित जी ने थोड़ा बदला है, ज़्यादा नहीं है। कुछ जगहों पर पाठ-भेद भी है। बाद की पुस्तकों के पाठों में कुछ चीज़ें छोड़ भी दी गई हैं। जैसे पंजाबी गीत है, जिसे अश्लील समझकर हटा दिया, जिससे उस कहानी का बहुत-सारा आनन्द या सेंस ऑफ़ ह्यूमर ग़ायब हो जाता है। इसलिए पाठान्तर पर ध्यान रखना ज़रूरी है। जब कहानी लिखी गई, तब तक स्वयं गुलेरी जी विदेश नहीं गए थे। कहानी का सारा का सारा लोकेल लड़ाई का मैदान और फ्रांस और जर्मनी की सीमा का माहौल है। अधिकांश कहानी विदेश के परिवेश में घटित होती है, जहाँ विदेश में आदमी गया न हो, कहानीकार उसका वर्णन करता है! हिन्दी में युद्ध सम्बन्धी बहुत कम कहानियाँ लिखी गई हैं। दूसरा महायुद्ध भी हुआ। उसके बारे में कोई उल्लेखनीय हिन्दी की कहानी मुझे याद नहीं आती।

यह उल्लेख ज़रूरी है कि 1916 में तिलक के नेतृत्व में 'लखनऊ कॉन्फ्रेंस' हुई थी और लगभग देशप्रेम और आज़ादी की लड़ाई का आन्दोलन आगे चलकर जो असहयोग आन्दोलन तक पहुँचा था; तब तक कुछ नहीं हुआ था। देश में लगभग हिम्मत का दबदबा बाक़ायदा था। यहाँ से भारतीय आर्मी विदेश में भेजी गई थी। यह सचाई है। यहाँ से पहले महायुद्ध में अंग्रेज़ों की ओर से लड़ने गई फ़ौज में से बहुत महत्त्वपूर्ण भूमिका पंजाब की आर्मी थी, जिसमें सिख लोग थे। गुलेरी जी सिख नहीं थे, न पंजाबी। क्यों सिख गए थे? आप जान सकते हैं। मैं यह पृष्ठभूमि दे रहा हूँ, क्योंकि 1857 के बारे में बंगाल आर्मी ने जहाँ विद्रोह किया था, अकेले जो सिख रेजीमेंट थी, वो बाक़ायदे अंग्रेज़ों के साथ थी। अंग्रेज़ जिस पर पूरी तरह निर्भर कर सकते थे कि ये गद्दारी नहीं करेंगे, बगावत नहीं करेंगे। इसलिए पहले महायुद्ध में मोर्चे पर जो आर्मी भेजी गई थी, वह सिख बटालियन थी। यह भी ध्यान रखें कि गुलेरी संस्कृत के पंडित थे। काँगड़ा के रहनेवाले थे। काँगड़ा उस समय पंजाब का हिस्सा था। वे संस्कृत की पढ़ाई के लिए लाहौर में रहे थे। तब संस्कृत की सर्वोच्च परीक्षा लाहौर में होती थी। वह ओरिएंटल कॉलेज, लाहौर अब भी पाकिस्तान में मौजूद है। इसलिए सिखों के परिवेश को जानने का मौक़ा गुलेरी जी को वहीं मिला होगा। वैसे सिखों को लेकर हिन्दी में बहुत कम—सरदारों के अलावा ग़ैर-सरदार ने शायद ही कोई कहानी लिखी हो!

यह पृष्ठभूमि इसलिए कि उस दौर में कहानी के रचयिता गुलेरी जी में पांडित्य और विद्वता के साथ कहानीकार की प्रतिभा कैसे निवास करती थी! पहला विश्व युद्ध फ्रांस और जर्मनी के बीच लड़ा गया था। इंग्लैंड फ्रांस की तरफ़ था। अंग्रेज़ भी फ्रांस के साथ थे और जर्मनी के ख़िलाफ़। उस समय लड़ने गई भारतीय सिख फ़ौज के द्वारा भारत की ओर से राजभक्ति की लड़ाई थी। कहानी में लहनासिंह जिसका प्रमुख प्रतिनिधित्व करता है। राजभक्ति और देशभक्ति एक साथ एक आदमी में कैसे मिली-जुली हो सकती है—ये बात देखना चाहें तो लगभग हिन्दी साहित्य में एक दौर पूरा का पूरा है, जिस पर आज भी बहस होती रहती है और कई लोगों को तकलीफ़ भी होती है। भारतेन्दु हरिश्चन्द्र तक में राजभक्ति और देशभक्ति दोनों एक साथ हैं और

दोनों में कोई विरोध नहीं था। इस कहानी में दोनों तत्त्वों को देखा जा सकता है—कैसे सहअस्तित्व है राजभक्ति और देशभक्ति का। जब खंदक में लहनासिंह और वजीरा की बातचीत होती है तो वो कहता है—"...मैं तो लड़ाई के बाद सरकार से दस घुमा ज़मीन यहाँ माँग लूँगा और फलों के बूटे लगाऊँगा।" सरकार पर इतना भरोसा है कि हम लड़ रहे हैं तो उससे ज़मीन माँग लेंगे और यहाँ खेती करेंगे। अपनी सरकार से भी फ़ायदा उठाएँगे, उससे लेंगे—यह राजभक्ति का भरोसा था। गुलेरी जी स्वयं लॉ-कॉलेज, अजमेर में थे। अपनी रियासत के साथ उनके शिक्षक और सांस्कृतिक सलाहकार के रूप में थे। इस कहानी के बारे में तमाम बातें की जाती हैं। इस पहलू पर किसी का ध्यान नहीं जाता कि 1914 के प्रथम महायुद्ध में जो यहाँ के लोग लड़ने के लिए गए हैं, उनकी कहानी लिखी जा रही है। उस कहानी में राजभक्ति का एक नमूना है और देशभक्ति का दूसरा। यह बात मुझे कहानी 1952 में पढ़ते नहीं सूझी थी। इतने दिनों के बाद फिर से कहानी पढ़ने पर लगा कि आख़िर इस लड़ाई को थीम बनाकर और जर्मनों को हराना मुख्य मुद्दा है। इसमें शहीद जो आदमी हुआ है, उसकी कहानी लिखी जा रही है और अंग्रेज़ों की ओर से लड़नेवाला इसका जो हीरो है, वह अंग्रेज़ों की ओर से जर्मनी के ख़िलाफ़ लड़ रहा है। अपने देश की आज़ादी के लिए नहीं, बल्कि अंग्रेज़ी राज की रक्षा में लड़ी जानेवाली लड़ाई में लड़ा नायक है लहनासिंह। गुलेरी जी अपने इस हीरो से राजभक्ति दिखाते हैं।

दूसरी ख़ूबी यह है कि उस ज़माने में राजभक्ति के साथ एक और बात थी, जो आजकल बढ़ गई है। देशभक्ति की मज़बूत नींव कैसे कायम होती है, इस कहानी में बताया गया है। जिन शब्दों और क़स्बों का नाम आया है, जिससे जुड़ाव है उस आदमी का, कहानी अमृतसर से शुरू होती है, जगाधरी ज़िले का नाम आता है, चम्बे का पानी आता है, शिमला आता है, काँगड़ा आता है, एक-एक करके जो नाम आते हैं, जिन जगहों के नाम हैं, वे ख़ास क़स्बा-शहर—गुलेरी जी पंजाब के नहीं थे—लेकिन कहानी में जब तक काँगड़ा न आए तब तक लगे कैसे कि हमारी कहानी है। लड़ाई के मैदान में सिपाही लड़ने जाते हैं तो उनको पूरा हिन्दुस्तान नहीं, जिस गाँव-क़स्बे के हों उसके साथ जोड़कर देखा जाता है। बटालियनों के नाम रखे गए थे—'राजपूताना बटालियन' थी। अलग-अलग इलाक़ों से जुड़े हुए बटालियन के नाम थे। किसी के धर्मों के नाम थे। इसलिए बंगाल आर्मी कहा गया था। यद्यपि वो रहनेवाले अवध के थे। जब बगावत की उन लोगों ने तो बाक़ायदे अवध को केन्द्र बनाया गया था। इसलिए अपने शहर, क़स्बे, इलाक़े से ज़मीन पर उसके जो पाँव होते हैं, धरती जहाँ की है, जहाँ पैदा हुए हैं—उससे आपकी पहचान और आइडेंटिटी बनती है। इसमें हिन्दुस्तान नाम दो बार आता है—भारत नहीं आता—'हम हिन्दुस्तान कब जाएँगे।' लेकिन हिन्दुस्तान से ज़्यादा जो लगाव आत्मीयता से भरे शब्द निकलते हैं, वो अमृतसर के निकलते हैं, काँगड़ा, चम्बा के निकलते हैं। इन कुछ क़स्बों, छोटी जगहों के नाम निकलते हैं और जीवन्त होकर चीज़ें आती हैं। मसलन, कहानी शुरू ही होती है हिन्दुस्तान—पूरे हिन्दुस्तान से नहीं—अमृतसर से। जैसे बनारस से कोई अब दिल्ली या विदेश भी जाएँ तो आपको गोदौलिया या कमच्छा याद आए और बाद में—अब तो रहे नहीं वो बनारसी इक्का

याद आए, जिससे आप जा रहे हैं...ये लगाव। सहसा कहानी लोगों को अपनी पकड़ में ले लेती है।

पहले ही वाक्य में पं. महावीरप्रसाद द्विवेदी ने सुधार किया था। फिर भी कहानी के आरम्भिक अंश, पहले ही पैराग्राफ़ को पढ़ें...गरज कि एक पूरा चित्र है उसकी स्थानीयता का, अच्छी कहानी का लक्षण यही है। कहानी केवल पढ़ने की चीज़ नहीं होती। कहानी में दृश्य और श्रव्य दोनों गुण होने चाहिए। इस कहानी ने दिखाया कि आपकी आँखों के सामने जब तक दृश्य खड़ा नहीं करे और कहानी क़ायदे से गाँव में तो सुनाई जाती है। कानों से सुनने की चीज़ है। आँखों से वो दृश्य देखने की चीज़ है। पढ़ने की नहीं थी और फिर तो पढ़ने की कला विकसित की गई है। बहरहाल, इस कहानी में शुरुआत में ही वे शब्द गूँजते हैं और साथ ही चित्र पूरा का पूरा अमृतसर बाज़ार का, 'हठो बाच्छाजी, हठो भाई जी', वो बम्बूकाट वाले बीच से गुज़रते हुए—कहानी बिलकुल चित्र की तरह से—यानी जैसे फ़िल्म की स्क्रिप्ट लिखी गई हो, सिनेरियो हो—उस पूरी कहानी की ख़ूबी है, ये चित्र उसी भाषा में है—"हठ जा जीणे जोगिए, हठ जा करमावालिये, हठ जा पुत्ताँ प्यारिये, बच जा लम्बी वालिये। समष्टि में इसका अर्थ यह है कि तू जीने योग्य है, तू भाग्यों वाली है, पुत्रों को प्यारी है, लम्बी उम्र तुम्हारे सामने है। तू क्यों मेरे पहियों के नीचे आना चाहती है? बच जा।" ये प्यार और मोहब्बत से भी, ये नहीं कि माँ और बहन की गालियाँ देते हुए निकल जाएँ। जबकि दूसरे शहरों के लोग जब वो रिश्ता स्थापित करते हैं, दूसरे शहरों के इक्के वाले यहाँ माँ-बहनों की गालियाँ देते हैं। इसलिए लिखा गया है कि ये अमृतसर वाले इस बोली में बात करते हैं कि हठ जा पुत्तां प्यारिये...। ये भी व्यंग्य में कि तू मर जाएगी, तू हठ जा, बच जा, पुत्रों को प्यारी है, उनकी प्यारी है—ये अन्दाज़! एक कल्चर है। इसलिए पूरा का पूरा—विवरण केवल विवरण नहीं है बल्कि समूची जाति, उस माहौल में रहनेवाले लोग और उस माहौल के बीच से कहानी शुरू होती है—वो आठ साल की लड़की और बारह साल का लड़का। अचानक दोनों एक जगह मिलते हैं और वह मशहूर डायलॉग है, जिसका ये वाक्य हिन्दी में इसके पहले, मैं न जानता था और न बाद में कभी सुना कि 'तेरी कुड़माई हो गई'। अब 'कुड़माई' शब्द इस्तेमाल करना, दूसरा कोई भी शब्द 'मंगनी' कहने पर वह बात नहीं बनेगी। एक लफ़्ज़ पूरी उस संस्कृति को, समाज की परम्पराओं को व्यक्त करता है। कुड़माई हो गई और वह 'धत्त्' कहकर भाग जाती थी। और एक दिन ऐसा हुआ कि—'हाँ, हो गई। देखते नहीं, रेशम का कढ़ा हुआ शालू?' और फिर उसके बाद अप्रत्याशित पता लगते ही लड़का कुत्तों को मारता हुआ, किसी से टकराकर... प्रतिक्रिया उसकी व्यक्त करता है। कहानी को भी कविता की तरह, उसके पाठ को उतनी ही सावधानी से पढ़ना होता है। कहानी पढ़ने का एक तरीक़ा है कि कहानी का सारांश और व्हॉट इज़ मॉरोलिज़्म—उसका निष्कर्ष बता दीजिए, ये नीबू निचोड़ वाला पाठन है। किसी कहानी को पढ़ने का यही तरीक़ा पर्याप्त नहीं है।

कहानी के अन्त को बहुत-से लोग महत्त्वपूर्ण मानते हैं—कोई सुखान्त कहानी है या दुखान्त है? यह जानकर निश्चिन्त हो जाना चाहते हैं—पर आदि और अन्त ही महत्त्वपूर्ण नहीं होता है। जो पूरा पाठ उसी रूप में पिरोया हुआ है और उतने ही एकाग्रता के साथ,

जैसे कविता पढ़ी जाती है, कहानी भी पढ़ी जानी चाहिए। केवल अपनी भाषा में सारांश और निष्कर्ष बताकर आप सब कहानी पढ़ते हैं और न उस कहानी के पढ़ने से आपका कुछ ताल्लुक है—आपके लिए प्लॉट महत्त्वपूर्ण है और एक प्लॉट पर एक दर्जन क्या, बीस कहानियाँ लिखी जा सकती हैं। कुछ लोगों ने दुनिया की सारी कहानियों पर सात प्लॉट बनाए हैं और कहा कि इसी पैटर्न पर सारी कहानियाँ होती हैं। अजीब बात है कि यदि सात हों भी इत्तिफ़ाक़ से—जो नहीं होते, मैं तो मानता नहीं हूँ—तो फिर लोग एक ही चीज़ अलापते चले जा रहे हैं और कहानी एक ही तरह की है। ऐसा नहीं है। आपके हमारे दिमाग़ का, साँचा एक बना हुआ है। उस साँचे में हम ढाल देते हैं और तृप्त हो जाते हैं कि—चलो, हमने कहानी पढ़ ली। मुझे लगता है कि एक साँचे को दिमाग़ से अलग करके कहानी को पढ़ो और हर कहानी कुछ ऐसा लेकर या कहकर आती है जो दूसरी जगह नहीं होता। वरना लिखता ही काहे को वो अच्छा लेखक? दुहराने के लिए नहीं बना है।

कहानी में जब आंचलिक आन्दोलन चला तो फणीश्वरनाथ रेणु का डंका बजा और लगा कि हिन्दी में पहली बार आंचलिकता की धूम मची हुई है। देखें, तो रेणु जी के पचास साल पहले, गुलेरी जी की यह कहानी आंचलिक भाषा, आंचलिक जीवन, आंचलिक गीत को जिस तरह लिए हैं—इसमें भाषा के कई लेबल हैं। मैं समझता हूँ कि संस्कृत के गंठित होते हुए गुलेरी जी हिन्दी के उन थोड़े से गद्यकारों में से हैं, जो बोलता हुआ गद्य लिखते हैं। 'आम फहम' जो संस्कृत नहीं जानते, आमतौर से वही बड़ी कठिन हिन्दी लिखते हैं। गुलेरी जी के गद्य को पढ़ते हुए बिलकुल नहीं लगता है कि कभी संस्कृत महाविद्यालय में पढ़ाते थे। लेकिन उपयोग करते हैं। एक जगह उन्होंने सर्दी का वर्णन करते हुए लिखा है—"लड़ाई के समय चाँद निकल आया था। ऐसा चाँद, जिसके प्रकाश से संस्कृत कवियों का दिया हुआ 'क्षयी' नाम सार्थक होता है। और हवा ऐसी चल रही थी जैसी कि बाणभट्ट की भाषा में 'दंतवीणोपदेशाचार्य' कहलाती।" यहाँ चन्द्रमा के लिए तो चाँद लिखते हैं, लेकिन 'दंतवीणोपदेशाचार्य' की जगह सीधे कह सकते थे कि सर्दी में दाँत कटकटाने लगते हैं—तो दाँतों की वीणा बजने का उपदेश का, वह शिक्षा देनेवाली 'दंतवीणोपदेशाचार्य' और 'क्षयी'—शब्दों से ऐसी उपमा गुलेरी ही दे सकते थे। इसलिए कहानी में भाषा के कई रजिस्टर मिलेंगे। ठेठ पंजाबी संस्कृति से निकले हुए पंजाबी शब्दों का प्रयोग—यानी ठेठ आंचलिकता है और आंचलिकता के अनेक शब्द हैं, भरे पड़े हैं। तेरी 'कुड़माई' हो गई तो है ही, बादशाह को 'बादशा', अपने हाथों हम 'झटका' करेंगे। दो तरह का गोश्त पकाया जाता है न, एक रेत के बनाते हैं और झटका करते हैं, तो झटका करेंगे। बकरा काटने को कहते हैं झटका। 'दस घुमा ज़मीन', बीघा नहीं है, ये ठेठ पंजाबी का है। 'उठ उदमी'—उद्यमी को उदमी। यहाँ 'मुरब्बे' नहीं मिला करते हैं—मुरब्बा मिठाई नहीं है, वह ज़मीन जो नहर के किनारे होती है, जो गज से नापी जाती है। इस तरह भरे पड़े हैं आंचलिकता के शब्द, कहानी में सारी बातचीत विदेश में होती है और विदेश में अपने शब्दों के द्वारा जैसे अपनी दुनिया और समाज में वे पहुँच जाते हैं। यह भाषा फ़ैशन के लिए इस्तेमाल की हुई नहीं है।

जैसा मैंने कहा कि संस्कृत के शब्द हैं, तो अरबी और फ़ारसी के भी हैं। कहानी के दूसरे हिस्से में एक जगह है कि "गनीम कहीं दिखता नहीं..." मुझे डिक्शनरी देखनी पड़ी। मालूम हुआ कि दुश्मन को 'गनीम' कहते हैं—जो विपक्ष में लड़ रहा है। अरबी शब्द है। हो सकता है कि पंजाबी में भी बोला जाता हो गनीम।...जो रात में गोली दागते हैं तो कहते हैं सब गनीम दिखते भी नहीं हैं। और सबसे बड़ी जान! कहानी में पूरा का पूरा संगीत पंजाबी का है; जिसे कुछ लोगों ने अश्लील समझकर निकाल दिया था। कहानी के उस गीत से आप भलीभाँति परिचित हैं। गीत का नीचे अनुवाद भी उन्होंने दे दिया है। और इस पर टिप्पणी करते हैं गुलेरी जी, "कौन जानता था कि दाढ़ियों वाले घरबारी सिख ऐसा लुच्चों का गीत गाएँगे..." इसमें लाख टके का शब्द है 'घरबारी सिख'। पढ़े-लिखे नहीं कहा। श्रेष्ठ शब्द का इस्तेमाल नहीं किया। घरबारी, जिसके माँ, बहनें, बीवियाँ हैं। जिनके घर में ये औरतें हैं। यह शब्द मैंने हिन्दी में इस्तेमाल होते नहीं देखा है। इसलिए परिवारी या पारिवारिक नहीं कहा है। घरबारी सिख लुच्चों का-सा गीत गा रहे हैं—एक टिप्पणी में उस गीत की अश्लीलता को सारा का सारा धो-पोंछकर बराबर कर दिया गया है।

इसे ही 'सुरुचि' कहते हैं। इसी के कारण इसके उपयोग के आधार पर आचार्य शुक्ल ने अपने इतिहास में इस कहानी पर छोटी-सी टिप्पणी में 'सुरुचि' के उत्कर्ष पर 'चरम मर्यादा' की चर्चा की है। बार-बार सुरुचि शब्द का प्रयोग किया है। यानी किसी अश्लीलता की सीमा को छू लेनेवाला श्रृंगारी लोकगीत गाते हुए भी कैसे गुलेरी जी निर्वाह करते हैं, इस चीज़ को सँभाल ले जाते हैं कि फील नहीं होने पाता। यही कला है—उस आंचलिकता के साथ कहानी का ताना-बाना बनाया गया है कि भाषा के कितने स्तर हैं, कितने रूप हैं। कहानी वर्णनात्मक कम है। सारी कहानी संवादों में लिखी गई है। भारती जी ने जब इसे नाटक में बदला, तो एक बहुत बड़ी सुविधा थी और ध्यान था कि संवादों में कहानी लिखी गई है। और इसलिए अनावश्यक वर्णन से और कथा कहना, कहानी का गुण है—जिसे 'आख्यान' इन नैरेटिव-नैरेशन कहते हैं। नैरेशन नहीं है, इसमें डिस्क्रिप्शन है और कहानी का कथानक संवादों से बढ़ता है। स्वयं लेखक अपनी ओर से कहीं बोलता ही नहीं है। इसलिए शुक्ल जी ने कहा है इसमें लेखक कुछ बोलता नहीं, घटनाएँ स्वयं बोलती हैं। जो संवाद है, वही घटना की कहानी कहते हैं। उन्हीं में कहानी निहित है। प्लॉटिंग नहीं है—ये इसके बावजूद कि बहुत कठिन काम है—कहानी में कला की परीक्षा यहाँ से वहाँ तक है। जैसे नाटक में होता है, आप संवाद करते चले जाएँ और कथानक उसमें से अपने आप प्रकट हो जाए। कहना न पड़े कि कौन कह रहा है, बोलनेवाला कौन है, घटना क्या है। इसलिए अधिकांश कहानी डायलॉग में भरी हुई है।

इस कहानी के दो पक्ष हैं, जिस पर हमारा ध्यान जाना चाहिए। कहानी में एक 'बनावट' होती है और एक 'बुनावट' होती है। बनावट को मैं 'संरचना' या 'स्ट्रक्चर' कहता हूँ। प्लाट यानी कथानक—जिसे ढाँचा कहते हैं। हर कहानी का कहते हैं—आदि, मध्य और अन्त होता है; उसमें एक क्रम होता है। गुलेरी जी ने इस क्रम को तोड़ दिया है। ये कहानी पहले खंड के साथ ही जब पहली बार दोनों मिलते हैं। अचानक कहानी पच्चीस वर्ष की छलाँग लगाती है—अमृतसर के बम्बूकाट वाले से, युद्ध के मैदान में

पहुँच जाती है और दूसरा खंड जहाँ शुरू होता है। पहला दृश्य सामने आया, उसके ठीक बाद युद्ध शुरू हो जाता है।

इस कहानी में पहली ही लम्बी छलाँग अमृतसर से सीधे जर्मनी का मैदान। कहाँ कुड़माई...रेशम का शालू...लड़की भाग गई। और दूसरा खंड यहाँ शुरू होता है—"राम-राम! ये भी कोई लड़ाई है। दिन-रात खंदकों में बैठे हड्डियाँ अकड़ गईं।" लम्बी छलाँग कथानक में ही नहीं है, काल में भी है। वह घटना जो घटी थी—जो बाद में चलकर मालूम होता है, जब एक लड़का बारह साल का था और लड़की आठ साल की थी। युद्ध पच्चीस साल बाद हो रहा है, क्योंकि आर्मी में भरती होकर के वह लड़का हवलदार बन चुका है। यानी बारह का लड़का अब 37 वर्ष का हुआ। सीधे 25 साल की छलाँग लगाकर कहानी वहाँ पहुँचती है। बीच में क्या हुआ? यह कहानी बाद में कहती है, यानी धागा तोड़कर के कथानक को ताश की गड्डी की तरह फेंटकर, और फिर इसके बाद उस बीच की घटना बहुत बाद में सुनाते हैं। बाद वाली घटना पहले सुनाते हैं—'फ़्लैश बैक' आमतौर पर इसे कहा जाता है। कहानी 'फ़्लैश बैक' में लौटती रहती है। बार-बार लौटती है और फ़्लैश बैक के उस बीच में उसकी शादी हुई। एक बेटा हुआ। बाद में बताया जाता है कि तीन और हुए, मर गए थे। ये भी आर्मी में भरती हो गया। फिर ये हुआ, ये हुआ, ये हुआ है...यह बातें बाद में बताई जाती हैं। उस समय यह कहानी की कला और किसी के पास नहीं थी। यह कि कहानी का कथानक सीधी रेखा में न चले, टेढ़ी रेखा में न चले, कथानक तोड़कर छलाँग लगाकर बढ़े। यह किसने कहा था कि पहले की घटना बाद में बताई जाए और बाद की घटना पहले बताई जाए? कहाँ कहा था? किस किताब में लिखा हुआ है? यह गुलेरी जी का नया प्रयोग था, जिसकी ओर लोगों का ध्यान नहीं जाता। दरअसल कहानी सपनों में चलती है। और सपने में 'वज़ीरा, पानी पिला', 'वज़ीरा, पानी पिला', यह आवृत्ति जो बार-बार आती है, जो हांट करती है। सारी चीज़ें भूल जाएँ, लेकिन 'वज़ीरा, पानी पिला'—'उसने कहा था।' उसने क्या कहा था कि—'...ऐसे ही इन दोनों को बचाना।'

कहानी की ख़ूबी है कि जिस व्यंग्य, हास्य और विनोद से ठहाके लगाती हुई शुरू होती है, लेकिन अन्त करुण होता है। संस्कृत कविता में एक शब्द चलता है—भाव सबलता। दो भावों का मिश्रण विरोधी चीज़ों का। रस सिद्धान्त में बताया गया है कि किन-किन भावों का मेल हो सकता है। हास्य और करुण का मेल हो सकता है कि नहीं, ये कहीं नहीं बताया गया है। संस्कृत काव्यशास्त्र के आचार्य गुलेरी जी हास्य और करुणा का मेल करते हैं, क्योंकि इस मेल का कारण मुख्य उद्देश्य है—करुण रस उत्पन्न करना और करुण रस को थीम में बनाने के ठीक उसके उलटा हास्य को मिलाया जाएगा, तो करुण और भी गहरा और तीव्र होगा। 'हम तुमको मोहब्बत करके सजन हँसते भी रहे रोते भी रहे...' और ये प्यार में ही हो सकता है। प्यार की कहानी हँसते और रोते हुए—दोनों तरह अगर नहीं कही गई, तो वह प्यार की कहानी नहीं है। इसलिए इस कहानी में एकदम दो विरोधी भावों को एक जगह सबलता के रूप में रखा गया है। यही नहीं, इस कहानी का सबसे महत्त्वपूर्ण चरित्र वज़ीरासिंह है। वज़ीरा के मज़ाक़ से पूरी खंदक में ठहाके लगते हैं। आधी कहानी देखें, करुण रस केवल अन्त में है—जब

लहनासिंह घायल पड़ा हुआ है और स्वप्न में बर्राता जा रहा है, पुरानी चीज़ों को याद करता जा रहा है। आख़िर में एक लाइन में लिखा गया, जैसा अख़बार के बुलेटिन में छपता है, आँसुओं से बहुत नहीं बहाया है। सेंटीमेंटल कहानी नहीं है। भावुकता नहीं है। लहना के मरने की ख़बर सिर्फ़ एक वाक्य में है। कुछ दिनों पहले जब यह कह रहा था कि—"हाँ, अब ठीक है, पानी पिला दे। बस, अब के हाड़ में आम ख़ूब फलेगा, चाचा-भतीजे दोनों बैठकर आम खाना। जितना बड़ा तेरा भतीजा है, उतना ही यह आम है। जिस महीने उसका जन्म हुआ था, उसी महीने में मैंने इसे लगाया था।" वज़ीरासिंह के आँसू टप-टप गिर रहे थे, लहना के नहीं। "कुछ दिन पीछे लोगों ने अख़बारों में पढ़ा—फ्रांस और बेल्जियम—68वीं सूची—मैदान में घावों से मरा नम्बर-77 सिख राइफल—लहनासिंह।" फैक्चुअल फैक्ट के रूप में। ऐसे आदमी के करुण जीवन के अन्त में कहानी, तथ्यात्मक बुलेटिन में जिस तरह से छपती है।

आमतौर से समझा जाता है, कहानी शुरू करना मुश्किल है। कैसे शुरू करें? सबसे मुश्किल होता है कहानी ख़त्म कैसे करते हैं, खंड कहाँ करते हैं—सारी कामयाबी पूरी ताक़त के साथ कहानी का अन्त करना—कई लोगों ने इसे सबसे महत्त्वपूर्ण माना है। अन्त तो मालूम है, जैसे हम सबको अपना अन्त मालूम है कि एक दिन मरना है। अन्त ज्ञात है। लेकिन वो अन्त कैसे लिखा जाता है, कैसे बयान किया जाता है, यह महत्त्वपूर्ण है। इस कहानी का आरम्भ कैसे हुआ, इसकी बात तो पहले ही हो गई है—बम्बूकाट वालों से...अन्त देखें, जब वजीरा के आँसू टप-टप गिर रहे थे। लेकिन जो आदमी मर रहा है, उसको कोई ख़बर नहीं! यही कहानी कला कही जाती है। मैंने कहा कि उसका टैक्श्चर—घनी बुनावट, जिसको कोई भी कैमरे की फ़िल्म के द्वारा पूरे घनत्व के साथ उतार सकता है। दृश्य एक-एक करके टुकड़े-टुकड़े हैं। पुनरावृत्तियाँ जैसे हांट करती हैं कोई चीज़। आवृत्तियाँ होती हैं, जैसे गीत में होती है और अन्ततः कहानी प्रैक्टिकल है। उस दौर में जैसा कि हुआ करता था।

अब इस कहानी को भारतीय कहानी और विश्व कहानी के परिप्रेक्ष्य में देखिए। एक बार—क्योंकि आलोचकों के काम का विश्लेषण यही है—आलोचक का और पाठक का, जो कहानी पढ़ता है, तो पढ़ने के बाद उसको कहीं स्थित करना चाहता है। उसकी जगह कहाँ होगी? भारत में बांग्ला कहानी में देखें तो 19वीं शताब्दी के अन्तिम दशक में रवीन्द्रनाथ अपनी समस्त कहानियाँ लगभग लिख चुके थे—एकाध उपन्यास लिख चुके थे—यानी बांग्ला में एक बड़ा लेखक हो चुका था। रूस में चेखव और टॉलस्टॉय लिख चुके थे। 19वीं शताब्दी में दॉस्तोवॅस्की लिख चुके थे। कहानी सारी दुनिया में पश्चिम देशों से शुरू हुई है—हम लोगों के पास संस्कृत के पुराने ढंग की लिखी हुई वो कहानियाँ तो थीं, लेकिन जिसे आधुनिक कहानी कहते हैं—वह कहानी प्रेमचन्द जी उर्दू में लिखते थे उस समय। 1916 में 'पंच परमेश्वर' कहानी 'सरस्वती' में इसके एक साल बाद आई है। इसलिए 'उसने कहा था' हिन्दी कहानी की दुनिया में बड़ा ऊँचा शिखर है—जिससे हमने शुरू किया है। इस ऊँचे पाए की यह पहली कहानी है और एक ऐसे कहानीकार की, जिसने कुल मिलाकर चार कहानियाँ लिखीं। कहानियाँ ज़्यादा लिखी ही नहीं, वे तो निबन्ध लेखक थे। उन्होंने और चीज़ें लिखीं।

दुनिया में कहानी की दुनिया बन चुकी थी। उसके बावजूद इस कहानी को पढ़ने पर, दूर-दूर तक किसी भी पूर्ववर्ती लेखक की छाप और छाया नहीं मिलेगी। किसी भी भाषा के लेखक की छाँव तक इस पर नहीं है। उस दौर में जब हिन्दी गद्य का 20वीं शताब्दी में पत्रकारिता के द्वारा भी बहुत विकास नहीं हुआ था। जैसे खड़ीबोली हिन्दी में 'पंच परमेश्वर' कहानी को महावीरप्रसाद द्विवेदी ने छापा था, जो 'पंचायत' नाम से उर्दू में पहले छपी थी। उसकी भाषा के साथ इसकी भाषा मिला लीजिए, तो फ़र्क़ मालूम होगा कि कथानक में हिन्दी गद्य बन रहा था।

भूलना नहीं चाहिए, जिसका थोड़ा सा संकेत पहले किया जा चुका है कि इस कहानी पर आचार्य रामचन्द्र शुक्ल (जो प्रशंसा में बहुत कृपण थे) ने जो कथन अपने इतिहास में लिखा है—उसमें क्या छूट गया है? लेकिन इससे बढ़कर उसके बहुत दिनों बाद तक किसी ने इस कहानी के बारे में ऐसा नहीं लिखा—"इसके पक्के यथार्थवाद के बीच सुरुचि की चरम मर्यादा के भीतर, भावुकता का चरम उत्कर्ष अत्यन्त निपुणता के साथ सम्पुटित है। घटना इसकी ऐसी है जैसी बराबर हुआ करती है, पर उसमें भीतर से प्रेम का एक स्वर्गीय रूप झाँक रहा है—केवल झाँक रहा है निर्लज्जता के साथ पुकार या कराह नहीं रहा है। कहानी भर में कहीं प्रेमी की निर्लज्जता, प्रगल्भता, वेदना की वीभत्स विवृत्ति नहीं है। सुरुचि के सुकुमार से सुकुमार स्वरूप पर कहीं आघात नहीं पहुँचता। इसमें घटनाएँ ही बोल रही हैं, पात्रों के बोलने की अपेक्षा नहीं।" घटना में कोई विलक्षणता नहीं है, कहना चाहते हैं—दो के बीच लड़कियों-लड़कों में प्रेम हो ही जाता है। शुक्ल जी सुपरलैटिव बहुत कम इस्तेमाल करते थे, पर यहाँ किया है—'चरम' शब्द का दो बार इस्तेमाल किया है। दरअसल, कहानी में कुल मिलाकर घटना है कि एक लड़का, एक लड़की के मिलने और परस्पर आकर्षित होने की है। वह तो होता ही रहता है। शादी दूसरे से हो जाती है—यह भी होता है। उससे नहीं होती, किसी और से हो जाती है और जीवन भर उसकी याद बनी रहती है। इसीलिए शुक्ल जी ने लिखा 'घटना इसकी ऐसी है, जैसी बराबर हुआ करती है।' आचार्य जी मर्यादावादी हैं—वेदना हो, पर वेदना की वीभत्स विवृत्ति नहीं। मसलन, झार-झार के कोई रोने लगे तो बेशर्म समझिए कि वीभत्स विवृत्ति है—बहुत आँसू बहाना, बार-बार। गुलेरी जी ने ठहके, तुला हुआ, चुना हुआ एक-एक शब्द रखा है।

चरम उत्कर्ष, सुरुचि की मर्यादा की तमाम चीज़ों के अलावा, क्या इस कहानी में कुछ ऐसा भी है, जिसे आचार्य शुक्ल ने जिसको नहीं देखा है? उन्होंने प्रेम का आदर्श ही इस कहानी में देखा है। वे भूल जाते हैं कि प्रेम के कई रूप इसमें हैं। केवल लहनासिंह और सूबेदारिनी का ही प्रेम नहीं है। लहनासिंह का प्रेम जगहों से भी है, अपने घर से भी है, देश से भी है, वजीरा से है, सूबेदार से है; और ये प्रेम होते हुए, ध्यान रखें कि जिस तरह लपटन साहब के साथ जो नोक-झोंक दिखाई गई है, बिलकुल हलवा-हलवा ही नहीं कहानी, बल्कि इस कहानी में जीवन के कुछ कड़वे और भी सत्य हैं। सबको मिलाकर के सौंठ-मिर्च की तरह से ऐसा घोल तैयार किया गया है, जिसमें कहीं-कहीं वो खटास चीज़ भी अगर न हो और थोड़ी काली मिर्च न डाली जाए तो ये मिठास अपच पैदा करेगी, मन भर जाएगा। इसलिए अफ़सर आता है, उसके साथ जो नोक-

झोंक होती है, अन्त में उसको कोई बाध्यता रही है, बेनकाब करता है, जिस तरह के मज़ाक़ करता है कि जहाँ-जहाँ नीली गायें मिलत्ती हैं, बन्दूक चल गई थीं, तो पुट्ठे में मारी थी और गर्दन में निकल गई...उस दौर के बीच में जिसे कॉमिक रिलीफ़ कहते हैं या उस कॉमिक रिलीफ़ के द्वारा और भी घाव होता है। देशप्रेम के लिए अपनी जगह को ख़ासतौर से बचपन की शुरुआत करता है कि जब मैंने वो आम लगाया था। अपनी मातृभूमि से प्यार है उसको। जब वह पैदा हुआ था, वो भी उसी उम्र का था जिस उम्र का वह बेटा था। इसलिए आम और वह भतीजा, दोनों जैसे साथ पैदा हुए थे—अपनी जन्मभूमि-मातृभूमि के प्रति प्यार भी है। केवल यह एक लड़के-लड़की की प्रेम कहानी नहीं है, बल्कि प्रेम कहीं ज़्यादा बसा है, व्यापक है। शुक्ल जी का ध्यान इसकी ओर भी जाना चाहिए था और भी कई पहलू हैं। फिर भी मेरी जानकारी में शुक्ल जी ने अपने इतिहास में किसी अन्य कहानी की ऐसी प्रशंसा नहीं की है।

(बी.एच.यू. में आयोजित 'कहानी कैसे पढ़ें' नामक वक्तव्य : 2005 के लिए नामवर जी ने 'उसने कहा था' कहानी का चयन किया था। यह आलेख ध्वन्यांकित वक्तव्य के लिप्यंतरण का सम्पादित गद्य रूप है। —सं.)

निःसन्तान स्त्री की कुंठा के मूल स्रोत

प्रियम अंकित

सन् 1913 में विश्वम्भर शर्मा कौशिक की पहली कहानी 'रक्षाबन्धन' सरस्वती में प्रकाशित हुई थी। तब यह कहा गया था कि सामाजिक प्रामाणिकता के रूप में मानव के हृदय की कोमल वृत्तियों का सुन्दर चित्रण करना कहानी ने सीख लिया है। ऐसा नहीं था कि मानव हृदय की कोमल वृत्तियों की सुरुचिपूर्ण अभिव्यक्ति कहानी में पहली बार हुई हो! अपने शैशवकाल में ही कहानी ने रूमानियत की जिन राहों पर आवाजाही की थी, वहाँ मानवीय भावों की सुकोमल अभिव्यक्तियाँ ख़ास अहमियत रखती थीं। देवकीनन्दन खत्री 'चन्द्रकान्ता' जैसी नायिका को गढ़ चुके थे जो एय्यारी के तमाम कठोर व खुरदरे घातों के बीच अपनी कोमलता को सुरक्षित रखती है। उस समय कहानी के सामने सबसे बड़ी समस्या इन्द्रजाल और तिलिस्म की खोह में क़ैद मनुष्य को उसकी सामाजिक सचाइयों से बावस्ता कराने की थी। निस्सन्देह इस काम को प्रेमचन्द ने बख़ूबी अंजाम दिया। मगर मनुष्य के सामाजिक अस्तित्व की सार्थकता और अर्थवत्ता को परिभाषित करने का जो रास्ता प्रेमचन्द ने अपनाया था, वह उस समय की कहानी का अकेला रास्ता न था। रास्ते और भी थे, कहानीकार को हाशिए की राह दिखाई। ई.एच. कार का यह प्रश्न प्रासंगिक है कि वह कौन-सा निकष है जो बीते कल के अनेकानेक तथ्यों में से केवल कुछ को वह ही हमारे इतिहास के तथ्यों के रूप में स्थापित करता है? वहाँ यह सवाल पूछने का मकसद कथा-साहित्य में प्रेमचन्द के क़द और उनकी विरासत पर प्रश्नचिह्न लगाना नहीं है। मगर कहानी के पाठ की राजनीति बार-बार पुनर्पाठ को निमंत्रण देती है और पुनर्पाठ का हक़ हर उस कहानी को है जो महज़ पाठकों द्वारा पढ़ी नहीं जाती, बल्कि प्रत्येक युग के पाठक को पढ़ने का, यानी उसकी चित्तवृत्तियों और मनोवृत्तियों को, उसकी अभिरुचि और दृष्टि को अपने भीतर उतारने का सामर्थ्य रखती है। इस नज़रिये से देखें तो प्रेमचन्द के समय के आसपास के कुछ लेखकों पर निगाह ठहरती है। इनमें 'गुलेरी' और 'सुदर्शन' के साथ 'कौशिक' का भी स्थान महत्त्वपूर्ण है।

'कौशिक' ने महावीर प्रसाद द्विवेदी के प्रोत्साहन पर कहानी लिखना शुरू किया। आगे चलकर उन्होंने उपन्यास भी लिखे। 'ताई' उनकी सबसे ज़्यादा प्रशंसित और लोकप्रिय कहानियों में से एक है। 'ताई' का केन्द्रीय चरित्र बाबू रामजीदास की पत्नी रामेश्वरी है। रामेश्वरी निःसन्तान है। बाबू रामजीदास के भाई कृष्णदास की दो सन्तानें

हैं—पुत्र मनोहर और पुत्री चुन्नी। परिवार संयुक्त है। बाबू रामजीदास को नि:सन्तान रहने का कोई दु:ख नहीं है। वे भाई की सन्तानों को ही अपनी सन्तान मानकर प्रेम करते हैं। मगर बच्चों की ताई, यानी रामेश्वरी अपने नि:सन्तान रहने की स्थिति से समझौता नहीं कर पाई है। उसे इसका कड़ा कष्ट है कि वह मनोहर जैसा कोई सुन्दर पुत्र नहीं जन पाई है। ताई की अपने देवर के बच्चों के प्रति ईर्ष्या इसी कष्ट की उपज है। कहानी को आम तौर पर हृदय-परिवर्तन के गांधीवादी निकष पर कसा गया है। उसके प्रति अच्छा या बुरा दृष्टिकोण गांधीवाद से सहमति या असहमति के आधार पर विकसित किया गया है। ताई बच्चों से वैरभाव रखती है, उनकी तोतली बोली से अप्रभावित रहती है, उसका हृदय न जाने किस धातु का बना हुआ है कि बच्चों की प्यारी-प्यारी बातें सुनकर प्रसन्न नहीं होता। मनोहर उसके लिए पराया धन है। उसकी स्पष्ट मान्यता है कि पराए धन से कहीं घर भरता है? उसके पति रामजीदास मनोहर को बहुत प्यार करते हैं और उसके प्रति अपनी पत्नी के बर्ताव से क्रुद्ध होकर कहते हैं—"न जाने कैसे हृदय की स्त्री है!" कहानी को जिस तरह अब तक पढ़ा गया है, वह जलने और कुढ़नेवाली एक नि:सन्तान स्त्री को स्टीरियोटाइप को ताई के चरित्र में बख़ूबी उभारता है। यह पाठ-पद्धति निर्मल और स्वच्छ हृदय के बालक मनोहर के प्रति ताई के विद्वेष को उसके पति रामजीदास के बालक के प्रति प्रेम की पृष्ठभूमि में उभारती चलती है। इसकी परिणति इस धारणा में होती है कि पुरुष हमेशा उदारता की प्रतिमूर्ति और स्त्री (अगर वह नि:सन्तान है तो और भी) आम तौर पर संकुचित दृष्टि से ग्रस्त होती है। मनोहर और ताई के बीच चलनेवाला 'शीतयुद्ध' अन्तत: मनोहर के हक़ में समाप्त होता है। बालक का भोलापन, उसकी निर्मलता और स्वच्छता ताई के हृदय-परिवर्तन का कारक बनती है। मनोहर के साथ हुई एक दुर्घटना ताई के विद्वेष और कठोरता पर विजय प्राप्त करती है। साथ ही ताई को उसकी संकुचित मानसिकता से मुक्त करके दृष्टि में ऐसा सकारात्मक विस्तार लाती है कि "अब वे मनोहर की बहन चुन्नी से भी द्वेष-घृणा नहीं करतीं और मनोहर तो अब उनका प्राणाधार हो गया है! उसके बिना उन्हें एक क्षण भी चैन नहीं पड़ता।" ध्यान रहे कि मनोहर की बहन चुन्नी भी है, मगर ताई के हृदय-परिवर्तन में उसकी कोई भूमिका नहीं है और न ही उसे देखकर ताई को ईर्ष्या ही होती है। ताई की ईर्ष्या का, और साथ ही उसके हृदय परिवर्तन का भी, कारक मनोहर ही है (जो एक पुरुष के रूप में वयस्क होगा)। नि:सन्देह कहानी का यह पाठ स्त्री चेतना के उभार के बाद अप्रासंगिक हो जाता है। और जो चेतनाविहीन विमर्श के कायल हैं, वह तो कहानी को ही ख़ारिज कर देंगे।

बाबू रामजीदास रामेश्वरी से खीजकर कहते हैं, "न जाने कैसे हृदय की स्त्री है यह?" बेशक यहाँ पाठक भी इसी सुर से पूछेगा, "कैसी ताई है यह?" मगर कहानी में इस सवाल का जवाब इतने जटिल संस्कारों में अन्तर्गुम्फित है कि कोई भी सरलीकृत दृष्टि उसे छू नहीं पाती। चाहे वह गांधीवाद का हृदय-परिवर्तन हो या नारीवाद के कुछ ऐसे रूप जिनमें स्त्री विमर्श की जितनी भरमार होती है स्त्री चेतना का उतना ही अभाव। कौशिक के बारे में कहा जाता है कि वह पारिवारिक और वैयक्तिक चित्रण करने में प्रवीण थे। 'ताई' पाठ करते समय हमें भारतीय परिवार में गहरी पैठ बनाए सामन्ती

संस्कारों की व्याप्ति का हर क्षण ध्यान रखना होगा। एक संस्था के रूप में परिवार स्त्रियों को यही ज़िम्मेदारी सौंपता है कि वे सन्तान उत्पन्न करती रहें। बात यह भारतीय परिवार की हो तो गृहस्थ जीवन को नियंत्रित करनेवाले शास्त्र विधान मातृ-सुख को ही स्त्री का गौरव और उसका सबसे बड़ा आदर्श मानते हैं। परम्परागत भारतीय समाज और परिवार आज भी सन्तानहीन पत्नी को हेयदृष्टि से देखते हैं। जब रामेश्वरी अपने देवर के बच्चों को 'पराया धन' कहकर सम्बोधित करती है तो वह सन्तान और सम्पत्ति के अन्तर्सम्बन्धों को तो ध्वनित करती ही है, साथ में इसका संकेत भी करती है कि यदि उसने मात्र पुत्री जन्मी होती तो भी उसकी स्थिति बेहतर न होती। पुत्रियाँ तो 'पराया धन' समझी ही जाती हैं। नि:सन्तान रहने की जो कुंठा रामेश्वरी को दबोचे हुए है, उसके मूल में हमारे परिवार का यही सामन्ती ढाँचा है। वास्तव में सामन्ती संस्कारों की लौह संरचनाएँ ताई की गर्दन मरोड़ रही है। ताई की घुटन ही उसकी विद्वेष और घृणा में रूपान्तरित होती है। इसका निशाना बनता है मनोहर। ताई को किसी भी 'स्टीरियोटाइप' में बाँधने से पहले हमें समाज और परिवार का दिशानिर्देश करनेवाली पुरुषसत्तात्मक भावभूमि की शिनाख़्त करनी होगी।

ऐसा नहीं है कि ताई को मनोहर अच्छा ही न लगता हो। सबूत कहानी में मौजूद है—"दोनों बच्चे छत पर दौड़कर खेल रहे थे, रामेवेश्वरी उनके खेलों को देख रही थी। इस समय रामेश्वरी को उन बच्चों का खेलना-कूदना बड़ा भला मालूम हो रहा था। सहसा मनोहर अपनी बहन को मारने दौड़ा। वह खिलखिलाती हुई दौड़कर रामेश्वरी की गोद में गिर पड़ी। उसके पीछे-पीछे मनोहर भी दौड़ा हुआ आया और ताई की गोद में जा पड़ा। रामेश्वरी उस समय सारा द्वेष भूल गई। उन्होंने दोनों बच्चों को उसी प्रकार गले से लगा लिया, जिस प्रकार वह मनुष्य लगाता है जो कि बच्चों के लिए तरस रहा हो।" यह स्पष्ट करता है कि ताई कोई विशुद्ध खलनायिका नहीं है। 'बुरे को नहीं, बुराई को ख़त्म करो'—इस गांधीवादी आप्तवाक्य की आप्तता के अधूरेपन को परखने का माध्यम ताई बनती है। कहानी के अन्त में ताई तो बुरी नहीं रहती, वह अपनी नि:सन्तान से उपजी हीनताग्रंथि से मुक्त हो जाती है, मगर इस बुराई की वजह जो उसकी हीनभावना के लिए ज़िम्मेदार है, सामन्ती ढाँचा ज्यों का त्यों बना रहता है—बिना कोई चुनौती झेले।

जब मनोहर छत से फिसलकर नीचे की ओर गिरता है तो रामेश्वरी के मन में आता है कि 'अच्छा है मरने दो, सदा का पाप कट जाएगा।' 'सदा का पाप' यानी उसकी पुत्रहीनता का पाप। मनोहर के न रहने पर ताई और उसकी देवरानी दोनों की सामाजिक और पारिवारिक प्रतिष्ठा एक समान हो जाएगी। यह सामन्ती प्रतिस्पर्द्धा का क्रूर चेहरा है जो इस विचार में झाँक रहा है। मगर यह ताई के भीतर का इनसानी जज़्बा ही है जो उसे इस विचार के प्रवाह के बहने से रोक देता है। वह व्याकुल होकर उसे बचाने की कोशिश करती है, मगर देर हो जाती है। मनोहर नीचे गिर पड़ता है और उसकी टाँग टूट जाती है। यह कहा जा सकता है कि ताई अगर विद्वेष का भाव नहीं रखती, मनोहर को बचाने और न बचाने का द्वंद्व उसके भीतर न उमड़ा होता और वह तुरन्त हाथ बढ़ाकर मनोहर को पकड़ लेती और यह दुर्घटना न होती। मगर इनसान आदर्शों का पुतला नहीं होता। बाहर की बुराइयाँ उसके भीतर व्यापती हैं। बुराई का यह भीतरी विस्तार जब तक

इनसान की इनसानियत को पूरी तरह कुचल नहीं देता तब तक वह खलनायक नहीं बनता। ताई के साथ ही यही बात है। उसकी कुंठाएँ, उसकी हीनताग्रंथि उसके भीतर के इनसान की हत्या नहीं करतीं। इसलिए उसके भीतर सदा द्वंद्व की स्थिति बनी रहती है। संकट की चरम स्थिति में इस द्वंद्व की अवधि मनोहर के लिए घातक सिद्ध होती है, मगर ताई के भीतर बचे इनसान की गवाह भी वही बनती है। द्वंद्व की यही स्थिति कहानी में पहले भी उभरती है जब रामेश्वरी, मनोहर और उसकी बहन के खेल में रमी है, मगर बाबू रामजीदास के आने के बाद वह पुनः बच्चों के प्रति ईर्ष्यालु हो उठती है। बच्चों के खेल के प्रति ताई का आकर्षण सहज है। बच्चों की भंगिमाओं में यह क्षमता होती है कि वह मनुष्य को समस्त जातिभेद और लिंगभेद के परे ले जाकर अपने में रमा देती है। मगर बाबू रामजीदास का आना रामेश्वरी को एक पत्नी के रूप में परिवार के भीतर उसकी हीन स्थिति का अहसास कराता है। पुनः परिवार का जड़ सांस्कारिक ढाँचा उसके ऊपर हावी हो जाता है। बच्चों के प्रति उसका प्रेम हवा हो जाता है और वह ईर्ष्यालु हो उठती है। इसीलिए "जैसे-जैसे बाबू रामजीदास का स्नेह दोनों बच्चों पर बढ़ता जाता है, वैसे-वैसे रामेश्वरी के द्वेष और घृणा की मात्रा बढ़ती जाती थी। प्रायः बच्चों के पीछे पति-पत्नी में कहा-सुनी हो जाती थी और रामेश्वरी को पति के कटुवचन सुनने पड़ते थे।"

कहानी भावुकता के असीम उबाल पर ख़त्म होती है। कहानी का एक विधा के रूप में जैसा विकास आज हो चुका है, उसके लिहाज़ से 'ताई' का अन्त कमज़ोर ठहरता है। जिस दौर में यह कहानी लिखी गई थी, वह भावुकता और आदर्शों में डुबकी लगाने का युग था। इस दौर की मुख्यधारा का वैचारिक संगठन कहानी के अन्त को परिसीमित करता है। मगर कहानी का सबसे मज़बूत पक्ष वहाँ है जहाँ ताई की घृणा, विद्वेष और उसके आन्तरिक द्वंद्व को कहानीकार पूरी संवेदना में उकेरता है। यह पक्ष आज भी प्रभावित करता है। बशर्ते हम उस परिवार के सांस्कृतिक संगठन को ध्यान से परखें, जिसका हिस्सा ताई हैं।

सदैव प्रासंगिक जीवन-मूल्य

मृत्युंजय पांडेय

सुदर्शन (1895-1967) की अधिकांश कहानियों का कथ्य नैतिक और सदाचार निरूपण पर केन्द्रित है। उनमें 'हार की जीत' प्राय: प्रतिनिधि तौर पर बहुचर्चित और बहुपठित कहानी है। हिन्दी का शायद ही कोई ऐसा विद्यार्थी होगा जिसने यह कहानी न पढ़ी हो। बचपन में जिन कुछ कहानियों से साक्षात्कार होता है उनमें से एक है 'हार की जीत'। कुछ कहानियाँ होती हैं जो कहानीकार के नाम की मोहताज नहीं होतीं—'हार की जीत' एक ऐसी ही कहानी है। यह सुदर्शन के नाम से नहीं, बल्कि सुदर्शन इसके नाम से पहचाने जाते हैं। बचपन में हम इसे सुदर्शन की कहानी से नहीं, बाबा भारती और खड़गसिंह की कहानी के नाम से जानते थे। 'सुल्तान' पर बाबा भारती की तरह हम भी फिदा थे, उसकी चाल पर लट्टू थे। कल्पना एवं सपनों में उसकी सवारी करते थे और खड़गसिंह से दुश्मनी भी निभाते थे। सुदर्शन का असली नाम पंडित बद्रीनाथ भट्ट है। प्रेमचन्द की तरह ये भी उर्दू से हिन्दी में आए थे। इन्हें प्रेमचन्द की परम्परा का कहानीकार माना जाता है। प्रेमचन्द की परम्परा से तात्पर्य उर्दू से हिन्दी में आना नहीं, बल्कि आदर्शवादी कहानी लिखने से है। प्रेमचन्द की तरह ये भी हृदय परिवर्तन वाली कहानियाँ लिख रहे थे। इन पर भी गांधी जी का प्रभाव था। ये भी समस्या का आदर्शवादी समाधान प्रस्तुत कर रहे थे। आदर्शोन्मुख यथार्थवाद इनकी भी रचनाओं का मूल बीज या कहें जीवन का मूल मंत्र है।

'हार की जीत' सुदर्शन की पहली कहानी है। यह कहानी सन् 1920 में 'सरस्वती' पत्रिका में प्रकाशित हुई थी। इसके अलावा 'सच का सौदा', 'अन्धकार', 'गुरु मंत्र', 'दिल्ली का अन्तिम दीपक', 'परिवर्तन', 'राजा', 'अठन्नी का चोर', 'साइकिल की सवारी', 'तीर्थ यात्रा', 'पत्थरों का सौदागर' और 'पृथ्वी वल्लभ' आदि इनकी अनेक अच्छी कहानियाँ हैं। पर कहानी की दुनिया में ये भी चन्द्रधर शर्मा 'गुलेरी' की तरह अपनी पहली कहानी से ही जाने जाते हैं। किसी-किसी रचना के साथ ऐसा होता है, पर इसके चलते रचनाकार की अनेक अच्छी रचनाएँ अलक्षित और उपेक्षित रह जाती हैं। उनके साथ न्याय नहीं हो पाता।

सुदर्शन की 'हार की जीत' प्रेमचन्द की 'मुक्ति मार्ग' कहानी की याद दिलाती है। 'हार की जीत' कहानी की इन पंक्तियों से शुरू होती है—"माँ को अपने बेटे और किसान

को अपने लहलहाते खेत को देखकर जो आनन्द आता है, वही आनन्द बाबा भारती को अपना घोड़ा देखकर आता था।" प्रेमचन्द की 'मुक्ति मार्ग' कहानी की पहली ही पंक्ति है—"सिपाही को अपनी लाल पगड़ी पर, सुन्दरी को अपने गहनों पर और वैद्य को अपने सामने बैठे हुए रोगियों पर जो घमंड होता है, वही किसान को अपने खेतों को लहलहाते हुए देखकर होता है।" आज इसका भ्रम नहीं है कि पहली कहानी कौन-सी लिखी गई थी। सुदर्शन की कहानी 1920 में 'सरस्वती' पत्रिका में प्रकाशित हुई थी और प्रेमचन्द की अप्रैल, 1924 के 'माधुरी' में। यानी कथा-सम्राट प्रेमचन्द को सुदर्शन प्रभावित कर रहे थे। यहाँ तक की 'हार की जीत' शीर्षक से प्रेमचन्द ने भी एक कहानी लिखी है जो 'मर्यादा' पत्रिका के मई 1922 के अंक में प्रकाशित हुई थी। एक और चीज़ ध्यान आकर्षित करती है, सुदर्शन ने 'घोड़ा' के बहाने इनसानियत, मानवीयता की कहानी कही तो प्रेमचन्द ने 'बैलों' के माध्यम से मनुष्यता की कथा कही। एक को 'घोड़ा' प्रिय है तो दूसरे को 'बैल'। एक में 'सुल्तान' है तो दूसरे में 'किसान'।

एक समय था जब पशु-पक्षी हमारे जीवन के महत्त्वपूर्ण अंग थे। इतने महत्त्वपूर्ण कि वे मनुष्य के साथ, क़दम-से-क़दम मिलाकर कथा-कहानी में विचर रहे थे। वे भी हमारे समाज एवं जीवन के अंग थे। पारिवारिक सदस्य थे। उनके साथ भी अपनों-सा व्यवहार होता था। घोड़ा, बैल, गाय, कुत्ता, हिरण, गिलहरी, गौरैया, कौआ आदि अनेक पशु-पक्षी मनुष्य के जीवन के अनिवार्य हिस्सा थे। सुदर्शन और प्रेमचन्द के यहाँ हम देखते हैं, किसान हो या साधु दोनों को पशु से प्रेम है पर आज स्थिति बिलकुल भिन्न है। आज पशु-पक्षी हमारे जीवन से लगभग ग़ायब हो चुके हैं। इसकी मुख्य वजह हमारी उदासीन निष्क्रिय एवं भ्रष्ट शासन प्रणाली है। आज न तो प्रेमचन्द का गाँव है, न किसान और न ही बाबा भारती जैसे साधु-संन्यासी। गाँव के नाम पर आज गाँव का अत्यन्त बिगड़ा हुआ रूप है। गाय, बैल, कुत्ता आदि जानवरों के संरक्षक किसान ख़ुद आत्महत्या कर रहे हैं। अब साधु-संन्यासी कब-का बाबा भारती का चोला उतारकर खड़गसिंह और अंगुलिमाल का चोला पहन चुके हैं। शायद एक दिन पशु-पक्षी कथा-कहानी में ही सिमटकर रह जाएँगे।

'हार की जीत' कहानी पढ़ते हुए 'अंगुलिमाल डाकू' की कथा भी याद आती है। यह कथा बचपन में हमें सुनाई गई थी। उस कहानी में भी डाकू का हृदय परिवर्तन होता है और इस कहानी में भी। उस समय ऐसी आदर्शवादी कहानियाँ लिखी भी जाती थीं और बच्चों में अच्छे संस्कार डालने के लिए सुनाई भी जाती थीं। एक तरह से सुदर्शन की यह कहानी लोक कथा का विकसित रूप है। कहानी की परम्परा को जानने के लिए हम जिस 'कथा' का उदाहरण देते हैं, यह उसी कथा का रूप है। सुदर्शन भी प्रेमचन्द की तरह कहानी लिखते नहीं, सुनाते हैं। इसीलिए इनकी कहानियाँ अपनी-सी लगती हैं। लगता है दादी या नानी कथा, क़िस्सा सुना रही हैं। ये कुछ चीज़ें इस बात की तरफ़ संकेत करती हैं कि सुदर्शन एक बड़े समर्थवान कहानीकार थे। वे अपनी पीढ़ी को बहुत गहरे रूप से प्रभावित कर रहे थे। वे किसी भी मामले में प्रेमचन्द से कमतर नहीं ठहरते। भाषा, शिल्प और कहन की शैली में तो बिलकुल ही नहीं। इनकी कहानियों की भाषा मन को मोह लेती हैं। छोटे-छोटे वाक्य-विन्यास मन पर गहरा प्रभाव छोड़ते हैं। सिर्फ़

एक पंक्ति देखिए—"बाबा ने घोड़ा दिखाया घमंड से, खड़गसिंह ने देखा आश्चर्य से।" (हार की जीत) सिर्फ़ एक पंक्ति में सुदर्शन पाठकों के सामने बाबा भारती और खड़गसिंह की मंशा और मन की बात खोलकर रख देते हैं। 'घमंड' और 'आश्चर्य' सिर्फ़ दो शब्द पर्याप्त हैं दोनों को जानने के लिए।

सुदर्शन की भाषा की रवानगी की मुख्य वजह यह है कि वे उर्दू से आए थे और उर्दू उस समय जनगण की भाषा थी। वह आम जन के बहुत क़रीब थी। इसीलिए प्रेमचन्द और सुदर्शन की कहानियाँ आम जनता को आकर्षित करती हैं। पर आज स्थिति अलग है। आज उर्दू का रूप बदल चुका है। वह आमजन से कट चुकी है। इसी दुराव एवं कटाव की वजह से आज इक्कीसवीं सदी में भी तेरहवीं सदी के अमीर खुसरो लोगों को आकर्षित कर रहे हैं। लोगों को पसन्द आ रहे हैं। बहरहाल 'हार की जीत' कहानी पर लौटते हैं। बाबा भारती के पास 'सुल्तान' नाम का एक घोड़ा है। ऐसा बलवान और सुन्दर घोड़ा सारे इलाक़े में न था। उन्हें 'सुल्तान' पर घमंड था, अभिमान था, गर्व था। वे स्वयं अपने हाथों से उसकी सेवा करते थे। उन्हें लगता वे सुल्तान के बिना नहीं रह सकते। "जब तक संध्या समय सुल्तान पर चढ़कर आठ-दस मील का चक्कर न लगा लेते, उन्हें चैन न आता।" बाबा भारती को नगर के जीवन से घृणा हो चली थी। वे रुपया, माल, असबाब, ज़मीन आदि सब कुछ छोड़कर गाँव के बाहर एक छोटे-से मन्दिर में रहते और भगवान का भजन करते थे। नगर को छोड़ने या नगर के जीवन से घृणा की मुख्य वजह 'सुल्तान' नहीं, बल्कि स्वार्थ एवं लालच था। वे देख रहे थे कि छल-प्रपंच बढ़ता जा रहा है। इसी छल और प्रपंच के हथियार से खड़गसिंह बाबा भारती से 'सुल्तान' को छीनता है। खड़गसिंह के हाथों छले जाने के बाद बाबा भारती खड़गसिंह से कहते हैं—"इस घटना को किसी के सामने प्रकट न करना।...लोगों को यदि इस घटना का पता चला तो वे दीन-दुखियों पर विश्वास न करेंगे।" निःसन्देह बाबा भारती को 'सुल्तान' को खोने का बहुत दुख है, पर इससे अधिक दुख-तकलीफ़ उन्हें इस बात की है कि अपनी जीत का बखान करने के लिए खड़गसिंह जैसे ही लोगों से इस घटना, इस छल का ज़िक्र करेगा, लोगों का विश्वास दीन-दुखियों से उठ जाएगा। लोग ज़रूरत मन्दों की भी मदद नहीं करेंगे। वे नहीं चाहते एक के छल की सज़ा पूरी जमात भुगते।

उस इलाक़े का प्रसिद्ध डाकू खड़गसिंह बाबा भारती से जब यह सुनता है तो उसके दिल में हलचल मच जाती है। सबको कँपाने एवं डरानेवाला खड़गसिंह स्तब्ध एवं निःशब्द हो जाता है। बाबा भारती के ये शब्द 'इस घटना को किसी के सामने प्रकट न करना' खड़गसिंह का पीछा नहीं छोड़ते हैं। उसकी कानों में बार-बार बाबा भारती की प्रार्थना गूँजती है। इसके बाद खड़गसिंह के मन में जो विचार जन्म लेता है वह विशेष ध्यान देने योग्य है—"कैसे ऊँचे विचार हैं, कैसा पवित्र भाव है। उन्हें इस घोड़े से प्रेम था, इसे देखकर उनका मुख फूल की नाईं खिल जाता था। कहते थे—'इसके बिना मैं न रह सकूँगा।' इसकी रखवाली में वे कई रात सोये नहीं। भजन-भक्ति न कर रखवाली करते रहे। परन्तु आज उनके मुख पर दुख की रेखा तक दिखाई न पड़ती थी। उन्हें केवल यह ख़याल था कि कहीं लोग दीन-दुखियों पर विश्वास करना न छोड़ दें। ऐसा मनुष्य, मनुष्य नहीं देवता है।" एक डाकू के मन में ऐसे भाव को जगाना बहुत बड़ी बात है। इस

कहानी की यही शक्ति है। लोगों को ठगने, लूटने और मारनेवाला डाकू ऐसी आदर्श एवं मानवीयता की बातें सोचता है। सिर्फ़ सोचता ही नहीं, बल्कि रात के अँधेरे में चुपके से 'सुल्तान' को खड़गसिंह वापस बाँध जाता है। बाबा भारती उसके अन्दर की इनसानियत और मनुष्यता को जगा देते हैं। अस्तबल में घोड़ा को बाँधने के बाद खड़गसिंह की आँखों में नेकी के आँसू दिखते हैं। खड़गसिंह बाबा भारती के अस्तबल में सुल्तान को जब बाँधता है, उस समय रात्रि का तीसरा पहर बीत चुका था और चौथा पहर आरम्भ हो रहा था। रात का अँधेरा छँटकर भोर की उजास में बदल रहा था, यानी डाकू खड़गसिंह अँधेरे से उजाले की ओर बढ़ चला था। अस्तबल में घोड़े को देख बाबा भारती कहते हैं—"अब कोई दीन-दुखियों से मुँह न मोड़ेगा।" कहानीकार को ज़रूरतमन्द दुखी आदमी के प्रति करुणा है। उनका विश्वास है कि बुरे से बुरे दिल का आदमी भी नेक बन सकता है। इस कहानी का कथ्य इन्हीं नैतिक मूल्यों का प्रतिपादन करता है।

कहानी का शीर्षक चरितार्थ होता है। पहली बार बाबा भारती हारते हैं सुल्तान को और खड़गसिंह जीतता है सुल्तान को। लेकिन बाबा भारती के साथ हारती है इनसानियत, मानवीयता, भरोसा, विश्वास, करुणा, दया तथा मनुष्यता और खड़गसिंह के साथ जीतती है, छल, प्रपंच, षड्यंत्र, धूर्तता। दूसरी बार, बाबा भारती सुल्तान को जीतते हैं और खड़गसिंह सुल्तान को हारता है। यानी, इस बार इनसानियत, विश्वास, दया और करुणा जीतती है और हारती है—छल, प्रपंच, षड्यंत्र और धूर्तता। थोड़ा और गहराई में जाकर देखें तो हम पाते हैं, बाबा भारती पहली बार हारकर भी नहीं हारते और खड़गसिंह जीतकर भी नहीं जीतता और दूसरी बार खड़गसिंह हारकर भी जीत जाता है। हार-जीत की इस कथा में हार और जीत बाबा भारती या खड़गसिंह के बीच नहीं, बल्कि इनसानियत, मानवीयता, विश्वास, दया और छल, प्रपंच, षड्यंत्र तथा धूर्तता के बीच है। ज़ाहिर है हार और जीत के मूल्य जीवन में शाश्वत हैं। कहानी छल, प्रपंच, षड्यंत्र और धूर्तता के साथ-साथ काल को भी जीत चुकी है। यह काल की सीमा में बद्ध न होकर सदैव प्रासंगिक है।

पूरक भाव-बोध की प्रतिनिधि कहानी

राजीव कुमार

हिन्दी कहानी बीसवीं सदी के प्रथम दशक में प्राचीन आख्यान परम्परा के द्वंद्व के साथ विकसित होती है। चमत्कार, संयोग, रहस्यपूर्ण कौतूहल तथा ईश्वरीय हस्तक्षेप से लदा हुआ मानवीय जीवन जो पूर्व की आख्यान परम्परा के अनिवार्य तन्तु थे, कुछ अंशों में शुरुआती कहानी में मौजूद रहे लेकिन अब उसमें तर्क, इतिहासबोध, विडम्बना, कार्य-कारण आदि के नये रेशे फूटने लगे। बीसवीं सदी के प्रथम दशक में जो नवीन रुझान सामने आता है, दूसरे दशक में वह तेज़ी से आगे बढ़ता है तथा कहानी के आधुनिक स्वरूप का निर्माण होता है। कहानी में इस आधुनिकता के उन्नायक थे—प्रेमचन्द एवं जयशंकर प्रसाद। यद्यपि अपनी सरल भाषा कहानियों में विषय की व्यापकता के कारण प्रेमचन्द ने अपेक्षाकृत बड़ी अपील निर्मित की। उनकी तुलना में प्रसाद ने कठिन चुनौती को स्वीकार किया। प्रसाद का ढाँचा अधिक संश्लिष्ट एवं बहुस्तरीय है। छोटी-से छोटी कहानी में अनेक भावों का परस्पर सगुंफन होता है। यह कहना अतिशयोक्ति नहीं है कि प्रसाद के बिना कहानी बहुत हद तक इकहरी रह गई होती। प्रेमचन्द ने राष्ट्रीय समस्या को अपने तमाम खुलेपन के बावजूद राष्ट्र के भूगोल तक सीमित रखा। राष्ट्रीय अस्मिता सांस्कृतिक आवेश एवं अतीत के गौरव के प्रति मोहग्रस्त होने के बावजूद प्रसाद ने राष्ट्र एवं निज के संश्लेष की जो शैली अपनाई, उसे उन्होंने एक नैतिक स्तर प्रदान करते हुए वृहत्तर मानवीय सन्दर्भ से जोड़ दिया। वे संवेदना के वृत्त को निरन्तर बड़ा करते चलते हैं। 'पुरस्कार' में ही जब मंत्री मधूलिका के राज्य-रक्षण की बात करता है तो मधूलिका इसे समस्त प्रजा के लिए ज़रूरी मानती है। राज्य का यह कर्तव्य देशकाल से परे है। इसकी आवश्यकता हर काल और भूगोल में बनी रहेगी।

यह सही है कि यथार्थ की वस्तुनिष्ठ सघनता जैसी प्रेमचन्द की कहानियों में है, वैसी प्रसाद की कहानियों में नहीं है। लेकिन प्रसाद के निर्मित कथानक में अनन्त व्यंजकता है। हाँ, यह ज़रूर है कि छायावादी भाव-सघनता के नीचे वस्तुनिष्ठता प्रायः ढक जाती है। हिन्दी कहानी में प्रसाद दूसरी राह के उन्नायक हैं। यद्यपि वे मूल रूप से कवि हैं और उनकी कवि-दृष्टि से उनकी कहानियाँ आक्रान्त हैं। वे कहानी विद्या के मिज़ाज की परवाह किए बग़ैर कविता की रचना-दृष्टि ही कहानी पर आरोपित किए चले जाते हैं। लेकिन इसी के अन्दर से उनकी कहानी कला की विशिष्टता भी निकलती है और

कहानी परम्परा में वे सर्वाधिक मौलिक दिखाई पड़ते हैं। प्रेमचन्द ने कहानी में अभिव्यक्ति के जिस प्लॉट एवं प्रविधि को अपनाया उसकी शुरुआत पहले दशक की कहानियों में हो चुकी थी। प्रसाद ने मानवीय जीवन के जिस आयाम को छुआ, आधुनिक कहानी में तब तक वह अछूता था। प्रसाद से पूर्व कहानी में मनुष्य हमेशा अपने से बाहर से जूझ रहा था। हर जगह एक सत्ता व्यवस्था है जो मनुष्य के जीवन को विद्रूपताओं से भर रही है। स्त्री के सामने पुरुषवादी सामाजिक व्यवस्था है तो किसान के सामने ज़मींदारी व्यवस्था है, इसके अतिरिक्त शासन तंत्र और पंडे-पुरोहित हैं आदि। कार्य-कारण का यह रूढ़ एवं स्वयंसिद्ध ढाँचा कहानी में प्रारम्भ से मौजूद था। प्रेमचन्द ने नियति की अतिरंजना कम की। प्रसाद ने इस पूरे ढाँचे को उलट दिया या कहना चाहिए कि उन्होंने अपने लिए बिलकुल नया ढाँचा तैयार किया। इस सन्दर्भ में डॉ. सत्यप्रकाश मिश्र का यह कथन सत्य प्रतीत होता है कि "कारण की खोज प्रसाद को आर्थिक विषमता या वर्गबद्ध समाज की स्थापनाओं की ओर न ले जाकर अध्यात्मवाद की ओर ले जाती है। उनकी मनोभूमि की बनावट में ही यह तत्त्व निहित है कि बाह्य अन्तः कला का कारण नहीं है बल्कि सत्ता का कारण आन्तरिक है।" प्रसाद की कहानियों पर ये बातें प्रायः लागू होती हैं, लेकिन पुरस्कार इस मायने में विशिष्ट कहानी है कि यहाँ बाह्य का अनुपात क्षीण नहीं है, बल्कि आन्तरिक मनोदशा का कारक है। इस वस्तु-स्थिति को कहानी में कृषक समाज की वंचना, राष्ट्र रक्षा के प्रश्न, सामन्ती व्यवस्था की मनमानी, व्यक्ति की अस्मिता के सम्बन्ध में देखना चाहिए।

यहाँ कुछ बातों का ज़िक्र प्रारम्भ में ही कर लेना आवश्यक है जिसके माध्यम से इस कहानी को बेहतर ढंग से समझा जा सकता है। प्रसाद की कहानियों में एक पैटर्न दिखाई देता है। कुछ बातें वहाँ तयशुदा हैं। प्रसाद की कहानियों के कार्य-व्यापार में द्वंद्व की उपस्थिति एक अनिवार्य तत्त्व है। भाव प्रवणता एवं करुणा की भी उपस्थिति निरन्तर बनी रहती है। कहानियों में वे अपने वर्तमान की घटनात्मकता को नहीं उठाते। या तो वे शाश्वत विडम्बना को उठाते हैं या दूरारूढ़ सन्दर्भों की वर्तमान में प्रतिध्वनि कराते हैं। अनेक कहानियों में प्रसंग इतिहास से लिया गया है, इसके साथ ही अनेक कहानियाँ ऐसी हैं जिसमें घटनाएँ इतिहास सिद्ध नहीं होतीं हैं वह सिर्फ़ वातावरण रचती है तथा ऐतिहासिक दौर का बोध देती है। 'पुरस्कार' भी ऐसी ही कहानी है जिसमें प्रसाद ने प्राचीन भारत के जनपदकालीन दौर को पुनर्जीवित किया है।

जिस अन्तर्द्वंद्व, करुणा, राष्ट्रप्रेम, उत्सर्ग एवं वृहत्तर मानवीय सन्दर्भ की पहचान प्रसाद की विशिष्टता के रूप में की जाती है, वे सारी प्रवृत्तियाँ 'पुरस्कार' में मौजूद है। इनके विश्लेषण से पूर्व हमें इस ओर ध्यान देना चाहिए कि जिस दौर में प्रसाद इस कहानी को लिख रहे थे तब क्या वे इन सबसे इतर कोई युग-सम्बद्ध बड़े प्रश्न भी उठा रहे थे। क्या 'पुरस्कार' सिर्फ़ राष्ट्र प्रेम एवं निज प्रेम के द्वंद्व की कहानी मात्र है? इस कहानी से जो कुछ ज़रूरी सन्दर्भ उभरते हैं तथा जिनकी पड़ताल आवश्यक है, वे हैं—देश की परतंत्रता, सामन्ती-सामाजिक व्यवस्थाओं में विशेषाधिकार प्राप्त तथा आम लोगों के बीच का भेद, सामन्ती आचरण के प्रति जनता का सुसुप्त रोष तथा कृषक संस्कृति में अस्मिता चेतना।

'पुरस्कार' कहानी में कोशल की स्थिति मुग़ल साम्राज्य के अन्तिम दिनों के भारत की तस्वीर है। कहानी में वर्तमान कोशल की स्थिति है, "भिन्न राजवंशों ने उसके प्रान्तों पर अधिकार जमा लिया है। अब तक केवल कई गाँवों का अधिपति है। फिर भी उसके साथ कोशल के अतीत की स्वर्ण-गाथाएँ लिपटी हैं।" यह स्थिति वैसी ही है जब भारत परतंत्रता के कगार पर या तब दिल्ली की केन्द्रीय सत्ता चाँदनी चौक से पालम तक रह गई थी। इस प्रकार प्रसाद 'पुरस्कार' में जर्जर राष्ट्र का चित्र खींचते हैं। यह ऐसी विडम्बना है जिससे इतिहास के विभिन्न काल-खंडों में बार-बार भारत को दो-चार होना पड़ा है। प्रसाद इसके कारण में भी जाते हैं। एक तो राज्यों का आपसी संघर्ष है। मगध कोशल की शत्रुता भी एक मेटाफर है। एक और सन्दर्भ भितरघात का है। यह ऐतिहासिक तथ्य है कि भारत में जब अंग्रेज़ अपना पैर जमा रहे थे तो यह सिर्फ़ उनके सामरिक बढ़त के कारण सम्भव नहीं हुआ, बल्कि अंग्रेज़ों की प्रारम्भिक वर्चस्व-स्थापना में मीरज़ाफ़र जैसे भितरघाती की भी भूमिका थी। राष्ट्र के वैभव दर्प के इस कारण की प्रतिध्वनि प्रसाद 'पुरस्कार' में भी आंशिक रूप से कराते हैं। 'पुरस्कार' तथा प्रसाद की पूरी रचना प्रक्रिया के सन्दर्भ में यह तथ्य ध्यान देने योग्य है कि इतिहास की इतिवृत्तात्मकता उनके लिए महत्त्वपूर्ण नहीं होती। उनके लिए वर्तमान से उसका घटना-साम्य ज़रूरी होता है। इतिहास को वे भावात्मक एवं सन्देशात्मक रूप में लेते हैं। ऐसा उनके 'स्कन्दगुप्त', 'चन्द्रगुप्त' आदि नाटकों में भी है, 'पुरस्कार' कहानी गें भी।

अब 'पुरस्कार' में मधुलिका की स्थिति को देखें। वह वाराणसी युद्ध के अन्यतम वीर सिंह मित्र की कन्या है। इस कारण से उसे विशेष अनुग्रह प्राप्त होता है। वह सम्राट से दुर्ग के दक्षिणी बाटे के समीप के सामरिक महत्त्व की भूमि अपनी इसी विशिष्ट स्थिति के कारण प्राप्त करती है। मीरज़ाफ़र के भितरघात से अंग्रेज़ों का प्रभुत्व सम्भव हुआ। मधूलिका लगभग वही सदमा कोशल को देने की स्थिति में है। ग़ौर करें कि जिस प्रकार मीरज़ाफ़र सत्ता प्रतिष्ठान से जुड़ा या कोशल में अपने पिता की विशिष्ट ऐतिहासिक स्थिति के कारण मधूलिका भी सत्ता को प्रभावित करने की क्षमता रखती थी। उसने अपनी इस क्षमता का उपयोग किया भी लेकिन अंजाम से पूर्व वह वापस दूसरी दिशा में मुड़ जाती है। प्रेम के आवेश, अपनी दीनता एवं भविष्य के ऐश्वर्य के प्रलोभन में आकर वह कोशल के विरुद्ध षड्यंत्र में शामिल भी होती है। लेकिन तभी प्रसाद का आदर्श सक्रिय होता है और वे कहानी को स्थूल यथार्थ से भावात्मक यथार्थ की ओर मोड़ देते हैं तथा कहानी 'जैसा है' की बजाय 'जैसा होना चाहिए' की ओर अग्रसर हो जाती है। यथार्थ को आदर्श की ओर ले जाने का आग्रह प्रेमचन्द की प्रारम्भिक कहानियों में भी है, लेकिन उनके यहाँ पात्रों में ऊहापोह या आन्तरिक संघर्ष न्यून है। 'पुरस्कार' में प्रेमचन्द की कहानियों सा अन्त हृदय परिवर्तन नहीं है। राष्ट्र से राग-विराग का सम्बन्ध प्रारम्भ से है। वह भूमि बेचना भी नहीं चाहती पर साथ ही राज्य की परम्परा के आड़े भी नहीं आना चाहती। प्रेमचन्द की कहानियों का आदर्शवादी अन्त या तो लेखकीय हस्तक्षेप से रूपाकार लेता है या पात्र के सहसा संज्ञान से। प्रसाद की कहानी में दो विचार समानान्तर रूप से घटते रहते हैं।

'पुरस्कार' का कार्य-व्यापार एकरेखीय नहीं है, अतः इतिहास से इसका यथातथ्य अथवा अन्वितिपरक साम्य न होकर भावात्मक साम्य है। इस मायने में यह संश्लिष्ट

भावबोध की कहानी है। प्रसाद ने कहानी में राष्ट्र की दीन-हीन स्थिति (कोशल के मेटाफर से) एवं उसके त्राण के लिए आवेशपूर्ण उत्सर्ग का एक साथ संधान किया है।

यहाँ मधूलिका के अन्तर्द्वंद्व को समझने से पूर्व कहानी में सांकेतित कुछ अन्य महत्त्वपूर्ण प्रश्नों की ओर ध्यान देना आवश्यक है। इन सन्दर्भों से मधूलिका के अन्तर्द्वंद्व राष्ट्र के पतन का कारण तथा यथार्थ के प्रति प्रसाद के नज़रिये को समझने में सहायता मिलती है। जैसा कि संकेत किया जा चुका है कि प्रसाद यथार्थ को प्राय: मेटाफर के रूप में प्रस्तुत करते हैं तथा यथार्थ का जो वाह्य पक्ष है, जागतिक है वह उनके भाव पक्ष के वृहद् वितान में ढक-सा जाता है। लेकिन प्राय: वह बीज-रूप में मौजूद रहता है, जिससे भाव एवं कार्य-व्यापार का पूरा वृक्ष प्रस्फुटित होता है। 'पुरस्कार' में इस जटिल ताने-बाने की बहुत सुन्दर अभिव्यक्ति हुई है। कहानी में कोशल महाराज के हल चलाने के उत्सव के बाद मधूलिका पुरस्कार में मिली स्वर्ण मुद्राएँ स्वीकार नहीं करती तथा महाराज पर न्योछावर करके बिखेर देती है। ज़मीन के बदले धन स्वीकार करने के हर तर्क को वह ठुकरा देती है। जब महाराज मंत्री से इस सन्दर्भ में नियम की जानकारी माँगते हैं तो मंत्री कहता है, "देव, नियम तो बहुत साधारण है। किसी भी अच्छी भूमि को इस उत्सव के लिए चुनकर नियमानुसार पुरस्कार स्वरूप उसका मूल्य दे दिया जाता है। वह भी अत्यन्त अनुग्रहपूर्वक अर्थात् भू-सम्पत्ति का चौगुना मूल्य उसे मिलता है। उस खेती को वही व्यक्ति वर्ष भर देखता है। वह राजा का खेत कहा जाता है।" आगे राजा मंत्री से यह सूचना भी प्राप्त करता है कि मधूलिका ने वाराणसी युद्ध में मगध से कोशल की रक्षा में प्रशंसनीय भूमिका निभाई थी। आगे के घटनाक्रम में हम देखते हैं कि राजा मानसिक ऊहापोह के शिकार होकर प्रसंग को यथास्थिति छोड़ जाते हैं। मधूलिका को दुस्साहस के लिए कोई दंड नहीं दिया जाता। यह पूरा प्रसंग सामन्ती व्यवस्था के विरोधाभास की ओर इशारा करता है। कहानी के ऊपरी आवरण में सामन्ती व्यवस्था का रूप सहसा विचलित नहीं करता। राज्य का नियम क्रूरता भरा नहीं है। ली गई भूमि का चौगुना मूल्य दिया जा रहा है। लेकिन इस छद्म विशाल हृदय के ऊपरी आवरण में ढकी दो बातें देखी जा सकती हैं—प्रथम, सामन्ती व्यवस्था में राजा की इच्छा का सर्वोपरि होना। दूसरा, प्रजा की इच्छा का मूल्य शून्य होना। ग़ौरतलब है कि जो राहत और विशेषाधिकार है, वह या तो सत्ता सम्बद्ध लोगों के लिए है या उनके लिए जो राजा के हृदय को विह्वल कर सके। यहाँ एक प्रश्न सहज उठता है कि अगर मधूलिका सिंहमित्र जैसे प्रतापी योद्धा की कन्या नहीं होती तो राज्य उसके साथ, उसी नरमी से पेश आता जैसा अभी आ रहा है? बावजूद उसकी विशिष्ट स्थिति के, जिस समय वह पुरस्कार अस्वीकार कर देती है मंत्री उसे बरजता है। कहानी का यह संवाद बहुत महत्त्वपूर्ण हैं—

"देव! यह मेरे पितृ-पितामहों की भूमि है। इसे बेचना अपराध है, इसलिए मूल्य स्वीकार करना मेरी सामर्थ्य के बाहर है। महाराज के बोलने के पहले ही वृद्ध मंत्री ने तीखे स्वर से कहा—अबोध! क्या बक रही है? राजकीय अनुग्रह का तिरस्कार! यह भूमि से चौगुना मूल्य है; फिर कोशल का तो यह सुनिश्चित राष्ट्रीय नियम है। तू आज से राजकीय रक्षण पाने की अधिकारिणी हुई, इस धन से अपने को सुखी बना।"

"राजकीय रक्षण की अधिकारिणी तो सारी प्रजा है, मंत्रिवर!...महाराज को भूमि-

समर्पण करने में तो मेरा कोई विरोध न था और न है, किन्तु मूल्य स्वीकार असम्भव है। —मधूलिका उत्तेजित हो उठी थी।"

यहाँ प्रसाद ने बड़ी ख़ूबी से सामन्ती व्यवस्था के स्याह पक्ष को उभारा है। यह जो पूरी व्यवस्था है, निर्णय-प्रक्रिया है उसमें प्रजा की कोई भूमिका नहीं है। प्रजा राज्य की मर्ज़ी पर पुरस्कार-तिरस्कार पाने/झेलने को अभिशप्त है। ऊपर से जिस राजकीय उत्सव का नियम इतना उदार दिखाई देता है, वास्तव में उसके अन्दर जनता के लिए बाध्यता-विवशता छुपी हुई है। सामन्ती व्यवस्था में जनता के पास कोई शक्ति नहीं होती। वह राज्यादेश को मानने को विवश है। उसकी सम्मति नहीं ली जाती। सहमति-असहमति का प्रश्न ही नहीं उठता। ऐसी व्यवस्था में मधूलिका का अस्वीकार प्रतिरोध एवं अस्मिता चेतना का विरल उदाहरण है। कहीं न कहीं इसके पीछे उसे अपने पिता की ऐतिहासिक स्थिति से उत्पन्न आत्मबल है। यहाँ एक और तथ्य ध्यान देने योग्य है कि इस व्यवस्था में जनता को कोई सामाजिक-राजकीय सुरक्षा नहीं है। मंत्री ज़मीन के एवज में मधूलिका को राजकीय रक्षण मिलने की बात करता है। ज़ाहिर है कि पूर्व में वह इस तरह के किसी रक्षण से वंचित रही होगी तथा आम प्रजा जो राजा की इच्छा या राजकीय रवायतों के दायरे में नहीं आती वे ऐसे किसी रक्षण से वंचित हैं और रहेंगे। मंत्री के सामने मधूलिका यह प्रश्न उठाती है कि 'राजकीय रक्षण की अधिकारिणी तो सारी प्रजा है, मंत्रिवर!' लेकिन इसका कोई उत्तर न तो महाराज से मिलता है और न मंत्री से। ज़ाहिर है कि इस प्रकार की वंचनाओं से अभिशप्त जनता राज्य से कोई रागात्मकता नहीं महसूस करेगी। उसके अन्दर सत्ता के प्रति निरपेक्षता का भाव होगा। कहानी में मधूलिका राज्य को चोट पहुँचाने के षड्यंत्र में शामिल होती है और मानसिक ऊहापोह से गुज़रकार इस षड्यंत्र से पर्दा भी उठा देती है। लेकिन क्या इस तरह के अन्तर्द्वंद्व से बहुसंख्य जनता गुज़रती होगी। इस पूरे प्रकरण के माध्यम से प्रसाद कोशल की दुर्दशा के कारण को उजागर करते हैं। प्रजा उत्सव से नहीं सुख-दुख में रक्षक सत्ता से रागात्मकता महसूस करेगी। मधूलिका प्रकरण में भले ही स्थिति नियंत्रित हो जाती है, पर न जाने कितनी ऐसी विडम्बनाएँ घटी होंगी जिससे गुज़रकर कोशल गाँवों का समूह बनकर रह गया है। यही कुछ भारत की परतंत्रता के दौर में भी हुआ।

यहाँ एक और प्रश्न उभरता है। भूखे-समर्पण का कोई विरोध न करना मधूलिका की इच्छा है या विवशता। कदाचित् यह मधूलिका की भावनात्मक विवशता है। इस पूरे प्रकरण को राज्य के साथ जोड़कर उस पर एक नैतिक दबाव बना दिया गया है। जिसकी अवहेलना वह नहीं कर पाती। लेकिन इस समर्पण में उसकी सहर्ष सहमति नहीं है। कहानी में आगे के घटनाक्रम से यह बात पुष्ट हो जाती है, "मधूलिका को उत्सव में फिर किसी ने न देखा। वह अपने खेत की सीमा पर विशाल मधूक-वृक्ष के चिकने हरे पत्तों की छाया में अनमनी चुपचाप बैठी रही।"

'पुरस्कार' कहानी की एक विशिष्टिता इसमें अभिव्यक्त अस्मिता चेतना है। यह हिन्दी की उन कहानियों में है जहाँ व्यक्ति एवं कृषक समाज की अस्मिता चेतना प्रारम्भिक रूप में हुई है। व्यक्ति के रूप में मधूलिका अपने निर्णय के अधिकार के लिए लड़ पड़ती है। दूसरी ओर वह कृषक बालिका है। भूमि उसकी पहचान है। भूमि की

क़ीमत पर वह अपने सुखी बनाने के प्रस्ताव से असहमत है। वह दरिद्रता वरण करती है, भूमि का मूल्य (प्राइस) नहीं। कृषक समाज प्रेमचन्द की कहानियों में भी है। फ़र्क़ यह है कि प्रेमचन्द की कहानियों में अमानवीय एवं क्रूर व्यवस्था षड्यंत्र में लगी हुई तथा जनता को ज़मीन से बेदख़ल कर रही है तो पुरस्कार में यह सब एक ढोंग के साथ किया जा रहा है।

मनोवैज्ञानिक प्रक्रिया की उपस्थिति प्रसाद की कहानियों का एक महत्त्वपूर्ण पक्ष है। लेकिन यह फ्रायडीय मनोविज्ञान के कुंठा सिद्धान्त से बिलकुल भिन्न है। 'पुरस्कार' में इसका ठोस बाह्य एवं आन्तरिक कारण है। बाह्य कारण आर्थिक हीनता है जबकि आन्तरिक कारण प्रेम एवं कुटुम्ब की चाह। दोनों ही मानवीय जीवन के अनिवार्य पक्ष हैं। कहानी में इसके साथ ही जब आदर्श का नैतिक दबाव जुड़ जाता है तब द्वंद्व उत्पन्न होता है। 'पुरस्कार' में प्रसाद ने बहुस्तरीय द्वंद्व का संधान किया है। यहाँ एक साथ कई द्वंद्व सक्रिय हैं—प्रेम के बरक्स राज्य का, अनुकम्पा के बरक्स अस्मिता का, दरिद्रता के बरक्स कर्तव्य का, पिता की शौर्यगाथा के लिपटी विरासत से प्राप्त राष्ट्रीयता के बरक्स प्रेमी द्वारा प्रस्तावित भविष्य के ऐश्वर्य का।

मधूलिका में राज्य के प्रति समर्पण का भाव है, परन्तु राजकीय मनमर्ज़ी से वह आहत भी है। उसका प्रेमी अरुण इसी आहत भाव का प्रयोग अपने पक्ष में करता है। साथ ही भूमि छिन जाने के बाद वह आर्थिक दृष्टि से दीन-हीन अवस्था में आ गई है। वह कृषक से मज़दूर बन गई है। राज्य द्वारा किए गए बर्ताव से आहत मधूलिका को लम्बा कष्टमय, श्रमिक जीवन उद्विग्न कर देता है, "दरिद्रता की ठोकरों ने उसे व्यथित और अधीर कर दिया है। मगध की प्रसाद-माला के वैभव का काल्पनिक चित्र—उन सूखें डंठलों के रंध्रों से, नभ में—बिजली के आलोक में—नाचता हुआ दिखाई देने लगा।" ऐसे में जब अरुण पुनः उसके सामने प्रकट होता है, प्रेम के साथ अपनी योजना में सहभागी बनने के लिए आमंत्रित करता है। वह आदर्श के दबाव को छोड़ अरुण की योजना में शामिल हो जाती है।

प्रसाद की रचना प्रक्रिया यथार्थ छौंक की तरह या कहें कि पृष्ठभूमि की तरह है। यथार्थ से वे विमुख नहीं होते लेकिन अन्तिम स्थापना अपने आदर्श की करते हैं। 'पुरस्कार' जिस दौर में लिखी गई उस दौर में देश परतंत्र था। राजे-रजवाड़े का भोगपूर्ण चरित्र सामने था। षड्यंत्रपूर्ण इतिहास की टीस थी। ऐसे दौर में यह आवश्यक था कि लोग अपने निजी स्वार्थ, लाभ-लोभ की भावना का त्याग कर राष्ट्र की मुक्ति के लिए उत्सर्ग करें। कहानी में मधूलिका को उसी अनुरूप तैयार किया गया है। अन्तर्द्वंद्व से गुज़रकर वह निज के ऊपर राष्ट्र को महत्त्व देती है। वह प्रेमी के षड्यंत्र से राष्ट्र की रक्षा कर युगीन आदर्श पेश करती है, वहीं प्रेमी के प्राणदंड के साथ ख़ुद के लिए प्राणदंड भोगकर स्त्री एवं प्रेम का आदर्श प्रस्तुत करती है। निज प्रेम एवं राष्ट्र प्रेम के बीच के नाजुक सन्तुलन को प्रसाद ने बख़ूबी सँभाला है।

कला की अपनी ख़ास विशिष्टता है, जिसे इस कहानी में भी देखा जा सकता है। प्रसाद कहानी की भाषा में पात्रोनुकूलता का ध्यान नहीं रखते। उनकी कहानियों में भाषा लेखक की भाषा होती है। हर पात्र तत्समनिष्ठ आलंकारिक भाषा प्रयोग करता

है। पुरस्कार में राजा, मंत्री, मधूलिका सबकी भाषा एक-सी है। कथा के विकास में नाटकीयता प्रमुख तत्त्व है। इस छोटी कहानी में तेज़ी से प्रसंग एवं दृश्य बदलते हैं। कथा भावों के संघात के साथ बढ़ती है तथा चरम पर जाकर ख़त्म होती है। प्रसाद की कहानियों में प्राय: स्त्री पात्र (अगर वे मौजूद हैं) का चरित्र ज़्यादा दृढ़ एवं निर्णायक होता है। पुरस्कार में कथा का पूरा विकास मधूलिका से बिंधा हुआ है। पुरस्कार प्रसाद की ऐसी प्रतिनिधि रचना है जिसमें कहानी कला की तमाम विशिष्टताएँ तो मिलती ही हैं युग के भावबोध की प्रतिध्वनि भी मौजूद है।

कहानी का प्लाट

शिवपूजन सहाय

कथानक के बहाने मुकम्मल आधुनिकता

नीरज खरे

'देहाती दुनिया' के लिए ख्याति प्राप्त शिवपूजन सहाय को कहानीकार के रूप में कम ही जाना गया है—जबकि 'विभूति' नाम के संग्रह में उनकी पन्द्रह मौलिक कहानियाँ हैं। गोपाल राय के मुताबिक, "1922 में ही शिवपूजन सहाय का 'महिला महत्त्व' नामक कहानी-संग्रह प्रकाशित हो चुका था, जिसमें दस कहानियाँ संगृहीत थीं। 1935 में इसका नवीन संस्करण 'विभूति' शीर्षक से प्रकाशित हुआ, जिसमें 1923 से 1931 के बीच विभिन्न पत्रिकाओं में प्रकाशित छह कहानियाँ भी शामिल कर ली गई थीं।" (हिन्दी कहानी का इतिहास, खंड-1, पृ. 171) 'विभूति' के पहले संस्करण की भूमिका में शिवपूजन सहाय ने बड़ी विनम्रता से अपने कहानीकार की सीमाओं की ओर संकेत करते हुए ख़ुद को 'नौसिखुए' आख्यायिका लेखक कहा है। उनके एकमात्र संग्रह की अधिकांश कहानियाँ भले ही भाषा और संवेदना के स्तर पर अपने युग की सीमाओं में शिक्षाप्रद-मनोरंजन और कल्पनाप्रसूत गल्प और आख्यायिका के रूपों को लाँघ न पाई हों और कहानीकार होने का कमज़ोर दावा ही पेश कर पाती हों! लेकिन, इस संग्रह की सर्वश्रेष्ठ और 1928 में सरोज नामक पत्रिका में पहली बार प्रकाशित कहानी 'कहानी का प्लाट' है। यही कहानी उपर्युक्त धारणा के विरुद्ध शिवपूजन सहाय को कहानीकार के रूप में याद रखने का दावा करती है। यह सिर्फ़ उनकी ही नहीं, हिन्दी कहानी की विरासत में मुख्यतः चयन के योग्य है—उनके सम्पूर्ण रचनात्मक लेखन में 'देहाती दुनिया' उपन्यास की ही तरह अलग, उनके व्यक्तित्व और रचनाकार के दुर्लभ पक्ष से परिचित कराती है।

लेखक कहानी का प्लाट देकर ही असाधारण आधुनिकता की कहानी रच दे! यही इस कहानी का कमाल है। कहानी कहने का मौलिक ढंग, जिसे शिल्प कहते हैं—प्रौढ़ता की उसी ऊँचाई पर है, जैसा कथानक में नये कलात्मक शिखर को गुलेरी की 'उसने कहा था' और प्रेमचन्द ने अनेक महत्त्वपूर्ण कहानियाँ लिखने के बाद 'कफ़न' में अर्जित किया था। यह शिवपूजन सहाय की अन्य सभी और उस दौर की आख्यायिकाओं की प्रायः अपरिपक्व कहानी कला को पीछे छोड़ देती है। कहानी तीन छोटे-छोटे खंडों में हैं, लेकिन पहला और आख़िरी पैरा कहानी की कला-दृष्टि से ख़ास मायने रखते हैं। आरम्भिक पहला पैरा है—"मैं कहानी-लेखक नहीं हूँ। कहानी लिखने योग्य प्रतिभा भी मुझमें नहीं

है। कहानी-लेखक को स्वभावत: कला-मर्मज्ञ होना चाहिए और मैं साधारण कलाविद् भी नहीं हूँ। किन्तु कुशल कहानी-लेखकों के लिए एक 'प्लाट' पा गया हूँ। आशा है, इस 'प्लाट' पर वे अपनी भड़कीली इमारत खड़ी कर लेंगे।" इसके बाद कथावाचक (ज़ाहिर है वह लेखक भी हो सकता है) कहानी वर्णन करता हुआ 'कथानक' से परिचित कराता है। इस प्रक्रिया में कहानी 'भगजोगनी' नामक ग़रीब लड़की की जीवन गाथा बन जाती है। जिसमें स्त्री की सामाजिक नियति और विवाह संस्था से जुड़े सवाल—दहेज, बेमेल विवाह आदि बिना किसी अतिरिक्त कोशिश के कथानक में आ जाते हैं। यही नहीं विधवा लड़की को अपने दूसरे पति के रूप में सौतेले बेटे का चुनाव चकित करता है—जब नारी जागरण के उस दौर में परिस्थितियाँ स्त्री के लिए इतनी अग्रगामी नहीं हुई थीं—तब कथाकार स्त्री के विवाह की स्वाधीनता का समर्थन करता हुआ, नये नैतिक मूल्य को सामने लाता है। और, यह स्त्री के प्रति मानवीय संवेदना की कहानी बन जाती है। इस कहानी यानी वाचक के अनुसार 'प्लाट' के बहाने नवजागरणकालीन स्त्री सरोकारों को समाज के ज़मीनी स्तर पर पहचानने की कई कड़ियाँ मौजूद हैं।

कहानी पर नवजागरण और स्वाधीनता आन्दोलन के प्रेमचन्दीय सामाजिक यथार्थ की छाप है, पर कला में उनकी श्रेष्ठ मानी गई कहानियों से कहीं भी कम नहीं है। निर्धन परिवार की लड़की के जीवन की विडम्बना, विवाह में उसकी पसन्द और निर्णय का प्रश्न, दहेज जैसी कुप्रथा की समस्या और बेमेल विवाह का अभिशाप—कथा के मूल स्वर में है। कहानीकार 'भगजोगनी' की कहानी के लिए प्लाट दे रहा है—वह मुंशी जी की लड़की है, जिसके बड़े भाई 'दरोगा जी के ज़माने में मुंशी जी ने भी ख़ूब घी के दीये जलाये थे।' लेकिन दरोगा जी के मरने के बाद परिवार की हालत पतली हो गई थी—"हर साल नई नथुनी उतारनेवाले मुंशी जी को गाँव-जवार के लोग भी अपनी नज़रों से उतारने लगे। जो मुंशीजी चुल्लू-के-चुल्लू इत्र लेकर अपनी पोशाकों में मला करते थे, उन्हीं को अब अपनी रूखी-सूखी देह में लगाने के लिए चुल्लू-भर कड़वा तेल मिलना भी मुहाल हो गया। शायद क़िस्मत की फटी चादर का कोई रफ़ूगर नहीं है।" कहानीकार ने तिलक-दहेज के ज़माने और ग़रीबी की हालात में लड़की के जन्म को 'कोढ़ में खाज' की तरह रेखांकित करते हुए लिखा है—"सचमुच अमीरी की क़ब्र पर पनपी हुई ग़रीबी बड़ी ही ज़हरीली होती है।" ग़रीबी में जन्मते ही माँ से वंचित हुई अभागिन भगजोगिनी, सुन्दरता में 'अँधेरे घर का दीपक' थी। कहानी में भगजोगिनी के पालन में मुंशी जी के संघर्ष और परिस्थितियों को सधे ढंग से दिखाया गया है। यही नहीं कहानीकार कुशलता से अपने प्लाट के तथ्यों का हवाला देते हुए, समाज की पितृसत्तात्मक संरचना के विरोधाभासों को व्यक्त करता चलता है—जो लड़की के जन्म से ही नत्थी भय और विवाह की नियति तक निर्धारित मान लिए गए हैं—ख़ासतौर से उस दौर में तो और अधिक जिस समय की यह कहानी है।

मुंशी जी की नाजुक आर्थिक स्थिति, उधर विवाह तथा तिलक-दहेज के लिए रकम चाहिए। कहानीकार अपने समय में स्त्री सरोकारों का स्पष्ट पक्षधर है। कहानी में तत्कालीन समाज के कई चित्र हैं। कहानीकार ने स्त्री स्वातंत्र्य के पक्ष में उस वर्ग की निन्दा की है, जो स्त्री के लिए उन रूढ़ियों को तोड़ नहीं पा रहे हैं। कथा वाचक कहते

हैं—"मुंशी जी की दास्तान सुनने के बाद मैंने अपने कई क्वाँरे मित्रों से अनुरोध किया कि उस अलौकिक रूपवती दरिद्र कन्या से विवाह करके एक निर्धन भाई का उद्धार और अपने जीवन को सफल करें, किन्तु सबने मेरी बात अनसुनी कर दी। ऐसे-ऐसे लोगों ने भी आनाकानी की, जो समाज-सुधार-सम्बन्धी विषयों पर बड़े शान-गुमान से लेखनी चलाते हैं। यहाँ तक कि प्रौढ़ावस्था के रँडुए मित्र भी राजी न हुए!" अन्ततः मुंशी जी को भगजोगिनी की शादी इकतालीस-बयालीस साल के बेमेल उम्र के विधुर से डोला चढ़ाकर नहीं, 'डोला काढ़कर' करनी पड़ी। इधर साल पूरा होते-होते मुंशी जी चल बसे। कहानी के इस कथानक में बड़ी सादगी से अपने देशकाल के नारी जागरण-सुधार आन्दोलन की प्रतिध्वनि मौजूद है, पर यह बेजोड़ आधुनिकताबोध की कहानी आख़िरी तीन पंक्तियों में दी गई सूचना से बनी है—"भगजोगिनी जीती है। आज वह पूर्ण युवती है। उसका शरीर भरा-पूरा और फूला-फूला है। उसका सौन्दर्य उसके वर्तमान नवयुवक पति का स्वर्गीय धन है। उसका पहला पति इस संसार में नहीं है। दूसरा पति है—उसका सौतेला बेटा!" हालाँकि कहानी का यह अन्त उस समय नारी आदर्श और जागरण की बनती दिशाओं से बहुत आगे अपने आप में बहुत कुछ बयान कर देने में सक्षम है—अगर इससे केवल यही सन्दर्भ लिया जाए कि विधवा होने के बाद भगजोगिनी और नवयुवक सौतेले बेटे के बीच प्रेम ही वैवाहिक रजामन्दी का मूल कारण था। ज़ाहिर है संकेत इसी ओर है और कहानी का अन्त स्त्री के लिए नये नैतिक मूल्य को स्थापित करता है। कथित सामाजिक नैतिकता में यह सम्बन्ध सहजता से स्वीकार नहीं हो सकता। लेखक ने प्लाट देने के बाद इस प्रकरण को अधिक नहीं बढ़ाया है। प्रेमचन्द ने स्त्री-जीवन की इस त्रासदी को अपने उपन्यास 'निर्मला' (1926) में बख़ूबी दिखाया है। शिवपूजन सहाय ने इसे संकेत में ही कहकर पाठक के लिए विचारने को छोड़ दिया है—यही इसकी कला की उपलब्धि है और सीमा इसलिए नहीं कि यह ऐसी कहानी है जो जीवन में उद्‌भासित नये विराट सत्य को सूचना की तरह कहकर आत्मसात् कर लेती है। सन्दर्भ अलग है पर ऐसा ही सूचनात्मक अन्त 'उसने कहा था' कहानी का है—जहाँ संवेदना का पूरा आवेग आकर ठिठक जाता है। कहानी के अन्त में 'कहानी' के लिए 'प्लाट' देने का छद्‌म टूटता है और प्लाट स्वयं एक नायाब कहानी बन जाता है। लेखक यही करना चाहते थे, जिसमें वे सफल भी हुए।

इसके पूर्व लिखित कहानियों के लेखक शिवपूजन सहाय की कथा भाषा संस्कृतनिष्ठ और छायावादी भावबोध को आत्मसात् करनेवाली भाषा है। जब वे 'मुंडमाल', 'सतीत्व की उज्ज्वल प्रभा', 'शरणागत', 'विषपान' आदि रोमानी प्रकृति की कहानियाँ लिख रहे थे। जिनमें प्रायः राजपूतों की शौर्य गाथाएँ हैं। अपनी आन रक्षा के लिए प्राणों की बाजी लगाने का शौर्य, आत्म-बलिदान, सतीत्व की रक्षा के लिए जौहर जैसे जीवन-मूल्य के कथ्य जिस भाषा में व्यक्त कर रहे थे—वह प्रसाद के प्रभावों से मेल खाती भाषा थी। जबकि प्रेमचन्द की तरह आचार्य शिवपूजन सहाय की शिक्षा का आरम्भ उर्दू-फारसी से हुआ था, लेकिन आरम्भिक कहानियों की भाषा पर उसका प्रभाव नहीं है। 'कहानी का प्लाट' में आकर रचना-दृष्टि और मूल्य ही नहीं, कहानी की रचनात्मक भाषा आदर्श की कगारें तोड़ नये यथार्थवाद की आहट को स्वीकार करती है। वे ख़ुद जैसा कि कहानी

के आरम्भ में कहानी में शिल्प की 'भड़कीली' इमारत का विरोध करते हैं—जिसके चलते वे कहानी के सीधे-सहज मार्ग में ही आरम्भ और अन्त की टिप्पणियों के ज़रिये कहानी के लिए प्लाट देने का एक भ्रम रचकर, नारी-जीवन का सच कहने का साहस करते हैं। कहा जाता है कि शिवपूजन सहाय संत स्वभाव के व्यक्ति थे, पर वे इस कहानी में नारी के लिए कथित नैतिक आचार संहिता की रूढ़ दीवारों को ध्वस्त करते हैं। यही उनकी आख़िरी कहानी थी। सचमुच आश्चर्य ही किया जा सकता है कि इस मोड़ पर पहुँचकर शिवपूजन सहाय का कहानी-लेखन अचानक अवरुद्ध क्यों हो गया? जबकि वे नये सामाजिक संकल्पों को समझ रहे थे—जिसके पथप्रदर्शक बहुत हद तक प्रेमचन्द थे। यह वही रास्ता था, जो त्याग और बलिदान के रोमानी भावबोध से अलग ठोस सामाजिक सचाइयों से होकर जाता है। उन सचाइयों की महत्त्वपूर्ण कड़ी स्त्री के नैसर्गिक, सामाजिक और मानवीय अधिकार से जुड़ी है। यह कहानी प्रेमचन्द की केन्द्रीय उपस्थिति के बीच कहानी के बदल रहे 'प्लाट' का सशक्त समर्थन करती है।

सद्‌गति

प्रेमचन्द

प्रहार से गाँठ का फटना

सदानन्द शाही

सद्‌गति (1930) दुखी चमार की कहानी है। दुखी ने बेटी की शादी तय की है। साइत विचरवाने के लिए पं. घासीराम को बुलाने जाता है। जाने के पहले अपनी पत्नी झुरिया से पंडित जी के स्वागत की तैयारी करने के लिए कह जाता है। स्वागत का अर्थ पंडित जी के बैठने की जगह और 'सीधा' आदि की व्यवस्था है। पंडित घासीराम साइत विचारने के लिए दुखी का अनुरोध मिलते ही दुखी से दरवाज़ा साफ़ करने, बैठक लीपने, भूसा ढोने और लकड़ी फाड़ने जैसे कामों की फ़ेहरिश्त पकड़ा देते हैं। इतना सब करते-करते शाम हो जाती है। दुखी को न खाने को मिलता है, न कुछ पीने को। चिलम सुलगाने के लिए आग माँगने जाता है तो पंडिताइन उसके सिर पर ही आग फेंक देती हैं। वह जल जाता है जैसे-तैसे दुखी बेगार का सारा काम कर देता है, लेकिन लकड़ी उसके फाड़े नहीं फटती। थककर सो जाता है। पंडित जी उसे सोता देखकर कोसते हैं और लकड़ी फाड़ने के लिए ललकारते हैं। दुखी चमार पर भर्त्सना और ललकार का जादुई असर होता है। न जाने कहाँ की शक्ति आ जाती है और वह लकड़ी की उस गाँठ को फाड़ देता है। जैसे ही लकड़ी फटती है—दुखी चक्कर खाकर गिर पड़ता है और मर जाता है।

कहानी में एक और पात्र है चिखुरी गोंड। वह दुखी पर हो रहे अत्याचार से आहत है। कहानी के बीच में भी वह दुखी के साथ खड़ा होता है। दुखी की मृत्यु के बाद वह (चिखुरी गोंड) दुखी के घर के लोगों को भड़का देता है कि वे लोग लाश उठाने न जाएँ। वह पुलिस का डर भी दिखा देता है। घरवाले पंडित घासीराम के दरवाज़े से दुखी की लाश नहीं उठाते हैं। पंडित जी के टोले पर हाहाकार मच जाता है। अन्ततः पंडित घासीराम दुखी की लाश के पैर में रस्सी का फंदा फँसाते हैं और उसे घसीटकर गाँव के बाहर खेत में गीदड़, गिद्ध, कुत्ते और कौए के नोचने के लिए छोड़ देते हैं। कहानी यहीं ख़त्म हो जाती है। दुखी की इस नियति पर कहानी के अन्त में प्रेमचन्द एक वाक्य जोड़ देते हैं—'यही जीवनपर्यन्त की भक्ति, सेवा और निष्ठा का पुरस्कार था।'

इस अन्तिम वाक्य से ही कहानी के शीर्षक 'सद्‌गति' का अर्थ खुलता है। हिन्दू धर्म में मृत्यु के बाद मुक्ति की कामना रहती है। अन्तिम संस्कार के विधि-विधान के पीछे मुक्ति की यह चाह ही होती है। जीवित रहते मनुष्य को जो भी भाव-अभाव झेलना पड़ा हो, मृत्यु के बाद उसे सद्‌गति चाहिए। इस सद्‌गति की गारंटी अन्तिम संस्कार के कर्मकांड में होती है। मृतात्मा की सद्‌गति के लिए उसके परिजन वे सारी चीज़ें दान

करते हैं जो वे चाहते हैं कि उसके प्रियजनों को स्वर्ग में मिलें। हिन्दू धर्म के दायरे में यह मान्यता भी है कि जो आदमी यह जीवन भक्ति, सेवा और निष्ठापूर्वक व्यतीत करता है उसका अन्तिम संस्कार अच्छी तरह होता है और उसे सद्‌गति मिलती है। इसे समझने के लिए उन गालियों को याद कर सकते हैं जो अन्याय और शोषण का शिकार व्यक्ति अन्यायी व्यक्ति को देता है। इसकी लाश सड़े, कीड़ा पड़े, उसे चील-कौए खाएँ। यानी इस व्यक्ति ने जीते जी इतने दुष्कर्म किए हैं कि न तो उसका अन्तिम संस्कार सम्भव है और न ही उसकी सद्‌गति। सद्‌गति तभी होगी जब अन्तिम संस्कार होगा, अन्यथा नहीं। लेकिन सद्‌गति कहानी में लोकमान्यता के उलट घटित हो रहा है। दुखी जीवनपर्यन्त भक्ति सेवा और निष्ठापरायण रहा है लेकिन विडम्बना यह है कि उसका अन्तिम संस्कार नहीं हो पाता। उसकी लाश चील-कौए खा रहे हैं। फिर उसकी सद्‌गति कैसे होगी?

सद्‌गति के लिए सत्कर्म ही ज़रूरी नहीं है। अन्तिम संस्कार भी ज़रूरी है। लेकिन दुखी का अन्तिम संस्कार ही नहीं हो पाता, फिर उसे सद्‌गति क्या मिलेगी? लेकिन यहीं आकर कहानी कई तरह के सवाल खड़े करती है। दुखी जैसे भक्त और सेवापरायण व्यक्ति की सद्‌गति क्यों नहीं होती? पंडित घासीराम जो धर्म के ढकोसले करता है और इस आड़ में एक निरीह, निर्दोष आदमी की जान तक ले लेता है—क्या उसे सद्‌गति प्राप्त होगी? जो घासीराम इतना छुआछूत मानता है, छूना कौन कहे जिसे सुबह-सुबह चमार को देखना तक गँवारा नहीं, उसे चमार की लाश घसीटकर ले जानी पड़ती है। क्या उसकी सद्‌गति हो सकेगी? सद्‌गति की पात्रता अन्यायी-अत्याचारी किन्तु ताक़तवर को हासिल है या निरीह को! ऐसे अनेक सवालों के बीहड़ में यह कहानी हमें ले जाती है। दूसरे नज़रिये से देखें तो यह कहानी अन्तिम संस्कार के औचित्य पर ही सवाल उठाती है। प्रेमचन्द की ऐसी कई कहानियाँ हैं जिनमें वे अन्तिम संस्कार पर सवाल उठाते हैं। 'कफ़न' कहानी तो अन्तिम संस्कार का ही अन्तिम संस्कार करती है। सद्‌गति, कालक्रम की दृष्टि से तो है ही, अन्तिम संस्कार को लेकर प्रेमचन्द के चिन्तन में घटित हो रहे बदलाव की दृष्टि से भी। अन्तिम संस्कार की धारणा का पाखंड हो रहा है। सद्‌गति का जो वास्तविक हक़दार है—उसे जीते-जी सद्‌गति के तथाकथित पांडे और पुरोहित नोच खा रहे हैं और उसकी लाश चील-कौवे नोच रहे हैं। सद्‌गति की धारणा और दर्शन ही एक विडम्बना है जिसे यह कहानी मूर्त करती है।

कहानी के कुल चार हिस्से हैं। पहले हिस्से में कहानीकार उस वातावरण को सामने लाता है जिसमें कथा नायक दुखी रहने को अभिशप्त है। बेटी की शादी तय हुई है। पंडित को साइत विचारने के लिए आना है। पंडित के बैठने की जगह शुद्ध होनी चाहिए। दुखी की पत्नी झुरिया ठकुराने से खटिया माँगने की बात करती है। दुखी को सत्य का ज्ञान है, वह झुरिया को लगभग झिड़कते हुए कहता है—"तू तो कभी-कभी ऐसी बात कर देती है कि देह जल जाती है। ठकुरानेवाले मुझे खटिया देंगे। आग तक तो घर से निकलती नहीं, खटिया देंगे। कैथाने में जाकर एक लोटा पानी माँगूँ तो न मिले। भला खटिया कौन देगा! हमारे उपले सेंठे, भूसा, लकड़ी थोड़े ही हैं कि जो चाहे उठा ले जाएँ।" लगभग इसी शब्दावली में 'ठाकुर का कुआँ' कहानी का हल्कू गंगी से यही बात कहता है। "हाथ-पाँव तुड़वा आएगी और कुछ न होगा। बैठ चुपके से। ब्राह्मण देवता आशीर्वाद देंगे, ठाकुर लाठी मारेंगे, साहूजी एक के पाँच लेंगे। ग़रीबों का दर्द कौन समझता है। हम तो मर भी

जाते हैं तो कोई दुआर पर झाँकने नहीं आता, कंधा देना तो बड़ी बात है। ऐसे लोग कुएँ से पानी भरने देंगे।" दुखी और हल्कू दोनों चरित्रों को इसका अहसास है। दोनों के कथन में उस सामाजिक संरचना में अन्तर्निहित अन्याय का पता मिलता है। इन वाक्यों में हमारी अमानवीय सामाजिक संरचना का अक्श उभरता है। आग और पानी बेहद ज़रूरी चीज़ें हैं। आग और पानी पर जीवन का अस्तित्व टिका हुआ है। मज़े की बात यह कि इनका कोई मूल्य भी नहीं, लेकिन दुखी और उसके वर्ग के लिए दोनों ही चीज़ें अनुपलब्ध हैं। ऐसा नहीं है कि ठाकुर या कायस्थ या ब्राह्मण आग और पानी किसी को देते नहीं होंगे। घरों में आग इसीलिए जिलाकर रखी जाती थी कि वक़्त-ज़रूरत उसे दूसरे को दिया जा सके। एक तरह से यह पुण्य का काम था। जैसे कि पानी पिलाना कुएँ, तालाब, बावड़ी खुदवाना बड़े पुण्य का काम था। यही ठाकुर, बाभन, कायस्थ अनजाने राहगीरों के लिए गर्मी के दिनों में पानी की टाल लगवाने का पाखंड करते हैं, दूसरी ओर दलित जनों को आग और पानी देने में भी उनकी हेठी होती है।

दुखी और झुरिया की मनःस्थिति इसके बिलकुल उलट है। पंडित घासीराम के 'नेम-धरम' का दोनों को कैसा ख़याल है? बैठने की जगह कितनी शुद्ध होनी चाहिए, 'सीधा' कितना भरपूर और 'पवित्तर' होना चाहिए—इसका पूरा विवरण कहानी के पहले अंश में मिलता है। 'सीधा' देना है पर वह अपने हाथ से छू न जाए इसका पूरा ख्याल। पंडित घासीराम के नेम-धरम का ही नहीं उनके लोभ का भी पूरा ख़याल रखा गया है। बाबाजी की सेवा में ख़ाली हाथ कैसे जाया जाए। इसलिए नज़राने के तौर पर घास का एक ग़ौर लेकर निकलता है। कहानी की शुरुआत में ही पंडित जी और दुखी के बीच का जो भेद है वह अत्यन्त नाटकीय ढंग से प्रकट होता है। अकारण नहीं कि प्रेमचन्द की जिन कहानियों की सर्वाधिक नाट्य प्रस्तुति हुई है, सद्गति उनमें से एक है। दुखी और झुरिया को पंडित जी के नेम-धरम की क़ीमत किस हद तक निभानी होती है, इसका पता यहीं मिल जाता है।

कहानी के पहले अंश में दुखी के दुख की जो नाटकीय शुरुआत होती है उसका विस्तार दूसरे अंश में मिलता है। पहले अंश में जिस घासीराम की रूपरेखा मिलती है, वे दूसरे अंश में साक्षात् प्रकट होते हैं। एक पैराग्राफ़ में पंडित घासीराम की तेजस्वी मूर्ति उनकी दिनचर्या और ईश्वर भक्ति का विवरण मिल जाता है। जहाँ ईशोपासन का पहला भाग भाँग की तैयारी, दूसरा भाग चन्दन और तिलक का लेपन और जजमान के रूप में तुरन्त फल की प्राप्ति। पंडित घासीराम प्रेमचन्द की कहानियों में मिलनेवाले टिपिकल पात्र हैं वे कभी घासीराम के रूप में तो कभी मोटेराम शास्त्री के रूप में प्रकट होते हैं। ब्राह्मणवाद का लोकप्रचलित चेहरा पौरोहित्य में ही दिखाई पड़ता है। प्रेमचन्द के पंडित घासीराम या मोटेराम शास्त्री इसी के प्रतिनिधि हैं। इनकी शकल बहुत कुछ कबीर के पांडे से मिलती है। रामचन्द्र शुक्ल ने कबीर की आलोचना करते हुए कहा है कि कबीर की भेंट किसी पढ़े-लिखे विद्वान ब्राह्मण से नहीं हुई थी। कबीर जिस पांडे की आलोचना करते हैं वह औसत दर्जे का कर्मकांडी ब्राह्मण है। कबीर और प्रेमचन्द की भेंट इसी कर्मकांडी पौरोहिती ब्राह्मण से होती है। सच पूछिए तो यह कर्मकांडी ब्राह्मण ही ब्राह्मणत्व को शोषण का हथियार बनाता है और दुखी जैसे भक्तों का जीना मुहाल किए

रहता है। तुलसीदास ने भी पौरोहिती कर्म को 'अतिमन्दा' कहा है। कबीर और प्रेमचन्द इस पौरोहिती कर्म की भर्त्सना करते हैं तो इसीलिए कि यही ब्राह्मण लोक प्रत्यक्ष है। बाक़ी का जो वैदुष्य है वह इसे वैचारिक आधार देता है। प्रेमचन्द को नामकरण कला का उस्ताद कहा गया है। वे अपने पात्रों का नामकरण इतना सटीक करते हैं कि उनका आधा काम वहीं हो जाता है। कभी-कभी तो प्रेमचन्द का दिया नाम उस पात्र का चरित्र लक्षण सा प्रतीत होता है। पंडित घासीराम के लिए दुखी नज़राने के तौर पर घास का ग़ौर ले जाता है। लेकिन पंडित घासीराम की नज़र में दुखी की हैसियत घास से ज़्यादा नहीं है। दुखी के जीवन की कथा निरन्तर दुखते हुए जीवन की कथा है। प्रेमचन्द केवल उस दुख का नामकरण करते हैं और नामकरण करके उसे प्रत्यक्ष कर देते हैं।

पंडित घासीराम दुखी को देखकर मन ही मन प्रसन्न होते हैं। घास का ग़ौर गाय के सामने डलवा देते हैं और फिर उसे कामों की पूरी फ़ेहरिश्त पकड़ा देते हैं। दुखी काम निपटाने में जुट जाता है। सारा काम जैसे-तैसे निपट जाता है, लेकिन वह लकड़ी की गाँठ। उसके लिए भारी पड़ती है। प्रेमचन्द लिखते हैं कि "लकड़ी चीरने का उसका अभ्यास न था। घास होती तो उसकी खुरपी के आगे सिर नवा देती। जिस काम का उसे न इल्म था न अभ्यास उसे वही करना पड़ रहा है। क्यों? क्योंकि अगर उसने सभी काम न किए तो साइत ठीक से न विचारी जाएगी और साइत ठीक से न विचारी गई तो फिर बेटी का अनिष्ट हो जाएगा। यह इतना बड़ा डर है जिसके आगे दुखी पस्त है।" पं. घासीराम केवल काम की फ़ेहरिश्त ही नहीं पकड़ाते, बल्कि बीच-बीच में आकर काम का मुआयना भी करते हैं। धौंस भी देते हैं पर उसे खाने-पीने के लिए कुछ नहीं देते। पंडिताइन से चर्चा ज़रूर होती है पर सिर्फ़ चर्चा से ही वे अपने अपराधबोध का मार्जन कर लेते हैं। भूख और प्यास से टूटती शरीर और सामने कड़ियल गाँठ। दुखी को भूख-प्यास का एक ही विकल्प सूझता है चिलम। जैसे-तैसे तम्बाकू जुगाड़ता है। उसे उम्मीद है कि इतना काम कर रहे हैं जो आग तो मिल ही जाएगी। आग मिली भी लेकिन किस उपेक्षा और अपमान के साथ। पंडिताइन आग इस तरह फेंकती हैं कि वह जल ही जाता है। जलने के बाद दुखी को क्रोध-ग्लानि नहीं, ग्लानि होती। वह इसे अपने ही अपराध का दंड मानता है पवित्तर ब्राह्मण के घर को अपवित्तर करने का दंड क्या विडम्बना है? वास्तविक अपराध करनेवाले को किसी तरह का अपराधबोध नहीं लेकिन जो अपराध का शिकार है उसी के हिस्से अपराधबोध भी आता है। ब्राह्मण का वर्चस्व किस हद तक फैला हुआ है—प्रेमचन्द इसे दिखाते हैं। दुखी को इस बात का पूरा एहसास है कि सबके रुपये मारे जाते हैं, बाभन के रुपये भला कोई मार तो ले। कहानी में दुखी को ऐसे समूह के प्रतिनिधि के रूप में पाते हैं जो ब्राह्मण की इस महिमा से अभिभूत है। शोषण और अत्याचार का शिकार बनकर भी। उससे पूरी तरह अनजान रामचन्द्र शुक्ल ने भक्ति को श्रद्धा और प्रेम का योग बताया है, लेकिन यहाँ भक्ति में श्रद्धा और भय का योग दिखाई पड़ रहा है। जो ब्राह्मण खाने-पीने की कौन कहे चिलम पीने के लिए आग नहीं दे सकता—वह अनिष्ट का शाप ही दे सकता है!

चिखुरी गोंड़ कहानी का ऐसा पात्र है जो कथा से सीधे सम्बन्धित नहीं है पर उसकी उपस्थिति कथा को परिप्रेक्ष्य देती है। चिखुरी वे सवाल उठाते हैं जो दुखी के मन में नहीं उठ रहे हैं। शोषण और अन्याय का शिकार दुखी है लेकिन वह शोषकों की धारणा में

इस तरह गिरफ़्तार है कि उसे इसका इल्म ही नहीं है। चिखुरी में शोषक तंत्र के चरित्र की समझ है और शोषण के शिकार हो रहे दुखी के प्रति गहरी सहानुभूति। वह दुखी को समझाना चाहता है। दुखी के भीतर कहीं गहरे दबे बैठे न्याय बोध को उद्बुद्ध करना चाहता है और अपने हक़ की माँग के लिए उकसाता भी है। पूरी कहानी में वह तीन बार आता है। एक बार दुखी को तम्बाकू पीने की तलब होती है तब गोंड़ के पास वह तम्बाकू और चिलम के लिए जाता है। दूसरी बार वह दुखी के पास आता है। बिना खाए-पीए उसे लकड़ी चीरते हुए देख उसे दया भी आती है और क्रोध भी, वह दुखी से पूछता है कि 'कुछ खाने-पीने को मिला भी या यों ही काम किए जा रहे हो।' इस अवसर पर गोंड़, दुखी से बातचीत कर उसके भीतर दबे हुए मनुष्य और स्वाभिमान को सक्रिय करने की कोशिश करता है। पता चलता है कि दुखी जीता-जागता इनसान है कोई मिट्टी का लोंदा नहीं हैं। वह कहता है—"धीरे-धीरे बोलो भाई, कहीं सुन लें तो आफत आ जाए।" यानी गोंड़ की बात के औचित्य को दुखी मन ही मन स्वीकार कर रहा है, केवल इस स्वीकार को प्रकट करने का साहस नहीं हैं उसके पास। आख़िरी बार दुखी की मृत्यु के बाद चिखुरी चमरौने में जाकर सबको ख़बरदार करता हुआ दिखाई पड़ता है। इस तरह कहानी में चिखुरी गोंड़ भविष्य का पात्र है। वह कहानी में प्रतिरोध की आवाज़ है। प्रतिरोध की यह आवाज़ प्रेमचन्द के समय में भले ही न रही हो भविष्य के गर्भ में पल रही थी जिसे प्रेमचन्द ने सुना और उसे अपने साहित्य के माध्यम से व्यक्त किया।

कहानी विवाह संस्कार के सवाल से शुरू होती है और अन्तिम संस्कार के सवाल पर ख़त्म होती है। जिस विवाह की साइत विचारने से कहानी शुरू होती है, वह विवाह तो कहानी में सम्पन्न नहीं होता, दुखी का अन्तिम संस्कार भी नहीं होता। दलित जन के जीवन की त्रासदी का मूल वर्णाश्रमी मूल्य और संस्कारों में है। गांधी और आंबेडकर की दृष्टि में बुनियादी फ़र्क़ यह है कि गांधी हिन्दू धर्म में सुधार की गुंजाइश देखते हैं जबकि आंबेडकर मानते हैं कि समस्या विकृति में नहीं प्रकृति में है इसलिए वे आमूल परिवर्तन के आग्रही हैं। प्रेमचन्द की निगाह हिन्दू समाज की अमानवीय परम्पराओं और संस्कारों पर है। वे इन संस्कारों की भयावहता से परिचित है। प्रेमचन्द उन पर ही प्रहार करते हैं। हालाँकि संस्कारों से मुक्ति एक बेहद कठिन काम है, क्योंकि इसका सम्बन्ध दिमाग़ी ग़ुलामी से है। प्रेमचन्द को जैसे-जैसे यह बोध गहन होता है वैसे-वैसे वे संस्कारों के विरुद्ध युद्ध छेड़ देते हैं। 'सद्गति' और 'कफ़न' जैसी कहानियाँ ही नहीं स्वयं गोदान उपन्यास में भी अन्तिम संस्कार का अन्तिम संस्कार किया गया है। छुआछूत के नियमों की जितनी चिन्ता दुखी को है उतनी स्वयं पंडित घासीराम को नहीं है। दुखी या दुखी जैसों की मुक्ति तब तक सम्भव नहीं है जब तक उन्हें इन संस्कारों से मुक्ति न मिल जाए। सद्गति के लिए अन्तिम संस्कारों की जकड़न से मुक्ति। इन संस्कारों की आलोचना का एक सहज पाठ हमें भोजपुरी लोक में मिलता है जिसमें घासीराम जैसे कर्मकांडी ब्राह्मणों के प्रति अन्तर्निहित हिकारत को प्रकट करने के लिए कहा जाता है कि 'जीअतो खइहें मुअतो खइहें।'

प्रेमचन्द के समक्ष यह हिकारत का भाव मूर्त रूप से उपस्थित है और वे संस्कारों के अन्तिम संस्कार का विधान रचते हैं। प्रेमचन्द के यहाँ मृत्यु को कथा तकनीक की तरह प्रयुक्त किया गया है। लकड़ी की गाँठ को चीरते-चीरते दुखी की मृत्यु हो जाती है।

यह लकड़ी की गाँठ संस्कारों की गाँठ है। यह जाति और वर्ण का संस्कार हैं, जिस पर प्रहार करते-करते बुद्ध चले गए, कबीर चले गए, गांधी, आंबेडकर और न जाने कितने विद्रोही और मनीषी चले गए लेकिन यह गाँठ जस की तस बनी हुई है। दुखी की कुल्हाड़ी उसी गाँठ पर पड़ रही है। जीते जी दुखी उस गाँठ का कुछ नहीं बिगाड़ पाया। दुखी की मृत्यु के साथ ही गाँठ फटती है। उसकी मृत्यु भी उस गाँठ पर प्रहार है। दुख, यातना, उत्पीड़न, निराशा से भरा ऐसा जीवन! उससे तो बेहतर है कि मर जाएँ। दुखी की मृत्यु भी अपने आप में एक सद्‌गति है। लेकिन सद्‌गति का दूसरा पहलू वह है जिसमें पंडित घासीराम दुखी की लाश को ठिकाने लगाते हैं। क्या दुखी की सद्‌गति इस बात में निहित है कि एक कर्मकांडी ब्राह्मण उसकी लाश को ठिकाने लगाता है? चाहे जो मजबूरी हो एक कर्मकांडी ब्राह्मण को दलित की सड़ती हुई लाश को हटाना पड़ता है। कहानी यह तो बताती है कि पंडित जी ने स्नान किया। दुर्गा सप्तशती का पाठ और गंगाजल का छिड़काव किया। लेकिन यह नहीं बताती कि स्वयं पंडित घासीराम पर इस पूरी घटना का क्या असर पड़ा। उन्हें अपने कृत्य पर कोई ग्लानि हुई या नहीं। यह सवाल इसलिए भी मन में आया कि सद्‌गति कहानी में अन्तिम संस्कार का जो प्रश्न उठ खड़ा हुआ है वह बाद में हमें यू.आर. अनन्तमूर्ति के उपन्यास 'संस्कार' में दिखाई पड़ता है। एक क्षण में पूरे गाँव भर में ख़बर हो गई। पुरवे में ब्राह्मणों की ही बस्ती थी। केवल एक घर गोंड़ का था। लोगों ने इधर का रास्ता छोड़ दिया। कुएँ का रास्ता उधर ही से था, पानी कैसे भरा जाए। चमार की लाश के पास से होकर पानी भरने कौन जाए। एक बुढ़िया ने पंडित जी से कहा, अब मुर्दा फेंकते क्यों नहीं? कोई गाँव में पानी पिएगा या नहीं 'संस्कार' उपन्यास में ब्राह्मण के पुरवे में ब्राह्मण की ही लाश पड़ी हुई है लेकिन वह धर्मभ्रष्ट ब्राह्मण है। यहाँ दलित की लाश है पर समस्या एक जैसी है, अन्तिम संस्कार कैसे हो?

फ़र्क़ इतना है कि यहाँ सद्‌गति में पं. घासीराम कैसे कर्मकांडी पंडित हैं। जबकि 'संस्कार' उपन्यास में प्राणेशाचार्य जैसे संस्कारवान और ज्ञानी ब्राह्मण है। लेकिन प्राणेशाचार्य का सारा तत्त्वज्ञान उपस्थित समस्या के सामने अवाक् है। उपन्यास के उत्तरार्ध में प्राणेशाचार्य जैसा तत्त्वदर्शी ब्राह्मण, ब्राह्मण संस्कारों की क़ैद में छटपटाहट महसूस करता है। सद्‌गति के घासीराम में ऐसी छटपटाहट है या नहीं कहानी इसका पता नहीं देती, लेकिन ब्राह्मण संस्कारों की गिरफ़्त में पड़ा पं. घासीराम किस तरह हैरान हैं, हम यह देख पाते हैं। अभिप्राय यह है कि ये ब्राह्मण संस्कार केवल दुखी का ही नहीं, ख़ुद ब्राह्मण का जीवन भी नरक किए हुए हैं। दुखी की लाश को ठिकाने लगाते हुए स्वयं घासीराम को जो एहसास हुआ होगा वह किसी मुक्ति या सद्‌गति से कम नहीं है। प्रेमचन्द महान कथाकार केवल इसलिए नहीं हैं कि उन्होंने किसी समस्या को उठाया और एकपक्षीय या एकरेखीय ढंग से उसको कहानी में बदलकर दिया। वे बड़े कौशल से उन संस्कारों का अन्तिम संस्कार करते दिखाई पड़ते हैं जो मनुष्य के जीवन पर दोहरी मार करते हैं। वे दुखी का जीवन नरक किए हुए हैं तो उन्हीं के कारण पं. घासीराम जैसा जीता-जागता इनसान पशु से भी बदतर हो गया है। सद्‌गति की सार्थकता इस बात में है कि वह अमानवीय बनानेवाले जाति, वर्ण और धर्म के संस्कारों का अन्तिम संस्कार करती है।

पूस की रात

प्रेमचन्द

किसानी दुर्दशा की प्रासंगिक कथा

सत्यकाम

प्रेमचन्द किसानों के कथाकार हैं। उनकी अधिकांश बेहतर कहानियों का परिवेश ग्रामीण है। वे किसान समस्या की स्थानीय जड़ों को भी पहचानते थे और इसके अन्तरराष्ट्रीय आयामों, मसलन-समाजवादी शोषण से भी परिचित थे। इसलिए शोषण के यह पूँजीवादी औज़ार बार-बार उनकी कहानियों में स्पष्ट दिखाई पड़ते हैं। अंग्रेज़ों की कृषि नीति, ज़मीन पर मालिकाना हक़, उपज से लगान का अलगाव और नगदी में लगान का भुगतान यह सब भारतीय किसान और कृषि व्यवस्था को ग़ुलामी और क़र्ज़ की तरफ़ ले गए—परिणामस्वरूप किसान, मज़दूर बनने को मजबूर हुआ। 'पूस की रात' (1930) ऐसे ही एक किसान के मज़दूर बनने की ही कहानी नहीं है, बल्कि उपनिवेशवादी, साम्राज्यवादी और पूँजीवादी व्यवस्था के ख़िलाफ़ एक ग़रीब और दलित किसान का दर्ज विरोध भी है।

यह एक रात की कहानी न होकर एक युग की कहानी है जिसमें चारों ओर अँधेरा है; मेहनतकशों के लिए फ़ाक़ा है, सुविधाभोगी वर्ग के मज़े ही मज़े हैं। यह मात्र हल्कू नाम के किसान की कहानी नहीं है जो अपना हाड़-मांस गलाकर तैयार फ़सल को केवल इसीलिए जानवरों द्वारा चर जाने देता है ताकि उसे पूस की कड़कती ठंड की रात 'हार' में नहीं बितानी पड़ेगी। यह शोषण पर आधारित समाज के भीतर सुलगनेवाले आग का एक भभका है। सहजानन्द सरस्वती ने किसानों की इसी आग का उपयोग, उन्हें इकट्ठा करने में किया और ब्रिटिश आर्थिक नीतियों का विरोध किया था। किसान हमेशा से शोषित रहे हैं और आज भी उनकी हालत अन्य वर्गों के बरक्स पतली है। भारतीय आर्थिक सामाजिक व्यवस्था का सबसे कमज़ोर पहलू यह है कि वहाँ हाथ से काम करनेवाले और मेहनत मज़दूरी करनेवालों को सबसे निचले पायदान पर रखा और उन्हें 'शूद्र', 'पिछड़ा' और 'अस्पृश्य' माना गया। निश्चित रूप से ब्राह्मण व्यवस्था में ब्राह्मण और क्षत्रिय सर्वाधिक लाभ की स्थिति में रहे। बनियों को भी वे साथ लेकर चले क्योंकि ऐशोआराम का ख़याल तो वही रखते थे। ये तीनों वर्ग एक-दूसरे को समर्थन और सहयोग देते थे और सब मिलकर कामगारों का शोषण करते थे। ये परजीवी थे और उत्पादन से नहीं जुड़े थे। उत्पादन से जुड़ा किसान इनके शिकंजे में था—हल्कू उसी वर्ग का सदस्य है।

भारत की अर्थव्यवस्था के केन्द्र में शुरू से कृषि रही है। इसलिए भारतीय परम्परा और संस्कृति में कृषि-संस्कृति की झलक मिल जाती है। किसान के केन्द्र में रहने से समाज में उसको महत्त्व और सम्मान प्राप्त था। नई ज़मीन पर खेती करने के लिए किसानों को कर में माफ़ी दी जाती थी। राजा यह सब भविष्य को नज़र में रखकर करता था। नई खेती पर तीन साल तक कर न लेने का रिवाज़ था, पर इसके बाद तो राजा के पास कर आने ही लगता था। मध्यकाल तक किसानों की स्थिति ठीक थी। वे बहुत ख़ुशहाल नहीं तो दरिद्र भी नहीं थे। अंग्रेज़ों के आने के बाद मामला एकदम उलट गया। परम्परागत रूप से भारतीय अर्थव्यवस्था में किसानों को अपनी उपज का एक हिस्सा राजा को कर के रूप में देना होता था। भारतीय अर्थव्यवस्था की दूसरी विशेषता यह थी कि किसान ज़मीन का मालिक नहीं होता था। वह जब तक लगान देता रहता था, ज़मीन उसकी थी और पुश्त दर पुश्त उस पर खेती कर सकता था। आमतौर पर किसानों की बेदख़ली नहीं होती थी। अंग्रेज़ों ने ब्रिटेन की लगान व्यवस्था भारतीय कृषि व्यवस्था पर लागू कर दी। किसानों को ज़मीन का मालिक बना दिया गया। अब वे ज़मीन बेच या ख़रीद सकते थे। अंग्रेज़ों ने दूसरा परिवर्तन यह किया कि लगान को नकदी कर दिया। तीसरा परिवर्तन यह किया कि लगान को उपज से काटकर ज़मीन से जोड़ दिया और खेत के क्षेत्रफल के आधार पर लगान तय कर दिया। अब फ़सल हो या न हो किसान को लगान देना ही था। अंग्रेज़ों के शासनकाल से पहले लगान उपज से जुड़ी थी। फ़सल अच्छी होने पर किसान और राज्य दोनों को फ़ायदा होता था और उपज घटने या अकाल पड़ने पर राजा से लेकर रंक सबको नुक़सान होता था। इसलिए अकाल के समय राजा अक्सर कर माफ़ी की डुगडुगी पिटवा देता था। ज़ोर-ज़बरदस्ती होने पर किसानों के एक साथ पूरा गाँव छोड़ने की घटनाओं का भी पता चलता है पर राजा के मान-मनौवल करने पर वे वापस भी आ जाते थे। राजा ख़ुद तो खेती नहीं करता था पर वह उसमें साझीदार अवश्य होता था। राजा दशरथ के खेत जोतने के क़िस्से से तो सब लोग परिचित हैं। इस प्रकार भारत में किसान और कृषि संस्कृति हमेशा से केन्द्र में रही हैं। ऐसा नहीं है कि अंग्रेज़ों के आने से पहले किसानों का शोषण नहीं होता था—पर उनके आने के बाद शोषण की जिस प्रवृत्ति का जन्म हुआ, उससे 'पूस की रात' जैसी स्थिति पैदा हुई।

अंग्रेज़ उपनिवेशवादी, साम्राज्यवादी, पूँजीवादी व्यवस्था के पोषक थे। उन्होंने भारतीय ग्रामीण अर्थव्यवस्था के उस ढाँचे और माध्यम को बिलकुल नहीं छेड़ा जो किसानों से कर वसूल कर राजा तक पहुँचाते थे। उन्होंने उसे जस का तस चलने दिया। ज़मींदार, साहूकार और थानेदार का गठबन्धन मज़बूत हुआ। ज़मींदार को हर साल नकद लगान चाहिए। किसान की स्थिति यह हो गई कि वह जाड़े के प्रकोप से बचने के लिए तीन रुपये का कम्बल भी नहीं ख़रीद सकता था, तब वह लगान कहाँ से दे। किसानों के संस्कारों में, यह बात ठूँस-ठूँस कर भर दी गई है कि ज़मीन छिनना या बिकाना उनकी अवमानना और अपमान है। साहूकार इसी का फ़ायदा उठाते हैं। वे ज़मीन रेहन या गिरवी रखकर लगान चुकाने के लिए किसानों को पैसा देते हैं। वह धन दिन दूना रात चौगुना बढ़ता जाता है। हल्कू जैसा किसान ज़िन्दगी भर बाक़ी ही चुकाते रह जाते हैं उन्हें कम्बल नहीं नसीब होता। हल्कू अपने खेत के किनारे ऊँख के पत्तों की एक

छतरी के नीचे बाँस के खटोले पर अपनी पुरानी गाढ़े की चादर ओढ़े काँपता रहता है। हल्कू जैसे किसानों का ख़ून चूसकर ही इंग्लैंड समृद्ध होता गया। उन्हें पुख़्ता व्यवस्था कर दी थी कि एक हल्कू न सही दूसरा ही सही। अब हल्कू का खेत नीलाम कर उससे मालगुज़ारी भरी जा सकती है। पर इन खेतों में तो भारतीय किसानों की आत्मा बसती है। वे मजूरी करेंगे पर मालगुज़ारी ज़रूर भरेंगे। जब नीलगाएँ रात में खेत चर जाती हैं और फ़सल नष्ट कर देती हैं तो मुन्नी के सिर पर यह चिन्ता सवार हो जाती है कि "अब मजूरी करके मालगुज़ारी भरनी पड़ेगी।" यानी खेत छोड़ने और बेचने की बात तो वे सोच ही नहीं सकते। इतना बड़ा अपराध! हाँ, महाजन निगल जाए तो अलग बात है।

"मजूरी हम करें मज़ा दूसरे लूटें"—इस कहानी का बीज भाव है। इसके ज़रिये केवल एक किसान की वेदना ही प्रकट नहीं हुई है, बल्कि शोषण पर आधारित व्यवस्था के तिकड़म को भी बेपर्द किया गया है। ठंड में सिकुड़ते हल्कू के मन में यह बात स्वाभाविक रूप से उठती है कि—"...यह खेती का मज़ा है! और एक-एक भागवान ऐसे पड़े हैं, जिनके पास जाड़ा जाए तो गर्मी से घबराकर भागे। मोटे-मोटे गद्दे, लिहाफ-कम्बल। मजाल है कि जाड़े का गुज़र हो जाए। तकदीर की ख़ूबी है! मजूरी हम करें मज़ा दूसरे लूटें!" इस स्थिति में हल्कू खेत को नष्ट होने देता है तो क्या उसे इसकी अकर्मण्यता कहेंगे! अगर यह अकर्मण्यता है तो सारा समाज अकर्मण्य है। खेत को नष्ट होने देना इस अकर्मण्यता के ख़िलाफ़ ख़ामोश विरोध का स्वर है। यह ख़ामोश विरोध कभी पत्नी का कफ़न (कफ़न कहानी) बेचकर और 'ठगिनी क्यूँ नैना चमकावे' गाकर फूटता है तो कभी हरे-भरे लहलहाते, तैयार खेत को नष्ट करवाकर। इस तपस्वी मन:स्थिति में पहुँचकर आदमी या तो विद्रोही हो जाता है या वैरागी। उत्पादन से जुड़े आदमी के वैरागी होने की सम्भावना कम, विद्रोही होने की सम्भावना ज़्यादा होती है। इसीलिए घीसू, माधव और वहाँ हल्कू के कृत्य में अकर्मण्य समाज के प्रति विद्रोह भाव ही ज़्यादा मुखर होता है। यह तो पूरी व्यवस्था को ठेंगा दिखाना हुआ—देखें क्या कर लेते हो मेरा। यही भाव जब किसानों में एक साथ इकट्ठा होगा तो क्रान्ति की ज्वाला जलेगी। हल्कू ने एक चिंरागी जलाई है। जैसे अपना घर जलाकर उसने लुकाठी अपने हाथ में ले ली है और कबीर की तरह सबको अपने साथ चलने के लिए ललकार रहा है। प्रेमचन्द ने अपनी कहानियों और उपन्यासों में किसानों के विद्रोह को कई रूपों में व्यक्त किया है। ऊपर से सब शान्त, ठोस पर अन्दर ही अन्दर बहता गर्म लावा। अन्तत: यह लावा ठोस ज़मीन को फोड़कर बाहर आ ही जाता है। हल्कू अपने खेत को अपनी आँखों के सामने नष्ट होता हुआ देखता है और मन ही मन ख़ुश होता है—"रात की ठंड में वहाँ सोना तो न पड़ेगा।"

कहानी में किसानों की दयनीय स्थिति और नई उपनिवेशवादी आर्थिक नीति से प्रताड़ित किसान का तो चित्रण किया ही गया है; परन्तु यह कहानी अपने विद्रोही तेवर के कारण ज़्यादा असरदार बन गई है। कहानी की शुरुआत में ही किसान की विपन्नता, क़र्ज़ चुकाने का दबाव और क़र्ज़ न चुकाने पर अपमान गाली-गलौज़ सहने को तैयार रहना आदि पक्ष पहले परिच्छेद में आ गए हैं। इसमें प्रेमचन्द ने अपनी ओर से कुछ कहा नहीं है। एक कुशल चित्रकार या 'स्क्रिप्ट लेखक' की तरह सारी स्थितियाँ स्पष्ट कर दी हैं। कहानी यहीं से शुरू होती है—हल्कू अपनी पत्नी मुन्नी से कहता है कि "सहना

आया है, लाओ, जो रुपये रखे हैं, उसे दे दूँ, किसी तरह गला छूटे।" इतने जतन से पेट काटकर बचाए गए तीन रुपये सहना को कैसे दे दे। कम्बल कहाँ से आएगा, पूस की रात हार में कैसे कटेगी—यह सबसे बड़ा सवाल था। पर सहना को इससे मतलब न था। उसे तो समय पर पैसा चाहिए। पैसा न देने पर वह घुड़कियाँ जमाएगा, गाली देगा। मुन्नी पहले तो बिफरती है पर जब उसे घुड़कियों और गाली की बात याद आती है तो वह मौन हो जाती है। प्रेमचन्द यह बताना चाहते हैं कि किसान चाहे कितना भी ग़रीब क्यों न हो, उसमें आत्मसम्मान और आत्मगौरव का भाव कूट-कूट कर भरा रहता है। वह कम्बल के बिना रात ठिठुरते हुए बिता सकता है, भूखे सो सकता है, पर अपमान नहीं सह सकता। आज भी किसान फ़सल के लिए क़र्ज़ लेते हैं, फ़सल अच्छी न होने पर या क़र्ज़ के पैसे न लौटाने की स्थिति में स्वाभिमान और आत्मसम्मान की रक्षा करने के लिए आत्महत्याएँ कर रहे हैं। जब-जब कृषक अर्थव्यवस्था पर अन्तरराष्ट्रीय बाज़ार का शिकंजा कसा है, तब-तब किसानों पर संकट के बादल छाए हैं।

'पूस की रात' किसान के दर्द की दास्तान है। किसान जब अपनी आँखों के सामने फ़सल को नष्ट होता देख सकता है तो उसकी मानसिक स्थिति का पता चल जाता है। किसान अपने खेत को, अपनी फ़सल को, अपनी दिन-रात की कमाई को आशा भरी नज़रों से देखता है। इसमें न जाने कितनी आकांक्षाएँ समाहित होती हैं। एक-एक ऊँख का पौधा अलग-अलग सन्देश देता प्रतीत होता है। किसान खड़ी फ़सल को देख आनन्दित होता है और भविष्य की योजनाएँ बनाता है। परन्तु उसकी सारी इच्छाएँ-आकांक्षाएँ शोषकों के पेट में समा जाती हैं। उसके हाथ में राख के सिवा कुछ नहीं होता जबकि इसके लिए उसे जी-तोड़ मेहनत करनी पड़ती है। इसीलिए मुन्नी खेती छोड़ने की बात कहती है और जाने-अनजाने हल्कू इसे अंजाम दे देता है।

हल्कू आदमी है या पशु? क्या ऐसी स्थितियाँ भी पैदा हो सकती हैं जिसमें आदमी और कुत्ते में कोई फ़र्क़ न रहे। आदमी कुत्ता हो जाए और कुत्ता आदमी। यह सब कुछ जादू जैसी बात लग सकती है, पर 'पूस की रात' में दिखाया गया है कि ऐसा हो सकता है। भूख के लिए आदमी का पशुवत व्यवहार करना कोई नई मिसाल नहीं है और ग़रीबी मनुष्य को पशु समान बना देती है; इसमें दो राय नहीं। हल्कू और उसके संगी कुत्ते जबरा की कथा इस कहानी के ठीक बीच में आई है और अन्त तक चली है। हल्कू और जबरा आपस में सीधा संवाद करते हैं। जबरा हल्कू की उच्चरित भाषा नहीं जानता पर वह उसकी हँसी, क्रोध और प्रेम को ख़ूब समझता है। वैसे भी कुत्ते अति संवेदनशील प्राणी होते हैं तथा प्रेम मिलने पर तुरन्त उसका 'जवाब' देते हैं। जबरा के व्यवहार से लगता ही नहीं कि वह कुत्ता है और हल्कू को देखने से यह लगता ही नहीं कि वह आदमी है। दोनों की आत्माएँ एक-दूसरे में प्रविष्ट कर जाती हैं। इस अनोखी मित्रता से हल्कू अपनी दीनता भी कुछ समय के लिए भूल जाता है। जबरा जब उसकी ओर 'प्रेम से छलकती आँखों' से देखता है तो वह निहाल हो जाता है। जबरा की गर्म-गर्म साँसें उसे सुख देने लगती हैं। दोनों और पास आते हैं और अन्ततः अपनी ठंड मिटाने के लिए हल्कू जबरा को अपनी गोद में सुला लेता है। इस प्रसंग का बड़ा ही मार्मिक चित्रण प्रेमचन्द ने किया है। मनुष्य प्रेम का भूखा होता है। पशु भी प्रेम पाकर मतवाला हो जाता है। प्रेम पाकर

जबरा फूला न समाया। इस विशेष आत्मीयता ने उसमें स्फूर्ति ला दी। 'कर्तव्य उसके हृदय में अरमान की भाँति उछल रहा था।' वह बार-बार भूँक कर हल्कू को बता रहा था कि खेत में कुछ गड़बड़ है। पर हल्कू शीत को चीर नहीं पा रहा था। अन्त में वह उठा। पत्ते इकट्ठे किए और उसमें आग जला दी। ऐसा लगा मानो थोड़ी देर के लिए हल्कू के अन्धकारमय जीवन में प्रकाश का समावेश हो गया हो। दुख के महासागर में सुख की एक लहर उठ गई है। पर अन्धकार के इस महासागर में छोटी-सी नौका कितनी देर टिकती। यह सुख तो क्षणिक था। पर आदमी बड़ा संघर्षशील प्राणी होता है। वह दुख से भी सुख की राह निकाल लेता है। जब अलाव जलता है तो वह जबरा के साथ आग के आर-पार कूदने का खेल खेलने लगता है। जबरा तो यह करतब नहीं दिखा पाता पर हल्कू ख़ूब उछल उछलकर अलाव के ऊपर कूदता रहा, पार करता रहा।

"पत्तियाँ जल चुकी थीं। बग़ीचे में फिर अँधेरा छाया था। राख के नीचे कुछ-कुछ आग बाक़ी थी, जो हवा का झोंका आ जाने पर जरा जाग उठती थी; पर एक क्षण में फिर आँख बन्द कर लेती थी।"—यह हल्कू के जीवन का ही प्रतिबिम्बन है। हल्कू के जीवन में चारों ओर अन्धकार ही अन्धकार है। प्रकाश के सारे स्रोत बन्द हो चुके हैं। कुछ सूराख है जिनसे रोशनी कभी-कभी झाँक लेती है। यही आशा मनुष्य को जिलाए रखती है पर निर्धन से आशा और प्रसन्नता भी आँखमिचौनी खेलती है। इसके दर्शन कभी-कभी ही होते हैं। हल्कू को शीत में आग का जो सुख मिलता है उसके सामने वह महीनों की मेहनत को क्षणभर में नष्ट हो जाने की भयावहता और कष्ट को तुच्छ समझता है। ऐसा नहीं कि वह फ़सल बचाने की कोशिश नहीं कर सकता था पर वह किसके लिए फ़सल बचाए? महाजन की झोली भरने के लिए। इससे तो सुखकर है ठंड में आग की गोद से निकले गर्म भाप का आनन्द लेना। बस इसी ने हल्कू के पैर जकड़ लिए। उसने "लिहो! लिहो! लिहो!!" ज़ोर से आवाज़ लगाई। जबरा भूँकता रहा। दो क़दम पर उसकी सारी मेहनत का गुड़ गोबर हो रहा है, पर वह जा नहीं पाता। लौटकर "बुझते हुए अलाव के पास आ बैठा और राख को कुरेदकर अपनी ठंडी देह गरमाने लगा।" जब मेहनत का फल न मिले तो सब कुछ नष्ट कर देना स्वाभाविक है। ऊपर से यह अकर्मण्यता प्रतीत हो सकती है, पर यह विद्रोह और विरोध का एक मूक प्रयास है—जिसमें सत्ता को हिलाने का सामर्थ्य है। 'सबेरे जब उसकी नींद खुली, तब चारों तरफ़ धूप फैली हुई थी।' जब हल्कू को किसी चीज़ की चिन्ता नहीं थी। अब न खेत की रखवाली करनी थी और न कम्बल के बिना पूस की रात में हार में सिकुड़ना था। अब तो मजूरी करनी थी और गुज़ारा करना था।

किसान से मज़दूर बनने की यह कथा अन्दर से हिला देती है। हल्कू की साधारण सी दिखनेवाली अकर्मण्यता अपने भीतर असाधारण आग छिपाए बैठी है। समय-समय पर सत्ताधारी इस आग से झुलसते रहे हैं। इस प्रकार 'पूस की रात' में एक किसान की मनोव्यथा की पराकाष्ठा चित्रित है—आँखों के सामने वह अपने लहलहाते हुए खेत को नष्ट होता देखता है पर उसे बचाने का प्रयत्न नहीं करता। कहानी आगे बढ़ती तो क्या होता? 'गोदान' का अन्तिम दृश्य! जिसमें होरी मज़दूरी करते-करते मृत्यु को वरण करता है। यह तो 'आत्महत्या' ही हुई न! अपना सर्वस्व गँवाकर किसान के पास और क्या रास्ता बच जाता है। आज किसानों द्वारा की जा रही 'आत्महत्याओं' का बीज 'पूस की

रात' और 'गोदान' में मौजूद है। अस्तु यह कहानी उतनी ही प्रासंगिक है जितनी प्रेमचन्द के ज़माने में थी। इस प्रकार अपने कलेवर और तेवर में यह कहानी कालजयी बन गई है। यह कहानी आज भी प्रासंगिक है। आज़ादी के बाद किसानों की समस्याएँ कम होती दिखाई नहीं देतीं। अब उनके शोषण के औज़ार भी बारीक़ होकर बदल गए हैं और किसानों का औपनिवेशिक ढंग का शोषण आज और भी भयावह हो गया है। किसान न केवल अपना खेत छोड़कर शहरों की ओर पलायन कर रहे हैं, बल्कि किसानों द्वारा की जा रही आत्महत्याएँ आज़ादी के बाद बनी नीतियों पर सवालिया निशान लगाती हैं। 'पूस की रात' किसानों की दुर्दशा की पूर्वपीठिका है और इस प्रकार यह कहानी भविष्योन्मुखी भी है। जैसे प्रेमचन्द ने किसान की नियति को आर्थिक पहलुओं से जोड़कर आनेवाले आसन्न संकट का स्पष्ट संकेत दे दिया था।

ठाकुर का कुआँ

प्रेमचन्द

सवर्णों के नियंत्रण की रूपक-कथा

आशीष त्रिपाठी

दलितों के जीवन-यथार्थ को प्रेमचन्द प्रारम्भ से ही अपनी कहानियों का विषय बना रहे थे। 'दोनों तरफ़ से' (1911) और 'सिर्फ़ एक आवाज़' (1913) से यह सिलसिला प्रारम्भ होता है और 'ठाकुर का कुँआ', 'सद्‌गति', 'घासवाली', 'दूध का दाम' तक आता है। दलितों के सम्बन्ध में प्रेमचन्द के विचार स्थिर नहीं रहे। स्वतंत्रता आन्दोलन और नवजागरण में रामास्वामी पेरियार, अछूतानन्द, नारायण गुरु और भीमराव आंबेडकर का प्रभाव पड़ने के साथ ही प्रेमचन्द के विचारों में भी निरन्तर परिवर्तन देखा जा सकता है। प्रेमचन्द के विचारों के संकलन 'विविध प्रसंग' का अध्ययन करने से पता चलता है कि 1930 तक दलितों के सम्बन्ध में गांधी-मुखी रहनेवाले प्रेमचन्द आंबेडकर के 1927 के महाड़ सत्याग्रह के बाद धीरे-धीरे एक भिन्न वैचारिक रास्ता अपनाने लगते हैं। गांधी के व्यक्तित्व का प्रभाव उन पर कम नहीं होता, परन्तु अनेक जगहों पर अनेक विचारों में गांधी के समानान्तर नयापन दिखाई देने लगता है। प्रेमचन्द अपने अन्तिम वर्षों में मुखर दलित प्रतिरोध की रचना करते देखे जा सकते हैं। 'सद्‌गति' और 'गोदान' के प्रसंग इसका सटीक उदाहरण हैं। 1930 के पूर्व गांधी-उन्मुख प्रेमचन्द भी पूरी तरह गांधीवाद के प्रभाव में नहीं थे। 'प्रेमचन्द और अछूत समस्या' पुस्तक में प्राय: पहली बार प्रेमचन्द की अछूत-दृष्टि का विवेचन करनेवाले कान्तिमोहन का निष्कर्ष है कि "वे वैचारिक स्तर पर गांधीवाद से प्रभावित अवश्य थे किन्तु सृजनात्मक चेतना के स्तर पर गांधीवाद का प्रभाव सीमित था। इसी का नतीजा यह निकला कि 1930 के बाद गांधीवादी प्रभाव वाले आदर्शवादी सुधारवादी रुझान की गिरफ़्त से बाहर आ गए।" (प्रेमचन्द : विगत महत्ता और वर्तमान अर्थव्यवस्था, सं. मुरली मनोहर सिंह, रेखा अवस्थी, राजकमल प्रकाशन, संस्करण : 2008, पृ. 463) कान्तिमोहन विस्तार से प्रेमचन्द पर गांधी के प्रभावों और उससे बाहर जाते विचारों की विवेचना करते हैं। कहना न होगा कि दलित प्रसंग में 1927 के महान सत्याग्रह के बाद भारतीय राजनीति में गांधी के समानान्तर आंबेडकर आए। गांधी के वर्णव्यवस्था और ग्राम व्यवस्था समर्थक विचारों के प्रति प्रेमचन्द में भीतर ही भीतर एक आकार ले रहा था, जिसे 1930 के बाद उन्होंने अपने विचारों और रचनाओं में मुखरता से व्यक्त किया। यह कहना तो उचित न होगा कि यह आंबेडकर का प्रभाव था परन्तु यह ज़रूर लक्षित किया जा सकता है कि आंबेडकर-प्रेमचन्द एक ही सामाजिक-राजनीतिक करवट के दो भिन्न प्रतिबिम्ब हैं।

प्रेमचन्द की कहानी 'ठाकुर का कुआँ' (1932) दलित समस्या को बहुत गम्भीरता से उठाती है। प्रेमचन्द के समय तक दलित राजनीति का उभार अत्यन्त न्यूनतम स्तर पर था। हिन्दी क्षेत्र में आंबेडकर का प्राय: कोई प्रभाव दिखाई नहीं देता। प्रेमचन्द ने 'हंस' के एक अंक में आंबेडकर की तस्वीर मुख्य पृष्ठ पर प्रकाशित की थी। इससे यह अनुमान किया जा सकता है कि प्रेमचन्द तब तक आंबेडकर के विचारों और उनके सामाजिक कार्यों से परिचित हो गए होंगे। इसका यह अर्थ नहीं लगाया जा सकता कि प्रेमचन्द आंबेडकर से प्रभावित या सहमत थे। बावजूद इसके उनके परवर्ती दलित सम्बन्धी लेखन में इसके बाद एक ख़ास तरह का परिवर्तन दिखाई देता है। 'ठाकुर का कुआँ', 'सद्गति' और 'गोदान' में दलित समस्या को प्रेमचन्द नई तरह से उठाते हैं। 'सद्गति' में दलित की पहचान वर्णव्यवस्था के पारम्परिक स्वरूप से करते हुए इसके नायक दुखी को वे अछूत शूद्र के रूप में दिखाते हैं। इस कहानी में समाज स्थिर, जड़ और गतिहीन है। वहाँ सदियों से एक ही तरह से जीवन चल रहा है। ब्राह्मण और शूद्र के सम्बन्ध प्राय: स्थिर हैं। ब्राह्मणवादी व्यवस्था में ब्राह्मण पुरोहित समाज में सामाजिक अन्याय और शोषण का प्रमुख नियन्ता है। वह स्वयं वर्ण, जाति और धर्म के आधार पर शूद्रों का शोषण करता है तथा अन्य वर्णों को शोषण की वैधता प्रदान करता है। 'सद्गति' का नायक शूद्र वर्ण की चमार जाति का है, परन्तु उसके भीतर कोई दलित चेतना नहीं है। ब्राह्मणवादी समाज व्यवस्था में अनुकूलित होने के कारण उसके भीतर धर्म की गहरी आकांक्षा मौजूद है। यही आकांक्षा उनके शोषण का प्रमुख कारण बनती है। ब्राह्मण पुरोहित के घर दुखी अमानवीय शारीरिक शोषण का शिकार होता है। भूखे पेट लगातार शारीरिक श्रम करने के कारण अन्तत: उसकी मृत्यु हो जाती है। प्रेमचन्द 'सद्गति' में उत्तर भारतीय जीवन की विडम्बनापूर्ण ठहरी हुई सामाजिक स्थिति का वास्तविक चित्र खींचते हुए शूद्र समाज की दुखभरी स्थिति का अंकन करते हैं। वास्तविकता का नाटकीयताहीन चित्रण प्रेमचन्द की कथा को गहरी अर्थवत्ता प्रदान करता है। वास्तविकता की ठोस पहचान के बग़ैर दलित चेतना का कोई स्वरूप उभरना नामुमकिन है। वास्तविक स्थिति के विवेचन और विश्लेषण से ही दलित चेतना का रूप ले पाना सम्भव है। ब्राह्मणवाद के प्रति प्रतिकार की भावना और उसे बदलने की इच्छा दलित चेतना की अगली सीढ़ियाँ हैं। प्रेमचन्द 'सद्गति' के भीतर दलित समस्या के वास्तविक आधारों की ठोस पहचान करते हैं। 'सद्गति' ब्राह्मणवाद के शीर्ष पर मौजूद नियन्ता और वाहक के रूप में ब्राह्मण पुरोहित की पहचान करती है। हम यह भी देखते हैं कि 'सद्गति' का दुखी चमार और 'ठाकुर का कुआँ' की गंगी धार्मिक रूप से ही नहीं, बल्कि सामजिक और आर्थिक रूप से भी शोषित हैं। इस कहानी में वर्णपरक अन्याय के विरुद्ध प्रतिरोध की गहरी चेतना दिखाई देती है। दुखी चमार की बिरादरी के लोग भूख में लगातार काम करते रहने के कारण हुई मृत्यु के बाद दुखी की लाश उठाने और अन्तिम संस्कार करने के लिए राजी नहीं होते। अन्तत: दुखी को चमार होने के कारण न छूनेवाले पंडित जी अगली सुबह से पहले गाँव के ताक़तवर लोगों के डर से उसकी लाश घसीटकर गाँव के बाहर ले जाते हैं। जीते-जी न छूनेवाले पंडित मरने के बाद भी उसे छूने से बचते हैं।

'ठाकुर का कुआँ' कहानी में प्रेमचन्द ब्राह्मणवादी व्यवस्था के सभी पक्षों पर टिप्पणियाँ करते हैं। ब्राह्मण, क्षत्रिय, वैश्य—सभी भेद आधारित शोषण में सहभागी

हैं। प्रेमचन्द इस बात की पहचान करते हैं कि जाति पर आधारित शोषण मूलतः एक आर्थिक शोषण है। यह अकारण नहीं है कि अर्थव्यवस्था के सबसे निचले पायदान पर मौजूद शूद्र ही वर्णव्यवस्था के निम्नतम पायदान पर भी मौजूद हैं। धार्मिक-सामाजिक शोषण और आर्थिक शोषण समाज में साथ-साथ ही चलते हैं। ब्राह्मणवाद धार्मिक व्यवस्था के रूप में दलितों का इतना शोषण नहीं कर पाता यदि उसने सामन्तवाद से गठजोड़ समाज व्यवस्था में दलितों को उत्पादन तंत्र से बाहर न निकाल दिया गया होता। सामन्तवादी अर्थव्यवस्था में शूद्र जातियाँ श्रम का अधिकार रखती हैं परन्तु उपज पर उनका कोई अधिकार नहीं है।

'ठाकुर का कुआँ' कहानी पढ़ते हुए सबसे पहले हमारा ध्यान इस ओर जाता है कि आंबेडकर ने अपने सामाजिक आन्दोलनों की शुरुआत पानी पर सार्वजनिक अधिकार की लड़ाई से की। पानी सार्वजनिक वस्तु है। तालाब और कुएँ इसीलिए गाँव में होते हैं ताकि सभी लोग अपनी ज़रूरत के मुताबिक जल प्राप्त कर सकें। आंबेडकर और प्रेमचन्द दोनों को इस बात का एहसास है कि दलितों के सामाजिक शोषण के क्रम में उन्हें गाँव की मुख्य बस्तियों से दूर ही नहीं बसाया गया है बल्कि जीवन के लिए अनिवार्य वस्तुओं से भी दूर रखा गया है। तालाबों और कुओं पर सामन्तवादी-ब्राह्मणवादी व्यवस्था के ताक़तवर लोगों अर्थात् ब्राह्मण-क्षत्रिय-वैश्य का क़ब्ज़ा है। मनुष्य के लिए सर्वाधिक आवश्यक जीवन आधारों—हवा, पानी, ज़मीन और सूर्य की रोशनी को भी समाज के ताक़तवर लोगों ने नियंत्रण में रखने की कोशिश की है। इस क्रम में उन्होंने अपनी बस्तियाँ ऐसी जगहों पर बसाईं जहाँ रहना अपेक्षाकृत सुविधाजनक हो, जहाँ ज़मीन समतल और पानी के स्रोत नज़दीक हों जहाँ सूरज की धूप भरपूर मिल सके। अंशुल त्रिपाठी की कविता 'दक्खिन टोला' का स्मरण कर लेना ठीक होगा, जो समाज में मौजूद भेदभाव का त्रासद नमूना पेश करती है। उत्तर भारत में पुरवा और पछुआ हवाएँ पूर्व या पश्चिम दिशा से चलती हैं इसलिए शूद्र जनों को इन दिशाओं में नहीं बसाया जाता था। उन्हें दक्षिण दिशा की बस्तियाँ दी जाती थीं, ताकि पूर्व और पश्चिम की ओर से चलनेवाली हवाएँ अछूतों को छूकर सवर्णों को न छुएँ। ठीक इसी तरह पानी के स्रोतों और जलाशयों को अति पुरातन समय से ही अपने नियंत्रण में रखा गया। तालाब, बावड़ियाँ और कुएँ प्रायः ताक़तवर लोगों के नियंत्रण में रहे। आंबेडकर ने पहली बार भारतीय समाज व्यवस्था की इस विडम्बनापूर्ण परिणति को अन्याय मानते हुए उसे आन्दोलन का हिस्सा बनाया। उन्होंने पानी पर मनुष्य के समान अधिकार की वकालत करते हुए तालाबों में प्रवेश का आन्दोलन किया। सम्भव है कि प्रेमचन्द का ध्यान इस समस्या पर उसके बाद ही गया हो। 'ठाकुर का कुआँ' कहानी प्राकृतिक संसाधनों पर समाज के ताक़तवर लोगों के नियंत्रण की कहानी है। सामाजिक, धार्मिक और आर्थिक रूप से सबसे अधिक कमज़ोर होने के कारण शूद्र इन संसाधनों पर समान अधिकार के अधिकारी नहीं हैं। कहानी में साफ़ तौर पर बताया गया है कि गाँव में कुल तीन कुएँ मौजूद हैं—पहला कुआँ ठाकुर का है, दूसरा साहू का और तीसरा गाँव से बाहर। तीसरा कुआँ ही है जिसका उपयोग सभी करते हैं, दलित भी। गंगी सोचती है—'चौथा कुआँ गाँव में है ही नहीं।'

वहाँ यह याद कर लेना ज़रूरी है अति पुरातन समय में अग्नि के लिए संघर्ष हुआ था। समाज के ताक़तवर लोगों ने एक लम्बे संघर्ष के बाद अग्नि पर क़ब्ज़ा कर लिया था। ब्राह्मण धर्म की अति प्राचीन मिथक कथाएँ इस ओर संकेत करती हैं। प्रसिद्ध कथाकार दूधनाथ सिंह ने अपने नाटक 'यमगाथा' में मनुष्यों और देवताओं के मध्य संघर्ष के कारणों में अग्नि पर स्वामित्व को भी प्रमुख माना है। नाटक का नायक पुरूरवा इन्द्र से अपने संघर्ष के दौरान स्वर्ग से अग्नियाँ चुराकर साधारण मनुष्यों के बीच बाँट देता है। यही वह अपराध है जिसके लिए उसका वध किया जाता है।

प्राकृतिक संसाधनों पर नियंत्रण और क़ब्ज़े की लड़ाई रुकी नहीं है। आज भी समाज और दुनिया की ताक़तवर शक्तियाँ बहुराष्ट्रीय कम्पनियाँ राष्ट्र-राज्य के माध्यम से नदियों, झीलों, तालाबों, खनिज सम्पदा, वन्य सम्पदा पर अपना क़ब्ज़ा बनाए रखना चाहते हैं। पेट्रोलियम पदार्थों के लिए अरब देशों में हो रहे संघर्ष को उदाहरण के तौर पर देखा जा सकता है। भारत ही नहीं, पूरी दुनिया में खनिज सम्पदा के लिए पहाड़ों और जंगलों पर नियंत्रण की लड़ाई औपनिवेशिक युग से ही चल रही है। हमारे समय के अत्यन्त महत्त्वपूर्ण कथाकार रणेंद्र अपने उपन्यास 'ग्लोबल गाँव का देवता' और अनुज लुगुन अपनी अनेक कविताओं में इस प्रक्रिया का खुलासा करते हैं।

प्रेमचन्द जब कहानी में कुएँ को 'ठाकुर का कुआँ' सम्बोधित करते हैं तो उनका अभिप्राय बेहद स्पष्ट होकर उभरता है। वह जीवन की शोषण प्रक्रिया में प्राकृतिक संसाधनों पर नियंत्रण की अति पुरातन दास्तान को एक संकेत मात्र से अभिव्यक्त कर देते हैं। कुओं से शूद्रों को पानी भरने की इजाज़त नहीं है। प्रेमचन्द स्पष्ट करते हैं—"ठाकुर के कुएँ पर कौन चढ़ने देगा। दूर से लोग दाँत बजाएँगे। साहू का कुआँ गाँव के उस सिरे पर है, परन्तु वहाँ भी कौन पानी भरने देगा? चौथा कुआँ गाँव में है ही नहीं।" गाँव के कुएँ जिनके क़ब्ज़े में है वह ताक़तवर और अन्यायी लोग हैं। उनके कुओं में पानी भरने पर दंड मिलना तय है। जोखू कहता है—"हाथ-पाँव तुड़वा आएगी और कुछ न होगा। बैठ चुपके से। ब्रह्म देवता आशीर्वाद देंगे, ठाकुर लाठी मारेंगे, साहूजी एक के पाँच लेंगे। ग़रीबों का दरद कौन समझता है।" प्रेमचन्द शोषक वर्णों की पहचान तो वर्णव्यवस्था की परम्परा के अनुसार ही करते हैं, परन्तु शूद्रों अर्थात् दलितों की आत्म-पहचान के लिए वे आर्थिक श्रेणी चुनते हैं—ग़रीब। सवाल सिर्फ़ कुएँ या उसके पानी का नहीं है। यह अन्याय शोषक तंत्र द्वारा अनन्त अन्यायों की शृंखला में किया गया एक अन्याय मात्र है, इसलिए लड़ाई किसी एक अन्याय के विरुद्ध शुरू होगी, परन्तु उसका सिलसिला लम्बा चलेगा। यह भी स्वाभाविक ही है कि शुरुआत एक बुनियादी अधिकार से होगी, जिसका सम्बन्ध प्रकृति और स्वाभाविक प्राकृतिक अधिकार से है। आंबेडकर और प्रेमचन्द इस बात पर एकमत हैं।

कहानी का अन्त यथास्थिति से होता है यानी जिस अन्यायपूर्ण दुखद स्थिति से कहानी शुरू हुई थी उसी पर समाप्त होती है, बिना किसी बदलाव के। परन्तु प्रेमचन्द यथास्थिति के भीतर से पैदा हो रही विद्रोह चेतना का भी अंकन करते हैं। प्रेमचन्द के अन्य स्त्री पात्रों की तरह गंगी भी अन्याय और शोषण सहते हुए उससे बाहर आने की तीखी कोशिश करती है। उसके भीतर अन्याय के विरुद्ध एक गहरी चेतना मौजूद है।

उसके मन में परिवर्तन के लिए अनिवार्य बुनियादी सवाल मौजूद हैं। वह विद्रोही भाव से भरकर सोचती है : "हम क्यों नीच और ये लोग क्यों ऊँचे हैं? इसलिए कि यह लोग गले में तागा डाल लेते हैं? वहाँ तो जितने हैं, एक-से-एक छँटे हैं। चोरी ये करें, जाल-फरेब ये करें, झूठे मुकदमे ये करें। अभी इस ठाकुर ने तो उस दिन बेचारे गड़रिये की भेंड़ चुरा ली थी और बाद में मारकर खा गया। इन्हीं पंडित के घर में तो बारहों मास जुआ होता है। यही साहू जी तो घी में तेल मिलाकर बेचते हैं। काम करा लेते हैं, मज़दूरी देते नानी मरती है। किस बात में हमसे ऊँचे हैं, हम गली-गली चिल्लाते नहीं कि हम ऊँचे हैं, हम ऊँचे। कभी गाँव में आ जाती हूँ, तो रसभरी आँखों से देखने लगते हैं जैसे सब की छाती पर साँप लोटने लगता है, परन्तु घमंड यह कि हम ऊँचे हैं।"

वह प्रभुओं की निर्दयता और क्रूरता के प्रति भी उसी तरह सवालों से भरी है, जिस तरह कि उनके भ्रष्टाचार और दोगलेपन पर—"कब इन लोगों को दया आती है किसी पर! बेचारे महँगू को इतना मारा कि महीनों लहू थूकता रहा। इसलिए तो कि उसने बेगार न दी थी। इस पर यह लोग ऊँचे बनते हैं?" वह समझ पाने में समर्थ है कि इस ऊँचाई के पीछे मौजूद है शक्ति, जो झूठ-छल-धोखे-मक्कारी और अन्याय से प्राप्त की गई है। इस चेतना के बावजूद वह विवश है। हज़ारों सालों का अन्याय एक गहरे भय के साथ बैठा हुआ है। कहानी के अन्त में इस भय की मार्मिक अभिव्यक्ति हुई है। कुएँ से पानी खींचकर घड़े को पकड़कर जगत पर रखने से ठीक पहले जैसे ही ठाकुर का दरवाज़ा खुलने के क्षण गंगी की प्रतिक्रिया में कितना भय मौजूद है, इसे प्रेमचन्द ने बेहद सटीक और मार्मिक तरीक़े से व्यक्त किया है—"एकाएक ठाकुर साहब का दरवाज़ा खुल गया। शेर का मुँह इससे अधिक भयानक न होगा! गंगी के हाथ से रस्सी छूट गई।"

कहानी में प्रेमचन्द स्पष्ट करते हैं कि अन्यायी सवर्ण पुरुष तंत्र दलितों का ही शोषण नहीं करता वरन् सवर्ण स्त्रियों का शोषण भी करता है। कहानी में इसके संकेत प्रभावी ढंग से मौजूद हैं। कुएँ की जगत पर रात के भोजन के पूर्व ताज़ा पानी भरने आई ठाकुर स्त्रियों की बातचीत में इसे साफ़ सुना जा सकता है—

'खाना खाने चले और हुक्म हुआ की ताज़ा पानी भर लाओ। घड़े के लिए पैसे नहीं हैं।'

'हम लोगों को आराम से बैठे देखकर जैसे मरदों को जलन होती है।'

'हाँ, यह तो न हुआ कि कलसिया उठाकर भर लाते। बस, हुकुम चला दिया कि ताज़ा पानी लाओ, जैसे हम लौंडियाँ ही तो हैं।'

'लौंडिया नहीं तो और क्या हो तुम? रोटी-कपड़ा नहीं पाती? दस-पाँच रुपये भी छीन-झपटकर ले ही लेती हो। और लौंडियाँ कैसी होती हैं।'

'मत लजाओ, दीदी! छिन-भर आराम करने को जी तरसकर रह जाता है। इतना काम किसी दूसरे के घर कर देती, तो इससे कहीं आराम से रहती। ऊपर से वह एहसान मानता! वहाँ काम करते-करते मर जाओ पर किसी का मुँह ही सीधा नहीं होता।'

सामन्तवाद, ब्राह्मणवाद और पितृसत्ता का मिला-जुला शोषण तंत्र ही दलितों और स्त्रियों के शोषण और दमन के लिए जिम्मेवार है। ऐसे में दलित और स्त्री के गठजोड़ के बग़ैर इसे चुनौती दे पाना सम्भव नहीं। प्रेमचन्द की समझ बेहद स्पष्ट है।

भीतर का 'प्रकाश' और बाहर की 'आशा'

राजेन्द्र कुमार

"आशा तो बड़ी चीज़ है, और फिर बच्चों की आशा!" यह विश्वास प्रेमचन्द की कहानी ईदगाह (1933) की संवेदना का केन्द्र बिन्दु है। कहा जाता है कि प्रेमचन्द को, अपनी रचनाचर्या के आख़िरी छोर पर आकर आदर्शवाद से गहन निराशा होने लगी थी और इस निराशा की अभिव्यक्ति उन्होंने ख़ुद अपनी कहानी 'कफ़न' के घीसू-माधव जैसे चरित्रों की सृष्टि में होने दी। 'ईदगाह' का रचना-काल 'कफ़न' से पहले का है। लेकिन दोनों की प्रकाशन-तिथियों से यह अनुमान सहज ही लगाया जा सकता है कि उनके रचना-काल में लगभग तीन साल से अधिक का फ़ासला नहीं है। केवल तीन साल के अन्तर पर प्रकाशित इन दोनों कहानियों को संवेदनागत स्तर पर पृथक्कृत करके, एक-दूसरे के नितान्त विरोध में रखकर देखा जाए—क्या यह उचित है? 'ईदगाह' में जो आशा 'बड़ी चीज़' के रूप में अर्जित की गई थी, 'कफ़न' में क्या वह एकदम से ही खो दी गई? मेरे ख़याल से, 'ईदगाह' कहानी में आशा जैसी 'बड़ी चीज़' के यथार्थ पर विशेष ध्यान दिया जाए तो न केवल 'ईदगाह' कहानी का महत्त्व ज़्यादा स्पष्ट होगा, बल्कि 'कफ़न' कहानी में आई निराशा का अर्थ भी रचनात्मक रूप में ज़्यादा खुल सकेगा। तब हमें महसूस होगा कि 'कफ़न' की निराशा को आशाहीनता के पर्याय के रूप में न देखकर आशा जैसी 'बड़ी चीज़' पर छाये हुए संकट के रूप में देखने की ज़रूरत है। 'कफ़न' की तरह 'ईदगाह' भी परिवारगत वैयक्तिक सम्बन्धों वाले धरातल पर मानवीय संवेदना की अभिव्यक्ति के प्रश्न को लेकर लिखी गई है। जैसा कि लेखक की सोद्देश्यता का तकाज़ा है, प्रेमचन्द इन कहानियों को केवल व्यक्ति-गाथा बनाकर रख देने में रुचि नहीं लेते। व्यक्ति के परिवारगत सम्बन्धों की सामाजिकार्थिक संरचना को सामने लानेवाली रोशनी के रूप में कथा-तत्त्व को, वे इन कहानियों में उपलब्ध करते हैं।

'ईदगाह' में बूढ़ी दादी अमीना के प्रति बालक हामिद की अपनी संवेदनशीलता, उसकी स्वयं की सहजता द्वारा संरक्षित है, तो भी उसे विशेषतया सुरक्षित रखने के लिए वह अपने बाल-सखाओं और स्वयं अपनी बाल-सुलभ लालसाओं से भी जद्दोजहद करता है। ईदगाह के मेले में उसके साथ मोहसिन, महमूद, नूरे और सम्मी जब खिलौने और मिठाइयाँ ख़रीदते हैं तो वह उन्हें ललचाई आँखों से देखता है। उनके बीच एक क्षण के लिए वह आत्म-निर्वासन सा भोगता है। उसे लगता है कि वह 'उनकी बिरादरी से

पृथक् है।' क्योंकि 'अभागे के पास केवल तीन पैसे हैं!' लेकिन इसके लिए वह अपने भाग्य को नहीं कोसता। न ही वह ख़ुद को अपने साथियों के आगे हीन समझता है। वह खिलौने की ख़ामियाँ बताता है "मिट्टी ही के तो हैं, गिरें तो चकनाचूर हो जाएँ!" मोहसिन जब उसे रेवड़ी दिखाकर अपने मुँह में रख लेता है तो वह थोड़ा खिसियाता ज़रूर है लेकिन चूकता फिर भी नहीं "मिठाई कौन बड़ी नेमत है? किताब में इसकी कितनी बुराइयाँ लिखी हैं!" कह सकते हैं कि वह उसका आत्म-संघर्ष है। (इसे आत्म-दमन न समझिए!) किसी बड़े बाह्य-संघर्ष का अंग चाहे यह न भी प्रतीत हो (आख़िर तो हामिद बालक ही है) लेकिन उद्देश्यपूर्ण और सदिश बाह्य-संघर्ष की ओर उन्मुख करनेवाली सम्भावना तो यह है ही! 'कफ़न' में प्रसव-पीड़ा से कराहती बुधिया के प्रति उसके ससुर व पति घीसू-माधव अपनी संवेदनशीलता को सुरक्षित नहीं रख पाते। उनके आचरण में जो अराजकता है, उसे हम उनके सामाजिक असन्तोष, विद्रोह या बाह्य-संघर्ष के ध्वन्यार्थ में चाहे जितना लें, लेकिन कहना होगा कि उनमें आत्म-संघर्ष के तत्त्व का अभाव है। इसे, आदर्श की भूमि का यथार्थ की भूमि से, प्रेमचन्द द्वारा किया गया पृथक्करण मानकर नहीं चला जा सकता। भूमि तो दोनों ही कहानियों में यथार्थ की ही है। वस्तुतः एक ही यथार्थ से मनुष्य की मुठभेड़ की दो स्थितियाँ मानो, दो सम्भावित पक्ष—प्रेमचन्द इन दो कहानियों में अलग-अलग रखकर दिखाना चाहते हैं।

व्यक्तिगत सम्बन्धों में भावनात्मक स्तर की संवेदनहीनता का भयावह यथार्थ प्रेमचन्द ने केवल 'कफ़न' कहानी में पहुँचकर ही देखा हो ऐसा नहीं है। 'ईदगाह' का गाँव भी उससे सर्वथा मुक्त नहीं है। यहाँ चौधरी क़ायम अली भी उन्हीं 'सम्पन्नों' में से हैं जिनकी वंश-परम्परा में आगे चलकर 'कफ़न' कहानी में 'सम्पन्न' आए। "चौधरी आज आँखें बदल लें तो यह सारी ईद मुहर्रम हो जाए!" यह चौधरी कायम अली की उदारता की प्रशंसा नहीं है। यह उनके शोषक चरित्र की तासीर का उल्लेख है। हामिद और उसके साथियों की बाल-कल्पना में शोषण के भयावह यथार्थ को उकेरने के लिए प्रेमचन्द बालक मोहसिन के मुँह से कहलाते हैं—"चौधरी साहब के काबू में सौ जिन्नात हैं!"

फिर भी, 'ईदगाह' कहानी में "विपत्ति अपना सारा दल-बल लेकर आए, हामिद की आनन्दभरी चितवन उसका विध्वंस कर देगी" क्योंकि "उसके अन्दर प्रकाश है, बाहर आशा।" यही विशेषता हामिद को घीसू-माधव से अलग करती है। वरना केवल उम्र के अन्तर का क्या महत्त्व होता? 'कफ़न' का अँधेरा ज़्यादा घना है। वहाँ 'महाजनी सभ्यता की आत्मा' जिस समाज-व्यवस्था के शरीर में अवस्थित है, उसने व्यक्ति के अन्दर के प्रकाश को भी छीन लिया है। घीसू-माधव के आचरण में व्यक्त आनन्दवाद (कफ़न के पैसों से शराब पीकर-पूड़ियाँ खाकर नाचना-गाना) उस समाज-व्यवस्था के खोखले नैतिक आदर्शों को ठेंगा तो दिखाता है लेकिन उस समाज-व्यवस्था द्वारा छीन लिए गए अपने अन्दर के प्रकाश को पुनः अर्जित करने के लिए आत्म-संघर्ष की ओर उन्मुख नहीं करता है। इसीलिए, बाहर जो भी आशा है, वह वहाँ अकेली और निस्सहाय होती जाती है। 'कफ़न' में विद्रोह-भावना के जो भी संकेत हैं, वे सब आशा के इसी अकेले होते जाने के त्रास में निहित हैं! 'कफ़न' के पात्र मानो इशारों में हमें बुलाते हैं कि इस त्रास से उनकी मुक्ति को हम सब अपनी सामूहिक मुक्ति के रूप में लें और उसके

लिए संघर्ष की तैयारी करें ताकि मानवीयता अपने मोर्चे पर कभी इतनी अकेली न पड़ जाए कि सर्वत्र अमानवीयता के झंडे गड़ जाएँ। 'ईदगाह' का हामिद आगे बढ़कर इसी तैयारी में हमारा सहायक बनने चला आता है। इसलिए यदि 'कफ़न' के घीसू-माधव कोरे अनादर्श नहीं हैं, यथार्थ हैं तो ईदगाह का हामिद भी कोरा आदर्श नहीं है, यथार्थ है।

प्रेमचन्द जिन पात्रों के माध्यम से आत्मकेन्द्रिता के दुर्ग पर प्रहार करते हैं, 'ईदगाह' का हामिद उनमें से एक है। हामिद का बचपन ऐसी संवेदनशीलता की 'सम्भावनापूर्णता' को प्रतीकित करता है, जो अपने द्रवणशील चरित्र के बूते स्थितियों की कठोरता से दृढ़ मुक़ाबला करने को तत्पर रहती है। वह चार-पाँच साल का ग़रीब-सूरत, दुबला-पतला लड़का जिसका बाप गत वर्ष हैजे की भेंट हो गया और माँ न जाने क्यों पीली होती-होती एक दिन मर गई—अब अकेला है और उसके चारों तरफ़ अभावग्रस्तता ढाढ़ें मार रही हैं। लेकिन वह अपने अकेलेपन से डरता नहीं है। क्योंकि उसके अकेलेपन को भरने के लिए उसकी अपनी बूढ़ी दादी अमीना है और उसके अपने गाँव के संगी-साथी हैं... महमूद, मोहसिन, नूर और सम्मी। वह इन सबकी आशाओं-आकांक्षाओं में अपने को शामिल करता है। वह आत्म-केन्द्रित नहीं है। लेकिन इतना आत्महीन भी वह नहीं है कि अपनी इच्छाओं के लिए कभी मचल न सके, ज़िद न कर सके और अपने इरादों के लिए कभी लड़-झगड़ न सके, बहस न कर सके, दलीलें न दे सके।

प्रेमचन्द हामिद की कहानी का आरम्भ ईद के आगमन के उत्साहपूर्ण वर्णन से करते हैं। लेकिन थोड़ा ही दूर चलकर, बीच में अवसाद का गाढ़ा रंग आ जाता है : "अभागिन अमीना अपनी कोठरी में रो रही है। आज ईद का दिन और उसके घर में दाना नहीं है...किसने बुलाया था इस निगोड़ी ईद को! इस घर में उसका काम नहीं!" संस्कृत में कहीं पढ़ा था—'मानवः उत्सवप्रियाः भवन्ति'। इस कथन में मनुष्य की जिस विशेषता की ओर संकेत किया गया है, उसके लिए आज के जीवन में कितनी गुंजाइश रह गई है? प्रश्न का जवाब हमारे वर्ग-विभक्त समाज में सबके लिए एक-सा नहीं हो सकता। जिसके धन-दौलत इफ़रात है, रोब-दाब है, वह अपनी उत्सवप्रियता को अपनी शान-शौक़त और सामाजिक दबदबे के प्रदर्शन का बहाना बना लेता है। वह दिखाता है कि वह सब कुछ ख़रीद सकता है—उत्सव की ख़ुशियाँ भी। मोहसिन ने यों ही थोड़े-ही सुन रखा है कि हलवाई की एक-एक दुकान पर जो मनों मिठाइयाँ होती हैं, "उन्हें रात को जिन्नात आकर ख़रीद ले जाते हैं।...जिन्नात को रुपये की क्या कमी?" इन 'जिन्नात' को पहचानिए। ये एक पूरे वर्ग का प्रतिनिधित्व कर रहे हैं। और दूसरी तरफ़ वह वर्ग है जो अभावग्रस्त है। वह अपनी उत्सवप्रियता को या तो दमित करने के लिए बाध्य होता है या फिर अपने आसपास के सहज सामाजिक आशा-उल्लास में भावनात्मक तौर पर साझीदार होता हुआ अपनी उत्सवप्रियता की वृत्ति को तृप्त करता है। अमीना और हामिद इसी दूसरे वर्ग के पात्र हैं। अमीना को 'माँगे ही का तो भरोसा ठहरा'। फ़हीमन के कपड़े सिलने पर जो अठन्नी मिली थी उसे उसने ईद के लिए 'ईमान की तरह' बचाकर रखा था। लेकिन उसमें से भी बचे केवल दो ही आने! 'यही तो बिसात है और ईद का त्योहार!' उसे अपनी उत्सवप्रियता को दबाना पड़ता है। उसे ईद 'निगोड़ी' मालूम पड़ती है तो स्वाभाविक ही है।

बालकों की सहज उमंग अपनी शक्ति होती है। इन्हें गृहस्थी की चिन्ताओं से क्या प्रयोजन? इसलिए वे अपनी उत्सवप्रियता को क्यों दमित करें? हामिद ऐसा ही उमंग-भरा बालक है। लेकिन उसकी उमंग उसकी 'निजी ख़ुशी' से कुछ अधिक बनना चाहती है। वह अपनी ख़ुशी को सिर्फ़ अपने लिए सहेजकर नहीं रख लेना चाहता। औरों के दुखों को थोड़ा-सा ख़ुशी में बदलने की फ़िक्र भी उसकी ख़ुशी में घुली रहती है। इन 'औरों' में उसकी अपनी बूढ़ी दादी अमीना भी है और ईदगाह के मेले में उसके साथ आए मोहसिन, महमूद आदि बच्चे भी। मेले में खिलौनों और मिठाइयों को देखकर तो वह ललचाकर भी आगे बढ़ गया था लेकिन लोहे की दुकान पर आकर वह रुक जाता है। "कई चिमटे रखे हुए थे। उसे ख़याल आया, दादी के पास चिमटा नहीं है। तवे से रोटियाँ उतारती हैं तो हाथ जल जाता है, अगर वह चिमटा ले जाकर दादी को दे दे तो वह कितनी प्रसन्न होंगी? फिर उनकी उँगलियाँ कभी नहीं जलेंगी।" और वह अपनी दादी के लिए उस चिमटे पर अपनी गाँठ की कुल जमा-पूँजी 'तीन-पूँजी पैसे' न्योछावर कर देता है। आगे चलकर हम यह भी देखते हैं कि चिमटा ख़रीदने पर हामिद के जो संगी-साथी उसका मज़ाक़ उड़ा रहे थे, वे ही अब चिमटे के पक्ष में हामिद की दलीलों से प्रभावित होकर पछता रहे हैं कि उन्होंने भी चिपटा-जैसी ही कोई काम की चीज़ क्यों नहीं ख़रीदी। हामिद अपनी जीत पर गर्व करके भी ख़ुश हो सकता था। लेकिन नहीं, वह अपने साथियों के पछतावे से संवेदित होता है। उनका यह पछतावा ईद की सामूहिक ख़ुशी में उनके हिस्से से, उन्हें कहीं वंचित न कर दे, इसलिए हामिद अपनी जीत को भी उन एर न्योछावर कर देता है। "हामिद ने हारनेवाले के आँसू पोंछे—मैं तुम्हें चिढ़ा रहा था, सच! यह लोहे का चिमटा भला इन खिलौनों की क्या बराबरी करेगा। मालूम होता है, अब बोले कि तब बोले!"

बच्चों की कल्पनाशीलता के बारे में प्रेमचन्द लिखते हैं, "उनकी कल्पना तो राई का पर्वत बना लेती है!" हामिद की उमंगों में उसकी कल्पनाशीलता सहयोग देती है। चिमटा ख़रीदते समय उसने कल्पना की थी, अम्मा चिमटा देखते ही दौड़कर मेरे हाथ से ले लेंगी और कहेंगी—मेरा बच्चा अम्मा के लिए चिमटा लाया है। हज़ारों दुआएँ देंगी। फिर पड़ोस की औरतों को दिखाएँगी। सारे गाँव में चर्चा होने लगेगी...लेकिन असलियत तो कुछ और ही नज़र आई, "अमीना ने छाती पीट ली। यह कैसा बेसमझ लड़का है कि दोपहर हुआ, कुछ खाया न पिया। लाया क्या, यह चिमटा।" हामिद में अपराध-भाव जगा। लेकिन उसकी कल्पना के रंग को उचटने से बचा लिया इस सचाई ने, जो चिमटा ख़रीदते वक़्त उसके दिल का अहसास थी और इस वक़्त दादी के सामने, चिमटे के पक्ष में दी गई एक सफ़ाई (स्पष्टीकरण) है, "तुम्हारी उँगलियाँ तवे से जल जाती थीं, इसलिए मैंने इसे ले लिया!" कल्पना में अहसासों का रंग हो और उसे संगत तर्क का सहारा भी मिल जाए तो उसका क़द वास्तविकता से किसी तरह छोटा नहीं रह जाता। हामिद की कल्पना का हासिल भी यही है। "बुढ़िया का क्रोध भी तुरन्त स्नेह में बदल गया और स्नेह भी वह नहीं जो प्रगल्भ होता है अपनी सारी कसक शब्दों में बिखेर देता है। यह मूक स्नेह था, ख़ूब ठोस, रस और स्वाद से भरा हुआ।"

यह स्नेह यहाँ हृदयपरिवर्तनवादी नुस्खे की देन नहीं है। यह स्नेह उस पूरे परिवेश से

रिसकर यहाँ घनीभूत हुआ है जो 'ईदगाह' कहानी के रचनानुभव को हर सिम्त से जीवन्त यथार्थ का अंग बनाता है। इसीलिए कहानीकार प्रेमचन्द को क़तई झिझक नहीं होती, जब वे उस स्नेह को ख़ूब 'ठोस' कहते हैं। ग़रीबी की मार और भावनापूर्णता का उछाह, वात्सल्य का वेग और परदुःखकातरता की अनुभूति—इन सबका 'सेचुरेशन प्वाइंट' हमें बूढ़ी अमीना और बालक हामिद के चरित्र में यहाँ देखने को मिलता है। बुढ़ापे की लाचारी और बचपने की उमंग, मिल-जुलकर जो आत्मीय परिवेश इस कहानी में रचते हैं, वह प्रेमचन्द की कहानी-कला की उपलब्धि तो है ही, बचपन से लेकर बुढ़ापे तक के मानवीय जीवनानुभवों की मनोवैज्ञानिक समझदारी का प्रमाण भी है।

'ईदगाह' कहानी में प्रेमचन्द की शैली मूलतः वर्णनपरक है। वर्णन ऐसा कि दृश्य की एक-एक रेखा सजीव होती चले। छोटे-छोटे वाक्य, आगे-पीछे दूर तक रोशनी फेंकते हुए। बीच-बीच में मुहावरे अनुभवों को खँगालते हुए। बच्चे जब ईदगाह की ओर रवाना होते हैं तो प्रेमचन्द रास्ते का वर्णन यों शुरू करते हैं : "गाँव से मेला चला और बच्चों के साथ हामिद भी जा रहा था।...हामिद के पैरों में तो जैसे पर लग गए हैं। वह कभी थक सकता है! शहर का दामन आ गया।" और जैसे ही शहर का दामन आया, प्रेमचन्द का दृश्यांकन देखिए—"शहर के दोनों ओर अमीरों के बग़ीचे हैं।" यह छोटा-सा वाक्य पीछे छूटे गाँव पर भी रोशनी फेंकता है, हर ओर फैली उसकी ग़रीबी की याद दिलाता हुआ, और आगे आते शहर पर भी रोशनी फेंकता है, उसके दोनों ओर फैली अमीरी का नज़ारा दिखाता हुआ। यह द्वंद्वात्मक चित्रण का कैसा समर्थ प्रयोग है!

प्रेमचन्द को यह भी ख़ूब मालूम है कि वर्णन में व्यंग्य और विचार के टाँके कैसे लगाए जाने चाहिए। इस काम के लिए प्रेमचन्द वर्णनकर्ता के रूप में कहानी में अपनी, ख़ुद की उपस्थिति को अनिवार्य नहीं समझते हैं। वे चाहते हैं, यह कार्य उनके पात्र करें। उन्हें भरोसा है कि उनके पात्र जीवन और जगत के हैं। इसलिए जीवन और जगत का विचार करने और उनकी विसंगतियों पर प्रहार करने का सीधा अधिकार इन्हीं को प्राप्त होना चाहिए। व्यंग्य और विचार को विश्वसनीय और असरदार बनाने का यही तरीक़ा प्रेमचन्द को ज़्यादा उचित लगता है। इसलिए चौधरी कायम अली के बारे में प्रेमचन्द ख़ुद बहुत कम कहते हैं, मोहसिन को ही ज़्यादा कहने देते हैं। ईदगाह के रास्ते में पुलिस लाइन पड़ती है। इधर से हामिद और उसके साथ गुज़रते हैं। पुलिस विभाग में व्याप्त भ्रष्टाचारों का ध्यान हो आना स्वाभाविक है। यहाँ भी प्रेमचन्द ख़ुद कुछ नहीं कहते। पुलिसवालों की पहरेदारी का राज भी मोहसिन को ही खोलने देते हैं। "अजी हजरत यही चोरी कराते हैं। शहर के चोर-डाकू हैं, सब इनसे मिले रहते हैं। रात को ये लोग चोरों से तो कहते हैं, 'चोरी करो और आप दूसरे मोहल्ले में जाकर जागते रहो! जागते रहो!' पुकारते हैं।" मोहसिन के इस प्रामाणिक अनुभव के स्रोत्र हैं उसके मामू, जो एक थाने में कांस्टेबल हैं। तनख़्वाह पाते हैं बीस रुपया, लेकिन पचास रुपये घर भेजते हैं और पूछने पर हँसकर कहते हैं—बेटा, अल्लाह देता है!

मोहसिन उम्र में हामिद, नूरे और सम्मी से कुछ बड़ा है। इसीलिए उसे कुछ अधिक अनुभवी दिखाया जाना अस्वाभाविक नहीं है। उसके अनुभवों ने उसे आत्मविश्वासी भी बनाया है और उसमें आत्मगौरव का भाव भी भरा है। क्लबघर में खेलनेवाली मेमों और

उनके हाथों में बैट का ज़िक्र जहाँ आता है, उस स्थल पर इन बच्चों को अपनी-अपनी अम्मीजान से उन मेमों की तुलना करते, देखते ही बनता है। महसूद कहता है—"हमारी अम्मीजान का तो हाथ काँपने लगे, अल्ला, क़सम!" इस पर मोहसिन की प्रतिक्रिया सुनिए—"अम्मी मनों आटा पीस डालती हैं। जरा-सा बैट पकड़ लेंगी तो हाथ काँपने लगे। सैकड़ों घड़े पानी रोज़ा निकालती हैं। पाँच घड़े तो मेरी भैंस पी जाती है। किसी मेम को एक घड़ा पानी भरना पड़े तो आँखों तले अँधेरा छा जाए।" मोहसिन के इस कथन में केवल मातृ-भक्ति की अभिव्यक्ति ही न देखते रह जाइए। यह भी देखिए कि मेहनत से जी चुरानेवाली शहरी औरतों के मुक़ाबले मेहनत में दिन-रात खटती रहनेवाली ग्रामीण औरतों के प्रति प्रेमचन्द का कैसा व्यापक सम्मान-भाव इस कथन में बोल रहा है!

'ईदगाह' कहानी में पात्रों के संवाद ऐसे ही व्यापक ध्वन्यार्थ देते हैं। लेकिन इस तरह नहीं कि उन ध्वन्यार्थों का दबाव किसी चरित्र की निजता पर भारी पड़े, बल्कि इस तरह कि हर चरित्र की निजी धड़कनें भी साफ़ सुनाई पड़ती चलें! मसलन, मोहसिन के संवादों में जहाँ यह प्रकट है कि मौजूदा समाज और व्यवस्था का सच क्या है, वहीं यह भी प्रकट है कि मोहसिन को उसके अनुभवों ने केवल आत्मविश्वासी ही नहीं बनाया है, चतुर और चालाक भी बनाया है। वह कितना 'क्रूर विनोद' कर सकता है, यह रेवड़ी-प्रसंग में उसके संवादों से जाना जा सकता है। हामिद उसके 'क्रूर विनोद' का भुक्तभोगी है। इसी तरह हामिद के संवादों में उसकी दृढ़ता उसकी भोली बेफ़िक्री ही नहीं बोलती। उनसे यह भी प्रकट होता है कि हामिद को अपनी ग़रीबी का कितना तीखा बोध है : "मेरे पास पैसे नहीं हैं। तभी तो मोहसिन और महमूद यों मिज़ाज दिखाते हैं। मैं ग़रीब सही, किसी से कुछ माँगने तो नहीं जाता!"

संवादों के माध्यम से चित्रित किया गया सबसे जीवन्त परिदृश्य वह है, जहाँ चिमटा और खिलौनों के पक्ष-विपक्ष में हामिद और अन्य बालकों के बीच 'शास्त्रार्थ' हो रहा है। प्रेमचन्द इस शास्त्रार्थ के बारे में एक बहुत ही सांकेतिक टिप्पणी करते हैं—"एक ओर मिट्टी है, दूसरी ओर लोहा, जो इस वक़्त अपने को फ़ौलाद कर रहा है।"' यों तो इस शास्त्रार्थ में शामिल दोनों दलों के तर्क बड़े ही सहज और रोचक हैं लेकिन हामिद की हाज़िर-जवाबी में प्रेमचन्द संवेदना की जो दिशा उद्घाटित करते हैं, वह जितनी रोचक है, उतनी ही विचारोत्तेजक भी है। अपने चिमटे से हामिद की आशाएँ उसके बाल-मन की आशाएँ हैं। लेकिन परिपक्व मन वालों की भी निराशा से जूझने का हौसला देने का आधार उनमें निहित है। वातावरण कितना भी प्रतिकूल हो, रक्षक ही भक्षक बन रहे हों तो भी, काम तो हिम्मत से ही लेना है। मोहसिन हामिद पर चोट करता है "तुम्हारे चिमटे का मुँह रोज़ आग में जलेगा।" यह तर्क मध्यवर्गीय सुरक्षा-लोलुपता के उस संस्कार की देन है जो मोहसिन जैसे बालकों को अपने परिवेश से मिलता है। लेकिन हामिद इस तर्क से आहत नहीं होता। "आग में बहादुर ही कूदते हैं जनाब, तुम्हारे यह वकील, सिपाही, भिश्ती लौंडियों की तरह घर में घुस जाएँगे। आग में कूदना वह काम है, जो यह रुस्तमे-हिन्द की कर सकता है!" यह जवाब मध्यवर्गीय सुरक्षा-लोलुपता और सुविधावादिता को दिया गया जवाब है। यह जवाब अपनी मेहनत के बल पर ग़रीबी से जूझ रही बुढ़िया अमीना के पौत्र हामिद द्वारा ही दिया जा सकता था।

प्रेमचन्द की कहानियों में कथावस्तु की विविधता पर दृष्टिपात करते हुए डॉ. रामविलास शर्मा ने लिखा है कि "प्रेमचन्द उन थोड़े से कथाकारों में हैं जो हिन्दू और मुसलमान दोनों पर समान अधिकार से लिख सकते हैं।" इस कथन में इतना और जोड़ने की ज़रूरत है कि हिन्दी कहानी के अब तक के इतिहास में प्रेमचन्द ही एकमात्र ऐसे कथाकार हैं जो हिन्दू और मुसलमान इन दोनों समाज में शोषक और शोषित, अमीर और ग़रीब के वर्ग-भेद एवं वर्ग-चरित्र पर निगाह रखने में समान सचेतनता का प्रमाण दे सकते हैं। 'ईदगाह' का मुस्लिम समाज जहाँ उन्हें यह दृश्य दिखाता है कि "यहाँ कोई धन और पद नहीं देखता, इस्लाम की निगाह में सब बराबर हैं।" वहाँ वे उस पर मुग्ध होते हैं। वह दृश्य था, "जिसकी सामूहिक क्रियाएँ, विस्तार और अनन्तता हृदय को श्रद्धा, गर्व और आत्मानन्द से भर देती थी, मानो भ्रातृत्व का एक सूत्र इन आत्माओं को एक लड़ी में पिरोये हुए है।" लेकिन मुसलमानों के इसी समाज में, जहाँ उन्हें सामाजिक विषमता दिखती है, उसका प्रखर चित्रण करने में भी वे चूकते नहीं। वे दिखाते हैं कि मात्र मुसलमान होना वहाँ समानता की कोई गारंटी नहीं देता जहाँ चौधरी कायम अली जैसे महाजन हों और अमीना-हामिद जैसे निर्धन। इसी प्रकार 'कफ़न' कहानी में उन्होंने दिखाया कि हिन्दू धर्म अपनी उदारता और सहिष्णुता का डंका चाहे कितना भी पीटे लेकिन हिन्दू रीति-रिवाजों का पाबन्द होना भी किसी ऐसे समाज को समानता की कोई गारंटी नहीं दे सकता जहाँ 'जीते जी तन ढाँपने को चीथड़ा भी न पा सकनेवाले' ग़रीब और अछूत समझे जानेवाले घीसू-माधव हों। अमीना और हामिद जैसे मुसलमान तथा घीसू और माधव जैसे हिन्दू मिल-जुलकर प्रेमचन्द के रचना-संसार में अपनी व्यथा-कथा और संघर्ष-गाथा कहने को खुला अवसर पा जाते हैं।

कफ़न

प्रेमचन्द

वर्गहीनता में जन्मा विरोध

नीरज खरे

प्रेमचन्द की सर्वाधिक चर्चित कहानी 'कफ़न' विमर्श और विवाद के केन्द्र में रही है। कई बार प्रासंगिक बहस इसके नये पाठ से उभरी तो कभी कुपाठ ने भ्रामक धारणाएँ उछालीं। ज़ाहिर है सहमतियों और असहमतियों के बीच इस कहानी की अपनी आन्तरिक शक्ति और लेखकीय दृष्टि की परिपक्वता है, जो इसे कभी अप्रासंगिक नहीं होने देती—कलात्मक संयम से रची सिर्फ़ इसी कहानी को लेकर प्रेमचन्द, आज भी चुनौती की तरह अडिग हैं। इस पर अनेक दृष्टियों से विचार होता रहा, पर सम्भावनाएँ फिर भी बनी रहती हैं। यह 'सद्‌गति', 'ठाकुर का कुआँ' और 'पूस की रात' के बाद लिखी गई कहानी है—यहाँ जाति और सामन्तवाद के गठजोड़ से आहत ग़रीब दलित का संघर्ष मोहभंग में बदलता है। इसके चरित्र 'सद्‌गति' के नायक की तरह धर्म और पुरोहितवाद से भयभीत और उसके पोषक नहीं हैं, न ही 'ठाकुर का कुआँ' के पात्रों की तरह जाति और सामन्तवाद से डरे-सहमे। 'कफ़न' का स्वर 'पूस की रात' के ऋणग्रस्त किसान के किसानी से मोहभंग से ज़रूर कुछ मेल रखता है। अपने 'वर्ग' से 'वर्गहीन' हुए इन 'व्यक्तियों' का शोषण के विरुद्ध, निजी विद्रोह गहरे अर्थ रखता है—जिसे ठीक सन्दर्भों से न जानने के कारण ही विवाद जन्मते रहे हैं।

कहानी में लगभग एक दिन के घटनाक्रम के साथ 'अनहोनापन' एकलय है—जिसे स्वयं प्रेमचन्द कहानी के लिए ज़रूरी मानते थे। सीधे तौर पर अव्यक्त या सांकेतिक ढंग से व्यक्त यथार्थ की अत्यन्त सघनता होते हुए भी घीसू-माधव का बर्ताव चकित करता है। उनका कार्य-व्यवहार उनके वर्ग और ग्रामीण समाज के लोगों के सामान्यतः बरतनेवाले बर्ताव से सर्वथा भिन्न है। इसी सामाजिक व्यवस्था की कोख से घीसू-माधव जैसे अनैतिक और निस्पृह लोगों का 'उपजीवी वर्ग' पनपा है, जिसे 'वर्गहीन' भी कहा गया। कोई भी पाठक जब इस कहानी को पढ़ता है तो उसे पहले-पहल घीसू और माधव की बेहयायी और अमानवीयता पर ग़ुस्सा आता है। पर प्रेमचन्द का आक्रोश बिन्दु यह नहीं, बल्कि वह पूँजीवादी-सामन्तवादी, वर्ग विषमता है—जिसके शोषक चरित्र ने 'घीसू-माधव' जैसे लोगों को जन्मा है। राजेन्द्र यादव द्वारा इस कहानी पर लिखी छोटी-सी टिप्पणी ग़ौरतलब है—"ज़मीन खोकर किसान मज़दूर बनता है और मज़दूरी का भरोसा न होने पर उपजीवी। जीवन और जीविका की अनिश्चितता किसी को

चोर बना देती है, तो किसी को साधु-संन्यासी या घीसू और माधव की तरह उपजीवी। सामाजिक व्यवस्था से निर्वासन और जीविका की अनिश्चितता उसके नैतिक-बोध को लुप्त करती जाती है और वर्गहीन होने के क्रम में वह अमानवीय होता जाता है। कफ़न अपने गहन अर्थों में बुधिया के कफ़न की कहानी नहीं, मानवीयता और मृत नैतिक-बोध के कफ़न की कहानी है, उस हताशा की कहानी है जो मनुष्य को अस्तित्व के आदिम स्तर पर ले जाती है और हर अच्छे-बुरे का लोप हो जाता है। बुझे हुए अलाव, मरती हुई बुधिया और कफ़न बेचकर शराब पीते पिता-पुत्र, पृष्ठभूमि में वह समाज-व्यवस्था जो इस सबके लिए उत्तरदायी है।" (सम्पादित कहानी संकलन : कथा यात्रा, पृ. 41) प्रेमचन्द इस वर्ग के पनपने के तमाम कारणों को सूक्ष्मता से तलाशने में सफल होते हैं। वे 'वर्ग' से 'वर्गहीन' हुए इस 'उपजीवी व्यक्ति' और वह भी 'अमानुष' बनानेवाली सामाजिक व्यवस्था को लेकर बेहद चिन्तित हैं। आदर्श और यथार्थ दोनों के समन्वय से 'आदर्शोन्मुख यथार्थवाद' का प्रस्तावन करनेवाले प्रेमचन्द इस कहानी में यथार्थ को पराकाष्ठा तक ले जाकर, चरित्रों का मनुष्यता से हीन एवं पाशविक पक्ष को दिखलाते हैं, उनका धर्मसत्ता और रीति-रिवाजों से विरोध दिखाते हैं। उस धर्मसत्ता को मानकर न तो उन्हें 'जीते-जी पहनने को कपड़ा मिला' और न पेट भरने को दाना! यथार्थवाद के सम्बन्ध में अपनी गहरी समझ रखनेवाले प्रेमचन्द ने यह कहानी 'प्रकृतवाद' और 'अतियथार्थवाद' की अवधारणाओं के आधारों को भी कोई जगह देने की कोशिश करते हुए लिखी या नहीं? इसे पक्के तौर पर भले न कहा जा सके, पर वस्तुगत समस्या के प्रति प्रेमचन्द की बारीक़ और सुस्पष्ट समझ है। ज़ाहिर है उनके इरादों को दबाने या धूमिल करने के लिए, ऐसी अवधारणाओं की कलाओं को कहानी पर लादकर महिमामंडन करना, उसके पाठ के निहितार्थों का अतिक्रमण है। लेकिन वे 'घीसू-माधव' के रूप में इन भयावह परिणतियों से ही नहीं उनके भयावह भविष्य को लेकर भी अत्यन्त चिन्तित हैं, जो अमानवीयता के अँधेरों को इस क़दर गाढ़ा कर उनके भीतर की बची मनुष्यता की रोशनी भी छीन रही हैं—इसलिए शायद उन्होंने घीसू-माधव के परिवार का भविष्य अजन्मा ही छोड़ दिया! कहानी में कराहती बुधिया की मृत्यु के साथ कोख में पल रहे भविष्य यानी बच्चे की भी मौत हुई है। प्रेमचन्द घीसू-माधव जैसा मुफलिस, भूखा और अमानुष वर्ग या भविष्य नहीं चाहते! वे सांकेतिक अर्थवत्ता के साथ जिस ऐतिहासिक सत्य से साक्षात्कार कराते हैं—उस पर पर्याप्त चर्चा हुई है। उन्हें दुहराने की ज़रूरत नहीं। संकेत ही पर्याप्त है। इसके पाठ से ध्वनित होते कतिपय अन्य पहलू भी उल्लेखनीय हैं, जिन पर ग़ौर किया जा सकता है।

कहानी में कई लेखकीय जोखिम उठाए गए हैं। श्रम करके घीसू-माधव का पेट भरनेवाली बुधिया की मृत्यु कहानी का मुख्य उपजीव्य है। वह दलित स्त्री की कारुणिक गाथा तो स्वयं थी ही। कहानी में बुधिया की उपस्थिति का पर्याप्त रेखांकन है। पराकाष्ठा यह है कि वे लोग (या वह पनपता वर्ग) उसे भी ज़िन्दा नहीं रख सकते! या रख पाने के संसाधन नहीं जुटा सकते। ज़िन्दा न रख पाने के तर्क उनके अपने हैं। जिन्हें चुनने के अलावा उनके पास विकल्प भी नहीं है। मनुष्यता से टूटकर अमानुष बनने का विकल्प उनका अपना नहीं है। शराब के शुरूर में वे उतने भावुक होकर अपने भीतर दफ़न हो

चुके मनुष्य को खोद लाते हैं। बुधिया की मृत्यु महत्त्वपूर्ण प्रस्थान ही नहीं, बल्कि इसी प्रसंग से कहानी आरम्भ है। मृत्यु से ही जुड़ा प्रकरण 'कफ़न' के जुगाड़ का है—जो धार्मिक-कर्मकांडीय-पुरोहिती व्यवस्था का प्रतीक बना। कफ़न ख़रीदने के लिए पैसे चाहिए। वे लोग तो सुविधा से महँगे से महँगा कफ़न ख़रीद सकते हैं जिनके पास गाँठ में पूँजी है। क्या घीसू-माधव ख़रीद सकतें हैं? जो चुराए आलू भूँजकर अपनी क्षुधा शान्त करते हैं। उनके घर के हालात क्या हैं? कहानी में उनका पर्याप्त हवाला है। इसलिए वे कफ़न को भी नकारते हैं। वे कफ़न के लिए जुटाए पैसों से स्मृति में बसे स्वाद की मुराद पूरी करते हैं। सामान्यत: जिसके घर में लाश रखी हो, वह ऐसा न करता! अपनी परिस्थितियों के चलते वर्ग और सामाजिक परिवेश के प्रतिनिधित्व से विस्थापित घीसू-माधव 'व्यक्ति चरित्र' (इंडिविजुअल) बनते हैं। 'कफ़न' का बहिष्कार और 'मदिरा' का चयन, यह निर्णय उन्हें 'वर्ग' से 'व्यक्ति' की ओर धकेलता है। प्रेमचन्द के इस 'व्यक्ति' पर कलावादियों में तथा 'वर्गहीन' (डीक्लास), अमानवीय (डीह्यूमनाइज़्ड) और परजीवी के रूप में प्रगतिवादी-समाजवादी विचार से चर्चाएँ काफ़ी हुई हैं।

दलित विमर्शकार नाहक ही नाराज़ हैं—यह सिर्फ़ घीसू-माधव की जाति के कारण दलित अस्मिता की कहानी भर नहीं है। परजीविता का सम्बन्ध केवल दलित वर्ग से ही हो, यह ज़रूरी नहीं। हालाँकि जातिगत रूढ़ियाँ और उन पर लोक प्रचलित कहावतें भारतीय समाज में कम नहीं हैं। अनेक कहावतों का स्वर वर्णव्यवस्था के विरोध या समर्थन से उपजा है। ऐसी कहावतें बड़ी और छोटी कही जानेवाली सभी जातियों के लिए हैं। प्रेमचन्द ने लिखा है—"चमारों का कुनबा था और सारे गाँवों में बदनाम। घीसू एक दिन काम करता तो चार दिन आराम। माधव इतना कामचोर था कि आधे घंटे काम करता तो घंटे भर चिलम पीता। इसलिए उन्हें कहीं मज़दूरी नहीं मिलती थी। घर में मुट्ठी-भर भी अनाज मौजूद हो, तो उनके लिए काम करने की क़सम थी।..." बुंदेलखंड में चमारों के लिए लोक प्रचलित कहावत है—'गगरी में दाना, चमर उताना'। यह समाज व्यवस्था की कोख से पनपे परजीवी वर्ग की प्रेमचन्द द्वारा रेखांकित उपर्युक्त अकर्मण्य प्रवृत्तियों से मेल खाती है। हो सकता है कहानी में घीसू-माधव के व्यवहार की कड़ी उन्हें इस कहावत से मिली हो! लोक कई मामलों में बेरहम होता है—वह जातिगत आलोचनाएँ (कहावतों आदि) सामान्यत: वर्गीय या पेशेगत स्वभाव से बना लेता है। भारतीय समाज में जातियों का सम्बन्ध प्राय: पेशों से ही रहा है। लोक उसके ऐतिहासिक या सामाजिक-आर्थिक तर्कों/पक्षों की खोज और विचार में उतना नहीं उतरता। साहित्यकार संवेदनशील और विचारवान होता है। वह लोक की पहचान में तह तक जाता है—उस पहचान के कारणों तक। प्रेमचन्द का प्रवास कुछ समय बुंदेलखंड (महोबा-बाँदा) भी था। सम्भव है इस वर्ग की यह पहचान उन्हें वहीं हुई हो! इससे कहा जा सकता है कि प्रेमचन्द ने यह कहानी दलितों को ही ध्यान में रखकर ही लिखी है। पर वे उस प्रवृत्ति की तलाश भूमिहीन और अपनी आजीविका की अनिश्चितता से उपजे वर्ग में देखते हैं—ज़रूरी नहीं कि वह वर्ग दलित ही हो। लेकिन यह भी सच है कि भारतीय ग्रामीण समाज में भूमिहीन जातियाँ प्राय: दलित वर्गों की ही रही हैं। यहाँ जाति विशेष के पात्रों को लेकर उठाया गया सवाल केवल उसी जाति के सन्दर्भ का नहीं है, उस भूमिहीन वर्ग का

है—वे जिसकी विसंगतियों और विडम्बनाओं से साक्षात्कार कराते हैं। अतः उसे सिर्फ़ दलित वर्ग की मानकर कोई निष्कर्ष बना लेने से लेखक की मनसा को नहीं समझा जा सकता। अगर दलित वर्ग की माना भी जाए तो घीसू-माधव की रचना प्रेमचन्द ने उस वर्ग के मखौल उड़ाने और अवमानना के लिए नहीं की है। कहानी के मर्म और मूल अभिप्रेत तक पहुँचने के लिए घीसू-माधव का असामान्य और अस्वाभाविक व्यवहार दिखलाना ज़रूरी था। सहज तर्कों से परे जाकर ही कहानी, कहानी बनती है। और तभी बड़े जीवन सत्य को अभिव्यक्त कर पाती है। इस अर्थ में कफ़न गहरे निहितार्थों की कहानी है किसी वर्ग-जाति की निन्दा की नहीं।

जहाँ तक दलित चिन्तन के सरोकारों का सन्दर्भ है वे कहानी की पृष्ठभूमि में ध्वनित हैं। और, प्रेमचन्द दलित सन्दर्भों की कई कहानियाँ लिखने के बाद यहाँ नये प्रस्थान पर खड़े हैं। इसे उनकी एक और कहानी 'सद्गति' के हवाले समझा जा सकता है। इसका पात्र 'दुखी' धार्मिक-पुरोहिती रीति-रिवाज, कर्मफलवादी और कर्मकांडों को पोषित करनेवाला है—सामान्यतः जिसे स्वीकारने या सहमत होनेवाला बड़ा वर्ग है। दुखी उसी तरह का वर्गीय चरित्र है। प्रेमचन्द उसके शोषण की जड़ें उसी तरह की 'अंध-भीरु धार्मिकता' में देखते हैं। जिसकी शरण में वह बार-बार जाता है और शोषित होता है। वे दुखी के बहाने उस वर्ग की पक्षधरता के साथ उनकी इस स्थिर मानसिकता के आलोचक भी हैं। 'कफ़न' के पात्र उसे धिक्कारते हैं जिस व्यवस्था ने उनका सदियों से शोषण किया। प्रेमचन्द धर्म के पूँजी से गठजोड़ की कलई भी यहाँ खोलते हैं और जिसने सर्वाधिक बहिष्कार और शोषण निर्धनों और दलितों का किया है। ज़ाहिर है चाहे ख़ुशी के मौक़े की उत्सवप्रियता हो या मृत्यु के कारज हर मौक़े पर सम्पन्न वर्ग ही उसे निभा पाने में सक्षम है। अतः यहाँ प्रेमचन्द अपने विचारों में अग्रगामी हैं—जिसे समझने की ज़रूरत है। प्रेमचन्द सहिष्णुता और उदारता का दावा करनेवाले धर्म के रीति-रिवाजों के आलोचक इसीलिए हैं, कि समाज में वर्ग और वर्गहीनता के विरुद्ध धार्मिक रीति-रिवाजों की पाबन्दियाँ समता की गारंटी नहीं देतीं। ऐसा नहीं है कि प्रेमचन्द की ये चिन्ताएँ सिर्फ़ हिन्दू धर्म को लेकर है! ध्यान दीजिए 'ईदगाह' में ग़रीब अमीना को ईद 'निगोड़ी' क्यों लगती है। वे अवसर मिलते ही मुस्लिम समाज की वर्गविभक्त सचाईयों की ओर भी पर्याप्त संकेत करते हैं।

'कफ़न' में अयथार्थ और यथार्थ के तमाम पहलुओं पर चर्चा के बीच कुछ और पहलुओं पर भी ग़ौर करना चाहिए। मृतक का आख़िरी संस्कार सम्मान से करने की प्रथा हर समुदायों में है। वे लोक-परलोक के महिमामंडिन द्वारा धार्मिक कर्मकांडों का अनिवार्य हिस्सा बन गईं। उनके नाम पर भी धर्म का व्यापार फलता-फूलता रहा है। मृत्यु पर भी जैसे वैभव प्रदर्शन की होड़ लगती है। लोग महँगे से महँगा कफ़न ख़रीदते हैं। वैसे हिन्दू परम्पराओं के अनुसार भारत के तमाम हिस्सों में शवों पर ज़्यादातर सादा सफ़ेद या सुहागिन स्त्री के लिए लाल रंग का कफ़न ओढ़ाया जाता है। बनारस और आसपास के क्षेत्र में अनेक तरह के चमकीले-रंग-बिरंगे कफ़न का रिवाज़ है। बनारस के घाटों पर सजी दुकानें देखकर इसे बख़ूबी समझा जा सकता है। कहानी अपने लोकेल को पकड़ती है चाहे उसके कथ्य की व्यापकता पूरे देशकाल तक हो! बाज़ार से लोग

अपनी हैसियत के हिसाब से कफ़न ख़रीदते हैं। इसलिए ऐसे कई कफ़नों को देखने के बाद घीसू-माधव को उसकी व्यर्थता महसूस होती है। उनके संवादों में कफ़न से लेकर धार्मिक कर्मकांडों और मृत्यु-संस्कारों की औचित्यहीनता पर लगातार सवाल हैं। कफ़न तो कहानी में उसका 'प्रतीक' मात्र है।

लेखक ने असामान्यता या अस्वाभाविकता घीसू-माधव के चरित्र में उपर्युक्त ख़ास वजहों से देखी है। पर अभिप्रेत तक पहुँचने के लिए ऐसी असामान्यता और अस्वाभाविकताएँ कहानी में सीढ़ी बनी हैं—वे और जगहों पर भी हैं। जाड़े की नीरव रात में बुधिया की चीख़-पुकार कोई नहीं सुनता, जबकि गाँवों का समाज कम से कम ऐसा निष्ठुर नहीं होता! दूसरे दिन घीसू-माधव का रोना-धोना सुनकर ज़रूर लोग जुटते हैं। सामान्यत: अर्थी उठने के पहले मृतक के घर के ख़ास परिजनों के बजाय अड़ोस-पड़ोस या जान-परिचय के लोग अर्थी और संस्कार की तैयारी में लग जाते हैं। पर यहाँ ऐसा नहीं होता। पड़ोसी स्त्रियाँ आँसू बहाने तो जुटती हैं और पुरुष अर्थी की तैयारी के लिए बाँस काटने लगते हैं। पर कफ़न लेने घीसू-माधव ही साथ निकलते हैं। इस काम के लिए चन्दा कर, बाज़ार भी ख़ुद जाते हैं। फिर पिता-पुत्र का साथ-साथ मदिरापान, याराना और गलबहियाँ डालकर नाचना! दरअसल कहानी बहुधा मान्य से अनेक असहमतियों की है। बुधिया को कफ़न तो उसी समाज के लोगों ने ओढ़ाया ही होगा जिनने जीते-जी पहनने को नहीं दिया! इसका पूरा भरोसा अनुभवी घीसू को था। उन्होंने बुधिया पर न सही, मान-मर्यादा की कथित रूढ़ियों को नकार कर अपनी मृत नैतिकताओं पर कफ़न डाला है। व्यापक न सही पर यह उनका अपने प्रतिरोध का मूल्य है। कला व्यवस्था को इसी तरह प्रश्नांकित करती है। इसके लिए घीसू-माधव पर लांछन तो लगना ही था। पर उन्हें "न जवाबदेही का ख़ौफ़ था, न बदनामी की फ़िक्र। इन भावनाओं को उन्होंने बहुत पहले जीत लिया था।" प्रेमचन्द ने यह सधा हुआ कथन अकारण नहीं लिखा है—जो कहानी की धुरी है। इस पर ग़ौर करना चाहिए। भावनाएँ टूटने की यह भयावह त्रासदी 'भूख' से उपजी है। यही त्रासदी भयावह रूपान्तरण का कारण है। और उस त्रासदी का कारक कहानी में अदृश्य नहीं है उसकी पहचान लगातार हुई है।

प्रेमचन्द के ये पात्र 'कफ़न' को आश्रय देनेवाली व्यवस्था के विरुद्ध ख़ुद सिर पर कफ़न बाँधकर निकले थे। पर यह किसी वैकल्पिक मूल्य की कहानी नहीं है। रचना का यह ज़रूरी सरोकार भी नहीं। सैकड़ों कहानियाँ लिखने के बाद प्रेमचन्द 'कफ़न' लिखते यह भलीभाँति जान गए थे। 'कफ़न' गहन निराशाजनक के अँधेरों की पहचान करानेवाली कहानी है। इसे जन्म देनेवाली व्यवस्था की आलोचना कर बदलने के लिए प्रश्नांकित करना ही उनका ध्येय था। कला जब ऐतिहासिक उछाल भरती है तो कइयों की भृकुटियाँ तन जाती हैं। पर वह किसी की परवाह नहीं करती। प्रेमचन्द और 'कफ़न' के पात्र भी परवाह नहीं करते। उन पर लांछन लगें तो लगते रहें।

मनोभावों में परम्परा और आधुनिकता का मेल

अरुण होता

हिन्दी कहानी को नई दिशा प्रदान करने में जैनेन्द्र की भूमिका अविस्मरणीय है। प्रेमचन्द के समकालीन कथाकार होते हुए भी जैनेन्द्र ने अपनी कथा-भूमि तैयार की। प्रेमचन्द के प्रति बड़ा ही आदर भाव जैनेन्द्र का रहा तो प्रेमचन्द का जैनेन्द्र के प्रति अत्यन्त समादर भाव था। ख़ास तौर पर युवावस्था में स्वतंत्रता आन्दोलन में शामिल होने के लिए जैनेन्द्र ने जो जेल-यात्रा की थी, इससे प्रेमचन्द उनसे काफ़ी प्रभावित हुए थे। जैनेन्द्र की प्रारम्भिक कहानियों में सामाजिक और राष्ट्रीय प्रतिबद्धता स्पष्ट रूप से झलकती भी है। यदि जैनेन्द्र अपनी प्रारम्भिक कहानियों की धारा बनाई रखी होती तो प्रबल सम्भावना थी कि वे प्रेमचन्द का अनुकरण ही किए होते। बहरहाल जैनेन्द्र की कथा-प्रतिभा को प्रेमचन्द ने शुरुआती दौर में भलीभाँति पहचान लिया था। उन्होंने जैनेन्द्र को हिन्दी का गोर्की कहा था। प्रेमचन्द की प्रशंसा को जैनेन्द्र कुमार ने पुरस्कारस्वरूप ग्रहण किया था। प्रेमचन्द के प्रारम्भिक उत्साहवर्द्धन के चलते जैनेन्द्र का पहला कहानी-संग्रह 'फाँसी' सन् 1929 में प्रकाशित हुआ। इसके बाद उनके अनेक संग्रह 'वातायन' (1930), 'नीलम देश की राजकन्या' (1931), 'एक रात' (1935), 'दो चिड़ियाँ', (1935), 'पाजेब' (1942) प्रकाशित हुए। उनके कथा-संसार में मनोविज्ञान का सर्वाधिक चित्रण हुआ है। उन्होंने अपनी लगभग 200 कहानियों में रहस्य और मनोविज्ञान की सम्मिलित भूमिका को अत्यधिक महत्त्व प्रदान किया है। उनकी प्रसिद्ध और अत्यन्त चर्चित कहानियों में 'पाजेब', 'खेल', 'पत्नी', 'जाह्नवी', 'फोटोग्राफ़ी', 'दो चिड़ियाँ', 'घुँघरू', 'नीलम देश की राजकन्या', 'भाभी' आदि के नाम लिये जाते हैं। जैनेन्द्र की 'जाह्नवी' शीर्षक कहानी को आधार बनाकर यहाँ चर्चा की जाएगी।

'जाह्नवी' एक मनोवैज्ञानिक कहानी है। जैनेन्द्र ने मुख्य रूप से युवती जाह्नवी की मानसिक ऊहापोह और अन्तर्द्वंद्व को इस कहानी का माध्यम बनाया है। सामाजिक हलचल, वर्ग-संघर्ष, वर्ग-चेतना, राजनीतिक सन्दर्भ आदि का यहाँ अभाव है। सामाजिक संघर्ष-चेतना जैनेन्द्र का मुख्य सरोकार नहीं है। पढ़ी-लिखी जाह्नवी के अन्तःस्थल में झाँककर बाहरी सतह पर उसका चित्रण भर करना कथाकार का स्वभाव नहीं है। इस कहानी में उन्होंने कथा नायिका के मानसिक संघर्ष और अन्तर्द्वंद्व को जिस गहराई के साथ चित्रित किया है, वह अन्यत्र दुर्लभ है। पात्रों की मनोवैज्ञानिक चेतना के विकास

को प्रभावी ढंग से निरूपित करने में कथाकार को उल्लेखनीय सफलता हासिल हुई है। कहानी में जाह्नवी, लेखक, लेखक की पत्नी, लेखक की साली, ब्रजनन्दन उर्फ़ बिरजू आदि मानवीय पात्रों के अलावा मानवेतर प्राणी कौओं को भी शामिल किया गया है। लेकिन इसकी मुख्य पात्र जाह्नवी है। कहानी से पता चलता है कि जाह्नवी का चरित्र, उसकी मन:स्थितियों और उसकी चारित्रिक विशेषताओं को स्पष्ट करने के उद्‌देश्य से अन्य पात्र भी शामिल हैं। अत: यह कहानी नायिकाप्रधान है। आप चाहें तो जाह्नवी को कथा-नायिका और कथा-नायक दोनों का दर्जा दे सकते हैं। भले ही बिरजू से उसके विवाह का प्रस्ताव चलता है लेकिन, वह नायक नहीं कहला सकता है। क्योंकि जाह्नवी से वह इतना अधिक प्रभावित होता है कि ठाट-बाट से रहनेवाला एम.ए. का छात्र ब्रजनन्दन जो किसी को अपने सामने गिनता तक न था, उसमें घोर परिवर्तन आ जाता है। कहानीकार के शब्दों में—"और मैं देखता हूँ कि उस ब्रजनन्दन का ठाट-बाट आप ही कम होता जा रहा है। सादा रहने लगा है और अपने प्रति सगर्व बिलकुल भी नहीं दीखता है। पहले विजेता बनना चाहता था, अब विनयावनत दीखता है और आवश्यक से अधिक बात नहीं करता।" पारम्परिक शास्त्र के अनुसार वह फल का भोक्ता भी नहीं है। अत: ब्रजनन्दन को कथा-नायक नहीं कहा जा सकता है। जाह्नवी के अत्यन्त प्रभावशाली व्यक्तित्व के सामने वह टिकता भी नहीं। लेखक ने स्पष्ट शब्दों में कहा भी है—"बाईस छोड़ बयालीस का भी हो जाए। देखा नहीं कैसे ठाट से रहता है। यह लड़की देखो, कैसी बस सफ़ेद साड़ी पहनती है। बिरजू इसके लायक़ कहाँ है?" जाह्नवी की मन:स्थितियों को उघाड़ने में कहानी के अन्य सभी पात्र सहायक बनकर आते हैं। यहाँ तक कि छत पर कौओं का काँव-काँव करना और जाह्नवी के बुलाने पर उसके इर्द-गिर्द मँडराना अथवा उसके शरीर पर बैठ जाना भी जाह्नवी के विविध मनोभावों के संकेतक हैं।

इस कहानी में एक अदृश्य पात्र भी है जिसके बारे में संकेत मात्र है। कहा जा सकता है कि रहस्य का आवरण है। उससे जाह्नवी प्रेम करती है और उसे पाने की उम्मीद में कौओं को रोटियाँ खिलाती है। वह विरहिणी है। परन्तु जाह्नवी कहीं भी निराश प्रतीत नहीं होती है। जाह्नवी 'सादा जीवन और उच्च विचार' की कहावत को चरितार्थ करती है। अपनी उम्र की तुलना में वह अधिक 'मेच्योर' भी है। उसके आचरण से कहानी का 'मैं' यानी कथावाचक न केवल प्रभावित होता है बल्कि जाह्नवी के गुणों का प्रशंसक भी है। जाह्नवी का बिरजू के नाम लिखे पत्र के बारे में पता चलता है तो लेखक जाह्नवी को लेकर गर्वित होना नहीं भूलता—"उस पत्र को देखकर मेरे मन में कल्पना हुई कि अगर वह मेरी लड़की होती तो? मुझे यह अपना सौभाग्य मालूम नहीं हुआ कि जाह्नवी मेरी लड़की नहीं है। उस पत्र की बात कई बार मन में उठी है और घुमड़ती रह गई है। ऐसे समय चित्त का समाधान उड़ गया है और मैं शून्य भाव से, हमें जो शून्य चारों ओर से ढके हुए हैं उसकी ओर देखता रह गया हूँ।" दरअसल, उस छोटे-से पत्र में जाह्नवी ने अपनी मानसिक स्थितियों को उकेर दिया है। मध्यवर्गीय शिक्षित युवती का अन्तर्द्वंद्व और उसकी विवशता का यथार्थ चित्रण हुआ है। उसकी पीड़ा और निस्सहायता, उसकी दृढ़ता और उधेड़बुन आदि मानसिक स्थितियाँ उस संक्षिप्त पत्र से उजागर हो जाती

हैं—"विवाह में आप मुझे लेंगे और स्वीकार करेंगे तो मैं अपने को दे ही दूँगी। आपके चरणों की धूलि माथे से लगाऊँगी। आपकी कृपा मानूँगी। कृतज्ञ होऊँगी। निर्णय आपके हाथ है। जो चाहे, करें।" जाह्नवी की इस विशिष्ट मन:स्थिति को जैनेन्द्र ने एक छोटे-से पत्र के माध्यम से प्रस्तुत करने में अद्भुत सफलता पाई है। विवाह के लिए स्वीकृति है तो अपने 'चित्त की हालत इस समय ठीक नहीं' की स्पष्ट घोषणा भी। 'विवाह जैसे धार्मिक अनुष्ठान की पात्रता' का अपने में अभाव पाती है। मध्यवर्गीय परिवार की कन्या के अन्त:करण में होनेवाली हलचल और उसके अन्तर्द्वंद्व का साकार रूप यहाँ परिलक्षित होता है। इसे जैनेन्द्र की कहानी-कला की बड़ी विशेषता भी कह सकते हैं। संकेतों के प्रयोग में भी कथाकार को अपेक्षित सफलता मिली है। कौए रोटी खाने के बाद चले जाते हैं तो जाह्नवी की मनोदशा का यूँ चित्रण किया गया है—"लड़की के होंठ खुले थे, दृष्टि थिर थी। जाने भूली-सी वह क्या देखती रह गई थी।" इन चन्द शब्दों में जाह्नवी की चिन्तामग्न स्थिति, अतीत की सुखद स्मृतियों में डूबे रहने की मनोदशा को बड़ी शिद्दत के साथ प्रस्तुत किया गया है। ऐसा चित्रण बिना संकेतात्मकता से सम्भव नहीं है। मनोवैज्ञानिक कहानी में पात्रों की गतिविधियों के माध्यम से मनोविश्लेषण की प्रविधि को सूत्र रूप में प्रस्तुत किया जाता है। हिन्दी कथा-दुनिया में जैनेन्द्र और अज्ञेय इस कला में निपुण हैं। तभी तो राजेन्द्र यादव ने इन दोनों कथाकारों के सन्दर्भ में लिखा है—"संकेत इतना भी बारीक़ हो सकता है कि पाठक ताकता रह जाए—कभी कहानी की ओर, कभी लेखक के अदृश्य मोड़ की ओर।" जैनेन्द्र और अज्ञेय की कहानियाँ घटनाप्रधान नहीं होती हैं, ये चरित्र प्रधान हैं। अत: मानसिक स्थितियों के अंकन हेतु संकेतधर्मिता आवश्यक प्रतीत होती है। यहाँ कथानक से अधिक मर्मस्थितियों के चित्रण और मानसिक उद्घाटन पर अधिक बल दिया जाता है। भावना का सम्बन्ध मानसिक स्थितियों से होता है। 'जाह्नवी' में भी ये विशेषताएँ स्पष्ट रूप से दिखाई पड़ती हैं।

'जाह्नवी' में लेखक की पत्नी के माध्यम से यह पता चलता है कि जाह्नवी किसी से प्रेम करती है। जाह्नवी का कौओं को बुलाकर रोटियाँ खिलाना और जायसी कृत 'पद्मावत' की निम्नलिखित पंक्तियाँ गाकर बार-बार सुनाना—"कागा चुन-चुन खाइयो.../दो नैना मत खाइयो.../पीउ मिलन की आस।" जाह्नवी के विरहिणी रूप को पुष्ट करता है। लेकिन कौन है उसका प्रियतम, क्या करता है, कहाँ का निवासी है, आदि के बारे में कुछ भी पता नहीं चलता है। इस पर एक रहस्यवादी कुहरे का आवरण है। अस्पष्टता है। न केवल इसी कहानी में बल्कि जैनेन्द्र की अन्य कहानियों में भी यह आवरण बार-बार दिखाई पड़ता है। इस सन्दर्भ में कथाकार ने किसी इंटरव्यू में कहा था—"मैं किसी ऐसे व्यक्ति को नहीं जानता जो मात्र लौकिक हो, जो सम्पूर्णता से लौकिक धरातल पर रहता हो। सबके भीतर हृदय है जो सपने देखता है, सबके भीतर आत्मा है जो जगाती रहती है, जिसे शत्रु नहीं छूता, आग नहीं जलाती, सबके भीतर वह है जो अलौकिक है। मैं वह स्थल नहीं जानता जहाँ वह अलौकिक न हो, जहाँ वह कण है, जहाँ परमात्मा का निवास नहीं है। इसलिए मैं आलोचक से कहता हूँ कि जो 'अलौकिक' है वह भी तुम्हारी ही कहानी है, तुमसे अलग नहीं है।"

चरमोत्कर्ष पर पहुँचकर कहानी का अन्त अत्यन्त रोचक बन पड़ा है—जिसका

उत्कर्ष जाह्नवी का बिरजू को लिखा गया पत्र है। इससे जाह्नवी का किसी के प्रेम-पाश में आबद्ध होने की घटना का संकेत मिलता है। रोचकता से भरपूर अन्त और आकस्मिकता से लेखक की कहानी कहने की कला से भी पाठक अच्छी तरह से रू-ब-रू होता है। यह कहानी छोटे-छोटे वाक्य, सहज और सरल शब्द, स्वाभाविक संवाद नियोजन, मनोवैज्ञानिक सत्य का समावेश आदि गुणों से युक्त है। जैनेन्द्र ने 'जाह्नवी' कहानी के माध्यम से मध्यवर्गीय मानसिकता, रूढ़िग्रस्तता, संकीर्ण मनोवृत्ति आदि की ओर भी संकेत किया है। लेखक की पत्नी के माध्यम से इस पुरातन मानसिकता को भलीभाँति उजागर किया गया है। इस सन्दर्भ में कहानी के निम्नलिखित वाक्य द्रष्टव्य हैं—

(क) "वह लड़की आशनाई में फँसी थी। पढ़ी-लिखी सब एक जात की होती हैं।"

(ख) "वह लड़की घर में आ जाती तो मेरा मुँह अब दिखाने लायक़ रहता?"

(ग) "वह तो मुझे पहले ही से दाल में काला मालूम होता था।"

कहना न होगा कि बदलते समय के अनुसार लेखक की पत्नी तालमेल मिलाकर चलना नहीं चाहतीं। वे अपनी सनातनी मानसिकता और संकुचित दायरे में बँधकर नई पीढ़ी का मूल्यांकन कर रही हैं। उनकी दृष्टि में प्रेम करना पाप है। विवाह के पहले लड़की अपनी मन:स्थिति पत्र के माध्यम से होनेवाले पति को बताना संस्कृति के विरुद्ध है। मध्यवर्ग की इस सीमित मानसिकता को कथाकार ने सफलतापूर्वक प्रस्तुत किया है। रचनाकार की यह विशेषता रही है कि वह व्यक्ति मन के भीतर चलनेवाले द्वंद्व और उथल-पुथल को कथा के सूत्रों में पिरोता है। कथावाचक की दृष्टि प्रगतिशील है। वह समय और समाज की नब्ज़ को पहचानता है। ब्रजनन्दन भी कथावाचक की सोच के साथ खड़ा पाया जाता है। तभी तो वह अपने दूर के रिश्ते के चाचा के सामने अपने मन की बात खुलकर रखता है—"मैं और विवाह करूँगा ही नहीं, करूँगा तो उसी से करूँगा।" जैनेन्द्र द्वंद्व और अन्तर्द्वंद्व के चित्रण में सिद्धहस्त हैं। उन्होंने बाह्य क्रियाकलापों की तुलना में अन्त:करण की हलचलों को सर्वाधिक महत्त्व दिया है। इसलिए उनकी कहानियाँ मनोवैज्ञानिक कहानी की कसौटी पर खरी उतरती हैं।

अस्तु, 'जाह्नवी' एक सफल मनोवैज्ञानिक कहानी है। इसमें व्यक्ति के अन्तर्जगत का बड़ा सूक्ष्म लेकिन रोचक अध्ययन हुआ है। पात्रों की गतिविधियों, क्रियाकलापों के वर्णन द्वारा चरित्र-चित्रण मनोज्ञ ढंग से हुआ है। पात्रों के संक्षिप्त तथा स्वाभाविक संवाद के माध्यम से चारित्रिक विशेषताओं का उद्घाटन किया गया है। उनके अन्तर्द्वंद्व और तनाव में भी धीर तथा शान्त बने रहने की स्थिति का भी प्रभावी अंकन हुआ है। उदाहरण के तौर पर जाह्नवी के चरित्र को रखा जा सकता है जो विपरीत परिस्थिति में भी अपनी हिम्मत नहीं हारती। पात्रानुकूल, प्रसंगानुकूल संवाद योजना इस कहानी की बड़ी ख़ूबी है। संवाद प्राय: लम्बे नहीं हैं। कहीं-कहीं तो एक-दो शब्दों से संवाद प्रस्तुत हुआ है। चरित्रप्रधान कहानी होने के चलते इसमें लम्बी-चौड़ी घटनाओं का अभाव है। कहानी का शीर्षक 'जाह्नवी' कहानीकार की उत्तम सूझबूझ का परिचायक है। जाह्नवी के इर्द-गिर्द परिक्रमा करती कहानी में जाह्नवी की सोच, उसकी प्रेम-चेतना आदि गंगा की पवित्र धारा की तरह सम्पूर्ण कहानी में प्रवहमान है।

इस कहानी में परम्परा और आधुनिकता का सुन्दर समन्वय हुआ है। कहीं परम्परा

के प्रति अतिशय आग्रह है तो कहीं आधुनिकता के प्रति लगाव। कौओं को बुलाकर रोटियाँ खिलाना और अपने मनोभावों को ज़ाहिर करने के पीछे सदियों से चली आ रही मान्यता को उजागर करना है कि कौए हमारे पूर्वज के रूप में आते हैं। पितर पक्ष में तो वे हमारे परम आदरणीय होते हैं। जाह्नवी के चरित्र में परम्परा और आधुनिकता का सुन्दर मेल है तो कथावाचक में आधुनिकता के प्रति ख़ास तरह का आकर्षण है। रूढ़ि और संकीर्णता के विरुद्ध विद्रोह का स्वर मुखर न होते हुए भी सांकेतिक है। 'जाह्नवी' कहानी की पठनीयता ज़बरदस्त है। महत्त्वपूर्ण कथानक का अभाव होते हुए भी पूरी कहानी पाठक को बाँधे रखने में समर्थ है। इसका मूल कारण है भाषा और शैली की निराडम्बरता और इनका सहज तथा स्वाभाविक प्रयोग। एक उदाहरण द्रष्टव्य है—"कौओ आओ, कौओ आओ...कौओ खाओ, कौओ खाओ...पर एक बात है कि ओ कौओ, जो तन चुन-चुनकर खा लिया जाएगा, उसको खा लेने में मेरी अनुमति है। वह खा-खूकर तुम सब निपटा देना। लेकिन ऐ मेरे भाई कौओ, इन दो नैनों को छोड़ देना। इन्हें कहीं खा ना लेना। क्या तुम नहीं जानते कि इन नैनों में एक आस बसी है जो पराये के बस है। ये नैना पीउ की बाट में हैं। ऐ कौओ, ये मेरे नहीं हैं, मेरे बस में नहीं हैं। ये पीउ की आस को बसाए रखने के लिए हैं। सो, इन्हें छोड़ देना।" कहानी जाह्नवी के पूर्व प्रेम की विफलता का संकेत भर करती है। लेकिन उसके द्वारा शाश्वत विरह का चयन, एक ओर अपने प्रेम के प्रति समर्पण है तो दूसरी ओर स्त्री के लिए विवाह की सामाजिक अनिवार्यता के विरोध का संकेत भी व्यक्त करता है। संवेदना के व्यापक धरातल को भी यहाँ देखा जा सकता है। अपने कथ्य को रहस्य के आवरण में कुछ अमूर्त रखना जैनेन्द्र के शिल्प की विशेषता है। संवेदना के व्यापक धरातल को भी यहाँ देखा जा सकता है। अतः संवेदना और शिल्प दोनों की दृष्टि से 'जाह्नवी' एक अत्यन्त सफल कहानी है।

पत्नी

जैनेन्द्र कुमार

राष्ट्र और स्त्री : मुक्ति के दो विरोधाभास

रोहिणी अग्रवाल

'सुनीता' और 'त्यागपत्र' उपन्यासों की तरह 'पत्नी' कहानी भी जैनेन्द्र कुमार की कालजयी रचना मानी जाती है। मौन और मितव्ययिता के धनी जैनेन्द्र कुमार स्त्री-मन के चितेरे हैं। दबे पाँव स्त्री के अन्तस् में गहरी पैठ बनाते हुए वे न केवल उसकी दमित आकांक्षाओं और क्षत-विक्षत सपनों को सतह पर लाते हैं, बल्कि बेहद अनायास भाव से स्त्री को स्त्री (हीन एवं शून्य) बनानेवाली पितृसत्तात्मक व्यवस्था के हृदयहीन चरित्र को भी प्रकाश में ले आते हैं। जैनेन्द्र कुमार प्रेमचन्द का विलोम हैं। वे स्त्री के जीवन को यातनापूर्ण बनानेवाली सामाजिक कुरीतियों पर प्रहार नहीं करते, स्त्री की मानसिकता को कुंठित करनेवाली संस्कारग्रस्तता पर चोट करते हैं। इसलिए वे प्रेमचन्द और प्रसाद की तरह स्त्री को पुरुष के प्रभामंडल में घेरकर स्त्री-मुक्ति की बात नहीं करते, वरन् पहले एक परतंत्र लैंगिक इकाई के रूप में स्त्री की व्यक्तित्वहीनता को उभारते हैं, और फिर तदनुरूप यथास्थितिवाद से जूझने का आक्रोश पाठक के भीतर भरते हैं।

'पत्नी' कहानी पति के भोजन की प्रतीक्षा में अस्त-व्यस्त सामान्य स्त्री की सामान्य दिनचर्या का आख्यान नहीं है, व्यवस्था द्वारा एक भरी-पूरी शख़्सियत को प्रतीक्षा और जड़ता के दो खूँटों से बाँधकर बधिया कर दिए जाने की पड़ताल है। उल्लेखनीय है कि बधिया कर दिए जाने का क्षोभ मौन हाहाकार बनकर कहानी की नायिका सुनन्दा को जब-तब जकड़ लेता है। तब वह 'भीतर ही भीतर ग़ुस्से से घुटकर रह' जाती है, या पति का जी दुखाने के लिए उसकी उपस्थिति का नोटिस न लेकर 'कठोरतापूर्वक शून्य को ही देखती रहती' है; या 'हाथ की बटलोई को ख़ूब ज़ोर से फेंक' देना चाहती है ताकि बता सके कि 'किसी का ग़ुस्सा सहने के लिए वह नहीं' है। लेकिन इस सारे मानसिक ऊहापोह के बाद अपने में लौटने पर पाती है कि वह 'जहाँ थी, वहाँ अब भी है'—गीली लकड़ी की तरह धुँआती हुई या अँगीठी की आग की तरह राख हुई जाती हुई।

घटनाओं की न्यूनता, स्थितियों की गतिहीनता एवं पात्रों के विकास की सम्भावनाओं का अभाव—जैनेन्द्र कुमार की कहानी-कला की कुछ विशेषताएँ हैं जो कहानी में स्फूर्ति, उत्साह और आशा जैसी सकारात्मक चटखदार रेखाओं को उभरने नहीं देतीं। लेखक व्यक्ति की मन:स्थितियों के ज़रिये सामाजिक विडम्बनाओं और पाखंड का उद्घाटन करते हैं और इस प्रक्रिया में पात्र के अन्तर्द्वंद्वों या दो पात्रों को आमने-सामने रखकर

कहानी को ख़ुद अपनी यात्रा तय करने का अवसर देते हैं। 'पत्नी' कहानी में जैनेन्द्र कुमार एक-दूसरे की प्रतिद्वंद्विता में तनकर खड़े दो विरोधी पात्रों या स्थितियों को नहीं गढ़ते, बल्कि उनकी संवादहीनता के भीतर बोलती चुप्पियों के ज़रिये उनके मानसिक गठन को उद्‌भासित करते हैं। अपनी नित्यक्रमिकता को यांत्रिक भाव से जीती सुनन्दा कहानी में शुरू से अन्त तक अवरुद्ध कर दी गई लहर के बिम्ब की सृष्टि करती है, मानो लेखक कहना चाह रहा हो कि जीवन की गत्यात्मकता के भीतर जीवन का क्षरण करनेवाली स्थितियों को चीन्हने के लिए हमें स्वयं उनके भीतर उतरना होगा। इस अवरुद्ध लहर के ध्रुवान्त पर है कालिन्दीचरण जो मित्रमंडली के साथ हवा के झोंके की मानिंद घर और समाज में बेरोक-टोक मनचाही गति और समय के साथ घूमता है। उसके पास सँवारने को संघर्ष-संकुल वर्तमान है, और विचरण के लिए भविष्य का आसमान। सुनन्दा के पास न वर्तमान है, न भविष्य। बस, उसकी थाती है अतीत—पुत्र की अकाल मृत्यु के कारण चोट खाया, बिलबिलाती स्मृतियों से भरा अतीत। यह अतीत उसे ख़ाली देखते ही गहरे सख्य भाव से बतियाने हेतु उसके पास आ पहुँचता है। लेकिन दोनों जैसे ही मिल-बैठ कर साझा भाव से अपने-अपने ज़ख़्म चाटने लगते हैं, सुनन्दा अश्रुपूरित नेत्र लिये उसे जहाँ का तहाँ छोड़ वर्तमान में लौट आती है। वह जानती है वर्तमान का स्वामी उसका पति कालिन्दीचरण है और वह स्वयं उसकी छाया या अनुगूँज। वर्तमान उसे पलायन की ज़मीन देता है क्योंकि वहाँ उसे विचारशून्य सेवादारिन की भूमिका निभानी है।

सुनन्दा पाठक के भीतर गहरे भावोद्वेलन की सृष्टि करती है, लेकिन लेखक उसके चरित्र की बारीक़ परतों को एक निश्चित अन्तराल में उठनेवाली परस्पर विरोधी विचार-लहरियों के ज़रिये बुनता-उकेरता है। एक ओर किसी भी सामान्य स्त्री की तरह सतीत्व उसकी पूँजी है और पति-सेवा उसका सौभाग्य। यही उसके दायित्व की ज़मीन है और सपनों का आसमान भी। मन में उठती टीस और हुलसते अरमान—दोनों की 'भ्रूण हत्या' करने के लिए वह किसी न किसी 'व्यस्तता' की तलाश में अपने स्वत्व और ऊर्जा को क्षरित करती चलती है। लेकिन इसके बावजूद पढ़-लिख कर भारतमाता को स्वतंत्र कराने जैसे 'बड़े' और 'पुरुषोचित' मुद्‌दों को समझने की ललक सुनन्दा को निरी छाया या अनुगूँज नहीं रहने देती। उसमें अपनी कमतरी पर ग्लानि है तो उसी साँस में कमतर बनाए रखनेवाले घटकों की शिनाख़्त की तमीज भी। "उसने बहुत चाहा है कि पति उससे भी कुछ देश की बात करें। उसमें बुद्धि तो जरा कम है, फिर धीरे-धीरे क्या वह भी समझने नहीं लगेगी? सोचती है, कम पढ़ी हूँ तो इसमें मेरा ऐसा कसूर क्या है? अब तो पढ़ने को मैं तैयार हूँ, लेकिन पत्नी के साथ पति का धीरज खो जाता है।" आत्मविस्मरण से आत्मान्वेषण की उत्कंठा के बीच निरन्तर दोलायमान सुनन्दा की विचार-यात्रा दरअसल यथास्थितिवाद के अभिशाप से उबरने के लिए स्पेस पाने की चाहत है जिसे पितृसत्तात्मक व्यवस्था के प्रतिनिधि पुरुष/पति कालिन्दीचरण ने पूरी तरह घेर लिया है। 'माथे को उँगलियों पर टिका कर', 'बैठी-बैठी सूनी सी' अदृश्य को ताकती सुनन्दा ऊपरी तौर पर लकड़ी के कुन्दे सी ठस्स भले ही दीखती हो, वक़्त से पिछड़ने की पराजय ने उसके भीतर क्षीणकाय संघर्ष-चेतना अवश्य भरी है। बेशक 'उत्साह उसके लिए अपरिचित है' और 'जीवन की हौंस उसमें बुझती जा रही है', पर

फिर भी वह 'जीना चाहती है'—रेंग-रेंग कर नहीं, पति के साथ कंधे से कंधा मिलाकर भारतमाता की स्वतंत्रता के यज्ञ में आहुति डालकर।

जैनेन्द्र कुमार की विशेषता है कि आत्मसंकोच और दीनता में दुबकी-सिमटी सुनन्दा को दयनीयता में ढालकर विघटित नहीं करते, उसमें सेवा, त्याग, नैतिकता का बल गूँथ कर आक्रान्ता सरीखे कालिन्दीचरण के सामने खड़ा कर देते हैं। निश्चय ही यह शेर और मेमने की लड़ाई है। सुनन्दा के पास आत्म-बलिदान के तेज़ से परिपूर्ण आत्मबल है तो कालिन्दीचरण के पास पुरुष होने के दंभ से उपजा अहं भाव। एक ओर अपने मान की रक्षा की मूक मिन्नतें हैं, दूसरी ओर सब कोमल चकनाचूर कर देने की उद्धत लापरवाही। दोनों ओर बिना कहे अपने को समझे जाने की चाहतें हैं, और दोनों ओर समझ-बूझकर भी अनजान बने रहने की भंगिमाएँ हैं। सम्भवतया इसलिए कि बरसों से पसरी संवादहीनता सम्बन्ध को कुतरते-कुतरते दो व्यक्तियों को परस्पर अजनबी बना देती है। पति के पास यदि क्रुद्ध होकर बाहरी दुनिया में जा रमने का विकल्प है तो पत्नी के पास और अधिक कड़ाई से अपने दायित्व को निभाए चलने की विकल्पहीनता। अलबत्ता खाना न परोसने के हुक्म का उल्लंघन करते हुए वह खाना परोसने के साथ-साथ अपने आहत अभिमान को भी अनबोले ठसके के साथ परोस आती है। लेकिन यह क्षणिक उत्तेजना की तात्कालिक प्रतिक्रिया भर है। अपने-अपने खाँचों में बँधे सुनन्दा और कालिन्दीचरण जानते हैं कि स्त्री की कमज़ोरी ही पुरुष की ताक़त है। इसलिए आँख में आँख डालकर पंजा लड़ाने की यह क्षणिक प्रक्रिया अन्ततः पति-पत्नी की समाजानुमोदित भूमिकाओं की पारम्परिक लय-ताल में विलीन हो जाती है, जहाँ अपनी छोटी-से छोटी ज़रूरत की पूर्ति के लिए हाँक लगाकर पत्नी को हड़का देने के विशेषाधिकार हैं तो दूसरी ओर अपनी भूख और ज़रूरतों को मुल्तवी कर पति के लिए जान की बाजी लगा देने की दीनता। लेकिन जैनेन्द्र कुमार का लक्ष्य ऊबड़-खाबड़ ज़मीन पर स्थित दाम्पत्य सम्बन्ध की कथा कहना नहीं है। वे इस तथ्य की ओर पाठक का ध्यान आकृष्ट करना चाहते हैं कि सृष्टि के विकास-क्रम को निरन्तर बनाए रखने के लिए स्त्री और पुरुष की दो पूरक इकाइयाँ कैसे समाज व्यवस्था के हत्थे चढ़कर एक-दूसरे की प्रतिद्वंद्विता में तनी दो लैंगिक इकाइयाँ बन जाती हैं। चूँकि एक पक्ष को श्रेष्ठ अथवा कर्ता मानते ही अपने आप दूसरा पक्ष हीन और अनुकर्ता की भूमिका में आ विराजता है, इसलिए दमनकारी तंत्र में सहभागिता की बात बेमानी हो जाती है। यह व्यवस्था के आन्तरिककरण की मनोवृत्ति ही है कि सुबह के उपासे पति की प्रतीक्षा में अँगीठी की आग लहकाकर बैठी सुनन्दा की चिन्ता और चेतना में पति की भूख ही जब-तब आ विराजती है, अपनी नहीं। "कुछ हो, आदमी को अपनी देह की फ़िक्र तो करनी चाहिए"—खीज में वात्सल्य भरकर सुनन्दा सोचती है तो उसकी सोच में 'आदमी' यानी कालिन्दीचरण ही है, अपनी आदमियत नहीं। यह स्त्री द्वारा अपनी देह (अस्तित्व) को नकारकर स्वत्वहीन हो उठने का संस्कार है जो देह के भीतर स्थित दिमाग़ और देह पर आच्छादित व्यक्तित्व दोनों से पिंड छुड़ाने के अभ्यास में उभरता है। लेखक ने एकाधिक बार सुनन्दा को अपनी देह के प्रति असावधान दिखाया है और कालिन्दीचरण की देह के प्रति ममत्वपूर्ण, मानो देह जैविक संरचना न होकर ठोस व्यक्तित्व हो। "उन्हें न खाने की फ़िक्र है, न मेरी फ़िक्र।

मेरी तो ख़ैर कुछ नहीं, पर अपने तन का ध्यान तो रखना चाहिए"—सुनन्दा की यह आत्मदीनता एक ऐसी स्त्री-छवि की रचना करती है जो चोट खाकर आत्माभिमान में फुफकार उठती है और फिर आत्मपीड़न में ढल जाती है। इसके विपरीत देह के स्वीकार के साथ अनिवार्य रूप से व्यक्तित्व के स्वीकार और सँवार का भाव व्यक्ति में पनपता है जो स्वाभिमान के सहारे अपनी परिधि का विस्तार करता चलता है।

जैनेन्द्र कुमार अपने पात्रों का एकरेखीय विकास नहीं करते। पहले वे प्रयासपूर्वक अपने पात्रों को एक ख़ास गढ़त देते हैं और जैसे ही अपनी विशिष्ट पहचान के साथ वे पाठक के मस्तिष्क में अंकित होने लगते हैं, लेखक तुरन्त उन्हें ही उनका विलोम बनाकर प्रस्तुत कर देता है। उल्लेखनीय है कि अपनी ही पूर्व-मान्यता के विपरीत आकर ये पात्र अपने को झुठलाते नहीं, बल्कि अन्तर्विरोधों के ज़रिये व्यवस्था के साथ अपने द्वंद्वात्मक सम्बन्ध के सत्य का बखान कर जाते हैं। सुनन्दा द्वारा पति की भूख की चिन्ता, देर दोपहर मित्रों के साथ घर पहुँचे पति को खाना खिलाने की तत्परता में अपने लिए कुछ भी बचाकर न रखना, फिर मान से भर आना कि उन्होंने एक बार झूठे भी उसकी भूख की फ़िक्र नहीं की और अन्त में आत्मधिक्कार के ज़रिये आत्मोद्‌बोधन की जुगत—"छिः! सुनन्दा, तुझे ऐसी जरा सी बात का अब तक ख़याल होता है। तुझे ख़ुश होना चाहिए कि उनके लिए एक रोज़ भूखे रहने का तुझे पुण्य मिला।" यह वह स्थल है जहाँ पुण्य लूटने के फुसलावे 'भूख' और उससे अविच्छिन्न भाव से जुड़े स्वाभिमान की तीव्रता को ढाँप नहीं पाते। यह जैनेन्द्र कुमार द्वारा सुनन्दा की चुप्पियों से बुना गया माँग-पत्र है जो सुनन्दा (रूढ़ स्त्री छवि) के भीतर अँकुआती नई स्त्री के जन्म लेने की पूर्व-घोषणा है।

पितृसत्तात्मक व्यवस्था की बुनियादी संरचना को मूर्त रूप देने के लिए जैनेन्द्र कुमार स्त्री और पुरुष को विलोम-द्वित्व (अपोजिट बाइनरी) में चित्रित करते हैं। सुनन्दा के चरित्र की गढ़त जहाँ उन्होंने स्त्री की चुप्पियों के महीन रेशमी तन्तुओं से की है, वहीं कालिन्दीचरण के व्यक्तित्व की रचना में पुरुष का बड़बोलापन अपनी खोखली अनुगूँजों के साथ सक्रिय हुआ है। जैनेन्द्र कुमार की विशेषता है कि वे अपने दोनों पात्रों को स्वतंत्र रूप से रचते भी हैं और एक-दूसरे के सन्दर्भ में उनका उपयोग करते हुए उन्हें स्टीरियोटाइप (रूढ़ छवि) में बाँधते भी हैं। सुनन्दा की चुप्पी, दीनता और तरलता जितना सुनन्दा के व्यक्तित्व को रचती है, उतना ही कालिन्दीचरण की हिंसक आक्रामकता और अहंमन्यता को उभारती है। सुनन्दा को लेखक ने करुणा की ज़मीन पर खड़ा कर सहानुभूति से रचा है, जबकि कालिन्दीचरण के लिए उनके पास व्यंग्य और उपहास है। कालिन्दीचरण अपने "दल में विवेक के प्रतिनिधि हैं और उत्ताप पर अंकुश का काम करते हैं"—यों कालिन्दीचरण का प्रथम परिचय देकर जैनेन्द्र कुमार उसे जरा ऊँचे धरातल पर प्रतिष्ठित करते हैं ताकि उसकी कमज़ोरियों को उतने ही 'मैग्नीट्यूड' के साथ अभिव्यक्त किया जा सके। बड़ी-बड़ी रणनीतियाँ बनाना, सिद्धान्त और आदर्श की बातें करना, राष्ट्र के लिए आत्मोत्सर्ग के दावे करना कालिन्दीचरण सरीखे हर पुरुष का वास्तविक परिचय है जो घर को क्षुद्र समझकर हर गार्हस्थिक दायित्वों की हेठी करता है। कथनी और करनी के बीच की खाई में आत्मप्रवंचित पुरुष की मरीचिकाएँ छुपी हैं। लेखक ने कालिन्दीचरण के मिशन (संकल्प) और कार्यशैली दोनों पर तंज कसते हुए उसे आड़े हाथों लिया है।

कालिन्दीचरण का मिशन है भारतमाता को स्वतंत्र कराना। बेशक जैनेन्द्र कुमार के युग में स्वतंत्रता-सेनानी देश को 'भारतमाता' के प्रतीक में अभिव्यक्त कर सिर-धड़ की बाजी लगाते थे, लेकिन राष्ट्र और कालिन्दीचरण के बीच सुनन्दा को खड़ा कर मानो लेखक जंजीरों से जकड़े भारतमाता के चित्र में अर्गलाओं से बँधी औसत स्त्री की विभीषिका को आरोपित कर देते हैं। तब 'बिटविन द लाइंस' उठनेवाले सवालों को अनसुना करना सरल नहीं रह जाता कि क्या घर-घर में सुनन्दा सरीखी शृंखलाबद्ध स्त्री को स्वतंत्र किए बिना राष्ट्रीय मुक्ति सम्भव होगी? या कि अंग्रेज़ हाकिमों को खदेड़ दिए जाने से ही क्या स्वतंत्रता हासिल की जा सकती है? सरकार बदलने से राजनीतिक स्वतंत्रता भले ही पा ली जाए, मानसिक-सामाजिक-सांस्कृतिक स्वतंत्रता के बिना क्या उसे एक नई शुरुआत का बिन्दु माना जा सकता है? सुनन्दा धाराप्रवाह भाषण के दौरान पति के मुँह से निकले शब्दों—भारतमाता, स्वतंत्रता, सरकार, हाकिम—के अर्थ को गुनना चाहती है, लेकिन पाती है कि उसे 'न भारतमाता समझ में आती है, न स्वतंत्रता समझ में आती है।' जहाँ तक कालिन्दीचरण का सवाल है, उसके पास इन शब्दों के भीतर स्थित अर्थगर्भी संकल्पनाओं पर विचार करने का अवकाश नहीं। यदि अवकाश होता तो पहले वह भारतमाता की बेटियों को स्वतंत्र कराने का सामूहिक अभियान चलाता और फिर स्वतंत्रता की आभा से दीप्त भारतमाता की वे बेटियाँ एक प्रगाढ़ ज़िम्मेदारी के भाव से अपनी माँ को स्वतंत्र कराने के संयुक्त अभियान में निकलतीं। सामने खड़े अवरोधों से बचकर किन्हीं अमूर्त महत्तर उद्देश्यों के लिए जान क़ुर्बान कर देने की बदहवासी कालिन्दीचरण और उसके युग की पहचान है। ठीक इसी स्थल पर सुनन्दा की 'ख़ाली-ख़ाली' व्यस्तताओं के समानान्तर लेखक कालिन्दीचरण की कागजी व्यस्तताओं की पोल भी खोल देते हैं। चूँकि लेखक स्वयं स्वतंत्रता-सेनानी रहे हैं और राष्ट्रीय स्वतंत्रता के इस महा आन्दोलन में स्त्रियों की स्वाधीनता को भी समान महत्त्व देते रहे हैं, इसलिए घर की स्त्री को बन्दी बनाए रखकर बाहर की महत्तर अमूर्तताओं के पीछे भागते कालिन्दीचरण को श्रद्धा और सहानुभूति नहीं दे पाते। वे कालिन्दीचरण के मुँह से जिन शब्दों को कहलवाते हैं, वे बूमरैंग की तरह पलटवार कर उसी को कठघरे में खड़ा कर जाते हैं। बहस के दौरान कालिन्दीचरण दृढ़ शब्दों में कहता है, "सरकार व्यक्ति के और राष्ट्र के विकास के ऊपर बैठकर उसे दबाना चाहती है। हम इसी विकास के अवरोध को हटाना चाहते हैं।...जो शक्ति के मद में उन्मत्त है, असली काम तो उसका मद उतारने, उसमें कर्तव्य भावना का प्रकाश जगाने का है।" सुनन्दा नहीं जानती 'सरकार क्या होती है', लेकिन पाठक तुरन्त जान जाता है कि सरकार सत्ता का वह तंत्र है जो चित और पट के खेल में हमेशा हर तिकड़म के साथ जीतने का मूलमंत्र अपने पास सुरक्षित रखता है। भारतमाता के सन्दर्भ में सरकार का अर्थ यदि अंग्रेज़ हाकिमों का वर्चस्व है तो सुनन्दा के सन्दर्भ में पितृसत्तात्मक व्यवस्था सरकार का रूप धर लेती है जिसने कालिन्दीचरण को हाकिम बनाकर अपनी ताक़त उसके भीतर भर दी है। ज़ाहिर है शक्ति का 'मद उतारने' और 'उसमें कर्तव्य भावना का प्रकाश जगाने' का दायित्व सुनन्दा सरीखे व्यवस्था के उत्पीड़ितों को ही लेना होगा जो न मानवीय इकाई के रूप में अपनी अस्मिता और ताक़त को पहचानते हैं, और न ही राजनीतिक चेतना से सम्पन्न होकर किसी लक्ष्योन्मुख लड़ाई की रणनीतियाँ बना सकते हैं।

कालिन्दीचरण की कार्यशैली पर लेखक ने प्रत्यक्षतया कोई टिप्पणी नहीं की है, लेकिन टकराव (सुनन्दा का सत्याग्रह) की अप्रत्याशित स्थिति में पड़कर वह जिस प्रकार अपने पूर्ववर्ती स्टैंड से बिलकुल उलट नई दिशा ग्रहण करता है, वह उसकी संयमहीनता, विवेकशीलता के अभाव, अहंमन्यता और अपरिपक्व दृष्टि का ही सूचक है। कालिन्दीचरण गर्म दल की राजनीति का प्रशंसक नहीं है। कार्य सिद्धि हेतु हिंसा के ज़रिये आतंक फैलाना उसकी दृष्टि में बुद्धिहीनता और विवेकशून्यता का ही निदर्शन करता है। वह मानता है कि "आतंक से विवेक कुंठित होता है और या तो मनुष्य उससे उत्तेजित ही रहता है या उसके भय से दबा रहता है। दोनों ही स्थितियाँ श्रेष्ठ नहीं हैं।" इससे जान पड़ता है आतंक की अपेक्षा धैर्यपूर्वक बुद्धि को जाग्रत एवं विकसित करना उसकी कार्यशैली का अहम हिस्सा है। लेकिन तभी लेखक पाठक की स्मृति में सुनन्दा की आत्मस्वीकृति और आत्म-ग्लानि को ठेल देता है जब वह खेदपूर्वक स्वीकार करती है कि इस उम्र में भी पढ़-लिख कर वह 'देश' को जानना चाहती है, लेकिन इतनी मूढ़मती है कि उसकी बुद्धि का विकास करने में 'पति का धीरज खो जाता है।' पाठक की स्मृति को चमकाते हुए लेखक कालिन्दीचरण पर घड़ों पानी उड़ेलकर ही सन्तुष्ट नहीं है, बल्कि उसे पूरी तरह से आतंकवादी गतिविधियों का हिमायती बना देता है। सुनन्दा की बींधती हुई मुखर चुप्पी ने उसे आहत कर दिया है क्योंकि अपने गार्हस्थिक दायित्वों की अवहेलना और पत्नी की निरन्तर उपेक्षा करते रहने की प्रवृत्ति ने उसके भीतर सोए अपराधबोध को जगा दिया है। वह चाहता तो संयम, धीरज, विवेक और सदय दृष्टि के साथ अपनी दुर्बलताओं पर विजय पाकर पत्नी-वत्सल स्नेही पति की भूमिका में आ सकता था, लेकिन उसकी विस्तीर्ण अहंमन्यता अपने दोषों का परिहार करने की अपेक्षा दोष दिखा देनेवाले व्यक्ति के विरुद्ध ग्रंथि पालने लगती है। 'हाँ, आतंक ज़रूरी भी है'—यह उसकी कार्य-योजना का एक चरण भर नहीं है, उसके चरित्र की मूलभूत प्रवृत्ति भी है जो सुनन्दा के अस्तित्व के साथ-साथ स्वयं उसकी मनुष्यता को भी जकड़े हुए है। ठीक यही समझ आने लगता है कि क्यों सुनन्दा के लिए उत्साह "दूर की वस्तु है, स्पृहणीय और मनोरम और हरियाली", और क्यों वह पति की "राह के बीच आने की नहीं सोचती।"

जैनेन्द्र कुमार की विशेषता है कि कामधेनु गाय की तरह एक पुकार की दूरी पर 'कमरे के बाहर दीवार से लगकर खड़ी' इस स्त्री की घुटन और आकांक्षा के ज़रिये उन्होंने घर-घर अदृश्य कर दी गई 'सुनन्दाओं' को न केवल दृश्यमान किया है, बल्कि पाठक के भीतर यह समझने का बोध भी पैदा किया है कि राष्ट्रोद्धार के कार्यक्रम घर की चौखट से बाहर नहीं, घर के भीतर ही सबसे पहले क्रियान्वित किए जाने चाहिए। प्रेमचन्द अपनी रचनाओं में जिन स्त्रियोचित गुणों—प्रेम, त्याग, दया, ममता, संयम, सहिष्णुता, क्षमा, औदार्य, विश्वास आदि-आदि—का बखान कर स्त्री को अभिषिक्त करते हैं, वे सब गुण सुनन्दा में भी हैं, लेकिन जैनेन्द्र कुमार इन गुणों की धारक स्त्री को श्रद्धा का अर्घ्य नहीं देते, उसकी दारुण दशा का प्रामाणिक चित्रण भर करते हैं। अलबत्ता इन गुणों से न्यून कालिन्दीचरण की परिकल्पना कर मानो वे कह देना चाहते हैं कि उद्धत पुरुष तब तक 'मनुष्य' नहीं बन पाएगा, जब तक मनुष्योचित कहे जानेवाले इन गुणों को लैंगिक विभाजन से मुक्त कर अपने व्यक्तित्व में समाविष्ट नहीं कर लेगा।

सच्चिदानन्द हीरानन्द वात्स्यायन 'अज्ञेय'

मध्यवर्गीय नारी-जीवन की त्रासदी

अरुण होता

प्रेमचन्द के परवर्ती कहानीकारों में सच्चिदानन्द हीरानन्द वात्स्यायन 'अज्ञेय' ने कथा-साहित्य में अपनी विशिष्ट पहचान बनाई है। प्रेमचन्द ने अपनी कहानियों के माध्यम से कथानक चरित्र-चित्रण और घटनाओं को महत्त्व प्रदान किया। लेकिन अज्ञेय ने संवेदन प्रधान कहानी का नेतृत्व करते हुए कहानी को नई गति और दिशा प्रदान की। प्रेमचन्द ने 'मानव-चरित्र का चित्र' अंकन किया है तो अज्ञेय ने मानव मन की गहराई को व्यक्त करने को सफल प्रयास किया है। व्यक्ति-मन के गहनतर स्तर तक पहुँचकर अज्ञेय की कहानियाँ उसके रेशे-रेशे की सूक्ष्म अभिव्यक्ति बड़ी शिद्दत से प्रस्तुत करती हैं। ऐसा सोचना ग़लत होगा कि अज्ञेय की कथा दुनिया में उनका समकाल और समाज अनुपस्थित है। सामाजिक सन्दर्भों का अभाव है। दरअसल अज्ञेय ने इन्हें आधार-भूमि के रूप में स्वीकार किया है। उनके पात्रों का मानस पटल समाज के बीच में ही निर्मित हुआ है। इसलिए उनकी कहानियों में सामाजिक विषमता और अन्याय के प्रति विरोध सांकेतिक रूप में व्यक्त है।

अज्ञेय बहुमुखी प्रतिभावान रचनाकार हैं। मूलतः कवि अज्ञेय जी ने कहानी, उपन्यास, यात्रा-वृत्तान्त, निबन्ध, आलोचना, नाटक आदि साहित्य की विविध विधाओं को अपने लेखन से समृद्ध किया। उनके कहानी-संग्रह हैं—'विपथगा', 'भग्नदूत', 'छोड़ा हुआ रास्ता', 'लौटती पगडंडियाँ' और 'ये तेरे प्रतिरूप'। इन पाँच संग्रहों में लगभग सत्तर कहानियाँ संकलित हैं। इनमें मनोविज्ञान, प्रेम, सेक्स, रोमांस, सामाजिक, सन्दर्भ से सम्बन्धित कहानियाँ पाई जाती हैं। घटनाओं के वर्णन की अपेक्षा मनुष्य के अन्तर्मन की परतों को खोलने की कोशिश इन कहानियों में साफ़ नज़र आती है। 'रोज' अज्ञेय की एक बहुचर्चित कहानी है। यह अज्ञेय के प्रथम कहानी-संग्रह 'विपथगा' के पहले संस्करण में है। अपने डलहौजी प्रवास के समय 1934 में 'गैंग्रीन' शीर्षक से यह कहानी लिखी थी। लेकिन बाद में इसका शीर्षक 'रोज' कर दिया गया था। इस कहानी में विवाहित स्त्री-जीवन में व्याप्त जड़ता, अभावग्रस्तता, यांत्रिकता, सामाजिक स्थिति, पारिवारिक जीवन की त्रासदी आदि पर गहरी चिन्ता व्यक्त हुई है। नारी-जीवन की इन समस्याओं की ओर दृष्टि डालने तथा उन्हें कथा में अंकित करनेवाले अज्ञेय हिन्दी के पहले कहानीकार हैं। 1934 के बाद भारतीय समाज व्यवस्था में विवाहित नारी के जीवन में एकरसता,

उबाऊपन, यांत्रिकता आदि ने भयानक रूप धारण कर लिया था जिसे कहानीकार ने समय से पहले लक्षित कर लिया था। रोज़ एक ही ढर्रे पर चलनेवाली दिनचर्या से पत्नी तथा पति के जीवन में कैसी उबाहट भर जाती है तथा जीवन में उल्लास एवं उमंग रह नहीं जाते हैं, इस ओर भी कथाकार ने पाठकों का ध्यानाकर्षण किया है। साथ ही उसने पात्रों के मनोव्यापारों का संवेदनशील चित्र प्रस्तुत किया है।

किसी भी परिवार में स्त्री का योगदान सर्वाधिक होता है। पारिवारिक जीवन को सुखमय बनाने में उसकी भूमिका महत्त्वपूर्ण होती है। इस कहानी की मालती के यंत्रवत् वैवाहिक जीवन के माध्यम से सीमित परिवेश में बीतते दु:खद जीवन का चित्रण है। यह हमारी सामाजिक व्यवस्था के समक्ष एक बड़ा प्रश्नचिह्न है कि परिवार की धुरी स्त्री उत्साहहीन और उमंगरहित जीवन बिताए और मशीन बन जाए तो कैसा परिवार और समाज निर्माण का स्वरूप खड़ा होगा? पुन: इस कहानी में सामन्ती मूल्यों की शिकार स्त्री की विवशताएँ भी चित्रित हुई है। पति महेश्वर दिन के तीन बजे भोजन करने के बाद ही मालती भोजन करती है। इसके माध्यम से लेखकीय अन्तर्दृष्टि का परिचय मिलता है। मालती की घुटनभरी ज़िन्दगी और उसकी पीड़ा केवल मालती की ही नहीं रह जाती है। यह सम्पूर्ण भारतीय स्त्री जाति की पीड़ा और त्रासदी को उजागर करती है। उबाहट, यांत्रिक जीवन, एकरसता महेश्वर के जीवन में भी हैं पहाड़ी गाँव की डिस्पेंसरी में एक ही तरह के मरीज़ों का आना, एक जैसी दवाई, वही गैंग्रीन का ऑपरेशन, दिनचर्या भी अपरिवर्तित। बच्चे टिटी का चिड़चिड़ा हो जाना, रोज़ पलंग से गिर जाना आदि भी चिन्ता का विषय है। मध्यवर्गीय जीवन की विसंगतियों और विडम्बनाओं को मालती के परिवार के माध्यम से रूपायित किया गया है। बावजूद इसके कहानीकार ने गहरी आत्मीयता और संवेदनशीलता के साथ मालती के अन्तर्मन में गहरी पैठ लगाई है। उसके अन्तर्मन को साकार करते हुए लेखक ने अपनी रचना-दृष्टि का भी परिचय दिया हैं। मौन की स्थिति को भी कथावाचक रूपायित करते हुए आधुनिकताबोध के गहरे अवसाद का अंकन करता है—"मालती एक बिलकुल अनैच्छिक, अनुभूतिहीन, नीरस, यंत्रवत्—वह भी थके हुए यंत्र के से स्वर में कह रही है, 'चार बज गए' मानो इस अनैच्छिक समय गिनने-गिनने में ही उसका मशीन तुल्य जीवन बीतता हो! वैसे ही, जैसे मोटर का स्पीडोमीटर यंत्रवत् फ़ासला नापता जाता है और यंत्रवत् विश्रान्त स्वर में कहता है (किस से?) कि मैंने अपने अमित शून्यपथ का इतना अंश तय कर लिया..." मालती के यंत्रवत् जीवन का चित्रण कहानी के प्रारम्भ, विकास और चरमोत्कर्ष में मौजूद है। अपने रिश्ते के भाई का स्वागत औपचारिक ढंग से करना, टिटी के पलंग से गिर जाने पर भी ममत्व का उद्रेक न होना और चाँदनी रात में चीड़ के पेड़ों के सौन्दर्य को महसूस न कर पाना थके हुए यंत्र सा जीवन व्यतीत करना है। संवेदनहीन जीवन यंत्र की भाँति है। मालती जी रही है क्योंकि उसे जीने की विवशता है। कर्तव्यपालन को उसने अपने जीवन का धर्म मान लिया है। न तो उसकी अपनी कोई इच्छा रह गई है, न ही कोई आकांक्षा और न अभीप्सा।

इस कहानी में मालती की मन:स्थितियों का कुशलतापूर्वक चित्रण हुआ है। वह कथावाचक के सामने होते हुए भी दूर कहीं अतीत में खोई हुई है। वह वर्तमान में साँस

ले रही है लेकिन अतीत में जी रही है। यह अतीत मालती के लिए जितना सरस था, उतना ही जीवन्त जड़वत् बैठी हुई मालती सुखद अतीत को लौटा लाने अथवा उसे पुनरुज्जीवित करने की असफल कोशिश कर रही थी। इस मानसिक जड़ता का चित्रण कहानीकार के शब्दों में—"मानो मालती के भीतर कहीं कुछ चेष्टा कर रहा हो, किसी बीती हुई बात को याद करने की किसी बिखरे हुए वायुमंडल को पुनः जगकर गतिमान करने की, किसी टूटे हुए व्यवहार तन्तु को पुनरुज्जीवित करने की और चेष्टा में सफल न हो रहा हो...वैसे जैसे बहुत देर से प्रयोग में न लाए हुए अंग को व्यक्ति एकाएक उठाने लगे और पाए कि वह उठता ही नहीं है, चिर-स्मृति में मानो मर गया है, उतने ही क्षीण बल से (यद्यपि वह सारा प्राप्त बल है) उठ नहीं सकता...मुझे ऐसा जान पड़ा, मानो किसी जीवित प्राणी के गले में किसी मृत जन्तु का तौक डाल दिया गया हो, वह उसे उतारकर फेंकना चाहे, पर उतार न पाए..."

मालती की मानसिक ऊहापोह, उसके अन्तर्द्वंद्व, बाह्य स्थिति और मानसिक दशा का संश्लिष्ट वर्णन द्वारा कहानीकार ने मालती के मनोजगत का सुन्दर रूपायन किया है। इस कहानी का कथानक किसी घटना पर आधारित नहीं है। चरित्र-चित्रण करना रचनाकार का उद्‌देश्य नहीं रहा है। चरित्र साधन है जबकि जीवन की एकरसता और ऊब को प्रकट करना उस स्थिति से आसन्न समस्याओं की ओर इशारा करना साध्य है। इस कहानी की सबसे बड़ी ख़ूबी है कि इसमें एक परिवार एक दिन और एक ही चरित्र की प्रधानता है। इससे कथानक संश्लिष्ट बना हुआ है। साथ ही संवेदना कहीं भी बिखरती नहीं है। मालती का चंचल, चिन्तारहित और नटखट बचपन का साक्षी लेखक रहा है। मालती की मौजूदा स्पन्दनहीनता से वह आहत है। मालती के स्वभाव में आनेवाले इस ज़मीन-आसमान के अन्तर को और उसके कारणों को अन्वेषित करते हुए लेखक ने दमघोंटू और उबाऊ वातावरण को ज़िम्मेदार ठहराया है। मालती के घर में जीवन एकरसता से भरपूर है। इससे संवेदनशून्यता ने जन्म लिया है। जीवन की प्रकृति संवेदनामय होना है। लेकिन रोज-रोज की वही बातें, वही प्रसंग और दिनचर्या से ऊब जाना कोई आश्चर्य नहीं है। इसलिए घुटन उसकी नियति बन जाती है। गतिहीनता की स्थिति निर्मित होती है। मन उचटता रहता है। अकेलापन, टूटन और घुटन पसरते चले जाते हैं। जीवन उल्लासमय नहीं अवसादग्रस्त हो उठता है। ऐसी स्थिति में भी बिजली की कौंध की तरह जिजीविषा चमक उठती है। बड़ा रचनाकार हताश और उदास नहीं करता है। उसकी रचना में एक उम्मीद या सम्भावना बनी अवश्य रहती है। सरकारी अस्पताल की दुर्दशा और रोगियों की मृत्यु के प्रसंग में मालती अपने पति पर व्यंग्य करते हुए कहती है—"सरकारी अस्पताल है न, क्या परवाह है। मैं तो रोज़ ही ऐसी बातें सुनती हूँ।" अब भी थोड़ी सी संवेदना सही, मालती में बची हुई है। इस बचे हुए को बचाए रखने का प्रयास कहानी को उल्लेखनीय ही नहीं कालजयी भी बनाता है। जैसे, बचपन में रोज़ किताब के दस-पन्द्रह पृष्ठ फाड़कर फेंक देनेवाली मालती का मन पढ़ाई में कभी न लगता था। इसलिए वह पीटी गई थी। वही मालती काग़ज़ के टुकड़े को मद्धिम प्रकाश में बेचैन होकर पढ़ती रहती है। जीवन की जड़ता के बीच चेतना और जिजीविषा का यह दृष्टान्त कहानी को नये आयाम प्रदान करता है। कहानी की महनीयता

भी स्वयंसिद्ध हो जाती है। मालती अपने घुटनभरे जीवन से निकलना चाहती है। यह सच है कि यह जीवनेच्छा कहानी की मूल संवेदना नहीं है। मुख्य स्वर उसकी सहनशीलता, कर्तव्यनिष्ठा, घुटनभरी ज़िन्दगी है। लेकिन, जड़ता के बीच चेतना और नीरसता में सरसता की एक धीमी आँच भी कहानी को महत्त्वपूर्ण बनाने में बड़ी सहायता करती है।

'रोज' शीर्षक कहानी से गुज़रकर एक सवाल पाठकों के मन में उभर सकता है कि आख़िर अज्ञेय जी ने मालती को समझौतावादी और सहनशील नारी के रूप में क्यों चित्रित किया है? वह चुनौती क्यों नहीं देती? सब कुछ सह कर क्यों रहती है? ध्यान देना हेगा कि मालती पत्नी है, माँ भी है। पति और पुत्र दोनों उस पर आश्रित हैं। इसलिए गृहस्थी की गाड़ी को धकेलने के लिए वह भुला बैठती है अपने 'स्व' को। मध्यवर्गीय भारतीय परिवार में नारी की मन:स्थितियों का यथार्थ अंकन करना लेखक का एक उद्‌देश्य रहा है। रही बात चुनौती की तो यहाँ मालती के मौन में चुनौती का भाव भरा हुआ है। कहानी में मालती-महेश्वर के माध्यम से पहाड़ी जीवन की असुविधाओं को भी सांकेतिक रूप में अभिव्यक्त किया गया है। समय पर पानी न आना, सब्ज़ी का अभाव, किताबों और पत्रिकाओं का अभाव आदि पहाड़ी गाँव के लोगों के जीवन को दुर्गम बनाते हैं। समय काटना मुश्किल हो जाता है। अभावों से गुज़रते हुए घंटाध्वनि गिनने-गिनाने में सहनशील और समझौतापरस्त नारी की त्रासदी को कहानीकार ने सफलतापूर्वक चित्रित किया है।

कहानी का शीर्षक 'गैंग्रीन' की तुलना में 'रोज' कहीं अधिक सार्थक है। यद्यपि कहानी में मालती और महेश्वर के दिनभर की गतिविधियों और उनकी मन:स्थितियों की चर्चा है तथापि ये सिलसिले नित्य चलते हैं। पूरी कहानी में 'रोज' की प्रतिध्वनि लगातार ध्वनित होती है। महेश्वर के सन्दर्भ में—सबेरे उठते ही चले जाना, नित्य वही काम, वैसे ही मरीज़, वही हिदायतें, वही नुस्खे, वही दवाइयाँ, कोई डेढ़ बजे लौटना, रोज़ ही ऐसा होता है। मालती के सन्दर्भ में—रोज ही ऐसी बातें सुनती हूँ, पानी का समय पर न आना रोज़ की बात है, रोज़ समय गिनते-गिनाती है। टिटी के सन्दर्भ में—रोज ही गिर पड़ता है। एक दिन की दिनचर्या से समय की प्रवहमान चेतना को भलीभाँति पकड़ा गया है। सभी पात्र 'अदृश्य छाया' की चपेट में आकर मशीनतुल्य जीवन जीने को बाध्य हो रहे हैं। यह शीर्षक प्रसंगानुकूल, संक्षिप्त संकेतधर्मी तथा व्यंजनाधर्मी है।

कहानीकार ने इस कहानी में द्वितीय पुरुष वाचकता के दृष्टिकोण से कथा के तत्त्वों को विवृत्त किया है। इससे कहानी में विश्वसनीयता और प्रभावोत्पादकता का समावेश है। कथावाचक पात्रों की चेतना में प्रवेश कर उनके मानसिक व्यापारों का उद्‌घाटन करता है। इतना ही नहीं, वह वातावरण को भी मूर्त करने का सुन्दर प्रयास करता है—"मैंने देखा कि सचमुच उस कुटुम्ब में कोई गहरी, भयंकर छाया घर कर गई है, उनके जीवन के इस पहले ही यौवन में घुन की तरह लग गई है, उनका इतना अभिन्न अंग हो गई है कि वे उसे पहचानते ही नहीं, मैंने उस छाया को देख लिया।" आधुनिकताबोध से भी इस कहानी की चर्चा की जा सकती है। अज्ञेय के अध्येता भोलाभाई पटेल ने प्रस्तुत कहानी की समीक्षा आधुनिकता के सन्दर्भ में की है। उन्होंने इसे आधुनिकता को पूर्ण रूप से उभरनेवाली कहानी के रूप में प्रस्तुत किया है। आधुनिक समाज जीवन में पाए जानेवाले तमाम बिन्दुओं को उन्होंने इस कहानी में भी अन्वेषित किया है—"एकदम 'गैंग्रीन'

शब्द हमारे मन में भी एक नये आयाम को उद्‌भासित करता है। मालती को और स्वयं डॉक्टर को भी कांटा चुभ गया है। लेकिन उसका कोई पता भी नहीं है। गैंग्रीन के साथ घड़ी का भी उल्लेख है। गैंग्रीन जैसे रोगग्रस्त स्थिति का प्रतीक है और घड़ी गतिहीन समय का। समय बीतता है, परन्तु कोई गति नहीं। घड़ी के डंकों के साथ मालती के दैनंदिन जीवन की एकरूप यांत्रिकता गुँथी हुई है।" (अज्ञेय : एक अध्ययन, पृ. 312)

कहानी में उतार-चढ़ाव नहीं के बराबर है। पाठक प्रतीक्षा करता है कि अब कुछ घटित होगा, लेकिन वैसा कुछ भी नहीं होता। भोलाभाई पटेल लिखते हैं—"पाठक की चिर अभ्यस्त अपेक्षा को तोड़ने में यहाँ हम हिन्दी कहानी में आधुनिकता की प्रथम विजय देखते हैं। (वही, पृ. 320) 'रोज' में कहानीकार ने मालती के चरित्र-चित्रण हेतु अन्तर्द्वंद्व की प्रस्तुति, संक्षिप्त संवाद आदि विधियों को अपनाया है। कहानी में भाषा का कुशल प्रयोग उल्लेखनीय है—तत्सम, तद्‌भव और बोलचाल की शब्दावली का समुचित प्रयोग हुआ है। लेकिन इस कहानी में अनेक संस्कृतनिष्ठ भाषा के प्रयोग से रचनाकार की आभिजात्य रुचि का स्पष्ट परिचय मिलता है। प्रस्तुत कहानी में द्वितीय पुरुष वाचकता की कलात्मकता सर्वत्र परिलक्षित होती है। लेखक ने पात्रों और वातावरण को जीवन्त बनाने के क्रम में न तो अपनी ओर से कुछ जोड़ा है और न ही कुछ छोड़ा है। उसने पूर्व-दीप्ति शैली का भी प्रयोग किया है। पात्रों के कार्य व्यापारों से कथावाचक की अनुभूतियाँ निस्सृत होती हैं। संकेतात्मकता, लाक्षणिकता, प्रवाहधर्मिता, स्वाभाविकता और पात्रानुकूलता 'रोज' की भाषा-शैली का मूल वैशिष्ट्य है। अत: कहा जा सकता है कि संवेदना और शिल्प की दृष्टि से 'रोज' केवल अज्ञेय की नहीं, बल्कि हिन्दी कहानी की अत्यन्त महत्त्वपूर्ण कहानी है। 'रोज' कहानी से हिन्दी कहानी में नई भूमि तैयार होती है। यह एक दिलचस्प अध्ययन हो सकता है कि 'नई कहानी' आन्दोलन के दौर में लिखी गई कहानियों को 'रोज' ने कहाँ तक प्रभावित किया है।

परदा तो आख़िर गिरना ही था

विवेक श्रीवास्तव

परदा तो आख़िर गिरना ही था। यह तय था, बस कब और कैसे यह चौधरी पीरबख़्श को नहीं पता था। वो ख़ान के हाथों में था कि जब चाहे परदा गिरा दे और फिर आख़िर एक दिन बबर अली ख़ान ने परदा गिरा दिया। हवेली की तर्ज़ पर दरवाज़े पर परदा, वहाँ चौधरी पीरबख़्श के पुरानी-ग़रीब बस्ती के घर की ड्योढ़ी पर शान से ज़्यादा, ज़रूरत की चीज़ था। दरवाज़े जब अपनी जगह से उखड़कर कहानी हो चुके थे, नया टाट भी परदे की जगह चौधरी पीरबख़्श के लिए महँगा सौदा था, घर की पुश्तैनी पुरानी दरी घर की ड्योढ़ी से घर के भीतर को बाहर से और बाहर को भीतर से अलगा रही थी। चौधरी पीरबख़्श, जिनके दादा दरोगा थे और उनका अपना पक्का मकान था, जिसे शान से आज भी चौधरी पीरबख़्श अपनी पुरानी हवेली की तरह याद करते और बताते थे, वो तो गुज़रे ज़माने की बात हो गई, पर अन्दाज़ और आदत कुछ वैसी रही और कुछ चौधरी पीरबख़्श ने बचा रखी थी। अपने ख़ानदान की इज़्ज़त के लिहाज़ से, प्राइमरी पास तेल मिल में मुंशी लगे चौधरी पीरबख़्श की महीने भर की आमदनी इतनी भी नहीं थी कि वे घर में गेहूँ ला सकें। बाजरा उबालकर पीकर दिन गुज़ारना तो ख़ैर भीतर की बात थी। घर के बाहर, मोची और धोबी के अग़ल-बग़ल में, चौधरी पीरबख़्श को अब भी लगता था कि उनकी ख़ानदानी इज़्ज़त-आबरू है और उसे बचाकर रखना उनका जिम्मा। पुरानी ख़ानदानी दरी को ख़ानदानी इज़्ज़त के जिस आख़िरी नमूने की तरह दरवाज़े के विकल्प की तरह मजबूरी में उपयोग में ले रहे थे वह वैसे भी जीर्ण अवस्था में ही था पर उसका भी हश्र बबर अली ख़ान के हाथ यूँ, इस तरह होगा यह चौधरी पीरबख़्श ने सोचा हो या नहीं पर उनके जीवन की एक अनिवार्य अनहोनी जिसके लिये चौधरी पीरबख़्श को पूरी उम्मीद थी कि वो इसे टाल ले जाएँगे, टल न सकी। उन्हें भी ज़िन्दगी में ख़ानदानी प्रतिष्ठा के साथ गुरबत की आज की अपनी ज़िन्दगी के संघर्ष के दुश्चक्र का अहसास तो रहा ही होगा पर घर-परिवार और दुनिया-जहान में वो इसे झुठलाते रहने की भरसक कोशिश में लगे रहते थे। इसी भरोसे पर वो, ख़ुद जिस ख़ान को शैतान समझते थे, उसी के क़र्ज़ के मकड़जाल में जा घिरे, आख़िर चौधरी पीरबख़्श कितना भी बचना चाहते रहे हों पर क्या करते 'घर-बार हो, तो क़र्ज़ भी होगा ही।'

चौधरी पीरबख़्श का परिवार बड़ा था। दादा दरोगा थे, उनका भी परिवार बड़ा था,

बड़े परिवार में बाद की पीढ़ियाँ भी बड़ी थीं। इसीलिए चौधरी पीरबख़्श को ख़ानदानी पक्का मकान जिसे वो ख़ानदानी शान में, अपनी जुबान में 'हवेली' कहना पसन्द करते थे, उससे बाहर निकलकर इस नई बस्ती में उखड़े हुए दरवाज़ों वाले किराये के मकान में आना पड़ा। दो रुपये महीने मकान का किराया और दसों साल बाद भी मिल की नौकरी जिसमें वो मुंशी कहलाते थे और चौकी पर बैठते थे, उस नौकरी में बारह से अठारह रुपये तक पहुँच पाई चौधरी पीरबख़्श की मामूली तनख़्वाह। ज़िन्दगी की रोज़ की भूख का बोझ तो वैसे ही बहुत था चौधरी पीरबख़्श के सर पर उस पर भी विरासत में मिला ख़ानदानी बोझ तो और ही था। दादा के ज़माने की उनकी चालीस रुपये की नौकरी, पक्के मकान और दरोगा की नौकरी की शान से चौधरी पीरबख़्श के ज़माने का मुक़ाबला। अन्दर सब खोखला था पर घर के बाहर दिखावे के लिए कुछ तो हँसकर टालना पड़ता था या फिर घर के पुराने सामानों को बेच-बेच कर समय गुज़ारना पड़ता था। पुरखों की हैसियत से जुड़े और महिलाओं (जनाना) के परदे की ख़ानदानी परम्परा में अकेले चौधरी पीरबख़्श ही थे जो घर के बाहर की दुनिया में अकेले थे। लड़ाई बड़ी और रोज़ की थी पर लड़नेवाले थे अकेले-कमज़ोर और पहले ही तमाम तरह के बोझ से दबे हुए चौधरी पीरबख़्श प्राइमरी तक की उनकी पढ़ाई के हिसाब से मिली, मुंशी की नौकरी ने उन्हें पैसे कमाने की कोई और राह नहीं छोड़ी थी। चौधरी पीरबख़्श के लिए कहीं और, कुछ और मेहनत अब बूते के बाहर की बात थी। तनख़्वाह जो थी, मालिक को वो भी इनके काम के लिए कुछ ज़्यादा ही लगती रही होगी। हर मालिक को लगता है वो अपने कर्मचारी को उसकी हैसियत से कुछ ज़्यादा ही तनख़्वाह देता है। बारह रुपया महीना। रुपये तो जितने भी थे पर बस मिल की नौकरी में वो मुंशी थे, चौकी पर बैठते थे, क़लम-दवात का काम था। कम से कम 'ख़ानदान की इज़्ज़त के मुताबिक' सफ़ेदपोश काम। मज़दूरी-दस्तकारी उनसे होनी न थी। अब जो भी हो सफ़ेदपोश ख़ानदान का तकादा ही था कि केवल पैसों के लिए ख़ानदानी शान के ख़िलाफ़ मज़दूरी करने के बारे में तो सोचा भी नहीं जा सकता था। और फिर सोच भी लेते तो क्या मज़दूरी कर भी पाते? बड़े ख़ानदान की एक और मजबूरी थी कि घर की आबरू, घर की जनाना को भी कोई काम करने के लिए बाहर लेकर आने के बारे में तो सोचना भी सम्भव नहीं था। घर की जनाना के पास, दरवाज़े की जगह ड्योढ़ी पर लटके परदे के ज़्यादा ही फट जाने पर भीतर ही भीतर से हाथ लगाकर कामचलाऊ रफ़ू कर देने के अलावा बाहरी दुनिया का कोई हुनर भी न था शायद बेबसी और लाचारी का जो जीवन था, बस उधार ही जीवन का आधार था।

समाज में अपनी हैसियत या वास्तविकता के विपरीत इज़्ज़त के दिखावे को अपनी ज़िन्दगी का आधार बनाकर जीनेवाले एक बड़े वर्ग की विडम्बना है कि वो न नीचे ठहर पाता है न ऊपर पहुँच पाता है। बीच में अटका-लटका हुआ यह वर्ग हमेशा ही समाज द्वारा अपनी तय कर दी गई हैसियत और वास्तविकता को नकारता हुआ लटकता हुआ, ऊपर उठ जाने की भरसक कोशिश करता, पूरी ताक़त लगाता रहता है कि कभी और किसी दिन तो उसकी इज़्ज़त, जो उसके जीवन के चारों ओर का आभासी संसार है वह बच भी जाए और पेट भी भर जाए। अपनी सचाई से लड़कर,

ज़िन्दगी के रोज़ के संघर्ष में भूख को जीतकर अपने सपनों की ओर एक इंच और आगे बढ़ पाए। बेचारगी के जीवन में कोई बबर अली ख़ान उसकी और उसके परिवार की ज़िन्दगी पर कभी दिये क़र्ज़ के विरुद्ध अपना अधिकार मानकर जब चाहे उसे बेइज़्ज़त न कर सके। उसे अपने ही घर लौट आने के लिए ख़ान के दरवाज़े से टल जाने का इन्तज़ार न करना पड़े।

जीवन के जितने पक्ष हो सकते हैं और जितनी तरह की कहानियाँ जीवन की, जीवन में हो सकती हैं, उनमें आदर्श समाज की कहानियाँ, मनुष्य के मानसिक संसार की उलझनों को, मनोविज्ञान को समझने-समझाने की कोशिश करती कहानियाँ और जाने कितने और तरह की कहानियाँ तब तक कथा-साहित्य की मुख्य धारा में थीं जब यशपाल कथा में जीवन के नग्न यथार्थ को कहानी का विषय चुन रहे थे। प्रगतिशील कथाकार के रूप में सामाजिक विषमता और आर्थिक असमानता के वे पहलू जो सामान्य आदमी के रोज़ के जीवन संघर्ष हैं उन पर जिन कुछ कथाकारों ने सबसे गम्भीर संवेदनात्मक कहानियाँ लिखी हैं—उनमें यशपाल और उनकी कहानी 'परदा' महत्त्वपूर्ण कहानी है। असमान जीवन और जीवन के रोज़ के संघर्ष को केन्द्र में रखकर जिस मार्मिकता से यशपाल वहाँ एक परिवार की बेबसी को बहुत सहज ढंग से प्रस्तुत करते हैं वह न सिर्फ़ कथ्य के स्तर पर बल्कि शिल्प के स्तर पर भी बहुत सधी हुई कहानी है। छोटे-छोटे, गठे हुए वाक्य। पूरे अर्थ संभार में हल्के व्यंग्य की शैली के वर्णन, जो न पूरा व्यंग्य हैं और न सिर्फ़ तटस्थ वर्णन। मार्मिक संवेदनात्मक में भिगोती-डुबोती कहानी में हर दृश्य अपने ढंग से अपनी अनिवार्य भूमिका में आता है। पूरी कहानी में अनूठे ढंग से प्रभाव पैदा करनेवाली संरचना देखने को मिलती है। पूरी कहानी में असमान आर्थिक वितरण और उसके साथ जीवन की मूलभूत ज़रूरतों के लिये भी तरस रहे एक परिवार के एक प्रतिनिधि चरित्र की तरह चौधरी पीरबख़्श हमारे सामने प्रस्तुत होते हैं और सूदखोरी के जंजाल में उलझकर अपना, सुख जैसा तो कुछ उनका अपना है नहीं पर जो रोज़ का रहा-सहा सा जीवन है—उसे भी और दिन-रात का चैन गँवा बैठते हैं। चौधरी पीरबख़्श के जीवन में जो बेचैनी है उसके विरुद्ध उतनी ही शाइस्तगी और निरपेक्षता का निर्वाह करती दिखती कहानी है परदा। यद्यपि तटस्थता कहानी के कथ्य में नहीं बस कहन में है। जीवन के जिस पक्ष को, जिस विवशता को यशपाल ने कहानी के कथ्य के रूप में चुना है उसके लिए यशपाल की प्रतिबद्धता घोषित है पर शिल्प के प्रति सतर्कता भी महत्त्वपूर्ण और ध्यान देने योग्य है।

कहानी शुरू से आख़िर तक ज़बरदस्त ढंग से गुँथी हुई है। बिलकुल कसी हुई। एक भी वाक्य, एक भी विवरण बे-सबब नहीं। कहानी में तेज़ बहाव है, पाठक चौधरी पीरबख़्श के जीवन की विडम्बनाओं से गुज़रता हुआ तेज़ी से क्लाइमेक्स की ओर बढ़ता है। तीन पीढ़ियों पहले की ख़ानदानी इज़्ज़त के बहुत संक्षिप्त परिचय से शुरू कहानी, तीसरी पीढ़ी के चौधरी पीरबख़्श के समय-परिवेश को हल्का सा छूती हुई भी आगे बढ़ती है और वर्तमान में आ पहुँचती है पर उसका फोकस बहुत साफ़ है और वो पीढ़ियों के अन्तराल को दिखाते-बताते हुए समय के साथ पीढ़ियों के जीवन संघर्ष को केन्द्र में लेकर चल रही है। जीवन की स्थितियों में बदलाव और बदलाव का सीधा असर

जो तीसरी पीढ़ी के जीवन पर पड़ रहा है, कहानी उसके बारे में है। कहानी, परिवार के बढ़ते जाने और सुविधाओं के सिमटते जाने के बीच अपने अतीत के व्यामोह में बँधे हुए 'ख़ानदान' की प्रतिष्ठा के बोझ और संस्कार दोनों में दबे हुए चौधरी परिवार की है। कहानी उनके आज की है। अन्तराल से सिर्फ़ उन्हें समझने में मदद ली जा सकती है। पीढ़ियों के अन्तराल को सिर्फ़ चौधरी पीरबख़्श के संघर्ष को समझने-समझाने की पृष्ठभूमि में वहाँ पढ़ा जाना चाहिए।

भाषा के स्तर पर भी बेहद सादा सी भाषा जो कहानी को रवानी देती है। जिसमें थोड़ा सा तंज है, करुणा है। करुणा बाहर नहीं है पर भीतर की सतह में कहीं गहरी करुणा की कहानी है 'परदा'। कुल मिलाकर साधारण आदमी के जीवन की सादी सी भाषा में जटिल ज़िन्दगी की कहानी। कहानी में एक विवरण आता है, चौधरी पीरबख़्श ख़ान को शैतान समझते थे पर आख़िर में वे ख़ुद उसके चंगुल में फँस जाने को मजबूर हैं। क्यों? बेहद चलती हुई आमफ़हम भाषा में सीधे ढंग से कहानी में कहा गया है—"घर-बार हो, तो क़र्ज़ भी होगा ही"। वैसे तो जिस तरीक़े से कहानी में इस वाक्य को नियति की तरह यशपाल कह देते हैं वह ठीक वैसा ही नहीं है। यह एक वाक्य कहे जाने के लिए और अपने विश्वास के ख़िलाफ़ जाकर 'शैतान' ख़ान से सूद पर रुपया लेने के लिए पूरी कहानी में आनेवाले तमाम वर्णन, ख़ुदा की नेमत और बरकत चौधरी पीरबख़्श का बड़ा परिवार, मिल की नौकरी और छोटी-सी तनख़्वाह के साथ ज़िन्दगी की तमाम ज़रूरतों के लिये मजबूर हालात को सामने रखने के साथ मुहावरे की सी रवानी में कहते हैं—'घर-बार हो, तो क़र्ज़ भी होगा ही'।

यशपाल प्रसिद्ध प्रगतिशील लेखक हैं। वे सोद्‌देश्य, सामाजिक असमानता और विषमता को केन्द्र में रखकर रचना करने और विषमता के शिकार समाज के कमज़ोर चरित्र का चित्र भावपूर्ण ढंग से करते हुए समाज के पूँजीपति वर्ग के लिए धिक्कार और शिकार के लिए सहानुभूति का भाव विकसित करने के लिए लिखते हैं। यशपाल उन लेखकों में हैं जो सिर्फ़ मनोरंजन के लिए साहित्य रचना नहीं कर सकते। विषमता और विवशता का एक मार्मिक चित्र खींचकर यशपाल सूदख़ोर ख़ान को मूल का दुगुना चुकतारा कर चुके चौधरी पीरबख़्श के लिए न सिर्फ़ बबर अली ख़ान के 'परदा' खींच लिये जाने पर उनके परिवार की स्त्रियों के तन पर जीर्ण कपड़ों के एक अन्तिम दृश्य के बहाने सहानुभूति लेने में सफल होते हैं बल्कि निर्मम पूँजी आधारित समाज व्यवस्था को सूदख़ोर ख़ान के चरित्र के बहाने हमारे मस्तिष्क पटल पर कुछ सोचने के लिए लाकर छोड़ देते हैं। अपनी साधारण गुज़र सकनेवाली ज़िन्दगी का हर दिन और हर पल सूद की चिन्ता में, बेतरह तनाव और दबाव में जी रहे चौधरी पीरबख़्श की इस दुर्दशा और अवस्था के बहाने वो समाज के जिस स्वरूप पर टिप्पणी करते हैं वह महत्त्वपूर्ण है। कहानी जहाँ ख़त्म हो जाती है, वहाँ से प्रश्न शुरू होते हैं। प्रश्नों के जवाब देने के लिए आगे लेखक अप्रस्तुत है पर पाठक को संवेदना के एक अलग धरातल पर ले जानेवाली कहानी प्रश्न ज़रूर करती है। अगर पाठक कहानी को महज़ सतही मनोरंजन से कुछ आगे बढ़कर पढ़ने के लिए कहानी के साथ आगे तक चलने को तैयार है। प्रश्न भी वहाँ मुकम्मल प्रश्न की तरह, नारे की तरह नहीं आते बल्कि संकेतों में आते हैं। संकेतों में ही ज़िन्दगी के तमाम उन

प्रश्नों की ओर संकेत वहाँ मिलते हैं जो एक आम आदमी की ज़िन्दगी को परिस्थितियों के नाम पर, परम्पराओं के नाम पर या समाज व्यवस्था की जटिलता के नाम पर किन्ही अदृश्य उँगलियों पर नाचता कठपुतली सा जीवन देते हैं। ये जीवन सिर्फ़ चौधरी पीरबख़्श की नहीं, हमारी समाज व्यवस्था में किसी की भी हो सकती है।

यशपाल की कहानी 'परदा' आज से छह-सात दशक पहले के हमारे सामाजिक जीवन का जितना यथार्थ है उसमें थोड़े कोने-खाँचे दाएँ-बाएँ करके देखें, संकेतों और विवरणों को थोड़ा रद्दो-बदल करके देखने को तैयार हों तो देखिए ये कहानी किसी अशिक्षित, अल्पशिक्षित मध्यवर्गीय, महत्त्वाकांक्षी फिलिप जोसेफ़, मणि कुमार की या किसी तैयब अली की आज की कहानी हो सकती है। परम्पराओं, संस्कारों के बोझ से दबे और सीमित आमदनी के सहारे सफ़ेदपोश जीवन की मजबूर ज़िद जी रहे एक मध्यवर्ग के चरित्र की कहानी जो ठीक हमारे आसपास चारों ओर के जीवन में बिखरा पड़ा है। आख़िर घर-बार है तो क़र्ज़ भी होगा ही। यह सच क्या सिर्फ़ चौधरी पीरबख़्श के जीवन का है या हम सबका। समूचे मध्यवर्गीय जीवन का सच यही है। और फिर अगर क़र्ज़ है तो कोई बबर अली ख़ान भी होगा। जब नाम चौधरी पीरबख़्श का बदलेंगे तो बस जरा-सा नाम बबर अली ख़ान का भी बदलकर देखिएगा। कोई ख़ान, पठान, कोई साहू, कोई साहूकार, कोई बैंक, विश्व (का कोई) बैंक या कोई मानिटरिंग फंड भी हमारा आज का 'ख़ान' हो सकता है। यशपाल जीवन सत्य को पकड़नेवाले बड़े कहानीकार इसीलिए हैं। वे अपनी पीढ़ी और परम्परा के सबसे विश्वसनीय कथाकार भी हैं।

विडम्बना के यथार्थ पर कवि-दृष्टि

पल्लव

'रफ़ीकुद्दीन का आश्वासन पाकर देविन्दरलाल रह गए।' शरणदाता (1947) का यह वाक्य जैसे सारे त्रास को पैदा कर रहा है। यहीं रुक जाने का उनका मन न हो यह हरगिज़ नहीं था लेकिन भारत विभाजन का समय और लाहौर में बचे-खुचे ग़ैर मुस्लिम। अज्ञेय की कहानी उन बचे-खुचों में से एक देविन्दरलाल की कहानी है। जो अपने अजीज मित्र रफ़ीकुद्दीन के इस तर्क के आगे लाजवाब हैं कि 'कोई बात है भला कि आप घर-बार छोड़कर अपने ही शहर में पनाहग़र्जी हो जाएँ? हम तो आपको जाने न देंगे बल्कि ज़बरदस्ती रोक लेंगे। मैं तो इसे मेजारटी का फ़र्ज़ मानता हूँ कि वह माइनॉरिटी की हिफ़ाज़त करे और उन्हें घर छोड़-छोड़कर भागने न दे। हम पड़ोसी की हिफ़ाज़त न कर सके तो मुल्क की हिफ़ाज़त क्या ख़ाक करेंगे!' तब यही होना था कि 'रफ़ीकुद्दीन का आश्वासन पाकर देविन्दरलाल रह गए।'

अज्ञेय स्वयं इस दौर की कहानियों के बार में लिखते हैं—"ये कहानियाँ भारत-विभाजन के विभ्राट और उससे जुड़ी हुई मनःस्थितियों की कहानियाँ हैं। एक बार फिर ये कहानियाँ आहत मानवीय संवेदन की और मान-मूल्यों के आग्रह की कहानियाँ हैं : और मैं अभी तक आश्वस्त हूँ कि जिन मूल्यों पर मैंने बल दिया था, जिनके घर्षण के विरुद्ध आक्रोश व्यक्त करना चाहा था, वे सही मूल्य थे और उनकी प्रतिष्ठा आज भी हमें उन्नततर बना सकती है।" भारत का स्वतंत्र होना जहाँ एक राष्ट्र राज्य का चिर स्वप्न पूरा होना था वहीं इसके साथ मिले विभाजन ने स्वतंत्र होने की ख़ुशी को जैसे फ़ीका कर दिया। विभाजन केवल एक देश का बँट जाना यही नहीं था बल्कि भारत की सदियों पुरानी सामासिक संस्कृति को ज़ोरों से धक्का देना था। जो समुदाय सदियों से साथ-साथ रह रहे थे, वे एकाएक नफ़रत और हिंसा की आग में उबलने लगे। यह ठीक है कि 1857 की क्रान्ति के बाद अंग्रेज़ी नीतियों में आए परिवर्तन और दोनों समुदायों के अतिवादी समूहों ने इस नफ़रत की आग को फैलाया लेकिन 1945 से 1948 का लम्बा दौर बेहद अशान्त और रक्तरंजित है। कहानी बताती है 'रात को जहाँ-तहाँ लपटें उठने लगीं और भादों की उमस धुआँ खाकर और भी गलघोंटू हो गई...रफ़ीकुद्दीन भी आँखों में पराजय लिये चुपचाप देखते रहे। केवल एक बार उन्होंने कहा, "यह दिन भी था देखने को और आज़ादी के नाम पर! या अल्लाह! लेकिन ख़ुदा जिसे घर से निकालता है, उसे

फिर गली में भी पनाह नहीं देता।" अज्ञेय जैसे इस माहौल को ठीक-ठीक चीन्हते हुए शब्द दे रहे हैं—'विषाक्त वातावरण, द्वेष और घृणा की चाबुक से तड़फड़ाते हुए हिंसा के घोड़े, विष फैलाने को सम्प्रदायों के अपने संगठन, और उसे भड़काने को पुलिस और नौकरशाही! देविन्दरलाल को अचानक लगता कि वह और रफ़ीकुद्दीन ही ग़लत हैं जो कि बैठे हुए हैं, जबकि सब कुछ भड़क रहा है, उफन रहा है, झुलस और जल रहा है...और वे लक्ष्य करते कि वह अस्पष्ट स्वर जो वे रफ़ीकुद्दीन की बातों में पाते थे, धीरे-धीरे कुछ स्पष्ट होता जाता है एक लज्जित-सी रुखाई का स्वर...'यह रुखाई केवल देविन्दरलाल और रफ़ीकुद्दीन के बीच ही नहीं आ रही अपितु दोनों समुदायों में आ रही है।

प्रकारान्तर में कहानी ऐसे कुछ प्रसंग भी सुनाती है जहाँ विश्वास के ख़त्म होने और हिंसा की तरफ़ जाने के उदाहरण हैं। प्रत्यक्षतः कहानीकार हिंसा के पक्ष में नहीं है (वह हो भी क्यों?) और तभी वह ऐसे भी उदाहरण खोजता है जहाँ विषम स्थितियों के बावजूद मनुष्यता की जीत हुई है—नफ़रत की एक न चली। सिखों के एक गाँव में कई सौ मुसलमानों के पनाह लेने की भी एक घटना है। जिसे सुनाकर रफ़ीकुद्दीन ने कहा, "आख़िर तो लाचारी होती है। अकेले इनसान को झुकना ही पड़ता है। वहाँ तो पूरा गाँव था, फिर भी उन्हें हारना पड़ा। लेकिन आख़िर तक उन्होंने निबाहा, इसकी दाद देनी चाहिए। उन्हें पहुँचा आए..." देविन्दरलाल ने हामी भरी। लेकिन सहसा पहला वाक्य उनके स्मृतिपटल पर उभर आया, "आख़िर तो लाचारी होती है अकेले इनसान को झुकना ही पड़ता है!" क्या यह नियतिवाद है? अज्ञेय यथार्थ की कहते-कहते नियति की तरफ़ मुड़ रहे हैं? अपनी सम्पूर्ण कहानियों की पुस्तक की भूमिका में उन्होंने लिखा है, "यथार्थ वैसा (इकहरा) कभी नहीं होता और उसकी एक ही तह या सतह को देखना ही उसे अयथार्थ कर देना है। यथार्थ बहुस्तरीय, जटिल और गुथीला भी है, इसके अनुरूप उसका बहुविध दर्शन, साक्षात्कार, निदर्शन और निर्वचन भी सम्भव है। हमारी धारणा है कि ठीक यही कहानी में भी कवि का योग हो सकता है। कवि-दृष्टि से देखा गया यथार्थ ही कदाचित् ऐसा साक्षात्कार कर सकती है—कवि-दृष्टि से देखा गया यथार्थ अधिक गहरे अर्थ में 'प्रत्यक्ष' होता है।" तो स्वयं अज्ञेय के शब्दों में यह कवि दृष्टि से देखा गया यथार्थ है। इस कहानी में आगे देविन्दरलाल जी का ज़िक्र है—"वे आँगन में खड़े होकर आकाश देखने लगे। आज़ाद देश का आकाश! और नीचे से, अभ्यर्थना में जलते हुए घरों का धुआँ! धूपेन धापयामः। लाल चन्दन रक्त चन्दन...'आज़ाद देश का आकाश ऐसा ही होता है? जब आज़ादी के बाद इसे झूठी कहा गया तब (और अब भी) अनेक विचार सरणियों को माननेवालों ने इसे तोहमत माना। अज्ञेय की कहानी इस झूठी आज़ादी का दृश्य प्रस्तुत कर रही है और दुर्भाग्य यह है कि देविन्दरलाल जी की त्रासद स्थिति का यह अन्त नहीं है।

कहानी में देविन्दरलाल जी को जान बचाने के लिए रफ़ीकुद्दीन साहब अपने एक मुस्लिम परिचित प्रभावशाली व्यक्ति शेख़ अताउल्लाह के घर में छिपा देते हैं जहाँ उन्हें एक बड़े घर के बग़ीचे में खड़े पेड़ों के झुरमुट की आड़ में बने ग़ैराज में रहना होता है। जहाँ वे अकेले हैं और कोई बात तक करनेवाला नहीं। यहीं उनके सामने यथार्थ

का भयावह सच आता है। होता यह है कि कुछ दिन की मेजबानी के बाद एक दिन उन्हें रोज़ के ढर्रे से हटा हुआ खाना मिलता है। वे ख़ुश होते हैं। तभी रोटियों के बीच एक काग़ज़ की पुड़िया मिलती है और उसमें यह इबारत—'खाना कुत्तों को खिलाकर खाइएगा।' खाने में ज़हर था। देविन्दरलाल जी एक बिलार को यह खाना खिलाकर देखते हैं और ज़हर साबित हो जाता है। आख़िर वे वहाँ से भाग छूटते हैं। यहाँ यथार्थ की बहुस्तरीयता द्रष्टव्य है। बिलार को देविन्दरलाल कई दिनों से पाल रहे थे। उसे रोटी इत्यादि देते थे। विडम्बना यह है कि देविन्दरलाल को उनके शरणदाता शेख़ अताउल्लाह ने ज़हर दिया जिससे वे बच गए और बिलार को उसके शरणदाता ने ज़हर दिया जिससे वह बच न सका।

कहानीकार का व्यंग्य और विडम्बनाबोध इन वाक्यों में प्रकट हुआ है—"देविन्दरलाल फिर खाने को देखने लगे। वह कुछ साफ़-साफ़ दीखता हो सो नहीं, पर देविन्दरलाल जी की आँखें निस्पन्द उसे देखती रहीं। आज़ादी। भाईचारा। देशराष्ट्र...एक ने कहा कि हम ज़ोर करके देखेंगे और रक्षा करेंगे, पर घर से निकाल दिया। दूसरे ने आश्रय दिया, और विष दिया। और साथ में चेतावनी, कि विष दिया जा रहा है।" यह विडम्बना राष्ट्र की आज़ादी से जुड़ी विडम्बना है और व्यक्ति के निजी जीवन से भी। तीसरी विडम्बना कहानीकार की है कि यथार्थ के प्रचलित उपकरणों से ही वह इसका उद्घाटन कर सकने में समर्थ हुआ है। भूमिका में ही उन्होंने यथार्थवाद के उपकरणों को लक्षित करते हुए लिखा था—"मेरी धारणा है कि इसका प्रभुत्व स्थायी बना रहा तो कहानी साहित्य दुर्बलतर ही होगा। सतह की चमक और बुनावट को पकड़ने और प्रतिबिम्बित करने की उसकी दक्षता बढ़ती जाएगी, पर आभ्यन्तर वस्तु की पहचान छूटती जाएगी और उस पहचान को दूसरे तक पहुँचाने की क्षमता भी मिटती जाएगी।" इस कहानी की सफलता और सार्थकता (यदि है तो) उसके यथार्थवादी उपकरणों से यथार्थ के उद्घाटन में ही है। दूसरी बात कहानी में विभाजन के कारण पैदा हुए सामाजिक विभेद के वर्णन की है, अज्ञेय इस कहानी में देविन्दरलाल के प्रति इन दोनों मुस्लिम परिवारों में क्रमशः आई झुँझलाहट को दिखा सके हैं और अगर शेख़ अताउल्लाह का परिवार देविन्दरलाल की हत्या कर देने की स्थिति में आ गया है तो इसका कारण वातावरण में फैला साम्प्रदायिक ज़हर ही है। इस लिहाज़ से विभाजन पर लिखा गया भारतीय भाषाओं का साहित्य गहरा मूल्यवान है क्योंकि वह मनुष्यता पर आ गए ऐसे संकट की पहचान करने की सामर्थ्य रखता है, जो मनुष्यजनित है और जिसे सुलझाया जा सकता है।

कहानी का अन्त इस तरह हुआ है जब देविन्दरलाल अपना पता देकर दिल्ली रेडियो से अपनी जायदाद इत्यादि के सम्बन्ध में अपील करवा रहे थे तब एक दिन उन्हें लाहौर की मुहरवाली एक छोटी-सी चिट्ठी मिलती है जिसमें लिखा था, "आप बचकर चले गए, इसके लिए ख़ुदा का लाख-लाख शुक्र है। मैं मनाती हूँ कि रेडियो पर जिनके नाम आपने अपील की है, वे सब सलामती से आपके पास पहुँच जाएँ। अब्बा ने जो किया या करना चाहा उसके लिए मैं माफ़ी माँगती हूँ और यह भी याद दिलाती हूँ कि उसकी काट मैंने ही कर दी थी। अहसान नहीं जताती, मेरा कोई अहसान आप पर नहीं है सिर्फ़ यह इल्तजा करती हूँ कि आपके मुल्क में अकलीयत का कोई मजलूम हो तो

याद कर लीजिएगा। इसलिए नहीं कि वह मुसलमान है, इसलिए कि आप इनसान हैं। ख़ुदा हाफ़िज।" देविन्दरलाल जी इस चिट्ठी को पढ़कर किसी रोमानी ख़याल में नहीं डूबते अपितु उन्हें वह स्मृति आती है जब "ग़ैराज की छत पर छटपटाकर धीरे-धीरे शान्त होनेवाली बिलार की वह दर्द-भरी कराह, जो केवल एक लम्बी साँस बनकर चुप हो गई थी।" और आख़िर में वे चिट्ठी की छोटी-सी गोली बनाकर चुटकी से उड़ा देते हैं। उनका चिट्ठी को चुटकी से उड़ा देना क्या कहता है? क्या ये वे ही 'आहत मानवीय संवेदन और मान-मूल्यों के आग्रह' भावनाएँ हैं जिनका आग्रह अज्ञेय कर रहे थे? विडम्बनाबोध कहानी के जटिल यथार्थ को अभिव्यक्त कर रहा है लेकिन इस विडम्बनाबोध की चपेट में कथाकार ख़ुद भी आ गया है। इस 'कवि दृष्टि' से कथाकार अपने को बचा पाते तो क्या बात होती।

मुग़लों ने सल्तनत बख़्श दी

भगवतीचरण वर्मा

आम जन का इतिहासबोध

मनोज कुमार सिंह

भगवतीचरण वर्मा प्रेमचन्द युग और उसके उत्तरवर्ती दौर के कथाकार हैं। 'दो बाँके', 'इंस्टालमेंट', 'प्रायश्चित्त', 'वसीयत', 'मुग़लों ने सल्तनत बख़्श दी' उनकी चर्चित और महत्त्वपूर्ण कहानियाँ हैं। शीर्षक से ज़ाहिर है कि 'मुग़लों ने सल्तनत बख़्श दी' कहानी का प्रतिपाद्य भारत के महान शक्तिशाली एवं गौरवशाली इतिहास के दौर मुग़लों के साम्राज्य से सम्बन्धित है। उसी पर दावा करनेवालों को बिना किसी प्रतिरोध के ही मुग़लों ने अपना साम्राज्य दे दिया। साहित्य वस्तुतः तथ्यों के साथ संवेदनात्मक विकास की कथा कहता है। विशेषकर ऐतिहासिक वृत्तान्तों को लेकर लिखे गए साहित्य की विशिष्ट भूमिका यही होती है कि वह इतिहास और मुख्यधारा की तत्कालीन राजनीति के सापेक्ष जन-संवेदनाओं की पड़ताल या शिनाख़्त करे। प्रसंगवश यह कह देना उचित होगा कि इतिहास में कोई व्यक्ति, कोई विचार या कोई घटना पूर्ण विराम की तरह नहीं होती। वस्तुतः वह अधिकतम एक अर्द्धविराम हो सकती है। इन सबके साथ जन संवेदनाओं का विकास भी होता है, जिसके प्रतिनिधित्व की अव्वल ज़िम्मेदारी साहित्य पर होती है। जनता हर गतिविधि का अपने निर्मित सामूहिक अवचेतन की सीमाओं में क्रिटिक तैयार करती है, बहुधा उनमें सरलीकरण की सामान्य प्रवृत्ति पाई जाती है। इन दिनों एक प्रवृत्ति साहित्य में मुखर होती दिख रही है कि जनता के सरलीकरण या कामनसेंस को नज़रअन्दाज़ करना या कोई कमतर वस्तु मानना। जनता का कॉमनसेंस उसके सक्रिय जीवनानुभवों का परिणाम होता है। उसमें जनता की जीवनाकांक्षा, हर्ष, विषाद, राग-द्वेष सबकी स्पष्ट छवियाँ मौजूद होती हैं, जिनसे उसकी सकारात्मक और नकारात्मक वृत्तियों को समझने में मदद मिलती है। यह विचारणीय हो सकता है कि अगर साहित्य 'जनता के मूड' से विमुख होता है तो वह किस तरह और किसके लिए उपयोगी होगा। भगवतीचरण वर्मा की यह कहानी दो कारणों से महत्त्वपूर्ण है, पहला तो भारतीय इतिहास की उस घटना को आधार बनाने के कारण जिसने भारतीय जनजीवन और समाज की बुनियाद पर बड़ा प्रहार किया। दूसरा उस बात की वजह से कि आम जन के भीतर से पैदा हो रहे एक विशिष्ट क्रिटिक सेंस का प्रयोग कर कथा की रचना करना।

भगवतीचरण वर्मा के कथा-साहित्य में विशेषतः कहानियों में सन् 1857 के पूर्व और पश्चात् के भारतीय शासक, सामन्त, छोटे ज़मींदार व कुलीन वर्ग के ह्रासोन्मुख

चरित्र की पूरी आलोचना मौजूद है। उनके लेखन का समय कविता में छायावादी दौर है। अतः उनके आरम्भिक लेखन में छायावादी संस्कार की तरह मौजूद हैं। उनके उपन्यास और कविताएँ इस बात का प्रमाण हैं। कहानी पर बात करने से पूर्व यह जान लेना ज़रूरी है कि भगवतीचरण वर्मा का किसी साहित्यिक या वैचारिक भाव रखनेवाले वाद से सम्बन्ध नहीं था। अलग-अलग समयों में वे अलग-अलग तरीक़े से सोचते-समझते रहे हैं। वैसे तो वे 'सेंसेबिलिटी' मात्रा के लेखक हैं, परन्तु उनकी कहानियों में विशेषतः 'मुग़लों ने सल्तनत बख़्श दी' और 'इंस्टालमेंट' में उनकी इतिहास चेतना मुखर होकर सामने आती है। 'इंस्टालमेंट' की थोड़ी चर्चा आगे सन्दर्भ के अनुरूप की जाएगी। 'मुग़लों ने सल्तनत बख़्श दी' कहानी, उसके प्रमुख पात्र 'हीरो जी' के परिचय से आरम्भ होती है। पूर्व में ही 'जनता के भीतर पैदा हो रहे क्रिटिक सेंस' का ज़िक्र किया गया है, वह इस कहानी में 'हीरो जी' नामक चरित्र के माध्यम से ही चरितार्थ है। 'हीरो जी' एक ऐसे चरित्र के रूप में उपस्थित हैं जो फक्कड़ हैं, एक ऐसा फक्कड़ जिसके सम्पूर्ण व्यक्तित्व में यह दावा है कि वह सब कुछ जान चुका है, सब रहस्य उसके सम्मुख प्रत्यक्ष है। कहानी में पहली ही पंक्ति है—"हीरो जी को आप नहीं जानते, यह दुर्भाग्य है। यदि आपका हीरो जी से परिचय हो जाए, तो आप निश्चय समझ लो कि आपका संसार के एक बहुत बड़े विद्वान से परिचय हो गया।" हीरो जी का चरित्र जिस तरह से सामने आता है, वह पहले कथन की तसदीक करता करता है। हीरो जी जीवन में वह सभी कार्य करते हैं जो आमजन के लिए निषिद्ध हैं—गाँजा पीना, अफीम खाना, शराब पीने की शर्तें लगाना। चाय की दुकान पर घंटों बैठे रहना। सांसारिक जवाबदेहियों से मुक्त एक चरित्र। एक मज़ेदार बात यह है कि 'हीरो जी' का चरित्र देखकर बनारस की अड़ियों और घाटों पर बैठने और फिरते रहनेवाले कुछ फक्कड़नुमा लोगों से हीरो जी का साम्य नज़र आ सकता है। पर ऐसा है नहीं, बनारस के फक्कड़नुमा लोग कभी-कभार कोई ऊँची बात भले कह जाएँ पर चरित्र का ऐसा विकास उनमें कहीं नहीं दिखता। हीरो जी का चरित्र स्वयं में ही समर्थ चरित्र मात्रा नहीं है बल्कि वह लेखक को भी ज़्यादा सामर्थ्यवान बनाता है। भगवतीचरण वर्मा की अन्य कहानियों में बनारस का परिदृश्य ख़ूब आता है। उनकी 'वसीयत' कहानी तो बनारस की पृष्ठभूमि पर ही रची हुई है। तब बहुत कुछ सम्भव है कि 'हीरो जी' का चरित्र उन्होंने बनारस की इन्हीं अड़ियों और घाटों से उठाया हो, पर बनारस के इन वास्तविक चरित्रों से ज़्यादा समर्थ और सार्थक चरित्र है 'हीरो जी', वह केवल बाह्य कर्मकांडी फक्कड़ नहीं, बल्कि मिज़ाज और तबीयत से फक्कड़ हैं—निर्गुणियों की तरह। इतिहास और समाज की सरल व्याख्याओं में हस्तक्षेप हमेशा ऐसे ही फक्कड़ों ने किया है न कि ऋजु मार्ग पर चलनेवाले क़लमनवीसों ने। कहानी में हीरो जी के परिचय के बाद पहला दृश्य चाय की दुकान का है। चाय की दुकान पर मनोहर जी और शास्त्री जी के बीच हरिजन आन्दोलन से लेकर अन्य विषयों पर चर्चा होते हुए दानवराज बलि के वचन पालन के सम्बन्ध में होने लगती है। संवाद द्रष्टव्य है, "यह तो कलियुग है। एक युग था, जब दानव तक अपने वचन निभाते थे, सुरों और नरों की बात की तो बात ही छोड़ दीजिए। दानवराज बलि ने वचनबद्ध होकर पृथ्वी दान

कर दी थी।" दूसरा कथन हीरो जी का यूँ है—"लौंडे हो न, हीरो जी ने मुँह बनाते हुए कहा—जानते हो मुग़लों की सल्तनत कैसी गई?"

"हाँ, अंग्रेज़ों ने छीन ली।"

"तभी तो कहता हूँ कि तुम सब लोग लौंडे हो। स्कूली किताबों को रट-रटकर बन गए पढ़े-लिखे आदमी। अरे, मुग़लों ने अपनी सल्तनत अंग्रेज़ों को बख़्श दी।"

इसके आगे कहानी कुछ यथार्थ और उस यथार्थ के व्यंग्यमूलक कल्पनारचित क्रिटिक के मिले-जुले मिज़ाज के रूप में बढ़ती है। उद्धृत कथन में स्कूली किताबों को रट-रट कर पढ़े-लिखे आदमी बनने में जो व्यंग्य या धार है। वह किसी विचार या ज्ञान पद्धति का निषेध नहीं बल्कि उसकी अपर्याप्तता की ओर संकेत करता है। यह कहानी विचार और ज्ञान के व्याख्या की प्रतिनिधि या मान्य विधि को नाकाफ़ी मानकर वैकल्पिक रास्तों पर विचार करने का मार्ग सुझाती है। कबीर ने भी कहा था, 'पोथी पढ़-पढ़ जग मुआ, पंडित भया न कोय'। भगवतीचरण वर्मा के छायावादी संस्कारबोध के चलते इस कहानी को हाशिये के एक व्यक्ति के माध्यम से अपने अतीत को देखने का प्रयास मील के पत्थर के रूप में माना जाना चाहिए।

अब एक और कथन की रोशनी में अपने इतिहास को देखें—"हाँ तो शहंशाह शाहजहाँ थे सीधे-सादे आदमी, छल-कपट उन्हें न भाता था और वह अंग्रेज़ था दुनिया देखे हुए।" यहाँ जो सीधा-साधा होना और दुनिया देखने का प्रश्न है वह तत्कालीन भारतीय समाज और शासक वर्ग की बड़ी अच्छी छानबीन करता है। भारतीय शासकों में टीपू को छोड़कर किसी ने दुनिया देखने की कोशिश न की थी। भारत में दुनिया देखने के प्रयत्नपूर्ण सार्थक प्रयास 'गदर' के बाद ही आरम्भ होता है। जब मुग़ल सल्तनत समाप्त हो गई, सम्राट का पद समाप्त कर दिया गया और अंग्रेज़ों ने पूरी तरह से हिन्दुस्तान को क़ब्ज़े में लेकर ख़ुद हुक्मरान बन बैठे। अंग्रेज़ों ने भारतीय शासकों से सीधी कोई लड़ाई नहीं लड़ी, वे आए तो थे यहाँ व्यापार करने पर अनुकूल परिस्थितियाँ देख साम-दाम की नीति अपनाते हुए हिन्दुस्तान को अंग्रेज़ी शासन का उपनिवेश बना डाला। यह सब कुछ हुआ कम्पनी के अंग्रेज़ अधिकारियों द्वारा। इस कहानी में 'हरिजन आन्दोलन' का ज़िक्र भी यूँ ही नहीं है। वह कांग्रेस की भूमिका की ओर संकेत ज़रूर करता है। अंग्रेज़ व्यापारियों से ब्रिटिश सरकार को सत्ता के स्थानान्तरण के बाद ब्रिटिश संसद की भारत सम्बन्धी गतिविधियाँ और भारतीय राष्ट्रीय कांग्रेस के आरम्भिक दौर का चरित्र आज भी संसदीय लोकतंत्र की सीमाएँ उजागर करने में पूर्णतः सक्षम है। गदर के बाद भारतीय समाज का जो कल्चराइज़ेशन और वैचारिक उपनिवेशीकरण हुआ वह आज तक बहस का मुद्दा बना हुआ है। अपनी एक दूसरी कहानी 'इंस्टालमेंट' में भारतीय शासक वर्ग और समाज का एक बड़ा रूपक वर्मा जी ने एक इक्के का बयान करके गढ़ा है। कथन देखा जाना चाहिए—"लेकिन उस इक्के की बाबत यहाँ कुछ बतला देना आवश्यक होगा। मेरा यह ख़याल है कि वह इक्का गदर के पहले बना होगा, क्योंकि इतनी पुरानी लकड़ी की चीज़ मैंने कभी नहीं देखी थी। पहिये छोटे-छोटे जिन पर लोहे का हाल चढ़ा हुआ था, धुरे से निकलने की लगातार कोशिश कर रहे थे, लेकिन निकल न पाते थे, क्योंकि लोहे की एक-एक कील उनको रोक रही थी। इक्के की छत बेर-बेर

अपने चारों तरफ़ हिल-डुलकर अपने बुढ़ापे को प्रकट कर रही थी। छत के तीन डंडे तो मौजूद थे, लेकिन चौथे के जवाब दे देने के कारण बाँस का डंडा लगाया गया था। उस इक्के पर एक गद्दा बिछा था जिसके ऊपर का कपड़ा फट गया था और रुई हवा में उड़कर दुनिया घूमने-फिरने की सोच रही थी।" आगे का एक और बयान देखें, "उस इक्के में जो घोड़ी जुती हुई थी, उसकी एक-एक हड्डी गिनी जा सकती है। वह कभी-कभी रुककर सुस्ताने का प्रयत्न भी कर लेती थी। इक्केवान क़रीब सत्तर वर्ष के बुज़ुर्गवार थे, जिनकी दाढ़ी काफ़ी लम्बी थी और सन की तरह सफ़ेद। कमर झुकी हुई और दाँत नदारद। उनके एक हाथ में चाबुक था और एक हाथ में घोड़ी की रास। वह उस समय शायद अफीम की पिनक में ऊब रहे थे।" यहाँ तफ़सील से यह उद्धरण देने का आशय यह है कि 'मुग़लों ने सल्तनत बख़्श दी' कहानी को 'इस्टालमेंट' के साथ मिलाकर पढ़ा जाना चाहिए। जहाँ विवेच्य कहानी में एक सुदृढ़ पात्र का चरित्र गढ़कर एक फ़िक्शन के माध्यम से ह्रासोन्मुख सल्तनत की कहानी कही गई है। वहीं इंस्टालमेंट एक रूपक के माध्यम से विवेच्य कहानी के प्रतिपाद्य को एक तार्किक परिणति देता है। 'इंस्टालमेंट' कहानी थोड़ा आगे बढ़कर ह्रासोन्मुख ज़मींदारों, कुलीनों और उनके बाद उभर रहे मध्यवर्ग की विडम्बनाओं को अपना प्रमुख विषय बनाती है।

कांग्रेस के आरम्भिक दौर की राजनीति की ओर भी कुछ-कुछ संकेत इस कहानी के भीतर कर दिया गया है। 'मुग़लों ने सल्तनत बख़्श दी' कहानी के भीतर, सहज व्यंग्य शैली भी दिखाई देती है, जो परसाई जी से मिलती-जुलती है। इस तरह कहानी में हीरो जी जैसे सशक्त पात्र, लेखक के इतिहासबोध की परिणति है, जो उनके सम्पूर्ण रचनाकार-व्यक्तित्व से भिन्न है। यह कहानी, कथा-रचना की के पारम्परिकता से भिन्न एक जन-आख्यान रचती है।

स्त्री की मुक्त उमंगों पर पहरेदारी

आशुतोष

चन्द्रकिरण सौनरेक्सा प्रेमचन्दोत्तर युगीन हिन्दी कहानी की एक ऐसी सशक्त रचनाकार हैं जिन्होंने रचना की अपनी एक बिलकुल अलहदा और स्वायत्त दुनिया रची। इस दौर की प्रमुख स्त्री कहानीकार होने के कारण ही नहीं, अपने रचनात्मक सरोकारों की विविधता के मद्देनज़र उनकी उपस्थिति का ख़ास औचित्य है। उनका जन्म पेशावर छावनी नौशहरा में 19 अक्टूबर, 1920 को हुआ था। परम्परावादी मध्यवर्गीय पारिवारिक-सामाजिक परिस्थितियों में परवरिश हुई। परवरिश का बहुत कुछ हिस्सा स्त्रियोचित संस्कारों का था। स्कूली शिक्षा की अनुमति नहीं थी, किन्तु सौनरेक्सा जी ने घर पर रहकर अपने अध्यवसाय से प्रभाकर और साहित्यरत्न जैसी उपाधियाँ हासिल कीं। पढ़ने-सीखने और देश-दुनिया को जानने की अपनी स्वाभाविक ललक के चलते उन्होंने शरत्चन्द्र, बंकिमचन्द्र, रवीन्द्रनाथ टैगोर, प्रेमचन्द, मैक्सिम गोर्की, टालस्टॉय जैसे रचनाकारों को पढ़ा। यह विशद स्वाध्याय ही उनके वैचारिक अधिष्ठान का माध्यम बना। बहुत कम उम्र में ही वे कविता, कहानी लिखने लगी थीं। चन्द्रकिरण सौनरेक्सा की पहली कहानी 'घीसू चमार' थी, जो 1933 में कोलकाता से निकलनेवाली पत्रिका 'भारत मित्र' में प्रकाशित हुई थी। यह एक तरह से उनके साहित्यिक जीवन का आरम्भ था। अपने लेखन के उन्हीं शुरुआती दिनों में वे 'छाया' और 'ज्योत्सना' उपनाम से भी लिखती थीं। आज उनकी साहित्यिक दुनिया लगभग तीन सौ कहानियों, उपन्यास, आत्मकथा, बाल साहित्य और नाटक आदि से आबाद है। 'आदमख़ोर', 'जवान मिट्टी', 'हिरनी', 'दूसरा बच्चा' आदि सौनरेक्सा जी के चर्चित कहानी-संग्रह हैं।

चन्द्रकिरण सौनरेक्सा ने जिस सामाजिक संरचना में अपना जीवन जिया, जिन पितृसत्तात्मक मूल्यों का सामना किया—वह सब उनके लेखन का हिस्सा बनता है। इसीलिए उनकी रचनाओं में उपस्थित प्रतिरोध कहीं से आयातित नहीं, वरन् जिये-जाने और भोगे हुए की विश्वसनीयता से निर्मित हुआ है। अपनी आत्मकथा 'पिंजरे की मैना' में वे कहती हैं कि "मैं देश के निम्न-मध्यवर्गीय समाज की उपज हूँ। मैंने देश के बहुसंख्यक समाज को विपरीत परिस्थितियों से जूझते, कुम्हलाते और समाप्त होते देखा है। वह पीड़ा और सामाजिक आर्तनाद ही मेरे लेखन का आधार रहा है। उन सामाजिक कुरीतियों, विषमताओं तथा बन्धनों को मैंने अपने

पाठकों तक पहुँचाने का प्रयास किया है जिससे वह भी उनके प्रति सजग हों, उन बुराइयों के प्रति सचेत हों जो समाज को पिछड़ापन देती हैं। 75 साल का लेखन 'पिंजरे की मैना' के साथ सम्पूर्ण होता है और यह मेरी छियासी साल की जीवनयात्रा का वास्तविक दस्तावेज़ है।" यह स्वीकारोक्ति उनके निर्मल और अहं रहित लेखकीय जीवन का सारांश है। कहना न होगा कि चन्द्रकिरण सौनरेक्सा के लेखन का जैसा महत्त्व और मूल्यांकन मिलना/होना चाहिए था; वैसा नहीं हो पाया।

वे एक स्वाभाविक रचनाकार हैं, संघर्ष और प्रतिरोध उनकी कहानियों का स्थायीभाव हैं। स्त्री-जीवन और स्त्री प्रश्नों को वे जिस कलात्मक ढंग से अपनी कहानियों में उठाती हैं, वह सब पाठक को एक भिन्न आस्वाद से भर देता है। स्त्री या दलित विमर्श के 'फ़ैशनेबल' मुहावरों से अलग वे समस्या के मूल पर चोट करती हैं। उनकी कहानियों में स्त्री-जीवन के अन्यान्य पहलू और मुद्दे उभरकर सामने आते हैं। पितृसत्तात्मक समाज व्यवस्था और स्त्री-जीवन के विविध पक्षों को वे अत्यन्त प्रामाणिकता के साथ चित्रित करती हैं। ग़रीबी और बेबसी के चलते महज़ चार सौ रुपये में पिता द्वारा बेटी को बेचे जाने की त्रासदी को 'सौदा' कहानी में दर्ज करती हैं। साथ ही यह कहानी धनाढ्य लोगों के चारित्रिक पतन की भी कहानी है। एक लड़की जो वस्तु की तरह बाज़ार में बिकने को मजबूर है, उसकी इच्छाओं-सपनों की जैसे कोई जगह ही नहीं है। वेश्या समस्या पर उस दौर में अनेक कहानियाँ लिखी गईं पर जैसा स्वाभाविक चित्रण और स्त्री का मनोविज्ञान सौनरेक्सा जी की इस कहानी में मिलता है, वह अद्वितीय है। इसी प्रकार उनकी एक कहानी 'आदमख़ोर' अपनी कथावस्तु में अनुस्यूत अपनी वैचारिक भूमिका को लेकर ख़ास है। भारतीय समाज के हाशिये पर अलग-थलग पड़े पात्रों की इस कहानी में लगातार बच्चों को जन्म देती स्त्री और शराब के नशे में धुत्त पुरुष के माध्यम से सौनरेक्सा जी ने जैसे ग़रीबी का समाजशास्त्र रचा है। ग़रीबी और जहालत मानवीय संवेदना किस प्रकार कुन्द कर देती है, 'आदमख़ोर' कहानी में इसका सजीव चित्रण मिलता है। इस कहानी में सौनरेक्सा जी निम्नवर्ग और उच्चवर्ग की 'बायनरी' को भी बड़े कौशल के साथ दिखाने में सफल हुई हैं। कुल मिलाकर इस कहानी में मौजूद अनेक अर्थ संकेतों में भारतीय समाज-विमर्श के कई सूत्र तलाशे जा सकते हैं। चन्द्रकिरण सौनरेक्सा की इन्हीं विशेषताओं को लक्षित करते हुए सच्चिदानद वात्स्यायन 'अज्ञेय' ने कहा था कि "मध्यवर्गीय जीवन में पाखंडों और स्वार्थ पर, आकांक्षाओं पर चन्द्रकिरण इतनी गहरी चोट करती हैं कि पाठक तिलमिला उठे।" दरअसल सौनरेक्सा जी अपनी कहानियों में अपने तर्कों को इतने स्वाभाविक और क्रमबद्ध ढंग से घटनाक्रम के माध्यम से प्रस्तुत करती हैं कि पाठक उनसे सहमत होता चलता है। बड़ी से बड़ी बात को वे सहजता के साथ कह जाती हैं।

'ये भेड़िये' कहानी में वे स्त्री-जीवन के बहुस्तरीय दमन और शोषण को मार्मिक ढंग से प्रस्तुत किया है। इस कहानी के माध्यम से वे समाज के समक्ष कुछ ज़रूरी सवाल उठाती हैं जो आज भी अनुत्तरित हैं। जैसे युद्ध हो, दंगा हो या पुरुष वर्चस्व का कोई अन्य क्षेत्र उनमें हमेशा स्त्री ही दाँव पर क्यों लगाई जाती है? दूसरा यह कि जब तक स्त्री देह को पुरुष समाज अपने मान-सम्मान से जोड़कर देखेगा स्त्रियाँ बलात्कृत होती रहेंगी;

कारण कि पुरुष अपने वर्चस्व को कायम रखने के लिए स्त्री देह पर अधिकार करता है और बलात्कार को औज़ार की तरह प्रयोग करता है। सौनरेक्सा जी इस कहानी में एक बड़ा मौजूं सवाल उठाती हैं कि "स्त्री-पुरुष सम्बन्धों को मान-सम्मान से जोड़े जाने के कारण एक बलात्कृत स्त्री शारीरिक और मानसिक आघात दोनों ओर से पीड़ित होती है। समय के साथ शारीरिक पीड़ा से तो मुक्ति मिल भी जाए पर मानसिक आघात उसे जीने नहीं देते।" 'ये भेड़िये' कहानी स्त्री को देह और देह को प्रतिष्ठा की तरह बरतने की पुरुषवादी सोच पर बिलकुल भिन्न प्रकार से प्रहार करती है। पुरुषवादी पारिवारिक-सामाजिक संरचना में मरती-खपती स्त्री-जीवन के कई अन्य पहलू उनकी कहानियों में जगह पाते रहे हैं। 'जवान मिट्टी' कहानी में एक बार फिर वे पितृसत्तात्मक मूल्यों और परम्पराओं की तथाकथित महानता को प्रश्नांकित करती हैं। जो स्त्री को संरक्षण देने के नाम पर किस प्रकार से उसके जीवन की स्वाभाविक लय को उससे छीन लेते हैं। स्त्री की इच्छा, चयन की स्वतंत्रता, आत्मनिर्णय का अधिकार आदि का कोई महत्त्व नहीं रह जाता। लेखिका अपने सामाजिक दायित्वों के प्रति सजग हैं। चन्द्रकिरण सौनरेक्सा के नाम ऐसी अनेक कहानियाँ दर्ज हैं, जिनमें वे अपनी एक नई भाषा और एक नये लय के साथ उपस्थित होती हैं।

उनके कथा-संसार से गुज़रते हुए हम यह पाते हैं कि उन्होंने जीवन की अनेक मार्मिक घटनाओं, तीव्र अनुभूतियों, अनुभवों को कथा-कहानी का रूप दिया है। उनकी एक चर्चित कहानी है 'हिरनी' वह भी एक ऐसे अनुभव का प्रतिरूप है। उपर्युक्त सन्दर्भित कहानियाँ उनकी कथा चेतना और रचना-दृष्टि स्पष्ट करता है। इनके परिप्रेक्ष्य में देखें तो 'हिरनी' सर्वथा अलग अनुभव को व्यक्त करती है। इस कहानी की रचना-प्रक्रिया के बारे में सौनरेक्सा जी ने लिखा है कि—"उत्तर प्रदेश के शहर मेरठ में मेरा बचपन बीता। मैंने अपने जीवन के प्रारम्भ वर्ष वहीं व्यतीत किए तथा वहीं मेरी सारी शिक्षा भी हुई। वहाँ के शास्त्री नगर में हमारे घर के सामने एक मुस्लिम परिवार रहता था। उनके बेटे की शादी गाँव के सम्भ्रान्त परिवार की लड़की से हुई। उनकी जवान बहू जब शुरुआत में शहर में आई तो बहुत हँसमुख और प्रसन्न थी। एक मुक्त हिरनी की तरह वह पूरे घर में किलोलें करती थी। लेकिन गाँव के स्वच्छन्द वातावरण से आई इस पड़ोसी के उन्मुक्त स्वभाव पर शहर के संकुचित मुस्लिम परिवार ने अंकुश लगाकर पालतू मेमना बना दिया। शहरी मुस्लिम परिवेश के बन्धनों में आने के बाद हुए, उसके इस परिवर्तन ने मुझे झकझोर दिया और इसी त्रासदी से उत्पन्न हुई 'हिरनी'।" सौनरेक्सा जी अपनी कहानियों के विषय अपने नितान्त परिचित जीवन-जगत से चुनती हैं। इसीलिए उनकी कहानियाँ कथ्य, भाषा, रूप आदि की दृष्टि से किसी भी तरह की कृत्रिमता से मुक्त हैं। वे सहजता, विश्वसनीयता और स्वाभाविकता की कथाकार हैं।

उनकी आलोच्य कहानी 'हिरनी' के कथा-केन्द्र में खुदेजा नामक स्त्री है। जो धर्म से मुस्लिम है। खुदेजा आज़ाद मिज़ाज की औरत है जो दिल खोलकर हँसना-गाना चाहती है, अलमस्त होकर गाना-बजाना चाहती है—बिलकुल एक उन्मुक्त हिरनी की तरह। परन्तु हमारे तथाकथित पितृसत्तात्मक समाज को ये सब कहाँ पसन्द? जितना जल्दी हो सके वह इस पर पाबन्दी लगाना चाहता है—'ओ घोड़ी! कूदना बन्द कर दे। शफीक का

अब्बा आ गया है।...उसकी सास कहती आ रही थी—खुदेजा! तूने तो सारी हया-शरम घोलकर पी डाली। अरी, तू क्या नटनी की धी है? कंजरियों की तरह हर वक़्त गाती है, बेहया कहीं की...' खुदेजा के पाँव रुक जाते हैं, जैसे किसी तेज़ चाल से घूमते हुए लट्टू पर कोई अचानक हाथ रख दिया हो। स्त्री के उन्मुक्त हँसने, नाचने, गाने और स्वाभाविकता को थोथे मर्यादा की आड़ में दबाने की प्रवृत्ति हमेशा से मौजूद रही है। प्रख्यात कवि हरिओम राजौरिया अपनी एक कविता में बिलकुल इन्हीं प्रश्नों को एक नये ढंग से उठाते हुए कहते हैं कि 'जब खिलखिलाकर हँसी थीं तुम/सन्न रह गया था आँगन,/दौड़कर आई थीं दरवाज़े तक/काँप उठी थी घर की खपरैल,/बाल खोले थे जब तुमने/दर्पण भी चिढ़ गया था,/कुछ गाने को हुआ तुम्हारा मन,/तो फुफकारने लगी थी हवा,/ऐसा भी क्या कसूर था/कि सब तुम्हारे ख़िलाफ़ थे। ग़ौरतलब है कि चन्द्रकिरण सौनरेक्सा की 'हिरनी' स्वतंत्रतापूर्व की कहानी है और हरिओम राजौरिया की कविता 1992 में प्रकाशित हुई थी। समय का इतना बड़ा अन्तर होने के बावजूद स्थितियाँ जस की तस हैं। समय कोई भी हो पुरुषसत्तात्मक आचारसंहिता की खराद पर हमेशा स्त्री चढ़ाई और मिटाई जाती रही है।

'हिरनी' कहानी की खुदेजा अपने ऊपर लगाई जा रही बन्दिशों के प्रति सचेत है, परन्तु उसे वह कोई दिशा नहीं दे पाती। वह पुरुष वर्चस्व के ख़िलाफ़ विद्रोह की हल्की-सी आवाज़ उठाती है : "बीबीजी के बताऊँ...मने दुनिया की शरम खा गई कि लोग कहेंगे कि खसम को मारा। नहीं तो लकड़ी समेट टाँग में ऐसे दबा लेती चूँ करके रह जाता। सारी सिपाहीगिरी लिकड़ जाती।" परन्तु यह हो नहीं पाता...पुरुषवर्चस्व से मुक्ति पाने और उससे बदला लेने की लालसा सपना बनकर रह जाती है। और, हमेशा की तरह जीत पुरुष की ही होती है। यह कहानी एक लम्बे समय तक हमारे ज़ेहन में ताज़ा रहती है और खुदेजा रह-रहकर हमें वक़्त-बेवक़्त परेशान करती रहती है। वक़्त के गुज़रने के साथ-साथ स्त्री के मांसल शरीर पर हड्डियाँ, आँखों में गड्ढे उभरते भी देर नहीं लगती। चार-पाँच साल गुज़र जाने के बाद जब नैरेटर की आकस्मिक भेंट खुदेजा से होती है : "मैंने आश्चर्य से देखा, खुदेजा थी! लम्बी, पीली, गालों की हड्डियाँ उभरी हुईं, आँखों में गड्ढे पड़े हुए।...वह खुदेजा ही थी।" इस मुलाक़ात की प्रतिक्रिया यूँ दर्ज की गई है—"और सिर्फ़ पहचान करने-कराने को उसने जो बुरका उठा दिया था। उसे फिर डाल लिया, हालाँकि उस समय वहाँ कोई मर्द मौजूद नहीं था। खुदेजा के इस व्यवहार पर मुझे आश्चर्य हुआ। स्वच्छन्द हिरनी अब खूँटे से बँधी बकरी थी।"

'हिरनी' कहानी अपने कथ्य को लेकर आज भी प्रासंगिक है। यह स्त्रियों के सामान्य और स्वाभाविक जीवन और उमंग को नियंत्रित करने की कुचेष्टा और पितृसत्तात्मक समाज-परिवार व्यवस्था की अमानवीयता को रचनात्मक ढंग से चित्रित करती है। पुरुषवादी सोच की सबसे पहली कोशिश यह होती है कि वह स्त्रियों के भीतर स्वतंत्र चेतना के भाव को विकसित होने से रोके। किसी भी सत्ता संरचना की यही कोशिश होती है कि अपने सामनेवाले पक्ष, जिस पर अपनी ईजारेदारी को कायम करनी है, उसकी आदतों, व्यवहार और रुचियों को अनुकूलित कर ले। इसके लिए यह सत्ताएँ भेद, उपेक्षा और अन्ततः हिंसा का भी सहारा लेती हैं। इस कहानी का एक और ख़ास

संकेत उपलब्ध है। खुदेजा, एक जीवन्त स्त्री है। किन्तु उसकी जीवन्तता पर जो पहरे हैं उनमें उसकी सास भी सम्मिलित है। तो क्या इस बात का अर्थ यह है कि स्त्री ही स्त्री की दुश्मन होती है? दरअसल कहानी में खुदेजा की सास की जिस मानसिक स्थिति का चित्रण लेखिका ने किया है, वह सास जैविक रूप से तो स्त्री है, किन्तु मानसिक तौर पर वह पुरुषवादी है। कारण कि उसका प्रशिक्षण जिस पुरुषसत्तात्मक समाज व्यवस्था में हुआ है, उसने उसकी चेतना और सोच को अनुकूलित कर लिया है। इसीलिए वह खुदेजा पर उन्हीं मूल्यों को थोपती है, जो पितृसत्तात्मक समाज द्वारा निर्मित हैं।

चन्द्रकिरण सौनरेक्सा स्त्री-जीवन की विडम्बनाओं को रोचक ढंग से चित्रित करती हैं। उनकी कहानियों की ख़ूबसूरती इस बात में भी है कि वे अपनी कहानियों में वैचारिकता का सृजनात्मक उपयोग कर लेती हैं। जिससे उनकी कहानियाँ बिना बोझिल हुए कथा के प्रवाह का अन्त तक निर्वाह कर ले जाती हैं। 'हिरनी' कहानी का शीर्षक कथ्य को प्रकाशित करने में समर्थ है। खुदेजा जैसी उन्मुक्त और स्वाभाविक जीवन जीनेवाली स्त्री के लिए हिरनी विशेषण उपयुक्त है। उसे हिरनी कहने भर से उसका समूचा व्यक्तित्व पाठक के सामने आलोकित हो जाता है। यह कहानी अपने यथार्थवादी विषयवस्तु और कहन की शैली के कारण लम्बे समय तक पाठकों की स्मृति में अंकित रह जानेवाली है। हिरनी की नियति के साथ जीवन जीनेवाली खुदेजा हिन्दी कथा-साहित्य की यादगार चरित्र के रूप में हमारे सामने आती है। उनकी इस साहित्यिक उपलब्धि को रेखांकित करते हुए रामविलास शर्मा ने कहा है कि "साधारण ज़िन्दगी में भी निर्भीक कितनी हृदय द्रावक घटनाएँ होती हैं, कितने कठिन संघर्ष का सामना आज की स्वतंत्र चेता नारी कर रही है इन सबका चित्रण सिद्ध कलाकार की क़लम से हुआ है। जगह-जगह हास्य-विनोद के छींटें अचानक मर्म को छूनेवाले व्यंग्य वाक्यों के भीतर अनायास रची हुई कहावतें और वह समझो जो बहुत कुछ देखने और ठोकरें खाने के बाद इनसान में उसकी गिनती होगी।"

अपनी कहानियों में चन्द्रकिरण सौनरेक्सा ने पुरुष केन्द्रित समाज व्यवस्था में मरती-खपती लड़ती के अनेक यादगार स्त्री चरित्रों को प्रस्तुत किया है। उनकी स्पष्ट मान्यता है कि "स्त्रियों के दोयम दर्जे की ज़िन्दगी के लिए पुरुष और स्त्री दोनों जिम्मेदार हैं। पुरुष स्त्री पर अपना वर्चस्व कायम करता है तो वहीं स्त्रियाँ भी अपने धार्मिक-सांस्कृतिक प्रशिक्षण के चलते उस वर्चस्व को स्वीकारती चलती हैं। उन्हें अपने खोये हुए स्वत्वबोध को हासिल करने के लिए अस्वीकार के साहस के साथ आगे आना होगा।" यहाँ गांधी जी याद आते हैं कि "कोई आपका स्वराज लाकर नहीं देगा, सबको अपना स्वराज लेना होगा।" चन्द्रकिरण सौनरेक्सा भी प्रकारान्तर से इसी बात को अपनी कहानियों में कहती हैं। उनकी कहानियों की स्त्रियाँ शालीन हैं मगर दब्बू नहीं, मुखर हैं पर अराजक नहीं, वे अपने आक्रोश को रचनात्मक प्रतिरोध में बदलने में माहिर हैं। यह विशेषता केवल उनके पात्रों में ही नहीं बल्कि उनकी कहानियों के कथ्य और संरचना सभी में देखा जा सकता है। अपनी कहानियों के बिलकुल भिन्न स्वर और अलहदा 'ट्रीटमेंट' की तमाम ख़ूबियों के साथ चन्द्रकिरण सौनरेक्सा हमारी भाषा की अन्यतम कहानीकार हैं।

कालगत सीमा को लाँघती प्रेम की स्वाधीनता

मधुरेश

रांगेय राघव, विलक्षण कल्पना-शक्ति वाले लेखक थे। आगे चलकर, नई कहानी के दौर में, जिसे 'भोगा हुआ यथार्थ' कहा गया, रांगेय राघव का रचना-संसार उसके ज़बरदस्त प्रतिवाद का उदाहरण है। उनका विपुल साहित्य और उसमें रचे-बसे उनके अनेक पात्र वस्तुतः उनकी इसी अद्भुत और कभी-कभी अविश्वसनीय-सी लगती कल्पना-शक्ति के आधार पर ही इतने जीवन्त और विश्वसनीय लगते हैं। अपनी लम्बी उपेक्षा से आहत, 'मेरी प्रिय कहानियाँ' की भूमिका में उन्होंने लिखा कि 'उनके यहाँ 'गदल' जैसी अनेक कहानियाँ हैं, लेकिन आलोचकों ने उन्हें कभी देखने और पहचानने की कोशिश नहीं की।' अपनी बहुविधा रचनात्मक सक्रियता के बीच रांगेय राघव ने कहानियाँ भी पर्याप्त संख्या में लिखी हैं। दो खंडों में संयोजित उनकी कहानियों के सम्पादक अशोक शास्त्री ने इस ओर संकेत किया है कि रांगेय राघव ने अपनी अधिकतर कहानियाँ सन् 1944 और 1951 के बीच लिखी हैं। इस दौर में कुल जमा उन्होंने 71 कहानियाँ लिखीं जबकि दूसरे दौर में 1951 से 1962 के बीच ग्यारह वर्षों की अवधि में उनकी लिखी कहानियों की संख्या कुल 18 है। यह ठीक है कि उनके पहले दौर में 'देवदासी', 'पंच परमेश्वर', 'मृगतृष्णा' आदि अनेक महत्त्वपूर्ण एवं उल्लेखनीय कहानियाँ लिखी गईं लेकिन 'गदल', 'तबेले का धुँधलका', 'कार्तिकेय', 'कुत्ते की दुम और शैतान' आदि उनके परवर्ती दौर की ही कहानियाँ हैं। अपनी उपेक्षा से आहत होकर कहा उन्होंने कुछ भी हो, सचाई यही है कि 'गदल' जैसे उनके यहाँ अकेली कहानी है, समूची हिन्दी कहानी में चन्द्रधर शर्मा 'गुलेरी' की 'उसने कहा था' (1915) से शुरू करके आज तक प्रायः एक शताब्दी में लिखी गईं चन्द श्रेष्ठ एवं उल्लेखनीय प्रेम कहानियों में से एक है।

रचनात्मकता के सन्दर्भ में रांगेय राघव की क्या और कैसी भूमिका थी, 'गदल' इसके लिए एक उदाहरण की तरह है। राजस्थान के भरतपुर के पास बैर नामक जिस गाँव में रांगेय राघव रहते थे, कहानी उसी के आसपास के क्षेत्र में घटित एक वास्तविक घटना पर आधारित है। अपने विपुल और अबाध लेखन के लिए सामग्री की तलाश में रांगेय राघव की सतर्क नज़र रहती थी। रांगेय राघव की पुत्री श्रीमती सीमन्तनी राघव ने इस तथ्य का उल्लेख किया है कि कहानी बैर के एक पड़ोसी गाँव—भौंडा गाँव—में घटित वास्तविक घटना पर आधारित है। उनके घर के सदस्य

जैसे युवा भृत्य सरवन—श्रवण कुमार अग्रवाल ने उन्हें यह घटना सुनाई थी। रांगेय राघव को उसी घटना में अनन्त सम्भावनाएँ दिखाई दीं। राजस्थानी क्षेत्र का ग्रामीण परिवेश, गूजर समाज, स्त्री-मन और वर्षों पुराना 'कारज' का क़िस्सा। घटना की जानकारी के बाद जब रांगेय राघव ने स्वयं उसके बारे में खोज-बीन की तो पता चला कि घटना सच्ची है, भले ही वह इसी रूप में घटित न हुई हो। अपनी छानबीन में रांगेय राघव को यह भी पता चला कि घटना से सम्बद्ध व्यक्तियों में एक स्त्री का नाम सचमुच गदल था। बाक़ी सब कुछ लेखक की रचनात्मक प्रतिभा का चमत्कार है। बाद में कहानी पर टिप्पणी करते हुए उन्होंने लिखा, 'गदल' मेरी एक पुरानी विचार-दृष्टि में से निकली धारा का एक बिन्दु है अत: जिनको लगा कि 'गदल' मेरी एक आकस्मिक रचना है, यह उनकी भूल है।

रांगेय राघव जयशंकर प्रसाद से कहीं गहरे में प्रभावित थे—भले ही उन्होंने उनकी 'कामायनी' के उत्तर में अपनी काव्य-रचना 'मेधावी' लिखी हो। अपनी कहानी 'गदल' के प्रसंग में रांगेय राघव की यह टिप्पणी प्रकारान्तर से इस प्रभाव ग्रहण की प्रक्रिया की ओर भी संकेत करती है—"किन्तु 'गदल' केवल उस बाह्य जीवन का ही चित्रण नहीं है उसमें एक स्त्री का हृदय बोलता है और शायद इसी यथार्थ ने भूमि बनाई। मैं भावपक्ष का अनुरागी हूँ,—मनुष्य ढूँढ़ता हूँ—इस भूमि पर नींव खुदी और चरित्र का व्यवस्था में से ऊपर लाने का पक्षपाती हूँ—यही इसकी इमारत बन गई। बस इतनी-सी है यह गदल की कहानी" (मेरी प्रिय कहानियाँ, भूमिका, संस्करण 2009, पृ. 111) इस बात के लिए रांगेय राघव की प्रशंसा की जानी चाहिए कि उनके पात्र प्राय: लेखकीय विचार-दृष्टि से स्वतंत्र और मुक्त अपना स्वायत्त जीवन जीते और अपनी भाषा बोलते हैं। अपने पात्रों की इस निर्माण-प्रक्रिया पर टिप्पणी करते हुए, अपने उपन्यास 'मुर्दों का टीला' (1948) के प्रसंग में वे लिखते हैं—"खेद है आपको यहाँ 'दास' दासों की सी बात करता मिलेगा। उसकी परिस्थिति प्रकट है। वह उस काल के दार्शनिकों की सी शिक्षित बहस नहीं कर सकता। न वह वैज्ञानिक भौतिकवाद मानता है न ही द्वंद्वात्मक ऐतिहासिक व्याख्या ही..." (मुर्दों का टीला, भूमिका, संस्करण 1963)

रांगेय राघव अपनी अनेक रचनाओं मे 'धरती मेरा घर' और 'कब तक पुकारूँ' आदि, औपनिवेशिक भारत में अपराधी समझी जानेवाली जनजातियों को केन्द्र में रखकर कथा बुनते हैं। गूजर, नट, कंजर, लोहपीटे आदि ऐसी ही जनजातियाँ थीं जिनके सामाजिक मूल्य एवं जीवन-शैली वृहत्तर समाज से भिन्न और अलग थे। गदल भी राजस्थान और उत्तर प्रदेश के सीमावर्ती क्षेत्र की गूजर जाति की एक प्रौढ़ा है। किसी बाहरी दुनिया से अधिक वह अपने समाज की रीति-नीति और जीवन-शैली को ही जानती है। प्रेम उसके लिए सबसे बड़ा जीवन-मूल्य है जिसके लिए वह बाहरी दुनिया के रीति-रिवाज़, क़ानून-व्यवस्था और नैतिक मूल्य-दृष्टि की कोई चिन्ता नहीं करती है। वह अपने मन और अपने ही समाज से निर्देशित संचालित स्त्री है जिसके बाहर उसके लिए किसी और सत्ता का जैसे कोई अस्तित्व ही नहीं है। 'गदल' पहली बार 1955 के 'कहानी' विशेषांक में छपी थी, जो वस्तुत: अक्टूबर 1954 में ही प्रकाशित हो गया था। इसके बाद हिन्दी में जैसे प्रेम कहानियों की एक बाढ़-सी आ

गई। फणीश्वरनाथ रेणु की 'तीसरी क़सम उर्फ़ मारे गए गुलफ़ाम' शेखर जोशी की 'कोसी का घटवार', मन्नू भंडारी की 'यही सच है', कमलेश्वर की 'नीली झील' आदि इसके बाद एक छोटी-सी कालावधि में लिखी गईं। 'गदल' के प्रकाशन के बाद, कहानी के एक अंक में शिवदान सिंह चौहान का लम्बा पत्र छपा था, जिसमें कहानी का विश्लेषण करते हुए उन्होंने 'उसने कहा था' के बाद एक वैसी ही कहानी के रूप में उसका स्वागत किया था।

कहानी बहुत नाटकीय ढंग से शुरू होकर धीरे-धीरे खुलती और विकसित होती है। अपने भरे-पूरे परिवार जवान बेटों और नाती-पोतों को छोड़कर पैंतालीस वर्ष की विधवा प्रौढ़ा गदल उसी गाँव के एक पैंतीस वर्षीय विधुर लौहरा मौनी के यहाँ जा बैठी है। गाँव के और लोगों की तरह उसके अपने लड़के भी सोचते हैं—इस उमर में ऐसा करके उसने सचमुच खोरियों की नाक कटवा दी है। एक बार रास्ते में मिल जाने पर वे जैसे-तैसे उसे घर भी ले आते हैं। गदल अपने देवर डोड़ी से पूछती है—"... अब कुनबे की नाक पर चोट पड़ी तो सोचा तब न सोचा जब तेरी गदल को बहुओं ने आँखें तरेर कर देखा। और कौन किसकी परवाह करता है!" (कहानी, वार्षिकांक' 55, पृ. 79) गदल का यह आरोप ही वस्तुतः उसके पूरे चरित्र की कुंजी है। डोड़ी को उसे 'तेरी गदल' कहकर अपनी हैसियत की याद दिलानी होती है। आगे चलकर डोड़ी के प्रति अपने इस अदृश्य और मौन लगाव को लेकर वह टिप्पणी करती है, "जब छोटी थी, तभी मेरा देवर लट्ठ बाँध मेरे खसम के साथ आया था। इसी के हाथ देखती रह गई थी मैं तो। सोचा था, मरद है, इसकी छतर-छाया में जी लूँगी—वही जब मेरे आदमी के मरने के बाद मुझे न रख सका तो क्या करती? फिर अपने लड़कों को उलाहना-सा देते हुए वह कहती है अरे मैं न रही तो इनसे क्या हुआ? दो दिन में काका उठ गया न? इनके सहारे रहती तो क्या होता? (वही, पृ. 83)

शिकायत उसे लड़कों-बहुओं से न हो ऐसा नहीं है। लेकिन उसकी सबसे दुखती रग यही है कि तीस बरस उसने गुन्ना के साथ काट दिए। जो आग उसके मन में कहीं सुलगी थी, उसका ताप और धुआँ उसने कभी बाहर नहीं आने दिया। अब उसका पति गुन्ना भी नहीं रहा। डोड़ी की पत्नी और बच्चों में से भी आज कोई नहीं बचा है। लेकिन फिर भी डोड़ी ने उसके मन को जानते-समझते हुए भी, सामाजिक भय से उसकी उपेक्षा की है। बच्चे समझेंगे कि काका का अम्मा के साथ पहले से ही नाता था अपने अन्दर के भय की इस बेहद कच्ची और पोली दीवार को ढहाकर वह गदल को अपनाने में हमेशा संकोच करता रहा। उसकी इस उपेक्षा की कुंठा ने गदल से वह करा लिया जो शायद वह स्वयं की नहीं करना चाहती थी।

गदल में डोड़ी का यह प्रेम किसी विशाल जड़ों वाले बरगद की तरह मन की धरती में बहुत गहरे तक समाया हुआ है। ऐसा नहीं है कि डोड़ी गदल से प्रेम नहीं करता। तीस बरसों तक एक ही घर में वे इसी तरह रहते रहे हैं—अपने दायित्वों और नैतिक मर्यादाओं से बँधे हुए। लेकिन गुन्ना की मृत्यु के बाद जैसे वह सोई पड़ी आग, आशा की नई सम्भावनाओं की कुरेदन से नये सिरे से जाग उठी है। अब उम्र, मर्यादा और दायित्व कुछ भी उसे दबा पाने के लिए नाकाफ़ी है। एक ही स्थिति को लेकर दोनों

की प्रतिक्रियाएँ भिन्न हैं। गदल स्थिति को अस्वीकारती है, उसके प्रति विद्रोह करती है जबकि डोड़ी उसे चुपचाप सहने की कोशिश करता है। गदल स्थिति से विद्रोह करके बच जाती है जबकि डोड़ी उसे चुपचाप बर्दाश्त करने की कोशिश में ही टूट जाता है। लेकिन लोगों को यही लगता है कि उस रात ढोला सुनने जाने पर उसे ठंड लग जाने से उसकी मौत हुई है। इस रहस्य को वह अपने साथ लिए ही चला जाता है कि एक दिन ढोला उसने तब सुना था जब भैया गुन्ना की सुहागरात थी और बाद आज जब गदल उसे छोड़कर मौनी के यहाँ जा बैठी है।

गदल अपनी स्थिति से कोई समझौता नहीं करती। बदली हुई परिस्थिति में, पति की मृत्यु के बाद, वह निहाल और उसकी बहू से निभकर चलनेवाला रास्ता नहीं पकड़ती। उसको लगता है कि ऐसा कुछ करने में उसके आत्मसम्मान और अधिकार-भाव को चोट लगेगी। और फिर बेटों-बहुओं की चाकरी के लिए वह उस घर में पड़ी थी? उसका छोटा बेटा नरायन जब मौनी के यहाँ उससे दंड वसूलने पहुँचता है, उसे ड्योढ़ी पर ही रोक वह अपने कड़े और हँसुली उतारकर उसके आगे फेंक देती है। मौनी की भाभी दुल्लो, जो उसकी पत्नी जैसी ही है, के कटाक्षों का वह तुर्की-ब-तुर्की जवाब देती है। जब दुल्लो उस पर तोहमत लगाती है कि इस बहाने उसने अपना जेवर अपने बेटों के पास भिजवा दिया है, घुटना आख़िर पेट की ओर ही मुड़ता है, तो वह हँसकर कहती है, "वाह जिठानी! पुराने मरद का मोल नये से तेरे घर की बैया ही चुकवाती होंगी। गदल तो मालकिन बनकर रहती है समझी। बांदी बनकर नहीं। चाकरी करूँगी तो अपने मरद की, नहीं विधना मेरे ठेंगे पर, समझी! तू बीच में बोलनेवाली कौन? (वही, पृ. 80)

डोड़ी के मरने की ख़बर उसे गिर्राज ग्वारिया से लगती है। जब पति को खिलाकर वह खाने जा रही होती है तो उन दोनों की बातें उसको कानों में पड़ती हैं। जब वह सब कुछ छोड़कर मौनी के यहाँ जा बैठी थी तो कोई उसे रोक नहीं सका था। अब जब डोड़ी की मृत्यु की ख़बर सुनकर वह फिर लौटने को तत्पर है तो मौनी के लाख मना करने पर भी वह रुकती नहीं है। जिससे रूठकर ज़िद और ठस्से में, उसने यह सब किया था जब वही नहीं रहा तो फिर इस सबका अर्थ ही क्या है? अपने बेटों की वह इस बात को लिए भी ले-दे करती है कि बाप के कारज में उन्होंने सिर्फ़ पच्चीस आदमी ही जिमाए थे। क़ानून का तर्क उसके गले नहीं उतरता। इस बार डोड़ी के लिए वह ऐसा हर्गिज नहीं होने देगी। वह दरोगा को रिश्वत देती है। और ख़ूब धूमधाम से कारज की तैयारी शुरू करवाती है। मौनी अपने अपमान और जगहँसाई का यह नायाब अवसर छोड़ने को तैयार नहीं है। जब कारज चल रहा होता है, रिश्वत खाए, दरोगा का आदमी पहुँचता है कि दावत बन्द कर दो, बड़े दारोगा आ गए हैं। राज्य और क़ानून का विधान गदल उतना नहीं समझती जितना संस्कारों और बिरादरी का विधान जानती-समझती है। आए हुए अतिथि क्या बिना खाए लौट जाएँगे? यह भी सम्भव नहीं है कि उसी घर में वे लोग अपमानित हों और वह देखती रहे। रिश्वत लिया हुआ दरोगा अब जैसे इन लोगों को पहचानता ही नहीं है। स्थिति की गम्भीरता देख निहाल गदल को समझाने की कोशिश करता है—'वे लोग रुकेंगे नहीं, गोली चलाएँगे।'

'तू न डर, छत पर नरायन चार आदमियों के साथ बन्दूकें लिए बैठा है...' दोनों

ओर से गोलियाँ चलती हैं। गदल चिल्लाकर अतिथियों से कहती है—'सौगन्ध है खाकर उठना...' (वही, पृ. 85) लालटेन बुझ जाने से अँधेरा छा जाता है। कोख की सौगन्ध दिलाकर वह नरायन और बहू-बच्चों को पिछले दरवाज़े से निकाल देती है। बन्दूक हाथ में लेकर वह स्वयं गोली चलाती रहती है। पेट में गोली लगने पर गिरते हुए वह गहरे सन्तोष के साथ बड़े दरोगा से कहती है, "कारज हो गया दरोगा जी आत्मा को शान्ति मिल गई।" (वही) जब दरोगा उससे उसके बारे में पूछता है कि वह है कौन तो बहुत धीमे स्वर में वह कहती है "जो एक दिन अकेला न रह सका उसी की... और उसका सिर लुढ़क जाता है। उसके होंठों पर मुस्कराहट ऐसी ही दिखाई दे रही थी, जैसे अब पुराने अन्धकार में जलाकर लाई हुई पहले की बुझी लालटेन..." (वही) कहानी में निहित सारी नाटकीयता के बावजूद गदल का चरित्र लेखक के अपने सोच से स्वतंत्र बहुत सहज रूप में विकसित हुआ है। प्रेम के विस्फोट की कोई कालगत सीमा नहीं होती। धीरे-धीरे मन की मिट्टी को काटते रहने पर भी इस विस्फोट का कहीं कोई आभास नहीं होता। पता तब चलता है जब पूरी की पूरी कगार एक आकस्मिक धक्के से पानी में धड़ाम से गिरती है।

गदल के चरित्र का विकास उसके समूचे परिवेशगत सन्दर्भों के बीच हुआ है। अपने समाज की रीति-नीति से टकराते हुए उन्हें बनाते-बिगाड़ते हुए ही वह विकसित होती है। प्रशासन और पुलिस तंत्र की सारी क्रूरता अपने में वास्तविक होने पर भी उसे बहुत प्रभावित नहीं करती। उसकी वास्तविकता से अपरिचय ही वस्तुतः गदल के चरित्र का अपना वैशिष्ट्य है। अपने घर और उसकी मिट्टी से बहुत गहराई से जुड़ी होने के कारण ही वह उसके मुहावरे और बोली-बानी का ऐसा सार्थक और जीवन्त उपयोग कर पाने में सफल होती है। ठस्से, ज़िद, स्वाभिमान, दृढ़ता और अधिकार-भाव के सन्दर्भों में उसकी मिट्टी की गंध में रची-बसी उसकी भाषा दूर तक उसका साथ देती है। उसकी यह भाषा ही उसके चरित्र को प्रामाणिकता और विश्वसनीयता देती है।

दूसरा खंड

कहानी : नई होने की डगर

पुराने और नये मूल्यों का द्वंद्व

जयप्रकाश

'गुलरा के बाबा' (1951) मार्कण्डेय की आरम्भिक कहानियों में से एक है। यह 1954 में प्रकाशित 'पान फूल' संग्रह की पहली ही कहानी है। इसके केन्द्रीय पात्र बाबा हैं, जिनके अपूर्व देह-सामर्थ्य नैतिक दृढ़ता और मानवीय संवेदनशीलता का अत्यन्त प्रभावी आख्यान इसमें रचा गया है। कहानी में बाबा की केन्द्र-स्थानीय उपस्थिति सहज ही लक्ष्य की जा सकती है। उनके व्यक्तित्व पर आख्यान सम्पूर्ण रूप से एकाग्र है। इसके चलते अगर अध्येताओं ने पुरानी भाषा में इसे 'चरित्र-प्रधान कहानी' कहा है तो यह अनुचित नहीं जान पड़ता। यह भी ठीक मालूम पड़ता है कि कुछ लोगों ने इसे कहानी की बजाय रेखाचित्र के क़रीब पाया। यथार्थ की कच्ची मिट्टी से गढ़ी गई बाबा के व्यक्तित्व की प्रतिमा निस्सन्देह जीवन्त और मर्मस्पर्शी है, लेकिन कथानायक का यह सजीव व्यक्तित्व और उसकी वास्तविक रंग-रेखाएँ ही उसे रेखाचित्र के क़रीब ले जाती हैं। अगर 'गुलरा के बाबा' के वृत्तान्त में बाबा की मानवीय सदाशयता और संवेदनशीलता का फलितार्थ उसके भीतर से फूटती एक स्थितिगत विडम्बना में साकार न होता तो बेखटके कहा जा सकता था कि यह विधा की दृष्टि से कहानी न होकर सचमुच रेखाचित्र है। वृत्तान्त की यह आन्तरिक विडम्बना बाबा और चैतू के बीच परस्पर टकराव से उत्पन्न होती है। कहानी के वृत्तान्त-गठन में बाबा और चैतू के चरित्र द्विचर विलोम (बाइनरी अपोजिशन) की तरह हैं। वाचक कहानी के आरम्भ में ही उनकी परस्पर मुठभेड़ और उसके फलस्वरूप वृत्तान्त में उत्पन्न अन्तर्विरोध की सूचना देता है। शारीरिक शक्ति की दृष्टि से दोनों अतुलनीय हैं। दोनों बलिष्ठ पहलवान हैं। बाबा की बुलन्द आवाज़ में उनका दबंग व्यक्तित्व कुछ इस तरह से मुखर है कि उसे सुनकर "अनजान आदमी तो एक बार डर जाए और चिरई-चुनमुन भी पेड़ों पर से उड़ पड़े।" उसका प्रभाव इतना गहरा और अन्तर्भेदी है कि "गुलरा के किसानों की बगिया का एक-एक जीव, एक-एक पत्ता बाबा के इस गर्जन से परिचित है।"

इस विवरण के बाद अगले ही अनुच्छेद में बाबा के व्यक्तित्व की भव्यता, तेजस्विता और बेधकता का किंचित् मिथकीय आभामंडल के भीतर रचा गया विवरण है : "उन्होंने एक बार नीचे सिर किया और अपने उघड़े शरीर को देखा। चमड़े झूल गए थे और उन पर बेशुमार झुर्रियाँ पड़ गई थीं। पूरे पँचहथे जवान, भीट ऐसी छाती

और हाथी की सूँड़-जैसे हाथ, बड़ी-बड़ी तेज़ आँखें लोग हनुमान कहते थे बाबा को, हनुमान! मेले-ठेले में अपने पिता गंजन सिंह को रास्ता बनाने का काम बाबा ही करते थे। बड़ी-बड़ी भीड़ को पानी की काई की तरह इधर-उधर कर देना उनके लिए कोई विशेष बात न थी। बखरी में खाने घुसते समय बेटियों-पतोहुओं को जता देना तो ज़रूरी होता न। बाबा दालान में ही से खाँसते और सारी बखरियों के कुत्ते मारे डर के भागकर बाहर हो जाते।" बाबा के दृढ़ व्यक्तित्व के बरअक्स चैतू अहीर को कहानी की संरचना में विलोम युग्म के दूसरे घटक के रूप में प्रस्तुत किया गया है। उसके शारीरिक सामर्थ्य को रेखांकित करते हुए वाचक टिप्पणी करता है—'चैतू अहीर था—पूरा चेलिक; क़रीब चौबीस-पच्चीस का, काला मजीठ शरीर, जैसे कोल्हू की जाट। इसी ने तो बनारस के मशहूर पहलवान झटका को पटक दिया—केवल दो ही मिनट में।" बाबा के देह-बल के समानान्तर चैतू के देह-बल का वर्णन इस युग्म के होने को पुष्ट करता है। दरअसल समूची कहानी बाबा और चैतू के द्वंद्व के बीच बुनी गई है। आधुनिक कहानी में विडम्बना और अन्तर्विरोध की सृष्टि के लिए दो अन्तर्विरोधी स्थितियों या व्यक्तियों को एक-दूसरे के समक्ष अवस्थित कर द्वंद्व की सृष्टि की जाती है। इस द्वंद्व को क्रमशः उत्कट बनाने की तरकीब प्रायः एक लोकप्रिय कथा-युक्ति के रूप में इस्तेमाल होती है। मार्कण्डेय ने भी 'गुलरा के बाबा' में इसका प्रयोग किया है।

कहानी में वर्णित तमाम घटनाएँ और प्रसंग अन्ततः बाबा के व्यक्तित्व को भव्यता, गरिमा, और गहनता प्रदान करने के लक्ष्य पर एकाग्र हैं और इस प्रयत्न में उनके चारित्रिक वैशिष्ट्य को उद्घाटित करने के उद्देश्य से रचे गए हैं। बाबा बूढ़े हैं, लेकिन अभी बलिष्ठ हैं। क़द-काठी, शारीरिक सामर्थ्य रौब-दाब और साहस—हर दृष्टि से मज़बूत। उनके वट-व्यक्तित्व की छाँह-तले जैसे सारा गाँव है। मान-प्रतिष्ठा और गौरव से आपूरित गुरु-गम्भीर तथा मर्यादा और शील की दृष्टि से गरिमावान अडिग व्यक्तित्व। चारित्रिक शक्ति और नैतिक दृढ़ता को बाबा के एक अतिरिक्त गुण की तरह और लगभग मिथक बनाकर कहानी में प्रस्तुत किया गया है। वे पहलवान हैं—सुगठित देहयष्टि के अलावा सुदृढ़ चारित्रिक बल उनकी पहचान है। इस पहचान को प्रकट करने के लिए मार्कण्डेय उन्हें हनुमान के पौराणिक चरित्र से उपमित करते हैं। हनुमान की धर्मतात्त्विक (हरमैन्यूटिक) व्यंजना में बाबा के व्यक्तित्व की सारी अर्थच्छटाओं को सहज और प्रभावी तरीक़े से पहचाना जा सकता है। अतुलित बलशाली हनुमान ब्रह्मचारी हैं। बाबा के व्यक्तित्व पर हनुमान के ब्रह्मचर्य और उसकी नैतिक शुचिता का आरोपण उन्हें न सिर्फ़ एक मिथकीय आभा देता है, बल्कि सनातन हिन्दू नैतिक मूल्य-संहति से उन्हें सन्दर्भित भी करता है। अपनी युवावस्था में चमेलिया-जैसी अनन्य सुन्दरी के प्रणय-पाश से मुक्त रहकर बाबा ने जिस गरिमा के साथ उसे "जा चमेलिया तेरी आँखों का दोष मिट जाएगा" कहकर चरित्र-स्खलन से अपने को बचाया, वह उन्हें मारजयी ब्रह्मचारी हनुमान की मिथक-छवि से सहज ही जोड़ देती है। हमारे समाज में चरित्र-बल को लगभग एक सर्वानुमत जीवन-मूल्य की तरह मान्यता प्राप्त है। इसलिए नैतिक विचलन को पाप समझा जाता है। यह समझ ग्रामीण समुदाय, बाबा जिसके नायक हैं, के भीतर ही नहीं, आधुनिक मध्यवर्ग में भी ज्यों-की-त्यों बनी हुई है। मार्कण्डेय ने चमेलिया

के प्रणय और समर्पण के प्रसंगों को अत्यन्त सूक्ष्म अर्थ-संकेतों में रचा है। शारीरिक बल और चरित्रबल के संयोग को ग्राम्य समाज में किंवदंतीपरक प्रतिष्ठा मिली हुई है। लोकजीवन में यह मल्लविद्या की अवधारणात्मक संरचना के भीतर उसके अनिवार्य घटक की तरह अवस्थित है। सुगठित देहयष्टि और ब्रह्मचर्य की मर्यादा से पुष्ट चरित्र-बल को पहलवान के व्यक्तित्व का स्वाभाविक अलंकरण माना गया है। उसे समाज में इन्हीं गुणों के कारण मान्यता मिलती है। बाबा अपनी युवावस्था में पहलवान थे और अब भी उनकी क़द-काठी और बाह्य व्यक्तित्व में उनकी युवावस्था की पहलवानी के अवशेष झलकते हैं। उनके चरित्र की दृढ़ता का सांकेतिक विवरण तो फागुनी हवा के झोंके में बकरिदिया का आँचल उड़ने के बाद उसके शरमा जाने के प्रसंग पर चुहल करते हुए नन्हकुआ, रामदीन और पारस के मस्ती-भरे फिकरों में मिलते हैं—"बुढ़ापा आ गया, लेकिन लत न छूटी। मरते-मरते जीभ में कीड़े पड़ जाएँगे, बाबा! अब तो मान जाओ आखिरी समो में।" कहने की ज़रूरत नहीं कि इन व्यंजना-भरी अन्योक्तिपरक टिप्पणियों के गहरे निहितार्थ हैं जो बाबा के मर्यादित व्यक्तित्व की ओर ही नहीं, बल्कि समाज के नैतिक स्थापत्य की ओर भी इंगित करते हैं।

दूसरी तरफ़ बाबा की ज़मीन पर धृष्टतापूर्वक सरपत काट रहा चैतू अहीर है जो उनका चारित्रिक प्रतिलोम है—कहानी की संरचना में चैतू और बाबा की द्विचर उपस्थिति पर ग़ौर करें तो यहाँ दोनों के देह-सामर्थ्य के ब्यौरे तो हैं लेकिन नैतिक सामर्थ्य के लिहाज़ से चैतू के चरित्र से सम्बन्धित विवरण बिलकुल नहीं हैं। ज़ाहिर है, चैतू का नैतिक पक्ष निहायत ही कमज़ोर चित्रित किया गया है। आख्यान में संघर्ष की सम्भावना प्रतिलोम की उपस्थिति से ही सुनिश्चित होती है। इसलिए यह आवश्यक है कि प्रतिलोम को भी सशक्त रूप में प्रस्तुत किया जाए। चैतू का प्रतिलोम चरित्र भी कमज़ोर नहीं है। उसके चरित्र में ढिठाई ऐसी है कि बाबा के बरजने पर भी वह सरपत काटते हुए मानो उनके देह-बल को ही नहीं, उनके नैतिक ऐश्वर्य और सामाजिक प्रतिष्ठा को भी प्रकारान्तर से चुनौती देता है। चैतू की यह चुनौती अप्रत्याशित है। गाँव के लिए तो यह अनहोनी-सी बात है कि बाबा के सामने कोई ऐसा धृष्ट आचरण करे। बाबा के अपराजेय नैतिक साम्राज्य को ऐसी चुनौती "जिसकी गम्भीर और बुलन्द आवाज़ को सुनकर अनजान आदमी तो एक बार डर जाए और चिरई-चुनमुन भी पेड़ों पर से उड़ पड़े," नितान्त अप्रत्याशित है। मगर आख्यान में अन्तर्विरोध के सृजन के उद्देश्य से और प्रतिलोम के बीच संघर्ष के विस्तार की दृष्टि से यह एक अचूक नुस्खा हो सकता है कि इस तरह अप्रत्याशित स्थितियों और प्रसंगों के द्वारा कहानी में विडम्बना उत्पन्न करने का जतन किया जाए। चैतू की इस चुनौती को कथाकार द्वारा सृजित एक कथात्मक युक्ति की तरह भी देखा जा सकता है।

मगर इस अप्रत्याशित चुनौती की कौंध बहुत तीव्र नहीं है। उसका एक हल्का-सा कारण भी वृत्तान्त की तार्किक संरचना में स्वतः उपस्थित है। कहानी सूचित करती है कि बाबा के बुढ़ापे और देह-सामर्थ्य के चुक जाने के कारण यह चुनौती दी गई है। वरना ऐसा करने की हिम्मत न पड़ती। ज़ाहिर है, चैतू पर बाबा की पुकार का कोई असर नहीं हुआ। वाचक इस प्रसंग में स्पष्ट विवरण देता है—"उन्होंने एक बार नीचे

सिर किया और अपने उघड़े शरीर को देखा। चमड़े झूल गए थे और उन पर बेशुमार झुर्रियाँ पड़ गई थीं। बाबा बूढ़े हो चले हैं इसलिए चैतू की हिम्मत पड़ी।" लेकिन क्या सचमुच यह कमज़ोर को ताक़तवर की ओर से दी गई चुनौती थी? कथाकार तत्काल इसका प्रत्याख्यान करता है और आगे वह फिर से बाबा के देह-सामर्थ्य के ब्यौरे देता है। बुढ़ापे को तो आना ही था लेकिन बाबा इतने कमज़ोर और बेबस भी नहीं। बुढ़ापे का एहसास तो है लेकिन 'उनका आहत अभिमान' शरीर में 'क्रोध की हल्की गर्मी' के साथ दौड़ पड़ा है। बाबा ने शान्त भाव से, गम्भीरतापूर्वक चैतू को ललकारा—"यदि तुम मेरा गट्टा टेढ़ा कर दोगे तो मैं कभी ज़बान नहीं खोलूँगा और यदि नहीं तो तुम कल से वहाँ दिखाई न पड़ना।" दोनों की यही भिड़ंत है। कहानी में यहीं से आख्यान का आन्तरिक संघर्ष शुरू होता है। द्विचर युग्म का अन्तर्विरोध उत्कट होता जाता है और उसका उपसंहार अन्ततः बूढ़े बाबा के हाथों नौजवान चैतू की पराजय में होता है। इसी बिन्दु पर कहानी के वृत्तान्त में जागी विडम्बना आकार लेती है जब चैतू की पराजय के रूप में सहसा एक अप्रत्याशित-अनपेक्षित और विस्मयजनक घटना घटित होती है। बूढ़े के द्वारा नौजवान के परास्त होने से बड़ी विडम्बनात्मक और विस्मयपूर्ण घटना और क्या हो सकती है?

लेकिन कहानी इस विडम्बना के उजागर होने के साथ ही अपना तार्किक समाहार और संरचनात्मक पूर्णता प्राप्त नहीं कर लेती, बल्कि सच कहा जाए तो एक आधुनिक कथात्मक विधा अर्थात् कहानी के रूप में आख्यान के रूपान्तरण की कीमियागिरी वास्तविक अर्थ में इसके बाद शुरू होती है। इस विडम्बना का सृजन करने के उपरान्त बाबा और चैतू के चरित्रों के बीच अन्तर्विरोध को एक नई उठान मिलती है। फिर उसका पुनः समाहार एक नई विडम्बना में होता है। बाबा के छोटे भाई देवी सिंह बड़े लठैत हैं। देवी सिंह परास्त चैतू को उसकी धृष्टता के लिए सबक सिखाने को उद्यत हैं, लेकिन बाबा उन्हें डाँट देते हैं। चैतू के लिए बाबा का यह क्षमाभाव भी नितान्त अप्रत्याशित है और वृत्तान्त की संरचना के भीतर विडम्बना की दूसरी लहक पैदा करता है। बाबा का यह व्यवहार उनके प्रति पाठक के भीतर सहानुभूति और सम्मान का भाव जगाता है। यहाँ कहानीकार सूचित करता है कि "चारों ओर बाबा की तारीफ़ होने लगी।" लेकिन इस अधूरे वाक्य को पूरा करते ही वह फिर एक और विडम्बना का सृजन करता है—"पर वे जैसे उदास हो गए।" द्वंद्व में विजेता के उदास होने की सूचना भी क्या अप्रत्याशित नहीं है? वृत्तान्त में उत्पन्न अप्रत्याशित स्थिति अथवा विडम्बना का यह तीसरा बिन्दु है।

ग़ौर करें कि हर बार विडम्बना न सिर्फ़ वृत्तान्त में उत्सुकता और सौन्दर्यात्मक आनन्द का सृजन करती है बल्कि उसके प्रभाव को आगे भी बढ़ाती है। बाबा का चैतू को क्षमा करना निस्सन्देह उनकी नैतिक विजय को इंगित करता है। लेकिन कहानीकार इसके कथा-प्रभाव के परिमाण से सन्तुष्ट नहीं है। इसे और गहरा तथा उत्कट बनाने के लिए वह बाबा के शारीरिक बल और चारित्रिक-नैतिक शक्ति के पुनः अतिरिक्त ब्यौरे देता है। इस प्रयत्न में वह फिर से एक उप-वृत्तान्त या उपाख्यान निर्मित करता है। इनमें से एक है बाबा की चरित्र-दृढ़ता का उप-वृत्तान्त जो चमेलिया प्रसंग में प्रकट है। दूसरा

उप-वृत्तान्त है बुढ़ापे में भी उनके अवशिष्ट देह-बल का वर्णन करने के उद्‌देश्य से निर्मित प्रसंग जिसमें वाचक द्वारा अकेलवा आम की सिल्ली खड़ी करने का विवरण दिया गया है और उसके बहाने बाबा के देह-बल को अतिरिक्त रूप से महिमामंडित करने का प्रयत्न किया गया है। दोनों ही उप-वृत्तान्त फ़्लैश बैक में रचे गए हैं। चमेलिया की आसक्ति का अत्यन्त शालीनता, मर्यादा और गरिमा के साथ निवारण करने के बाद इस प्रसंग के अन्त में बाबा के कथन "जा चमेलिया तेरी आँखों का दोष मिट जाएगा" की व्यंजकता पर ग़ौर किया जाना आवश्यक है। क्या इससे ऋषियों के-से आप्त वचन का बोध नहीं होता? लेकिन इस कथन के अन्तर्विरोध को उजागर करते हुए कथाकार की टिप्पणी भी द्रष्टव्य है—'आँखों का दोष मिट जाएगा? वेश्या की आँखों का दोष?' लेकिन बाबा की आभावलयित और मिथकीय प्रतीत होती छवि को कुछ और अतिरंजित भंगिमा देते हुए कथाकार मानो उनके 'आप्त-कथन' को शाप-वचन में रूपान्तरित कर देता है—"और चमेलिया उसी साल अन्धी हो गई।"

यहाँ स्वाभाविक तौर पर हमारे पौराणिक साहित्य में बिखरे उन प्रसंगों का स्मरण हो आता है जिनमें ऋषि पर काम-पाश फेंकती अप्सरा को क्रुद्ध ऋषि द्वारा शाप दिए जाने का ज़िक्र मिलता है। मार्कण्डेय ने चमेलिया को मेनका-सी अप्सरा-छवि में गढ़ा है। लेकिन बाबा विश्वामित्र नहीं हैं, जिनका तपोभंग हो जाए। ऋषि के शाप से बिद्ध अप्सरा की तरह अन्धी होकर चमेलिया मानो बाबा के 'तपोबल' के प्रभाव को सिद्ध करती नज़र आती है। यहाँ कथाकार अतिरंजना का प्रयोग करता है लेकिन वह पौराणिक चेतना से निर्मित लोकानुश्रुति पर आधारित होने के तर्क से लोकसम्मत प्रतीत होने लगता है। अडिग-अविचलित बाबा का चरित्र इस प्रसंग से और ऊँचा नैतिक धरातल प्राप्त कर लेता है। फिर चमेलिया के अन्धी हो जाने की घटना कितनी ही अतार्किक और अवास्तविक क्यों न जान पड़ती हो, बाबा के व्यक्तित्व को वह मिथकीय रंगत देकर अधिक प्रभावशाली बनाती है। मार्कण्डेय यहाँ अतिरंजना का प्रयोग एक कथा-युक्ति के रूप में करते हैं।

इसी तरह बाबा के देह-बल को अधिक प्रभावी रूप में प्रस्तुत करने के लिए आम की सिल्ली खड़ा करने और बाबा के चेले सुखइया से कुश्ती में लोहार की पराजय का प्रसंग है। सिल्ली खड़ा करने का श्रेय लोहार की प्रशंसा के बावजूद बाबा स्वयं न लेकर अपने चेलों को देते हैं—"अरे यह ज़ोर मेरा नहीं, यह तो सुखइया और नगइया का है।" यह विनम्रता और उदारता बाबा के गरिमापूर्ण चरित्र और उनकी मानवीय सदाशयता के अनुरूप ही है। लेकिन यह गरिमा भी कथाकार को बाबा के व्यक्तित्व की भव्यता और नैतिक ऐश्वर्य को प्रदर्शित करने की दृष्टि से नाकाफ़ी जान पड़ती है। उसे कहानी के अन्तिम प्रसंग में पूर्णता प्राप्त होती है जब चैतू की टाँग टूटने की ख़बर सुनने पर बाबा चौके में परोसी थाली छोड़कर उठे और मन्ना साव की दुकान से आमाहल्दी, चोट मुसव्वर और सेतखरी की पुड़िया लेकर दर्द से तड़पते चैतू के घर पहुँचकर फौरन उसके उपचार में जुट गए। उन्होंने चैतू की धृष्टता का ख़याल न किया, बल्कि झग्गा पहलवान को दो मिनट में पस्त कर देनेवाले चैतू की सकारात्मक छवि उनके मन में उभरी कि "अब तो गाँव का नाम यही रखे है।" बाबा के उपचार के बाद ठीक होकर चैतू की आँखों

में कृतज्ञता के आँसू बहने लगे। बाबा ने उसका सिर अपनी जाँघ पर टिका लिया। इस बिन्दु पर पहुँचकर कहानी उस मर्म-क्षण को प्राप्त करती है जहाँ वृत्तान्त के भीतर उपजे अन्तर्विरोध का समाहार होता है और उसके फलस्वरूप कहानी की संरचना में यथार्थ की वह आन्तरिक विडम्बना उजागर होती है जो आधुनिक कहानी की निर्मिति का अपरिहार्य या स्वाभाविक घटक है। इस विडम्बना के प्रकट होने के साथ कहानी पूरी होती जान पड़ती है। लेकिन पाठक के भीतर की गहराई में उतर जानेवाला मानवीय क्षण अभी प्रकट होना शेष है। बाबा चैतू के टूटे छप्पर और बखरी के ओसार की जर्जर अवस्था देखते हैं और अगले दिन गुलरा की सरपत से पच्चीस मज़दूरों को कटाई पर लगाकर टूटे छप्पर की मरम्मत का इंतज़ाम करते हैं, मानो उनके भीतर मानवीय संवेदनशीलता और सदाशयता का कोई सोता फूटकर अनायास छलक पड़ा हो।

कहानी जब समाप्त होती है, बाबा का चरित्र ऊँचे मानवीय धरातल पर प्रतिष्ठित हो चुका होता है। दूसरों की पीड़ा से स्वयं विचलित होनेवाला यह चरित्र बीती सदी के पचास के दशक में जब रचा गया था, तब समाज आज जितना संवेदनशून्य और आत्मकेन्द्रित नहीं हुआ था, इसलिए मौजूदा दौर में लगभग विरल हो चुका यह चरित्र भले ही किंचित् अविश्वसनीय और निपट आदर्शवादी जान पड़े, उसकी प्रासंगिकता और अर्थवत्ता उसके भीतर निहित मूल्य-सन्दर्भों की वजह से आज कहीं ज़्यादा है, इसलिए भी वह ज़्यादा शिद्दत से पाठक के मर्म को छूता है। कहानी की प्रत्यक्षवादी अनुभव-प्रणाली और यथार्थवाद के सीमित चौखटे में भले ही बाबा का चरित्र अँट नहीं पाता और उनके नायकत्व की लार्जर देन लाइफ़ छवि आज के पाठक के यथार्थ-बोध को झटका भी देती है, मगर वह औपनिवेशिक भारत में अवशिष्ट प्राक्-आधुनिक मूल्यों की स्मृति अवश्य जगा देती है, और इस रूप में कथानायक काल्पनिक या ग़ैर-यथार्थवादी चरितनायक नहीं जान पड़ता। इस नज़रिये से देखें तो 'गुलरा के बाबा' के कथानायक को 'पंच परमेश्वर' या 'हार की जीत' के आदर्शवादी कथानायक के स्वातंत्र्य-युगीन अवतार के रूप में भी देखा जा सकता। सामन्ती युग से लेकर औपनिवेशिक काल तक अविरल प्रवाहित ग्राम्य-चेतना और उसके मूल्य-सन्दर्भों से वैधता प्राप्त करनेवाला यह कथानायक यदि 1952-53 की किसी कहानी में अवतरित होता है तो उसे एक संक्रमण-काल का कथानायक सहज ही माना जा सकता है जिसमें बीते युग की मूल्य-चेतना का अवशेष स्वाभाविक रूप से विद्यमान है। अनायास नहीं है कि कुछ समीक्षकों ने 'गुलरा के बाबा' के सन्दर्भ में 'पंच परमेश्वर' को याद भी किया है। 'गुलरा के बाबा' के आदर्शवाद को 'पंच परमेश्वर' के आदर्शवाद से सन्दर्भित तो किया ही जा सकता है, जो कि तब अर्थात् एक नव-स्वतंत्र देश के निर्माणाधीन यथार्थ के सन्दर्भ में पूरी तरह अप्रासंगिक नहीं हुआ था। गुलरा के बाबा का चरित्र भी सूचित करता है कि तब के भारतीय समाज में आदर्श के जीवित होने की सम्भावना किसी हद तक शेष थी तथा न्याय और सत्य की नैतिक विजय का काव्यात्मक न्याय भी किसी हद तक सक्रिय था। मगर सच तो यह भी है कि न्याय का पक्ष अब चुनौतीविहीन नहीं रह गया था। चैतू से बाबा को मिलनेवाली चुनौती को इसी सन्दर्भ में देखा जाना चाहिए। चुनौती तो 'पंच परमेश्वर' और 'हार की जीत' में भी थी, लेकिन आदर्शवाद के दायरे में निर्मित होने के बावजूद इन दोनों कहानियों के

नायक साधारण व्यक्ति थे, 'लार्जर देन लाइफ़' छवि-वाले असाधारण कथानायक नहीं, जिनका व्यक्तित्व प्राय: सन्देह से परे और नितान्त चुनौतीविहीन होता है।

बाबा के चरित्र में निहित आदर्शवाद का मूल्य-सन्दर्भ निस्सन्देह बीसवीं शताब्दी का ग्रामीण समाज और उसके भीतर मौजूद लोकचेतना है, जिसका क्रमश: क्षरण हो रहा है। बाबा के चरित्र का यथार्थगत प्रतिरूप अतीत में अवस्थित है, वर्तमान में नहीं। इसका अर्थ स्पष्ट है, कहानी अपने समकालीन यथार्थ और उसके मूल्य-सन्दर्भ से मुक्त नहीं हो पाती अर्थात् इतिहास की गिरफ़्त में फँसी रह जाती है। कहानी-कला की दृष्टि से इसे एक कमज़ोरी माना जा सकता है कि चरित्र-रचना और अभिप्राय की दृष्टि से वह पूर्णतया देशकालबद्ध हो जाए और उसके सार्वभौमिक आयाम अनुद्घाटित रह जाएँ।

इसे अति पाठ न समझा जाए तो कहा जा सकता है कि यह कहानी, एक भिन्न स्तर पर वर्तमान और अतीत के बीच अन्तर्विरोध की ओर भी इशारा करती है। अगर बाबा के चरित्र को लोकजीवन के नैतिक आदर्शवाद के प्रतिनिधि के रूप में और चैतू के चरित्र को परवर्ती समय अर्थात् वर्तमान के स्वार्थ-लिप्त और लिप्सा-जड़ित जीवन के प्रतिरूप की तरह पढ़ा जाए तो अतीत और वर्तमान के बीच यह अन्तर्विरोध एकबारगी उजागर हो उठता है; हालाँकि किसी कहानी को उसके भीतर के सन्दर्भों से इतर किसी अन्य चरित्र या स्थिति के प्रतीक के रूप में देखा जाना शायद उचित न जान पड़े। लेकिन हर रचना अपने सृजन-काल यानी समकालीनता की चौहद्दी को लाँघकर भविष्य के परिसर में अपनी प्रासंगिकता की खोज करती है और एक नये पाठ, नये अर्थ या नई व्याख्या की सम्भावना ढूँढ़ती है। इस दृष्टि से विचार करें तो कहा जा सकता है कि 'गुलरा के बाबा' स्वतंत्रता-प्राप्ति के बाद ग्रामीण समाज के भीतर पुराने और नये मूल्यों के बीच उभरते टकराव और मूल्यों के ह्रास की कहानी बन जाती है। इस टकराव में बाबा की नैतिक विजय, सच कहा जाए तो, एक नव स्वतंत्र राष्ट्र के रूप में नये भारत के स्वप्न की विजय है। लेकिन चैतू के नैतिक विचलन और उसके व्यक्तित्व में निहित उद्दंडता पर विचार करें तो यह मूल्यों के विघटन की शुरुआत की तरफ़ तो इंगित करता ही है, जिसकी ग्रामीण समाज में दारुण परिणति का औपन्यासिक दस्तावेज़ लगभग डेढ़ दशक बाद श्रीलाल शुक्ल के 'राग दरबारी' के रूप में सामने आया। कहने की आवश्यकता नहीं कि चैतू का चरित्र स्वतंत्रता-प्राप्ति के बाद ग्रामीण समाज के भीतर मूल्यों के विघटन की शुरुआत का संकेत देनेवाला प्रतीकात्मक चरित्र बन जाता है और यह कहानी लोकचेतना में अवस्थित नैतिक आदर्शवाद के संकटग्रस्त होने के आख्यान में तब्दील हो जाती है।

रसप्रिया

फणीश्वरनाथ रेणु

लोककला में अन्तर्भुक्त प्रेम की वेदना

सूरज पालीवाल

फणीश्वरनाथ रेणु हिन्दी के विरले कथाकार हैं। आज़ादी के बाद 'नई कविता' की तर्ज पर 'नई कहानी' आन्दोलन चला तो रेणु उसमें नहीं थे। उसके झंडाबरदार राजेन्द्र यादव, कमलेश्वर और मोहन राकेश थे। चर्चा के केन्द्र में यही तीनों थे। रेणु की चर्चा थी तो 'मैला आँचल' के कारण। बाद में उनकी लम्बी कहानी 'तीसरी क़सम' पर फ़िल्म बनी तो 'मैला आँचल' की चौंध से हटकर लोगों का ध्यान उनकी कहानियों की ओर गया। 'नई कहानी' आन्दोलन मूलतः नगर और महानगर केन्द्रित था, जिसमें पश्चिम से उधार लिये नुस्खे—मोहभंग, कुंठा, संत्रास, अकेलापन इत्यादि का प्रत्यारोपण भारतीय ज़मीन पर किया जा रहा था। रेणु इन सबसे अलग हटकर गाँव के उस आदमी की कहानी लिख रहे थे जो अपने समाज में उपेक्षित था लेकिन उसके पास लोक सम्पदा विपुल मात्रा में थी। हमारे अधिकांश कथाकार गाँव पर लिखते समय ग़रीबी, बीमारी और सुविधाओं के अभावों पर कहानियाँ लिखते हैं, लेकिन यह भी याद रखना होगा कि रेणु से अधिक ग़रीब तथा उपेक्षित पात्र दूसरे कथाकारों के पास बहुत कम हैं। 'मैला आँचल' के उस निष्कर्षात्मक वाक्य को याद कीजिए जिसमें कहा गया है कि 'ग़रीबी और जहालत दो बड़ी बीमारी इस अंचल में सबसे अधिक हैं।' रेणु गाँव की ग़रीबी से भलीभाँति परिचित थे लेकिन ग़रीबी के कारण सांस्कृतिक धारा रुकी रहे यह उनके लिए सम्भव नहीं था। 'मैला आँचल' से पता चलता है कि व्यापक सामाजिक चिन्ताएँ रेणु को थीं फिर भी उनके पूरे लेखन पर यह आरोप लगाया गया कि वे लोक संस्कृति में रस लेने के कारण ग़रीबों के दुख से अलग रहे, यह आरोप विचारधारात्मक लेखन के लिए तो उचित है लेकिन रेणु के पूरे कथा-साहित्य को देखा जाए तो जो चित्र बनता है, उसमें जितने पात्र और समस्याएँ आती हैं, वे तो सब ग़रीबी का भयावह चित्र ही पेश करती है। प्रगतिशीलता आन्दोलनों और नारों तक सीमित नहीं है, प्रगतिशीलता उस समाज सम्पृक्ति में छिपी है जिसमें ग़रीब और ग़रीबी की पीड़ा के साथ जीवन की धारा अनवरत बहती है। जीवन है तो ग़रीबी और अमीरी भी है जब जीवन ही नहीं होगा तो दोनों का अस्तित्व स्वतः समाप्त हो जाएगा। रेणु को यह समझ थी, वे राजनीति से साहित्य में आए थे। राजनीति ने उन्हें अपने समाज को देखने की जो दृष्टि दी थी, वह उनके साहित्य में हमेशा विद्यमान रही। 'टूटते-बिखरते सपनों की दास्तान' नामक

निबन्ध में रेणु अपनी समाजवादी निष्ठा की पुष्टि भी करते हैं। रेणु की चर्चा करते समय कुछ लोग बार-बार प्रेमचन्द से उनकी बराबरी करते हैं और कहते हैं कि रेणु प्रेमचन्द नहीं थे। प्रेमचन्द वे होना भी नहीं चाहते थे। कोई बड़ा लेखक अपने पूर्ववर्ती लेखक का विकास होगा न कि उस जैसा। प्रेमचन्द और रेणु के लेखन समय में पर्याप्त अन्तर है। फिर कोई कहे कि रेणु प्रेमचन्द नहीं थे तो कहना-सुनना व्यर्थ ही है। प्रेमचन्द का विकास रेणु में है या रेणु स्वाधीन भारत के प्रेमचन्द हैं।

रेणु में ऐसा क्या है, जो सबके गहरे उतरता है? राजनीति से साहित्य में आए लेखक में मानव-चरित्रों की ऐसी आत्मीय छवि गढ़ने की प्रतिभा होगी, यह रेणु को पढ़कर ही जाना जा सकता है। रेणु की बहुत छोटी लेकिन महत्त्वपूर्ण कहानी 'रसप्रिया' (1955) के माध्यम से हम रेणु की उस ताक़त को देखने का प्रयास करेंगे, जिसके बल पर आज भी वे अप्रतिम खड़े हैं। 'रसप्रिया' प्रेम कहानी है। ऐसी प्रेम कहानी जो लम्बे समय के बाद भी तड़प को कम नहीं होने देती। रमपतिया समझती है कि पंचकौड़ी मिरदंगिया ने उसे धोखा दिया और मिरदंगिया मानता है कि रमपतिया ने उसे अँधेरे में रखा। बहुत दिनों बाद दोनों गुलाब-बाग़ मेले में मिले। तब-तक रमपतिया के पिता और मिरदंगिया के गुरु जोधन गुरुजी की मृत्यु हो चुकी थी। रमपतिया अकेली हो गई थी, एकदम अकेली। मिरदंगिया की ग़लती यह थी कि उसने अपनी जाति छिपाकर गुरुजी से दीक्षा ली थी और उनकी अकेली बेटी रमपतिया से प्रेम किया था। लेकिन जैसे ही शादी की बात आई तो वह भाग छूटा "आठ वर्ष तक तालीम पाने के बाद जब गुरुजी ने स्वजात पंचकौड़ी से रमपतिया के चुमौना की बात चलाई तो मिरदंगिया सभी ताल-मात्रा भूल गया। जोधन गुरुजी से उसने अपनी जात छिपा रखी थी। रमपतिया से उसने झूठा परेम किया था। गुरुजी की मंडली छोड़कर वह रातों-रात भाग गया।" भागने के बाद उसने अपनी मंडली बनाई और खाने-कमाने लगा। गुलाब-बाग़ मेले में रमपतिया से उसकी भेंट हुई थी। रमपतिया उसी से मिलने आई थी। पंचकौड़ी ने साफ़ जवाब दे दिया था—"क्या झूठ-फरेब जोड़ने आई है। कमलपुर के नन्दूबाबू के पास क्यों नहीं जाती, मुझे उल्लू बनाने आई है। नन्दूबाबू का घोड़ा बारह बजे रात को...।" चीख़ उठी थी रमपतिया—'पांचू! ..चुप रहो!' ये वाक्य उस भेंट के हैं, जिनमें पंचकौड़ी रमपतिया पर आरोप लगाता है। और वह चीख़कर चुप हो जाती है पर उसके मन का घाव और अधिक गहरा जाता है। रेणु प्रेम की ताक़त जानते हैं इसलिए लिखते हैं, "उसी रात रसपिरिया बजाते समय उसकी उँगली टेढ़ी हो गई थी।" कहना न होगा कि रमपतिया की आह ने उसकी उँगली को टेढ़ा कर दिया। यह लोक मान्यता है कि सुख के आशीर्वाद और दुख की आह से कोई बच नहीं सकता। सुख-दुख इसी लोक के हैं, ऊपर तो पंडितों का पाखंड है। पुरुष की झूठ के आगे एक स्त्री जो अपने को ठगा-सा महसूस कर रही थी वह अपनी शिकायतों को भूलकर गुलाब बाग़ मेले में मिरदंगिया से मिलने जाती है लेकिन वह स्त्री की मर्यादा को भूलकर इस प्रकार के घटिया आरोप लगाता है कि स्त्री के पास कहने को कुछ रह ही नहीं जाता सिवाय लम्बी चीख़ के। रमपतिया की लम्बी चीख़ शाप बनकर मिरदंगिया की उँगली टेढ़ी कर देती है। ऐसा शाप जिसे मिरदंगिया

भूलना भी चाहे तो भी नहीं भूल सकता। स्त्री जिससे प्रेम करती है, उसकी गलतियों को माफ़ करने की ताक़त भी उसके अन्दर है लेकिन अपमान के विरोध में वह शेरनी की तरह खड़ी हो जाती है। जो पुरुष उसे प्रेम करता है, वह उसका अपमान नहीं कर सकता और करेगा तो उसके क्रोध का सामना करने की क्षमता किसी में नहीं है, मिरदंगिया में भी नहीं।

कहानी के आरम्भ में मोहना को देख मिरदंगिया को सुखद आश्चर्य होता है। विदापत नाच के लिए ऐसे ही सुन्दर लड़कों की ज़रूरत होती है इसलिए वह उसे देखता ही रह गया "धूल में पड़े क़ीमती पत्थर को देखकर जौहरी की आँखों में एक नई झलक झिलमिला गई—अपरूप-रूप! चरवाहा मोहना छौंड़ा को देखते ही पंचकौड़ी मिरदंगिया के मुँह से निकल पड़ा—अपरूप-रूप! खेतों, मैदानों, बाग़-बग़ीचों और गाय-बैलों के बीच चरवाहा मोहना की सुन्दरता! मिरदंगिया की क्षीण-ज्योति आँखें सजल हो गईं। मोहना ने मुस्कराकर पूछा, तुम्हारी उँगली तो रसपिरिया बजाते टेढ़ी हुई है, है न?" यह मोहना से उसकी पहली भेंट है, जिसमें वह प्रकारान्तर से अपना परिचय भी दे देता है। मिरदंगिया जानता है उसकी उँगली टेढ़ी होने की अन्तर्कथा को रमपतिया के अलावा और कोई नहीं जानता। मोहना के प्रति मिरदंगिया के आकर्षण का एक बड़ा कारण यह भी है। पूरी कहानी मोहना के मिलने और उसके प्रति आकर्षण और चिन्ता के बीच चलती है। कहानी के अन्त में मोहना की तिल्ली के इलाज के लिए मिरदंगिया चुपचाप रुपये देता है और उसके ठीक होने के लिए कुछ हिदायतें भी। मोहना की माँ को मालूम पड़ता है तो वह अतीत में खो जाती है। वह मिरदंगिया के बारे में पूछती भी है और नाराज़ भी होती है। तभी अचानक "दूर से मृदंग की आवाज़ आई-धा-तिंग, धा-तिंग! मोहना की माँ खेत की ऊबड़-खाबड़ मेड़ पर चल रही थी। ठोकर खाकर गिरते-गिरते बची। घास का बोझ गिरकर खुल गया। मोहना पीछे-पीछे मुँह लटकाकर जा रहा था। बोला, क्या हुआ माँ? कुछ नहीं।...धा-तिंग, धा-तिंग! मोहना की माँ खेत की मेड़ पर बैठ गई। जेठ की शाम से पहले जो पुरवैया चलती है, धीरे-धीरे तेज़ हो गई। मिट्टी की सोंधी सुगंध हवा में धीरे-धीरे घुलने लगी।...धा-तिंग, धा-तिंग! कहता था, तुम्हारे जैसा गुणवान बेटा? मोहना की माँ आगे कुछ न बोल सकी। मिरदंगिया कुछ और बोलता था, बेटा? मोहना की माँ आगे कुछ न बोल सकी।...झूठा बेईमान! मोहना की माँ आँसू पोंछकर बोली, "ऐसे लोगों की संगत कभी मत करना। मोहना चुपचाप खड़ा रहा।" मृदंग की आवाज़ धा-तिंग पार्श्व में है और सामने मोहना जो अभी मिरदंगिया से मिलकर आया है रमपतिया की स्थिति ठीक नहीं है। वह मोहना से बहुत कुछ पूछना चाहती है लेकिन नहीं पूछ पाती। स्त्री का मान उसे और आगे नहीं बढ़ने देता। अपने बेटे से मिरदंगिया के बारे में क्या पूछे, ज़्यादा पूछने पर कुछ बोल दिया तो आख़िर उसकी माँ है। ऐसी माँ जो मिरदंगिया के नाम से ग़ुस्सा करती थी, उसे गुरुद्रोही और झूठा कहती थी। आज उसने आँसू पोंछते हुए कहा, आज उसकी आँख में आँसू हैं। जिस मृदंग ने कई वर्ष पूर्व उसके अन्दर प्रेम जीवित किया था आज उसी मृदंग की आवाज़ उसके कानों में बार-बार अतीत का रस घोल रही है, उसे अतीत की स्मृतियों में डुबो रही है। लेकिन बेटे के सामने वह प्रेमिका के रूप में नहीं एक माँ

के रूप में ही रहना चाहती है इसलिए आँसू पोंछते हुए कहती है 'ऐसे लोगों की संगत कभी मत करना।' मोहना जानता है इसलिए वह चुपचाप खड़ा रहा। उसने किसी प्रकार की कोई प्रतिक्रिया व्यक्त नहीं की। रेणु ने जो विवरण दिये हैं—मेड़ पर ठोकर खाकर गिरते-गिरते बचना, घास के बोझ का गिरकर खुलना तथा जेठ की ताप में सनी पुरवैया में मिट्टी की सोंधी सुगंध हवा की अनुभूति करना आदि ऐसे विवरण हैं जो रमपतिया के हृदय में छुपे अतीत को खोलते हैं, उसके मन में मिरदंगिया के प्रति अब भी प्रेम है। प्रेम और घृणा का यह चक्र उसके मन को मथ रहा है। एक ओर मिरदंगिया का अब तक का आचरण है तो दूसरी ओर अकेले जीवन की यंत्रणा। अकेली होकर उसने सुख नहीं पाया, पिता की मृत्यु के बाद जब गाँव कोसी की बाढ़ की चपेट में आ गया तो वह मोहना को लेकर अपने पीहर कमलपुर आ गई और अब यहीं बाबू लोगों के यहाँ कुटाई-पिसाई कर अपना और अपने बेटे का जीवनयापन कर रही है। बाल विधवा रमपतिया के जीवन में और कोई उम्मीद अब बाक़ी नहीं है, अभावों के अकेले जीवन ने उसे बहुत दुख दिये हैं। बचपन से ही उसे दुखों का सामना करना पड़ रहा है। एक बेटा है मोहना, वह भी बीमार है। तिल्ली जैसी लाइलाज बीमारी। इसलिए उसे अपने भविष्य को लेकर भी चिन्ता रहती है। अतीत और वर्तमान जैसा भी हो, भविष्य के सुनहरे सपने जीवन के प्रति आस बँधाते हैं लेकिन रमपतिया भविष्य के बारे में जानती है, वह मोहना को देखती है और भविष्य के प्रति आशंकित हो उठती है। मिरदंगिया जानता है कि "मोहना जैसे लड़कों के पेट की तिल्ली चिता पर ही ग़लती है!" इसलिए वह उसके इलाज की चिन्ता भी करता है और रुपये भी देता है। "बड़ी सयानी है तुम्हारी माँ! एक लम्बी साँस लेकर मिरदंगिया ने अपनी झोली से एक छोटा बटुआ निकाला। लाल-पीले कपड़ों के टुकड़ों को खोलकर काग़ज़ की एक पुड़िया निकाली उसने।... फिर फुसफुसाकर बोला—मोहना बेटा! फारबिसगंज के डागडरबाबू को देकर बढ़िया दवा लिखा लेना। खट्टा-मिट्ठा परहेज करना। गरम पानी ज़रूर पीना।" मोहना के स्वास्थ्य की चिन्ता मिरदंगिया को इतनी क्यों है? रेणु कभी खुलकर प्रेम की चर्चा नहीं करते लेकिन कहानी में आए विवरणों से वे स्पष्ट भी कर देते हैं। मिरदंगिया के बारे में अपने बेटे से जानकर रमपतिया की जो स्थिति हुई तथा मिरदंगिया को मोहना के स्वास्थ्य के प्रति जो चिन्ता है, उससे दोनों के अन्दर के प्रेम की थाह लगाना कठिन नहीं है। ख़ास बात यह कि दोनों के मन में फिर से मिलने और साथ जीवन जीने के कोई संकेत नहीं हैं लेकिन एक-दूसरे के अभावों भरे जीवन के बारे में जानकर चिन्ता ज़रूर है। कहानी में मृदंग की धुन 'धा तिंग, धा तिंग' तथा बार-बार चील की 'टिं-टिं-हिंक' रमपतिया तथा मिरदंगिया के सम्बन्धों को और गहन बनाती है।

रेणु के यहाँ बहुत ही सामान्य जीवन जीनेवाले लोगों की आत्मीयता और संवेदनशीलता के जो दृश्य हैं, वे लोक के समृद्ध होने के जीते-जागते प्रमाण हैं। 'तीसरी क़सम' के हिरामन और हीराबाई तथा 'रसप्रिया' के मिरदंगिया तथा रमपतिया ऐसे पात्र हैं, जिनका कोई सामाजिक सम्मान नहीं है। हीराबाई नौटंकी की पतुरिया है तो रमपतिया बाल विधवा ग़रीब महिला। हिरामन काला-कलूटा चालीस साल का विधुर है तो मिरदंगिया चालीस साल का अधपगला, दसदुआरी, जाचक और फ़क़ीर। लेकिन मन

के स्तर पर ये पात्र जिस प्रकार का जीवन जीते हैं, उससे वे रेणु की कहानियों के पात्र बनते हैं या रेणु ऐसे पात्रों में जीवन का उल्लास देखते हैं। केवल धनी होने से आदमी अच्छा नहीं हो जाता, धनी व्यक्ति धन जोड़ने के चक्कर में जीवन के विपुल अनुभवों और सौन्दर्यानुभूतियों से वंचित हो जाता है। अभाव और उन्हें भरने के लिए अनवरत संघर्ष जीवन को भरा-भरा बनाते हैं। रेणु के इन पात्रों में अभावों का रोना नहीं है बल्कि उससे परे मन के हरेपन को बचाए रखने की ऐसी उत्कट लालसा है, जो उन्हें सूखने नहीं देती। यही कारण है कि जब विदापत नाच के प्रति लोगों में कोई उत्साह बाक़ी नही बचा है तब वे मिरदंगिया जैसे पात्र का सृजन करते हैं और बताते हैं कि जो विद्या सीखी उसने प्रेम करना भी सिखाया था लेकिन जातिवाद की भयावहता में उसका सपना बिखर गया। पर उस सपने की टीस लिये विपरीत परिस्थितियों में भी वह विदापत गाता, नाचता और मृदंग बजाता रहा। रेणु मिरदंगिया की सामाजिक स्थिति के बारे में बताते हुए लिखते हैं—"जेठ की चढ़ती दोपहरी में खेतों में काम करनेवाले भी अब गीत नहीं गाते हैं। कुछ दिनों बाद कोयल भी कूकना भूल जाएगी क्या? ऐसी दोपहरी में चुपचाप कैसे काम किया जाता है! पाँच साल पहले तक लोगों के दिल में हुलास बाक़ी था। पहली वर्षा में भीगी हुई धरती के हरे-भरे पौधों से एक ख़ास क़िस्म की गंध निकलती है। तपती दोपहरी में मोम की तरह गल उठती थी—रस की डाली। वे गाने लगते थे बिरहा, चांचर, लगनी।...अब तो दोपहरी नीरस कटती है, मानो किसी के पास एक शब्द भी नहीं रह गया है।" उस नीरस और नि:शब्द वातावरण में रस घोलने का काम ऐसा मिरदंगिया करता है, जिसके जीवन में कोई रस और उत्साह बाक़ी नहीं बचा है, "जो पन्द्रह साल से गले में मृदंग लटकाकर गाँव-गाँव घूमता है, भीख माँगता है। दाहिने हाथ की टेढ़ी उँगली मृदंग पर बैठती ही नहीं है, मृदंग क्या बजायेगा! अब तो, धा तिंग धा तिंग भी बड़ी मुश्किल से बजाता है। अतिरिक्त गाँजा-भाँग सेवन से गले की आवाज़ विकृत हो गई है। किन्तु मृदंग बजाते समय विद्यापति की पदावली गाने की वह चेष्टा अवश्य करेगा। फूटी भाथी से जैसी आवाज़ निकलती है, वैसी ही आवाज़—सों—य, सों—य।" इन परिस्थितियों में वह किसके लिए जीवित है? अंचल की जिन परिस्थितियों का विवरण रेणु देते हैं, वे केवल कला की उपेक्षा तक सीमित नहीं है, बल्कि लोगों का भाईचारा भी समाप्त हो गया है, जीवन का हुलास समाप्त हो गया है और अब किसी के पास एक-दूसरे से कहने के लिए कोई शब्द नहीं बचा है। ये आज़ादी के बाद के पहले दशक की स्थितियाँ हैं, जिनमें विकास के लिए पंचवर्षीय योजनाओं पर अमल किया जा रहा था। कैसा अमल किया जा रहा था इसकी विस्तृत बानगी 'मैला आँचल' तथा 'परती : परिकथा' में मिलेगी लेकिन 'रसप्रिया' में दो साधारण स्त्री-पुरुष के सम्बन्धों में छुपा हुआ कुछ ऐसा है, जिसे पाने के लिए वे अभी भी जीवित हैं। अंचल नीरस हो जाए, कोयल कूकना भूल जाए पर उधर रमपतिया का बेटा मोहना बीमारी के बावजूद मीठे स्वर में विदापत गा रहा है और इधर मिरदंगिया का मृदंग टेढ़ी उँगली के बावजूद बज रहा है—धा तिंग, धा तिंग।

विदापत नाच वाले रसप्रिया गाते हैं, मिरदंगिया रसप्रिया गाकर नाचता है और रमपतिया अपने बेटे के स्वर में रसप्रिया का मधुर स्वर घोलती है। आर्थिक और सामाजिक

स्थितियों के कारण लोग रसप्रिया और विदापत नाच को भूल जाएँ लेकिन रेणु उसमें लोकजीवन का उल्लास देखते हैं, जो तमाम विपरीत स्थितियों के आज भी जीवित है। मिरदंगिया के लिये रमपतिया ही रसप्रिया है और रमपतिया के लिए विदापत नाच का साक्षात् रूप पंचकौड़ी ही है।

'क्राइसिस' का एक आसान पाठ

चन्द्रकला त्रिपाठी

भीष्म साहनी की 'चीफ़ की दावत' (1956) शीर्षक कहानी में विदेशी चीफ़ की आवभगत में लगे शामलाल और उनके जैसे अन्य देसी अफ़सरों और उनकी बीवीयों के चीफ़ और उनकी मेम साहब से उपकृत होने का यह प्रसंग दर्ज है—"एक कामयाब पार्टी वह है, जिसमें ड्रिंक कामयाबी से चल जाए। शामनाथ की पार्टी सफलता के शिखर चूमने लगी। वार्तालाप उसी रौ में बह रहा था, जिस रौ में गिलास भरे जा रहे थे। कहीं कोई रुकावट न थी, कोई अड़चन न थी। साहब को व्हिस्की पसन्द आई थी। मेम साहब को पर्दे पसन्द आए थे, सोफ़ा कवर का डिज़ाइन पसन्द आया था, कमरे की सजावट पसन्द आई थी। इससे बढ़कर क्या चाहिए? साहब तो ड्रिंक के दूसरे दौर में ही चुटकुले और कहानियाँ कहने लगे गए थे। दफ़्तर में जितना रोब रखते थे, यहाँ पर उतने ही दोस्त परवर हो रहे थे और उनकी स्त्री, काला गाउन पहने, गले में सफ़ेद मोतियों का हार, सेंट और पाउडर की महक से ओत-प्रोत कमरे में बैठी सभी देसी स्त्रियों की आराधना का केन्द्र बनी हुई थीं..."

उपरोक्त पंक्तियों पर नज़र डालें तो वहीं लिखा मिलेगा कि गिलास भरे जाने की रौ में—'कहीं कोई रुकावट न थी, कोई अड़चन न थी।' इस कहानी में यह पंक्ति यूँ ही या अनायास नहीं है। रोक और अड़चन के अन्देशे कहानी की शुरुआत में ही आ चुके हैं, वह है शामलाल की बूढ़ी माँ, खाँटी देसी जीवन की एक बेहद कमज़ोर नावजूद सी शख़्सियत जो पश्चिमी ढंग के रहन-सहन की उत्कृष्टता पर अपने देसीपन से पानी फेर सकती है। शामलाल जैसों की बेचैनी पश्चिमी साहब से भी ज़्यादा पाश्चात्य ढंग का हो जाने की है। सोफ़े, पर्दे और पूरी सजावट में पाश्चात्य प्रभाव शामिल कर लिए गए हैं, मगर बूढ़ी माँ है कि इस ढंग के एक अभिवादन की भी नकल नहीं कर सकती। साहब की अनुकम्पा के रास्ते का रोड़ा है माँ।

भीष्म साहनी की यह चर्चित कहानी पहली बार 'कहानी' पत्रिका के विशेषांक 1956 में प्रकाशित हुई। यह कहानी अवश्य ही नई कहानी के दौर की है किन्तु नई कहानी के अनुभववादी रवैये से अलग इसमें वस्तुनिष्ठता का ढंग दिखाई देता है। कथ्य चरित्र या मानवीय सम्बन्धों को यहाँ मोहभंग या संत्रास के अर्थ में निरूपित नहीं किया गया है, यही नहीं कहानी में 'बूढ़ी माँ' के हश्र के आधार पर जिस 'विडम्बनाबोध' की

बात की जाती है उसकी गति भी मनोजगत की आन्तरिक जटिलताओं में नहीं है। कहानी में 'घटित' की एक स्पष्ट प्रत्यक्षता है जो परिवार और पारिवारिकता में आए क्षरण को समझने का एक बड़ा परिप्रेक्ष्य निर्मित करती है। 'व्यंग्य और विडम्बना' भी नई कहानी के आलोचकों के आजमाए हुए प्रतिमान रहे हैं। सम्भव है कि बूढ़ी माँ को परम्परा का रूप मानकर उसके प्रति अवसरवादी रवैया अपनानेवाले शामलाल के चरित्र और उन स्थितियों में निहित विघटन को आलोचकों ने इसी अर्थ में देखा हो किन्तु कथ्य की अत्यन्त सादा और संक्षिप्तिमूलक संरचना के बावजूद इस कहानी में कुछ महत्त्वपूर्ण अन्तर्ध्वनियाँ मौजूद हैं जिनमें उपनिवेशों द्वारा रची गई आधुनिकता की छिन्नमूलता और परजीविता ज़्यादा ज़ाहिर हुए हैं। यह मध्यवर्गीय व्यक्ति की मनोरचना की वह गूढ़ता है जिसकी ओर यह कहानी बड़े नामालूम ढंग से इशारा कर देती है। इस कहानी के सन्दर्भ में मुझे मन्नू भंडारी की एक कहानी याद आ रही है जिसका शीर्षक है 'नई नौकरी'। यह कहानी एक युवा और आर्थिक रूप से आत्मनिर्भर स्त्री के अन्तर्द्वंद्व के केन्द्र से लिखी गई है। इस कहानी में भी अमेरिकी बॉस की अनुकम्पा से मिली हुई सुविधाभोग से चकाचक एक नौकरी है और वहाँ भी बॉस को ज़्यादा से ज़्यादा ख़ुश करने की कोशिशें हैं। उन्हीं कोशिशों में एक यह भी है कि घर को ज़्यादा से ज़्यादा 'ओरिएंटललुक' दिया जाए। विदेशियों के लिए ओरिएंटल चीज़ों से प्रभावित होना या दिखना एक शगल है। पूरा भारत उनके लिए जैसे अचम्भे का मुरब्बा है। ऐसी चीज़ों की प्रशंसा करते हुए वे भारतीयों को निहाल कर देते हैं, इस कृपा को भुनाने में देसी लोग क़तई पीछे नहीं रहना चाहते। देसी जीवन की समृद्धि और वैविध्य के प्रति रत्तीभर लगाव न रखनेवाले थे ये लोग। उसके भूगोल-इतिहास या सौन्दर्यबोध से क़तई नावाक़िफ़ इन्हें अपने प्रभुओं की ख़ुशी के लिए जुटाते फिरते हैं। 'नई नौकरी' शीर्षक कहानी की नायिका की सुघड़ता यही है कि वह खोज-खोज कर मध्ययुगीन समय के ऐंटीक वग़ैरह की तलाशकर अपने घर की सज्जा को खाँटी पूरब का रंग देती है। यह पूरब यहाँ अपने भीतर के किसी भी प्रकार के पुनर्सृजन के अर्थ से रिक्त एक प्रदर्शन की चीज़ है। 'चीफ़ की दावत' शीर्षक कहानी में भी यही होता है। माँ द्वारा बनाई गई फुलकारियों की कला के प्रति चीफ़ के विस्मित रह जाने से पूर्व शामलाल में इस कला के महत्त्व का कोई बोध नहीं है। चीफ़ द्वारा सराहे जाने के बाद माँ की कला शामलाल की तरक़्क़ी की सीढ़ी बन जाती है। इस प्रकार भीष्म साहनी इस कहानी में मौजूद प्रसंगों के द्वारा शामलाल जैसे जड़ों से विच्छिन्न, विघटित मध्यवर्गीय व्यक्ति की महत्त्वाकांक्षाओं या विघटन का हवाला भर नहीं देते बल्कि उससे कहीं ज़्यादा गहरा तंज इस कहानी में पश्चिम की ओरिएंटलिस्ट प्रवृत्ति पर है। वे औपनिवेशिक बौद्धिक अनुकूलन के अत्यधिक जटिल यथार्थ को कहानी के भीतर बेहद सरल ढंग से बहुत ज़्यादा पहचाने गए अर्थ के साथ विकसित करते हैं।

ज़ाहिर है कि पश्चिम की पौर्वात्यवादी धारणाओं की समझ यहाँ किसी यांत्रिक सैद्धान्तिकी के ढंग में रूपायित नहीं है किन्तु पश्चिमी ज्ञान और रहन-सहन से आक्रान्त भारतीय मनुष्य के उथलेपन की थाह कहानी में मौजूद है। भारतीय मन की व्यापक आत्महीनता की सचाई का रंग भी यहाँ है। भारतीयता, भारतीय भाव और भाषा सहित देसीपन में किसी क़िस्म के गौरव का एहसास शहरी मध्यवर्गीय मानस को नहीं था।

गांधी ने जिस ग्राम्य जीवन की बात की थी वह शहरीपन का उपनिवेश बनता गया है। यह उपनिवेश बहुत गहरा और घातक था। कहानी इसका जायजा लेती है। इस तरह कहानी में औपनिवेशिक प्रभावों को समझने की स्थितियाँ हैं। इस रूप में यह कहानी पारिवारिकता के विसंगत होने का इकहरा अर्थ नहीं देती बल्कि भारतीय समाज की आधुनिकता के विद्रूप को उद्घाटित करती है। कहानी में शामलाल की माँ को छोड़कर सब आधुनिक हैं। सब के सब आधुनिक रहन-सहन के अभ्यस्त हैं। पार्टी, शराब, कपड़े, हँसी-मज़ाक़, चुहल और खाना वग़ैरह सब कुछ में भारतीय ढंग का कुछ भी नहीं है जबकि अंग्रेज़ सन् 1947 में विदा हो चुके हैं। शामलाल का साहब अमेरिकन है। शामलाल के आतिथ्य से प्रभावित होकर वह ज़्यादा से ज़्यादा कृतार्थ दिखने की कोशिश करता है। ज़्यादा से ज़्यादा उपकारी दिखना चाहता है। उसका आत्मविश्वास बढ़ा-चढ़ा है क्योंकि वह सुसंस्कृत पश्चिम का हिस्सा है। उसमें वर्चस्व के सहजबोध से मिली विनम्रता छलकी पड़ रही है। शामलाल वग़ैरह के अधकचरे चापलूस व्यवहर के बरक्स चीफ़ अपना सौमनस्य अपनी महानता साबित भी कर जाता है। वह कला का पारखी ही नहीं दिखता बल्कि वृद्धों के सम्मान के मानवीय व्यवहार में भी निपुण दिखता है। वह शामलाल की बूढ़ी माँ को दुलारता है। कहानी में आए इस दृश्य की बारीक़ियाँ समझने लायक़ हैं।

इस कहानी में देसी अफ़सरों को देखिए। वे सब के सब अपने देसीपन से ख़ासे चिढ़े हुए हैं। वे और उनकी पत्नियाँ अमेरिकी बॉस के तौर-तरीक़ों पर खरा उतरना चाहती हैं। यह अनायास नहीं है कि भीष्म साहनी ने इनके उल्लेख के सन्दर्भ में कई बार देसी अफ़सर और देसी स्त्रियाँ जैसा प्रयोग किया है। भीष्म साहनी ने स्वाधीन भारत की सामाजिक बुनावट में आई इस जटिलता को ठीक से समझना चाहा है! उत्तर औपनिवेशिकतावादी प्रवृत्तियों के जिस प्रभाव को हम आधुनिकता समेत संस्कृति, समाज, वैचारिकी, शिक्षा, भाषा और स्वास्थ्य आदि-आदि क्षेत्रों में समझना चाहते हैं और जिनके द्वारा जारी अनुकूलन की कई समाज वैज्ञानिक व्याख्याएँ हो चुकी हैं। यह कहानी उसे आज़ादी के बाद के जीवन व्यवहार में धँसकर खोज निकालती है। पूरी दुनिया में उपनिवेशित समाजों की संस्कृति, जीवन-शैली एवं आर्थिक प्रणालियों को जिस तरह उपनिवेशवाद ने प्रभावित किया उतना किसी अन्य ने नहीं किया। इस कहानी में भीष्म साहनी ने देसी साहबों की परिणति को एक गहरे व्यंग्य की तरह लिया है। वे बॉस से हास्यास्पद हदों तक जाकर अनुकम्पा चाहते हैं जबकि बूढ़ी माँ अपनी निराश्रिता के समूचे हाहाकारी बोध के बावजूद विदेशी साहब से आतंकित तो है मगर उनके अनुकूल होने की कोशिश में नहीं है। इस तरह देसी साहबों के क्रियाकलापों के ज़रिये लेखक भारतीय समाज के परिवर्तन और विकास से जुड़े वर्गों की परजीविता, स्वार्थ और अवसरवाद को उद्घाटित करता है। यह वर्ग पूरी तरह से सफलता, सुविधा और विलासिता के व्यक्तिगत अवसर के लिए काम कर रहा है। इस तरह मध्यवर्गीय व्यक्तिवादिता की ग्रंथियों से टकराने का भीष्म साहनी का अपना ढंग है, वे सीमित अवसन्न आत्मग्रस्तता को रेखांकित नहीं करते बल्कि व्यक्तित्व के विघटन को व्यापक सामाजिक यथार्थ के परिप्रेक्ष्य में समझते हैं। उनकी चिन्ता सच्ची और मज़बूत सामाजिकता है और शामलालों के विद्रूप पर उनकी कड़ी नज़र है।

'चीफ़ की दावत' की वृद्धा माँ एक छोटा सा कमज़ोर वजूद है। चीफ़ के आगमन के सन्दर्भ में सबसे ज़्यादा अटपटी चीज़ माँ है। उन्हें पिछवाड़े उनकी सहेली के घर भी नहीं भेजा जा सकता क्योंकि इससे उनकी सहेली का इस घर में आना-जाना शुरू हो जाएगा और इस तरह माँ का अपना स्पेस निर्मित होने लगेगा जो शामलाल और उसकी पत्नी को क़तई नागवार है। माँ को कहीं छुपाया भी नहीं जा सकता क्योंकि वह खर्राटे लेती हैं। कहानी के बीच में एक प्रसंग यह भी है कि माँ को उसके भाई के घर जाने से शामलाल की पत्नी ने रोक दिया था। इसे याद करके शामलाल चिढ़ता है। इस कहानी में आई ऐसी तफ़सीलों को यदि ध्यान से देखा जाए तो ज्ञात होगा कि वस्तुतः पश्चिमी ढंग की आधुनिकता से उपनिवेशित पीढ़ी पारम्परिक भारतीय जीवन की सहजीविता का हर निशान मिटा देना चाहती है। 'देसी' होना उसके निकट एक गहरी भर्त्सना है, इसलिए विस्तृत पारिवारिकता या निकट सम्बन्धों के प्रति ऐसे लोगों में गहरा तिरस्कार है। शहरी जीवन में पनपती सम्बन्धहीनता केवल एकायामी स्थिति नहीं थी। यद्यपि कहानी के भीतर ये सन्दर्भ विकसित रूप में नहीं किन्तु इसके भीतरी ताने-बाने की ओर इशारा ज़रूर करते हैं। ये एकल परिवारों की स्थिति और नियति की ओर बढ़ती स्थितियों की पदचापें हैं जिन्हें प्रायः अपनी सुविधा और स्वतंत्रता के लिए चुना जाता है। कहानी के भीतर मौजूद ऐसे सूत्र देसीजन की धुरीहीनता और खंडित वजूद को ज़्यादा उजागर करते हैं। 'माँ' संयुक्त परिवार की एक बची रह गई कमज़ोर कड़ी जैसी दिखती है। ख़ुद के प्रति बेटे के क्षोभ और क्रोध से वह डरी हुई हैं। उसकी आन्तरिक निर्मलता इस हद तक है कि तिरस्कार की घोर अमानवीय स्थितियाँ भी उसे सिर्फ़ पछतावे में डालती हैं। बेटे की असुविधाजनक स्थिति का कारण बन जाने का पछतावा। मध्यवर्गीय जीवन स्थितियों की तमाम जटिलताओं के बीच यह कहानी 'मातृत्व' को अलग भराव भी दे गई है। इस माँ को उपेक्षा, भय, करुणा और वात्सल्य घुल-मिलकर नये असर में रच देते हैं। बेटे के रुतबे के अनुरूप माँ अपना अटपटापन मिटाना चाहती है। इसी बीच चूड़ियों का ज़िक्र आ जाता है जो शामलाल को और नागवार गुज़रता है। वस्तुतः शामलालों की प्रवृत्ति पूर्व पीढ़ी के प्रति किसी कर्तव्य या ज़िम्मेदारी निभाने की नहीं है। उसकी बातचीत में असह्य कठोरता है। बॉस से छुपाकर बरामदे में बैठाई गई माँ की स्थिति और बिगड़ जाती है जब वह अपनी अटपटी देहधज समेत बॉस को दिखाई दे जाती है। कहानी में दर्ज है कि इस तरह वह बॉस और देसी साथियों के मनोरंजन का सामान हो जाती है। माँ का यह रूप शामलाल का सारा नशा हिरन कर देता है। वह धक्का देकर माँ को कोठरी में ढकेल देना चाहता है मगर चीफ़ और अन्य मेहमानों के सामने वह ऐसा नहीं कर सकता था। दूसरी ओर अमेरिकी बॉस के लिए माँ कौतुक का सामान हो उठती है। इसके चलते माँ की एक अलग उपयोगिता समझ में आ जाती है। जो प्रभाव ड्रिंक्स लज़ीज़ डिनर और चापलूसी से नहीं सम्भव हुआ वह माँ की कलाकारी ने जमा दिया। चीफ़ शामलाल के सामने देसी कलाओं के प्रति अपना आकर्षण ज़ाहिर करता है, माँ की फुलकारी अपना रंग जमा देती है और शामलाल माँ के प्रति सहसा उदार होकर अनुरोध करता है कि माँ चीफ़ के लिए नई फुलकारी बना दे। माँ को इस तरह अपनी तरक़्क़ी का ज़रिया बनते देख शामलाल ख़ुशी से झूम उठता है।

इस कहानी की समीक्षा करते हुए मधुरेश ने माँ और उसकी कला में परम्परा को

रक्षणीय देखा है। सम्भव है कि भीष्म साहनी ने शहरी आधुनिकता की खंडित विकलांग स्थितियों के विद्रूप को पूरा समझाने के लिए माँ के ज़रिये जातीय जीवन के सुन्दर और ललित का पक्ष प्रस्तुत किया हो किन्तु पश्चिमी प्रभु वर्ग से समादर प्राप्त कर लेने भर का उद्देश्य परम्परा के रक्षणीय का नहीं होगा। वस्तुतः 'माँ' यदि हमारी जातीयता का एक सबल रूपक है तो भी कहानी यहाँ इस जातीयता के नैरन्तर्य के असम्भव हो उठने की स्थितियों का बयान करती है। समूची विरासत के लिए स्थूल उपयोगितावादी नज़रिये के आगाज के शुरुआती समय में भीष्म साहनी ने इस कहानी को भावुक ढंग के मातृत्व में तिरोहित हो जाने से बचाया और मानवीय सम्बन्धों में फैलती संवेदनहीनता को परखने का एक सन्दर्भ लिया है।

भीष्म साहनी सचेत ढंग से मूल्यों के पक्षधर लेखक हैं। उनकी कहानियाँ मूल संक्रमण के यथार्थ की तहें ज़्यादा उद्घाटित करती हैं। जिस यथार्थ को नई कहानी के लेखकों ने मोहभंग का यथार्थ माना वह भीष्म साहनी के लिए प्रायः मूल्य संक्रमण का यथार्थ है। उससे टकराते हुए वे जीवन के शक्ति स्त्रोतों को परखना चाहते हैं। स्वातंत्र्योत्तर समाज के अनुभवों में उन्हें जातीयता से विच्छिन्नता के कई रूप दिखाई दिए, सामाजिक अलगाव और त्रास के अनुभव रूपों को उन्होंने भिन्न ढंग से देखा। अनेक कहानियों में छिन्नमूलता के जीवन की पीड़ाएँ और संघर्ष दर्ज हैं किन्तु इस कहानी में वे सुविधाभोग की ओर भागते जीवन की विघटित होती आन्तरिकता को पहचानते हैं। शामलाल एक विघटित आन्तरिकता वाले व्यक्ति का 'टाइप' हैं। उसकी स्वार्थलिप्तता और विघटन को समूचा उजागर करने के लिए ही भीष्म साहनी ने माँ और बेटे का सम्बन्ध चुना है। माँ के प्रति बेरुखी में वह अपनी पत्नी से भी बढ़कर हैं। माँ की बेबसी, कातरता या त्याग उसे जरा सा भी भावुक नहीं बनाते। कहानी के किसी क्षण में वह माँ के प्रति कोमल नहीं है। वह निस्संग और क्रुद्ध ही नहीं आक्रामक भी है। माँ से उसका रिश्ता आख़िर तक आते-आते एक बेहद चालाक पैतरे में बदल जाता है। वस्तुतः अमानुषिकता की पहचान का ढंग भीष्म साहनी में कुछ भिन्नता लिये हुए है। उनकी कहानी बेहद गहरे तनावपूर्ण क्षणों को भी उसी आसान प्रवाह में दर्ज करती है जैसे यह कोई मामूली सा घटित हो। किसी प्रकार का अतिरिक्त आवेगपूर्ण या नाटकीय वे इस्तेमाल नहीं करते। कहानी का 'अन्त' भी अपने वर्णन की उसी सामान्यता में है जिसका निर्वाह पूरी कहानी में है। अगर सोचकर देखा जाए तो वस्तुओं के लीला जगत की पहचान के गहरे संकेत कहानी में है जिसने सम्बन्धों के सबसे भरोसेमन्द हिस्से को निर्ममता के कुरस पाठ में बदल दिया है।

कहानी के संक्षिप्त से यथार्थ की व्यापकता के व्यक्त होने के पक्ष में नामवर सिंह ने उस टुकड़े में व्यक्त होनेवाले अन्तर्विरोध, द्वंद्व, संक्रान्ति या क्राइसिस के विषय में लिखा था, 'चीफ़ की दावत' शीर्षक कहानी के सन्दर्भ में देखें तो वस्तुतः यह 'आधुनिकता' के भीतर निहित क्राइसिस से ज़्यादा मुख़ातिब है।' इस कहानी में दर्ज वातावरण, परिवेश घटनाक्रम या चरित्र सभी इस क्राइसिस के अर्थ को उद्घाटित करते हैं। वस्तुतः यह समय के संकट की नब्ज़ पकड़नेवाली कहानी है। यथार्थबोध यहाँ संकटबोध के रूप में उपस्थित है और यह संकट इकहरा नहीं है। 'माँ' से साहब के लिए फुलकारी बना देने के लिए कहता हुआ शामलाल झूमता हुआ सोने के लिए चला जाता है। झूमता

हुआ इसलिए कि वह नशे में है और फुलकारी प्रसंग ने उसके नशे में कई तरह के आह्लाद जोड़ दिए हैं।

भाषा और शिल्प कहानी की वह देह हैं जिन्हें हर हाल में कहानी की आत्मा के रंग का होना होता है। भीष्म साहनी की कहानियाँ अपने कथ्य को किसी प्रकार की अतिशयता या सजावट के साथ नहीं विकसित करतीं। वे 'कहन' पद्धति की वस्तुनिष्ठता के कायल हैं और उनकी भाषा में भी रूपक बिम्ब संकेत या अन्य कलात्मकताएँ अपनी जुटान में नहीं दिखतीं। किसी सन्दर्भ को गूढ़ अमूर्त या अनेकार्थी बना देना भी उन्हें ठीक नहीं लगता। वे एक सादी किन्तु सम्प्रेषणीय भाषा के लेखक हैं जिसमें शब्दों में अनवरत बरते जाने से आई चमक है। यद्यपि 'चीफ़ की दावत' शीर्षक यह कहानी अपनी पूरी संरचना में गहरे ढंग से रूपात्मक है तथा स्वातंत्र्योत्तर भारतीय मध्यवर्ग की विघटित रुझानों को महत्त्वपूर्ण ढंग से उद्घाटित करना चाहती है। यथार्थ निरूपण के स्तर पर वह देशकाल और परिवेश को विश्वसनीय ढंग से उभारती है किन्तु इस सबके लिए वह किसी बड़बोली कलात्मकता का चुनाव नहीं करती।

प्रेमानुभव की विलक्षण कथा के साथ-साथ

विश्वनाथ त्रिपाठी

प्रगतिशील रचनाकारों की सूची में रेणु का नाम कम दिखलाई पड़ता है। कारण कि उन्होंने निम्नवर्ग के जीवन-दुखों की ही गाथा नहीं गाई है, इस वर्ग के जीवन में जो रस होता है उसे भी दिखाया है। इसीलिए रेणु का कथा-साहित्य अन्य कथाकारों से अलग है। आर्थिक दृष्टि से विपन्न जन सांस्कृतिक दृष्टि से भी विपन्न हों यह ज़रूरी नहीं। प्रगतिशील रचनाकारों ने ज़्यादातर निम्नवर्ग एवं अवर्णों की आर्थिक दुरवस्था का ही चित्रण किया है, उनके विपन्न आर्थिक जीवन की संस्कृति कितनी सम्पन्न है, उनका सौन्दर्यबोध सुविधाग्रस्त वर्ग के सौन्दर्यबोध से कितना भिन्न एवं सजीव है—यह अपेक्षाकृत कम दिखाया है। आंचलिकता का गहरा सम्बन्ध व्यतीत या बीतती हुई स्थितियों से है। व्यतीत या बीतते हुए की मार्मिकता—यह आंचलिक भाव-भूमि का केन्द्र है। आंचलिकता का आन्दोलन स्वाधीनता प्राप्ति के कुछ वर्षों बाद ही आया, जब लोकजीवन परिवर्तित होने लगा। हमारे देश का सामन्ती तंत्र जितनी द्रुत गति से पूँजीवादी तंत्र में बदला है या बदल रहा है—यह निहायत वेगयुक्त नाटकीय घटना है। इसका सबसे तेज़ झटका परम्परा पोषित ग्रामीण भारत के सुदूरवर्ती क्षेत्रों को लगा है। स्वाधीन भारत के कुछ वर्षों बाद साहित्य में अवतीर्ण आंचलिकता का आन्दोलन इसी कारण आया। रेणु के कथा-साहित्य में स्थैर्य और धैर्य ज़्यादा है। उनके यहाँ 'क्लोज़अप' बहुत हैं। लोकजीवन की सांस्कृतिक प्राणधारा की व्यापकता बहुत है, वेग कम है। आर्थिक विपन्नता की सांस्कृतिक सम्पन्नता यही है। शेखर जोशी के यहाँ वेग ज़्यादा है। उनकी कम वेगवाली आंचलिक कहानी 'कोसी का घटवार' भी रेणु की कहानियों से भिन्न है। क्योंकि शेखर जोशी का कहानीकार आंचलिक क्लोज़अप देने के बावजूद प्रेमचन्द के ढंग का है। उनका कहानीकार कथ्य को द्रष्टा के रूप में पेश करता है—प्रेमचन्द और अमरकान्त की भाँति। रेणु द्रष्टा नहीं लगते। वे प्रस्तुत करते समय पात्र की तरह ज़्यादातर केवल महसूस करते हैं। उनके यहाँ दृष्टि या विचार लुप्त है। वे कथा के विशिष्ट वातावरण से बाहर निकलकर पात्रों की अन्तर्बाह्य चेष्टाओं पर दृष्टिपात नहीं करते। उनके पात्र स्थिति को केवल भोग सकते हैं, उस पर विचार बहुत कम करते हैं। रचनाएँ वैचारिकता का प्रक्षेपण करें, यह अलग बात है।

रेणु के कथा-साहित्य का मूल्यांकन करते समय उनकी इस प्रवृत्ति की अवहेलना

नहीं की जा सकती। रेणु की कहानियों में ऐसे पात्र बहुत कम होंगे जो अन्तर्द्वंद्व से ग्रस्त हों। द्वंद्व उन स्थितियों में है जिन्हें वे भोग रहे हैं। किन्तु द्वंद्व में जो 'दो या अनेक' विकल्पों का संयोग होता है—'यह करें कि वह'—इसका वर्णन या चित्रण बहुत कम मिलेगा। यहाँ कर्तव्य और अकर्तव्य विचार नहीं, मनोविचार बनकर आते हैं। इसीलिए रेणु के यहाँ इन्द्रिय-बोध का—गंध, वर्ण, स्पर्श, ध्वनि, रस के बिम्बों का इतना उपयोग है। लोक-वार्ताओं के उपयोग का भी अवकाश उनके साहित्य में इसीलिए इतना हो गया है। इसका पूरा प्रभाव टूटकर उनकी भाषा पर पड़ा है। हमारे समय में इतना अगद्यात्मक गद्य शायद ही किसी और ने लिखा हो। गद्यात्मकता में विचारात्मकता होती है। उसके अभाव ने ही रेणु के गद्य को इतना अगद्यात्मक बनाया है। वह काव्यात्मक है। उसकी शक्ति सहजता है। उनके कथा-साहित्य में स्थितियों का विकास या तो होता नहीं या होता भी है, तो इन्द्रिय-बोध के बूते पर निर्मित मनोविकारों के जमघट में दबकर रह जाता है। इसीलिए रेणु की कथा-कृतियों का प्रभाव मुक्तक जैसा पड़ता है। रेणु के कथानक संयोजन में अन्तर्विरोध समाए हुए हैं। अन्तर्विरोधी शक्तियाँ सक्रिय नहीं हैं। रेणु ने अपने युग के मुख्य अन्तर्विरोध—आर्थिक-राजनीतिक को केन्द्र में रखकर रचनाओं को विकसित नहीं किया। इसका भी ख़याल हमें उनका मूल्यांकन करते समय अवश्य रखना पड़ेगा। यह लिखते समय रेणु के सामने प्रेमचन्द को रखा जा रहा है। रेणु ने ग्रामीण जीवन और उसके निम्नवर्गीय अवर्णों का इतना सजीव वर्णन किया है कि प्रेमचन्द के सामने रखे जाना उसकी अनिवार्यता है।

रेणु की रचनाओं में गाँवों का चित्रण प्रेमचन्द से कम नहीं है। लेकिन रेणु गाँवों को जानते प्रेमचन्द से बहुत कम हैं। रेणु की रचनाओं का जो समन्वित प्रभाव पड़ता है वह विषमता की पीड़ा का नहीं, लोकजीवन की सम्पन्न संस्कृति की समृद्धि का होता है। यह प्रभाव अनावश्यक नहीं। इस प्रभाव को डालनेवाली कहानियाँ हिन्दी में नहीं के बराबर थीं। रेणु की रचनाएँ इस दृष्टि से अछूती ताज़गी से युक्त हैं। स्वाधीनता के उपरान्त विविध विकास कार्यों से सामन्तवादी व्यवस्था के पूँजीवादी व्यवस्था में परिवर्तित होने की द्रुत नाटकीय शताब्दियों से एकरूप जीवन और चरित्र हमेशा के लिए समाप्त हो रहे हैं। उनकी विदाई बहुत भावभीनी है। आंचलिकता का साहित्यान्दोलन इस भावभीनी विदाई का साहित्य है। यह यथार्थ के ही एक पक्ष का उद्घाटन करता है। रेणु इस साहित्यान्दोलन के कीर्ति-स्तम्भ हैं।

सौन्दर्य के प्रति निम्नवर्ग का बोध रेणु के यहाँ अपूर्व विश्वसनीयता के साथ दिखलाई पड़ता है। उनके यहाँ पात्रों द्वारा भोगे जानेवाली स्थितियों की निजता सुरक्षित है। लगता है, वाचक कहानी में है ही नहीं। विभिन्न पात्र ही अपनी बात सुना रहे हैं। रेणु के कथा-साहित्य में कहानीकार का व्यक्तित्व लुप्तप्राय है—इसलिए इन्द्रियग्राह्य से भरपूर है। प्रेमचन्द, यशपाल आदि के कथानक और शैली पर उनके वैचारिक व्यक्तित्व का गहरा असर होता है। उनकी कहानियाँ जगह-जगह निबन्धों की विधा अपना लेती हैं। विचार रचना में हस्तक्षेप करते हैं। रेणु के यहाँ विचार प्रायः अलग से नहीं दिखलाई पड़ता।

रेणु के कथा-साहित्य का सबसे स्मरणीय पात्र-युग्म 'तीसरी क़सम उर्फ़ मारे गए गुलफ़ाम' (1956) कहानी के हिरामन-हीराबाई का है। इसके कथानक में औपन्यासिक

बिखराव है। महुआ घटवारिन की प्रासंगिक कथा आधिकारिक कथा में ही अन्तर्भुक्त है। वह आधिकारिक कथा का प्रतीक बनकर उसी में घुल-मिल जाती है। इसमें नायक हिरामन अपनी पूर्ववर्ती घटना-स्मृतियों के साथ प्रवेश करता है। हिरामन और हीराबाई के नामों में समानता है। हीराबाई हिरामन को 'मीता' कहती है। इन दोनों में नामों की ही समानता नहीं है और भी समानता है। कहाँ हीराबाई नौटंकी की पतुरिया—बेहद रूपवती, कहाँ हिरामन—'चालीस साल का हट्टा-कट्टा, काला-कलूटा'। लेकिन 'हीराबाई ने परख लिया, हिरामन सचमुच हीरा है' हीराबाई उतनी निरीह नहीं, वह दुनियादारी से परिचित है। पेशे ने उसे काफ़ी दुनियादार बना दिया होगा। हिरामन में और उसके बैलों में दुनियादारी के लिहाज़ा से ज़्यादा अन्तर नहीं मालूम पड़ता। समानता है तो केवल इस बात की कि वे दोनों प्रेम की दुनिया से बहुत दूर हैं। हीराबाई की दुनिया नौटंकी है और हिरामन की दुनिया बैलगाड़ी। हीराबाई की दुनिया में प्रेम का नाटक करनेवाले होंगे—प्रेम करनेवाला कोई नहीं। अनुभव ने उसे सच्चे प्रेम की दुर्लभता अतएव महत्ता को समझा दिया होगा। हिरामन के जीवन में इसकी कोई सम्भावना ही नहीं है। सम्भावना हीराबाई के जीवन में भी नहीं है। इस विषय में दोनों का जीवन रेगिस्तान है। जीवन में प्रेम का कैसा स्रोत दबा पड़ा है और थोड़ा-सा अवसर पाते ही वह कितने वेग से एक-दूसरे की ओर दौड़ पड़ता है—यही इस कहानी की मार्मिक भूमि है।

यह कथा किताबी प्रेम-कथाओं से कितनी भिन्न और अनोखी है। जितनी अनोखी है उतना ही वास्तविक। क्योंकि आकर्षण यहाँ फ़ैशन नहीं, व्यक्तित्व की शोभा नहीं, अभी तक अनुभव में न घटित होनेवाली ज़रूरत या सम्भावना है। हिरामन जैसा काला कलूटा गाड़ीवान किसी प्रकार प्रेम का विषय नहीं बन सकता—पिछड़े सौन्दर्यबोध के अनुसार। ऐसा व्यक्ति फ़िल्मों और अधिकांश कथा-साहित्य में प्रेमी के रूप में लाया जाता है तो हास्य-विनोद के लिए। शोषक और बाज़ारू सौन्दर्यबोध ने हमें भलीभाँति समझा रखा है कि प्रेम करना चिकने-चुपड़े गिजगिज-पुलपुल लोगों को ही फबता है। काले किसान-मज़दूर, निरक्षर सामान्य सूरत-शक्ल के या बदसूरत लोग न प्रेम करते हैं, न कर सकते हैं। यह बोध सिर्फ़ किताबी, पिछड़ा और ग़लत ही नहीं, अमानवीय भी है। रेणु ने ठीक, संधान किया है। सब तरह से उपेक्षित हिरामन जैसा व्यक्ति हृदय और आचारण से कितना सुन्दर है, इसे पहचानने की निगाह हीराबाई के पास ही हो सकती थी जो ख़ुद बेपहचानी, अनात्मीय समाज तंत्र में फ़ालतू और निरर्थक है। वह देखने में सुन्दर और कुशल नर्तकी है। किन्तु यह व्यवस्था उसे अपमान और अनात्मीयता ही दे सकती है। वर्ग-विभक्त शोषक समाज सौन्दर्य एवं कला को उचित सम्मान न देने के लिए अभिशप्त है। वह सुन्दर को अपमानित करने, अपने उद्गम-नारी को लांछित करने के लिए भी अभिशप्त है। हीराबाई की सारी सुन्दरता, सारी कला उसे एक भी ऐसा व्यक्ति नहीं दे सकती जिसे वह अपना कह सके। छद्म प्रेम-निवेदन उसके सन्दर्भ में कितनी दारुण व्यंग्यपूर्ण स्थिति है। यह सामाजिक अजनबीपन की स्थिति है इसलिए ज़्यादा वास्तविक है। इतना वास्तविक है कि इसे पाकर और 'मानो नहीं है' ऐसी मुद्रा अपनाकर ही हीराबाई जैसी नारियाँ रहती हैं। यह हीराबाई की भुक्त दृष्टि की निर्मलता है कि वह परख लेती है 'हिरामन सचमुच हीरा है।' उसे हिरामन से आत्मीयता मिल सकती है।

यह पुरुष और स्त्री की आत्मीयता है। दाम्पत्य-जीवन की आत्मीयता हीराबाई के लिए दुर्लभ है। हिरामन के लिए भी दुर्लभ हो चली है। हिरामन को अपनी दिवंगता पत्नी की याद तक नहीं। दाम्पत्य दोनों के जीवन में अघटित है—अघटित कहानी के बाद भी रह जाता है। लेकिन दाम्पत्य का जो स्वप्न इस कहानी में घटित होता है वह इस कहानी का मुख्य व्यापार है। वह यथार्थ-स्वप्न है। ऐसा स्वप्न जो खुली आँखों दिखलाई पड़ रहा है। स्वप्न वह केवल इस अर्थ में है कि बैलगाड़ी की यात्रा समाप्त होते ही वह झूठ हो जाएगा। स्वप्न घटित है बैलगाड़ी की यात्रा में। वह शुरू होता है यात्रा की शुरुआत से और भंग होता है यात्रा की समाप्ति पर—'हिरामन को लगा किसी ने आसमान से धकेलकर धरती पर गिरा दिया। किसी ने क्यों, इस बक्सा ढोनेवाले आदमी ने।' स्वप्न की शुरुआत कहानी के पहले वाक्य से ही होती है—'हिरामन गाड़ीवान की पीठ में गुदगुदी लगती है'—इस वाक्य का क्रम कुछ देर तक टूट जाता है। बीच में चोर बाज़ारी के माल, बाँस और कम्पनी के बाघ की लदनी की बात आ जाती है। गुदगुदी क्रम जुड़ता है यहाँ से—'कभी ऐसी गुदगुदी नहीं लगी पीठ में। आज रह-रहकर उसकी गाड़ी में चम्पा का फूल महक उठता है।' गंध या ध्वनि का उपयोग कल्पना-लोक में ले जाने के लिए कुशलतापूर्वक किया जाता है। गंध से बेहोश-बेसुध हो जाना या होश में आ जाना लोक-कथाओं में रूढ़ि है। यहाँ चम्पा के फूल की गंध वही काम कर रही है। वह स्वप्न-लोक में प्रवेश करा रही है हिरामन को। होश-बेहोशी की बात यों ही नहीं की जा रही है। इस स्वप्न-यात्रा में हिरामन को प्रवेश कराने के पहले उसे मूर्च्छित करने का भी उपक्रम है—हिरामन को सब कुछ रहस्यमय...अजगत-अजगत लग रहा है। सामने चम्पानगर से सिधिया गाँव तक फैला हुआ मैदान।...कहीं डाकिन-पिशाचिन तो नहीं। चम्पे के फूल, उसकी गंध डाकिन-पिशाचिन का सम्बन्ध गाँव-गँवई के लोक-विश्वासों में ही है। इस प्रसंग में आगे-पीछे भगवती मैया और परी आती है। भगवती मैया चम्पानगर की हैं। स्वप्न-लोक में प्रवेश की स्थिति यह है—"किन्तु आज के भोर के इस घने कुहासे में भी वह मगन है। नदी के किनारे धन-खेतों से फूले हुए धान के पौधों की पवनिया गंध आती है। पर्व-पावन के दिन गाँव में ऐसी ही सुगंध फैली रहती है। उसकी गाड़ी में फिर चम्पा का फूल खिला। उस फूल में एक परी बैठी है। जै भगवती।"

चम्पे के फूल की गंध, धन-खेतों की गंध से घुल-मिल गई। चम्पे के फूल की गंध हीराबाई की थी। धन-खेतों की गंध हिरामन की है। हिरामन की चेतना में हीराबाई का सौन्दर्य बस गया। पर्व-पावन हिरामन की निश्छल चेतना का प्रतीक है और इसी तरह उसकी चेतना ने हीराबाई के प्रभाव को अपने निश्छल प्राकृतिक जीवन के संस्कार में ढाल लिया है—यह भी संकेतित है। फूल में परी देखना स्वप्न-चित्र है। वह हीराबाई की आँखों का अपने को देखना देख रहा है—हीराबाई की आँखें गुजुर-गुजुर उसको हेर रही हैं। हिरामन के मन में कोई अजानी रागिनी बज उठे। सारी देह सिरसिरा रही है। यह स्वप्न में प्रवेश करने की मूर्च्छा है। किसी लोकोत्तर शक्ति से आविष्ट हो जाने का चित्र है। आविष्ट किसी लोकोत्तर शक्ति ने नहीं किया है। नर्तकी ने किया है, उसका पवित्र दैवी रूप भी हिरामन की ही निश्छल दृष्टि देख सकती थी। नर्तकी का रूपान्तरण नहीं हुआ है। वह नर्तकी ही है। हिरामन की चेतना में आकर वह फूल में बैठी परी बन गई है।

नर्तकी को केन्द्र में रखकर कई कथा रचनाएँ लिखी गई हैं पर 'तीसरी क़सम' उन कथा-कृतियों से भिन्न है। भिन्नता का मुख्य सूत्र 'तीसरी क़सम' का देहाती-परिवेश है, जो उनमें नहीं है और न यथार्थ और स्वप्न का ऐसा संश्लेष है। 'तीसरी क़सम' के स्वप्न की विशेषता यह है कि वह कल्पना नहीं, जो कुछ घट रहा है, हो रहा है, वही स्वप्न बन गया है। बैलगाड़ी की यात्रा स्वप्न है—हीराबाई और हिरामन के इस यात्रा के पूर्व और उपरान्त के अनात्मीय जीवन के सन्दर्भ में। जीवन का ही एक अंश जीवन के स्वप्न की तरह घटित हुआ है। देखने की बात है कि हीराबाई और हिरामन भाव की दृष्टि से कितने सम्बन्धों में एक-दूसरे से थोड़ी देर के लिए बँधते हैं—"भैया तुम्हारा नाम क्या है?" "तब तो मीता कहूँगी भैया नहीं" भैया सम्बन्ध का निषेध हो गया—भैया नहीं। वैसे व्यापार में भैया सामान्य सम्बन्ध का द्योतक है, भाई का नहीं। थोड़ा-बहुत जो भाईपन था भी उसका निषेध हो गया।

" 'तुम तो उस्ताद हो मीता'—'पीजिए गुरुजी' 'तुम मेरे उस्ताद हो। हमारे शास्तर में लिखा हुआ है एक अच्छर सिखानेवाला भी गुरु और एक राग सिखानेवाला भी उस्ताद।"

"हिरामन अचरज के मारे गूँगा हो गया!...इस्स।...इतना तेज़ ज़ेहन! हूबहू महुआ घटवारिन।"

आगे बिछड़ती हुई हीराबाई ख़ुद भी अपने को महुआ घटवारिन कहती है—"तुम्हारा जी बहुत छोटा हो गया है। क्यों मीता? महुआ घटवारिन को सौदागर ने ख़रीदा जो लिया है गुरुजी!"

यहाँ हीराबाई तीन सम्बन्धों में एक साथ स्थापित हैं—'मीता, शिष्या और महुआ घटवारिन'। 'महुआ घटवारिन' अन्तिम सम्बन्ध है। वह प्राप्य की अप्राप्ति का सम्बन्ध है। अप्राप्ति के कारण का कथन भी है—सौदागर की ख़रीद।

पलटदास के लिए हीराबाई 'सिया-सुकुमारी' है। सिर्फ़ एक ही सम्बन्ध है जो कहा नहीं गया है। एक बार वह सम्बन्ध ज़बान पर मानो आ ही गया था। हिरामन ने ज़बान थाम ली...

हीराबाई ने अपनी ओढ़नी ठीक कर ली। तब हिरामन को लगा कि...लगा कि...।

हीराबाई को लेकर हिरामन के मन में दाम्पत्य-सम्बन्ध की इच्छा साफ़ तौर पर कहीं नहीं जगती। यह अद्‌भुत कलात्मक संयम है। कलात्मक संयम वस्तु स्थिति की सम्भावनाओं का अतिक्रमण न करने, सीमाएँ समझने से उद्‌भूत होता है। हिरामन के मन में भी यह बात साफ़ तौर पर कभी नहीं आती—एक छाया उभरती है, यह छाया ही स्वप्न है। वह छाया उसे विचलित करती है। यह स्वप्न जाग्रत हिरामन का है। वह शब्दों में और मन में स्पष्ट नहीं होता किन्तु अवचेतन में मौजूद है। चेष्टाओं से ही उसका संधान मिलता है।

स्वप्न सच नहीं होता। वह व्यावहारिक धरातल पर झूठ होता है। हिरामन की इन चेष्टाओं में झूठ-सच, स्वप्न-वास्तविक एक-दूसरे में घुल-मिल गए हैं। उसके अवचेतन का सच व्यावहारिक दृष्टि से झूठ बोलने पर प्रकट होता है। 'राह काटते हुए गाड़ीवान ने पूछा—'मेला टूट रहा है क्या भाई?' हिरामन ने जवाब दिया, वह मेले की बात नहीं जानता। उसकी गाड़ी पर 'विदागी' (नैहर या ससुराल जाती हुई लड़की) है। न जाने किस

गाँव का नाम बता दिया हिरामन ने। यह जो 'विदागी' बोलने का झूठ है वही हिरामन के आन्तरिक 'सच' का संकेत देता है। हिरामन जैसा शरमीला गँवार अपनी इच्छा को अपने मन से ही नहीं स्पष्ट कर सकता। वह इस तरह का झूठ बोलकर ही मन पर मँडलाती हुई 'छाया' उगल सकता था। यह 'छाया' न होती तो उसे यह झूठ बोलने की ज़रूरत न थी। यह छाया हिरामन की चेतना को सबसे अधिक मूर्च्छित करती है तेगछिया गाँव में जब बच्चे परदेवाली गाड़ी देखकर तालियाँ बजा-बजा रटी हुई पंक्तियाँ दुहराते हैं—'लाली-लाली डोलिया में लाली रे दुल्हनियाँ'। हिरामन की मन:स्थिति को रेणु ने इस प्रकार अंकित किया है—"ऐसे कितने सपने देखे हैं उसने।...वह अपनी दुलहिन को लेकर लौट रहा है। हर गाँव के बच्चे तालियाँ बजाकर गा रहे हैं। हर आँगन से झाँककर देख रही हैं औरतें। मर्द लोग पूछते हैं कहाँ की गाड़ी है, कहाँ जाएगी? उसकी दुलहिन डोली पर परदा थोड़ा सरकाकर देखती है। और भी कितने सपने...।"

पहले इस कहानी में औपन्यासिक बिखराव की बात की गई है। 'तीसरी क़सम' में बैलगाड़ी की यात्रा शुरू होने, हिरामन की पीठ में गुदगुदी लगने से लेकर रात में फारबिसगंज मेले में पहुँचाने तक एक कहानी ख़त्म हो जाती है। इतना वृत्तान्त कहानी के ठेठ रूप की दृष्टि से पर्याप्त था। कहानी का अन्त तब भी मार्मिक होता। फारबिसगंज पहुँचने का दृश्यांकन कहानी में काफ़ी मार्मिक है। "सामने फारबिसगंज शहर की रोशनी झिलमिला रही है। शहर से कुछ दूर हटकर मेले की रोशनी...टप्पर में लटके लालटेन की रोशनी में छाया नाचती है। आसपास...डबडबाई आँखों से, हर रोशनी सूरजमुखी फूल की तरह दिखलाई पड़ती है।" जो वृत्तान्त चम्पे के फूल की गंध से शुरू हुआ था वह सूरजमुखी के फूल की दृश्यता से समाप्त हो जाता है। गंध, उत्तेजक थी, मूर्च्छित कर देनेवाली थी, स्वप्निल छाया-लोक में पहुँचा देनेवाली थी। उसका अन्त डबडबाई आँखों की करुणार्द्रता में होता तो कहानीपन का पारम्परिक वृत्त पूरा हो जाता। इस कथानक में 'लाली-लाली डोलिया' वाला चित्र चरम बिन्दु होता।

लेकिन तब यह कहानी स्वप्निल छाया ही बनकर रह जाती, इस कहानी में बुना हुआ छाया-जाल छिन्न-भिन्न न होता। इस कहानी के दो खंड हैं। पहले खंड की कथा की शक्ति बैलगाड़ी की यात्रा में सतरंगे छाते के समान खुलनेवाली स्वप्न-निर्मिति में है। दूसरे खंड की—जो हिरामन के मेले में पहुँचने से लेकर कहानी के अन्त में उसके चले जाने तक है, शक्ति स्वप्नभंग की प्रक्रिया को अन्तिम परिणति तक पहुँचा देने में है। अन्तिम परिणति तीसरी क़सम खाने की है। स्वप्न-भंग मेले में पहुँचने के थोड़ा देर बाद हो चला है, मेले में पहुँचते ही नहीं होता। मेले में पहुँचने पर तो थोड़ी देर के लिए छाया का उन्माद और तीव्र हो जाता है।

उसकी भाभी जिस साल आई थी गौने में, इसी तरह तिरपाल से घेर गाड़ी को चारों ओर से घेरकर बासा बनाया गया था—"हिरामन अपनी गाड़ी को तिरपाल से घेर रहा है गाड़ीवान पट्टी में...बस एक रात। आज रात-भर हिरामन की गाड़ी में रहेगी वह।... हिरामन की गाड़ी में नहीं, घर में।"

लेकिन वह रात हिरामन के टप्पर-घर में नहीं रही। बक्सा ढोनेवाले नौकर ने हिरामन से भाड़ा और दच्छिना लेने को कहा। पच्चीस-पच्चीस पचास।

"हिरामन को लगा किसी ने आसमान से धकेलकर धरती पर गिरा दिया। किसी ने क्यों, इस बक्सा ढोनेवाले आदमी ने। कहाँ से आ गया।"

यह बक्सा ढोनेवाला आदमी रहस्यमय है। इसके बारे में कुछ नहीं बताया गया है। कहानी के शुरू में आता है, "बक्सा ढोनेवाले आदमी ने हाथ के इशारे से गाड़ी हाँकने को कहा और अँधेरे में ग़ायब हो गया।" यहाँ आकर कहानी के बीच में उसने हिरामन को आसमान से धकेलकर धरती पर गिरा दिया। यह कहानी के अन्त में भी आता है थोड़ा-सा परिवर्तित रूप में—"बक्सा ढोनेवाला आदमी आज कोट-पतलून पहनकर बाबू साहब बन गया है। मालिकों की तरह कुलियों को हुक्म दे रहा है। हीराबाई का हिरामन से प्लेटफ़ार्म पर ज़्यादा बात करना उसे अच्छा नहीं लग रहा। बक्सा ढोनेवाले ने मुँह बनाते हुए हीराबाई की ओर देखा। उसके चेहरे का भाव स्पष्ट है—इतना ज़्यादा क्या है?" जो हो, यह बक्सा ढोनेवाला हीराबाई के व्यक्तित्व पर प्रेत की तरह मँडराता है। उसे हिरामन से दूर कर देता है। वह भी हीराबाई का कोई अन्तरंग ही है। हीराबाई के व्यक्तित्व के दो पक्ष हैं। उसका नारी रूप जो हिरामन का आत्मीय बनना चाहता है और उसके पेशे का रूप जिसका आत्मीय वह बक्सा ढोनेवाला है। सम्भवत: वह बक्सा ढोनेवाला नर्तकी हीरादेवी का एजेंट है कम्पनी में काम करने के लिए रुपये-पैसे तय करने का काम वही देखता होगा।

कहानी का कथ्य यहीं ख़तम हो जाता है। इसके बाद का अंश हिरामन हीराबाई के रुपये लेने से हमेशा कतराता है। स्वप्न-भंग के अवसर पर यह रुपया-पैसा भी आता है। वास्तविक सम्बन्ध-स्थिति में हिरामन को हीराबाई से रुपया लेना ही है। भाड़े के रूप में—हीराबाई की आर्थिक स्थिति हिरामन से बहुत अच्छी है। कहानी के अन्तिम विदाई क्षण में भी हीराबाई हिरामन को रुपये देती है—एक गरम चादर ख़रीद लेना—हिरामन की बोली फूटी इतनी देर बाद—"इस्स। हरदम रुपैया-पैसा। रखिए रुपैया...क्या करेंगे चादर" यह भावस्थिति वास्तविक स्थिति के विपरीत है। जिस सम्बन्ध तक छाया उसे ले गई थी उसमें स्त्री से पैसे लिए नहीं जाते, उसे पैसे दिए जाते हैं। उसे कमाई सौंपी जाती है। हीराबाई से पैसे लेने के प्रसंग के साथ ही यथार्थ सारी छाया को समेट लेता है। हिरामन ने रुपया लेते हुए कहा—"क्या बोलेंगे! कम्पनी की औरत कम्पनी में जा रही है। हिरामन का क्या?" फूल में बैठी परी, शिष्या, देवकुल की औरत, डोली में बैठी दुल्हन सब छायाएँ थीं। सचाई है कम्पनी की औरत। आत्मीयता देनेवाली छाया थी। कम्पनी की औरत वास्तविक है, वह आत्मीयता नहीं अनात्मीयता ही देगी 'हिरामन का क्या।' और इसके साथ ही 'बक्सा ढोनेवाला रास्ता दिखाता हुआ आगे बढ़ा—इधर से।' बैलगाड़ी की यात्रा दूसरी थी। इस रास्ते की यात्रा भिन्न है। इस पर चलनेवाली हिरामन के नहीं, बक्सा ढोनेवाले के साथ है। हीराबाई का बैलों से विदा माँगना कहानी की वस्तु की समाप्ति का सूचक है—"अच्छा, मैं चली भैयन।"

कहानी एकोन्मुखता की अवहेलना करके आगे बढ़ती है—जैसे उपन्यास बनने का उपक्रम कर रही हो। आगे हीराबाई की नौटंकी का ही प्रभाव और विवरण दिया गया है। हिरामन की ही तरह उसके साथी भी हिराबाई को 'पतुरिया' नहीं मान सकते। पलटदास सबसे आगे है। वे हीराबाई को 'सिया-सुकुमारी' समझते हैं।

रेणु ने लिखा है—'अब एक नहीं चार हिरामन'। हिरामन की हीराबाई से अन्तिम विदाई है, नौटंकी ख़तम हो जाने पर। कहानी की वस्तु बहुत कुछ आगे खींचकर फैलाई गई है। लेकिन इसे खींचकर फैलाना कहा जाएगा सिर्फ़ यह मान लेने पर कि 'तीसरी क़सम' कहानी है।

रेणु ने आगे का विकास करने के लिए रुपये-पैसे के भी मामले का सहारा लिया है। घटना बहुत मामूली और छोटी-सी है। लेकिन आगे भी हिरामन को हीराबाई में मिलाए रखकर कहानी को चालू रखने के लिए बहुत निर्णायक है। सब लोग नौटंकी देखने के लिए व्याकुल थे—"लेकिन हिरामन की बस एक बात—धत, कौन भेंट करने जाए! कम्पनी की औरत कम्पनी में गई। अब उससे क्या लेना-देना! चीन्हेगी भी नहीं।" लेकिन हीराबाई ने पहचान लिया, नेपाली सिपाही से कहा—'यह मेरा हिरामन है' लेकिन हिरामन का रूठा मन इससे नहीं मना। वह मना एक दूसरी घटना से—"हिरामन ने अपनी थैली आज हीराबाई के ज़िम्मे रख दी है।...हीराबाई मान गई। हिरामन की कपड़े की काली थैली को उसने अपने चमड़े के बक्स में बन्द कर दिया। बक्से के ऊपर भी कपड़े का खोल और अन्दर भी झलमल रेशमी अस्तर। मन का मान—अभिमान दूर हो गया।" मान-अभिमान पैदा हुआ था भाड़ा-दच्छिना, इलाम, बक्सीस देने से। वास्तविक सम्बन्ध-स्थिति ने छाया की सम्बन्ध-स्थिति को छिन्न-भिन्न कर दिया था। हिरामन की थैली रख लेने पर छाया फिर सजीव हो गई। 'झलमल रेशमी अस्तर।'

कहानी आगे बढ़ने का एक कारण है—गाँववालों का, जिसमें हिरामन भी है, नौटंकी-प्रेम। हीराबाई से रूठे हुए हिरामन के मनने में नौटंकी-प्रेम का भी योगदान है। रेणु के पाठक जानते हैं कि रेणु को नौटंकी, लोकगीत, विशेषकर 'छोकरा-नाच' के उल्लेख और वर्णन बहुत भाते हैं। हीराबाई और हिरामन में, नौटंकी-विवरण से एक और स्तर पर समानता स्थापित हो गई है। हिरामन और हिराबाई दोनों कलाकार हैं। हिरामन की कला 'महुआ घटवारिन' के कथा-गायन में प्रकट हो चुकी है। हीराबाई की कला प्रकट होने के लिए नौटंकी-विवरण आवश्यक था। कहानी का क्रम ऐसा है कि हीराबाई का नाच-गान हिरामन के स्वप्न-भंग के बाद ही दिखाया जा सकता था। कहानी को आगे बढ़ाने के लिए ही 'स्वप्न-भंग' को हिरामन के 'रूठने' और फिर 'मनने' में विकसित किया गया है। नहीं तो कहानी में जहाँ बक्सा ढोनेवाला आदमी दुबारा आता है और हिरामन को लगता है कि किसी ने उसे आसमान से धकेलकर धरती पर गिरा दिया है, वहाँ से कोई वस्तुगत विकास नहीं होता। हिरामन और हीराबाई के सम्बन्धों में कोई नयापन नहीं जुड़ता। वे कहानी के अन्त तक घिसटते रहते हैं। इसका कारण यह है कि इस बिन्दु से आगे हीराबाई के व्यक्तित्व का—नाच-गाना कला के कारण उसका जो मोहक रूप सामने आता है। उसमें हिरामन तटस्थ दर्शक मात्र है। हीराबाई और हिरामन के सम्बन्धों का द्वंद्वात्मक विकास यहाँ चुक जाता है। हीराबाई के नाच-गान का सारा विवरण-प्रसार मोहक एवं चमत्कारी होने पर भी अकेले विकसित हुआ है इसलिए इकहरा है। वह हीराबाई के भी व्यक्तित्व का विकास या नया परिचय नहीं है। पहले ही दिए गए परिचय की व्याख्या या सबूत है।

महुआ घटवारिन की लोक-कथा कहानी में अर्थ के नये आयाम प्रदान करती है।

वह कहानी की गति-रेखा की दृष्टि से नहीं, अर्थ-व्याप्ति की दृष्टि से सार्थक है। उसकी प्रतीकात्मक सार्थकता भी है—"महुआ घटवारिन को सौदागर ने ख़रीद जो लिया है गुरुजी," यहाँ हीराबाई ही अपने को महुआ घटवारिन कह रही है और यह भी कि उसे पैसे के लिए हिरामन से अलग होना पड़ रहा है। महुआ घटवारिन के गान में हिरामन का लोक-कलाकार रूप सामने आता है। जो हिरामन के स्वप्निल अनुभव को गायक हिरामन के मायामय अनुभव में घुला-मिला देता है। एक हिरामन गाड़ीवान है। गाड़ी में बैठी हुई हीराबाई उसकी छाया मूर्ति है। एक गायक हिरामन के गान-जगत की छाया मूर्ति है—महुआ घटवारिन। कला के अखंड अनुभव-क्षण में दोनों छायाएँ परस्पर मिल गई हैं। व्यक्ति हिरामन का स्वप्न है हीराबाई। यह स्वप्न, स्वप्न भी है और यथार्थ भी। गायक हिरामन के गायन में छिपी—यों कहिए, स्वर-निर्मित छवि है महुआ घटवारिन। गाड़ीवान हिरामन का स्वप्न लगभग यथार्थ की तरह उसके स्पर्श में है—वह पीछे बैठी सजीव है, उससे बात कर रही है, 'कथा' सुन रही है। ऐसी मनःस्थिति से हिरामन का गायक भी स्वर-निर्मित कथा-लोक की महुआ घटवारिन को पा लेने का अनुभव पा लेता है—"इस बार लगता है महुआ ने अपने को पकड़ा दिया। ख़ुद ही पकड़ में आ गई है। उसने महुआ को छू लिया है, पा लिया है, उसकी थकान दूर हो गई है। पन्द्रह-बीस साल तक उमड़ी हुई नदी की उलटी धारा में तैरते हुए उसके मन को किनारा मिल गया है। आनन्द के आँसू कोई रोक नहीं मानते।"

यह सर्जक का अपनी सर्जना में तन्मय होने की अनुभूति है। स्वप्न देखना, कल्पना करना मूक सर्जना है। हीराबाई का व्यक्तित्व हिरामन के चित्त में छायाओं का प्रक्षेपण करके ही उसे मुग्ध कर रहा है—फूल में बैठी परी, देव-कुल की औरत, हिरामन के चित्त में निर्मित छायाएँ हैं, लाल डोली में बैठी दुलहन भी ऐसी ही एक छाया है—यह शायद सर्वाधिक स्पष्ट छाया है। हीराबाई को चित्त में बसाए हुए हिरामन महुआ घटवारिन का गीत गाने में तन्मय हुआ तो महुआ घटवारिन हीराबाई में रूपान्तरित हो गई और हीराबाई महुआ घटवारिन में। महुआ घटवारिन ने अपने को पकड़ा दिया। हीराबाई से मिलने के पहले महुआ घटवारिन की 'कथा' थी। वह हवा, पानी, धूप की तरह हिरामन को प्रभावित अवश्य करती थी लेकिन उसका रूप नहीं था। हीराबाई चित्त में बसकर महुआ घटवारिन की पहचान बन गई। हिरामन भी सौदागर का नौकर बन गया जो पानी में महुआ के पीछे कूद पड़ता है।

महुआ घटवारिन की कथा इस कहानी में अन्तर्भुक्त है। इससे इस कहानी की प्रकृति मध्यकालीन कथा-काव्यों की हो गई है जो रोमांच आख्यान कहलाते हैं और जिनमें प्रकथनात्मकता की प्रवृत्ति होती थी। यह रोमांच आख्यानता हिरामन के साथ निहायत उपयुक्त है। पश्चिम से लिया हुआ कहानी का प्रचलित ढाँचा टूट जाता है लेकिन वह समृद्ध और विश्वसनीय हो जाता है। महुआ घटवारिन की कथा लोक-कथा है। वह प्रतीकात्मक बनकर हीराबाई और हिरामन के सम्बन्धों को वह संवेदनात्मक सघनता एवं व्यापकता प्रदान कर देती है जो लोक-कथाओं के पात्रों में ही होती है। जो जितनी दूर अतीत में समा सकता है वह शायद उतना ही फैल सकता है। लोक या पौराणिक कथाओं की प्रतीकात्मकता की शक्ति इसी में है। महुआ घटवारिन की 'कथा' कहानी

की रेखा को आगे नहीं बढ़ाती, उसे व्याप्ति और सघनता देती है, लोक-चित्त के अपनापे से अन्वित करती है।

इसी तरह नौटंकी-विवरण भी कहानी की गति-रेखा को आगे नहीं बढ़ाता। नौटंकी-विवरण हीराबाई के व्यक्तित्व का जो रूप प्रस्तुत करता है, वह नया नहीं। उससे हीराबाई की कोई नई पहचान नहीं खुलती। 'कम्पनी' की औरत तो वह शुरू से ही है। नौटंकी-विवरण हीराबाई के नर्तकी-कलाकार का साक्षात्कार है। हिरामन उसके नाच-गान से निस्सन्देह बहुत प्रभावित है। लेकिन बैलगाड़ी की यात्रा के दौरान प्रभावित होने की तुलना में यह बहुत हल्का है। यह प्रभाव इतना उन्मादक नहीं कि स्वप्न बन जाए। नौटंकी प्रकरण में हिरामन की अपेक्षा अधिक प्रभावित पलटदास और धुन्नीराम हैं। पलटदास को हीराबाई 'सिया-सुकुमारी' लगती है और धुन्नीराम को तो बुख़ार ही आ गया है। जहाँ तक हिरामन का सवाल है, नौटंकी-प्रकरण कम्पनी की औरत का कम्पनी की औरत बन जाने की प्रक्रिया है। बक्सा ढोनेवाले आदमी के साथ चले जाने के बाद हीराबाई हिरामन के चित्त में छाया-प्रक्षेपण नहीं करती। उसका व्यक्तित्व कम-से-कम हिरामन के लिए निहायत 'इकहरा' हो जाता है। अतएव नौटंकी और मेले का विवरण कहानी का विकास नहीं खींचतान है। प्लेटफ़ार्म पर बक्सा ढोनेवाले आदमी का सूट-बूट पहने और कुली को हुक्म देते हुए आदमी में परिवर्तन रहस्य-आतंकमय है। ख़रीदनेवाले सौदागर की विजय का प्रतीक उसका पहले न दिखलाई पड़नेवाला रौब-दाब है। हिरामन के चित्त में उदित छाया-रूपों को कम्पनी के औरत में पर्यवसित करने में बक्सा ढोनेवाला प्रधान साधक है—"टीशन की बात, रेलवे का राज! नहीं तो इस बक्सा ढोनेवाले का मुँह सीधा कर देता हिरामन।..." हिरामन जैसा अटूट गँवार 'राज' यानी सौदागरी व्यवस्था को इतना ही पहचान सकता था। रेणु की शक्ति समस्या को पहचानने की समझ कराने में नहीं, आंचलिक जीवन की माया की अनुभूति कराने में है। प्लेटफ़ार्म के दृश्य की मार्मिकता का आधार हीराबाई का विदा-दृश्य है। रेल लिए जा रही है हीराबाई को बैलगाड़ी हाँकनेवाले से हमेशा के लिए अलग करके। हिरामन को रेल की सवारी का अनुभव ही नहीं था। उसके लिए रेल भी कम आतंकवाली न होगी। सारे छाया-रूपों को समेटे सूट-बूट धारी बक्सा ढोनेवाले के साथ हीराबाई का यह द्रुत प्रस्थान हिरामन को झटके से असहाय रिक्तता में छोड़ जाता है। इस रिक्तता का झटका इतना तीव्र है कि ऐन्द्रिक संवेदन बन गया है। वह गाड़ी के छूटते वक़्त दाहिने पैर से बाएँ पैर का अँगूठा दबा लेता है।

फारबिसगंज के मेले की पृष्ठभूमि में प्लेटफ़ार्म का ख़ालीपन हिरामन के अनुभव का उपयुक्त प्रतीक है। फारबिसगंज का न उठा हुआ मेला हिरामन के उठे हुए स्वप्निल मेले को और करुण बना रहा है। मेले में बना उसका टप्पर उसके सर्वाधिक अनिवार्य अतः स्पष्ट स्वप्न का सजीव आकार है। दंश स्मृति में है—"उलटकर अपने ख़ाली टप्पर की ओर देखने की हिम्मत नहीं होती है।" यह उसे न देखने की कोशिश है जहाँ से मन की आँखें हटना ही नहीं चाहतीं।

'तीसरी क़सम' घटना-प्रधान कहानी नहीं है। घटनाएँ हैं लेकिन वे प्रधान नहीं। हिरामन और हीराबाई के चरित्रों में विचित्रता बहुत कम है। वे लगभग प्रतिनिधि पात्र हैं।

यों कहानी में घटना की अपेक्षा चरित्र-प्रधानता अवश्य है। लेकिन इस कहानी की विशेषता घटनाओं या बाह्य-स्थितियों की संयोजना में नहीं। इसकी विशेषता मानसिक स्थितियों के संयोजन और संयोजन से अधिक उनके सविस्तार अंकन में है। रेणु प्रेमचन्द नहीं है। लेकिन हिन्दी में प्रेमचन्द के बाद किसी ग्रामीण पात्र को इतनी आत्मीयता के साथ और किसी लेखक ने नहीं प्रस्तुत किया। बैलगाड़ी की य़ात्रा के समान कहानी की गति धीमी है। यात्रा में घटनाएँ नहीं घटित होतीं। हीराबाई का रूप हिरामन के मन में गंध, ध्वनि, वर्ण के विविध बिम्ब उदित करता है, आंचलिक प्रवृत्ति के विविध अनुकूल दृश्यों से जुड़ जाता है, जुड़कर तद्रूप हो जाता है। जुड़कर तद्रूप हो जानेवाले विविध प्रवृत्ति रूपों की ही भाँति 'महुआ घटवारिन' की कथा भी हीराबाई से जुड़कर तद्रूप हो गई है। लोक-कथा बाह्य-प्रकृति का कोई दृश्य नहीं। किन्तु लोक-मानस से उसकी स्थिति प्रकृति के किसी दृश्य जैसी ही सहज, स्वतः प्राप्त और प्रभाव से अचूक होती है। हीराबाई के चित्त में छायाएँ बहुत कम उठती हैं। हिरामन उसे चाहे जितने छाया रूप प्रदान करे वह रचना में अपनी ओर से कम्पनी की औरत ही बनी रहती है। गंध, वर्ण, ध्वनि के सारे बिम्ब, सारा सादृश्य विधान, सभी छाया-रूप हीराबाई के हैं। हिरामन छायामय या मायामय नहीं। वह मीता है नाम के कारण, गुरु है गाने के कारण, ये हीराबाई के चित्त में उठनेवाली छायाएँ नहीं, हिरामन के नाम और गायक का परिचय देनेवाले विशेषण हैं, इनमें कोई अस्पष्टता या स्वप्निलता नहीं। महुआ घटवारिन को डूबने से बचाने के लिए पानी में कूद पड़नेवाला नौकर तो वह ख़ुद अपने को समझता है, हीराबाई नहीं। हिरामन का चित्त स्क्रीन है जिस पर हीराबाई प्रोजेक्टर की तरह अपनी विविध रूप-छायाएँ फेंकती है।

सामान्यतः व्याप्ति और सघनता में परस्पर विरोध होता है। लेकिन यह भौतिक विज्ञान की बात है। साहित्य में व्याप्ति सघनता का कारण हो सकती है। साधारणीकरण से रस सांद्र होता है। इस कहानी में हीराबाई के व्यक्तित्व को गंध, वर्ण, ध्वनि, वर्ण के बिम्ब, प्रकृति, लोक-कथा की तद्रूपताओं के माध्यम से व्याप्ति दी गई है। इसी व्याप्ति की प्रक्रिया में वह हिरामन की चेतना को सर्वतः आच्छादित कर पाती है। वह फैलकर हिरामन की चेतना को अपनी छायाओं से ढक लेती है। इसी प्रक्रिया से कोई एक व्यक्ति किसी का 'सब कुछ' हो जाता है। चित्त में व्याप्ति सघनता का साधन होती है। कहानी में जिन वस्तुओं को व्याप्ति का साधन बनाया गया है या जो पद्धति अपनाई गई है वह हिरामन के लिए स्वाभाविक है, इसे साबित करने की ज़रूरत नहीं।

विभिन्न प्रभावों की विशिष्टता को साक्षात्कृत करना भी उनका व्यापीकरण ही है। किसी का प्रभाव हम पर कैसा पड़ रहा है इस अनुभव को अभिव्यक्त करने के लिए जिस सादृश्य-विधान का सहारा लिया जाता है वे प्रायः इन्द्रियबोधात्मक हो जाते हैं। चम्पे के फूल का महकना देशगत प्रसार है। हीराबाई का सौन्दर्य गंध-बिम्ब बन गया है : सौन्दर्य से चम्पे के फूल की ख़ुशबू का संश्लेष हो गया है। थोड़ा-बहुत काल का योगदान यहाँ भी है क्योंकि स्मृति-चित्त की अतीत-यात्रा है। लेकिन काल से ज़्यादा महत्त्वपूर्ण यहाँ गंध का बोध है। महुआ घटवारिन लोक-कथा में जीवित है। उसके और हीराबाई के संश्लेष से तो हिरामन के हृदय में लोक-चित्त में व्याप्त छाया उतर आती है। जितनी व्यापक छाया महुआ घटवारिन की है उतनी व्यापक हीराबाई की छाया हो जाती है हिरामन के

चित्त में। हिरामन की व्याप्ति सौदागर के नौकर से ज़्यादा 'चार-चार हिरामन' और बैलों में है। रेणु ने लाल मोहर, पलटदास आदि के बारे में लिखा—अब एक नहीं चार-चार हिरामन। बैलगाड़ी-यात्रा में बैलों के रूप में दो हिरामन और हैं। गाय-बैल, कुत्ते, तोते को मनुष्य के मन का प्रतीक-पात्र बनाने की कला में लासानी प्रेमचन्द थे। प्रेमचन्द के बाद कथा में बैलों का रचनात्मक उपयोग इस कहानी में है। जीवन-जगत में हिरामन के सबसे आत्मीय दोनों बैल ही हैं—सुख-दुख में हमेशा साथ रहनेवाले। वे हिरामन की सहनशीलता, निश्छलता और जीवन की सारी उपेक्षापूर्ण स्थितियों को स्वीकार करके भी कर्मशीलता के प्रतीक हैं। गाड़ीवान को अपने बैलों से कितनी आत्मीयता होती है इसे न जाननेवाला व्यक्ति प्रतीक-मार्मिकता को नहीं समझ पाएगा। 'तीसरी क़सम' के बैल प्रेमचन्द के 'दो बैलों की कथा' के बैलों से नहीं चेखव की कहानी के ताँगेवाले के घोड़े से मिलते-जुलते हैं। बैल हिरामन की वत्सलता, उत्साह, और वीरता के सहचर और प्रतीक हैं। वे बोल नहीं पाते लेकिन हिरामन के बिना बोले ही उसके मन की बात समझ लेते हैं। बैल हिरामन के आत्मीय हैं। साथ-साथ मुसीबतें उठाने का हाल यह है कि चोर-बाज़ारी का माल पकड़े जाने पर सग्गड़ छोड़कर हिरामन और दोनों बैल भगे—"गाड़ियों की आड़ में सड़क के किनारे दूर तक घनी झाड़ी फैली हुई थी। दम साधकर तीनों प्राणियों ने झाड़ी को पार किया—बेखटक, बेआहट! फिर एक ले, दो ले—दुलकी चाल। दोनों बैल सीना तानकर फिर तराई के घने जंगलों में घुस गए। राह सूँघते, नदी-नाला, पार करते हुए भागे पूँछ उठाकर। पीछे-पीछे हिरामन। रात-भर भागते रहे थे। तीनों जन...!"

'तीनों प्राणियों', 'तीनों जन' का प्रयोग हिरामन के पारस्परिक सम्बन्ध बता देने में समर्थ है। बैल मानो हिरामन के ही व्यक्तित्व के रूप हैं। उन पर घटनाओं की प्रतिक्रिया होती है। हिरामन की कष्ट गाथा बैलों को बीच में ले आने से उभर गई है। वे हिरामन के किसानी जीवन के सहचर और प्रतीक हैं। इसीलिए उसके सर्वाधिक आत्मीय हैं। हीराबाई स्वप्न की आत्मीय है, आत्मीय नहीं। वह प्रेम भी जीवन में सबसे ज़्यादा बैलों को ही करता है। स्वप्न से प्रेम नहीं होता, उसकी आकांक्षा चाहे जितनी तीव्र क्यों न हो। बैलों से हिरामन का प्रेम 'साहचर्य-संभूत' है। कहानी के अन्त में बैलों को मारते हुए जब हिरामन उनको डाँटता है—"रेलवे लाइन की ओर उलट-उलटकर क्या देखते हो?" तो वह अपने को ही उलट-उलटकर देखने से मना कर रहा है, वह दुआली से अपने को ही पीट रहा है।

बैल उसके सरल निश्छल ग्रामीण मन के प्रतीक हैं—ऐसा बैल ही हो सकता है। बैलों की आत्मीयता और बैलों से प्रेम उसके कर्मठ जीवन का अर्जन है, हीराबाई से आत्मीयता और उसका साहचर्य उसका स्वप्न है। लेकिन इसी बैल जैसे मन में वह निर्मलता है जिसमें प्रतिबिम्बिंत होकर हीराबाई का रूप अमानवीय समाज की दी हुई विकृतियों से मुक्त होकर पवित्र नारीत्व धारण कर लेता है। हिरामन जब हीराबाई के 'रंडी', 'पतुरिया' कहे जाने से क्रुद्ध और पीड़ित होता है तो उसमें कहीं-न-कहीं वह मनुष्य ज़रूर झलक मार उठता है जो वर्ग विभक्त समाज से शोषित नारी रूप देखकर क्षुब्ध होता है। यह ज़रूर है कि हिरामन इस भाव-भूमि पर अपनी सहज ग्रामीणता के कारण पहुँचता है, किसी विचारधारात्मक चेतना के कारण नहीं। इसीलिए वह स्थितियों

को केवल स्वीकार सकता है, उनके विरोध का उपाय नहीं जानता। हिरामन बैलगाड़ी से केवल वापस गाँव लौट सकता है। 'गुलफ़ाम' नौटंकी के 'हीरो', हैं, हिरामन स्वप्न के। उन्हें मारा ही जाना है।

'तीसरी क़सम उर्फ़ मारे गए गुलफ़ाम' रेणु की श्रेष्ठ कहानी है। यह कहानी रूप की दृष्टि से कविता की बिम्बात्मकता, प्रतीकात्मकता, उपन्यास का बिखराव, लोक-वार्ता आदि से समन्वित है। जिन अनुभवों ने क़समें खाने के लिए विवश किया है वे तीन हैं। लेकिन पहली दो क़समों की स्थितियाँ तीसरी स्थिति से इतनी भिन्न हैं कि उन्हें पूर्वदीप्ति के रूप में जल्दी-जल्दी कहकर छुट्टी ले लेने के अलावा और कोई चारा नहीं था। लेकिन स्थितियों की यह नितान्त भिन्नता हिरामन के हृदय पर हीराबाई के सौन्दर्य-प्रभाव को अभूतपूर्व एवं अलौकिक बनाने की संगति प्रस्तुत करती है। इसीलिए यह पूर्वदीप्ति कथानक में शिथिलता नहीं लाती बल्कि कसाव पैदा करती है। लेकिन यह भिन्नता एक और दृष्टि से विचारणीय है। पहली दो क़समें हिरामन ने जिन स्थितियों में खाई थीं वे उसके गाड़ीवान-जीवन में सहज थीं। 'तीसरी क़सम' खिलानेवाली घटना अभूतपूर्व ही नहीं, दुर्लभ भी थी। अस्वाभाविक तो इसे नहीं कह सकते क्योंकि कभी ऐसा भी होता है लेकिन यह गाड़ीवान की ज़िन्दगी का विरल अनुभव है। जैसे किसी गाड़ीवान को सड़क पर पड़ा हुआ धन मिल जाए। ऐसा संयोग घटित होने पर हिरामन जैसा अटूट गँवार गाड़ीवान जैसा अनुभव करेगा उस दृष्टि से तीसरी क़सम स्वाभाविक भी है। कहानी की शक्ति हिरामन और हीराबाई की, जो इतने भिन्न दीखते हैं, आन्तरिक समानता के बोध पर आधारित है। हिरामन वापस लौट आता है, विरोध का उपाय नहीं जानता इत्यादि बातें कहानी की कमज़ोरी नहीं शक्ति हैं। होरी कौन लड़ता है? हिरामन मूलतः होरी की जाति का पात्र है। स्थितियाँ भिन्न है। संकट के समय हिरामन कम कर्मठता नहीं दिखाता।

रेणु सांस्कृतिक सम्पन्नता में इतना रस लेते हैं कि उन्हें आधार के अन्तर्विरोधों को देखने की फ़ुरसत ही नहीं। तीसरी क़सम में 'महुआ घटवारिन' की लोक-कथा में सौदागरी का प्रतीकार्थ उपयुक्त है किन्तु वह मुख्यार्थ नहीं बन पाता। वर्ण, गंध, स्वप्न, छाया के जमघट में वह निस्तेज हो जाता है। हीराबाई गायक हिरामन की चेतना में महुआ बन जाए लेकिन पाठकों की दृष्टि में वह इतनी असहाय और सौदागर से त्राण पाने को आतुर नहीं है, न हिरामन ही सौदागर के नौकर की तरह कोई उद्यम करता है। उनकी कहानियाँ—हिरामन की ही तरह आम रास्ता छोड़कर बग़ल का रास्ता अपनाती हैं। वे प्रायः निम्नवर्गीय अवर्णों पर आधारित होते हुए भी वे उनके आर्थिक-संघर्षों को केन्द्र में नहीं रखतीं। वे उनकी मोहक समृद्ध संस्कृति का चित्रण करने में रस लेते हैं! आर्थिक विपन्नता में सुरक्षित और विकसित होती हुई समृद्धि—यह अपने-आप में विरोधाभास है। हिन्दी का अधिकांश आंचलिक साहित्य और रेणु की कहानियाँ भी इसी विरोधाभास पर आधारित होकर सफल और लोकप्रिय हैं। इसे प्रगतिशील ही कहा जाएगा क्योंकि वे उपेक्षित और आर्थिक दृष्टि से शोषित जन की उत्सवधर्मिता आँकती हैं। रेणु की शक्ति आर्थिक दृष्टि से विपन्न उपेक्षित वर्ग एवं वर्ण की सांस्कृतिक समृद्धि प्रकट करने में है। वे इस समृद्धि की सूक्ष्मता को हिन्दी कथा-साहित्य में अभूतपूर्व तौर पर चित्रित करते हैं, उनकी आश्चर्यजनक लोकप्रियता का कारण यही है।

विश्वास और स्वप्न भंग की कहानी

रविभूषण

अमरकान्त (1 जुलाई, 1925—17 फरवरी, 2014) के नाम का शोर 'नई कहानी' के दौर में कहीं नहीं था। 'डिप्टी कलक्टरी' कहानी 'कहानी' पत्रिका द्वारा आयोजित अखिल भारतीय हिन्दी कहानी प्रतियोगिता में पुरस्कृत होकर 1956 के 'कहानी' विशेषांक में प्रकाशित हुई थी, इसके पहले 'दोपहर का भोजन' जनवरी 1953 के कहानी विशेषांक में छप चुकी थीं। बलिया में 'कहानी' पत्रिका में अखिल भारतीय कहानी प्रतियोगिता का विज्ञापन पढ़कर अमरकान्त ने 'ज़िन्दगी और जोंक' के साथ 'डिप्टी कलक्टरी' कहानी लिखी थी। मित्रों के बीच दोनों कहानियाँ सुनाने के बाद डिप्टी कलक्टरी कहानी को प्रतियोगिता में भेजने का निर्णय लिया गया था। इन कहानियों के पहले अमरकान्त की कई कहानियाँ कई प्रकाशित हो चुकी थीं। नामवर सिंह ने अपने पहले लेख 'आज की हिन्दी कहानी' (नववर्षांक, 1957) में जिन छह नये कहानीकारों—मोहन राकेश, राजेन्द्र यादव, फणीश्वरनाथ रेणु, मार्कण्डेय, केशव मिश्र और शिवप्रसाद सिंह का उल्लेख किया था। उनमें अमरकान्त नहीं थे, जबकि उनकी तीन प्रमुख कहानियाँ—'दोपहर का भोजन', 'ज़िन्दगी और जोंक' एवं 'डिप्टी कलक्टरी', प्रकाशित हो चुकी थी। क्या 'इंटरव्यू' (1951) और 'डिप्टी कलक्टरी' दोनों कहानियों पर एक साथ विचार की ज़रूरत नहीं है? 1951 में आगरा में प्रगतिशील लेखक संघ की बैठक में अमरकान्त ने 'इंटरव्यू' कहानी का पाठ किया था। जो 1953 में 'कल्पना' में प्रकाशित हुई 'इंटरव्यू' कहानी सामान्य नौकरी के लिए और 'डिप्टी कलक्टरी' एक अफ़सर की नौकरी के इंटरव्यू को लेकर लिखी गई कहानी हैं। इंटरव्यू में साठ रुपये क्लर्क की नौकरी के लिए तीन साढ़े तीन सौ लोगों का इंटरव्यू है।

नई कहानी पर विचार करते हुए पचास के दशक पर ध्यान देना आवश्यक है। "उम्मीद यह थी कि आज़ादी मिलने पर करोड़ों लोगों के भाग्य में परिवर्तन होगा और देश को पुराना वैभव प्राप्त होगा...लेकिन आज़ादी के बाद राजनीति पीछे मुड़कर उलटी चाल से संकीर्ण स्वार्थ और अवसरवाद के रास्ते पर तेज़ी से भागने लगी" ('मेरा लेखन : मेरा परिवेश', 'दस प्रतिनिधि कहानियाँ', 1997) पचास के दशक में निम्न-मध्यवर्ग में जीवन जीने की एक बेहतर आकांक्षा सरकारी नौकरी से जुड़ी थी। प्रशासनिक पद प्राप्त करना एक स्वप्न था जिसमें भविष्य सुरक्षित था। 'डिप्टी कलक्टरी शकलदीप,

नारायण और समूचे परिवार का स्वप्न है।' कलक्टरी की ध्वनि से इस पद विशेष के प्रति कहानीकार की दृष्टि भी ध्वनित होती हैं। दो बार डिप्टी कलक्टरी के इम्तहान में शकलदीप बाबू का बड़ा बेटा नारायण सफल नहीं हो पाता। तीसरी बारी अन्तिम बारी है पहले की तुलना में 'इस साल डिप्टी कलक्टरी की बहुत-सी जगहें' हैं पर नारायण पिता को कहते डरता है। पिता शकलदीप बाबू पेशे से मुख़्तार हैं उनके लिए घर चलाना कठिन है। परिवार में पत्नी जमुना चौबीस वर्षीय बड़ा बेटा नारायण, बहू निर्मला नारायण की पत्नी और छोटा बेटा बारह वर्ष का है। पाँच व्यक्तियों का यह एक निम्न-मध्यवर्गीय परिवार है। परिवार का सारा बोझ शकलदीप बाबू पर है उम्र बढ़ चुकी है और मुख़्तारी अधिक नहीं चलती। आर्थिक अभाव के कारण ही उनमें खीज चिड़चिड़ापन और क्रोध है—'स्वाभाविक क्रोध' कहानी के आरम्भ में बेटे पर उनका क्रोध सहज है, स्वाभाविक है।

शकलदीप बाबू की उम्र पचास वर्ष है—"वह गोरे नाटे और दुबले-पतले थे उनके मुख पर अनगिनत रेखाओं का जाल बना था और उनकी बाँहों तथा गर्दन पर चमड़े झूल रहे थे कहानी में पति-पत्नी (शकलदीप बाबू और जमुना) संवाद और उनके बीच के सहज आत्मीय सहनिर्भर सम्बन्ध पर अधिक ध्यान नहीं दिया है। पत्नी बेटे नारायण के तीसरी बार डिप्टी कलक्टरी की परीक्षा में बैठने के सम्बन्ध में पति शकलदीप बाबू से कहती हैं। शकलदीप बाबू का उत्तर है, "साफ़-साफ़ सुन लो मैं तीन बात कहता हूँ, मुझसे नहीं होगा ,मुझसे नहीं होगा, मुझसे नहीं होगा" इस कथन के पीछे अर्थाभाव है। 'डिप्टी कलक्टरी' कहानी में कई वाक्य वाक्यांश कई बार प्रयुक्त होते हैं यह महज़ भाषा सौन्दर्य नहीं है—अमरकान्त की कथा भाषा पर गम्भीर विचार अभी शेष है। शकलदीप बाबू को डिप्टी कलक्टरी से घृणा कहानी के आरम्भ में है—"डिप्टी कलक्टरी! डिप्टी कलक्टरी सच पूछो तो डिप्टी कलक्टरी नाम से मुझे घृणा हो गई है?" इस घृणा का कारण क्या है? क्या मात्र यह कि बेटा दो बार इस परीक्षा में असफल हो चुका है या और कुछ? इससे कुछ अधिक।

वॉरेन हेस्टिंग्ज़ (6 दिसम्बर, 1732—22 दिसम्बर, 1818) की गवर्नर पद पर भारत में नियुक्ति 1772 में हुई थी। भारत में ज़िला प्रशासन ब्रिटिश राज की देन है, 1772 में हेस्टिंज़ ने डिस्ट्रिक्ट कलेक्टर के कार्यालय की स्थापना की एल.एस.एस.ओ. मैले (सेवानिवृत्त इंडियन सिविल सर्विस) ने अपनी पुस्तक 'दि इंडियन सिविल सर्विस' 1601-1930 (1931) के दूसरे अध्याय—'क्रिएशन ऑफ़ ए सिविल सर्विस' 1772-93 में इस पर विस्तार से विचार किया है। गवर्नमेंट ऑफ़ इंडिया एक्ट 1935 के तहत पहली बार लोकसेवा आयोग के गठन का प्रबन्ध किया गया प्रान्तीय स्तर पर यह आयोग गठित हुआ और उत्तर प्रदेश लोक सेवा आयोग की स्थापना अप्रैल 1937 को हुई। कलक्टर और डिप्टी कलक्टर अंग्रेज़ों की प्रशासकीय देन है अमरकान्त की डिप्टी कलक्टरी से घृणा स्वाभाविक है स्वतंत्र भारत के आरम्भिक वर्षों में जो 'चोला' बदल रहे थे। अमरकान्त की उन पर निगाहें थीं "जातिवाद, क्षेत्रवाद, सम्प्रदायवाद के नृत्य, के साथ काला बाज़ार, भ्रष्टाचार, गुटबाज़ी, परमिटपरस्ती, धक्का-धुक्की कम नहीं थी।" ('आत्मकथ्य') इसका डिप्टी कलक्टरी से क्या कोई सम्बन्ध नहीं था? अमरकान्त को प्रेमचन्द की परम्परा में रखनेवाले कथालोचक इस पक्ष पर कम ध्यान देते हैं कि प्रेमचन्द

ब्रिटिश शासन के ख़िलाफ़ थे स्वतंत्रता के पश्चात् प्रशासन का ब्रिटिश ढाँचा नहीं बदला वह पूर्ववत् बना रहा।

बेटे को लेकर कहानी के आरम्भ में पति-पत्नी के बीच कहा-सुनी होती है। यह झड़प कुछ ही समय की है। आरम्भ में बेटे के प्रति माँ का प्रेम है और बाद में पिता का प्रेम। पत्नी की बात का जवाब शकलदीप बाबू केवल भाषा से नहीं देते वे 'सिर को झटकते हुए कटहा कुकुर की तरह' 'दाएँ हाथ को ऊपर-नीचे नचाते' पत्नी से बोलते हैं। अमरकान्त के पात्रों की देह-भाषा कम महत्त्वपूर्ण नहीं है। पत्नी पर 'निर्दयतापूर्वक ज़बरदस्त आरोप' लगानेवाले शकलदीप बाबू तुरन्त उसके प्रति मुलायम हो जाते हैं। वे डिप्टी कलक्टरी की परीक्षा के लिए पैसे का प्रबन्ध करते हैं। इसके बाद उनमें परिवर्तन घटित होता है। यह परिवर्तन क़र्ज़ ही सही, रुपये से जुड़ा है। बेटे को कोसनेवाले शकलदीप बाबू पत्नी से कहते है—"होंगे, ज़रूर होंगे बबुआ डिप्टी कलक्टर अवश्य होंगे। कोई कारण ही नहीं कि वह न लिए जाएँ लड़के के ज़ेहन में कोई खराबी थोड़े है...नारायण जी इस बार भगवान की कृपा से डिप्टी कलक्टर अवश्य होंगे।" यहाँ श्रम से अधिक ईश्वर में आस्था है सब 'भगवत्कृपा' है। साधारण कथन से कहानीकार का मारक व्यंग्य अद्‌भुत है। उसे श्रम में आस्था नहीं है और भगवत्कृपा में जो विश्वास है, वह कहानी के अन्त में खंडित हो जाता है। बेटे और पत्नी को दोषी माननेवाले शकलदीप बाबू पत्नी को क़र्ज़ से लिये रुपये देने के बाद अपने को दोषी मानते हैं—"सारा दोष तो मेरा है देखो न मैं बाप होकर कहता हूँ कि लड़का नाबालिग है, नहीं-नहीं, सारी खुराफ़ात की जड़ मैं ही हूँ, और कोई नहीं।"

स्वतंत्र भारत के आरम्भिक वर्षों में बेरोज़गारी का जो प्रश्न था, आज वह कहीं अधिक है। बदहाल वर्तमान और असुरक्षित भविष्य केवल शकलदीप पर भाव का नहीं है। यह निम्न-मध्यवर्ग का है। इस प्रकार 'डिप्टी कलक्टरी' कहानी एक पात्र-कथा और परिवार-कथा में रहकर व्यापक अर्थों में समय कथा, वर्ग कथा और देशकथा बन जाती है। डेढ़ सौ रुपये क़र्ज़ लेने के बाद परीक्षा की फीस भरी जाती है। बेटे को पढ़ते देखकर पिता में उत्साह-भाव आ जाता है—'अवर्णनीय उत्साह' उनका सारा ध्यान नारायण पर केन्द्रित हो जाता है। वे बदल जाते हैं। सबेरे उठकर स्नान करते हैं। शरीर में एक अपूर्व ताज़गी तथा मन में एक अवर्णनीय उत्साह—आ जाता है। बेटे का लालटेन के सामने सिर झुकाए ध्यानपूर्वक पढ़ते देखकर प्रसन्नता स्वाभाविक है उनका 'आसमान' को 'उत्सुकतापूर्वक' निहारना भविष्य को देखना है। कहानी में यथार्थ और स्वप्न दोनों हैं। वे और रुपयों की व्यवस्था करते हैं पत्नी से बबुआ को नाश्ते में हलवा बनाने, मेवे मँगाने को कहते हैं, पहले वे 'नारायण के धूम्रपान के सख़्त ख़िलाफ़' थे। कई बार बेटे को 'डाँट-डपट' चुके थे और अब उसके लिए 'सिगरेट के पाँच पैकेट' पत्नी को देते हैं। बेटे के कमरे को स्वयं झाड़ना-बुहारना उसकी मेज़ साफ़ करना बिछावन झाड़-पोंछकर बिछाना उसे किसी प्रकार की बाधा न पहुँचे, इसका सदैव ख़याल रखना, स्वेच्छा से बाहर पीपल के पेड़ के नीचे मेज़-कुर्सी लगाकर बैठना, बेटे के लिए मेवे लाना, ये सारे कार्य शकलदीप बाबू स्वेच्छा से करते हैं। उनका हाव-भाव बदल जाता है। 'बेमतलब ठुनककर हँसते हुए' पत्नी से बोलते है और पत्नी सोचती है—'बुद्धि सठिया गई है।'

कहानी के केन्द्र में शकलदीप बाबू हैं। ईश्वर पर उनके विश्वास के कई उदाहरण और प्रसंग कहानी में हैं। अमरकान्त उनकी मनोदशा का सुन्दर चित्र प्रस्तुत करते हैं। यह मनोदशा आर्थिक दशा से जुड़ी हुई हैं, वे नियमित रूप से मन्दिर जाते हैं। घर में चुपचाप रामायण का पाठ करते हैं। इलाहाबाद के एक साधु से वे 'गुरुमुख' हो गए हैं। पत्नी राधास्वामी धाम की दीक्षा ले चुकी हैं। राधास्वामीवादियों पर बिगड़ने और उनकी आलोचना करनेवाले शकलदीप बाबू पत्नी से अपनी ग़लती स्वीकारते हैं—"मैं बड़ी ग़लती पर था, राधास्वामी तो बड़े प्रभावशाली देवता हैं। उन्हें विश्वास है सच्चे मन से राधास्वामी की पूजा करने से सभी मनोरथ सिद्ध हो जाते हैं।" पिता की आस्था ईश्वर में है, 'भगवत्कृपा' पर है। बेटे में ऐसी कोई आस्था नहीं है। "नारायण ने इतना अधिक परिश्रम किया कि सभी आश्चर्यचकित थे। वह अठारह-उन्नीस घंटे तक पढ़ता...दोनों जून गाँव के शुद्ध घी के साथ दाल-भात, रोटी, तरकारी मिलती शरीर की शक्ति तथा दिमाग़ की ताज़गी को बनाए रखने के लिए नाश्ते में सबेरे हलवा, दूध तथा शाम को मेवा या फल, और तो और लड़के की तबीयत न उचटे, इसलिए सिगरेट की भी समुचित व्यवस्था थी। जब सिगरेट के पैकेट ख़त्म होते तो जमुना उसके पास चार-पाँच पैकेट और रख आती।" माँ-पिता ने बेटे को एकाग्रचित्त होकर पढ़ने के लिए अपनी हैसियत से कहीं अधिक किया। बेटे के भविष्य से पूरे परिवार का भविष्य जुड़ा है। बारह वर्ष के छोटे बेटे टुनटुन के मेवे खा लेने के बाद शकलदीप बाबू का क्रोध इन पंक्तियों में देखा जा सकता है—"खा गया, खा गया! तुम क्यों न खा गई। तुम लोगों के खाने के लिए ही लाता हूँ न? खा गया।" सारा ध्यान बड़े बेटे के इम्तहान की तैयारी पर है। आगे-पीछे कुछ नहीं है। डिप्टी कलक्टरी की लिखित परीक्षा में नारायण सफल होता है। अब इंटरव्यू की बारी है। नये कहानीकारों में अमरकान्त सम्भवत: अकेले कहानीकार हैं जिन्होंने पचास के दशक में बेरोज़गारी पर दो प्रमुख कहानियाँ लिखीं और इंटरव्यू की पोल खोली। डिप्टी कलक्टरी के इंटरव्यू के लिए नारायण को बुलावा आता है। इंटरव्यू की इस सूचना से शकलदीप बाबू आँगन में खड़े होकर ठठाकर हँसते है, पत्नी से कहते हैं—"अब करो न राज, हमेशा शोर मचाए रहती थी कि यह नहीं है, वह नहीं है।"

डिप्टी कलक्टरी एक पद है, समाज में इस पद का बड़ा सम्मान है। इस पद से सामाजिक प्रतिष्ठा जुड़ी है क्योंकि अफ़सर होने के बाद गाड़ी और बँगला है। नौकर-चाकर और ढेर सारी सुविधाएँ हैं, सामाजिक रुतबा है, रोबदाब है, स्वतंत्र भारत में इसकी कम पूछ नहीं है। कुछ अधिक ही है। शकलदीप बाबू कहीं अधिक आशान्वित हैं—"बबुआ ज़रूर आएँगे, ज़रूर आएँगे, ज़रूर आएँगे। नहीं आए, तो मैं अपनी मूँछ मुड़वा दूँगा।" इंटरव्यू के लिए बुलावा साधारण बात नहीं है। सफलता बहुत कम दूरी पर है। इंटरव्यू देने जाते समय बेटे को प्रसाद देने के लिए शकलदीप बाबू प्लेटफ़ार्म पर दौड़ते हैं। बेटे को आशीर्वाद देते हैं 'भगवान तुम्हारी मनोकामना पूरी करें' यह मनोकामना केवल बेटे की नहीं माँ-पिता और पूरे परिवार की है। पिता पुत्र को पुड़िया में शंकर जी का प्रसाद देते हैं। यह शिव पर चढ़ाया हुआ प्रसाद है। बेटे के मित्र से वे झूठ बोलते हैं। प्रसाद देने की बात न कहकर रुपये देने की बात करते हैं। इंटरव्यू के लिए नारायण का बुलावा एक असामान्य घटना है। स्वप्न के साकार होने की पूरी सम्भावना है। कहानी में कई

बार 'स्वप्न'-प्रसंग है स्वप्न शकलदीप बाबू उनकी पत्नी जमुना, पुत्रवधू निर्मला सब स्वप्न को देखते हैं। आँगन में खड़े होकर आकाश को निहारना भविष्य और स्वप्न को देखना है। शकलदीप बाबू का विश्वास स्वप्न में कहीं अधिक है। ब्रह्ममहूर्त में देखा गया स्वप्न कि बबुआ डिप्टी कलक्टर हो गए हैं। उनकी दृष्टि से सत्य के क़रीब है, पत्नी से पूछते हैं, "सबेरे का सपना तो एदकम सच्चा होता है न?" कहानी में पूर्व प्रचलित धारणा आस्था का निषेध है। 'डिप्टी कलक्टरी' कहानी विश्वास और स्वप्न के खंड़ित होने की कहानी है। भाग्य और श्रम पर अविश्वास की कहानी है।

इस कहानी में आलोचकों ने नारायण की पत्नी निर्मला पर ध्यान नहीं दिया है। जिसका ज़िक्र कहानी में दो स्थलों पर है। वह कहानी में उपस्थित है और आलोचना में अनुपस्थित। नारायण की माँ ने बहू के लड़का होने का सपना देखा था और लड़का ही हुआ। जब पहला स्वप्न सही हुआ तो दूसरा डिप्टी कलक्टरी का स्वप्न सही कैसे नहीं होगा? यहाँ स्वप्न को जिस तर्क से पुष्ट किया गया है वह तर्क नहीं है। कहानी में लड़का कहीं भी उपस्थित नहीं है क्या नवजात शिशु और आज़ादी के बाद के नये भारत के बीच कोई सम्बन्ध स्थापित नहीं हो सकता? बहू जिज्ञासा करती है—"अम्मा जी, सबेरे का सपना तो एकदम सच्चा होता है न?" जमुना मुस्कराकर बताती हैं 'सच्चा होता ही है'। पति-पत्नी-बहू सब स्वप्न को सच समझने में एक साथ हैं। कहानी में कहीं भी नारायण स्वप्न नहीं देखता। पारिवारिक सदस्य स्वप्न देखते हैं और उसे सच समझने में लगे हैं। यह एक पारिवारिक स्वप्न है। शकलदीप बाबू दूसरे दिन भी वैसे ही स्वप्न देखते हैं। पत्नी जमुना को सबेरे के सपने में विश्वास है—"जब बहू को लड़का होनेवाला था मैंने सबेरे-सबेरे सपना देखा कि सरग की देवी हाथ में बालक लिये आसमान से आँगन में उतर रही हैं बस मैंने समझ लिया कि लड़का ही है, लड़का ही निकला।" शकलदीप बाबू स्वप्न को सच साबित करने को तुले हैं। "मान लो कि झूठ है तो यह सपना एक दिन दिखाई पड़ता, दूसरे दिन भी वही सपना क्यों दिखाई देता, फिर भी ब्रह्ममुहूर्त में ही। बहू बँगले में रहने का स्वप्न देखती है। स्वप्न और यथार्थ में अन्तर है 'डिप्टी कलक्टरी' का यथार्थ स्वप्न को खंडित करता है। स्वतंत्र भारत का राष्ट्रीय स्वाधीनता आन्दोलन में जो स्वप्न देखा गया था। क्या वह साकार हुआ? 'डिप्टी कलक्टरी' कहानी में इसे परिवार के स्वप्न के साथ राष्ट्रीय स्वप्न को भी खंडित होते देख सकते हैं। कहानी में ऐसा संकेत नहीं है पर किसी भी सजग पाठक को प्रतीत हो सकता है। आज इक्कीसवीं सदी के दूसरे दशक में इस कहानी के पाठ से ऐसी गूँजें हम सुन सकते हैं।

'डिप्टी कलक्टरी' कहानी यथार्थ की कठोर चट्टान पर खड़ी है। जिसमें 'स्वप्न' दिवास्वप्न खंडित होता है। शकलदीप बाबू का सारा उत्साह बाद में ठंडा पड़ जाता है। उम्मीद पर पानी फिर जाता है। तरंग में आकर वे बहू को 'डिप्टाइन' कहते हैं, मुख़्तारी छोड़ने की सोचते हैं। अपने मुख़्तार साथी कैलाश बिहारी से कहते हैं—"इसके (बेटे के) कर्म में राजा होना लिखा है...आजकल राजा का अर्थ क्या है? डिप्टी कलक्टर तो एक अर्थ में राजा ही हुआ।" वे निश्चिन्त हैं क्योंकि बेटे का इंटरव्यू सबसे अधिक समय का हुआ जहाँ और लड़कों का पन्द्रह-बीस मिनट तक ही इंटरव्यू हुआ, उसका पूरे पचास मिनट तक इंटरव्यू होता रहा।" नारायण के संगी-साथी कमल, गौरी को नये

ज़माने (स्वतंत्र भारत) में विश्वास है। पहले का ज़माना (अंग्रेज़ों का) होता तो कहा भी नहीं जा सकता, लेकिन अब तो बेईमान-बेईमानी उतनी नहीं होती होगी।" गौरी कहती है—"वह ज़माना अब लद गया।" कहानी का यह स्थल बेहद महत्त्वपूर्ण है। इसे रेखांकित किया जाना चाहिए क्योंकि इसमें परतंत्र भारत से स्वतंत्र भारत में अन्तर दिखाया गया है—'इंटरव्यू' के ही प्रसंग में सही कहानी में पारिवारिक सदस्यों का केवल स्वप्न ही खंड़ित नहीं होता, युवा पीढ़ी का अनुमान और विश्वास भी खंडित होता है। नारायण ने घर आकर अपने इंटरव्यू के बारे में सब कुछ बताया था 'उसने सभी प्रश्नों के सन्तोषजनक उत्तर दिये थे।' पिता शकलदीप बाबू का विश्वास "इंटरव्यू लेनेवाले पर है अगर नहीं लेना होता, तो पचास मिनट तक तंग करने की क्या ज़रूरत थी पाँच-दस मिनट पूछताछ करके..." कहानी इंटरव्यू लेनेवालों पर शक-शुबहा है। 'इंटरव्यू' कहानी में राशनिंग विभाग की क्लर्की के लिए बेईमानी का ज़िक्र है। सवाल यह है कि उस पद से कहीं अधिक ऊँचे पद के लिए क्या कोई बेईमानी नहीं हो सकती? इंटरव्यू कहानी में सभी प्रत्याशियों का इंटरव्यू नहीं लिया जाता राशनिंग अधिकारी बाहर आकर सूचित करता है। "हमने इस जगह के लिए योग्य व्यक्ति को चुन लिया है। इस हालत में अब और लोगों का इंटरव्यू लेना सम्भव नहीं है।" इस कहानी में अफ़सरों के घूस लेने की बात कही गई है। राशनिंग डिपार्टमेंट को भ्रष्टाचार का अडड्ा बताया गया है। 'डिप्टी कलक्टरी' कहानी में इंटरव्यू लेनेवालों के बारे में कहानीकार ने कुछ भी नहीं कहा है। 'इंटरव्यू' की तुलना में 'डिप्टी कलक्टरी' कहानी-कला की तुलना में कोसों आगे है। यह कहानी पढ़कर राजेन्द्र यादव ने अमरकान्त को लिखा था—"अगर तुम गम्भीरतापूर्वक इस क्षेत्र में उतर आए तो हम सब तथाकथित कहानीकारों की क़लमें छिनवा लो।" कहानी में अफ़सरों के चयनकर्ताओं, उनकी चयन-पद्धति, प्रकृति आदि का कोई उल्लेख नहीं है। केवल बेईमानी के उतनी न होने की बात कही गई है जो पहले होती थी। कहानी में बेईमानी के समाप्त होने की बात नहीं कही गई है, केवल बेईमानी की मात्रा का उल्लेख है—"हाँ, अब उतनी नहीं होती, पहले बात दूसरी थी। वह ज़माना अब लद गया है।" इंटरव्यू परिणाम यह बताता है कि वह ज़माना लदा नहीं है, बरकरार है। स्पष्ट है कि अमरकान्त पहले के ज़माने से स्वतंत्र भारत में अधिक अन्तर नहीं देखते वे यह नहीं मानते कि व्यवस्था बदल गई है और तंत्र पहले की तरह नहीं है। आलोचक उनकी कहानियों में 'वास्तविकता के विडम्बनात्मक' पक्ष पर विचार करते हैं पर स्वतंत्र भारत में कायम भ्रष्ट ब्रिटिश तंत्र को नहीं देखते। उनके पात्रों की मानसिक पारिवारिक स्थितियों को सामाजिक स्थितियों से अलग कर नहीं देखा जा सकता। कहानी में जो प्रच्छन्न है, उसे उद्घाटित कर ही उनके कथा-संसार और कथा वैशिष्ट्य की सही पहचान सम्भव है।

डिप्टी कलक्टरी के नतीजे में नारायण का नाम नीचे है पर ऊपर उन लोगों के नाम हैं जिनके इंटरव्यू कम समय में लिये गए थे। नारायण का इंटरव्यू सबसे अधिक समय का था सफल होने का विश्वास स्वाभाविक था। कहानी में यह विश्वास खंडित होता है। स्वप्न खंडित, विश्वास खंडित, फिर बच क्या जाता है! "सारे घर में मुर्दनी छाई हुई थी। छोटे से आँगन में गन्दा पानी, मिट्टी, बाहर से उड़कर आए हुए सूखे पत्ते तथा गंदे

काग़ज़ पड़े थे और नाबदान से दुर्गंध आ रही थी...कहीं कोई खटर-पटर नहीं हो रही थी और मालूम होता था कि घर में कोई है ही नहीं।" नारायण कमरे में गुमसुम बने पड़े हैं—"न कुछ बोलते हैं और न कुछ सुनते हैं शकलदीप बाबू यथार्थ पर आते हैं उन्हें बेटे की चिन्ता है, उसके डिप्टी कलक्टर न बन पाने का दुख नहीं है। पत्नी से पूछते हैं कि उसने बेटे को फीस तथा खाने-पीने के लिए छह सौ रुपये क़र्ज़ लिये जाने की बात तो नहीं कही है। उनका चेहरा पतला पड़ गया था आँखें धँस गई थीं और मुख पर मूँछें झाड़ू की भाँति फरक रही थीं।"नारायण के कमरे में जाकर उसकी साँस को नियमित रूप से चलते देखकर पत्नी से गद्गद स्वर में उनका यह कथन—'बबुआ सो रहे हैं', में मात्र बेटे के प्रति स्नेह-भाव ही नहीं है। साँस का चलना प्रमुख है असफल व्यक्ति का जीवित रहना प्रमुख है, जहाँ सफलता से अधिक जीवन मायने रखता है बेटे नारायण की असफलता का उन्हें दुख नहीं है। 'दोपहर का भोजन' में सबके लिए रोटियाँ नहीं हैं पर परिवार के सदस्यों की किसी से कोई शिकायत नहीं है। अमरकान्त परिवार के बचे रहने पर अधिक ध्यान देते हैं। उनके गद्य की शक्ति की तारीफ़ करनेवाले आलोचक उनकी जीवन-शक्ति पर कम ध्यान देते हैं।

डिप्टी कलक्टरी कहानी में शकलदीप बाबू के चरित्र को जितनी बारीक़ी और सूक्ष्मता से कहानीकार ने पकड़ा है, वह दुर्लभ है। यह कहानी स्वतंत्र भारत में निम्न-मध्यवर्गीय पात्रों, परिवारों के स्वप्न के खंडित होने की कहानी है। एक पिता और परिवार की कहानी होते हुए भी यह कहानी एक व्यापक अर्थ-संकेत प्रस्तुत करती है। कहानी में स्वप्न-प्रसंग कई स्थलों पर है। विजय मोहन सिंह ने लिखा है—"उनकी कहानियाँ नहीं हिन्दी समीक्षा के लिए एक नया मानदंड बनाने की माँग करती है, जैसी माँग कभी मुक्तिबोध की कविताओं ने की थी "यह नया मानदंड अभी तक नहीं बना है पचास के दशक में ही मुक्तिबोध ने 'अँधेरे में 'कविता लिखना आरम्भ किया था। अभी रमेश उपाध्याय ने 'मुक्तिबोध का मुक्तिकामी स्वप्नद्रष्टा' पुस्तक (2017) लिखी है। क्या अमरकान्त के स्वप्न और मुक्तिबोध के स्वप्न को साथ रखकर एक व्यापक सन्दर्भ में स्वतंत्र भारत के आरम्भिक वर्षों के रचनाकारों के स्वप्न-प्रसंग पर विचार आवश्यक नहीं है? डिप्टी कलक्टरी में नारायण बाबू और उनके पारिवारिक सदस्यों का स्वप्न कहानीकार का स्वप्न नहीं है। अमरकान्त इस स्वप्न 'पद और पावर' के साथ नहीं हैं अमरकान्त मध्यवर्ग को व्यक्तिगत-पारिवारिक आकांक्षाओं में रखकर नहीं देखना चाहते। वे व्यक्ति और परिवार की आकांक्षाओं को सामाजिक आकांक्षाओं से पृथक् कर देखने के पक्ष में नहीं हैं। इस व्यवस्था में शकलदीप बाबू का वर्तमान और नारायण का भविष्य अन्धकारमय है। शकलदीप बाबू को बदहवासी में एक बजे रात को भूख लगती है। विश्वनाथ त्रिपाठी का प्रश्न है, "डिप्टी कलक्टरी के नतीजे और भूख में कौन रिश्ता है?" उनका उत्तर है—"यह रिश्ता बदहवासी, विश्वासहीनता से कायम हुआ है।" क्या शकलदीप बाबू की 'बदहवासी' और 'विश्वासहीनता' का उनके समय में व्यवस्था से, स्वतंत्र भारत की दशा-दिशा से कोई सम्बन्ध नहीं है? कहानी में शकलदीप बाबू का जो उत्साह दीखता है। क्या उसे स्वतंत्र भारत की लड़ाई लड़नेवालों के उत्साह से जोड़कर देखना न्यायसंगत नहीं होगा? आज़ादी का फल किसने चखा?

कम समय में जिसका इंटरव्यू लिया गया उसे डिप्टी कलक्टरी की नौकरी मिली फीस के रुपये की व्यवस्था करने के बाद शकलदीप बाबू का उत्साह से भर उठना स्वाभाविक है। इस उत्साह को देखकर सुरेन्द्र चौधरी को लगता है, "दुनिया बदलने की सम्भावना अभी मरी नहीं है" पर कहानी के अन्त में क्या हम इस सम्भावना को जीवित देखते है? जब तक जीवन है तब तक सम्भावना है। नारायण की साँसों का चलना जीवन और सम्भावनाओं का बचा रहना है।

शकलदीप बाबू हिन्दी कहानी के अविस्मरणीय पात्रों में हैं। क़र्ज़ से लदे होने, इच्छाओं के आहत होने के बाद भी जीवित। अमरकान्त के यहाँ व्यक्ति विशेष की ट्रेजेडी समय और एक व्यापक वर्ग की भी ट्रेजेड़ी बन जाती है। वस्तुस्थिति की जड़ता कोई एक पात्र तोड़ नहीं सकता शकलदीप बाबू अपने प्रयत्न में असफल होते हैं। शकलदीप बाबू की मानसिकता की 'चढ़ती-उतरती सोपानिकता' पर सुरेन्द्र चौधरी ने ध्यान दिया है और इसके चित्रण-वर्णन में 'अमरकान्त की सर्जनात्मक कल्पना' के ख़ूब रमने की बात कही है। मुंशी जी की मनोदशा एक विशेष समय और व्यवस्था में बनी है। अमरकान्त का मनोसामाजिक पक्ष पर अधिक ध्यान है शकलदीप बाबू का व्यवहार एक रूप नहीं है। वे उत्साह में आते हैं और आक्रोश में भी पत्नी जमुना उनके व्यवहार को नहीं समझ पाती। आलोचकों में सुरेन्द्र चौधरी और विश्वनाथ त्रिपाठी ने इस पर थोड़ा ध्यान अवश्य दिया है, पर इस पर विस्तार से विचार की आवश्यकता बनी हुई है कि क्यों कोई व्यक्ति अपने सामान्य रूप में न रहकर असामान्य हरकतें करता है? वे कौन-से कारण हैं जिनसे कोई व्यक्ति सदैव सामान्य नहीं रह पाता? शकलदीप बाबू के भाविक कथनों और शारीरिक भंगिमाओं पर एक साथ ध्यान देने के बाद उनकी अस्वाभाविक भावदशा और मनोदशा से हम अवगत होते हैं। सुरेन्द्र चौधरी ने उनके 'छोटे-छोटे क्रिया-कलापों' में 'छिपे गहरे भावात्मक अर्थों' की पहचान की है। क्रोध से शकलदीप बाबू का 'मुँह विकृत' होता है। वे पत्नी से 'सिर को झटकते हुए कटहा कुकुर' की तरह बोलते हैं, 'दाएँ हाथ को ऊपर-नीचे नचाते हैं।' पत्नी की बात सुनकर 'मुँह उनका तना हुआ था और गर्दन टेढ़ी हो गई थी', बेटे को केवल कोसते ही नहीं उसे पढ़ते देखकर उनकी आँखें साश्चर्य फैलती हैं, एक ओर वे 'काँपते होंठों से मुस्कराते' हैं और दूसरी ओर ठहाका लगाकर हँसते हैं अगर केवल उनकी हँसी को ही देखें तो उसके कई रूप हैं 'बेमतलब हनककर हँसना' है, 'आँखों का हास्य से संकुचित' हो जाना है और 'ठठाकर हँसना' भी है। ये सभी अस्वाभाविक क्रियाएँ हैं जिनका मनोदशा से सम्बन्ध है और इस मनोदशा का सम्बन्ध आर्थिक दशा से है। सुरेन्द्र चौधरी ने ठीक लिखा है कि यह कहानी "एक विकासशील माने जाने वाले राष्ट्र के राष्ट्रकर्मी की सम्पूर्ण स्थिति है...यह कहानी महज़ एक रेखाचित्र नहीं रह जाती। वह एक पूरे समकालीन समाज में युवककर्मी की उपराम व्यथा बन जाती है। यह व्यथा न तो नकार को जन्म देती है और न उस सिनिसिज़्म को जो सातवें दशक की केन्द्रीय मनोभूमिका बन जाती है। इस अर्थ में अमरकान्त की लड़ाई दुहरी है अपने बाहर से भी और अपने भीतर से भी उनकी कहानी का 'सार' और 'सरोकार' नई कहानी का एक रचनात्मक पहलू है।" (हिन्दी कहानी : रचना और परिस्थिति)

डिप्टी कलक्टरी कहानी में जो निम्न-मध्यवर्गीय आकांक्षा है, उसका जनाकांक्षा से कोई सम्बन्ध नहीं है। डिप्टी कलक्टर का पद प्रशासनिक है, जिसका सामान्य जन से सम्बन्ध है नारायण का डिप्टी कलक्टर न होना उसके पिता और पारिवारिक सदस्यों के लिए जितना दुखद है, पर नारायण भ्रष्टतंत्र में शामिल नहीं हो पाता है। यह कहानी का सौन्दर्य है अमरकान्त को इस भ्रष्ट तंत्र में शामिल होना गँवारा नहीं है। कहानी में विश्वास, स्वप्न, आकांक्षा में से कोई एक भी पूरी नहीं होती। विश्वास नारायण के श्रम पर है, इंटरव्यू लेने वालों पर है, आकांक्षा डिप्टी कलक्टरी बनने की है और यही स्वप्न भी है। सब चकनाचूर होते हैं कहानी में इसकी कहीं कोई आवाज़ नहीं है, पर उसे सुना जा सकता है। शकलदीप बाबू का विश्वास ईश्वर पर है, यह विश्वास खंडित होता है। बेटे का विश्वास मेहनत और लम्बे समय तक दिये गए इंटरव्यू पर है दोनों खंडित होते हैं। 'डिप्टी कलक्टरी' कहानी इस प्रकार स्वतंत्र भारत के पहले दशक में ही समाज में, तंत्र में श्रम, अध्यवसाय और मेहनत पर प्रश्न खड़ा करती है। शकलदीप बाबू की ईश्वर में आस्था व्यवस्था में अनास्था के कारण है। उनकी ट्रेजेडी यह है कि भाग्य और ईश्वर भी साथ नहीं देता, प्रतिकूल परिस्थितियों में जिया जा रहा यह जीवन पाठकों को व्यापक फ़लक पर सोचने को विवश करता है। शकलदीप बाबू दोनों ओर से पिटे हुए हैं—व्यवस्था और भाग्य की ओर से परिवार का भाग्य एक व्यक्ति पर केन्द्रित है। व्यक्ति की असफलता मात्र उसकी असफलता नहीं है। 'डिप्टी कलक्टरी' कहानी में नारायण, शकलदीप बाबू पूरा परिवार का जो चित्र प्रस्तुत है, वह परिवार तक ही सीमित नहीं है। यह पारिवारिक कथा के साथ-साथ सामाजिक कथा भी है। इंटरव्यू के बाद परिणाम घोषित किए जाने में धाँधली पर अलग से अमरकान्त ने विचार नहीं किया है। उनका सारा ध्यान नतीजे से पड़नेवाले प्रभाव पर है। प्रभावान्विति की दृष्टि से अमरकान्त विशिष्ट कथाकार हैं। शकलदीप बाबू की मानसिक स्थिति उनकी आर्थिक स्थिति से जुड़ी है। आर्थिक दशा से मनोदशा का गहरा सम्बन्ध है। अमरकान्त शारीरिक भंगिमाओं को सामने रखकर इसके कारकों पर सोचने को हमें विवश करते हैं। मनोदशा जीवन दशा, आर्थिक दशा, तंत्र और व्यवस्था—सबको एक-दूसरे से जोड़कर, गूँधकर ही कहानी के मर्म तक पहुँचा जा सकता है। भारतीय समाज में एक वर्ग-विशेष की रुकी-ठहरी स्थितियों का चित्र-संकेत-चित्र प्रस्तुत कर अमरकान्त अपने पाठकों को मात्र सोचने को नहीं, उस दिशा में रुकी-ठहरी स्थितियों को बदलने की दिशा में क्या संकेत नहीं करते? 'डिप्टी कलक्टरी' कहानी में जो अनकहा है, प्रच्छन्न है, वह कहीं अधिक अर्थवान है।

ज़िन्दगी और जोंक

अमरकान्त

सामाजिक यथार्थ के संस्तरों का ताना-बाना

बसंत त्रिपाठी

अमरकान्त की ख्याति मूलत: एक ऐसे कथाकार के रूप में है जो निर्दिष्ट चरित्र के एकमुखी विस्तार को रचते हुए भी सामाजिक मनोदशा की बहुकोणीयता के कई-कई पहलुओं को सामने लाते हैं। लेकिन अक्सर सामाजिक बहुकोणीयता का पक्ष उनके सशक्त चरित्र-निर्वाह के कारण पार्श्व में रह जाता है। हिन्दी कथा संसार में उनकी चार कहानियाँ ऐसी हैं जिसका ज़िक्र किए बग़ैर कहानी की कोई भी चर्चा अधूरी होगी। वे कहानियाँ हैं—ज़िन्दगी और जोंक, डिप्टी कलक्टरी, हत्यारे और दोपहर का भोजन। ये कहानियाँ क़स्बाई निम्न-मध्यवर्गीय परिवार के स्वप्न, संघर्ष, जिजीविषा, अवसरवाद और अपनी वर्गीय अभिरुचियों में लिथड़े हुए भी उससे बाहर निकलने की असफल कोशिश है। यद्यपि 'ज़िन्दगी और जोंक' अपने रचाव और तनाव दोनों में ही विशिष्ट है।

'ज़िन्दगी और जोंक' का लोकेल उत्तरप्रदेश का बलिया ज़िला है और काल 1952, जैसा कि ख़ुद कहानीकार ने कहानी में ही इसका ज़िक्र किया है, "महात्मा गांधी की मृत्यु का ऐसा दिलचस्प क़िस्सा मैंने कभी नहीं सुना था, यद्यपि गांधी जी की हत्या हुए चार वर्ष गुज़र गए थे..." यह कहानी 1955 में लिखी गई और 1956 में पहली बार 'संकेत' नामक संकलन में छपी जिसका सम्पादन उपेन्द्रनाथ अश्क ने किया था। अपने प्रकाशन के तुरन्त बाद ही इस कहानी ने पाठकों और समालोचकों का ध्यान अपनी ओर खींचा था। ध्यान रहे वह 'नई कहानी' का दौर था। और 'नई कहानी' के नाम पर एक ख़ास तरह की कहानी की चर्चा ज़्यादा थी। इस कारण सामाजिक सचाई को जीवन्त भाषा में रखनेवाली कहानियों पर अपेक्षाकृत कम ध्यान दिया जा रहा था। ऐसे में 'ज़िन्दगी और जोंक' का प्रकाशन मामूली घटना नहीं थी।

कहानी के केन्द्र में रजुआ नामक पात्र है जो जीविका के सारे संसाधनों के छिन जाने के बावजूद भीख माँगकर जीवन निर्वाह करने अथवा मुफ़्त की रोटियाँ तोड़ने की बजाय श्रम करके बेहतर जीवन निर्वाह की कोशिशें करता है लेकिन इसके कारण उसका जीवन लगातार अभिशप्त होता जाता है। समूचा प्रसंग एक मुहल्ले के भीतर घटित होता है। रजुआ गाँव का रहनेवाला एक मामूली आदमी है जो गाँव से पलायन कर जाता है क्योंकि वहाँ अब जीवन जीने के संसाधन ख़त्म हो चले हैं। ध्यान रखें कहानी में जो काल उपस्थित है वह भारत के गणराज्य बनने के तुरन्त बाद का है, जब औद्योगिकीकरण

की प्रक्रिया को विकास का मूलमंत्र माना जा रहा था। ज़ाहिर है कि इस उद्देश्य को पाने के लिए गाँवों के संसाधनों का बुरी तरह दोहन किए जाने की रणनीतियाँ बनने लगी थीं। इसका परिणाम आज हम देख रहे हैं। आज गाँवों की जो स्थितियाँ हैं वह किसी से छिपी नहीं हैं। विकास के नाम पर जिस तरह के निवेश शहरों में किए जा रहे हैं उससे गाँवों की दशा और भी विकराल होती जा रही है। ऐसे में रजुआ गाँव छोड़कर शहर आ गया है और एक मुहल्ले में अपने पैर जमाने की कोशिश करता है।

श्रम करते हुए सम्मानपूर्वक जीने की कोशिशें इस कहानी के केन्द्र में हैं। लेकिन कहानी यही भर नहीं है। भारतीय समाज कितने संस्तरों में विभाजित है इसकी एक छोटी-सी झाँकी इस कहानी में दिखाई पड़ती है। यहाँ एक स्थिति में जो शोषित है दूसरी स्थिति में वही शोषक भी है। सबसे पहले हम रजुआ और मुहल्ले के लोगों के पारस्परिक सम्बन्धों पर ग़ौर करें। रजुआ का वास्तविक नाम गोपाल है। शिवनाथ बाबू द्वारा पहले बचा-खुचा और बासी देकर छोटे-मोटे काम लेने तथा बाद में उनकी ही अगुवाई में मुहल्ले के लोगों द्वारा चोरी के शक में पीटे जाने के बाद रजुआ शिवनाथ बाबू के घर में जम जाता है। यहीं उसका नया नामकरण होता है—रजुआ। क्योंकि शिवनाथ बाबू के दादा का नाम गोपाल सिंह था इसलिए घर की स्त्रियों की जुबान से यह नाम उतरता ही नहीं था। शिवनाथ बाबू ने रजुआ पर मालिक होने का हक़ कायम कर लिया है। मुहल्ले के दूसरे लोगों को इस बात से परेशानी होती है कि रजुआ केवल बासी और बचे-खुचे के एवज में शिवनाथ बाबू का स्थायी नौकर हो रहा है। एक दिन जमनालाल के बेटे जंगी से पीटे जाने के बाद रजुआ का वास्तविक रूप में समाजीकरण हो जाता है। अब वह पूरे मुहल्ले का स्थायी नौकर है।

यहाँ दो बातें ग़ौर करनेवाली हैं कि मुहल्ले का कोई भी व्यक्ति व्यक्तिगत तौर पर रजुआ को स्थायी नौकर रखने के लिए तैयार नहीं है और दूसरा सभी को एक अदद नौकर की तलब है। पहली बात का खुलासा तो कथावाचक ख़ुद करता है कि रजुआ शरीर से अशक्त है। उसमें इतनी ताक़त और फुर्ती नहीं है कि घरेलू नौकर होने की 'महान ज़िम्मेदारी' को वह पूरी चुस्ती के साथ निभा पाए। यहाँ ध्यान रखें कि मुहल्ले के लोग साधारण मध्यवर्गीय या निम्न-मध्यवर्गीय तबके के हैं। बावजूद इसके रजुआ के शोषण का कोई भी मौक़ा वे नहीं छोड़ते। क्या भारतीय समाज में, जो आधुनिक होने की राह पर था, कोई बड़ी फाँक रह गई थी जो उसकी संवेदना को कुचलकर उसे अवसरवादी बनाने के राह में ढकेलती थी? इसी से मिलती-जुलती दूसरी बात है कि मुहल्ले के साधारण मध्यवर्गीय और निम्न-मध्यवर्गीय तबके के लोग भी अपने लाभ और शोषण के मामले में सामन्ती मानसिकता के शिकार हैं। इसीलिए जो घरेलू नौकर के तौर पर काम करते भी थे, वे भी मौक़ा मिलने पर रिक्शा चलाने या मिल या कारख़ाने में मज़दूरी करने लगते। किसी भी समाज को उन्नत तभी कहा सकता है जब वह कमज़ोर और अशक्त लोगों का अधिक ख़याल रखे। यदि इस दृष्टि से भारतीय समाज को परखें तो कई सारे सवाल अपने आप पैदा हो जाते हैं।

ऐसी स्थितियों में रजुआ के जीने की जद्दोजहद और भी मुश्किल होती चली जाती है। रजुआ अपने जीवन को सहज और जीने लायक़ बनाने के लिए बहुत कोशिशें

करता है। मुहल्ले की स्त्रियों से अहमकाना सम्बन्ध तक बना लेता है। ख़ुद को मज़ाक़ और उपहास का पात्र बनाता है और इसी में अपनी सुरक्षा तलाशता है। लेकिन उसकी ऐसी कोशिशों का कोई परिणाम नहीं निकलता। मुहल्ले की ही एक स्त्री बरन की बहू उसके जमा रुपये दबा जाती है। उससे बदला लेने के लिए रजुआ शनिचरी देवी का भक्त बन जाता है।

शनिचरी देवी एक डोमिन थी जिस पर निम्न जाति के लोगों की गहरी आस्था थी। अमरकान्त यहाँ संस्कृतिकरण की प्रक्रिया को एक नये रूप में उठाते हैं। एक ही धर्म से सम्बन्धित होने के बावजूद भारतीय समाज में जाति के स्तर पर आस्था के रूपों में कई-कई परतें हैं। रजुआ चूँकि बरई जाति का है जो पिछड़ी जाति में शुमार है इसलिए उसकी आस्था वैदिक ईश्वर से जुड़ने की बजाय निम्न जाति की आस्था से जुड़ती है। ग़ौरतलब है कि रजुआ ने सुरक्षा की तलाश में सबसे पहले मुहल्ले की निम्न जातियों की स्त्रियों से भौजाई का सम्बन्ध कायम करता है। और रजुआ से 'रजुआ साला' बन जाता है। रजुआ के भगत बनने की घटना कथावाचक की पत्नी और उन जैसे ही दूसरे लोगों के लिए मज़े का विषय है। लेकिन ज़रूरी नहीं कि उस मुहल्ले की निम्न जातियों की स्त्रियों के लिए भी मज़े का विषय हो। एक ही मुहल्ला, आर्थिक स्थितियाँ भी कमोबेश एक जैसी ही होंगी, जीवन जीने के तौर-तरीक़े भी शायद मिलते-जुलते हों लेकिन आस्था के मामले कितने जुदा हैं। भारतीय समाज के लोकतंत्रीकरण की प्रक्रिया में जब इन आस्थाओं का संस्थानीकरण हुआ तब ऐसी आस्थाओं ने नये सिरे से ख़ुद को व्यवस्थित किया, जिसका परिणाम हम कालान्तर में चुनावी वोटबैंक में रूपान्तरित होने की परिघटना के रूप में देखते हैं। कहानी में ऐसे कई संकेत हैं जो भारतीय समाज के संस्तरों को दिखाते हैं। यद्यपि रजुआ जैसे पात्र की मज़बूत उपस्थिति के कारण इन बातों पर सहज ही पाठक का ध्यान नहीं जाता।

अब कहानी के मुख्य पात्र रजुआ के गढ़न पर अपना ध्यान केन्द्रित करें—जिसका चरित्र 'ज़िन्दगी और जोंक' का केन्द्र-बिन्दु है। मनुष्य, चाहे उसकी आर्थिक, सामाजिक या सांस्कृतिक स्थिति जो हो, उसकी जिजीविषा के जितने सम्भावित पक्ष हो सकते हैं, उसे किसी एक पात्र और उसके जीवन में घटे एक छोटे से अन्तराल के माध्यम से रख पाना किसी भी कहानीकार के लिए चुनौतीपूर्ण होता है। अमरकान्त न केवल इस चुनौती को स्वीकार करते हैं बल्कि उसे उसकी रचनात्मक परिणति तक भी पहुँचाते हैं। ध्यान देनेवाली बात है कि जीवन जीने की ललक और जिजीविषा केवल सांस्कृतिक और आर्थिक रूप से ऊँची स्थिति में अवस्थित लोगों का विशेषाधिकार नहीं है। वह रजुआ जैसे लोगों में भी उसी मज़बूती के साथ उपस्थित है। यदि रजुआ के चरित्र पर ग़ौर करें तो उसके तीन पक्ष दिखाई पड़ेंगे। पहले हिस्से में वह मुहल्ले में अपने पैर जमाने की कोशिश कर रहा है। गाली, मार, थप्पड़, उपहास और लोगों की घृणा के बावजूद वह निश्चिन्त हो चला है कि उसे अपने भोजन का स्थायी ठिकाना मिल चुका है। जब उसे लगता है कि वह अपने भोजन की जुगाड़ में सफल हो चुका है तब उसके जीवन में नंगी पगली आती है जिसे वह अपने साथ ले आता है। यह उसके चरित्र का दूसरा पड़ाव है। उस छोटे से अन्तराल में उसका जीवन बदलता हुआ-सा

दिखाई पड़ता है। लेकिन जल्द ही मुहल्ले के लफंगे से पिटने और पगली को भगा लिए जाने के बाद उसमें मौलिक अन्तर आ जाता है। जीवन अब भी उसका वैसा ही है यानी छोटे-मोटे काम के उपरान्त पेट भर लेने भर का मेहनताना, लेकिन अब वह वैसा वाचाल नहीं रह गया है।

जीवन का तीसरा क्रम जब वह हैजे का मरीज़ होकर कै-दस्त से लिथड़ा हुआ पड़ा है। यद्यपि कथावाचक की समय पर मदद तथा अस्पताल वालों को दी गई सूचना के कारण वह बच जाता है लेकिन फिर से मुहल्ले में लौटकर आने के बाद पहले जैसा जम नहीं पाता। अब वह खुजली का शिकार है। लोग उससे किनारा करते हैं। एक दिन कथावाचक के पास एक बालक रजुआ की मृत्यु होने तथा परिजनों के सूचनार्थ एक पत्र लिखने की याचना के साथ आता है। कथावाचक को रजुआ की मौत का तनिक भी आश्चर्य नहीं होता। बल्कि उसे लगता है कि रजुआ नाहक ही ज़िन्दगी से जोंक की तरह चिपटा था या शायद ज़िन्दगी ही उससे जोंक की तरह चिपटी थी। लेकिन इस घटना के पश्चात् एक दिन रजुआ की उपस्थिति से वह आश्चर्य से भर उठता है। रजुआ खुलासा करते हुए बताता है कि उसके सिर पर एक कौआ बैठ गया था, जो मौत का अपशकुन होता है। ऐसे में यदि किसी परिजन को मौत की सूचना दे दी जाए तो आनेवाली मृत्यु टल जाती है। इसलिए उसने बच्चे को भेजकर झूठी चिट्ठी लिखवाई। अब उसकी इच्छा है कि उसके जीवित रहने की ख़बर उसी परिजन को पुनः पत्र के माध्यम से दे दी जाए।

यहीं कहानी का मुख्य मसला सामने आता है कि आख़िर वह कौन-सी चीज़ है जो अपार मुश्किलों और परेशानियों के बावजूद मनुष्य को ज़िन्दगी से जोड़े रखती है? यह घटना दरअसल जीवन का ही भाष्य नहीं करती बल्कि परोक्ष रूप से मृत्यु के विमर्श को भी उठाती है। मनुष्य के जीने की परिघटना का केवल उसके भौतिक साधनों से ही सम्बन्ध नहीं होता, उसकी मानसिक दृढ़ता से भी होता है। मानसिकता के स्तर पर पराजित व्यक्ति जीवन-शक्तियों को अचानक ख़त्म हुआ जानकर मौत की ओर चला जाता है। इसके विपरीत जीवन की स्थितियाँ चाहे जितनी भी ख़ौफ़नाक क्यों न हो जाएँ, यदि उसमें जीवन जीने की जिजीविषा है तो वह स्वयं मौत की राह नहीं चुनता। रजुआ ऐसा ही व्यक्ति है। यहाँ रजुआ के माध्यम से अमरकान्त उन करोड़ों-अरबों लोगों के जीवन में उम्मीद की महत्ता को रचते हैं जो भौतिक संसाधनों की हीनतर स्थिति के बावजूद अपना जीवन किसी उम्मीद के सहारे जैसे-तैसे जी लेते हैं। लेकिन यह चेतना उनके भीतर प्रत्यक्ष रूप से एक निर्णीत रूप में न होकर परोक्ष रूप में विद्यमान है।

लेखक कथावाचक के एक भ्रम से कहानी का अन्त करता है कि रजुआ ज़िन्दगी से जोंक की तरह चिपटा है या शायद उसकी ज़िन्दगी ही उससे जोंक की तरह चिपटी है। पढ़ने में यह एक मामूली वाक्य लगता है लेकिन है बहुत ही दार्शनिक और तात्त्विक सवाल। कथावाचक शायद इसे समझ भी नहीं सकता। क्योंकि अपनी सदाशयता के बावजूद वह भी उसी वर्ग का है जिसके मुहल्ले के दूसरे लोग हैं, या समझने के बावजूद वह इसका फ़ैसला करने का अधिकार पाठकों को सौंप देता है कि इसके पाठक ही तय करें कि रजुआ ज़िन्दगी से जोंक की तरह चिपटा है या उसकी ज़िन्दगी उससे। 'जोंक' यहाँ गहरा प्रतीतात्मक अर्थ देता है। रजुआ ज़िन्दगी का ख़ून पीकर जी रहा

था या ज़िन्दगी रजुआ का ख़ून पीकर? मेरी समझ से उसकी ज़िन्दगी ही उसका ख़ून पी रही थी। यदि ऐसा न होता और रजुआ में ख़ून पीने की चेतना होती तो क्या वह उन लोगों का ख़ून न पीता जिन्होंने उसकी ज़िन्दगी बेहाल कर रखी थी? ख़ून पीना निष्क्रियता नहीं है। यह सकर्मक क्रिया है। लेकिन रजुआ जैसे लोग जीवन में किसी हीनतर सन्तुलन और उम्मीद की तलाश में अपना समूचा जीवन किसी जानवर से भी न्यूनतम स्थिति में गुज़ार देते हैं। ध्यान रखना चाहिए कि भारत आज़ाद हो चुका था। लोकतंत्र और जनतंत्र की बहाली की बात की जा रही थी। लोकतंत्र में जनता सर्वोपरि होती है। लेकिन लोकतंत्र में जिस जनता के हाथों यह महान ज़िम्मेदारी सौंपी गई थी वह किसी भी रूप में निर्णायक स्थिति में नहीं था। बल्कि ज़िन्दगी उससे जोंक की तरह चिपटकर उसका ख़ून पी रही थी वह केवल इसलिए जी रहा था क्योंकि अभी वह मरा नहीं था! कितनी गहरी छटपटाहट के साथ इस सवाल को अमरकान्त ने इस कहानी में उठाया है।

रजुआ के चरित्र-विन्यास के साथ-साथ इस कहानी का एक अन्य महत्त्वपूर्ण पक्ष इसकी भाषा-शैली है। रजुआ के जीवन को सीधे कहने के बजाय अमरकान्त ने पूरी कहानी कथावाचक के माध्यम से कही है। इस कारण भाषा में चुटीलापन और कहीं-कहीं व्यंग्य का पुट भी है। रजुआ में जीने की ललक तो है लेकिन उसका आत्मविश्वास बुरी तरह डगमगाया हुआ है। उसकी इस मानसिकता को लेखक ने कई तरह से रचने की कोशिश की है। शिवनाथ बाबू की अगुवाई में जब उसे पीटा जा रहा था तब वह कराहते हुए बीच-बीच में चीख़ उठता है—'मैं बरई हूँ, मैं बरई हूँ'। कथावाचक रजुआ के इस कथन के प्रत्युत्तर में सोचता है 'वह ऐसे कह रहा था जैसे बरई जाति के लोग और कुछ हो सकते हैं लेकिन चोर नहीं।' इसी तरह रजुआ से उसके अतीत के सम्बन्ध में कथावाचक और उसके बीच का छोटा-सा वार्तालाप भी दिलचस्प है।

इस समूचे प्रसंग में ही पता चलता है कि उसके पिता और दो बहनों की मृत्यु हो चुकी है और सगा कहलानेवाला कोई नहीं है। रजुआ के असमंजस और हड़बड़ाहट का कारण यह भी हो सकता है कि उससे शायद इस तरह के सवाल अब तक किसी ने न किए हों। अमरकान्त ने रजुआ के चरित्र को न तो बहुत उदात्त दिखाने की कोशिश की है और न ही घृणित, वह जैसा है वैसा ही रचा गया है। इस कारण कहानी में कहीं भी अतिरिक्त भावुकता या तरलता का प्रदर्शन नहीं दिखता। सामाजिक यथार्थ को बहुत साफ़ और सहज भाषा में रचने के कारण अमरकान्त की कहानी 'ज़िन्दगी और जोंक' आज भी हिन्दी की चर्चित और बहुत पढ़ी जानेवाली कहानियों में से एक है।

'भूख' और 'भय' की कारुणिक कथा

प्रभाकर सिंह

रचना में परिवेश के अन्तर्विरोध और मानवीय जीवन की द्वंद्वात्मकता के बीच उभरनेवाली संवेदना को रचकर ही यथार्थ को रूपायित किया जा सकता है। जीवन-जगत को इस नज़रिये से देखना ही सच्ची प्रगतिशीलता है। अमरकान्त अपनी कहानियों में जीवन यथार्थ को इसी संवेदना से रचनेवाले कथाकार हैं। वह जीवन की जटिलताओं को परिवेश और पात्रों की संवेदना के नई रचते हैं। वह यथार्थ को शोषण-शोषित के दायरे में नहीं देखते। घटना और परिवेश के अनुरूप पात्रों की कमज़ोरियों, चालाकियों, विवशताओं और उनके संघर्षों को अमरकान्त बड़ी सूक्ष्मता और साफ़गोई से रचते हैं। इस प्रक्रिया में वह अपने कहन में ऊपर से कई बार सपाट लगते हैं लेकिन उसके भीतर भाषा का गहरा अर्थबोध और सृजन-शिल्प मौजूद होता है। यों वे इस रूप में प्रेमचन्द की परम्परा का विकास करते हैं तो अपनी मौलिक ज़मीन भी बनाते चलते हैं। ऐसे में उनकी कहानियों के पात्र और घटनाएँ अधिक विश्वसनीय और सन्दर्भवान लगते हैं। सूक्ष्म नाटकीयता और व्यंग्यपरकता अमरकान्त की कहानियों की अलग विशेषता है।

अमरकान्त की कथा-संवेदना का सृजनात्मक रूप उनकी कहानी 'दोपहर का भोजन' (1953) में देखा जा सकता है। इस कहानी में वे निम्न-मध्यवर्गीय जीवन की व्यथा-कथा कहते हैं। कहानी में आज़ादी के बाद के स्वप्न और विकास से मोहभंग का अवसाद है, भूख है, ग़रीबी है, बेरोज़गारी है और इनसे उपजा विषाद है। कहानी में एक निम्न-मध्यवर्गीय परिवार है जिसके मुखिया हैं—मुंशी चन्द्रिका प्रसाद, जिनकी नौकरी छूट गई है। बेरोज़गारी और लाचारी से पैंतालीस वर्ष में ही बूढ़े लगने लगे हैं। एक तो बेरोज़गारी का दंश ऊपर से भोजन की जद्दोजहद, ऐसे में व्यक्ति समय से पहले बूढ़ा तो हो ही जाएगा। कहानी के केन्द्र में बाबू चन्द्रिका प्रसाद नहीं हैं। केन्द्र में हैं उनकी धर्मपत्नी सिद्धेश्वरी। परिवार के सारे दु:ख और दंश को अपने अन्दर समो लेना चाहती है। मन दु:ख, पीड़ा और अवसाद से भरा है पर उसे भरसक चेहरे की आभा में आने नहीं देना चाहती। परिवार के अन्य सदस्यों में बड़ा बेटा रामचन्द्र इंटर पास है स्थानीय अख़बार में प्रूफ़रीडरी का काम करता है। दूसरा बेटा मोहन हाईस्कूल की प्राइवेट परीक्षा देने की तैयारी कर रहा है। तीसरा छह साल का बीमार और कमज़ोर शरीर हड्डी का ढाँचा। तीसरा बच्चे का चित्रण करते हुए अमरकान्त भारत के कुपोषित बचपन का मानो

चित्र उकेर रहे हों। उन्हीं के शब्दों में, "लड़का नंग-धड़ंग पड़ा था। उसके गले तथा छाती की हड्डियाँ साफ़ दिखाई दे रही थीं। उसके हाथ-पैर बासी ककड़ी की तरह सूखे और बेजान पड़े थे और उसका पेट हँड़िया की तरह फूला था।" खेलने और खाने की उम्र में आज भी भारत के अनगिनत बच्चों का बचपन इसी बच्चे की तरह कुपोषित और भूखे पेट रह रहा है।

पूरी कहानी में भूख और लाचारी काले साये की तरह हर दृश्य में मौजूद है। सिद्धेश्वरी ख़ाली पेट भोजन पर अपने पति और बच्चों का इंतज़ार कर रही है। किसी तरह जुगत कर भोजन का कुछ जुगाड़ हो पाया है सो बिना पति और बच्चों को खिलाए ख़ुद तो खा नहीं सकती। "गगरे से लोटा भर पानी लिया और गट-गट चढ़ा गई। ख़ाली पानी उसके कलेजे में लग गया और वह हाय राम कहकर वहीं ज़मीन पर लेट गई।" जिस पेट को अन्न चाहिए वह ख़ाली पेट पानी पीएगा तो वह कलेजे में तो लगेगा ही। भूख को भोजन से नहीं पानी से भरना उसकी मजबूरी भी है, विवशता भी है। तीनों बेटे और पति के भूख और लाचारी को वह शिद्दत से महसूस करती है। विवश है कि पति और बच्चों को भर पेट भोजन नहीं करा पा रही है। एक मध्यवर्गीय भारतीय संस्कृति में किसी माँ और पत्नी का इससे बड़ा दुःख कुछ हो नहीं सकता। सिद्धेश्वरी भरसक अपने पति और बच्चों का मन रखने के लिए वास्तविक स्थिति न बता, झूठ बोलती है। पर सिद्धेश्वरी का भय बार-बार उसके चेहरे से झलक जाता है। वह सभी के अन्दर आशा-विश्वास जिलाए रखना चाहती है सबको एक-दूसरे की संवेदना से जोड़ने के लिए उनका मन रखने के लिए पूरी कवायद करती है। बड़े बेटे रामचन्द्र द्वारा सबसे छोटे बेटे प्रमोद का हाल पूछने पर सिद्धेश्वरी झूठ बोलते हुए कहती है, "आज तो सचमुच नहीं रोया। वह बड़ा होशियार हो गया है। कहता था बड़का भैया के यहाँ जाऊँगा। ऐसा लड़का...पर वह आगे कुछ न बोल सकी जैसे उसके गले में कुछ अटक गया।"

कहानी में 'भूख', 'ग़रीबी' और 'लाचारी' का मर्मस्पर्शी और करुण चित्रण है जो सिद्धेश्वरी, चन्द्रिका बाबू और बच्चों की आँखों में झलकता है। भूख और विवशता की निःशब्द आवाज़ का यह मुखर चित्रण अमरकान्त की गहन संवेदनशील कथा-दृष्टि की ओर संकेत करता है। इस तरह की हिन्दी में कई कहानियाँ लिखी गई हैं लेकिन 'दोपहर का भोजन' में अमरकान्त बिना किसी 'फ़ैंटेसी' या 'गल्प' के यथार्थ की सहज मार्मिक संवेदना को रचते हैं। कहानी में सिद्धेश्वरी के संवाद आँखों में छलकता भय और बात-बात में झूठ बोलकर घर के सदस्यों द्वारा एक-दूसरे का मन रखने की कवायद दृश्यों को अधिक कारुणिक बना देती है। सिद्धेश्वरी को पता है घर में पर्याप्त भोजन नहीं है, जो है वह बेहद बेस्वाद लेकिन वह बार-बार बच्चों व पति से क़सम खिलाकर अधिक खाने का आग्रह करती है। यहाँ अमरकान्त की नज़र एक माँ की नज़र बन जाती है, तभी तो कहना इतना मार्मिक बन पड़ता है। एक भारतीय माँ के लिए सबसे बड़ा दुःख यही हो सकता है कि वह चाहकर भी अपने बच्चों को भरपेट भोजन न करा पाए। भारतीय निम्न-मध्यवर्गीय जीवन की यह सबसे बड़ी त्रासदी भी है।

कहानी के पूरे वातावरण में एक अवसाद और करुणा की व्याप्ति है। एक-दूसरे से बातों को छिपाकर कहना। आँखों द्वारा देखने और हँसने की प्रक्रिया से कहानी अधिक

कारुणिक और व्यंजक बन जाती है। बड़ा बेटा दार्शनिक की तरह देखता है, मझला लड़का मोहन रसोई की ओर रहस्यमय नज़रों से देखता है, बाबू चन्द्रिका प्रसाद 'कनखी' से देखते हैं और कहानी का केन्द्रीय चरित्र सिद्धेश्वरी का अपने बच्चों और पति को देखना जैसे उसने बहुत बड़ा पाप किया हो! बाबू चन्द्रिका प्रसाद ठहाका मारकर हँसते हैं तो मानो वह अपने आप पर, व्यवस्था और परिवेश पर हँस रहे हों! या अव्यक्त भाव से व्यक्त कर रहे हो जाने भी दो यह सब झूठ है। झूठ है यह आज़ादी यह स्वप्न। भूखे हैं सभी लेकिन पेट भरे होने का भाव दिखाते हैं। 'भूख' और 'ग़रीबी' का सांकेतिक प्रतिकार है अमरकान्त का यह कहन और मर्म को छूनेवाली संवेदनशील दृष्टि प्रेमचन्द की कहानी की ज़मीन का विस्तार है।

अमरकान्त को भारतीय मध्यवर्ग और निम्न-मध्यवर्ग की गहरी समझ है। कहानी में निम्न-मध्यवर्गीय जीवन के अँतरे-कोने में छिपे यथार्थ को मार्मिकता से उद्घाटित करते हैं। अमरकान्त प्रगतिशील परम्परा के उन कहानीकारों में नहीं हैं जो यथार्थ को सिर्फ़ वर्गीय खाँचे में बाँटकर देखते हैं। जिस समाज की कथा कहते हैं उसके परिवेश के अनुरूप अपनी कथा को बुनते हैं। 'दोपहर का भोजन' कहानी में उनकी कथा दृष्टि का यही रूप उभरता है। कहानी में दृश्य, पात्रों के संवाद और बीच-बीच में लेखकीय कहन से यथार्थ का कारुणिक रंग उभरता है। 'चुप्पी' और 'भय' को कहानी के इस दृश्य में बख़ूबी देखा जा सकता है, कथानक का लेखकीय कहन तो ग़ज़ब है ही, "मुंशी जी डेढ़ रोटी खा चुकने के बाद एक ग्रास से युद्ध कर रहे थे। कठिनाई होने पर एक गिलास पानी चढ़ा गए। फिर खर-खर खाँस कर खाने लगे। फिर चुप्पी छा गई। दूर से किसी आटे की चक्की की पुक-पुक आवाज़ सुनाई दे रही थी और पास की नीम के पेड़ पर बैठा कोई पंडूक लगातार बोल रहा था।...सिद्धेश्वरी की समझ में नहीं आ रहा था कि क्या कहे। वह चाहती थी कि सभी चीज़ें ठीक से पूछ ले। सभी चीज़ें ठीक से जान ले और दुनिया की हर चीज़ पर पहले की तरह धड़ल्ले से बात करे। पर उसकी हिम्मत नहीं होती थी। उसके दिल में जाने कैसा भय समाया हुआ था।"

अमरकान्त के स्त्री पात्र भारतीय नारी का वह रूप है जो शोषण और पितृसत्तात्मक व्यवस्था के बीच पिसता उसका व्यक्तित्व अपने परिवार, पति, बच्चों और समाज के बीच संघर्ष करता छटपटाता हुआ चरित्र है। यो अमरकान्त के स्त्री पात्रों में प्रेमचन्द की सी मुखरता और प्रतिरोध कमतर है लेकिन उनके स्त्री पात्रों की संजीदगी, व्यवस्था के साथ संघर्ष, घर-परिवार को सुरक्षित करने की कवायद उनको अधिक यथार्थपरक बनाता है। 'दोपहर का भोजन' की सिद्धेश्वरी को ही देखें। जहाँ पुरुष पात्रों में बाबू चन्द्रिका प्रसाद या बच्चे व्यवस्था पर हँसते हैं, व्यंग्य करते हैं उदासीन लगते हैं। सिद्धेश्वरी की गतिशीलता और सक्रियता देखने लायक़ है। 'भूख', 'भय', 'निरीहता' और 'विवशता' की संवेदना उसके भीतर अन्य पात्रों से कहीं अधिक है लेकिन वह पूरे वातावरण में 'आशा' और 'जीवन' का रंग भरने की भरसक कोशिश करती है। पूरे परिवेश की 'करुणा' और 'विवशता' अन्त में उसी को आँखों से टप-टप चूते हैं। अमरकान्त इस दृश्य को अपनी सधी क़लम से और अधिक कारुणिक बना देते हैं। उन्हीं के शब्दों में, "उसने लड़के को कुछ देर तक एकटक देखा फिर रोटी को दो

बराबर टुकड़ों में विभाजित कर दिया। एक टुकड़े को तो अलग रख दिया और दूसरे टुकड़े को अपनी जूठी थाली में रख लिया। तदुपरान्त एक लोटा पानी लेकर खाने बैठ गई। उसने पहला ग्रास मुँह में रखा और तब न मालूम कहाँ से उसकी आँखों से टप-टप आँसू चूने लगे।"

शिल्प की सहज सर्जनात्मकता अमरकान्त की कहानियों की विशेषता है। छोटे-छोटे वाक्य, मुहावरों से भरी व्यंजक भाषा, संवाद सभी बेजोड़। कथा के परिवेश के एकदम अनुकूल। आक्रोश और आवेश की जगह वह संयत और भावपूर्ण भाषा का प्रयोग करते हैं। मौन में छिपी भाषा की गहन अभिव्यक्ति। भाषा का सर्जनात्मक रूप वहाँ और अधिक सर्जनात्मक लगता है जब वह पात्रों की तुलना पशु-पक्षियों के हाव-भावों से करते है—यह 'दोपहर का भोजन' में भी है। सिद्धेश्वरी की तुलना भयभीत हिरनी से करते हैं, तो बाबू चन्द्रिका प्रसाद के खाने के ढंग को बूढ़ी गाय से तुलना भी ख़ूब है। इस तरह 'दोहपर का भोजन' कहानी में आज़ादी के बाद के भारत में निम्न-मध्यवर्गीय जीवन की विडम्बना को उभारने में यथार्थ का सरलीकरण नहीं है। वह जीवन के अन्तर्विरोधों के बीच बड़ी संवेदनशीलता के साथ प्रगट हुआ है। सहज दृश्यों के बीच सघन मानवीय संवेदना के साथ समाज और व्यवस्था के यथार्थ को उभारती यह कहानी अमरकान्त के कथापन की महत्ता को प्रतिपादित करती है।

विडम्बना की परतें और नैतिक विस्फोट

मधुरेश

मोहन राकेश की कहानियों का पहला संग्रह 'इनसान के खँडहर' सन् 1950 में प्रकाशित हुआ। यह वही समय था जब नई कहानी आन्दोलन की सुगबुगाहट सुनाई देने लगी थी। इसके कोई दो बरस बाद बाक़ायदा आन्दोलन की पहचान बनने लगी और फिर कोई एक दशक हिन्दी कहानी में इस आन्दोलन की धमक बनी रही। मोहन राकेश नई कहानी की उस त्रयी के एक प्रमुख घटक थे जो राजेन्द्र यादव और कमलेश्वर को मिलाकर बनती है। उनकी कहानियों का अन्तिम संग्रह 'फ़ौलाद का आकाश' सन् 1966 में आया। इस तरह कहानी के क्षेत्र में उनकी सक्रियता कोई डेढ़ दशक तक बनी रही। राकेश की अधिकतर कहानियाँ स्त्री-पुरुष सम्बन्धों को लेकर हैं—ख़ासतौर से सम्बन्धों के तनाव, बिखराव और टूटन को लेकर। 'घर' उनकी स्थायी तलाश का मुद्दा है जो उनकी इच्छाओं और अपनों के हिसाब से उन्हें कभी नहीं मिला। अनीता औलक और दो बच्चों वाला वह घर जब उन्हें मिलने लगा वे स्वयं उस घर में नहीं रह सके। सन् 1972 में केवल सैंतालीस वर्ष की आयु में उनका आकस्मिक निधन हो गया।

मोहन राकेश हिन्दी कहानी में उस पंजाबी पौध का हिस्सा थे जिसकी शुरुआत भले ही कभी चन्द्रधर शर्मा 'गुलेरी' से हुई हो लेकिन जिसका विधिवत् विकास यशपाल, भीष्म साहनी और कृष्णा सोबती के रूप में हुआ। राकेश में यह 'पंजाब' उतने सघन रूप में भले ही न मिलता हो जितना इन उल्लिखित लेखकों में मिलता है लेकिन एक ख़ास तरह का पंजाबीपन उनके यहाँ आसानी से लक्षित किया जा सकता है। मोहन राकेश की प्रसिद्ध कहानी 'मलबे का मालिक' उनकी आरम्भिक कहानियों में उसी दौर की कहानी है जब नई कहानी आन्दोलन एक सुस्पष्ट रूपाकार ग्रहण कर रहा था। यह पहली बार सन् 1956 में 'कहानी' वार्षिक अंक में छपी थी। इस आन्दोलन में कहानी की क्या भूमिका थी इसका अनुमान इस उल्लेख से ही लगाया जा सकता है कि भीष्म साहनी की 'चीफ़ की दावत' अमरकान्त की 'डिप्टी कलक्टरी', कमलेश्वर की 'राजा निरबंसिया', मार्कण्डेय की 'हंसा जाई अकेला' सबकी सब इसी अंक में प्रकाशित हुई थीं। 'मलबे का मालिक' देश-विभाजन के दौर में, पाकिस्तान जा चुके अब्दुल गनी की कहानी है, जो साढ़े सात साल बाद एक पाकिस्तानी जत्थे के साथ अपने छूटे हुए। शहर अमृतसर आया है। औरों की बात वे जानें, अब्दुल गनी को हाकी का मैच तो एक

बहाना था। वह एक बार फिर उस मुहल्ले, गली-चौबारे और पड़ोस में बसे लोगों को देखने के लालच से आया है। इस समय इस बहाने न आने पर वह फिर शायद कभी न आ पाता। उसे अपने छूटे हुए घर और उससे जुड़ी ढेर सारी यादों को दोहराने का भी अवसर है। साढ़े सात साल का अरसा वैसे भी कम नहीं होता और एक-दूसरे मुल्क के अहसास ने स्वाभाविक ही इस दूरी को और बढ़ा दिया है।

अमृतसर और लाहौर के बीच कभी सिर्फ़ बीस-बारह मील की दूरी थी। लाहौर पंजाब में फ़ैशन का रोल मॉडल तो था ही बहुविध सांस्कृतिक एवं राजनीतिक गतिविधियों का केन्द्र भी था। अमृतसर से लाहौर के लिए ताँगे चलते थे। लोग सुबह जाकर अपना काम निबटाकर शाम तक लौट आते थे। आज वही लाहौर अमृतसर के लिए एक दूसरा देश है। शहर में अरसे बाद तुर्रेदार पगड़ियाँ और लाल तुर्की टोपियाँ दिखाई दी हैं। विभाजन के साढ़े सात साल बाद यानी जनवरी 1955 में लाहौर से अमृतसर आई मुसलमानों की टोली तंग बाज़ारों से गुज़रते हुए पुरानी जगहों और चीज़ों को याद करते हुए घटित परिवर्तन पर हल्की-फुल्की परिहासपूर्ण टिप्पणियाँ करते हुए गुज़रती है। मिसरी बाज़ार में अब मिसरी की इतनी कम दुकानें देख लोगों को हैरत होती है। उस नुक्कड़ के मोड़ पर जहाँ सुक्खी भटियारिन की भट्टी थी अब एक पान वाला बैठा था। नमक मंडी यहाँ की एक ललाइन नमकीन होती थी कि बस। कटरा जयमल सिंह इतना चौड़ा कैसे हो गया? क्या सबकी सब दुकानें जल गई थीं? जहाँ हकीम आसिफ अली की दुकान थी, वहाँ अब एक मोची ने क़ब्ज़ा कर लिया है। लेकिन उस दौर की एक मस्जिद वैसी की वैसी खड़ी है—इसे उन लोगों ने गुरुद्वारा नहीं बनाया। लाहौर से आए कुछ हिन्दू उनसे बग़लगीर होकर वहाँ के हालात भी पूछते हैं—सुना है शाहलमी गेट का बाज़ार पूरा नया बना है? बुर्के को लेकर उनकी जिज्ञासा रिश्वत बाज़ार और कृष्णा नगर के बारे में जानने की उनकी उतावली से लगता है कि जैसे कोई शहर न होकर लाहौर इन लोगों का कोई सगा-सम्बन्धी है।

कहानी का मुख्य केन्द्र बाज़ार बाँसा और बाँस मंडी है। बाँसों का बाज़ार निचले तबके के मुसलमानों का इलाक़ा था। यहाँ बाँसों और शहतीरों की दूकानें थीं जो एक ही आग में जल गई थीं। आग भी भयंकर थी जैसे पूरा शहर जल उठा हो। आसपास के कई मुहल्लों को उसने अपनी ज़द में ले लिया था। मुसलमानों के साथ उसमें हिन्दुओं के भी कुछ घर जले थे। साढ़े सात साल में कई इमारतें नये सिरे से बन गई थीं, मगर जगह-जगह मलबे के ढेर अब भी मौजूद थे। नई इमारतों के बीच मलबे के ये ढेर एक अजीब वातावरण बनाते थे। एक दुबला-पतला मुसलमान वीरान बाज़ार में आता है और वहाँ की नई और जली हुई इमारतें देख भूलभुलैया में पड़ जाता है। गली के बाईं ओर पहुँचकर उसके पैर जैसे हिचकिचाकर रुक जाते हैं। फिर वह वहीं खड़ा हो जाता है। उसे जैसे विश्वास ही नहीं होता है कि वह उसी गली में जाना चाहता है। गली के एक ओर बच्चे कीड़ी-कीड़ा खेल रहे थे और कुछ फ़ासले पर दो औरतें ऊँची आवाज़ में चीख़ते हुए एक-दूसरे को गालियाँ दे रही थीं। उन आवाज़ों को सुनकर बुड्ढ़े को लगता है, सब कुछ बदल गया मगर बोलियाँ नहीं बदली हैं।' (मोहन राकेश संचयन, सं. रवीन्द्र कालिया, संस्करण 2010, पृ. 86)

छड़ी के सहारे वह बुड्ढा आदमी खड़ा था। उसके घुटने पैजामे के बाहर निकल रहे थे और घुटनों के ऊपर शेरवानी में तीन-चार पैबन्द लगे थे। एक सोलह साल की लड़की रोते हुए माई को चुप कराने के लिए गोद में उठाकर कहती है, चुपकर ख़समखाने। रोएगा तो मुसलमान तुझे पकड़कर ले जाएगा...लड़की के आने से पहले वह बुड्ढा बच्चों को चुपाने के लिए 'चिज्जी' देने की बात कहकर अपनी जेब टटोलने की कोशिश कर रहा था। बच्चे को देने को निकाला गया पैसा वह वापस जेब में रख लेता है। एक बन्द दुकान के तख़्ते का सहारा लेकर वह बैठ जाता है। पास खड़े युवक द्वारा शंका की दृष्टि से उसे देखने पर वह उससे पूछता है बेटे तुम्हारा नाम क्या मनोरी है? जब लड़के को हैरत होती है, बुड्ढा हाथ के इशारे से उसे बताता है—'साढ़े सात साल पहले तू इतना सा था।' युवक की भाव-भंगिमा में आश्चर्च जैसा कुछ देख वह उसे अपने बारे में बताता है। कभी वह भी इसी गली में रहता था और उसका बेटा चिरागदीन उन लोगों का दर्जी था। तकसीम से छह महीने पहले उसने अपना नया मकान बनवाया था। उसके यह सब बताने या उसे पहचानकर युवक कहता है—गनी मियाँ! बुड्ढा अब चिरागदीन और उसके परिवार से तो नहीं मिल सकता, लेकिन सोचा कि एक बार वह अपना मकान देख ले। यह सब कहते-बताते बहुत मुश्किल से वह अपने आँसुओं को रोक पाता है। पुरानी बातों को भूल जाने की सलाह देता हुआ मनोरी जब उसे उसका मकान दिखाने को बढ़ता है, गली में यह ख़बर फैल चुकी होती है कि गली के नुक्कड़ पर खड़ा एक मुसलमान रामदासी के लड़के को उठाने की फिराक में था—अगर बहन समय पर न पहुँच जाती तो लड़का गया ही था। इस बीच गली की औरतें और बच्चे अन्दर चले गए थे। गली में सिर्फ़ एक फेरी वाला बचा था या फिर रक्खा पहलवान जो कुएँ पर उगे पीपल के नीचे सोया था। दाढ़ी के सारे बाल सफ़ेद हो जाने पर भी चिरागदीन के बाद अब्दुल गनी को पहचानने में लोगों को कोई दिक़्क़त नहीं हुई।

गली में एक ओर पेड़ मलबे के ढेर में दिखाते हुए मनोरी बताता है—यही उसका मकान है। गनी अविश्वास से पूछता है, 'यह मलबा?' फिर मनोरी उसे बताता है कि उसका मकान उन्हीं दिनों जल गया था। छड़ी के सहारे गनी मलबे तक पहुँचने की कोशिश करता है, मलबे में अब मिट्टी ही मिट्टी थी। जिसमें से जहाँ-तहाँ टूटी और जली हुई ईंटें बाहर झाँक रही थीं। लोहे और लकड़ी का सामान उसमें से कब का निकाला जा चुका था। केवल एक जले हुए दरवाज़े का चौखट न जाने कैसे बचा रह गया था। पीछे की तरफ़ दो जली हुई अलमारियाँ थीं जिनकी कालिख पर अब सफ़ेदी की हल्की-हल्की तह उभर आई थी...(वहीं, पृ. 88) मलबे इस ढेर को देख, काँपते हुए घुटनों से बुड्ढा विलाप जैसी आवाज़ में पुकारता है—हाय ओ ए चिरागदीना। लोगों को लगता है कि अब जब गनी आ गया है तो कुछ न कुछ ज़रूर होगा। यह मलबा ही उसे सारी कहानी सुना देगा। साढ़े सात साल पहले की सारी घटना अपने आप खुल जाएगी। अपने घरों की खिड़कियों से झाँकते हुए लोगों को लग रहा था जैसे यह मलबा ही गनी को उस दिन की सारी कहानी सुना देगा...

शाम के समय खाना खाते चिरागदीन को रक्खे पहलवान ने बुलाया था। उसकी पत्नी

जुबैदा और उसकी बेटियाँ किश्वर और सुलताना खिड़की से देख रही थीं। चिरागदीन जब हाथ में छुरा लिये पहलवान से अपने को न मारने की प्रार्थना करता है तो पहलवान कहता है 'चीख़ता क्यों है भैण के...तुझे मैं पाकिस्तान दे रहा हूँ ले पाकिस्तान और जब तक जुबैदा, किश्वर और सुलताना नीचे पहुँचीं चिराग को पाकिस्तान मिल चुका था... (वही, पृ. 89) फिर उन्हें भी पाकिस्तान दे दिया गया था, लेकिन दूसरे तबील रास्ते से। उनकी लाशें नहर के पानी में उतराती पाई गई थीं। दो दिन में मकान ख़ाली कर किसी ने उसमें आग लगा दी थी। रक्खा पहलवान की नज़र न जाने कब से इस मकान पर थी जिसके लिए उसने ये चार हत्याएँ की थीं। मकान की शुद्धि के लिए उसने हवन-सामग्री भी लाकर रख ली थी। मगर आग लगानेवाले का पता आज तक नहीं चला। अब रक्खा उस मलबे का मालिक था। न वह उस पर किसी को अपनी गाय-भैंस बाँधने देता था, न ही उसकी इजाज़त के बिना कोई उसकी एक ईंट भी इधर-उधर कर सकता था।

गनी बच्चों का नाम ले-लेकर रोता और विलाप करता है। भुरभुरे किवाड़ से लकड़ी के रेशे झड़ते जा रहे थे। इस बीच पीपल के नीचे लेटे रक्खा तक भी गनी के आने और 'अपने' मलबे पर बैठकर रोने की सूचना पहुँच जाती है। उसके मुँह में थोड़ा-सा झाग उठता है। जिससे उसे खाँसी आ जाती है। कुएँ के फ़र्श पर थूकने के बाद उसकी छाती धौंकनी जैसी आवाज़ निकलती है। फिर किसी क़दर अपने को सँभालकर वह उस ख़बर लानेवाले व्यक्ति से ही पूछता है, मलबा उसका कैसे है? कहानी में विडम्बना की अनेक परतें हैं। आख़िर मलबे का मालिक कौन है—गनी या रक्खा? गनी को उससे जुड़े अतीत की कोई जानकारी नहीं है। वह रक्खा को सम्बोधन कर उससे मिलने को आगे बढ़ता है, आँखों में पहचान की एक चमक लिये। मुहल्लेवालों की गुप्त प्रतिक्रियाओं के हिसाब से रक्खा आदमी नहीं साँड़ है। गली-मुहल्ले में कोई उससे ख़ुश नहीं है। लेकिन उसके आतंक के कारण कोई अपनी जुबान नहीं खोलता। कोई नहीं चाहता कि गनी और रक्खा का सामना हो। रक्खा का चेला लच्छा ही उसे सारी सूचनाएँ देता रहा था। उसी से रक्खा पूछता है। किसी से गनी की बात तो नहीं हुई? लच्छा जब मनोरी का नाम लेता है और अपने मन की शंका भी प्रकट करता है—कहीं उसने कुछ बता दिया हो?...रक्खा पहलवान से मनोरी क्यों शामत मोल लेगा—कहकर टाल देता है। फिर वह पीपल की सूखी पत्तियों को उठाकर उँगलियों से मसलते हुए कुछ सोचता है—जैसे आगे क्या हो सकता है या उसे क्या करना है। मनोरी ही गनी को सहारा देकर मलबे से उठाकर रक्खा के पास तक जे जाता है। गनी रक्खा से ही पूछता है "तू ही बता रक्खे यह सब किस तरह हुआ? फिर किसी तरह आँसुओं पर काबू करके वह अपनी बात आगे बढ़ाता है, तुम लोग उसके पास थे। सबमें भाई-भाई की तरह मुहब्बत थी। अगर वह चाहता तुममें से किसी के घर में नहीं छिप सकता था? उसमें इतनी समझदारी नहीं थी।" (वही, पृ. 91)

गर्दन उठाकर और आँखें जरा छोटी करके रक्खा उसकी ओर देखता है। उसके गले में एक अस्पष्ट-सी घरघराहट होती है, पर वह कुछ बोल नहीं पाता। यह सोचकर कि शायद उसने उसे पहचाना नहीं है उसकी ख़ामोशी को तोड़ने की ग़रज़ से गनी नये सिरे से उसे अपना परिचय देता हैं—चिरागदीन के बाप अब्दुल गनी के उल्लेख के

साथ। पहलवान ऊपर से नीचे तक अपनी नज़र फिराकर उसका जायजा लेता है और फिर भारी-सी आवाज़ में इतना ही पूछता है—'सुनो गनिया!' गनी की बाँहें फैलने को होती हैं रक्खा को कौरियाने के लिए। लेकिन पहलवान की ओर से कोई प्रतिक्रिया न होने पर वे उसकी जगह सिकुड़ कर रह जाती हैं। मायूस और निढाल-सा पीपल का सहारा लेकर कुएँ की सिल पर बैठ जाता है, "फिर रक्खे से कहता है, देख रक्खे पहलवान, क्या से क्या हो गया है। भरा-पूरा घर छोड़कर गया था और आज यहाँ यह मिट्टी देखने को आया हूँ। बस घर की आज यही निशानी रह गई है। तू सच पूछे तो मेरा यह मिट्टी छोड़कर जाने को भी मन नहीं करता!" (वही, पृ. 91) बोलते-बोलते उसकी आँखे छलछला आती हैं। जब वह मुहल्ले के ही किसी घर में छिपकर अपने बेटे चिरागदीन के जान बचाने की बात कहता है, जो शायद वह अपनी नासमझी और अव्यावहारिकता के कारण नहीं कर सका, तो रक्खे को लगता है कि सिर्फ़ 'ऐसे ही है' कहने पर ही उसकी आवाज़ में एक अस्वाभाविक-सी गूँज है और उसके होंठ गहरी लार से चिपक गए हैं। मूँछों के नीचे उसके होंठों पर पसीना आ रहा है। उसे माथे पर किसी चीज़ का दबाव महसूस हो रहा था और उसकी रीढ़ की हड्डी जैसे सहारा चाह रही थी। बात घुमाने के लिए फिर गनी से वह पाकिस्तान में उन लोगों के हालचाल पूछने लगता है। लेकिन अपनी इस कोशिश में बग़लों के नीचे आया पसीना अँगोछे से पोंछना होता है, आग गले का झाग मुँह में खींचकर गली में थूकना होता है। गनी एक बार फिर चिराग के न होने पर अपने को पूरी तरह—अकेले पड़ जाने की व्यथा सुनाने लगता है। उसकी बात में फिर यह पछतावा है कि उसकी बात न मानकर चिराग यहीं रह गया। एक बार फिर वह उसके रक्खे के भरोसे का ज़िक्र करता है, "मगर जब जान पर आई, तो रक्खे के रोके भी न रुकी..." (वही, पृ. 92)

रक्खे के पूरे शरीर पर गनी की बात की प्रतिक्रिया का अंकन लेखक ने विस्तारपूर्वक किया है। रीढ़ की हड्डी से लेकर कमर और जाँघों के जोड़ पेट की अँतड़ियों सहित उसके शरीर का कोई हिस्सा न था जो अप्रभावित रहा हो। अपनी ज़बान और होंठों के बीच भी उसे एक फ़ासला महसूस होता है रक्खे जैसा आदमी—पूरा साँड़—'हे प्रभु तू ही है, तू ही है, तू ही है' वही जैसा कुछ अपने और गुनगुनाने लगता है। एक गनी अपने आसपास देखता है और फिर हसरत भरी नज़र से सामने की ओर देखता हुआ, रक्खे से विदा लेकर धीरे-धीरे गली से बाहर निकल जाता है।

गनी के जाते ही मुहल्ले की औरतें गली में उतर आती हैं। गली का सारा काम फिर अपने चलने लगता है—चेमेगोइयाँ से लेकर गाली-गलौच और धौल-धप्पा तक। रक्खा शाम तक कुएँ पर बैठा खखारता और चिलम फूँकता रहता है। निकलते चलते लोग उससे पाकिस्तान से आए अब्दुल गनी के बारे में पूछते रहते हैं। उन्हें वह उसके आने और फिर लौट जाने की बात बताता रहता है। रात को लोकू पंडित की भैंस को देखकर वह उसे रोज़ की तरह तत्-तत् करके हँकारता है। भैंस को हटाकर सुस्ताने के लिए वह मलबे की चौखट पर बैठ जाता है। रात के सन्नाटे को काटती हुई कई तरह की आवाज़ें उसे मलबे में से निकलती हुई महसूस होती हैं। एक भटका हुआ कौआ वहीं से आकर चौखट पर बैठ जाता है। कौए को वहाँ बैठा देख मलबे के एक कोने

में लेटा कुत्ता गुर्राकर ज़ोर से भौंकता है। कौए के उड़ जाने के बाद कुत्ता नीचे उतर आता है और पहलवान की ओर मुँह करके भौंकने लगता है। दुर-दुर-दुर करके रक्खा जब उसे भगाने की कोशिश करता है, कुत्ता उसके और पास आकर भौंकने लगता है। पहलवान जब मलबे से एक ढेला उठाकर कुत्ते की ओर फेंकता है, कुत्ता दूर हट जाने पर भी उसका भौंकना बन्द नहीं होता। कुत्ते की इस ढिठाई पर रक्खा उसे माँ की गाली देता है और कुएँ की सिल पर आकर लेट जाता है। रक्खा के वहाँ से हटते ही कुत्ता गली में उतर आता है कुएँ की ओर मुँह उठाकर भौंकने लगता है। काफ़ी देर तक ऐसे ही भौंकने के बाद, गली को सुनसान पाकर, वह एक बार फिर कान झटककर मलबे की ओर लौट आता है और वहाँ कोने में बैठकर गुर्राने लगता है।

मोहन राकेश पर्याप्त सांकेतिक ढंग से एक ओर यदि साँड़ जैसे रक्खा पहलवान की आत्मा के नैतिक विस्फोट की ओर संकेत करते हैं वहीं उसी मलबे के मालिकाना हक़ पर भी रचनात्मक टिप्पणी करते हैं। अब मलबे की उस मिट्टी का मालिक, उससे बावस्ता सारी यादों के बावजूद न अब्दुल गनी है, न ही रक्खा पहलवान जिसने अपने लालच में चार हत्याएँ कीं। अब उसका वास्तविक मालिक वह कुत्ता है जो भौंक कर चौखट पर बैठे कौए को बेदख़ल कर उड़ा देता है और उसका मालिक होने पर दंभ पाले रक्खा को भी वहाँ से खँगाल देता है। मलबे से ही वह उसे बेदख़ल करने की कोशिश नहीं करता, कुएँ की सिल तक भौंकते हुए वह उसका पीछा करता है। प्याज की परतों की तरह विडम्बना की बेहिसाब परतें कहानी से उतरती रहती हैं जिनका कहीं कोई अन्त दिखाई नहीं देता। राकेश की यह कहानी भारत विभाजन की त्रासदी पर लिखी गई हिन्दी की उल्लेखनीय कहानियों में शामिल है।

राजा निरबंसिया

कमलेश्वर

आधुनिक मनुष्य की त्रासदी

आनन्दप्रकाश त्रिपाठी

नई कहानी आन्दोलन के प्रमुख हस्ताक्षर कमलेश्वर ने अपने पहले कहानी-संग्रह 'राजा निरबंसिया' (1956) से ही अपनी सशक्त उपस्थिति दर्ज कराई है। उनकी कहानियों का कथ्य उनके आरम्भिक जीवनानुभवों-क़स्बाई मध्यवर्गीय जीवन से कहीं बहुत गहरे सम्पृक्त है। मध्यवर्गीय आर्थिक ढाँचे और सामाजिक मूल्यों के दबाव और उससे मुक्ति के लिए छटपटाती नारी की पीड़ा, बेचैनी, घुटन और विद्रोह को कमलेश्वर ने बख़ूबी समझा है। तत्कालीन सामाजिक और आर्थिक परिदृश्य में प्रेम, दाम्पत्य जीवन, सामाजिक-नैतिक बन्धनों की टकराहट और तनाव आदि की स्थितियाँ उनकी कहानियों का कथ्य बनती हैं। कमलेश्वर मनुष्य की गरिमा के कथाकार हैं। वे कहते हैं—"जीवन के प्रति प्रतिबद्ध होना मेरी अनिवार्यता है। इस टूटते-हारते, अकुलाते मनुष्य की गरिमा में मेरा विश्वास है।" इसीलिए वे 'हारे हुओं' के बीच रहने के लिए प्रतिबद्ध हैं और तब तक रहेंगे जब तक सब जीत नहीं जाएँगे। अपनी पूर्ववर्ती कथा-परम्परा से हटकर नये जीवन यथार्थ, नई चेतना, नये मूल्यबोध, नई संवेदना, नई भाषा, नया शिल्प, नई वैचारिकी के साथ हिन्दी कहानी के भविष्य को जिस उमंग और ताज़गी के साथ कमलेश्वर ने सँवारा है, वह हिन्दी कहानी के इतिहास का स्वर्णिम अध्याय है।

'राजा निरबंसिया' (1956) नई कहानी आन्दोलन की महत्त्वपूर्ण उपलब्धि है। यह कमलेश्वर के आरम्भिक लेखन के दौर की चर्चित कहानी है जिसने उन्हें कहानीकारों की अग्रिम पंक्ति में प्रतिष्ठित किया। यह नई कहानी के नयेपन को आत्मसात् किए है। नई कहानी के सम्बन्ध में कमलेश्वर का यह कथन ग़ौरतलब है कि "आज की कहानियाँ कल्पना के पंखों पर नहीं उड़तीं, बल्कि दुनिया की व्यावहारिक और वास्तविक ज़िन्दगी से उनका सीधा सम्बन्ध है।" 'नई कहानी' में कहानी की वस्तु, शिल्प और भाषा के बदलते प्रतिमानों पर कमलेश्वर ने 'राजा निरबंसिया' संग्रह की भूमिका में लिखा है—"आज की कहानियों का रूप बदल गया। इसलिए उनका मापदंड भी बदलना पड़ेगा। उनकी सफलता या असफलता की कसौटी यह नहीं हो सकती कि वे किस हद तक कहाँ तक झँझोड़ती, छूती और उकसाती हैं। केवल सोद्देश्यता की पृष्ठभूमि में ही आज के लेखक की कहानियों का अध्ययन किया जा सकता है, ठीक उसी प्रकार जिस प्रकार वह स्वयं आत्मग्रंथियों का चित्रण या विश्लेषण सामाजिक

समस्याओं के सन्दर्भ में उभरता है।" यह वैशिष्ट्य नई कहानियों की पहचान है। अपने ही निकष पर कमलेश्वर कहानियों को देखना चाहते हैं और आलोचकों के लिए भी कहानी मूल्यांकन की सैद्धान्तिकी प्रस्तुत करते हैं। 'राजा निरबंसिया' नई कहानी के प्रतिमान पर खरी सिद्ध होती है।

'राजा निरबंसिया' कहानी में दो कथाएँ हैं—एक राजा निरबंसिया की और दूसरी जगपती-चन्दा की कथा, जो समानान्तर रूप से चलती हैं। कहानी में मुख्य कथा जगपती और चन्दा की है तथा राजा निरबंसिया की लोककथा मुख्य कथा से बीच-बीच में जुड़ती है और उसका उद्‌घाटन अत्यन्त मार्मिकता के साथ प्रस्तुत करती है। ये कहानियाँ दो भिन्न युगों की संवेदना और उसमें घटित सामाजिक परिवर्तन को अत्यन्त सर्जनात्मक ढंग से उभारती हैं। माँ के द्वारा बच्चों को सुनाई जानेवाली राजा निरबंसिया की कथा जगपती और चन्दा की कथा को अत्यन्त रोचकता प्रदान करती है। उल्लेखनीय यह है कि कहानी जब जगपती और चन्दा के दर्द से बोझिल होने लगती है तब राजा निरबंसिया की कथा हमारे सम्मुख उपस्थित हो जाती है। यानी अतीत और वर्तमान के दो छोरों में डूबती-उतराती हुई कथा चलती है। लोककथा में आखेट का प्रसंग यानी राजा का सात दिन तक न लौटना और इधर जगपति का रिश्तेदार की शादी में जाना, राजा और जगपति दोनों का निरवंशी होना और दोनों का सन्तान उत्पन्न करने में अक्षम होना, रानी और चन्दा का गर्भवती होना आदि दोनों ही कथाओं की परस्पर उचित संगति बड़ी कुशलता से बिठाई गई है। दोनों कथाओं में अन्तर सिर्फ़ इतना है कि एक राजा है और दूसरा सामान्य व्यक्ति। जगपती की पत्नी आर्थिक दबाव में परपुरुष का साथ करती है जबकि रानी पर कोई आर्थिक दबाव नहीं है। राजा सामाजिक कलंक से मुक्त है जबकि जगपती को कलंक और धिक्कार ही मिलता है। इस तरह इन कहानियों की भीतरी संगति एवं उनसे उभरनेवाले सामाजिक यथार्थ को पाठक समझ लेता है।

लोककथा में नायक राजा निरबंसिया के राज में बड़ी ख़ुशहाली थी, सभी वर्ग के लोग अपना कामकाज देखते थे, कोई दुखी नहीं दिखाई पड़ता था। राजा की एक लक्ष्मी-सी रानी थी, जो चन्द्रमा-सी सुन्दर और राजा को बहुत प्यारी। राजा कामकाज देखते और सुख से रानी के साथ महल में रहते। यह कथा सात लघु अंशों में जगपती की कथा के साथ बीच-बीच में जुड़ती है और जगपती की कथा की मूल संवेदना को ज़्यादा गहरा बनाती है। राजा निरबंसिया आखेट के लिए जाते हैं। सातवें दिन न लौटने पर चिन्तित रानी अपने मंत्री को साथ लेकर राजा की खोज में निकलती है। राजा को रानी का इस तरह मंत्री के साथ जाना अच्छा नहीं लगता। राजा-रानी निःसन्तान हैं। परलोक के बिगड़ने और कुल मर्यादा के नष्ट होने की अशंका से दोनों पीड़ित हैं। एक बार टहलने निकले हुए राजा को लक्ष्य कर कहे गए मेहतरानी के कुबोल—"हाय राम! आज राजा निरबंसिया का मुँह देखा है, न जाने रोटी भी नसीब होगी कि नहीं, न जाने कौन सी विपत टूट पड़े।" राजा निरबंसिया को इतना अधिक व्यथित कर देता है कि वह राजपाट छोड़कर अकेला जंगल या परदेश चला जाता है। कई वर्षों के बाद धन-दौलत कमाकर राजा अपने राज्य में लौटता है। अपने दो बालकों से मिलकर उसे विश्वास नहीं हुआ कि वे उसकी सन्तान हैं, रानी दुखी हुई। अपने सतीत्व को सिद्ध करने के लिए वह

घोर तपस्या करती है। प्रसन्न कुलदेवता अपनी दैवीय शक्ति से बालकों को अविलम्ब शिशु के रूप में बदल देता है। इस तरह राजा रानी के सतीत्व का सबूत मिल जाता है। राजा ने रानी का चरण पकड़ लिया और कहा कि 'तुम देवी हो! ये मेरे पुत्र हैं' और उस दिन से राजा ने फिर राजकाज सँभाल लिया।

इस कहानी में जगपती कथावाचक की कल्पना का राजा है जिससे उसकी दाँतकाटी दोस्ती है, दोनों मिडिल स्कूल में पढ़ने जाते हैं, दोनों एक से घर के थे, इसलिए बराबर की निभती थी। जगपती क़स्बे के वकील का मुहर्रिर है। उसकी पत्नी चन्दा थोड़ी-बहुत पढ़ी-लिखी है। जगपती को जैसे सब कुछ मिल गया। सास ने बहू की बलैयाँ लेकर घर की सब चाबियाँ उसे सौंप दीं, गृहस्थी का ढंग-बार समझा दिया, इस ज़िम्मेदारी के साथ कि 'अब बेटा इस घर की लाज तुम्हारी लाज है।' कुछ दिनों के बाद चन्दा की सास गुज़र गई।

जगपती रिश्तेदारी की एक शादी में गया हुआ था। वहाँ डाका पड़ गया, जगपती ने बहादुरी दिखाई किन्तु डाकुओं की गोली उसकी जाँघ और कूल्हे में लग गई। घायल जगपती को इलाज के लिए क़स्बे के एक अस्पताल में लाया गया। वहाँ चन्दा की भेंट हॉस्पिटल के कंपाउंडर बचन सिंह से होती है। "कंपाउंडर साहब ईश्वर के अवतार थे, मरीज़ों की देखभाल करनेवाले रिश्तेदारों की खाने-पीने की मुश्किलों से लेकर मरीज़ की नब्ज़ तक सँभालते थे।" बचन सिंह ने चन्दा की नब्ज़ पकड़ ली या फिर चन्दा ने ही पति के इलाज और आर्थिक तंगी के बहाने अपनी नब्ज़ ही नहीं, देह भी सौंप दी। चन्दा और बचन सिंह एक-दूसरे के प्रति आकर्षित हुए। जगपती को लगता है कि "वह अपनी बीमारी से लड़ने के अलावा स्वयं अपनी आत्मा से भी लड़ रहा हो। चन्दा की नादानी और स्नेह से भी उलझ रहा हो और सबसे ऊपर सहायता करनेवाले की दया से जूझ रहा हो।" चन्दा के प्रति सोने के कड़े की बात पर झूठ बोलना आदि अनेक बातें चन्दा के प्रति जगपती के मन में संशय उत्पन्न करती हैं। जगपती अपने इलाज के लिए क़र्ज़ लेने के पक्ष में नहीं है; क्योंकि उसे पता है कि "क़र्ज़ कोढ़ का रोग होता है। एक बार लगने से तन भी गलता ही है, मन भी रोगी हो जाता है।" जगपती समझ लेता है कि चन्दा ने इन कड़ों से भी बड़ी चीज़ का समर्पण किया है। पति की हैसियत से वह चन्दा का विरोध नहीं करता है। जगपती को लगता है कि "जैसे कड़े माँगकर वह चन्दा से पत्नीत्व का पद भी छीन लेगा।" जगपती की मनोदशा विषम है। उसका पारम्परिक मन चन्दा को छूट देने को तैयार नहीं है, किन्तु वह अपने दुर्बल मन को समझाने का प्रयास करता है। उसके पास पत्नी चन्दा से बड़ी कोई पूँजी नहीं है। बचन सिंह के एहसान की क़ीमत वह चन्दा के माध्यम से चुकाना चाहता है। वह चन्दा को समझाते हुए कहता है कि 'वह तो अपना ही आदमी है और आड़े वक़्त काम आनेवाला आदमी है।' जगपती की त्रासदी आधुनिक मनुष्य की त्रासदी है। बचन सिंह के सामने जगपती का अपने अस्तित्व को डूबता हुआ महसूस करना परिस्थितियों की देन है।

इन्हीं उलझनों में जगपती की मुहर्रिर की नौकरी छूट गई। वह बचन सिंह के आर्थिक सहयोग से लकड़ी का टाल खोल लेता है। अपने लकड़ी के टाल के लिए लकड़ी काटने जाने पर वह शकूरे को छोटे हरे पेड़ काटने के लिए जब मना करता है तब शकूरे का यह

कथन "हरा होने से क्या है, उखड़ तो गया है, न फूल का, न फल का। अब कौन इसके फल-फूल आएँगे, चार दिन में पत्ती झुरा जाएगी।" यह बात जगपती को अपने जीवन के समानान्तर लगती है। वेदना के असह्य भार को वहन करता हुआ जगपती जब चन्दा के पुत्र होने और दूसरे मर्द के साथ बैठने की बातें लोगों से सुनता है तो वह आत्मान्वेषण के क्षणों में अपने को ही दोषी पाता है, क्योंकि सन्तान ही पति-पत्नी के सम्बन्धों की धुरी है। कथाकार ने चन्दा और जगपती के सम्बन्धों का मनोविश्लेषण इस तरह किया है—"छह साल हो गए शादी को, न बाल, न बच्चा, न जाने किसका पाप है उसके पेट में और किसका होगा, सिवा उस मुसटंडे कम्पोटर के।" खुलेआम यह आरोप सुनकर जगपती अपनी टाल पर "दिन भर तख़्त पर कोने की ओर मुँह किए पड़ा रहा। न ठेके की लकड़ी चिराई, न बिक्री की ओर ध्यान दिया, न दोपहर खाने ही घर गया।" गाँव के मुंशी से पता चलता है कि "चन्दा दूसरे के घर बैठ रही है, कोई मदसूदन है वहीं का, पर बच्चा दीवार बन गया है—सुना है बच्चा रहते भा वह चन्दा को बैठाने को तैयार है। मायके जाने के पहले चन्दा कहती है, लेकिन 'तुमने मुझे बेंच दिया।' और वह अपने गाँव चली जाती है।

आत्मनिरीक्षण की स्थिति में जगपती स्वयं को दोषी मानता है। वह काम-धन्धे से अलग हो जाता है। उसे गहरा पश्चात्ताप है। जगपती अपने पतिधर्म से च्युत होकर ही चन्दा की देह के बल पर अपनी इच्छाएँ पूरी करना चाहता है, किन्तु आगे उसके दुष्परिणाम प्रत्यक्ष होने पर उसका जीना दूभर हो जाता है। हर बार वह यही सोचता है कि "इतने बड़े पाप में ढकेल दिया चन्दा को...वह ज़रूर औरत थी, पर स्वयं मैंने उसे नरक में डाल दिया।" फिर वह सोचता है, "सिवा चन्दा के कौन सी सम्पत्ति उसके पास थी, जिसके आधार पर कोई क़र्ज़ देता? क़र्ज़ न मिलता तो यह सब कैसे चलता।" चन्दा के चारित्रिक पतन के लिए जगपती अपने को ज़िम्मेदार मानता है; क्योंकि अन्त में उसे निरर्थकता का बोध हो गया। वह पश्चात्ताप की आग में झुलसने लगता है। अपने आन्तरिक खोखलेपन में वह मृत्यु का वरण करने के लिए बाध्य होता है। चन्दा को एक पत्र में जगपती लिखता है, "आदमी को पाप नहीं, पश्चात्ताप मारता है; मैं बहुत पहले मर चुका था।" चन्दा को निर्दोष मान लेना जगपती के हृदय की निर्मलता ही कही जाएगी। इसीलिए आत्महत्या से पहले वह 'दो परचे' छोड़ता है, उसमें चन्दा को तो क्षमा करता ही है, उसके पुत्र को अपना लेता है। वह यह वसीयत करता है कि उसकी लाश तब तक न जलाई जाए जब तक चन्दा बच्चे को लेकर न आ जाए और आग बच्चे से दिलवाई जाए।" इस रूप में जगपती पाठक की निगाह में बहुत ऊँचा उठ जाता है। किसी को इस प्रसंग में जगपती की रोमानी प्रकृति दिखाई दे सकती है।

कहानी में यह दुर्भाग्य इस तरह कहा गया है—"चन्दा के पास कोई दैवीय शक्ति नहीं थी और जगपती राजा नहीं, बचन सिंह कंपाउंडर का क़र्ज़दार था।" लेखक ने जगपती के माध्यम से निम्न-मध्यवर्गीय परिवार के आर्थिक संकट को उजागर कर दाम्पत्य जीवन की नैतिकता, त्याग, निष्ठा और आत्मीय सम्बन्धों के हश्र का कारुणिक चित्रण किया है। लेखक ने राजा निरबंसिया के दाम्पत्य-जीवन की सुखद परिणति के बरअक्स जगपती और चन्दा के दाम्पत्य जीवन की दुःखान्त कथा के मार्फ़त आर्थिक ताक़तों की जीत को दिखाया है। जगपती जैसे विपन्न की जीवन कथा उसकी आत्महत्या में समाप्त

होती है। संवेदनशील पाठक को जगपती की मौत पर गहरा धक्का लगेगा क्योंकि इस त्रासद घटना के लिए वह अपनी मनःस्थिति तैयार नहीं कर पाता है। जगपती अपनी शारीरिक अक्षमता और आर्थिक विपन्नता के कारण कुछ कह पाने में सर्वथा असमर्थ है। वह पत्नी और बचन सिंह के अवैध रिश्तों के ख़िलाफ़ भी कुछ बोलने की स्थिति में नहीं है। जीवन के इस कटु यथार्थ को झुठलाया नहीं जा सकता था कि "जिससे कुछ लिया जाएगा, उसे दिया भी जाएगा।" लेखक स्वयं भी ज़ोर देकर लिखता है—"जगपती राजा नहीं, बचन सिंह कंपाउंडर का क़र्ज़दार था।" क़र्ज़दार व्यक्ति की यही नियति और परिणाम है। प्रकारान्तर से यह कहानी विवाहेतर सम्बन्धों की भी कथा है।

इस कहानी के दोहरे कथा शिल्प की ओर समीक्षकों और पाठकों का विशेष रूप से ध्यान गया है। इसे महती सम्भावनाओं के द्वार खोलनेवाली कहानी कहा गया है। भाषा के स्तर पर प्रेमचन्द की विरासत से जोड़ा गया है। इस कहानी का प्रारम्भ माँ के द्वारा सुनाई जा रही राजा निरबंसिया की कथा के रोचक दृश्य से हुआ है। "आटे का पुरा चौक, चौकी पर मिट्टी की छह गौरें, दीपक, मंगलघट, रोली का साथिया (स्वास्तिक) आदि।" यह दृश्य विधान पाठकीय चेतना को आदिम लोकराग से जोड़ता है। कहानी में नाटकीयता देखकर कथाकार की पटकथा लेखन क्षमता की प्रशंसा करनी पड़ेगी। आलोचकों ने कमलेश्वर की क़िस्सागोई की क़ाबिलियत की तारीफ़ करते हुए उनकी पटकथा कला को रेखांकित किया है। ज्ञान चतुर्वेदी कहते हैं कि "यदि हम सतर्क दृष्टि से देखें तो कमलेश्वर का फ़िल्मकार (पटकथाकार) पूरी कथा में जीवन्तता से मौजूद है। शैली ऐसी है कि क़िस्सागोई में जान डाल दे और भाषा ऐसी है कि कहन को सम्पूर्ण और जीवन्त बना देती, बिम्ब ऐसे हैं कि वे हर पाठक को इस कहानी का अपना स्वयं का भी एक पाठ तैयार करने का 'क्रिएटिव आनन्द' दे।" इस कहानी को लिखते हुए कमलेश्वर का फ़िल्मी दुनिया से कोई रिश्ता नहीं था। परन्तु जिस रोचकता, नाटकीयता, कलात्मकता से इस कहानी में दृश्यविधान रचा गया है मानो वह कैमरे को ध्यान में रखकर लिखा गया है। सोती हुई चन्दा के सिरहाने से कड़ों के बरामद होने से पहले का पूरा दृश्य विधान (जहाँ जगपती मुग्धभाव से चन्दा को प्यार एवं स्नेह से अपने अंक में समेटनेवाला है) नाटकीय मोड़ है। कड़े बरामद होने से जगपती का विचलित होना बहुत मार्मिक है। एक और उदाहरण—चन्दा को बच्चा होनेवाली ख़बर जिस तरह मोहल्ले में फैलती है, वह सारा दृश्य विधान भी किसी अच्छी पटकथा का अंश प्रतीत होता है। विधवा चाची का चरित्र और उसके नाटकीय संवाद उनके चरित्र और मानसिकता को उजागर करते हैं। मरते समय जगपती की यह इच्छा कि 'आग बच्चे से दिलवाई जाए' कुछ फ़िल्मी लगता है।

कमलेश्वर की कथा-भाषा और बिम्बविधान की प्रायः सराहना की जाती है। 'राजा निरबंसिया' इस बात का प्रमाण है। एक दृश्य देखें "सुन्न से एकाकी खड़े बबूल, उखड़ गया हरा पेड़ जो फल का, न फूल का, बिन्दु के आकार में सिमटता और बाद में राक्षस सा बड़ा और फिर सींक से ढाँचे में तब्दील होना।" कमलेश्वर भाषा को आमजन से जोड़ने के पक्षधर हैं। कमलेश्वर की भाषा बड़ी मँजी हुई है। उर्दू और अंग्रेज़ी के सामान्य प्रचलित शब्दों को आवश्यकतानुसार शामिल कर उन्होंने अपनी भाषा को

अत्यन्त सशक्त, साफ़-सुथरी एवं प्रभावशाली बनाया है, जिसमें सादगी के साथ रवानी है। वस्तुतः 'राजा निरबंसिया' कहानी के इतिहास में मील का पत्थर है। इसमें वर्णित समस्या स्त्री-पुरुष सम्बन्धों से ही जुड़ी है। अर्थ और काम—इन दो बड़े पुरुषार्थों ने मानव की नियति और जीवन को बहुत पेचीदा बना रखा है। हमारे जीवन की सारी उथल-पुथल का आधार है। आज भी समाज के हर मोड़ पर जगपती और चन्दा की व्यथा-कथा देखने और सुनने को मिलती है। इस कहानी के कालजयी होने का आधार न केवल कथा है, बल्कि कहानीकार की कहन शैली, संवेदना, समस्या की गहराई में उतरने की क्षमता, स्त्री-पुरुष का मनोविज्ञान, शिल्प-कौशल आदि सब कुछ है। इसी कारण 'राजा निरबंसिया' लोकचित्त और पाठकीय संवेदना में आज भी जगह बनाए है।

उम्मीद को देख पाना

मिथलेश शरण चौबे

"लतिका ने अपनी जेब से वही नीला लिफ़ाफ़ा निकाला और उसे धीरे से जूली के तकिए के नीचे दबाकर रख दिया।"

अपनी स्थगित आकांक्षा, नाउम्मीदी, ज़िद, अकेलेपन की पीड़ा और ज़िन्दगी में ठिठक-सा गया अँधेरा एक अपना ही सच है। भले ही एक नियति की तरह हमने इसे स्वीकार कर लिया और ख़ुद को उससे चिपक भी जाने दिया। पर ठीक अपने घटित से दूसरों के लिए आशंकाओं को हम कैसे निर्मित कर सकते हैं। क्या किन्हीं आशंकाओं के चलते जो दरअसल हमारे अनुभवों से उपजी हैं, दूसरे की स्वाधीनता-स्वच्छन्दता का अतिक्रमण कोई मानवीय चीज़ हो सकती है। अपने जीवन की असफलताओं से दूसरे के असफल होने की सम्भावना का निर्णय कैसे ठीक हो सकता है। एक व्यक्ति के होने से सर्वथा भिन्न और मौलिक है किसी भी दूसरे का होना, एक की वंचनाएँ दूसरे के लिए अभिशाप कैसे हो सकती हैं। जैसे हम स्वच्छन्द उड़ते हैं और अपनी उड़ान के स्थगित होने की पीड़ा भोगते हैं, हमें बिना स्थगन और पीड़ाओं के ख़याल के दूसरों की उड़ान में उम्मीद कायम रखना चाहिए। 'परिन्दे' (1957) अँधेरों के कुहासे, अकेलेपन की पीड़ा, प्रेम की वंचित आर्त पुकार, नियति के निरुपायबोध के बीच एक अन्य और बिलकुल नई स्वच्छन्द उड़ान की उम्मीद को बचाए रखती तथा अपने नीरव अन्त से उसे नई ध्वनियों की सम्भावनाओं को सौंपती कहानी है।

पहाड़ी क़स्बे में स्थित लड़कियों के एक आवासीय कॉन्वेंट स्कूल के कुछ चरित्रों के जीवन की यंत्रणाएँ वहाँ के परिवेश और मौसम के उतार-चढ़ाव में कुछ इस क़दर सनी हुई हैं कि जीवन की अपने आसपास से गहरी संलग्नता भी आलोकित हो उठती है। कहानी में यूँ तो केन्द्रीय चरित्र के रूप में स्कूल की अध्यापिका लतिका ही है पर जूली की मौजूदगी एक प्रतिकेन्द्र की तरह है। जूली सीनियर कक्षा की छात्रा है। लतिका को जूली के कुमाऊँ रेज़िमेंट के किसी अफ़सर के साथ सम्पर्कों की भनक है। उसी का एक पत्र जूली को आया है जो अभी लतिका के पास ही है। अभी स्कूल में सर्दियों की छुट्टियाँ होनेवाली हैं, लतिका के अलावा सभी लड़कियाँ व अध्यापक अपने घर चले जाएँगे। इन दिनों एक प्रश्न से लतिका का सामना कभी भी होता है—मिस लतिका आप छुट्टियों में घर नहीं जा रहीं? यह प्रश्न यद्यपि है बेहद कठिन और लतिका के अनुत्तरित

रहने के अलावा एक सरल बहाना कभी उत्तर-सा बनने की बेमानी कोशिश करता है—आई लव द स्नो फॉल। क्या सचमुच लतिका को गिरती हुई बर्फ़ देखने से इतना प्रेम है कि वह पूरे स्कूल के ख़ाली हो जाने पर भी वहीं रुकी रहती है या यह किसी प्रेम की स्मृति में अपने को फिर-फिर खोना और अतृप्त आकांक्षाओं की नियति को सुलगते हुए अनुभव करने का अकेलेपन का कोई सुख है। लतिका पिछले तीन बरस से छुट्टियों में नहीं जाती। घर नहीं जाने के तेज़ धारदार सवाल का उत्तर देने की हिम्मत लतिका में नहीं है। दूसरे के जीवन मर्म को नहीं समझनेवाले लोगों के दुनियावी प्रश्न बड़े अजीब, सतही और अकसर छिछले ही होते हैं। हालाँकि लतिका को ऐसे प्रश्नों की आदत-सी हो गई है। पर पूछनेवाला यदि डॉक्टर मुकर्जी हो—आप इस छुट्टियों में भी यहीं रहेंगी; तब।

लतिका के अलावा छुट्टियों में वहाँ डॉक्टर मुकर्जी ही रुकते हैं। दोनों के रुकने की नितान्त निजी वजहें हैं जिनका परस्पर कोई सम्बन्ध नहीं। दोनों की नियति में ही कोई सूत्र भले जुड़ता हो और जिसे दुनियावी दृष्टि का छिछोरापन नहीं समझ सकता। तभी तो फ़ादर एलमंड को दोनों को लेकर एक संशय है। डॉक्टर मुकर्जी आधे बर्मी हैं। वे चिकित्सक हैं और प्राइवेट प्रैक्टिस के अलावा स्कूल में पढ़ाते भी हैं। वे मरने से पहले एक दफ़ा बर्मा जाना चाहते हैं। वे यहाँ रहकर भी पूरी तरह यहाँ नहीं रह पाते। हालाँकि लौटकर जाना सिर्फ़ आकांक्षा में ही बचा है। सच तो यह है कि वे भी मानते हैं कि अब वहाँ जाकर उन्हें कौन पहचानेगा। पर इस नहीं पहचानने से अपने घर लौटने की अदम्य इच्छा कमज़ोर नहीं पड़ती। वे कहते भी हैं—होम सिकनेस ही एक ऐसी बीमारी है जिसका इलाज करना किसी डॉक्टर के वश की बात नहीं। डॉक्टर मुकर्जी ने लतिका से इस बार भी यहीं रहने का सवाल आख़िरी रात में पूछा। अगले दिन प्रतिवर्ष की परम्परानुसार चर्च में प्रार्थना, फ़ादर एलमंड का सम्बोधन, मिस्टर ह्यूबर्ट का संगीत फिर खुले मैदान में एक पिकनिक के समापन के साथ सब अपने घरों को लौट जाते हैं, रह जाते हैं डॉक्टर मुकर्जी और अब तीन बरसों से लतिका इस आख़िरी रात में लड़कियाँ एक कमरे में एकत्र होकर गाने का कार्यक्रम रखती हैं जिसमें दूसरे ब्लॉक में रहनेवाली जूली भी शामिल है। इन लड़कियों का शोरगुल सुनकर लतिका उन्हें हिदायत देने के बाद डॉक्टर मुकर्जी व ह्यूबर्ट के साथ एक संक्षिप्त बैठक में शामिल होती है। वे तीनों, लतिका-डॉक्टर मुकर्जी-मिस्टर ह्यूबर्ट अपनी-अपनी निजी दुनिया के बन्द दरवाज़ों से थोड़ी-सी देर के लिए थोड़े ही सही, निकलकर एक संवाद और एक मौन का पुल निर्मित करते हैं। हालाँकि डॉक्टर मुकर्जी एक छोटी-सी पुलिया मिस लतिका और मिस्टर ह्यूबर्ट के पास जाने और दोनों से अलग-अलग दोनों के बारे में बात करने के लिए भी बना लेते हैं। इस पुलिया से वे दूसरों के बारे में अपनी राय, अपना विश्लेषण तो देते ही हैं, इससे ज़्यादा परायी जगह पर अपने होने की पीड़ा को भी बहा देते हैं—एक अजनबी की हैसियत से परायी ज़मीन पर मर जाना काफ़ी ख़ौफ़नाक बात है। अपने अकेलेपन में सिमटी लतिका से, मन ही मन लतिका से प्रेम करते ह्यूबर्ट को लेकर और दमे की बीमारी से ग्रस्त ह्यूबर्ट से उम्र को लाँघती लतिका के बारे में डॉक्टर मुकर्जी की बातें जितनी उन दोनों के बारे में रहती हैं उससे कहीं ज़्यादा अपनी विस्मृत होती पीड़ा को याद करने के बारे में।

ह्यूबर्ट का जीवन भी अकेलेपन और अब किंचित् दमे की बीमारी में किसी बड़ी बीमारी की आशंका देख निरीह-सा लगता है। लतिका के प्रति लगाव ही शायद वह मज़बूत तिनका है जिसे पकड़कर ह्यूबर्ट का जीवन बह रहा है। लेकिन छुट्टियों के ठीक पहले की यह रात भी इस तिनके को ही बहा ले जाती है जब लतिका के जाने के बाद मुकर्जी और ह्यूबर्ट दोनों की बातचीत जारी रहती है और मेजर गिरीश नेगी व लतिका के प्रेम के बारे में मुकर्जी ह्यूबर्ट से अब तक का रहस्य उजागर कर देते हैं। ह्यूबर्ट ने कुछ दिन पहले लतिका को पत्र लिखकर प्रणय निवेदन किया था। लतिका से उम्र में पर्याप्त बड़े ह्यूबर्ट को लतिका का गिरीश से प्रेम व गिरीश की मृत्यु को जानना ग्लानि और क्षोभ से भर देता है। अकेली लतिका में ह्यूबर्ट ने अपने अकेलेपन के विलीन होने की जिस आकांक्षा को जन्मते हुए महसूस किया होगा वह इतनी कम उम्र और ग्लानि देनेवाली होगी, ह्यूबर्ट ने नहीं सोचा होगा।

लतिका के बारे में सबसे ज़्यादा और सही डॉक्टर मुकर्जी ही जानते हैं, बाक़ी लोगों का जानना अफ़वाहों के मार्फ़त ही ज़्यादा है और इसीलिए उसमें किसी की वैयक्तिकता की गहन परतों के प्रति उत्सुक संवेदना न होकर दूसरों को बताने की व्यग्र गरमाहट ज़्यादा रहती है। डॉक्टर मुकर्जी के हवाले से लतिका को जानना दरअसल प्रेम की सघन अनुभूतियों से साक्षात्कार ही है। क़स्बे में स्थित आर्मी रेजिमेंट के क्लब में लतिका से मेजर गिरीश नेगी का परिचय डॉक्टर मुकर्जी ने ही कराया था। यह परिचय दो प्रेमियों की जीवन्तता के कुछ लम्हों में बदल जाता है। समर्पण, निष्ठा, जी लेने की आकांक्षा के साथ लतिका और गिरीश जीते हैं। दोनों की निजी जीवन लय एक सम्भाव्य संगीत के स्वप्न में तिरोहित होकर एक नई आकांक्षा लय को जन्म देती है। एक-दूसरे से जितनी बातें दोनों करते हैं उससे कहीं ज़्यादा बातें उन्हें परस्पर सुनाई देती हैं। प्रेम में घटित के सीमित में अघटित का असीमित अपनी उन्मुक्त जगह बनाता चला जाता है। हमेशा दुहराया जाता मौसम, स्वच्छन्द उड़ान में दिखाई देते पक्षी, प्रेम को जगह देकर जैसे समय से याचना करते वृक्ष, बारिश, धूप, दोपहर, शाम, उजाला, अँधेरा सब के सब इस नई अनुभूति में कितने नये व अभी-अभी और सिर्फ़ इसीलिए आए हुए से लगते हैं। गिरीश को अचानक कश्मीर जाना पड़ता है और वहीं उसकी जीवन लीला समाप्त हो जाती है। पर अब तक जीवन अकेले का नहीं रह गया था। कम से कम लतिका का अब का जीवन तो यही प्रमाणित करता है। कहने को वह अपने दुःख से थोड़ी बाहर आ रही है पर यह दुःख को बाहर नहीं आने की एक चेष्टा के अलावा कुछ भी नहीं है।

अतीत की छायाओं को हटाकर एक जीवन हमें वर्तमान में जीना होता है, यह स्थगित जीवन ही है और इसी की उम्मीद हमसे की जाती है, भले ही यह एकदम विरल और अर्थहीन ही होता है। स्मृतियों के साथ गुँथा एक जीवन और भी होता है, हम अन्ततः जैसे हैं स्मृतियों में शेष चीज़ों की वजह से ही हैं। बीते हुए को एक संशय की तरह ही मानने के हम इस क़दर अभ्यस्त होते हैं कि उसमें बसी निश्छल कामनाओं के सिरे से किसी को देख पाना मुमकिन नहीं रह जाता। यथार्थ के प्रति हमारा अतिशय आग्रह बीत चुके यथार्थ से निकले हुए स्वप्नों तक को बेरहमी से रौंदने का काम करता है। और जो

ऐसा किसी भी स्थिति में नहीं कर रहे होते हैं उन्हें हम बेवक़ूफ़ और बचकाना कहने में क़तई संकोच नहीं करते।

लतिका के पास गिरीश के साथ बिताए हुए पलों की स्मृतियाँ इतनी सघन और जीवन्त हैं कि वह उसका बड़ा यथार्थ ही हैं। इन स्मृतियों में नहीं जिए गए की ढेर सारी कल्पनाएँ भी हैं, वे कैसे इस यथार्थ से अलग हो सकती हैं। अब जो जीवन है वह बीत चुके के अनिवार्यतः अवदान से निर्मित है। वर्तमान की सभी सचाइयाँ अतीत में घटित से बहुत छोटी हैं इतनी कि लतिका की दृष्टि में उनका कोई ख़ास आकर्षण नहीं है। "मरनेवाले के साथ नहीं मरा जाता" या "कभी-कभी मैं सोचता हूँ, मिस लतिका, किसी चीज़ को न जानना यदि ग़लत है, तो जान-बूझकर न भूल पाना, हमेशा जोंक की तरह चिपटे रहना, यह भी ग़लत है" जैसे डॉक्टर मुकर्जी के विश्लेषण भले ही जीवन की समझदार व व्यावहारिक उक्तियाँ हो सकती हैं लेकिन लतिका के जिए हुए की निपटता के सामने ये कितनी फीकी और बेमानी सी लगती हैं।

लतिका जिस अतीत को जी रही है, वह भी जानती है कि उसका आवेग अब मद्धिम-सा हो चला है जैसे वह घटित को नहीं घटित की स्मृति को याद कर रही हो। यहीं उसकी छटपटाहट अतीत को उसी रूप में महसूस करने की ओर प्रवृत्त हो उठती है। यही वह स्थिति है जो लतिका में जीवनाकांक्षा बचाए रखती है। और यहीं से लतिका की निजता का निरुपायबोध दूसरे के अतिक्रमण से मुक्त हो पाता है। जूली को आए पत्र के बारे में थोड़ी-सी तफ़्तीश करने के बाद लतिका सोचने लगती है—"अपने अभाव का बदला क्या मैं दूसरों से ले रही हूँ।" अगले दिन सभी को जाना है। रात में लतिका दबे पाँव जूली के कमरे में जाकर उसके तकिए के नीचे उसे आया पत्र रख आती है। स्मृतियों में जी रही लतिका उम्मीद को देख रही है।

पहाड़ों पर आते-जाते परिन्दों को देखकर "लतिका को याद आया, हर साल सरदी की छुट्टियों से पहले ये परिन्दे मैदानों की ओर उड़ते हैं, कुछ दिनों के लिए बीच के इस पहाड़ी स्टेशन पर बसेरा करते हैं, प्रतीक्षा करते हैं बर्फ़ के दिनों की, जब वे नीचे अजनबी, अनजाने देशों में उड़ जाएँगे। क्या वे सब भी प्रतीक्षा कर रहे हैं—वह, डॉक्टर मुकर्जी, मिस्टर ह्यूबर्ट! लेकिन कहाँ के लिए, हम कहाँ जाएँगे?" क्या हम सब किन्हीं उड़ानों की प्रतीक्षा में ही अपनी ज़िन्दगी नहीं जीते? कहाँ जाएँगे इसकी परवाह किए बिना। लतिका के प्रश्न भले ही उसके हिस्से आए अभावों की तरह ही उत्तर के अभाव में रहें लेकिन जूली की उड़ान की उम्मीद देख पाना भी एक अर्थ में अभावों को विरल ही करता है। अभाव, विरलता, अकेलापन, संशय की मौजूदगी इतने भरे-पूरे, सघन, सम्बद्ध और मुक्त भाव से इस कहानी में रही है कि जैसे बिलकुल अभी इस कहानी को पढ़ने पर ही हम इनके वास्तविक अर्थ महसूस कर पा रहे हैं, इनके बारे में जो भी हम अब तक जानते रहे हैं वह कितना अधूरा व एकांगी था।

परिन्दे के पहले हमारी कहानी का एक निश्चित-सा पैटर्न बन गया था जिसमें 'बाहर' कुछ ज़्यादा ही मुखर था, भीतर की सूक्ष्म और असली हलचलों को जाने बिना हम कुछ निष्कर्षों को पा लेना ही कहानी का सच मानते थे। रिश्तों के तनाव, अकेलेपन के अनेक नितान्त निजी सन्दर्भ, परिवेश से गहरी संलग्नता, होने की नीरवता, स्मृतियों

और स्वप्नों के हिस्से ही रहे जीवन सच इस कहानी में आकर इसे नवीनता देते हैं। पूर्व की कहानी से अप्रत्याशित तौर पर भिन्न और एकदम ताज़े अनुभव परिन्दे में साकार होते हैं। कहानीपन की नई तथा उर्वर सम्भावनाओं को विन्यस्त करती इस कहानी के हिस्से प्रशंसाओं और निन्दाओं के कई पाठ आए हैं। मूर्धन्य आलोचक नामवर सिंह ने हिन्दी की पहली नई कहानी जब इसे माना तब से अनेक पाठ-कुपाठ परिन्दे के हुए हैं जिनमें कहानी के पाठ से ज़्यादा अपने आग्रहों और आलोचकीय मुद्रा का बखान मिलता है। इस सन्दर्भ में निर्मल वर्मा का कम्युनिस्ट और उत्तर कम्युनिस्ट जीवन ही केन्द्रीय भूमिका में रहा बजाय हिन्दी के अप्रतिम गल्पकार के लेखन को जानने के किसी आलोचकीय उपक्रम के। हालाँकि हिन्दी लेखन की आलोचना के बारे में यह सामान्य बात है। कहानी और उपन्यास लेखन के अलावा निर्मल वर्मा ने अपने व्यापक चिन्तन से एक बड़े भारतीय बौद्धिक होने की वैश्विक पहचान अर्जित की जो उनके समय के हिन्दी लेखकों में विरल ही है, उनके निबन्ध इसका साक्ष्य हैं। कुपाठों और दुर्व्याख्यायों के जोखिम के मध्य उनका बौद्धिक उपक्रम जिस नैतिक दायित्वबोध के साथ निरन्तर रहा उसने भी बहुतों को विचलित ही किया। निर्मल जैसे रचना और विचार दोनों में सृजनात्मक और मौलिक, चिन्तनशील और नैतिक, स्मृतिसम्पन्न और कल्पनाशील लेखक कम ही होते हैं इसीलिए बहुसंख्यक मीडियाकर विश्लेषकों को वे कैसे सुहाएँगे।

किसी रचना की वह कौन-सी शक्ति है जिसकी दरकार आम पाठक को रहती होगी, जिसके पास रचना की विधागत समझ कम या नहीं ही होती है। इसी से जुड़ा हुआ सवाल 'साहित्य होने' का भी है। हमें आलोचकीय पाठों से विलग किंचित् सरल उपक्रमों से साहित्य के असली और बुनियादी सवालों के उत्तर भी खोजने चाहिए अन्यथा हम साहित्य को पाठ्यक्रमों तक सीमित और वास्तविक जीवन से विमुख ही कर रहे होंगे। इस सन्दर्भ में यदि हम परिन्दे को पढ़ें तो लगता है कि एक सामान्य पाठक को भी जीवन की निजता के सघन क्षणों का अहसास देने के साथ ही यह कहानी अपनी होनी से दूसरे की अनहोनी के बेमानी भय से मुक्ति का निष्कलुष वृत्तान्त रचती है। परिन्दे पाँच-छह दशकों बाद भी यदि यह कर पाने की उतनी ही उत्कट शक्ति अब भी रखती है तो पाठों-कुपाठों से विलग हम उसे एक नये अनुभव की तरह ही पढ़ सकते हैं।

जहाँ लक्ष्मी क़ैद है

राजेन्द्र यादव

पुरुष आश्रित नारी विमर्श का स्वर

दिविक रमेश

राजेन्द्र यादव की सवा सौ से अधिक कहानियों में से अनेक कहानियाँ चर्चित हैं। उनमें 'जहाँ लक्ष्मी क़ैद है' का स्थान उनकी सर्वाधिक चर्चित और महत्त्वपूर्ण कहानियों में माना गया है। उनके एक कहानी-संग्रह का नाम भी 'जहाँ लक्ष्मी क़ैद है', जो 1957 में प्रकाशित हुआ था। इससे पहले उनके तीन और संग्रह प्रकाशित हो चुके थे—रेखाएँ, लहरें और परछाइयाँ (1949), देवताओं की मूर्तियाँ (1952) तथा खेल-खिलौने (1954)। इस कहानी का प्रारम्भ, कहानीकार ने टिप्पणी देते हुए किया है, जिसका स्रोत प्रेमचन्द के कहानी लेखन में ढूँढ़ा जा सकता है। मानो टिप्पणी रूपी डुगडुगी बजाकर लेखक पाठकों का ध्यान खींचकर बताना चाहता हो कि आओ आओ कहानी सुनानेवाला आया है। कहानीकार सावधान करना चाहता है कि भले ही इस कहानी के दो पात्र 'लक्ष्मी' और 'गोविन्द' क्यों न हों पर यह कहानी लक्ष्मी और विष्णु की न होकर मानव-पात्रों की है। वैसे इस टिप्पणी से किसी उद्‌देश्य की पूर्ति नहीं होती। बस एक चमत्कार भर सा सृजित होकर बुझ जाता है। निबन्ध की शैली में लेखक ने प्रारम्भ में ही कहानी का सारांश भी दे दिया है—कहानी 'लक्ष्मी नाम की एक ऐसी लड़की के बारे में है जो अपनी क़ैद से छूटना चाहती है।' इससे भ्रम हो सकता है कि पहले विषय सोच लिया गया होगा, फिर कहानी गढ़ी गई होगी।

यह कहानी एक सवाल पर समाप्त हो जाती है। हम देख सकते हैं कि गोविन्द जो कहानी में युवा मध्यवर्गीय युवापीढ़ी का प्रतिनिधित्व करता है। उसमें आक्रोश तो है लेकिन कुछ कर गुज़रने का विद्रोहात्मक जज़्बा नहीं है। उसका सवाल भले ही सोचने पर मजबूर करता हो लेकिन उसे नपुंसक और दिशाहीन ही सिद्ध करता है। यह बात अलग है कि शिल्प की दृष्टि से इस प्रकार का अन्त पहले की उस कहानी परम्परा से हटकर है जो लेखकीय समाधान साथ लेकर आती थी। इस प्रकार का अन्त, एक प्रकार से पाठकों को कहानी की समाप्ति के बाद भी कहानी में बनाए रखता है। वैसे यदि हम राजेन्द्र यादव के व्यक्तित्व को सामने रखकर देखें तो भी इस कहानी के गोविन्द का ऐसा ही अन्त होना स्वाभाविक था। उन्होंने 'औरों के बहाने' में लिखा भी है कि "ईमानदार कथा लेखक औरों के यानी पात्रों के बहाने अपनी ही बात कहता है।" इसके साथ ही उन्होंने 'काँटे की बात' (न लिखने का कारण) में भी लिखा है कि "साहित्य यातना

यानी संघर्ष की चेतना हो सकती है। ख़ुद संघर्ष नहीं है। वह यथास्थिति का विरोध या उसके प्रति विद्रोह नहीं होता।" राजेन्द्र यादव की कहानियों के सन्दर्भ में कहा जा सकता है कि उनके लिए कदाचित् कहानी के लेखक के अपने जीवन-सन्दर्भ, उनकी अपनी वैचारिक दृष्टि और रचनात्मक तैयारी उत्तरदायी हैं। राजेन्द्र यादव शहरों में ही रहे हैं। एक सुशिक्षित मध्यवर्गीय परिवार में उनका जन्म हुआ था। भरे-पूरे संयुक्त परिवार में रहने के कारण उन्हें विभिन्न मानव-चरित्रों को जानने-समझने के अवसर भी मिले। उनका विवाह भी अन्तर्जातीय प्रेम विवाह था। अर्थोपार्जन के लिए जीवन में संघर्ष भी किया। पर अपनी सोच के विरुद्ध समझौतों से दूर रहे। इस सबका प्रभाव उनकी रचनाओं में झलकना स्वाभाविक है। अच्छी बात यह है कि राजेन्द्र यादव के स्त्री पात्र अत्याचार को आँख मूँदकर सहन नहीं करते अपितु उसके विरुद्ध आवाज़ उठाते हैं। युवती सुलभ सहज कामवासना के (अपने अन्धविश्वासी और धनलोलुप पिता के कारण) जबरन अभाव से पीड़ित लक्ष्मी का अपने पिता को यह कहना कि 'ले, तूने मुझे अपने लिए रखा है। मुझे खा, मुझे चबा, मुझे भोग...!' भले ही असहज चमत्कार या अपवाद की श्रेणी की घटना लगती हो लेकिन है नारी का पुरुष के प्रति विरोध का अपूर्व स्वर ही। इस घटना को कहानी का क्लाइमैक्स कहा जा सकता है। और लगता है कि इसी के इर्द-गिर्द कहानी का पूरा ताना-बाना बुना गया है।

स्वातंत्र्योत्तर हिन्दी कहानी में विवादों के बावजूद कथाकार राजेन्द्र यादव का स्थान, 'नई कहानी' के कहानीकार के रूप में सुनिश्चित माना जाता है। वस्तुतः नये कहानीकारों के रूप में मोहन राकेश, कमलेश्वर और राजेन्द्र यादव की तिकड़ी प्रसिद्ध रही है जो अपने समय के बड़े आलोचक नामवर सिंह की अवहेलना करते हुए आगे बढ़े। 'नई कहानी : सफलता और सार्थकता' नामक अपने लेख में नामवर सिंह जी ने लिखा है—"किसी आलोचक ने बिलकुल ठीक लिखा है कि राजेन्द्र यादव का लेखन बहुत उलझा हुआ होता है। यह बात राजेन्द्र यादव के शिल्प के बारे में जितनी सच है। उतनी ही वस्तु के बारे में भी। शायद इसीलिए वे प्रायः चक्करदार शिल्प गढ़ने के चक्कर में रहते हैं और उनकी भाषा की पेचीदगी भी सम्भवतः इसी का परिणाम है। 'खेल खिलौने' से लेकर 'जहाँ लक्ष्मी क़ैद है' तक में इसी पेचीदगी और उलझन को देखा जा सकता है।...जो कुछ हाथ लग जाए या दृष्टि में पड़ जाए वह सब सार्थक नहीं है। हर घटना में अन्तर्विरोध को लक्षित करना एक बात है लेकिन युग के मुख्य अन्तर्विरोध के प्रवाह में सार्थक घटनाओं को लक्षित करना बिलकुल दूसरी बात है।" राजेन्द्र यादव ने भी स्वीकार किया है कि "अपनी ही बात या अनुभव को अभिव्यक्ति देने के प्रभावशाली कोण की तलाश में ही मैंने कहानियाँ लिखी हैं।" (हिन्दी संघ समाचार, मार्च-अप्रैल-मई-2014)।

'जहाँ लक्ष्मी क़ैद है' के शिल्प में कहीं लोककथा शैली का उपयोग किया है तो कहीं पात्रों, ख़ासकर गोविन्द की मनःस्थिति को सामने लाने के लिए उसकी हरकतों, उसके मस्तिष्क में चलनेवाली उठा-पटक को विस्तार (कहीं-कहीं तो अत्यधिक विस्तार) से प्रस्तुत किया है। इस कारण कई बार कहानी के प्रवाह में बाधा उत्पन्न हुई है। असल में ऐसे स्थल रहस्य गढ़ने के नाम पर ग़ैरज़रूरी वर्णनों से बोझिल हो उठते हैं। कुछ वर्णन अटपटे भी लग सकते हैं, जैसे—"वह जब-जब इन पंक्तियों को पढ़ता तब-तब

उसका सिर इस तरह चकाराने लगता जैसे किसी दस मंज़िले मकान से नीचे झाँक रहा हो।" कहीं तो भाषा का स्तर भी (पात्रानुकूल कहे जाने, और ऐक्टराना अन्दाज़ कहे जाने के बावजूद) काफ़ी सस्ता लग सकता है जिससे कहानी की गम्भीरता चटककर रह जाती है। जैसे प्रमुख पात्र गोविन्द का यह संवाद, "अरे लक्ष्मी जालिम, एक झलक तो दिखा देती..." इस संवाद की भाषा उस समय के निर्मल वर्मा, भीष्म साहनी आदि कहानीकारों की संवेदनशील भाषा से अलग है। फिर भी इतना तो कहना ही पड़ेगा कि इस कहानी में अनेक ऐसे स्थल हैं जहाँ परिवेश और अपवादस्वरूप आए अन्तर्द्वंद्व को उभारने में भाषा सार्थक सिद्ध हुई है। यूँ कहानी में प्राय: वर्णन हावी है। राजेन्द्र यादव ने अपने ऊपर लगे अति शिल्पाग्रही होने के आरोप का भी जवाब दिया है। उनका कहना है कि "पूरे सिलसिले को देखे बिना कई लोगों ने शिल्पवादी या न जाने क्या-क्या आरोप लगाए हैं, अपने भीतर के नाटक को दर्शक की तरह देखता, उसी में हिस्सा लेता या खोया हुआ आदमी हो सकता है बहुत पारदर्शी न हो, लेकिन मुझे लगता है अपने लेखन के साथ ही मेरे सम्बन्ध बहुत सीधे और उदार रहे हैं शायद मेरे लिए कहानियाँ नहीं, उनके पीछे और आसपास के अनुभव के क्षण ही अधिक प्रिय हैं।" देवीशंकर अवस्थी ने 'नई कहानी : सन्दर्भ और प्रकृति' में लिखा है—"कहानी में प्रतीक का उपयोग हो सकता है लेकिन वे रहस्यपूर्ण न होकर अर्थ के विस्तार के लिए होते हैं। अनुभव की वास्तविकता को अधिक से अधिक घटित करने के लिए।"

जैसा कि पूर्व में उल्लेख किया गया कि यह कहानी एक जवान लड़की 'लक्ष्मी' की है, जो अपने ही व्यापारी पिता की क़ैद में है और क़ैद से छूटने के लिए तत्पर है। हालाँकि यह नई कहानी के एक प्रिय सरोकार 'स्त्री-पुरुष' सम्बन्धों के दायरे में कही जा सकती है। लेकिन इसके विषय का फैलाव इसे कुछ अलग विशेषताओं से भी मंडित किए हुए है। एक ही कहानी में जहाँ एक ओर युवती की सहज यौन-आवश्यकता के दमन से उपजी उसकी असहज और बेचैन मानसिकता का चित्रण है। यही कहानी का प्रमुख सरोकार भी है तो दूसरी ओर एक मध्यवर्गीय युवक की समझौतावादी प्रवृत्ति का चित्रण है। कहानी का एक तीसरा आयाम भी है जिसमें युवती के धनी लेकिन कंजूस पिता की अपने धन के प्रति आसक्ति के एक ऐसे चरम रूप का भी चित्रण है जो अन्धविश्वास की बुनियाद पर न केवल टिका है बल्कि उसकी अमानवीय छवि का भी द्योतक है। इस तीसरे आयाम के आधार पर, यह भी कहा जा सकता है कि लक्ष्मी पूँजीवादी व्यवस्था में नारी की शोषित स्थिति का प्रतिनिधित्व भी करती है। इसी आयाम में समाज में मिलनेवाले आसपास के अधिकतर तमासबीनों का भी चित्रण है। इस तरह यह कहानी अनेक अर्थ-स्तरों पर चलती है। वहाँ टूटते हुए मानवीय मूल्यों का यथार्थ भी है और बदले हुए सामाजिक परिवेश में नैतिकता की उड़ती धज्जियाँ भी हैं। और सबके बीच से सहज उभरती हुई एक विचार दृष्टि भी है जो प्रगतिशीलता की बुनियाद से जन्मी है। अपने कथ्य में भले ही यह कहानी असाधारण (और कभी-कभी गढ़ी हुई, अविश्त्रसनीय और चैंकानेवाली भी) प्रतीत होती हो लेकिन प्रभाव के स्तर पर हमारे आसपास व्याप्त कुछ साधारण प्रतीतियों को भी उजागर करती चलती है। अपने अन्त की दृष्टि से भी यह कहानी पहले की समाधान-प्रिय और एक पंथगामी कहानियों की

राह से हटकर है क्योंकि यह पाठक को एक प्रश्न के साथ छोड़ देती है। उसकी बुद्धि में विश्वास रखते हुए।

वस्तुतः यह कहानी निजी और सामूहिक मानव-मनोविज्ञान की पटरियों पर साथ-साथ चलती है। पहले की कहानियों की तरह मात्र किसी एक पटरी पर नहीं। दूसरे शब्दों में कहूँ तो राजेन्द्र यादव की अन्य कहानियों की तरह इस कहानी में भी एक ओर व्यक्तिगत स्तर पर मानसिक भीतरी संघर्ष अभिव्यक्त हुआ है तो दूसरी ओर परिवेश का अपना यथार्थ, अपनी विडम्बना और जटिलता भी प्रस्तुत हुई है। अतः कथानक में बुनी गई महीन-महीन 'डिटेल्स' (विवरण) कहानी के प्रायः अनिवार्य अंग के रूप में भी कहे जा सकते हैं। कहा गया है कि राजेन्द्र यादव ने अपनी कहानियों के माध्यम से, अन्य नये कहानीकारों के साथ स्थिर हो चुकी रुपात्मकता को तोड़ा है। नया शिल्प दिया है। लेकिन कथा-प्रयोग की दृष्टि से उनका स्थान सर्वोपरि है। निःसन्देह राजेन्द्र यादव की कहानियों का विषयगत फ़लक काफ़ी विस्तृत है। उन्होंने अपनी कहानियों के माध्यम से राजनीतिक, धार्मिक, आर्थिक, सामाजिक स्तर पर होनेवाले परिवर्तन तथा मोहभंग की स्थितियों को उपस्थित किया है। लेकिन व्यक्ति चरित्र पर उनकी निगाह पैनी रही है। हर वर्ग से पात्र लिये हैं। नारी की अस्मिता और पुरुष की खोखली सोच पर उन्होंने निरन्तर प्रहार किया है। उनके कहानी-लेखन के मर्म को जानने के लिए यह भी जानना होगा कि वे मानते थे कि उनका लेखन यथार्थ पर टिका है। यथार्थ-बोध के सम्बन्ध में उनकी मान्यता है कि "जो कुछ हमारे संवेदन के वृत्त में आ गया है। वही हमारा यथार्थ है—लेकिन इस यथार्थ को कलात्मक और प्रामाणिक रूप से सम्प्रेषणीय बनाने के लिए ज़रूरी है कि हम इसे अपने से हटकर या उठकर देख सकें, उसे माध्यम की तरह इस्तेमाल कर सकें।" यूँ तो राजेन्द्र यादव के पूरे कथा-साहित्य और चिन्तनपरक लेखों में आज की नारी को सही आवाज़ देने का प्रयत्न मिलता है। लेकिन उनकी अनेक कहानियाँ हैं जिनमें विशेष रूप से स्त्री पात्रों का प्रमुख अस्तित्व है। पुरुष प्रधान संस्कृति में नारी की सत्ता को नकारनेवाले प्रपंच और उनसे उपजी समस्याओं पर निगाह डालनेवाले कहानीकारों में उनका स्थान काफ़ी ऊँचा है। इस दृष्टि से 'जहाँ लक्ष्मी क़ैद है' के साथ-साथ उनकी अन्य कहानियों जैसे 'प्रतीक्षा', 'एक कमज़ोर लड़की की कहानी', 'एक कटी हुई कहानी', 'लौटते हुए', 'खुलेपंख : टूटे डैने', 'अनुपस्थित सम्बोधन', 'खेल-खिलौने', 'लकड़हारा' आदि कहानियों को पढ़ा जा सकता है कि उन्होंने नारी के जीवन से सम्बद्ध कितने ही प्रामाणिक पहलुओं पर गहरी दृष्टि डालते हुए नारी के पराधीन अस्तित्व से मुक्त होने की छटपटाहट को रेखांकित किया है। उनकी कहानियों में नारी के विविध रूप मिलते हैं। एक आकलन के अनुसार अकेलापन, संत्रास, अजनबीपन से व्यथित नारी, विवाह पूर्व प्रेम से डरती नारी की विवशता तथा सचाई से भागने की कोशिश, उन्मुक्त, स्वच्छंद नारी, परित्यक्ता नारी की अन्तर्व्यथा, विधवा नारी की छटपटाहट, अन्धविश्वास के कटघरे में नारी की स्थिति, अस्वीकृत प्रेम से विकल नारी, अर्थलोलुप पति के गिरफ़्त में नारी, समलैंगिक सम्बन्ध, भग्नाशा की शिकार नारी आदि रूपों को यादव जी ने नारी के सम्पूर्ण व्यक्तित्व को प्रतिष्ठित किया है।

'काँटे की बात' (भाग-तीन) में उन्होंने अपनी दृष्टि का परिचय देते हुए लिखा

है—"भारतीय समाज में न नारी का अपना कोई व्यक्तित्व रहा है न जाति। वह ऐसा रत्न है जिसे कहीं से भी उठाया जा सकता है और जिसके पास है उसकी सम्पत्ति। वह व्यक्ति नहीं चीज़ है जिसे लूटा, छीना और नष्ट किया जा सकता है। ख़रीदा और बेचा जा सकता है।" उनका यह कथन 'लक्ष्मी' पर भी लागू होता है। जहाँ तक 'जहाँ लक्ष्मी क़ैद है' की लक्ष्मी का प्रश्न है। उसमें, जैसा कि पहले संकेत दिया जा चुका है विद्रोह का स्वर तो है लेकिन विडम्बना यह है कि उसे 'पुरुष' (रूपालाल) के शोषण से अपनी मुक्ति का मार्ग 'पुरुष' (गोविन्द) से होकर ही नज़र आता है। अत: इस कहानी का 'नारी विमर्श' पुरुष आश्रित ही है। साफ़ है कि लेखक के पास यथास्थिति (अनुभव विशेष) के लिए तो शब्दों का भंडार है लेकिन स्पष्ट 'दृष्टि' के अभाव में यथास्थिति को तहस-नहस करने विद्रोहात्मक स्वर भी अपने अपेक्षित रूप में नहीं है। हाँ, इस कहानी को हम बदले समाज में रिश्तों की जटिलता, स्वहित तक सीमित व्यक्ति की अमानवीयता और पीड़ित तक के सन्दर्भ में निरपेक्ष सी दिखनेवाली प्रवृत्ति को समझने की दृष्टि से अवश्य एक महत्त्वपूर्ण कहानी कह सकते हैं।

नई कहानी में प्रेमचन्द के संकल्प

भरत प्रसाद

भारतवर्ष सदियों से आंचलिक, ग्रामीण और स्थानीय संस्कृतियों का महादेश रहा है। आज़ादी के पूर्व इस मुल्क की ज़मीनी, प्रामाणिक और स्थायी तस्वीर 'गाँवों का देश' की ही उभरती है। यह अकारण नहीं कि बांग्ला, उड़िया, कन्नड़, हिन्दी, पंजाबी या मलयालम का अधिकांश साहित्य आंचलिक सभ्यता या ग्रामीण आबोहवा, रंग, स्वाद, गंध और असीमित जीवन संघर्षों से पूर्ण है। हिन्दी कथा-साहित्य की शुरुआत ही ग्रामीण सभ्यता के विषम यथार्थ और चकित करनेवाले मानवीय चरित्रों को स्थापित करने की रचनाकांक्षा के कारण हुई। स्वाधीनता के बाद कहानी 'नई कहानी आन्दोलन' के माध्यम से शहरवादी, नगरोन्मुख और आधुनिकतामय होती है। कमलेश्वर, मोहन राकेश और राजेन्द्र यादव जो कि नई कहानी के प्रारम्भकर्ता माने गए हैं, क़स्बों और शहरों में पनप रही नई प्रवृत्तियों, मनोग्रंथियों, चारित्रिक जटिलताओं, पारिवारिक विखंडन और सामाजिक बदलावों को क़लमबद्ध करते हैं। इसी त्रयी के समानान्तर मार्कण्डेय, शिवप्रसाद सिंह और शेखर जोशी जैसे चन्द सजग चेतना सम्पन्न कहानीकार भी थे, जो कहानी के नगरीकरण से मोहग्रस्त न होकर स्वाधीनोत्तर भारत की परिवर्तित होती ग्रामीण-संस्कृति को पुनर्सृजित कर रहे थे।

शिवप्रसाद सिंह की कहानी 'कर्मनाशा की हार' अपनी बनावट और बुनावट दोनों में आंचलिक सत्य कथा जैसी है। बिहार, उत्तर प्रदेश और मध्य प्रदेश ही नहीं—मैदानी भारतवर्ष के लगभग प्रत्येक प्रान्त में ऐसे असंख्य गाँव मिल जाएँगे जहाँ अशिक्षा, अज्ञानता, अन्धविश्वास, जादू-टोना-टोटका, झाड़-फूँक, तंत्र-मंत्र, बलिप्रथा इत्यादि मायावी सत्ता की तरह पसरी हुई हैं। सच कहिए तो भारत का प्रत्येक गाँव जातिवाद, धर्मान्धता, जादू-टोना और सामन्तवाद की निर्मम गिरफ़्त में सदियों से जी रहा है। निश्चय ही 'कर्मनाशा की हार' कहानी मात्र नई डीह गाँव की एकान्तित कथा नहीं है। केवल नाम बदल दीजिए, चरित्रों के चेहरे बदल दीजिए और जगह को परिवर्तित कर दीजिए—आपको दैवी चमत्कारों के पीछे पागल वही गँवई भारतीय, निर्दोष औरत पर जुल्म बरसाता वही सामन्ती पुरुष-समाज और झाड़-फूँक, अन्धविश्वास के आतंक में किंकर्तव्यविमूढ़ वही मनुष्य क़दम-क़दम पर मिल जाएगा।

कहानी की मूल कथा में प्रान्त बिहार का एक पिछड़ा हुआ गाँव 'नई डीह', जिससे

ठीक लगी हुई कर्मनाशा नदी बहती है। 'नई डीह' इस नदी के कगार पर, एक किनारे की ऊँचाई पर बसा हुआ है। कर्मनाशा में बाढ़ का आना और नई डीह गाँव की नींव दरकना कोई नई बात नहीं। एक चुनौतीहीन, प्रश्नरहित प्रथा ही बन चुकी है—कर्मनाशा के लिए पशु बलि या नर बलि। इस बलि को हासिल कर ही कर्मनाशा की भूख मिटती है, वरना तो वह पूरा गाँव निगलने पर आमादा। एक बार नदी में इसी तरह बाढ़ आई तो उसे पाँच बकरों की बलि चढ़ानी पड़ी, उस पर भी नदी का तेवर बुलन्द—सोखा ने फिर एक अन्धी लड़की, एक अपाहिज बुढ़िया नदी की प्रचंड धारा को भेंट की। अर्थात् बाढ़ जब-जब आएगी, कुछ जानवर, कोई न कोई लाचार निर्दोष मानव नदी की भेंट चढ़ेगा अवश्य—यह सोखा का हुक्म है। उस हुक्म को अपने अधिकार के ज़ोर से लागू करता है—मुखिया। नई डीह का एक बुज़ुर्ग चेहरा—ईसुर भगत, जिसने सोखा की भविष्यवाणी गाँव में फैला डाली कि "इस मौसम पानी कुछ इस क़दर बरसेगा कि परलय मचेगी, कुछ भी न बचेगा, कुच्छ भी।" सर्वनाश तय। रोम-रोम से अन्धविश्वासों में पलता, जीता गाँव काँप जाता है—सोखा की इस भयावह भविष्यवाणी से। इसी बीच ईसुर भगत की तरह अन्धविश्वास में टूटकर विश्वास करनेवाली धनेसरा चाची समाचार फैला डालती है कि गाँव की फुलमतिया, जो कि विधवा है, ने एक लड़के को जनम दिया है। यह तो सरेआम किया गया पाप है। गाँव के पाप के कारण ही बार-बार नदी में बाढ़ आ रही है।

इस बार कारण है अवैध बच्चा जननेवाली फुलमतिया। फिर मुखिया फ़ैसला ले लेता है कि जब तक फुलमतिया की अवैध सन्तान नदी की भेंट नहीं चढ़ जाती, तब तक गाँव का बचना नामुमकिन है। बाढ़ सैकड़ों फन काढ़े लपलपा रही है नई डीह की ओर, दम-पर-दम। फुलमतिया अपने फूल सरीखे बच्चे को कंधे पर उठाए ले चलती है नदी के तट पर। भीड़ मुर्दा मूर्तियों की जमात की तरह खड़ी हो गई है तमाशा देखने के लिए। परम मूर्खता, धर्मान्धता और सड़ती हुई सामन्तशाही के साक्षात् प्रतीक बन चुके नई डीह के मनुष्य शिशु बलि का उत्सव मनानेवाले हैं। बच्चा अब चढ़ा कि तब चढ़ा लहरों की भेंट कि तब तक भैरो पांडे की आहट। लपकते हैं और छीन लेते हैं—फुलमतिया के बच्चे को उसकी जार-जार आँसू रोती माँ से। सबको विश्वास हो गया कि अब तो बलि पुकारनेवाली कर्मनाशा की जीत पक्की। मिलने ही वाली है उसे वह माँग, जिसे पाकर ही वह शान्त होती है। मगर यह क्या हक़ीक़त कुछ और चमत्कार दिखा रही है—भैरो पांडे तनकर खड़े हो जाते हैं—कर्मनाशा और मुखिया के सामने और अभय वाणी में बोलते हैं—"मेरी राय पूछते हो मुखिया जी? तो सुनो, कर्मनाशा की बाढ़ दुधमुँहे बच्चे और एक अबला की बलि देने से नहीं रुकेगी। उसके लिए तुम्हें पसीना बहाकर बाँधों को ठीक करना होगा...कुलदीप कायर हो सकता है, वह अपने बहू-बच्चे को छोड़कर भाग सकता है, किन्तु मैं कायर नहीं हूँ। मेरे जीते-जी बच्चे और उसकी माँ का कोई बाल भी बाँका नहीं कर सकता...समझे।" (चर्चित कहानियाँ : शिवप्रसाद सिंह, पृ. 70)

कहानी के अन्त में आया हुआ यह क्रान्तिकारी मोड़ है—भैरो पांडे का डटकर खड़ा होना, कर्मनाशा की दुर्शक्ति के ख़िलाफ़। कुलदीप भैरो पांडे का छोटा भाई, जो प्रेम कर बैठा—गाँव की लड़की फुलमतिया से। शादी होना तो कल्पनालोक की बात, पर फुलमतिया के प्रति अपनत्व की लपट ऐसी कि बिन ब्याही पत्नी बना लेता है

फुलमतिया को। कुलदीप उच्च जाति का, ब्राह्मण समाज का है—फुलमतिया दलित की कन्या—पर होनी को कौन टाल सका? इंसपेक्टरनुमा अपने बड़े भाई के लाख डाँटने, धमकाने, अगिया बैताल होने के बावजूद दोनों का नैसर्गिक आकर्षण परवान चढ़ता है। भैरो पांडे अपनी मर्यादा, मान-सम्मान बचाने की सारी जद्दोजहद के बावजूद पराजित...। फुलमतिया एक बच्चे को जन्म देती है। कुलदीप बड़े भाई के महाभय से घर-गाँव छोड़कर कहीं दूर अंचल में भाग जाता है।

वैसे तो कहानी 'कर्मनाशा की हार' अपनी बनक में ग्रामीण भारत की अनेक विकृतियों, जड़ता, कूपमंडूपता और सड़ चुकी रूढ़ि-कथा लिये है। किन्तु उन सबमें सबसे भयानक है—बेइंतहा अन्धविश्वास। इसकी माया-छाया और आतंक इस क़दर व्याप्त है कि सदियों से मरणासन्न पड़ी छटपटा रही है—ग्रामीण भारत की अन्तरात्मा। अन्धविश्वास की सारी शक्ति, सारी माया उसके अलौकिक, अन्तर्यामी और जादुई होने में है। भारत का आम नागरिक रहस्य, चमत्कार, अध्यात्म, पारलौकिकता और जादूवाद में बेपनाह आस्था रखता है। प्रस्तुत कहानी में पूरा का पूरा गाँव गहनतम अन्धविश्वास के नशे में डूबा है, सिवाय भैरो पांडे के। गाँव के मुखिया, ओझा, ईसुर भगत, धनेसरा चाची, जगेसर पांडे सब। वैसे शिवप्रसाद सिंह ने इन अन्धविश्वासी चरित्रों को अपनी संक्षिप्त नकारात्मक भूमिकाएँ ही निभाते हुए दिखाया है, परन्तु उतने में ही ये अपनी कुबुद्धि की आग भयावह रूप से लहका देते हैं। देवी-देवताओं को गद्गद करने के लिए बलिप्रथा भारतवर्ष की हज़ारों साल पुरानी बीमारी है। ईसुर भगत की धर्मान्धी मूर्खता का उदाहरण देखिए—"इतना पानी गिरेगा कि तीन घड़े भर जाएँगे, आदमी—मवेशी की क्षय होगी, चारों ओर हाहाकार मच जाएगा, परलय होगी।" (वही, पृ. 61)

ग्रामीण समाज की कायर बुद्धिमानी का एक नमूना यह कि जब आफत दूसरे पर आती है, तो वह मज़ा और तमाशा होता है और जब अपने सिर पर बीतती है—तब अन्याय, शोषण और ग़ैरमनुष्यता। धनेसरा चाची अधेड़ हैं, स्त्री स्वभाव से समृद्ध हैं। औरत की ग़ुलामी, बेबसी, अन्तर्पीड़ा, पराजय, गूँगेपन और अपमान को ख़ूब सहा है, जाना और भोगा है—फिर भी मनुष्यता अन्तर्मन में नहीं है। भारत में स्त्रियों की अमिट ग़ुलामी के जितने कारण पुरुष हैं, उससे तनिक भी कम स्त्रियाँ नहीं। कई बार पुरुष को अपना जल्लादपन, यमराजी प्रवृत्ति और पापी व्यक्तित्व समय रहते समझ में आ जाता है, परन्तु अनपढ़, अशिक्षित, अन्धविश्वासी स्त्रियाँ नैतिकता, मूल्य, कल्याण, दैवी रक्षा इत्यादि की छद्म पैरोकारी करने लगती हैं—तो जुल्म ढाने में पुरुष को भी पीछे छोड़ देती हैं। धनेसरा चाची के इस विषवाक्य को देखें—"परलय न होगी, तब क्या बरक्कत होगी? हे भगवान जिस गाँव में ऐसा पाप करम होगा, वह बहेगा नहीं, तब क्या बचेगा?" (वही, पृ. 61)

इसमें तनिक भी आश्चर्य नहीं कि नई डीह गाँव क्रूरतम सामाजिक व्यवस्था और जाति-प्रथा से जकड़ा हुआ है। ग्रामीण सभ्यता की नींव में दो चट्टानें सर्वाधिक गहरी हैं—जाति और धर्म। कहने की बात यह नहीं कि न केवल 'नई डीह' बल्कि भारत के अधिकांश गाँवों की जड़ता, कलह, वैमनस्य और पिछड़ेपन का कारण भी यही है। प्रस्तुत कहानी में इस जातीय आतंक और जड़ता का पहला शिकार बनता है—भैरो पांडे का

भाई कुलदीप और दलित युवती फुलमतिया। आज भी भारतीय गाँवों में अन्तर्जातीय प्रेम विवाह दूर की कौड़ी है। एक ही गाँव के युवक-युवती के बीच प्रेम विवाह हो जाना तो और भी असम्भव। इज़्ज़त, मान-मर्यादा, स्वाभिमान, कुल-ख़ानदान का रुतबा सब इसी सगोत्रीय, सजातीय, समकक्षी विवाह की अभेद्य परम्परा पर टिका हुआ है। 'कर्मनाशा की हार' कहानी की मूल समस्या अन्धविश्वास के घुप्प अन्धकार के साथ-साथ विवाह परम्परा की कठोरता और महाजड़ता भी है। कुलदीप नई पीढ़ी का है, बदलावधर्मी सोच है उसकी। फुलमतिया से न सिर्फ़ सच्चा प्यार करता है, बल्कि फुलमतिया से सार्वजनिक तौर पर विवाह भी करना चाहता है—मगर बीच की दीवाल, काँटों का जंगल और खाई जैसे हैं बड़े भाई भैरो पांडे, जिन्होंने कुलदीप को पाला-पोसा, अपने हाथों से निवाला दिया और शिक्षित भी किया है। बड़े भाई के एहसान तले दबा कुलदीप अपने प्रेम की बलि चढ़ा देता है। जातीय श्रेष्ठता के अहंकार में डूबे-उतराते भैरो पांडे अपनी अकड़ का ऐसा पाठ पढ़ाते हैं कि कुलदीप दूसरे ही दिन गाँव से पलायन कर जाता है—"पापी नीच, भैरो पांडे के हाथ की पाँचों उँगलियाँ कुलदीप के चेहरे पर उभर आईं। 'मैं सोचता था तू ठीक हो जाएगा।' पांडे क्रोध से काँप रहे थे, 'लेकिन नहीं, तू मेरी हत्या करने पर तुल ही गया है।' वे फुलमतिया की ओर घूमकर चिल्लाए—"क्या खड़ी है—डायन, भाग नहीं तो तेरा गला घोंटकर इसी पानी में फेंक दूँगा।" (वही, पृ. 68) जातीयता से ग्रस्त होते हुए भी भैरो पांडे में मानवीय हृदय की नैसर्गिक धधक बची हुई है। तमाम डाँट-डपट और गालियों के बीच उनका दिल भाई और फुलमतिया के लिए भी नरम है। वे क्षण भर के लिए ही सही दोनों के विवाह की कल्पना ले आते हैं ज़ेहन में, मगर शर्त वही की वही, अटूट, अनम्य, अपरिवर्तनीय—"काश फुलमतिया अपनी ही जाति की होती।" (वही, पृ. 67)

हिन्दी कहानी की परम्परा में 'कर्मनाशा की हार' स्थायी मूल्य की रचना है, तो इसका कारण यह नहीं कि भारत के ग्रामीण मानस की हक़ीक़त को उजागर किया है या मनुष्यता के किंकर्तव्यविमूढ़ हो जाने की भयानक परिणति को साकार किया गया है। बल्कि, उसके स्थायी महत्त्व का कारण इनसानियत, करुणा, क्षमा, परदुखकातरता और सत्साहस की निर्णायक विजय और अपनी सारी माया, शक्ति, विस्तार और अन्धकार के बावजूद विकृति, क्रूरता, जड़ता और ग़ैर मनुष्यता की निर्णायक पराजय है। शिवप्रसाद सिंह ऐसे दौर के कथाकार रहे, जब हिन्दी कहानी अतिशय यथार्थपरस्त होने लगी थी। 'कर्मनाशा की हार' में फुलमतिया के बच्चे को नदी की लहरों से बचा लेना, कथाकार की क़लम का जीतना है। बेहतरी की महक, मनुष्यता की उम्मीद और उजास का सपना देखना कभी मद्धिम नहीं होना चाहिए। कथाशिल्पी शिवप्रसाद सिंह ने कहानी-संग्रह 'कर्मनाशा की हार' की भूमिका में लिखा है—"मनुष्य और उसकी ज़िन्दगी के प्रति मुझे मोह है, जो अपने अस्तित्व को उबारने के लिए विविध प्रकार के क्षेत्र में विरोधी शक्तियों से जूझ रहा है। अन्धविश्वास, उपेक्षा, विवशता, प्रताड़ना, अतृप्ति, शोषण, राजनीतिक भ्रष्टाचार और क्षुद्र स्वार्थान्धता के नीचे पिसता हुआ भी—जो अपने सामाजिक और वैयक्तिक हक़ के लिए लड़ता है, हँसता है, रोता है। बार-बार गिरकर भी जो अपने लक्ष्य से मुँह नहीं मोड़ता...।" यथार्थ की ज़मीन और यथार्थ के साहित्य में यही मूलभूत

फ़र्क़ है। यथार्थ में आँखें नहीं होती, उसे आँखें देता है—दर्शन और साहित्य। यथार्थ 'है' से आवृत्त है, जबकि साहित्य उसे 'होना चाहिए' से सम्पन्न करता है। भैरो पांडे में ऐन वक़्त वह उदग्र करुणा जाग जाती है, जिसके बूते मानव सभ्यता सदियों से विकसित हो रही है, बची हुई है। जाति, धर्म, विश्वास, आस्था, मर्यादा, संस्कार, सामाजिकता से आगे और अपूर्व है—नैसर्गिक मानवीयता, सहृदयता, करुणा और क्षमाशीलता। क्या भैरो पांडे के अन्तस्थल में मामूली युद्ध न मचा होगा, फुलमतिया को अपने छोटे भाई की पत्नी स्वीकार करते हुए। बच्चे को अपने परिवार का ख़ून मानने से पहले। निश्चय ही एक असाधारण और कतिपय अविश्वसनीय किन्तु बेमिसाल क़दम ने भैरो पांडे को मिसाल बना दिया। नई कहानी के वे ऐसे सुदृढ़ व अडिग उदाहरण हैं, जिनकी महत्ता, व्यक्तित्व और क़ीमत कभी भी कम पड़नेवाली नहीं। यह कहानी 'प्रेमचन्द के संकल्प का नवजागरण' भी कही जा सकती है।

'कर्मनाशा की हार' कहानी अपनी भाषाई सहजता, कथा की प्रवाहमयता और चरित्रों की जीवन्तता के कारण अमिट छाप छोड़ती है। सभी ग्रामीण, आंचलिक दुनिया के चेहरे हैं, सब में निःसंकोच मुखरता है। धनेसरा चाची और भैरो पांडे जिस तेवर और ठसक में बोलते हैं, वह यक़ीनन देहाती आदमी का विशुद्ध अन्दाज़ होता है। शिवप्रसाद सिंह ने ऐसे गँवई चरित्रों को न सिर्फ़ जाना-समझा, बल्कि जीवन के विकास के लिए इनको भीतर जीने की शर्त बनाया, इन्हें बसाया अन्तरात्मा में और इनके गूढ़, जटिल मनोविज्ञान से साक्षात्कार भी किया। ग्रामीण चरित्रों की वाणी में प्रायः द्विअर्थी होती है। वे जो कह रहे होते हैं, उसका ठीक-ठीक वही और उतना ही अर्थ नहीं होता। उनके कहने की मंशा, निहितार्थ कुछ और होता है। घुटे हुए गँवई चरित्रों की वाणी में व्यंजनाशक्ति प्रबल, मारक और अचूक होती है। कहानी का कथानक भाव-स्फीति से आप्लावित है। लगभग सभी एक-दूसरे पर व्यंग्य कसने, लांछन लगाने और ईर्ष्या करने की मानसिकता में डूबे हुए हैं। धनेसरा चाची को इसकी चिन्ता नहीं कि फुलमतिया की इज़्ज़त सरेआम घसीटने से क्या होगा, उसे बस इससे मतलब है कि उसकी दंभपूर्ण मान-मर्यादा का आतंक गाँव में बना रहे। नदी की बाढ़ और उसके प्रलयंकर रूप का फुलमतिया के नवजात शिशु से क्या सम्बन्ध? परन्तु धनेसरा चाची अन्धविश्वास की पत्थर मूर्तियों के भीतर यह अज्ञानता भर देती हैं कि भैरो पांडे के छोटे भाई कुलदीप से बच्चा पैदा कर फुलमतिया ने अक्षम्य पाप किया है।

प्रस्तुत कहानी में परिस्थिति और वातावरण के विपरीत ऐसा एक भी वाक्य नहीं, जो कि थोपा गया या कृत्रिम लगता हो। गँवई रंग, अन्दाज़ और अदा में डूबा हुआ भाषा-प्रवाह सहज ही बाँध लेता है। बातें वही, कही-कहाई, सब कुछ जाना-पहचाना सा, अपने आसपास का, अनुभवों से अभिन्न। यह एक चित्र नई डीह गाँव की ठेठ गंध को साकार कर देता है—"लोगों को परलय की सूचना देकर हवा में उड़ते हुए आँचल में बरजोरी बस में करती चाची दूसरे चौराहे की ओर बढ़ चलीं। गाँव का सारा आतंक, भय, पाप उनके पीछे कुत्ते की तरह दुम दबाए चले जा रहे थे।" (वही, पृ. 61) ज़रूरी तौर पर कहा जाना चाहिए कि यह कहानी न केवल प्रभावशाली कलात्मक अन्दाज़ में बल्कि जीवनवादी भाषा के मोहक प्रवाह में वस्तु की संरचना को साकार करती है।

कोसी का घटवार

शेखर जोशी

ग़म-ए-ज़िन्दगी का पहाड़

दिव्यानन्द

शेखर जोशी नई कहानी आन्दोलन की ग्राम केन्द्रित—आंचलिक कथाधारा के कहानीकार माने जाते हैं। 'कोसी का घटवार' वह कहानी है जिससे कथाकार शेखर जोशी का परिचय-वृत्त पूरा होता है। उनका इसी नाम से पहला कहानी-संग्रह 1958 में प्रकाशित हुआ था। जिनकी स्मृति में 'शेखर जोशी' का नाम किसी धुँधली छाया की तरह हो गया हो, वे तस्दीक करने के अन्दाज़ में दरियाफ़्त करते हैं, "वे 'कोसी का घटवार' वाले तो नहीं!" यह कहानी हिन्दी में एक मुहावरा बन चुकी है। शेखर जोशी ने अगर और कुछ न लिखा होता तो भी इस कहानी के भरोसे उनकी याद बनी रह जाती। इसका मानी लेकिन विपर्यय में न लगाया जाए कि यही उनकी एकमात्र बेहतर कहानी है।

कहानी का आरम्भ गोसाईं के मनोजगत की अभिव्यक्ति के साथ होता है। गोसाईं चिलम पीना चाहता है लेकिन उसका मन चिलम में लगता नहीं। कहानी का पहला ही वाक्य बताता है कि गोसाईं का मन पहले से ही उखड़ा हुआ और उद्विग्न है। वह अशान्त है और उससे उबरने का जरिया चिलम में ढूँढ़ना चाहता है लेकिन राहत मिलती नहीं। यह उद्विग्नता पिछले पन्द्रह बरस से तारी है। लेकिन मन की इस उद्विग्नता को दूर करने के लिए वह बेवजह घट में जाकर अनाज को उलटता-पलटता है।

गोसाईं और लछमा एक-दूसरे से प्रेम करते हैं और विवाह करने की सम्मति भी उनमें तय होती है। लेकिन गोसाईं के परिवार में अकेले होने और उसके फ़ौज में होने के कारण लछमा के पिता लछमा का विवाह कहीं और कर देते हैं। लछमा के हठ में गोसाईं ने जीवन भर विवाह नहीं किया। लछमा को न पाने की टीस में उसका भोगा गया अकेलापन औदात्य के सिरे को छूता है। गोसाईं की ज़िद एक मूल्य की तरह स्थापित होती है। कहानी से हम जानते हैं कि ऐसे ज़िद का स्थापति एक निहायत सामान्य जीवन जीनेवाला आदमी है जो अपनी साधारणता में असाधारणता को सहेज लेता है। वैसे ही जैसे गाड़ीवान हिरामन बैलों पर बड़बड़ाते हुए 'तीसरी क़सम' खा लेता है। पढ़े-लिखे तबके को बहुधा यह चकित करनेवाली बात लगती है। यह चकित होना या अतिरिक्त रूप से मुग्ध होना उनकी भव्य वैचारिक दुनिया में ऐसे मूल्यों के अभाव की ओर इशारा करती है। हमें यह समझना चाहिए कि अपने और आसपास के जीवन में दिख रहा यह अभाव ही है जो हमें अतिरिक्त मुग्ध बनाता है।

प्रेम और उससे जुड़े मुख़्तलिफ़ पक्षों और नज़रियों पर लिखने-पढ़ने वालों की एक दुनिया है। उनके पास इतनी सहूलियत और सलाहियत है कि वे वक़्त निकालकर इसके बारे में 'अलग से' सोच लें। गोसाईं इसको अलग से नहीं सोच पाता। प्रेम का वह भाव उसके जीवन से इतना अभिन्न है कि उसे अलग से कहने या सोचने की दरकार नहीं होती। वह एक जीवन चुन लेता है। और ऐसे चुने हुए जीवन की कमाई बहुधा गुप्त रखनी होती है। इस क़दर गुप्त कि कई दफ़ा उससे भी छुपाने की नौबत आती है जिससे हम प्रेम करते हैं। घट में लछमा पिसान के लिए आई है। उस समय के कई दृश्य हैं जिनमें घटना-प्रसंग की कई कायिक, भाषिक स्थितियों में भावों को छिपाने, झुठलाने का जतन उनके प्रेम के सौन्दर्य और दु:ख को एक साथ ज़ाहिर करता है। लछमा रोती है लेकिन रोने से ज़्यादा जब्त करती है। गोसाईं गुज़िश्ता वक़्त के हर सिम्त को कुरेदना चाहता है लेकिन पतली सींक से आग कुरेदता है। वह लछमा के सामने होने पर इधर-उधर देखता है और जाती हुई लछमा को पहाड़ी के मोड़ तक टकटकी बाँधे देखता है। प्रेम के इस औदात्य का हासिल गोसाईं को आत्म-निर्वासन में मिलता है। अपनी दायमी ख़ामोशी में उसे मथानी के पानी काटने की आवाज़ और काठ के चिड़ियों की किट-किट सुनाई देती है। भीतर की निस्तब्धता बाहर के शोर को स्पष्ट बनाती है।

लछमा के पिता की सोच है कि एक अकेले और लाम पर जीनेवाले के जीवन का क्या ही भरोसा! किसी पिता की ऐसी समझ निर्दोष न सही लेकिन संतति के भविष्य को सुरक्षित देखने से जुड़ी है। लेकिन उसी पिता के निर्णय की विडम्बना हम लछमा के वैधव्य में पाते हैं। कहानी कई मरहले पर मानवीय जीवन पर पड़ती विडम्बनाओं की छाया को हमारी निगाहों में रौशन करती चलती है। जो बहुत सयाने ढंग से जीवन के फ़ैसले लेते हैं, विडम्बनाएँ वहाँ भी घास की तरह ख़ामोशी से चिपक जाती हैं।

राम सिंह से लछमा के विवाह की ख़बर मिलने के बाद गोसाईं ने फ़ौज की नौकरी से छुट्टी नहीं ली। अपने पूर्व सम्बन्धो की दुनिया से वह विरक्त हो गया। यह विरक्ति रिटायर होने के बाद भी बनी रही। उसने अपना रहवास भी गाँव से बाहर घट में बनाया। गोसाईं सबके जीवन से स्वयं कट जाता है। लेकिन लछमा वैधव्य के बाद की सामाजिक अभियांत्रिकी में अपने कौटुंबिक जीवन से सयत्न काट दी जाती है। ससुराल में जेठ-जेठानी से वह किसी तरह पिंड छुड़ाती है और अपने मायके में काका-काकी की आँख में खटकने लगती है। विधवाओं के मामले में हमारा समाज इतना उदार है कि जो विधवाएँ वृन्दावन या बनारस का रुख़ नहीं कर पातीं, उनके लिए अपने ही गाँव-घर में वृन्दावन या बनारस गढ़ दिया जाता है। ऐसे कि—(क) आप घर में रहिए लेकिन घर के मामलों से अलग रहिए। (ख) किसी क़िस्म की सांसारिक आसक्ति आपको शोभा नहीं देती। और (ग) हो सके तो स्वावलम्बन धर्म सीखिए।

हिन्दू धर्म का एक स्वतंत्र आकलन इससे भी किया जाना चाहिए कि उसने अपनी ही विधवाओं के साथ कैसा क्रूर व्यवहार किया है! इनका जीवन बसाने की जगह उसने इनके लिए 'नगर' बसाए। और उसे धर्म क्षेत्र घोषित किया। यही वह धर्म है जिसमें कोई दो बार जन्म ले लेता है और विधवाएँ मृत्यु से पहले ही मृत्यु तुल्य जीवन भोगने को विवश कर दी जाती हैं। लछमा के मन में ख़याल आता है कि यदि उसको बेटा न होता

तो वह कहीं डूबकर अपने इस जीवन का अन्त कर लेती। यह ख़याल मृत्यु पूर्व मृत्यु तुल्य जीवन है। कहानी अपने पूरे कहन में जो क्षोभ हमारे भीतर पैदा करती है, वह नहीं करती, यदि कोई अनावश्यक क्रान्तिकारिता घटित होते हम इस कहानी में देख लेते। इससे साबित होता है, समाज की समझ ही काफ़ी नहीं है—उसे बताने का सलीका और धैर्य भी होना चाहिए। समझदार हैं लेकिन कहने में अलबला गए तो बात का असर चूक जाएगा। कहानी-कला के इस संयम को वो ही बेहतर समझ सकते हैं जो जानते थे कि कहीं फिसलना नहीं है लेकिन न चाहते हुए भी ज़ोर जाता रहा और क़लम कहीं बहक गई। कहानीकार वहाँ किसी हड़बड़ी या ख़ामख़याली में नहीं है। आहिस्ते-आहिस्ते गुमार से चलते हुए वह कहानी को पार लगा जाता है। और इसलिए जिसे अरस्तू 'फ़ाइनल कॉज' कहते हैं, उसे यह कहानी अपने लिए पूरा करती है।

प्रेम कहानी का एक रोमांचक मोड़ तो ये है कि पुराने, बिछड़े प्रेमी हठात आमने-सामने पड़ जाएँ। लेकिन कहानी में ऐसी स्थिति बनने पर कुछ ऐसा नहीं होता जिसे रोमांचक कहा जाए। निहायत ही सादे और उदास ढंग से घटनाएँ सरकती जाती हैं और हमें अपने भीतर महसूस होता है कि देखते-ही-देखते कुछ बहुत ही ग़लत हो गया। कहानी प्रेम के दो रूपों को दिखाती है। एक प्रेम के शुरुआती दिन हैं जिसमें दोनों साथ-साथ जीने-मरने की क़समें खाते हैं। एक उम्र होती जिसमें ज़िन्दगी की जटिलताओं और विडम्बनाओं के अन्देशे कम हुआ करते हैं। इसी उम्र में वादे किए जाते हैं और क़समें खाई जाती हैं। लछमा और गोसाईं की यही उम्र है। उनकी क़समें पूरी नहीं हो पातीं और फिर प्रेम के लिए हमें गोसाईं का त्याग विस्मित करता है। त्याग करना उसके बस में था। लछमा के बस में ये भी नहीं था।

गोसाईं का कोई परिवार नहीं है। लछमा का वैधव्य के बाद भी एक परिवार है। लेकिन पहुँचते दोनों एक ही नियति-बिन्दु पर हैं। वह नियति-बिन्दु उनके अकेलेपन का टापू है। गोसाईं अपने चयन से वहाँ पहुँचता है। लछमा का कोई चयन ही नहीं है। वह वहाँ पहुँचा दी जाती है। वह गोसाईं से विवाह क़ी क़समें खाती है लेकिन उसके पिता रामसिंह को उसके लिए पति चुनते हैं। रामसिंह की मृत्यु हो जाती है और जिसके जीवन के सम्बन्ध में लछमा के पिता अन्देशा ज़ाहिर करते हैं, वह गोसाईं पन्द्रह साल बाद लछमा को एक सूखती जा रही नदी के सूने घट में घटवार बना मिलता है। दोनों एक-दूसरे के प्रारब्ध पर विस्मित हैं। विवश और अनचाहे जीवन को जीते ये दो पात्र जहाँ मिलते हैं, वहाँ थोड़ी देर में एक बच्चा भी पहुँचता है। घुटन से भर दिए गए सामाजिक जीवन में किसी बेहतर कल की सम्भावना की तरह!

लछमा गोसाईं से कुछ भी लेने से इनकार करती है। प्रेम का अपना स्वाभिमान होता है जो 'किशोर उम्र के मीठे सपने से कहीं बड़ा' होता है। और गोसाईं चुराकर उसकी मदद करता है। यह किसी तरह प्रेमी के काम आने की इच्छा का प्रतिफलन है। उसके जीवन-संघर्ष में थोड़ा ही सही हाथ बँटाने के हसरत से भरी मानवीय सदिच्छा! लछमा के पास देने के लिए सिवाय इसके और कुछ नहीं कि वो चाय चढ़ा दे या दो रोटी साधिकार सेंक दे। ऋतुपर्णो घोष की 2004 में 'ओ हेनरी' से प्रेरित फ़िल्म 'रेनकोट' के उन दृश्यों को याद कीजिए जब नायक क़र्ज़े लिये हुए रकम को नायिका की चादर के

नीचे दबा देता है और नायिका उसके रेनकोट में अपने गहने की पोटली डाल देती है। अपनी स्थितियों को एक-दूसरे से छिपाकर परस्पर उत्कर्ष की भावना से भरे ये हमारे आसपास की दुनिया के किरदार जीवन में इसलिए अकेले रह जाते हैं क्योंकि विवाह में सुरक्षा की भावना दोनों जगह एक जैसी है। सुरक्षा की यह भावना हमारे मनोजगत के भय का प्रतिरूप है जो सम्भव सुन्दर को भी कई बार कुरूप बना देता है।

कहानी में परिवेश की बुनावट सघन है। जहाँ पात्र नहीं बोलते वहाँ वातावरण आगे बढ़कर कहानी की डोर थाम लेता है। आपको कहानी में स्थिति के अनुसार अंग्रेज़ी (सैन्य जीवन के शब्द), कुमाऊँनी के शब्द मिलते हैं जो जीवन और पात्र को परस्पर एक करते चलते हैं। कहानी के एक बड़े हिस्से में पूर्वदीप्ति (फ़्लैशबैक) का प्रयोग है। हिन्दी कहानी में इस तकनीक का सफल इतिहास 'उसने कहा था'(1915) से मिलता है। मूलतः यह एक सिने तकनीक है। शेखर जोशी की कहानियों में मुख्य पात्र का परिचय प्रायः आरम्भ में ही मिलता है। ज़्यादातर कहानियों की शुरुआत उन्हीं से होती है। पात्र के संक्षिप्त परिचय के बाद उसके आसपास का वातावरण सघन होना शुरू होता है। वातावरण की यह सघनता किरदार के पहचान को हमारी निगाह में और तरल बनाती जाती है। हमें लगने लगता है कि अब हम इसे समझने लगे हैं। कहानी में मुख्य पात्र दो ही हैं। इससे कथा में सघनता की सृष्टि करने में कथाकार को सहूलियत हासिल हुई है। कहानी अंचल विशेष की है लेकिन इससे कहानी की भाषा पर कोई ख़ास प्रभाव नहीं पड़ा है। कुछेक शब्दों मसलन मिहल, घट, गुल, मथानी आदि स्थानीय शब्द के रूप में प्रयुक्त हुए हैं। कुछ अंग्रेज़ी शब्दों का इस्तेमाल आर्मी के वातावरण की माँग के हिसाब से किया गया है। इसके अलावा भाषा ऐसी है जिसे हम खड़ी बोली हिन्दी कहते हैं।

अब तक कहानी की उस रूप में ही चर्चा की है जिस रूप में वह जानी जाती है। लेकिन प्रेम के पक्ष के अलावे भी हमें इसे पढ़ना चाहिए। प्रायः सभी आलोचकों ने इस कहानी को प्रेम कहानी ही माना है और इसी रूप में इसकी व्याख्या भी हमारे सामने उपलब्ध है। किन्तु प्रेम के माध्यम से कहानी पहाड़ के औपनिवेशिक सत्य को भी हमारे सामने लाती है। और कहानी का वह पक्ष प्रायः हमारे विचार तन्तु का हिस्सा अब तक नहीं बन पाया। इसकी अपनी वजहें हैं। प्रेम, त्याग, करुणा के रोमान में बहकर देखने की आदतों के हम मारे हुए हैं। प्रेम, त्याग, करुणा सांस्कृतिक मानस के प्रौढ़ बिन्दु हैं किन्तु इनके रोमान में रह जाना सुविधाजनक समझ के दायरे में हमें क़ैद कर देता है। मसलन, मीरा को समझने की एक ज़िद्दी शुरुआत में लम्बे अरसे तक हमने यही माना कि कृष्ण उसके साध्य हैं कृष्ण उनके लिए साधन थे। उसका साध्य था—आत्म प्रकाश! वहाँ प्रेम या भक्ति महज़ फॉर्मेट है। आप जानते हैं, भक्ति उस वक़्त में एक सुलभ माध्यम थी जो थोड़ा ही सही उनके लिए रास्ता खोलती थी, जिनके जीवन-मार्ग सदियों से अवरुद्ध कर दिए गए थे। स्वयं को सृजित करने के ज़रिये को खोजने और पाने की जद्दोजहद की अभिव्यक्ति कंटेंट है। प्रेम और भक्ति पर लहालोट होकर समाज अपना विरेचन कर सकता लेकिन कुछ ठोस पाने की यात्रा और आगे की होती है।

अतः इस कहानी को पहाड़ की पलटन संस्कृति की दृष्टि से भी देखा जा सकता

है। रजवाड़ों, अंग्रेज़ों से लेकार आज की भारतीय सेना के लिए भी पहाड़ सब दिन से फ़ौज में भर्ती का एक बड़ा केन्द्र रहा है। आज की तारीख़ में भी सबसे ज़्यादा सैनिक उत्तराखंड से आते हैं जबकि यह महज़ 13 जनपदों का एक छोटा-सा प्रान्त है। इसकी एक वजह पहाड़ में जीविका के लिए विकल्पों का घनघोर अभाव है। खाने-कमाने की मजबूरी में पहाड़ से लाखों की तादाद में जवान फ़ौज में आते हैं। औपनिवेशिक और आज की सत्ता की सेना में भर्ती और युद्ध हेतु रची गई रणनीति पहाड़ के भोलेपन और उनकी असंख्य असुविधाओं और अभावों पर भारी रही।

गोसाईं भी फ़ौज में धरमसिंह की क्रीज वाली पैंट देखकर ही जाता है। और वापस जीवन भर के अकेलेपन के साथ लौटता है। लछमा के पिता को गोसाईं के लाम पर होने का डर है। और गोसाईं को क्रीज वाली पैंट और तिरछी टोपी पहननी है। गोसाईं फ़ौज में जाता है और लछमा किसी और से ब्याह दी जाती। कुछ दिनों बाद उसका पति मर जाता है। लछमा के जीवन का हासिल क्या रहा! प्रेमी मिला न पति! इन दोनों के प्रेम के बीच में लाम की नौकरी है। इस प्रेम कहानी की पृष्ठभूमि में पहाड़ का युद्ध से जो ऐतिहासिक सम्बन्ध है, उस पर भी विचार किया जाना चाहिए। कहानी को युद्ध का जो सर्वभक्षी इतिहास रहा है, उससे अलग कर नहीं देखा जा सकता। एक प्रेम कहानी होने के साथ-साथ इसमें पलटन-संस्कृति का माहौल भी छाया हुआ है। किसी घने बादल की तरह नहीं बल्कि अरसा गुज़रे किसी हादसे के अनाम साये की तरह, जिसकी स्मृति भी कम लोगों के पास सुरक्षित रह गई हो। कहानी में गोसाईं और लछमा के प्रेम की असफलता उसी त्रासदी का एक रूप है, जिसे शायद भुगतकर भी वे समझने में असमर्थ हैं।

बदबू

शेखर जोशी

शोषण के विरुद्ध वर्गीय चेतना का सपना

दिव्यानन्द

राजेन्द्र यादव द्वारा सम्पादित 'एक दुनिया : समानान्तर' संकलन में सम्पादक के चयन की दृष्टि का पता चलता है। इसमें शेखर जोशी की 'बदबू' कहानी रखी है, 'कोसी का घटवार' नहीं। कहानी उँगली थामकर हमें कहानीकार का पता देती है। शेखर जोशी ने बहुत कम कहानियाँ लिखी हैं। लेकिन इनके कम लिखे को राजेन्द्र यादव ने ही 'हंस' के सम्पादकीय में याद किया और सिलसिला बनाते हुए लिखा कि "चन्द्रधर शर्मा 'गुलेरी', भुवनेश्वर, शेखर जोशी, ज्ञानरंजन और शिवमूर्ति ने हिन्दी साहित्य में अपनी मुख़्तलिफ़ रवायत बनाई कि कम लिखो लेकिन ऐसा कि भीड़ में अलग से नज़र आए।"

'बदबू' (1958 में प्रकाशित संग्रह 'कोसी का घटवार' में संकलित) कहानी एक कामगार युवा की है जो अपने हाथ में केरोसिन की गंध महसूस कर काँप जाता है। लेकिन वह जल्दी ही महसूस करता है कि उसके अहसास ने उसे धोखा दिया। केरोसिन की बदबू अब भी आ रही है। बदबू का अस्तित्व उसे राहत से भर देता है। यह कैसी राहत है? दुनिया-जहान में रोज़-ब-रोज़ कई बातें ऐसी घट रही हैं कि आप बेचैनी को अपने भीतर बढ़ते हुए साफ़-साफ़ महसूस कर सकते हैं। अगर यह महसूस नहीं हो पा रहा तो महसूस करने की वाज़िब सलाहियत से आप महरूम होते जा रहे हैं। इसी महसूस करने की क्षमता के एक क्षण के लिए खो जाने के अन्देशे से वह नौजवान कामगार काँप जाता है। यह काँपना अपने साहस को बचा ले जाना है। हमारे भीतर हिम्मत और हिकमत बची रहे, इसके लिए ऐसे काँपने की दरकार ज़िन्दगी के हर मरहले पर है। खोने के डर का भाव आदिम है। लेकिन आसपास की बदइंतज़ामी ओझल न हो जाए, यह खोने के भय के आदिम रूप का चैतन्य परिष्कार है।

अन्याय का होना प्रतिकार का प्रश्न है लेकिन पहले उसके रूप को महसूस न कर पाना मानवीय बने रह पाने की राह में संकट है। महसूस करने पर रास्ते निकाले जाएँगे। राहों के निकाले जाने की सूरतें बनी रहें, उसके लिए घ्राण शक्ति का बने रहना ज़रूरी है। आचार्य हजारीप्रसाद द्विवेदी ने लिखा कि "हमारे भीतर सभ्यताओं के नाख़ून को काटते रहने की क्षमता बची रह सके, इसलिए नाख़ून का बढ़ते रहना ज़रूरी है! नाख़ून का बढ़ना मनुष्य बने रहने का सतत परीक्षण है।" बदबू को महसूस करना युयुत्सु की तरह अपने भीतर की आवाज़ को सुनना है। इसलिए बदबू को महसूस

करते चले जाने का सिलसिला आपको समाज में, अपने जीवन में अकेला बनाती है। आप उपहास के विषय बनते हैं। जैसे वह कामगार अपने ही लोगों के बीच बनता है। मुक्तिबोध अपनी कहानी 'क्लॉड इथरली' में लिखते हैं, "...जो उसकी आवाज़ बहुत ज़्यादा सुना करता है और वैसा करने लगता है, वह समाज विरोधी तत्त्वों में यों ही शामिल हो जाया करता है। लेकिन जो आदमी आत्मा की आवाज़ ज़रूरत से ज़्यादा सुन करके हमेशा बेचैन रहा करता है और उस बेचैनी में भीतर के हुक्म का पालन करता है, वह निहायत पागल है। पुराने ज़माने में संत हो सकता था। आजकल उसे पागलख़ाने में डाल दिया जाता है।"

नौजवान कामगार का आख़िरी हासिल क्या होता है, कहानी यह नहीं बताती लेकिन कहानी में उसका मज़बूत प्रतिपक्ष उसे हर तरीक़े से तोड़ने पर आमदा है। उससे पूछताछ होती है। कारख़ाने में कामगारों के नियमों में कड़ाई बरती जाने लगती है। नये क़ायदे लादे जाते हैं। उसे अकेला और उसके ही लोगों का विरोधी साबित करने की कोशिश की जाती है। समाज एक भीड़ की शक्ल में ऐसे लोगों से भरा है जो बदबू को आदत में शामिल किए उसे भूले होते हैं। कबीर ने अपने वक़्त की बदबू सूँघी और कहा, "सुखिया सब संसार है, खावै अरु सोवै...!" नौजवान ऐसे ही सुखियों से घिरा है। इसलिए जिसे बदबू नहीं आएगी, वह सुखपने के भ्रम में प्रहसन करेगा। चापलूसी करेगा। इस तरह वह थोड़ी और बदबू इकट्ठी करेगा। कहानी का नौजवान जब बार-बार अपना हाथ मलकर सूँघता है तो आसपास के कामगार उस पर लतीफ़ों के बहाने फब्तियाँ कसते हैं। वे लतीफ़े दुनियावी ढंग से जीने, सोचने और भूलते चले जाने की अवधारणा बनाने के सिद्ध मानक हैं। इन मानकों के सहारे ही प्रगतिगामी क़दमों का विरोध समाज में आसान हो जाता है।

जो चुटकुले सुना रहे हैं और हँस रहे हैं, वे मान चुके हैं कि बदबू अमिट है और क़ाबिले-बर्दाश्त है। वे इस बदबू को बनाए रखनेवाली यथास्थिति को न समझ पानेवाले मूढ़ हैं, इसलिए प्रबन्धन की नज़र में वे भले लोग भी हैं। तुलसीदास की पीड़ा याद कीजिए। उन्होंने अपने-आप को ऐसे ही भले और भोले लोगों से घिरा पाया होगा—"सबसे भले वे मूढ़ जिन्हें न व्यापै जगत गति"। इन भोले लोगों की विरासत इतनी अटूट है कि कबीर, तुलसीदास से लेकर कवि वीरेन डंगवाल तक को सचेत करना पड़ा—"इतने भले मत बन जाना साथी, जितने भले होते हैं सर्कस के हाथी"। महसूस न कर पाने का अर्थ यह भी हुआ कि घ्राण शक्ति न रही। घ्राण शक्ति के न होने से हम यह समझ सकते हैं कि शरीर जो एक इकाई है, उसमें एक अधूरापन आ गया। उसकी एक ज्ञानेन्द्रिय क्रियाहीन हो गई। बदबू को भूल जाना समाज के एक अंग में शिथिलता का आ जाना हुआ। इस शिथिलता को पाश ने समझा, "सबसे ख़तरनाक होता है मुर्दा शान्ति से भर जाना/ना होना तड़प का, सब कुछ सहन कर जाना/घर से निकलना काम पर और काम से लौटकर घर आना/सबसे ख़तरनाक होता है/हमारे सपनों का मर जाना।" हमारे सपने किसी के मारे नहीं मरा करते। हमारी शिथिलताएँ वक़्त से पहले उन्हें नष्ट कर देती हैं।

कहानी में जिस चरित्र का बयान किया गया है, उसका कोई नाम नहीं है। दुनिया की भीड़ में धँसा हुआ वो कोई हो सकता है। अकादमिक आकाश के घुटन भरे अँधेरे

में डूबता जा रहा कोई छात्र या अध्यापक! बहुराष्ट्रीय कम्पनी में काम करते हुए अपनी अना को खोता जा रहा कोई पेशेवर या दुनिया में बदलाव के सपने के साथ दाख़िल होनेवाला कोई नौजवान या इसी तरह कोई और भी—जिसकी ज़िन्दगी एक सुरक्षित दयार की शक्ल में कफ़न बनती जा रही हो। चरित्र के मामले में बरता जानेवाला यह शिल्प बिना कहे व्यक्तिवाचक को जातिवाचक संज्ञा की सीमा में पहुँचा देता है। ऐसे बेनाम किरदार वक़्त पर किसी का भी नाम ओढ़ लेते हैं। वह नाम आपका, हमारा किसी का भी हो जाता है। इस तरह कथाकार हम सबकी कहानी कह जाता है। साहित्य की एक सार्वभौम भूमिका इस रूप में रही है कि वह सही-ग़लत के विवेक को जागृत करे। वह उन कर्तव्यों को चिन्हित करने का प्रयास करे जो दुनिया को बेहतर बनाने के प्रयोजनों से जुड़ी है। कबीर ने सुखियों को लताड़ा और अपने जागने और सिर धुनने की पीड़ा को ज़ाहिर किया। इसमें कबीर नहीं, उन सबकी पीड़ा भी शामिल है, जो अपने प्रयासों को नाकाफ़ी पा अफ़सोस से भरे जा रहे हैं। अपने वक़्त में इसी विडम्बना को तुलसी ने अपने नुक्ते से पहचाना लेकिन तुलसी के मूढ़, मूढ़ ही नहीं होते, चालाक भी होते हैं। और इतने चालाक कि जिनके लिए वसीम बरेलवी ने लिखा, "उसी को जीने का हक़ है जो इस ज़माने में इधर का लगता रहे और उधर का हो जाए।"

लेकिन तुलसीदास का वक़्त हमारे समय के जितना जटिल और बहुतलीय यथार्थ वाला नहीं था। इसलिए जिनकी समाज की गति को बेहतर करने में रुचि नहीं थी, उन्हें कवि ने 'मूढ़' समझा। उस मूढ़ की जात आज भी है लेकिन आज मूढ़पन एक क्राफ्ट है जिसके सहारे हमारे लोग हमें ही दुनियावी बेवकूफ़ साबित कर खल-सुख पाते हैं। कहानी में भी एक ऐसे किरदार से आपकी भेंट होगी जो कामगारों की मीटिंग में भी हिस्सा लेता है और प्रबन्धन का भी चहेता है। 'पाश' ने जिस मुर्दा शान्ति से भर जाने और सपने के मर जाने की बात की, उससे उबरने की राह कबीर के जागनेवाली अकेली रातों की तरफ़ जाती है। इसलिए शेखर जोशी के कारख़ाने का किरदार जब 'बदबू' को महसूस करता है तो स्वतः कबीर, तुलसी, मुक्तिबोध, पाश, वीरेन आदि के पीछे हो चलता है। अपने राह की दुश्वारियों को वह जानता है लेकिन बदबू के न महसूस करने पर विकल होता है। दुनिया में कभी सुनहरा अहद नहीं रहा। जो अगर होता तो इस तरह की खलिश हमारे पुरखों की आवाज़ में नहीं होती। उनकी तड़प हमारे बीच शब्दों के साथ मौजूद है। बदबू से वे भी परेशान रहे थे। उन्होंने बदबू को अपने ढंग से बखाना। कहानी का कारीगर उसे बखानने की राह खोज रहा है।

बदबू को महसूस करना और उसे व्यक्त कर पाने की अभिव्यक्ति के लिए किया जानेवाला संघर्ष भी उस किरदार के हिस्से में है। वह एक माध्यम को भी पाना चाहता है जहाँ वह उनकी भी रिहाई करा सके, जो उसकी ही तरह की अमानवीय स्थिति में फँसे हैं लेकिन उन स्थितियों को समझ नहीं पा रहे। नौजवान कामगार उन तक पहुँचना चाहता है लेकिन उसकी जो भाषा है, शायद वह औरों के लिए अजनबी है। या अपनी भाषा में वह भरोसा नहीं ला पा रहा जो सुननेवाले को रौशनी से भर दे कि वह देख सकें—अपने-आप को, जिसे वे भूले हुए हैं। ऐसा क्या है कि हम अपने ही हितों के लिए खड़े नहीं हो पाते! क्या वह सिर्फ़ व्यवस्था का भय है! ज़ाहिर है कि सत्ता का डर हमें

सताता है लेकिन क्या केवल इतनी-सी बात है! डर हमारे वजूद का एक ज़रूरी हिस्सा बना हुआ है। वह कैसे बना और क्यों कायम है, ये ऐसे सवाल हैं, जिनका जवाब खोजा जाना कारीगर के अकेले पड़ जाने के सिरे से जुड़ता है। सत्ता का ख़ौफ़ एक बाहर की चीज़ है जो हमारे भीतर बिठा दी जाती है। एक अनजाना भय है जो हम अपने भीतर पालते हुए बड़े होते हैं। वह पाया हुआ और पाला हुआ भय बाहरी ख़ौफ़ को पनाह देता है। भय अपने निष्कर्ष में हमें अन्ततः आत्महंता बनाता है। क़ैद दोहरा है, इसलिए मुक्ति भी कठिनतर है। चापलूसी एक मूल्य है जो व्यवस्था में हमेशा से तरजीही सीढ़ी का काम करती है। उसके साथ के कारीगर इसी सीढ़ी को थामे हुए जासूसी करते हैं। ये हमें टुच्ची क़िस्म की हिंसा की ओर धकेलता है। कान भरना, चुगली करना, किसी की बेइज़्ज़ती में सुख पाना—हिंसा के ही रूप हैं।

बदबू वर्गीय चेतना की कहानी है जिसका प्लॉट कारख़ाने से उठाया गया। हिन्दी में कारख़ाने के जीवन पर लिखनेवाले बराए-नाम हैं। शेखर जोशी ने जितनी कहानियाँ लिखी हैं, उसका एक बड़ा हिस्सा कारख़ाने की ज़िन्दगी के नाम मंसूब है। 'बदबू', 'उस्ताद', 'डाँगरी वाले', 'नौरंगी बीमार है' आदि उन्हीं पृष्ठभूमि की कहानियाँ हैं। 'कोसी का घटवार' के पहले संस्करण की भूमिका में बाक़ायदा शेखर जोशी ने इस बात का इसरार भी किया कि हिन्दी कथा-साहित्य को कारख़ाने जैसे अछूते इलाक़े की ओर भी ध्यान देना चाहिए न कि सिर्फ़ ग्राम कथा के मोह में ही फँसे रहना चाहिए। यह भी हमारे जीवन-संग्राम का एक निहायत परिचित क्षेत्र है। शेखर जोशी एक करखानिया थे। वे वहाँ की ज़िन्दगी से जो कुछ बेहतर निकाल सके, उसमें से एक 'बदबू' है। बदबू एक भाववाचक संज्ञा है। यह भाववाचक संज्ञा कहानी में वर्गीय समाज की अन्तर्किया से निकलकर एक मूल्य की तरह स्थापित होता है। कहानी एक क्रिया से आरम्भ होती है। कहानी का अन्त भी क्रिया से ही होता है। वह क्रिया प्राण है। क्रिया का महत्त्व हमें त्रिलोचन ने समझाया—"ध्वनि में क्रिया भरी है और क्रिया में बल है/भाषा की लहरों में जीवन की हलचल है" कहानी के आरम्भ और अन्त की जो क्रिया है, वह आगे बढ़ने और चीज़ों को बदलने की प्रेरणा से भरी हुई सक्रियता है। वह सक्रियता जीवन-जगत की हलचल को लगातार समझते रहने और आवश्यक हस्तक्षेप करते रहने की है। इस राह की रुकावटें कहानी में प्रतीकात्मक ढंग से कथा-निर्वाह में प्रकट हुई हैं।

प्रेमचन्द की कहानी 'कफ़न' में हमने देखा कि कैसे श्रम की चोरी घीसू को उसके श्रम से एलियनेट कर देती है और वह अपनी होशियारी से अपने को ठगने से बचाता है। वह गालियाँ खाता है लेकिन फिर अपने श्रम की चोरी नहीं होने देता। लेकिन फिर भी वहाँ घीसू को दब्बू बनकर रहना पड़ता है। वह अपने श्रम के लिए शर्तों की माँग तक करने की स्थिति में नहीं है। इसलिए वह कामचोरी की तरकीब में अपनी भलाई देखता है। लेकिन नई कहानी तक आते-आते हम देखते हैं कि श्रम के लिए श्रमिक शर्तें तय करने की कोशिश में लगातार बना हुआ है। कहानी हमें उसकी सफलता-असफलता नहीं बताती लेकिन कहानी का अन्त यह बताता है कि बदबू को सूँघ पाना कहानी का अन्त नहीं है। संघर्ष मुसलसल जारी रहनेवाला है और आनेवाले दिनों में श्रम का शोषण और भी मुश्किल हो जाएगा। यह कहानी की सम्भावित दिशा हम मान सकते हैं लेकिन

ठहरकर आज यदि हम देखें तो वह संघर्ष और भी कमज़ोर हुआ है। कहानी नेहरू युग की है जिसमें विद्रूप स्थितियों को बदले जाने के सपने हैं। बदबू का सूँघ लिया जाना सपने के बचे रह जाने जैसा है। लेकिन ऐसे बचे हुए सपने आज वैश्विक बाज़ार के साथ लगभग एक हार चुकी लड़ाई लड़ रहे हैं। आज की स्थितियों से पीछे पलटकर यदि हम देखें तो यह कहानी उस युग की आकांक्षा और पहल के क़रीब ले जाती है। इस प्रकार इस कहानी को एक ऐसे दस्तावेज़ के रूप समझा जाना चाहिए जो साहित्य की शक्ल में इतिहास का हक़ बेहतर अदा करता है।

नन्हों

शिवप्रसाद सिंह

आत्मनिर्भर होती स्त्री का स्वाभिमान

बलराज पांडेय

सन् 1950 से 1960 का दौर हिन्दी में 'नई कहानी' के नाम से जाना जाता है। 'नई कविता' जो प्रयोगवाद के बाद शुरू हुई थी, उसका भी समय यही है। कुछ आलोचकों का मानना है कि नई कविता के वज़न पर नई कहानी नाम भले दिया गया हो, लेकिन कुछ बातें ज़रूर ऐसी थीं, जो पहले की कहानी से नई कहानी को अलग कर रही थीं। नये कहानीकारों ने कथ्य के स्तर पर बदलते हुए मानवीय सम्बन्धों को प्रमुखता दी। उन्होंने भावुकता और समस्या समाधान तथा हृदय परिवर्तन वाले आदर्शवादी अन्त से कहानी को मुक्ति दिलाई। इसके साथ ही कहानी की भाव-भंगिमा में भी यथार्थ के आग्रह पर कहानीकारों ने ज़्यादा ज़ोर दिया। यह यथार्थ का आग्रह ही था कि कहानी की आलोचना में 'भोगा हुआ यथार्थ', 'प्रामाणिक अनुभूति', 'अनुभूति की प्रामाणिकता', सांकेतिकता, प्रतीकात्मकता जैसे शब्द प्रयुक्त होने लगे। नई कहानी में शहरी जीवन की कथा, ग्राम जीवन की कथा, आंचलिक कथा नाम से अलग-अलग समूह भी बने या बनाए गए। इन्हीं नये कथाकारों में एक नाम शिवप्रसाद सिंह का भी आता है, जिनकी ख्याति ग्राम कथाकार के रूप में हुई। चूँकि गाँव को आधार बनाकर प्रेमचन्द ने भी सैकड़ों कहानियाँ लिखी थीं और हिन्दी कथा-साहित्य के वे सिरमौर हैं, इसलिए शिवप्रसाद सिंह ने अपने को प्रेमचन्द की परम्परा का कथाकार माना। उनका कहना था कि भारत की अधिसंख्य जनता गाँवों में रहती है और सत्ता का ध्यान गाँवों की तुलना में शहरों के विकास पर ज़्यादा रहता है। साथ ही शिक्षा, स्वास्थ्य, रोज़गार और अन्य कई दृष्टियों से गाँव बहुत पिछड़े हुए हैं, इसलिए नये लेखकों को चाहिए कि गाँव की समस्याओं को अधिक से अधिक मात्रा में अपनी कहानियों में उठाएँ।

शिवप्रसाद सिंह की कहानी 'दादी माँ' जब छपी, तब पाठकों के साथ-साथ नई कहानी के मान्य आलोचक नामवर सिंह ने भी उसका स्वागत किया, लेकिन शिवप्रसाद जी को एक बड़ा पाठक वर्ग दिया 'कर्मनाशा की हार' ने। इस कहानी के द्वारा उन्होंने भैरो पांडे जैसा अविस्मरणीय चरित्र दिया। यह शिवप्रसाद सिंह की सर्वाधिक लोकप्रिय कहानी सिद्ध हुई। उन्होंने नटों, मुसहरों, कंजड़ों और हिजड़ों को अपनी कहानी में प्रतिष्ठा देकर यह सन्देश दिया कि यदि खोजबीन की जाए तो भारत में ऐसे कई समुदाय हैं, जिनसे हम अभी परिचित नहीं हो पाए हैं। स्त्री-जीवन का यथार्थ भी उनकी कहानियों का

मुख्य विषय रहा है। चाहे मध्यवर्ग की स्त्री हो या निम्नवर्ग की, शिवप्रसाद सिंह समाज में उसकी स्थिति को लेकर अधिक संवेदनशील हैं। 'नन्हों' स्त्री-जीवन की विडम्बना को व्यक्त करनेवाली ऐसी ही कहानी है, जिसे नई कहानी के सभी महत्त्वपूर्ण संकलनों में स्थान दिया गया है।

कहानी में नन्हों एक स्त्री पात्र है, जो बनिया बिरादरी की है। हिन्दी क्षेत्र में ये लोग साहु बोले जाते हैं। साहु का स्त्रीलिंग में सहुआइन, शिवप्रसाद सिंह ने कहानी की शुरुआत इसी नन्हों सहुआइन से की है। गाँव में छोटी-मोटी दुकान से या कोई व्यापार-धन्धा कर ये किसी-किसी प्रकार अपनी रोज़ी-रोटी चलाते हैं। हालाँकि इस बिरादरी में भी बड़े-बड़े व्यापारी होते हैं, लेकिन नन्हों आर्थिक दृष्टि से एक तंग परिवार से आनेवाली लड़की है। पिछड़ी जातियों में आर्थिक दृष्टि से कमज़ोर माँ-बाप अपनी बेटी की शादी डोला काढ़कर कर देते हैं, क्योंकि बारात और बाजा-गाजा का अनावश्यक ख़र्च इसमें बच जाता है। डोला काढ़कर शादी करने का मतलब लड़की शादी की तारीख़ से एक दिन पहले ही लड़के के घर पहुँचा दी जाती है और शादी की सारी औपचारिकताएँ लड़के के घर से ही पूरी की जाती हैं, नन्हों की शादी भी डोला काढ़कर होती है। हर लड़की एक सपना सँजोती है कि एक दिन उसकी भी बारात आएगी, शादी में नाच-गाना होगा, बाजा बजेगा, उत्सव होगा, लेकिन अधिसंख्य लड़कियों का यह सपना, सपना ही रह जाता है। नन्हों का भी अपनी बारात का सपना पूरा नहीं हो पाता और वह चुपचाप अपने माता-पिता के घर से पति के घर पहुँचा दी जाती है। एक लड़की के साथ पुरुष वर्चस्व वाला समाज कितना छल करता है, शिवप्रसाद सिंह ने 'नन्हों' में इसे स्पष्ट किया है। मिसरीलाल नामक एक अपाहिज से नन्हों की शादी होती है, जबकि उसके पिता को रामसुभग नाम के लड़के को वर के रूप में दिखाया गया था। मानव रचित षड्यंत्र की शिकार नन्हों को नियति की मार भी पड़ती है, वह शादी के कुछ ही महीनों बाद विधवा हो जाती है। शिवप्रसाद सिंह ने नन्हों की दुखद मनःस्थिति का बड़ा मार्मिक वर्णन किया है, "काँच की चूड़ियाँ भी क़िस्मत का अजीब खेल खेला करती हैं। नन्हों जब इन्हें पहनना नहीं चाहती थीं, तब तो ये ज़बरदस्ती उसके हाथ में पहनाई गईं और अब जब वह इन्हें उतारना नहीं चाहती, तो लोगों ने ज़बरदस्ती उसके हाथों से उतरवा दी।" वास्तव में किसी भी लड़की की क़िस्मत का खेल यह नहीं है। यह तो मानव निर्मित उस सामाजिक व्यवस्था का खेल है, एक लड़की जिसकी कठपुतली बन जाती है। शिवप्रसाद सिंह कहते हैं कि यदि हम अपनी लड़कियों की इन परिस्थितियों से मुक्ति चाहते हैं तो समाज के पुराने पड़ गए अमानवीय नियमों को बदलना पड़ेगा।

'नन्हों' एक प्रेम कहानी भी है। प्रायः देखा गया है कि शिवप्रसाद सिंह के पात्र प्रेम करने का साहस तो दिखाते हैं, लेकिन उसका अन्त तक निर्वाह करने का जोखिम नहीं उठाते। उनके मन में आम तौर पर प्रेम के विरोधी समाज का भय मानो हमेशा चेतावनी देते हुए कुंडली मारकर बैठा रहता है। हमारी समाज व्यवस्था इतनी क्रूर है कि प्रेम करनेवाले युवा को या तो गोली मार देती है या समाज निकाला दे देती है। कई ऐसे मामले देखने में आते हैं कि लड़के-लड़कियों के माँ-बाप-भाई, सभी दुश्मन बन जाते हैं। नन्हों और रामसुभग के मन में एक-दूसरे के प्रति प्रेम है, लेकिन सामाजिक भय के

कारण वह भावनात्मक स्तर तक ही सिमटकर रह जाता है। हालाँकि कहानी में नन्हों के प्रति सहानुभूति रखनेवाली कमारी उसे रामसुभग के साथ विवाह कर लेने की सलाह तक दे डालती है। नन्हों सोचती भी है, "जाने क्यों लोग मन में छुपे राज को भाँप लेते हैं। जिसे जितना छिपाओं, उसे उतनी ही जल्दी खींचकर सामने कर देते हैं।" लेकिन नन्हों की सोच और कमारी की सलाह का कोई ठोस रूप सामने नहीं आता।

फिर, सवाल यह उठता है कि क्या शिवप्रसाद सिंह नन्हों के प्रति पाठक के मन में अधिक से अधिक सहानुभूति उत्पन्न करना चाहते हैं या नन्हों को संघर्ष करती हुई एक आत्मनिर्भर लड़की के रूप में प्रस्तुत करना चाहते हैं या नन्हों के उस द्वन्द्व को स्पष्ट करना चाहते हैं, जिसमें वह दिवंगत पति मिसरीलाल के प्रति भी ईमानदार रहना चाहती है और अपने प्रेमी रामसुभग के प्रति भी? ऐसा लगता है कि शिवप्रसाद सिंह इस कहानी में परम्परा और प्रेम दोनों की रक्षा करते हुए नन्हों को संघर्ष करती हुई एक ऐसी स्त्री का चरित्र खड़ा करना चाहते हैं, जो किसी की कृपा और दया पर जीना पसन्द नहीं करती। नन्हों का संघर्ष नियति से है, ग़रीबी से है। उसका संघर्ष अपने स्वाभिमान की रक्षा के लिए है, आत्मनिर्भर बनने के लिए है। ग़रीब माँ-बाप की लड़की होने के कारण अपने लोगों द्वारा भले ही उसे छला गया है, लेकिन उसने ख़ुद के श्रम के बल पर अपनी शर्तों पर ज़िन्दगी जीने का मानो निर्णय लिया है। मिसरीलाल की मृत्यु के बाद ठप्प पड़ी दुकान को फिर वह ज़िन्दा करती है और गाँव के लोगों के साथ अपना हेल-मेल बढ़ाती है। लेखक का स्त्री शक्ति पर कितना भरोसा है, 'नन्हों' कहानी इसे प्रमाणित करती है। नियति उसे पराजित करना चाहती है लेकिन नियति के सामने भी नन्हों मानो चुनौती बनकर खड़ी है। गहरे अवसाद की स्थिति में जहाँ कमज़ोर दिल इनसान ज़िन्दगी से हार मान लेता है, नन्हों अपनी दृढ़ इच्छाशक्ति से अवसाद से भरी कठिन परिस्थितियों का साहस के साथ सामना करती है। यह उसकी जिजीविषा ही है, जो उसे पलायन का मार्ग नहीं, ज़िन्दगी को जीने का मार्ग प्रशस्त करती है। आज हमारे समाज में छोटी-छोटी परेशानियों के कारण लोग ज़िन्दगी से मुँह मोड़ने की बात सोचने लगते हैं। ऐसे लोगों के लिए नन्हों का चरित्र एक उदाहरण बन सकता है। कहानी में नन्हों के संघर्ष और रामसुभग के प्रति आकर्षण के बावजूद शिवप्रसाद सिंह एक अजीब क़िस्म की उदासी का वातावरण निर्मित करते हैं। मिसरीलाल की मृत्यु पर उदासी तो स्वाभाविक है, लेकिन अपनी शादी को लेकर भी नन्हों के मन में थोड़ा सा भी उत्साह नहीं है। रामसुभग नन्हों के चेहरे पर ख़ुशी देखना चाहता है, उससे ख़ुश रहने के लिए वह कहता भी है, लेकिन नन्हों जवाब देती है—"मैं तो दुःख की साझीदार हूँ, सुख कहाँ है अपने पास जो दूसरों को दूँ। उदासी में पली, उदासी में ही बढ़ी। जन्मी तो माँ मर गई, बड़ी हुई तो बाप को बोझ बनी। मैं भला दूसरे की उदासी क्या दूर कर सकूँगी।" नन्हों की व्यथा-कथा के ये शब्द रामसुभग के मन-मस्तिष्क को अपना अपराध स्वीकार करने के लिए विवश करते हैं। इस प्रकार शिवप्रसाद सिंह की यह कहानी एक अपराधबोध की कहानी बन जाती है। रामसुभग इस अपराधबोध के कारण ही नन्हों की हर डाँट-फटकार, उपेक्षा-अपमान को बर्दाश्त करता है। मिसरीलाल के जीवित रहते और उसकी मृत्यु के बाद, दोनों परिस्थितियों में वह नन्हों के साथ सम्बन्ध प्रगाढ़ करना चाहता है, लेकिन

नन्हों उसे झटक देती है। क्या अपने साथ घटी सभी घटनाओं के लिए नन्हों रामसुभग हो ही दोषी मानती है या उसके लिए और लोग भी ज़िम्मेदार हैं? मिसरीलाल के रहते न सही, उसकी मृत्यु के बाद नियति ने नन्हों को एक बार ख़ुशहाल ज़िन्दगी जीने के लिए अवसर दिया था, रामसुभग ने अपनी ओर से पहल करके नन्हों के स्वाभिमान का सम्मान भी किया था। और तो और, कमारी ने उसकी जाति की रीति-नीति का हवाला देकर रामसुभग को स्वीकार कर लेने की उचित सलाह भी दी थी, लेकिन आमतौर पर जैसा स्त्रियों का स्वभाव होता है, नन्हों भी आत्म-पीड़ा के आनन्द में तृप्ति महसूस करती है। हमारे समाज में आज भी स्त्री आत्म-पीड़ा को एक अस्त्र के रूप में इस्तेमाल करती हैं और संवेदनशील पुरुष को परास्त करने का प्रयास करती है। जबकि आवश्यकता इस बात की है कि यदि अवसर मिले तो स्त्री को कई प्रकार की वर्जनाओं से मुक्त होकर एक नई ज़िन्दगी जीने की शुरुआत करनी चाहिए। यहाँ मोहन राकेश की कहानी 'एक और ज़िन्दगी' में एक पात्र का कथन याद आता है कि "आख़िर इनसान को जीने के लिए एक ही जीवन तो मिलता है—वही प्रयोग के लिए और वही जीने के लिए। तो क्यों इनसान एक प्रयोग की असफलता को जीवन की असफलता मान ले?"

बेशक नन्हों के मन में बल्कि यों कहें कि दिल में रामसुभग के प्रति प्रेम है। पूरी कहानी में रामसुभग को वह दो बार फटकार लगाती है। एक तो मिसरीलाल के जीवित रहते, जब रामसुभग उसका हाथ पकड़ता है। वह कहती है, "बड़े मर्द थे तो सबके सामने बाँह पकड़ी होती, तब तो स्वाँग किए थे, दूसरे के एवज बने थे, सूरत दिखाकर ठगहारी की थी, अब दूसरे की बहू का हाथ पकड़ते सरम नहीं आती।" दूसरी बार नन्हों रामसुभग को तब फटकार लगाती है, जब चमटोली की गादी से देर रात लौटने पर रामसुभग उसको टोकता है। वह कहती है, "इतनी कलक होती है तो पहले ही ब्याह कर लिया होता। इस तरह डाँट रहे हो लाला जैसे मैं तुम्हारी जोरू हूँ। ख़बरदार, फिर कभी आँख दिखाती तो...।" इसी दूसरी फटकार पर रामसुभग कलकत्ता भाग जाता है। इससे स्पष्ट है कि नन्हों रामसुभग को अपनी स्वतंत्रता में हस्तक्षेप करने का अधिकार नहीं देती। लेकिन इससे यह भी अर्थ नहीं निकालना चाहिए कि नन्हों के मन में रामसुभग के प्रति लगाव नहीं है। रामसुभग के कलकत्ता भाग जाने पर वह कलपती है, अपने को धिक्कारती है, रोते-रोते उसकी आँखें सूज जाती हैं। यह सब इसीलिए होता है, क्योंकि नन्हों, रामसुभग को चाहती है। चमटोली से भजन-कीर्तन सुनकर जब वह लौटती है, तब वह यही गुनगुनाती है, "जो तुम तोरहु हम नहिं तोरहु, तुम सों तोरि कवन सों जोरहु।" इससे भी स्पष्ट है कि नन्हों के हृदय में रामसुभग के प्रति प्रेम है लेकिन जिस तरह जयशंकर प्रसाद की कहानी 'आकाशदीप' की चम्पा बुद्धगुप्त से प्रेम भी करती है और घृणा भी लगता है उसी तरह शिवप्रसाद सिंह की नन्हों भी रामसुभग से प्रेम भी करती है और घृणा भी। यह द्वंद्व ही कहानी को विशिष्ट बनाता है।

जयशंकर प्रसाद की तरह शिवप्रसाद सिंह भी 'नन्हों' कहानी का अन्त विस्मय और विषाद के साथ करते हैं। कलकत्ते से लौटकर कुछ दिन नन्हों के घर रह लेने के बाद रामसुभग जब अपने घर जाने की बात करता है तो उसे उम्मीद है कि शायद नन्हों रुकने के लिए कहे या फिर आने के लिए आग्रह करे, लेकिन अपराधबोध शर्मिन्दगी

और बार-बार माफ़ी माँगने के बावजूद नन्हों जरा भी नहीं पिघलती, बल्कि रामसुभग द्वारा दिया हुआ रुपया और रूमाल भी लौटा देती है। वह कहती है, "मैं कमज़ोर थी बाबू, भाग्य से हार गई। आज तो मैं अपने पैरों पर खड़ी हूँ, आज मुझे तुम हारने मत दो। तुम्हारा रूमाल मेरे पाँव बाँध देता है। लाला...।" इससे स्पष्ट है कि नन्हों किसी प्रकार के बन्धन में नहीं रहना चाहती, प्रेम के बन्धन में भी नहीं, क्योंकि आर्थिक दृष्टि से वह आत्मनिर्भर हो गई है। रामसुभग को यदि वह पूर्ण रूप से स्वीकार कर लेती तो उसे रामसुभग की शर्तों पर जीना पड़ता। समाज उसका नाम दया या करुणा देता। नन्हों इन सबसे मुक्त होकर ख़ुद की शर्तों पर अपनी ज़िन्दगी जीना चाहती है।

नन्हों कहानी का सबसे महत्त्वपूर्ण वाक्य सबसे अन्त में आता है। रामसुभग के चले जाने के बाद शिवप्रसाद सिंह लिखते हैं कि "नन्हों ने किवाड़ तो बन्द कर लिया, पर साँकल न चढ़ा सकी।" सच पूछिए तो कहानी का औदात्य इस एक वाक्य में सन्निहित है। यह पाठक को हमेशा के लिए याद रह जानेवाला वाक्य है। लगता है, जैसे कहानी की पूरी संवेदना, पूरा द्वंद्व अपनी व्यापक अर्थवत्ता के साथ इस वाक्य में शामिल हो गया है। इससे स्पष्ट है कि कहानीकार स्त्री-मन की गहराई को न सिर्फ़ जानते हैं, बल्कि उसे व्यक्त करने के लिए उनके पास भाषा की ताक़त भी है। नन्हों की स्थिति को स्पष्ट करने के लिए शिवप्रसाद सिंह की भाषा कितनी समृद्ध है, इसके कुछ उदाहरण द्रष्टव्य हैं, जैसे—"उसकी ज़िन्दगी रेत भी परती की तरह वीरान थी, एक भारी बदसूरत पत्थर को गले में बाँधे वह वेदना और पीड़ा के अछोर समुद्र में उतार दी गई थी, उसकी ज़िन्दगी ऐसी थी जैसे कोई 'पंछी तीर को सीने में समाए उड़ता जाता है', जैसे 'बालियों से लदी फ़सल से ढके लहराते हुए एक खेत को किसी ने जलती हुई लुकाठी फेंक दी हो', 'ख़ुशी उसके चेहरे पर ऐसी लग रही थी मानो किसी ने मुर्चीली पिचकी हुई डिबिया में कपूर रख दिया हो'।

अन्य कहानियों की तरह 'नन्हों' के लिए भी शिवप्रसाद सिंह ने पूर्व दीप्ति (फ़्लैश बैक) शैली का सहारा लिया है। इस शैली में अतीत की घटनाओं को बीच-बीच में प्रस्तुत कर वर्तमान और अतीत की उपस्थिति एक साथ दिखाई जाती है। लेखक इस शैली में स्मृतियों का भी सहारा लेता है। शिवप्रसाद सिंह ने पूर्व दीप्ति शैली का प्रयोग कर कहानी को अधिक प्रभावशाली बनाया है। आज स्त्री विमर्श के दौर में 'नन्हों' कहानी का पाठ और मूल्यांकन निश्चित रूप से स्थायी महत्त्व का विषय होगा।

बादलों के घेरे

कृष्णा सोबती

स्मृति के आख्यान का अपरिहार्य जीवन प्रत्यय

मिथलेश शरण चौबे

"जब मोह और प्यार की उछलन आती है, तो मीरा नहीं, मन्नो की आँखें ही सगी दीखती हैं।...अकेलेपन से घबराकर जब मैं बाहर देखता हूँ तो धुन्धभरे बादलों के घेरों में घुँघराले बालोंवाला वही चेहरा दीखता है, वही..."

अकेले जीवन की अस्थिर-सी लगती यात्रा में, बीतते हुए के बीच अन्यमनस्क होने के पलों में, अपनी तरह से जीने की कमज़ोर ज़िद के साथ हम जब अन्यों से व्यवहार कर रहे होते हैं तब हमारी तात्कालिकता के चमकीले क्षणों से हमारे अनिर्णीत साबित होने की आशंकाएँ हमें नज़र नहीं आती हैं। हमें अपने जीने-होने-करने में गुँथी इच्छाओं की शक्ति का वास्तविक आवेग कहाँ पता चल पाता है, हम नहीं जान पाते कि वे अचानक ही ओट हो जाती हैं। हम यदि यह सब जान भी लेते हैं तो भी हम तात्कालिक सुख को खोना नहीं चाहते। हम अपनी जवाबदेही से विमुख दूसरों की तकलीफ़ों और वंचनाओं को पनपने देते हैं। हम अपनी सारी चेष्टाओं को अपने पक्ष तक ही सीमित रखते हैं। जिसके साथ होने से हमें किंचित् भी सुख मिलता है उस व्यक्ति व उस सुख के प्रति हममें प्रतिदान जैसी कोई चीज़ होती ही नहीं। हम कुछ चाहते तो हैं लेकिन इस चाहना को सुविधाजनक स्तर तक ही रखना चाहते हैं। यदि संवेदना के सहारे ही प्रेम के उत्पन्न होने के सम्भावित क्षण हमें मिलते हैं तो उन क्षणों को विस्तार देने का हमारा मानवीय उपक्रम निष्क्रिय रहकर दुनियावी सहूलियतों की तरफ़ चला जाता है।

अनिश्चयों और अस्थिरताओं का अतिक्रमण कर कुछ निश्चयों व स्थिरताओं को रच पाना आसान नहीं होता।

उसे रचे जाने के लिए ख़ुद को दाँव पर लगाना होता है। ख़ुद को दाँव पर लगाए बिना कुछ भी रच पाना मुमकिन भी कहाँ होता है और प्रेम भी तभी सम्भव हो पाता है। सम्भव-असम्भव की जटिलताओं से शीघ्र ही मुक्त होकर हम एक आसान जीवन की राह चुन लेते हैं। बहुत आगे जाकर भी हममें तब तक स्मृति में बचे समय की ओर लौटने की आकांक्षा पैदा नहीं होती जब तक हमारा जीवन सुविधाजनक रास्तों पर चलता जाता है। वह अतीत जिसमें हमारा शामिल होना सचमुच सुखप्रद है, हमें याद भी नहीं आता। जब ज़िन्दगी घूम-फिरकर उस एक जगह हमें स्थगित कर देती है जहाँ कभी हमने किसी को यूँ ही उसकी नियति पर छोड़ दिया था, तब जाकर हम उस निपट

सचाई से रू-ब-रू हो पाते हैं जहाँ वंचनाओं, उपेक्षाओं, अकेलेपन से अभिशप्त जीवन के बादल हमें घेरे हुए हैं।

अब क्षयरोग और उसके संक्रमण का वैसा ख़ौफ़ नहीं रहा। अब समयोचित इलाज से क्षयरोगी पूर्णतः स्वस्थ्य तो हो ही जाता है, उसके आसपास के लोगों को संक्रमण का वह डर नहीं रहता जिसके चलते एक समय उन्हें परिवार से अलग सुदूर अकेले रहना पड़ता था। इस पूरी कहानी में क्षयरोगी की यंत्रणा, अकेलेपन और निर्वासन के उबाऊ जीवन का वृत्तान्त समूची नीरवता के साथ फैला है, हालाँकि कहानी उससे आगे जाकर ही कहानी बनती है। कहानी की शुरुआत क्षयरोग से पीड़ित रवि के आत्मप्रलाप से होती है। रवि जो कहानी का आख्याता भी है, भुवाली में एक छोटी-सी कॉटेज में लेटा हुआ सुबह से शाम तक अपने आसपास, मुश्किल से बीतते समय, गृहस्थ जीवन के सुखद क्षणों और सुदूर अतीत में बसी मन्नो को देखता है—याद करता है, अपने अकेलेपन को भरने की कोशिश करता है। रवि की पत्नी मीरा कभी-कभार मिलने आती है, कभी बच्चे भी साथ होते हैं और वे एक बेगानी मुलाक़ात की औपचारिकता पूरी कर जल्द ही रवि को फिर अकेला छोड़ घर लौट जाते हैं। रवि अब इस निरन्तरता का अभ्यस्त हो चला है। वह अपने ही बच्चों से निकटता से नहीं मिल सकता, बच्चे उसे दूर से प्रणाम करते हैं। रवि का दस बरस का सुखद वैवाहिक जीवन रहा है। जिस सुन्दर, प्रेम करनेवाली और रवि के जीवन में उत्साह भरनेवाली पत्नी मीरा के साथ बिताए अन्तरंग समयों की अनेक सुखद स्मृतियाँ रवि की स्मृतियों में जगमग हैं, उसी पत्नी से अब कुछ पलों का ही औपचारिक नैकट्य सम्भव हो पाता है। रवि याद करता है—"कहाँ हैं वे सुगंध भरे केश, जो मेरे वक्ष पर बिछ-बिछ जाते थे? कहाँ हैं वे रस भरे अधर जो मेरे रस में भीग-भीग जाते थे? सब था, मेरे पास सब था। बस, मैं आज सा नहीं था। जीने का संग था, सोने का संग था। मैं धुले-धुले सिरहाने पर सिर डालकर सोता रहता और कोई हौले से चूमकर कहता—उठोगे नहीं...भोर हो गई।"

गृहस्थ जीवन की स्मृतियाँ और वर्तमान औपचारिकता रवि को जब बहुत व्यथित करती हैं तब वह इसके पहले के अकेले के जीवन में पहुँच जाता है जहाँ रवि के बेपरवाह, अनमने और अस्थिर जीवन में अचानक हुए लगाव की अपूर्ण इच्छित और अतृप्त आकांक्षा का एक ऐसा दौर है, जिसकी अब इस हालत में याद जैसे ख़ुद को ही अन्तिम रूप से जान लेने और पा लेने की तरह है। यह याद मन्नो की है। मन्नो की चाची रवि के पिता की मौसेरी बहिन अर्थात् रवि की बुआ हैं। उन्हीं के यहाँ रवि पहली बार मन्नो से मिलता है। मन्नो क्षयरोग ग्रस्त है। चाचा-चाची ही उसका परिवार हैं। दो बरस सेनेटोरियम में रहने के बाद इन दिनों भुवाली की एक कॉटेज में रहती है। कभी दो दिन के लिए चाची के यहाँ आती है लेकिन संक्रामक बीमारी की वजह से होनेवाले औपचारिक, अजनबी तथा ठंडे-रूखे व्यवहार से अपमानित मन्नो एक ही दिन में लौट जाती है। चाची मन्नो को घर के ऊपर वाले कमरे में रोकती हैं, उसके आने के पूर्व ही किराए से ज़रूरी चीज़ें मँगाकर घर की चीज़ों से उसे दूर रखती है। चाची अपने बच्चों को भी मन्नो के पास नहीं जाने देतीं, हालाँकि बच्चे मन्नो के पास जाने की ललक रखते हैं। जब रवि मन्नो की ऐसी स्थिति देखता है तो उसमें मन्नो के प्रति उत्पन्न सहानुभूति

और अपनत्व का भाव उसे व्यथित और बेचैन कर देते हैं। बुआ रवि की मनोदशा भाँप लेती हैं। बुआ और रवि के बीच उम्र का बहुत फ़ासला नहीं हैं, मन्नो को लेकर बुआ रवि को आगाह करती हैं—"रवि, उसके लिए कुछ मत सोचो, उसे अब रहना नहीं है।" बुआ की बात से सिहरकर रवि भी कह देता है—"बुआ, मुझे ही कौन रहना है।" चाची के यहाँ से मन्नो भुवाली चली जाती है अपनी पीड़ा का अकेलापन और अकेलेपन की पीड़ा के साथ। मन्नो जानती है कि उसके हिस्से आया यह तिरस्कार दरअसल क्षयरोग के भय के कारण है। सभी नज़दीकी लोगों द्वारा बना ली गई दूरियाँ लगातार बढ़ती ही चली जाती हैं। जैसे सभी अब मन्नो के जाने की प्रतीक्षा ही कर रहे हैं। जब प्रदत्त रिश्तों में इतना अलगाव है तब किसी नये रिश्ते की सम्भावना कैसे घटित हो सकती है। ज़िन्दगी में यह कितना ख़ौफ़नाक समय होता है जब किसी को स्थगित जीवन को ही जीने की तरह जीने को अभिशप्त होना पड़ता है।

रवि मन्नो से मिलने भुवाली जाता है। मन्नो के बीमारी से अभिशप्त जीवन में, निपट अकेलेपन के दुख में, अपनी पीड़ा को समेटकर अपने पास छुपा लेने के स्वाभिमान में एक आकर्षण है, रवि जिससे स्वयं को बिंधा हुआ पाता है। परन्तु यह एक स्थिति मात्र है। रवि के इस लगाव और मन्नो से अनौपचारिक व्यवहार की सदिच्छा में भी एक सतर्क दूरी कायम रहती है। रवि के अन्दर प्रेम की वह गहरी आकांक्षा अजन्मी ही रही आती है जो किसी ठोस और दायित्वपूर्ण निर्णय तक ले जा सके। यह एक अजीब स्थिति है कि मोह तो उपजा है लेकिन उत्कंठा का आवेग कुछ मद्धिम ही है। इसीलिए अन्यों से, मन्नो की नियति से रवि को अफ़सोस होता है पर अभी ख़ुद की अकर्मण्यता का बोध भी मन में नहीं आता। मन्नो से रवि का मिलना तीन बार और भी होता है, वहीं भुवाली की एक कॉटेज में। अन्तिम बार जब रवि मिलता है तब तक उसमें किंचित् छटपटाहट और मन्नो के नियति से उबर जाने की एक मरी सी इच्छा सतह पर आ जाती है। रवि भयमुक्त सा होकर एक क्षण के लिए नैकट्य की ऊष्मा महसूस करना चाहता है जिसमें मन्नो के प्रति प्रेम भी ज़ाहिर हो सके—"मन्नो को छूने का भय, उसके रोग का भय, जो अब तक मुझे रोकता था, बाँधता था, अलग जा पड़ा।" मन्नो ख़ुद ही रवि को दुविधा से उबार देती है—"रवि, जिसे तुम झेल नहीं सकते, उसके लिए हाथ न बढ़ाओ!" मन्नो के कहने में उलाहना या आक्षेप न होकर यथास्थिति पर प्रश्नांकन ही है। रवि निरुत्तरित ही रहता है। इस अन्तिम बार जब रवि मन्नो से विदा लेकर लौटने लगता है तब जैसे मन्नो भी अन्तिम बार ही अपनी नियति पर और अब अकेले रह जाने पर रोने लगती है। मन्नो के तिरस्कृत जीवन में रवि ने किंचित् आत्मीय निकटता का अहसास दिया था। वंचनाओं के कगार से किसी ने खींचने की निष्क्रिय ही सही, चेष्टा तो की ही। विदा लेते समय रवि जानता है कि मन्नो रो रही है किन्तु रवि सिसकती हुई मन्नो को छोड़कर चला जाता है।

अपने सुखमय गृहस्थ जीवन के दौरान ही बुआ से मन्नो के नहीं रहने की ख़बर रवि को मिलती है। और तभी बुआ रवि को एक पार्सल देती हैं जिसे मन्नो ने भेजा था। उसमें रवि के लिए जर्सी निकलती है। अब बुआ जैसे पछताते हुए मन्नो के लिए दुख प्रकट करती हैं—"यही बार-बार सोचती हूँ कि जिसके प्यार को भी कोई न छू सके, ऐसा दुर्भाग्य उसे क्यों मिला, क्यों मिला?" बुआ के इस आत्मप्रलाप का क्या मतलब।

जब मन्नो थी तब दूसरी चिन्ताएँ हावी थीं जिनमें मन्नो के तिरस्कार की अमानवीयता ढक जाती थी। अब जब नहीं है तब उसके लिए अफ़सोस के क्या मायने। हमारा जीवन व्यवहार ऐसा ही रहता है, बीते हुए पर अफ़सोस कर अपने दुर्व्यवहारों से मुक्ति पा लेना। मन्नो को जब करुणा, समानुभूति और प्रेम की दरकार थी, तब कहाँ मिल पाते हैं। निर्वासित जीवन जीते हुए मन्नो किन यंत्रणाओं से गुज़र रही होगी, कौन जान सकता है। प्रेम की आकांक्षा जन्म लेने से पहले ही मुरझा जाती है। भय से, लोक से, अनिश्चय से, कायरता से मुक्त होकर कहाँ कोई मन्नो को प्रेम कर पाता है। मन्नो के होने की सम्पूर्णता अधूरेपन के कगार पर ठेल दी जाती है। जीते जी उसके होने को सभी कमतर ही करते नज़र आते हैं।

रवि गृहस्थ जीवन की ख़ुशहाल स्थितियों में वर्षों इस क़दर व्यस्त रहता है कि मन्नो की कोई टीस नहीं उठती। अच्छी पत्नी और दो बच्चों के साथ रवि के जीवन में इतना अवकाश भी कहाँ रह गया था। लगभग एक बरस तक लगातार बीमार रहने के बाद रवि के क्षयरोगी होने का पता चलता है और वह भुवाली मन्नो की तरह का जीवन बिताने पहुँचता है। अब सब कुछ वैसा ही रवि के साथ घट रहा है जिसे कभी निरुपाय रहकर मन्नो ने भुगता था। तिरस्कार, निर्वासित जीवन, औपचारिक व्यवहार, अकेलापन, कॉटेज की सूनी दुनिया, बाहर चौतरफ़ा पसरा सन्नाटा, जो कभी मन्नो के जीवनसाथी थे, अब रवि के हिस्से आ पड़े। जब ख़ुद के साथ घटित हो रहा है तब जाकर मन्नो के साथ घटित की भीषणता समझ आ रही है। ज़िन्दगी इतनी बेगानी और निरुपाय हो सकती है, यह अहसास अब जाकर अपने अर्थ चरितार्थ कर रहा है। ठीक इस समय जब किसी के सघन साथ की सबसे अधिक ज़रूरत है, कोई नहीं है और न ही कोई उम्मीद है। अपनी वंचना में, पीड़ा में अब मन्नो ही प्रतिबिम्बित हो रही है। रवि के हाल ही के ख़ुशहाल जीवन की कोई स्मृति मदद नहीं कर पा रही, उसे इस वंचित, अकेलेपन के उबाऊ, नीरस और यातनामय जीवन से कुछ निजात दिलाने में। ऐसा कुछ भी उत्कट, सघन और उर्वर गृहस्थ जीवन से नहीं मिल पा रहा। इस समय मन्नो की स्मृतियाँ ही एकमात्र सहारा बन पा रही हैं। मन्नो, जिसके दारुण जीवन में रवि साहस का हाथ नहीं बढ़ा सका। अनुभूतियों और आकांक्षाओं का कोई ठोस वजूद यदि अब रवि को कुछ राहत दे पा रहा है तो वे मन्नो के इर्द-गिर्द की ही हैं।

रवि के इस प्रत्याख्यान में पत्नी मीरा के साथ बिताया अनुरागमय लम्बा समय, मन्नो के साथ दो-चार मुलाक़ातों के समक्ष बौना नज़र आता है तो इसलिए नहीं कि यह अपने तिरस्कार, निर्वासन में किसी अन्य से बावस्तगी के सहज मानव स्वभाव के कारण है, बल्कि इसलिए कि जीवन में एक बार किसी स्थगित रही आतुर पुकार को अनसुने कर जाने की आत्मपीड़ा के सिरे से दुनियावी स्थूल जीवनचर्या की निर्मम जाँच-पड़ताल कर, वहीं उस अधूरेपन की अपनी कायर स्थिति में अपने सच्चे प्रेम की तपिश अनुभव कर लेना है। मन्नो से रवि को उस वक़्त जो मिल सका, उससे कहीं ज़्यादा वह अब दे पा रही है। यह ख़ामोश, उदास लेकिन चाहना की निरुपायता में जीती रही मन्नो से मिलती प्रेम की वह शक्ति है जहाँ अपना निर्मम पुनरवलोकन ही रवि को सच्चे प्रेम का अनुभव करा पाता है। रवि के लौटने पर मन्नो की सिसकियों में जो बह रहा था, वर्षों बाद रवि

उसे पा रहा है। इसीलिए अब रवि को मन्नो की स्मृतियाँ ही सम्बल हैं और बादलों के घेरों में मन्नो का चेहरा ही नज़र आता है।

इस कहानी ने स्मृति को मनुष्य के अपरिहार्य जीवन प्रत्यय की तरह प्रतिष्ठित किया है। स्मृति का यह आख्यान कृष्णा सोबती ने इस तन्मयता के साथ रचा है कि इसमें रचने की चेष्टा का नितान्त अभाव नज़र आता है। एक फ़िल्म की तरह यह कहानी गुज़रती है। सिर्फ़ रवि और मन्नो के जीवन की नीरवता ही नहीं, हम कहानी से रिश्तों की विरलता का सघन स्पर्श भी पाते हैं। 'बादलों के घेरे' सिर्फ़ कृष्णा सोबती की ही नहीं बल्कि हिन्दी कहानी परम्परा में उल्लेखनीय कहानी है। ताज़गी और नवाचार का एहसास जिन कहानियों से मिलना शुरू हुआ, यह कहानी उनमें शुमार है। स्त्री केन्द्रीयता का अनाटकीय और स्वतःस्फूर्त विधान यहाँ मिलता है। यह कहानी कुछ देने की ज़ल्दबाज़ी न होकर कुछ विचार करने की प्रस्तावना लगती है। हमारी कथाएँ बहुत आकांक्षी हैं, स्मृति-यथार्थ-कल्पना के बहुविध प्रयोगों ने अनेक बार श्रेष्ठ सृजन सम्भव किया है। हमें ऐसी कहानियाँ भी चाहिए जो हमें शामिल होने की जगह दें सकें, जिनमें स्मृति-यथार्थ-कल्पना हमें साथ लेकर चल सकें अन्यथा हमारा रिश्ता बहुत आत्मीय नहीं हो सकता। हिन्दी में जो कहानियाँ पाठक से विश्वसनीय रिश्ते को बना सकी हैं, उनमें इस कहानी की गणना असन्दिग्ध है।

यही सच है

मन्नू भंडारी

नई स्त्री की पहली पीढ़ी

अर्चना वर्मा

नई कहानी आन्दोलन में राजेन्द्र यादव, मोहन राकेश और कमलेश्वर की 'लेखक-त्रयी' के वज़न पर आलोचिका निर्मला जैन ने नई कहानी के तीन प्रमुख स्त्री-कहानीकारों को 'लेखिका-त्रयी' कहा है—कृष्णा सोबती, उषा प्रियंवदा और मन्नू भंडारी। प्रस्तुत आलेख का फोकस इसी त्रयी की एक सदस्या मन्नू भंडारी की विशिष्ट कहानी 'यही सच है' पर है। मन्नू भंडारी का जन्म 1930 में हुआ था, आज़ादी के समय वे सोलह-सत्रह वर्ष की रही होंगी। उनकी पीढ़ी आज़ाद भारत में क़दम रखनेवाली पहली युवा पीढ़ी है और नई कविता की तरह 'नई कहानी' आरम्भिक कहानी आन्दोलन है। हिन्दी कहानी में तब तक महादेवी वर्मा, सुभद्रा कुमारी चौहान, शिवरानी देवी, सुमित्रा कुमारी सिन्हा, उषा देवी मित्रा, होमवती देवी, सत्यवती मलिक, कमला चौधरी, चन्द्रकिरण सौनरेक्सा इत्यादि लेखिकाओं की एक पूरी पीढ़ी अपने कथाकर्म से स्त्रीजीवन की विडम्बनाओं का परिचय दे चुकी थी। उसमें स्त्री की नियति के प्रति सजगता, जीवन के लक्ष्य का संधान, स्त्री के प्रति सामाजिक-पारिवारिक अत्याचार, अन्याय, उत्पीड़न के विरुद्ध क्षोभ के स्वर सुनाई देने शुरू तो हुए थे। लेकिन प्रमुख स्वर यातना की अभिव्यक्ति और पीड़ा की नियति के प्रति समर्पण का ही था। स्त्री-चेतना की अभिव्यक्ति का वह पहला चरण था। उपरोक्त लेखिका त्रयी की कहानियों में सच्चे अर्थ में आज़ाद भारत की नई स्त्री जन्म लेती दिखाई देती है। मन्नू भंडारी की अधिकांश नायिकाओं में इसी नई स्त्री का अवतार देखा जा सकता है।

मन्नू भंडारी की 'यही सच है' (1960) कहानी लगभग पचपन-साठ वर्ष पहले की रचना है। उसके प्रकाशन से हिन्दी कथा-साहित्य में एक हलचल मची थी, लगभग क्रान्ति। समय के अन्तराल ने अब उसके कथ्य को विवादास्पद तो नहीं रहने दिया है लेकिन सम्बन्धों की समझ में एक नये मोड़ को दर्ज करने की वजह से वह आज तक हिन्दी की महत्त्वपूर्ण कहानियों में रही है। कहानी में दो कार्यस्थलों का नाम आया है—कानपुर और कलकत्ता। कानपुर में कहानी की नायिका दीपा अपने शोधकार्य के सिलसिले में कमरा लेकर अकेली रहती है, यहाँ उसका प्रेमी संजय भी है। दोनों जीवनसाथी बनने का निर्णय कर चुके हैं। नौकरी के लिए इंटरव्यू के सिलसिले में वह कलकत्ता जाती है, वहाँ उसकी मुलाक़ात अचानक अपने पहले प्रेमी निशीथ से हो जाती है। उसके

जीवन के ये मानो दो अध्याय हैं। एक वर्तमान और दूसरा अतीत। दीपा के आहत मन में निशीथ के साथ सम्बन्ध-विच्छेद की स्मृति एक कटु और अपमानजनक अनुभव की तरह संचित है। वह सोचती है कि वह निशीथ से नफ़रत करती है। लेकिन तीन दिन के इस कलकत्ता-प्रवास में निशीथ बहुत सौजन्य और सौहार्द के साथ दौड़-धूप और अपने सम्पर्कों के इस्तेमाल से उसकी नौकरी में मदद करता है। स्मृतियाँ और अवचेतन अतीत को पुन: वर्तमान में बदल देते हैं। दीपा कलकत्ता से नौकरी की उम्मीद और एक नये भावात्मक आलोड़न के साथ लौटती है। परिस्थिति ने मन:स्थिति को उलट दिया है। वह संजय और निशीथ दोनों के प्रति अपनी भावनाओं के उलझाव, अनिश्चय और असमंजस में फँसी हुई है। आगे का कथाक्रम इसी असमंजस का विश्लेषण है।

इस भावात्मक आलोड़न और मानसिक ऊहापोह के अलावा कहानी में और कोई स्थूल घटनाक्रम नहीं हैं। कथानक की दृष्टि से इसे प्रेम-त्रिकोण कहा जा सकता है लेकिन यह प्रचलित अर्थ में प्रेम-त्रिकोण की कहानी नहीं है। जब यह कहानी लिखी गई थी, तब तक प्रेमकथा का स्वरूप त्रिकोणीय हुआ करता था। प्रेम-त्रिकोण को प्रेमकथा का क्लासिकल रूप माना जा सकता है। एक प्रेमी-युगल के बीच कोई तीसरा पात्र—स्त्री हो या पुरुष—व्यवधान बनकर आता है। वह तीसरा कभी-कभी कोई ऐसा सज्जन व्यक्ति होता है जो अपने प्रिय अथवा प्रिया के प्रति अपने समर्पण के कारण अपने मौन त्याग और बलिदान से प्रेम को उदात्त स्तर तक उठा देता है। लेकिन ज़्यादातर इसके विपरीत वह दुर्जन होता है और खलनायक बनकर प्रकट होता है। उसकी ईर्ष्या और क्रोध के कारण प्रेमीयुगल का जीवन दुष्कर तथा संकटमय बन जाता है, कई बार प्रेमी-युगल सब झेलकर अन्तत: सफल होते हैं और खलनायक को पराजित कर पाते हैं लेकिन कई बार कथा त्रासदी का भी रूप ले लेती है। इन क्लासिकल प्रेम-कहानियों में प्रेम—स्त्री का प्रेम विशेष रूप से—एकनिष्ठ समर्पण का भव्य और उदात्त अनुभव होता है। विरह उसकी कसौटी हुआ करती है। 'यही सच है' के त्रिकोण का विन्यास इससे भिन्न है। वह प्रेम की एक नई परिभाषा की तलाश है। ऐसा इस कारण है कि यह अनुभव उस नायिका का है जिसे हम आरम्भ में 'नई औरत' कह आए हैं—"मैं जानती हूँ संजय का मन जब-तब निशीथ को लेकर सशंकित हो उठता है पर मै कैसे उसे विश्वास दिलाऊँ कि मैं निशीथ से नफ़रत करती हूँ। उसकी याद मात्र से मेरा मन घृणा से भर जाता है। फिर अठारह वर्ष की आयु में किया गया प्यार भी कोई प्यार होता है भला, निरा बचपना होता है, महज़ पागलपन, उसमें आवेश रहता है, स्थायित्व नहीं, गति रहती है, पर गहराई नहीं। वह जिस वेग से आरम्भ होता है, जरा सा झटका लगने पर उसी वेग से टूट भी जाता है। उसके बाद आहों, आँसुओं और सिसकियों का एक दौर, सारी दुनिया कि निस्सारता और आत्महत्या करने के अनेकानेक संकल्प, और फिर एक तीखी घृणा। जैसे ही जीवन को दूसरा आधार मिल जाता है, उन सबको भूलने में फिर एक दिन नहीं लगता। फिर तो वह सब ऐसी बेवकूफ़ी लगती है जिस पर बैठकर घंटों हँसने की तबीयत होती है। तब एकाएक ही अहसास होता है कि ये सारी आहें, ये सारे आँसू उस प्रेमी के लिए नहीं थी, वे जीवन की उस रिक्तता और शून्यता के लिए थीं जिन्होंने जीवन को नीरस बनाकर बोझिल कर दिया था।" अश्रुगलद भावुकता में

डूबने और बह जाने की बजाय वह ख़ुद को उबारती है, उस पीड़ा और अपमान का विश्लेषण करती है और जीवन का दूसरा मौक़ा लेने से चूकती नहीं।

दीपा के व्यक्तित्व की संरचना कहानी में महत्त्वपूर्ण है। उसका मानसिक ऊहापोह कथानक को सामान्य प्रेम-त्रिकोण से भिन्न अर्थ देता है और इसी ऊहापोह में से दीपा के व्यक्तित्व में नई औरत प्रकट होती है। अत: उसे थोड़ा ध्यान से देखने की ज़रूरत है। ऊपर क्लासिकल प्रेम-कहानियों में स्त्री के एकनिष्ठ समर्पण का ज़िक्र हुआ है। आज स्त्री-विमर्श की भाषा और शब्दकोश से लैस होने के बाद कहा जा सकता है कि प्रेम का यह आदर्श पितृसत्ता का दिया हुआ संस्कार है और वास्तव में यह स्त्री के भावात्मक शोषण की कुंजी है। कहानी जब लिखी गई थी, तब यह अवधारणा और शब्दावली मौजूद नहीं थी। लेकिन आज हम दीपा का विवरण इस शब्दावली में दे सकते हैं कि वह पितृसत्ता के शिकंजे से बाहर निकलती हुई नायिका है, भले ही वह स्वयं इस सत्य से परिचित नहीं है। इस मुक्ति का मूल-मंत्र स्त्री की शिक्षा और आर्थिक आत्मनिर्भरता है। दीपा के व्यक्तित्व में पितृसत्ता के क़ब्ज़े और दख़ल से मुक्ति का दूसरा संकेत यौनिक शुचिता के बन्धन से इनकार है, "संजय, यह तो सोचो कि यदि ऐसी कोई भी बात होती, तो क्या मैं तुम्हारे आगे, तुम्हारी हर उचित-अनुचित चेष्टा के आगे, यों आत्मसमर्पण करती? तुम्हारे चुंबनों और आलिंगनों में अपने को यों बिखरने देती? जानते हो, विवाह से पहले कोई भी लड़की किसी को इन सबका अधिकार नहीं देती। पर मैंने दिया। क्या केवल इसीलिए नहीं कि मैं तुम्हें प्यार करती हूँ, बहुत-बहुत प्यार करती हूँ? विश्वास करो संजय, तुम्हारा-मेरा प्यार ही सच है। निशीथ का प्यार तो मात्र छल था, भ्रम था, झूठ था।"

उस पीढ़ी के पाठकों-आलोचकों के लिये दीपा का व्यक्तित्व बहुत नया, अपरिचित और शायद अवास्तविक भी था। वरिष्ठ आलोचक विश्वनाथ त्रिपाठी आपत्ति के स्वर में कहते हैं, "...दीपा आधुनिक युग की यानी नई कहानी की प्रेमिकाओं में भी विशिष्ट मानी जाएगी। वह परिवार के साथ नहीं रहती, शोध कर रही है। उसका जीवन स्वतंत्र है। शोध के दौरान भी उसका ख़र्चा-पानी कहाँ से चलता है इसका कोई उल्लेख नहीं है। शोध करते ही उसकी नौकरी लग जाती है। वह आर्थिक रूप से स्वतंत्र हो जाती है। मतलब यह कि अपनी इच्छा से किसी युवक को जीवनसाथी के रूप में चुनने के लिए पूरी तरह से आज़ाद है।...जिस दौर में यह कहानी लिखी गई है उस दौर में शादी के मामले में किसी भी तरह के दबाव से मुक्त ऐसी नारी-पात्र का मिलना असम्भव नहीं तो कठिन अवश्य है।...मेरे विचार से हिन्दी में यह पहली कहानी होगी जिसमें एक लड़की हर तरह से अपना जीवनसाथी चुनने के लिए मुक्त है।" (कथादेश—मन्नू भंडारी विशेषांक, जनवरी 2009)

यहाँ यह ज़िक्र इस बात के संकेत के लिए कि 'यही सच है' की नायिका को नई औरत की पहली पीढ़ी कहने का औचित्य क्या है? नई कहानी ने ऐसे कथानकों की नई शुरुआत की थी जो पूरी तरह से मानसिक ऊहापोह और अन्तर्द्वंद्व के उतारों-चढ़ावों से निर्मित होते थे। कहानी का बलाघात घटनाक्रम की अपेक्षा मनोवैज्ञानिक विश्लेषण की ओर झुका था। लेकिन कहानी के यथार्थवादी चौखटे की स्थूल और सीमित वस्तुवादी

समझ के कारण बहुत समय तक ऐसा होता रहा कि मनोवैज्ञानिक यथार्थ को प्राय: अवास्तव तथा अयथार्थ मानकर कथानक और चरित्र-चित्रण के दोष की तरह देखा गया। किन्तु भले ही वे पात्र और उनका मानसिक वितान धरती-आकाश के बीच कहीं झूलता सा अवास्तविक प्रतीत होता हो, वस्तुत: उनके पारिवारिक-आर्थिक-सामाजिक सन्दर्भ तत्कालीन परिस्थितियों में समाये रहते हैं और अगर आग्रह बहुत प्रबल हो तो कहानी के रचना-समय और कथानक के निहित संकेतों में खोजे जा सकते हैं। दीपा को 'नई औरत की पहली पीढ़ी' कहते हुए यह स्पष्ट करना है कि नई औरत समाज में नई परिस्थितियों की माँग का प्रत्युत्तर है। नई परिस्थितियाँ एक कृषिप्रधान, ग्रामकेन्द्रित आर्थिक-व्यवस्था में औद्योगीकरण, नगरीकरण, स्थानान्तरण के द्वारा आनेवाले पारिवारिक-सामाजिक ढाँचे में बदलाव से उत्पन्न हुई हैं। नई स्त्री के जन्म का सीधा सम्बन्ध पारिवारिक ढाँचे में परिवर्तन, स्त्री-शिक्षा के कारण स्त्री के आत्मन् का विकास और आत्म-निर्णय की उगती हुई क्षमता के साथ है।

'यही सच है' में दीपा के बारे में अलग-अलग जगहों पर दो टिप्पणियाँ हैं। कहानी के मूल कथ्य से उनका सीधा सम्बन्ध नहीं है। शायद इसी वजह से विश्वनाथ त्रिपाठी उनको अनदेखा कर जाते हैं और दीपा के बारे में अपनी पूर्वोक्त आपत्ति दर्ज करते हैं। लेकिन उन टिप्पणियों में दीपा की पारिवारिक सामाजिक पृष्ठभूमि के संकेत हैं। कलकत्ता स्टेशन पहुँचने पर अपनी सहेली इरा से दीपा पूछती है, "क्यों इरा, कौन-कौन लोग होंगे इंटरव्यू में? मुझे तो बड़ा डर लग रहा है," तो इरा का उत्तर है, "...तू और डर? हम जैसे डरें तो कोई बात भी है। जिसने अपना सारा कैरियर अपने-आप बनाया, वह भला इंटरव्यू में डरे!" फिर बात को आगे बढ़ाती हुई पूछ लेती है—"अच्छा, भैया-भाभी तो पटना ही होंगे? जाती है कभी उनके पास भी या नहीं?" दीपा का उत्तर है, "कानपुर आने के बाद एक बार गई थी। कभी-कभी यों ही पत्र लिख देती हूँ।" और इस पर इरा की टिप्पणी—"भई कमाल के लोग हैं! बहन को भी नहीं निभा सके!" दीपा की प्रतिक्रिया—" मुझे यह प्रसंग क़तई पसन्द नहीं। मैं नहीं चाहती कि कोई इस विषय पर बात करे। मैं मौन ही रहती हूँ।" कानपुर में संजय को भी वह नौकरी के बारे में बताते हुए वह इंटरव्यू से अपने डर का ज़िक्र करती है तो संजय कहता है, "घर से दूर, यहाँ कमरा लेकर अकेली रहती हो, रिसर्च कर रही हो, दुनिया-भर में घूमती-फिरती हो और इंटरव्यू के नाम से डर लगता है। क्यों?" और गाल पर हल्की-सी चपत जमा देता है। फिर समझाता हुआ कहता है, "और देखो, आजकल ये इंटरव्यू आदि तो सब दिखावा-मात्र होते हैं। वहाँ किसी जान-पहचान वाले से इंफ्लुएंस डलवाना जाकर!"

दीपा ने अपना कैरियर 'अपने आप' बनाया है, 'निडर', स्वतंत्रचेता, दुनियाभर में घूमने-फिरने में समर्थ है। इतनी सारी योग्यताओं के पीछे कारण की तरह उपर्युक्त संक्षिप्त सी सूचना है, पर संयुक्त परिवार के साझा दायित्वों का ढाँचा टूटने और एकल परिवार बनने का पर्याप्त संकेत देती है। दीपा की ये क्षमताएँ जितना उसकी योग्यताओं का प्रमाण हैं शायद उतना ही उसकी असुरक्षाओं और विवशताओं का फल भी। उस पीढ़ी की स्त्री के लिए अभी तक यह आत्मनिर्भर, स्वतंत्र जीवन पद्धति सहज अभ्यास और स्वीकृति का विषय नहीं बनी है लेकिन यह स्थिति यथार्थ होती दिख रही है कि

बेटा अब पारिवारिक दायित्व की तरह 'बहन को निभाने' के लिए तैयार नहीं है। लेकिन बहन अब अपना दायित्व स्वयं सँभालने योग्य हो रही है। उसके सामने अब 'सर्वाइवल' का सवाल प्रमुख है, इसी दायित्व के निर्वाह के लिए अब उसमें व्यावहारिकता और चातुर्य का भी विकास हो रहा है। दीपा के व्यक्तित्व में भी नौकरी की तलाश में संघर्षरत व्यावहारिक स्त्री की झलक दिखाई देती है। 'इंफ्लुएंस डलवाने' की ज़रूरत को वह ख़ूब जानती है। निशीथ से मुलाक़ात के बाद उसकी प्रतिक्रिया है, "मैंने कई बार चाहा कि संजय की बात बता दूँ, पर बता नहीं सकी। सोचा, कहीं वह सुनकर यह दिलचस्पी लेना कम न कर दे। उसके आज-भर के प्रयत्नों से ही मुझे काफ़ी उम्मीद हो चली थी। यह नौकरी मेरे लिए कितनी आवश्यक है, मिल जाए तो संजय कितना प्रसन्न होगा, हमारे विवाहित जीवन के आरम्भिक दिन कितने सुख में बीतेंगे!"

इस सारी सूचनाओं और संकेतों से निर्मित पृष्ठभूमि में 'यही सच है' का मूल कथ्य सामने आता है। एक स्त्री और दो पुरुष—यह प्रेम त्रिकोण है तो सही लेकिन यह किसी के आत्म-बलिदान या किसी खलनायक की दुष्टता का क़िस्सा नहीं है। यह स्त्री के मन की वह गाथा है जो इसके पहले तक उसका अपना निजी और गोपन सच कहती आई थी। यह एक स्त्री की दो पुरुषों के लिए प्रेम की दो तरह की अनुभूतियों के बीच मानसिक ऊहापोह का कथानक है। भले ही भावनाओं का रूप बदल रहा है लेकिन नैतिक औचित्य अभी प्रेम की भावना और समर्पण की एकनिष्ठता के पक्ष में ही है। निशीथ और संजय के व्यक्तित्व एक-दूसरे से बिलकुल भिन्न और विपरीत आकारों में गढ़े गए हैं। वे दीपा के जीवन के अलग-अलग चरणों और अवसरों पर उसके व्यक्तित्व के अलग-अलग पक्षों की आवश्यकताओं के पूरक कहे जा सकते हैं। भले ही दीपा स्वयं इस बात को पहचानती नहीं है और ऐसा समझती है कि एक के जाने से उत्पन्न हुए शून्य को भरने के लिए दूसरे का महत्त्व है परन्तु वास्तव में कहानी की मंशा दीपा की समझ से अलग है।

संजय बहिर्मुखी व्यक्तित्व का बातूनी और चंचल प्राणी है। इसके विपरीत निशीथ संकोची, मौन और अन्तर्मुखी व्यक्ति है। दीपा का अवचेतन निशीथ के मौन में अतीत की अनकही अनुभूतियों की स्मृतियाँ साकार कर देता है—"मेरे सामने तो पटना में गुज़ारी सुहानी संध्याओं और चाँदनी रातों के वे चित्र उभरकर आते हैं, जब घंटों समीप बैठ, मौन भाव से हम एक-दूसरे को निहारा करते थे। बिना स्पर्श किए भी जाने कैसी मादकता तन-मन को विभोर किए रहती थी, जाने कैसी तन्मयता में हम डूबे रहते थे एक विचित्र-सी, स्वप्निल दुनिया में! मैं कुछ बोलना भी चाहती तो वह मेरे मुँह पर उँगली रखकर कहता, "आत्मीयता के ये क्षण अनकहे ही रहने दो, दीपा!" उससे सम्बन्ध-विच्छेद क्यों हुआ था इसका कोई कारण या इशारा भी कहानी में नहीं है, निशीथ की तरफ़ से कोई स्पष्ट संकेत भी नहीं, जिसे बीते हुए प्रेम का पुनर्जीवन कहा जाए, लेकिन दीपा उसके अनकहे आचरण में छोटे-छोटे संकेतों को पढ़ती और समझती है कि वह प्रेम अभी तक जीवित है। सम्बन्ध-विच्छेद के बाद उसने जिस प्रेम के विषय में यह निष्कर्ष निकाला था, "अठारह वर्ष की आयु में किया गया प्यार भी कोई प्यार होता है भला, निरा बचपन होता है, महज़ पागलपन, उसमें आवेश रहता है, स्थायित्व नहीं, गति

रहती है, पर गहराई नहीं। वह जिस वेग से आरम्भ होता है, जरा सा झटका लगने पर उसी वेग से टूट भी जाता है," उसी के बारे में अब उसे महसूस होता है, "आज एक बात अच्छी तरह जान गई हूँ कि प्रथम प्रेम ही सच्चा प्रेम होता है, बाद में किया हुआ प्रेम तो अपने को भूलने का, भरमाने का प्रयास-मात्र होता है।" यह अहसास उसे एक नैतिक दुविधा में डालता है। उसे लगता है कि वह "अनुचित, अवांछित दिशाओं की ओर" बही जा रही है, मानो उसने "कोई अपराध कर डाला हो।"

भावना की ईमानदारी भी दीपा के व्यक्तित्व का एक और मूलभाव है। स्त्री के विषय में त्रिया-चरित्र आदि जैसी परम्परागत अवधारणाएँ वस्तुतः पितृसत्ता के अधीन सामाजिक रूप से असुरक्षित, आर्थिक रूप से पराश्रित और भावनात्मक रूप से दुर्बल स्त्री के आचरण के साक्ष्य पर रची गई हैं। वे उसके सर्वाइवल के, बचे रह पाने के सवाल से जुड़ी हुई हैं। मुक्त होती हुई स्त्री ईमानदार होने का साहस कर सकती है और 'नई स्त्री' के अस्तित्व की शुरुआत ही इसी साहस के प्रस्फुटन से होती है। अब संजय के विषय में दीपा को लगता है, "आज लग रहा है, तुम्हारे प्रति मेरे मन में जो भी भावना है वह प्यार की नहीं, केवल कृतज्ञता की है। तुमने मुझे उस समय सहारा दिया था, जब अपने पिता और निशीथ को खोकर मैं चूर-चूर हो चुकी थी। सारा संसार मुझे वीरान नज़र आने लगा था, उस समय तुमने अपने स्नेहिल स्पर्श से मुझे जिला दिया, मेरा मुरझाया, मरा मन हरा हो उठा, मैं कृतकृत्य हो उठी, और समझने लगी कि मैं तुमसे प्यार करती हूँ। पर प्यार की बेसुध घड़ियाँ, वे विभोर क्षण, तन्मयता के वे पल, जहाँ शब्द चुक जाते हैं, हमारे जीवन में कभी नहीं आए। तुम्हीं बताओ, आए कभी? तुम्हारे असंख्य आलिंगनों और चुंबनों के बीच भी, एक क्षण के लिए भी तो मैंने कभी तन-मन की सुध बिसरा देनेवाली पुलक या मादकता का अनुभव नहीं किया। सोचती हूँ, निशीथ के चले जाने के बाद मेरे जीवन में एक विराट शून्यता आ गई थी, एक खोखलापन आ गया था, तुमने उसकी पूर्ति की। तुम पूरक थे, मैं ग़लती से तुम्हें प्रियतम समझ बैठी।"

दोनो पुरुषों के लिए अलग-अलग वक़्तों पर दीपा को जो महसूस होता है उसे वह उस काल विशेष में प्रेम के रूप में सच ही समझती है लेकिन फिर भी यह पूर्वागत मानसिक अभ्यास का फल है कि दोनों में से किसी एक को सच और दूसरे को भ्रम मानना उसे ज़रूरी लगता है। पहला प्रेम ही असली प्रेम है यह मानने के पीछे पहले प्रेम के पागलपन, आवेश और वेग के तन्मय अनुभव की प्रकृति है लेकिन वह अनुभव केवल पहली बार का ही अनुभव हो सकता है। एक बार उस अनुभव से परिचित हो जाने के बाद उसका दोहराया जाना असम्भव है। लेकिन इसका अर्थ यह क़तई नहीं कि प्रेम की कोई दूसरी अनुभूति सम्भव नहीं। कृतज्ञता, अवलम्ब, मृतप्राय भावनाओं का पुनर्जीवन भी प्रेम की अनुभूतियों के अन्यान्य रूप हो सकते हैं। सजग विवेक से सोचते हुए दीपा के लिए इस निष्कर्ष पर पहुँचना सहज सम्भव नहीं कि वह निशीथ और संजय दोनों को अलग-अलग तरह से प्यार करती है और एक के प्रति सच होने के लिए दूसरे के प्रति झूठ होना ज़रूरी नहीं। दीपा अन्तिम रूप से इस निर्णय पर पहुँच चुकी है कि वह संजय से नहीं, निशीथ से प्यार करती है, अब केवल संजय को इस

सच से अवगत कराना ही शेष है लेकिन जैसा कि पहले कहा जा चुका है, दीपा का यह सच कहानी की मंशा नहीं है।

कानपुर लौटने के बाद का दीपा का असमंजस कहानी की मंशा का संकेत देता है—"लगता है, यहीं बैठी रही तो दम ही घुट जाएगा। कमरा बन्द करके मैं अपने को धकेलती-सी सड़क पर ले आती हूँ। शाम का धुँधलका मन के बोझ को और भी बढ़ा देता है। कहाँ जाऊँ? लगता है, जैसे मेरी राहें भटक गई हैं, मंज़िल खो गई है। मैं स्वयं नहीं जानती, आख़िर मुझे जाना कहाँ है। फिर भी निरुद्देश्य-सी चलती रहती हूँ। पर आख़िर कब तक यों भटकती रहूँ? हारकर लौट पड़ती हूँ।" मसला सिर्फ़ संजय या निशीथ के बीच एक के चुनाव का नहीं बल्कि परम्परा से प्राप्त निश्चित भूमिकाओं, गंतव्यों और परिभाषाओं के खो जाने का है। बदलना कभी एक बात का अकेला बदलना नहीं होता। बदलाव पूरे विन्यास का होता है। दीपा अगर अन्तिम रूप से इस निर्णय पर पहुँच ही चुकी होती कि वह निशीथ से ही प्यार करती है तो कहानी को वहीं ख़त्म हो जाना चाहिए था। लेकिन कहानी आगे बढ़ती है, दीपा के भटकाव, असमंजस और दुविधा के क्षणों को समेटती है और संजय के लौट आने तक ठहरी रहती है। निशीथ के लिए उसने महसूस किया था, "यह स्पर्श, यह सुख, यह क्षण ही सत्य है, बाक़ी सब झूठ है, अपने को भूलने का, भरमाने का, छलने का असफल प्रयास है।" कहानी के अन्त में जब संजय लौटकर आता है तो फिर उसे 'कृतज्ञता' और 'प्यार' के बीच कोई बाधा नहीं प्रतीत होती है। जो निशीथ के लिए महसूस हुआ था, वही भाव संजय के लिए भी महसूस होता है, "यह स्पर्श, यह सुख, यह क्षण ही सत्य है, वह सब झूठ था, मिथ्या था, भ्रम था।"

'क्षण' की सत्यता के आग्रह को भी नई कहानी के विरोधियों ने कभी मखौल का विषय बनाया था। लेकिन वस्तुतः क्षण के प्रति यह सजगता कालबोध की अनिवार्य प्रकृति है। "यह स्पर्श, यह सुख, यह क्षण" के सत्य होने का अहसास 'परम्परा' और 'सनातन' का प्रतिपक्ष है। वह किसी गतानुगतिक के विपरीत वर्तमान का अनुगामी है क्योंकि वर्तमान बस एक क्षण है जिसकी पीठ पर पाँव रख भविष्य अतीत में कूद जाता है। वही जीवित होने के वास्तविक ऐन्द्रिक अनुभव का यथार्थ क्षण है। परम्परा में परिवर्तन के लिए क्षण के प्रति सजगता की एक सकर्मक भूमिका मौजूद है। इसके अलावा "बाक़ी सबके झूठ होने" के अहसास में "अपने को भूलने का, भरमाने का, छलने का असफल प्रयास" निहित है। जिस 'अपने आप' को भूलने, भरमाने, छलने की बात यहाँ पहचानी गई है। वस्तुतः वही आत्मबोध 'यही सच है' के अहसास का असली ठिकाना है। उसी 'आत्म' को अन्ततः इन सवालों का जवाब खोजना और अपने बोध में शामिल करना है, "कहाँ जाऊँ? लगता है, जैसे मेरी राहें भटक गई हैं, मंज़िल खो गई है। मैं स्वयं नहीं जानती, आख़िर मुझे जाना कहाँ है। फिर भी निरुद्देश्य-सी चलती रहती हूँ। पर आख़िर कब तक यों भटकती रहूँ? हारकर लौट पड़ती हूँ।"

कहानी का अन्त उसकी मंशा को इस रूप में निर्धारित करता है कि सच की अनुभूति क्षण-सापेक्ष है। निशीथ के लिए जिस क्षण उसका प्रेम सच की अनुभूति बनता है उस क्षण नफ़रत का अहसास मिथ्या हो उठता है। इसी तरह जिस क्षण संजय के

लिए उसका प्रेम सच की अनुभूति में बदलता है उस क्षण कृतज्ञता के रूप में उसकी व्याख्या मिथ्या हो जाती है। इन मिथ्याओं का जन्म एकनिष्ठता की कसौटी के समक्ष नैतिक दुविधा में ख़ुद को सही ठहराने की मजबूरियों से होता है। निशीथ ने कोई संकेत नहीं दिया था, विच्छेद क्या किसी मजबूरी की वजह से हुआ था? कहानी इसका कोई पता नहीं देती। कहानी का अन्तिम क्षण संजय के साथ को असमंजस से उबारनेवाला सच बनता है इसलिए शायद माना जा सकता है कि दीपा का आख़िरी फ़ैसला संजय के पक्ष में हुआ रहा होगा, लेकिन कहानी की मंशा बेशक यह निर्धारित करने की है कि एकनिष्ठ समर्पण सम्बन्ध का होता है, भावना का नहीं।

कहानी पढ़ते हुए किसी निजी डायरी से गुज़रने का अहसास होता है तथापि शैली के रूप में डायरी लेखन की तारीखबद्ध प्रविष्टियों की परिपाटी का पालन नहीं है। तारीख़ों में बँटवारा मानो भावना के इस अविरल प्रवाह को खंडित कर देता! प्रतिक्षण के घटनाक्रम और मानसिक क्रिया-कलाप का अनुगमन करते हुए आत्मालाप की शैली में कहानी क्रमशः उद्घाटित होती है। मानो दीपा ख़ुद अपने आपको सुनाते हुए अपना ऊहापोह दर्ज कर रही हो। अपने आप के साथ अपनी राजदारी के लिए इस शैली का आत्मीय बयान बहुत उपयुक्त प्रतीत होता है। आज इस कहानी को अपने समय की भविष्यदर्शी कहानी माना जा सकता है। स्त्री-विमर्श के सूत्रपात से बहुत पहले यह स्त्री के आत्मबोध और निर्णयक्षमता के जागने की, अपने अस्तित्व की सीमाओं को फैलानेवाले प्रयासों की, अपना जीवन ख़ुद अपने हाथ में लेने के पराक्रम की पहलक़दमी को सूचित करनेवाली कहानी है।

वापसी

उषा प्रियंवदा

दो जीवन-मूल्यों के बीच

रविभूषण

'नई कहानी' के शोर और हंगामे के पहले से उषा प्रियंवदा (24 दिसम्बर, 1931) ने कहानी लिखना आरम्भ किया था। 'वापसी' कहानी के प्रकाशन (नई कहानियाँ, अगस्त 1960) के पूर्व उनकी एक दर्जन से अधिक कहानियाँ प्रकाशित हो चुकी थीं। 'आश्रिता' कहानी (सरिता, मार्च 1952) से उनका कहानी-लेखन आरम्भ हुआ था और 'वापसी' से वे प्रमुख नये कहानीकारों में शामिल हो गईं। आख़िर इस कहानी से ऐसा क्या है, जिससे उन्हें 'आकाश छूनेवाले लोकप्रियता' हासिल हुई? 'वापसी' कहानी पर अब तक जितने विचार हुए हैं, उनमें से अभी तक शहरी जीवन और समाज में पचास के दशक में हो रहे बदलावों के साथ कहानी पर और विचार नहीं हुआ है। नामवर सिंह ने कहानी प्रकाशन के लगभग दो वर्ष बाद नई कहानियाँ के 'हाशिए' स्तम्भ के अन्तर्गत विस्तारपूर्वक अपने दो लेखों—'कहानी : अच्छी और नई' एवं 'सच्चे निर्णय के सहयोगी प्रयास में' में इस कहानी पर विचार किया। कहानी में बाह्य पक्ष के स्थान पर आन्तरिक पक्ष कहीं अधिक प्रमुख है। "कहानी लिखते समय मेरे मन में एक प्राणी का अकेलापन और परिवार में अपनी उचित जगह न पाने की पीड़ा ही थी, पर उसमें कल्पना और स्मृति का ऐसा मिश्रण था कि कोई पहचान न सका...मेरी अन्तर्दृष्टि, संवेदनशीलता और बाह्य जगत गजाधर बाबू के चरित्र में इतने घुल-मिल गए थे कि वह मेरे सम्बन्धी न रहकर एक नये अपने में ही सम्पूर्ण प्राणी बन गए थे।" (सम्पूर्ण कहानियाँ, राजकमल प्रकाशन, 2006)

'वापसी' कहानी में गजाधर बाबू कथा नायक हैं। पैंतीस साल तक रेलवे की नौकरी करने के बाद वे सेवानिवृत्त होते हैं। रिटायर होने के पहले और बाद के जीवन में कोई संगति नहीं है। रेलवे क्वार्टर में वे कई वर्ष रहे थे। "इन वर्षों में अधिकांश समय उन्होंने अकेले रहकर काटा था।" उन्होंने अपनी चिन्ता न कर बच्चों के भविष्य की चिन्ता की। पत्नी बच्चों के साथ शहर में रहने लगी थी। कुछ ही समय तक उनका परिवार उनके साथ रहा था। जब परिवार साथ था तो ड्यूटी से लौटकर पत्नी से हँसते-बोलते, बच्चों से खेलते, उन्हें दुलराते, पारिवारिक चिन्ता और दायित्व गजाधर बाबू के लिए अधिक बड़ा था। वे मध्यवर्गीय परिवार से हैं "सांसारिक दृष्टि से उनका जीवन सफल कहा जा सकता था। उन्होंने शहर में मकान बनवा लिया था। बड़े लड़के अमर और लड़की कान्ति की शादियाँ कर दी थीं। दो बच्चे ऊँची कक्षाओं में पढ़ रहे थे। ये दो बच्चे बसंती

और नरेन्द्र हैं। शहर में गजाधर बाबू की पत्नी अपने बेटे अमर उसकी पत्नी और बसंती नरेश के साथ रहती हैं। कुल पाँच व्यक्तियों का यह परिवार है। जिसमें रिटायरमेंट के बाद गजाधर बाबू का आगमन होता है। रेलवे क्वार्टर में अकेले रहते हुए उन्होंने बाद के समय की कल्पना की थी जब वे परिवार के साथ रहेंगे। "इसी आशा के सहारे अपने अभाव का बोझ ढो रहे थे।"

स्वतंत्र भारत के आरम्भिक वर्ष में घर, परिवार, सम्बन्ध में जो बदलाव आ रहे थे, उसकी गहरी पहचान कई नये कहानीकारों को थी। 'वापसी' के कई वर्ष पहले भीष्म साहनी ने 'चीफ़ की दावत' लिखी थी। जिसमें मिस्टर शामनाथ का अपनी माँ के साथ व्यवहार पहले के बेटों की तरह नहीं था। वापसी कहानी में गजाधर बाबू के साथ उनकी पत्नी और सन्तानों का व्यवहार भिन्न है। आत्मीयता और सहजता का ह्रास है और व्यावहारिकता प्रमुख। स्वतंत्र भारत में जिस नई पूँजी—औद्योगिक पूँजी का विकास हो रहा था। उसने सम्बन्धों को पूर्ववत् नहीं रहने दिया था। द्वितीय पंचवर्षीय योजना (1957) के बाद समाज में विशेषत: शहरों में आ रहे बदलावों और सम्बन्धों में हो रहे परिवर्तनों को देखना-समझना आवश्यक है। नई कहानी में उषा प्रियंवदा ने परिवार में पति, पिता की भूमिका और स्थिति की पहचान की। 'वापसी' कहानी में पत्नी को पति की, बेटे-बेटी को पिता की और बहू को सास-श्वसुर की चिन्ता नहीं है। स्वतंत्र भारत के आरम्भिक वर्षों में परिवार का ही नहीं 'घर' और 'देश' का अर्थ भी बदलने लगा था। मुक्तिबोध ने यों ही नहीं लिखा था—'मर गया देश अरे! जीवित रह गए तुम।'

रेलवे क्वार्टर में गजाधर बाबू की कहीं अधिक चिन्ता गनेशी को थी। घर आने पर वे बेटी—बिटट्रो द्वारा बनाई गई फीकी चाय पीकर गनेशी को याद करते और—"पैंसेजर आने से पहले रोज़ सुबह वह गरम पूड़ियाँ और जलेबी बनाया करता था...चाय भी कितनी बढ़िया, बिलकुल उनकी पसन्द की—तीन चम्मच चीनी, काँच के गिलास में ऊपर गाढ़ी मलाई पैंसेजर भले ही रानीपुर लेट पहुँचे मगर गनेशी की चाय में कभी देर न होती" और वहाँ अपने घर में आने के बाद उन्होंने बेटी से कहा—"चाय मुझे भी देना बसंती" कहानी में गनेशी और उसकी 'घरवाली' का उनसे व्यवहार आत्मीय है। गनेशी की घरवाली उनकी पसन्द के कुछ बेसन के लड्डू जाते समय रख देती है। उन्हें एक ओर घर जाने की ख़ुशी है, तो दूसरी ओर 'विषाद का अनुभव' भी। कहानी में इस परिचित स्नेह, आदरमय सहज संसार से उनके नाता टूटने का उल्लेख अकारण नहीं है। अपने घर में वे इस स्नेह, आदरमय सहज संसार से वंचित हो जाते हैं। गनेशी की भी आर्थिक दशा सामान्य है। उसकी बेटी क्वाँरी है। वह गजाधर बाबू से कभी-कभी हम लोगों की भी ख़बर लेते रहने का आग्रह करता है। गजाधर बाबू उसकी तुलना में अधिक सम्पन्न हैं। बड़ा बेटा अमर नौकरी करता है। क्या स्नेह, आदर और सहजता आर्थिक तरक़्क़ी के साथ, सुख-सुविधाओं के साथ समाप्त नहीं होती?

गजाधर बाबू को पत्नी का स्नेह पहले की तरह प्राप्त नहीं होता। पहले और बाद का समय भिन्न है, जिसका उम्र और स्थान से कम सम्बन्ध है। रिटायरमेंट के बाद गजाधर बाबू के अपने घर में आगमन को उनके पारिवारिक सदस्य सहजता और आत्मीयता से नहीं ग्रहण करते। कहानी सहजता और आत्मीयता के ह्रास को रेखांकित

करती है, "गजाधर बाबू को देखते ही वहाँ एक सकपकाहट भरा सन्नाटा छा गया। बहू ने झट सर ढाँप लिया और नरेन्द्र बेटा ने बैठकर चाय का प्याला ओढ़े से लगा लिया।" गजाधर बाबू के स्थायी रूप में आकर रहने की प्रसन्नता किसी को नहीं है। कहानीकार ने घर, सम्बन्ध, आत्मीयता सब में हो रहे उस बदलाव को चिन्हित किया है जो उस समय शहरी मध्यवर्ग में बहुत कम व्याप्त था गजाधर बाबू चाहकर भी बच्चों के 'मनोविनोद' में शामिल नहीं हो पाते। वे अपने घर में बैठकर चाय और नाश्ते का इंतज़ार करते हैं। बहू और बेटी बसंती में से कोई भी तुरन्त उनके लिए चाय और नाश्ते का प्रबन्ध नहीं करती। पत्नी उन्हें अकेले बैठे देखकर पूछती है—"अरे, आप अकेले बैठे हैं वे सब कहाँ गए?" गजाधर बाबू के लिए उनके पारिवारिक सदस्य 'वे' हैं सम्बन्धों में आई इस दूरी का कारण क्या है?

पचास के दशक में ही यह अहसास तीव्र हो रहा था कि यह देश उस अर्थ में अपना नहीं रहा, जिसकी बहुसंख्यक जनता ने कल्पना की थी। गजाधर बाबू ने भी रिटायरमेंट के बाद अपने घर में अपने लोगों के बीच जिस आत्मीय माहौल में रहने की कल्पना की थी, वह साकार नहीं हुई। उनका घर तीन कमरों का था, जिसमें "ऐसी व्यवस्था हो चुकी थी कि उसमें गजाधर बाबू के रहने के लिए कोई स्थान नहीं बचा था, जैसे किसी मेहमान के लिए कुछ अस्थायी प्रबन्ध कर दिया जाता है, उसी प्रकार बैठक में कुर्सियों को दीवार से सटाकर बीच में गजाधर बाबू के लिए एक पतली-सी चारपाई डाल दी गई।" तीन कमरों के इस घर में एक कमरा बैठक का है, दूसरा कमरा अमर और उसकी बहू का है और तीसरा पत्नी के पास का वह कमरा है जो सामान से भरा पड़ा है—गजाधर बाबू के आने के पहले बैठक वाले कमरे में "अमर की ससुराल से आई बेंत की तीन कुर्सियों का सेट पड़ा था। कुर्सियों पर नीली गद्दियाँ और बहू के हाथों के कढ़े हुए कुशन थे।" कहानी में इसे ड्राइंग रूम न कहकर बैठक कहा गया है। घर के मुखिया के लिए घर में ही कोई स्थायी व्यवस्था नहीं है। समय बदल रहा है और इस बदलते समय ने मध्यवर्ग का मानस बदल डाला है। भारत का विकसित होता हुआ यह मध्यवर्ग अपने पुराने मूल्यों में स्वतंत्र भारत के आरम्भिक वर्षों में कटने लगा था, जिसकी पहचान कहानीकार ने कर ली है। गजाधर बाबू अपने परिवार में खप नहीं पाते थे। वे अकेले पड़ जाते हैं।

इस कहानी पर विस्तृत चर्चा करनेवालों ने कहानी से संयुक्त परिवार की टूटती हुई परम्परा का संकेत देखा है। जो सही नहीं है वापसी संयुक्त परिवार के टूटने की कहानी न होकर स्वतंत्र भारत के आरम्भिक वर्षों में पूर्व मूल्यों के विघटित होने की कहानी है। जिसमें उससे गढ़ा व्यक्ति अकेला होने को विवश और अभिशप्त है। परिस्थितियाँ उस समय बदल रही थीं, पूँजी उन मूल्यों को बदल रही थी। जिनसे मनुष्य का जीवन सम्बन्ध और परिवार जुड़ा था। परिवार की धारणा-अवधारणा में धीमे रूप में ही सही, हो रहे इस बदलाव की पहचान कहानीकार की दूरगामी दृष्टि से जुड़ी है। उस समय कंटेंट बदल रहा था और इसे कहानी का कंटेंट बनाना एक बड़ी बात थी। भारत आधुनिक बन रहा था। 'वापसी' नेहरूकालीन भारत में लिखी गई कहानी है। जिसमें हम दिखावटी-बनावटी और कृत्रिम आधुनिकता को भी लक्षित कर सकते हैं। इस आधुनिकता में भावुकता, सहृदयता और संवेदनशीलता के लिए कोई स्थान नहीं है। यहाँ चारपाई के लिए कोई स्थायी जगह

नहीं है। गजाधर बाबू का अकेलापन एक भावुक संवेदनशील व्यक्ति का अकेलापन है। पत्नी समय के अनुसार एडजस्ट कर गई है। गजाधर बाबू समय के साथ अपने को एडजस्ट नहीं कर सके...उनका सोच-विचार पुराना है। वे पत्नी से कहते हैं, 'सिर्फ़ रुपये से ही इनसान अमीर नहीं होता' स्वतंत्र भारत में इनसान की पहचान रुपये से होने लग गई थी। वे जिस गहरे अकेलेपन को अनुभव करते हैं। उसे उनकी पत्नी भी नहीं समझ पाती गजाधर बाबू पत्नी में—सहानुभूति का पूर्ण अभाव देखते हैं। जो उन्हें खटकता है। पत्नी की ओर उनका आहत विस्मित दृष्टि से देखना, कहानी को और अधिक अर्थपूर्ण बनाता है। कहानी में मौन संकेत से कहानी का अर्थ कहीं अधिक सघन हो जाता है।

सामान्य मध्यवर्ग की श्रम-विमुखता कहानी में देखी जा सकती है। परिवार का काम सभी सदस्य मिल-जुलकर नहीं करते चौके में चारों ओर जूठा बरतन फैला रहता है, पत्नी कहती हैं—'किसी से इतना भी नहीं होता कि खाए-पिए बरतन ही समेट दें।' सब नौकर पर आश्रित हैं बहू नौकर को बाज़ार भेजती है। कहानी में केवल एक बार बाज़ार का ज़िक्र है। गजाधर बाबू की पत्नी का हाथ कोई नहीं बँटाता "नौकर से किसी बात की मदद नहीं...कोई जरा हाथ भी नहीं बँटाता।" गजाधर बाबू के आगमन के बाद परिवार में तीन पुरुष और तीन स्त्री सदस्य हैं। बहू परिवार में कोई काम नहीं करती। काम सास करती है। बहू 'पड़ी रहती है।' बेटी बसंती कॉलेज में पढ़ रही है। वह अपनी माँ की नहीं सुनती। सबके लिए व्यक्तिगत स्वतंत्रता अपनी इच्छा बड़ी है 'स्व' महत्त्वपूर्ण है, 'अन्य' या 'पर' नहीं। बेटी को माँ और बहू को सास की फ़िक्र नहीं है। सम्मान की बात दूर रही। फ़िक्र पति गजाधर बाबू को है। वे बेटी को समझाते हैं—"यह भी तो सोचो कि तुम्हारी अम्मा के शरीर में अब वह ताक़त नहीं बची है, तुम हो, तुम्हारी भाभी हैं, दोनों को मिलकर काम में हाथ बँटाना चाहिए।" विडम्बना यह है कि गजाधर बाबू को पत्नी की चिन्ता है, पर पत्नी को उनकी कोई चिन्ता नहीं है, समय के अनुसार पत्नी बदल चुकी है। गजाधर बाबू को लगता है कि "वह लावण्यमयी युवती जीवन की राह में कहीं खो गई, उसकी जगह आज जो स्त्री है, वह उनके मन और प्राणों के लिए नितान्त अपरिचिता है।" बड़ा बेटा अमर नौकरी करता है और छोटा बेटा नरेन्द्र पढ़ाई कर रहा है। इन दोनों बेटों का पिता से आत्मीय लगाव नहीं है। अमर अलग रहने की सोचता है। पिता की उपस्थिति और मौजूदगी उसकी व्यक्तिगत स्वतंत्रता में बाधक है—"अमर और उसकी बहू की शिकायतें बहुत-सी थीं उनका कहना था कि पिताजी हरदम बैठक में पड़े रहते हैं। कोई आ जाए तो कहीं बैठाने की जगह तक नहीं, गजाधर बाबू के आगमन के पहले 'अमर घर का मालिक बनकर रहता था, बहू को कोई रोक-टोक न थी। अमर के दोस्तों का प्राय: यहीं अड्डा जमा रहता था और अन्दर से चाय और नाश्ता जाता रहता था—बसंती को भी वही अच्छा लगता था।" गजाधर बाबू के आने के बाद पहले की तरह अमर—घर का मालिक नहीं रहा। बहू की स्वतंत्रता बाधित हुई। बेटी बसंती भी स्वतंत्र न रही। जीवन बदल रहा है। गजाधर बाबू इस बदलते जीवन को स्वीकार नहीं कर पाते। सन्तानें अपनी स्वतंत्रता के छिन जाने से दुखी हैं। कहानी में इस स्थिति में गजाधर बाबू अपने पुराने दिनों को याद करते हैं। अपना बड़ा सा खुला हुआ क्वार्टर और आज अपने घर में उनकी स्थिति-उपस्थिति! "वह जीवन अब उन्हें एक खोई हुई

निधि-सा प्रतीत हुआ। उन्हें लगा कि वह ज़िन्दगी द्वारा ठगे गए हैं। उन्होंने जो कुछ चाहा, उनमें से उन्हें एक बूँद भी न मिली।" 'वापसी' का यह अकेलापन न तो किसी व्यक्ति का अकेलापन है और न साठ के दशक में अकेलेपन की जो धारणा यूरोपीय अकेलेपन से की जाती थी, वह अकेलेपन है। घर-परिवार सम्बन्ध पचास और साठ के दशक में अधिक नहीं बदले थे। पर धीमी गति से वह बदलाव की प्रक्रिया आरम्भ हो रही थी, 'वापसी' कहानी का महत्त्व उसे रचनात्मक दृष्टि से प्रस्तुत करने में है। उसी समय नामवर सिंह ने 'वापसी' के अकेलेपन को 'अभारतीय' कहने की आलोचना की थी और इसे अवास्तविक नहीं माना था। 'वापसी' के नायक का अकेलापन आज बहुत व्यापक नहीं है। किन्तु इतने से ही यह अवास्तविक नहीं हो जाता। और न किसी कहानी के लिए अग्राह्य ही...अग्रदर्शी लेखकों का कृतित्व कहीं अधिक महत्त्वपूर्ण है...'वापसी' का अकेलापन सारे समाज का भले ही न हो, किन्तु वह सामाजिक तो है ही।

'वापसी' में परिवार के बदलते ढाँचे और स्वरूप का चित्र है। क्वाँरी बेटी बसंती जान-बूझकर ऐसा खाना बनाती है कि "कौर न निगला जा सके।" अमर का पिता की दख़लंदाजी नहीं सुहाती। गजाधर बाबू घर के रहन-सहन और ख़र्च को अपनी हैसियत से ज़्यादा समझते हैं। नौकर का ख़र्च उन्हें बेकार लगता है। मिल-जुलकर काम करने में उनका विश्वास है। नौकर को हटाने के बाद अमर की टिप्पणी है, "बाबूजी को बैठे-बैठे यही सूझता है।" छोटा बेटा नरेन्द्र कहता है, "अगर वह समझे कि मैं साइकिल पर गेहूँ रखकर आटा पिसाने जाऊँगा, तो यह मुझसे नहीं होगा।" बसंती भी पीछे नहीं रहती—"मैं कॉलेज भी जाऊं और लौटकर घर में झाड़ू भी लगाऊँ यह मेरे बस की बात नहीं है।" सन्तानें माँ से यह सब कहती हैं। पिता से कोई कुछ नहीं कहता, पर पिता के प्रति किसी भी सन्तान के मन में प्रेम, मान-सम्मान का भाव नहीं है। मात्र कॉलेज के उल्लेख से शिक्षा के बदलते स्वरूप की भी पहचान की जा सकती है, जो मनुष्य को एक दूसरी विपरीत दिशा में मोड़ रही है। गजाधर बाबू की पत्नी भी उन्हें नहीं समझ पाती। वह उन्हें बच्चों के बीच में बोलने से मना करती है। बच्चे बड़े हो गए हैं। हमारा जो कर्तव्य है कर रहे हैं, पढ़ा रहे हैं, शादी कर देंगे।" बल 'कर्तव्य' पर है, भावना, संवेदना पर नहीं। पिता के कर्तव्य के सामने पत्नी और बच्चों का कर्तव्य गौण है। बाह्य स्तर पर पत्नी, बच्चे सब दोषी और गजाधर बाबू के अकेलेपन के ज़िम्मेदार दिखाई देंगे, पर मुख्य कारण बदलता समय है। इस बदलते समय के साथ सब हैं, केवल गजाधर बाबू नहीं हैं। समय सबके लिए बदला भी नहीं है, गजाधर बाबू और गनेशी इस बदले समय के साथ नहीं हैं। दोनों जिस भाव-दशा में जी रहे हैं। वह भाव-दशा बदलते समय से मेल नहीं खाती। आर्थिक दृष्टि से गजाधर बाबू स्वनिर्भर हैं। पर आन्तरिक रूप से एकाकी। कहानी का आन्तरिक अर्थ और मर्म महत्त्वपूर्ण है। गजाधर बाबू को "सबसे बड़ा गम यह था कि उनकी पत्नी ने भी उनमें कोई परिवर्तन लक्ष्य नहीं किया। वह मन-ही-मन कितना भार ढो रहे हैं, इससे वह अनजान ही बनी रही, बल्कि पति के घर के मामले में हस्तक्षेप न करने से शान्ति ही थी।"

'वापसी' कहानी में गजाधर बाबू परिवार के केन्द्र में नहीं हैं। वे 'परिधि' पर हैं। 'केन्द्र' और 'परिधि' का यह वह व्यापक प्रश्न है, जो एक साथ घर, सम्बन्ध, परिवार,

समाज और देश पर नये सिरे से विचारणीय है। 'केन्द्र' बदल रहा है, जो पहले 'केन्द्र' में था, अब वह 'परिधि' पर जा रहा है और जो 'परिधि' पर था, वह केन्द्र में आ रहा है। केन्द्र का परिधि और परिधि का केन्द्र बनना महत्त्वपूर्ण है। प्रश्न अस्तित्व का भी है। गजाधर बाबू अपने घर-परिवार में ही अस्तित्वहीन हो जाते हैं। उनका "अस्तित्व घर के वातावरण कोई भाग न बन सका। उनकी उपस्थिति उस घर में ऐसी असंगत लगने लगी, जैसे कि सजी हुई बैठक में उनकी चारपाई थी।" गजाधर बाबू का अपना कोई नहीं हो पाता। कहानी के अन्त में वे चीनी मिल में अपनी नौकरी मिलने की सूचना पत्नी को देते हैं—"ख़ाली बैठे रहने से चार पैसे हाथ में आएँ वही अच्छा है।" पत्नी उनके साथ नहीं जातीं। उसे 'बड़ी गृहस्थी' और 'सयानी लड़की' की चिन्ता है। उनका घर से जाना, वापस होना किसी को आहत नहीं करता। उनके लिए कोई चिन्तित नहीं है। बेटा नरेन्द्र "बड़ी तत्परता से बिस्तर बाँधकर रिक्शा बुला लाता है।" उनके जाने के बाद परिवार का रंग बदल जाता है। बहू अमर से सिनेमा चलने को कहती है। बसंती उछलकर बोलती है—"भइया हमें भी और पत्नी बेटे नरेन्द्र से कहती है—"बाबू की चारपाई कमरे से निकाल दे, उसमें चलने तक की जगह नहीं है।"

कहानी में क्वार्टर और घर के कई प्रसंग हैं। दोनों जगहों में अन्तर है यह अन्तर ध्वनियों का भी है क्वार्टर में सुनाई पड़नेवाली ध्वनियाँ और 'घर के अन्दर से आनेवाले विविध' स्वर एक-दूसरे से भिन्न हैं। क्वार्टर में "निश्चिन्तत जीवन, सुबह पैसेंजर ट्रेन आने पर स्टेशन की चहल-पहल, चिर-परिचित चेहरे और पटरी पर रेल के पहियों की खट्-खट् जो उनके लिए मधुर संगीत की तरह थी। तूफ़ान और डाक गाड़ी के इंजनों की चिंघाड़ उनकी अकेली रातों की साथी थी" और घर आने के बाद गजाधर बाबू "घर के अन्दर से आनेवाले विविध स्वरों को सुनते रहे बहू और सास की छोटी-सी झड़प पर खुले नल की आवाज़, रसोई के बरतनों की खटपट और उसी में दो गौरैयों का वार्तालाप" गजाधर बाबू अपने घर में परदेशी और बेगाने की तरह हैं।

'वापसी' कहानी एक जीवन के ग़ायब होते जाने और दूसरे जीवन के आगमन की कहानी है। यह उनके मूल्यों के बदलने की भी कहानी है। गजाधर बाबू अपरिचितों के बीच जाने को विवश हैं। उनके जाने का निर्णय एक प्रकार का प्रतिरोध है। वे बदलते मूल्यों, स्थितियों का साथ नहीं देते अकेलेपन से निकलकर वे पुन: अकेलेपन में चले जाते हैं। नामवर ने इस कहानी पर विचार करते हुए 'निर्गुण' की 'एक शिल्पहीन' कहानी पर विस्तार से विचार किया और कहानी को जीवन-दृष्टि से जोड़ा। इस जीवन-दृष्टि के साथ कहानीकार की मूल्य-दृष्टि भी जुड़ी है। 'वापसी' कहानी ने अपने समय में एक हलचल पैदा की थी। कहानी पर कई प्रकार की आपत्तियाँ की गई थीं। अकेलेपन की थीम को 'विदेशी थीम' कहा गया था। कइयों को यह कहानी असंगतिपूर्ण अवास्तविक फ़ॉर्मूलाबद्ध भी लगी थी। नामवर ने केवल 'एक शिल्पहीन' कहानी के साथ ही नहीं राजेश सिंह बेदी की कहानी 'ग़ुलामी' और प्रेमचन्द की 'सुजान भगत' के साथ भी वापसी पर विचार किया। निर्गुण और उषा प्रियंवदा की कहानियों में उन्होंने 'दो जीवन दृष्टियों' का अन्तर देखा। वे वापसी कहानी को कहानीकार की जीवन-दृष्टि से जोड़ते हैं। सवाल यह है कि यह जीवन-दृष्टि कहानीकार को कहाँ से प्राप्त होती है? इस

जीवन-दृष्टि के निर्माण के पीछे उसके अपनी समय और यथार्थ की किंचित् ही सही कोई भूमिका है या नहीं? इस जीवन-दृष्टि का सम्बन्ध यथार्थ से है या कल्पना से? स्वयं उषा प्रियंवदा ने इस कहानी के सम्बन्ध में (अपनी कथाकार की) अन्तर्दृष्टि और संवेदनशीलता की बात कही है। गजाधर बाबू और परिस्थिति दोनों में से किसी एक को ज़िम्मेदार ठहराना असम्भव मानते हैं नामवर सिंह। कहानी में मुख्य बातें परिवार के सभी सदस्यों में गजाधर बाबू के प्रति संवेदना और आत्मीयता का ह्रास है। 1960 में यह बहुत कम जीवन में दिखाई देता था। आज की तुलना में यह स्वतंत्र भारत के बदलते समय का उदाहरण भी है। जिसे उस समय समाजशास्त्रियों और समाजवैज्ञानिकों ने भी नहीं देखा था। गजाधर बाबू अपने ही परिवार में अजनबी बनकर नहीं रहना चाहते। उनकी वापसी का निर्णय, उस परिवार और स्थिति से अपने को अलग करने के निर्णय को एक प्रतिरोधी क़दम के रूप में भी देखा जाना चाहिए। संवेदनहीनता के प्रति प्रतिरोध। कहानी अपने कंटेट और फ़ॉर्म दोनों ही रूपों में महत्त्वपूर्ण है। इस कंटेंट को किसी दूसरे फ़ॉर्म में नहीं ढाला जा सकता था। उस समय कहानी के नयेपन पर विचार किया गया था। आज 'वापसी' को अपनत्व, सम्बन्ध और मूल्य विघटन के साथ देखना चाहिए। 'वापसी' केवल एक रिटायर्ड व्यक्ति गजाधर बाबू की ही कहानी नहीं है। जीवन से संवेदना के रिटायरमेंट की भी कहानी है। कहानी में शिल्प प्रमुख नहीं है। वह अनायास है, सहज है। जो कंटेंट है उसके इसी शिल्प में प्रभावशाली और आत्मीय सहज शिल्प में प्रस्तुत किया जा सकता था। सम्बन्ध सहज नहीं है, पर शिल्प सहज है। "छोटी-छोटी घटनाओं के दृश्य-चित्र सामने आते हैं और सभी चित्र कुल मिलाकर एक जीवन-मर्म का अर्थ ग्रहण कर लेते हैं। कहानी वर्णनात्मक से अधिक चित्रात्मक है। चरित्रों के क्रिया-कलापों पर आलोचनात्मक टिप्पणियाँ कम-से-कम है। क्रिया-कलापों का तथ्यपरक अंकन ही अधिक है।" नामवर ने इस प्रकार कहानी की ख़ूबियाँ गिनाकर 1962 में ही 'वापसी' कहानी को विशिष्ट कहानी के रूप में प्रतिष्ठित कर दिया था। कहानीकार ने जिस तटस्थता से सहज कला-कौशल से यह कहानी लिखी। वह आज भी उनकी कहानियों में सर्वप्रथम स्थान रखती है। कहानियों की एक-दूसरे से तुलना में अकसर बाह्य समानताओं पर ध्यान दिया जाता है। थीम पर नहीं, बेदी की कहानी गुलामी की और उषा प्रियंवदा की कहानी 'वापसी' की थीम में अन्तर है। गजाधर बाबू का नौकरी पर वापस जाना घर-परिवार से टूटकर बाहर जाना है। वे स्वेच्छा से नहीं, मजबूरी में नौकरी पर जाते हैं। रेलवे की नौकरी मजबूरी की नहीं थी। वह जीवन-यापन के लिए थी, मिल की नौकरी में जाना मजबूरी में है। वे मजबूर किए जाते हैं। घर उनके लिए घर नहीं है। अज्ञेय ने कहीं लिखा है—'घर लौटने के लिए होता है।' घर एक छाँह है, जो गजाधर बाबू को नहीं मिलती। चारपाई स्थिति का प्रतीक है। चारपाई पहले बैठक में जाती है फिर पत्नी के छोटे कमरे में और अन्त में चारपाई स्वयं उनकी पत्नी के द्वारा हटाई जाती है। गजाधर बाबू किसके द्वारा हटाए जाते हैं? स्थिति उनके प्रतिकूल है। क्या गजाधर बाबू की भाव-दशा सही नहीं है? ऐसा समझना ग़लत होगा व कहीं से भी अशक्त नहीं हैं। वे पत्नी और सन्तानों पर बोझ भी नहीं हैं। 'वापसी' कहानी अनात्मीय सम्बन्धों को रिजेक्ट करती है।

'वापसी' पर विचार करते हुए नामवर को प्रेमचन्द की कहानी 'सुजान भगत' की याद आई थी। गृहस्थी सुजान भगत ने खड़ी की थी, पर भगत बनने के बाद वे अपने ही घर में बीबी-बच्चों के द्वारा उपेक्षित हुए। प्रेमचन्द ने यह कहानी 1927 ('माधुरी' मई 1927) में लिखी थी। नामवर ने 'सुजान भगत के साथ वापसी को रखकर देखने पर कुछ और रोचक तथ्य सामने आ सकने?' की बात कही है। 'सुजान भगत' कहानी में प्रेमचन्द ने कर्म और धर्म पर ध्यान दिया था। सुजान भगत में इन दोनों का समन्वय है। भगत बनने के बाद वह धर्म की ओर मुड़ता है। भिखारी को आवश्यकता से अधिक अन्न देना उसके बेटे भोला को अखरता है। अपमानित होने के बाद वह पुनः कर्ममय जीवन को स्वीकार करता है—प्रेमचन्द इस कहानी में धर्म के स्थान पर कर्म को वरीयता प्रदान करते हैं। यह कहानी श्रम की प्रतिष्ठा करती है। 'वापसी' कहानी में सम्बन्धों की आत्मीयता का ह्रास है। एक साथ घर-परिवार में आ रहे बदलावों की पकड़ है। कहानीकार ने एक ढहते मूल्य की गहरी सूक्ष्म पहचान है। बड़ी बात 'आसन्न या सम्भावित सत्य' की पकड़ है।

क्या 'वापसी' के 'तथ्य' और 'सत्य' को कहानी विधा के अन्तर्गत ही देखने की ज़रूरत है? यह कहानी 'ज़िन्दगी और गुलाब के फूल' में संकलित है। कुँवरनारायण ने 1962 की कल्पना में उषा प्रियंवदा के इस कहानी-संग्रह और निर्मल वर्मा के 'परिन्दे' संग्रह पर विचार किया था। उनके सामने कुछ ऐसे तथ्य आए, जो कहानी ही नहीं साहित्य की अन्य विधाओं के सन्दर्भों में भी विचारणीय है। उन्होंने कहानीकार की विज्ञानयुगीन संवेदना की बात कही जिससे वह मौलिक ढंग से जीवन से उलझ सकने की क्षमता अर्जित करता है, विकसित भी करता है। वे टेकनीक की बात करना बहुत ज़रूरी नहीं मानते। आधुनिक विचारों और रहन-सहन का जो नया संस्कार लेखिका के मूलतः भारतीय दृष्टिकोण पर पड़ा है। वह अधिक आकर्षित करता है—"परिवार के सम्बन्ध में भारतीय और विदेशी (मुख्यतः यूरोपीय-अमेरिकी) दृष्टिकोण भिन्न है। स्वतंत्र भारत में नेहरू जिस 'आधुनिकता' पर बल दे रहे थे। उसका 'भारतीयता' से सम्बन्ध नहीं था। देश एक नये आधुनिक मार्ग का अनुसरण कर रहा था। स्वाभाविक था पुराने 'कंसेप्ट' का बदलना। एक नया 'कंसेप्ट' बन रहा था और उषा प्रियंवदा ने 'वापसी' कहानी के ज़रिये इसकी पहचानकर ली थी। नये भारत की जो रचना हो रही थी। उसमें घर-परिवार सम्बन्ध कुछ भी पूर्ववत् बना नहीं रह सकता था। कुँवरनारायण ने कहानी को प्रमुखतः 'जीवन वस्तु' मानकर इस तथ्य के प्रति लेखिका को सचेत देखा है कि स्वस्थ जीवन-मूल्य मनुष्य की इच्छा-क्षमता से अधिक उसकी चिन्तन क्षमता पर निर्भर करते हैं। 'वापसी' कहानी में भावना नियंत्रित है, लेखिका का 'जीवन से घनिष्ठ सम्पर्क और सूक्ष्म निरीक्षण' है और 'यथार्थ की सही पकड़' कुँवरनारायण 'यथार्थ की इस सही पकड़' को स्वाभाविक 'प्रवृत्तियों की अपेक्षा शिक्षित जिज्ञासा की प्राथमिकता' से जोड़ते हैं। 'वापसी' कहानी की समस्या आज अधिक विचारणीय है क्योंकि आज गजाधर बाबू अकेले नहीं हैं, उनके साथ उनकी एक बड़ी बिरादरी है। उस समय 'ओल्ड होम' नहीं बने थे। आज प्रायः सभी बड़े-छोटे शहरों में हैं, जहाँ परिवार से टूटकर वृद्धजन रह रहे हैं। गजाधर बाबू वृद्ध नहीं थे। उनका दर्द कहीं बड़ा दर्द है।

नई बिरादरी से बाहर रहने की छटपटाहट

राकेश बिहारी

राजेन्द्र यादव के अनुसार "जब किसी क्षेत्र के लोग एक ही समय एक जैसी बात महसूस करते हैं तो माहौल बनता है, और जब ये सारे एकालाप आपस में संवाद का रूप लेने लगते हैं तो आन्दोलन का जन्म होता है।" हिन्दी कहानी के इतिहास में नई कहानी सबसे बड़ा आन्दोलन था। वैसे तो 'नई कहानी' में अनेक कहानीकार प्रमुख थे, पर राजेन्द्र यादव, मोहन राकेश और कमलेश्वर की त्रयी को ही इस आन्दोलन के सूत्रधार के रूप में जाना जाता है। राजेन्द्र यादव अपनी जिन कहानियों के कारण इस आन्दोलन में एक समर्थ भूमिका निभा पाए उसमें 'खेल-खिलौने', 'सिंहवाहिनी', 'जहाँ लक्ष्मी क़ैद है', 'बिरादरी बाहर' आदि महत्त्वपूर्ण है। सुन्दर, सुशील, सुशिक्षित और स्वजातीय बहू की खोज में निरन्तर निकलनेवाले अधुनातन वैवाहिक विज्ञापनों और खाप पंचायतों के नित्यप्रति बढ़ते उत्तर-आधुनिक सामन्ती फ़ैसलों के बीच फरवरी 1961 में प्रकाशित राजेन्द्र यादव की बहुचर्चित कहानी 'बिरादरी बाहर' की याद कई कारणों से स्वाभाविक और सामयिक है।

उल्लेखनीय है कि तब से अब तक भारतीय समाज में राजनैतिक, सामाजिक और आर्थिक मोर्चे पर बहुत कुछ बदल गया लेकिन यह भी सच है कि इतना कुछ बदलने के बाद भी कितना कुछ, ख़ासकर जाति व्यवस्था से जुड़े हमारे संस्कार आज भी बहुत हद तक वही हैं। जो बदलाव दिखता है, वह ऊपर-ऊपर ज़्यादा है। हमारी जड़ों में अब भी हमारे वही पुराने जातीय संस्कार कुंडली मारकर बैठे हैं। तभी तो आर्थिक बदलाव और मजबूरियों के दबाव के कारण विभिन्न जातियों के बीच रोटी के सम्बन्ध भले ही बदल गए हों, बेटी के सम्बन्ध एक बड़े सामाजिक हिस्से में अब भी जाति-बिरादरी की परिसीमाओं के भीतर ही बनाए और निभाए जाते हैं। शादी-सम्बन्ध के मामलों में जाति की इन परम्परा पोषित परिसीमाओं का अतिक्रमण आज भी आसान नहीं, यह अपने पीछे अनेक तरह की वर्जनाएँ, लांछनाएँ लेकर आता है। यही कारण है कि जाति-बिरादरी के बाहर जाकर शादी करना आज भी समान रूप से प्रगतिशीलता की निशानी मानी जाती है। अपने लिखे जाने के साठ वर्षों के बाद यदि 'बिरादरी बाहर' बदली हुई परिस्थितियों में भी उतनी ही सामयिक, प्रगतिशील और प्रासंगिक कहानी लगती है तो इसके पीछे स्वजातीय शादी को मिलनेवाली अनिवार्य सामाजिक स्वीकृति एवं सुरक्षा और उसके

समानान्तर विजातीय शादी की राह में आज भी क़दम दर क़दम दरपेश होनेवाले असहयोग का बहुत बड़ा हाथ है। राजेन्द्र जी की अन्य कहानियाँ यथा 'जहाँ लक्ष्मी क़ैद है' या 'एक कमज़ोर लड़की की कहानी' आदि जो अपने रचनाकाल में उतनी ही महत्त्वपूर्ण थीं और उनके कथाकार की निर्मिति में जिनका बड़ा योगदान है—उनकी समकालीन प्रासंगिकता के सन्दर्भ में ऐसा ही नहीं कहा जा सकता।

राजेन्द्र जी अपनी अन्य कहानियों की तरह इस कहानी में भी अपने अनुभवों को पुनर्सृजित करते हैं। एक ऐसा अनुभव सत्य जो किसी ख़ास व्यक्ति से शुरू होकर अन्ततः पूरे समाज का हो जाता है। व्यक्ति सत्य बनाम समाज सत्य के द्वंद्व और उनकी टकराहटों से उपजी चिंगारियाँ जिसमें आधुनिक प्रगतिशीलता की ऊर्जा भी शामिल है इस कहानी की बहुत बड़ी विशेषता है। दूसरों के बहाने अपने भीतर और अपने बहाने दूसरों के भीतर झाँकते हुए जातीय नैतिकता और मूल्यों की टकराहट की जो तस्वीर यह कहानी उकेरती है उसकी कुछ छवियाँ देखिए—"ऊपर रोशनी है। नीचे अँधेरे में खड़े होकर ऊपर देखेंगे तो इन्हें कोई देख थोड़े ही पाएगा। पेशकार के पास बैठे-बैठे उन्हें अफ़सोस हो रहा था, एक बार इस 'नये आदमी' को देखें तो सही कि आख़िर मालती ने इसमें क्या पाया? वे जरा खम्भे की आड़ में खड़े होकर ऊपर देखने लगे... वे अनजाने ही एक क़दम उधर बढ़े भी। लेकिन ऊपर की रोशनी दो-एक सीढ़ियों पर आती थी। कोई देख लेगा तो क्या कहेगा! वे कंधे ढीले डालकर लौट आए।" प्रसंगवश यह बताना ज़रूरी है किसी सीढ़ियों से ताक-झाँक करनेवाले ये सज्जन वही पारस बाबू हैं जिन्हें कभी बेटी मालती के अन्तर्जातीय विवाह के फ़ैसले का जान-सुन कर दिल का दौरा पर आया था और 'यह नया आदमी' और कोई नहीं बल्कि उनका वही विजातीय दामाद है जिसे मालती ने अपनी इच्छा से वरा था। पारस बाबू का नीचे अँधेरे में खड़े होकर अपने दामाद को यूँ देखने की कोशिश अपने प्रतीकार्थों में भीतर के बहाने बाहर और बाहर के बहाने भीतर देखने का ही उपक्रम है।

यह बताना ज़रूरी है कि पारस बाबू यदि मालती के निर्णय के विरुद्ध हैं तो उसके पीछे कोई तर्क या विवेक न होकर 'लोग क्या कहेंगे' की मनोग्रंथि ही है। लोक और समाज में व्याप्त रूढ़ियों और तथाकथित इज़्ज़त की चिन्ता में वे ऐसे घुले जा रहे हैं कि वे उन स्थितियों की मन ही मन कल्पना करते हैं जब वे बाज़ार जा रहे हैं और लोग एक-दूसरे को कुहनी मारते हुए उन पर फब्ती कस रहे हैं कि इन्हीं पारस बाबू की बेटी ने ग़ैर जाति के लड़के से शादी कर ली है। सामाजिक प्रतिष्ठा के चले जाने का यह भय उन पर इस क़दर हावी है कि वे ख़ुद तो शादी में नहीं ही सम्मिलित होते हैं अपनी पत्नी को भी नहीं जाने देते। इतना ही नहीं शादी वाले दिन घंटे-घंटे पर माँ की हालत बिगड़ने का तार भी भेजते रहते हैं ताकि येन-केन प्रकारेण शादी स्थगित हो जाए। लेकिन बाद में यह सुनकर कि शादी में उम्मीद से ज़्यादा लोग शामिल हुए और सब कुछ हँसी-ख़ुशी सम्पन्न हो गया उन्हें गहरा सदमा लगता है। पारस बाबू शायद इस शादी के लिए तैयार भी हो जाते यदि लड़का उनसे ऊँची जाति का होता। लेकिन मालती ने तो यह भी ख़याल नहीं रखा और अपने से नीची जाति के लड़के को चुन बैठी। अपने से ऊँची जाति का लड़का स्वीकार होने की यह स्थिति दरअसल मनुस्मृति के उस सिद्धान्त से ही संचालित

होती है जिसमें ब्राह्मण, क्षत्रिय और वैश्य को अपने और अपने से नीचे के सभी वर्णों की लड़कियों से शादी करने की छूट दी गई है। 'बिरादरी बाहर' में मालती का यह अन्तर्जातीय विवाह सम्पन्न कराकर राजेन्द्र जी मनु संहिता की उस रूढ़ मान्यता को चुनौती ही नहीं देते उसका अतिक्रमण भी करते हैं। वे इस कहानी में न तो तथाकथित निम्न जाति की लड़की और ऊँची जाति के लड़के के बीच के प्रेम और शादी के बहाने प्रगतिशीलता के नाम पर कोई चालाकी करते हैं और न ही तथाकथित उच्च विजातीय लड़की के साथ बलात् सम्बन्ध बनवाकर प्रतिशोध मूल प्रवृत्ति को ही बढ़ावा देते हैं।

अब यह एक्र सर्वमान्य तथ्य हो चला है कि हिन्दी साहित्य में स्त्री विमर्श को प्राप्त प्रतिष्ठा के सूत्रधार राजेन्द्र यादव ही रहे हैं। उनके सम्पादक रूप में जो स्त्री विमर्श मुखर रूप में देखने को मिलता है उसके बीज उनकी कई कहानियों में देखे जा सकते हैं, 'बिरादरी बाहर' उन्हीं कहानियों में से एक है। वे यह बख़ूबी समझते हैं कि स्त्री अस्मिता के लिए चल रहे संघर्ष की सार्थक परिणति स्त्रियों के पुरुष जैसा बन जाने में नहीं बल्कि उनके अधिकार और संवेदनाओं को समझने और उनका सम्मानकरनेवाले पुरुष मित्रों की तलाश में है। प्रस्तुत कहानी में पारस बाबू भले ही मालती की इच्छा के विरुद्ध खड़े हों, उनका बेटा और मालती का भाई संजय अपनी शुरुआती झिझक के बाद मालती के निर्णय में उसके साथ है। यह उनकी ख़ासियत है कि उनके भीतर का पुरुष अपने आप से लगातार लड़ता है। संजय और पारस बाबू के मूल्यों की यह टकराहट दो पीढ़ियों और दो तरह की अवधारणाओं की टकराहट है जिसमें नई पीढ़ी का प्रतिनिधि संजय प्रगतीशीलता के पक्ष में खड़ा है और राजेन्द्र जी की समस्त लेखकीय प्रतिबद्धताएँ उसके और मालती के पक्ष में। उल्लेखनीय है कि पारस बाबू अपने इस निर्णय के बाद पूरे परिवार में लगभग अलग-थलग पड़ जाते हैं। इतने अलग-थलग कि अपनी माँ की आँखों के ऑपरेशन में भी उनके बच्चे तब तक घर नहीं आना चाहते जब तक मालती और उसके पति को घर आने की इजाज़त नहीं मिलती। पारस बाबू अपने बच्चों की इस ज़िद के आगे झुकते हैं। लेकिन अतीत में कह गई उनकी ज़िद उन्हें बेचैन किए है। वे अन्दर से पिघलना चाहते हैं लेकिन उस ज़िद की झूठी छाया उन पर अब भी सवार है। उनका मन उस नये आदमी यानी अपने दामाद को देखना चाहता है, उसकी उस ख़ासियत को क़रीब से समझना चाहता है जिसने मालती को प्रभावित किया था, उसकी एक दामाद के अनुरूप ख़ातिर करना चाहता है लेकिन उसके उस ज़िद की प्रेत छाया उसके अन्दर एक अजीब तरह की छटपटाहट भर देती है। मालती बिरादरी के बाहर शादी नहीं करती एक नई बिरादरी का निर्माण करती है, जिसमें पूरा परिवार उसके साथ है और उससे कभी रिश्ता तोड़ चुके पारस बाबू इतने अकेले और बेचैन हो जाते हैं जैसे ख़ुद बिरादरी बाहर हो गए हों। पारस बाबू की यह बेचैनी और छटपटाहट इतनी स्वाभाविक और स्पर्शी है कि पाठकों को उससे सहानुभूति-सी होने लगती है। इस तरह परम्परागत रूढ़ियों के शिकार एक व्यक्ति की यह छटपटाहट अन्ततः ख़ुद को सारी रूढ़ियों से मुक्त कर देने की छाटपटाहट के रूप में हमारे सामने आ उपस्थित होती है। इन अर्थों में 'बिरादरी बाहर' की प्रगतिशीलता सिर्फ़ युवाओं का सपना ही नहीं बल्कि परम्परा और रूढ़ियों से मुक्त होने की पुरानी पीढ़ी की कोशिश भी है।

'बिरादरी बाहर' के इन पात्रों के बहाने यह कहानी समाज-व्यवस्था के नवनिर्माण का जो ब्लूप्रिंट हमारे सामने पेश करती है वह अनायास नहीं हुआ है। राजेन्द्र जी की कहानियों में इसकी लगातार कोशिश देखने को मिलती है। प्रसंगवश इससे लगभग दस वर्ष पूर्व लिखी गई उनकी एक और महत्त्वपूर्ण कहानी 'खेल-खिलौने' का ज़िक्र ज़रूरी है। रेखांकित किया जाना चाहिए कि 'खेल-खिलौने' की शुरुआत जहाँ नीरजा को देखने आए लड़के वालों के प्रस्थान की सूचना से होती है वहीं 'बिरादरी बाहर' की शुरुआत एक विजातीय दामाद के पहली बार घर आगमन से होती है। वहाँ यह भी रेखांकित किया जाना चाहिए कि 'खेल-खिलौने' जहाँ पराजय की कहानी होते हुए भी परम्परा को तोड़ने के संघर्ष की कहानी है वहीं 'बिरादरी बाहर' उन परम्पराओं को तोड़कर आगे निकल जाने और एक नये समाज के निर्माण की कहानी है। इन दो कहानियों के बीच का फ़ासला जिसमें राजेन्द्र जी की कई अन्य महत्त्वपूर्ण कहानियाँ शामिल हैं, इसी नई शुरुआत की लगातार कोशिशें हैं। एक नई बिरादरी के निर्माण के समानान्तर बिरादरी के हिमायतियों के ख़ुद बिरादरी बाहर हो जाने की जिस विकलता का सपना इस कहानी में देखा था दुर्भाग्य से वह आज भी सपना ही है। काश 'बिरादरी बाहर' का वह सपना पूरा हो जाता और हम ख़ुशी से कह पाते कि अब 'बिरादरी बाहर' प्रासंगिक नहीं रहा।

भोलाराम का जीव

हरिशंकर परसाई

नौकरशाही और भ्रष्टाचार का आतंक

विश्वनाथ त्रिपाठी

हरिशंकर परसाई की कहानियाँ 'नई कहानी' के अन्य कहानीकारों से अलग हैं। वे लेखन से व्यक्ति और समाज की विसंगतियों का उद्‌घाटन करते हैं। उन्होंने व्यंग्य को नई गहराई और नई व्याप्ति दी है। व्यंग्य और हास्य में एक निर्णायक अन्तर यह होता है कि 'हास्य' प्रधानतः विनोद और हास्य उत्पन्न करता है जबकि 'व्यंग्य' प्रहार करता है प्रतिष्ठान पर। यह दूसरी बात है कि ऐसा भी व्यंग्य हो सकता है जो प्रतिष्ठान पर प्रहार न करे, बल्कि जहाँ प्रहार नहीं होना चाहिए वहाँ प्रहार करे। लेकिन साहित्य में ऐसा प्रायः नहीं होता और अगर होता भी है तो बहुत कम दिखलाई पड़ता है क्योंकि साहित्य की अपनी नैतिकता होती है। उसकी मूलभूत जनतांत्रिकता होती है। परसाई की चर्चित कहानी 'भोलाराम का जीव' के मूल में व्यंग्य है। लेकिन बहुत गहरी करुणा पाठक के मन में पैदा करती है। यह करुणा ऐतिहासिक है। करुणा से प्रेरित व्यक्ति दलित शोषित का रक्षक होता है। वस्तुतः हरिशंकर परसाई स्वातंत्र्योत्तर भारत के रचनाकार हैं। जिस तरह से स्वाधीनता आन्दोलन का भारत प्रेमचन्द की रचनाओं में चित्रित है लगभग उसी तरह से स्वातंत्र्योत्तर भारत हरिशंकर परसाई की रचनाओं में चित्रित है। परसाई प्रेमचन्द की तरह के लेखक नहीं हैं पर वे उनके सच्चे उत्तराधिकारी लेखक हैं।

परसाई का व्यंग्य एक ऐतिहासिक दस्तावेज़ भी है और गहराई से विचार करें तो वह स्वातंत्र्योत्तर भारत के लिए एक आचार संहिता भी प्रस्तुत करता है। प्रतिष्ठान पर प्रहार और उद्‌घाटन करके एक विज़न भी क्रिएट करता है। वहाँ एक आदर्श या स्वप्न भी प्रस्तुत है। एक विसंगतियों से मुक्त सामाजिक दृश्य और एक ऐसे सामाजिक व्यक्ति का निर्माण भी वहाँ है, जो उन विसंगतियों से मुक्त होता है। परसाई की कहानियों का मुख्य सरोकार विसंगतियों पर प्रहार और उनका उद्‌घाटन करना है। लेकिन यह व्यंजित भी करना है कि ऐसा सामाजिक वातावरण और ऐसा सामाजिक व्यक्तित्व होना चाहिए, जो उन विसंगतियों से मुक्त हो। मेरी सम्मति में 'भोलाराम का जीव' पर इसी तरह से विचार करना चाहिए।

इसे पढ़कर मुझे मीर का एक बहुत प्रसिद्ध शेर याद आया है—"अब तो घबराकर ये कहते हैं कि मर जाएँगे/मर के भी चैन न पाया तो किधर जाएँगे।" इस कहानी में भोलाराम की मृत्यु हो गई है। यह पहले उल्लेख करना ज़रूरी है कि परसाई ने अपनी

रचनाओं में मिथकीय पौराणिक पात्रों का बहुत ज़्यादा रचनात्मक इस्तेमाल किया है। 'भोलाराम का जीव' में यह रचनात्मक उपयोग किस तरह से किया गया है उसकी संगति पर ध्यान देना ज़रूरी है। स्वाधीनता आन्दोलन ने सिर्फ़ कुछ आदर्श और नारे ही नहीं पैदा किए थे। उसने ऐसे हज़ारों व्यक्ति और नेता पैदा किए थे जो योद्धा थे, नैतिकता का वहन करते थे और अपने आचरण और विचार से जनता के सामने एक आदर्श प्रस्तुत कर, उनको प्रेरणा देते थे। वे जनता की निगाहों में देवता ही थे। लेकिन स्वाधीनता आन्दोलन के बाद, स्वाधीनता प्राप्त होते ही वे नेता जो देवता थे, वे देवता से मनुष्य ही नहीं बन गए बल्कि उन्होंने अपना आदर्श भी खो दिया। नैतिकता उनके पास नहीं रह गई बल्कि जिस तरह के उठाईगीर, जिस तरह के पाखंड करनेवाले, घूस लेनेवाले, भ्रष्टाचार करनेवाले, किसी भी तरीक़े से अपना पैसा बनानेवाले गांधी और जवाहरलाल नेहरू का नाम लेकर स्वार्थी प्राणी बन गए। परसाई की रचनाओं में जो देवता आते हैं—चाहे वो हनुमान जी हों, नारद या व्यास मुनि हों! वे सभी मिथकीय और पौराणिक देवता कहने के लिए हैं, वस्तुतः वे स्वातंत्र्योत्तर भारत के सामान्य प्राणी हैं जो हर तरह के षड्यंत्रों और पाखंडों में वैसे ही लिप्त होते हैं, जैसे वहाँ का प्राणी होता है। जैसे कि वे पुराने नेता बदल गए हैं, वैसे ही ये देवता, पौराणिक पात्र भी बदल गए हैं।

प्रेमचन्द ने कथाप्रबन्ध को अलौकिक शक्तियों के हस्तक्षेप से मुक्त करके तर्काश्रित बनाया था। परसाई ने अलौकिक शक्तियों का पुनर्प्रवेश तो किया, किन्तु उन्हें अलौकिकता से रहित करके। पौराणिक पात्रों को परसाई लाते हैं उन लोगों का चित्रण करने के लिए जो पहले देवता थे लेकिन अब स्वातंत्र्योत्तर भारत के ऐसे प्राणी हो गए हैं जैसे कि हम सब लोग हैं। 'भोलाराम का जीव' में भी यमराज, यमदूत, चित्रगुप्त, नारद जी आदि सब हैं। लेकिन कथा में उनके मिथकीय रूप एकदम से बदल जाते हैं। जैसे चित्रगुप्त मिथकों के देवता हैं—कायस्थों में वो इसलिए इष्ट हैं क्योंकि वो लेखा-जोखा का काम करते हैं, हिसाब-किताब रखते हैं। लेकिन परसाई ने उन्हें 'सेक्शन ऑफ़िसर' बना दिया है। यहाँ तक कि उनका विचार, बोलचाल, व्यवहार इस तरह किया गया है कि लगेगा जैसे आजकल के किसी ऑफ़िस में पहुँच गए हैं, जैसे कोई सेक्शन ऑफ़िसर बात कर रहा है। वह परेशान है बेचारा, फ़ाइल खोलता है, पन्ने पलटता है यहाँ तक की वैसे ही वो थूक से चाटकर अपना काग़ज़ पलटता है। इतनी ज़ोर से फ़ाइल पटकता है कि एक मक्खी मर जाती है। यहाँ देवता जो मिथकीय परम्परा को तोड़कर आजकल के एक परेशान 'सेक्शन ऑफ़िसर' की भूमिका में नज़र आते हैं। इससे यह व्यंजित होता है कि जो आजकल के अधिकारी या नेता हैं वे उसी तरीक़े से कभी देवता कहलाते थे। इसीलिए प्रतीक या मिथक के द्वारा परसाई पौराणिक पात्र लाते हैं।

अब समस्या यह है कि यमराज ने भोलाराम का समय पूरा होने पर, उनके प्राण लाने के लिए यमदूत भेजा पर वह भोलाराम का जीव लेकर नहीं आता है। अब यह व्यंग्य पैदा किया जाता है, एक झटके से पात्रों का विन्यास किया गया है। पात्रों से जो काम कराया गया है वो हमारी पौराणिक सोच को यकायक बदल देता है। यमदूत, भोलाराम का जीव ले नहीं जा पाते हैं और भोलाराम का जीव उनको चकमा दे देता है। यानी इस कहानी का पूरा रचना विधान फ़ैंटेसी का है, जैसे सब कुछ एक जादू लग रहा

है। अब ये जादू क्या काम करता है? यह जादू वस्तुतः पौराणिकता में नहीं है, उसमें है जिसे हम आप रोज़ देख रहे हैं। इसे रचनाकार एक झटके से कथा शिल्प में ढाल लेता है, जो कुछ सामने घटित हो रहा है वह कितना अभूतपूर्व, ऐतिहासिक और क्रूर है? यह परसाई व्यंग्य से दिखाते हैं—प्रतिष्ठान में जितने प्रकार के पाखंड हैं उसको भी झटका देता है, उन्हें उद्घाटित करता है। और, ऐसे माध्यम से करता है कि हमें लगता है कि अरे! ये सब वह जादू नहीं है। ये सब तो हो रहा है और पहली बार पाठक यह अनुभव करता है कि जिसे हम सब जानते नहीं थे? पौराणिकता और फ़ैंटेसी यह काम कर जाती है। लगभग विषय दूसरे होंगे, सूत्र दूसरे होंगे लेकिन फ़ैंटेसी का जादू बिलकुल उसी तरह का है जैसा मुक्तिबोध का है। इस माध्यम से परसाई कितने तरह की स्थितियों का वर्णन छोटी-से छोटी कहानी में करते हैं, जहाँ अन्य पौराणिक पात्रों का चरित्र बदल देते हैं। लेकिन परसाई जी ने इस कहानी में नारद जी का पौराणिक रूप बिलकुल सुरक्षित रखा है। नारद जी जब यमराज से कहते हैं कि आजकल नरक में ज़्यादा लोगों के आ जाने से वहाँ आवास की समस्या हो गई होगी। तब यमराज कहते हैं कि आवास की समस्या तो धरती से आए बिल्डर्स ने समाप्त कर दी। यानी परसाई जी ये मानकर चलते हैं कि लोगों को परेशान करनेवाले बिल्डर्स नरक में ही जाएँगे। यमराज अपनी समस्या नारद जी को बताते हैं। किस तरह भोलाराम का जीव यमदूत को चकमा देकर कहीं चला गया! इस पर नारद जी कहते हैं ये सब तो अब आम बात है किसी का सामान कहीं पहुँच जाता है, किसी की चप्पल स्टेशन का क्लर्क पहने हुए नज़र आता है। परसाई जी इन उदाहरणों के द्वारा बताते हैं कि आजकल पौराणिक पात्र और उनसे जुड़े मिथक न सिर्फ़ टूटते हैं बल्कि हमारे और आपके जैसे सामान्य मनुष्य की कमज़ोरियों के वशीभूत भी हो जाते हैं।

इस कहानी की मुख्य समस्या कार्यालय में व्याप्त भ्रष्टाचार की वजह से भोलाराम की पेंशन न मिल पाना है। भोलाराम की स्थिति इतनी ख़राब है कि उसका परिवार डेढ़ कमरे के मकान में रहता है और अगर पेंशन मिल जाती तो कोई और कमाई न भी होती तो उसका काम चल जाता और परसाई हल्के से बहुत बड़ी बात व्यंजित कर देते हैं। एक बड़ा रचनाकार ही यह काम एक शब्द, एक अन्वय या एक पंक्ति से कर सकता है। नारद जी जब भोलाराम का घर ढूँढ़ते हैं तो घर से आनेवाले क्रन्दन से ही भोलाराम का घर पहचान लेते हैं। परसाई इस मामले में बहुत मार्मिकता पैदा करनेवाले लेखक हैं। उन्होंने व्यंग्यकार की छवि ही बदल दी है, व्यंग्य का कथारूप बदल दिया है। मुझे याद है परसाई की एक छोटी-सी रचना है जिसे आजकल लघुकथा कहते हैं—जाड़े की रात में दो पिल्ले रो रहे हैं। परसाई ये कहते हैं कि ये जाड़े की वजह से नहीं रो रहे हैं बल्कि रोने की आवाज़ से पता चलता है कि ये भूख से रो रहे हैं। वे ऐसे रचनाकार है कि जो काम सिर्फ़ माँ ही कर सकती है वो काम भी परसाई अपनी रचनाओं में कर जाते हैं। वे भावना से कितने समृद्ध और मानवीय लेखक हैं। व्यंग्य लेखक कितना महान लेखक हो सकता है—यह परसाई के पहले सोचा ही नहीं जा सकता था। भोलाराम की पत्नी को और कोई शिकायत नहीं है बस पेंशन मिल जाए। पेंशन नहीं मिली इसीलिए 'वो' यानी 'भोलाराम' मर गए, उन्हें कुछ नहीं, बस ग़रीबी की बीमारी थी। अब जिस

ढंग से, जिस नाटकीय योजना से नारद ऑफ़िस पहुँचते हैं। क्लर्क से बात करते हैं और क्लर्क कहता है फ़ाइल पर वज़न नहीं था, इसलिए उड़ गई। ये बिलकुल ठीक मुहावरा है घूसखोरी का और बिना वज़न के किस तरह से नारद को यहाँ से वहाँ परेशान किया जाता है, जबकि सब जानते हैं कि ये नारद हैं। नारद अपना परिचय छुपाते नहीं हैं लेकिन नारद जी भी अपनी सभी 'नारदीयता' के बाद भी अगर जन हैं—तभी नारद, नारद माने जाएँगे अन्यथा नहीं। यानी पौराणिक पात्र बिलकुल हमारे आपकी तरह हो गए हैं सामान्य मनुष्य। असल में इस रचना की और परसाई जी की ख़ूबी इस बात में है कि विलेन उसमें वस्तुतः कोई नहीं है, विलेन वह व्यवस्था है। वह जो घूस ले रहा है, वह भी परेशान है। देखने में तो लगता है कि कितना खुर्राट और बदमाश है कि नारद जी की वीणा तक रखवा लेता है। लेकिन अगर वो भी घूस न ले तो उसका भी न चले। जैसे पागल कुत्ता होता है वो ख़ुद काटा हुआ है और दूसरों को काटता है, वही स्थिति समाज की है।

एक बड़ा रचनाकार किसी व्यक्ति को विलेन नहीं घोषित करता क्योंकि उस विलेनिटी को समझना बड़ा कठिन काम है। विलेन क्रिएट करना बड़ा चुनौती भरा काम होता है। नारद जी की वीणा रखवाने के बाद जब वह नारद जी से पूछता है किसकी फ़ाइल है तो नारद जी को लगता है कि ये ऊँचा सुनते हैं इसलिए ज़ोर से बोलते हैं भोलाराम! उस क्षण की नाटकीयता देखिए, उस क्षण का नाट्य देखिए, नाट्य जब मैं कहता हूँ तो स्वाँग की तरह उस अर्थ में नहीं कि ऊपर से कुछ प्रकट होता है। उसमें द्वंद्व कितना है? कॉम्फिलक्ट कितना है? नाट्य द्वंद्व से पैदा होता है कि भोलाराम का जीव तो छिपा हुआ था और फ़ाइल से चिपका हुआ था। जहाँ फ़ाइल है वहीं भोलाराम का जीव है। जैसे एक मुहावरा होता है कि मेरा मन तो वहीं अटका हुआ है जैसे मरणासन्न व्यक्ति कहता है कि मैं तो मर भी नहीं सकता मेरा मन तो फला चीज़ में अटका हुआ है। भोलाराम का जीव भी पेंशन की फ़ाइल में अटका हुआ है जैसे ही भोलाराम अपना नाम सुनते हैं, बड़े ज़ोर से कहते हैं—"कौन पुकार रहा है मुझे? पोस्टमैन है क्या? पेंशन का ऑर्डर आ गया?" यहाँ देखिए कि दुनिया में क्या दिखाई पड़ता है? दुनिया में वो दिखाई पड़ता है जो तुम्हारे मन में है। ये नहीं होता है कि जो होता है वही दिखाई पड़ता है। जो होता है वो बहुत अस्पष्ट, बहुत धुँधली सी चीज़ है, जो आपके मन में है वो बाहर दिखलाई पड़ता है। मीर का शेर है 'आँख हो तो आईना खाना है दहर/मुँह नज़र आता है दीवारों के बीच'। भोलाराम का जीव भी ऐसे ही है। उसके मन में एक उन्माद है, पागल हो गया है बेचारा और वो पागलपन उसकी वास्तविकता प्रकट कर रहा है। ये जो पागल बना देनेवाली हमारी स्थिति है और एक-दो की नहीं है बल्कि ये पूरी स्थिति एक ऐतिहासिक वातावरण और वस्तुस्थिति का निर्माण करती है। मुक्तिबोध की एक बेकार नौजवान पर लिखी कविता 'पागल बना देनेवाला जो ये स्याह यथार्थ का पहाड़ है' की तरह।

अगर आप किसी बेरोज़गार और आपद्ग्रस्त व्यक्ति से पूछें कि दुनिया का सबसे बड़ा पहाड़ कौन है? वह कहेगा कि हिमालय नहीं बल्कि बेरोज़गारी है। जब आदमी बेकार होता है, रोगी होता है या किसी भी तरह के संकट में होता है तो उसे दुनिया उसी तरह दिखाई पड़ती है जैसी भोलाराम के जीव को भी वही दिखाई पड़ती है। एक बात जो सबसे महत्त्वपूर्ण है कि भोलाराम का जीव मिल तो गया है लेकिन कहानी में नहीं बताया

गया है कि वह चला गया है यमलोक में। यमदूत के पकड़ में आया नहीं है बल्कि वह वही हैं। अगर कोई बड़ा रचनाकार न होता तो कहानी में ही आसानी से कह देता कि ले चलो अब तो पकड़ में आ ही गया है। जबकि परसाई जी ऐसा नहीं करते हैं। जब तक उनको पेंशन नहीं मिलेगी, तब तक नहीं जाएगा। समस्या की जो स्थिति है, वह केवल भोलाराम की नहीं, बल्कि स्वातंत्र्योत्तर भारत की समस्या है। उस समस्या का समाधान नहीं है, तो वह कहानी में भी नहीं है, केवल समस्या है इसी पर पूरा फोकस और प्रकाश है। रचना यही काम करती है कि समस्या को समझा देती है, बाक़ी उसका समाधान तो सक्रिय इतिहास करता है, इतिहास की सकर्मकता करती है। रचना इसी अर्थ में प्रगतिशील होती है कि वस्तुस्थिति के द्वंद्व और विसंगतियों को सामने ला देती है।

बुद्धिजीवी, विचारक और आलोचक अस्तित्ववाद की बात करते हैं, अनिश्चय, भय व अलगाव की बात करते हैं। इन मानसिक प्रवित्तियों की बात यों करते हैं मानो वे सिर्फ़ खाते-पीते लोगों की बातें हैं। मृत्यु निश्चय है, मनुष्य अपने आप से अलग हो जाता है। जीवन का अन्तिम उद्देश्य और जीवन की सार्थकता अनिश्चित है। जीवन विसंगतिमय और तर्करहित है। किन्तु इन सबका रूप निम्नवर्ग में अलग है और अधिक वास्तविक है। वह उच्चवर्ग की तरह केवल निराकार नहीं। पेंशन की फ़ाइल देखनेवाला क्लर्क पेंशन की प्रतीक्षा करनेवाले निम्न या निम्न-मध्यवर्गीय कर्मचारी के लिए करुणानिधान, ग़रीबनिवाज़ या राम भी हो सकता है और यमराज भी। नौकरशाही सामान्य नागरिक के लिए बहुत बड़े आतंक की चीज़ है। भोलाराम के पेंशन भुगतान न होने से उत्पन्न अनिश्चय ने उनकी जान ले ली। इस कहानी में सिर्फ़ अनिश्चय, अलगाव ही नहीं व्यंजित होता, भय ही नहीं उपजता, क्रोध और घृणा की तीव्रता भी व्यंजित होती है नौकरशाही और भ्रष्टाचार के प्रति। भोलाराम की मृत्यु रुक सकती थी। माँ-बेटी का क्रन्दन रुक सकता था। भोलाराम की बीमारी ठीक हो सकती थी। सरकार ने पेंशन देने की व्यवस्था कर रखी है। इसके लिए दफ़्तर हैं, कर्मचारी-अधिकारी हैं, किन्तु वे घूस लेते हैं, भोलाराम का कोई अपराध नहीं था, स्थितियों की तर्कहीन त्रासद विडम्बना है। वह अपराध कर पाता तो उसकी मृत्यु इतनी जल्दी न होती। कहानी का नायक भोलाराम है, पर वह स्वातंत्र्योत्तर भारत की त्रासद विडम्बना के भयावह नाटक का नायक है। यह ट्रेजिक उदात्त नायक नहीं है। वह स्थितियों से जूझता नहीं। वह जूझ ही नहीं सकता। वह सिर्फ़ मुर्गे या बकरी की तरह अपनी गर्दन रेतवा सकता है। नई कहानी के वातावरण में परसाई के कथा पात्र बिलकुल अलग लगते हैं। उस दौर में निम्नवर्गीय चरित्रों का ऐसा मार्मिक चित्रण शायद ही किसी अन्य कथाकार की रचनाओं में मिले! अपनी कहानियों में परसाई ने अभावग्रस्त पात्रों के चित्रण से करुणा की व्यंजना की है।

(ध्वन्यालेख का लिप्यंतरण : गिरजेश कुमार यादव/गद्य रूप : सम्पादक)

उपभोक्तावादी संस्कृति का भयावह पाठ

रोहणी अग्रवाल

'अच्छाई का पेड़!'

मैं चौंक जाती हूँ। सोचती हूँ, ऐसे किसी पेड़ का नाम कभी सुना तो नहीं। 'कटी हुई बाँहों वाले' उस पेड़ की ओर इंगित कर यदि यह बात कहनेवाला शख़्स मुक्तिबोध न होता तो मैं उपेक्षा से हँसकर आगे बढ़ जाती। लेकिन मुक्तिबोध को टालना आसान नहीं। मैं ठिठककर पीछे लौटने लगती हूँ—पौराणिक समय तक। ढेर सारे सन्दर्भ स्मृति में ताज़ा हो गए हैं। कामधेनु से लेकर कल्पवृक्ष और कौस्तुभ मणि तक, लेकिन अच्छाई के पेड़ का कहीं करूँगी कोई नामोल्लेख नहीं। न, कल्पवृक्ष को 'अच्छाई का पेड़' समझने की भूल नहीं । बेशक मन की सारी मूर्त-अमूर्त इच्छाओं को पूरा करता है कल्पवृक्ष, लेकिन वे इच्छाएँ सुख-समृद्धि, धन-धान्य, यश-लाभ से जुड़ी भौतिक ऐषणाएँ ही तो हैं। ऐसी भौतिक लिप्साएँ जिन्हें पूरा करने के लिए जोड़-तोड़, दमन-षड्यंत्र और वर्जनाओं का जो छुपा खेल खेला जाता है, वह अपने नफीस रूप में अमृत-मंथन के दृश्य में साक्षात् होता है और नग्न रूप में 'युद्धोत्सवों' में। जर-जोरू और ज़मीन (स्त्री यानी जीवन्त मानवीय अस्मिता को जर और ज़मीन के संग एक कोष्ठक में रखने के कारण पूर्वजों की भूल पर क्षमा-याचना के साथ) भौतिक ऐषणाओं का ठोस-स्थूल अनुवाद हैं और ये ऐषणाएँ 'अच्छाई का पेड़' की कोर दबाते-दबाते बुराई के पाले में खिसकते चले जाने की उद्घोषणाएँ हैं।

तो क्या मुक्तिबोध नहीं जानते कि यूटोपिया की तरह 'अच्छाई का पेड़' भी अनस्तित्ववान है? शायद जानते हैं, लेकिन हठपूर्वक स्वीकारना नहीं चाहते। इसलिए जतनपूर्वक उस पेड़ का शब्द-चित्र ही नहीं उकेरते, उसके साथ अपने ममत्वपूर्ण सम्बन्ध को भी रेखांकित करते हैं कि "मेरा यह पेड़, यह 'अच्छाई का पेड़, छाया प्रदान नहीं कर सकता (क्योंकि यह जगह-जगह काटा गया है)।" ममत्वपूर्ण सम्बन्ध ममतामयी माँ की तरह बीमारी के बाद स्वास्थ्य-लाभ कर रहे बच्चे को देख बलैयाँ भी ले रहा है कि "कटी हुई बाँहों वाले उस पेड़ में से नई डालें निकलकर हवा में खेल रही हैं। उन डालों में कोमल-कोमल हरी-हरी पत्तियाँ झालर-सी दिखाई देती हैं। पेड़ के तने में से जगह-जगह ताज़ा गोंद निकल रहा है। गोंद की साँवली कत्थई गठानें मज़े में देखी जा सकती हैं।"

लेकिन 'कटी बाँहों वाले पेड़' को ही 'अच्छाई का पेड़' क्यों कहा मुक्तिबोध ने?

जिस मैदान में 'अपने' 'अच्छाई के पेड़' की 'ऊँची उठी हुई जड़' पर बैठकर मुक्तिबोध गद्गद हुए जा रहे हैं, वहाँ दूर-दूर तक सिरस और सीसम के घने छायादार 'विराम चिह्न' भी तो खड़े हैं; और कितना ही आँख चुराएँ वे, उनकी लुब्ध और मुग्ध दृष्टि दोपहर की चिलचिलाती धूप से बचने के लिए सिरस और सीसम की ओर बार-बार उठ रही है। जानती हूँ, मुक्तिबोध के वहाँ शब्द पाठक को बरगलाने का काम करने हेतु आते हैं। जो ख़ुद कर्ता-भोक्ता और सर्जक तीनों अवस्थाओं को 'द्रष्टा' में अन्तर्भूत कर जीवन की गहन संश्लिष्ट गुत्थियों की खोज में आइसबर्ग की तरह अमाप गहराइयों को मापने में व्यस्त हो, वह संवाद के लिए मननशील संवेदना की ही अपेक्षा करेगा। इसलिए मुक्तिबोध के वहाँ शब्द अपनी निजता खोकर बिम्बों को रचते हैं; कल्पना लौकिक सीमाओं का अतिक्रमण कर दार्शनिकता की पीठ पर सवार होते ही फ़ैंटेसी का रूप लेने लगती है, और तब बिम्ब और फ़ैंटेसी दोनों के सहमेल से दृश्य सामान्य दृश्य न रहकर प्रतीक बन जाता है—अतीत और भविष्य के बीच पुल बाँधते हुए मनुष्य के अन्तस में गुड़ी-मुड़ी ग्रंथियों को खोलता प्रतीक। ज़ाहिर है कहानी की किसी परम्परा/आन्दोलन में मुक्तिबोध अँटते नहीं। वे अपनी अलग पाँत बनाते हैं। कविता तथा चित्रकला के टूल्स की संगत में वे कहानी विधा में जिस राग को छेड़ते हैं, वहाँ बौद्धिक रस से नहाया हुआ आत्मसाक्षात्कार का अनहद नाद है। बेहद कष्टकर साधना! अपने अंग-प्रत्यंग को निस्संग दृष्टि से परखना, और फिर अपनी तामसी वृत्तियों को स्वयं अग्निकुंड में समर्पित कर देना। अपनी ही राख से फिर-फिर जीवित हो उठने की फीनिक्स की पौराणिक कथा मुक्तिबोध के जीवन के अनूठा सच है जो कविता दर कविता, कहानी-दर-कहानी साहित्य में दबे पाँव चला आता है। 'पक्षी और दीमक' (संग्रह : काठ का सपना, 1967 में संकलित) कहानी में 'मैं' उसी मुक्तिबोध को लगातार अपने से लड़ते हुए देख रही हूँ जो 'तनी हुई रस्सी पर वज़न साधते हुए चलने' की 'दुनियादारी' भी निभाना चाहता है, और सारी रिवायतों को धकियाकर अपनी कन्विक्शंस को अपना भाग्य बनाने का हौसला भी जुटा लेना चाहता है।

जिजीविषापूर्ण आत्मसंघर्ष, निस्संग आत्म-पड़ताल और मनुष्य मात्र के प्रति गहरी आस्था—मुक्तिबोध को समझने के तीन बुनियादी शब्द हैं, ठीक वैसे ही जैसे यह समझना कि वे कविताएँ पेंटिंग ब्रश की सहायता से रचते हैं, और कहानियाँ कविता की संवेदना के साथ। लेकिन शायद सायास वे कुछ भी नहीं लिखते। अपने में ही आत्मस्थ हो जीवन में गहरे धँसते चलते हैं। गुत्थियों भरे बेहद संश्लिष्ट जीवन को समझने के लिए एक-एक डोर खोलते हैं तो ज़मीनी गहराइयों के अनुपात में सतह पर सघन व्यापक दृष्टि डाल जीवन और मनुष्य के अन्तस्सम्बन्धों को खँगालने में जुट जाते हैं। एक साथ भीतर और बाहर की आवाजाही उन्हें आत्मसाक्षात्कार की ताक़त देती है और समय के साथ गहरी सम्बद्धता का आत्मविश्वास भी। रहस्यमय लोक, निचाट सूनापन, भूत-प्रेतों को आश्रय देता अँधेरा, बावड़ी में उतरती सीढ़ियाँ, फूलों से सिहरती काँटेदार झाड़ियाँ, चहलक़दमी करती बेचैनियाँ और समय के अनन्त विस्तार में अपनी ही खोज में दौड़ता-हाँफता कोई साया—मुक्तिबोध की उद्विग्नता को नहीं, जिजीविषा को उकेरनेवाले कुछ बिम्ब हैं जिनसे टकराए बिना 'अपने से खोया हुआ'

'अपना ही व्यक्तित्व' पाना सम्भव नहीं। मैं 'अँधेरे में' कविता के सम्मोहन से सायास बचते हुए कहानी पर दृष्टि केन्द्रित करती हूँ, लेकिन पाती हूँ, अच्छाई के पेड़ के बरक्स 'कहने दो उन्हें जो यह कहते हैं' कविता का बरगद का पेड़ आन खड़ा हुआ है। ऐसा बरगद का पेड़ जो 'पशुओं के राज्य' के 'बियाबान जंगल' में शान से खड़ा है, और उस बरगद के पेड़ पर है 'कोई पिशाच, एक ज़बरदस्त मरी हुई आत्मा का/ वह तो रखवाला है/घुग्घू के, सियारों के, कुत्तों के स्वार्थ का।' मुक्तिबोध कहानी में इस पिशाच को नाम देते हैं—'संस्था का सर्वेसर्वा' और गर्व से भरकर नहीं, अपनी ही छाती पर कसकर मुक्का मारते हुए सच की पोटली भी खोल जाते हैं कि 'वह मेरा नेता है'। वे बहुत कम शब्दों में उसकी आकृति-प्रकृति बखानते हैं—साँवले नाटे क़द पर भगवे रंग की खद्दर का बंडीनुमा कुरता, लगभग चौरस मोटा चेहरा...बावजूद श्रेष्ठ पोशाक और अप टू डेट भेस के सँवलाया हुआ गर्व, बेबस गम्भीरता, अधीर उदासी और थकान उनके व्यक्तित्व पर राख सी मलती है।" 'माली साल' (फ़ाइनेंशियल इयर) के अन्तिम दिनों में सरकारी ग्रांट के भुगतान के इर्द-गिर्द होनेवाले लेन-देन के ब्यौरों का संकेत करते हुए वे 'अँधेरे में' कविता की 'किसी मृत्यु दल की' उस 'शोभा यात्रा' की याद भी दिलाते हैं जिसमें शहर के गण्यमान्य लोगों के 'राक्षसी स्वार्थ' और 'छुपे हुए उद्देश्य' सामने निखर आए हैं। लेकिन क्या राजा को नंगा कह देने से सच को 'सच' की तरह प्रतिष्ठापित किया जा सकता है? दरअसल हौलनाक सच से कहीं ज़्यादा घातक हैं झूठ की मनोहारी भंगिमाएँ जो विडम्बनाओं और कुत्साओं से टकराने का न स्पेस देती हैं, न संकल्प। 'पक्षी और दीमक' कहानी जतन से छुपाए गए सच को पूरे वेग और ईमानदारी के साथ उघाड़कर मनुष्यता के पक्ष में एक निर्णयात्मक जंग छेड़ देने का ऐलान है।

मुक्तिबोध अपनी कहानियों में भीतर-बाहर चहलक़दमी करते इक्का-दुक्का पात्रों और घटनाओं के अतिरिक्त कथा का कोई झीना सा सूत्र भी पाठक को नहीं सौंपते। वे कहानी को प्रतीकों में गूँधते हैं और प्रतीक का डिकोडीकरण पात्र की तरह पाठक की अन्तर्दृष्टि पर निर्भर है। 'पक्षी और दीमक' कहानी की ख़ासियत है कि 'समझौता' कहानी की तरह वे कथा के विन्यास में एक और अन्तर्कथा को पिरोते हैं—लोकजीवन से उठाई गई कथा जो क़िस्सागोई के सारे तत्त्वों से युक्त होने के बावजूद कहानी में 'पेरेबल' के रूप में नेवीगेटर का काम करती है। कथा मुसलसल यह है कि दीमक खाने के शौक़ीन पक्षी को संयोगवश एक ऐसा गाड़ीवान मिलता है जो एक पंख के बदले दो दीमक देने का व्यापार करता है। दीमक की खोज में वहाँ-वहाँ भटकने की जगह अपनी ही जागीर में से एक पंख नोचकर दे देना पक्षी को घाटे का सौदा नहीं लगता, लेकिन वह भूल जाता है कि संरक्षण और परिवर्धन न हो तो कारूँ के ख़ज़ाने भी ख़ाली हो जाते हैं। लिहाज़ा पंख देते-देते एक दिन ऐसा भी आता है कि लम्बी उड़ानों की छोड़िए, वह फुदककर पेड़ की एक डाल से दूसरी डाल पर भी नहीं जा पाता। घात लगाए बैठी बिल्ली के आसन्न संकट से बचने के लिए लम्बी-लम्बी घास के बीच छुपकर बैठने की विवशता उसके अस्तित्व का सच बन जाती है। यही शायद उसके आत्मज्ञान का बिन्दु भी है कि भौतिक लिप्साएँ अन्त:शक्तियों को उन्नत नहीं करतीं, सम्भावनाओं के भरे-पूरे आसमान को

रसातल के नारकीय अँधेरे में तब्दील कर देती हैं। आत्मज्ञान का यह बिन्दु जब कर्म की भास्वरता से युक्त होता है तो वह ताबड़तोड़ ज़मीन से खोज-खोज कर दीमकें इकट्ठी करना शुरू कर देता है। अब उसके पास दीमकों का जखीरा है और आँखों में उत्सुक प्रतीक्षा व्यापारी गाड़ीवान की। लेकिन गाड़ीवान की व्यापार की अपनी शर्तें हैं। वह पंख (सम्भावनाओं की ऊर्जस्विता) के बदले दीमक (भौतिक क्षुद्रता और वैचारिक जड़ता को बलवती करती उपभोक्तावादी संस्कृति) बेचता है, दीमक (चुकी हुई???) के बदले पंख (सृजन की अकूत क्षमता) नहीं। आत्मज्ञान का एक और बिन्दु कि बीते वक़्त को लौटाया नहीं जा सकता; लेकिन समय रहते चेत जाए इनसान तो क्षतिपूर्ति की कोशिशें करते हुए अपनी अस्मिता/मनुष्यता को पाना सम्भव है। "ठाठ (आत्माभिमान) से रहने के चक्कर से बँधे हुए बुराई के चक्कर तोड़े जा सकते हैं।" पक्षी की त्रासदी व्यक्त करने के बाद नैरेटर आत्मस्वीकार और अध:पतन के सम्भावित ग्राफ़ की विभीषिका को मिलाकर मानो स्वयं पक्षी बन गया है। फलत: वह सर्वांग काँप उठा है—"मैं उस पक्षी जैसा नहीं मरूँगा...प्राणशक्ति शेष है, शेष है।" संकल्प के ताने-बाने से बुना नैरेटर का यह आत्म-साक्षात्कार पाठक को पुन: कहानी की ऊबड़-खाबड़ पथरीली पगडंडी पर लौटा देता है। रास्ते में पाठ के दौरान राह समतल करने की अतिरिक्त फ़िक्र में कितने ही पत्थरों को उसने ख़ुद एक ओर फेंक दिया था, लेकिन अब लौटकर उन्हीं को उठा-उठाकर वहीं रख रहा है। वे पत्थर नहीं, कथा के मर्म तक पहुँचानेवाली प्रतीक-मणियाँ हैं। ये प्रतीक-मणियाँ कथा-रस को भले ही आघात पहुँचाएँ, संघर्ष-रस तक उनके बिना पहुँचना सम्भव नहीं, और यह तय है कि मुक्तिबोध की कहानियों की अपील भावना के रागात्मक रस की अपेक्षा अपने को कुरेद-कुरेद कर लहूलुहान करती आत्म-पड़ताल के बौद्धिक जुनून में अभिव्यक्ति पाती है।

मैं पहला प्रतीक उठाती हूँ—श्यामला। लेखक ने पाठक से उसे प्रयासपूर्वक अपनी प्रेयसी के रूप में परिचित कराया है। 'नीली चूड़ियों वाले हाथों में थमे' हुए उपन्यास के पन्नों में डूबी इस अविवाहिता वयस्का स्त्री के साथ वह अपने प्रेम सम्बन्ध को लेकर शंकित भी है क्योंकि जानता है किशोरावस्था के प्रबल आवेग को बहुत पीछे छोड़कर वह पकी उम्र के जिस 'अनुभवपूर्ण ज्ञान' के प्रकाश-पुंज तक पहुँच चुका है, वहाँ अबोध समर्पण नहीं, सन्देह (सँभलकर चलने की सजग लालसा) ही मनुष्य को परिचालित करने लगता है। श्यामला के प्रति प्रीति दुराव-छिपाव से ज़्यादा वितृष्णा और आसक्ति के घालमेल का परिणाम है। लेकिन वह उसकी 'आँखों से गिरना (भी) नहीं चाहता (बल्कि) उसकी नज़र में और-और चढ़ना चाहता है'—"उसका प्रेमी जो हूँ। अपने व्यक्तित्व का सुन्दरतम चित्र उपस्थित करने की लालसा भी तो रहती है।" श्यामला की कुछ चीज़ें नैरेटर को बिलकुल पसन्द नहीं, जैसे "वह ठोस बातों की बारीक़ियों का बड़ा आदर करती है। वह व्यवहार की कसौटी पर मनुष्य को परखती है। यह मुझे अखरता है। उसमें मुझे एक ठंडा पथरीलापन मालूम होता है। गीले-सपनीले रंगों का श्यामला में सचमुच अभाव है।" दूसरी चीज़ जो नापसन्द है, वह है उसकी धूल भरी बिवाइयों से अटे पैर जो ढोल पीट-पीट कर बताते हैं कि अपनी तमाम नफ़ासत और विद्वत्ता के बावजूद श्यामला धूल भरे रास्तों पर (और चिलचिलाती धूप में भी) घूमने की आदी

है—एक ऐसी प्रजाति की स्त्री जिसे वातानुकूलित कमरों के नीम उजाले में शब्दों के सहारे चिलचिलाती धूप का महायथार्थ अंकित करनेवाले अभिजात बुद्धिजीवियों का दर्प 'सड़कछाप' समझकर उपेक्षा से कंधे उचका देता है। नैरेटर ख़ुद भी तो ऐसे ही ठंडे कमरों के ठंडे मद्धिम उजालों का रहवासी है, और इन्हीं कमरों से मिलनेवाली 'कृपाओं' के अनवरत प्रवाह के लिए आकाओं की जी-हुजूरी को भरसक बनाए रखना चाहता है। इसमें बुरा ही क्या है? वह अपने से पूछता नहीं, सवाल के बहाने अपने बुरे कृत्य पर शर्मसार है, इसलिए अव्यावहारिक श्यामला की भर्त्सना कर अपनी शहीदी नियति को रेखांकित कर देना चाहता है कि "किसी तनी हुई रस्सी पर वज़न साधते हुए चलने का, हाँ और न के बीच में रहकर ज़िन्दगी की उलझनों में फँसने का तजुर्बा उसे कहाँ है।"

आदिवासियों की एक संस्था में कार्यरत उस गांधीवादी कार्यकर्ता श्यामला को मैं अब नैरेटर की हाड़-मांस की प्रेयसी मानने की भूल नहीं करूँगी। अलबत्ता उसके वजूद का 'प्रेयस' हो उठना नैरेटर के लिए अपनी अस्मिता को पाना और नई जीवन-परिस्थितियों में स्वयं को पुनर्सृजित करने की आशा बँधाता है। श्यामला नैरेटर की अन्त:प्रज्ञा है—उसके ही 'मैं' से बनी 'सकर्मक सत्-चित-वेदना-भास्वर।' ('अँधेरे में' कविता की पंक्ति का इस्तेमाल करते हुए मैं अब हथियार डाल देती हूँ क्योंकि जान गई हूँ कि 'अँधेरे में' की लौ के बिना मुक्तिबोध के भीतर उतरना सम्भव नहीं।) सोचती हूँ, उपभोक्तावाद की भीषण आँधी, सांस्कृतिक राष्ट्रवाद के उन्माद और राजनीतिक अपराधीकरण की प्रलयंकारी लहर के बीच लाभ और लोभ की चूहा-दौड़ में लगी पीढ़ी क्या कभी ठहरकर 'सकर्मक सत्-चित-वेदना-भास्वर' को महसूसती होगी? फिर सोचती हूँ, सवाल ही कितना बचकाना है। सीने पर मुक्कों के मारक आघात झेलकर भी प्रतिरोध की जो ताक़त अकंप भाव से खड़ी है, वह कर्मठता और संकल्पदृढ़ता से गुँथी सत्-चित-वेदना ही तो है। मुक्तिबोध सत् और चित् के साथ 'आनन्द' जोड़कर 'स्व' की ठोस शिनाख़्त को आत्म-परमात्म के अमूर्त आध्यात्मिक-दार्शनिक शून्य में नहीं ढकेलते, ज्ञान और चेतना के सहारे अपने ही पूर्वग्रहों/अंधेरों की झिल्लियाँ तोड़कर अपने खोल से बाहर आने की पीड़ा को दुनिया के साथ सहानुभूतिपूर्वक जुड़ने की बुनियादी प्रक्रिया मानते हैं। उनके पास नि:संग ईमानदार पड़ताल की जितनी गहरी ललक है, उससे कहीं ज़्यादा बड़ी है आशा और स्फूर्ति के सहमेल से बनी जिजीविषा—जीवन के पुनर्सृजन की उद्दाम इच्छा। इसलिए अनायास नहीं कि कहानी में 'सत्' नैरेटर द्वारा स्थितियों के वस्तुपरक अभिज्ञान का बिन्दु बनकर आता है। स्थितियाँ जिनका नियन्ता 'भगवा कुरते' वाला संस्था का सर्वेसर्वा भी है और उसके कृपाकांक्षी अनुचरों-बौनों का विशाल दल भी जिसमें स्वयं नैरेटर घुटनों के बल बैठकर अपने को निरन्तर एक रेंगते कीड़े में तब्दील होते देखता है। 'सत्' को उतने ही नग्न और घृणित रूप में देखकर आत्मघृणा से भर उठना आत्मस्वीकार की जिस पहली स्टेज पर व्यक्ति को ले आता है, वहाँ 'हमाम में सब नंगे हैं' कहकर अपनी भागीदारी को कमतर करते-करते अलक्षित करने और पूरे सिस्टम के विचलन को 'नई संस्कृति का नया मूल्य' कहकर महिमामंडित करने की शातिर 'समझदारी' का सख़्त विरोध है। इसलिए कहानी में गलियारों/ऑफ़िसों/होटलों में होनेवाले सामाजिक लेन-देन के दृश्य धुँधलाने लगते हैं, और उसकी जगह कशाघात

करते वे दृश्य उभरने लगते हैं जहाँ बारह हज़ार रुपये के काम के लिए बीस हज़ार रुपये के बिल बनाने की 'व्यावहारिकताएँ' भ्रष्टाचार को नियमित बनाती हैं, या फिर चीज़ों (मसलन सूक्ष्मदर्शी यंत्र) की ख़रीद की बजाय उनके बिलों (झूठे) को सँजोने, रजिस्टर मेंटेन करने और झूठ के कारोबार में ऊपर से नीचे तक एक शृंखला बनाती भूखे पेटों और तिकड़मी दिमाग़ों के योग से बनी मानवीय कुत्साओं को 'भोग' लगाने की 'ईमानदार' नियमावलियाँ हैं। यह पूरी 'सामाजिक-संरचना' सहयोग और समझौते के बिना सम्भव नहीं जहाँ सर्कस के शो में वास्तविक शेर और रीछ की जगह उनकी अनुकृतियों को शेर और रीछ का प्रशिक्षण देकर दर्शकों की आँख में धूल झोंकने और मुनाफ़ा कमाने का व्यवसाय (और साथ ही मनुष्य की अस्मिता का मज़ाक़ उड़ाकर अपनी अधिनायकवादी मानसिकता का सिक्का जमाने की क्षुद्रताएँ) धड़ल्ले से किया जाता है। मुक्तिबोध की 'सत' की अवधारणा कठोर कड़क नज़र से अपने भीतर के सत् (सार-सत्त्व) को देख लेने का आग्रह भी करती है।

मुक्तिबोध हताशा के गायक नहीं हैं। द्वंद्वग्रस्तता के कारण अपने को थहाने की प्रक्रिया में भीतर के अन्तर्भूत सत्य तक पहुँचने में थोड़ी देरी लगाते हैं। यह देरी एक तरह से पूरा नाटकीय बैकड्रॉफ़्ट तैयार करने के लिए है ताकि आत्मोद्घाटन की प्रस्तुति निर्बाध हो सके। श्यामला के रूप में अन्तःप्रज्ञा चूँकि हर रचना में उनके नैरेटर के संग-साथ चलती है, इसलिए 'चित्त' को चेतना और चेतना को विश्लेषण बनाकर विघटनकारी ताक़तों के मनोविज्ञान को समझने के साथ-साथ अपनी 'मनोहारी जड़ता' के मूल में छुपे स्वार्थों को भी रेखांकित करती चलती है। "साफ़ है कि उस भगवे खद्दर कुरते वाले से मैं दुश्मनी मोल नहीं लेना चाहता। मैं उसके प्रति वफ़ादार रहूँगा क्योंकि मैं उसका आदमी हूँ। भले ही वह बुरा हो, भ्रष्टाचारी हो, किन्तु उसी के कारण मेरी आमदनी के ज़रिये बने हुए हैं। व्यक्ति-निष्ठा भी कोई चीज़ है, उसके कारण ही मैं विश्वास-योग्य माना गया हूँ। इसलिए मैं कई महत्त्वपूर्ण कमेटियों का सदस्य हूँ।" या फिर "ऐसी स्थिति में मैं 'हाँ' और 'न' के बीच में रहकर, ख़ामोश 'जी हाँ' की सूरत पैदा कर देता हूँ। डरता सिर्फ़ इस बात से हूँ कि कहीं यह 'जी हाँ' 'जी हुजूर' न बन जाए। मैं अतिशय शान्तिप्रिय व्यक्ति हूँ। अपनी शान्ति भंग न हो, इसका बहुत ख़याल रखता हूँ। न झगड़ा करना चाहता हूँ, न मैं किसी झगड़े में फँसना चाहता हूँ।" कहानी हो या कविता, मुक्तिबोध की हर रचना में नैरेटर द्विभाजित व्यक्तित्व के साथ ही उभरता है। शायद इसलिए कि द्वंद्वग्रस्तता ही अपनी चेतना और मूल्यबोध पर लगनेवाली फफूँद को झाड़ने का अनिवार्य घटक है। द्वंद्वग्रस्तता ढुलमुलपन या अनिर्णय की अनिश्चित स्थिति नहीं है, अपने से सवाल-जवाब करते हुए अपनी कन्विक्शंस को गहराई तक थहा लेने की नुकीली प्रक्रिया है। इसलिए द्वंद्वग्रस्तता भँवर बनकर नैरेटर की निःशेष अस्मिता को निगलने नहीं आती, विश्लेषण की पारदर्शी स्पष्टता बनकर उसे अपने भीतर के 'सत्' को अपने ही मूल्य-बोध और अन्तर्दृष्टि के साथ देखने का साहस देती है। ज़माने भर के गीदड़ों की हुआँ-हुआँ में अपनी हुआँ-हुआँ मिलाकर भ्रष्टाचार के सिलसिले को सींचने के कारण नैरेटर ख़ुद पर शर्मिन्दा है। शर्म अवरोध बनकर उसे श्यामला से आँख चुराने के लिए मजबूर कर रही है कि "अपने जीवन का सार-सत्य अपना गुप्त धन है। उसके अपने गुप्त संघर्ष हैं,

उसका अपना एक गुप्त नाटक है। वह प्रकट करते नहीं बनता"; कि "कोई भी व्यक्तित्व इतना प्रिय नहीं हो सकता कि भीतर का नंगा बालदार रीछ उसे बताया जाए।" लेकिन विश्लेषण की सीढ़ी चढ़ लेने के बाद चेतना सन्तुष्ट हो वहाँ से ख़ाली हाथ नहीं लौटती, ऊपर के आसमान को दोनों हाथों से थाम लेने के हौसले से ओतप्रोत हो उठती है। वह जानती है, बाहर की बाधाएँ नहीं, भीतर की ग्रंथियाँ ही सबसे बड़ी अवरोधी ताक़तें हैं, इसलिए तुरन्त नैरेटर के कानों में मंत्र फूँकती हैं—"जहाँ साँप देखो, मार डालो"। कौन नहीं जानता कि भीतर के पाताल लोक में स्वार्थों के विषैले साँप दिन-रात रेंगते रहकर मनुष्य को बेचैन किए रहते हैं। ठीक इसी अवस्था में श्यामला नैरेटर का नैतिक सम्बल बन जाती है, और वह महसूस करता है कि श्यामला के वजूद का सर्वाधिक सम्मोहक पक्ष है उसकी मीठी आवाज़ जो फटकार लगाकर उसके भटके हुए ध्यान को केन्द्रित भी करती है और गुफ़्तगू के दौरान दुनिया की तमाम अच्छी बातों की स्मृति ज़ेहन में ताज़ा रखती है। अपनी कमज़ोरियों को नंगी आँख से देखना एक बात है, लेकिन उन्हें किसी हमदर्द के साथ बाँटना आसान नहीं—वह हमदर्द अपने ही 'मैं' का विवेकशील अस्तित्व हो, तो भी नहीं। इसलिए मुक्तिबोध की अन्य रचनाओं की तरह 'पक्षी और दीमक' कहानी में भी तनाव की विलम्बित तान है। सब कुछ कहकर 'भारहीन' हो जाने की ललक और सब कुछ अशोभन छुपाकर अपने ही झूठे आत्मगौरव के सहारे अपनी आँख में ऊँचे बने रहने की लालसा एक औसत आदमी की पीड़ा है जिस पर विजय पाए बिना अपने से आँख मिलाना सम्भव नहीं। मुक्तिबोध का नायक यह जानता है, इसलिए लुका-छिपी का खेल खेलते हुए वह स्वीकारता है कि "झूठ से सचाई और गहरी हो जाती है, अधिक महत्त्वपूर्ण और अधिक प्राणवान मानो वह हमारे लिए और सारी मनुष्यता के लिए विशेष सार रखती है। ऐसी सतह पर हम भावुक हो जाते हैं। और यह सतह अपने सारे निजीपन में, बिलकुल बेनिजी है, साथ ही मीठी भी।" ज़ाहिर है आत्मालोचन की ठोस उपलब्धि इस टंकार में दूर-दूर तक गूँजकर उसमें एक नया प्राण संचार करती है कि "मुझे नहीं चाहिए शिखरों की यात्रा।"

मुक्तिबोध की कहानियाँ कथा-रस के चटोर पाठक से ख़ासा परहेज करती हैं। चूँकि उनके वहाँ 'रस' का अर्थ ही अपनी अस्मिता की तलाश में अन्तर्मन को पूरी तरह निचोड़ते हुए 'परम पूर्ण अभिव्यक्ति' को पाना है, इसलिए नैरेटर की ईमानदारी आग्रहपूर्वक पाठक से भी उतनी ही ईमानदारी और निर्भीकता माँगती है। मुक्तिबोध चाहते हैं कि विश्लेषण की निःसंग वेला में अपनी लुप्त होती बौनी परछाइयों को देखकर पाठक के भी "दिल के किसी कोने में कोई अँधियारा गटर एकदम फूट" निकले—गटर 'आत्मालोचन, दुख और ग्लानि का।' वह हर घुटती साँस के साथ महसूस करे कि "बुराई की इस अनेक चक्रों वाली दैत्याकार मशीन में न जाने कब से मैं फँसा पड़ा हूँ। पैर भिंच गए हैं, पसलियाँ चूर हो गई हैं, चीख़ निकल नहीं पाती, आवाज़ हलक में फँसकर रह गई है।" कविताओं के मुक़ाबले मुक्तिबोध की कहानियाँ साहित्यिक जगत द्वारा अपेक्षाकृत कम पसन्द की गई हैं। शायद इसलिए कि अपनी मूल प्रकृति में वे संश्लिष्ट ही नहीं, बौद्धिक भी हैं। लेकिन कविताओं की तरह वे पाठक की चेतना पर क़ब्ज़ा कर उसके भीतर घनघोर तनाव की सृष्टि करने लगती हैं। हर पंक्ति के साथ

बस एक ही माँग—आत्मसाक्षात्कार! आत्मपड़ताल! आत्मालोचन! लेकिन क्या इतना भर ही काफ़ी है? मान लो, आत्मसाक्षात्कार के दौरान नैरेटर की तरह सत् के दर्पण से प्रतिबिम्बित होकर आती अपनी आकृति को मैंने भी देखा है। देख लिया है कि चेहरे के सारे अनुपात बिगड़ने से वह सूरत भयानक हो गई है कि "नाक डेढ़ गज़ लम्बी और कितनी मोटी हो गई है। चेहरा बेहद लम्बा और सिकुड़ गया है। आँखें खड्डेदार! कान नदारद। भूत जैसा अप्राकृतिक रूप।" तिस पर विडम्बना यह कि "मैं अपने चेहरे की उस विद्रूपता को मुग्ध भाव से, कुतूहल से और आश्चर्य से देख रहा (रही) हूँ, एकटक।" एकान्त में अपने को नग्न देखना कोई असाधारण बात नहीं। बल्कि नग्नता की अश्लीलता को छुपाने के लिए मोहक आवरणों को जुटाने की तैयारी उसी 'एकान्त-दर्शन' से ही सम्भव होती है। मुक्तिबोध की ख़ासियत यह है कि मन के भीतरी तहख़ानों की बात करते हुए वे समाज, व्यवस्था और शास्त्र की भीतरी दरकनों और दुर्बलताओं पर भी हाथ धरे रहते हैं, और दोनों को एक-दूसरे के बरक्स रख इस तथ्य की पुष्टि करते हैं कि एक-दूसरे में अपने अक्स को प्रतिबिम्बित करते हुए व्यक्ति और समाज अपने पतन और उन्नयन दोनों के लिए ही एक-दूसरे से ताक़त और प्रेरणा पाता है। इसलिए अपनी रचनाओं में वे आत्मसाक्षात्कार के आलोक को 'आनन्द' की रसीली (भोगपरक) या अमूर्त रश्मियों में तब्दील नहीं करते, सृजन की ज़िम्मेदारी में ढालकर अन्तर्दृष्टि का विस्तार करते हैं। 'पक्षी और दीमक' कहानी में आत्मसाक्षात्कार की पीठिका यदि श्यामला (अन्त:प्रज्ञा) की उपस्थिति में पक्षी और दीमक की अन्तर्कथा ने बुनी है तो, सृजन की प्रेरणा जनजीवन और अकादमिक जगत दोनों के बीच पुल बनाकर चलने की साधना ने। इसलिए उनका नायक एक ओर आम आदमी के जीवनानुभव से प्रेरणा लेकर भीतर-बाहर के हर साँप को मार डालने को कृतसंकल्प हो गया है तो दूसरी ओर 'रोमन स्तम्भों वाले विश्वविद्यालय के पुस्तकालय की ऊँची लम्बी मोतिया सीढ़ियों पर से उतर रही' ज्ञान और मनीषा की रोमन देवी मिनर्वा के हाथ में पकड़ी पुस्तक 'आय विल नॉट रेस्ट' को अपने जीवन का मूलमंत्र बनाने को कटिबद्ध है। दरअसल इस बेचैनी के भीतर प्राणवान हैं मुक्तिबोध, और इस बेचैनी के भीतर निहित सृजनात्मक दायित्वों को समझ सकना मुक्तिबोध की साहित्य-साधना को जानना है जो हर तरह के लाभ, लोभ, भय, ख़तरे, चुनौतियों के दबाव से मुक्त हो अपने को निर्बाध पाने और सम्पूर्ण अभिव्यक्त कर देने की इकलौती तड़प है। 'अँधेरे में' से पंक्तियाँ उधार लेकर कहूँ तो मुक्तिबोध की हर कहानी की तरह इस कहानी का यह रहस्यमय-सा दीखता नैरेटर दरअसल "अब तक न पाई गई मेरी अभिव्यक्ति है/पूर्ण अवस्था वह/ निज सम्भावनाओं, निहित प्रभावों, प्रतिभाओं की/ मेरे परिपूर्ण का आविर्भाव/हृदय में रिस रहे ज्ञान का तनाव वह/आत्मा की प्रतिमा।"

बेचैनी मुक्तिबोध के साहित्य का प्राण तत्त्व है। 'पक्षी और दीमक' कहानी में मुक्तिबोध की इस बेचैनी में अपने को तोलकर हर पल बेहद हल्के होते चले जाने की दु:सह यंत्रणा भी छिपी है। मसिजीवियों के नागरिक दायित्व क्या किसान-मज़दूर-कामगारों के दायित्वों से अलग होते हैं? क़लम के सहारे क्रान्ति की काग़ज़ी हक़ीक़तें रचने से क्या बुराई की दैत्याकार मशीन को नष्ट किया जा सकता है? क्या लेखन समय

की विकरालता से पीठ मोड़कर अपने ही अँधेरी गुफाओं में बन्द होकर पूर्ण अभिव्यक्ति के दावों की खोखली टंकार नहीं? अभिव्यक्ति के लिए मुक्तिबोध जिन मठों-गढ़ों को तोड़ने की बात करते हैं, उनसे पहले अपने चहुँओर खींची गई सुविधाभोगी ज़िन्दगी की लक्ष्मणरेखा को तोड़ना ज़रूरी है जो मिट्टी और पसीने को त्वचा का शृंगार करने से रोकती है। मुक्तिबोध की जन-पक्षधरता अपने को किसी रहस्य में कभी नहीं छिपाती। 'पक्षी और दीमक' कहानी में वे आदिवासी समाज के प्रति अपनी श्रद्धाविगलित संवेदना ज्ञापित करने में कोई संकोच नहीं करते। इसलिए नहीं कि उनमें 'बारीक बेईमानियों का सूफ़ियाना अन्दाज़' नहीं, इसलिए कि "आदिवासियों जैसे उस अमिश्रित आदर्शवाद में मुझे आत्मा का गौरव दिखाई देता है, मनुष्य की महिमा दिखाई देती है, पैने तर्क की अपनी अन्तिम प्रभावोत्पादक परिणति का उल्लास दिखाई देता है—और ये सब बातें मेरे हृदय को स्पर्श कर जाती हैं।" इस स्थिति के ठीक विपरीत है बुद्धिजीवी दंभ को पोसता सुविधाओं से सम्पन्न कमरा—"कमरे के एकान्त में प्रत्यावर्तित और पुनः प्रत्यावर्तित प्रकाश के कोमल वातावरण में मूल-रश्मियों और उनके उद्गम-स्रोतों पर सोचते रहना, ख़यालों की लहरों में बहते रहना कितना सरल, सुन्दर और भद्रतापूर्ण है।... किन्तु प्रकाश के उद्गम के सामने रहना, उसका सामना करना, उसकी चिलचिलाती दोपहर में रास्ता नापते रहना और धूल फाँकते रहना कितना त्रासदायक है। पसीने में तर-बतर कपड़े इस तरह चिपचिपाते हैं और इस क़दर गन्दे मालूम होते हैं...कि अगर कोई इस हालत में हमें देख ले तो वह बेशक हमें निचले दर्जे का आदमी समझेगा।"

ठीक वहाँ एक बार फिर व्यापारी गाड़ीवान से पंखहीन पंछी के वार्तालाप की याद आती है। अपनी ताक़त नहीं, वजूद (अस्मिता) को पाने का अभिलाषी पक्षी अपनी सबसे बड़ी भूख को क़ुर्बान करने को तैयार है, लेकिन पश्चात्ताप के पास क्रान्ति का बाना पहनकर चमत्कार करने की ताक़त नहीं होती। विवेकहीन उपभोग और भविष्यहीन पश्चात्ताप के बीच पसरे बंजर में चेतना की संगठित लहर के बिना किसी भी क़िस्म की वैचारिक-सामाजिक क्रान्ति सम्भव नहीं। ज़ाहिर है 'पक्षी और दीमक' कहानी को आज की उपभोक्तावादी संस्कृति के भयावह पाठ की तरह पढ़ते हुए मैं इसे अपने-अपने पंखों को बचाए रखने और व्यापारी गाड़ीवानों को अपने राज्य से निष्कासित कर देने की मुहिम के रूप में ही लेती हूँ।

मुक्तिबोध की कहानियों में तनाव और मुक्ति की आकांक्षा के बीच पिशाच (भूत-प्रेत) और ब्रह्मराक्षस प्रायः आते रहते हैं। 'पक्षी और दीमक' कहानी में हालाँकि ब्रह्मराक्षस का ज़िक्र नहीं है, लेकिन अस्मिता की तलाश में 'सत्' और 'चित' के दौरान जब-जब उनके नैरेटर अपनी दुर्बलताओं और दरिंदगियों को चीन्ह कर मुक्त होने की छटपटाहट से भर उठते हैं, तब-तब वे 'राक्षसत्व' से मुक्त हो जाते हैं। आत्मज्ञान के कारण अहंकार/दुष्कृत्य पर ग्लानि, कर्म-सौन्दर्य के साथ उसे दूर करने की प्रायश्चित्त-साधना, और अपने जीवन-सत्त्व को शिक्षा के रूप में दूसरों को सौंपकर ज्ञान की लौ को निरन्तर आलोकित किए रहने की व्यग्रता—'ब्रह्मराक्षस का शिष्य' कहानी की मूल संवेदना है, जिसे उसकी तमाम अर्थव्यंजनाओं के साथ 'पक्षी और दीमक' कहानी में पक्षी की व्यथा और नैरेटर के संकल्प—"जहाँ मेरा हृदय है, वहीं मेरा भाग्य है"—के साथ जोड़ का

गुना जा सकता है। मुक्तिबोध के वहाँ 'वेदना' पीड़ा के रूप में नहीं, संवेदना के रूप में आती है और सृजन के स्वेद-कणों में ढल जाती है : "नये-नये बनाने के लिए भवन/आत्मा के/मनुष्य के हृदय की तगारी में ढोते हैं हमीं लोग/जीवन की गीली और/महकती हुई मिट्टी को।" ('कहने दो उन्हें जो यह कहते हैं') इसलिए उनके पात्र अपेक्षाओं से नहीं, आशाओं से लबालब हैं। अपेक्षाओं में पाने के भाव की प्रबलता है, जबकि आशा क्षमताओं और दायित्वों के साथ अपनी कर्मठता और संकल्पदृढ़ता पर सकारात्मक विश्वास की स्थिति है। ब्रह्मराक्षस (ज्ञान और अहंकार की युति) जब अपेक्षाओं से मुक्त होते-होते आशाओं से भर उठता है, आत्मज्ञान के सहारे हर मननशील मनुष्य के प्रति संवेदनशील हो उठता है, मानो नैरेटर की तरह वह नियति में नहीं, 'ललाट' में विश्वास रखता है—'ललाट' जहाँ विधाता नहीं, स्वयं मनुष्य अपना भाग्य लिखता है। ज़ाहिर है इस गुण से रहित व्यक्ति मुक्तिबोध के लिए पिशाच है—नकारात्मक ऊर्जा का बवंडर।

लेकिन कहानी का दूसरा और सर्वाधिक महत्त्वपूर्ण प्रतीक 'अच्छाई का पेड़' तो चर्चा से बाहर ही छूट गया! छाया के लिए ललकते पथिक को इस पेड़ की ख़ूबियाँ बताते हुए मुक्तिबोध उसे आगाह करना भी नहीं भूलते कि "वह तो कटी शाखाओं की दूरियों और अन्तरालों में से केवल तीव्र और कष्टप्रद प्रकाश को ही मार्ग दे सकता है।" मैं एकाग्रचित्त हो मनन करने लगती हूँ। कटा-पिटा क्यों? इसलिए कि बुरी ताक़तें संगठित होकर हमेशा अच्छाई को नष्ट कर डालना चाहती हैं? लेकिन मुक्तिबोध 'अच्छाई का पेड़' से आश्रय और छाया देने का गौरव क्यों छीन लेना चाहते हैं? पेड़ के बड़प्पन को रेखांकित करने के लिए छाया और संरक्षण जैसे गुणों का ही तो उल्लेख किया जाता है। मैं कहानी की गहराई में एक तह और नीचे उतर पड़ती हूँ। देखती हूँ, अपने ऐंठे बड़प्पन को बुज़ुर्गियत की झुर्रियों में छिपाए बरगद का पेड़ कितने ही पंथियों और पंछियों की शरणस्थली है। वहाँ शीतलता से सिहरता गुनगुना झुटपुटा है। जड़ों के जाल पर चौपाल जमा कर बैठी सभ्यता कितने ही स्थानीय फसादों का निबटारा यहीं कर रही है। मानो जीवन के बहाने परम्परा और विरासत को सँभाले रखने का अभयदान दे रहा हो। दूर-दूर तक वनस्पति की कोई इतर प्रजाति नहीं। बस, अपनी ही जड़ों को टहनी बनाकर अपने चारों ओर के वर्गक्षेत्र को मज़बूत करने का उपक्रम। विविधता और विरोध की कोई गुंजाइश नहीं। एक दृष्टि, एक विचार, एक उन्माद! जीवन इतना बेरंग, बेस्वाद, बे-लहर तो नहीं ही होता। आश्रय और छाया (संरक्षण) देकर वैचारिक संकीर्णता को हठधर्मिता का, हठधर्मिता को सांगठनिक उन्माद का और उन्माद को विध्वंस के तांडव का रूप नहीं देना चाहते मुक्तिबोध। उनका 'अच्छाई का पेड़' फ़ासिज़्म की गोद में पलती गिरोहबन्दी की हर घिनौनी चेष्टा का विरोध करता है। वह विपरीत परिस्थितियों में अडोल रहकर जिजीविषा और सृजन की अनवरतता का संवाहक है। वह अच्छाई की तलाश में निकले साधकों को अत्यल्प समय के लिए अपनी गोद में बैठ लेने की अनुमति देता है। फिर हौले से उनके ललाट का पसीना पोंछ अवसाद के अँधेरों को अपने तीखे चिलचिलाते प्रकाश से बींधकर पुनः कर्मयोग में जुट जाने की प्रेरणा देता है। मुक्तिबोध की सत्यान्वेषण की साधना उन्हें एक साथ पथिक, साधक और अच्छाई का पेड़ बनाती है।

पुनश्च : कथा-साहित्य पर बात करते हुए आजकल अक्सर वस्तु पक्ष पर बात की जाती है—सरोकारों और समस्याओं की, गोया साहित्य समाजविज्ञान का शुष्क विषय बनकर रह गया हो। स्वयं मैं एक लम्बे अरसे से इसी प्रवाह में बहते हुए कला को उसकी कलात्मकता से विच्छिन्न करने के अभियान का हिस्सा भी रही हूँ। शायद इसलिए कि विमर्शवादी साहित्य सरोकारों पर अति-केन्द्रित होने की एकांगिता में कला को उन्मुक्त करके उसमें समूचा विश्व और सौन्दर्य अन्तर्भूत करना भूल जाता है। चूँकि साहित्य स्वयं मुक्त हुए बिना मुक्ति की उदात्त अनुभूति पाठक तक प्रवाहित नहीं कर सकता, इसलिए आज का समस्याकेन्द्रित विमर्शवादी साहित्य मुक्ति के दावों और मन्तव्यों के बावजूद जकड़न, विद्वेष और प्रच्छन्न बैर की भूमिका ही मज़बूत कर रहा है। ख़ासतौर पर मुक्तिबोध को पढ़ते हुए इस अनुभूति का बलवती होना कथा-साहित्य के उत्तरोत्तर कलाहीन होते चले जाने को इंगित अवश्य करता है। वातावरण सृष्टि से लेकर पात्र-योजना तक कहानी में ऐसा कलात्मक सौष्ठव है कि खिड़की के बाहर काँटेदार बेंत की हरी घनी झाड़ियाँ और उसके ऊपर लिपटी आसमानी फूलों से भरी जंगली बेल वातावरण निर्मिति के प्राकृतिक औज़ार न रहकर मनुष्य और व्यवस्था के पेचीदा शास्त्र का आख्यान बन जाते हैं। ठीक इसी तरह इन झाड़ियों के बीच से रेंगते हुए साँप का नैरेटर के कमरे में घुस आना और आकर साइकिल पर शिकंजा कस लेना गहरे प्रतीकात्मक अर्थ की अभिव्यंजना करता है। साइकिल के कैरियर की ओर साँप का मुँह है और हैंडल को पूँछ से कसकर लपेटा हुआ है। ज़ाहिर है लक्ष्य से लेकर कार्य-शैली सब पर मनोविकारों के साँप की छाया है। कहानी में एक छोटे से प्रकरण का अभिधार्थ खोकर बिम्ब में ढल जाना, और फिर बिम्ब का प्रतीक में तब्दील होकर कहानी के भीतर-बाहर बहते समय-जीवन-मनुष्य की अन्तःवृत्तियों को एक-दूसरे की पारस्परिकता में समझना तब तक सम्भव नहीं होता जब तक विचार, अनुभूति और अनुभव, दृष्टि और विजन, साँस और सपना बनकर लेखक को इस लोक से परे अपने ही किसी स्वप्नलोक का रहवासी न बना दे। सपने के भीतर घुसकर अपनी सारी उत्कंठा और व्यग्रता से, अपने तमाम राग और भय के साथ अपने भीतर धड़कती जीवनाकांक्षाओं को पात्रों और घटनाओं के सहारे मूर्त करना ही सृजन है। ज़ाहिर है तब शब्द अपना सुनिश्चित अर्थ, रंग और महक खोकर लेखक के भीतर बहते जिस कलात्मक ऐश्वर्य का संस्पर्श कर सतह पर आते हैं, वही अभिधात्मक समयबद्ध सरोकारों में कालातीत चेतना भरकर उन्हें लेखक के अन्तरंग का साक्ष्य बनाते हैं। कला लेखक के व्यक्तित्व की रेखाओं को ही नहीं उकेरती, समय के साथ उसके संवाद, अतिक्रमण और सृजन की बौराई हरकतों को भी चित्रबद्ध करती है। आज के साहित्य में कलात्मक सौन्दर्य का नेपथ्य में जाना सरोकारों के साथ शिद्दत भरी टकराहट का कारण नहीं है, चिन्तन-मनन की गहराइयों में न उतर पाने की निजी मजबूरियाँ हैं।

गुलकी बन्नो

धर्मवीर भारती

ग्रामीण यथार्थवाद का स्त्री-विकल्प

बसंत त्रिपाठी

अपनी गढ़न विशेषकर अपनी बोली-भंगिमा के कारण धर्मवीर भारती की कहानी 'गुलकी बन्नो' की चर्चा अक्सर आंचलिक कहानी के रूप में होती रही है। लेकिन यह इस कहानी का आधा सच है। 'गुलकी बन्नो' भारतीय ग्राम्य-व्यवस्था की उन सचाइयों को सामने लाती है जो एक साथ अच्छा और बुरा, करुण और हिंस्र, सहयोग और षड्यंत्र तथा संघर्ष और समझौते का समन्वित और विवश रूप है। कहने को यह एक पात्र की जीवनगाथा है। लेकिन इसमें पितृ-सत्ता, एकाकीपन और विपन्नता से जन्मी ऐसी सचाई है जो बेचैन करती है। बेचैन इसलिए कि भारतीय ग्राम्य-व्यवस्था को आदर्श और अपरिवर्तित मानने की राजनीतिक, और साहित्यिक भी, मन:स्थिति जब चरम पर थी तब धर्मवीर भारती ने इस व्यवस्था में घिसटती विवशता को बिलकुल ही नये अन्दाज़ में रखा। कहानी के नये अन्दाज़ का अन्दाज़ा इससे भी लगाया जा सकता है कि जो पाठक गुनाहों का देवता, सूरज का सातवाँ घोड़ा, अन्धा युग, ठंडा लोहा और सात गीत वर्ष पढ़कर भारती जी के बारे में कोई राय बनाते हैं, उनकी राय 'गुलकी बन्नो' को पढ़कर टूटती ही नहीं बल्कि ध्वस्त हो जाती है।

'गुलकी बन्नो' यातना से निकलकर एक सम्मानजनक ज़िन्दगी जीने की कोशिश में पराजित हो पुन: उसी यातना को स्वीकार कर लेनेवाली स्त्री की कहानी है। यह एक ऐसी स्त्री की कहानी है जो बदसूरत और कुबड़ी है। पच्चीस-छब्बीस की उम्र में ही पति के अत्याचारों के कारण वह बीमार, बूढ़ी-सी और कुबड़ी हो गई है और उसके पति ने उसे त्याग भी दिया है। इस कारण वह अपने पिता के गाँव में आकर पैर जमाने की कोशिश कर रही है। गाँव को अक्सर साहचर्य के आदर्शात्मक रूप में देखा जाता रहा है। धर्मवीर भारती की इस कहानी को पढ़ते हुए ऐसा कोई साहचर्य-भाव निकट सम्बन्धियों के भीतर दिखाई नहीं पड़ता। घेघा बुआ, निरमल की माँ और उसका ड्राइवर पति यदि उसे सहारा देते भी हैं तो केवल इसलिए क्योंकि उनकी नज़र गुलकी के घर पर है। यह कहानी का एक पक्ष है। दूसरे पक्ष में वे तमाम बच्चे हैं जिनका व्यवहार गुलकी के प्रति बिलकुल भी सहयोगात्मक नहीं है। बल्कि निषेधात्मक ही अधिक है। बच्चों की उपेक्षा और उनके आक्रमणकारी रवैये के कारण तथा घेघा बुआ की कुटिल नीतियों के फलस्वरूप गुलकी अपने पति के साथ जाने को तैयार हो जाती है। यह कहानी का

तीसरा पक्ष है जिसमें सत्ती जैसी साहसी स्त्री के साथ देने की आश्वस्ति के बावजूद गुलकी पति के साथ जाना स्वीकार कर लेती है। कहानी का एकमात्र सुखद पक्ष है जब मुन्ना और उसकी माँ विदागीत गाते हुए उसकी विदाई करते हैं क्योंकि नाते-रिश्तेदारों के न होने के बावजूद वह गाँव की बेटी तो है ही! गुलकी को भी लगता है कि उसे जीवन ने एक मौक़ा दिया है। जबकि उसका पति उसे दासी के रूप में ख़रीदकर अपनी दूसरी बीवी और उसके बच्चे की सेवा के लिए ले जा रहा है।

यह कहानी अपने पाठ और संरचना में बहुत आसान होने के बावजूद विश्लेषण के लिहाज़ से बहुत ही जटिल है। शोषक और शोषित के बने-बनाए ढाँचे में इसकी व्याख्या नहीं की जा सकती। गुलकी पर अत्याचार करनेवालों में कोई भी ऐसा नहीं है जिसे हम शोषक तबके का कह सकते हैं। दरअसल शोषक वह व्यवस्था है जिसमें गुलकी, उसका पति, उसकी सौत, गाँव के बच्चे, घेघा बुआ और दूसरे लोग रह रहे हैं। सब एक ही वर्ग के लोग हैं यानी मेहनतकश ग्रामीण। फिर भी उनमें सहयोग और षड्यंत्र के कई-कई पहलू एक साथ काम कर रहे हैं। इसे ध्यान में रखते हुए यदि 'गुलकी बन्नो' पर नज़र डालें तो कई-कई नये पहलू सामने आते हैं।

सबसे पहले गुलकी और गाँव वालों के आपसी सम्बन्ध पर विचार करें। गुलकी का पहला विरोध तो गाँव के बच्चों से है। कारण कुछ मासूम से हैं। उसका एक कारण है बच्चों के खेलने की जगह का छिन जाना। गुलकी जिस जगह तरकारियों की दुकान लगाने लगी है वह उन बच्चों के खेलने की जगह थी। घेघा बुआ ने दो रुपये मासिक पर उस जगह को गुलकी के लिए किराए पर उठा दिया है। ऐसे में बच्चों का नाराज़ होना जायज है। नाराज़गी का एक और कारण अपने अभिभावकों से गुलकी के बारे में अनाप-शनाप कथाएँ सुनकर उसके बारे में अपनी राय बनाना भी है। लोक में कथाएँ कैसे पनपती और फैलती हैं इसके दिलचस्प तरीक़े इसमें दिखाई पड़ते हैं। किसी बच्चे की नज़र में गुलकी अपनी कूबड़ में बहुत-सारा धन छिपाकर रखती है। यहाँ ठहरकर विचार किया जा सकता है कि क्या बच्चों के और गुलकी के आपसी सम्बन्धों की कोई सामाजिक व्याख्या भी हो सकती है या यह कहानी की निहायत निजी और विशेष घटना है? कहानी का दूसरा विरोध गुलकी और घेघा बुआ, निरमल के माँ और पिता के बीच है। यद्यपि वही लोग गुलकी की मदद करते हैं। लेकिन उनकी नज़र गुलकी के मकान पर है। वे उसे हड़प लेना चाहते हैं। गुलकी और घेघा बुआ, निरमल के माता-पिता के बीच कोई अस्वाभाविक प्रतिस्पर्धा या तनाव नहीं है। उनके बीच वर्ग और सामाजिक-श्रेष्ठता-निम्नता का भेद भी नहीं है। लेकिन यह भी ग्राम-जीवन का एक पक्ष है जिसकी अनदेखी नहीं की जा सकती।

इस तरह इस कहानी में एक पूरा अन्वित दृश्य है जो बहुकोणीय है। लेकिन यदि सत्ती और मुन्ना की माँ की चर्चा न की जाए तो 'गुलकी बन्नो' की समझ अधूरी ही होगी। सत्ती विद्रोही है। साबुन बनानेवाली और हमेशा अपने पास काली बेंट का चाकू रखनेवाली। इसी पात्र को धर्मवीर भारती ने 'सूरज का सातवाँ घोड़ा' में तनिक और विस्तार दिया है। सत्ती घेघा बुआ और निर्मल की माँ की चाल को समझती है। वह गुलकी पर उसके पति द्वारा ढाए गए जुल्मों को भी जानती है। वह ये भी जानती है कि

यदि गुलकी वापस अपने पति के घर चली जाएगी तो उसकी स्थिति और भी बदतर हो जाएगी। वह गुलकी को इनकार कर देने पर राजी भी कर लेती है। लेकिन जिस तरह से पति को देखते ही गुलकी पैरों में गिर पड़ती है वह सामाजिक संरचना के सम्बन्ध में कई तरह के सवाल खड़ा करता है।

गुलकी चूँकि इस कहानी के केन्द्र में है इसलिए उसके जीवन के प्रसंगों को ध्यान में रखते हुए इस कहानी को सुविधा के लिए तीन भागों में विभाजित किया जा सकता है। पहला भाग विवरण के रूप में है। गुलकी का विवाह और पति द्वारा त्याग इसका पहला हिस्सा है जो हालाँकि कहानी में कुछ बाद में स्पष्ट होता है। दूसरा हिस्सा जिसमें गुलकी गाँव में पैर जमाने की कोशिश करती है। और तीसरा जब अन्तत: हारकर वह अपने पति के साथ जाने के लिए राजी हो जाती है। दूसरा हिस्सा कहानी के लिहाज़ से सबसे ज़्यादा जगह घेरता है। इसी में बच्चों की मासूम क्रूरताओं से लेकर गुलकी का संघर्ष और पराजय सब कुछ है।

'गुलकी बन्नो' कहानी पढ़ते हुए जो पहला सवाल मन में उठता है, वह यह कि, क्या यह केवल गुलकी के जीवन की गाथा है या प्रत्येक गाँव की गाथा? यदि इसे गुलकी के जीवन की गाथा मानकर पढ़ें तो यह एक अपाहिज और लाचार युवती की ट्रेजडी लगती है लेकिन यदि इसे ग्रामीण भारत का सच मानकर पढ़ें तो यह कहानी भयानक रूप से गाँव-विरोधी कहानी लगने लगती है, मुन्ना की माँ, सत्ती और मुन्ना जैसे पात्रों के बावजूद। फिर भी इस कहानी की सबसे बड़ी बात इसका अपने पाठ में ज़बरदस्त प्रवाह और सरसता है। हालाँकि कहानी के अधिकांश प्रसंगों को सरस बिलकुल भी नहीं कहा जा सकता।

धर्मवीर भारती ने इस कहानी में गाँव के जो भौगोलिक और सामाजिक-सांस्कृतिक चित्र खींचे हैं वे निश्चित तौर पर प्रत्येक गाँव के लगते हैं। बच्चों की मस्तियाँ और शरारतें, उनके बीच के मासूम भेद, मकानों और गलियों के चित्र, सीमित संसाधनों के बीच जीते हुए उन्हें हथियाने के छोटे-छोटे षड्यंत्र और लोगों के भीतर जड़ जमा चुकी सामन्ती आस्थाएँ और नैतिकताएँ, मसलन पति के घर में ही सच्चा सुख है, पत्नी को दबकर रहना चाहिए या किसी चीज़ का प्रतिकार करने की अपेक्षा यह मानना कि ईश्वर सब कुछ देखता है और समय आने पर वह हिसाब करेगा। भारत ही नहीं दुनिया के अलग-अलग हिस्सों में ऐसी मान्यताएँ बख़ूबी प्रचलित हैं। इन मान्यताओं के सामाजिक और राजनीतिक कारण चाहे जो रहे हों लेकिन जन के असन्तोषों का दमन कर उन्हें यथास्थिति को स्वीकार कर लेने को विवश करने में इनकी भूमिका से किसी को इनकार न होगा। इस अर्थ में यह ग्रामीण यथार्थ का एक मानीख़ेज़ रूप लगता है। लेकिन सवाल यहीं फिर खड़ा हो जाता है कि शहरी जीवन के सच को रोमांटिक नज़र से देखनेवाले धर्मवीर भारती गाँव को इतने यथार्थवादी नज़रिये से देखने के लिए कैसे अपने आपको तैयार कर पाए? कहीं इसका कारण वह समूचा गाँव-विरोध तो नहीं है जिसे प्रगतिशील परम्परा ने अपनी कहानी का प्रस्थान बिन्दु बनाया था? बेशक यह एक विमर्शात्मक प्रश्न है और कहानी के पाठ-विश्लेषण में इसका जवाब ढूँढ़ना ज़रूरी नहीं है। लेकिन फिर भी यह सवाल इसलिए उठाया गया है क्योंकि इसका सम्बन्ध कहानी के अन्तर्पाठ से है।

कहानी का आरम्भ मिरवा के उलटे-सुलटे गाने से होता है जिसको लेकर घेघा बुआ चिढ़ी रहती हैं। गाँव में मिरवा और उसकी बहन मटकी का झबरी कुतिया के अलावा कोई सगा नहीं है। सिवाय गुलकी के उन्हें कोई अपने आँगन या दुकान में चढ़ने भी नहीं देता। मिरवा और मटकी विकलांग, विक्षिप्त और रोगग्रस्त हैं जो कुष्ठ रोग से गल-गलकर मरनेवाले जानकी उस्ताद के बच्चे हैं। इसलिए गाँव के दूसरे लोग और बच्चे भी उनसे स्वाभाविक दूरी बनाए रखते हैं। गुलकी सबसे पहले बच्चों से दुश्मनी ख़त्म करने की चाह में इन्हीं बच्चों से अपनी निकटता बनाने की पहल शुरू करती है। लेकिन वह बाद की बात है। अभी तो वह किसी कारण से चिढ़ी हुई है और मटकी के बार-बार मूली माँगने और एक मूली ज़बरन उठाने की कोशिश करने पर गुलकी बाँस के खपच्चे से उसकी पिटाई कर देती है। यहीं से गुलकी और दूसरे बच्चों—मेवा, निरगल, मुन्ना—की स्वाभाविक जंग शुरू हो जाती है। यह जंग मासूम प्रतिस्पर्धा से उपजी जंग है जिसमें हार-जीत के कई-कई संस्तरण हैं। बच्चों का धूल उठाकर गुलकी पर फेंकना, गुलकी का स्वाँग रचाकर उसे चिढ़ाना और उसकी दुकान से सौदे का बहिष्कार करना इसके कुछ उदाहरण हैं।

लेकिन गुलकी और घेघा बुआ के बीच की जंग इतनी मासूम नहीं है। घेघा बुआ की नज़र गुलकी के एकमात्र घर पर है। वह इसे हथियाना चाहती तो है लेकिन अकेले ऐसा करने में समर्थ नहीं है। इसलिए वह इसके लिए बाद में निरमल की माँ और उसके ड्राइवर पति का सहारा लेती है। लेकिन इसके पहले वह अपने घर के बग़ल में गुलकी को दो रुपये मासिक किराए पर तरकारी की दुकान लगाने देती है। गुलकी दुकान लगाती तो है लेकिन आवक के मामले में बहुत बुरी स्थिति में रहती है। उसे महीने के बीस दिन फ़ाक़े ही काटने पड़ते हैं तो भला किराया कहाँ से चुकाती। होते-होते घेघा बुआ का पाँच महीने का किराया बकाया रह जाता है। घेघा बुआ इसी से जली-भुनी और कुपित रहती है और इसी के चलते एक दिन गुलकी की दुकान उजाड़ देती है।

विवश और पराजित गुलकी इसके बाद जैसे-तैसे अपना जीवन काटती है। इसी समय सत्ती उसे सहारा देती है। गुलकी और घेघा बुआ के बीच जंग चल रही होती है कि एक दिन अचानक गुलकी के पति का पोस्टकार्ड आता है। पोस्टकार्ड में गुलकी को घर आने का अवसर दिया गया है क्योंकि गुलकी के पति की रखैल को बच्चा हुआ है और उसकी देखरेख के लिए एक अवैतनिक नौकरानी की ज़रूरत है। बच्चों और गाँव के दूसरे लोगों की उपेक्षा से त्रस्त गुलकी इसे जीवन का अन्यतम अवसर मानती है और जाने का आमंत्रण स्वीकार कर लेती है। हालाँकि गुलकी के पति के आने और घेघा बुआ और निरमल की माँ द्वारा गुलकी को बुलाए जाने पर सत्ती गुलकी को इस बात के लिए तैयार करके वहाँ ले जाती है कि गुलकी अपने अपमान और किए गए अत्याचार का बदला लेगी। वह गुलकी से कहती भी है—"यही कसाई है। गुलकी, आगे बढ़कर मार दो चपोटा इसके मुँह पर! ख़बरदार, जो कोई बोला!" गुलकी आगे तो बढ़ती है लेकिन मारने की बजाय पति के चरणों पर गिर पड़ती है और विलाप करते हुए कहती है—"हाय, हमें काहे को छोड़ दियौ! तुम्हरे सिवा हमरा लोक-परलोक और कौन है। अरे, हमरे मरे पर कौन चुल्लू भर पानी चढ़ाई..."

सत्ती के लिए यह तकलीफ़देह था। वह गुलकी को गाली देते हुए वहाँ से चली जाती है। कहानी का यह हिस्सा सबसे ज़्यादा नाटकीय है। और स्त्री-विमर्श की दृष्टि से सबसे ज़्यादा विवादास्पद भी। यहीं पर गुलकी के भीतर फिर से अपना स्त्रियोचित स्थान पा लेने की इच्छा जागती हुई दिखाई पड़ती है। यहाँ पर धर्मवीर भारती के पास दो विकल्प थे। एक तो, वह गुलकी को विद्रोह करते हुए दिखा सकते थे और दूसरा, जो कि उन्होंने चुना कि, गुलकी समर्पण कर देती है। गुलकी का समर्पण केवल एक लाचार स्त्री का समर्पण भर नहीं है। वह पुरुष-वर्चस्व के निर्देशन में बनी समाज-व्यवस्था के समक्ष एक स्त्री की विवश निर्विकल्पता भी है। इसके बाद गुलकी की आशाएँ बेचैनी पैदा करती हैं। ज़ाहिर है कि गुलकी के भीतर ऐसी आशाओं का विकास करने में घेघा बुआ और निरमल की माँ का घर हथियाने का पड्यंत्र भी शामिल है।

कहानी के अन्त में गुलकी जब विदा हो रही थी तब तीन तरह के दृश्य एक साथ सक्रिय हैं जो एक ही वातावरण में घटित होते हैं। घेघा बुआ और निरमल की माँ का पिंड छुड़ाने का-सा भाव, गुलकी का विवश-स्वप्न और मुन्ना की माँ का गाँव की बेटी को सम्मानजनक रूप से विदा करने की सदाशयता। मुन्ना की माँ द्वारा बेटी को विदा करने की जो रस्में पूरी की जाती हैं उसमें ग्रामीण अन्तरात्मा का गौरव भी छिपा है जो मुन्ना के आँसुओं और मिरवा के विदा गीत से पूरा होता है। यह और बात है कि गुलकी ने मिरवा को पैसे दिए थे। उसकी बहन मटकी गाना गाने पर डपटनेवाली घेघा बुआ को तुर्शी-ब-तुर्शी ज़वाब देती है—"काहे न गावें, गुलकी ने पैसा दिया है!" कहानी का सबसे अन्तिम दृश्य, सब अपनी जगह पर खड़े होकर गुलकी को विदा देते हैं लेकिन सिर्फ़ झबरी कुतिया ही है जो सड़क तक इक्के के साथ गई और फिर लौट आई। विवश लगाव और विवश अलगाव का यह एक ऐसा दृश्य है जिसका भाष्य करना आसान नहीं है। 'गुलकी बन्नो' का कथानक यद्यपि यथार्थवाद से प्रेरित है लेकिन इसका समूचा गठन बेहद नाटकीय और चित्रात्मक है।

विवश अलगाव में आर्थिक विपन्नता और असुरक्षा की आशंकाएँ छिपी हैं, इसे अलग से समझाने की आवश्यकता नहीं है। लेकिन समाज-व्यवस्था के भीतर विवश लगाव और उससे जन्मी करुणा पर ध्यान देना आवश्यक है। मुन्ना की माँ और गुलकी दोनों ही समाज के तयशुदा ढाँचे के भीतर जीनेवाली स्त्रियाँ हैं। इसलिए अवसर मिलने पर गुलकी जहाँ पति के समक्ष एक क्षीण सम्भावना का स्वप्न देखते हुए समर्पण कर देती है वहीं मुन्ना की माँ ग्रामीण स्त्री का फ़र्ज़ निभाते हुए गुलकी को विदा देती है। पूरी कहानी में मुन्ना की माँ कहीं भी गुलकी का साथ देती हुई दिखाई नहीं पड़ती। लेकिन औपचारिक विदाई के समय करुणा पैदा करती है। लेखक ने ठीक ही सत्ती को इस दृश्य से बाहर रखा है। सत्ती समाज के बने-बनाए ढाँचे के ख़िलाफ़ विद्रोह करनेवाली स्त्री है इसलिए वह इस ढाँचे से बाहर भी है। 'गुलकी बन्नो' मेरी नज़र में तीन तरह के स्त्री-विकल्प का प्रस्ताव करती है—गुलकी की ट्रेजेडी, मुन्ना की माँ की करुणा और सत्ती का आक्रोश और विद्रोह। कथाकार तीन विकल्प को रखकर अपनी भूमिका समेट लेता है। इसके बाद का पाठ और भाष्य वह पाठकों के ज़िम्मे छोड़ देता है। यही इस कहानी की सार्थकता भी है और सीमा भी।

विभाजन की ओट में मानवीय रिश्तों का अँधेरा

रामकली सराफ

स्वतंत्रता-आन्दोलन के हर पहलू को भीष्म साहनी ने बड़े गहरे ढंग से अनुभव किया था। आज़ादी के पहले और बाद के हर मंज़र को अपनी आँखों के सामने से गुज़रते देखा था, देश विभाजन के समय की हृदयद्रावक घटनाओं के वे स्वयं गवाह रहे। उन्होंने संवेदनशील रचनाकार होने के नाते, विभाजन की त्रासदी, साम्प्रदायिक तनाव, मोहभंग, टूटते-बिखरते मानवीय मूल्य, राजनीतिक-सामाजिक वैषम्यबोध, मध्यवर्ग-निम्नवर्ग के अन्तर्विरोधों, विसंगतियों और विडम्बनाओं आदि अनुभवों का सूक्ष्म और मार्मिक अंकन अपनी कहानियों में किया है। हिन्दी में विभाजन की त्रासदी उसकी विभीषिका, विघटन, विसंगति और इनसे निर्मित साम्प्रदायिकता के विविध रूप कथा-साहित्य में मौजूद हैं। विभाजन की त्रासदी भीष्म साहनी और उनकी पीढ़ी के लेखकों ने स्वयं भोगी-देखी थी। कृष्णा सोबती (सिक्का बदल गया), अज्ञेय (शरणदाता), मोहन राकेश (मलबे का मालिक), यशपाल (ख़ुदा-ख़ुदा की लड़ाई), सआदत हसन मंटो (टोबा टेकसिंह), भीष्म साहनी (अमृतसर आ गया है, यादें, निमित्त, पाली, मैं भी दिया जलाऊँगा, माँ) जैसी कहानियाँ विभाजन के बाह्य और आन्तरिक दोनों पक्षों को संश्लिष्ट ढंग से उभारती हैं। भीष्म साहनी ने 'तमस' उपन्यास विभाजन के लगभग पच्चीस वर्ष के लम्बे अन्तराल बाद 1972 में लिखा। यह उपन्यास बँटवारे और उसके बाद के सामाजिक-राजनीतिक हालात को बेबाक ढंग से बयाँ करता है। उसी प्रकार 'अमृतसर आ गया है' (1971) कहानी बँटवारे के बाईस-तेईस वर्षों बाद लिखी गई। यहाँ विभाजन की तात्कालिक प्रतिक्रिया में विभीषिका, विघटन, आपाधापी और पुनर्स्थापना की समस्या से आगे साम्प्रदायिकता के दुष्प्रभावों को सूक्ष्मता से देखा गया है। वस्तुतः विभाजन ने हिन्दू-मुसलमानों के बीच लम्बे समय से पनपे विश्वास, सौहार्द और भाईचारे की नींव को हिला दिया। यह हिन्दू-मुस्लिम दोनों ही तबकों के बीच पनपी हिंसक मनोवृत्ति और बिगड़ रही गंगा-जमुनी तहज़ीब को परखनेवाली अहम् कहानी है।

कहानी में भारत विभाजन के समय पाकिस्तान से आ रही रेलगाड़ी में सफ़र कर रहे लोगों की मन:स्थिति का प्रभावी चित्रण है। लेखक ने संयम और तटस्थता से साम्प्रदायिक दंगों से उपजी मन:स्थितियों का अंकन किया है। यही वजह है कि वे अन्तर्विरोधों की तह तक पहुँचने और जीवन को व्यापक परिप्रेक्ष्य में देखने का लक्ष्य

लिए चलते हैं। मज़हब के नाम पर व्यक्ति, स्थिति विशेष में किस प्रकार नफ़रत और हिंसा को जीने लगता है—कहानी इसे शिद्दत से उकेरती है। कहानी में कुल दो दृश्य हैं—एक अमृतसर आने के पहले का, दूसरा अमृतसर गाड़ी पहुँचने के बाद का। पहले दृश्य में पठानों की और दूसरे में मरियल बाबू की क्रूरता का अंकन हुआ है। दोनों ही क्रूरताएँ साम्प्रदायिकता में रँगकर आती हैं। साम्प्रदायिकता किस प्रकार मनुष्य को हैवान बना देती है, विवेकहीन जानवर में बदल देती है, इसका अत्यन्त गहरा प्रभाव कहानी की ख़ासियत है। कहानी महसूस कराती है कि इस देश की संस्कृति, समरसता और सौहार्द की रही है, कट्टरता की नहीं।

नैरेटर अतीत को प्रदर्शित करने के साथ यह भी दिखाता है कि पूरे परिदृश्य में भविष्य पर भी अनिश्चय मँडरा रहा है। वह भविष्य की एक पृष्ठभूमि भर उपस्थित कर देता है। पठानों को वज़ीराबाद और उसके आसपास की मुस्लिम बहुल आबादी भरोसा दिलाती है तो दूसरी ओर बाबू को हिन्दू बहुल इलाक़ा अमृतसर उत्साहित करता है। यह सफ़र आज़ादी के झुटपुटे में तय होता है, जहाँ हिन्दू और मुसलमान दोनों—दो पक्ष बन उपस्थित हैं। यह तो स्पष्ट हो जाता है कि कहीं न कहीं पाकिस्तान बनने का ऐलान हो चुका है, लोग तरह-तरह के अनुमान लगाने लगे थे कि भविष्य की रूपरेखा कैसी होगी? पर सब अनिश्चित सा था। झुटपुटे का और गहराना ही भविष्य की भयावहता की तरफ़ इशारा है। इस सन्दर्भ में दरवाज़े के अन्दर प्रविष्ट होते व्यक्ति के प्रति निर्ममता प्रदर्शित करते पठान के कृत्यों का खुलासा महत्त्वपूर्ण है—"दरवाज़े पर शोर बढ़ता जा रहा था। तभी मैले-कुचैले और लटकती मूँछों वाला आदमी दरवाज़े में से अन्दर घुसता दिखाई दिया। चीकट मैले कपड़े ज़रूर कहीं हलवाई की दुकान करता होगा। वह लोगों की शिकायतों, आवाज़ों की ओर ध्यान दिए बिना दरवाज़े की ओर घूमकर बड़ा सा काले रंग का सन्दूक अन्दर की ओर घसीटने लगा। 'आ जाओ, आ जाओ तुम भी चढ़ जाओ।' वह अपने पीछे किसी से कहे जा रहा था। तभी दरवाज़े में एक पतली सूखी-सी औरत नज़र आई और उसके पीछे सोलह-सत्रह बरस की साँवली-सी लड़की अन्दर आ गई। लोग अभी भी चिल्लाए जा रहे थे।" बावजूद इसके वह अपना सामान अन्दर खींचे जा रहा था और पत्नी और बेटी संडास के दरवाज़े के साथ लगकर खड़ी हो गईं। लेकिन डिब्बे के अन्दर बैठे लोग इसे सहन नहीं कर पाए। बर्थ पर अन्दर बैठे पठान ने उसका ज़ोरदार विरोध किया—'निकल जाओ इदर से देखता नई ए, इदर जगा नई ए।' और "पठान ने आव देखा न ताव आगे बढ़कर ऊपर से ही उस मुसाफ़िर को लात जमा दी', पर लात उस आदमी को लगने की बजाय उसकी पत्नी के कलेजे में लगी और वह वहीं 'हाय-हाय' करती बैठ गई।" इसके बाद का दृश्य कहीं मनुष्यता को कलंकित करता सामने आता है। पर इस अमानवीय कृत्य के साथ-साथ मानवता और सद्भावना का आलम ख़त्म नहीं हो जाता तभी तो उसकी पत्नी को चोट लगने से और लोग तो चुप हो गए लेकिन कोने में बैठी बुढ़िया कुरलाए जा रही थी "ऐ नेकबख़्तो बैठने दो! आ जा बेटी तू मेरे पास आ जा, जैसे-तैसे सफ़र काट लूँगी। छोड़ो बे जालिमो बैठने दो।" पर चलती गाड़ी से जब वे उतार दिए जाते हैं तो बुढ़िया ऊँचे स्वर में बोल उठती है—"तुम्हारे दिल में दर्द मर गया है। छोटी-सी बच्ची उसके साथ

थी, बेरहमो, तुमने बहुत बुरा किया है, धक्के देकर उतार दिया है।" मानवीय रिश्तों का एक अँधेरा सा विभाजन के साथ बद्ध हुआ प्रतीत होता है। बूढ़ी स्त्री के कथ्य के साथ पूरी लेखकीय पक्षधरता और सहानुभूति दिखाई देती है और इनके प्रभाव को पकड़ पाने में भीष्म साहनी की संवेदना सफल हुई है। धार्मिक कड़ुवाहट के विरुद्ध साम्प्रदायिक सौहार्द और सद्भाव उनकी बड़ी पूँजी रही है।

इस प्रकार वह रेलगाड़ी जो वजीराबाद से यानी प्रस्तावित पाकिस्तान से आ रही थी और पठान का कृत्य, पाठक के भीतर उसके प्रति घृणा भर देता है। वस्तुतः वजीराबाद से अमृतसर तक पहुँची गाड़ी एक अन्धकार से दूसरे अन्धकार में प्रविष्ट होती है। गाड़ी में बैठे लोग सशंकित हैं, साम्प्रदायिकता की आँच उन्हें झुलसा रही है। मज़हबी उन्माद अच्छे और सरल इनसान को कब क्रूर और घृणास्पद कृत्य हेतु उकसाएगा, कहना कठिन है। हिन्दू बाबू जो पहले दब्बू था, पठानों की हाँ में हाँ मिला रहा था। गाड़ी के अमृतसर पहुँचने के बाद वह अपने को इतना सुरक्षित महसूस करने लगा कि अचानक क्रूर हिंसक, अमानवीय हो उठता है, साम्प्रदायिक प्रतिशोध को जीने लगता है। हिंसा की प्रतिमूर्ति बन अचानक बाबू चिल्लाने लगा और चीख़-चीख़कर पठान को गालियाँ देने लगा। बाबू को उत्तेजित देखकर अन्य मुसाफ़िर भी उठ बैठे। "नीचे उतर, तेरी मैं हिन्दू औरत को लात मारता है, हरामजादे! तेरी उस...।" बाबू चिल्लाए जा रहा था—"अपने घर में शेर बनता था। अब बोल तेरी उस पठान बनानेवाले की...।" गाड़ी जब रुकती है तो डिब्बे में चुहलबाज़ी कर रहे पठान उस डिब्बे से उतरकर अन्यत्र खिसक लेते हैं। दुबले-पतले आदमी के सिर पर जुनून सवार था। गाड़ी चल पड़ती है, कहीं से लाई गई छड़ से वह गाड़ी पर चढ़ते ग़रीब बूढ़े मुसलमान पर वार करता है, वह व्यक्ति धड़ाम से नीचे गिरता है, उसके पीछे दौड़ती गठरी लिए औरत भी वहीं थम जाती है। 'अमृतसर आ गया है' की एक बड़ी विशेषता इसका मद्धिम स्वर है। घोर तनावपूर्ण वातावरण के बीच शब्द महत्त्वहीन हैं, लेकिन मनोभाव मुखर हैं। पसोपेश में पड़ा वह दुबला-पतला आदमी छड़ बाहर फेंक देता है। फिर अपने हाथ सूँघता है मानो कि उसके पाप की गंध वहाँ है क्या? वह हँसता है लेकिन उसकी हँसी में गर्व नहीं बीभत्सता है। इस प्रकार साम्प्रदायिकता का विद्रूप चेहरा, विभाजन की त्रासदी की पृष्ठभूमि में समूचे घिनौनेपन से प्रत्यक्ष होता है। जहाँ करें या ना करें की दुविधा नहीं, अपने घिनौने कृत्य को अंजाम देना ही प्रमुख है। सवाल खड़ा होता है कि वह कौन सी मनःस्थिति है जो हिन्दू-मुस्लिम समाज में गहरे तक धँसी हुई है। वह क्या है जो रक्त और मवाद की भाँति रिसता है, अन्ततः तड़प और चीख़ बनकर पीड़ा में उतर जाता है, पर मिटता नहीं है। यह क्रम आज भी जारी है। वस्तुतः साम्प्रदायिक भाव-बोध से घिरा मन अजीब-अजीब स्थितियों से गुज़रता है, जहाँ मारकाट के अलावा कुछ भी तयशुदा नहीं होता, न मारनेवाला निश्चित होता है न मार से बचानेवाला। इस प्रकार कहानी की शुरुआत 'मैं' नामक व्यक्ति और नैरेटर के माध्यम से होती है। 'मैं' शैली में कही गई कहानी में गहन आत्मालोचन तो है, पर वह तटस्थ और निष्क्रिय है। तटस्थ होना ही उसके मूल में है। 'मैं' ही है जिसने बाबू को मुसलमान व्यक्ति पर भरपूर क्षमता से वार करते हुए देखा था पर वह तटस्थ निष्क्रिय बना बैठा रहता है। सरदार जी कहते

हैं—"बड़े जीवट वाले हो बाबू, दुबले-पतले हो, पर बड़े गुर्दे वाले हो, बड़ी हिम्मत दिखाई है। तुमसे डरकर ही वे पठान डिब्बे में से निकल गए। यहाँ बने रहते तो एक न एक की खोपड़ी तुम ज़रूर दुरुस्त कर देते। और सरदार जी हँसने लगे। बाबू जवाब में मुस्कराया एक बीभत्स-सी मुस्कान, और देर तक सरदार जी के चेहरे को देखता रहा।" पारस्परिक भय, असहिष्णुता और दंगे की छाया ने ही मुसाफ़िरों के मध्य दो तरह के वर्ग-चरित्र विभाजित हैं—एक ओर पठान है, तो दूसरी ओर हिन्दू और सिक्ख। सभी संवेदनहीन हो गए हैं। विभिन्न पात्र, स्थितियों, घटनाक्रम और उनके क्रिया व्यापारों का सूक्ष्म ब्यौरा कहानी को प्रामाणिक बनाता है। बुढ़िया सक्रिय है, 'मैं' तटस्थ और पाठक की सक्रियता तो जैसे थम सी गई है और कहानी क्रूर आत्मव्यंग्य को समोये रहती है।

दंगों के उन्माद के आगे मानवीय रिश्तों का टूटना या बने रहना महत्त्वहीन हो जाता है। साम्प्रदायिकता अन्ततः जनसामान्य को ही नुक़सान पहुँचाती है। यह कहानी घटनाओं के बीच पात्रों की मनःस्थितियों का ही जीवन्त रूप है। कैसे स्थितियों के दबाव में इनसानियत को हारना पड़ता है, एक वहशी प्रतिशोध व्यक्ति की चेतना कुन्द कर देता है—हर डिब्बे के भीतर के लोगों में शंका व्याप्त है? इसका चित्रांकन अहम् है। इस त्रासद मनःस्थिति को रेलगाड़ी अपने हर डिब्बे में ढो रही है। अब कहानी का सारा वातावरण जाग उठा था। हर कोई सजग हो अनिश्चितता से भर उठता है। पठान सचेत होता है तो बाबू भी। पठान नीचे से उठकर ऊपर की बर्थ पर अपने दो पठान मित्रों के साथ जाकर बैठ जाता है। बाबू तो दो बर्थ के बीच नीचे जाकर लेट जाता है 'शायद उसे डर था कि बाहर से गाड़ी पर पथराव होगा या गोली चलेगी?' शायद इसी कारण खिड़कियों के पल्ले चढ़ाए जा रहे थे। बाबू की हाज़िर-जवाबी उसके कंठ में सूख चली थी, वह हकलाकर चुप हो रहा है। ऐसे माहौल में भी ऊपर बर्थ पर बैठा पठान उससे फिर ठिठोली करता है बावजूद इसके पूरा वातावरण तनावपूर्ण है। कोई उसकी बात पर हँसता नहीं सभी सहमे बैठे थे। पारस्परिक भाई-चारा और हँसी-ठिठोली—भय और तनाव में बदल जाती है।

दरअसल पठान और बाबू जिस पश्तोभाषी क्षेत्र के रहनेवाले थे वहाँ साम्प्रदायिकता के असर अस्पष्ट रूप से मौजूद थे। उसी का परिणाम था कि 'हलवाई' जैसे हिन्दू व्यक्ति पर पठान बेरहमी दिखाता है और दाढ़ी वाले बोगी में सवार होते मुसलमान व्यक्ति पर, बाबू द्वारा छड़ से वार किया जाता है। पर अन्य लोग गाड़ी में सन्नाटे में बैठे हैं। पठान और बाबू के प्रति कोई प्रतिरोध का भाव नहीं जागता। 'मैं' भी चुप्पी साधे द्रष्टा बना रहता है। नैरेटर ने दिखाया कि मात्र सुमिरिनी फेरती बूढ़ी औरत का कुरमुराना इनसानियत के साथ खड़े हो जाने का संचार कर रहा था। वही राग-द्वेष से परे इनसानियत की मिसाल प्रस्तुत कर रही थी। निश्चय ही बूढ़ी स्त्री के माध्यम से मानवीय रिश्तों को एक धरातल मिलता है। जीवन की सार्थकता मानव मूल्य को स्वीकारने में होती है। बूढ़ी औरत का बार-बार फुसफुसाना कि "जिण जोगियो, अराम नाल बैठो। बे रब्बदियो बन्दों कुछ होश करो।" मानवीय हित-चिन्ता की प्रधानता बराबर समाज में रही है। उस बूढ़ी औरत का यह आर्तनाद एक तरह से इनसानियत की पुकार है, पर बर्बर माहौल में कोई उसकी बेबस आवाज़ नहीं सुनता। भीष्म साहनी अन्धे साम्प्रदायिक उन्माद के

तहत कुचले और रौंदे गए मानवीय रिश्तों के बीच से संवेदना और मूल्यों को सँजोने का प्रयास करते हैं। आपस में बिना किसी राग-द्वेष के चुहल कर रहे पठान और बाबू मज़हब के नाम पर एक-दूसरे के विरोध में खड़े हो जाते हैं। कहानी स्पष्ट कर देती है कि प्रकट साम्प्रदायिकता से अधिक सुप्त साम्प्रदायिकता भयावह होती है—मानवीय पीड़ाबोध का यही मार्मिक अंकन इसकी रचनाशीलता का वैशिष्ट्य है।

'अमृतसर आ गया है' में जिस मार्मिकता से मज़हब आधारित राष्ट्र और उसके दुष्परिणामों पर चोट की गई है—वह सिर्फ़ एक ख़ास वक़्त का बयान नहीं, वरन् मानव नियति पर शाश्वत टिप्पणी है। मुस्लिम बहुल इलाक़ा वजीराबाद और हिन्दू बहुल अमृतसर में फ़र्क़ ज़रूर है, पर यह अन्तर कहाँ से पैदा हुआ? इसका उत्तर तलाशने की कोशिश कहानी करती है। भीषण उन्माद और हैवानियत के बावजूद लेखक बूढ़ी स्त्री के माध्यम से इनसानियत को जीवित दिखाने का प्रयास करता है। अमानवीयता के बीच मनुष्य के भीतर छिपी मानवीयता भले ही कम हो पर वह मनुष्यता पर आस्था ज़रूर जगाती है, हौसला देती है। लेखक का 'विज़न' उस त्रासद परिवेश और परिप्रेक्ष्य में धुँधला-सा संकेत देते हैं, जो अपने मौजूदा यथार्थ से आगे भावी यथार्थ की ओर ले जाने में सक्षम है। कहानी का कथा-विन्यास पारम्परिक है। इसे निर्मित करने में उनकी वर्णनात्मक शैली और भाषा महत्त्वपूर्ण है। भीष्म साहनी ने छोटी-से-छोटी घटना, चरित्र और स्थिति को सहजता से उपस्थित कर, स्वाभाविकता से तार्किक परिणति तक पहुँचाया है। उसका संरचनात्मक स्वरूप कथ्य और शिल्प के सर्जनात्मक तनाव से सुगठित है। प्रेमचन्द के बाद भीष्म साहनी उन समर्थ कथाकारों में हैं जिन्होंने अपने साहित्य में बड़ी संख्या में जीते-जागते चरित्र दिए। वे वास्तविक जीवन-बोध से जुड़े पात्र हैं, जिनसे अपने सृजन-संसार को आधुनिक-बोध का धरातल देते हैं। इतिहास के भीतर प्रविष्ट होकर जिस यथार्थ सन्दर्भों से उनके चरित्र रू-ब-रू होते हैं—उनसे परिवेश की बनावट और सामाजिक सम्बन्धों का रूप स्पष्ट होता है।

भीष्म साहनी सादगी से निभनेवाली कहानी कला जानते हैं—उनमें नयापन शिल्प से ज़्यादा कथ्य में होता है। वे चरित्रों के माध्यम से अच्छा-बुरा यानी त्याज्य और ग्रहण को रेखांकित करते हैं। उनकी अधिकांश कहानियों की तरह, इस कहानी में भी भाषा-व्यवहार पंजाबीयत लिए है जो हिन्दी को नये आयाम देता है। इस प्रकार उनकी रचनाशीलता अत्यन्त संयमित है। लेखक उतना ही बोलता है जितना ज़रूरी हो, आवेगरहित प्रतिबद्ध लेखन उनका वैशिष्ट्य है। 'अमृतसर आ गया है' में जितनी सादगी ऊपर से दिखाई देती है, वह अन्दरूनी बुनावट में उतनी ही संश्लिष्ट है। उनके सरोकार बड़े और उदात्त हैं। सम्प्रेषणीयता का मानवीय संवाद रच पाने की जो क्षमता प्रेमचन्द में थी, वही भीष्म साहनी में भी है। इस कहानी में साम्प्रदायिक यथार्थ का खुलासा संयमित और निर्दोष है—किसी के प्रति ईर्ष्या या कटुता नहीं। ज़ाहिर है कि भाषा में इन अनुभवों की जटिलता को उकेरना ज़्यादा चुनौती भरा है। इस कहानी में कहीं भाषायी-शिल्पगत चमत्कार नहीं है, बल्कि गहरे अनुभवों की आँच है। कहानी में सहजता महज़ शैली का गुण नहीं है, यह अनुभूति और संवेदना की अभिव्यक्ति का अन्तर्हित गुण है। चूँकि लेखक के यहाँ चरित्र आम जनता के बीच से आते हैं, इसलिए उनकी भाषा भी आम है जो पाठक को बाँधे रखती है।

बिरादरी

गुलशेर ख़ाँ शानी

वर्ग और बिरादरी का अन्तर्विरोध

जानकीप्रसाद शर्मा

"मेरे सामने न तो कोई सामाजिक उद्देश्य था और न ही किसी प्रकार की प्रतिबद्धता। मैं तत्कालीन किसी सामाजिक या राजनीतिक आन्दोलनों से भी परिचित नहीं था और न किसी सामाजिक अन्याय ने मुझे लेखन की ओर प्रवृत्त किया था। लिखना मेरे लिए नितान्त व्यक्तिगत, निजी और गोपन यंत्रणाओं से मुक्ति और तंग करनेवाले प्रश्नों से जूझने का माध्यम था और आज भी है।" (गर्दिश के दिन) शानी का यह आत्मस्वीकार एक रचनाकार के रूप में उनकी जीवनदृष्टि और विचारधारा को समझने में मदद करता है। वे ऐसे बिरले कथाकार हैं जिनके क़लम की परवरिश किसी मंच या संगठन ने नहीं की। उनकी सर्जना का दारोमदार प्रत्यक्ष जीवनानुभवों पर है। बग़ैर दावों और घोषणाओं के भी प्रगतिशील अन्तर्वस्तु से सम्पन्न साहित्य रचा जा सकता है, शानी की कहानियाँ इसकी जीती-जागती मिसालें हैं। शानी की रचना-यात्रा का आरम्भ 'नई कहानी आन्दोलन' के दौरान होता है। वे साहित्यिक वादों और नारों के शोर से बेख़बर होकर अपने ताज़ा और प्रत्यक्ष अनुभवों की पूँजी और सर्जनात्मक आवेग के बूते पर कहानी की दुनिया में दाख़िल होते हैं और अपने लिए एक नई राह निकालते हैं, ऐसी राह जिसमें अनेक मोड़ और पड़ाव आते हैं लेकिन हर मुकाम पर जीवन के ताप को हम जा बजा महसूस करते हैं। एक कथाकार के रूप में शानी की यही अद्बितीयता है। उनके पहले कहानी-संग्रह 'बबूल की छाँव (1958) से लेकर अन्तिम कहानी-संग्रह 'जहाँपनाह जंगल' (1984) तक की कहानियाँ इसकी गवाह हैं। शानी की रचनाशीलता के साथ मुस्लिम संस्कृति की पहचान स्वाभाविक रूप से जुड़ी हुई है। मुस्लिम संस्कृति को कहानी के केन्द्र में लाने का श्रेय उन्हें जाता है। अलबत्ता यह स्पष्ट कर देना ज़रूरी लगता है कि मुस्लिम संस्कृति की वज़ाहत को शानी के रचनाकर्म की सीमा नहीं मानना चाहिए। उनके यहाँ अनुभव का एक व्यापक रेंज नज़र आता है। यानी 'युद्ध' और 'बिरादरी' के साथ-साथ 'एक नाव के यात्री' और 'इमारत गिरानेवाले' जैसी बेमिसाल कहानियाँ भी शानी ने लिखी हैं।

'बिरादरी' कहानी 'मैं' पात्र वाचक द्वारा नैरेट की गई है। एक सतह पर यदि यह रचना वाचक के अपने अन्तर्विरोध का आत्मस्वीकार है तो दूसरी सतह पर यथावत् परिप्रेक्ष्य में यह सामाजिक प्रक्रिया में मध्यवर्ग की भूमिका पर एक आलोचनात्मक

बयान भी है। शानी के व्यक्तित्व और लेखन से किंचित् परिचय रखनेवाले पाठकों को यह अनुमान करना कठिन नहीं होगा कि प्रस्तुत कहानी का वाचक कहीं-कहीं शानी का प्रतिरूप लगता है। कहानी के केन्द्र में एक किशोर है साबिर। नाम बाद में ज़ाहिर होता है लेकिन उसके मुस्लिम होने का संकेत कहानी के लगभग शुरू में मिल जाता है जब वह अपनी बेगुनाही के पक्ष में 'अल्ला क़सम' कहता है। क़हानीकार ने साबिर की ज़बान से यह शब्द कहलवाकर कहानी की फ़िज़ा को बदल दिया है। एक राज्य की राजधानी में सरकारी कर्मचारियों की कॉलोनी से सटी झुग्गियों में रहनेवाला साबिर दरअसल चोर नहीं है। इसे शरारत कहें या दारिद्र्यजन्य लालसा, वह दीवार फाँदकर एक फ़्लैट के बाहरी बाथरूम में नहाने का आनन्द लेने के लिए चला आता है। फ़्लैट मालिक की अनुपस्थिति में रखवाली कर रहे पड़ोसी त्रिपाठी सहित कई लोग लड़के की लात-घूँसों से पिटाई करते हैं। वाचक के हस्तक्षेप से मुआमला कुछ थमता है। इन दिनों हो रही भीड़ हिंसा को देखते हुए कहानी की इस घटना का हम सहज ही अनुमानकर सकते हैं। अबोध साबिर किसी कढ़ाई-बुनाई की दुकान पर हेल्पर लगा हुआ है और माँ विधानसभा के एक कर्मचारी सिद्दीकी साहब के यहाँ बाई का काम करती है। एक निरपराध झुग्गीवासी बच्चे को चोर साबित करने की विडम्बना के ज़रिये शानी हमारे समय के कई गम्भीर सवालों को बहस के बीच ले आते हैं।

कहानी में धर्म या मज़हब से परे बिरादरी का एक व्यापक सन्दर्भ भी है। यहाँ बिरादरी शब्द वर्ग या सामाजिक हैसियत को लक्षित करता है। भट्ट, त्रिपाठी, वाचक जैसे शहरी मध्यवर्ग के लोग झुग्गी हटाने जैसे स्थानीय प्रकरण और चुनाव जैसे राष्ट्रीय महत्त्व के मुद्दे को एक-दूसरे में गड्डमड्ड करते हुए शराब की महफ़िल में उड़ा देते हैं। उनमें थोड़ा-कुछ मतभेद भले हो, पर उनका वर्ग-चरित्र एक है। झुग्गीवासियों की ओर हिकारत से देखने पर उनके उच्चताबोध की ग्रंथि तुष्ट होती है, वे और सरकारी सुविधाओं में अपने लिए ज़्यादा से ज़्यादा हिस्सा प्राप्त करने पर इनकी निगाह रहती है। वाचक सिर्फ़ भट्ट को दोषी मानता लेकिन त्रिपाठी वाचक की भ्रान्ति को दूर कर देता है : "क्या भट्ट अकेला है? क्या उसके साथ पूरी की पूरी बिरादरी नहीं है और क्या हम तुम भी उस बिरादरी में शामिल नहीं हैं?"

शानी इस सचाई के प्रति आगाह कराते हैं कि धर्म और पूँजी की गठजोड़ के चलते सेक्युलर मूल्यों पर संकट गहराता जा रहा है। मध्यवर्ग के सम्प्रदायीकरण की गुंजाइशें बहुत बढ़ गई हैं। जरा-सा अनुकूल अवसर मिल जाने पर उसका साम्प्रदायिक चेहरा प्रकट हो जाता है। साबिर जिस तरह दूसरे के ख़ाली फ़्लैट में नहाने के लिए जा घुसता है, उसे उचित तो नहीं कहा जा सकता, लेकिन वह ऐसा संगीन जुर्म भी नहीं कि बात उसकी झुग्गी उखाड़ फेंकने तक पहुँच जाए। भट्ट का यह कथन निश्चय ही साम्प्रदायिक ग्रंथि से प्रेरित है : "उस शाख को ही काट फेंको जिस पर उल्लू बसेरा करता है।" उसकी इस साम्प्रदायिक ग्रंथि की पुष्टि इस तथ्य से और हो जाती है कि वह झुग्गी हटाने की दरख़्वास्त पर सभी पड़ोसियों के हस्ताक्षर कराता है, पर वाचक के समक्ष वह दरख़्वास्त पेश नहीं करता। उसे सन्देह है कि वाचक मुसलमान होने के कारण हस्ताक्षर से इनकार करता है। शानी अपने पात्रों के भीतर बहुत गहरे में

झाँक लेते हैं कि उनके मन में क्या चल रहा है? इस पर अलग से कोई टिप्पणी नहीं बल्कि उनके आचरण से सचाई को व्यक्त होने देते हैं। पाठक यहाँ महसूस करेंगे कि इस समाज में सेक्युलर बने रहना कितना मुश्किल है। किसी बहाने व्यक्ति को उसकी धार्मिक पहचान का एहसास करा ही दिया जाता है। वाचक को भट्ट के इस आचरण से चोट नहीं धक्का लगता है कि तुम्हें तो 'यह' समझा जाता है, तुम्हारी मनुष्यता का कोई मूल्य नहीं है।

शानी मानवीय रिश्तों और धार्मिक पहचान के अन्तर्विरोध की ओर हमारा ध्यान आकृष्ट करते हैं। कहानी का वाचक साबिर को पिटने से बचाता है पर इसलिए नहीं कि वह उसकी बिरादरी का है। वस्तुत: दृश्य में शामिल होते वक़्त उसने सिर्फ़ यह देखा था कि एक दस-बारह साल का छोकरा पिट रहा है। वह मानवीय सहानुभूति के वशीभूत छोकरे को मारते हुए त्रिपाठी के हाथ को पकड़ लेता है। इसके बाद बिरादरी वाली बात खुलती है। छोकरा भले बिरादरी के आधार पर सहानुभूति पाने के लिए वाचक की तरफ़ देखता है लेकिन फ़िलहाल वाचक मज़हब की शर्तों में नहीं सोच रहा है। शानी इस मुकाम पर एक जटिल स्थिति को उभारते हैं। यानी वाचक मानवीय आधार पर इस प्रकरण को देखता है, लेकिन उसकी अपेक्षाओं के विपरीत भट्ट और एक-दो लोग दबी ज़बान से यह कहते पाए जाते हैं कि "मियाँ भाई तरकीब से छोकरे को भगवा दिया। साफ़-साफ़ शह दी जा रही है क्योंकि एक ही बिरादरी के हैं।" क्या यह आक्षेप व्यक्ति को भीतर तक तोड़ देनेवाला नहीं है? 'बिरादरी' कहानी 1976-77 में लिखी गई थी, पर व्यक्ति को धार्मिक संकीर्णता की ओर धकेलनेवाला यह आचरण आज कहीं ज़्यादा मुखर है।

कहानीकार ने वाचक के अन्तर्द्वंद्व को यथेष्ट व्यंजकता के साथ मूर्त किया है। यह अन्तर्द्वंद्व तब और गहरा जाता है जब साबिर की माँ अपने बेटे को चोरी के झूठे आरोप से बरी कराने के लिए अन्ततः बिरादरी का आश्रय लेती है। उसका यह सहज आग्रह कि "अब अपनी बिरादरी के होकर आप भी मेरे लिए कुछ न करें तो..." वाचक को असहज कर देता है। उस औरत के लिए वाचक का ज़वाब हमें विचलित कर देता है : "देखो बीया, बिरादरी-मिरादरी की बकवास तो तुम यहाँ रहने दो, क्या मैं चोरों की बिरादरी का हूँ?" वाचक के इस कथन से दो संकेत उभरते हैं। एक, वह मन से उस औरत की मदद करना चाहता है कि उसकी झुग्गी न हटाई जाए, पर बिरादरी की तोहमत उसे आगे आने से रोकती है। इस मदद से भट्ट जैसे लोगों की धारणा और मज़बूत होगी कि उसमें मज़हबी पक्षपात है। दूसरे, वाचक की वर्ग-स्थिति भट्ट, त्रिपाठी और दीगर अफ़सर टाइप लोगों से भिन्न नहीं है। वह अपनी सहानुभूति का दायरा साबिर को पिटने से बचाने तक सीमित रखता है। उसकी अभिजनवादी जीवन-शैली विधवा औरत के पक्ष में खुलकर खड़ा होने से उसे रोकती है। मज़हब के बजाय उसकी वर्गीय हैसियत ज़्यादा प्रबल हो उठती है। कॉलेज के दिनों में भले वह कम्युनिस्ट पार्टी का कार्ड होल्डर रह चुका है, पर अब वह कोल्ड कॉफ़ी, व्हिस्की ऑन रॉक्स, रिकॉर्ड प्लेयर और स्विमिंग पूल की बिरादरी का हिस्सा बन चुका है। यह निम्न-मध्यवर्ग से उच्च-मध्यवर्ग की ओर वर्गापसरण की प्रक्रिया है। प्रस्तुत कहानी के बारे में प्रतिष्ठित कवि-आलोचक विष्णु

खरे की यह राय बहुत हद तक दुरुस्त है कि 'बिरादरी' शायद मुसलमानों में वर्ग-भेद की पहली आधुनिक कहानी है। ('चर्चित कहानियाँ : शानी' की भूमिका)

कहानी में वाचक के मानसिक तनाव के चरमबिन्दु पर चुनाव प्रसंग की योजना साभिप्राय की गई है। तकनीक के हिसाब से इसे तनाव शैथिल्य की युक्ति कहा जा सकता है। इसके साथ ही कहानीकार यह संकेत भी देना चाहता है कि पूरी कहानी बिरादरी की जिस ग्रंथि के इर्द-गिर्द बुनी गई है उसका प्रतिबिम्बन चुनावी राजनीति में भी नज़र आ रहा है। एक ओर 'तीर कमान' के नारे हैं, दूसरी ओर 'दिलावर ख़ान' के। इनके प्रतीकार्थ बहुत स्पष्ट हैं। दरअसल यह एक राजनीतिक कहानी नहीं है। महज़ साम्प्रदायिक सोच की दिन ब दिन बढ़ती हुई व्याप्ति को लक्षित करना कहानीकार का अभीष्ट है। यह बात रेखांकित की जानी चाहिए कि शानी की कहानियों में वंचित और अभावग्रस्त जीवन के जैसे सच्चे चित्र मिलते हैं, वे महज़ निरीक्षण से नामुमकिन हैं, इसके लिए इन वर्गों के जीवन से तादात्म होना दरकार है। यही तादात्म्य और प्रतिबद्धता बग़ैर किसी घोषणा के एक प्रगतिशील कथाकार के रूप में शानी की पहचान बनाते हैं। साबिर की माँ का यह चित्र देखिए : "मैले कुरते और इज़ार में वह अधेड़ औरत घिसी हुई लगी, अल्युमिनियम के पुराने बर्तन की तरह उसका साँवला रंग जला हुआ और ठंडा था, चूल्हे की बुझी हुई राख-ढँकी लकड़ी की तरह। और आँखें? वे बारिश के छोटे-छोटे और गँदले डबरों की तरह थी, बाढ़ उतर जाने के बाद।" यह चित्रण एक बड़े वर्ग के यथार्थ को मूर्त कर देता है।

कहानी का फोकस इस सचाई पर है कि व्यक्ति के अन्तर्मन की दुनिया के रचाव में कई परस्पर विरोधी तत्त्व सक्रिय रहते हैं। उसके अन्दर अपने बद्धमूल संस्कारों और स्वीकार की गई, आचरण पद्धति में निरन्तर द्वंद्व चलता रहता है। वह अपनी पोज़ीशन तय करने में संकल्प-विकल्पों से गुज़रता है। कहानी के अन्त में साबिर की माँ वाचक के घर आती है तो वह पसोपेश की हालत में फँस जाता है। बेमन के साथ वह अपनी पत्नी से कहलवा देता है कि 'अभी तो वो सो रहे हैं!' वह एक अजीब-सी उलझन में अपने पड़ोसी मित्र त्रिपाठी से सिर्फ़ यही कहकर रुक जाता है : 'अमाँ यार...' आगे न तो बोलना था और न उससे बोला गया। शानी के पात्र इसीलिए हमें अपने आसपास कहीं देखे हुए यानी विश्वसनीय लगते हैं कि वे अपने तमाम अन्तर्विरोधों और कमज़ोरियों के साथ नमूदार होते हैं। यही उनकी कहानियों की व्यापक अपील का राज़ है।

कहानी की अन्तर्वस्तु में मानवीय करुणा को केन्द्रीय स्थिति प्राप्त है। पूरे कथानक की योजना इस भाव को सम्प्रेष्य बनाने के उद्देश्य से की गई है। कहानी से गुज़रने के बाद बतौर पाठक हम उस दुखियारी विधवा के पक्ष में ख़ुद को खड़ा हुआ पाते हैं। शानी की कहानियों की एक सिफ़त और है, उनमें पात्रों की मन:स्थिति को रूपायित करने में वातावरण सृष्टि की ख़ास भूमिका होती है। कथानक के बीच में प्रकृति बिम्ब गाहे-बगाहे दिखाई देते हैं। 'बिरादरी' भी इसका अपवाद नहीं है। सिर्फ़ एक उदाहरण देखिए। एक अभिजात वर्ग की शाम के शगल बताने से पहले शानी यह बिम्ब प्रस्तुत करते हैं : "उस घटना के दस-बारह दिन बाद गर्मियों की शाम थी। रोज़ की तरह बदली नहीं थी। ऊपर धुआँ-खाए बादलों की जगह चमकीला आसमान था, नर्म हवाओं के बीच। यूकिलिप्टस की पत्तियों, मेहँदी की

बाड़ और लॉन की घास पर पारदर्शी आकाश उतरा हुआ था।" शानी ने कथाभाषा को उर्दू लबो-लहज़े से युक्त एक विशिष्ट संस्कार दिया। वे अपने बोध और संवेदना के साथ-साथ भाषा के ज़रिये भी अपनी पहचान बनाते हैं। हर समर्थ रचनाकार उपलब्ध भाषा से मुक्त होने के लिए अपने ढंग से जूझता है। यह जूझ शानी में भी नज़र आती है। इसमें सन्देह नहीं कि उनकी आधार भाषा नई कहानी से गृहीत है। यह स्वाभाविक भी है। इस भाषा पर वे कुछ परेशान करनेवाले सवालों की धार रख देते हैं और इस तरह उपलब्ध भाषा का मिज़ाज ही बदल देते हैं, जैसा कि आप 'बिरादरी' कहानी में भी महसूस करेंगे।

तीसरा खंड

कहानी : साठोत्तरी और उत्तर सदी

'पेट्रोला' संरक्षण नहीं यातना है

चन्द्रकला त्रिपाठी

ज्ञानरंजन की कहानियों का अनिवार्य सन्दर्भ शहरी क़स्बाई निम्न-मध्यवर्गीय यथार्थ है, जिसके भीतर पूँजी के विस्तार की लंपट प्रवृत्तियाँ, स्थितियों, मनुष्यों और सन्दर्भों को अनुकूलित कर रही हैं। इन कहानियों में इस यथार्थ के सघनतम तनाव से घिरे कई-कई व्यक्तित्व 'शेष होते हुए' की यातना, पछतावे या ग्लानि में दिखाई देते हैं। ज्ञानरंजन कहानी के ऐसे यथार्थ को नई कहानी के आत्मसीमित अनुभववादी घेरे से बाहर लाते दिखाई पड़ते हैं। एक मुठभेड़ उनकी अकहानी वाले अराजक रवैये से भी है किन्तु उसके 'नकार' की सीरत को पहचानते हुए है। उनके निम्न-मध्यवर्गीय युवा किरदार व्यवस्था की निगाह में वैसे ही अराजक और 'लखैरे' टाइप हैं जैसों से अकहानी और अकविता का भूगोल भरा हुआ है। आत्मघाती तरीक़े की इन बेफ़िक्रियों को उनमें घुली हुई हताशा के साथ उकेरना करुणा में ग़र्क़ नहीं किया जा सकता था। ज्ञानरंजन इसके लिए बेलौस ढंग से ग़ैररूमानी और यथार्थवादी हैं। उनके सामने मनुष्य की बेदख़ली का ज़्यादा जटिल और कठोर यथार्थ है। यह विद्रूप का यथार्थ है। हर चीज़ के भीतर विघटित सन्दर्भों का बढ़ता हुआ ज़ोर है। इसे शामिल ढंग के एहतियात से नहीं बल्कि टकराहट भरे हस्तक्षेप से उधेड़ा जा सकता है। व्यंग्य का भीतरी बेधक लहज़ा इसके लिए ज़रूरी हुआ है। ज्ञानरंजन भी इस व्यंग्य को आजमाते हैं। उनकी भाषा का यह लहज़ा बहुत असरदार है और ज्ञानरंजन की कहानी का सर्वोत्तम पक्ष उनकी कथाभाषा है। उसमें बड़ी ही मुख़्तसर सी तफ़सीलों में वक़्त, मनुष्य उसके सम्बन्ध और इतिहास में उसके होने की जगह, सब ज़ाहिर हो जाते हैं।

ज्ञानरंजन पाठकीय आस्वाद के ढर्रे को भी भारी तोड़-फोड़ के साथ बदल देते हैं। उनकी भाषा का बोहेमियनपुर यह करता है। उनकी कहानियाँ ज़्यादातर अपनी व्यवस्था से उखड़े हुए बुद्धिजीवी और रेशनल युवाओं की कहानियाँ हैं। इन युवाओं के पास यथास्थितिवादिता के बेढब को थहानेवाली तीखी निगाह है। वे इन सब पर लानत भेजनेवाली बेधड़क उन्मुक्तता में होते हैं। अपनी यातनाओं में डूबे-उतराए बिना वे ज्ञान के विस्तृत व्यापक परिप्रेक्ष्य से बावस्ता हैं। उनमें समय को ऐतिहासिक परिप्रेक्ष्य के समझनेवाली इतिहास दृष्टि भी है। वहाँ से वे तमाम लद्धड़ स्थितियों का तिरस्कार करते हैं। अलगाव और अस्तित्वलोप उनका मसला नहीं है बल्कि मनुष्य की सम्भावनाओं

को क्षुद्र, बेचेहरा और ग़र्क़ करता कठोर सामाजिक यथार्थ उनके निशाने पर है। यह यथार्थ खंडित न होकर अपनी वस्तुगत ऐतिहासिक प्रक्रिया के पूरे परिप्रेक्ष्य के साथ है और काफ़ी सूक्ष्म होकर है। 'घंटा' कहानी में अपने अंजाम की तरफ़ शुरू हुई संक्रान्ति का यही सन्दर्भ है।

'घंटा' एक घातक सर्वनाम है, जो कुन्दन सरकारों के बहुत काम का है। ज्ञानरंजन की, स्थितियों और मनुष्यों की टाइप रच देने की विलक्षण रचनात्मक क्षमता 'घंटा' और 'बहिर्गमन' जैसी कहानियों में अपने पूरे प्रभाव में दिखाई देती है। वे यहाँ 'कुन्दन सरकार' को ऐसे फ़ार्मूलेट करते हैं कि वह कुन्दन सरकारों के अर्थ तक फैलने की अनन्त सम्भाव्यता में दिखाई देता है और इसी तरह 'घंटा' भी, जिसका वजूद, गति स्वभाव और बजना, सब कुछ कुन्दन सरकारों की ज़रूरत और मनोरंजन है। 'घंटा' जैसे वजूद कुन्दन सरकारों के पालित होते हैं और वे अपने टुच्चे लालचों में पैबस्त कुन्दन सरकारों के यहाँ दुम हिलाते रहते हैं। कुन्दन सरकार परजीवी सुविधाभोगी सफ़ेदपोश शख़्सियत का ऐसा नमूना है जिस पर अक्सर साहित्यिक बौद्धिक और बोहेमियन होने की झख सवार होती है। यह भी उसकी एक तरह की ऐश है, जिसके लिए वह 'घंटा' जैसे लोगों को जुटाता है और उनका शिकार करता है। उनको अपनी बग़ल में दबाता है। उनके उजड़े हुए ठिकानों की सैर करता है। उनकी दुकड़ही हैसियत को और तबाह करता है। उनकी बीड़ियाँ फूँक डालता है और अपनी अघाई हुई रूटीन में नई उत्तेजनाएँ भरता है। यह कुन्दन सरकार कई घंटाओं की बेहद ललचाई हुई पनाह है। 'घंटाओं' की बेरोज़गार रंगहीन स्वप्नहीन जीवन स्थितियों में वह महँगी शराब, उम्दा खाना और उन्हें उपकृत करता हुआ दोस्ताना भी है जो इनकी गिरी हुई हालत में भी तिरस्कार या नाक को सिकोड़ वाले सम्बन्ध से अलग गर्मजोशी और बराबरी ज़ाहिर करता है। ज्ञानरंजन उसके 'टाइप' की पूरी तफ़सील देते हैं। एक बेलाग कथाभाषा में उभरता हुआ यह किरदार कुछ इस तरह है कि—"कुन्दन सरकार एक काफ़ी भनकता हुआ नाम था। शहर के तमाम लेखक और बुद्धिजीवी उस तक पहुँच चुके थे। ये सब मध्यवर्गीय लेखक थे, जिसका खाते उसका बजाते भी ख़ूब थे। जहाँ से आदमी की पूँछ झड़ गई है, इन लोगों के उस स्थान में कुन्दन सरकार को देखते ही खुजली और अहोभाग्यपूर्ण गुदगुद होने लगता था।...कुन्दन सरकार ऐसे पद पर था जहाँ आमतौर पर जनता के निकट नहीं रहा जा सकता। इसके बावजूद वह बेजोड़ प्राणी था। सरकार को पता नहीं कैसे उसने बेवकूफ़ बना रखा था। उसे साहित्यिक व्यक्तियों, कला प्रेमियों और बुद्धिजीवियों से बातचीत करने, उनके बीच घुलने-मिलने और उन्हें शराब पिलाने की तमन्ना रहती थी..." (ज्ञानरंजन की चुनिन्दा कहानियाँ, साहित्य भंडार, इलाहाबाद, पृ. 118)

वाचक या कि जो कहानी का 'मैं' है, उसकी लालसा अपने-अपने स्तर का उच्चीकरण नहीं है, जो कि बाक़ी घंटाओं की रहती होगी, जो कुन्दन सरकार के गर्वान्वित पालतू हुआ करते थे बल्कि उसका ज़ाहिर उद्देश्य शराब है। महँगी और नफीस शराब तक पहुँचने के लिए ही वह अपनी ग़रीब लद्धड़ हैसियत में ही उसके साथ बना रहता है। या कहें कि वह कुन्दन सरकार इसके साथ लगा रहता है। कुन्दन सरकार शातिर है।

अपने शिकारों की आजमाइश भी उसका मनोरंजन है। 'घंटा' जो पेट्रोला सरीखे ठीहे का सदस्य है, जिसके भीतर पेट्रोला के साथी व्यवस्था विद्रोह की शहादत से भरा अनुभव है और जो उसके गहरे आत्मालोचन की यंत्रणा बढ़ा देते हैं, कुन्दन सरकार के साथ होकर भी अपने विघटन और समझौते को लेकर हर वक़्त साँसत में दिखाई देता है। अपनी गिरावट पर लानतें भेजता है। कुन्दन सरकार के आखेटक भाव के लिए जब-तब धिक्कार से भर जाता है। कुन्दन सरकार को बर्दाश्त करना उसके लिए मुश्किल सिर्फ़ इसलिए नहीं होता कि वह उसे सस्ती शराब पर टरकाकर उसकी ही बीड़ियाँ ख़त्म करता जा रहा था बल्कि उसके ज़रिये परजीविता के पतन में पगे जिस जीवन में वह प्रवेश करता है वह उसका नशा उखाड़कर रख देता है। वह कुन्दन सरकार से ही नहीं अपने ढोंग से भी आज़िज़ आ जाता है।

तब 'घंटा' एक विस्फोट में घटित होता है। अघाए हुए स्त्री-पुरुषों की अश्लीलता उसकी तबीयत को घातक ग़ुस्से में ढकेल देती है। वह उस नफ़ीस रेस्टोरेंट के सजे-सलीके वाले स्त्री-पुरुषों को उनकी नंगई में अनुभव करता है। उनके प्रति एक घृणा और एक आत्मघातक क़िस्म का ग़ुस्सा वह दबा नहीं पाता और फट पड़ता है। शोभा के लिए बनी उस दुनिया की ऐसी की तैसी करता हुआ वह आदिम गालियों के मुहाने तक आ पहुँचता है। जुकाम, नशा और उल्टी में उलट-पुलट करता उसका दिमाग़ एकदम कड़क हो जाता है। साज-संगीत में उसे सियारों की 'हुआँ-हुआँ' सुनाई देने लगती है। उसका मन इस अनुकूलन में ढलने से इनकार करता है। वाचक ने इस विस्फोट के क्षण की कोई सूरत ओझल नहीं रहने दी है। उसकी अपनी ढुलमुल शख़्सियत के सन्दर्भ भी यहाँ दिखते हैं, इसलिए इस समूची क्रान्तिकारिता के भीतर रेंगती यथास्थितिवादिता के अर्थ को लेखक हाथ से छूटने नहीं देता। ऐसी तमाम जगहें हैं, जो परजीविता के यथार्थ के प्रति ज्ञानरंजन आलोचनात्मक रवैये का पता देती हैं। मगर पता नहीं क्यों इन चरित्रों के लिए और इनको ऐसे हश्रों के सन्दर्भ में कई बार ज्ञानरंजन के नज़रिये पर यथास्थितिवादिता का ठप्पा लगाया गया है। वाचक का पेट्रोला में लौटना आज़ाद भारत के छठे-सातवें दशक के निम्न-मध्यवर्गीय शहरी-क़स्बाई वर्ग की सीमित भूमिकाओं का ऐतिहासिक परिप्रेक्ष्य पहचानना है, जिसके अन्तर्गत सामाजिक बदलावों के लिए ज़रूरी संघर्षों के लिए सामाजिकता कमज़ोर पड़ती जा रही थी। यह सामाजिक विच्छिन्नता के असली रूपों को समझना था। इन्हीं दरारों के भीतर उत्तरपूँजी के समय के यथार्थ ने अपनी अमानुषिकता का पूरा रंग भरा है। ज्ञानरंजन की कहानियाँ इन दरारों को पहचानती हैं। मुक्तिबोध ने समाज के क्रान्तिकारी रूपान्तरण की प्रक्रिया में सबसे ज़्यादा संकट मध्यवर्ग की वर्गसहयोगी भूमिका में देखा था और कई तरह से लिखा था कि "सबके पास अपनी सीढ़ी है/निसैनी है और हर कोई कहीं उचककर चढ़ जाना चाहता है" वग़ैरह। तब वे भारतीय मध्यवर्ग की इन्हीं प्रवृत्तियों को पहचान रहे थे। इसके अलावा अपनी 'भूतपूर्व विद्रोही का आत्मकथन' जैसी कविता में उन्होंने 'ज़रूरत से बहुत कम 'बाग़ी' होने की स्थिति के बारे में लिखा। 'पेट्रोला' के युवाओं का विद्रोह भी ऐसा ही है। वह घातक ढंग से समाज से कटा हुआ है। वह सारे समाज को ख़ुद के विरुद्ध मान अपनी स्थिति को, अपनी अराजकता को एक मुक्ति की तरह देखता है। वाचक को

ये साथी असली लगते हैं, जो व्यवस्था में ढलने से हर जगह इनकार करते हैं। उनकी क्रान्तिकारिता यह है कि उनके पास अपनी व्यक्तिगत निष्फलताओं का रोना, पारिवारिक बातें या ख़ुद के तिरस्कार से आया अवसाद वग़ैरह नहीं है बल्कि देश, दुनिया-जहान की राजनैतिक, आर्थिक, फ़िलोसॉफिकल बातें हैं।

कहानी में कई ऐसे संकेत हैं, जिनसे पता चलता है कि व्यवस्था के लिए ये बातें भी ख़तरनाक हैं, इसलिए पुलिस इनसे आगाह है। कुन्दन सरकार इन जैसों या कि लेखकों, बुद्धिजीवियों से निकटता और बोहेमियन अदाकारी के बावजूद सरकार के लिए निरापद रहने की चतुराई में है। मगर सरकार के लिए लेखक-बुद्धिजीवी निरापद नहीं हैं। वह उनकी तरफ़ से बाख़बर है और उसके पास उनके सम्बन्धों से भी बाख़बर रहने का इंतज़ाम है। कहानी में आए ऐसे कई संकेत इस यथार्थ को एक बड़ा परिप्रेक्ष्य प्रदान करते हैं। ज्ञानरंजन की सजग आलोचनात्मक यथार्थदृष्टि की बारीक़ियाँ भी यहाँ हैं।

सत्ता की संरचनाओं की अमानुषिक भूमिका का एक गहरा सन्दर्भ इस कहानी में है। सुविधापरस्ती तथा सफ़ेदपोशी की पसरती हुई जीवनस्थितियों में किसी विरोध के बिना विलुप्त हो जानेवाली प्रजातियों के बरक्स लेखक 'पेट्रोला' का एक अपर्याप्त सा हस्तक्षेप रचता है। पेट्रोला सुखी-सम्पन्न शहर और शहरियों की सुरक्षित पनाहों का एक उलट पाठ है। शहरी लोग चाहे उस सँकरी और भीतर धँसी हुई जगह को नहीं जानते मगर पुलिस जानती है। व्यवस्था इसलिए भी उन पर नज़र रखती है, क्योंकि वे सम्बन्धों की भावुकता में घटाए जा सकनेवाले लोग नहीं हैं। अवसरपरस्ती याकि व्यक्तिगत महत्त्वाकांक्षा के किसी हिस्से में अटक जानेवाले लोगों की समाई वहाँ नहीं है, भले ही उनका तिरस्कार भी वहाँ न हो। वाचक ऐसा ही है। अपने एक कॉस्ट्यूम, कोकाकोला और सम्पन्न जीवन की लालच के एक हिस्से में मगर पेट्रोला उसकी आत्मसमीक्षा की वेदना बढ़ा देता है। इस पेट्रोला का अभिभावकत्व अनूठा है। यह किसी की व्यक्तिगत पीड़ा के इलाक़ों में उतराने के बाद फ़क़ीरी ठाट वाले ठहाके में उठ जाता है। उसकी यह शगल जारी रहनेवाली चीज़ है, क्योंकि शहर में 'पेट्रोला' भी अनागरिकों के लिए बनी रहनेवाली जगह है। 'घंटा' में हम मध्यवर्गीय जीवन को निर्मम तटस्थता के साथ व्यक्त करनेवाली गहरी व्यंग्य दृष्टि देखते हैं। इस व्यंग्य में एक अलग तुर्शी है, जिसकी मज़बूती 'आत्मव्यंग्य' है। वाचक की भीतरी-बाहरी छज को यही आत्मव्यंग्य पहचानता है। ज्ञानरंजन ने शहर और शहरीकरण के भीतर क़स्बे और क़स्बाईपन की बहुविध सक्रियताओं को बड़ी गहराई से देखा है और अपनी कहानियों में उभारा भी है। इस मध्यवर्ग में शहर के समृद्धतम स्तर में शामिल होने की हरारत पर उनकी ख़ूब नज़र थी। ये अनुभव उनके लिए संक्रान्त या संकटपूर्ण अनुभव न होकर विद्रूप भरे अनुभव थे। ज़ाहिर है कि ऐसा उनकी द्वंद्वात्मक ग़ैररोमानी यथार्थ दृष्टि के कारण ही सम्भव हुआ। वहाँ हम एक बेलाग सभ्यता समीक्षा का ढंग पहचान सकते हैं, जिसमें आत्मवादिता वग़ैरह की गुंजाइश बिलकुल नहीं है।

ज्ञानरंजन का कथाशिल्प एक स्पष्ट नैरेशन में ढलता हुआ दिखता है मगर यथार्थ की गहरी-ओझल परतों के साथ यात्रा करता है। इस कहानी के तीन केन्द्र हैं। वाचक (घंटा), कुन्दन सरकार और पेट्रोला। तीनों की अन्विति प्रातिनिधिक क़िस्म की है।

वाचक के भीतर घंटा प्रवृत्तियों का अनन्त है, तो कुन्दन सरकार एक रूपक चरित्र की तरह विन्यस्त है और 'पेट्रोला' हर क़स्बे, शहर की वह जगह है, जिसमें व्यवस्था से उखड़े हुए लोग चारों तरफ़ की दुर-दुर से बेफ़िक्री ज़ाहिर करते हैं, निजी सत्य की बजाय व्यापक व्यक्तिगत सत्य से अपना सम्बन्ध दिखाकर अपनी तिरस्कृत स्थिति से मुक्ति का स्पेस बनाते हैं। ज्ञानरंजन की कहानियों की सघन बुनावट इस प्रातिनिधिकता को उद्घाटित करती जाती है। इस वर्णन में नाटकीयता और तनाव स्वाभाविकता को निभाते हुए घटित होते हैं। भाषा इस अतियथार्थ से ही अपनी कला रचती है। जिससे एक उघड़ा हुआ जीवन सन्दर्भ अपनी अपील बढ़ाता है। इस तरह ज्ञानरंजन सूक्तियों सरीखे वाक्यों में जीवनानुभवों के घिसे-पिटे रूपों को भी नया कर देते हैं।

लेखकीय दृष्टि सबसे ज़्यादा बेधक तरीक़े से परजीविता के घातक यथार्थ और उसका संवहन करनेवाली प्रवृत्तियों के प्रति आलोचनात्मक है। भाषा इस उद्देश्य को गहरे रचनात्मक तीखेपन के साथ सम्भव करती है। यह 'भदेस' को समूचा उधेड़ देनेवाली भाषा है। अकहानी की अन्तर्वस्तु', भाषा और शिल्प ज्ञानरंजन की पीढ़ी का भी एक सन्दर्भ हुए हैं और कई ऐसी जगहें हैं जहाँ अकहानी की अतियथार्थवादी दृष्टि यथार्थ का विद्रूप उधेड़ने में इनकी मदद करती है। इनके ग़ैररूमानी रवैये का भी यही अर्जित है। स्त्रियाँ ज्ञानरंजन के लिए परजीविता के यथार्थ में विलोपित हुई शख़्सियतें हैं। उन्हें दर्ज करती हुई उनकी भाषा जघन्यतम हुई जाती है। 'घंटा' में बहुत ज़रा सा वे उस नाचती हुई लड़की की यातना को स्पर्श करने तक गए हैं अन्यथा वे ऐसी स्त्रियों और पुरुषों के सम्बन्ध में आखेट और आखेटक का सा एक सरलीकरण देखते हैं। उनमें नई सम्भाव्यताओं को परखने के अवसर वे नहीं देखते। इस तरह ज्ञानरंजन की कहानियाँ उनके बाद की पीढ़ी के लिए अमानुषीकृत होते हुए यथार्थ से कहानी के सम्बन्ध का एक बड़ा और ज़रूरी प्रस्थान बनाती है। आधुनिक और उत्तर-आधुनिक दुनिया में बुद्धिजीवियों के क्रीतदास बनने के वस्तुगत सन्दर्भ उनकी कहानियों में मौजूद हैं। यहीं वे साहित्यिक सन्दर्भ हैं जहाँ मुक्तिबोध धूमिल और रघुवीर सहाय की कविताओं को ज्ञानरंजन की कहानियों के साथ मिलाकर पढ़ने से बात कहीं ज़्यादा बनती है।

पिता

ज्ञानरंजन

सम्बन्धों के असन्तोष की रूहानी कड़ी

बृजराज सिंह

इतिहास में ऐसी अनेक घटनाएँ और कहानियाँ हैं, जहाँ बेटे के बग़ावती तेवर का पहला साक्षात्कार उसके बाप से ही होता है। जनमानस में बाप और बेटे को लेकर अनगिनत मुहावरे और लोकोक्तियाँ भी प्रचलित हैं। जब इलाहाबाद में शहज़ादे सलीम ने बादशाह अकबर के ख़िलाफ़ बग़ावत की घोषणा कर दी तो अकबर ने अबुल फ़ज़ल के माध्यम से सलीम के पास सन्देश भिजवाया और कहा कि—"बाप-बेटे एक-दूसरे से दूर जा रहे हैं लेकिन रूहानी तौर पर एक हो रहे हैं।" हालाँकि समझाने से काम नहीं बना तो अकबर को सख़्ती से काम लेना पड़ा। कहने का अर्थ यह है कि भले ही पिता-पुत्र में ऊपरी वैचारिक मतभेद दिखाई दें, लेकिन उनमें एक बांडिंग सदैव बनी रहती है। साठोत्तरी हिन्दी कहानी के प्रमुख हस्ताक्षर ज्ञानरंजन की कहानी 'पिता' (1977) भारतीय समाज में मध्यवर्ग के उदय और शहरी पारिवारिक जीवन की विसंगतियों, पिता-पुत्र के नये रिश्तों और स्वातंत्र्योत्तर भारतीय जीवन के बदलते जीवन-मूल्यों का ऐतिहासिक दस्तावेज़ है। यह कहानी सातवें दशक के भारतीय समाज-परिवार में सम्बन्धों की समझ को विकसित करने के लिए सबसे उपयुक्त कहानी है।

नई कहानी का व्यापक आन्दोलन और इज़ारेदारी वाली प्रवृत्ति के बरक्स ज्ञानरंजन की पीढ़ी के साठोत्तरी कहानीकारों ने अपने लिए एक नई और स्वतंत्र धारा का विकास किया, जो तब भले ही न लेकिन अब देखने पर ज़्यादा स्पष्ट दिखाई देती है। इन कहानीकारों ने कहानी को कई नये विषय दिए, उसे अनेक जीवनानुभवों से समृद्ध किया। इन्होंने समाज-परिवार के छोटे-छोटे अन्तर्विरोधों को रेखांकित किया और सामाजिक चिन्ता के नये रूप प्रदर्शित किए। इन कहानियों में रोज़मर्रा का जीवन था जो कहीं से भी विशिष्ट नहीं था, लेकिन कहानी में उसका प्रयोग विशिष्टता प्रदान कर देता था। इन कहानियों के विषय सरल और सहज ज़रूर थे लेकिन इनमें एक ख़ास तरह का तीखापन भी है, जो पाठक को चुभता है और बेचैन भी करता है। इन कहानियों की सबसे बड़ी विशेषता इनकी सहजता और परिवेशगत सुलभता है। इनमें कोई अतिरिक्त बनावट नहीं है। न तो भाषा और शिल्प के लिए कोई मशीनी प्रयोग का आग्रह दिखाई देगा और न ही क़थ्य के स्तर पर चमत्कारी प्रयोगशीलता का आतंक दिखाई देगा। यहाँ 'भोगा हुआ यथार्थ' का कोई अनावश्यक दबाव भी महसूस नहीं होता है और नितान्त वायवीय और

आभासी संसार भी दिखाई नहीं देता। साठोत्तरी कहानियाँ बदलते सामाजिक परिवेश में परिवार और व्यक्ति के उलझते-टूटते रिश्तों और उसके दरकने की सूक्ष्म आवाज़ को बड़ी ही संवेदना के साथ अभिव्यक्त करती हैं। यहाँ न तो बहुत शोर-शराबा है, न ही अतिउत्साह। छीजते को बचा लेने की उत्कंठा ज़रूर है; क्षरण को रोक लेने का प्रयास ज़रूर है। यहाँ विचारधारा का सीना फाड़ू प्रदर्शन तो नहीं है लेकिन विचारधारा का सर्वथा अभाव या सायास दूरी भी नहीं है। सुरेन्द्र चौधरी लिखते हैं कि "ऐसा न था कि इन कहनीकारों के पास विचारधारा न थी, मगर विचारधारा से उन्होंने कहानी को न आहत किया और न क्रान्तिकारी उछाल देने की ही कोशिश की।"

निम्नवर्ग एवं ग्रामीण परिवेश से आनेवाले परिवार नये शहरी माहौल में किस भाँति सामंजस्य बिठाते हैं, किस आन्तरिक और वाह्य जद्दोजहद से दो चार होते हैं, मध्यवर्ग में शामिल होने के बाद किस तरह के सवाल इनके सामने थे, इन तमाम प्रश्नों को बहुत ही ख़ूबसूरती से साठोत्तरी कहानीकारों ने अभिव्यक्त किया है। शहरों में रोज़गार के नये अवसरों का लाभ उठाते हुए जो लोग अपग्रेड हुए उनके सामने रोटी, कपड़ा और मकान जैसी मूलभूत ज़रूरतों के अलावा समाज और परिवार की नई-नई चुनौतियाँ आने लगी थीं। इसीलिए इन कहानियों के केन्द्र में पारिवारिक सम्बन्ध हैं। इस दौर की अधिकांश कहानियाँ इन्हीं सम्बन्धों के इर्द-गिर्द घूमती नज़र आती हैं, हालाँकि ये कहानियाँ सम्बन्धों पर लिखी गई अपनी पूर्ववर्ती कहानियों से थोड़ी अलग हैं। यहाँ सम्बन्धों को बचाने की जद्दोजहद है, जबकि पूर्ववर्ती कहानियों में सम्बन्धों के टूट जाने को ही केवल अभिव्यक्त किया गया है। 'चीफ़ की दावत' में माँ अतिरिक्त है, उसी तरह 'वापसी' के गजाधर बाबू भी अपने परिवारीजनों के लिए अतिरिक्त की श्रेणी में आते हैं। वहाँ केवल परिवार के टूटने-बिखरने या उसमें बुज़ुर्गों के लिए जगह न होने का दुःख भर है, उसे बचाने की कोई कोशिश नज़र नहीं आती। जबकि 'पिता' कहानी में सम्बन्धों को बचा ले जाने का प्रयास ही केन्द्र बिन्दु बनकर उभरता है। पिता से बेइंतहा नाराज़गी होने के बावजूद पुत्र को उनकी चिन्ता है। और इसीलिए ज्ञानरंजन इस कहानी में कोई निष्कर्ष नहीं देते हैं। ज्ञानरंजन न तो पिता के साथ हैं, न पुत्र के साथ। वे यथार्थ के इस नये रूप का तटस्थ होकर चित्रण करते हैं। इसका यह मतलब बिलकुल नहीं है कि वे दूर खड़े होकर तमाशा देख रहे हैं बल्कि वे इसमें शामिल हैं। विजय मोहन सिंह ने साठोत्तरी कहानीकारों के सम्बन्ध में एक जगह लिखा है कि "पुराना कहानीकार समस्याओं को सुलझाता था क्योंकि वह समस्याओं के बाहर होता था, वह उन्हें सुलझाना अपना कर्तव्य समझता था। लेकिन आज का कहानीकार समस्या के भीतर है, इसलिए उसे सुलझाता नहीं, सफ़र करता है।"

प्रथमतः यह कहानी पिता-पुत्र के रिश्तों के बीच 'जेनरेशन गैप' या एक ऐसे पिता की कहानी के रूप में पढ़ी जाती रही है जो स्वभावतः थोड़ा खड़ूस एवं ज़िद्दी है। वह ऐसा पिता है जो नई पीढ़ी के साथ नहीं चल सकता या अपने निर्धारित जीवनचर्या में किसी भी तरह का कोई व्यतिक्रम लाने को तैयार नहीं है। कहानी के शीर्षक 'पिता' से इस बात का पर्याप्त अवसर मिल जाता है कि इसे एक पिता की कहानी समझ लिया जाए। कई समीक्षक, लेखक के इस ट्रैप में फँस भी जाते हैं। दरअसल यह कहानी जितनी

पिता की है, उससे कम पुत्र की नहीं है। आमतौर पर इस कहानी को दो तरह से पढ़ा गया। पहला, इसे पिता और अन्य परिवार के बीच आन्तरिक दूरी, पीढ़ियों का संघर्ष, पिता-विरोधी मानसिकता और पुराने और नये के द्वंद्व के रूप में विश्लेषित किया गया है। दूसरा, कहानी के मर्म को पारिवारिक सम्बन्धों को नये रूप में देखना—पिता और पुत्र के सम्बन्धों में आई दूरी के सन्दर्भ में सापेक्ष और समकालीन व्याख्या की गई है। हालाँकि, दूसरे तरीक़े तक कम ही लोग पहुँच पाए। अपनी इस कहानी के ग़लत पाठ से लेखक ज्ञानरंजन असन्तुष्ट भी हैं, और एक जगह अपनी नाराज़गी भी व्यक्त करते हैं। वे लिखते हैं कि "मेरी पिता कहानी की तारीफ़ में उसे पिता विरोधी दर्शन के साथ जोड़ने की क्रान्तिकारी आलोचना सामने आई। मैं इस तरीक़े को कभी पसन्द नहीं कर सका, क्योंकि मेरी कहानियों में निजी मामले काफ़ी हद तक झूठ भी थे। हाँ, वे सार्वजनिक सचाइयों के साथ स्वाभाविक रूप से जोड़े जा सकते थे।" (प्रतिनिधि कहानियाँ)

इस कहानी में पिता-पुत्र के दरकते रिश्ते की टूट तो सुनाई देती ही है लेकिन उसके साथ-साथ उसे बचा लेने की आन्तरिक कोशिश भी चलती रहती है। पिता का पूरा जीवन गाँव में व्यतीत हुआ है। अब जब लड़के शहर में नौकरी पा गए हैं, तब उनके साथ पिता को भी शहर आकर रहना पड़ रहा है। पिता इस नये शहरी माहौल में अपने को समाहित नहीं कर पा रहे हैं। पुत्र को लगता है कि पिता का ईगो इतना बड़ा है कि वे सामंजस्य बिठाना ही नहीं चाहते हैं, जबकि पिता को लगता है कि बच्चों की सारी बातें मान लेने से उनका महत्त्व घर में कम हो जाएगा। कहानी की यह ख़ासियत है कि दो पीढ़ियों के मध्य की मार्मिक टूटन को दिखाने के बावजूद यह दोनों पीढ़ियों के मध्य के भावनात्मक लगाव को किसी रूप में भी कम नहीं होने देती। इसके पहले की कहानियों में इस भावनात्मक लगाव का अभाव दिखाई देता है। यह साठोत्तरी कहानियों की निजी विशेषता है। पिता पाई-पाई बचाने के लिए उद्धत रहते हैं। औपनिवेशिक बहुसंख्यक भारतीय पीढ़ी बचत और संचय की हिमायती थी। 'इसीलिए चौक से आते वक़्त चार आने की जगह तीन आने और तीन आने में तैयार हो जाने पर, दो आने में ले चलनेवाले रिक्शे के लिए पिता घंटे-घंटे खड़े रहेंगे' जबकि नई नेहरूवियन पीढ़ी के मध्यवर्ग के पास खर्चने के लिए पैसा तो है ही उसकी दिनचर्या भी वैसी हो रही है। इसलिए सुविधा और आरामतलबी के नाम पर पिता की झल्लाहट बढ़ जाती है। आज़ादी को लगभग दो दशक बीतने को आए थे। अब भ्रम टूटने लगे थे। नेहरू के बाद तो निराशा और मोहभंग का रंग और भी गाढ़ा हो गया था। नया राजनीतिक नेतृत्व जनता में वह भरोसा प्राप्त न कर सका। दाँव-पेच और आपसी खींचतान अब सामने आने लगे थे। नैतिक मूल्यों को लेकर असमंजस बना हुआ था।

कहानी की शुरुआत ही बड़े थकाऊ और ठंडेपन से होती है, हालाँकि कहानी की कथावस्तु में गरमी और उमस का माहौल है। गर्मी की एक रात से कहानी शुरू होती है और भोर की उजास से ख़त्म होती है, इस उम्मीद के साथ कि जैसे मौसम में ख़ुशनुमा परिवर्तन हुआ है, वैसा ही रिश्तों में भी होगा। पुत्र देर रात कहीं बाहर से वापस आ रहा है। उसे पिता ड्योढ़ी पर ही मिल जाते हैं। सारा परिवार घर के भीतर सोता है, सिवाय पिता के। वह घर में घुसता है तो सबसे पहले अपने लिए बिस्तर खोजता है। बाहर जितनी ही गर्मी और उमस है, रिश्तों में उतनी ही ठंडक और ऊबन है। नयापन की आस पर

कुठाराघात हुआ है। परिवार में कई लोग हैं लेकिन कोई किसी के बारे में नहीं सोच रहा। यहाँ गरमी से बेचैनी है। यह बेचैनी आन्तरिक भी है और बाहरी भी। यहाँ गरमी प्रतीक है। वह कहानी का क्लू है। एक तरफ़ बाह्य वातावरण की इस गरमी और बेचैनी से पिता बाहर सो नहीं पा रहे हैं, वहीं दूसरी तरफ़ पुत्र इस चिन्ता में सो नहीं पा रहा है क्योंकि उसे लगता है कि बाहर पंखा नहीं है इसलिए पिता सो नहीं पा रहे हैं। हालाँकि यह मात्र भ्रम है क्योंकि जो लोग घर के भीतर पंखे के नीचे हैं उन्हें भी कहाँ नीद आ रही है। उसे अपने अपूर्ण होने का बोध होता है। यहाँ पुत्र अपराधबोध से ग्रसित हो जाता है। हालाँकि यह अपराधबोध भी आन्तरिक और बाह्य के द्वंद्व से ही पैदा हुआ है। जहाँ एक तरफ़ पुत्र को यह लगाता है कि वह पिता के हक़ को अदा नहीं कर पा रहा है वहीं दूसरी तरफ़ उसकी यह चिन्ता इसलिए भी है कि मुहल्ले वाले क्या कहेंगे। पिता उसकी उपलब्धियों को नकार रहे हैं, यह सोचकर उसके अहं को ठेस लगती है। यह मध्यवर्ग की बहुत बड़ी समस्या और नियति पेंडुलम की भाँति है। यहाँ यह भी याद रखना चाहिए कि इस परिवार का कोई भी सदस्य न तो पिता न ही पुत्र अकेलापन या निष्कासन नहीं झेल रहे हैं। फिर भी वर्ग बदल जाने से, अपने वर्ग से अलग हो जाने से; उनमें एक असुरक्षा का भाव और चिन्ता ज़रूर है। पिता विस्थापित ज़रूर हैं।

साठोत्तरी कहानी का यथार्थ चित्रण अपने परिवेश से अनुप्राणित है। जैसा किंकर्तव्यविमूढ़ और निष्क्रियता का माहौल समाज में था, उसी तरह की निष्क्रिय सक्रियता परिवार और व्यक्तिगत रिश्तों में भी दिखाई देती है। मोहभंग और निराशा के परिवेश में उपजी साठोत्तरी कहानी स्थूलता से सूक्ष्मता की ओर बढ़ती है और न सिर्फ़ अपने समय का बड़ी बारीक़ी से अवलोकन करती है बल्कि यथार्थ के प्रति लोकतांत्रिक और आलोचनात्मक रवैया भी अपनाती है; और इस पूरी प्रक्रिया को सम्यक् रूप से अभिव्यक्त कर पाने में सफल भी होती है। 'पिता' कहानी का पुत्र इसी निष्क्रिय सक्रियता से प्रेरित है। पिता के प्रति पर्याप्त सम्मान और चिन्ता होने के बावजूद वह अपने बीच की दूरी और अबोलापन को दूर करने के लिए कोई ठोस प्रयास करता दिखाई नहीं देता है। वह चाहता तो है कि सब ठीक हो जाए, लेकिन उसके लिए एक भी क़दम आगे नहीं बढ़ाता है। यह भी ध्यान रखना चाहिए कि यह निरुत्साह और निराशा सिर्फ़ पिता के लिए नहीं है बल्कि उसे अपने आसपास के लोगों और जीवन से भी उतनी ही अरुचि है, यहाँ तक कि पत्नी और बच्चों में भी उसे कोई आकर्षण महसूस नहीं होता है। पत्नी को भी कोई ख़ास लगाव नहीं है। पिता जितना असन्तुष्ट पुत्र से है, पुत्र उतना ही असन्तुष्ट पिता से भी है। पुत्र को लगता है कि पिता उसकी उपलब्धियों को अपने हठ से नकार देते हैं। वह खीज कर कहता है—"पिता तुम हमारा निषेध करते हो। तुम ढोंगी हो, अहंकारी-बज्र अहंकारी।" इसी खीज की वजह से उसे महसूस हो रहा है कि वह तेज़ी से 'एंटी फ़ादर' होता जा रहा है। साफ़ है कि यह उसका चुनाव नहीं है बल्कि मजबूरी है। आज़ादी के बाद उभरे नौकरीपेशा शिक्षित मध्यवर्ग और अशिक्षित किन्तु कर्मठ पुरानी पीढ़ी के मध्य लगाव और प्रेमभाव विद्यमान ज़रूर है, लेकिन इसके बावजूद समसामयिक दबाव ने इस तरह की स्थिति पैदा कर दी कि एक पीढ़ी दूसरी पीढ़ी के लिए अजनबी और ग़ैरज़रूरी लगने लगती है। इसीलिए यह 'जेनरेशन गैप' या 'मूल्य

क्षरण' की कहानी के बजाय समकालीन परिस्थितियों की क्रिटीक रचती है। इस कहानी को पारम्परिक मानसिकता और शिक्षित युवामन के संघर्ष के रूप में देखने की अपेक्षा इसे पारम्परिक व्यवहार और शहरोन्मुख तनाव के मध्य उभरे अन्तर को विश्लेषित करने में देखना चाहिए। यहाँ एक पीढ़ी को दूसरी पीढ़ी के सामने खड़ा करने की अपेक्षा पिता और पुत्र के बीच पीढ़ीगत और व्यवहारगत भिन्नताओं और समसामयिक स्थितियों में स्वयं को ढालने के लिए किए जानेवाले प्रयासों के रूप में विश्लेषित करना चाहिए। इसीलिए इसमें सम्बन्धों के एक नये यथार्थ का उद्घाटन दिखाई देता है। सम्बन्धों के यथार्थ की यह समझ ही नई कहानी और साठोत्तरी कहानी के मध्य एक अन्तर पैदा करती है। तमाम जद्दोजहद के बावजूद वह पिता के लिए चिन्तित है और ख़ुद पर लज्जित भी है। गुस्से और नफ़रत के बावजूद पिता को परेशान देखकर दुखी है—"उसे आँखों में हल्का जल लगने लगा। अगर कोई शीत युद्ध न होता पिता-पुत्रों के बीच तो वह उन्हें जबरन पंखे के नीचे बुलाकर सुला देता लेकिन उसे लगा कि उसका युवापन एक प्रतिष्ठा की ज़िद कहीं चुराए बैठा है। वह इस प्रतिष्ठा के आगे कभी बहुत मजबूर, कभी कमज़ोर हो जाता है।" साफ़ है कि यहाँ बाप-बेटे एक-दूसरे से दूर तो जा रहे हैं लेकिन रूहानी तौर पर एक-दूसरे से नज़दीक भी हैं।

काला रजिस्टर

रवीन्द्र कालिया

श्रम के विरुद्ध पूँजी और प्रबन्धन का गठजोड़

राकेश बिहारी

साठोत्तरी हिन्दी कहानी आन्दोलन के प्रमुख कथाकारों और इक्कीसवीं सदी के महत्त्वपूर्ण कथा-सम्पादकों में से एक रवीन्द्र कालिया की बहुचर्चित कहानी 'काला रजिस्टर' (1972) पर कुछ कहने से पहले मैं उनके कथा लेखन पर दो संक्षिप्त टिप्पणियाँ उद्धरित करना चाहता हूँ। इनमें से पहली टिप्पणी महत्त्वपूर्ण कथाकार और कथालोचक विजयमोहन सिंह की है जो रवीन्द्र कालिया के समकालीन भी हैं। अपनी पुस्तक 'आज की कहानी' में रवीन्द्र कालिया की कहानियों पर विचार करते हुए वे लिखते हैं—"अधिकांश साठ के बाद के कहानीकारों की तरह कालिया के पास भी 'केवल एक' पात्र है, जिसकी दो विशेषताएँ हैं—लगातार सतही चीज़ों में उलझे रहना और लगातार बोर होना। कालिया इसी सतहीपन और बोरडम के कहानीकार हैं।" अब मैं रवीन्द्र कालिया के कथालेखन के सन्दर्भ में वरिष्ठ कथालोचक मधुरेश की राय भी यहाँ रखना चाहता हूँ जो कथालोचना की उनकी चर्चित पुस्तक 'हिन्दी कहानी का विकास' से उद्धृत है—"रवीन्द्र कालिया जीवन की विसंगतियों और विद्रूपताओं के कहानीकार हैं और अर्थहीनता के बोध को अलग-अलग सन्दर्भों में सम्प्रेषित करते हैं। इन विसंगतियों को वे व्यंग्य के माध्यम से उद्घाटित करते हुए हर प्रकार की व्यवस्था और स्थापित मूल्यों के अस्वीकार की मुद्रा अपनाते हैं।"

ग़ौरतलब है कि विजयमोहन सिंह जहाँ रवीन्द्र कालिया को 'सतहीपन और बोरडम' का कथाकार मानते हैं, वहीं, मधुरेश की नज़र में वे 'व्यवस्था और स्थापित मूल्यों के अस्वीकार' के कहानीकार हैं। दो महत्त्वपूर्ण आलोचकों के द्वारा किसी एक कथाकार के सन्दर्भ में इस तरह के विपरीतधर्मा निष्कर्षों के आख़िर क्या कारण हो सकते हैं? कहीं ऐसा तो नहीं कि इन दोनों आलोचकों ने उनकी अलग-अलग कहानियों के आधार पर अपनी राय बनाई है? इस दिशा में कुछ और कहने से पहले साठोत्तरी कहानी की पूर्वपीठिका पर ध्यान देने के साथ-साथ रवीन्द्र कालिया के कथालेखन को अलग-अलग वर्गों में बाँटकर देखे जाने की सम्भावनाओं पर भी विचार किया जाना चाहिए। साठोत्तरी कहानी आन्दोलन एक तरफ़ जहाँ समकालीन राजनैतिक-सामाजिक मोहभंग से निर्मित वैचारिकी से प्रभावित था, तो वहीं दूसरी तरफ़ उसके मूल में नई कहानी आन्दोलन में स्थित व्यक्तिवादिता और आत्मपरकता के अतिरेक का प्रतिकार भी निहित था। यहाँ

यह भी ग़ौर किया जाना चाहिए कि साठोत्तरी कविता जिसे हिन्दी साहित्य के इतिहास में अ-कविता के नाम से जाना जाता है, की तर्ज़ पर ही उन दिनों अकहानी नाम का आन्दोलन भी चलाया गया, जिसके अग्रणी प्रवक्ताओं में गंगा प्रसाद विमल, राजकमल चौधरी, जगदीश चतुर्वेदी, दूधनाथ सिंह, रवीन्द्र कालिया आदि प्रमुख थे। हालाँकि अकहानी नाम का यह आन्दोलन बहुत लम्बा नहीं चला पर कहीं न कहीं इस नामकरण पर फ्रांस के 'एंटी स्टोरी', 'एंटी नॉवेल' और 'एंटी ड्रामा' जैसे साहित्यिक आन्दोलनों के नाम का भी असर रहा है, जिसका मूल स्वर रचनात्मक विधाओं का निषेध या अस्वीकार था। नाम की एकरूपता के बावजूद यहाँ फ्रांस के 'एंटी स्टोरी मूवमेंट' और हिन्दी कहानी के अकहानी आन्दोलन के बीच के इस अन्तर को भी समझा जाना चाहिए कि फ्रांस के उस आन्दोलन के मूल में जहाँ एक हद तक कहानी के रूप में एक साहित्यिक विधा के ही निषेध की बात थी वहीं अकहानी आन्दोलन के मूल में मान्यताप्राप्त सम्बन्धों और मूल्यों के नकार का भाव प्रबल था।

रवीन्द्र कालिया की कहानियों में जिस बोरडम की बात विजयमोहन सिंह कहते हैं, दरअसल वह तत्कालीन महानगरीय जीवन में व्याप्त ऊब और एकरसता थी, जिसे रवीन्द्र कालिया अपनी कहानियों का विषय बना रहे थे। पर उन कहानियों की सीमा यह थी कि वे ऊब और एकरसता की उन सामाजिक प्रतीतियों को व्यक्तिगत स्तर पर घटित होता ही दिखा पा रही थीं। 'निज' को 'सामाजिक' में बदल पाने का कौशल उन कहानियों में अपेक्षाकृत कम था। 'पचास सौ पचपन', 'मैं', 'बड़े शहर का आदमी' जैसी कहानियाँ उसी श्रेणी में रखी जा सकती हैं। इसके बाद रवीन्द्र कालिया ने प्रेम और स्त्री-पुरुष सम्बन्धों को केन्द्र में रखकर 'नौ साल छोटी पत्नी', 'डरी हुई औरत', 'कोजी कॉर्नर' आदि जैसी कहानियाँ लिखी। ये वही कहानियाँ हैं जिन्होंने रवीन्द्र कालिया को एक मुकम्मल कथाकार के रूप में स्थान और पहचान दिलाई। स्त्री-पुरुष सम्बन्धों की टूटन और उसके भीतरखाने में बैठे तनाव, सन्देह आदि के डोरे ही इन कहानियों के मूल में थे। इसके बाद उनकी कथा यात्रा का तीसरा चरण आता है, जिसमें 'काला रजिस्टर', 'दफ़्तर', 'चाल' और 'चकैया-नीम' जैसी कहानियों को रखा जा सकता है। इन कहानियों के सन्दर्भ में मधुरेश कहते हैं—"यहाँ नितान्त निजी और व्यक्तिगत अनुभव सन्दर्भों को भी कलानुशासन के रसायन द्वारा वृहत्तर सामाजिक और व्यवस्थागत सन्दर्भों से जोड़ने की कोशिश महत्त्वपूर्ण है। यह ठीक है कि झटके में ही ऐसा रचनात्मक रूपान्तरण सम्भव नहीं है, लेकिन कालिया की 'काला रजिस्टर', 'चाल' और 'चकैया-नीम' जैसी कहानियाँ अकहानी की सीमाओं से बाहर निकालने की उनकी कोशिश का ही साक्ष्य हैं।"

विवेच्य कहानी 'काला रजिस्टर' के केन्द्र में किसी पत्रिका के कार्यालय का आन्तरिक माहौल है, जहाँ सम्पादक के अलोकतांत्रिक और लगभग अमानवीय व्यवहार से त्रस्त वहाँ के अन्य कर्मचारी दमघोंटू जीवन जीने को अभिशप्त हैं। उस कार्यालय में दो ही तरह के लोगों को ख़ुश रहने का अधिकार है—एक वे जो सम्पादक की अहर्निश चाटुकारिता करते हैं और दूसरी वो जो उसकी प्रेमिकाएँ हैं। रवीन्द्र कालिया भाषा और संरचना दोनों ही दृष्टि से एक प्रयोगधर्मी कहानीकार हैं। व्यंग्य जहाँ उनकी भाषा को मारक तथा कथ्य के प्रतिपाद्य के सम्प्रेषण को पैना बनाता है वहीं कहानीपन की

चौहद्दी को अक्षुण्ण रखते हुए कहानी की संरचना के साथ किए गए प्रयोग कथानक की व्यंजनामूलकता को अर्थगर्भी विस्तार प्रदान करते हैं। प्रस्तुत कहानी में रवीन्द्र कालिया के कथाकार के ये दोनों कौशल अपने सर्वश्रेष्ठ रूप में मौजूद हैं। उदाहरण के लिए इस कहानी का एक अंश प्रस्तुत है—

"'मोटे, आज क्रान्ति कहाँ है?' भैंगे ने पूछा।

'क्रान्ति की आज पुण्यतिथि है।' दूसरा मोटा बोला।

केबिन से होनेवाली साप्ताहिक भेंट को दफ़्तर के उप पुण्यतिथि के नाम से याद किया करते थे। यह एक खुला रहस्य था कि पुण्यतिथि पर लोग घर से हनुमान चालीसा या गायत्री मंत्र वग़ैरह-वग़ैरह पढ़कर आते थे।"

ज़ाहिर है कि यहाँ 'केबिन', 'भैंगा', 'उप', 'क्रान्ति' आदि कहानी के पात्रों के नाम हैं। एक 'छाया जी' को छोडकर कहानीकार ने किसी भी पात्र को उसका वास्तविक नाम नहीं दिया है। हालाँकि उन दिनों पात्रों के नाम को लेकर हिन्दी कहानी में कई तरह के प्रयोग किए गए थे, लेकिन यह प्रयोग सिर्फ़ प्रयोग के लिए नहीं है। इन नामों के गहरे प्रतीकार्थ कहानी की अर्थवत्ता में पर्याप्त मूल्य संवर्द्धन करते हैं।

'काला रजिस्टर' कहानी पूँजी और प्रबन्धन के अपवित्र गठजोड़ के द्वारा श्रम और मानवाधिकार के शोषण-तंत्र का पुर्जा-पुर्जा खोलकर रख देती है। 'केबिन', 'भैंगा' और 'क्रान्ति' इस कहानी के तीन प्रतिनिधि चरित्र हैं। 'केबिन' जहाँ सम्पादक के रूप में यहाँ संवेदनहीन पूँजी का प्रतिनिधि है वहीं 'भैंगा' और 'क्रान्ति' प्रतिरोधी चेतना के प्रतिनिधि की तरह मौजूद हैं। शुरुआती प्रतिरोध के बाद कुछ विद्रोही चेतनाएँ किस तरह सत्ता और व्यवस्था का पिछलग्गू हो जाती हैं, उसे 'क्रान्ति' के चरित्र के माध्यम से आसानी से समझा जा सकता है। 'भैंगा' यद्यपि कहानी का नायक तो नहीं लेकिन कहानी का अकेला प्रतिरोधी स्वर है जो गाहे-बगाहे अपना असन्तोष मुखर रूप से प्रकट करता चलता है। एक ऐसे माहौल में जब सम्पादक यानी 'केबिन' अपने सभी अधीनस्थों के ख़िलाफ़ मनमाने आरोप लगाकर उनकी सहमति और उनका माफ़ीनामा एक काले रजिस्टर में दर्ज करता हो, 'भैंगा' ही एक अकेला व्यक्ति है जो काले रजिस्टर के ख़िलाफ़ प्रतिरोध की आवाज़ बुलन्द करता है। गुस्से और खीज से भरी उसकी तीखी बातें दफ़्तर में पसरे शोकधर्मी मौन में एक दरकन तो पैदा करती है लेकिन उसका प्रतिरोध किसी सार्थक मुकाम या दिशा को नहीं प्राप्त होता है। कहानी के इन अंशों को देखें—

"'भैंगे, लगता है, बुरे दिन आ गए हैं।' दूसरे मोटे ने काले रजिस्टर को फिर घुसते देखा तो सहम गया।

'क्या हुआ?'

'यह काला रजिस्टर आज काम नहीं करने देगा। देखो, मझले के पास फिर आया है।'

'इसे ड्रॉअर में बन्द कर दो, इसे खिड़की से नीचे फेंक दो, इससे बलात्कार कर लो।' भैंगे ने कहा।"

कुछ कथालोचकों ने 'भैंगे' के उपर्युक्त कथन में प्रतिरोध की आवाज़ और उसके कारण 'भैंगे' में कथा-नायक की छवि के दर्शन किए हैं। पर भाषा की यह अराजकता 'भैंगे' की खीज को प्रतिरोध की मुकम्मल आवाज़ और उसे इस कहानी का नायक होने

से रोकते हैं। यह ध्यान दिया जाना चाहिए कि व्यवस्था के ख़िलाफ़ ग़ुस्सा से उत्पन्न खीज और उसका व्यवस्थित प्रतिरोध दो चीज़ें हैं। गोकि इस कहानी में रवीन्द्र कालिया ने ख़ुद को अ-कहानी के खाँचे से बाहर लाने की पूरी कोशिश की है और उसमें एक हद तक कामयाब भी हुए हैं। लेकिन भैंगे की खीज में बसी यह भाषाई अराजकता अकहानी के प्रभाव का अवशेष ही है।

एक दूसरी बात जो इस कहानी से गुज़रते हुए खटकती है, वह है—स्त्री चरित्रों के प्रति कहानी की पुरुषवादी सोच। कहानी में आए सभी स्त्री चरित्रों का अवसरवादी और कैरियरिस्ट होना कहीं न कहीं उसी पुरुषवादी सोच का परिचायक है जो स्त्रियों की सफलता को हमेशा उसकी देह के बदले ही अर्जित समझती है। आज के भूमंडलोत्तर समय में जब आवारा पूँजी का खुला खेल सांस्थानिक रूप ले चुका है और सरकारी कम्पनियों के विनिवेश की ख़बरें लगातार आ रही हैं, निश्चित ही 'काला रजिस्टर' में वर्णित सच भविष्य में और मुखर होकर सामने आनेवाला है। ज़ाहिर है ऐसे में इस कहानी की प्रासंगिकता भी बढ़ेगी और इसके कई पाठ और पुनर्पाठ भी ज़रूरी होंगे। लेकिन हर बार इससे गुज़रते हुए इसकी स्त्री-दृष्टि और प्रतिरोध के पीछे छुपी भाषाई अराजकता के निहितार्थों को भी सावधानी से समझना होगा।

पूँजीवादी अमानवीयकरण की प्रतिनिधि कथा

आशीष त्रिपाठी

पचास वर्षों से अधिक के रचनात्मक जीवन में काशीनाथ सिंह ने पचास से भी कम कहानियाँ लिखी हैं। इन कहानियों में अनेक अपेक्षाकृत लम्बी कहानियाँ भी हैं। ये कहानियाँ औपन्यासिकता लिये हुए हैं, परन्तु कहानीकार काशीनाथ सिंह इन्हें 'कहानी' की तरह रचने और लिखने के लिए प्रतिश्रुत थे। यथार्थ के विस्तार और उसकी जटिलता के कारण वे आकार में लम्बी होने के बावजूद बुनियादी परिकल्पना और कला में, कहानी ही हैं—उपन्यास नहीं। 'कविता की नई तारीख़' (1978) काशीनाथ सिंह की सर्वाधिक महत्त्वपूर्ण लम्बी कहानी है। काशीनाथ सिंह की कहानी-कला, यथार्थ की उनकी समझ, परिस्थितियों और चरित्रों के मध्य सम्बन्ध और चरित्रों के आपसी द्वंद्व को समझने की उनकी मेधा का परिचय इस कहानी में मिलता है।

भारत में पूँजीवादी अमानवीयकरण की प्रक्रिया को समझने और मध्यवर्ग के क्रमशः आत्मग्रस्त और समाज विमुख होते जाने की प्रक्रिया को समझने की दृष्टि से यह कहानी बेहद महत्त्वपूर्ण है। पूँजीवाद व्यक्ति को क्रमशः अपनी जड़ों और अपनी ज़मीन से, अपने जीवन के मूलभूत सामाजिक और संवेदनात्मक आधारों से विलग कर रहा है। हिन्दी में अनेक कहानियाँ बहुत ही संवेदनशीलता के साथ इस अलगाव की प्रक्रिया को प्रकट करती हैं। भारत में पूँजीवाद के विकास के तीन स्पष्ट चरण दिखाई देते हैं। औपनिवेशिक युग का पूँजीवाद एक ओर भारतीय समाज और व्यवस्था में आधुनिकता के यूरोपीय प्रारूप का प्रसार कर रहा था, वहीं दूसरी ओर भारतीय सामन्तवाद से गठजोड़ कर अपने पैर फ़ैलाने की कोशिश कर रहा था। ज़मींदारी और महाजनी व्यवस्था इस प्रक्रिया के उत्पाद थे। प्रेमचन्द ने अपनी उपन्यास-त्रयी प्रेमाश्रम, कर्मभूमि और गोदान में इसे विस्तार से अंकित किया है। 'पूस की रात', 'शूद्रा' और 'गुल्ली डंडा' जैसी कहानियाँ बताती हैं कि सामन्तवाद और पूँजीवाद का गठजोड़ मनुष्य को क्रूर, धूर्त, अमानवीय, आडम्बरी और काइयाँ बनाता है। इसकी प्रतिनिधि कथा 'कफ़न' है। पूँजीवाद ने अपने दूसरे चरण में 'लोकतंत्र' को अपनी गिरफ़्त में लिया। भारतीय लोकतंत्र सामन्तवादी सामाजिक आधारों पर खड़ा था, परन्तु उसका लक्ष्य 'विकास' के नाम पर आधुनिकता और अन्ततः पूँजीवाद का विस्तार करना था। नगरीय और महानगरीय जीवन पर लिखी गई कहानियाँ पूँजीवाद के इस रूप पर कठोर टिप्पणियाँ करती हैं। 'रोज़', 'चीफ़ की

दावत', 'ज़िन्दगी और जोंक', 'हत्यारे', 'मिस पॉल', 'फेंस के इधर और उधर', 'पिता' और 'अपना रास्ता लो बाबा' जैसी कहानियाँ इस दृष्टि से अत्यन्त महत्त्वपूर्ण हैं। ये कहानियाँ दिखाती हैं कि पूँजीवादी लोकतांत्रिक व्यवस्था आदमी को किस तरह अमानवीय और क्रूर बना रही है। अमानवीयकरण की इस प्रक्रिया की प्रतिनिधि कथा 'कविता की नई तारीख़' है—इस कहानी में अमानवीयकरण की प्रक्रिया का खुलासा बहुत सूक्ष्मता और कलात्मक कौशल से किया गया है।

काशीनाथ सिंह अपनी कहानियों में 'कंट्रास्ट' और 'समानान्तरता' की युक्ति का ख़ूबसूरती से इस्तेमाल करते हैं। इस कहानी में भी दो परिवारों को आमने-सामने रखकर उन्होंने अपने अभिप्रायों को व्यक्त किया है। कथावाचक 'मैं' एक लेखक और सरकारी नौकर है, जो अपने पाँच बच्चों और पत्नी के साथ निम्न-मध्यमवर्गीय जीवन जी रहा है। दूसरी ओर 'मैं' की साली रेखा और साढ़ूभाई सोनू का परिवार है जो आधुनिक रहन-सहन और सुख-सुविधाओं का प्रयोग करता है। आर्थिक स्तर में अन्तर आने के साथ ही दोनों की जीवन-पद्धति, सिद्धान्तों और आदर्शों में भी दूरी आ गई है। कहानीकार ने विस्तार दोनों परिवारों की भिन्न जीवन-स्थितियों, सामाजिकताओं और नैतिकताओं को सूक्ष्म वर्णनों के माध्यम से आमने-सामने खड़ा किया है। कथावाचक 'मैं' सरकारी नौकरी करता है, जिसमें उसे एक अच्छी-ख़ासी तनख़्वाह मिलती है। इसके बावजूद उसकी जीवन-स्थितियाँ निम्न-मध्यवर्गीय हैं। इसके विपरीत सोनू 'मैं' से छोटी अफ़सरी नौकरी करता है, परन्तु वह इतर माध्यमों से इतना अतिरिक्त पैसा कमा लेता है कि उच्चवर्गीय अभिजनी जीवन जीता है। अतिरिक्त कमाई के रक्षाकवच के लिए उसकी पत्नी और 'मैं' की साली रेखा वकालत करती हैं। इस रणनीति का खुलासा सोनू स्वयं करता है : "रेखा वकालत करती है। क्यों करती है, जानते हैं आप? इसके दुहरे कारण हैं। ग़ौर से सुनिए! एक तो मेरी वजह से उसे क्लायंट मिल जाते हैं और आमदनी होती है। दूसरे, वह बाहरी आमदनी के लिए आड़ का काम करती है क्योंकि उसकी वकालत से कोई समझ सकता है कि घर में जो कुछ है, अकेले मेरी कमाई का नहीं है। देखा चमत्कार आपने! इसका अर्थ है कि वह दो स्रोतों से आमदनी करती है—उसे छिपाकर भी और बाहर से लाकर भी। यानी एक ही क्लायंट से मैं भी लेता हूँ और वह भी लेती है। मैं आयकर की चोरी का इल्ज़ाम लगाकर लेता हूँ और वह उसे इल्ज़ाम से बरी कराकर।"

कथावाचक और सोनू के परिवारों की आर्थिक स्थिति और नैतिकता के अन्तर को उस प्रतिक्रिया से समझा जा सकता है, जो दोनों एक-दूसरे के घर जाकर देते हैं। सोनू-रेखा-दीपू-स्वीटी प्रत्येक वर्ष छुट्टियों में कथावाचक के घर आते। उनकी खातिरदारी करने में कथावाचक का दिवाला निकल जाता—"यहाँ साला खाने को ठिकाना नहीं और क़र्ज़े ले-लेकर अंडे और मछली और गोश्त और फ्रूट-जूस और जैम और ड्रिंक और...! सारी व्यवस्था उलट-पुलट हो जाती और आनेवाले छह महीने के लिए मेरा दिवाला निकल जाता।" इस खातिरदारी के बावजूद सोनू कथावाचक को मज़ाक़िया लहज़े में सिखावन देता—"कवीजी, जरा इधर भी ध्यान दीजिए। एक तो आपकी छत बेहद नीची है, दूसरे, इसकी दो धरनें भार से लपककर टेढ़ी हो गई हैं। सावधानी न

बरतिएगा तो मकान ही बैठ जाएगा।...ख़ैर मनाइए कि हम पतले हैं वरना सीढ़ियाँ ऐसी हैं कि मोटा आदमी बीच में ही अड़स जाए। बाथरूम ऐसा है कि इसमें सिर्फ़ बैठ और खड़े हो सकते हैं...इसकी खिड़कियाँ और दरवाज़े मोहनजोदड़ो-कालीन हैं। ऐसे काम न चलेगा, घर में चार-पाँच मच्छरदानियाँ तो रखा कीजिए। कवीजी...।"

इसके विपरीत जब कथावाचक का परिवार सोनू-रेखा के घर पहुँचा तो उनके जीवन की जगमग के सामने उन्होंने ख़ुद को बौना पाया। विशिष्ट कथारस के साथ काशीनाथ सिंह ने कथावाचक की प्रतिक्रिया के माध्यम से इसे प्रकट किया : "सुबह के नौ बज रहे हैं और हम 'ब्रेकफास्ट' पर बैठे हैं। मेरे बच्चे आँखें फाड़-फाड़कर उस डाइनिंग हॉल को देख रहे हैं जिसके तीन तरफ़ कमरे हैं—ड्राइंग-रूम और गेस्ट-रूम के सिवा; और एक तरफ़ दरवाज़ा जो उनके 'टेनिस-कोर्ट' में खुलता है। पत्नी कभी मुझे देखती हैं और कभी इस विशाल भवन को और कभी हाल के बीच दो खम्भों के दरम्यान रखे सोफ़े को! मैं साफ़ देख रहा हूँ कि उनके चेहरे पर मेरा सलाई की डिब्बी जैसा सँकरा और चारों तरफ़ से बन्द घर उभर आया है मेरी प्यारी पत्नी, इस दुनिया में सुख बड़ी मुश्किल से मिलता है और हमारी ख़ुशिक़स्मती कि आज मिल गया है। इसलिए उलटी-सीधी बातें मत सोचो और ड्राइंग-रूम से आता हुआ पार्श्व-संगीत सुनो। सुनो और खाओ। देखो, कैसे-कैसे व्यंजन इस मेज़ पर चले आ रहे हैं!...नाश्ते के नाम पर घर में मिलनेवाला चना और चाय भूल जाओ!" कथावाचक की आर्थिक स्थिति और जीवन-संघर्षों में उसकी उलझी हुई ज़िन्दगी का अन्दाज़ा इसी बात से लगाया जा सकता है कि शादी के 16 वर्षों और पाँच बच्चों के बावजूद वह कभी बाहर नहीं निकला था। वह और पत्नी कठिन जीवन-स्थितियों और कमज़ोर आर्थिक स्थिति में इस क़दर उलझे रहते थे कि खीज, झुँझलाहट, तनाव और अकारण झगड़े उनकी ज़िन्दगी का मुख्य हिस्सा हो गए थे। पत्नी हर बात के लिए क़िस्मत को दोष देती रहती थीं—यह उनकी बातचीत का स्थायी बन गया था। वे हँसना भूल गई थीं।

सोनू और रेखा के सुविधापूर्ण जीवन में प्रवेश करते ही पत्नी के भीतर एक ख़ास तरह की उदासी घर कर जाती है, जिसमें शर्मिन्दगी और हीनता का भाव भी मिला हुआ है।'मैं' के बच्चे सोनू-रेखा के बच्चों के मुक़ाबले भुक्खड़, फूहड़ और भदेस साबित होते हैं और उनके बीच एक स्थायी विभेदक रेखा खिंच जाती है। सोनू और विशेष तौर पर रेखा अपनी बातों की जगमग से उपजे इस हीन-भाव को गहरा कर देती थीं। बड़े बेटे गुड्डू और पत्नी की प्रतिक्रियाओं से इस हीनताभाव की गुत्थी को समझा जा सकता है। छोटा बेटा दीपू जहाँ ज़्यादा खाने के कारण दस्त करने लगा, वहीं बड़ा बेटा गुड्डू एक ख़ास तरह के अलगाव (एलियनेशन) का शिकार हो गया कि खाने में उसकी दिलचस्पी ख़त्म हो गई। वह अचनाक बड़ों की तरह व्यवहार करने लगा। यह हीनताबोध की एक तरह की पराकाष्ठा है कि मनुष्य परिस्थितियों और जीवन से अलगाव अनुभव करने लगे।

गुड्डू की ही प्रतिक्रिया का विस्तार पत्नी सोना की प्रतिक्रिया में दिखाई देता है जो अचानक गुमसुम रहने लगती है। उनके मन में सदाचार-भ्रष्टाचार की सनातन बहस नये तरह से उठ खड़ी होती है। वह पारम्परिक सदाचारी नैतिकता से मिलनेवाली बोझ भरी ज़िन्दगी के सामने भ्रष्टाचार से मिलनेवाली इस जगमग को रखती हैं और

उनके मन में सदाचारी नैतिकता को लेकर शंकाएँ उठने लगती हैं। उनके सवाल उनके भीतर उठी उथल-पुथल का ही आईना हैं : "यह बताओ कि सरकारी नौकरी तुम भी करते हो और सोनू भी! तुम बारह साल से कर रहे हो और वह पाँच साल से! बुद्धि में, ज्ञान में, अनुभव और समझदारी में वह तुमसे पीछे है! लेकिन वह कौन सा हुनर जानता है कि उसके पास सब कुछ है और तुम्हारे पास?" सन्देह इतना गहरा है कि वे कथावाचक की नैतिकता पर तंज कसती हैं : 'बेईमानी और घूसखोरी अच्छी लगती है, लेकिन दूसरे की...।' उनके एक वक्तव्य से बात ज़्यादा साफ़ होकर उभरती है : "यह ज़रूर है कि यहाँ मेरा दिमाग़ उलट-पुलट हो गया है। अच्छे-बुरे और ग़लत-सही का कुछ पता नहीं चल रहा है। अजीब सा घालमेल हो गया है सब। अपने पास जो नहीं था—ऊपर-ऊपर से भले कुछ कह दिया करूँ—लेकिन उसके लिए किसी से कोई शिकायत नहीं थी। शुरू में—इधर की नहीं, पहले की बात कर रही हूँ मैं! दूसरों को देखकर मुझमें हीनता ज़रूर पैदा होती थी लेकिन अपने को समझा लेती थी, बाद में तो मुझे उनसे चिढ़ होते-होते नफ़रत तक हो गई थी। और आज भी है। और यह मैंने तुमसे जाना था, इसमें दो राय नहीं। तुम्हारी बातें सुन-सुनकर! तुम्हारे विचारों की जानकारी के कारण।...लेकिन यहाँ जिस तरह मैं तुम्हें उन सारी सुविधाओं की तरफ़ ललचाई आँखों से ताकते हुए देखती हूँ तो सोचती हूँ—बुरा न मानना मेरी बात का—सोचती हूँ इनके ख़िलाफ़ तुम इसलिए तो नहीं थे कि ये दूसरों के पास क्यों हैं, तुम्हारे पास क्यों नहीं?...अगर बेईमानी बुरी चीज़ है तो ये चीज़ें क्यों अच्छी लग रही हैं और सचमुच अच्छी हैं तो बेईमानी और घूसखोरी कैसे बुरी हैं?"

सामन्ती आधारों पर खड़े लोकतंत्र के भीतर लगातार होते विकसित पूँजीवादी अर्थ-तंत्र में पैसा कमाने और आगे बढ़ने की अन्धाधुन्ध होड़ ने मध्यवर्ग को पारम्परिक नैतिकता और मनुष्यता से किस क़दर दूर कर दिया है, इसका खुलासा सोनू और रेखा के चरित्रों के माध्यम से होता है। सोनू और रेखा आत्मग्रस्त मध्यवर्ग के प्रतिनिधि हैं, जो अपनी जड़ों, यहाँ तक कि परिवारों से भी दूर हो गए हैं। आत्मग्रस्तता का आलम यह है कि रेखा को पता ही नहीं है कि उसके पिता को गुज़रे सात महीने हो गए और भाई पाँच महीने से इमरजेंसी के विरोध में प्रदर्शन करने के कारण जेल में है। सोनू और रेखा—पैसा कमाने और आगे बढ़ने की धुन में मनुष्यता की बुनियादों से भी दूर होते चले गए हैं। वे ऊपरी तौर पर विनम्र और सहनशील दिखाई देते हैं, परन्तु भीतर से बेहद क्रूर और असहिष्णु हैं। इस स्वभाव के पीछे मूलतः वह पैसा है, जो अनैतिक तरीक़ों से कमाया गया है। उसके पास अपने लोगों के लिए सुविधाएँ तो हैं, पर वक़्त नहीं है। इससे भी अधिक वह परिवर्तन महत्त्वपूर्ण है, जो आत्मा के स्तर पर घटित हो रहा है।

रेखा की अमानवीयता का विस्तृत खुलासा साड़ी पर चाय गिरने के प्रकरण में होता है, जहाँ वह घर के नौकर कोमल को बिना किसी भूल के न सिर्फ़ बुरी तरह डाँटती है, बल्कि उसे कसकर एक थप्पड़ भी लगाती है। अमानवीयकरण की इस प्रक्रिया में उनके बच्चे भी दीक्षित हो रहे हैं। कोमल को थप्पड़ से मारे जाने पर सोनू-रेखा के बेटे दीपू की प्रतिक्रिया इस ओर इशारा करती है। वह ताली बजाकर न सिर्फ़ अपनी ख़ुशी व्यक्त करता है, बल्कि उसे ईडियट और बास्टर्ड कहकर अपमानित करता है।

सोना और उसके बच्चों की प्रतिक्रिया रेखा-दीपू से बिलकुल उलट है। वे कोमल को नौकर से पहले एक मनुष्य मानते हैं। रेखा के उलट सोना कोमल से माँफी माँगती है और इस घटना के लिए शर्मिन्दा होती है। सोनू अनैतिक अवसरवादी और लोलुप भारतीय मध्यवर्ग का प्रतिनिधि है। वह दूसरों को कमतर मानता है, उन्हें सदाचार के लिए फटकारता और अपने कदाचार के लिए तर्क गढ़ता है। वह धूर्त, काइयाँ और चालाक है। अपनी सत्ता और विशेष स्थिति को वह पैसा और प्रभाव पैदा करने के लिए इस्तेमाल करता है। उसके लिए प्रत्येक वह चीज़ मूल्यहीन है, जिसके सामने वह ख़ुद को छोटा अनुभव करता है। रामलाल मानीटर के प्रकरण में कहानीकार ने उसकी अमानवीयता का खुलासा सूक्ष्मता से किया है। वह अपने पद, पैसे और प्रभाव का रौब गाँठने से भी बाज नहीं आता और मुखर तरीक़े से इन्हें अभिव्यक्त करता है। उसे इस बात का गहरा अहसास है कि वह अपने लोगों से बहुत दूर निकल आया है। परन्तु शराब पीते हुए अपने विस्तृत एकालाप में वह बताता है कि कैसे उसके पिता, माँ और सभी भाई एक-एक करके उसके घर आए और 'आकर जो गए, इनमें से दोबारा कोई नहीं आया।' उसे पक्का यक़ीन है : यह नहीं कि आने का उन्हें मौक़ा नहीं मिलता, बस यह कि आना नहीं चाहते।' यह इस बात के बावजूद है कि उसके हिसाब से न सिर्फ़ उसने सबकी सुख-सुविधाओं का ध्यान रखा, बल्कि उन्हें पर्याप्त वक़्त भी दिया। वह इस स्थिति से कहीं न कहीं विचलित है : "आप बता सकते हैं कि वे क्यों नहीं आना चाहते? मैं यह हरगिज़ नहीं मान सकता कि उन्हें मेरे सुख से चिढ़ है।" एक तरह से सोनू रेखा की तुलना में अपने परिजनों से ज़्यादा संलग्न है, वह रेखा की तरह अपने परिजनों से असम्पृक्त नहीं है। अपना आत्मालोचन करने के बजाय वह उन्हें ही पिछड़ी हुई संवेदना और मूल्यों से चिपके रहनेवाला मान लेता है। यह तर्क प्रणाली इसलिए भी उसे ठीक लगती है कि इससे उसकी सुविधाभोगी ज़िन्दगी पर कोई प्रभाव नहीं पड़ता। वह यह कहने से भी नहीं चूकता कि 'वे मुझसे यही चाहते थे।' यह दु:ख भी अन्ततः अपने बचाव में धारण की गई एक मुद्रा ही है, एक आवरण।

कहानीकार मध्यवर्ग के दो भिन्न तरह के चरित्रों को समान्तरता में खड़ा कर मध्यवर्ग के एक विमर्श को नया आयाम देता है। भारत में आज़ादी बाद मध्यवर्ग का असीमित विस्तार हुआ है। विविध पृष्ठभूमियों से आए लोग अपने-अपने सामाजिक-सांस्कृतिक आधारों के साथ मध्यवर्ग का हिस्सा बनते गए हैं। आर्थिक विकास की होड़ में उनके जीवन-लक्ष्य भी बदलते गए हैं। आज़ादी की लड़ाई के दौरान अपने समाज के प्रति अत्यधिक जवाबदेही रखनेवाला मध्यवर्ग था जो समय के साथ धीरे-धीरे सिकुड़ता गया है और समाज से विमुख आत्मकेन्द्रित और स्वार्थी मध्यवर्ग विस्तृत होता गया है। कथावाचक 'मैं' समाजमुखी प्रगतिशील मध्यवर्ग का प्रतिनिधि है तो सोनू समाजविमुख मध्यवर्ग का। सोनू-रेखा की समूची तर्क संहिता समाज विमुख मध्यवर्ग के विचारों का घोषणापत्र है। इस मध्यवर्ग के पतन की कहानी सोनू तक रुकी नहीं रही है। इक्कीसवीं सदी के दूसरे दशक में इसका स्वाभाविक विकास फ़ासीवादी रुझानों वाले मध्यवर्ग के रूप में हुआ है—जो निर्धन, दलित, स्त्री, अल्पसंख्यक विरोधी और पूँजीवाद तथा अमेरिका मुखी है। काशीनाथ सिंह के बाद के कहानीकारों में विशेष

रूप से उदय प्रकाश और अखिलेश ने मध्यवर्ग की पतन गाथा पर ध्यान केन्द्रित किया है। मुक्तिबोध ने मध्यवर्ग की गम्भीर आलोचना पेश की है। जिस वर्ग को उन्होंने 'मर गया देश/अरे जीवित रह गए तुम!' कहकर लताड़ा था, आज वही मध्यवर्ग राष्ट्र का नेतृत्व कर रहा है।

कंट्रास्ट की तकनीक का प्रयोग करने के कारण कहानी एक नाटक की तरह विकसित होती है। इसका एक दिलचस्प और सर्वाधिक महत्त्वपूर्ण दृश्य 'मैं' और 'सोनू' के शराब पीने के दौरान हुआ नाटकीय वार्तालाप है, जिसमें 'सोनू' का एकतरफ़ा बयान आत्मग्रस्त अहंमन्य और मध्यवर्ग की सामाजिकता का खुलासा करता है। सार्वजनिक जीवन में आर्थिक भ्रष्टाचार से शुरू होकर बातचीत कवियों और लेखकों की सामाजिकता, सामाजिक छवि और उनकी क्रान्तिकारिता पर टिक जाती है। सोनू के मत से साहित्य की कोई सामाजिक भूमिका नहीं होती। वह कवियों को नकारा समझता है। इस अंक में सोनू कथावाचक 'मैं' के वर्ग की सामाजिकता और उसके आदर्शों का मज़ाक़ उड़ाता है। इस वर्ग के खोखलेपन, छद्म क्रान्तिकारिता और अवसरवाद की पोल खोलकर वह एक तरह की बढ़त हासिल करता है। इस बढ़त का जवाब कहानी के अगले दृश्य में एक एंटी क्लाइमेक्स द्वारा मिलता है, जहाँ अपमान भरी निरीहता से गुज़र रहे 'मैं' की ओर से उसकी पत्नी सोना उसकी मनुष्यता, आदर्शों और सिद्धान्तों के पक्ष में खड़ी होती है और सोनू-रेखा को विनम्रतापूर्वक उसकी अमानुषिकता, आत्मग्रस्तता और क्रूरता से परिचित कराती है :

"यह आदमी! मुझे अचरज है कि रात-भर—इस सारी रात अपमान सहता हुआ कैसे चुप रहा है? जिस आदमी ने सब कुछ बर्दाश्त किया है लेकिन अपमान नहीं—यह क्यों चुप रह गया—मुझे आश्चर्य है...। इसने कभी किसी का रोब नहीं सहा, किसी के आगे हाथ नहीं फैलाया, किसी की ख़ुशामद नहीं की, किसी का ताना नहीं सहा—और आज वही आदमी यहाँ लाश की तरह पड़ा हुआ है? क्यों ऐसा हुआ?...मैंने इस मर्द के साथ सोलह साल गुज़ारे हैं...सारी जवानी गुजारी है इसके साथ और मैंने किसी नशे का असर नहीं देखा इस पर—चाहे शराब हो, चाहे गाँजा, चाहे भाँग, चाहे दौलत! हाँ दौलत! यह धनी से धनी और दबंग से दबंग आदमी के साथ ऐसे पेश आता रहा है जैसे वह कौड़ी का तीन हो! मेरे कहने का यह अर्थ कतई मत लेना कि मैं इसके या अपने अपमान का बदला ले रही हूँ। न, ऐसा मत सोचना। बदला मैं तुमसे क्या लूँगी जिसे यही नहीं मालूम कि उसके बाप को गुजरे कै महीने हो गए और भाई घर पर है या जेल में? नहीं, पहले पूरी बात तो सुनो! मेरी मुश्किल यह है कि इसने ख़ुद अपनी ठोड़ी क्यों फोड़ ली?" काशीनाथ सिंह की कहानियाँ ज़्यादातर पुरुषों के इर्द-गिर्द घूमती हैं और स्त्रियाँ प्राय: परिवार की सीमा के भीतर ही चित्रित होती हैं, परन्तु इनके माध्यम से भी वे स्त्री-जीवन की विविधता को सामने रख पाए हैं। स्त्रियों के चरित्र की दृष्टि से भी उनकी प्रभावशाली कहानी है—'कविता की नई तारीख़'। 'पत्नी' और रेखा के चरित्र कथा-संसार में एक तरह के नये चरित्र हैं। नामवर सिंह ने उचित ही सोना को 1980 के आसपास नई उभरती भारतीय स्त्री का प्रतिनिधि माना है—स्वाभिमान और स्त्री गौरव से भरी।

कहानी के वर्णन में कहानीकार की शैली में पाया जानेवाला खिलंदड़ापन है, जो तनाव और द्वंद्व के इन प्रसंगों को ज़्यादा तीखेपन से उभारता है। कलात्मक संयम और कथा-अभिकल्पना की दृष्टि से भी यह कहानी काशीनाथ सिंह की सर्वोत्तम कहानी कही जा सकती है। अपने ख़ास कथा-रूप में आन्तरिक लय में कसी हुई। काशीनाथ सिंह की अनेक कहानियों में एक क़िस्म के नाटकीय तनाव की सम्भावना होती है और कहानी प्रायः नाटक के निकट चली जाती है। यह एक ऐसी ही कहानी है। इस कहानी को बहुत ही आसानी से एक नाटक में तब्दील किया जा सकता है। एक सम्पूर्ण कलात्मक कृति के रूप में है, जिसमें एक मूर्ति की तरह बहुत ही संयम के साथ तराशी गई है। कहानी एक विशिष्ट लय में चलती है, जिसमें एक ओर खिलंदड़ापन, कौतुक और विनोद है तो दूसरी ओर विडम्बना, तनाव और द्वंद्व। काशीनाथ सिंह की ख़ासियत इस बात में है कि कहानी में एक भी वर्णन, दृश्य या संवाद अतिरिक्त नहीं है। जो भी है वह कहानी के मूल मन्तव्य को प्रकट करने में सार्थक भूमिका निभाता है। अतिरिक्त के मोह से बचकर कहानीकार अपने अभिप्रायों को तीखे ढंग से व्यक्त कर पाया है।

शहरीकरण से उपजी अमानवीयता

आशीष त्रिपाठी

'अपना रास्ता लो बाबा' (1986) काशीनाथ सिंह की प्रतिनिधि कहानियों में से एक है। प्रेमचन्द-यशपाल-अमरकान्त की कथा-संरचना का प्रयोग काशीनाथ सिंह ने अपनी जिन कहानियों से सफलतापूर्णक किया है, यह कहानी उनमें सर्वाधिक महत्त्वपूर्ण है। शायद इसीलिए इसे पाठकों के बीच ज़्यादा लोकप्रियता प्राप्त हुई है।

कहानी मुख्यतः संवेदना-आधारों के छीजने का कथात्मक बयान है। गँवई भारतीय समाज आधुनिकीकरण और शहरीकरण की प्रक्रिया में जिन नई चुनौतियों का सामना कर रहा है, उनमें प्रमुख है पारम्परिक गँवई सामाजिक और पारिवारिकता का क्षरण। पूँजीवाद विकास प्रक्रिया औद्योगीकरण और अंग्रेज़ीकरण में विकसित आधुनिक व्यवस्था-तंत्र के विकास ने बड़ी मात्रा में गँवई किसानों, शिल्पियों और खेतिहर मज़दूरों को शहरों की शरण लेने के लिए बाध्य किया है। गँवई सम्पन्न वर्गों का एक हिस्सा आधुनिक शिक्षा प्राप्त कर आधुनिक अफ़सरशाही का हिस्सा बनकर शहरों की ओर रुचि से गया है। विकास-नीतियाँ प्रायः नगर केन्द्रित रही हैं और आज़ादी के कई दशक बीत जाने के बाद भी गाँवों में न्यूनतम सुविधाएँ मुहैया नहीं कराई जा सकी हैं। शिक्षा, स्वास्थ्य सुविधाएँ, रोज़गार प्रायः नगरों में ही मिल पाते हैं। इसीलिए बड़ी मात्रा में गँवई किसान और अन्य वर्गों के लोग अपने पुत्र-पुत्रियों के लिए नगर के जीवन की इच्छा करते रहे हैं। खेती की तुलना में नगरों में छोटी ग़ैरसरकारी नौकरियाँ भी बेहतर मानी जाने लगी हैं। बढ़ती जनसंख्या के अनुपात में गाँवों में रोज़गार की कमी ने इस समस्या को विकराल बना दिया है। परिणाम यह हुआ है कि नगरों में विभिन्न क़िस्मों के कुशल और अ-कुशल श्रमिकों की बड़ी संख्या श्रम की तलाश में इकट्ठी हो गई है। इन परिस्थितियों ने मज़दूरी की क़ीमत घटाई है और सस्ती दर मे मज़दूर बड़ी मात्रा में रोज़गार के लिए उपलब्ध हैं। यह शहरों में गाँव की उपस्थिति है। इस आबादी का जीवन-स्तर बेहद नीचा है। बावजूद इसके लोग नगर छोड़कर गाँव वापस नहीं जा रहे हैं। बड़ी मात्रा में ऐसे मज़दूर भी शहरों में आते हैं जो पारम्परिक किसानी या अन्य श्रमों के साथ शहरी श्रम का तालमेल बैठाते हैं। वे खेती या अन्य शिल्पों की ज़रूरत के वक़्त गाँव में पारम्परिक श्रम करते हैं और वहाँ से छुट्टी पाकर शेष दिनों में शहरों में मज़दूरी के लिए जाते हैं। ज़्यादातर ऐसे मज़दूर गाँवों में ही निवास करते हैं वे सुबह शहर जाते हैं। दिन भर काम करते हैं और शाम को गाँव लौट जाते हैं। स्वाभाविक है कि इससे ग्रामीण जीवन का नक़्शा काफ़ी तेज़ी से बदला है। गाँवों

की नगरोन्मुखता और नगर-आश्रयता को एक ही तरीक़े से समझा नहीं जा सकता है। यह एकायामी, एकरेखीय और एक स्तरीय नहीं है। यहाँ भी विभिन्न सामाजिक-आर्थिक वर्गों पर उस प्रक्रिया के प्रभाव भिन्न-भिन्न हैं। सवर्ण सम्पन्न वर्गों पर ये प्रभाव भिन्न हैं और दलित विपन्न वर्गों पर भिन्न। 'अपना रास्ता लो बाबा' ऐसे ही एक प्रभाव का खुलासा करती है। कहानी का केन्द्रीय चरित्र देवनाथ सम्पन्न सवर्ण किसान समुदाय का प्रतिनिधि है। विपन्न दलित-आदिवासी समुदाय के बुद्धू गोंड का उल्लेख तो कहानी में ज़रूर है, परन्तु वह कहानी का हिस्सा नहीं बन सका है। देवनाथ की केन्द्रीयता कहानी को एक हिस्से पर पड़े प्रभावों के रूप में पढ़ने के लिए बाध्य करती है।

कहानी मुख्यतः दो चरित्रों देवनाथ और बेंचू बाबा के बीच पनपनेवाली गतिविधियों से विकसित होती है। ये प्रायः सम्मुख और समानान्तर खड़े चरित्र हैं। बाबा, देवनाथ के पिता के सगे बड़े भाई हैं यानी ताऊ। देवनाथ ने अपने बचपन में उनसे बहुत लाड़ पाया है। बेहद गहरी संलग्नता रही है बाबा की। परन्तु शहर और मध्य का हिस्सा बनने के बाद देवनाथ गाँव और घर-परिवार से असम्पृक्त होते गए हैं। कई साल से गाँव नहीं गए। बेहद क़रीबी लोगों से भी कोई रिश्ता शेष नहीं रह गया। एक दूरी रखी उन्होंने उन लोगों से, ताकि वे शहर आकर बात-बे-बात परेशान करने की हिम्मत न जुटा सकें। इस बात का पता इस बात से भी चलता है कि बेंचू बाबा प्रायः पहली बार शहर में उनके घर आए हैं और उन्हें घर का पता भी ठीक से मालूम नहीं है। देवनाथ की पत्नी आशा और बच्चे इन्हें जानते तक नहीं हैं। उनका परिचय विस्तार से समझाकर देना पड़ता है। असम्पृक्ति और असंलग्नता वस्तुतः उस संवेदनहीनता, क्रूरता और आत्मग्रस्तता का परिणाम हैं, जो गाँवों से आए शहरी मध्यवर्गी में धीरे-धीरे जड़ जमा रही है। शहरी मध्यवर्ग में अपेक्षाकृत एक लिहाज़ और सुसंस्कृति पाई जाती है। देवनाथ का चरित्र शहरीकरण की प्रक्रिया से गुज़र रहे पहली पीढ़ी के शहरियों का ठोस रूपायन करता है, पर इसे प्रतिनिधि चरित्र मानना ठीक न होगा। देवनाथ की संवेदनहीनता और क्रूरता से इस वर्ग का सामान्यीकरण करने से जटिल परिस्थितियों के बारे में बहुत सपाट निष्कर्ष ही निकलेंगे।

कहानी में शुरू में ही मेवालाल की पान की दुकान पर देवनाथ आवाज़ से बाबा को लगभग पहचान गए थे, परन्तु उनकी ओर देखे और उनसे बात किए बग़ैर घर चले आए। बाबा घर तक न आ जाएँ, इस बात के पुख़्ता इंतज़ाम वे करते हैं। इस प्रारम्भिक विवरण से ही यह स्पष्ट हो जाता है कि वे बाबा के आने को झंझट की तरह लेते हैं। यह घटना उनकी असंलग्नता और क्रूरता की प्रारम्भिक सेवाओं को पूरी तरह स्पष्ट कर देती है। वे एक काइयाँ और धूर्त आदमी जान पड़ते हैं। आगे जब बाबा उनसे अपनी बीमारी का हाल बताकर इलाज कराने के दरख़्वास्त करते हैं तो उससे बचने का जो उपाय वे करते हैं, उस पूरी प्रक्रिया में उनकी धूर्तता, झूठापन और क्रूरता का पूरा खुलासा हो जाता है। वे अपने एक परिचित डॉक्टर को बाबा को दिखाकर जल्द से जल्द उन्हें विदा कर देना चाहते हैं। धर्मसंकट तब आता है जब डॉक्टर बाबा को कैंसर होने का सन्देह ज़ाहिर करता है। कई जाँचों के बाद ही इसकी पुष्टि हो सकती है। एक असमंजस उनके मन में है। बाबा से पुराने प्यार और मनुष्यता का एक सूत्र उनके भीतर है, जो उन्हें परेशान करता है। कहानीकार ने बेहद तटस्थता के साथ इस परिस्थिति का वर्णन किया है—"देवनाथ ग़मगीन तो नहीं थे

चिन्तित ज़रूर थे। वे जिस मुसीबत से बचने के लिए दौड़-धूप कर रहे थे, वह उन्हें गले पड़ती नज़र आ रही थी। यह तो था कि वे अस्पताल और जाँच के बवाल को अपने सिर नहीं लेना चाहते थे लेकिन कहीं-न-कहीं उनके मन में यह भी था कि अभी कुछ बिगड़ा नहीं है, अच्छे हो सकते हैं। कोई पराए भी नहीं हैं, अलगा-गुज़री न होती तो सब एक ही थे।" राग-प्यार के कुछ तन्तु देवनाथ के मन में शेष हैं। इस बात का पता दो अवसरों पर पहले भी चलता है। बाबा के लिए ख़राब हो गई मिठाइयाँ भेजते हुए पत्नी का व्यवहार और ख़ासतौर पर टोन 'उन्हें थोड़ा खल गया' था। बच्चों द्वारा गुड़ का गागर मोरी में बहा दिये जाने की याद करके भी वे भावुक हो गए और उनकी आँखें भीग आई थीं। खलना, भावुक होना और 'अच्छे हो जाएँ' की सदिच्छा कोई सकारात्मक परिणाम नहीं देती। यह भी साफ़ ज़ाहिर है। अन्ततः देवनाथ उसी अमानवीय क्रूरता और धूर्तता की शरण में जाते हैं—'चुप मार जाओ और इस बात की चर्चा कहीं किसी से मत करो।' वे बाज़ार से ऐसी दवाएँ ख़रीदते हैं जिनका बाबा की बीमारी से कोई सम्बन्ध नहीं है तथा जो सस्ती हैं। रात एकान्त में भावुकता के क्षणों में उनके भीतर एक अपराधबोध जन्मता है, परन्तु वे उसका गला घोंट देते हैं—वे उठ खड़े हुए और अपने चूतड़ झाड़ने लगे, सारी ज़िन्दगी और सारा ज़माना तुम्हारे सामने पड़ा है और तुम एक बेमतलब के बुड्ढे को लेकर मुँह लटकाए बैठे हो।" अन्ततः यही मध्यवर्गीय बोध देवनाथ के संशयों का निराकरण करता है।

देवनाथ का असमंजस और भावुकता उसे एक वास्तविक चरित्र बनाते हैं, अन्यथा वह एकायामी सपाट चरित्र बनकर रह जाता। इस बात के बावजूद कि देवनाथ एक क्रूर, अमानवीय और धूर्त चरित्र के रूप में विकसित होता है। कहानीकार ने उसके प्रति बहुत तीखी आलोचनात्मकता का प्रयोग नहीं किया है। ज़ाहिर है कि कहानीकार उसे परिस्थितियों की स्वाभाविक परिणति के रूप में देखता है। यह बात भी स्पष्ट है कि शहरी मध्यवर्ग की अमानवीयता का चरित्रांकन करते हुए कहानीकार यह भी बतलाता चला है कि गँवई समाज भी ऐसी क्रूरताओं से भरा पड़ा है। देवनाथ के लगभग समानान्तर उसने गँवई पुत्र सुदामा और शहरी पुत्रवधू आशा के समानान्तर सुदामा की पत्नी की उपेक्षा और लापरवाही की बातें सामने रखकर इसे गाँव-शहर की सीमा से बाहर एक सामान्य अमानवीयता की तरह खड़ा किया है। इससे 'बूढ़ी काकी' और 'चीफ़ की दावत' की तरह 'बूढ़ों के प्रति हो रहे उपेक्षापूर्ण व्यवहार' की कहानी में संकुचित हो जाने का ख़तरा भी सामने आता है। थोड़े भ्रम की गुंजाइश के बावजूद कहानी मुख्यतः शहरीकरण की प्रक्रिया में उपज रही अमानवीयता की कहानी बनकर उभरती है। बाबा का सहज, निश्छल, अकुंठ, भावुक और सहज, विश्वासी चरित्र सामान्य किसानों के प्रतिनिधि की तरह सामने आता है। यह भी स्पष्ट है कि अमानवीकरण की इस प्रक्रिया में बच्चे और स्त्रियाँ भी सहज रूप में शामिल हैं और उनका कोई सकारात्मक चेहरा सामने नहीं आता है। वे पूरी तरह अनुकूलित हो चुके हैं।

'अपना रास्ता लो बाबा' और 'कविता की नई तारीख़' को साथ-साथ पढ़ने से अमानवीकरण की इस प्रक्रिया के प्रति कहानीकार काशीनाथ सिंह की राय का खुलासा ज़्यादा होता है। ये दोनों कहानियाँ एक विशिष्ट अर्थ में आधुनिक शहरी व्यवहार, शिक्षा, सुरुचि और सुसंस्कृति की एक गम्भीर आलोचना प्रस्तुत करती हैं।

दलित स्त्री की दारुण पीड़ा का आत्मकथ्य

आनन्दप्रकाश त्रिपाठी

विद्यासागर नौटियाल का कथा-साहित्य उत्तराखंड के उनके अपने अंचल टिहरी गढ़वाल के जनजीवन, संस्कृति, आर्थिक एवं राजनीतिक स्थितियों का प्रामाणिक दस्तावेज़ है। समाज, राजनीति और धर्म में व्याप्त पाखंडों के विरुद्ध आक्रोश एवं प्रतिरोध का स्वर उनके उपन्यासों और कहानियों में चित्रित समाज और उसके किरदारों में सहज विद्यमान है। उन्होंने अपने देखे-सुने जीवन-जगत और व्यक्तियों को आधार बनाकर अत्यन्त सहज भाषा-शैली, प्रगतिशील सोच और पूरी संवेदनशीलता के साथ अत्यन्त महत्त्वपूर्ण एवं प्रभावी साहित्य रचा है। अपने इसी कथाकार स्वभाव से विद्यासागर ने कई बेमिसाल कहानियाँ लिखीं। वे पहाड़ी जीवन के सौन्दर्य के चितेरे नहीं, उसके दारुण यथार्थ को उकेरनेवाले कथाकार हैं। 'फट जा पंचधार' (1991) विद्यासागर नौटियाल की बहुचर्चित कहानी है। इसका बीजवपन लेखक के दिमाग़ में छह वर्षों के चिन्तन-मनन, मानसिक उधेड़बुन, लेखन में आगत व्यवधान, कल्पना और यथार्थ के द्वंद्व के उपरान्त बहुत पहले काशी में हुआ था। लेखक के अनुसार—"इस कहानी का मूल विचार कभी बनारस में रहनेवाले एक विद्वान कम्युनिस्ट रुस्तम सैटिन के दिमाग़ में जन्मा था।" इस कहानी के मुख्य स्त्री पात्र की जीवन-कथा लेखक को वर्षों पहले उस मित्र ने सुनाई थी। बेसहारा हो उठी उस लाचार औरत की दास्ताँ सुनकर लेखक का बेचैन होना स्वाभाविक था। उसे ऐसा प्रतीत हुआ मानो उस युवती ने इस मित्र के ज़रिये उसके पास अपना सन्देश भेजा है कि 'वह उसकी कहानी पूरी दुनिया को सुना दे।' वह दलित स्त्री लेखक के सपनों में आती है और बनारस में रुस्तम सैटिन की कही हुई बातें उसे याद आने लगती हैं। 'फट जा पंचधार' कहानी परिपक्व जीवनानुभवों की उपज है। तभी तो इस कहानी को लिखने में लेखक को 6 वर्ष का समय लगा। इतना ही नहीं 'फट जा पंचधार' के प्रकाशन के साथ विद्यासागर नौटियाल के लेखकीय जीवन में एक नये अध्याय की शुरुआत हुई। वह फिर से कहानियाँ लिखने लगे और उपन्यास भी। और सब कुछ छोड़-छाड़कर पूरी तरह साहित्य की दुनिया में लौट आए।

'फट जा पंचधार' की कथा उस सामंती समाज की है जो सदियों से सामाजिक-धार्मिक रूढ़ परम्पराओं में जकड़ा हुआ है। 'पंचधार' ढलान वाले उस क्षेत्र को कहते हैं जहाँ पाँच गाँव की सीमाएँ मिलती हैं। यहाँ की उच्चजाति-सयाणों (सवर्ण) ने पुश्त-दर-पुश्त दलितों को अपने क़ब्ज़े में ग़ुलाम बना रखा है। गाँव की पंचायत में ग़रीब और दलित

की कोई सुनवाई या हिस्सेदारी नहीं है। उनकी हैसियत केवल फ़ैसला सुनने और मानने की है। सयाणों के समाज में बहुपति प्रथा प्रचलित है जिसमें परिवार में कुल भाइयों की एक ही औरत होती है और वह सिर्फ़ भोग की वस्तु बनकर जीवन बिताती है। इस समाज में कई भाइयों अथवा बेटों के कई पिता थे। कहानी की नायिका रक्खी दलित जाति की स्त्री है जिसके दादा, परदादा वीर सिंह (सायण) के पूर्वजों के समय से क़र्ज़दार थे। ठाकुर वीरसिंह की माँ उसके पिता के तीन भाइयों की अकेली औरत है जबकि ठाकुर वीरसिंह सहित पाँच भाइयों की एक अकेली औरत है दिलदेई, किन्तु अधेड़ दिलदेई से बीस वर्षीय सजीले नौजवान वीरसिंह का कोई लगाव नहीं है। इसलिए अपनी कामेच्छा की पूर्ति के लिए वह चौदह साल की किशोरी रक्खी को ज़बरदस्ती उसके घर से कुछ शर्तों पर उठा ले आता है। इस कुत्सित सामंती समाज में रक्खी के अलावा दिलदेई, पारो, सत्ती जैसी औरतें सिर्फ़ पुरुष की शारीरिक भूख शान्त करने के लिए हैं। रक्खी जब दस-ग्यारह साल की थी, उसका मोल-भाव करनेवाले आते थे। किन्तु इस विपत्ति से बचने का उसे कोई रास्ता नहीं सूझता। रक्खी के पीड़ा भरे शब्द हैं—"हमारी जाति का कोई आदमी ऐसा नहीं था जो बँधुआ न हो। और किसी बँधुआ की क्या हैसियत हो सकती थी जो मेरी माँ को मुँहमाँगा दाम दे सकता था। वह दाम जिससे मेरे बाप को नरक से छुटकारा मिल सकता। माँ उससे अपने मरे हुए आदमी को यमदूत से मुक्त कराएगी। मैं उसकी दौलत थी।" दौलत का अभाव और धर्म का भय ग़रीबों को क़र्ज़ में डुबोए हुए है। मृत्यु के बाद भी आत्मा की मुक्ति का भय दिखाकर धन ऐंठनेवाले सयाणों एवं पंडे-पुरोहित की जमात से लड़ना दलित वर्ग की रक्खी के लिए सम्भव नहीं है। रक्खी की माँ अपने दिवंगत पति को यमद्वार से मुक्ति दिलाने के लिए ही रक्खी का सौदा वीरसिंह से कर देती है। रक्खी बताती है कि "वीरसिंह ने गाय की पूँछ पकड़कर क़सम खाई। एक वह मेरे बाप का क़र्ज़ मेरे हाथ के बदले माफ़ कर रहा है। और मेरी माँ ने मेरा हाथ उसे पकड़ा दिया।" रक्खी को इस बात का दुःख है कि उसका विवाह नहीं हो पाया, कोई रस्म अदा नहीं हुई, कोई 'मंगल' नहीं गाए गए। रक्खी के मन में कहीं गहरे यह आशंका उभर रही है कि वीरसिंह के पास रहना एक अनहोनी बात है और यह साथ ज़्यादा दिन तक निभ नहीं सकेगा। रक्खी की यह आशंका निराधार नहीं है; क्योंकि वीरसिंह के लिए रक्खी शरीर सुख का साधन मात्र है। एक रात जब वीरसिंह से रक्खी पूछ बैठती है कि 'तुम मुझे क्यों लाए?' तो जवाब में कहता है, 'मुझे एक हमउम्र, सुन्दर जवान औरत की ज़रूरत थी। मैं रात में औरत के साथ सोना चाहता था, तुझे इसलिए लाया। तू नीच है, इसलिए मेरे भाई तुझे अपने साथ नहीं सुला सकते। मैं तेरे रंग-रूप पर, तेरे नाक-नक्श पर फिदा था। तू हमारी धरती पर सबसे ख़ूबसूरत चाँद है। तेरी माँ तुझे राजी से मेरे हवाले न करती तो मैं तुझे सचमुच घसीटकर ले आता। मुझे तेरे रेशमी बदन की सख़्त ज़रूरत थी, इसलिए अपनी रानी बनाकर लाया।" वहाँ वीरसिंह के माध्यम से सामंती समाज का पुरुषवादी चेहरा सामने आ जाता है। दुर्भाग्य यह है कि इसी पुरुषवादी सोच ने सदियों तक स्त्री को ग़ुलाम बनाए रखने की साजिश की है, जहाँ उच्च जाति के समाज के विचारों की सीवन उघड़ जाती है।

इस कहानी में पुरुष की कामुकवृत्ति के बरक्स स्त्री की दमित आकांक्षाएँ भी उजागर

हुई हैं। दिलदेई, पारो जैसी स्त्रियाँ अपने देह सुख के लिए पुरुष की तलाश करती हैं। दिलदेई ने जिस देवर वीरसिंह को बचपन में अपनी गोद में खिलाया, कंधों पर बिठाकर खेत-खलिहान में घुमाया, नहलाया-धुलाया और उसके बड़ा होने में मदद की। अब वह उसे चाहने लगी थी। किन्तु वीरसिंह अधेड़ दिलदेई की बजाय कमसिन, हमउम्र, नई-नवेली हसीना की सोहबत करना चाहता था। वहीं दलित वर्ग की पारो अपने यौन सुख के लिए परपुरुष से सम्बन्ध बनाने के लिए कोई संकोच नहीं करती। वह किसी की पत्नी है, पर उसके पहले एक जवान औरत। निम्न जातीय परिवार व समाज में स्त्री के लिए कोई लक्ष्मण रेखा नहीं होती। पारो अपनी मर्ज़ी की मालकिन है तीन महीने मायके रहकर पड़ोसी गाँव के युवक से दैहिक सुख लेकर गर्भवती होती है। उसके पति सुरता को यह सब कुछ मालूम है किन्तु वह लाचार है। ससुराल लौटकर पारो पुत्र को जन्म देती है। घर में ख़ुशियाँ मनाई जाती हैं। इसे क्या एक स्त्री की जीत कहा जाए या उस पुरुष की नाकामी जो अपनी पत्नी को दैहिक सुख देने में असमर्थ है। स्त्री विमर्श की दृष्टि से पारो पुरुषवाद को चुनौती देती प्रतीत होती है। वह किसी पुरुष/पति की ग़ुलाम नहीं है, मन मारकर जीना उसे मंजूर नही है।

धार्मिक पाखंड या कि धर्म का भय दिखाकर किसी निम्न जाति को ग़ुलाम बनाए रखने की साजिश एक बड़ा सामाजिक अपराध है। किसी ग़रीब का क़र्ज़दार होना महाअभिशाप है, उसकी कई पीढ़ियों के लिए। क़र्ज़ न चुकता कर पाने और मर जाने पर नरक मिलने का भय उसके प्रति कितना घातक षड्यंत्र है। ब्राह्मण की यह उद्घोषणा कि "ग्याड़, तेरा बाप नरक में है। वह क़र्ज़दार मरा। शास्त्रों के अनुसार बाप का क़र्ज़ा बेटे को चुकाना चाहिए। तू अपने बाप का क़र्ज़ा कबूल कर लेगा तो तेरे बाप को नरक से छुटकारा मिल जाएगा।" क़र्ज़ चुकाने के लिए गोदान सामान्य सी बात थी। पुरखों की मुक्ति की कामनावश उन्हें कहना पड़ता है—"छुड़ा दे गाय माता, मेरे बाप को, यमराज के बन्धन से छुड़ा दे—मेरा बाप ज़ोर-ज़ोर से विनती करने लगा—क़र्ज़ा मैं दूँगा गाय माता, मेरे बाप के बन्धन खुलवा दे।" यह क़र्ज़ कभी उतरता नहीं, हस्तान्तरित होता जाता है एक पीढ़ी से दूसरी पीढ़ी में और इसी तरह शोषण का कभी समाप्त न होनेवाला दुश्चक्र चलता रहता है। क़र्ज़दार होने की स्थिति में ग़रीब वर्ग उस ज़मींदार का ग़ुलाम बना रहता है। रक्खी भी इसी बन्धन में जकड़ी है। इसीलिए वीरसिंह के बाप और उसके भाई उससे अपनी खेती-बाड़ी, घराट, गोशाला, जंगल में काम करवाते और सालों-साल उसे दादा के उधार का हिसाब सुनाते रहते हैं। सामन्ती समाज के द्वारा शोषण का यह क्रम कितना शर्मनाक और अमानवीय है।

रक्खी के समाज की लड़कियों की ख़रीद-फ़रोख़्त और उन्हें कोठे पर बिठा देने की घटनाएँ लेखक के लिए चिन्ता की बात है। पंचधार की बस्तियों में स्त्रियों का दलाल धर्मा ही नहीं, डॉक्टर दयाल और परगना अधिकारी, पुलिस-दारोगा भी हैं। डॉक्टर दयाल डॉक्टरी की आड़ में औरतफ़रोशी, दारू का व्यापार, अफ़ीम व कस्तूरी की तस्करी, अनाज की कालाबाज़ारी, जंगल की उपज और लकड़ी की चोरी आदि सब कुछ करता है। धर्मा ब्याही-अनब्याही बाँदों का सबसे बड़ा सौदागर है। उसका पंचायत में भारी प्रभाव है। दिल्ली आदि महानगरों में कोठों पर लड़कियाँ पहुँचाना, उसके एवज में बाप-भाइयों से खुलेआम मोल-भाव करना धर्मा के लिए सहज कार्य था। पंचायत का फ़ैसला भी

उसी के हक़ में होता था। वीरसिंह के भाइयों के दबाव में धर्मा रक्खी को बहकाने की कोशिश करता है, लेकिन रक्खी को उसके जीवन की कड़वी सचाई से भी रू-ब-रू करना चाहता है। वह कहता है कि "कोल्टा की बेटी ठाकुर के घर बहुत दिनों तक नहीं रह सकती। रानी! वीरसिंह सिर्फ़ तेरी जवानी का भूखा है। शहद पूरी तरह चूस लेगा तो एक दिन ख़ाली छत्ते को सड़क पर फेंक देगा।" रक्खी दो बार अपना गर्भपात कराए जाने से दुखी है। वीरसिंह बहला-फुसलाकर ताक़त की दवा के नाम पर धोखा देता है। वह अपने भाइयों की सलाह पर गर्भपात करवा देता है। भाइयों की चिन्ता थी कि यदि उसकी कोख से बच्चा जन्म लेगा तो वह उनकी जायदाद में हिस्सा माँगेगा। "सभी भाइयों की एक औरत होगी, बच्चे कम होंगे और उसकी कोख से जन्मे बच्चे सभी भाइयों के साझे बच्चे होंगे। ऐसे में जायदाद बँटेगी नहीं...मकान, आँगन, सागबाड़ी, गौशाला, घराट, कोठार, खेत-खलिहान और जंगल किसी का भी बँटवारा नहीं किया जाता। जायदाद एक है तो भाई एक हैं, कुनबा एक है।" यह रिवाज ही उस समाज की ताक़त है, किन्तु बहुपतिप्रथा समाज के लिए कलंक है। स्त्री की अस्मिता, उसकी स्वाधीन चेतना पर कड़ी चोट है, स्त्री को कुंठित और ग़ुलाम बनाए रखने की साजिश है।

इस कहानी में कथाकार ने साठ साल के हयाब सिंह और सोलह-सत्रह साल की लड़की सत्ती के विवाह के माध्यम से अनमेल विवाह की समस्या को भी रेखांकित किया है। सत्ती का अनमेल विवाह उसके साथ अन्याय और धोखाधड़ी है। विवाह के नाम पर यह रिवाज स्त्री के प्रति पुरुष वर्ग का क्रूरतम व्यवहार है। स्त्री की कोमल भावनाओं और उसकी इच्छाओं की कोई अहमियत इस कहानी में चित्रित पुरुष समाज के मन में कहीं दिखाई नहीं पड़ती है। सत्ती वीरसिंह की भी पत्नी है। उसकी कामवासना बूढ़े हयात से पूरी नहीं हो सकती है। उसे तो वीरसिंह चाहिए। एक क़ाबिल मर्द। पंचायत सत्ती के पक्ष में फ़ैसला सुनाती है और रक्खी को वीरसिंह के जीवन से बेदख़ल कर दिया जाता है पंचधार के सयाणों से यही उम्मीद की जा सकती थी। धर्मशास्त्रों का हवाला देकर सयाणों की पंचायत ने वीरसिंह की शुद्धि (चन्द्रायण) करवा दी और उसे बिरादरी में शामिल कर लिया गया। वीरसिंह को सयाणों का फ़ैसला थोड़ी देर के लिए मंजूर नहीं हुआ—"मैं इस उम्र में रक्खी को नहीं छोड़ सकता।" किन्तु, पंचायत और धर्मशास्त्र के दबाव तथा सयाणों के क़ायदे-रिवाजों को घास के तिनके की तरह तोड़नेवाला वीरों का वीर महावीर वीरसिंह हार गया। रक्खी अकेली रह गई। वीरसिंह के घर से ही नहीं, पूरे पंचधार के बाहर धकेल दी गई। हारकर वह एक गुफा में आश्रय लेती है। रक्खी के जीवन की यह त्रासदी हर संवेदनशील व्यक्ति को हिलाकर रख देती है। उसके पीड़ा भरे शब्द हैं—"तीस वर्षों तक मुझे छाया की तरह अपने साथ रखनेवाला वीरसिंह फिर पवित्र ठाकुर हो गया, बिरादरी में शामिल हो गया। नई-नवेली सत्ती के साथ रहने लगा। मेरी दो-दो सन्तानों की भ्रूणहत्या करने के बाद वह अपने पुरखों को तर्पण देने के लिए सन्तानों को जन्म देकर मुझे सड़क पर फेंक दिया गया। मैं शूद्रा थी, शूद्रा हूँ।"

रक्खी अपने रहने के लिए वीरसिंह के खेत का एक कोना माँगती है, किन्तु सयाणें तो पंचधार की चौहद्दी में उसकी सूरत तक नहीं देखना चाहते। उनका कहना था कि "मैं एक बुरी मिसाल हूँ। मुझे देखकर गाँव की नौजवान पीढ़ी को बुरी बातों की ओर बढ़ने

का साहस बँधेगा। मेरे पंचधार में मौजूद रहने से पंचधार की ज़मीन-जायदाद, आलीशान भवन, खेत-खलिहान, घराट-कोठार, जंगल और घासिया रकबे टुकड़ों-टुकड़ों में बँटने लगेंगे। घरों की तरफ़ भाइयों का आपसी मिलाप सब ख़त्म हो जाएगा। हमारे समाज का ढाँचा चरमरा जाएगा। हमारे लम्बे चूल्हे छोटे हो जाएँगे।" इस ख़तरनाक अमानवीय सोच ने ही हासिये के समाज को विद्रोह के रास्ते पर ला खड़ा किया है। अतः लेखक से अपेक्षित था कि वह स्त्री प्रतिरोध की आवाज़ को ऊँचा उठाता। इसके बावजूद वीरसिंह के नाम पर ज़िन्दगी न्योछावर कर चुकी रक्खी का क़द और मान सयाणों के समाज से कहीं बहुत ऊँचा हो उठा है। रक्खी अपने बारे में बड़े आत्मविश्वास के साथ कहती है कि "रक्खी, गंगा-जमुना के जल से ज़्यादा पवित्र है।...अगर पवित्रता की जाँच करने के लिए सारी पृथ्वी की औरतों को एक भट्ठी में डाला जाए तो मैं उस भट्ठी से ज़िन्दा, बेदाग, हँसती-मुस्कराती बाहर निकल आऊँगी। मैं वीरसिंह की होकर रही।" रक्खी का यह व्यक्तित्व हिन्दी कहानी के आदर्श स्त्री चरित्रों की याद दिलाता है।

वस्तुतः 'फट जा पंचधार' रक्खी के संघर्षमय जीवन की गाथा है, जिसे लेखक ने उसी की ज़बानी सुनाया है। यहाँ रक्खी के मन को खोलने की कोशिश कहानीकार ने भावुक मन से की है। भारत सरकार के समाज कल्याण के जिस हाकिम के सम्मुख रक्खी अपनी ज़िन्दगी के पन्ने पलट रही है, उसके पास रक्खी के सवालों का कोई जवाब नहीं है, जबकि वह उसकी ज़िन्दगी की राई-रत्ती जान लेने की पूरी कवायद करते हैं। "सवाल मत पूछो, बात बताओ। लिखनेवालों ने बुढ़िया को डाँटा" यह एक वाक्य ही प्राप्त है सामाजिक न्याय का ढोल पीटनेवालों की बखिया उधेड़ने के लिए, जिनके लिए यह सारी कवायद महज़ सरकारी खानापूर्ति है। रक्खी के बारे में बहुत कुछ पूछ लेने के पश्चात् सिर्फ़ एक बार, अन्तिम रूप से अधिकारी उसकी इच्छा जानना चाहता है। रक्खी बड़ी दृढ़ता और कठोर स्वर में कहती है—"मैं चाहती हूँ कि पंचधार फट जाए। भूकंप का एक झटका आए, तगड़ा भूचाल और इस पहाड़ का जोड़-जोड़ हिल उठे। पंचायत के तप्पड़ से यमुना माई के फाट तक ढंगारों, ढलानों में बेशुमार गहरी चौड़ी-चौड़ी दरारें पड़ जाएँ और पंचधार खंड-खंड हो जाए। भूख, नंगेपन और तिरस्कार के नुकीले काँटों की सेज पर टिके मेरे अपंग शरीर में अब ज़्यादा दम नहीं, पर इस गुफा में बैठकर मैं उसी भूचाल का इंतज़ार कर रही हूँ। मैं उसी दिन को देखने के लिए ज़िन्दा हूँ।" पुरुषवादी मानसिकता एवं पितृसत्तात्मक व्यवस्था पर गहरी चोट करता यह अन्त अत्यन्त मार्मिक और बेध्क है।

भाषा और शिल्प के लिहाज़ से इस कहानी में लेखक ने बहुत सधाव का परिचय दिया है। सयाणे, घराट, कोल्टा, सरमाया, ढंगारों, तप्पड़ जैसे अनेक सहज आंचलिक शब्द प्रयोग कथाभाषा की रवानी और कथ्य की सम्प्रेषणीयता में रोचकता उत्पन्न करते हैं। कहीं अटपटे नहीं लगते हैं। कहानी की पिच पर आने में पाठक को कोई दिक़्क़त नहीं होती है। आत्मकथात्मक शैली में बुनी इस कहानी में क़िस्सागोई का अन्दाज़ पाठकीय संवेदना को कुरेदनेवाला है। प्रतिरोध के स्वर को व्यंग्य की ओट देकर लेखक ने गहरी करुणा में बदल दिया है। पाठक का विचलित होना नितान्त स्वाभाविक है। विद्यासागर नौटियाल मूलतः नई कहानी आन्दोलन के कथाकार हैं—उस दौर में वे भले ही उपेक्षित रहे हों पर काफ़ी बाद में लिखी 'फट जा पंचधार' कहानी के ज़रिये हिन्दी कहानी में एक मुकम्मल उपस्थिति बनाते हैं।

धर्मक्षेत्रे-कुरुक्षेत्रे

दूधनाथ सिंह

विमर्शों के पार बहुस्तरीय यथार्थ

सदानन्द शाही

'धर्मक्षेत्रे-कुरुक्षेत्रे' (हंस, अगस्त 1995) कथाकार दूधनाथ सिंह के दूसरे रचनात्मक विस्फोट के दौर की कहानी है। अपनी कथा यात्रा के आरम्भ में दूधनाथ सिंह का कथाकार अपने को प्राय: अन्तर्मन के दायरे में घटित होनेवाले यथार्थ तक सीमित रखता है। उनके कथा लेखन के दूसरे दौर को रचनात्मक विस्फोट इसीलिए कहा गया क्योंकि इस दौर में कथाकार की अन्तर्दृष्टि व्यापक बाह्य समाज के बहुस्तरीय यथार्थ की ओर रुख़ करती है। इस दूसरे दौर की शुरुआत यमगाथा नाटक से होती है, बीच में 'माई का शोकगीत' और 'धर्मक्षेत्रे-कुरुक्षेत्रे' जैसी उदात्त कहानियों से होती हुई 'आख़िरी कलाम' जैसे उपन्यास में आकार लेती है।

'धर्मक्षेत्रे-कुरुक्षेत्रे' अपनी बनावट में बहुस्तरीय यथार्थ की कहानी है। ज़ाहिर तौर पर यह जरायम पेशा बाप-बेटे 'सिउ महतो' और 'मरकटवा' की कहानी है। हिन्दी कहानी में बहुत दिन बाद बाप-बेटे की ऐसी जोड़ी दिखाई देती है जो प्रेमचन्द के घीसू और माधो की याद दिलाती है। प्रकट तौर पर अमानवीय, जरायम लेकिन उनके भीतर बहुत गहरे मनुष्यता का एक सोता कल-कल करता हुआ बह रहा है। यह कहानी उस टह-टह उज्जर औरत की कहानी है जो पचास से ज़्यादा पृष्ठों की कहानी में शुरू से अन्त तक मौजूद है लेकिन उसका कोई नाम नहीं है या वह किसी एक नाम में समा नहीं पाती। होने को उसका मायका है, मायके में बाप भी है, ससुराल है पर ससुराल भी क्या है जहाँ सास, ससुर और पति कोई दिखाई-सुनाई नहीं देता, बस राक्षस की तरह चचिया ससुर है जिसने सब कुछ को ग्रस लिया है। कहानीकार ने इस औरत की पहचान कराने की पूरी कोशिश की है...। पर यह आसान नहीं है क्योंकि यह सिर्फ़ एक व्यक्ति के प़हचान का सवाल नहीं है। दरअसल यह हमारे उपमहाद्वीप में निरन्तर बज रहे माई के शोकगीत की पहचान का सवाल है। जिसे पहचानने के लिए कहानीकार किसी अनाम निर्गुणिया का सहारा लेता है—"कौन बनवाँ खइबो, कवन बन अचइबो/कवन बनवा नौ।/आपण सेजिया डसइबो/कवन बनवा नौ।..." जिसका आशय है कि—किस वन में खाऊँ/किस वन में हाथ धोऊँ/किस वन में अपना विस्तार बिछाऊँ। बाबा के वन में बाघ है/(तो) माँ के वन में माघ (माघ की ठंड बाघ से भी भयानक) है। तो क्या साईं (प्रियतम) के वन में बिस्तर में बिछाऊँ? साईं के वन में रावण ने पहले से ही बिस्तर

बिछा रखा है! आधुनिक स्त्री विमर्श बताता है कि पुरुष प्रधान समाज में स्त्री स्थायी तौर पर विस्थापित है। घर कौन कहे उसके पास अपना एक कमरा तक नहीं है। यह निरगुन स्त्री के विस्थापन की सनातन पीड़ा का बयान है। इस निरगुन में कहानीकार को (अपने गाँव की नानू बो चाची के) जँतसार की अनुगूँज सुनाई पड़ती है। कहने की ज़रूरत नहीं कि जँतसार भी ऐसा श्रम गीत है जिसमें स्त्री की पीड़ा का सनातन राग सुनाई पड़ता है। स्त्री बाघ से बचे कि माघ से। दोनों से बच गई तो रावण से निजात नहीं है। यह स्त्री के जीवन के इसी विकट बीहड़ यथार्थ से साक्षात्कार की कहानी भी है।

यह कहानी दलित-अछूत-भूमिहीन नगीनदास की कहानी भी है जो सारी मुश्किलों से निजात पाने के लिए उदासी जी से कंठी माला लेकर मठिया में आ जाता है, जहाँ कहीं ज़्यादा विकराल मुश्किलों से दरपेश होना है। यह मठिया जैसे धर्मक्षेत्र को 'कुकुरक्षेत्र' बना देनेवाले उदासी जी की कहानी भी है। नगीनदास जैसे सच्चे धार्मिक के लिए ईश्वर मानो सोया हुआ है और उसकी कृपा उदासी जी जैसे ढोंगियों पर बरस ही रही है। यह नगीनदास और मरकटवा के मन अंकुरित हुए सहज प्रेम की कहानी भी है जिसके लिए दोनों अपने-अपने ढंग से जान क़ुर्बान कर देते हैं। 'धर्मक्षेत्रे-कुरुक्षेत्रे' कहानी की कुछ परतें हैं जिनके सहारे हम कहानी की बहुस्तरीयता तक पहुँच सकते हैं।

'सिउ महतो' अपनी जवानी में ही चोरी की कला में पारंगत हो गया है। उसके गुरु हैं—'लेड़ी महतो'। धन्धे के लिहाज़ से बूढ़े हो रहे लेड़ी महतो ने सिउ महतो को पहले गाय-बैल चुराने की कला सिखाई। कुछ गुरु का ज्ञान और कुछ चेले की प्रतिभा, थोड़े ही दिन में सिउ महतो गुरु गुड़ और चेला चीनी वाली कहावत पर खरा उतरता है। पशु चोरी के धन्धे में उसका नाम हो जाता है। इतना कि ईर्ष्यावश लेड़ी महतो उसे पुलिस के हाथों पकड़वा देते हैं। सात साल की जेल हो जाती है। जेल से छूटते ही सिउ महतो सीधे गुरु के पास पहुँचता है। अब गुरु उसे नये धन्धे यानी औरतों के ख़रीद-फ़रोख़्त की शिक्षा देता है। वह यह भी बताता है कि इस नये धन्धे का मार्केट कहीं ज़्यादा है। इस धन्धे में भी सिउ महतो वैसी ही दक्षता हासिल कर लेता है जैसी पिछले धन्धे में। वह पीछे मुड़कर नहीं देखता। उसका धन्धा मज़े से चल रहा है। गाँव में सबसे बढ़िया घर, सबसे सम्पन्न। बस एक ही कमी है, सिउ के इकलौते बेटे मरकटवा की बीबी को बच्चे नहीं हैं। इसको लेकर सिउ की बीबी किच-किच करती रहती है। सिउ महतो को भी लगता है कि आद-औलाद नहीं होगी तो उसका बंस डूब जाएगा। सिउ महतो पहले तो मरकटवा की ब्याहता बीबी को बेच आता है। मरकटवा को यह बात अच्छी नहीं लगती लेकिन बाप के आगे उसकी एक नहीं चलती। सिउ महतो नई और सुन्दर औरत लाने का आश्वासन देकर मरकटवा को बहला लेता है। वह मरकटवा के लिए सुन्दर-सुशील औरत की तलाश में जुट जाता है। और अन्ततः चनरमा सिंह नाम के एक और कोड़ेबाज़ (औरत ख़रीदने-बेचने का धन्धा करनेवाले) के यहाँ से अपनी बहू बनाने के लिए एक सुन्दर सी औरत को ख़रीद लाता है। यहाँ घर पर बीबी और पूरा गाँव नई बहू के इंतज़ार में है लेकिन जब नई बहू आती है तो पता चलता है कि वह गर्भवती है। वह तुरन्त इस औरत को वापस करने चल देता है। औरत काबू में रहे कहीं भाग न जाए इसलिए मरकटवा को अपने साथ ले लेता है। चनरमा सिंह एकदम से

पलट जाता है। बिका हुआ 'माल' वापस लेने को तैयार ही नहीं होता है। पहली बार सिउ महतो धन्धे में मात खाता है। वह इस औरत को किसी भी तरह ठिकाने लगा देने पर आमादा है। वे दोनों औरत को लेकर बनकटे (जंगल) में जाते हैं और नकटी माई का चौरे के पास अड्डा जमाते हैं। मरकटवा को रखवाली के लिए तैनात करके सिउ महतो ग्राहक/दलाल खोजने जाता है। रखवाली के दौरान घने जंगल में मरकटवा के मन में औरत पर पहले दया आती है फिर धीरे-धीरे प्रेम जैसा कुछ अंकुरित हो जाता है। वह मन ही मन सोचता है कि क्यों न इसको ही रख लिया जाए। उधर कई कोड़ेबाज़ आते हैं पर इस आसन्न प्रसवा को ख़रीदने को कोई तैयार नहीं होता। अन्त में एक कोड़ेबाज़ इस शर्त पर तैयार हो जाता है कि इसको ख़ाली कराने कि ज़िम्मेदारी तुम्हारी है। सिउ तैयार हो जाता है। सौदा तय हो जाता है। सिउ बयाना ले लेता है। उधर सिउ महतो कोड़ेबाज़ों को छोड़ने जाता है और इधर औरत को बच्चा हो जाता है। सिउ महतो लौटता है। प्रसव की गंध पाकर सियारों का झुंड जुट जाता है जिन्हें मरकटवा लाठी लेकर दूर तक भगा आता है। इधर सिउ महतो बड़े करीने से बच्चे की नार काटता है और अपनी पगड़ी खोलकर बच्चे को लपेटकर नकटी दाई के चौरे पर रख देता है। उसकी नज़र औरत पर पड़ती है। सिउ महतो सोचता है कि अब यह ख़ाली हो गई है क्यों न इसे मरकटवा के लिए ही रख लें। और मन में ही योजना बना लेता है। अब वह नवजात शिशु को ठिकाने लगाने के लिए गड्ढा खोदने में लग जाता है। मरकटवा को जैसे ही इसका भान होता है वह अपने पिता पर टूट पड़ता है। बाप-बेटे आपस में लड़ पड़ते हैं और दोनों एक-दूसरे की जान ले लेते हैं। जब औरत को होश आता है तो उसका सामना इस भयावह दृश्य से होता है। उसे लगता है कि उसका बच्चा मर गया है लेकिन उसी समय बच्चा कुनमुनाता है। वह दोनों को यों ही छोड़कर बच्चे को लेकर इस असार संसार में चल देती है। यही धर्मक्षेत्रे-कुरुक्षेत्रे की मुक्तसर सी कहानी है।

लेकिन 'धर्मक्षेत्रे-कुरुक्षेत्रे' की कहानी इतनी ही नहीं है। कहानीकार अनेक सन्दर्भों को अनेक स्तरों पर देखता चलता है। जैसा कि पहले ही संकेत किया गया 'सिउ महतो' और 'मरकटवा' की जोड़ी नये तरह के घीसू-माधो के रूप में सामने आती है। औरतों की ख़रीद-बिक्री जैसे जघन्य कार्य को सिउ महतो ने औरतों के उद्धार के रूप में आदर्शीकृत कर दिया है। जिसे दुनिया पाप कहती है, सिउ महतो उसे पुन्न का काम कहता है, क्योंकि—"वह औरतों का उद्धार करता है, तरन-तारन करता है। ऐसे माई-बाप, जो अपनी बेटियों का बियाह नहीं रचा सकते, जो पाई-पाई मुहताज हैं, जिनको पेट के लाले पड़े हैं, जिनके तन पर बस्तर नहीं हैं, जो हरामी ज़मींदारों के क़र्ज़े में हैं—उनकी वह मदद करता है।" इस कथन से सिउ महतो केवल अपने धतकरम को अपनी नज़र में महिमामंडित ही नहीं करता है बल्कि हमारे समाज में स्त्री की स्थिति और नियति का बयान कर देता है। आगे चलकर यह कहानी जिस औरत के त्रासदीपूर्ण जीवन की कहानी में बदल जाती है वह भी स्त्री की नियति का बयान ही तो है। कोई भी काम आप तब तक नहीं कर सकते जब तक कि उसके लिए मन गँवारा न करे। जरायमपेशा आदमी भी आदमी होता है, वह भी अपने को न्यायसंगत और औचित्यपूर्ण साबित करने की कोशिश करता है। ध्यान रहे कि सिउ महतो के

साथ इस धन्धे में न केवल सफ़ेदपोश चनरमा सिंह हैं बल्कि मठिया के महंत उदासी जी भी शामिल हैं। जरायमपेशे के आदर्शीकरण की यह छाया सम्भवतः उन्हें भी राहत देती होगी। बहरहाल आदर्शीकरण की यह प्रवृत्ति ही भारतीय समाज में मौजूद पाखंड की आधारशिला है।

सिउ महतो को अपने बेटे के लिए एक औरत चाहिए। कैसी? 'चुरइल अस टहटह, उज्जर।' मिल भी जाती है लेकिन समस्या 'हमल'(गर्भ) है। उसे औरत चाहिए पर दूसरे का बच्चा नहीं चाहिए। इसी हमल के ख़ातिर उस टहटह उज्जर औरत का निर्वासन और वनवास होता है जिसे कहानीकार 'वनवास का अनोखा 'नज़ारा' कहता है। वनवास के अनोखेपन की ओर इशारा करते हुए पता नहीं कहानीकार के मन में सीता निर्वासन का सन्दर्भ है या नहीं, लेकिन अनायास ही गर्भवती सीता के निष्कासन का प्रसंग और उससे जुड़े बहुतेरे प्रवाद भी याद आ जाते हैं।

अपनी नियति से लगी हुई वह औरत सिउ और मरकटवा के साथ बनकटे में पहुँच जाती है। यद्यपि बनकटे में वे बमुश्किल एक या दो दिन रहते हैं लेकिन इसी में पूरी कहानी घटित हो जाती है। कहानी में वर्तमान के बीच स्मृति का एक संसार लगातार चलता रहता है। टहटह उज्जर औरत इस वनवास में अपना पूरा निर्वासन याद करती है। निर्वासन क्या है पूरा-पूरा तीन युग उसके सामने है। वह कभी अपने माँ-बाप के पास घर में रही होगी, जिसका कोई ख़ास पता कहानीकार नहीं देता। ब्याहकर ससुराल आई जहाँ वह अपने-अपने चाचा ससुर के हवस का शिकार होकर गर्भवती हो जाती है। ऐसा किन परिस्थितियों में होता है इस पर कहानीकार बहुत समय नहीं ख़र्च करता। अनुमानकर सकते हैं कि या तो पति कहीं बाहर है या फिर है ही नहीं। सम्भवतः पति की अनुपस्थिति में गर्भवती होना उसके भटकने का आरम्भ है। उसका चचिया ससुर मायके पहुँचा देता है। मायके में अब उसके लिए जगह नहीं है। बाप यह कहकर वापस ससुराल के गाँव छोड़ आता है कि जिसका पाप वही ढोये। वहाँ फिर वही चचिया ससुर मिलता है। इस औरत को भरपूर भोगने के बाद उसे चनरमा सिंह के हाथ बेच देता है। चनरमा सिंह सफ़ेदपोश है, चूँकि उसके बेटे-बहू हावड़ा से आए हुए हैं, इसलिए वह 'माल' को घर में नहीं रख सकता। लिहाज़ा उसे उदासी जी की मठिया पर पहुँचाया जाता है। कहने को उदासी जी हैं पर औरत की ख़रीद-बिक्री जैसे ग़लीज काम में शामिल हैं। बज़रिये चनरमा सिंह टहटह उज्जर औरत अब उदासी जी की मेहमान है। उदासी जी की समस्या भी हमल ही है। जब तक इससे मुक्ति नहीं मिलती या कोई ख़रीदार नहीं मिलता वह नगीनदास की देखरेख में दे दी जाती है। नगीनदास इस कहानी में मौजूद एकमात्र दलित और अछूत पात्र है। जो तमाम मजबूरियों के चलते कंठी लेकर उदासी जी के मठ पर रहता है। वह अपनी ओर से सारे बन्धन छोड़ आया है लेकिन मठ में जाति और छुआछूत के बन्धन मौजूद हैं, लिहाज़ा साधु होने पर भी उसे अलग कोठरी में रहना और पापी पेट के लिए दिन भर खटना पड़ता है। कंठी और सधुआई नगीनदास को मुक्त नहीं कर पाती। बल्कि उनके बन्धन और मज़बूत हो गए हैं। नगीनदास अपनी दशा का वर्णन ख़ुद करता है, जिसके बहाने से कहानीकार ने धर्म के सच का साक्षात्कार कराता है। नगीनदास सच्चा धार्मिक है। उसके मन में एक विवश दुखियारी औरत के लिए

सहज करुणा जग उठती है। इस करुणा में स्त्री और घर-परिवार के लिए सहज प्रेम को भी देख सकते हैं, जिससे नगीनदास जीवन भर वंचित रहा है। नगीनदास अपनी क्षमता भर उसका ख़याल रखता है। नगीनदास के अलावा जो भी मिलता है, उसे ही अयाचित गर्भ धारण का ज़िम्मेदार ठहराता है। नगीनदास पहला व्यक्ति है जो गर्भ के लिए उसे पापी होने का ताना नहीं देता। नगीनदास उस गर्भ को राम का आगमन कहता है और तरह-तरह से गाना-बजाना करके मतवा राम का मनोरंजन करने की कोशिश करता है। जब-तब अपनी खँजड़ी लेकर सोहर और निर्गुण दोनों सुनाता रहता है। कहानी कभी भी हमें उस स्त्री का नाम नहीं बताती। उसके लिए केवल विशेषण हैं। अब वह टहटह उज्जर हो या फिर समय-समय पर दी गई गालियाँ। सिर्फ़ नगीनदास हैं जो उसके लिए माताराम या मतवा जैसे सम्मानसूचक सम्बोधन ईजाद करते हैं। नकटी माई के चौरे पर पड़ी-पड़ी वह टहटह उज्जर औरत एक सपने की मानिंद फ़्लैशबैक में अपने जीवन को याद करती है, "उसके सपने में एक अच्छी जगह भी है—जब वह भगत जी के पास थी। कितने दिन? आधे अगहन बीते वह पहुँची थी। और अब फागुन-चैत है।" नगीनदास, जिसे वह अपने सपने में भगत जी के रूप में याद करती है की कोठरी में बिताए दिन ही उसके जीवन के कुछ अच्छे दिन रहे हैं। लेकिन यह भी सच है कि नगीनदास के लिए भी वे ही दो-तीन महीने जीवन के सबसे अच्छे और सार्थक दिन हैं—"और नगीनदास को तो जैसे सारे संसार का ऐश्वर्य मिल गया हो। गोशाला में सानी-पानी करते, तालाब की ओर, नहाते-धोते, त्रिपुंड घिसते, सुरुज महाराज को जल चढ़ाते—हर समय उनका ध्यान अपनी कोठरी में लगा रहता। कोठरी में कोसिल्ला माता है, कोठरी में रामजी हैं। वे बार-बार कोठरी में लौट आते और बेमतलब बोलबाल करते। जैसे उनका कंठ खुल गया था। सिर्फ़ बतरस। वे रात का इंतज़ार करते। कब रात हो, कब ठाकुर जी सोयें। वे कोठारी में लौटें और बतियाएँ-बतियाते चले जाएँ।"आख़िर कौन सुनता है कहानी मेरी और वह भी जुबानी मेरी। जाते शायद नगीनदास के जीवन में यह पहली बार घटित हो रहा था कि वे किसी को अपनी कहानी सुना पा रहे थे, कोई था जो उनकी कहानी सुन रहा था और उन्हें भगत जी जैसे सम्मान और स्नेह का पात्र समझ रहा था। नेह की यह वही डोर है जिससे बँधा नगीनदास अपनी इस माताराम के लिए जान तक क़ुर्बान कर देता है। कहानी का एक धर्मक्षेत्र उदासी जी की मठिया है जिसे नगीनदास कुकुरक्षेत्र कहते हैं। क्यों? क्योंकि नगीनदास के लिए "ऊपर जाना मना है न! ठाकुर जी को छूतिका लग जाएगा।" यह कहने के बाद नगीनदास हँसे। नगीनदास की यह हँसी भी बहुत कुछ कह रही है, जिसकी निष्पत्ति है—"मतवा राम, अब तो हमको लगता है कि भगवानो झूठ है।" इस धर्मक्षेत्रे और संत कचहरी का सच नगीनदास उजागर कर देते हैं—"संत कचहरी धरमधन, बरन बरन के लोग, केहू पावे अथक दुःख, केहू के मनभोग हो रामा।"

कहानी के इस कुकुरक्षेत्र में एक और धर्मक्षेत्र है और वह है नकटी दाई का चौरा। जहाँ पर स्मृति कथा के रूप में स्वयं यह स्त्री संजै की तरह अपने जीवन में घटित हो रहे इस समूचे महाभारत का हाल बता रही है। स्मृति कथा के समानान्तर एक वर्तमान कथा भी चल रही है। यह वर्तमान कथा, दरअसल एक अल्पकालिक प्रेमकथा है। सिउ महतो के लदभोसर बेटा मरकटवा को अनजाने उस टहटह उज्जर औरत से प्रेम हो जाता

है। लगभग उसी कोटि का जो चम्पा को जलदस्यु (सन्दर्भ : आकाशदीप—जयशंकर प्रसाद) से होता है। मरकटवा की नज़र में औरत ख़रीदना-बेचना बाप का धन्धा है, इस धन्धे को देखने की नैतिकता-अनैतिकता की कोई कसौटी उसके पास नहीं है। इस धन्धे में बेटा होने के नाते वह साथ है। बाप के साथ वह इसलिए भी है कि उसे भी एक औरत चाहिए। मरकटवा को औरत की रखवाली की ज़िम्मेदारी देकर, जब सिउ महतो ग्राहक की तलाश में चला जाता है। इधर दोनों विकट जंगल में हैं और विवश हैं। यह अवसर दोनों को क़रीब लाता है। इस समय दोनों के बीच हुए संवादों पर ध्यान देना चाहिए। जहाँ मरकटवा अपने इरादे में बदल जाता है—जिसके 'गड़बड़ा' जाने का आशय पाठक भी संवादों की मार्मिकता से जान सकते हैं। अब मरकटवा इस औरत को उस नाजायज बच्चे के साथ भी अपनाने को तैयार है। बिलकुल तुरन्त पैदा हुए बच्चे को देखने का उसका यह पहला अनुभव है। वह सोच में पड़ गया है कि 'यह आदमी कैसे बनेगा?' यह सोचते-सोचते मरकटवा ख़ुद आदमी बन गया है। यों तो सिउ महतो भी उस औरत को बहू बनाने को तैयार हैं पर बच्चे को ठिकाने लगाने के बाद। लेकिन मरकटवा हर हाल में अपनाने को तैयार है। सिउ महतो बच्चे को ठिकाने लगाने की कोशिश करता है। मरकटवा मना करता है। दोनों एक-दूसरे पर टूट पड़ते हैं और एक-दूसरे की जान ले लेते हैं। आदमी बना मरकटवा उस टहटह उज्जर औरत के लिए न केवल अपनी जान दे देता है बल्कि अपराधी पिता की जान ले भी लेता है। इस सारी घटना से अनजान बेसुध पड़ी हुई औरत जब उठती है तो दोनों को मारा हुआ पाती है। अपने बच्चे को लेकर बनकटे से निकल जाती है। कहानी इस भयावह और लगभग बीभत्स मोड़ पर ख़त्म हो जाती है, पर बहुत बड़ा सवाल हमारे सम्मुख छोड़ जाती है। मरकटवा को एक समय में वह औरत जनावर कहती है। वह जनावर है भी, लेकिन वह पूरी तरह बदल जाता है। वह क्या है जो जनावर को आदमी में बदल देता है? क्या वह प्रेम है?

'धर्मक्षेत्रे-कुरुक्षेत्रे' की बहुस्तरीयता यही है। कोई चाहे तो इसमें स्त्री विमर्श, दलित विमर्श, लोक विमर्श आदि देख सकता है, लेकिन अच्छी कहानियाँ या अच्छी रचनाएँ विमर्शों के पार चली जाती हैं और मनुष्य के हृदय की कोमलता और सौन्दर्य का साक्षात्कार कराती हैं। हमें हमारी मनुष्यता पर और सार्वजनीन मनुष्यता पर यक़ीन दिलाती हैं, हमें मनुष्य बनाती हैं। 'धर्मक्षेत्रे-कुरुक्षेत्रे' ऐसी ही कहानी है।

आसमान की तरफ़ उठे हाथ

गंगाप्रसाद विमल

संकीर्णताओं के विरुद्ध धर्म का मानवीय औदात्य

सत्यपाल शर्मा

गंगाप्रसाद विमल नई कहानी के बाद 'अ-कहानी' नामक नये आन्दोलन के पुरस्कर्ता कहानीकारों में से एक हैं। वे मूलतः आधुनिकताबोध के कथाकार हैं। उनकी कहानियों में आधुनिकताबोध अपनी विसंगतियों के साथ परिलक्षित हुआ है। उनकी कहानियों में संत्रास, विसंगति, तनाव, अजनबीपन, ऊब आदि स्थितियों का चित्रण प्रमुखता से मिलता है। इसके साथ ही इनकी कहानियों में आधुनिकता के सकारात्मक पक्ष को भी पर्याप्त महत्त्व मिला है। विध्वंस (1965), शहर में (1966), बीच की दरार (1968) आदि कहानियों को इस सन्दर्भ में देखा जा सकता है। बाद के दशकों में गंगाप्रसाद विमल के प्रकाशित कहानी-संग्रह—अतीत में कुछ (1972), कोई शुरुआत (1973), खोई हुई थाती (1995), मैं भी जाऊँगा (2016) प्रमुख हैं। उनकी कहानियाँ इस बात का प्रमाण हैं कि वे समकालीन सरोकारों से लगातार जुड़े रहे और उसे कहानियों में ढालते रहे। उनकी कहानियों की कथावस्तु का कैनवस इतना विस्तृत है कि उसमें शहर, क़स्बा, गाँव सब शामिल है। इनमें सामाजिक जीवन के विविध पहलू, व्यक्ति के पारस्परिक सम्बन्धों के अनेक पहलू, इर्द-गिर्द घटित होनेवाली अनेक महत्त्वपूर्ण घटनाएँ शामिल हैं। बीसवीं सदी के उत्तरार्ध में बनते-बदलते भारतीय समाज की गूँज इनकी कहानियों में देखी जा सकती है। भारतीय समाज में व्याप्त ग़रीबी, बेरोज़गारी, रिश्तों की प्रगाढ़ता के अनेक रूपों के साथ ईर्ष्या, द्वेष जैसे नकारात्मक भावों का प्रसार भी इनकी कहानियों में देखा जा सकता है। बीसवीं सदी के अन्तिम दशक और इक्कीसवीं सदी के आरम्भिक दशकों में भूमंडलीकरण और बाज़ार के प्रभाव-दुष्प्रभावों आदि को भी कहानी का कथ्य बनाया गया है।

स्वतंत्रता के एक दशक बाद लिखी गई कहानियों का कई कारणों से महत्त्व था। यह वह दौर था जब भारत विश्व में अपनी पहचान निर्मित करने की कोशिश कर रहा था। भारत की वैश्विक भूमिका तब तक स्पष्ट नहीं थी, लेकिन पड़ोसी देश चीन अपनी ताक़त से दुनिया को प्रभावित करने की कोशिश कर रहा था। भारत मिश्रित अर्थव्यवस्था के द्वारा नवस्वतंत्र राष्ट्र की समस्याओं को सुलझाने की पुरज़ोर कोशिश कर रहा था। इसे निपटाने में वस्तुतः दुनिया के सबसे बड़े लोकतंत्र की परीक्षा हो रही थी। साठ-सत्तर के दशक का पूरा दौर आसन्न विपदाओं और आशंकाओं से ग्रस्त था। इसका असर

तत्कालीन भारतीय लेखन पर भी था। भारत की स्वतंत्रता के एक दशक बाद के साहित्य के महत्त्व को रेखांकित करते हुए स्वयं गंगाप्रसाद विमल ने लिखा है—"वह आज़ाद भारत का प्रतिनिधि स्वर होने के साथ नये विश्व के साथ साझा करनेवाली बौद्धिकता की अकुलाहट से भरा अवसर भी था। उसमें नई सूचनाओं के आदान-प्रदान की ललक भी थी, आशंकाएँ भी थीं और भारत की बदलती करवटों का प्रामाणिक दस्तावेज़ भी वही था।" (लोकप्रिय कहानियाँ, प्रभात पेपर बैक्स, 2017, पृ. 9) इसलिए साठ के बाद के सृजन को गम्भीरता से देखना चाहिए। साठ के दशक की कहानियाँ आज भी अपनी सृजनात्मकता के कारण विशिष्ट लगती हैं। ये कहानियाँ बदलते भारतीय समाज और मन की बारीक़ियों को विशिष्ट ढंग से चित्रित करती हैं। गंगाप्रसाद विमल की इस दौर की अनेक कहानियाँ चर्चित रही हैं—जिनसे उनकी मूल पहचान साठोत्तरी कथाकार की रही है। लेकिन बाद में प्रकाशित उनके कहानी-संग्रह 'मैं भी जाऊँगा' में संकलित कहानी 'आसमान की तरफ़ उठे हाथ' अनेक मायनों में विशिष्ट है। अगर लेखक को एक विशेष दौर के विशेष बोध की कहानियों के प्रतिनिधि के दायरे से बाहर होकर देखें तो यह कहानी गंगाप्रसाद विमल की श्रेष्ठतम कहानी मानी जा सकती है। इसमें कहानीकार के जीवन के समस्त अनुभवों का सर्वोत्तम निचोड़ प्रस्तुत हुआ है। यह कहानी विमल की प्रचलित क़िस्सागोई शैली के कारण जहाँ एक तरफ़ रोचक है वहीं दूसरी तरफ़ इसमें उठाया गया सवाल क्षेत्र, भाषा, धर्म की संकीर्ण सीमाओं को तोड़ता हुआ समूची वैश्विक मानवता से जुड़कर मानव के जटिल मन के आन्तरिक द्वंद्वात्मक संघर्षों से जुड़ जाता है। इसमें मानव मन की अतल गहराइयों में झाँकने की कोशिश की गई है। मनुष्य का व्यवहार अन्ततः किससे चालित होता है? उसके निर्णय और व्यवहार की नियामक सत्ताएँ अन्ततः कौन सी हैं? एक विलक्षण सी घटना के बाद लेखक के मन में उत्पन्न जिज्ञासा इस क़दर बढ़ती जाती है कि वह एक बड़े जीवन सत्य की तह तक पहुँचने की कोशिश करता है। गुत्थी जितनी सुलझती है उससे अधिक उलझती जाती है। पर, कहानी का संकेत स्पष्ट है। दुनिया में चाहे जितने धर्म हों, लोगों के रास्ते चाहे जितने अलग हों, पर बुनियादी रूप से वे अभिन्न हैं। मानव जीवन अन्ततः जिन चीज़ों से चालित होता है उसमें धर्म की बड़ी भूमिका है, पर एक स्थिति ऐसी आती है जहाँ धर्म की दीवारें मिट जाती हैं।

'आसमान की तरफ़ उठे हाथ' कहानी की कथावस्तु मद्रास यानी अब के चेन्नई की एक साँवली पर आकर्षक, सुन्दर सी लड़की के साथ घटित एक विशेष दुर्घटना पर आधारित है। लेखक अपने मित्र लेखक इब्राहिम शरीफ के बुलाने पर चेन्नई गया हुआ है। एक सुबह वे समुद्र तट पर घूमने गए। उन्होंने देखा कि एक युवती रोती-चीख़ती हुई चर्च की ओर भागी। लेखक को मामला संगीन लगा और उसने कारण जानने की कोशिश की। लेखक के चर्च में जाने की इच्छा ज़ाहिर करने पर इब्राहिम शरीफ लेखक के हिन्दू होकर चर्च में जाने पर सवाल करते हैं, पर लेखक की इच्छा का ध्यान रखकर चले जाते हैं। वह युवती तमिल भाषा में लगातार कुछ कहे जा रही थी जो लेखक की समझ में नहीं आ रहा था। लेखक ने इब्राहिम शरीफ से जानने की कोशिश की तो इब्राहिम शरीफ ने बताया कि चर्च में बोलना पाप है, किसी का सुनना भी पाप है। पर, लेखक की

ज़िद के आगे उन्हें झुकना पड़ता है। उन्होंने बताया कि युवती अपने पाप के लिए क्षमा माँग रही है। इससे लेखक की उत्सुकता और बढ़ गई। हुआ यह था कि उस युवती को अच्छी मछलियाँ देने का लालच देकर एक युवक उसे बहला-फुसलाकर अपनी नाव में बिठाकर दूर समुद्र में ले गया। वहाँ उसने धोखे से उसके साथ ज़बरदस्ती की और उसकी इज़्ज़त लूटी। युवती ने अपने घर उजड़ने और बच्चों का वास्ता दिया पर युवक ने उसकी बात नहीं सुनी। अपनी इज़्ज़त लुटने के पाप बोध से ग्रस्त युवती लगातार चर्च के पादरी के सम्मुख अपने गुनाहों को कबूल कर पाप से मुक्त करने की याचना कर रही थी "हे प्रभु...मुझे क्षमा करो...मेरी इस स्वीकृति से मुझे फिर से पवित्र कर दो..." (कहानी-संग्रह—मैं भी जाऊँगा, अन्तिका प्रकाशन, 2016, पृ. 55) वस्तुतः ईसाई लोग पाप को स्वीकार कर पाप से मुक्ति का विश्वास रखते हैं। यही प्रथा वह लड़की अपना रही थी। पर अचम्भा तब हुआ जब वह चर्च से बाहर जाने के बाद पुनः चर्च में यह बताने के लिए लौटी कि—"काम तो यह ज़बरदस्ती का था किन्तु काम सुख लेकर उस दरिंदे का बुरा मैं नहीं चाहती। उसके भी सुनते हैं बच्चे हैं।" (वही, पृ. 56) युवती का यह व्यवहार लेखक की कल्पना से परे था। यहीं से उसकी मानसिक उधेड़बुन शुरू होती है। वह स्त्री की उक्त मनःस्थिति का कारण नहीं समझ पाता।

लेखक और उसका मित्र दोनों गुत्थी को जितना सुलझाते हैं, वह उतनी ही उलझती जाती है। वह स्त्री तट पर जाकर मछुआरों से हँस-बोल भी रही है। यह देखकर लेखक के मित्र को स्त्री का 'तिरिया चरित्र' नज़र आता है—"वह रो रही थी, चीख़ रही थी। फिर भीख भी माँग रही थी। वह अपराधी का चिट्ठा भी खोल रही थी और फिर ऊपर वाले के पास अर्जी भी डाल रही थी कि बेचारे अपराधी को ऐसा कुछ न हो जाए कि परिवार अरक्षित हो जाए।" (वही, 57) इसी उधेड़बुन में लेखक दुनिया के विविध धर्मों में प्रचलित आचार शास्त्र पर चिन्तन-मनन करता है। लेखक का ध्यान पश्चिम की ओर गया जहाँ बेहद खुलापन है। पर, पश्चिम का खुलापन एक तरफ़ अपनी समूची अत्याधुनिकता में मध्यकालीन है। लेखक के शब्दों में—"पाप बोध का वही मध्यकालीन धार्मिक रूप बढ़-चढ़कर आत्मा की जूठन पर सिमट आता है।" (वही, पृ. 59) इसी के आलोक में लेखक भारतीय ईसाई स्त्री की घटना को देखता है। स्त्री को अपने जूठे होने की नफ़रत ने जकड़ लिया था। वह समुद्र में डूब मरने को बेहतर समझ रही थी। वह स्वयं को प्रतिहिंसा के लिए तैयार कर रही थी। वह ईश्वर से शक्ति की कामना कर रही थी। नफ़रत की आग उसे बदला लेने के लिए उकसा रही थी। उसे याद आता है कि कोई उसे ज़बरदस्ती छू दे तो वह प्रतिहिंसा की आग प्रज्वलित कर देती है पर उस दिन वह समुद्र में डर गई। उसे अपने बच्चे याद आ गए। पर, अब वह बदला लेने के लिए ईश्वर से शक्ति की याचना करती है।

कहानी में फिर एक नया मोड़ आता है। युवती फिर चर्च में जाती है। पादरी पवित्र ग्रंथ हाथ में उठाए हुए आसमान की ओर देखते हुए कुछ बुदबुदा रहा था। युवती प्रार्थना में मग्न होकर नाच रही थी। व्यभिचार के बीच उसे जो क्षमा का भाव मिला था उसे पाकर वह अभिभूत थी। इस अवस्था में भी वह ईश्वर से प्रतिशोध की ताक़त माँग रही थी। सायंकाल लेखक देखता है कि वह युवती उसी नौजवान मछुआरे से हँस-हँस कर

बात कर रही थी। लेखक को यह बड़ा विचित्र लगता है। वह उससे ऐसे बातें कर रही थी जैसे कभी कुछ हुआ ही न हो। पर थोड़ी ही देर में दोनों झगड़ने लगे। पास आकर युवक ने उसके कंधे छुए तो वह बिजली की मार्फ़त अलग हो गई। दोनों में कोई सुलह हुई या नहीं, नहीं मालूम। कहानी का अन्त कुछ प्रसाद की कहानियों की तरह। लेखक का असमंजस और पसोपेश घटने की बजाय बढ़ता जाता है, पर वह कुछ कर नहीं सकता था, सिवाय यह सोचने कि उस युवती के साथ अन्याय हुआ था। उसकी पाप मुक्ति के लिए लेखक के हाथ भी आसमान की तरफ़ उठे, इस भाव के साथ कि हे नियन्ता, हममें भी क्षमा का भाव दे। कहानी का अन्त निराश करता है। यह स्पष्ट नहीं हो पाता कि युवती अपराधी युवक के साथ अन्ततः क्या व्यवहार करती है। एक स्त्री जिसकी इज़्ज़त लूटी गई हो, उसका व्यवहार भी अन्ततः उसके धर्म से चालित होता है। यह 21वीं शताब्दी में भी नहीं बदला है। एक स्त्री धर्म के दबाव में स्वयं को अपवित्र समझ रही है। धर्म के ही दबाव में वह अपराधी को माफ़ करने की कोशिश कर रही है पर उसका अन्तर्मन अपराधी को माफ़ नहीं कर पाता। अन्ततः मानव मन 21वीं शताब्दी में भी धर्म के जड़बद्ध संस्कारों से इस क़दर जकड़ा है कि उससे स्वयं को मुक्त नहीं कर पाता। फ्रायड, एडलर, युंग आदि ने मनोविश्लेषण का जो शास्त्र आधुनिक दुनिया के सम्मुख रखा वह क्रान्तिकारी और यथार्थपरक है, पर यह भी उतना ही सत्य है कि मन और व्यवहार पर धर्म जैसी बाहरी सत्ताओं ने अभी भी कठोर अंकुश बनाए रखा है। यह किसी एक धर्म के लिए नहीं बल्कि सभी धर्म के लोगों पर लागू होता है।

यह महज़ इत्तेफ़ाक़ नहीं है कि उस परम सत्ता को याद करते हुए सभी धर्मों के अनुयायियों के हाथ ऊपर आसमान की तरफ़ ही उठते हैं, मानो वह सर्वोच्च सत्ता ऊपर आसमान में वास करती है। पाप-पुण्य के विचार सभी धर्मों में है, उनका स्वरूप अलग हो सकता है। पाप-पुण्य पर विचार करते हुए कहानी में लेखक का विचार है—"मुझे लगता है हर धर्म में पाप-पुण्य, अच्छा बुरा, नैतिक-अनैतिक की अपनी ही व्यवस्थाएँ हैं और वे ही शायद मूलभूत रूप से समूची मनुष्य जाति में एक सी हैं। पर उनकी आत्मकेन्द्रित, स्वार्थ-प्रेरित कुछ व्याख्याएँ धर्मों के ठेकेदार करते हैं और अपनी सर्वोच्चता के अहंकार में दूसरों पर थोप देते हैं।" (वही, पृ. 59) इसी तरह कहानी के दूसरे प्रमुख पात्र लेखक के मित्र इब्राहिम शरीफ का कथन विचारणीय है—"दूसरों की मान्यताओं से सहमति न रखना अलग बात है। पर, उनकी खिल्ली उड़ाने का अधिकार हमें नहीं।" (वही, पृ. 58) इसी तरह इब्राहिम का यह कथन अत्यन्त महत्त्वपूर्ण है कि—"किसी का भी गोपनीय जानने का हमें कोई अधिकार नहीं है, यह मनुष्यता के ख़िलाफ़ अपराध है।" (वही, पृ. 56) लगता है इस कहानी के माध्यम से लेखक मानो सभी धर्मों के बीच से एक कामन 'मानव धर्म' की आधारशिला तैयार कर रहा है। यह एक ऐसा कार्य है जो सदियों से किया जा रहा है लेकिन जिसकी ज़रूरत वर्तमान ही नहीं बल्कि भविष्य में भी बनी रहेगी।

मूल कथावस्तु और मन्तव्य के साथ कहानी की कुछ अन्य विशेषताएँ भी उल्लेखनीय हैं। कहानी की भाषा अज्ञेय की याद दिलाती है और कहानी का ट्रीटमेंट प्रसाद की याद दिलाता है। विमल जी इस कहानी में अपनी अनेक कहानियों की तरह पाठकों से सीधा

संवाद स्थापित करते हैं। कहानी की शुरुआत ही वे बन्धुओं के सम्बोधन से करते हैं। कहानी में विमल जी ने अपने जीवन के तमाम अनुभवों का निचोड़ उड़ेल दिया है। लेखक याद करता है कि कभी इस देश में शब्द और लेखन के प्रति जैसी आसक्ति थी, अब वैसी नहीं रह गई। युगानु:प समाज में हो रहे बदलावों—भौतिक ही नहीं प्रवृत्तिगत भी—पर लेखक की पैनी नज़र है और अनेक बार वह चिन्तित होता है। वह याद करता है कि पहले आपस में मतभेद होने पर भी लोग कई मामलों में एक-दूसरे पर भरोसा करते थे, पर अब—"अतिवादियों की झोलाधारी आकृतियों का ऐसा अवतरण हुआ कि आपसी भरोसा धीरे-धीरे घेरेबन्दी में बदलने लगा।" (वही, पृ. 50) साहित्य की ताक़त को महसूस करते हुए विमल जी लिखते हैं—"कविता के साथ मनुष्य के संस्कार का रिश्ता है। वह धीरे-धीरे आदमी को क्षुद्र स्वार्थ के घेरे से मुक्त करती है—वह उसे जीवनी शक्ति देती है।..." (वही, पृ. 51)

बीसवीं सदी के अन्तिम दशक में मंडल कमीशन की सिफ़ारिशें लागू होने के बाद भारत के सामाजिक-राजनीतिक परिदृश्य में बड़ा बदलाव हुआ। देश में जातिवाद का नये सिरे से उठान हुआ। लेखक को भान है कि—"विश्वविद्यालयों का कुलगुरु छात्रों को समता के बहाने जातिवाद का महत्त्व प्रतिपादित कर रहा था।" (वही, पृ. 51) यह बीसवीं सदी के अन्तिम दशक के भारत के सामाजिक यथार्थ का एक आयाम है। लेखक इस कड़वी सचाई का पर्दाफ़ाश करता है कि जब तक आप अनाम हैं, आप बहुत सुखी हैं। नाम से जैसे ही पता चलता है कि आप मुसलमान हैं तो ज़्यादातर हिन्दुओं की आँखों में सन्देह भर जाता है। 'हम नाम जाति से दूसरों के लिए एकदम दूसरे हो जाते हैं।' मुसलमान को गन्दा समझने की हिन्दू धारणा का प्रतिरोध करते हुए लेखक का विचार है कि 'गन्दगी का ग़रीबी से क़रीबी रिश्ता है।' भारत में ज़्यादातर ग़रीब लोग गंदी बस्तियों में रहने के लिए अभिशप्त हैं। इसके लिए कोई कौम या धर्म ज़िम्मेदार नहीं है। इसके लिए हम, राज्य और हमारी प्रथाएँ ज़िम्मेदार हैं। लेखक संकीर्णतावादियों से लगातार सतर्क करता है। संकीर्णतावादियों ने मनुष्य-मनुष्य के बीच भरोसे को ख़त्म कर, दुनिया का बड़ा नुक़सान किया है। उन्होंने एक बड़े हिस्से को खलनायक बना दिया है। असल में लेखक पूरे रचनाकर्म में संकीर्णतावादियों का प्रतिरोध करते रहे हैं। कहानीकार ने 'आसमान की तरफ़ उठे हाथ' कहानी में एक युवती के साथ घटित दुर्घटना के द्वारा दुनिया की धार्मिक संकीर्णताओं को कटघरे में खड़ा करके, अन्ततः एक मानवीय सभ्यता के निर्माण की कल्पना की है जिसमें सभी धर्मों के सर्वोच्च अंशों का निचोड़ हो और जिसके केन्द्र में मनुष्य हो।

नारी के मनुष्य होने का संकल्प

रीता सिन्हा

चित्रा मुद्गल की रचनाओं के सौन्दर्यशास्त्र में जिन भावों एवं विचारों के लिए प्रतिबद्धता दिखाई देती है, उसके केन्द्र में मनुष्यता और ईमानदारी के लिए छटपटाहट है। चाहे पारिवारिक स्थिति हो या फिर सामाजिक, 'स्त्री मनुष्य भी है'—पितृसत्ता इसे आज भी स्मरण नहीं रखती। इस सच की भी उपेक्षा नहीं की जा सकती कि पितृसत्ता ने निर्णय के सारे अधिकार स्त्रियों से छीन लिये। स्त्रियाँ भी स्त्रियों के लिए शत्रु बनने लगीं क्योंकि पुरुषों की शक्ति और वर्चस्व के समक्ष वे स्वयं को हीन समझने लगीं और जहाँ उन्हें कोई अपने समान या अपने से कमज़ोर दिखाई देने लगा, वे उन पर प्रहार करके अपनी कुंठा से मुक्ति का प्रयास करने लगीं। 'सिमोन द बोउवार' ने जो कहा कि "स्त्री होती नहीं, बना दी जाती है", इस पर यदि हम ग़ौर करें, तो यह सच हमारे सामने खुलेगा कि पितृसत्ता में पुरुष भी पुरुष होते नहीं, बल्कि बना दिये जाते हैं। पारम्परिक तौर-तरीक़ों और रीति-रिवाजों का यदि हम विश्लेषण करें तो एक और भयावह सच हमारे सामने आता है कि पुरुषों के अनुकूल बनाई गई ये सारी परम्पराएँ कहीं न कहीं स्त्रियों के दमन से सम्बन्धित हैं, जिनमें बाल्यकाल से ही लड़कों को दीक्षित किया जाता है।

चित्रा मुद्गल की 'प्रेतयोनि' कहानी का बीनू ऐसा ही पात्र है। अपने ही घर में क़ैदी बन गई अनिता जब अपने कॉलेज की सहेली नम्रता से सम्पर्क करने के लिए पाखाने में छिपकर कुछ पंक्तियाँ लिखती है और बीनू से चिरौरी करती है कि इसे सावधानीपूर्वक नीचे लेटर बॉक्स में डाल आए, तो बीनू इस चिट्ठी को लेटर बॉक्स में डालने की अपेक्षा बाबूजी को थमा देता है। वही बीनू जो राक्षस और राजकुमार की कहानी सुनने के बाद राक्षस से भयभीत हो उसकी टाँग पर टाँग चढ़ाए बिना न सोता...(आदि अनादि, सामयिक प्रकाशन, दिल्ली, पृ. 107) दादा यानी मुन्ना भी ऐसा ही पात्र है। जब अनिता गुप्ता बिल्ली की तरह दबे पाँव शो-केस के निकट जाकर कॉर्डलेस फ़ोन उठा लेती है और फुर्ती से उसका तार निकालकर, स्विच ऑन करके नम्रता से बात करने की कोशिश करती है तब दादा यानी मुन्ना का व्यवहार द्रष्टव्य है—"नम्बर लग गया है। आंटी ने उठाया है। वे हैलो-हैलो कर रही हैं। वह उनसे नम्रता को बुला देने के लिए कहने जा रही थी कि बलात् किसी ने उसके हाथों से फ़ोन झटक लिया। उसकी अचम्भित भयाक्रान्त दृष्टि के समक्ष दादा खड़े हुए अगियाबेताल से उसे घूर रहे थे—फ़ोन किसे कर रही थी?...

दादा ने बिन्नू को फ़ोन उठाकर अपने कमरे में रख आने का आदेश दिया, फिर निकट आ खड़े बाबूजी को फ़ोन शो-केस पर रखा छोड़ देने की असावधानी पर डाँटा" (वही, पृ. 107)। अनिता की प्रतिक्रिया और विरोध पर बाबूजी से अंग्रेज़ी में की गई दादा की यह टिप्पणी—"विक्षिप्त हो रही है एकदम"—भी उसके बचपन से पुरुष बनने की कोशिश के कारण ही है, जो अपनी बहन की मानसिकता और मनोविज्ञान को समझने की अपेक्षा उसके ऊपर विक्षिप्तता की मनोदशा को आरोपित कर रहा है।

यदि बलात्कार होता, तो सम्भवत: अनिता जैसी बहादुर लड़की भी विक्षिप्त हो सकती थी, लेकिन जिसने अपनी बहादुरी से मिसाल कायम की और महिला हवलदार की इस प्रशंसोक्ति कि 'आपकी बेटी दुर्गा है, साक्षात् दुर्गा!' पर अनिता गुप्ता के बाबूजी सेवकराम गुप्ता भी गर्व से भाव-विभोर हो गए, तो फिर मुन्ना की इस तरह की टिप्पणी तो उसी मानसिकता का परिचय देती है, जिसके लिए हीथ कहते हैं—"पुरुष का स्त्रीत्ववाद अन्तत: एक मर्दाना काम ही है" (स्टीफन हीथ, मेन इन फ़ेमिनिज़्म, पृ. 4)। बलात्कार सामन्ती मानसिकता के लिए एक मनोवैज्ञानिक अस्त्र है, जिससे केवल किसी लड़की का तन और मन ही लहूलुहान नहीं होता, बल्कि इससे परिवार और समाज की क्रिया-प्रतिक्रिया के साथ विचार भी कुप्रभावित होते हैं। दिल्ली में हुए 'निर्भया कांड' से केवल भारतीय समाज में ही उथल-पुथल नहीं हुआ, बल्कि कई संवेदनशील विदेशी भी इससे मर्माहत हुए। फिर भी निर्भया का वास्तविक नाम उसकी मृत्यु के बाद ही मीडिया के माध्यम से हमारे सामने आया। इसे मनोवैज्ञानिक दबाव कहिए या सामाजिक विडम्बना लेकिन इससे यह सच तो सामने आ ही गया कि प्रगतिशीलता आज भी भारतीय समाज की केवल ऊपरी सतह तक ही सिमटी हुई है। इसकी भीतरी तह में तो आज भी वही रूढ़िवादी संकीर्ण मानसिकता है, जिसमें स्त्री का आकलन और विश्लेषण उसकी देह और यौन-शुचिता के बिना नहीं किया जा सकता है।

सबसे बड़ी विडम्बना तो यह है कि 'प्रेतयोनि' कहानी की अनिता गुप्ता के साथ बलात्कार हुआ ही नहीं है, केवल वहशी टैक्सी-चालक ने उस पर आक्रमण किया है और बचाव, प्रतिआक्रमण आदि के दौरान उसकी सलवार का नाड़ा टूट गया है। फिर भी पारिवारिक मनोदशाओं और गतिविधियों का जो दृश्य सामने आता है, वह भारतीय समाज की छद्म प्रगतिशीलता और विडम्बनाओं का बड़ा ही कुरूप, मार्मिक और स्तब्ध करनेवाला चित्र है—"सुन लिया? घर-घर बाँची जा रही है, हमारी बहादुर बिटिया की शौर्यगाथा...अभी तो फ़क़त डॉ. कामता बाबू का फ़ोन आया है। देखते रहो, दिन-भर फ़ोन की घंटी टुनटुनाती रहेगी! लोग बिटिया के कसीदे हमें सुनाते रहेंगे और अफ़सोस के बहाने घर पर आकर जले पर नमक भी छिड़केंगे...हम नाते-रिश्तेदारों में मुँह दिखाने के क़ाबिल नहीं रहे..." (आदि अनादि, पृ. 96)

बलात्कारी से सम्बन्धित अनिता गुप्ता की बहादुरी की ख़बर के फैलने से सेवकराम गुप्ता और मुन्ना इतने आतंकित और आशंकित हैं कि घर के सभी सदस्यों की बाहर जाने की स्वतंत्रता ख़त्म कर दी गई है। मुन्ना भयभीत है कि कहीं अलीगढ़ वाले अपनी लड़की का सम्बन्ध उससे तोड़ नहीं लें। अम्मा को भी बनियों का प्रपंच मालूम है इसलिए उसे भी अपने बेटे की चिन्ता और शंका निर्मूल नहीं लगती। सेवकराम गुप्ता

का फ़रमान जारी होता है—"अब जाति-बिरादरी को कोसना छोड़ो और कान खोलकर सुनो...अभी इसी क्षण से चाहे किसी सगे-सम्बन्धी का फ़ोन आए या हितैषी-पड़ोसी का, या वे ख़ुद घर आकर अफ़सोस प्रकट करें, अख़बार में छपी ख़बर के विषय में उनसे साफ़-साफ़ मुकर जाना...यूँ अटकलें लगाते रहें लोग, लगाते रहें?" (वही) इस सच को भी नकारा नहीं जा सकता कि मध्यवर्गीय समाज अपने चरित्र के दोहरेपन से कभी भी मुक्त नहीं हो पाता। परम्परा और आधुनिकता की टकराहटों और रूढ़िवादी संस्कारों एवं प्रगतिशीलता के द्वंद्वों के बीच निरन्तर प्रश्नाकुलता की बेचैनी में रहनेवाला मध्यवर्ग जब प्रतिकूलता और पारिवारिक मर्यादा के प्रश्न-आवर्तों में घिरता है, तब वह अपने रूढ़िवादी संस्कारों के आवरण में ही स्वयं को अधिक सुरक्षित महसूस करता है। 'प्रेतयोनि' कहानी में अनिता गुप्ता उर्फ़ नीतू का पिता ऐसा ही मध्यवर्गीय चरित्र है, जिसके विचारों और कार्यों में मर्यादावाद के नाम पर खोखलापन ही अधिक है। बेटियों की स्वतंत्रता को लेकर उसके विचारों में फुफकारता सामन्तवाद उस समय सामने आता है, जब अख़बार में 'एक बहादुर लड़की की शौर्यगाथा...' शीर्षक से 'बॉक्स आइटम' में अनिता यानी नीतू की संघर्षगाथा छपती है। डॉ. कामता बाबू के फ़ोन करने पर अनिता के पिता सेवकराम गुप्ता का यह कथन—"...न, न, यह अनिता हमारी नहीं है, विश्वविद्यालय में साहब पचासों अनिता गुप्ता होंगी जी...ज़माना सचमुच बहुत ख़राब है! लाख पढ़ा-लिखा दो, मगर...हाँ ठीक कह रहे हैं, लड़की सचमुच बहादुर थी।" (वही, पृ. 95) उसके चरित्र के दोहरेपन को तो सामने लाता ही है, साथ ही उस मनोविज्ञान को भी दर्शाता है, जो भारतीय सामाजिक व्यवस्था के अनुरूप ही नहीं, बल्कि उसकी उपज भी है। यह मनोविज्ञान परिस्थितिगत है, जिससे अनिता गुप्ता भी अपने पिता के इस चरित्र से अपरिचित है और आश्चर्यचकित।

अनिता ने जिस आत्मबल और साहस से उस वहशी टैक्सी-चालक का सामना किया, वह उसने अपने बाबूजी सेवकराम गुप्ता के विचारों से ही अर्जित किया था। पर अख़बार में अनिता गुप्ता की शौर्यगाथा पढ़ने के बाद सेवकराम गुप्ता के केवल विचार ही परिवर्तित नहीं हुए, बल्कि विचारों में पितृसत्ता का सामन्तवाद भी आ गया और वे इस झूठ को लोगों तक पहुँचाने की कोशिश में लग गए, जो उनके उपर्युक्त कथनों और कहानी में अन्य जगहों पर भी देखा जा सकता है।

समाज में स्त्री और पुरुष की विशिष्टता के निर्धारण में सामाजिक संरचना की महत्त्वपूर्ण भूमिका होती है। प्राणी शास्त्रीय स्थिति मनुष्य को नर और मादा के रूप में रखती है, किन्तु सामाजिक संरचना उन्हें पुरुष और स्त्री के रूप में विभाजित करके उनके अधिकार-क्षेत्रों का विभाजन कर देती है। मनुष्य के रूप में स्त्री के शक्तिशाली होने—'स्त्री के स्वर्णयुग' को सिमोन द बोउआर केवल मिथ मानती है। उनके अनुसार "समाज हमेशा पुरुष का रहा है, राजनैतिक सत्ता हमेशा पुरुष के हाथ रही है।" (स्त्री उपेक्षिता, पृ. 52) जहाँ तक बुद्धिमत्ता का प्रश्न है, तो वैज्ञानिक खोजों से यह स्पष्ट हो गया है कि स्त्रियों का मस्तिष्क उनके शरीर के आकार के अनुरूप ही छोटा होता है लेकिन उनमें तंत्रिकाओं का घनत्व पुरुषों की अपेक्षा कहीं ज़्यादा होता है। 1966 में इलीनर मैक्कावी ने पचास वर्षों के परीक्षणों को अपनी पुस्तक 'द डेवलपमेंट ऑफ़

सेक्स डिफ़रेंसेज़' में लड़के और लड़कियों के सम्पूर्ण बुद्धि-परीक्षणों में "ग्यारह परिणाम समान पाए, तीन में लड़कियाँ और तीन में लड़के आगे थे। लड़कियों को वाग्मिता के विकास में आगे पाया गया। बावजूद इसके अब तक के समस्त परीक्षण मानस का लिंग प्रदर्शित नहीं कर पाया है।" फिर भी पितृसत्ता स्त्रियों की बुद्धिमत्ता पर केवल सन्देह ही नहीं करती, बल्कि परिवार में उसके महत्त्वपूर्ण निर्णय के समस्त अधिकारों को भी समाप्त कर देती है।

स्त्री शिक्षा का अर्थ सिर्फ़ अक्षर ज्ञान नहीं है, बल्कि स्त्रियों के भीतर के प्रतिभा-कौशल और सामर्थ्य को बढ़ाकर उन्हें अपने आत्मसम्मान को समझने के लिए प्रेरित करना और प्रतिकूलता की चुनौतियों के लिए तैयार भी करना है। 'प्रेतयोनि' कहानी के आरम्भ में सेवकराम गुप्ता अपनी बेटियों की शिक्षा के लिए सजग दिखाई देते हैं। प्रश्नाकुलताओं के उद्वेगों से घिरी अनिता सोचती है—"यही व्यक्ति है, जो अम्मा से हमेशा इस बात के लिए लड़ता-भिड़ता रहा कि मैं अपनी लड़कियों को कुछ दहेज में दूँगा तो सिर्फ़ शिक्षा। शिक्षा ही उन्हें आत्मनिर्भर बनाएगी। अपनी ऊँच-नीच स्वयं निबटेंगी। हम जीवन भर साथ बैठे रहेंगे ढाल लिए उनकी रक्षा को?" (आदि अनादि, पृ. 96-97) अपने पिता की इसी प्रगतिशील सोच के परिणामस्वरूप अनिता दिल्ली विश्वविद्यालय में बी.ए. ऑनर्स अन्तिम वर्ष की छात्रा है। पर, अनिता की बहादुरी से सम्बन्धित अख़बार में छपी ख़बर से सेवकराम गुप्ता की समस्त प्रगतिशील सोच की धज्जियाँ उड़ जाती हैं। सचाई तो यह है कि युगों की परिस्थितियों और परम्परागत रूढ़िवादी विचारों ने स्त्री को जिस तरह वर्जनाओं की मोटी दीवारों में क़ैद किया है, वहाँ यह प्रश्न हमेशा गौण पड़ता रहा है कि क्या स्त्री मनुष्य भी है? नौवें दशक के बाद भारतीय समाज, जीवन और साहित्य को स्त्री-विमर्श ने प्रभावित किया और स्त्री-विमर्श का सीधा सम्बन्ध स्त्री-मुक्ति के प्रयासों से है। सदियों से स्त्री सम्बन्धी पितृसत्तात्मक सोच में स्त्री होने और मनुष्य होने की स्थिति एक-दूसरे के प्रतिकूल रही है। स्त्री-मुक्ति के प्रयत्नों में स्त्री के मनुष्य होने का प्रश्न सबसे बड़ा प्रश्न है, जिसे चित्रा मुद्गल ने अपनी कहानी 'प्रेतयोनि' के माध्यम से उठाया है। स्त्री-उत्पीड़न की पराकाष्ठा वहाँ होती है, जहाँ उसके मस्तिष्क को इस तरह निष्क्रिय या शून्य कर दिया जाए कि वह निर्णय लेने की दशा में नहीं हो। 'प्रेतयोनि' में समस्त पारिवारिक परिदृश्यों की प्रतिकूलता और मानसिक प्रहार ने अनिता गुप्ता की मानसिक दशा को इसी शून्यता की स्थिति में ला दिया है।

बलात्कर शब्द अपने आप में ही भयावहता की सृष्टि है, जो स्त्रियों के शारीरिक और मानसिक उत्पीड़न के साथ सामाजिक विसंगतियों और विडम्बनाओं के दस्तावेज़ों को सामने लाकर हमें अतीत और वर्तमान को देखने के लिए प्रेरित करती है। वास्तव में बलात्कार एक हथियार भी है, जिसके द्वारा पितृसत्ता स्त्रियों को दुर्बल, अशक्त और असहाय समझने का मनोवैज्ञानिक दबाव डालती है। विश्व स्वास्थ्य संगठन के एक अध्ययन के अनुसार भारत में बलात्कार के आँकड़े भयावह हैं। लेकिन 'प्रेतयोनि' की अनिता तो बलात्कार की शिकार ही नहीं हुई। उसने अपनी सूझबूझ और वीरता से वहशी टैक्सी चालक का सामना किया और उसके चंगुल से मुक्त होने के बाद निकट के पुलिस थाने में उस टैक्सी-चालक के विरुद्ध रिपोर्ट भी लिखवाई। थाना प्रभारी

के. सी. गोयल ने अनिता की इस वीरता को लड़कियों के लिए अनुकरणीय बताया। लेकिन जब उसकी इस बहादुरी की चर्चा अख़बार में हुई, तो घर में जैसे भूचाल आ गया और बलात्कारी के चंगुल से बची अनिता का मानसिक और शारीरिक उत्पीड़न शुरू हो गया।

सिमोन द बोउआर का लेख 'एक अस्तित्ववादी के लिए' 25 मई, 1947 को प्रकाशित हुआ, जिसमें उसने लिखा—"यह मानवीय अस्तित्व के स्वभाव में शामिल है कि वह मौजूदा ठहराव के ख़िलाफ़ प्रयास करे—चीज़ों को प्रभावित करके, उनमें घुसपैठ करके, और मनुष्य की दुनिया में उनकी संरचना को शामिल करके।" (सिमोन द बोउआर, स्वतंत्रता और प्रेम की राह, संवाद प्रकाशन, पृ. 264) 'प्रेतयोनि' कहानी में अनिता गुप्ता अपने अस्तित्व की तलाश की बेचैनी और तनावों में है। विडम्बना यह है कि उसके स्वतंत्र अस्तित्व को नकारनेवाले केवल पुरुष नहीं हैं, बल्कि एक स्त्री भी है, जो उसकी सगी माँ है। पर यहाँ चित्रा मुद्‌गल की स्त्री दृष्टि भी सामने आती है और वे परिवार में अनिता गुप्ता की माँ की स्थिति का मनोवैज्ञानिक विश्लेषण करती हैं—"हल्दी-चूने का लेप मेज़ पर रखा निश्चय ही ठंडा हो गया होगा, सोचकर अम्मा बाबूजी की अगली 'सुनो' के घेराव से छूट भागने की ख़ातिर तेज़ी से बैठक से बाहर हो गईं। उनके पास पल-भर भी खड़े होने का अर्थ होता, श्रोता बने उनकी हाँ में हाँ मिलाते रहो। चिन्ताएँ बार-बार दोहराने से कहीं हल होती हैं!" (आदि अनादि, पृ. 101)

अनिता की जाँघ पर हल्दी-चूना का लेप लगाने के दौरान अनिता गुप्ता की माँ ने देखा कि अनिता ने सलवार लूँगी की तरह गठियाई हुई थी जिससे आशंकित होकर उसने अनिता से यह प्रश्न पूछा कि उसके महीने के कितने दिन शेष हैं? अनिता गुप्ता की माँ के इस प्रश्न में पितृसत्ता का वह आतंक छिपा है, जिसमें उत्तर-आधुनिकता के इस दौर में भी लड़कियों के लिए यौन शुचिता की अनिवार्यता बनी हुई है। 'प्रेतयोनि' कहानी 1992 में लिखी गई, जब भारत जैसे प्रगतिशील देश में भी स्त्री-विमर्श का स्वर तेज़ हो रहा था, लेकिन आज यानी 27 वर्षों के बाद भी यदि निर्भया या अन्य लड़कियों के बलात्कार को लेकर भारतीय सामाजिक संरचना की जाँच की जाए, तो समाज का बड़ा तबका सेवकराम गुप्ता के परिवार की ही मानसिकता वाला सिद्ध होगा, जिसकी प्रगतिशीलता का दंभ रेत की ढेर पर खड़ा होता है। अपनी माँ के इस कठोर प्रश्न से अनिता किस तरह मर्माहत हुई, वह द्रष्टव्य है—"वह कहना चाहती थी कि अम्मा, तुम जिस आशंका से पीड़ित होकर यह प्रश्न पूछ रही हो, वैसा कुछ उस कामुक राक्षस की पूरी कोशिश के बावजूद सम्भव नहीं हो पाया। मैं प्राणपण से लड़ी हूँ...लेकिन घुटने की पीड़ा ने उसे बोलने की मोहलत नहीं दी। लेकिन "जोड़ों पर अम्मा की लेप मलती उँगलियाँ एकाएक सख़्त हो आई थीं।" (वही, पृ. 103)

ममत्व भाव से भरी माँ भी अपनी बेटी के भीतरी दर्द को समझ नहीं पाई क्योंकि उसके मन-मस्तिष्क पर पितृसत्ता का ख़ौफ़ हावी है। फ्रेडरिक एंगेल्स के अनुसार—"आधुनिक परिवार पत्नी की स्पष्ट या प्रच्छन्न दासता पर टिका है...परिवार के अन्दर वह (पुरुष) बुर्जुआ है और उसकी पत्नी सर्वहारा का प्रतिनिधित्व करती है।" (द ओरिज़न ऑफ़ द फ़ैमिली, 1943, पृ. 79) सेवकराम गुप्ता के समक्ष उसकी पत्नी की मानसिक दासता

की स्थिति तो आद्योपान्त दिखाई देती है, लेकिन दासत्व का यह भाव किस तरह सामन्ती शोषण की पराकाष्ठा पर पहुँचता है, वह द्रष्टव्य है—"अम्मा ने उसे बालों समेत पलंग पर से फ़र्श पर खींच लिया और शक्ति भर उस पर लातें बरसाने लगीं। वे शायद उसे लात-घूँसों से अचेत होने की सीमा तक रौंदतीं, अगर दादा और बिन्नू ने उन्हें पीछे से जकड़कर अलग न कर दिया होता।" (वही, पृ. 109) अनिता की माँ यहाँ पितृसत्ता के सामन्तवाद के महत्त्वपूर्ण अंग के रूप में दिखती है। वह अनिता के काढ़ा न पीने के प्रतिकार का जवाब लात-घूँसों से देती है, लेकिन अपने पति और पुत्र की अनावश्यक वर्जनाओं का विरोध नहीं कर पाती। जब बलात्कार हुआ ही नहीं, तब भी माहवारी न रुके इसके लिए ज़बरदस्ती काढ़ा पिलाने की माँ की सामन्ती कोशिश के पीछे उसकी यह मान्यता है कि "हाथ आई को मर्द छोड़ता है कहीं।" (वही, पृ. 108) सचाई यह है कि यह केवल अनिता गुप्ता की माँ की मान्यता नहीं है, बल्कि यह तो भारतीय मध्यवर्गीय सामाजिक अवधारणा बन गई है, जिस पर चित्रा मुद्गल की वक्र दृष्टि ने बड़ा-सा प्रश्नचिह्न लगाया है।

गले में फंदा डालकर अनिता गुप्ता की आत्महत्या करने की कोशिश उसकी पीड़ा के चरमोत्कर्ष को दर्शाता है, क्योंकि जिस परिवार पर उसका विश्वास था, वह पूरी तरह खंडित हो गया। अनिता से बलात्कार की कोशिश से सम्बन्धित अख़बार की ख़बर को समाज ने किस रूप में लिया, यह उसकी पीड़ा का कारण नहीं भी होता, लेकिन अपने परिवार से मिले मानसिक और शारीरिक उत्पीड़न ने अनिता की जिजीविषा ही ख़त्म कर दी। पर चित्रा मुद्गल बेटियों के इस पलायन और पितृसत्ता की सामन्ती प्रकृति के समक्ष हार मान लेने की उसकी प्रवृत्ति को स्वीकार नहीं कर पातीं। इसीलिए उनकी रचनाओं के स्त्री पात्र टूटकर भी चुनौतियों का सामना करते हैं। अनिता गुप्ता का यह निर्णय—"वह एक से लड़ सकती है—पाँच से क्यों नहीं लड़ सकती? अब वह अकेली भी तो नहीं।" (वही, पृ. 110)—चुनौतियों के स्वीकार्य के लिए उसके दृढ़ संकल्प का संकेत है। 'सांध्य टाइम्स' के 'बॉक्स आइटम' में छपी यह ख़बर—"दिल्ली विश्वविद्यालय की छात्र-छात्राएँ कल सुबह दस बजे पुलिस मुख्यालय के समक्ष, छात्रा अनिता गुप्ता के कथित बलात्कारी टैक्सी-चालक को पकड़ने में हो रहे विलम्ब के ख़िलाफ़ शान्तिपूर्ण विरोध-प्रदर्शन करेंगे..." (वही) अनिता गुप्ता को सशक्त बनाकर अपनी नियति को स्वयं गढ़ने की प्रतिबद्धता की ओर उसे प्रेरित करती है। आज जब मीडिया की ख़बरों से लोगों का मोहभंग होने लगा है, तब मीडिया की यह सकारात्मक भूमिका हमें भविष्य के लिए भी आशान्वित करती है। अनिता गुप्ता का संघर्ष के लिए दृढ़-संकल्प उसके मनुष्य होने के भाव को बचाए रखकर यह सिद्ध करता है कि अब बेटियों की नियति के निर्धारण का अधिकार पितृसत्ता के सामन्तवाद के पास सुरक्षित नहीं है।

बहुस्तरीय सम्भावनाओं की खुलती खिड़की

आभा गुप्ता ठाकुर

ममता कालिया समकालीन रचना समय की एक महत्त्वपूर्ण कथाकार हैं। वे स्त्री-जीवन के विविध आयामों को अपनी कहानियों में चित्रित करती हैं। उनकी कहानियों में आधी आबादी के लगभग सभी रूप देखने को मिलते हैं। उनके महत्त्वपूर्ण कहानी-संग्रह—'छुटकारा', 'सीट नम्बर छह', 'एक अदद औरत', 'प्रतिदिन', 'उसका यौवन', 'जाँच अभी जारी है', 'बोलनेवाली औरत' आदि हैं। उनकी कहानियों की 'स्त्री' सजग, प्रखर एवं स्त्री-आकांक्षा की बेबाक, बुलन्द अभिव्यक्ति है। 'बोलनेवाली औरत' (1998) कहानी-संग्रह में संकलित कहानी 'खिड़की' भारतीय समाज के साधारण घरों में युवा होती लड़कियों के नीरस जीवन एवं घुटते सपनों को चित्रित करती है। सामान्य जीवन स्थितियों के भीतर से कथा-सूत्र लेकर यह कहानी लिखी गई है।

इस कहानी में तीन पुत्रियों के पिता शिवचरण बाबू द्वारा की गई रेल-यात्रा की मामूली सी घटना को ममता कालिया ने जिस सूक्ष्म दृष्टि के साथ अँधेरे से उजाले या जड़ता से चेतना की यात्रा में तब्दील किया है, वह अन्दाज़े बयाँ निश्चित ही हमारा ध्यान आकर्षित करता है। कहानी की शुरुआत शिवचरण बाबू की बदमिज़ाजी और बड़बड़ाहट के साथ होती है, जो निम्न-मध्यवर्गीय जीवन से उपजी है। कुली से लेकर 'भारतीय रेल' को कोसना, रेलवे की कार्य पद्धति की समीक्षा करना और रेलवे की अकर्मण्यता की चर्चा हर आम भारतीय की ज़िन्दगी का ज़रूरी हिस्सा है। पर समस्या यह है कि उसकी विकल्पहीनता, बेबसी और आक्रोश की अभिव्यक्ति झुँझलाहट के रूप में ही बाहर आती है। तीन जवान पुत्रियों के पिता शिवचरण बाबू कोई अपवाद नहीं थे। बात बस इतनी थी कि उन्हें रेलगाड़ी के कोच में साइड की 39 एवं 40 नम्बर की बर्थ मिल गई थी। पर सड़ी गर्मी में भारतीय रेल की यात्राा किसी जहन्नुम से गुज़रने जैसी ही है और उस पर भी यदि 'खिड़की' न खुले तो फिर तो कहना ही क्या? ममता कालिया ने बेहद चुस्त, संक्षिप्त वाक्यों और सटीक विराम-चिन्हों का इस्तेमाल कर साधारण मनुष्य की रोज़मर्रा की तकलीफ़ों को रेलवे की कार्य शिथिलता के बरक्स रखकर जिस कन्ट्रास्ट को रचा है उसमें आम आदमी की हताशा, उसकी पीड़ा और रोज़ का संघर्ष प्रामाणिक रूप से रेखांकित हुआ है। संक्षिप्त, क्षिप्र सामान्य से लगनेवाले वाक्यों में उबाऊ मध्यवर्गीय जीवन की संघर्ष-गाथा अंकित है। यथा :

"अजब बात है, इतनी धाँधली है पर किसी को कोई फ़र्क़ नहीं पड़ता।"

या फिर, "किराया बढ़ाते जा रहे हैं, सुविधाएँ घटाते जा रहे हैं, जनता को आप उल्लू समझते हैं?"

ये टिप्पणियाँ हर उस व्यक्ति की हैं जो भारतीय रेल से यात्रा करने के लिए अभिशप्त हैं। 'भारतीय रेल' जो न जाने कितने लोगों के द्वारा कोसे जाने पर भी लस्टम-पस्टम पटरियों पर धीमी गति के समाचारों की तरह चल ही रही है। आख़िर शिवचरण बाबू अपनी पुत्री कंचन के साथ किसी तरह अपनी आरक्षित सीट पर सवार हो गए पर 'खिड़की' है कि खुलती ही नहीं। कई सूरमाओं ने ज़ोर-आज़माइश की पर अड़ियल खिड़की टस से मस न हुई। ममता कालिया ने इस अंश में साधारण जनजीवन के साथ रामचरितमानस के मज़बूत रिश्ते को उद्घाटित किया है, जो उनकी जनजीवन में गहरी पैठ एवं सूक्ष्म पर्यवेक्षण शक्ति को दर्शाता है। 'खिड़की' को शिवचरण बाबू सीता के धनुर्भंग प्रसंग से जोड़कर कंचन के स्वयंवर की कामना करते हैं। यथार्थ की भयावहता से निजात पाने के लिए रेगिस्तान में ओएसिस की तरह उन्हें भी स्वयंवर के बारे में सोचना अच्छा लगता है। रामकथा उनके हताश मन को राहत देती है। वे मानस की पंक्तियाँ दोहराते हैं :

अब जनि कोउ भावै भटमानी। बीर बिहीन मही मैं जानी॥
तजहु आस निज-निज गृह जाहू। लिखा न विधि वैदेहि बिवाहू॥

दहेज की भयावहता के मद्देनज़र उन्हें स्वयंवर जैसी प्रथा के बारे में सोचना अच्छा लग रहा था। वे कभी-कभी कहते भी थे : "मैं तो अपनी बेटियों को फूलों के गहनों में विदा करूँगा। इन्हें मैंने पढ़ा-लिखा दिया, अब जो इनकी क़द्र करे वह मेरे सामने याचना कर इन्हें ले जाए।" एक तरफ़ लेखिका भारतीय समाज में तीन जवान बेटियों के पिता द्वारा रचित 'कल्पना लोक' को दर्शाती है तो अगली ही पंक्तियों में वे इस इन्द्रजाल को तोड़ सचाई की निर्मम खुरदरी ज़मीन पर पाठकों को ले आती हैं और इस विसदृशता द्वारा घटनाक्रम को अद्भुत अर्थ-गाम्भीर्य से भर देती हैं। उनकी टिप्पणी 'उच्चवर्ग से नाभिनालबद्ध' मध्यवर्गीय भारतीय समाज के ढोंग को अनावृत्त करती है। यथा : "इतने उच्च आदर्शवाला कोई भी वर अभी तक न मिला था। न मिलने की सूरत नज़र आ रही थी। उनकी बेटियों की उम्र 25, 23, और 22 हो चुकी थी और तीनों एम.ए.एल.टी. करने के बाद इधर-उधर के प्राइवेट स्कूलों में अस्थायी नौकरियों में दुखी थी। इससे राहत महज़ इतनी थी कि दिन के कुछ घंटे माँ-बाप के सीने से बोझ हटा रहता और लड़कियों को पिता से जेब ख़र्च माँगने की ज़रूरत न रहती।"

इस तरह स्वप्न और यथार्थ के परस्पर विरोधी ताने-बाने के द्वारा ममता कालिया ने सामान्य घरों में युवा होती लड़कियों की करुण गाथा को पाठक के सम्मुख रख दिया है। जवान होती लड़कियों के बोझ को वहन करते शिवचरण बाबू की मन:स्थिति भारतीय रेल की बन्द 'खिड़की' सी ही है। घटनाओं का विकास भी भारतीय रेल की मन्द रफ़्तार की लय से लय मिलाता धीरे-धीरे ही होता है और थके हुए शिवचरण बाबू बेटी कंचन को नीचे की सीट पर सावधानीपूर्वक असबाब की चौकीदारी का निर्देश देकर ऊपर की सीट पर ऊँघने लगते हैं। अलीगढ़ स्टेशन पर कुछ युवक डिब्बे में

चढ़ते हैं। इनमें से एक युवक 'खिड़की' को खोलने की पुरजोर कोशिश करता है, पर अब तक के सभी सूरमाओं की तरह वह भी महज़ पल्ले से जूझता रहता है और अन्त में हारकर कंचन से इज़ाज़त लेकर बैठ जाता है। इस सामान्य से घटनाक्रम के द्वारा लेखिका ने कंचन के जीवन में आनेवाले परिवर्तन की ज़मीन तैयार कर दी है। 'एम. के.ए.एम.यू.' बोतल पर अंकित कुछ शब्द भर नहीं है। यह नाम है उस व्यक्ति का जो कंचन के ठहरे हुए जीवन में हलचल पैदा कर उसे गतिशील करेगा—एक कैटेलिस्ट की तरह। एम.के. ने कंचन को बताया कि वह 'थीम ऑफ़ एलियनेशन इन रामायण' पर अंग्रेज़ी में रिसर्च कर रहा है।

इस दृष्टि से रामकथा का विश्लेषण कंचन के लिए ऑरिरा बोरियॉलिस (Aurora borealis) के रंगों की तरह अद्‌भुत था। एम.के. ने उसे बताया कि कैसे रामकथा का हर पात्र एकाकी है—"राम पत्नी के बिना वन में, सीता राम के बिना लंका में, भरत स्थानापन्न राजा के रूप में अयोध्या में, लक्ष्मण उर्मिला के बिना और उर्मिला पति के बिना राजमहल में। कौशल्या बेटे के बिना एकाकी है। दशरथ भी एक अजनबी की मौत मरते हैं। कैकेयी पूरे समाज से तिरस्कृत अकेली है। यहाँ तक कि रावण भी अपने एकपक्षीय सम्मोहन में एकाकी है।" रामकथा की यह नई व्याख्या कंचन के दिमाग़ की बन्द खिड़कियों को झकझोरकर खोल रही थी। वह एक अनुपम और नितान्त अछूते अनुभव से गुज़र रही थी। एम.के. का उसे दोबारा पढ़ाई शुरू करने की हिदायत देना जैसे उसके लिए वह संजीवनी थी, जो उसके भीतर की जड़ता पर प्रहार कर उसे उमंग से भर ऊर्जा से लबरेज कर रही थी। कहानी के अन्त में कंचन कहती है : "मुझे तो ऐसा नहीं लगा कि खिड़की नहीं खुली।" यहाँ कहानी का शीर्षक 'खिड़की' अपनी बहुस्तरीय सम्भावनाओं के साथ कंचन के आनेवाले भविष्य को सार्थकता के पथ पर अग्रसर करने का संकेत करता है। 'खिड़की'—एक और जहाँ सम्पर्क है भीतर का बाहर से, वहीं बन्द घर भी उसके माध्यम से ही रौशन होते हैं। उसका खुलना प्रस्थान बिन्दु है—अँधेरे से उजाले की ओर, अज्ञान से ज्ञान की ओर, ज़मीन से सपनों की उड़ान की ओर, जड़ता से चेतना की ओर।

इस तरह 'खिड़की' कहानी चन्द पृष्ठों में अपने बेहद साधारण घटनाक्रम में अद्‌भुत अर्थ सामर्थ्य भरकर निहायत मामूली जीवन स्थितियों को रचनात्मक ताने-बाने में तब्दील करती है। यह कहानी दहेज जैसी सामाजिक कुप्रथाओं के सम्मुख हताश, युवा होती स्त्रियों के जीवन की दास्तान बन जाती है। साथ ही भारतीय रेल की दुर्दशा और आम आदमी के जीवन में उसकी अनिवार्यता को भी ममता कालिया ने निर्विकार चित्रकार की तरह छायांकित किया है। कहानी में तीन महत्त्वपूर्ण किरदार हैं—शिवचरण बाबू, कंचन और एम.के.। लगभग तीनों ही अपने वर्ग के प्रतिनिधि चरित्र हैं। शिवचरण बाबू रामकथा को अपनी कुंठा, हताशा और पीड़ा का हरण करनेवाली 'संकटमोचक' के रूप में व्याख्यायित कर अपनी संघर्ष-यात्रा में एक आश्रय स्थल के रूप में देखते हैं तो एम.के. उसका विश्लेषण अजनबीयत के कोण से करना चाहता है। इस तरह रामकथा के बहुस्तरीय अन्तर्पाठ 'खिड़की' कहानी के समानान्तर पाठ के रूप में विकसित होते हैं और कहानी को नई अर्थवत्ता से सम्पन्न करते हैं तथा उसके कथ्य को सामान्य

कथा के इकहरेपन से अनेक स्तरीय अर्थ-बोध की ओर अग्रसर करते हैं। एक ओर शिवचरण बाबू का दर्द है जिनकी पढ़ी-लिखी बेटियाँ घास की तरह बढ़ तो रही हैं पर कोई आदर्शवादी उनका हाथ थामने आगे नहीं आता तो दूसरी ओर कंचन है—खर-पतवार की तरह, उगना और बढ़ना जिसकी नियति है पर उम्मीद की कोई किरण नहीं। एम.के.—इस कहानी में, जितना व्यक्ति है उतना ही एक मसीहा—जो चाहे गाड़ी की खिड़की न खोल पाए पर कंचन के जीवन को नई रोशनी से भर देता है। 'किताबों से धूल साफ़ करना'—जैसे उस जड़ता की समाप्ति का सूचक है, जिसने कंचन के वजूद को अपनी गिरफ़्त में ले रखा था।

भाषा के स्तर पर इस कहानी में भी समकालीन कहानियों की तर्ज़ पर अंग्रेज़ी शब्दों का भरपूर प्रयोग देखने को मिलता है। जैसे—एलियनेशन, वाटर-बॉटल, बर्थ, प्लेटफॉर्म, एनाउंसर, सिनॉप्सिस आदि। 'एम.के.,' 'ए.एम.यू.' जैसे संक्षिप्ताक्षरों का प्रयोग भी आजकल कहानियों में धड़ल्ले से हो रहा है। शायद भागदौड़ भरे जीवन की रोज़मर्रा की लय तलाशती भाषा के लिए यह ज़रूरी भी है। रामचरित मानस की पंक्तियों का लगभग प्रेरणा-गीतों के रूप में प्रयोग, इस कहानी की एक महत्त्वपूर्ण उपलब्धि है। कथा का विन्यास घटनाओं के घटित होने के क्रम में ही किया गया है, जिससे कथा-अन्विति में कोई बाधा उपस्थित न हो। "क्या फ़र्क़ पड़ता है?", "कितनी सड़ी गर्मी है, ओफ़्फ़, यह भारतीय रेल!", जैसी छोटी-छोटी टिप्पणियाँ आम मध्यवर्गीय मनुष्य की निराशा को अभिव्यक्त कर उसकी पीड़ा को विरेचित करती हैं। छोटे-छोटे सारगर्भित संवादों द्वारा लेखिका ने कहानी को गहरी अर्थवत्ता प्रदान की है। कुल मिलाकर 'खिड़की' कहानी आम जीवन स्थितियों को समकालीन मुहावरे में पूरी प्रामाणिकता से अभिव्यक्त करती है।

बच्चे गवाह नहीं हो सकते?

पंकज बिष्ट

उपभोक्तावाद के मारक हमलों की शुरुआत

नीरज खरे

पंकज बिष्ट आर्थिक उदारीकरण और भूमंडलीकरण आने के पहले से ही कहानियाँ लिख रहे थे। वे आठवें दशक में उभरे कला सजग और प्रतिबद्ध कहानीकार हैं। जब कहानी प्रेमचन्द की परम्परा और उनकी ज़मीन पर लौट रही थी। उसी दशक में समानान्तर कहानी, सक्रिय कहानी और जनवादी कहानी आन्दोलन भी चर्चा में थे। कहानीकार आन्दोलनों के हों या उनसे बाहर निम्न-मध्यवर्ग और जनसाधारण के संघर्षशील जीवन का चित्रण ही कहानी के केन्द्र में था। इस दौर के लेखकों ने तत्कालीन राजनीतिक-आर्थिक परिस्थितियों के चलते भारतीय पूँजीवाद के भयंकर भीतरी संकट को देखा था। उससे उबरने के लिए तत्कालीन सत्ता द्वारा लगाए गए आपातकाल की दहशत का सामना भी लेखकों ने किया था। इसीलिए उस समय की कहानियों और उपन्यासों में क्रान्ति की आवाज़ सुनाई पड़ती थी। जनवाद की ओर मुड़ा यह लेखन बहुत कुछ फ़ॉर्मूलाबद्ध, गढ़ा और अविश्वसनीय माना गया। हालाँकि इस बीच कहानी का समाज सापेक्ष होना, सकारात्मक बदलाव था। लेकिन कहानियों में यथार्थ की गम्भीर पड़ताल के बिना सतही सचाई चित्रित हो रही थी। इसी समय पंकज बिष्ट और उदय प्रकाश ने चालू ढर्रों से अलग समकालीन यथार्थ के दुष्प्रभावों की पहचान के लिए कहानी में नये कलात्मक रूपों का संधान किया। हिन्दी कहानी में जादुई यथार्थवाद की सर्वप्रथम चर्चा आलोचक चंचल चौहान ने इन्हीं दोनों कहानीकारों की कुछ कहानियों को लेकर कोई तीन दशक से भी पहले की थी। अपेक्षाकृत कम कहानियाँ लिखने के बावजूद पंकज बिष्ट अलग भी इसीलिए हैं कि उन्होंने जादुई यथार्थवाद की तरफ़ सार्थक क़दम रखे। इन क़दमों की आहटें उनकी कई कहानियों में मिलती हैं, पर 'बच्चे गवाह नहीं हो सकते?' (1984) को प्रतिनिधि कहानी के रूप में चुना जा सकता है। जादुई यथार्थ से प्रेरित कहानियाँ व्याख्या और विवेचना की ख़ास अपेक्षा चाहती हैं, इसलिए पंकज बिष्ट की इस कहानी पर चर्चा के पहले, कहानी में 'जादुई यथार्थवाद' की अवधारणा पर एक नज़र डाल लेना ज़रूरी लगता है।

वैसे तो जादुई यथार्थवाद दक्षिणी अमेरिकी देशों का 1950 के बाद उभरा कथा आन्दोलन है। वहाँ की ज़मीनी विरासत और परिस्थितियाँ भारत से काफ़ी मिलती-जुलती हैं। बावजूद हिन्दी में इसकी चर्चा कम ही हुई है। बल्कि इनके प्रयोगकर्ताओं को आरोपों से हतोत्साहित किया गया। यह ठीक है कि यथार्थ कहानी की प्राण-चेतना है। कहानी ही

नहीं, यथार्थ के बिना कोई भी कला सम्भव नहीं। पर कोरा या नग्न यथार्थ, कहानीपन की क्षति करके आता है, तो उसके आने पर एक बार विचार होना चाहिए। समय या देशकाल के बरअक्स यथार्थ को परखने की समस्या है कि हम यथार्थ को सिर्फ़ कुछ मानकों के नज़रिये से देखने के अभ्यस्त हैं। जबकि कहानी की उत्पत्ति इस अभ्यास के विरुद्ध ही हुई है। जादुई यथार्थ की अवधारणा का आरम्भ कहानी के सफ़र में काफ़ी बाद में हुआ, पर इसकी जड़ें 'कथा' की मूल प्रकृति से गहरे जुड़ी हैं—जो श्रुति-स्मृति परम्परा में मौखिक रही है। तब कहानी के लिए यथार्थ वैसा कोई सवाल नहीं था। मिथक, आख्यायिका, गल्प, निजंधरी-कथा और लोक कथा के आभासी देशकाल के बीच जीवन-मूल्य ही उसका यथार्थ था। कहानी की निष्पत्ति जितनी महत्त्वपूर्ण थी, उससे कहीं अधिक महत्त्वपूर्ण था कि वह निष्पत्ति होती कैसे है? इसी ख़ूबी को चमत्कारिता, कौतूहल, रोचकता, औत्सुक्य और कभी अलौकिक भी कहा गया। अतिरंजना और अतिलौकिकता या अद्‌भुत कल्पना से ही कहानी, कहानी बनती थी। 'बल' से बड़ी 'बुद्धि' होती है—यह कहने में ख़रगोश और सिंह के रूपकों में ढली कहानी अधिक आकर्षित करती है, न कि सिर्फ़ उसकी दी गई सीख! यानी कहानी की बनावट में कोई न कोई असाधारण या असामान्य आयाम ही कहानी होने को चरितार्थ करते हैं। इन आयामों को सुविधा के लिए कहानी का 'जादूपन' भी कहा जा सकता है। भारत का प्राचीन कथा साहित्य, लोक-कथा और आख्यानों की वाचिक परम्परा में 'कहानी का जादूपन' भरा पड़ा है। यही विरासत आधुनिक हिन्दी कहानी की पृष्ठभूमि है। इस विरासत में पश्चिमी कहानी की कला का प्रभाव मिला, तो कहानी सृजन की नवीन आधुनिक विधा हुई। इस क्रम में कहानी की सारी जद्दोजहद अपने देशकाल को पहचानने के बीच जादूपन को बचाने में रही। कहानी की विरासत में यथार्थेतर संसार इस तरह उद्‌घाटित होता है कि कहीं अलग से लाया गया नहीं लगता। इस विरासत से काफ़ी कुछ सँजोकर, जब कहानी अपने वाचिक संसार यानी 'कहने' और 'सुनने' से मुद्रित पाठ यानी 'लिखने' और 'पढ़ने' में रूपान्तरित हुई। तभी लौकिक सचाइयों के अर्जन में तत्पर हुई।

इस प्रक्रिया में कहानी मिथकों, पौराणिक सन्दर्भों, दंतकथाओं में रची-बसी तर्कातीत, अतिप्राकृत, अतिरंजित और उपदेश-शिक्षा की सामुदायिक-जातीय स्मृतियों और धारणाओं से मुक्त हुई। आधुनिक कहानी ने अपने प्रादुर्भाव और यात्रा के अगले मुकामों पर अपनी शक्ति 'यथार्थ' को आयत्त करने में खपा दी। ज़ाहिर है अन्य विधाओं की तरह कहानी के भी आधुनिक होने के यही मापदंड थे। निस्सन्देह यही होना भी चाहिए। इन सचाइयों के बिना कोई भी साहित्यिक विधा आगे बढ़ भी कैसे सकती है? कहानी में यह गुणात्मक परिवर्तन अपनी विरासत से बहुत कुछ जान-सीख कर प्रेमचन्द ने घटित किया। अकारण नहीं कि वे यथार्थवादी-समाजोन्मुख कथा-धारा के मानक हैं। उन्होंने कहानी को अपने सरोकारों की अभिव्यक्ति के लिए वस्तुतः आधुनिक बनाया। आलोचकों ने सामाजिक पक्षधरता, वैचारिकता और कथा-दृष्टि के चलते उनके कथा-साहित्य को यूरोपीय यथार्थवादी पद्धति के निकट माना है। कहानी को मुकम्मल राह पर लाना उनका ऐतिहासिक योगदान है। पर यह भी देखना चाहिए कि अनेक यथार्थवादी-आदर्शवादी कहानियाँ लिखते हुए, वे कहानी में 'अनहोनापन' ख़ास मानते थे। यह 'अनहोनापन'

उनकी अतिप्रसिद्ध 'कफ़न' और 'पूस की रात' जैसी यथार्थवादी मानी गई कहानियों में भी है। उनके यहाँ 'दो बैलों की कथा', 'मूठ', 'मंत्र' और 'नागपूजा' जैसी कहानियाँ भी हैं। इनमें रूपक, जादू-टोना, झाड़-फूँक या ऐसे मत-मान्यताओं का ज़िक्र है। हालाँकि, अन्धविश्वास और धार्मिक रूढ़ियों के विरोधी लेखक प्रेमचन्द पर इन मुद्दों पर कहानियाँ लिखने के आरोप भी लगे! पर अधिकांशत: वे उनके खंडन-मंडन के बजाय उनके सहारे अपने निहित उद्देश्य या मूल्य को सम्प्रेषित करते हैं। यहाँ कहानी के यथार्थेतर आयामों के चलते यथार्थ की ओर जाने की चेष्टा है। अगर प्रेमचन्द को यूरोपीय ढाँचा अपनी कहानी के लिए विचारणीय लगा, तो अपनी विरासत से मिले 'अनहोनेपन' (जिसे जादूपन भी कहा जा सकता है) को भी तरजीह दी है।

प्रेमचन्द के बाद कहानी में यथार्थ की उपस्थिति महत्त्वपूर्ण हुई। प्रगतिवादी कहानी में चमत्कारिक-जादुई एहसास का क्रमश: क्षरण हुआ। आश्चर्य कि यह सब प्रेमचन्दीय परम्परा के अनुकरण पर हुआ—जिन्होंने यथार्थग्राही होते हुए भी, कहानी में कभी-कभी जादुई एहसास (उनके अनुसार अनहोनापन) को अर्जित किया था। क़िस्सागो प्रेमचन्द की कथा आलोचना में यथार्थवादी 'मॉडल' की तरह इतनी चर्चा से, क्षति यह हुई कि उन्हें अपनी कथा परम्परा के विकसित नज़रिये से नहीं देखा गया। उनकी जिन कहानियाँ में यह सम्भावना अधिक दिखी तो उनको आदर्शवादी मॉडल या कमज़ोर क़िस्म की कहानियों में रखा। बहरहाल, नई कहानी के दौर में आधुनिकतावादी-अनुभववादी चलन के बीच 'कला' पर नये सिरे से विचार हुआ। उसे अपनी ज़मीन से भी देखा गया। राजेन्द्र यादव की 'सिंहवाहिनी' कमलेश्वर की 'अपने देश के लोग' और मुक्तिबोध की 'ब्रह्मराक्षस का शिष्य' जैसी कहानियों में यह कोशिश दिखती है। जादुई यथार्थ की पूर्वपीठिका यहाँ फ़ैंटेसी शिल्प के ज़रिये रची गई है और यथार्थ के किसी आयाम तक कहानी पहुँची है। हरिशंकर परसाई की 'भोलाराम का जीव' और 'इंस्पेक्टर मातादीन चाँद पर'; तो बिलकुल भिन्न अन्दाज़ की फ़ैंटेसी हैं। ऐसी कहानियों में अयथार्थ के आयाम ग़ौरतलब हैं। रेणु की 'तीसरी क़सम उर्फ़ मारे गए गुलफ़ाम' लोककथा की प्रतीकात्मक शक्ति से अधिक समृद्ध और विश्वसनीय बनी है। सातवें दशक के बाद कहानी में फिर प्रेमचन्द की परम्परा में लौटने की कोशिशें हुईं। मालूम नहीं कि यह परम्परा गुम कब हुई थी? क्या प्रेमचन्द की परम्परा इतनी सीमित है? आठवें दशक में 'वर्ग संघर्ष' के नज़रिये से ही कहानीकार कमोबेश यथार्थ की 'आलोचना' करते हुए ही कहानियाँ लिख रहे थे। नौवाँ दशक इस मायने में काफ़ी महत्त्वपूर्ण है कि कहानी रूमानी क्रान्तिकारिता और रूढ़ जनवाद से अलग बदल रहे यथार्थ को उसकी संश्लिष्टता में देखती है। अब तक चली आ रही आलोचनात्मक और समाजवादी यथार्थवाद से भिन्न कथा-साहित्य में 'जादुई यथार्थवाद' की अवधारणा—नई पद्धति की तरह प्रचलित हुई। इसे अंजाम देनेवाले एक प्रमुख कथाकार पंकज बिष्ट हैं।

अगर कोई प्रवृत्ति हमारी परम्परा से गले मिले और उसका नया नामकरण कर दे तो इसमें बुराई क्या है? प्रचलित यथार्थ की कोटियों से भिन्न जादुई यथार्थवाद कहानी की ऐसी शैली है जिसमें लोककथाओं, मिथकों और दंत कथाओं की तर्ज पर अद्भुत चमत्कार, पुनर्जन्म, अन्धविश्वास, जादू-टोना, अफ़वाहों, किंत्रदंतियों, पारलौकिक

घटनाओं, धर्म-कर्म और लोक आस्थाओं के तत्त्वों के सहारे यथार्थ को रचना में लाया जाता है। इन तत्त्वों का खंडन या मंडन करना कहानीकार का ध्येय नहीं होता, ध्येय तो यथार्थ ही होता है—ये तो प्रयोग में उपकरण होते हैं। जैसा कि उल्लेख किया है—भारत में जादुई यथार्थवाद के मौलिक कथा शैली की तरह उभरने की सम्भावनाएँ रही हैं। कहानी परम्परा के कुछ उदाहरणों के साथ इस अपेक्षाकृत नये जादुई यथार्थवाद के मौजूदा तत्त्वों की पृष्ठभूमि को स्पष्ट करने की कोशिश ऊपर की गई है। उनमें जादुई यथार्थवाद का कोई मानक सिद्ध करना हमारा उद्देश्य नहीं है। उनके मार्फ़त कहानी में वह उर्वर ज़मीन दिखाना है जिस पर जादुई यथार्थवाद पनपने के अनेक अवसर हैं। हिन्दी कहानी में क़ायदे से इसकी शुरुआत उदय प्रकाश की 'टेपचू' और 'तिरिछ' और पंकज बिष्ट की 'आवेदन करो', 'बच्चे गवाह नहीं हो सकते?' और 'मोहेंजोदड़ों' जैसी कहानियों के ज़रिये आई। इस रचनात्मक पद्धति के विशिष्ट तौर पर प्रयोगकर्ता पंकज बिष्ट ज़रूर हैं, पर उनके यहाँ यह शिल्प सर्वथा अलग अन्दाज़ में है। वे ज़्यादातर उसके लिए अद्‌भुत और आश्चर्यजनक या चमत्कारी स्वप्न जैसे पक्षों की तरफ़ कहानी को मोड़ते हैं। ज़ाहिर है 'बच्चे गवाह नहीं हो सकते?' में इस अन्दाज़ को समझने के लिए कहानी अलग-अलग पहलुओं पर विचार और व्याख्या चाहती है।

आज बेलगाम उपभोक्तावाद की जिन चरम ऊँचाइयों का दौर है। उसकी शुरुआत पिछली सदी के नौवें दशक से हो चुकी थी। इस उपभोक्तावाद का चरम वाहक दृश्य माध्यम बना था। मध्यवर्ग में ही नहीं निम्न और निम्न-मध्यवर्गीय समाज में टेलीविज़न ज़रूरत और प्रतिष्ठा का सवाल बन गया था और हर घर में उसे ख़रीदने की होड़ मची थी। सन् 1990 के बाद संकट में डूबी अर्थव्यवस्था को उबारने के लिए आर्थिक उदारीकरण का दौर आया। इस दौर को प्राय: भूमंडलीकरण की तमाम प्रक्रियाओं से पहचाना गया, जो अब जीवन में तकनीकी सूचना-संचार माध्यमों द्वारा अनेक प्रकार से रच-बस गई हैं कि हर आदमी एक उपभोक्ता है और बाज़ार में खड़ा है। इस बाज़ारवाद-उपभोक्तावाद को उन्माद की हद तक अनिवार्य करने तथा जीवन की मानवीय और संघर्षशील बुनियादी अनिवार्यताओं को अपदस्थ करने में मीडिया की ख़ासी भूमिका रही है। आज की कहानी में इन परिवर्तनों को बड़े ध्यान से सुना गया है—उसी की आरम्भिक कलात्मक पकड़ 'बच्चे गवाह नहीं हो सकते?' में देखी जा सकती है।

पहले कहानी के यथार्थ को देखें और फिर उसके लिए प्रयुक्त टेकनीक यानी 'अद्‌भुत' के निहितार्थों को, जिससे कथा से होकर यथार्थ के सूक्ष्म दुष्प्रभावों को पहचाना जा सके। वही पहचान कराना ही कहानीकार का ध्येय है। कहानी जिसे लेकर सवाल उठाना चाहती है। ज़ाहिर है उसकी शुरुआत शीर्षक से ही हुई है। बच्चे किसके गवाह नहीं हो सकते? अपने पिता बिशनदत्त की गोली लगने से हुई मौत के? क्या यह मौत वास्तव में गोली लगने से ही हुई थी? कौन ज़िम्मेदार है उसकी मौत का? कहानी इन सारे सवालों को बड़ी ही कलात्मकता के साथ गूँथे हैं—और उनके उत्तर चलताऊ आलोचनात्मक और इतिवृत्तात्मक यथार्थवादी शिल्प में नहीं देती। हालाँकि कहानी का तीन-चौथाई से भी ज़्यादा हिस्सा अद्‌भुत या जादुईपन के बिना कहा गया है। बिशनदत्त की प्राथमिकता अपना इलाज कराने की थी, तब उसे टेलीविज़न ख़रीदने की ज़रूरत ही

क्यों पड़ी? इसकी वजह '18 मार्च, सन् 1984 से पूर्व' के क़िस्से में बयान है। बिशनदत्त के सामने टीवी ख़रीदने के दो तर्क थे—पहला, "मूल तर्क वैसे यही था कि बच्चे तो आख़िरकार बच्चे ही हैं। उनका मन रखना ही पड़ता है वरना पिता हुए न हुए बराबर ठहरा। वैसे भी सप्ताह में दो दिन आपके बच्चे एक के बाद दूसरे घर से दुत्कारें जाएँ, यह कोई बाप—अगर वाक़ई बाप है, तो कैसे सह सकता है! फिर बच्चे भी कम नहीं, तीन-तीन। यानी अपमान भी तिगुना और वह भी इन अनपढ़ चतुर्थ श्रेणी कर्मचारियों से! कोई 38 नम्बर से मुहँ लटकाकर आए तो कोई 102 से रोता हुआ और कोई 35 नम्बर से गालियाँ बकता हुआ।" दूसरा तर्क आहूजा का था—यहाँ ग़ौरतलब है कि एक माध्यम दूसरे को कैसे अपदस्थ कर रहा है। अख़बार पढ़कर अक्षर ज्ञान पर भरोसा रखनेवाले बिशनदत्त को आहूजा का चाक्षुष और श्रोत्रिय ज्ञान चुनौती देता है तो बिशनदत्त के लिए यह मात खानेवाली दूसरी मानसिक स्थिति थी।

उसके बाद तीसरी घटना तो निर्णायक ही साबित हुई, जब रविवार को टीवी पर आ रही फ़िल्म के वक़्त उसके 11 वर्षीय बेटे रघुवा ने पड़ोसी की खिड़की पर पत्थर दे मारा। इससे उठा झगड़ा किसी तरह शान्त हुआ। ये सारी स्थितियाँ इशारा करने के लिए काफ़ी हैं कि टीवी मात्र एक 'वस्तु' नहीं, 'उपभोक्तावाद' का प्रतीक है जो हर वर्ग को अपनी अनिवार्यता के लिए मजबूर कर रहा है। वह एक ऐसा पूँजीवादी विचार है जो समाज में वर्गभेद पैदा कर रहा है। बिशनदत्त जैसे लोगों को उसकी ज़रूरत स्वीकारने में तनिक भी देर नहीं लगती। वह अपने पी. एफ. से एडवांस लेकर किस्तों पर टेलीविज़न सेट ख़रीद लेता है। यही 'विचार' बाज़ार की ओर हर आदमी को उपभोक्ता बनाकर खींच रहा है। उसकी प्राथमिकताएँ बदलकर ग़ैरज़रूरी वस्तु को ज़रूरी सिद्ध करना ही उसका मकसद है। टीवी आने के बाद उस घर में उपभोक्तावाद के ख़ौफ़नाक इरादों का सिलसिला शुरू होता है। विज्ञापन जो अपनी शातिर कला से अवास्तविक संसार रचते हैं। वे एक ऐसा सम्मोहन पैदा करते हैं कि आदमी की चेतना को ही मार देते हैं। माध्यमवाद से आदमी में पूँजीजनित उपभोग की स्पर्धा पैदा करना ही उपभोक्तावाद की विजय है। समाज की सामूहिक मानवीय विचार चेतना को मारकर उपभोगवादी विचार को स्थापित करने का यह चरम समय है। जिसका आरम्भ दृश्य माध्यम ने अपने आते ही किया था। कहानी का देशकाल वस्तुतः वही समय है। यह विचार बिशनदत्त जैसे लोगों की चेतना को कैसे मारता है? आदमी की प्राथमिकताएँ कैसे बदल रही हैं और उसका शिकार सर्वाधिक कौन सा वर्ग हो रहा है? यह कहानी में जादुईपन के साथ कहा गया है। क्षय रोग से जूझते दवाइयों की गोली खाने से वंचित बिशनदत्त का 'क्षय' तो किसी दूसरी ही गोली ने कर दिया! उपभोक्तावाद स्वयं में बिशनदत्त जैसे लोगों के प्रति हिंसा है जिसकी गोली उनकी छाती को लहूलुहान कर रही है।

बाज़ारवादी यथार्थ ऊपरी तौर पर सौन्दर्यमूलक, चमकीला, लुभावना तथा सभी सुविधाएँ देनेवाला लगता है। परहितू होने का घोर दिखावा करना उसका चरित्र है। उसके पीछे उसमें अन्तर्निहित विडम्बनाएँ, मानवीय विरोध और चालाकियाँ सामान्यतः समझ नहीं पड़ती। हमारे समय का मीडिया, बाज़ार के इसी यथार्थ पक्ष में कार्यरत है। हमारे समय को बहुहिंसक बनाने में बड़ा योगदान बाज़ार का है। जिसने वर्गभेद की दूरियाँ ही

नहीं बढ़ाईं, बल्कि व्यक्ति का निजत्व छीनकर उसे वस्तुओं का उपभोक्ता बनने की बर्बर कार्यवाही करने में कोई कसर नहीं छोड़ी। आदमी को किसी उत्पाद का कैसे उपभोक्ता बनाना है—इस हेतु बाज़ार का पॉपुलर हथियार मीडिया है। उसकी शातिर कलाओं से आशय अयथार्थ को यथार्थ बनाना ही है। पर इस अन्दाज़ में वह हमारे समय की 'महान हस्तियों' को 'महाशक्तियों' में बदलने की कुशलता जानता है। वह उन्हें भी अपने पक्ष में झुका सकता है। पूँजी उनकी नैतिकताओं को भी मार सकती है। इस कहानी में अमेरिकी कम्पनी द्वारा निर्मित 'सम्पूर्ण खाद्यशक्ति' के विज्ञापन में पहलवान दारा सिंह खेल और फ़िल्म जगत की ऐसी ही हस्ती हैं। इसके बाद ही कहानी जादुईपन की ओर बढ़ती है। कहानी के निहितार्थ गहरे होते जाते हैं। दारा सिंह के मज़बूत हाथों में रखे 'उत्पाद' के हिंसक आमंत्रण को, क्या विज्ञापनों में दिखाई जा रही चीज़ों की चकाचौंध से घबराए हुए बिशनदत्त के कमज़ोर हाथ रोक सकते हैं? आगे तुरन्त ही टीवी में विदेशी कार से उतरे आदमी ने फुर्ती से अपने रिवॉल्वर से गोली दाग दी, लेकिन वह गोली टीवी के पर्दे के बाहर बिशनदत्त को लगी और वह मर गया। यही कहानी में अविश्वसनीय और अद्भुत है। बिशनदत्त अगर पूरे निम्न-मध्यवर्ग का प्रतिनिधि पात्र हैं तो टेलीविज़न से चलनेवाली गोली थोड़ी देर के लिए बिम्ब धारण करती है—उपभोक्ता संस्कृति के दुष्प्रभावों या दुष्परिणामों का, जिनका हमला बिशनदत्तों के लिए प्राणघातक है! ज़ाहिर है इस हमले का माध्यम टेलीविज़न है। कहने की ज़रूरत नहीं कि पिछले तीन दशकों में इन हमलों के लिए बहुत-से औज़ार विकसित हो चुके हैं। अब न जाने कितने माध्यम पीछा कर रहे हैं। जैसे कहानीकार ने तब ही आगाह कर दिया था, इन हमलों को रोका नहीं जा सकता था। उनकी जीत होनी ही थी और बिशनदत्तों की अस्मिता दाँव पर लगनी ही थी।

आज कहानी को फिर से पढ़ते हुए उसकी भविष्य दृष्टि का अन्दाज़ लगाया जा सकता है। अद्भुत के चरम परिणाम को, कार्य कारण के सामान्य तर्क से देखेने की ज़रूरत इसलिए नहीं होती कि वह अभिप्रेत को दिखाने का रूपक बन जाता है। बिशनदत्त की मौत भी यहाँ वास्तविक न होकर एक आम इनसान पर उपभोक्तावाद के दुष्प्रभावों का रूपक है। अगर यह माना भी जाए कि बिशनदत्त की मौत क्षय रोग का उपचार न होने से हुई, तो ग़ौरतलब है कि उपचार न होने का कारण क्या था? जिन बच्चों की ख़ातिर उसने अपना उपचार स्थगित किया, वे यह सचाई जानते भी नहीं। 11 वर्ष के रघुवा ने अपने पिता की हत्या टीवी से चली गोली से होते हुए देखी! वह इसका गवाह कैसे बन सकता है? दृश्य माध्यम जो 'हिंसक हमले' कर रहे हैं, उन्हें अपराध ही कौन कहेगा। वैसे भी नाबालिग को गवाह नहीं माना जाता। वजह समझनी चाहिए कि पंकज बिष्ट अपनी एक और कहानी 'मोहन राम (दास) आख़िर क्या हुआ?' (1994) में दृश्य माध्यम के क़ब्ज़े में आए समाज में उपभोक्तावाद के दुष्परिणाम को एक बच्चे की मौत के रूप में दिखाते हैं। यह पिछली सदी के आख़िरी दशक में इसी यथार्थ के इर्द-गिर्द लिखी गई अनेक कहानियों से अलग है, तो इसीलिए कि कथ्य की विद्रूप या विडम्बना को चमत्कार के द्वारा कहा गया है। इसमें एक ग़रीब लड़का (नौकर) मालिक के लड़के से उसके जूते के दाम सुनकर भौचक रह जाता है। ब्रांड नेम 'एडिडास' का जूता उसके बाल मन को कैसे आक्रान्त करता है? बेलगाम उपभोक्तावाद किसकी दुनिया को मार

रहा है? लड़के का अपनी परिचित दुनिया से पलायन का अयथार्थ स्वप्न में घटित हुआ। रात को जूता हवाई जहाज़ बन गया, जिसमें बैठकर वह अपने गाँव की यात्रा कर रहा है। वायुयान का टूटकर गिरना और लड़के का मर जाना। इस पूरे वृत्तान्त को जादुई यथार्थ की शैली ने प्रभावी बनाया—जादुई छड़ी, उड़नखटोला और पात्रों के उड़ने की कहानियों से हम अनजान नहीं हैं। इसीलिए वे कहानी के अन्त में अपनी कथा संस्कृति को झुठलाकर प्रश्न न करने का आग्रह यों करते हैं—'यह चमत्कारों का देश नहीं है?'

उपर्युक्त दोनों कहानियों में पात्रों की मौतें, दरअसल मौतें नहीं हत्याएँ हैं जो हमारे निर्मम होते समय में हुई हैं। इन मौतों के निहितार्थ समझने चाहिए—जिसके हथियार पूँजीजनित उपभोक्तावाद के ख़ौफ़नाक इरादों को फलित करते दृश्य माध्यमों के हाथ यानी बाज़ार के पास हैं। अस्मिता किसकी छिन रही है—मरनेवाला कौन है? यह समय समाज के किस वर्ग के विरुद्ध है? इन कहानियों के चमत्कार या रहस्य या मनोरंजन और कौतूहल के अर्थ में छिपी बहुस्तरीय यथार्थ की अनेक अर्थच्छवियाँ हैं। पंकज बिष्ट की इन कहानियों के शीर्षकों या अन्त में उठी प्रश्नवाचकता के आशय गहरे और गम्भीर हैं। वे यथार्थ को सिर्फ़ घटना की तरह नहीं, उसकी गहन अन्त:क्रिया की शिनाख़्त करते हैं। जिसे प्रचलित सपाट यथार्थवाद की परम्परा में कहना, शायद पर्याप्त नहीं है। उदय प्रकाश या अन्य के यहाँ जादुई यथार्थ के तरीक़े सर्वथा अलग और अपने हो सकते हैं, पर पंकज बिष्ट प्राय: इसके लिए अपने कथानक के अन्त में अचानक 'यू टर्न' लेते हैं और आशय नये सिरे से आवर्द्धित हो उठते हैं। आलोच्य कहानी में ही कथानक के साथ जादुई तत्त्व निरन्तर नहीं चलते हैं। दरअसल उनके यहाँ 'जादू' वही है जो अचानक चकित कर दे!

पंकज बिष्ट ने इस कहानी के ज़रिये अपनी कथा परम्परा से मिले 'अद्‌भुत चमत्कार' के सहारे प्रतिबद्धता का नया मुहावरा प्रस्तावित किया। हिन्दी में जादुई यथार्थ नई सम्भावनाओं की शुरुआत थी। इनमें कोई विदेशी प्रभाव या यथार्थ से पलायन का रास्ता देखे तो यह उसके देखने की सीमा है, कहानी की नहीं। आलोच्य कहानी का शिल्प आम इनसान के विरोधी उस कारक की पहचान कराने में सक्षम है, जिसने मानवीय रिश्तों में दरार पैदा की और दोस्त बनने का छद्‌म रचकर उसकी चेतना को मारने का अभियान शुरू किया।

क्या तुमने कभी कोई सरदार भिखारी देखा?

स्वयं प्रकाश

मानवीय परस्परता की टूटती डोर

राजीव कुमार

स्वयं प्रकाश हिन्दी कहानी की जनवादी धारा के प्रमुख कहानीकार हैं। संघर्षरत शक्तियों में आस्था एवं हर प्रकार की विद्रूपता का प्रतिकार उनकी कहानियों के प्रमुख आयाम रहे हैं। उन्होंने साम्प्रदायिकता की विद्रूपता पर अनेक महत्त्वपूर्ण कहानियाँ लिखी है तथा हर प्रकार की साम्प्रदायिकता का प्रतिकार किया है। उन्होंने हिन्दू-मुस्लिम साम्प्रदायिकता पर महत्त्वपूर्ण कहानियाँ लिखने के अलावा हमारे निकट इतिहास के उस दौर का भी संज्ञान लिया है, जब हिन्दू एवं सिख समुदाय के बीच वैमनस्यता फूट पड़ी थी। 'क्या तुमने कभी कोई सरदार भिखारी देखा?' उसी पृष्ठभूमि की कहानी है। स्वयं प्रकाश हिन्दी कहानी के उन थोड़े कहानीकारों में हैं जिनकी कहानियों में विद्रूपताएँ तो प्रश्नांकित होती ही हैं, इसके साथ उम्मीद का एक सोता भी बहता रहता है। भारतीय समाज में जिस प्रकार एक स्तर पर सामाजिक सौहार्द की हमेशा उपस्थिति रही है उसी के समानान्तर इसके आन्तरिक तहों में साम्प्रदायिकता का विष-बीज भी मौजूद रहा है। यद्यपि यह विडम्बनापूर्ण है, पर वास्तविकता यही है कि भारतीय समाज के लिए जिस गंगा-जमुनी तहज़ीब की बातें करते हैं वह यथार्थ से ज़्यादा हमारी भावना प्रतीत होती है। जिसे जब-तब संकटग्रस्त किया जाता है। दरअसल हमारा समाज समरसता एवं साम्प्रदायिकता के द्वंद्व में जीता रहा है। धार्मिक एवं आध्यात्मिक मिज़ाज वाले इस देश में धार्मिक भावनाओं, प्रतीकों का उपयोग-दुरुपयोग हमेशा से आसान और सत्ता के लिए इसका ख़ूब दोहन भी किया जाता रहा है। अतीत गवाह है कि समाज पर साम्प्रदायिकता का रंग मध्य-काल में चढ़ाया जाने लगा। अंग्रेज़ों ने इसे और गहरा कर दिया—जब निर्विघ्न राज्य के लिए साम्प्रदायिकता का उपयोग 'डिवाइस' के रूप में किया। हमारे रहनुमा आज भी अंग्रेज़ों के पद-चिह्न पर चल रहे हैं।

भारतीय समाज को बार-बार आक्रमण झेलना पड़ा और आक्रान्ता प्रायः दूसरे धर्मों के थे। गोकि आन्तरिक स्तर पर रंजिशें-लड़ाइयाँ कम न थीं। यह रोचक तथ्य है कि प्राचीन काल में जो शक, हूण आदि आए उन्होंने धार्मिक पहचान का संघर्ष नहीं छेड़ा। वे यहीं घुल-मिल गए। बाद में अंग्रेज़ों ने ख़ुद को इस संघर्ष से दूर रखा। धर्म का द्वंद्व मध्यकालीन मुस्लिम आक्रान्ताओं के साथ हुआ। इसके पीछे दोहरा कारण था। ऊपरी तौर पर सब कुछ धार्मिक स्वरूप लिये हुए दिखाई देता है। जैसे हिन्दू उपासनास्थल पर

आक्रमण के पीछे केवल धार्मिक कारण माने जाते हैं। न्यून अंश में यह सच है कि इन शासकों के अपने धार्मिक आग्रह एवं संरक्षण थे, लेकिन साम्प्रदायिकता की प्रक्रिया में तब भी राजनीतिक एवं आर्थिक कारण मौजूद थे। उपासनास्थल पर आक्रमण की बारम्बारता के पीछे वहाँ मौजूद धन था। धार्मिक रंगत देकर आक्रमण कार्य में लगाए गए लोगों को एक साथ रखते थे। साम्प्रदायिकता के राजनीतिक प्रयोग को भारतीय प्रतिरोध में भी देखा जा सकता है। यहाँ के प्रतिरोध में भी धार्मिक चिह्न मिले हुए थे। चूँकि यह संघर्ष निरन्तर बना रहा इस कारण दोनों समुदायों के बीच एक स्थायी साम्प्रदायिक विद्वेष की स्थिति बन गई। बाद में अंग्रेज़ों ने मार्ले-मिंटो एक्ट आदि के माध्यम से अच्छी तरह भुनाया।

स्वयं प्रकाश की कहानी 'क्या तुमने कभी कोई सरदार भिखारी देखा?' हिन्दू-सिख दंगे की पृष्ठभूमि में है। लेकिन हिन्दू-मुस्लिम रंजिश, जिसे समाज में स्थायी बना दिया गया है कि ऐतिहासिक प्रक्रिया की समझ इस कहानी को बेहतर ढंग से समझने में सहायक होगी। दूसरी ओर साम्प्रदायिकता का सम्बन्ध किस प्रकार धर्म से न होकर राजनीति से है, इसका दृष्टान्त हिन्दू-सिख दंगा है। भारतीय समाज में हिन्दू एवं सिख हमेशा एक-दूसरे से घुले-मिले थे। इतिहास में दोनों समुदाय के बीच कभी शत्रुता नहीं रही। सिख धर्म के संस्थापक नानक को संत कवि के रूप में भी जाना जाता है। महीप सिंह की कहानी 'आओ हँसें' में दो सगे भाई अलग-अलग इन धर्मों को माननेवाले हैं। लेकिन 1984 के दंगे में यह ताना-बाना टूट गया। दोनों समुदाय परस्पर अजनबी बन गए। यह कहानी इसी परस्परता के ताने-बाने के टूटने की व्यथा है। कहानी दर्शाती है कि किस प्रकार जिससे कल तक का संग-साथ था। वे एक झटके में अजनबी में ही नहीं, बल्कि दुश्मन बन गए। कहानी दंगे के ऐतिहासिक कारण में नहीं जाती, बल्कि दंगे के समय सामुदायिक रंजिश एवं मानवीयता के इस ह्रास को फोकस करती है। साम्प्रदायिक उन्माद की लड़ाइयों में कोई तर्क नहीं होता, या तो उन्माद होता है या फिर हिंसा-प्रतिहिंसा का भाव। इसका आधार कोई मुद्दा नहीं प्रतीत होता है।

इस कहानी में उन्मादी हिंसा के शिकार होनेवाले सरदार जी सत्तर की उम्र के वृद्ध एवं बीमार व्यक्ति हैं। उनमें कोई आक्रामकता नहीं है। अपनी जान बचा लें वे इसी के लिए परेशान हैं। ट्रेन की यात्रा में बार-बार उन्मादियों का गाली-गलौज और फिर मार-पीट होता है, वह सब एकतरफ़ा है। सरदार जी में इतनी शक्ति भी नहीं है कि वे प्रतिरोध कर सकें, बस वे अपने बचाव का प्रयास करते हैं, पर सफल नहीं होते। बुरी तरह पीटे जाते हैं और उनका माल-असबाब लूट लिया जाता है। सरदार जी के साथ जो कुछ भी घटता है वह उन्मादी प्रतीकवादी हिंसा है। बिना किसी भागीदारी के सरदार जी को उस जघन्यता का प्रतीक मान लिया गया है जिसमें हमारे तत्कालीन प्रधानमंत्री की हत्या हुई थी। यहाँ स्वयं प्रकाश उस प्रक्रिया की ओर इशारा कर रहे हैं कि सभ्यता के विकास के साथ होना यह चाहिए था कि हम एक बेहतर मनुष्य के रूप में आगे आते, लेकिन क्षुद्रता एवं प्रतिहिंसा के कारण क्रमशः हमारा पतन होता चला गया। सत्ता एवं राजनीतिक शक्तियों ने ऐसा माहौल बनाया है जिसमें मनुष्य धार्मिक समूह की इकाई बनकर रह गया। उसका संरक्षण या उस पर आक्रमण इसी मानदंड से किया जाता है।

यह कहानी श्रेष्ठ मानवीय मूल्य-समरसता, परस्परता, भावनात्मकता के धार्मिक-

सामूहिक पहचान में घुल (डायल्यूट) जाने की कहानी है। इसका एक संकेत ट्रेन में युवाओं के बर्ताव से मिलता है। दरवाज़े के पास बैठे जो सिंधी लड़के हैं इन्होंने अपनी एक अलग पहचान स्थापित कर ली है जो सत्तर साल के बूढ़े पंजाबी सरदार से भिन्न है। इन लड़कों ने मानवीय मूल्य को छोड़ अपने को समूह तक सीमित कर लिया है और यही कारण है कि जब उन्मादियों का झुंड सरदार जी को गाली देता है तो इन्हें कोई फ़र्क़ नहीं पड़ता। इतना ही नहीं, इनकी भूमिका कहीं ज़्यादा ख़तरनाक है। बाहर से आनेवाले उन्मादियों से बचाव का उपक्रम भी किया जाता है, लेकिन इनके अन्दर की हिंसक वृत्ति से लोग अनजान हैं। ये आक्रामक दिखाई नहीं देते पर हैं उसकी प्रवृत्ति के। एक तो ये विडम्बनात्मक स्थिति का मज़ा ले रहे हैं। आगे जब नैरेटर सुरक्षा के लिहाज़ से खिड़की को बन्द कर देने की बात करता है तो ये लड़के यह कहकर खिड़की बन्द नहीं करने देते कि 'वे खिड़कियों में आग भी लगा सकते हैं।' लेकिन यह बात वे सुरक्षा की दृष्टि से नहीं कुत्सा भाव से करते हैं। यह आगे स्पष्ट भी हो जाता है। रात में जब गुंडे ट्रेन में घुसकर सरदार जी की पिटाई करते हैं उनके लिए रास्ता ये सिंधी लड़के ही बनाते हैं। ये ही बोगी का दरवाज़ा खोलते हैं। प्रकारान्तर से यह पूरी प्रक्रिया हमारी सामाजिक व्यवस्था के एक असफल प्रोजेक्ट की ओर संकेत करती है। क़ायदे से समूहीकरण वर्गीय आधार पर होना चाहिए या, कारण चाहे जो रहा हो, यह सम्भव नहीं हो सका। वर्ग की जगह धर्म, जाति, क्षेत्रीयता आदि ने ले ली। हमारे यहाँ ये ही चीज़ें समूहीकरण का आधार बनीं और आज भी आधार रूप में यही सब कुछ मौजूद है। साम्प्रदायिकता ग़लत आधार पर हुए समूहीकरण की परिणति है। कहानी में 'सिंधी' और 'पंजाबी' का जो विरोध युग्म बना है, दरअसल यह प्रतीक है दो अलग पहचान वाले समूह का जो अपनी निजी मानवीयता को समूहगत उन्माद में तिरोहित कर चुका है।

साम्प्रदायिक उन्माद के पीछे भिन्न जातिगत, धार्मिक, क्षेत्रीय आदि समूह का परस्पर वैमनस्य तो है ही, उसके पीछे कुछ स्वार्थी एवं असामाजिक लोगों की आर्थिक लूट-खसोट की लिप्सा भी होती है। ऊपर हमने इस तथ्य को समझने का प्रयास किया कि मध्यकालीन युग में धार्मिकता से रँगे आक्रमण में धन-लूट की भावना प्रमुख थी। यह भावना आज भी बनी हुई है। यह कार्य राजनीतिक सत्ता पर प्रभुत्व का आकांक्षी ही नहीं करता, समाज में यहाँ-वहाँ मौजूद लंपेन उसी का छोटा संस्करण है। यही ऐसे अवसर पर उन्मादी में बदल जाता है। सरदार जी जैसे निरीह व्यक्ति से मार-पीट ही नहीं करता, उनके पास जो पौने तीन सौ रुपया है वह भी छीन लेता है। इस घटना से स्पष्ट होता है कि प्रायः दंगे का जो व्यापक प्रसार हो जाता है उसके पीछे कोई ठोस मुद्दा नहीं होता। इसमें मुख्य रूप से दो बातें होती हैं, एक अपनी-अपनी आइडेंटिटी के चलते परस्पर नफ़रत की भावना है उसके वशीभूत होकर दूसरे को नुक़सान पहुँचाना। दूसरा, जो लंपेन वर्ग है उसकी लूट-खसोट की चाहत। एक तथ्य ध्यान आकर्षित करता है कि सरदार जी के मन में ख़ौफ़ बहुत है, लेकिन किसी भी सहयात्री से बचाव की गुहार नहीं लगाते। अब यहाँ प्रश्न उठता है कि उनका वह व्यवहार अपने आत्मसम्मान के कारण है या अविश्वास के कारण। इसमें कोई शक नहीं कि सरदार जी के अन्दर आत्मसम्मान की भावना है जो चाय के लिए पैसा माँगनेवाले प्रकरण से पता चलती है। लेकिन अपनी

सलामती के लिए किसी से गुहार नहीं लगाना परस्पर अविश्वास के कारण भी है। पूरी बोगी में उनके समुदाय का कोई नहीं है। सम्भवतः अन्य समुदाय के लोगों के प्रति उनमें आश्वस्ति का कोई भाव नहीं है। ये सभी कदाचित् उसी समुदाय से हैं जिससे दंगाई हैं। इस स्थिति ने सरदार जी की नज़र में सहयात्रियों को सन्दिग्ध बना दिया है। दुर्भाग्यपूर्ण ढंग से यह सन्दिग्धता सामने भी आती है। दूसरा दृष्टान्त यह है कि बोगी में सरदार के होने की सूचना उन्मादियों को बोगी के अन्दर से ही एक महिला देती है।

इसके अतिरिक्त अन्य तथ्यों पर ग़ौर करें—कहानी में हम देखते हैं कि सरदार जी की रक्षा के प्रति ज़्यादा लोग निरपेक्ष हैं। ये लोग ख़ुद ही डरे हुए हैं। सरदार जी को थोड़ा शाब्दिक सहयोग एवं सहानुभूति तो मिलती है। ट्रेन में जब दंगाई घुसते हैं तो लोग किसी सरदार के न होने की बात करते हैं या फिर जब सरदार जी को बहुत पिटाई के बाद छोड़ देने की बात करते हैं, पर दंगाइयों की ज़्यादतियों का कोई सक्रिय विरोध नहीं करता। यहाँ तक कि नैरेटर प्रारम्भ में आश्वासन देता है, "कुछ नहीं होगा सरदार जी तुसी मजे से बैठो। हमारे होते आपका कोई कुछ नहीं बिगाड़ सकता। ये तो छोरे-छपाटे हैं। क्या फिकर करते हो। मजे से बैठो। कुछ नहीं होगा।" वे भी जब मौका आता है, और सरदार जी को दंगाई मारते है, नंगा कर देते हैं, पैसे छीन लेते हैं और सामान जला देते हैं, उस समय वे सिर्फ़ मूकदर्शक बने रह जाते हैं। दरअसल वे सभी लोग दंगाइयों को टालने का प्रयास कर रहे हैं वे अपनी चिन्ता में डूबे हुए हैं। उन्हें डर है कि मार-पीट के लपेटे में वे न आ जाएँ। हमारे समाज में मौजूद यह आत्मकेन्द्रीयता परस्पर अविश्वास पैदा कर रही है।

इस अविश्वास को दो और सन्दर्भों से समझा जा सकता है। 'चा-चू' के लिए पैसा उधार माँगने की बात छोड़ दें तो सरदार जी का किसी से कोई संवाद नहीं होता। यहाँ तक कि नैरेटर की बेटी की बालसुलभ हरकतें भी उन्हें आकर्षित नहीं करतीं! यह पूरा प्रकरण मानवीयता के सामने उत्पन्न घोर संकट की ओर इशारा करता है। बच्चों के प्रति सहज आकर्षण मानवीय जीवन का सबसे स्वाभाविक, सबसे कोमल पक्ष है। बुज़ुर्ग व्यक्ति में यह भावना और सघन होती है। इसका चुक जाना इस बात का संकेत है कि मनुष्य अपने स्वाभाविक मानवीय स्तर से नीचे गिर रहा है। सरदार जी सत्तर साल के वृद्ध व्यक्ति हैं और वे बच्ची की बातों से तरंगित नहीं होते। उनमें ठंडी तटस्थता का भाव है इस विडम्बना के घटित होने के कारण स्पष्ट हैं। इस समय सरदार जी के लिए मानवीय गुणों का वाहक होने का प्रश्न पीछे छूट गया है। अभी उनके सामने सबसे बड़ी चुनौती स्वयं के अस्तित्व को बचाने की है। बच्चा से संवाद न करने का प्रकरण कहानी में बहुत छोटा है लेकिन इसके माध्यम से कहानीकार बड़ी विडम्बना की ओर संकेत कर रहे हैं। दंगा में नुक़सान सिर्फ़ जान-माल का ही नहीं होता है, वह मानवीय जीवन के सबसे सुन्दर पक्ष को हमसे छीन लेता है। मनुष्य अपनी परस्परता एवं भावों की उच्चता के कारण जीवों में उच्च स्थान रखता है लेकिन दंगे जैसी हैवानियत इस उच्चता से उसे अपदस्थ कर देती है। कहानीकार बच्ची की घटना के माध्यम से मानवीय भाव के ह्रास का संकेत करते हैं, उसी प्रकार इस ह्रास के कारण को भी सामने लाते हैं। इस विडम्बना के कारक कई स्वरूपों में हैं। इनमें कुछ तो दीर्घकालिक हैं एवं कुछ

तात्कालिक। तात्कालिक कारण का उदाहरण है नैरेटर की पत्नी की उस समय की प्रतिक्रिया। यद्यपि उनके अन्दर सरदार जी के लिए सहानुभूति का भाव है। जब दंगाई सरदार जी को नंगा कर देते हैं तब वे उन्हें अपने पति की लुंगी देती हैं। लेकिन इससे पूर्व जब दंगाई सरदार जी से ज़्यादती कर रहे होते हैं तब वे दहशतज़दा होकर अपने पति को कोई प्रतिरोध नहीं करने देती। नतीजा यह होता है कि नैरेटर में जो थोड़ी-बहुत प्रतिरोधी चेतना है, वह भी चुक जाती है और सरदार जी नितान्त अकेले हो जाते हैं।

कहानी हमारी सामाजिक विडम्बना के एक और रूप की ओर संकेत करती है—समूह (मॉब) बनाम व्यक्ति (इंडिविजुअल) की लड़ाई। विडम्बना यह है कि आक्रामक एवं विद्रूप शक्तियाँ समूह में है जबकि प्रतिरोधी शक्ति अकेली है। सिंधी लड़के की हरकत का ज़िक्र करते हुए रेखांकित है कि 'डिब्बे के शेष लोग उदास और परेशान थे।' ज़ाहिर है वे लोग ऐसी घटना के पक्षधर नहीं होंगे। लेकिन इसके लिए वे सक्रिय विरोध नहीं करते। एक बेचारा पीटा जा रहा और ये 'उदास एवं परेशान' लोग मूकदर्शक बने हुए हैं। दरअसल यह मध्यवर्गीय भीरुता है जो सिर्फ़ अपनी सुरक्षा एवं बेहतरी के प्रति सचेत रहता है। यह भीरुता सिर्फ़ उनकी निष्क्रियता में ही नहीं है, एक कपटपूर्ण चालाकी के रूप में भी मौजूद है। जब सरदार जी के साथ-ज़्यादती होती है और उसके बाद जो लोग उन्हें सलाह दे रहे हैं, वह कपट एवं पाखंड से भरा हुआ है—"तुम तो बाल खोल लो और माथे पर तिलक लगाकर बाबाजी बन जाओ। कोई पूछे तो कह देना, बनारस जा रहे हैं! राम-राम बोलना। और हिन्दी में बात करना, पंजाबी में नहीं।" कोई कह रहा था, "अगले स्टेशन पर उतर जाओ और पुलिस स्टेशन में बैठ जाओ। इस सुझाव का कई लोगों ने स्वागत किया, क्योंकि उनके डिब्बे में रहने से सबको ख़तरा था। सही बात तो यही थी कि वे उतर जाते तो सब चैन की नींद सोते।..." यहाँ मध्यवर्गीय कायरता लंपेन तत्त्व को अक्षुण्ण बनाए रखने में अप्रत्यक्ष रूप से सहयोग कर रही है।

कहानी एक और सन्दर्भ की ओर हमारा ध्यान खींचती है—आभिजात्य वर्ग की भूमिका। मध्यवर्ग अपने लिए कम से कम कपट का आवरण रचता है आभिजात्य वर्ग तो चिन्ता के दायरे से बाहर ही नहीं चला गया है बल्कि उसमें ख़ास ढंग की उच्छृंखलता आ गई है। जिस बोगी में इतना सब कुछ घट रहा है उसी में एक सम्भ्रान्त व्यक्ति अपनी बेटी के साथ यात्रा कर रहा है, पर वह इस समय के पूरे घटनाक्रम से पूर्णत: निरपेक्ष है। नैरेटर आश्चर्य व्यक्त करता है। इतना ही नहीं जब चारों ओर दहशत का माहौल है, सम्भ्रान्त व्यक्ति के विलास में कोई फ़र्क़ नहीं पड़ता। वह अपनी बेटी तथा युवा सहयात्री के साथ यूरोप की बातें करता है तथा शराब भी पीता है। जब सरदार जी के साथ मार-पीट की घटना घट जाती है उसके बाद भी वह सारे प्रकरण को बहुत हल्के में ले रहा है यह ग़ौर करने की बात है कि यह सम्भ्रान्त व्यक्ति पूरी तरह संवेदनहीन है। वह दंगाइयों के विरोध में एक शब्द नहीं बोलता। सरदार जी के उम्र को नहीं देखता। चोट को कम बताता है और ऐसे हालात में नहीं निकलने की सलाह देता है। किसी भी समाज के सम्भ्रान्त व्यक्ति का अपना एक प्रभाव भी होता है। अपने प्रभाव का इस्तेमाल सकारात्मकता के लिए कर सकता है, पर इस वर्ग में सामाजिक विद्रूपता का लेश-मात्र प्रतिरोध न होना ऐसी घटना के बेरोक-टोक घटने का एक प्रमुख कारण है। सिंधी युवा

तो दंगाइयों के सहयोगी ही हैं। सभ्रान्त व्यक्ति के साथ जो युवा यात्रा कर रहा है वह भी कोई सकारात्मक संकेत नहीं देता। वह सरदार जी के साथ हुई ज़्यादती की नोटिस भी नहीं लेता। वह सम्भ्रान्त व्यक्ति के साथ शराब पी रहा है तथा उसकी बेटी की ख़ुशामद में लगा है। यह युवाओं की दिशाहीनता का संकेत है।

कहानी विद्रूप ऐतिहासिक परिस्थिति में सामुदायिक रंजिश के कारण उत्पन्न दहशत के माहौल को सामने लाती है, कहानी का ज़्यादा आग्रह इस विडम्बना की ओर संकेत करना है कि हमारे समाज में मानवीय परस्परता की डोर मानो टूट चुकी है। हम धर्म, क्षेत्र, जाति, वय के ऐसे अलग-अलग पॉकेट्स में तब्दील हो चुके हैं, जिसका एक-दूसरे से कोई मानवीय सम्बन्ध नहीं है। इस विडम्बना के निराकरण में, चाहे वह उच्चवर्ग हो या मध्यवर्ग या फिर युवा वर्ग हर कोई अपनी भूमिका बिसार चुका है। इसी कारण से समाज को बाँटनेवाला तत्त्व सफल है। यद्यपि इस कहानी में हर किसी की भूमिका से निराशा हाथ लगती है, बावजूद इसके कुछ उम्मीदें यहाँ-वहाँ ज़रूर हैं। ट्रेन में ऐसे अनेक लोग हैं जो चाहते हैं कि यह सब न घटे पर साथ ही उनमें आत्मकेन्द्रन एवं निष्क्रियता है। ज़रूरत इसे सकारात्मक दिशा देने की है। इस कहानी का एक और महत्त्वपूर्ण एवं सकारात्मक पक्ष है सरदार जी की जिजीविषा एवं आत्मसम्मान। उम्र एवं शारीरिक विवशता के बावजूद वे अपने को बचाए रखने की जद्दोजहद में लगे हुए हैं। वे लोगों से 'चा-चू' के लिए पैसा माँगते हैं ताकि इतनी जीवन-शक्ति इकट्ठा कर लें कि गंतव्य तक पहुँच सकें। इसमें भी याचना का भाव नहीं है। वे पैसा अनुकम्पा में नहीं उधार माँग रहे हैं जिसे वे अपने गंतव्य बिलासपुर में लौटा देंगे। यह आत्मसम्मान का भाव एक उम्मीद की किरण की तरह है।

स्वयं प्रकाश की भाषा सहज और सरल है। कहीं-कहीं कुछ संकेतात्मकता होती है पर प्राय: वे चीज़ों/सन्देशों को प्रत्यक्ष बनाए रखते हैं। उनकी कहानियों में अन्विति का निर्वाह होता है। विडम्बना उनकी कहानियों मे मुख्य टूल की तरह आती है। इस कहानी में बार-बार इसका प्रयोग होता है। वे अपनी भाषा को व्यंग्यात्मकता से धारदार बनाते हैं।

पार्टीशन

स्वयं प्रकाश

विभाजन से उपजा वर्तमान सांस्कृतिक स्खलन

जितेन्द्र श्रीवास्तव

स्वयं प्रकाश की कहानियाँ सामाजिक-सांस्कृतिक और राजनीतिक बदलाव को अपना उपजीव्य बनाती हैं। उनकी कहानी 'पार्टीशन' विभाजन के इतने वर्ष बाद पुनः न सिर्फ़ विभाजन के दुःख का स्मरण कराती है बल्कि उसके वर्तमान प्रभाव पर पुनर्विचार के लिए प्रेरित भी करती है। यह कहानी उन राजनीतिक और सांस्कृतिक आशयों को खोजने की कोशिश करती है, जो नित नये विभाजन की पृष्ठभूमि तैयार करते हैं। यह कहानी उस विकलता को भी पाठकों की चेतना का हिस्सा बनाती है जो ईमानदार लोगों के भीतर अभी बची हुई है। कहानी में क़ुर्बान भाई का परिचय देते हुए लेखक ने यह शेर यूँ ही नहीं दिया है—

फ़क़त पासे वफ़ादारी है, वरना कुछ नहीं मुश्किल।
बुझा सकता हूँ अंगारे, अभी आँखों में पानी है।

यह शेर इस कहानी की ज़रूरत भी है। कह सकते हैं, यह कहानी की संरचना में एक ज़रूरी औज़ार है। यहाँ यह संकेत ही पर्याप्त है कि अब सब कुछ है बस लोगों की आँख में पानी नहीं है। पार्टीशन, जैसा कि शीर्षक से ही स्पष्ट है, विभाजन को केन्द्र में रखकर लिखी गई कहानी है। हिन्दी में देश विभाजन पर केन्द्रित कई कहानियाँ हैं। कुछ महत्त्वपूर्ण उपन्यास भी हैं। जैसे ही कोई विभाजन का ज़िक्र करता है वैसे ही साहित्य प्रेमियों के ज़ेहन में मोहन राकेश की कहानी 'मलबे का मालिक' या भीष्म साहनी 'अमृतसर आ गया है' की स्मृति ताज़ा हो जाती है। विभाजन पर केन्द्रित झूठा-सच (यशपाल), तमस (भीष्म साहनी), छाको की वापसी (बदीउज़्ज़मा) जैसे महत्त्वपूर्ण उपन्यास हिन्दी में हैं। विभाजन की व्यर्थता पर लिखी गई सार्वकालिक महान कहानी 'टोबा टेक सिंह' (सआदत हसन मंटो) को भला कौन भुला सकता है! आज इस बात से शायद ही किसी की असहमति हो कि विभाजन भारतीय उपमहाद्वीप की अब तक की सबसे बड़ी त्रासदी है।

स्वयं प्रकाश ने 'पार्टीशन' को विषयवस्तु के रूप में चुना है लेकिन इसकी परिधि में समकालीन समय है। विभाजन भारतीय इतिहास का एक तथ्य है। इस तथ्य से मुँह नहीं मोड़ा जा सकता। उस त्रासदी ने जो कुछ लील लिया, आज उसे वापस नहीं लाया

जा सकता। इस पार, उस पार जो भी उजड़ गया, आज उसके भौतिक और मानसिक विस्थापन पर दुख ही व्यक्त किया जा सकता है। लेकिन क्या विभाजन 1947 के साथ ही बीत गया? स्वयं प्रकाश की यह कहानी इसी प्रश्न का उत्तर ढूँढ़ती है। संक्षेप में कहानी का कथ्य यह है कि क़ुर्बान भाई के नाम से सुपरिचित कथानायक का परिवार देश विभाजन में तबाह हो गया। किसी तरह जान बचाकर उन्होंने टोंक में जीवनयापन शुरू किया। हिन्दू-मुसलमान के भेद के परे जाकर मनुष्यता का आचरण शुरू किया और उनके इस आचरण के नाते हिन्दू और मुसलमान की राजनीति करनेवाले उन्हें नापसन्द करने लगे। इस प्रक्रिया में एक घटना के बाद वे पूरी तरह टूट गए। दो-चार लोगों के आलावा कोई उनके साथ खड़ा नहीं हुआ। यह सबके दुःख में साझीदार रहे क़ुर्बान भाई की आत्मा पर हमला था। यहाँ कहानीकार ने अन्य संकेतों के बीच यह इशारा किया है कि विभाजन अब भी जारी है। कहानी का आरम्भ लेखक ने प्रश्न से किया है। लेकिन यह प्रश्न किसी एक के लिए नहीं है। ऐसा प्रतीत होता है जैसे भारत की समूची आबादी को सम्बोधित करते हुए प्रश्न किया जा रहा हो। और इस प्रतीति का कारण यह है कि जो कहा जा रहा है, उसमें सबके हिस्से का सच है। कहानी में लेखक जैसे ही पूछता है—'आप क़ुर्बान भाई को नहीं जानते?' वैसे ही कहानी में एक रोचकता (जिसे आकर्षण भी कह सकते हैं) पैदा हो जाती है। पाठक रूक जाता है और लेखक क़ुर्बान भाई के परिचय का एक हिस्सा बताता है—"आप क़ुर्बान भाई को नहीं जानते? क़ुर्बान भाई इस क़स्बे के सबसे शानदार शख़्स हैं। क़स्बे का दिल है आज़ाद चौक और ऐन आज़ाद चौक पर क़ुर्बान भाई की छोटी-सी किराने की दुकान है। वहाँ हर समय सफ़ेद क़मीज़-पाजामा पहने दो-दो चार-चार आने का सौदा-सुलुफ़ माँगती बच्चों-बड़ों की भीड़ में घिरे क़ुर्बान भाई आपको नज़र आ जाएँगे। भीड़ नहीं होगी तो उकड़ूँ बैठे कुछ लिखते होंगे। बार-बार मोटे फ्रेम के चश्मे को उँगली से ऊपर चढ़ाते और माथे पर बिखरे आवारा, अधकचरे बालों को दाएँ या बाएँ हाथ की उँगलियों में फँसा पीछे सहेजते। यदि आप वहाँ से सौदा लेना चाहें तो आपका स्वागत है। सबसे वाजिब दाम और सबसे ज़्यादा सही तौल और शुद्ध चीज़। जिस चीज़ से उन्हें ख़ुद तसल्ली नहीं होगी, कभी नहीं बेचेंगे। कभी धोखे से दुकान में आ भी गई तो चाहे पड़ी-पड़ी सड़ जाए, आपको साफ़ मना कर देंगे। मिर्च? आपके लायक़ नहीं है। रंग मिली हुई आ गई है। तेल? मज़ेदार नहीं है। रेपसीड मिला है। दीया-बत्ती के लिए चाहें तो ले जाएँ। यही वजह है कि एक बार जो वहाँ से सामान ले जाता है, दूसरी बार और कहीं नहीं जाता। यों चारों तरफ़ बड़ी-बड़ी दुकानें हैं—सिंधियों की, मारवाड़ियों की, पर क़ुर्बान भाई का मतलब है, ईमानदारी। क़ुर्बान भाई का मतलब है, उधार की सुविधा और भरोसा।"

एकबारगी यह लग सकता है कि एक व्यक्ति का परिचय बताने के लिए लम्बी-चैड़ी भूमिका की क्या आवश्यकता! लेकिन आवश्यकता है। पूरी कहानी क़ुर्बान भाई के चरित्र और हमारी स्वीकृत सामाजिक-सांस्कृतिक बनावट के इर्द-गिर्द घूमती है। यदि आप क़ुर्बान भाई के व्यक्तित्व के किसी पहलू से अनभिज्ञ रह गए तो यक़ीनन इस कहानी का मन्तव्य आप तक नहीं पहुँचेगा। क़ुर्बान भाई शायर भी हैं लेकिन इस पक्ष पर बात करने से पहले थोड़ा उनका अतीत देख लेते हैं। यह ज़रूरी तो नहीं कि वर्तमान को

समझने के लिए हमेशा अतीत को समझना आवश्यक ही हो लेकिन इस कहानी में ज़रूरी है। लेखक ने कथानायक क़ुर्बान भाई का अतीत इस प्रकार वर्णित किया है—"क़ुर्बान भाई के पिता का अजमेर में रंग का लम्बा-चौड़ा कारोबार था। दो बड़े-बड़े मकान थे। हवेलियाँ कहना चाहिए। नया बाज़ार में ख़ूब बड़ी दुकान थी। बारह नौकर थे। घर में बग्घी तो थी ही, एक 'बेबी ऑस्टिन' भी थी जो 'सैर' पर जाने के काम आती थी। संयुक्त परिवार था। पिता मौलाना आज़ाद के शैदाइयों में से थे। बड़े-बड़े लीडर और शायर घर आकर ठहरते थे। क़ुर्बान भाई उस वक़्त अलीगढ़ यूनिवर्सिटी में पढ़ रहे थे। न भविष्य की चिन्ता थी न बुढ़ापे का डर! मज़े से ज़िन्दगी गुज़र रही थी। इश्क, शायरी, हॉस्टल, ख़्वाब! तभी पार्टीशन हो गया। दंगे हो गए। दुकान जला दी गई, रिश्तेदार पाकिस्तान भाग गए, दो भाई क़त्ल कर दिए गए। पिता ने सदमे से खटिया पकड़ ली और मर गए। नौकर घर की पूँजी लेकर भाग गए। बचे-खुचों को लेकर अपनी जान लिये-लिये क़ुर्बान भाई नागौर चले गए। वहाँ से मेड़ता, मेड़ता से टोंक। कहाँ जाएँ? कहाँ सिर छिपाएँ? क्या पाकिस्तान चले जाएँ? नहीं गए। क्योंकि जोश नहीं गए, क्योंकि सुरैया नहीं गई, क्योंकि क़ुर्बान को अच्छे लगनेवाले बहुत-से लोग नहीं गए। तो क़ुर्बान भाई क्यों जाते!"

यानी कि क़ुर्बान भाई ने 'पाकिस्तान' को अपना वतन नहीं माना। उन्होंने उस देश में रहना स्वीकार किया जिसकी धूल-मिट्टी में खेलकर वे जवान हुए थे। विभाजन के दंगों में दो जवान भाई मार दिए गए लेकिन वतन का प्रेम इस दुःख पर भारी था। क़ुर्बान भाई जिन लोगों को प्यार करते थे उनमें से अधिकतर यहीं थे फिर वे इस महान मुल्क को छोड़कर क्यों जाते! हालाँकि यहाँ रुकने की 'और सारी वजहें' समाप्त हो चली थीं। लेखक ने उनके अतीत और वर्तमान को इन शब्दों में मिलाया है—"धीरे-धीरे घर की बिकने लायक़ चीज़ें सब बिक गईं और कहीं कोई काम, कोई नौकरी नहीं मिली, जो उस दौर में मुसलमानों को मिलना बेहद मुश्किल थी। तिस पर हुनर कोई जानते नहीं थे, तालीम अधूरी थी। आख़िर एक सेठ के वहाँ हिसाब लिखने का काम करने लगे, लेकिन अपनी आदर्शवादिता, ईमानदारी, दयानतदारी, शराफ़त आदि दुर्गुणों के कारण जल्द ही निकाल दिए गए...। लेकिन मालिक होने का ठसका एक बार टूटा तो टूटता चला गया। स्थिति यह थी कि हिन्दुओं में निभने की कोशिश करते तो शक-शुबहे की बर्छियों से छेद-छेद दिए जाते और मुसलमानों में खपने की कोशिश करते तो लीगियों के धार्मिक उन्माद का जवाब देते-देते टूक-टूक हो जाते।...उतरते गए...मज़दूरी तक, हम्माली तक, छुटपुट कारीगरी तक...इनसानियत तक। नये-नये काम सीखे। मजबूरी सिखा ही देती है। साइकिल के पंचर जोड़े, पीपों-कनस्तरों की झालन लगाई, ताले-छतरियाँ, लालटेनें ठीक कीं...चूनरी-बँधेज की रँगाई में काम किया...हाथी दाँत की चूड़ियाँ काटीं...शहर दर शहर...अब हमला साम्प्रदायिक उन्माद का नहीं, मशीन का हो रहा था...जो चीज़ पकड़ते...धीरे-धीरे हाथ से फिसलने लगती। धक्के खाते-खाते पता नहीं कब कैसे वहाँ इस क़स्बे में आ गए और एक बुज़ुर्ग नमाज़ी मुसलमान से पचास रुपये उधार लेकर एक दिन यह दुकान खोल बैठे।" इस वर्णन में दो-तीन बातें नोट करने की हैं। पहली एक अमीर व्यक्ति से क़ुर्बान भाई का एक मज़दूर में बदल जाना। दूसरी, हमारी स्वीकृत व्यवस्था में ईमानदार और शरीफ आदमी के लिए लगभग जगह

नहीं है। तीसरी, उम्मीद का दामन नहीं छोड़ना चाहिए। विभाजन ने क़ुर्बान भाई और उन जैसे लाखों हिन्दुओं और मुसलमानों को बेघर कर दिया। जो पड़ोसी थे वे एक-दूसरे को अविश्वास और सन्देह से देखने लगे। ख़ूब हत्याएँ हुईं और स्त्रियों पर तरह-तरह के प्रहार हुए। यह आज भी एक तथ्य है कि विभाजन से 'आम लोगों' को यातनाएँ ही मिलीं। किसी-किसी का तो सब कुछ लुट गया। और विभाजन के बाद जो हुआ उसे फ़ैज़ अहमद फ़ैज़ के शब्दों में कहें तो—'ये दाग-दाग उजाला, ये शब-गज़ीदा सहर/ वो इन्तज़ार था जिसका, ये वो सहर तो नहीं।'

निश्चित रूप से इस महादेश के आम लोगों को एक ऐसी सुबह की उम्मीद थी, जिसमें स्वाधीनता की ख़ुशबू हो। वे ऐसी आज़ादी की प्रतीक्षा में न थे जो अपने ही निर्दोष लोगों के ख़ून से लथपथ हो। लेकिन हुआ यही। इस कहानी के 'नायक' क़ुर्बान भाई जो अलीगढ़ मुस्लिम विश्वविद्यालय में इश्क, शायरी, हॉस्टल और ख़्वाब में डूबे थे, मुल्क के बँटवारे ने उनका सब कुछ छीन लिया। इस कहानी में महत्त्वपूर्ण यह है कि इन घटनाओं ने उन्हें चोट तो दी लेकिन उनकी आत्मा और उनकी सोच को विषाक्त न कर सकीं। उस छोटे से क़स्बे में उनकी छोटी-सी दुकान रोशनी की एक बड़ी खिड़की बन गई। रोशनख़याल लोग वहाँ एकत्रित होने लगे। उनके साथ रिश्ता रखना धीरे-धीरे लोगों के लिए प्रतिष्ठा का विषय बनने लगा। लेखक ने विस्तार से क़ुर्बान भाई के जीवन के इस प्रसंग की चर्चा की है। इस सन्दर्भ में दिए गए लेखक के सूक्ष्म विवरण बड़े काम के हैं। वे कहानी की दिशा तय करते हैं। समाज को बेहतर बनाने का स्वप्न मनुष्य को किस क़दर तरो-ताज़ा कर देता है, क़ुर्बान भाई का व्यक्तित्व इस बात का प्रमाण है। यह दुनिया यदि आज भी सुन्दर लगती है तो ऐसे ही स्वप्नधर्मियों की वजह से। लेखक ने इसे बाद में उन सन्दर्भों को खोलने की कोशिश की है, जो कहानी को मोड़ प्रदान करते हैं। क़ुर्बान भाई की व्यस्तता उनके समुदाय के लोगों को अखरने लगी। हिन्दूवादियों को भी अखरने लगी। यह प्रसंग इस बात का संकेतक है कि समाज की एक बड़ी आबादी इस क़दर मोतियाबिंद से प्रभावित है कि उसे उजाला अब अच्छा ही नहीं लगता। आइए, कहानी के इस प्रसंग को देखते हैं—"जिस परिमाण में क़ुर्बान भाई का जो समय हमें मिलता, उसी परिमाण में वह उनके पुराने दोस्तों—लतीफ़ साहब, हाजी साहब, इमाम साहब वग़ैरह के हिस्से से कम हो जाता। नमाज़ पढ़ने वे सिर्फ़ शुक्रवार को जाते थे, अब वह भी बन्द कर दिया। वाज़ वग़ैरह में चलने को कोई पहले भी उनसे नहीं कहता था, अब भी नहीं कहता। मदरसे को पहले भी चन्दा देते थे, अब भी देते हैं। हाँ, कभी-कभी होनेवाली राजनीतिक सभाओं में जाने को और क़स्बे की राजनीति में दिलचस्पी लेने को उनके लिए ख़तरनाक समझकर बिरादरी वाले उन्हें टोकने ज़रूर लगे। पॉलिटिक्स अपने लोगों के लिए नहीं है, समझे? चुपचाप सालन-रोटी खाओ और अल्लाह का नाम लो। चैन से जीना है तो इन लफ़ड़ों में मत पड़ो। बेकार कभी धर लिये जाओगे...हमें भी फँसवाओगे। अब वहाँ रहना ही है तो...पानी में रहकर मगरमच्छों को मुँह चिढ़ाने से क्या फ़ायदा? लेकिन अपनी मस्ती में मस्त थे हम लोग। न हमें पता चला न ख़ुद क़ुर्बान भाई को कि उन्हें इमामबाड़े वाले ही नहीं, शाखा वाले भी घूरते हुए निकलने लगे हैं।"

देशप्रेम जीवन का बड़ा मूल्य है। क़ुर्बान भाई देशप्रेमी व्यक्ति हैं लेकिन धर्म केन्द्रित राजनीति करनेवाले उन देश प्रेमियों को पसन्द नहीं कर पाते जो लकीर के फकीर होते हैं। क़ुर्बान भाई धर्म और जाति के सभी बन्धनों को भुलाकर सबसे प्रेम करते हैं। उनके प्रेम में स्वाभाविक निश्छलता है। ऊपर दिए गए उद्धरण में अल्पसंख्यक होने का बोध है तो एक प्रकार की निराशा का भी स्वर है। आख़िर अल्पसंख्यकों को राजनीति में दिलचस्पी क्यों नहीं लेनी चाहिए! अपने आप यह तय कर लेना कि राजनीति सिर्फ़ बहुसंख्यकों के लिए है, एक प्रकार के पूर्व निश्चित भय को संकेतित करता है। सम्भव है, ऐसा कुछ अनुभवों के आधारों पर हुआ हो लेकिन इसे स्थायी भाव की तरह प्रस्तुत करना धर्म की राजनीति को भले बल प्रदान करता हो, इस देश के अल्पसंख्यकों को निराशा की ओर ढकेलता है। नहीं भूलना चाहिए कि स्वतंत्र भारत में अल्पसंख्यकों के पास वे सारे अधिकार हैं जो बहुसंख्यकों के पास हैं। यह भारतीय जनतंत्र का एक सुन्दर और सुखद पक्ष है। इस कहानी में क़ुर्बान भाई की अग्रगामिता लोगों को (जिनमें दोनों पक्षों के लोग शामिल हैं) इस क़दर नागवार गुज़रती है कि एक दिन वह घटना घटती है, जो विभाजन की सतत प्रक्रिया का उद्घाटन करती है। होता यह है कि एक गाड़ीवान अपनी गाड़ी को उनके चबूतरे पर खड़ा कर देता है। इस स्थिति में क़ुर्बान भाई की दुकान छिप जाती है। वे गाड़ीवान से गाड़ी को किनारे लगाने का आग्रह करते हैं लेकिन वह अनसुना कर देता है। हारकर वे ख़ुद गाड़ी को किनारे करने की कोशिश करते हैं तो गाड़ी वाला उनका अपमान करता है। गाड़ीवान का बर्ताव उन्हें झकझोर देता है। कहानीकार उनके पूरे अतीत को शब्दबद्ध कर, उनके अन्तर्मन की पीड़ा को दर्ज करता है—"...क्या-क्या क़ीमत रोज़ चुकाकर क़स्बे में थोड़ा सा अपनापन...थोड़ी सी सामाजिक सुरक्षा...थोड़ा सा आत्मविश्वास...थोड़ी सी सहजता उन्होंने अर्जित की थी... और कितनी बड़ी दौलत समझ रहे थे इसको...और लो! तिल-तिल कर बना पहाड़ एक फूँक में उड़ गया! एक जाहिल आदमी...लेकिन जाहिल वो है या मैं? मैं एक मिनट-भर में 'कुर्बान भाई' से 'मियाँ' हो जाऊँगा, यह कभी सोचा क्यों नहीं?"

यह पूरा प्रसंग सांस्कृतिक स्खलन का प्रसंग है। भारतीय संस्कृति एकता और समरसता की संस्कृति है। कहानी में गाड़ीवान भारतीयता का प्रतीक नहीं है। वह समूचे बहुसंख्यक वर्ग का भी प्रतीक नहीं है, लेकिन वह उस मानसिकता का प्रतीक है जो धार्मिक विभाजन को सबसे बड़ा मूल्य मान लेती है। वह धर्म की उस मूल प्रस्तावना को भी भूल जाती है जिसके अनुसार धर्म बन्धन का नहीं, मुक्ति का साधन है। यह विडम्बना है कि पूरी दुनिया में धर्म की पीठ और आत्मा पर जड़ता का बोझ है। इस कहानी में क़ुर्बान भाई आहत हैं, (एक सीमा तक भयभीत भी) इसलिए उनकी प्रतिक्रिया में विचलन है। इसे स्वाभाविक माना जा सकता है लेकिन यह प्रतिक्रिया संयत और वैचारिक होती तो कहानी के प्राणतत्त्व में वृद्धि करती। यह सम्भव नहीं कि क़ुर्बान भाई को पाकिस्तान गए मुसलमानों की हक़ीक़त का पता न हो। यहाँ 'मीयों' शब्द यदि एक ख़ास क़िस्म का व्यंग्यार्थ लिये है तो पाकिस्तान में 'मोहाजिर' शब्द भी कुछ इसी तरह का भाव-बोध धारण किए है। इसलिए समस्या का निदान यह नहीं है कि 'हम यहाँ हैं तो क्या हैं, हम वहाँ होते तो क्या होते! जैसे संवाद गढ़े जाएँ। इस समस्या का निदान यह

है कि उस भारतीयता का संधान किया जाए जिसमें 'भारतीयता' और 'धार्मिक अस्मिता' परस्पर विरोधी की तरह न दिखें। इसके लिए आचरण का मनोविज्ञान भी बदलना होगा। कहानी में क़ुर्बान भाई की भीतरी टूटन का संकेत है। लेखक दिखाना चाहता है कि 1947 के देश विभाजन, भाइयों की हत्या और परिवार के बिखराव ने क़ुर्बान भाई को उतना नहीं तोड़ा था जितना इस घटना और इसके बाद के घटनाक्रमों ने तोड़ा। समाज, थाना और सत्ता, सभी ने क़ुर्बान भाई को निराश किया। वे उदास और निराश हो गए। उन्होंने अपनी दुकान पर बौद्धिक-सांस्कृतिक क्रियाकलापों को बन्द कर दिया। शायद उन्हें लगा होगा कि ऐसे काम करने से क्या फ़ायदा जो लोगों की दिमाग़ी जहालत को थोड़ा भी कम न कर पाएँ। हालाँकि इन क्रियाकलापों के बन्द होने का पूरा-पूरा दोष सिर्फ़ क़ुर्बान भाई पर नहीं डाला जा सकता। इनके बन्द होने के पीछे उन लोगों की भी भूमिका थी जो पहले बिना नागा क़ुर्बान भाई की दुकान पर इकट्ठा होते थे। कहानीकार ने कहानी का सांकेतिक अन्त किया है—"बात बस यह बची है कि कई दिन बाद जब एक दोपहर मैं आज़ाद चौक से गुज़र रहा था—जिसका नाम अब संजय चौक कर दिया गया था—और वह शुक्रवार का दिन था—मैंने देखा कि क़ुर्बान भाई की दुकान के सामने लतीफ़ भाई खड़े हैं...। और क़ुर्बान भाई दुकान में ताला लगा रहे हैं।...और उन्होंने टोपी पहन रखी है...और फिर दोनों मस्जिद की तरफ़ चल दिए हैं।" इसके ठीक पहले का अंश इस प्रकार है—"एक दिन जब मैं पहुँचा, मेरी तरफ़ उनकी पीठ थी, किसी से कह रहे थे—आप क्या ख़ाक हिस्ट्री पढ़ाते हैं? कह रहे हैं पार्टीशन हुआ था! हुआ था नहीं, हो रहा है, जारी है...और मुझे देखते ही चुप होकर काम में लग गए।"

कहानीकार ने स्वयं ही कहा है कि कहानी का अन्त अच्छा नहीं है। वहाँ इस कथन की भी व्याख्या होनी चाहिए। निश्चित तौर पर इस कहानी के अन्त के लिए लेखक ने किसी आदर्श का आश्रय नहीं लिया है। अमूमन इन सन्दर्भों में जिस तरह की प्रतिक्रियाएँ होती हैं, लेखक ने उसी को आधार बनाया है। क़ुर्बान भाई के आचरण में आया परिवर्तन कोई अस्वाभाविक घटना नहीं है। इस तरह की घटनाएँ पूरी दुनिया में अल्पसंख्यक समुदायों के बीच घटती रहती हैं। इस प्रक्रिया में साधारण आदमी अपनी सुरक्षा ढूँढ़ता है और नेतृत्व का आकांक्षी सत्ता का मार्ग। शायद इस प्रक्रिया में क़ुर्बान भाई ने सुरक्षा के साथ-साथ अपने घायल दिल का मरहम भी ढूँढ़ा हो। लेकिन क़ुर्बान भाई की जिस बौद्धिक और सांस्कृतिक-चेतना का संकेत कहानी में है, वह पाठक को थोड़ा अचरज में डालता है। क़ुर्बान भाई जैसे चरित्र से इस तरह के समर्पण की उम्मीद नहीं की जाती। यह समर्पण एक तरह से सपनों की मृत्यु है। लेकिन कहानी के इस संकेत में एक सचाई है। आज भी विभाजन निरन्तर जारी है। इसे सिर्फ़ धार्मिक विभाजन तक देखना एक सीमित संसार निर्मित करना है। आज एक तरफ़ हमारे समाज में धर्म और जातियों के बीच विभाजन गहरा होता जा रहा है तो दूसरी ओर साम्राज्यवाद धनी और ग़रीब के बीच के विभाजन को बढ़ाता जा रहा है। ऐसा लगने लगा है जैसे विभाजन एक स्थायी प्रक्रिया है। जहाँ तक इस कहानी का प्रश्न है, यदि क़ुर्बान भाई अपनी स्वाभाविक उदारता के साथ अपनी लड़ाई जारी रखते और 'नैरेटर' तथा उसके साथी डटकर हर प्रकार की मूर्खताओं के विरुद्ध खड़े होकर लड़ते तो दुनिया बदलती

या न बदलती, यह यक़ीन तो बना रहता कि दुनिया बदलने का स्वप्न पालनेवाले बड़ी से बड़ी मुसीबत से टकरा जाते हैं। यह कहानी अपनी सम्भावनाओं में जितनी बड़ी थी, दरअसल अपनी प्रस्तुति में उतनी बड़ी बन नहीं पाई है। कभी-कभी तो यह कहानी कम, संस्मरण अधिक जान पड़ती है। इस कहानी में कहानी का अन्त करने की एक हड़बड़ी भी दिखाई देती है। इसे इस कहानी की कमज़ोरी भी कहा जा सकता है और यदि यह स्वीकार करें कि अतिरिक्त ब्यौरों के अभाव में यह कहानी अधिक सघन है तो इस अन्त को सांकेतिक मानकर महत्त्वपूर्ण भी कहा जा सकता है। दरअसल कहानी के अन्त का निर्धारण कथावस्तु के भीतर से ही तय होता है। यदि अन्त पूर्व निर्धारित हो तो कहानी यांत्रिक और आभाहीन हो जाती है। जहाँ तक 'पार्टीशन' का प्रश्न है तो इस कहानी का अन्त पूर्व निर्धारित नहीं लगता। हालाँकि संस्मरणात्मक शैली में लिखी गई कहानियों में इसका ख़तरा बना रहता है।

यह कहानी अतीत और वर्तमान के बीच निरन्तर आवाजाही के बीच अपना मन्तव्य भी बताती चलती है। यह इसके शिल्प की विशेषता है। संस्मरणात्मक शैली के कारण इसमें अतिरिक्त आत्मीयता का वास है। कहानी में मुहावरे नया अर्थ तलाशते दिखाई देते हैं। एक स्थल पर 'नैरेटर' जब क़ुर्बान भाई के बारे में कहता है, 'वे घुट रहे थे और घुल रहे थे...पर खुल नहीं रहे थे' तो एक साथ क़ुर्बान भाई की व्यक्तिगत, सामाजिक और सांस्कृतिक मनोदशा को अभिव्यक्त कर रहा होता है। बहरहाल, यह स्वयं प्रकाश की एक अर्थवान कहानी है—जिसमें एक सघन सांस्कृतिक समीक्षा है। कहानी पढ़ते हुए केदारनाथ सिंह की प्रसिद्ध कविता 'सन् 47 को याद करते हुए' बरबस याद आती है। हम जिस कालखंड में हैं, उसमें ज़रूरी हो गया है कि प्रत्येक संवेदनशील व्यक्ति स्वयं से वह प्रश्न ज़रूर पूछे जो केदारनाथ सिंह ने अपनी इस कविता में स्वयं से पूछा है। इस तरह के प्रश्न आँखों में बचे पानी, आत्मा में बची तरलता और जीवन में बची शर्म के संकेतक होते हैं।

बागेश्वरी में वर्जित पंचम...

विवेक श्रीवास्तव

उस्ताद ने हँसकर कुछ उदासी के साथ कहा था, "बागेश्वरी में पंचम वर्जित है और पंचम ही तुम्हारा आधार है।" बागेश्वरी में पंचम को जिस उलाहना की तरह कभी दीपंकर से कहा गया था वही पंचम सुर 'संगीत के शिखर पर दीप की तरह दीपित', दीपंकर के चरित्र का आधार बनकर संजीव की कहानी 'मानपत्र' के कथासूत्र का विस्तार बनता है। संजीव की कहानी 'मानपत्र' एक कलाकार के असहज जीवन की जीवन्त कथा है। एक कलाकार की ऐसी कहानी जो उसके चमत्कृत कर देनेवाले व्यक्तित्व और कृतित्व के पार्श्व की कहानी है। मंच के सामने की चौंध का हमसाया मंच परे का अँधियारा। अक्सर ही दुनिया मंच की चमक-चौंध में इस क़दर मुब्तिला हो जाती है कि न किसी को इस बात का ख़याल ही होता है कि मंच परे भी कुछ है और न इस बात का कोई अन्दाज़ा कि मंच के बरक्स उसका पार्श्व कितने घने अँधियारे में डूबा हुआ हो सकता है।

कहानी 'मानपत्र' चमक-चौंध में दिये जानेवाले मानपत्रों से अलग कला के लिये जीनेवाले दो कलाकारों के जीवन पर एकतरफ़ा संवाद है। अँधेरे पक्ष का मानपत्र, स्तुति और प्रशस्ति से बिलकुल अलग जीवन के धरातल का संघर्ष, चरित्रों की चरमराहट और टकराहट पूरी कहानी कलाकार की तरह, एक पुरुष की तरह 'दीपंकर' को उसके अहम उसकी चारित्रिक कमज़ोरियों में पकड़ने और उघाड़ने (प्रस्तुत करने) के लिए आगे बढ़ती है। वैसे तो यहाँ कहानी में तीन मुख्य पात्र हैं—बाबा, वीणा और दीपंकर। हाँ, बाबा (उस्ताद) और वीणा ('बाबा भी अपनी बेटी को वीणा कहकर पुकारने लगे थे') जो कहानी के तीसरे पात्र और 'वीणा के कलाकार' को, 'दीपंकर के कलाकार' के अनुरूप बढ़ता-बदलता देखने के लिए किनारे खड़े थे अभिशप्त कला की ऊँचाइयों पर तो सिर्फ़ दीपंकर को ही पहुँचना था और वहीं पहुँचा भी।

मानपत्र एक कलाकार के विकसन और संघर्ष की कहानी तो है ही पर पूरे राग में तानपूरे पर निरन्तर बजता है—स्त्री-पुरुष के अहम का आदिम संघर्ष। कलाकार के अहम में जब पुरुष अहम साथ-साथ घुल जाए तो नशा और असर दोनों दोगुने। एक समय वह भी आया, आना ही था कि दीपंकर की कला 'संगीत' पर कम, उसके मायावी प्रदर्शन पर ज़्यादा केन्द्रित हो गई। वही कला अपने लिए 'प्रायोजक' ढूँढ़ने में लग गई और 'नथिंग सक्सीड्स लाइक सक्सेस, नथिंग फेल्स लाइक फेल्योर' के

बीच कहीं जब 'कलकत्ते में जो कुछ हुआ, उससे तुम रूठ गए ये "रूठना, रूठना ही था। एक तो एक विधा के लोग, प्रतियोगी न भी हों तो तमाशबीनों द्वारा बना दिये जाते हैं, दूजे एक (मैं) नारी और तुम पुरुष ईगो की चरमराहट" बस यही एक ईगो की चरमराहट ही है जो कहानी के केन्द्र में है। कलाकार का एक अहम उस पर ऊपर पुरुष का अहम ज़िन्दगी के सबसे आम परन्तु सबसे ख़ास संघर्ष की कहानी पुरुष अहम का रूप मानपत्र के अहम में महज़ इस बात में अलग है कि इस अहम के ऊपर कलाकार के अहम का एक और आवरण है, एक और छद्म समाज में स्त्री-पुरुष सम्बन्धों में स्त्री का आत्मोसर्ग ही परम्परा है। इसी से पुरुष मानस का निर्माण होता है। दीपंकर भी इसी समाज का एक पुरुष और वीणा भी इसी समाज की एक स्त्री। "संगीत समारोहों का दौर-दौरा फिर शुरू हो गया। वीणा की भूमिका तुम्हें सजा-सँवार कर मंच पर भेज देने की और सबसे पीछे तानपूरा लेकर बैठने तक सीमित हो गई। पारम्परिक समाज में पुरुष ख़ुद को असीम आज़ादी का हक़दार मानता है। दीपंकर के लिए आज़ादी का ये अहसास दोगुना था। पुरुष तो वो जन्मना था, बाबा के चरणों में बागेश्वरी की सेवा से अब वो कलाकार था। बड़ा कलाकार 'नथिंग सक्सीड्स लाइक सक्सेस'।

संजीव कहानी में पुरुष अहम और अवसरवादिता को दीपंकर और वीणा की कहानी से आगे विराट विस्तार देते हैं और तुलसी, हरिश्चन्द्र और युधिष्ठिर से लेकर सिद्धार्थ तक को इस परम्परा में देखते हैं, सफलता या आप चाहें तो कहें प्रेरणा की पहली सीढ़ी पर खड़ी, पत्नी के प्रति आदिम उपेक्षा पर टिप्पणी करते हुए कहते हैं, "पत्नियाँ शायद इसीलिए होती हैं कि सफलता के लिए उनकी बलि दी जा सके!...उत्कट प्रेम की यह कैसी परिणति? शायद पति-पत्नी के बीच कोई तीसरा आ जाता है—सफलताजनित अहमन्यता का प्रेत!"

मानपत्र में संजीव परम्परा से चले आ रहे एक आदिम संघर्ष को वीणा और दीपंकर के संघर्ष में आरोपित करते हैं पर वो कहीं स्त्री देह विमर्श और देह के मोह पर, वितृष्ण दुःख पर आकर रिड्यूज होती है। निसार भाई के साथ आई महिला पत्रकार से वीणा के अकेले में हुए संवाद में यह रेखांकित होता है—"मैं भी एक औरत हूँ, इसलिए तुम्हारी पीड़ा को आसानी से समझ सकती हूँ। मगर सच कहूँ, यह कला की दुनिया ही अजीब है वीणा! पता नहीं कौन सी चीज़ किसका प्रेरणास्रोत या उद्दीपक बन जाए!...पश्चिम में तो कोई परवाह भी नहीं करता ऐसी बातों की..." कहानी का एक मुख्य और सहज प्रश्न है जो कहानी में वीणा पूछ बैठती है "...तो क्या एक कलाकार को एक हद के बाद स्वैराचार करने की छूट मिल जानी चाहिए? सिर्फ़ इसलिए कि वह कलाकार है?" यहाँ आकर कहानी में स्त्री के मन की वो गाँठ खुलती दिखती है जो सदियों से वफ़ा और बेवफ़ाई के खाँचे में पति-पत्नी के रिश्ते को नापती है और यहीं से यह साफ़ होना शुरू होता है कि कहानी एक स्त्री की पारम्परिक पीड़ा का विस्तार है। सफलता के बाद ज़माने भर में अपनी आशंसा-प्रशंसा के उत्कर्ष पर जा बैठे कलाकार के लिए जितना वहाँ ऊँचाई पर पहुँचना महत्त्वपूर्ण होता है, उससे बड़ी चुनौती ख़ुद को वहाँ सँभालना और ख़ुद को दुनिया के, समाज के, परम्परा के बन्धनों से ऊपर उठ जाने के अहसास से बचाने का होता है। सफलता के लिए आरम्भिक संघर्ष में जिस आत्मीय का, जिस

प्रेम का साथ था, फ़्यूजन के प्रयोगों में जिन उँगलियों के लिए कभी मिजराब बन जाने का वायदा था, वहीं सफलता की चमकीली दुनिया में, उसी दिल पर घाव दे जाए तो सफलता के दूसरे सिरे पर खड़ी एक स्त्री की इसी घनीभूत पीड़ा का कथा-रूपान्तरण है—मानपत्र।

बाबा ने कभी बहुत सोचकर धीरे से उठकर बैठते हुए कहा था, "मुसलमानों ने तो काफ़ी पहले ही मुझे काफिर मान लिया है। मैं इस बात से परेशान नहीं हूँ कि ऐसा करने से उनकी राय पर ठप्पा लग जाएगा। धरम यहाँ क्या कहता है और मज़हब के फतवे क्या कहते हैं—मुझे नहीं मालूम, जानना भी नहीं है। मौसीकी सिर्फ़ मौसीकी है, फ़न सिर्फ़ फ़न...चाहता सिर्फ़ इतना हूँ कि जिन हाथों में बेटी का हाथ दूँ, उन हाथों में उसका फ़न और उसकी ख़ुशी दोनों सलामत रहे। कहाँ तुम ऊँचे ख़ानदान के पंडित और कहाँ आयशा? उस्ताद की शक्ल में हमें सर पर बिठाते हैं हिन्दू, मगर एक दूरी से ही...यानी एक के लिए म्लेच्छ और एक के लिए काफिर! इनसे भागकर ही मैं मौसीकी की पनाह में आया हूँ तो यहाँ महफ़ूज़ हूँ, मगर कब तक? जब तक नीचे न उतरूँ! अभी तो जवानी है, जज़्बा है, जुनून है, जीत लोगे जंग, मगर इसके उतरने के बाद?"

"आप मुझ पर भरोसा कर सकते हैं उस्ताद!"

ज़िन्दगी लगभग सारी ही भरोसे पर कटती है। बात सिर्फ़ वीणा के भरोसे की नहीं थी, सफलता के उत्तुंग पर पहुँचनेवाला दीपंकर बाबा की आयशा के भरोसे को तो बहुत पहले ही तोड़ चुका था, बाबा को भरोसा दिलाकर भी उस भरोसे को भी वो तोड़ रहा था, अपनी सफलता के बहुत-से कीर्तिमानों की मानिन्द। यह कहानी का एक पक्ष है। पक्ष जो लेखक ने चुना है और हमारे सामने रखा है।

कहानी के भाव पक्ष के साथ अगर इसके कुछ और पहलुओं पर नज़र डाली जाए तो ध्यान जाता है कि कहानी, आरोप की भाषा और संरचना में है। लगभग एकतरफ़ा स्त्री के त्याग, समर्पण और उसके ख़ुद से और ज़माने भर से किए जानेवाले संघर्ष की तुलना में यहाँ बेहद स्वाभाविक भी है कि उसे सहानुभूति मिले। उसकी पहचान और उसकी मौन समिधा को कहीं पहचाना जाए, उसे स्वीकारा जाए। ऐसी ही एक कोशिश वीणा करती है, दीपंकर की आत्मकथा में ख़ुद को खोजने की। सफलता की सीढ़ियों को सफल होकर, ऊँचाई पर पहुँचकर नीचे धकेल देना, अपने आप में निष्ठुरता है और इस सबके बरक्स एक महज़ स्वाभाविक सी सहानुभूति का ही पक्ष बनता है। पूरी कहानी पाठक को एक ख़ास तरह की संवेदना और सहानुभूति के बीच रखती है।

इस बीच कहीं स्वाभाविक सी बात जो दिमाग़ में आती-जाती रहती है कि प्रस्तुत पक्ष का दूसरा पहलू भी तो कुछ होगा! इस चर्चा में लेखकीय पक्ष का प्रतिपक्ष भी तो कहीं किसी स्तर पर कुछ सोचता-चाहता या कहना चाहता होगा। परन्तु इसका माकूल जवाब पहले ही कहानीकार ने सोचकर, कथाशिल्प इस तरह के एकालाप का चुना है जिसमें 'एक पक्ष' को ही प्रस्तुत करने की सुविधा है और दूसरे पक्ष को दृश्य से बाहर रखे जा सकने की सुविधा है। वैसे सन्तुलन महत्त्वपूर्ण अवयव है परन्तु यह भी महत्त्वपूर्ण है कि रचनात्मक द्वंद्व के बीच भी किसी भी रचनाकार को आख़िर अपना एक पक्ष चुनना ही होता है। कहा जा सकता है कि कला रचना, मध्यवर्गी सन्तुलन से उत्कर्ष पर

नहीं पहुँचती। कहानीकार की कहानी, कलाकार की कला की ऊँचाई, तटस्थता में नहीं तलाशनी चाहिए। दीपंकर के पक्ष को वीणा की तरफ़ से जितना जाना जा सकता था, वो एक सहज, सहानुभूति का लाभ वीणा को देता है इस दृष्टि से कहानी, एक स्त्री के उत्सर्ग की शानदार अभिव्यक्ति बनकर प्रस्तुत होती है। कहानी आरम्भ में जहाँ दो कलाकारों के अहम के साथ पुरुष और स्त्री अहम के संघर्ष की कहानी की तरह विकसित होती है वहीं एक स्तर पर अन्त तक पहुँचते हुए कहानी विवाह जैसी संस्था पर एक गम्भीर टिप्पणी का रूप लेती है। यद्यपि कहानी एक बड़े 'पुरुष' कलाकार द्वारा ख़ुद के लिए सीमाओं को तोड़कर उत्साह में कुछ गहराइयों में उतरते-गिरते जाने और दुनिया की नज़रों में महान बनते जाने की कहानी की तरह प्रस्तुत की गई है। फिर भी वहाँ यह कह दिया जाना ज़रूरी लगता है कि भले ही यह कहानी स्त्री के उत्सर्ग को उभारकर सामने रखने को लिखी गई हो, परन्तु पुरुष के पक्ष और मनोविज्ञान की एकतरफ़ा अनदेखी से कहानी में और तनाव जो आ सकता था, जहाँ कहानी और अधिक विश्वसनीय बन सकती थी वह, कहीं लेखक के हाथ से फिसलती है। कहानी में मनुष्य मन की उलझन और रहस्यात्मकता को थोड़ा और क़रीब से पकड़ पाने की एक बची रह गई कोशिश ने कहानी को एकपक्षीय और एक पुरुष के अध:पतन की चटपटी कहानी बना दिया है। भले ही सम्यक् तटस्थता की ज़िद कहानीकार से वहाँ न भी की जाए तब भी कहानी में इस हद तक एकपक्षीय टिप्पणी भी कहानी के वज़न को थोड़ा तो कम ही करती है।

मानपत्र के अन्तिम हिस्से में वीणा और दीपंकर के जीवन के बहाने विवाह संस्था पर एक तीखी टिप्पणी के साथ कहानीकार ने अपनी कहानी का अन्त या कहें कि उत्स निर्धारित किया है। कहानी में 'पुनश्च' की तरह से आनेवाले इस हिस्से को कहानीकार का शिल्प माना जाना चाहिए जहाँ कहानीकार का चुनाव है कि वह इस प्रसंग को विमर्श के केन्द्र में रखने की दृष्टि से अधिक महत्त्व के साथ रेखांकित करता है। यदि 'कला' के बहाने से विवाह संस्था और देह विमर्श पर टिप्पणी की तरह से देखा जाए तो यह थोड़ा आश्चर्यजनक लगता है। यदि कहानी को विवाह की व्यर्थता और देह के लिए सजगता पर कला की इस आक्रोशित और व्यंग्यात्मक टिप्पणी पर ही आकर सम्पन्न होना था तो यह कहानी के अन्त का शायद सही निर्वाह नहीं है। दो कलाकारों के जीवन संघर्षों और कला विमर्शों से, जीवन में एक-दूसरे के लिए ज़रूरतों, संवेदनाओं और सहानुभूतियों के आग्रह से एकाएक हटकर कहानी को सीधे 'देह ही ठोस सत्य है' पर ले आना कहीं न कहीं कहानी को रिड्यूज़ करने जैसा लगता है। क्या यही स्त्री विमर्श है जो कहानी का अभीष्ट था? क्या इस अन्त के साथ कहानी को बाज़ार की नज़र में स्त्री-पुरुष और उससे भी आगे, दो कलाकारों के उलझे हुए मनोविज्ञान की कहानी को जिसमें एक हिस्सा देह भी है, उसे केवल स्त्री की आज़ादी की कहानी बना देना ही लेखक का लक्ष्य होना था? एक आज़ाद स्त्री! बाज़ार के बनाए स्त्री चित्र की आज़ाद 'कला'!! आश्चर्य है कि यह 'कला' कहानी के आरम्भ से अन्त के ठीक पहले तक दृश्य में कहीं भी नहीं है और वह जब कहानी के अन्त के लिए कहानी में आती है तो वह अस्वाभाविक सी लगती हुई वीणा के आरोपों की पुष्टि के लिए खड़ी होती एक और चरित्र मात्र लगती है, ज़रूरी नहीं है कि कला के जीवन के विस्तार हमें दिये जाने

थे, यह भी अस्वाभाविक नहीं है कि कला अपनी माँ के जीवन भर के कुंठित स्वर को नई पीढ़ी के युवा की तरह अकुंठ स्वर दे परन्तु यहाँ कला का उस परिवार का हिस्सा होते हुए इस सारे परिदृश्य को समेटते हुए इस आक्रामक ढंग से 'निर्णायक' की मुद्रा में फ़ैसला देते हुए आगे बढ़ना कि "बुर्जियाँ, मेहराबें, अटारियाँ, कंगूरे ही नहीं किले की एक-एक ईंट, एक-एक पत्थर ध्वस्त हो चुका था और उसकी जगह उभरकर आया था, वह क्या था!" वह क्या था? दरअसल वह कहानी के आरम्भ से एक प्रेमी, पति, पिता और कलाकार पुरुष पर एक-एक कर दर्ज आरोपों पर फ़ैसले जैसा कुछ था। जिरह कहीं नहीं थी, कुछ आरोप थे, कुछ दृश्य थे, कुछ स्थितियाँ थीं और एक फ़ैसला था। वीणा को "...पता नहीं क्यों, इन बर्बादियों के बावजूद (मुझे) अपनी कला पर नाज़ आ रहा था" कहानी इसी नाज़ पर समाप्त होती है, इसके ठीक पहले जबकि बुर्जियाँ, मेहराबें और किले की ईंटें गिर रही थीं तब कलाकार की स्थिति उसकी परिणति पर द्वितीय पुरुष कथन की तरह वीणा मानपत्र में दर्ज करती है "तुम काँपे और लड़खड़ाकर गिर पड़े।" गिर पड़ने के साथ वीणा ने फूलों से निकलती ध्वनियाँ सुनीं और जलती हुई ध्वनियाँ देखीं। कहानी में कलाकार के लिए मानपत्र वहाँ पूरा हुआ।

हालाँकि जैसा कि मैं पहले भी कहता रहा हूँ, यह एक स्त्री के उत्सर्ग की कथा है, उसके लिए सहानुभूति की कथा है पर सन्तुलन और विश्लेषण से एकदम इनकार ने इसे कहीं न कहीं एक कुंठा की कहानी बना दिया है। एक स्त्री के तनाव और कुंठा के कारणों की तह में जाने की कोशिश करती इस कहानी में एक पुरुष और एक कलाकार की एक स्त्री, पत्नी और कलाकार के प्रति उपेक्षा कहानी में पूरी शिद्दत से आती है। उसके बरक्स एक कलाकार पुरुष को सुविधा के आधार पर शुरुआती कुछ हिस्सों में तो दर्ज किया गया है, पर बाद में उसे संवाद नहीं दिया जाना कहानी के शिल्प पक्ष की तरह चुना गया है। वह कहानी के अन्त में लड़खड़ाकर गिर पड़ता है। यह कहानी का एक स्त्री के अहम की सन्तुष्टि का अभीष्ट अन्त है और शायद इसे जीवन के शाश्वत की तरह भी प्रस्तुत किया जाना अतिरेक नहीं। ऊपर चढ़ने के बाद कुछ लोग स्वाभाविक ढंग से उतरते हैं और कुछ लोग लड़खड़ाकर गिरते हैं। वहाँ कहानी एक कलाकार के बनने और चढ़ने की फिर उसके ख़ुद गिरने और उसे गिराने से बनती है।

भैया एक्सप्रेस

अरुण प्रकाश

आकुल संवेदना की पटरी पर

राजीव रंजन प्रसाद

अरुण प्रकाश की कहानी 'भैया एक्सप्रेस' (1985) अपने समय और देशकाल का सुसंगत वृत्तान्त है। अपनी शैली में यह कहानी से अधिक 'यातना' का यात्रा वृत्तान्त है—आतंकवाद के परिप्रेक्ष्य में बिहार से काम की तलाश में पंजाब जानेवाले ग़रीब मज़दूरों के जातीय अपमान और पीड़ा का। कहानी के शुरुआत में ही ट्रेन के आरक्षित डिब्बे में फ़ौजी से गाली खाते रामदेव नाम के एक शख़्स को देखते हैं। यह उन्हीं में से है, जिनको पंजाब के लोग 'ग्रीब' शब्द बोलते हैं? अपनी जाँगर खटा दो-चार पैसे कमाते और सारा मूल-सूद पंजाब को सौंपते ये परदेसी भैया लोग क्या इसी लानत, मलालत, फटकार और धिक्कार के पात्र हैं? क्या यह आदमी भी उन भैया लोगों में से है जिनका क्या ठिकाना! आज यहाँ काम किया, कल वहाँ...! दूसरी बात यह कि रात्रि के समय 'भैया एक्सप्रेस' के रिजर्व कंपार्टमेंट में बड़े लोगों की नज़र में आ चढ़े रामदेव की शिनाख़्त करती हुई वह औरत कौन है जो अंग्रेज़ी उपन्यास को अपनी निगाहों से हटाती हुई तथा शान्त माहौल को कुरेदती हुई कहती है—'इज़ ही ए भैया?' जवाब में एक फ़ौजी कहता है—'हाँ, लगता तो है!' यह वही रामदेव है जो अपने भाई विशुनदेव को खोजने निकला है। उसे पंजाब प्रान्त के रानी के अटारी गाँव जाना है। बिहार के तिलरथ स्टेशन से आगे के एक स्टेशन बरौनी तक ही रामदेव ने अब तक कुल जमा यात्रा की हुई है। उसकी उमर ज़्यादा नहीं है। अभी तो उसकी मूँछ भी ठीक से नहीं जमी है। फिर उसे क्या पता जनरल और रिजर्वेशन! रामदेव का भाई विशुनदेव दूसरी बार पंजाब कमाने गया था। उन दिनों पंजाब आतंक प्रभावित था। ख़ौफ़ की परछाइयाँ टहल रही थीं। ख़ून-ख़राबे हो रहे थे। पूरे प्रदेश का माहौल अशान्त था। अरुण प्रकाश इन स्थितियों का वर्णन कहानी में कुछ यूँ करते हैं—"रफ़्ता-रफ़्ता सब चीज़ों की आदत हो जाती है। सो धीरे-धीरे शहर भी ख़ून की तरह जम गया मालूम देता है।"

पंजाब में बिहार से पलायित प्रवासी मज़दूरों की आवाजाही सालों भर बनी रहती है। परिस्थितियाँ इस क़दर विपरीत हैं कि जीवन-धारा में बने रहने के लिए बाहर जाना उनकी जिजीविषा का अनुकूलन है। बुनियादी ज़रूरतों का मूलाधार है। अभाव की बेड़ी काटने का मंत्र है। अपने ही देश में प्रवासीपन जीवन व्यतीत करने का प्रमाण-पत्र है। राजीव कुमार लिखते हैं—"कहानी 'भैया एक्सप्रेस' में विशुनदेव का नौकरी के लिए

पंजाब जाना एवं वहाँ सिख विरोधी दंगे की प्रतिक्रिया में मारा जाना सिर्फ़ समय-विशेष में उभरे साम्प्रदायिक उन्माद की कहानी मात्र नहीं है, बल्कि यह स्वातंत्र्योत्तर विकास प्रक्रिया के झोल का वृत्तान्त भी है। हिन्दू-सिख दंगा इतिहास का काला अध्याय बन चुका है, लेकिन काउ-बेल्ट के लोग आज भी रोज़गार की तलाश में असम से महाराष्ट्र तक भटकने एवं घृणा तथा हिंसा झेलने को अभिशप्त हैं।" (अरुण प्रकाश स्मृति अंक; बया, अप्रैल-जून 2012; पृ. 65) कहानी के बारे में इस कथन से असहमति नहीं होगी, पर 'काउ-बेल्ट' से हो सकती है, जो भोलेपन के अर्थ में एक समूहीकृत करता शब्द है। ऐसे शब्द कभी भ्रम भी कर सकते हैं। बहरहाल, 'भैया एक्सप्रेस' में विवरणों का बटोर कम है, लेकिन दृश्यचित्रों की अन्विति सुसंगत है। भयावहता के बीच पसरे अन्धकार को जानने के लिए इस कहानी का पाठ-पुनर्पाठ किया जाना आवश्यक है। ख़ौफ़ की गहराई को महसूसने के लिए 'भैया एक्सप्रेस' कहानी को 'बिटवीन द लाइन' पढ़ा जाना चाहिए—"साढ़े छह बजे शाम से ही बस अड्डे पर हड़बोंग मची थी। सबको ऐसी जल्दी थी कि जैसे बाढ़ में बाँध टूट गया हो और बस जान बचाने के लिए भाग रहे हों। दुकानें फटाफट बन्द हो रही थीं। ठेलेवाले अपनी दुकानें आगे बढ़ा रहे थे। ख़ाली बसों के ड्राइवर-खलासी पास के ढाबों में जल्दी-जल्दी खाना खा रहे थे। ढाबे के मालिकों को भी जल्दी थी। इसलिए उनके नौकर भी रेस के घोड़ों की तरह हाँफ रहे थे। सबको एक ही डर था...सात बजे कर्फ़्यू लगनेवाला था।" कहानी के इस अंश को पढ़ते हुए पाठक के मन में ये बात घुमड़ सकती है कि—"इतने ख़राब माहौल में फिर विशुनदेव गया ही क्यों?" बिहार का राजनीतिक-आर्थिक ढाँचा न जाननेवालों के लिए यह सवाल हो सकता है; लेकिन बिहारवासियों के लिए तो यह कोढ़ में खाज़ सरीखा है। यह सच है, जालंधर, लुधियाने सब जगह बिहार से कमाने निकले लोग भरे पड़े हैं। दीगर है कि बिहार से आनेवाली ट्रेनों को पंजाब में 'भैया एक्सप्रेस' कहते हैं। विशुनदेव को भी 'भैया एक्सप्रेस' पकड़नी पड़ी थी, क्योंकि यदि वह पंजाब नहीं जाता तो उसके घर के सब लोग बेघर हो जाते। ख़ुद पलायित होकर परिवार के अन्य सदस्यों के लिए भेड़ियाधसान जीना ही शायद 'भैया' होना है। बेचेहरा होकर पंजाब जैसे प्रान्त में अपने को खपा देना ही असल में 'भैया' होना है। 'भैया' होने से घर पटरी पर होता है। सब ठीक-ठाक चल पाता है। नहीं तो अचानक सब कुछ बन्द! यह जानने के लिए कौन दिमाग़ पर बल देने जाए कि—"काम मिलता तो पंजाब थोड़े ही मरने जाते!"

अरुण प्रकाश सही नब्ज़ पकड़ते हैं जिनसे कहानी का मुख्य पात्र रामदेव जूझ रहा है, "भूख थोड़े ही रुकती है, इसलिए भैया एक्सप्रेस चलती रहेगी...सरकार की पटरी, सरकारी की गाड़ी सब है ही!" दरअसल, मजबूरीवश प्रवासी बनकर औने-पौने मेहनताने में खटते लोगों को 'भैया' कहा जाना आजकल एक रिवाज़ बन चुका है जिसमें एक तंज है, व्यंग्य है, भद्दा मज़ाक़ है। समानता के विपरीत ख़ुद से अलगाने का भाव इस 'भैया' शब्द की लक्ष्यार्थ व्यंजना है। यानी इसमें स्वाभाविकता जैसी चीज़ ढूँढ़ना बेमानी है। ग़ैर-प्रान्त में अपना सब कुछ दाँव पर लगा सम्मानजनक ज़िन्दगी जीने का अवसर तलाशते इन प्रवासी बिहारवासियों के लिए 'भैया' शब्द उनकी पहचान का उपहासीकरण

है। उनके लिए 'टैग' अथवा 'लेबल' सरीखा है। इस शब्द में ज़मीन से कटे होने का अहसास है, पलायित और दूसरे लोगों पर आश्रित होने का भाव है; लेकिन ख़ुद इन 'भैयों' के लिए यह शब्द 'अपना हाथ जगन्नाथ' सरीखा है। इस तरह देखें, तो 'भैया एक्सप्रेस' पटरी पर चलती ट्रेनों में चढ़ते-उतरते भैयों की आकुलताओं की दास्तान हैं। बेचैनियों का ऐसा ठीहा है जहाँ ठहरना अथवा चैन से सुस्ताना मुश्किल है। बावजूद इसके 'भैया एक्सप्रेस' गँवई जनसमाज की वेदना को माकूल स्वर देने का काम करती है। इस कहानी में 'अंडर करंट' ख़ूब है, जो अपने समय के सच का शिनाख़्त करती हैं। उत्तरपट्टी के राज्यों में बिहार से बाहर जानेवालों की तादाद अधिक है। इस राज्य की परिस्थितियाँ ही कुछ ऐसी हैं कि प्रतिभा-पलायन अधिक है। कटु सचाई यह भी है कि बिहार में ठाट से जमे हुए लोगों का नाता-रिश्ता भैया लोगों से लगभग नहीं है। समर्थवान इस दिशा में ताकते तक नहीं हैं, सोचना तो दूर की कौड़ी है। फिर बिहार से बाहर के लोग भैयों की ज़िन्दगी वास्ते अपना दिमाग़ खपाएँ तो आख़िर क्योंकर! बात साहित्य की, तो अरुण प्रकाश की कहानी यदि छोड़ दें, तो इस दिशा में गम्भीर लेखन का पुरज़ोर अभाव है। 'भैया एक्सप्रेस' अरुण प्रकाश की चेतना के जिस खदबदाहट की उपज है, उसकी जड़ें गहरी हैं। उसमें एक तरह की मौलिक भावुकता भी है, सरलता के सहज बिम्ब तो अटे पड़े हैं—"सूरज सर पर चढ़ आया था। तेज़ चलने की वजह से वह पसीने-पसीने हो रहा था। पर मंज़िल पर पहुँचने की ख़ुशी ने उसे बेफ़िक्र कर दिया था। सड़क के किनारे गेहूँ के कटे, नंगे खेत थे। उसके गाँव की तरह ही थोड़ा तिरछा, औंधा, साफ़ आसमान था। हवा सोई हुई थी, गर्म बगूले सीधा उड़ते और सूखे पत्तों, धूल को ले उड़ते। सुनसान सड़क पर दूर-दूर तक कोई राही नहीं था। चारों तरफ़ ऊँचे तापमान का राज था।...भैया उसे देखते ही लिपट जाएगा। वह भी आँसू नहीं रोक सकेगा। भैया को माँ के हाथ का बना तिल का लड्डू खिलाएगा। भैया तिल का लड्डू देखते ही खिल जाएगा। लेकिन भैया...उससे पहले खाने-पीने को पूछेगा। भैया घूमा-फिराकर भौजी के बारे में भी पूछेगा। वह तुरन्त कितनी बातें बता पाएगा। उसकी परीक्षा के बारे में भी पूछेगा वह। भाई से जनार्दन से बदला लेने के लिए ज़रूर कहेगा...ये दृष्टान्त भारतीय लोक का अधुनातन मनोविज्ञान है। ग्रामीण जीवन-दृष्टि का ठेठ देशराग है। ये दृश्यावलियाँ आन्तरिक संवेदनाओं की प्रगाढ़ता का सूचक हैं जिसमें मानवोचित अन्तरंगता सर्वाधिक देखने को मिलती है।

कई अर्थच्छवियों के साथ अभिव्यक्त होतीं 'भैया एक्सप्रेस' कहानी अरुण प्रकाश की सर्वाधिक चर्चित कहानी है। मैथिली-पंजाबी बोलियों का पुट लिये इस कहानी में संवेदना की त्रासदी भयानक है; घटनाक्रमों में आकुलता बेशुमार है। सचमुच इस कहानी में उत्तरपट्टी से पलायित होकर पंजाब, महाराष्ट्र, गुजरात आदि राज्यों में 'भैया' बने कामगारों, मज़दूरों, श्रमिकों की समस्या का 'जैनुइन' आख्यान मौजूद है। अरविन्द मोहन की 'बिहारी मज़दूरों की पीड़ा' पुस्तक में पंजाब गए मज़दूरों की पीड़ा से सम्बन्धित अध्ययन प्रस्तुत है; जिसमें अरुण प्रकाश की इस चिन्ता को भी रेखांकित किया गया है। अरुण प्रकाश अपनी रचनाओं की गहरी और विश्वसनीय संवेदनाओं के चलते अलग से पहचाने जाते हैं; पाठकीय विश्वसनीयता हासिल करते हैं। इस सन्दर्भ में कवि सुरेन्द्र स्निग्ध

का यह कहना वाज़िब लगता है कि—"वे 'भैया एक्सप्रेस' जैसी कहानियों के माध्यम से बिहार के मज़दूरों के निरन्तर पलायन और सामन्ती जकड़बन्दी में उसके शोषण को बड़ी संवेदनशीलता से चित्रित कर रहे थे।" (अरुण प्रकाश स्मृति अंक; बया, अप्रैल-जून 2012; पृ. 47) अरविन्द मोहन इस कहानी से प्रभावित होते हैं तो इसी नाते कि कहानी का पात्र बिहारी जनसमाज के उन अधिसंख्य युवाओं का प्रतिनिधि है जिसके समक्ष ख़ुद ज़िन्दा रहने से अधिक अपने घर-परिवार को बचाने और उन्हें ज़िन्दा रखने की चिन्ता मुखर है। 'भैया एक्सप्रेस' कहानी के विशुनदेव की शादी क्या हुई, क़र्ज़ चढ़ गया। मूल तो मूल, सूद सुरसा की भाँति बढ़ने लगा। ऐसे में पंजाब जाना उसकी विवशता थी। अपने इलाक़े में न सालों भर मज़दूरी का उपाय था और था भी तो पंजाब से आधा। अरुण प्रकाश ठीक ही कहते हैं—"विशुनदेव पंजाब से थोड़ा भविष्य लाने गया था।" इसी भविष्य के लिए वह अपने आज को दाँव पर लगा चुका था। वह एक ऐसे प्रान्त में अपना भविष्य तलाश रहा था जिसका वर्तमान ख़ुद सुलग रहा था, धू-धू जल रहा था। विशुनदेव की प्रतीक्षा करते-करते अब तो उसका घर भी पंजाब माफ़िक़ हो गया था। बकौल अरुण प्रकाश, "माई का सूखता शरीर, पंडित जी का सूद, जनार्दन का मंसूबा, भौजी की उदासी, भाई के जीवन का संशय, रोज़ की किचकिच, माई का रुदन...रामदेव को लगता—घर पंजाब हो गया है।" पढ़ने-लिखनेवाले रामदेव के लिए ही नहीं सबके लिए विशुनदेव आस था, सम्भावनाओं की चिंगारी था। उसके न लौटने और काफ़ी दिनों से खोज-ख़बर न मिलने से परिवार का हाल बुरा होना स्वाभाविक था। अरुण प्रकाश घर की हाल-दशा को बयाँ करते हुए कहते हैं—"बस एक चीज़ क़ाबिज़ थी—पंजाब।"

कहना न होगा कि 'भैया एक्सप्रेस' कहानी देशकाल एवं वर्तमान के छुए-अनछुए पहलुओं से परिचित कराती है। इस कहानी में विरुद्धों का सामंजस्य ख़ूब है; अन्तरसामाजिक चित्रण पूरी मार्मिकता के साथ मौजूद है। चरित्र एकांगी ढंग से सोचने की बजाय मानवीय तरीक़े से स्थितियों से निपटने का माकूल प्रयास करते दिखाई पड़ते हैं। दरअसल, बाहर प्रान्त में अजनबी चेहरों के प्रति दयालुता और प्रेम के भाव भीं मौजूद मिलते हैं। समाज के भीतर बची हुई संवेदनशीलता और उनके संग-साथ विडम्बनाओं के हिचकोले खाती ज़िन्दगी का अहसास होता है। इस कहानी में बिहार और पंजाब के रूप-रंगों का 'नेचुरल' साधारणीकरण हुआ है। पात्रों की मन:स्थिति व उनके द्वंद्वों की शिनाख़्त करती इस कहानी में देखें, तो पंजाब ख़ुद भी अपने आप में खौफ़जदा है। देश में सिख विरोधी माहौल के कारण पंजाबी सरदार-सरदारिन ख़ुद भयाक्रान्त हैं। अपनी पृष्ठभूमि और परिस्थितियों से लड़ते-भिड़ते रामदेव की वापसी सहज नहीं है। उसकी वेदना के तन्तु भोकार पार रहे दिखाई देते हैं, "वह झूठ बोलना चाहता है—भैया का पता नहीं चला। पर दो हज़ार रुपये का क्या करेगा! गोद में पड़ा विशुनदेव का झोला भारी लगने लगा। बाँसुरी झोले से बाहर झाँक रही थी। विशुनदेव का चेहरा उसके सामने घूम गया। अचानक उसका माथा घूमने लगा—आँसुओं से भरा तब मनजीत कौर का चेहरा, किरपाल सिंह, इन्दरसिंह का झुर्रियों की तरह लटकता चेहरा उसके सामने आता और ओझल हो जाता।...फिर दहाड़ मारकर रोती माई...बिस्तर पर मुँह देकर रोती भौजी..." यहाँ कहानी होने के साथ-साथ समाजशास्त्रीय अध्ययन का साम्य-वैषम्य ज़बरदस्त

है। अरुण प्रकाश ने हिन्दीपट्टी की संवेदना को माकूल स्वर दिया है। यह कहानी अपनी रचनाधर्मिता, प्रतिबद्धता के सहारे जन-मन की वेदना, कराह, पीड़ा, तकलीफ़देह परिस्थिति, घोर और गाढ़े आर्थिक संकट, शासकीय विफलता, सरकारी निकम्मेपन, राजनीतिक टुच्चेपन इत्यादि का सामना करती है।

कहानीकार के लिहाज़ से अरुण प्रकाश का क़द ऊँचा है, तो इसीलिए कि उन्होंने जो लिखा वह दरअसल अपने समय-समाज की वास्तविक पहचान हैं। 'भैया एक्सप्रेस' कहानी में एक तरह की त्रासद स्थिति, अजीब बेचैनी और तिक्तता ज़बरदस्त है। रामदेव अपने बड़े भाई विशुनदेव के लिए विकल अपनी माई के चेहरे का मिलान सरदारिन मालकिन से करता है, तो लगता है कि दोनों की रुलाई एक जैसी है। दोनों के दर्द माप की सभी विमाओं और इकाइयों से बाहर है, "मैं तीन दिनों तक रोती रही... मेरे भी बेटे हैं... ये फँस जाने के डर से बात छिपा रहे थे। कल रात-भर हम दोनों झगड़ते रहे—छिपाना क्या, वह भी किसी का बेटा है, भाई है... कल मैं भी झूठ बोली... हमें माफ़ करो सरपंच जी!" संवेदनाओं के स्तर पर इस कहानी के गहरे पाट मानवीय चेहरों का मिलान कराते हैं। वे चेहरे चाहे उत्तर के हों या दक्षिण के या कि उत्तर-पूर्व अथवा दक्षिण-पश्चिम के। अरुण प्रकाश कहते थे—"सामर्थ्य की लक्ष्मण-रेखा खींचकर ग़रीबी मनुष्य को छोटा कर देती है।" यह और बात है, अरुण प्रकाश ने अपने ही कहे को ओढ़ा-बिछाया एवं भोगा भी बहुत ख़ूब। अरुण प्रकाश एक जनधर्मी रचनाकार, पत्रकार, संगठनकर्ता, संस्कृतिकर्मी के रूप में याद किए जाते हैं। 'भैया एक्सप्रेस' की भाषा को केन्द्र में रखकर कहें, तो नामवर सिंह की आलोचकीय दृष्टि का सहारा लिया जा सकता है। वे 'भैया एक्सप्रेस' की भाषा की दाद देते हुए कहते हैं कि "इस तरह की भाषा हमारे सामने एक बिम्ब प्रस्तुत करती है। ये अमूर्त वक्तव्य नहीं हैं। चित्रात्मक एवं बिम्बात्मक भाषा है। उसे अलंकृत भाषा कह टाला नहीं जा सकता है। इसलिए उनकी कहानियाँ मर्मस्पर्शी और साधारण आदमी की हैं। वह किसी जाति या धर्म का नहीं, पूरे पूर्वी प्रदेशों का—बिहार और पूर्वी उत्तर प्रदेश का प्रतिनिधित्व करता है। इसलिए उस आदमी का हौसला, जिजीविषा, संघर्ष को दिखाया है।" (अरुण प्रकाश स्मृति अंक; बया, अप्रैल-जून 2012; पृ. 12) बिहार के ग्रामीण परिवेश के अन्दरूनी तहों की पड़ताल करती कहानी 'भैया एक्सप्रेस' कई अर्थों में उल्लेखनीय है। वह एक बड़े 'प्लॉट' की लम्बी, किन्तु सुगठित कथा है। 'भैया एक्सप्रेस' में सब कुछ ख़त्म अथवा ख़ारिज हो जाने का भाव कहीं नहीं है। कहानी की अन्तिम पंक्ति मर्मस्पर्शी है जो दिल को गहरे तक छूती है—"उसे ज़ोर से कँपकँपी आई। रोम-रोम खरखरा उठे। 'नहीं!' वह धीरे से बुदबुदाया। आगे की सीट का हैंडिल उसने मज़बूती से पकड़ लिया। गर्राती बस आगे बढ़ती गई। आगे बढ़ना ही था, भैया एक्सप्रेस का सफ़र तमाम नहीं हुआ था।"

बदलते गाँव में विघटित होते पारम्परिक मूल्य

धर्मेंद्र प्रताप सिंह

वैश्विक युग में पर्यावरण प्रदूषण, विकिरण, औद्योगीकरण, जल-जंगल-ज़मीन की लड़ाई आदि न जाने कितनी समस्याएँ देश की जनता को निगल जाने के लिए मुँह फैलाए खड़ी हैं। समकालीन अनेक कहानीकारों ने इन विषयों को कहानियों में पूरी शिद्दत के साथ उठाया है। उनके माध्यम से वैश्विक स्तर पर हो रहे बदलावों को स्वीकारते हुए हिन्दी कहानी में नये प्रतिमान बने। महेश कटारे के बिना आज कहानी की चर्चा अधूरी सी जान पड़ती है। ग्रामीण चेतना के कहानीकार होने के कारण इनकी कहानियों में ग्रामीण पृष्ठभूमि में बसनेवाले नवयुवकों की समस्याएँ, काम की तलाश में युवाओं का अपनी ज़मीन छोड़ना, सूखा से किसानों की बदहाली और आत्महत्याएँ, समाज में जाति-पाँति का विभेद, दहेज समस्या, बाल विवाह, संयुक्त परिवार में स्त्री की पीड़ा, मिलावट, जमाखोरी, घूसखोरी आदि गाँव के अधिकांश चित्र दिखाई देते हैं। 'समर शेष है', 'इतिकथा-अथकथा', 'मुर्दा स्थगित', 'पहरुआ', 'छछिया भर छाछ', 'सात पान की हमेल' आदि उनके प्रमुख कहानी-संग्रह हैं—जिनमें छछिया भर छाछ, काँख में नदी, बकरबटा, इकाई, दहाई..., प्रेत-पग, गोद में गाँव, बाधा-दौड़, आदि पाप, तूर्यनाद, कोई पवित्र युद्ध, अंकगणित में विदूषक, कुकाल में हंटर, सपना तेरे लिए, बच्चों को सब बताऊँगी, सात पान की हमेल, अपनी-अपनी भूख, सपने जैसा सुख, अतिरिक्त से अकस्मात्, कॉलम, असमाप्त उपाख्यान, दरबार, दरीबा और दास्तान, गंगभोज आदि कहानियाँ काफ़ी चर्चित रहीं। 'पहरुआ' महेश कटारे का महत्त्वपूर्ण कहानी संकलन है जिसमें कुआँ, बांबी, पार, सादे काग़ज़ का प्रेमपत्र, फटे हुए होने, महालीला का मध्यम अंक, पहरुआ, घंटाघर, दी ग्रेड इंडियन सर्कस, मर्दमार, गांधी रोड, हँसिया, पानी और चाँद, इस सुबह को नाम क्या दूँ कहानियाँ संकलित हैं जो अधिकांशतः ग्रामीण पृष्ठभूमि पर आधारित हैं।

विषयवस्तु की दृष्टि से सामयिक सन्दर्भों में 'कुआँ' (1998) कहानी विशेष रूप से उल्लेखनीय है जिसमें उन्होंने गाँव की संस्कृति, जातिवाद, युवाओं द्वारा रोज़गार के लिए गाँव से पलायन और गाँव की आन्तरिक संरचना को उभारने का प्रयास किया है। यह कहानी इसलिए और महत्त्वपूर्ण हो जाती है क्योंकि इसके माध्यम से आज के नव-वैश्विक परिवेश में गाँवों का यथार्थ चित्रित है। कहानी की पड़ताल की जाए तो

'कुआँ' पूरे ग्रामीण वातावरण को जीवन्त रूप में उभारने का माद्दा रखती है। कहानी में रचनाकार ने भूमंडलीकरण से उपजी समस्याओं को उजागर करते हुए इसके मूल कारणों की पड़ताल की है। गाँव के ताक़तवर लोग झूठे स्वाभिमान के वशीभूत होकर गाँव को अँधेरे के गर्त में धकेल देते हैं। 'कुआँ' के इर्द-गिर्द भारतीय गाँव की सम्पूर्ण संरचना दिखाई देती है। समय और सामाजिक परिवर्तन के साथ ही इसके स्रोत में भी परिवर्तन होता गया। जल के लिए नदी, तालाब और वर्षा की निर्भरता से आगे बढ़कर मनुष्य नलकूप की ओर बढ़ता है। आज के नव-वैश्विक युग में जब उसकी सोचने-समझने के साथ आर्थिक क्षमता बढ़ती है तब हैंडपंप, जेटपंप आदि जीवन-शैली के अंग बन जाते हैं। अत्याधुनिक तकनीक के आने से जीवन की मूलभूत आवश्यकताओं की पूर्ति करनेवाला गाँव का कुआँ बेकार हो जाता है और उसके पानी में सड़न पैदा हो जाती है। आज गाँव से वह रस्सी तक ग़ायब हो चुकी है जो एक समय कुएँ से पानी निकालने के काम आती थी। गाँव के लिए बेकार हो चुके कुएँ में रात के समय खैला (नई उमर का बैल) गिरने पर उसे निकालने की जद्दोजहद की जाती है लेकिन छोटे-छोटे स्वार्थों को लेकर कोई भी कुएँ में उतरने के लिए तैयार नहीं होता। यह गाँव की सामूहिक संस्कृति के पतन का सूचक है जो आज के भारतीय गाँवों में देखने को मिल जाती है।

महेश कटारे की विवेच्य कहानी की कथा मिट्ठू, मिसुर, जादव, फरीदा, बिसका, बेदरी बाबा, बाबू खवास, बलदेव, ठाकुर साव, मानसिंह आदि पात्रों के माध्यम से बुनी गई है। कहानी लघु होने के कारण पात्रों की भूमिका भी बहुत छोटी है। कहानी के केन्द्र में गाँव का 'कुआँ' है जिसके इर्द-गिर्द कहानी की बुनावट की गई है। इसके साथ ही मिट्ठू का चरित्र नायकत्व धारण करने की क्षमता रखता है। 'कुआँ' कहानी में गाँव की भौगोलिक संरचना, वर्चस्व की लड़ाई, मनुष्य का मवेशियों के साथ मानवीय सम्बन्ध, ग़ुलामी और आज़ादी के दौर का तुलनात्मक मूल्यांकन, महँगाई, भारतीय गाँवों की दयनीय स्थिति, अनियंत्रित विकास, आज की स्वार्थी संस्कृति, कुत्सित राजनीति, गाँव से पलायन करते नौकरी की तलाश में युवा, भूमंडलीकरण के सम्भावित ख़तरे, जातिवादी राजनीति आदि को कहानी की विषयवस्तु में रचनाकार ने जगह दी है। भारतीय गाँवों की राजनीति में अक्सर वर्चस्वशाली लोगों के झूठे स्वाभिमान के कारण पूरे ग्रामीण समाज को अनेक समस्याओं का सामना करना पड़ता है। महेश कटारे विवेच्य कहानी में ऐसे मुद्दों को जगह देकर गाँव का स्वाभाविक चित्र खींचते दिखाई देते हैं—"कुएँ के आगे चौकनुमा और गाँव की बेतरह बढ़ती जनसंख्या से अभी तक अछूता काफ़ी बड़ा भूखंड है जिसकी चौहद्दी मिसुर जी, ठाकुर साव के मकानों की अगाड़ी और साहू जी की कचहरी कहे जानेवाले आवास की पिछाड़ी से बनती है। थोड़ा कोना देकर यहाँ तक यादव जी भी पहुँच गए हैं। मन्दिर, कुआँ और मैदान के स्वामित्व को लेकर ठाकुर साहब प्रधान मिसुर जी में खींचतान व मुक़दमेबाज़ी एक पीढ़ी का कालखंड निपटाकर दूसरी के दौर में आ पहुँची है। दोनों ओर अपने-अपने तर्क हैं।" (पहरुआ, पृ. 9) गाँव में कुआँ के चारों ओर चबूतरा (जगत) बनाया जाता था और पानी निकालने की सुविधा के लिए चार खम्भे होते थे जिस पर ढेकुली के सहारे पानी आसानी से निकाला जाता

था। जगत का निर्माण इसी उद्‌देश्य से किया जाता था कि कुएँ में कोई मवेशी न गिरे तथा इसी पर ग्रामीण बैठकर पूरे गाँव की हाल-ख़बर लिया करते थे। समय के साथ विकास की आँधी में यह संस्कृति नष्ट होती जा रही है और आज इसके अवशेष मात्र रह गए हैं जो किसी भी जीव का काल बन सकते हैं।

भारत में उदारीकरण आने के पश्चात् विकसित बाज़ार में महँगाई दिनोंदिन बढ़ती जा रही है और रोज़मर्रा के ज़रूरत की चीज़ें आम आदमी की पहुँच से दूर होती जा रही हैं। कहानीकार मिट्ठू के वक्तव्य से इस ओर संकेत करता है कि—"कलेक्टर को छोड़ किसे नहीं पता कि बीड़ी भी सिगरेट के भाव पर पहुँच गई है? बड़े-बूढ़े बड़ा रस लेकर उस समय की बात करते हैं जब रुपये का ढाई सेर घी आता था—कि अंग्रेज़ी राज में अंधेर नहीं था—शेर-बकरी एक घाट पानी पीते थे। इस गाँव की हर गली इतनी चौड़ी थी कि दो बैलगाड़ियाँ आमने-सामने से गुज़र जाएँ और तीसरी के लिए जगह बनी रहे; पर सैंतालीस के बाद जो काले अंग्रेज़ गद्‌दी पर चढ़े हैं—समझो, ईश्वर ही धरती को बचाए हुए हैं, वर्ना कब की रसातल में पहुँच चुकी होती।" (पहरुआ, पृ. 10) कथाकार का हमारे व्यवस्था संचालकों पर तीखा व्यंग्य यहाँ दिखाई देता है। व्यवस्था नियामकों को देश की यथार्थ स्थिति का भान नहीं। जनता ग़ुलामी के दौर को स्वाधीनता से ज़्यादा बेहतर मानने लगे, देश की इससे बड़ी विडम्बना और क्या हो सकती है? लम्बे संघर्ष और अनेक कुर्बानियों के बाद देश को आज़ादी मिली थी। आज़ाद भारत के देशवासियों की आँखों में अनेक सपने थे लेकिन स्वार्थी लोग सत्ता पर क़ाबिज़ हुए और एक-एक करके उनके सपने टूटने लगे। ऐसे समय में देश की राजनीति पर पड़े प्रभावों का सार्थक मूल्यांकन करते हुए महेश कटारे लिखते हैं कि—"माना कि यूँ तरक़्क़ी हुई कि बेगार छूट गई, माना कि कोई ब्राह्मण-ठाकुर किसी हल्की जाति वाली औरत को दबोचने से पहले सौ बार सोचेगा, माना कि पहले गाँव भर में दो-तीन ही पढ़े-लिखे होते थे और अब घर-घर में...मानने को कई नई बातें हुई हैं, पर अभी बहुत कुछ ऐसा है जो हो जाना चाहिए था और वह दूर-दूर तक होता नहीं दिखता। लगता है रेलगाड़ी बिना किसी गंतव्य के मनमर्ज़ी की पटरियों पर दौड़ाई जा रही है।" (पहरुआ, पृ. 12)

स्वावलम्बी होना ही हमारी संस्कृति का मूल मंत्र रहा है और जब भी हम किसी कार्य के लिए दूसरे पर निर्भर होते हैं तो वह कार्य सफलतापूर्वक नहीं होता। भारत में गाँवों की दुर्दशा का एक कारण यह भी है कि गाँव नवीन सुख-सुविधाओं से लैश होते जा रहे हैं और ये सुविधाएँ जिन माध्यमों पर निर्भर हैं, वे समय पर हमें धोखा दे जाती हैं। विकास के नाम पर गाँवों का विद्युतीकरण तो किया जा रहा है लेकिन किसानों को समय पर उनकी आवश्यकतानुसार बिजली नहीं मिल रही, जिससे खेती-किसानी और रोज़मर्रा की जीवन-शैली में नुक़सान उठाना पड़ता है। रात के समय कुएँ में बैल गिरने के बाद उसे निकालने के लिए पर्याप्त प्रकाश तक नहीं है। ग्रामीण क्षेत्रों की इस दुर्दशा का चित्रण इस कहानी में है। ठाकुर और मिसुर जी की कुत्सित राजनीति और मुकदमे के कारण कुआँ बेकार हो जाता है। कुएँ में यादव के रिश्तेदारी से आई लड़की कूदकर आत्महत्या कर लेती है। इस घटना के उपरान्त आपसी मतभेद के

कारण कुएँ की सफ़ाई नहीं करवाई जाती और लोग कुएँ से पानी निकालना बन्द कर देते हैं। धीरे-धीरे कुएँ के पानी में काई जम जाती है और वह गाँव के लिए अभिशाप बन जाता है जिसका चित्रण करते हुए कहानीकार कहता है—"इन दिनों एक घाट पर मिसुर के पशुओं की सानी होती थी, दूसरे पर ठाकुर साव की भैंस बँधती थी, तीसरा धसक गया था और चौथा चुड़ैल घाट के नाम से प्रसिद्ध हो गया। पानी पर हरी काई छाई थी। ऐसे कुएँ का इतना ही उपयोग रह गया था कि कोई जान उसमें गिरे और लाश होकर निकले।" (पहरुआ, पृ. 14)

परस्पर सहभाव पर केन्द्रित भारतीय संस्कृति में स्वार्थ गहरे से पैठ बना चुका है। छोटी-छोटी बातों को लेकर लोग अपना हित साधने में लगे रहते हैं। स्कूली शिक्षा के प्रसार से ग्रामीणों को भारतीय राजनीति में चुनाव, अपने वोट का महत्त्व, आजीविका के स्रोत आदि के बारे में जानकारी हो गई है। बाज़ारी शिक्षा ने ग्रामीणों को दूसरों के बारे में न सोचकर अपने हित की बात करना सिखा दिया है। हमारे समाज में दिनोंदिन क्षरित होती नैतिकता चिन्ता का विषय है—"स्वयं का लाभ न हो व दूसरे का काम बने, ऐसे कामों में ख़तरा उठाने की सीख न उन्हें घर से मिली है, न कोई उदाहरण आसपास दिखा है। इस ठंडे मौसम में दूसरे के धन को बचाने, स्वयं को कौन झोंके?" (पहरुआ, पृ. 14) आज की राजनीति में लिप्त युवा वर्ग का प्रतिनिधि रामधन के सन्दर्भ में यह वक्तव्य हमें आज की वर्तमान स्थिति और मूल्यों की अवनति पर सोचने को विवश करता है—"अभी ढीमरों का रामधन था यहाँ। मैंने उसे पहले ही कहा, पर वो कहता है कि हम तो बहुजन पार्टी के हैं, तिलक वालों के लानें कुआँ में काए कूदें?... उसे पानी से डर नहीं, पर अपने नेता का भय है। नेता उसकी मजबूरी जाने-बूझे बिना, उसे गद्दार घोषित कर देगा। नई राजनीति में बड़उआ जाति से तो खटाई पड़ ही गई है, इनके काम आकर अपनी बिरादरी की नज़र में खटकने का जोखिम नहीं ले सकता।" (पहरुआ, पृ. 14) हमारी ग्रामीण संस्कृति परस्पर सहभाव पर केन्द्रित थी लेकिन तकनीक और बाज़ार के अद्यतन रूप ने उसे अपने आगोश में ले लिया है। मनुष्य की मूलभूत आवश्यकता रोटी-कपड़ा-मकान की उपेक्षा कर बाज़ार ने अनेक कृत्रिम आवश्यकताएँ बनाई मनुष्य उसका ग़ुलाम बनकर उसकी पूर्ति हेतु गाँवों से पलायन कर रहा है। कुएँ से बैल निकालने के लिए जब ताक़तवर युवाओं की खोज होने लगती है तो यथार्थ पता लगता है कि—"मुहल्ले की विडम्बना को सब जानते थे कि ताक़त और हुनर वाले लड़के बाहर नौकरी-धन्धे के लिए उड़ गए हैं। कुछ तो गाँव से नाता ही तोड़ दूसरी जगह के रहवासी हो चुके हैं। छठे-चौमासे बनाव-ठनाव के साथ आकर बाल-बच्चों को पुरखों के पिछड़ेपन का कौतुक दिखा ले जाते हैं। उनकी गिटिर-पिटिर बोली तथा चमकीला-भड़कीला रहन-सहन देख गाँव के दूसरे लड़के भी लार टपकाने लगते हैं। गाँव के अच्छे-भले खेतिहर से बाहर चपरासगिरी करनेवाला भी प्रशंसा की दृष्टि से देखा जाने लगा है।" (पहरुआ, पृ. 15)

भाषा के लिहाज़ से महेश कटारे ने इस कहानी में शासन और व्यवस्था पर मारक व्यंग्य कसे हैं। लोकोक्तियों और कहावतों के प्रयोग ने भाषा को अधिक प्रभावशाली और धारदार बना दिया है जो पाठक को अपनी ओर आकर्षित करती है। उदाहरण के

लिए—"दूसरे के हाथ की चीज़ सदा समय पर धोखा देती है। नई-नई चीज़ें बरतने में तो अच्छी लगती हैं, पर जरा-सी खोट-खराबी आ जाने पर दूसरों का मुँह जोहना पड़ता है। अब दूसरे की मर्ज़ी कि आपके काम को बिगड़ने दें या भरपूर वसूली के बाद चलाए।" (पहरुआ, पृ. 11) उक्त छोटे से कथन में ही उनके द्वारा लोकोक्तियों का सार्थक प्रयोग देखा जा सकता है। इसके अतिरिक्त 'दस आदमी के बीच सुलगाओ चार हाथ पकड़ते हैं', 'ससुरी बिजली आठ-आठ रोज़ के लिए मायके चली जाती है', 'दो की दस ऐंठेगा', 'धन्धे के फेर में', 'खेल खा चुके', 'चिरी उँगलिया पर मुतबे का हिसाब' आदि रोज़मर्रा की जीवन-शैली में प्रयोग होनेवाली लोकोक्तियों और कहावतों ने कहानी में जान डाल दी है। जिसके माध्यम से कहानी पाठक के अन्त:करण में अपनी पैठ बना लेती है। कहानी में खड़खड़, मिमियाना, रँभाने, दनदनाता, झुँझलाया, गिटर-पिटर, चिलकती, फड़फड़ाते आदि ध्वन्यात्मक शब्दों का प्रयोग पूरे वातावरण को जीवन्त कर देता है। आज के समय में जब हिन्दी भाषा और साहित्य पर पठनीयता के संकट की बात की जा रही है—ऐसे समय में कहानीकार अपने शब्दचित्रों, कहावतों और लोकोक्तियों के द्वारा पाठक को आकर्षित करने में सफल होता दिखाई देता है।

'कुआँ' कहानी तथाकथित पारम्परिक मूल्यों के विघटन और नव-अस्मितामूलक द्वंद्वों के बीच संकुचित होती संवेदना का प्रतिबिम्ब है। यह अपने वास्तविक जीवन-मूल्य से इतर होते भारतीय गाँवों की कहानी है, जिसे विकास की आँधी ने अपने गिरफ़्त में ले लिया है। इस गिरफ़्त के तले जातीय अस्मिता के समीकरण और मज़बूत होते जा रहे हैं। इसके चलते एक ऐसे जीवन कोण का निर्धारण हो रहा है जो मिलते तो एक ही बिन्दु पर हैं लेकिन वैचारिकी निर्मूल हो जाती है। समस्त चर-अचर को ध्यान में रखते हुए मानव कल्याण हेतु प्रबन्धन आवश्यक है। महेश कटारे ने अपनी कहानियों के लिए जो विषय चुना उससे प्रतीत होता है कि उन्हें भारतीय जनमानस की बहुत ही बारीक़ समझ है। उनकी कहानियाँ देशवासियों के टूटते सपने को उजागर करनेवाली हैं। अन्ततः कहा जा सकता है कि बदलते परिवेश में ग्रामीण संवेदना की कहानी के रूप में 'कुआँ' अपने कथ्य और शिल्प को लेकर विशेष है।

उपजाति का दंश

टेकचन्द

अस्मितावादी विमर्श लोकतांत्रिक होते जाने की प्रक्रिया से पैदा होता है। सबाल्टर्न दृष्टि ड्योढ़ी क्रमवार (जो भारतीय समाज व्यवस्था की मूल प्रकृति है।) ढंग से ऊपर जाती है तो एक बड़ी अस्मिता राष्ट्र, राज्य या देश अस्तित्व में आता है। नीचे की तरफ़ जाएँ तो धर्म, जाति, पाँति, लिंग, जेंडर, क्षेत्र, भाषा, संस्कृति, रंग, नस्ल इत्यादि अनेक लघु अस्मिताएँ उभरकर आती हैं। परन्तु जब वृहत्तर की बात करेंगे तो इन सभी लघु-अस्मिताओं का विलय बड़ी, विस्तृत अस्मिता में हो जाता है। सम्भवत: इसी कारण जाति, जेंडर, अल्पसंख्यक आदि कुछ लघु अस्मिताओं का विलय अक्सर आसानी से देश नामक बड़ी अस्मिता में कर दिया जाता है। वर्तमान समय में बड़ी अस्मिता देश की तो बात की जा रही है परन्तु लघु अस्मिताओं अर्थात् देशवासियों को नकार दिया गया है। यही भाव स्वतंत्रता संघर्ष के दौरान था कि पहले स्वतंत्र हो जाते हैं फिर जाति के सवालों पर विमर्श करेंगे, परन्तु वैसा नहीं हो पाया।

आज़ादी के बाद जब मोहभंग का दौर आता है तब राजनैतिक विफलता की बात तो होती है परन्तु सामाजिक विफलता पर बात नहीं होती। लोगों के सपने पूरे नहीं हुए तो स्वप्न भंग हुआ किन्तु जाति व्यवस्था भी नहीं टूटी, छुआछूत भी बरती जा रही है, जातिगत शोषण व हिंसा में क़ोई कमी नहीं आई लेकिन इस पर समाजशास्त्रियों, साहित्यकारों का ध्यान नहीं गया। आज भी ध्यान नहीं जा रहा जब गटर में उतरकर लोग जान दे रहे हैं तथा आए दिन जातिगत हिंसा व अत्याचार की ख़बरें देश-भर से आती रहती हैं। हालाँकि चुनावी समीकरण साधते हुए 'समरसता' का जुमला तो उछाला जाता है परन्तु दलितों का, जाति का सही मायने में उन्मूलन कोई नहीं चाहता। बेशक आज दलित सांसदों, विधायकों का सरकारों में अच्छा- ख़ासा प्रतिनिधित्व है परन्तु, दलितों के पक्ष में वे उतना ही बोलते हैं जितना उनकी 'राजनैतिक सेहत' के लिए मुफ़ीद हो। जैसे नेताओं, सांसदों, विधायकों, अफ़सरों तथा बुद्धिजीवियों का एक 'वर्गचरित्र' बन चुका है ठीक उसी प्रकार दलित जातियों, उपजातियों, पातियों का एक 'ब्राह्मणवादी चरित्र' बनता जा रहा है। सब अपने-अपने श्रेष्ठताबोध को बचाए-बनाए रखने के लिए एक बड़े वर्ग-हित को ख़तरे में डाल देते हैं। ऐसे में दलित समाज शोषण तथा हिंसा का शिकार होता रहता है।

बहुत हद तक इसका कारण दलित जातियों में एकता का अभाव भी हो सकता है। जब हजारीप्रसाद द्विवेदी यह कहते हैं कि "भारत में नीची से नीची समझी जानेवाली जाति भी, स्वयं को श्रेष्ठ ठहराने के लिए अपने से नीचे दो-चार जातियाँ खोज लेती हैं।" तब इसका सर्वाधिक प्रभाव दलित जातियों का उपजातियों-पातियों में बँटा तथा कमज़ोर होने में पड़ता है। सम्भवतः इसी कारण डॉ. आंबेडकर अन्तर्जातीय विवाह की बात करते हैं तो उसमें दलित जातियों की पातियों को भी मानकर चले होंगे। परन्तु जितने ज़्यादा उदाहरण दलित व ग़ैर दलित जातियों के वैवाहिक सम्बन्धों के मिलते हैं, दलित जातियों में अन्तःसम्बन्ध नहीं मिलते हैं, एक-आध प्रतिशत हो तो हों। यदि दलित जातियाँ-उपजातियाँ आपस में बेटी-रोटी का सम्बन्ध रखें तो बेहद मज़बूत सामाजिक संरचना अस्तित्त्व में आ सकती है। यह एक आदर्श स्थिति, एक यूटोपिया हो सकता है, परन्तु वास्तविकता बेहद यथार्थवादी है। आज भी दलित जातियों में अन्तःसम्बन्ध उतने मज़बूत व आदर्श नहीं हैं जितने अभीष्ट हैं।

दलित वर्ग में भी जातिगत श्रेष्ठता का बोध हो सकता है जब वे स्वयं से नीचे किसी को खोज लेते हैं। सुप्रसिद्ध लेखक ओमप्रकाश वाल्मीकि की कहानी 'शवयात्रा' (1998) में उपरोक्त विमर्श भलीभाँति दिखाई पड़ता है। शवयात्रा का कथानक उत्तर प्रदेश के एक गाँव का है। बकौल वाल्मीकि "चमारों के गाँव में बल्हारों का एक परिवार था, जो जोहड़ के पार रहता था।" अपने रचाव में यह कहानी बताती है कि गाँव में चमारों का वर्चस्व था, बल्हारों के एकमात्र परिवार पर उनका शोषण की हद तक दबाव था और यह जोहड़ जैसे भवसागर रहा हो दोनों के बीच, जिसे पार करना दोनों को कठिन था। दलित जाति की इन दोनों उपजातियों में सामन्ती सम्बन्ध थे। सीधा सा कथानक है। बल्हार सुरजा बूढ़ा था। जिसका (बचपन में घर से भागा) बेटा कल्लन ऊँच-नीच व शोषण के बावजूद रेलवे में नौकर होकर आ गया था। विधवा बेटी संतो भी साथ थी। कल्लन की कमाई से सुरजा मकान पक्का करने की सोचता है, चमारों का पूरा गाँव उनका विरोध करता है और सामाजिक बहिष्कार कर देता है। कल्लन की बेटी मर जाती है परन्तु गाँव में से कोई नहीं आता कंधा देने। यह शवयात्रा सुरजा व कल्लन ही पूरा करते हैं। रिवाज को तोड़ते हुए संतो तथा कल्लन की पत्नी सरोज भी शमशान जाती हैं।

चमारों तथा बल्हारों में इस तरह का सम्बन्ध दिखाने पर कथाकार की काफ़ी आलोचना भी हुई थी। परन्तु यहाँ प्रेमचन्द की 'कफ़न' कहानी का ज़िक्र करना समीचीन होगा। प्रेमचन्द की कफ़न तथा ओमप्रकाश वाल्मीकि की शवयात्रा का कथानक एक जैसा होने के बावजूद दोनों की संवेदना अलग हैं। शिल्प के स्तर पर भी दोनों एक जैसी हैं किन्तु अर्थसत्ता फिर अलग। यहाँ विचारधारा का प्रभाव महत्त्वपूर्ण हो जाता है। वाल्मीकि अस्मिता चित्रण में ड्योढ़ी क्रमवार नीचे आते हैं तो जातियों में उपजातियाँ उभरकर आ जाती हैं।

प्रेमचन्द एक बड़ा कैनवस रचते हैं और भारतीय समाज की सामन्ती संरचना प्रस्तुत करते हैं जिसका प्रतिफल घीसू-माधव का नाकारापन, भूख की त्रासदी और दलित जीवन की दारुण स्थिति। कफ़न सीधे-सीधे कथन के द्वारा बहुत कुछ ऐसा बयाँ कर जाती है जो सामन्ती ब्राह्मणवादी समाज में अब तक अनकहा था। 'पूस की रात'

के हलकू की परिणति घीसू-माधव में होती दिखाई देती है। वहाँ 'सवा सेर गेहूँ' के शंकर तथा 'गोदान' के होरी को भी लिया जा सकता है कि जब सर्दी, गर्मी, बरसात में मर-खपकर भी अपनी फ़सल के दानों पर अपना अधिकार नहीं तब किसके लिए करें, कमाएँ? क्या ज़मींदार, पुरोहित, या महाजन के लिए? ऐसी खेती, ऐसा जीवन नष्ट ही हो जाए तो क्या बुरा है? यह स्वयं मरकर अपने ऊपर पल रहे परजीवी को भी मार देने का आत्महत्यापरक दुस्साहस था।

भारतीय समाज की सामन्ती, ब्राह्मणवादी संरचना का यह परिणाम हासिल है। 'शवयात्रा' अपने आप में बहुत कुछ प्रतीकात्मक भी है। कहानी की संवेदना से लेकर शिल्प तक में यह प्रतीकात्मकता नज़र आती है। उदाहरणस्वरूप शब्द गाँव पहुँचना = जैसे बल्हारों का गाँव नहीं। रास्ता = जैसे मार्ग, मुक्ति का मार्ग। सुरजा कमज़ोर = बूढ़ा नहीं, निर्बल। सूरत राम = राम जैसी सूरत। साबिर मिस्त्री जो शोषण के ख़िलाफ़ संघर्ष में स्वाभाविक साथी हो सकता है। प्रधान बलराम सिंह, ताक़त का प्रतीक। सुरजा को सूझता नहीं = यहाँ देखना शब्द भी आ सकता था परन्तु यह चर्म और ज्ञान चक्षुओं दोनों के लिए उपयुक्त है। ऐसे अनेक स्थल हैं जो बेहद प्रतीकात्मक होकर कहानी को मार्मिक बनाते हैं।

जो लोग 'शवयात्रा' को 'कफ़न' का प्रतिउत्तर मानते हैं उनको मालूम हो कि ये दोनों कहानियाँ अपने-अपने वैचारिक सरोकारों को संग-साथ लेकर चलती हैं। शवयात्रा में संघर्ष के स्वाभाविक साथी दलित (चमार) तथा मुसलमान (साबिर मिस्त्री) व स्त्री (समस्त दलित-चमारिन स्त्रियाँ) को तो विरुद्ध घोषित कर दिया अब साझा मोर्चा या विकल्प क्या हो? जबकि 'कफ़न' भूख का ऐसा विस्तृत कैनवस रचती है जिसका दायरा वैश्विक है, सार्वभौमिक है। प्रेमचन्द कफ़न में श्रम के शोषण और उत्पादन प्रक्रिया को समझते हैं। शवयात्रा में उपजातिगत द्वेष को आधार बनाया गया है। दोनों का समय-समाज अलग-अलग है।

'शवयात्रा' में वाल्मीकि सामाजिक सम्बन्धों की प्रक्रिया और प्रकृति को व्याख्यायित करते हैं। शवयात्रा 1998 में इंडिया टुडे के जुलाई अंक में प्रकाशित हुई। इस वक़्त तक प्रेमचन्द युगीन सामन्ती व्यवस्था पूँजीवादी व्यवस्था में ढल चुकी थी। देश वैश्वीकरण के घोड़े पर सवार सरपट दौड़ रहा था। शहरों से सटे गाँवों की ज़मीनें बिककर नित नये धनाढ्य वर्ग उभर रहे थे। परम्परागत कृषि सम्बन्ध नहीं रह गए थे। अब सब सम्बन्धों का नियामक बाज़ार हो गया था। असन्तुष्टि तथा असन्तोष के कारण तथा नई-नई वैचारिक सरणियों के चलते लघु अस्मिताओं का उभार बढ़ रहा था। आरक्षण जैसी संवैधानिक व्यवस्था को भी जाति के प्रतिशत के आधार पर संसाधनों में हिस्सेदारी देने का विचार अस्तित्व में आ गया था। 'जिसकी जितनी संख्या भारी : उसकी उतनी हिस्सेदारी' जैसे विचार ने जातियों के साथ-साथ उपजातियों में भी अधिकार चेतना का विस्तार किया। कहा जाने लगा कि फ़लाँ कैटेगरी के आरक्षण का लाभ अमुक जाति अथवा उपजाति ने लिया।

ऐसे में उपजातियों-पातियों के भीतर असन्तुष्टि का बोध गहरा गया। सम्भवतः उपरोक्त कारण प्रेरणा रहे होंगे 'शवयात्रा' की रचना-प्रक्रिया में। जातिगत समृद्धि एवं

वर्चस्व एक नये तरह के 'पॉवर-स्ट्रक्चर' का निर्माण करते हैं। इसमें जातिगत अहम के लिए अपने नीचे किसी का होना ज़रूरी माना जाता है। यदि आधार खिसकता है तो उसे खिसकने से रोका जाए ताकि अपना प्रभुत्व कायम रहे। शवयात्रा में चमार बल्हार परिवार को इसलिए समृद्ध नहीं होने देना चाहते। यह पुरोहितवादी ब्राह्मणवादी मानसिकता का नया गढ़ है। जैसे एक औरत होते हुए भी माँ या सास पितृसत्ता का पोषण करती हैं क्योंकि उसका अस्तित्व पितृसत्ता पर टिका है। वैसे ही शवयात्रा में चमारों का वर्चस्व एक बल्हार परिवार को दबाने पर ही टिका है। ऐसा उन्हें लगता है। यहाँ अन्य जातियों का वर्णन नहीं है कि चमारों का अन्य तथाकथित जातियों से कैसा सम्बन्ध है।

सम्भवत: चमार अन्य स्थानों पर नीचे पायदान पर आते हों, इस कारण वे बल्हारों को दबाकर अहमतुष्ट हों। गाँव में, या गाँव का कोई भी चमार सुरजा व कल्लन की सहायता को नहीं आता। यहाँ तक की मुसलमान मिस्त्री साबिर अली भी, जो हिन्दुत्व से उतना ही पीड़ित है जितना कि दलित। कुल मिलाकर यह कि संयुक्त साझे मोर्चे के सभी विकल्प समाप्त और लघु अस्मिता विमर्श का उभार। परन्तु साहित्य का एकमात्र उद्देश्य यही तो नहीं होता? सम्भवत: वाल्मीकि जी यथार्थवादी साहित्य की इस कथन-शैली के द्वार समस्या की जड़ तक जाना और समाधान खोजना चाह रहे हों! एंटी बायोटिक्स की तरह। बहरहाल! शवयात्रा भारतीय समाज के उस आधार को उजागर करती है जिसे समझे बिना वहाँ की ज़मीन पर न आंबेडकरवाद की फ़सल उग सकती है और न ही मार्क्सवाद का परचम लहरा सकता है। जैसे जाति के सवाल को हल किए बिना वर्गहीन समाज की स्थापना नहीं की जा सकती है (वाल्मीकि 'ख़ानाबदोश' कहानी में भी इसी समस्या को उठा चुके हैं) वैसे ही उपजाति तथा पाँति की समस्या को सुलझाए बिना जाति उन्मूलन सम्भव नहीं लगता।

कहनी के प्रारम्भ में—"चमारों के गाँव में बल्हारों का परिवार था.." तथा कहानी के आख़िर में हासिल—"चमारों का गाँव और उसमें एक बल्हार परिवार।" लब्बोलुआब यह कि इस सुसंगठित भारतीय अस्मिता के निर्माण में जाति-उपजाति एक बहुत बड़ी बाधा है। यदि हमने समय रहते समाधान तलाश कर लिया तो ठीक नहीं तो 'शवयात्रा' यूँ ही निकलती रहेगी। मानवीय अस्मिता और संवेदना की 'शवयात्रा'। बड़ी अस्मिताओं का लहराता परचम और लघु अस्मिताओं की 'शवयात्रा'।

स्त्री उत्पीड़न की करुण-कथा

प्रभाकर सिंह

शिवमूर्ति की प्रसिद्धि का आधार 'तिरिया चरित्तर' (1987) उनकी सबसे महत्त्वाकांक्षी और विवादास्पद कहानी है। कहानी पर बात करने के पहले, कहानीकार द्वारा तिरिया चरित्तर की नायिका 'विमली' के नाम लिखे गए इस पत्र को पढ़ लेना ज़रूरी है, जिसमें कहानीकार कहानी के प्रति निजी जुड़ाव और मानवीय संवेदना को व्यक्त करता है। तिरिया चरित्तर की नायिका के नाम पत्र में वे विमली को प्यार से विमला कहते हैं—

"प्रिय विमला!

तुम कभी नहीं जान सकोगी कि तुम्हारे दर्दों की अभिव्यक्ति के लिए मैंने कहानी लिखी थी—'तिरिया चरित्तर'। उस कहानी पर बहुत विवाद हुआ था। कुछ ने इसे अश्लील, कुछ ने सत्य कथा, कुछ ने सफल तो कुछ ने इसे असफल कहा था। उस समय अधिकांश पाठक पूछते थे कि कहाँ से मिली इस कहानी को लिखने की प्रेरणा। क्या यह सत्य घटना पर आधारित है? विमली को न्याय क्यों नहीं मिला? आदि। क्या उत्तर देते ऐसे प्रश्नों का? उत्तर देना क्या इतना आसान होता है?...इस कहानी में मैं तुम्हारे इस महादुःख को मूर्त करना चाहता था। जैसे तेल में पनही सीझती है, तुम्हारे दर्द के समुंदर में पाठक के दिल को सिझाना चाहता था। लेकिन पता नहीं बात कहाँ हाथ से फिसली। उस दर्द का शतांश भी काग़ज़ पर नहीं उतार पाया। शायद इसके लिए ज़्यादा ताक़तवर क़लम की दरकार थी।" (मंच, शिवमूर्ति पर केन्द्रित विशेषांक, पृ. 215-16)

पत्र में दर्ज ये बातें शिवमूर्ति के रचनाकार मन की मानवीय संवेदना को प्रकट करती हैं। विमली के प्रति उनके संवेदनात्मक जुड़ाव के कारण ही वे ऐसी कालजयी कहानी रच पाए। कहानीकार को यह अफ़सोस है कि विमली के दर्द को, करुणा को वह उस भाषा में नहीं लिख पाया, जो उसने महसूस किया। वह कहानीकार की ईमानदार और संवेदनशील अभिव्यक्ति है। 'तिरिया चरित्तर' में विमली के दुःख-दर्द को व्यक्त करने में कहानीकार बख़ूबी सफल रहा है। आधुनिकता के उत्तर समय में हम विकास के कई चरण पार कर चुके हैं, लेकिन आए दिन हमारे आसपास परिवेश में ऐसी घटनाएँ घटित होती रहती हैं जो प्रगतिशील और विकास के महत्त्व को तहस-नहस कर देती हैं। हम सोंचने पर मजबूर हो जाते हैं कि क्या हम 21वीं सदी में वैचारिक विकास की

यात्रा कर रहे हैं या कि पतन की? भारतीय सामन्तवाद अभी भी हमारी न्यायपालिका से ऊपर अपने फ़रमान सुनाकर किसी को भी मौत की सजा दे सकती है। ग्रामीण इलाक़ों में अभी भी स्त्रियाँ पुरुष वर्चस्व का बेतरह शिकार हैं। विमर्श और विकास का यह स्वरूप और भी बेमानी लगता है जब हमारे देश की राजधानी जो पढ़े-लिखे और सभ्य लोगों का शहर कहा जाता है वहाँ एक लड़की के साथ सामूहिक बलात्कार होता है। यह बर्बर पाशविक घटना एक स्त्री की अस्मिता और जीवन को तार-तार कर देती है गाँव या शहर हर कहीं आज भी स्त्री जब आत्मनिर्भर होने के लिए मेहनत-मज़दूरी करके अपने परिवार का, अपनों का सम्बल बनना चाहती है तो पुरुष मानसिकता से ग्रसित समाज उस पर ताने मारता है, उसे सहज रहने नहीं देता, उसके प्रतिरोध को 'तिरिया-चरित्तर' कहकर उसे आरोपित किया जाता है। स्त्री को न तो अपना साथी चुनने का हक़ है और न ही प्यार करने का। उसको एक ऐसे पुरुष के साथ बाँध दिया जाता है जिसको वह नहीं जानती। चूँकि वह उसका पति है, इसलिए वह सती-सावित्री बनकर उसकी बाट जोहे, उसके प्रति समर्पित रहे। चाहे वह पुरुष उसकी ख़बर ले न ले उसे किसी भी हालत में विरोध नहीं करना है। स्त्री-जीवन की इन्हीं विडम्बनाओं को व्यक्त करनेवाली कहानी है तिरिया-चरित्तर। कहानी में स्त्री-जीवन के सच को कहानीकार ने जिस संजीदगी और गहराई से लिखा है वह एक पुरुष लेखक के लिए विरल है।

इस कहानी की नायिका 'विमली' अपने घर की विषम परिस्थिति के कारण ही समय से पहले समझदार हो जाती है। पिता के दुर्घटनाग्रस्त होने पर उनका सहारा बनती है। वह अपने माता-पिता का और अपना पेट भरने के लिए भट्ठे पर मज़दूरी करने का निर्णय लेती है, जहाँ कोई भी स्त्री उस समय तक भट्ठे पर काम नहीं कर रही थी। माँ तो किसी तरह तैयार हो जाती है लकिन पिता नहीं तैयार होता। उसका पुरुष मन बार-बार उसे इज़ाज़त नहीं दे रहा था। इसी बीच गाँव के लोग जो झूठी मर्यादा और दिखावे में जीनेवाले, विमली के बाप को चढ़ाते हैं। विमली के बाप को चढ़ाते हुए गाँव वालों ने कहा, "दुनिया भर के चोर-चाईं का अड्डा है भट्ठा। लौंडे-लफाड़े, गुंडा-बदमाश रात-बिरात आते-जाते रहते हैं। नौ-दस साल की लड़की छोटी नहीं होती, आन्हार हो गई है बुढ़िया। ईंट पथवाएगी। पाथेगा कोई ढंग से, तब समझ में आएगा।"

विमली का पिता भड़क जाता है लेकिन उसकी माँ थिर मन से उसे समझाती है। वह विमली का पक्ष लेती है। भट्ठे पर काम करते हुए विमली के प्रति तीन पुरुष आकर्षित होते हैं ट्रैक्टर ड्राइवर बिल्लर, भट्ठे का मिस्त्री कुइसा और ट्रक ड्राइवर 'डरेवर जी'। विमली अकेली नहीं है उसका विवाह हो चुका है। वह अपने बियाह (पति) के प्रति समर्पित है। उसे अपने रिश्ते के बारे में पता है। बिल्लर जब उसे रिझानें की कोशिश करता है तो वह उसे झिड़क देती है। यहाँ तक कि एक बार वह उसके हाथों को काट भी लेती है। विमली का अपने बियाह के प्रति आकर्षण भी है कि वह एक न एक दिन ज़रूर आएगा और उसे लिवा ले जाएगा। पति के प्रति उसका समर्पण, उसे किसी ग़ैर मर्द को स्वीकार नहीं करता। बिल्लर और कुइसा दोनों अपनी-अपनी तरह से विमली को अपनाने की जुगत करते हैं। उसके पिता से बात करते हैं, लेकिन वह उनके प्रस्ताव को ठुकरा देती है। लकिन यहाँ तीसरा पुरुष 'डरेवर बाबू' के प्रति विमली का आकर्षण

है। डरेवर बाबू के प्रति उसे ख़ूब प्यार आता है। वह उन्हें ख़ूब अच्छा खाना खिलाती है, डरेवर बाबू भी उसके लिए कुछ न कुछ लाते रहते हैं। उनका आकर्षक व्यक्तित्व उसे ख़ूब भाता है। तभी तो, "डरेबर बाबू की याद से ही सारे शरीर में गुदगुदी लगती है। पहले वह डरेवर बाबू से ज़्यादा बात नहीं करती थी। खाना बनाकर बाहर निकल जाती थी और पांडे खलासी परोसकर खिलाता था। एक साल पहले उस बार आए डरेवर जी तो दाहिनी कलाई में कसकर रूमाल बाँधे थे—तेल में भीगा हुआ। पांडे खलासी चलाकर लाया था टरक।" विमली डरेवर बाबू को चाहती तो ख़ूब है लेकिन शादी-शुदा स्त्री होने की भारतीय मर्यादा उसे अपने आकर्षण और प्यार को व्यक्त करने की इज़ाज़त नहीं देता तो डरेवर बाबू के लिए उसके तन-मन दोनों में चाहत है तभी तो डरेवर बाबू के जाने के बाद, "जूठे बर्तन धोते हुए उसकी आँखों में एक बार फिर डरेवर जी की प्यासी आँखें कौंध जाती हैं। सूखे होंठ चाटते हुए डरेवर जी।...टोपी वलवा पियासा चला जाए,/हमारे लगे दुई गगरी...प्यासा ही चला जा रहा है टोपी वाला छैला! जबकि मेरे पास दो-दो घड़े हैं—व्यर्थ!"

विमली को न पाने के कारण बिल्लर उसके प्रति झूठी अफ़वाहें उड़ाता है। बात विमली के ससुर 'बिसराम' तक पहुँचती है। बिसराम उसका गौना कराने 'इज़्ज़त' की दुहाई देकर उसके घर जाता है। विमली का पिता भी बिसराम की हाँ में हाँ मिलाता है। उसे इतनी भी परवाह नहीं कि बिना पति के वह ससुराल जाकर क्या करेगी? उसे तो अपनी झूठी इज़्ज़त की पड़ी है। विमली ससुर के हाथों बिदा नहीं की जाती है सौंप दी जाती है। ससुर बिसराम छल से उसके साथ बलात्कार करता है। भारतीय स्त्री की विडम्बना यही है कि वह दुनिया से जीत जाती है लकिन अपनों से हार जाती है। अपने ही छल के साथ उसकी इज़्ज़त लूटते हैं। पुरुष केन्द्रित समाज में स्त्री का सच आधा और झूठा माना जाता है। विमली की गुहार सुननेवाला कोई नहीं है। उसका पिता भी नहीं। पंचायत पर पुरुषों का क़ब्ज़ा है। उसके ससुर का पक्ष सही माना जाता है। झूठ की जीत और सच की हार होती है। गाँव और पंचायत का मूल्य लगातार पतनशील हुआ है। पंच परमेश्वर का पंचायत अब तिरिया चरित्तर के पंचायत में बदल चुका है। यहाँ पुरुष वर्चस्व है, क्षुद्र स्वार्थ है और छल है। विमली को सजा सुनाई जाती है दगनी दागने की। दगनी दागता है, बलात्कारी ससुर। विमली प्रतिरोध करती है लेकिन उसका प्रतिरोध पुरुष वर्चस्व के बीच दबकर रह जाता है। विमली में प्रतिरोध की शक्ति ख़ूब है। वह अपने दम तक प्रतिरोध करती है। ससुर के बलात्कार के बाद जब वह होश में आती है, उस जगह को जलाकर ख़ाक कर देती है जहाँ बिसराम सोता है लेकिन बिसराम मौजूद नहीं होता मन्दिर भाग जाता है। मन्दिर, जहाँ वह शरण लेता है वहीं से अफीम मिला चरणामृत पिलाकर उसकी इज़्ज़त लूटता है। धर्म के आवरण में यह सारा पतित खेल खेला जाता है। गाँव में औरतें धर्म और ईश्वर के नाम पर प्राय: ठगी जाती हैं। बिसराम भी उसी का सहारा लेता है। विमली के हृदय में अपने प्रति विश्वास अर्जित करता है और फिर उसके साथ छल करता है। पुरुष प्रधान समाज में स्त्री को प्रताड़ित करने का सबसे सरल तरीक़ा उस पर लांछन लगा देना और उसके सच को झूठ बताकर उसे 'तिरिया-चरित्तर' कहकर अपने वर्चस्व को स्थापित करना। इस कहानी

में विमली के साथ यही होता है। शिवमूर्ति की कथा भाषा उनके सृजन का सबल पक्ष है। कथानक और चरित्र के अनुकूल भाषा। कथा-साहित्य में अवध की लोक-संस्कृति का जीवन्त चित्रण है। प्रेमचन्द और रेणु की तरह उनकी भाषा मौलिक और लोकरस में पगी है। कहानियों को सम्प्रेषणीय बनाने के लिए उन्होंने लोकगीतों का सफल प्रयोग किया है। लोकगीतों से वह भाषा के प्रचलित मुहावरे सँजोते हैं। पात्रों और कथ्य के अनुकूल भाषा का प्रयोग करते हैं। शब्द और वाक्य संरचना सहज-स्वाभाविक है। भाषा पात्रों के व्यक्तित्व के अनुकूल है।

शिवमूर्ति अवध की संस्कृति से जुड़े हैं। ज़ाहिर है अवध की लोक-संस्कृति की उन्हें गहरी पहचान है। कहानियों में लोकगीतों की लय, ध्वनि और संकेतों का प्रयोग संवेदना को गहराई से छू जाता है। क्रियाओं का उतना ही प्रयोग। जितना कथा प्रवाह में ज़रूरी हो उसमें व्यवधान न पैदा करे। प्रेम और प्रतिरोध दोनों स्थितियों में लोकभाषा और लोकगीतों का प्रयोग कथ्य को अधिक सम्प्रेषणीय बना देता है। 'तिरिया-चरित्तर' में विमली को सजा सुनाए जाने पर उसका पक्ष लेनेवाली गाँव की बुज़ुर्ग औरत मनतोरिया की माई पंचों की राय का विरोध करते हुए जिस भाषा का प्रयोग करती है वह अपने आप कथ्य के भाव को स्पष्ट कर देता है, "ई अंधेर है। दगनी दागना है तो बिसराम और बोधन के चूतर में दागना चाहिए। कोई काहे नहीं पूछता कि बोधन की बेवा भौजाई दस साल पहले काहे कुएँ में कूदकर मर गई थी। गाँव की औरतें मुँह खोलने को तैयार हो जाएँ तो बिसराम की घटियारी के एक छोड़ दस परमान दे सकती हैं। वही आदमी बेबस, बेकसूर लड़की को दागेगा। वही बोधन बड़का पग्गड़ बाँधकर दगनी की सजा सुनाएँगे? यही नियाव है? ई पंचायत नियाव करने बैठी है कि अंधेर करने?"

शिवमूर्ति की कहानियाँ 'हाशिए के समाज' की पक्षधरता करती हैं। वर्चस्वशाली किसी भी प्रकार की शक्ति का विरोध करती हैं। ग्रामीण समाज के गतिशील यथार्थ और स्त्री-जीवन की व्यथा-कथा को शिवमूर्ति संजीदगी से रचते हैं। शिवमूर्ति अपनी कहानियों का केन्द्रीय पात्र गाँव और स्त्री को बनाते हैं। अपनी संवेदना की गहराई तक उसको बचा लेने की सृजनात्मक कोशिश करते हैं। इसके बावजूद कहानी के पूर्वार्द्ध के सहज और स्वाभाविक विकास के बाद उत्तरार्द्ध सुनियोजित, अस्वाभाविक और कुछ हद तक अविश्वसनीय भी है। जैसे—विमली की कर्मठता और स्वाबलम्बन बाद में उसके चरित्र से ग़ायब है, पति सीताराम की अनुपस्थिति और पति के बिना भी गौना स्वीकार लेने में मायके वालों का कोई सवाल न करना! इस तरह आख़िर में कथानक का यही अस्वाभाविक विकास दरार पैदा करता है। जबकि कहानी का पूर्वार्द्ध उतना ही करुणाजनक और मार्मिक है।

कैक्टस की नावदेह

प्रियंवद

आस्था में बदलता प्रेम का विरल अनुभव

राकेश बिहारी

प्रियंवद हिन्दी के उन विरले कथाकारों में से एक हैं जिनसे आप असहमत होते हुए भी अथाह प्यार कर सकते हैं। असहमतियों और किन्तु-परन्तु के कई अन्तःसूत्रों की उपस्थिति के समानान्तर इनकी कहानियाँ अपने पाठकों को जिस तरह सम्मोहन के अनाम जादू में बाँध लेती हैं, वह इनके कथाकार की ऐसी विशेषता है जिसकी कामना दुनिया की किसी भाषा के किसी कथाकार को हो सकती है। प्रियंवद एक साहसी कथाकार हैं। विषय के चयन से लेकर उसके निर्वाह तक इनकी कहानियाँ न सिर्फ़ तमाम वर्जनाओं का निषेध करती हैं, बल्कि समाज और सम्बन्धों के बने-बनाए व्याकरणों की चौहद्दियों का अतिक्रमण करते हुए एक निर्बंध समाज की भूमिका भी प्रस्तावित करती हैं। गोकि प्रियंवद की कई कहानियाँ साम्प्रदायिकता जैसे समकालीन राजनैतिक विषयों को भी बहुत सूक्ष्मता से विवेचित-विश्लेषित करती हैं, लेकिन इनके द्वारा लिखी गई प्रेम-कहानियाँ इन्हें सम्पूर्ण हिन्दी कथा-साहित्य में एक विशिष्ट कथाकार होने का हक़ और सम्मान दोनों प्रदान करती हैं। 'उसने कहा था' जैसी कालजयी प्रेम कहानी से शुरू होनेवाली हिन्दी कहानी की दुनिया में जयशंकर प्रसाद, जैनेन्द्र, रेणु, निर्मल वर्मा आदि जैसे संवेदना-समर्थ कथाकारों की उपस्थिति के बावजूद प्रेम हिन्दी कहानी के लिए लगभग त्याज्य और वर्जित प्रदेश-सा ही रहा है। एक ख़ास राजनैतिक-वैचारिक काट से लगभग आक्रान्त कहानियों के बर्चस्व के बीच कहानियों में प्रेम के नैरन्तर्य को कायम रखना किसी कथाकार के लिए बहुत बड़ी चुनौती और जोखिम का काम है। बीहड़ जोखिम के इस भूगोल पर अपने कथा परिसर की निर्मिति के बहाने प्रियंवद एक साहसिक रचनात्मकता का परिचय तो देते ही हैं, कहानी के एक लगभग सूने-से कोने को अपनी कलात्मक प्रयोगधर्मिता से आबाद करने का ऐतिहासिक काम भी करते हैं। सारिका, जनवरी 1980 में पुरस्कृत और प्रकाशित अपनी पहली कहानी 'बोसीदनी' से कथा-यात्रा शुरू करनेवाले प्रियंवद की लगभग पचास कहानियाँ प्रकाशित हो चुकी हैं। लगभग पैंतीस वर्षों के उल्लेखनीय कालखंड में सृजित कहानियों की यह फ़ेहरिस्त बताती है कि प्रियंवद सिर्फ़ लिखने के लिए कहानियाँ नहीं लिखते।

कुछ जानबूझकर तो कुछ मजबूरीवश विवाहेतर प्रेम की स्थितियाँ प्रियंवद की कहानियों में कई जगह मौजूद हैं। पर विवाहेतर प्रेम प्रसंग का जो शिल्प इन कहानियों में उपस्थित होता है उससे यह प्रश्न सहज ही उठता है कि आख़िर क्या कारण है कि

परिवार और विवाह संस्था की चहारदीवारी में खिलनेवाले ये प्रेम-पुष्प सायास या स्वत: सामाजिक या वैधानिक रूप से वर्तमान विवाह की परिधि को तोड़कर एक नये घर के निर्माण की बात नहीं करते? कहीं यह विद्रोह की कामना के समानान्तर साहस के अभाव का मामला तो नहीं है? कहीं इसके पीछे घर और बाहर के दोहरे आनन्द के अवसर को बरकरार रखनेवाली सामन्ती और अराजक सोच तो नहीं? सवाल कुछ और भी हो सकते हैं, पर ख़ुद प्रियंवद इसका जवाब कुछ इस तरह देते हैं—"अवैध सम्बन्धों का प्रेम मुझे आकर्षित करता है। मेरा विश्वास है कि प्रेम अपनी पूरी चमक, पूरे आवेग के साथ ऐसे सम्बन्धों में ही रहता है। आत्मा के एक ख़ाली, अँधेरे कोने में बचाकर रखे हुए आलोकित हीरे की तरह! ऐसे सम्बन्धों का प्रेम बहुत गम्भीर और अर्थपूर्ण होता है। प्रेम के इन्हीं क्षणों में मनुष्य अपनी असली और पूरी स्वतंत्रता का उपभोग करता है। उसका पूरा जीवन, व्यक्तित्व, शरीर सब तरह की वर्जनाओं, समाज के घिनौने और निर्मम अंकुशों से मुक्त होता है। इन सबसे विद्रोह की एक मूक अन्तर्धारा भी उसके अन्दर ऐसे ही क्षणों में बहती है। कुल मिलाकर ऐसे सम्बन्धों में प्रेम अपनी पूरी रहस्यमयता, गोपनीयता, आवेग, आलोक और स्वतंत्रता के साथ जीवित रहता है। वे सचमुच उसके अन्दर गूँजते रहनेवाले सुख के क्षण होते हैं। शेष सम्बन्धों में तो, वह एक लगातार दोहराई जानेवाली, ऊबी हुई ग़ुलामी होता है, जो जरा ही ऊपर की पर्त खुरचने पर दिखाई देने लगता है।"

विवाहेतर प्रेम को बिना किसी वैधानिक अलगाव के जारी रखने या प्रेम को सामाजिक वैधानिक मान्यता देकर सांस्थानिक रूप देने से बचे रहने के पीछे का यह तर्क अपनी भाषा में जितना तरल और मोहक हो, सामाजिक तार्किकता की कसौटी पर उतना ही अग्राह्य है। उल्लेखनीय है कि प्रियंवद अपनी कहानियों में ऐसा घटित होता दिखाते हुए बच्चों तथा परिवार व समाज के दूसरे घटकों को कथानक से सायास दूर रखते हैं। अमूमन ये कहानियाँ पूरी तरह प्रेमी युगलों के इर्द-गिर्द ही घूमती हैं। यथासम्भव कहानी में अन्य पात्रों को आने ही नहीं दिया जाता या कोई पात्र आता भी है तो वह प्रेमी युगलों के लिए कभी अवरोधक का काम नहीं करता या तो वह दर्शक भर होता है या फिर सहयोगी। 'पलंग', 'अधेड़ औरत का प्रेम' 'कैक्टस की नावदेह', 'एक अपवित्र पेड़' जैसी कहानियों में इसे सहज ही महसूस किया जा सकता है। इसमें कोई सन्देह नहीं कि ऐसी निरापद व अकंटक स्थितियों के बीच प्रेम-संवेदना के सूक्ष्मतम और उच्चतम दर्शन की बातें कहने के कलात्मक वैभव के कारण पाठकों को जादुई सम्मोहन में बाँध लेती हैं। कहानी में बहुत कुछ सायास घटित या अघटित किया जा सकता है पर समाज और जीवन में सब कुछ इस क़दर सुनियोजित नहीं होता। यही कारण है कि यथार्थ की किसी घटना से शुरू होकर भी प्रियंवद की कहानियाँ अपनी सायास कलात्मक निर्मिति के कारण यथार्थ से विलग होकर एक अलौकिक और अव्यावहारिक स्वप्नलोक की तरह उपस्थित होती हैं। इन सीमाओं के बावजूद प्रियंवद की जो कहानियाँ संवेदनात्मक रचाव, कलात्मक वैभव और रचनात्मक सामाजिक चेतना के त्रिकोणीय उत्कर्ष के कारण पाठकों को सर्वाधिक प्रभावित करती हैं उनमें 'कैक्टस की नावदेह' (1981) महत्त्वपूर्ण है।

पुरुष दृष्टि से संचालित होते हुए स्त्री के मनोविज्ञान को समझने की कोशिश

का आरोप प्रियंवद की कहानियों पर लगते रहे हैं। कथ्य और कहन की प्रियंवदीय विशेषताओं से युक्त होते हुए भी जिस सहजता से 'कैक्टस की नावदेह' प्रियंवद की कहानियों का प्रतिलोम रचती है, वह इसे एक विशिष्ट कहानी का दर्जा प्रदान करता है। प्रियंवद की कहानियों में, जैसा कि मैंने ऊपर कहा, परिवार और समाज के दूसरे घटकों की उपस्थिति सामान्यतया नहीं होती, लेकिन इस कहानी में प्रेमी और प्रेमिका के बीच बेटी की उपस्थिति भी है। पाठकों की सुविधा हेतु कहानी को दो भागों में बाँटा जा सकता है—एक जिसमें नैरेटर यानी मैं यानी वनी का प्रेमी, जो बूढ़ा हो चुका है, अपने प्रेम के दिनों के बहाने वनी और उसके बीच के सम्बन्धों की सूक्ष्म परतों को समय और उम्र के उल्लेखनीय अन्तराल के साथ देखता है, और दूसरा भाग वह जब वनी की बेटी म्रदिमा गर्मी की छुट्टियों में उसके पास कुछ दिनों के लिए आती है। पहले हिस्से में प्रेम के बहाने सुख स्वप्न और आस्था की दार्शनिक व्याख्याएँ हैं, जो प्रियंवद की कहानियों की ख़ास विशेषता भी है। उल्लेखनीय है कि प्रियंवद की कहानियों में ऐसी दार्शनिक व्याख्याएँ लगभग एकतरफ़ा होती हैं। कहानी के भीतर से सामान्यतया कोई प्रतिप्रश्न नहीं खड़ा होता है। लेकिन इस कहानी में जिस तरह प्रियंवद प्रेमिका की बेटी के प्रश्नों के माध्यम से एक प्रेमी (पुरुष) तक उसकी प्रेमिका (स्त्री) के प्रश्नों को पहुँचाते हैं वह हमारी संवेदना को गहरे आन्दोलित करता है—

"एक बात पूछूँ? म्रदिमा ने मेरा हाथ अपने हाथ में ले लिया। वह काफ़ी गम्भीर लग रही थी। बिलकुल रोने के पहले जैसी उसकी आँखें हो गई थीं।

'ऐसा क्यों हुआ? मैं आपकी बेटी क्यों नहीं बन पाई?' मेरा हाथ काँप गया। म्रदिमा ने मेरा हाथ और कसकर पकड़ लिया।

यह क्यों पूछा तुमने?

माँ ने कहा था।"

यह कहानी अपनी संवेदनात्मक सूक्ष्मताओं के कारण एक बेहद सतर्क और संवेदनशील पाठ का माँग करती है। बहुत सम्भव है कि पाठ की थोड़ी सी असावधानी कथानक में विन्यस्त भावप्रवणता को कोरी भावुकता के खाने में डाल दे। म्रदिमा के प्रश्न का जवाब उसकी माँ के प्रेमी का हाथ काँपने में निहित है। प्रियंवद की कहानियों के स्त्री चरित्र कई बार कुछ ख़ास तरह की वर्जनाओं को तोड़ने के बाद अपराधबोध से भी ग्रस्त होती हैं। लेकिन एक स्त्री के प्रश्नों के उत्तर में कहानी के पुरुष पात्र का हाथ काँपना प्रियंवद की कहानियों में एक विरल उदाहरण है। प्रश्न और उसके उत्तर के क्रम में पात्र की देह-भाषा की बारीक़ियों में अन्तर्निहित संवेदना की यह सूक्ष्म कोशिका 'कैक्टस की नावदेह' को एक ख़ास कहानी बना देती है। बिना वाचाल हुए और बिना किसी को छोटा किए स्त्री और पुरुष संवेदना के बीच के बारीक़ अन्तर को रेखांकित कर प्रेम को स्वप्न से आस्था में तब्दील कर देने के विरल अनुभव के कारण भी इस कहानी को याद रखा जाना चाहिए। स्वप्न और आस्था के बीच का जो अन्तर इस कहानी में अभिव्यंजित हुआ है वह पुरुष और स्त्री मनोविज्ञान के बीच स्थित फ़ासले को समझने का एक बहुत ही ज़रूरी उपकरण है। स्त्री-पुरुष के मानसिक भूगोल को पुनर्व्याख्यायित करती यह कहानी पाठकों के संवेदना तन्तुओं को गहरे उद्वेलित करने का सामर्थ्य रखती है।

कलात्मक संयम में बेजोड़ रचनागत तटस्थता

राहुल सिंह

'तिरिछ' (1987) उदय प्रकाश की स्मरणीय कहानियों में से एक है। इसके कथ्य को जिस सजगता से शिल्प में बाँधा गया है, वह कलात्मक संयम के विरल उदाहरणों में से एक है। साहित्यिक क्षेत्र में जिसे 'निर्वैयक्तिकता का सिद्धान्त' कहते हैं, जिससे रचनाकार की रचनागत तटस्थता या निरपेक्षता का आकलन किया जाता है। 'तिरिछ' उस रचनागत तटस्थता का एक बेजोड़ उदाहरण है। कथ्य के प्रति निरासक्त होना, सदैव बहुत आसान नहीं होता है। 'तिरिछ' में उदय प्रकाश ने कथ्य के प्रति अपने निर्मोहीपने को जिस ढंग से बरता है, वह बस महसूस करने की चीज़ है। ज्यों-ज्यों कहानी बढ़ती जाती है, त्यों-त्यों वे निर्मम होते चले जाते हैं। वे जितना निर्मम होते जाते हैं, पाठकों का जुड़ाव उसी अनुपात में बढ़ता चला जाता है। निर्ममता की यह बारीक़ कताई उदय प्रकाश की इस कहानी की ही ख़ासियत नहीं है बल्कि यह उनके कहानी कहन की ख़ूबियों में से एक रही है। यह अलग बात है कि हर मौक़े पर वे इतनी सटीकता से इसका निर्वाह नहीं कर सके हैं, पर 'तिरिछ' में उन्होंने इसे अंजाम दिया है। कहानी के अविस्मरणीय होने में उनकी इस अदा की महती भूमिका रही है।

हिन्दी की परवर्ती लम्बी कहानियों से 'तिरिछ' इस मामले में भिन्न है कि इसमें अलग से किसी विमर्श को थोपने का कोई अतिरिक्त प्रयास नज़र नहीं आता है। इस कहानी का कथा विन्यास सहजता को इस क़दर अपने कथ्य में धारण किए हुए है कि पूरी कहानी में वह सहजता कहीं बाधित या खंडित नहीं होती है। इस निर्बाध सहजता के कारण कहानी की गति में एक प्रवाहमयता है। उस प्रवाह में पाठक बहता चला जाता है। सुनने में यह प्रवाह वाली बात जितनी सहज लगती है। कहानी के धरातल पर उसे साकार करना उतना ही मुश्किल होता है। छायावादी कविताओं में जिस 'मैं शैली' का प्रणयन किया गया था। उदय प्रकाश 'तिरिछ' में उसी आत्मकथात्मक शैली को अपनाते हैं। 'मैं शैली' या 'आत्मकथात्मक शैली' की विशिष्टता यह होती है कि इससे कविता या कहानी में विश्वसनीयता का एक आधार निर्मित होता है। मानो लेखक स्वयं उस अनुभव, घटना या वृत्तान्त का साक्षी रहा हो। 'तिरिछ' का कथावाचक भी एक 'मैं' है, जो अपने पिता के बारे में यह कहानी कह रहा है। कहानी का शुरुआती हिस्सा पिता-पुत्र के रागात्मक सम्बन्ध की ऊष्मा से आवेशित है। एक बच्चे के जीवन में पिता की मौजूदगी के मायने को, कहानी का शुरुआती हिस्सा रेखांकित करता है। पिता-पुत्र

के स्नेहिल सम्बन्धों को संकेतों के ज़रिये कहानी आरम्भिक हिस्से में पुष्ट करती है। जैसे एक पुत्र के लिए पिता आदर्श (रोल मॉडल) की तरह हुआ करते हैं, ठीक वैसी ही स्थिति यहाँ भी है। यहाँ पिता निपट पिता के बतौर मौजूद हैं।

यह कहानी मूल रूप से पिता-पुत्र के स्नेहिल सम्बन्धों को ज़रूरत भर उजागर करने के बाद, तिरिछ (विषखापर) और उसके विषदंश से जुड़ी लोकश्रुतियों को कहानी में पिरोने लगती है। और फिर उसके बाद पिता के जीवन के आख़िरी दिन में दाख़िल हो जाती है। पिता-पुत्र का स्नेहिल सम्बन्ध और तिरिछ से जुड़े लोकविश्वास पिता के जीवन के आख़िरी दिन के निमित्त कहानी में निवेदित हैं। उदय प्रकाश इन कारकों को जिस ढंग से कहानी में पिरोते हैं, वह बरतने की कला उन्हें अपनी पीढ़ी के कहानीकारों में विशिष्ट बनाती है। उदय प्रकाश की कहानी कला की यह विशिष्टता रही है। जब तक दो-तीन बार कहानी को ना पढ़ लें, तब तक कहानी की शुरुआत में व्यवहृत उन दो पंक्तियों के मूल में विन्यस्त पूरी कहानी की संरचना के संकेतों को नहीं भाँपा जा सकता है। कहानी के यह बीज वाक्य हैं—"इस घटना का सम्बन्ध पिताजी से है। मेरे सपने से है और शहर से भी है। शहर के प्रति जो एक जन्मजात भय होता है, उससे भी है।" 'तिरिछ' कहानी पिता के बारे में है, सपने के बारे में है और भय के बारे में है। कहानी में दो प्रकार के भय का चित्रण है। एक भय है बच्चे का और दूसरा उसके पिता का। बच्चे को उसके भय से मुक्त कराने का काम पिता करते हैं, पर पिता स्वयं अपने भय से मुक्त नहीं हो पाते हैं। बच्चे के भय से उपजा एक दुःस्वप्न भी है। उस दुःस्वप्न से भी बच्चे को उसके पिता मुक्त करा जाते हैं, पर अपने भय से पार ना पाने के कारण एक दूसरा दुःस्वप्न बच्चे के जीवन में बो जाते हैं। बच्चे के भय के मूल में तिरिछ (विषखापर) है, जिसके बारे में प्रचलित है कि काले नाग से सौ गुना ज़्यादा विषैला होता है। गर उससे आँख मिल जाए तो वह काटे बग़ैर नहीं छोड़ता है। वह दूर तक पीछा करने में और बदला लेने में माहिर होता है। तिरिछ से जुड़ी मान्यताएँ किसी भी बच्चे के मन में भय के बीज को बोने के लिए पर्याप्त हैं। आम तौर पर बालपन और बालमन में ऐसे अनदेखे-अनजाने भयों को बसेरा हुआ करता है, जिससे मुक्ति बड़ी मुश्किल से मिलती है।

ग़ौर से पढ़ें तो 'तिरिछ' के कथा विन्यास में तीन हिस्सों को रेखांकित किया जा सकता है। पहला हिस्सा जिसमें पिता-पुत्र के रागात्मक और स्नेहिल सम्बन्धों को उदय प्रकाश बहुत कम शब्दों में स्थापित करते हैं। केवल इन पंक्तियों को देखिए—"हम पिताजी पर गर्व करते थे, प्यार करते थे, उनसे डरते थे और उनके होने का अहसास ऐसा था जैसे हम किसी किले में रह रहे हों। ऐसा किला, जिसके चारों ओर गहरी नहरें खुदी हुई हों, बुर्ज़ें बहुत ऊँची हों, दीवारें सख़्त लाल चट्टानों की बनी हुई हों और हर बाहरी हमले के सामने हमारा किला अभेद्य हो।" फिर उस देशकाल में तिरिछ (विषखापर) की मौजूदगी को रेखांकित करते हैं और तीसरा हिस्सा जिसमें पिता तिरिछ के विषदंश के साथ शहर में दाख़िल होते हैं। इन तीनों हिस्सों को क़िस्से के धरातल पर जिस ढंग से उदय प्रकाश ने बुना है, वह सराहनीय है। कुछ भी अतिरिक्त नहीं। सब कुछ इतना नपा-तुला और सन्तुलित कि वैसा कलात्मक रचाव दोहरा पाना ख़ुद कहानीकार के लिए कई बार असम्भव-सा हो जाता है। बिलकुल 'शान्त शिल्प' में निरावेग ढंग से पिता की मौत को यह कहानी जिस रूप में बयाँ करती है, उसे लेखकीय तटस्थता का बेजोड़ उदाहरण कहा जा सकता है। दरअसल

हुआ क्या होगा? आख़िर पिता की मौत कैसे हुई होगी? इस अनुमान के साथ कहानी जिस ढंग से पिता के मौत वाले दिन शहर में दाख़िल होती है और उसके बाद मामूली-सी लगनेवाली चीज़ें जिस क़दर हादसों में एक के बाद एक तब्दील होती चली जाती हैं, वह सामाजिक असंवेदनशीलता की परतों को तथा अमानवीय होते परिवेश को उधेड़ती चली जाती हैं। यातना के बढ़ते ताप के साथ उदय प्रकाश कहानी में जिस ढंग से निरासक्त होते चले जाते हैं, वह एक क़िस्म की क्रूरता-सी जान पड़ती है। इन सबके बीच तिरिछ और उसके काटने से जुड़ी लोकमान्यताएँ जिस सहज ढंग से कहानी को संगत देते चलते हैं, वह किसी भी कहानीकार के लिए बस देखने-पढ़ने की नहीं सीखने-समझने की चीज़ है।

तिरिछ बालक के लिए भय का आधार है, जो उसके सपनों में भी दाख़िल होकर उसे काटने को दौड़ाता रहता है। वह नींद के बाहर एक दिन उसके पिता को टखने के पास काट लेता है। ग़नीमत इतनी है कि उसके पिता ने उस तिरिछ को दौड़ा कर मार दिया है। राहत की बात इसलिए है कि यदि काटने के बाद वह जाकर पेशाब करके उसमें लोट जाता तो लोक मान्यता के अनुसार व्यक्ति की मृत्यु तयशुदा चीज़ हो जाती। पर ऐसा करने से पूर्व तिरिछ के मारे जाने से ऐसी किसी अनिष्ट की सम्भावना ख़त्म हो जाती है। अगले दिन उसके पिता को कचहरी में पेशी के लिए शहर जाना है और शहर जाने के क्रम में फिर अनिष्ट की सम्भावनाएँ नये सिरे से सिर उठाती हैं। पर अनिष्ट की उन तमाम सम्भावनाओं का निराकरण साथ-साथ होता चलता है। जैसे पंडित राम औतार इस आशंका के साथ कहानी में दाख़िल होते हैं कि तिरिछ के ज़हर की ख़ासियत यह होती है कि वह काटे जाने के ठीक चौबीस घंटे बाद अपना असर दिखाता है। पर साथ ही धतूरे के बीज से उस विष की काट भी तैयार करने का नुस्खा पंडित राम औतार के पास मौजूद है, सो सामतपुर में गाड़ी रोककर धतूरे के बीज का काढ़ा उनको पिला दिया जाता है। फिर एक आशंका ज़ाहिर की जाती है कि चाँदनी रात की शीत में कई सरीसृप पुनर्जीवित हो उठते हैं। ऐसे में एक सम्भावना तिरिछ के फिर जी उठने की जगती है। जिसका निराकरण थानू के साथ जाकर उनका बेटा कर आता है। वह मरे तिरिछ की लाश ढूँढ़कर उसे जला देता है। पर इन सब बचाव के तरीक़ों को अपनाए जाने के बावजूद तिरिछ के काटे जाने के ठीक चौबीस घंटे बाद पिता की मौत हो जाती है। सम्भव है कि जिस देशकाल की यह कहानी है, उस देशकाल में इस मौत का कारण तिरिछ का विषदंश माना गया हो। पर कहानी असल में उसे उसके देशकाल से बाहर लाकर यह बताने का उपक्रम है कि उसके पिता की मौत कम से कम तिरिछ के काटने से तो नहीं हुई है।

इस बात को समझने के लिए कहानी के उस हिस्से में दाख़िल होना होगा, जब पिता कचहरी की पेशी के सिलसिले में 17 मई, 1972 की सुबह पौने दस बजे शहर के चुंगीनाके पर पेशाब करने के लिए उतरते हैं। डेढ़ घंटा पहले धतूरे का काढ़ा जो उन्होंने पिया है, सम्भवतः उसके कारण उनका सिर घूम रहा है। और फिर दस बजकर पाँच-सात मिनट में उनको मिनर्वा टॉकीज़ के चौराहे पर सिंध वाच कम्पनी के सामने उतार दिया जाता है, ताकि वे कचहरी जाकर अपना काम निपटा सकें। सूखते गले के साथ वे प्यासे उस चौक पर उतरते हैं और फिर उनके साथ बाद के घंटों में ठीक-ठीक क्या होता है? पूछताछ से मिली जानकारी के आधार पर एक 'धुँधली-सी' रूपरेखा को कहानी दर्ज भर करती है।

जैसे सवा दस से ग्यारह बजे तक वे कहाँ-कहाँ भटके इसकी कोई जानकारी उपलब्ध नहीं है। वे ग्यारह बजे देशबन्धु मार्ग पर स्थित स्टेट बैंक की शाखा में पहुँचते हैं, जहाँ कैशियर उनको सामने देखकर डर जाता है और बैंक का गार्ड समेत कई लोग उन पर हाथ साफ़ कर देते हैं। साढ़े ग्यारह बजे एक चश्मदीद (पानवाले बुन्नु) के हवाले से यह मालूम होता है कि जब वे उनके पास पहुँचे थे, तो सम्भवत: उनके काग़ज़ात और पैसे बैंक वालों ने छीन लिये थे। उस वक़्त पिटाई के कारण उनके कपड़े और निचले होंठ फटे हुए थे। फिर साढ़े ग्यारह से एक बजे तक की कोई जानकारी कहानी में उपलब्ध नहीं है। दरअसल जहाँ कोई गवाह नहीं है, उसका कोई ब्यौरा कहानी में नहीं है। जो है वह भी अनुमान की शक्ल में है। जब वे सवा बजे शहर के थाने में पहुँचते हैं तो उनकी शारीरिक दशा और वेश-भूषा इतनी दयनीय हो चुकी है कि उनकी बात को कोई गम्भीरता से लेनेवाला नहीं है। इस वक़्त तक शायद तिरिछ का ज़हर, धतूरे का नशा सम्मिलित रूप से अपना असर दिखाना शुरू कर चुका था और समय से कचहरी ना पहुँच पाने के कारण अपने मकान को ना बचा पाने की दुश्चिन्ता भी उस नशे में घुल गई थी। इसके बाद सवा दो बजे के आसपास उन्हें इतवारी कॉलोनी में घिसटते हुए देखा गया था। तब उनके ज़िस्म में एक पट्टेदार जाँघिया बचा था, जिसका नाड़ा टूट चुका था और जिसे वे अपने बाएँ हाथ से थामे हुए थे। भौंह पर पत्थर पड़ने से वहाँ गहरा घाव हो चुका था। इस समय तक शहर के जिन अलग-अलग हिस्सों में उन्हें देखा गया था, उनकी कुल दूरी मिला ली जाए तो वह 30-32 किलो मीटर का दायरा बनाती थी। मतलब भूखे-प्यासे नीम बेहोशी की हालत में वे मार खाते घिसटते अपनी ज़िन्दगी की लड़ाई लड़ रहे थे।

साढ़े तीन बजे के आसपास जब गाँव के सरपंच और पिता के बचपन के पुराने दोस्त पंडित कंधई राम तिवारी वहीं से गुज़र रहे थे, जहाँ लड़के घेरकर उन पर पत्थर बरसा रहे थे। एक पल को वो उसे देखने के लिए आगे बढ़े भी पर तभी दो बातें हुईं। एक तो यह कि मामले के बारे में पूछने पर किसी ने बता दिया कि कोई पाकिस्तानी जासूस पकड़ा गया है, जो पानी की टंकी में ज़हर डालने जा रहा था, उसे ही लोग मार रहे हैं। और तभी राज्य परिवहन निगम की वह आख़िरी बस उन्हें आती हुई दिख गई थी जो उस दिन से पहले हमेशा आधा-पौन घंटा लेट ही रहती थी। फलत: उतरकर देखने की बजाय उन्होंने रिक्शेवाले से जल्दी चौराहे की ओर चलने को कहा। उसी साढ़े तीन के आसपास एक ईंट आकर पिता के कनपट्टी पर लगी और वे अचेत हो गए। क़रीब पन्द्रह मिनट तक शरीर बेजान-सा पड़ा रहा तो पास के ढाबे वाले सतनाम सिंह ने दूर से एक बाल्टी पानी पिता के चेहरे पर फेंकी थी, जिससे वे उठे तो नहीं उलटे मिट्टी से उनका चेहरा और गन्दा हो गया था। पाँच बजे तक वे यथावत् वहीं पड़े थे। फिर सतनाम सिंह पुलिस के पूछताछ के डर से अपना ढाबा बन्द करके 'आन मिलो सजना' फ़िल्म देखने चला गया था। शाम के छह बजे आख़िरी बार सिविल लाइंस की सड़क की पटरियों पर एक क़तार में बनी मोचियों की दुकानों में से एक मोची गनेशवा की गुमटी में पिता ने घुटनों के बल रेंगते हुए अपना सिर घुसेड़ा था। तब तक उनके शरीर पर चड्डी भी नहीं रह गई थी। कालिख-कीचड़ से सने जगह-जगह चोट खाए शरीर को देखकर गनेशवा शोर मचाता भाग खड़ा हुआ था। जब भीड़ ने पिता को गुमटी से खींचकर बाहर निकाला, तब गनेशवा ने उन्हें पहचाना था। जिसके बाद उन्होंने दम तोड़

दिया था। पोस्टमॉर्टम रिपोर्ट में मौत की वजह उन चोटों को बतलाई गई थी। संयोग इतना भर था कि मौत तिरिछ के काटने के ठीक चौबीस घंटे बाद हुई थी। पर कहानी के अन्त के निकट वे पिता से इतर एक भूतपूर्व अध्यापक और बकेली ग्राम के प्रधान के बतौर भी सामने आते हैं। अन्त के निकट ही जाकर रामस्वारथ प्रसाद के रूप में भी उनकी पहचान सामने आती है। पिता से इतर उनकी यह व्यक्तिगत और सामाजिक पहचान मूलतः सभ्य समाज की असभ्यता और बर्बरता को सामने लाने का काम करती है। पूरी कहानी में वे पिता के बतौर मौजूद हैं। पर शहर में संकटों से घिर आने पर बार-बार वे अपने अध्यापक होने, बकैली ग्राम का प्रधान होने की बात करते हैं। मानो मनुष्य होने के नाते तो उनका बचना मुश्किल है। शायद यह सामाजिक पहचान उनकी जीवन रक्षा में सहायक हो सके। पर जीवन रक्षा के यह तमाम प्रयत्न बंजर साबित होते हैं। इस लिहाज़ से देखें तो 'तिरिछ' भीड़ के द्वारा की गई हत्या (आजकल जिसे 'मॉब लिंचिंग' कहते हैं।) की कहानी है। भीड़ के द्वारा की गई हत्याओं का अपना भाष्य हुआ करता है, उसके संकेत भी कहानी में मौजूद है। जब सरपंच द्वारा पूछे जाने पर पिता को पाकिस्तानी जासूस बता दिया जाता है।

उदय प्रकाश की कहानियाँ साधारण मनुष्य की बेबसी का बयान होती हैं। उनकी कहानियों में व्याप्त यह बेबसी 'हांट' करती है। बाद की कहानियों में उदय प्रकाश ने 'बेबसी की बारीक़ कताई को एक शिल्प के बतौर विकसित करने में सफलता हासिल की, जो पुरअसर साबित हुई। उदय प्रकाश के दूसरे संग्रह की कहानियों को पढ़ते हुए उनकी कहानियों के बारे में जो एक बात पूरी तीव्रता के साथ महसूस की जा सकती है, वह यह कि एक क़िस्म का 'ट्रैजिक सेंस' उनकी कहानियों में बिलकुल शुरू से ही मौजूद रहा है। त्रास के इस लय का रियाज़ उनकी कहानियों का एक निर्णायक पहलू रहा है। उनकी एक अन्य विशेषता है 'कहानी में रूपक या प्रतीकों को गढ़ने की क्षमता।' उनकी कहानियाँ इस रूपकात्मकता और प्रतीकात्मकता के कारण एक 'मास अपील' पैदा करती हैं। 'तिरिछ' में यह उतने प्रखर रूप में नहीं, बहुत महीन और सांकेतिक रूप में मौजूद है। जैसे 'सामतपुर' में रुकने का एक अर्थ यह निकलता है कि जिसकी शामत आई हो। पिता केवल कहानी में पिता भर नहीं रह जाते हैं। पिता की छवि कहानी की सीमारेखा का अतिक्रमण कर जाती है। 'तिरिछ' उदय प्रकाश की परवर्ती साहित्यिक युक्तियों से युक्त कहानियों से अलग एक कहानी है।

असम्भाव्यता को जिस स्तब्धकारी ढंग से उदय प्रकाश सम्भव करते हैं, यह उनके गद्य की बहुत बड़ी ताक़त है। और यही वह सूत्र है जहाँ से उदय प्रकाश की कहानियों में 'जादुई यथार्थवाद' जैसी चीज़ के लिए जगह बनती है। चूँकि वे लगभग अविश्वसनीय-सी लगनेवाली स्थितियों को पूरे विश्वास के साथ न सिर्फ़ रच जाते हैं बल्कि उसके होने के प्रति पाठकों में एक विश्वास भी पैदा कर जाते हैं कि यह इसी रूप में घटित हुआ है। इस विश्वास को कहानी में बुनना उनकी सबसे बड़ी उपलब्धि है, जो कहानी की सीमाओं का एक क़िस्म का अतिक्रमण है। यदि उनकी कहानियों को समग्रता में पढ़ा जाए तो उनके पास रूपकों को रचने की जो क्षमता है, कहानी में उसे बरतने की जो अदा है, कहानी के अन्तरालों में अपने समय को नक्श करने का जो सामर्थ्य है, विमर्श को आख्यान में बदलने और विचार को कथा में पिरोने की जो कला है, वह क़ाबिल-ए-ग़ौर है।

...और अन्त में प्रार्थना

उदय प्रकाश

सांगठनिक विचारधारा की गहरी कथात्मक समीक्षा

शम्भु गुप्त

अपने अन्त तक पहुँचते-पहुँचते '...और अन्त में प्रार्थना' प्रार्थना के मुखौटे में प्रार्थना का ही निषेध प्रस्तुत करती है। यह कहानी कथ्य और रूप दोनों में हिन्दी कहानी की वर्तमान परिपाटी में एक ज़बरदस्त मौलिकता का दावा करे और हम इसे अपने विचार में ले आएँ तो कोई आश्चर्य नहीं होना चाहिए। कहानी शुरू करने से पहले जो दो बातें लेखक ने कही हैं—एक कोष्ठक में कि 'इस कहानी के सभी पात्र काल्पनिक हैं।' और दूसरी मार्क ट्वेन के हवाले से कि "कर्फ़्यू लागू है। जो कोई 'प्लॉट' की खोज में निकलेगा, उसे गोली मार दी जाएगी।"—ये दोनों बातें कहानी से बाहर की चाहे हों लेकिन कहानी पढ़ते हुए बार-बार और बराबर हमें अपनी ठोस उपस्थिति का एहसास कराती रहती हैं।

कहानी में राज्य के विधि मंत्री टी.पी. अग्रवाल भाई जी, ज़िला कलेक्टर, एस.पी., एस.डी.एम. ज़िले के माफिया सरगना गुड्डू सिंह, सिविल सर्जन बी.एन. गुप्ता इत्यादि का जो एक बेहया रैकेट डॉ. वाकणकर जैसे मूल्यनिष्ठ और ईमानदार लोगों को अन्दर से एकदम तोड़ देने की साजिश में मुब्तिला दिखाया गया है। क्या यह स्थिति एक दिन में आ गई? डॉ. वाकणकर पोस्टमॉर्टम की रिपोर्ट में सिर्फ़ वह लिखें जो ये लोग चाहते हैं। क्या यह उसी दबाव व आतंक का प्रतीक संकेत नहीं है जिसे बेतरह हमारी लेखक-बिरादरी इन दिनों झेलने को विवश है। डॉ. वाकणकर अपनी जान को दाँव पर लगाकर इस जंजाल को ज़मीन चटाते हैं क्या इससे हमें कोई सबक नहीं मिलता, क्या डॉ. वाकणकर इसीलिए हमारे लिए नगण्य हैं कि वे राष्ट्रीय स्वयंसेवक संघ से जुड़े हैं? आज इस कहानी पर पुनर्विचार करते हुए, हमारा ध्यान कहानी में निबद्ध डॉ. वाकणकर के विरुद्ध सी.आई.डी. की इस रिपोर्ट की तरफ़ जाना चाहिए कि "इनकी ढींगर गाँव में उपस्थिति से राष्ट्रीय स्वयंसेवक संघ को ही नहीं नक्सलवादी गतिविधियों को भी बढ़ावा मिल सकता था।" (कहानी-संग्रह : और अन्त में प्रार्थना, पृ. 136)। कहाँ राष्ट्रीय स्वयंसेवक संघ और कहाँ नक्सलवाद! लेकिन डॉ. वाकणकर इन दोनों ध्रुवों को छूते हुए, लेकिन थोड़ा सा ही और आगे चलेंगे तो रहस्योद्घाटन होगा कि डॉ. वाकणकर राष्ट्रीय स्वयंसेवक संघ में धीरे-धीरे अप्रासंगिक और अनुपयोगी करार दिये जाने की स्थिति में पहुँचाए जाने लगे हैं।

अब इस संगठन को वाकणकर जैसे लोगों की नहीं, भाई मदन सोनी जैसे फ़र्ज़ी व्यक्तित्व वाले चालाक और चापलूस लोगों की ज़रूरत होने लगी थी। यों यह 'व्यवहारवाद का युगान्तकारी प्रवेश' (वही, पृ. 147) संघ में तब होता है जब उससे सम्बद्ध राजनीतिक पार्टी-राज्य में सत्ता में आ जाती है। लेकिन इस तरह के संगठनों का सम्भवतः यह अनिवार्य और स्वाभाविक नियम है कि वह सत्ता में हो या न हो, एक साथ कई मुखों से उसे बोलना होता है। सत्ता में आने पर उसकी यह चालाकी और चालबाजी सतह पर आ जाती है और पकड़ ली जाती है; बस यही फ़र्क़ है। कम-से-कम हमारे यहाँ इन दिनों यही चला है। डॉ. वाकणकर का अपनी डायरी में लिखा गया यह लगभग अन्तिम अंश ध्यान देने योग्य है, "मैं एक गहरी बेचैनी अपने भीतर महसूस करता हूँ। कहीं ऐसा तो नहीं कि मेरा पूरा जीवन ही व्यर्थ चला गया?" (पृ. 146)। ध्यान देने योग्य एक विशेष तथ्य यह भी है कि डॉ. वाकणकर इस नस्लवादी संगठन में रहते हुए भी एकदम इसकी टकसाल में ढले सिक्के नहीं हैं। उनका अपना एक स्वतंत्र/मानवीय व्यक्तित्व और सोच है। अपने सम्पूर्ण सोच और आचरण में डॉ. वाकणकर गांधीवाद से ज़्यादा निकट पहुँचते दिखाई देते हैं। वे आत्मा से एक सच्चे हिन्दू हैं लेकिन उस तरह के हिन्दुत्ववादी क़तई नहीं हैं जैसा राष्ट्रीय स्वयंसेवक संघ गढ़ता है। डॉ. वाकणकर शुरू से ही इस संगठन के उस कथित हिंसक नस्लवाद के विरोध में खड़े हमें दिखाई देते हैं; जो इसकी ख़ास पहचान है। ताज्जुब की बात है कि उदय प्रकाश और इस कहानी को हिन्दुत्ववादी घोषित करनेवाले लेखक-आलोचकों को अपने ही संगठन के ख़िलाफ़ निरन्तर बढ़ता डॉ. वाकणकर का यह असन्तोष और विरोध क़तई दिखाई ही नहीं दिया। अपने अन्तिम निष्कर्ष और मन्तव्य में यह कहानी हिन्दुत्ववादी पुनरुत्थान या कट्टरता की स्थापना क़तई नहीं करती; बल्कि अपने भर दम उसका निषेध करती है।

कहानी अपने पाठकीय पाठ में अपने अन्त तक पहुँचते-पहुँचते प्रार्थना की जगह प्रतिरोध का रूप लेने लगती है। और अन्त में प्रार्थना नहीं; '...और अन्त में प्रतिरोध'। हालाँकि कहने को डॉ. वाकणकर के मार्फ़त कहानी में एक जगह यह कहलाया गया है कि "...ईश्वर अशक्त मनुष्यों की असहायता और विकलता का आर्तनाद है। ईश्वर अफीम या मारफीन तो है लेकिन इस अर्थ में कि वह मारे जानेवाले मनुष्य के दर्द और यंत्रणा को कम कष्टप्रद बनाता है।" (पृ. 88)। निश्चय ही कहानी के लेखकीय पाठ के अन्तर्गत यह तथ्य स्वयं डॉ. वाकणकर के सन्दर्भ में यह वाक्य भी लिखा गया है, "वे कहते हैं कि ऐसे किसी अस्तित्व या मिथक का बने रहना ज़रूरी है।" (वही)। यानी ईश्वर एक मिथक है। लेकिन एक ऐसा मिथक या एक ऐसी महावधारणा जो शैतानियत के ख़िलाफ़ मनुष्यता की चरम प्रतिष्ठापना है; उच्चतम स्थिति है। एक सुखद आश्चर्य की तरह हम देखते हैं कि एक घोर नस्लवादी, धर्मवादी, पोंगापंथ संगठन से आजीवन जुड़े रहने के बावजूद डॉ. वाकणकर धर्म या ईश्वर के उस ब्रह्मणवादी प्रारूप को अपनी स्वीकृति-सहमति नहीं दे पाते जो आगे चलकर और धीरे-धीरे फासीवाद का रूप लेता है। हालाँकि डॉ. वाकणकर को वृद्ध हरवंश पंडित उर्फ़ थुकरा महाराज से पर्याप्त सहानुभूति है; जो कहानी में एक तरह से ब्राह्मणवाद के प्रतीक प्रतीत होते हैं। हालाँकि

जैसा कि उदय प्रकाश का लेखकीय कौशल है; वे अपने किसी पात्र को 'स्टीरियो टाइप' नहीं होने देते। उनके हर पात्र में लगभग एक सहज-स्वाभाविक जीवन्तता पाई जाती है। थुकरा महाराज हालाँकि संघ से इसलिए जुड़ते हैं कि इसके मार्फ़त वे "हिन्दू राष्ट्र, वर्णाश्रम व्यवस्था और जजमानी का लक्ष्य अपने जीते जी अवश्य प्राप्त कर लेंगे।" (पृ. 100) कहानी में थुकरा महाराज का चरित्र ज़्यादा विकसित नहीं होता। कुछ दिनों के अन्तराल में ही दमा के एक बहुत तेज़ दौरे में अस्पताल में 'एक्सपायरी के बाद के, गंदे घटिया और नकली ग्लुकोज को नसों के भीतर इंजेक्ट करने से' (पृ. 105) यकायक उनकी मृत्यु हो जाती है। दरअसल उनकी मृत्यु नहीं होती—हत्या होती है। दूसरे शब्दों में कहें तो अकाल मृत्यु कराई जाती है।

मुझे लगता है कि इस दुर्घटना में जितना प्राथमिक स्वास्थ्य केन्द्र विधानपुर के वरिष्ठ चिकित्सक और इंचार्ज डॉ. डी.एन. मिश्रा की भ्रष्टता और लालच का हाथ है लगभग उतना ही सिद्धहस्त लेखक उदय प्रकाश के कहानी को गढ़ने के कौशल का। अगर मैं यह कह दूँ कि लेखक ने डॉ. डी.एन. मिश्रा की भ्रष्टता और लालच को सिद्ध करने और एक घटनात्मक परिणति तक पहुँचाने के लिए कहानी में इस सम्भावनाशील चरित्र की अकाल मृत्यु करा दी तो कोई ग़लत बात न होगी। यह सृजनात्मक कल्पना-क्षमता का एक कहानी में मनगढ़ंत दुरुपयोग है जिसकी आशंका इस तरह की इतनी लम्बी कहानियों में बनी रहती है। थुकरा महाराज की यह मृत्यु कहानी में उनके चरित्र-विकास की प्रक्रिया से मेल नहीं खाती। जैसा कि मैंने ऊपर कहा, डॉ. वाकणकर को थुकरा महाराज से पर्याप्त सहानुभूति है। डॉ. वाकणकर हरवंश पंडित के सहज ब्राह्मणवादी संस्कारों और इनके तहत उनके नस्लवादी पुनरुत्थानमूलक हैं। स्वप्नाग्रहों के बावजूद उनके प्रति सहानुभूतिशील हैं। इस सहानुभूति के मूल में केवल यह बात नहीं है कि डॉ. वाकणकर एक मूलतः मानवतावादी व्यक्ति हैं। उनका यह मानवतावाद काफ़ी विवेक सम्पन्न और पूर्वग्रह-मुक्त है। अपने इसी मानवतावाद के तहत ब्राह्मणवादी और नस्लवादी झुकाववाले थुकरा महाराज के इस ब्राह्मणवादी/नस्लवादी झुकाव पर भी होनी चाहिए क्योंकि वही डॉक्टर वाकणकर जो हर प्रकार के नस्लवाद के विरोधी हैं; एक नस्लवादी संगठन में रहते हुए भी इस प्रकार के सिद्धान्त जिन्हें 'कुछ-कुछ आसुरी और राक्षसी सिद्धान्त' (पृ. 100) लगते हैं और जिन्हें उनका अन्तर्मन कभी स्वीकार न कर पाता था; थुकरा महाराज की हत्या के इस प्रकरण के अन्त में अपनी डायरी में लिखते हैं, "यह सवाल बार-बार मेरे सामने आ खड़ा होता है कि अगर भविष्य में कभी हिन्दू राष्ट्र बना तो वह किस हिन्दू का राष्ट्र होगा? डॉ. डी.एन. मिश्रा का? या थुकरा महाराज का?" (पृ. 109)। डॉ. वाकणकर के इस डायरी-अंश पर हम विचार करें उससे पहले हमें थुकरा महाराज के प्रति डॉ. वाकणकर के इन आधारभूत विचारों पर भी ग़ौर कर लेना चाहिए कि "हरवंश पंडित जैसे निश्छल, ग़रीब और भावुक कार्यकर्ता को पाकर उनका उत्साह संघ की गतिविधियों में और बढ़ गया था।" (पृ. 98-99) तथा "थुकरा महाराज राष्ट्रीय स्वयंसेवक संघ के एक निष्ठावान ग्रामीण कार्यकर्ता थे..." (पृ. 105-106)। इस वास्तविक आत्मीयता का ही परिणाम था कि

"हरवंश पंडित की मृत्यु से डॉक्टर वाकणकर इतने खिन्न, दुखी और तनाव में थे कि उन्होंने इस पत्र को एक लिफ़ाफ़े में बन्द करके एक हफ़्ते की छुट्टी का एक अप्लीकेशन भी लिख डाला और दोनों चीज़ें सिस्टर पोन्नम्मा को थमाकर अपने फ़्लैट में लौट आए।" (पृ. 107)। थुकरा महाराज की मृत्यु नहीं बल्कि हत्या का दोषी उन्होंने डॉ. डी.एन. मिश्रा को माना और जिस पत्र का ज़िक्र यहाँ आया उसमें उन्होंने यहाँ तक लिख दिया कि "आप अपनी करतूतों से बाज आइए वरना आप सोच भी नहीं सकते कि मैं किस हद तक जा सकता हूँ।" (वही)। यानी थुकरा महाराज का जाना डॉ. वाकणकर के लिए राज्य के भ्रष्ट और क्रूर चिकित्सातंत्र का अपराध तो था ही; हालाँकि वे स्वयं इसमें शामिल नहीं थे; यह उनकी नितान्त व्यक्तिगत क्षति भी थी। और जैसा कि हम जानते हैं; डॉ. वाकणकर के लिए ये दोनों ही स्थितियाँ एक ही सिक्के के दो पहलू हैं और वह सिक्का है—'नियम और नैतिकता' (पृ. 94) जिसके पालन में उन्होंने ख़ुद को सपरिवार खपा दिया। 'संघ के प्रति हमेशा ईमानदार प्रतिबद्ध और निष्ठावान' (वही) रहने का अर्थ भी उनके लिए यही था।'

संघ उनके लिए कोई निजी प्रतिष्ठान या व्यावसायिक उपक्रम नहीं था, कोई रीति-रिवाज नहीं था, कोई औपचारिकता नहीं थी; जिसे सबके सामने मंच पर निभा दिया और मंच से नीचे उतरते ही अपनी व्यक्तिगतता में आ गए। जैसे कि धर्म और ईश्वर उनके लिए कोई औपचारिकता नहीं थे! वे डॉ. डी.एन. मिश्रा जैसे लोगों गें नहीं थे जो 'कई बार सपरिवार स्थानीय मन्दिर में पूजा-चढ़ावा करते और प्रसाद-चरणामृत लेते' देखे जाते थे (पृ.106)। किन्तु अपने आचरण में जो 'मनुष्यों के जीवन के साथ मौत का दानवी खेल' खेलते रहने से बाज नहीं आते थे (वही), डॉ. वाकणकर का डॉ. डी.एन. मिश्रा, 'स्थानीय नेताओं, व्यापारियों, तहसीलदार तथा थानेदार समेत अन्य सरकारी अफ़सरों' की तरह कोई अलग समाज और इसकी अपनी अलग संहिताएँ नहीं थीं, जिन्हें भारतीय प्रशासन ने अपने लम्बे इतिहास से अर्जित किया था।' (पृ. 105)। निश्चय ही इस समाज के बहुत-से लोग संघ से भी जुड़े रहे होंगे; जैसे कि कोतमा में आगे चलकर इस तरह के कई लोगों से उनका सामना होता है। कोतमा के अपने जीवन के घनघोर—एक तरह से अन्तिम—आपत्तिकाल में भी डॉ. वाकणकर के लिए नियम और नैतिकता ही सर्वोपरि थे यहाँ तक कि संघ से भी ऊपर और पहले; जैसा कि हम यहाँ उनके विधानपुर-काल में देखते हैं। इसलिए निष्कर्ष यह निकलता है कि डॉ. वाकणकर की निगाह में सिद्धान्त और व्यवहार दो भिन्न स्थितियाँ नहीं हैं, वे पानी और लहर या कि शब्द और उसके अर्थ की तरह अभिन्न और एक हैं। इस लिहाज से थुकरा महाराज की मौत उनके लिए जैसा एक उज्ज्वल सम्भावनाशीलता की ही मौत थी। वे थुकरा महाराज की निश्छलता, ग़रीबी, भावुकता, संघ के प्रति ग्रामीण निष्ठा इत्यादि पर फिदा थे तो दरअसल इसलिए कि उन्हें उम्मीद थी कि थुकरा महाराज एक न एक दिन संघ का कार्यकर्ता बने रहने के बावजूद अपने ब्राह्मणवादी/नस्लवादी संस्कारों से मुक्ति पाकर उस रास्ते पर चल निकलेंगे जिस पर वे ख़ुद चलते आ रहे हैं और जिसे ही वह सबसे उपयुक्त और मानवीय रास्ता समझते हैं। यह रास्ता चाहे संघ के फासीवादी रवैये से मेल न खाता हो और उसकी ख़िलाफ़त करता हो; लेकिन संघ

से जुड़े होते हुए भी उन्हें सिर्फ़ इसी रास्ते पर चलना है चाहे आगे चलकर वे दूध में से मक्खी की तरह निचोड़कर बाहर निकाल दिए जाएँ!

डॉ. वाकणकर नियम और नैतिकता की कसौटी पर संघ की गतिविधियों को भी निरन्तर कसते चलते हैं और दरअसल यही वह 'प्लॉट' की तलाश है जिसमें उदय प्रकाश इस कहानी में अपनी समूची प्रतिभा के साथ लगे हैं। उदय प्रकाश यहाँ राष्ट्रीय स्वयंसेवक संघ की महिमा का आख्यान करने में नहीं लगे थे; जैसा कि बहुत सारे लोगों ने उन पर आरोप मढ़ा था, बल्कि डॉ. वाकणकर के मार्फ़त इस तथाकथित सांस्कृतिक और ग़ैर-राजनीतिक महासंगठन को, इसकी घोषित विचारधारा/सैद्धान्तिकता को, इससे जुड़े लोगों की रोज़मर्रा की सारी की सारी गतिविधियों/आचरण को नियम और नैतिकता की कसौटी पर कस रहे थे। नियम और नैतिकता की इस व्यापक मानवीय और लोकतांत्रिक कसौटी पर यह संगठन और इसके प्रतीक/प्रतिनिधि लोग खरे नहीं उतरे; उतर सकते ही नहीं थे; क्योंकि संगठन की नींव ही गड़बड़ और ग़लत थी; वह फासीवादी और क्रूर और हिंसक थी। अतः अनुचित और अतार्किक थी—यह इस कहानी का निष्कर्ष है। इस निष्कर्ष के लिए डॉ. दिनेश मनोहर वाकणकर के चरित्र में कथानक को खोज कर, कहानीकार ने एक अत्यन्त मुकम्मल और सार्थक संरचना कहानी के रूप में दी है।

थुकरा महाराज का चारित्रिक विकास अपनी अपेक्षित दिशा में नहीं हो पाता; यह इस कहानी की पहली बड़ी तकनीकी कमज़ोरी है। हालाँकि इस कमी की भरपाई डॉ. डी.एन. मिश्रा प्रकरण द्वारा करने की कोशिश की गई है फिर भी यह एक सदमा है जो पाठक को लगता है। हालाँकि डॉ. डी.एन. मिश्रा जैसे बड़ी संख्या में आज हर तरफ़ पाए जाते हैं और थुकरा महाराज जैसे हादसे एक सामान्य-सी बात है। फिर भी कहानी में पाठक को यह लगातार खटकती रहती है। हाँ, इतना ज़रूर है कि इस मौत या कि हत्या ने डॉ. वाकणकर की ज़िन्दगी को और प्रकारान्तर से कहानी को—दरअसल कहानी के पाठ को—और ज़्यादा प्रार्थनीय और शोकाकुल बना दिया है; जैसा कि इसे निरन्तर सघन से सघनतर ऐसा कराते जाना कहानीकार का लक्ष्य था। उदय प्रकाश अपने इस लक्ष्य में पर्याप्त सफल रहे हैं। हालाँकि कई बार पाठक को परे खिसकाकर!

उदय प्रकाश इस कहानी को 'एक प्रदीर्घ प्रार्थना' और 'करुणा भरा शोकगीत' मानते हैं। पर कहानी की ज़बरदस्त सृजन-क्षमता है कि अपनी अभिव्यक्ति और प्रभविष्णुता में यह अपने लेखक को ही उलाँघ जाती है। मेरी दृष्टि में यह किसी भी रचना और उसके रचयिता की सबसे बड़ी उपलब्धि है। कहानी में राजनीति, राजनीतिक दल, पुलिस, प्रशासन तंत्र के बारे में महत्त्वपूर्ण प्रश्न उठाए गए हैं। जहाँ तक राष्ट्रीय स्वयंसेवक का सम्बन्ध है तो कथानायक वाकणकर चूँकि इससे नाभिनालबद्ध हैं अतः कहानी में इसका केन्द्रीय रूप में उभर आना स्वाभाविक था। कहानी भी केवल राष्ट्रीय स्वयंसेवक संघ का आख्यान नहीं है लेकिन अगर इस सन्दर्भ को निकाल दिया जाए तो हिन्दी में आजकल लिखी जा रही बहुत सारी कहानियों की तरह यह कहानी भी एक 'साँप निकल गया, लकीर पीटते रहो...' की लेखकीय कवायद भर रह जाएगी। इस कहानी में राष्ट्रीय स्वयंसेवक संघ का यह एकदम समकालीन सन्दर्भ ही है; जो

इसे यथार्थ से एकदम सीधे टकरानेवाली हिन्दी की कुछ उँगलियों पर गिनी जानेवाली कहानियों की श्रेणी में ले आता है। कहानी-आलोचना सम्बन्धी नई कहानी-कालीन शब्दावली का उपयोग करूँ तो मुझे यह कहते हुए बहुत प्रसन्नता है कि यह कहानी 'बुश-बीटिंग' नहीं करती बल्कि एक श्रेष्ठ 'संकट साम्मुख्य'-बुल-फाइटिंग-का उदाहरण प्रस्तुत करती है। डॉ. वाकणकर के मार्फ़त उदय प्रकाश इस कहानी में हिन्दी-देश में पिछले कुछ दशकों में कहर बरपा देनेवाले इस तथाकथित सांस्कृतिक संगठन—आर. एस. एस.—के नवीनतम प्रारूप का व्यापक आकलन प्रस्तुत करते हैं। डॉ.वाकणकर संघ में प्रशिक्षित और दीक्षित एक निष्ठावान, ईमानदार और आजीवन समर्पित कार्यकर्ता हैं लेकिन विभिन्न विचार और ज्ञान-धाराओं और अनुशासनों की दुनिया-भर की पुस्तकें और ताज़ा पत्र-पत्रिकाएँ पढ़-पढ़कर और इससे भी ज़्यादा अपने नियुक्ति-क्षेत्र के आम जनजीवन से गहरे आत्मीय स्तर पर जुड़-जुड़कर उन्होंने अपने व्यक्तित्व को एक ऐसा रूप दे डाला है कि संघ की चादर उनके लिए छोटी पड़ती चली जाती है। उदय प्रकाश ने अपनी इस चरित्र-सृष्टि द्वारा जैसे संघ को, उसके कूढ़मगज कार्यकर्ताओं को और यहाँ तक कि उच्च-पदाधिकारियों को भी; एक ऐसा आदमकद शीशा दिखा दिया है जिसमें उनका सारा कूबड़ चेहरे पर चढ़ा सारा मुलम्मा, नाखूनों पर चढ़े दस्ताने, आँखों में लगा सुरमा और छाती में छिपा बलगम साफ़-साफ़ नज़र आता दिखाई देता है। यह बिलकुल वैसा ही कथा-शिल्प है जैसा कुछ जादुई और रहस्यमय कथाओं में कथानायक के पास एक विचित्र उपकरण होता है जिसे धारण करते ही वह स्वयं तो अदृश्य हो जाता और रहता है, वह किसी को दिखाई नहीं देता लेकिन वह स्वयं सबको पूर्ववत् देखता रहता है, और इस तरह किसी की पकड़ में नहीं आता और इसका लाभ उठाते हुए दुष्टों और दुश्मनों को भरपूर मज़ा चखाता चलता है। उदय प्रकाश इस कहानी में लगभग ऐसा ही करते हैं। वे बाहर से नहीं अन्दर जाकर आततायी को ललकारते हैं। इसीलिए यह कहानी एक प्रदीर्घ प्रार्थना नहीं, एक निरन्तर सघन के सघनतर होता प्रतिरोध है। डॉ. वाकणकर की पीड़ा और उनके अन्तर्द्वंद्व इसे किसी करुणा-भरे शोकगीत में नहीं; किसी नियम और नैतिकता से भरे आन्दोलनकारी/क्रान्तिकारी गीत में बदलते हैं।

संघ के विषय में, उसके नीति-निर्देशक सिद्धान्तों, उसके बदलते नवीनतम स्वरूप, उसके सरसंघ चालक और दूसरे अधिकारियों/कार्यकर्ताओं की ताज़ा गतिविधियों के विषय में डॉ. वाकणकर निरन्तर चिन्तनरत रहते हैं। उनके ये विचार; जिन्हें सामने लाते हुए वे घनघोर पीड़ा और संत्रास से गुज़रते हैं; उनकी डायरियों की टिप्पणियों में दर्ज होते चलते हैं। संघ के किसी भी पेशेवर कट्टर कार्यकर्ता को पिनकाने के लिए ये टिप्पणियाँ काफ़ी हैं। ये टिप्पणियाँ उस तिलस्म को झटके से तोड़ती चलती हैं जिसे इतनी लम्बी यात्रा में संघ ने अपने चौतरफ़ा बड़ी मेहनत से खड़ा किया है। कोई भी तर्कशील व्यक्ति इसी तरह के आत्मसाक्षात्कार से गुज़रेगा। डॉ. वाकणकर संघ में रहते हुए ही उसके तिलिस्म को छिन्न-भिन्न करते है; यह विशेष उल्लेखनीय है।

यदि क्रम से देखा जाए तो सबसे पहले वे संघ के इस मूलभूत/केन्द्रीय विचार-चिन्तन को ही निरस्त करते हैं कि हिन्दू राष्ट्र के अन्तिम लक्ष्य तक पहुँचने के लिए

हिंसा और क्रूरता के माध्यम को अपनाया जाना सर्वथा उचित है। महात्मा गांधी की हत्या चूँकि इसी लक्ष्य का एक पड़ाव माना गया अतः वे इसे भी अनुचित और जघन्य मानते हैं। हिन्दू राष्ट्रवाद का विचार मूलतः एक नस्लवादी विचार है और इसके मूल में फासीवाद है अतः डॉ. वाकणकर इसे भी सिरे से रद्द कर देते हैं। यह ठीक है कि 'हिन्दू' एक धर्म-मात्र नहीं है; वह एक समग्र जीवन-पद्धति और शैली है जिसके मूल में विश्वबन्धुत्व, सर्वमानवतावाद, करुणा, अहिंसा, अस्तेय, सहअस्तित्व, परदुःखकातरता, आत्म-परिष्कार, आचरण/कर्म की, साधन की शुद्धता इत्यादि-इत्यादि न जाने कितनी ही उदात्तताएँ अनुस्यूत हैं। डॉ. वाकणकर देखते हैं कि संघ का तथाकथित हिन्दूवाद हिन्दू जीवन-शैली के ठीक इन्हीं मूल्यों पर सबसे पहले आघात करता है। वे दरअसल हिन्दू ही नहीं किसी भी प्रकार के नस्लवाद को अमानवीय मानते हैं। वे गुरु गोलवलकर द्वारा श्रेष्ठ जर्मन जाति के हित में किए गए हिटलर के कार्यों की प्रशंसा किए जाने को भी उचित नहीं मानते। (पृ. 100)। डॉ. वाकणकर यानी कि प्रकारान्तर से लेखक हिन्दू-जीवन चिन्तन-प्रणाली के तहत ही नस्लवाद/फासीवाद का विरोध करते हैं। डॉ. वाकणकर 'सरवाइवल ऑफ़ फिटेस्ट' जैसे निर्मम और क्रूर सिद्धान्तों को भी ग़लत मानते हैं। नस्लवाद-विरोध सम्बन्धी उनकी अवधारणाएँ आगे चलकर भी डगमगाती नहीं हैं; बल्कि निरन्तर पुष्ट और पुख्ता होती हैं। अपनी इसी चिन्तन-प्रणाली के तहत आगे वे निष्कर्ष देते हैं, "मुझे लगता है, फासीवादी या कोई दूसरा ऐसा सर्वसत्तावादी या नस्ली सिद्धान्त, ईश्वर के विरुद्ध शैतान की साज़िश है।" (वही)।

सम्प्रदायवादी ध्रुवीकरण किसी भी नस्लवादी संगठन का प्रमुख एजेंडा होता है। राष्ट्रीय स्वयंसेवक संघ के एजेंडे में भी यह कार्यक्रम रहा है और है और इसी के आधार पर उसका सांस्कृतिक राष्ट्रवाद टिका है। दरअसल यह एक तथ्य है कि किसी समाज का साम्प्रदायिक ध्रुवीकरण न तो पूरी तरह सम्भव है और न ही यह स्वाभाविक है। सामाजिक हित तो ख़ैर इससे कोई होता ही नहीं है। हाँ, एक जलजला ज़रूर इससे पैदा होता है; एक अमानवीय जुनून; जिसमें मनुष्य की तब तक की सारी उपलब्धियाँ, जीवन-मूल्य, आचार-संहिताएँ इत्यादि सब स्वाहा हो जाती हैं। शेष बचता है, केवल एक तानाशाह और उसका नस्लवादी अहंकार। लेकिन यह अहंकार और इसका प्रतीक तानाशाह भी वहाँ बचता है! इसे दुनिया में कहीं जगंह नहीं मिलती ओर निराश होकर यह ख़ुद अपना भेजा उड़ा लेता है!...यह नस्लवाद का अब तक का आत्महन्या इतिहास है जो थोड़े हेर-फेर के साथ बार-बार लगभग इसी रूप में दुहराया जाता रहा है। इधर उत्तर-आधुनिकता ने इसकी शैलियाँ बदली हैं लेकिन अन्तर्वस्तु लगभग वही है। एक जाति, एक धर्म, एक संस्कृति—जिसे प्रकारान्तर से 'समान नागरिक संहिता' कहा जाता है—की माँग आज भी पूर्ववत् जारी है। उदय प्रकाश की यह कहानी इस सांस्कृतिक राष्ट्रवाद को निरस्त करती है। समाज दरअसल वर्गों और वर्णों में बँटा है और इनके राजनीति एवं सामाजिकार्थिक हित एक-दूसरे से टकराते हैं अतः धार्मिक एकध्रुवीयता अव्यावहारिक है। यथार्थ में ऐसा कभी होता ही नहीं है; हो सकता ही नहीं है। एक ही धर्म और जाति के लोगों में राजनीतिक एवं सामाजिकार्थिक शोषण, अन्याय, अत्याचार, अमानवीयता इत्यादि की स्थितियाँ पाई जाती हैं। ऐसे में धर्म या

सम्प्रदाय के इकलौते झंडे के नीचे सभी लोगों का आ जाना आने की कामना करना एक ख़ामख़याली से ज़्यादा कुछ नहीं है। किसी आवेश या उन्माद के तहत यदि ऐसा होता भी है तो वह ज़्यादा दिन नहीं चल पाता क्योंकि व्यक्तिगत स्वार्थलिप्साएँ ज़्यादा दिन तक स्थगित नहीं रखी जा सकतीं। इस तंत्र में हिन्दू हिन्दू का, मुसलमान मुसलमान का, सिख सिख का गला काटता देखा जा सकता है। डॉ. वाकणकर को इस अन्तर्वर्ती शोषण और हिंसा का अहसास है। वे अपनी डायरी में लिखते हैं—"यह सच है कि हमारे देश में भी हिन्दू किसी और के द्वारा नहीं सबसे ज़्यादा हिन्दुओं के द्वारा ही मारे जा रहे हैं। डॉ. डी.एन. मिश्रा भी हिन्दू थे और हरवंश पंडित भी। जानलेवा नकली दवाइयों के व्यापारी भी हिन्दू हैं। हद यह है कि इनमें से कई हिन्दू राष्ट्र के विचार के समर्थक हैं और संघ की धन आदि से मदद देते रहते हैं।" (वही, पृ. 109) यानी कि इस तंत्र पर पूँजीपतियों, बेईमानों, गुंडों, अपराधियों तथा इसी तरह के शक्ति-सम्पन्न लोगों का वर्चस्व है और ग़रीब, कमज़ोर सीधा-सादा सामान्य जन इनके तले पिसने के लिए मजबूर है। डॉ. वाकणकर और उनकी तरह बहुत सारे लोगों को उम्मीद थी कि कम से कम उनका संगठन—आर. एस. एस.—इस मामले में अपवाद सिद्ध होगा लेकिन इस संगठन का इधर जो एकदम नया ही चरित्र विकसित हुआ है; उससे इस तरह की कोई उम्मीद किया जाना ख़ुद को बहलाना ही सिद्ध होगा। अच्छा हुआ थुकरा महाराज जल्दी स्वर्ग सिधार गए अन्यथा न जाने उस समय उन पर क्या बीतती जब वे देखते कि उनके सामने जो हिन्दू राष्ट्र आनेवाला है वह उनके अपने सपनों का हिन्दू राष्ट्र नहीं है बल्कि उनके हत्यारे डॉ. डी.एन. मिश्रा का हिन्दू राष्ट्र है!

इस कहानी में निबद्ध राष्ट्रीय स्वयंसेवक संघ के इतिवृत्त को यदि आधार बनाया जाए तो इस संगठन के वास्तविक इतिहास को दो कालों में बाँट सकते हैं। एक काल है—सत्ता-प्राप्ति-पूर्व का काल और दूसरा है सत्ता-प्राप्ति पश्चात् का काल। एक बीच का काल भी हो सकता है—संक्रमण-काल; लेकिन उसे आधा-आधा इन दोनों कालों में समाहित किया जाकर भी काम चलाया जा सकता है। डॉ. वाकणकर संघ के इन दोनों कालों के चश्मदीद गवाह हैं बल्कि एक तरह से संघ को, संघ से जुड़े लोगों को उन्होंने अपनी छाती पर झेला है और जर्जर हुए हैं। डॉ. वाकणकर की दृष्टि में संघ न केवल अपने सैद्धान्तिक-वैचारिक परिप्रेक्ष्य में बल्कि आगे चलकर अपने विस्तार के समय अपनी गतिविधियों और कार्य शैलियों में घनघोर रूप से निराश कर देनेवाला परिदृश्य उपस्थित करता है। डॉ. वाकणकर संघ के प्रति इसके कथित उच्चस्तरीय और उदात्त संकल्पों और लक्ष्यों को लेकर आकर्षित हुए थे। उनका मराठा जाति से जुड़ा होना हालाँकि इस आकर्षण के मूल में था और वीर सावरकर, तिलक, गोलवलकर तथा हेडगेवार के विचारों ने इसीलिए उन्हें सबसे ज़्यादा प्रभावित किया था किन्तु धीरे-धीरे उन्हें लगता है कि यहाँ बहुत सारी गड़बड़ है।

एक तरह से उदय प्रकाश की यह कहानी आज से लगभग तीन दशक पहले के भारतीय राजनीतिक परिदृश्य का—राष्ट्रीय स्वयंसेवक संघ के विशेष सन्दर्भ में—एक गम्भीर रचनात्मक आकलन प्रस्तुत करती है। कहानी में घटनाएँ और उनका आलोचनात्मक आख्यान दोनों एक साथ हैं। यह कहानी अपने रचना-समय की संरचना

और मीमांसा दोनों एक साथ है, अतः आलोचना को इस पर ज़्यादा कुछ कहने को शेष नहीं बचता। लेखक स्वयं विवेचक की भूमिका में आकर कथावस्तु को साफ़ करता चलता है। डॉ. वाकणकर का इस तरह वह बहुविध उपयोग करता है। डॉ. वाकणकर एक—'साइलेंट' कथानायक नहीं हैं; जैसे कि हिन्दी की ढेरों कहानियों में देखा जाता है बल्कि वे सारे घटनाक्रम के एक तरह से सूत्रधार या कि आख्यायक हैं। इस कहानी की संरचना का स्वरूप औपन्यासिक है—एक लम्बा कालखंड अपने बहुसन्दर्भी आयामों के साथ यहाँ संघटित हुआ है।

डॉ. वाकणकर अपने सम्पूर्ण व्यक्तित्व में—निजी और सार्वजनिक दोनों स्तरों पर—अपने सोच और कार्यकलापों में एक अखंडित व्यक्ति हैं, व्यथित, पीड़ित और संत्रस्त चाहे कितने हों लेकिन एक अप्रतिहत आत्म-चेतना और अदम्य इच्छा शक्ति वाले व्यक्ति हैं—कुछ-कुछ ऐसे कि 'वह रहा एक मन और राम का जो न थका'। दरअसल उनकी यही आन्तरिक ऊर्जा और सन्दृष्टि है कि वे न केवल अपने संगठन की तर्कसंगत अभिव्याख्या कर पाते हैं बल्कि शेष राजनीति की भी स्पष्ट पहचान उन्हें हो आती है। संघ पर केन्द्रित होते हुए भी वे अपने पूरे समय को लक्ष्य करके चलते हैं। एक घनघोर आश्चर्य की बात होते हुए भी यह क़तई विचित्र नहीं लगता कि डॉ. वाकणकर की जीवन-दृष्टि; राजनीति, समाज, धर्म, अर्थ-व्यवस्था, भारतीय जनजीवन जिसमें आदिवासी जीवन भी शामिल है—इत्यादि की उनकी समझ अधिकांशतः तर्कसम्मत है। ये तर्क दरअसल इस देश के बहुसंख्यक या कि वृहत्तर जन-समुदाय की वास्तविक दैनन्दिन पीड़ाओं, अभावों, आकांक्षाओं, सपनों और धारणाओं से जुड़े हैं अतः कथावस्तु का सारा सन्दर्भ ही एक भिन्न प्रतिच्छवि देता चलता है। इस कहानी में लेखक ने स्वयं औसत वामपंथ के प्रति क्रिटिकल होते हुए भी अपने रचना-प्रवाह के स्वाभाविक क्रम में दक्षिणपंथ के उगते सूर्य में वामपंथी ग्रहण लगा दिया है।

कहानी में डॉ. वाकणकर जिस 'उलझन और दुविधा' में शिकार हैं वह दरअसल सिद्धान्त और व्यवहार और उसकी कार्य प्रणाली के द्वैत और दोगलेपन के कारण ही है। "जवाहरलाल जी के न रह जाने और स्वतंत्र पार्टी के ख़त्म हो जाने से भारतीय राजनीति के धरातल पर जो शून्य पैदा हुआ है, उसे भरने के लिए जो चक्रवात देश की राजनीति में पैदा होगा, उसमें सबसे प्रचंड और सर्वव्यापी बवंडर हिन्दूवादी राजनीति का होगा। सत्ता में जनसंघ होगा और तब तक दबाए-सताए गए हिन्दुओं का स्वाभिमान पुनर्स्थापित होगा।" (पृ. 98)। इस कथन से स्पष्ट होता है कि हिन्दूवादी राजनीति शून्य का लाभ उठाने की जुगाड़ में रहती है और रही है। उनका यह आकलन समय की कसौटी पर खरा उतर रहा है, "डॉक्टर वाकणकर को कई बार सन्देह होने लगता कि क्या सचमुच राष्ट्रीय स्वयंसेवक संघ का निर्माण देश-भर में हिन्दू धर्म के मतावलम्बियों के भीतर किसी सामुदायिक क़िस्म की कौटुंबिक भावना पैदा करने, उनमें नई जागृति लाने, अपनी रूढ़ियों को त्यागने तथा वेदों, उपनिषदों, पुराणों में वर्णित धर्म के मूल स्वरूप को अंगीकार करने की प्रवृत्ति पैदा करने के लिए हुआ है, या इसका कोई दूसरा मकसद है, जिसे यह बख़ूबी पूरा कर रहा है। इस बात को सर संघचालक और दूसरे अधिकारी जानते हैं, इसलिए वे इतने में ही सन्तुष्ट हैं।" (पृ. 138)। डॉ. वाकणकर का

यह सन्देह आज का नहीं काफ़ी पहले का है। यह उनका कोतमा कार्यकाल का चिन्तन है। इससे कई साल पहले विधानपुर में रहते हुए ही उनका यह सन्देह पैदा हो गया था। कोतमा का कार्यकाल तो असल में राज्य में संघ-समर्थित राजनीतिक दल का सत्ता में आ जाने का काल है जिसमें कि अपने इस कथित 'एक दूरगामी लक्ष्य और आदर्श को लेकर चलनेवाले संगठन' (पृ. 145) के प्रति उनका लगभग सम्पूर्ण मोहभंग होता उन्हें प्रतीत होता है, यह मोहभंग किस तरह से उनके निजी जीवन पर भारी पड़ा यह पीछे हमने देखा। इस मोहभंग की प्रक्रिया काफ़ी पहले से शुरू हो चुकी है। विधानपुर कार्यकाल में उन्होंने अपनी डायरी में लिखा था, "मेरे मन में सन्देह उठता है कि संघ का कार्यकलाप हिन्दू समाज के पुनर्जागरण और पुनर्गठन के लिए नहीं, सत्ता पर इस संगठन और इसके समर्थक राजनीतिक दलों को बिठाने के लक्ष्य को लेकर चल रहा है।" (पृ. 111) यह लक्ष्य पूरा हुआ तो राज्य स्तर पर संघ-कार्यकर्ताओं का यह नया संस्करण समुपस्थित हुआ, लेकिन जैसा कि मैंने पहले कहा, इस नये संस्करण की मुद्रण-प्रक्रिया लगभग उसी समय से चालू हो गई थी जब से संघ ने यह महसूस किया कि जब 'सत्ता में जनसंघ आएगा'। ऐतिहासिक तौर पर यह नेहरू के चले जाने और स्वतंत्र पार्टी के ख़त्म हो जाने के समय की बात है। यहाँ से इस संगठन ने एक नई करवट ली। इस नई करवट में संघ को यह विचार त्यागना पड़ा कि हिन्दू राष्ट्र के समर्थक और संघ को धन आदि से मदद देनेवाले लोग वास्तव में नियम और नैतिकता दोनों के ख़िलाफ़ तो नहीं हैं!...डॉ. डी.एन. मिश्रा, डॉ. सुरेश गुप्त जैसे लोग जब से इससे जुड़ने लगे! नियम और नैतिकता को अपने सिद्धान्त-कोश से निकाल बाहर करने के बाद इस संगठन की भी स्थिति वही तो नहीं होनी थी, जो इससे पहले कांग्रेसियों और कम्युनिस्टों की हो चुकी थी। सत्ता तक पहुँचते ही भ्रष्ट और जनविरोधी हो जाना। (पृ. 145)

डॉ. वाकणकर के सम्पूर्ण मोहभंग का एक कारण यह भी था कि अब उन्हें उम्मीद नहीं रह गई थी कि अब तक के राजनीतिक दलों और संगठनों ने देश में जो एक भ्रष्ट और जनविरोधी—एकदम संवेदनहीन—राज्य-तंत्र या व्यवस्था बना दी है; उसका कोई ईमानदार और जनापेक्षी-सधन संवेदनशील-विकल्प उनके अपने संगठन और उससे समर्थित राजनीतिक दल के पास है! स्वयं डॉक्टर वाकणकर कम से कम व्यक्तिगत स्तर पर; अपने पेशे की मर्यादाओं के तहत; ऐसा एक उदाहरण प्रस्तुत करते हैं; करना चाहते हैं कि उन्हें एक अन्तहीन आत्मनिर्वासन यहाँ तक कि आत्मक्षय के अँधेरों में धकेलते चले जाने के उपक्रम किए जाने लगते हैं! डॉ. वाकणकर देखते हैं कि संघ का पुराना कार्यकर्ता टी. पी. सिंह जो अब सरकार में विधि मंत्री हैं, संघ-प्रमुख हीरालाल अग्रवाल तथा और बहुत सारे पुराने लोग उसी पुराने भ्रष्ट और जनविरोधी तंत्र का हिस्सा हो चले हैं बल्कि पिछली पार्टियों और संगठनों के लोगों से भी ज़्यादा रहे थे और जिसके चलते आम जनता उसके साथ गोलबन्द हुई थी। सत्तासीन होते ही यह विरोध-भाव और आम जनता इनके ध्यान से उतर गई। इन्हें जो ध्यान रहा वह सिर्फ़ यह कि राज्य की सत्ता और तंत्र में ज़्यादा से ज़्यादा हस्तक्षेप और हिस्सा उन्हें कैसे मिले, "इन दिनों हर सदस्य की कोशिश रहती कि शासकीय योजनाओं से होनेवाले लाभ ज़्यादा से ज़्यादा उसके हिस्से में आ जाएँ।...

साइकिल में चलनेवाले भाई जी स्कूटर पर और स्कूटर पर चलनेवाले कार या जीप में चलने लगे थे।" (पृ. 144-45)। डॉ. वाकणकर जैसे लोग इस 'संघ के प्रति निष्ठा के कारण' उठाई गई घनघोर 'परेशानियों' का प्रतिदान पाने के 'वक़्त' को आया हुआ नहीं पहचान पाए और अलग-थलग पड़ते चले गए तो इसमें संघ का क्या कसूर!... संघ अब जबकि सत्ता के निरंकुश घोड़े पर सवार हो चुका था तो उसे यह कहाँ होश कि डॉ. वाकणकर के रूप में वह अपने ही अब तक के अतीत और इतिहास को रौंदता आगे बढ़ता चला जाता है!

इस कहानी का एक और बेहद ख़ूबसूरत हिस्सा वह है जहाँ प्रधानमंत्री ढींगर गाँव की यात्रा पर आते हैं। कहानी का यह लगभग एक-तिहाई हिस्सा कहानी के मूल विषय सन्दर्भ से वैसे ही जुड़ता है जैसे किसी नाटक में पताका-प्रकरी होते हैं। कहानी की मूल विषयवस्तु से इसका जो विशेष सम्बन्ध है उसके अलावा इसका विशेष महत्त्व यह है कि इस कथांश में लेखक की राष्ट्रीय चिन्ताएँ साफ़-साफ़ उजागर हुई हैं। इस कहानी के छापते समय जिन लोगों ने आर. एस. एसी. होने का आरोप उन पर लगाया उनका ध्यान इस अंश पर शायद नहीं गया या इस पर उन्होंने ग़ौर नहीं किया। इस अंश की एक और विशेषता यह है कि एक लम्बी कथा-वस्तु का हिस्सा होते हुए भी थोड़े से कथात्मक परिवर्तन से इसे एक अलग कथा-रचना का रूप दिया जा सकता है। भारत जैसे एक महान् और दुनिया में विशालतम गणतंत्र का प्रधानमंत्री इतना निरीह और कमज़ोर हो सकता है; यह हिन्दी-कहानी में सम्भवतः पहली बार हम देखते हैं। उदय प्रकाश पर संघी होने का आरोप लगानेवाले लोग आसानी से कह सकते हैं कि चूँकि यह ग़ैर-हिन्दूवादी पार्टी का प्रधानमंत्री है इसलिए उन्होंने उसे इस तरह दिखाया है। लेकिन कहानी का टोन और इसके लेखक का विज़न कुछ ऐसा है कि यदि यह हिन्दूवादी प्रधानमंत्री होता तो भी उसकी निरीहता और कमज़ोरियाँ लगभग ऐसी ही होतीं; बल्कि इससे कुछ ज़्यादा ही होतीं। प्रधानमंत्री की इस यात्रा के दरम्यान कहानी में आए सभी ब्यौरों को पढ़ते हुए, देखे तो यहाँ डॉ. वाकणकर का नस्लवाद वर्गवाद में रूपान्तरित होता प्रतीत होता है। यह फ़ैंटेसी नहीं; एक अभिधा है जब वे इस आदिवासी इलाक़े के इस छद्म विकास पर इस तरह सोचते हैं, "क्या इस तथाकथित औद्योगीकरण और विकास की कोई नस्लवादी परिभाषा नहीं हो सकती? ऐसे विकास से कौन सी नस्लें मिटती हैं और किन नस्लों का इज़ाफ़ा होता है?" (पृ. 127)। दूसरी नस्लों की अन्तहीन ग़ुलामी में हमेशा के लिए इन लोगों को झोंक देने का सन्दर्भ पहले हमने देखा, यहाँ हम देखते हैं कि प्रधानमंत्री की प्रतिबद्धता दरअसल इन दूसरी नस्लों-वर्गों के साथ है; वे वर्ग; जो इस यात्रा में भी उन्हें घेरे हैं। डॉ. वाकणकर का दक्षिणपंथ से यह निरन्तर वामपंथीकरण कहानी की सहज कथा-विकास-प्रणाली और लेखक की एकाग्रता का नतीजा है। दरअसल मैंने इसी सन्दर्भ में यह कहा था कि यह कहानी एक विशाल दक्षिणपंथ में एक सूक्ष्म वामपंथी दख़ल है।

अन्त में, एक बात और! और शायद यह सबसे ज़रूरी बात है। यह उदय प्रकाश की इधर विकसित कहानी-कला का उल्लेखनीय पक्ष भी है। उदय प्रकाश का यह रुख़ '...और अन्त में प्रार्थना' में संकलित 'थर्ड डिग्री' में भी दिखाई देता है कि उनकी इस

कहानी का जो पात्र है या नायक है, जो घटना यहाँ घटित हो रही है, वह कहानी के बाहर की चीज़ है। 'थर्ड डिग्री' कहानी में उन्होंने दो तरह के पाठों का ज़िक्र किया है। एक पदार्थ का मूल पाठ जो बाह्य जगत में दिखाई देता है और दूसरा कहानी का मूल पाठ जो हालाँकि होता तो बाह्य जगत के पदार्थ के पाठ का ही रूपान्तर है लेकिन यह रूपान्तर दरअसल पदार्थ के मूलपाठ के भीतर घटनेवाली घटनाओं की भाषा के भीतर और उसी के माध्यम से दुबारा घटित होना है जिसकी एक विहित प्रक्रिया होती है। "इस प्रक्रिया की कुछ रूढ़ियाँ हैं और कुछ नियम हैं। इसीलिए न चाहते हुए भी कई-कई समझौते करने पड़ते हैं।" (वही, पृ. 67)। ये समझौते बहुविध हैं और इनके कारण कहानी कुछ से कुछ हो जाती है। उदय प्रकाश लिखते हैं, "नतीजा कि न चाहते हुए भी कहानी का एक ऐसा मूल पाठ निर्मित होता है जो घटना के मूल पाठ के साथ न्याय नहीं कर पाता और सारा प्रयत्न एक चालू चलताऊ कहानी लिख डालने की परिणति में विसर्जित हो जाता है।" (वही)। उदय प्रकाश 'एक चालू चलताऊ कहानी' और इसे लिखनेवालों की पहचान भी करते हैं, जो स्वनामधन्य प्रेमचन्द की परम्परा में गिनाए जाते हैं। इस बहाने वे समकालीन कहानी की भेड़चाल दशा का उल्लेख भी करते हैं। उदय प्रकाश कम से कम अपने लिए एक अलग और नया रास्ता निकालते हैं जिसमें कहानी के पारम्परिक ढाँचे, कथा के मूल पाठ की रूढ़ियों और कथा-भाषा के ठसपन से थोड़ा बचा जा सके, यह नया रास्ता है—पदार्थ के मूल पाठ का ही सृजन। लेकिन यह कोई नग्न यथार्थ या प्रकृतवाद नहीं है; जैसा कि मान लिया जा सकता है बल्कि यह यथार्थ की यथातथ्यता के दबाव का नतीजा है। यथार्थ की यथातथ्यता का तकाजा होता है कि कहानी का मूल पाठ घटना के मूल पाठ के साथ न्याय करें; उसे कहानियों के प्रचलित पाठ की रूढ़ियों और इसके बाद होनेवाली सम्प्रेषणीयता और ग्रहणशीलता की कुछ प्रचलित ग्रंथियों और पूर्वग्रहों से बचाया जा सके; समझौते न करने पड़े। यह सब तभी किया जा सकता है या हो सकता है जब कि आप लोकापवाद साहित्य के प्रचलित, रूढ़ मानदंडों, बनी -बनाई लीक, कहानी के बने-बनाए ढाँचे और सबसे बड़ी बात—अपनी लेखकीय तात्कालिकताओं और मध्यवर्गीय लिप्साओं को उलाँघ सकें। ऐसा किए जाने पर ही पदार्थ के मूल पाठ को कहानी के मूल पाठ में टटकेपन के साथ ढाला जा सकता है। उदय प्रकाश कहानी के प्रारम्भ में ही यह उल्लेख करते हैं कि यह घटना या पात्र कहानी में आने से पहले भी था या थी; यह कहानी नहीं भी होती तो यह घटना या पात्र दुनिया में होता या होती!

जहाँ तक डॉ. वाकणकर का सम्बन्ध है; उदय प्रकाश का यह कथन एकदम सही है कि डॉ. वाकणकर को किसी कहानीकार की कल्पना ने पैदा नहीं किया। यह पात्र उसी तरह वास्तविक है—पदार्थतः या भौतिकतः जीवित है—जैसे हम-आप हैं पता नहीं अब यह व्यक्ति जीवित है या दिवंगत हो गया लेकिन सन् 1992 में जब यह कहानी दो किस्तों में 'हंस' में छपी थी (अगस्त-सितम्बर, 92) तो वहीं कहीं यह प्रकाश में आया था कि उदय प्रकाश ने यह जो कहानी लिखी है उसका पात्र यानी यह चरित्र भौतिक रूप में लगभग मध्य प्रदेश के उन्हीं इलाक़ों में जहाँ यह कहानी घटित होती है—जीवित रहा है। उसमें सम्भवतः यह भी उल्लेख था कि तंत्र और कहानी अपनी

विचारधारा की सरकार के प्रताड़न और आतंक के फलस्वरूप इस व्यक्ति को अन्ततः आत्महत्या करनी पड़ी थी।...उदय प्रकाश ने आत्महत्या का उल्लेख नहीं किया है, उसका संकेत-भर दिया है। उदय प्रकाश ने कहानी के सभी पात्रों को 'काल्पनिक' कहा है। लेकिन यहाँ केवल नाम—डॉ. दिनेश मनोहर वाकणकर—काल्पनिक है। यह पात्र या चरित्र उदय प्रकाश के ही शब्दों में 'पदार्थ का मूल पाठ' है। हम इस तफ़सील में नहीं जाना चाहते हैं कि यहाँ पदार्थ के मूल पाठ और कहानी के मूल पाठ में कहाँ-कहाँ विभेद है और कहानी में कल्पना कितनी है; हम तो सिर्फ़ यह कहना चाहते हैं कि उदय प्रकाश ने यह कहानी लिखकर हिन्दी कहानी के सन्दर्भ में यथार्थवादी रचना-प्रणाली को नये सिरे से परिभाषित किया है। यह कहानी जितना एक नये 'प्लॉट' की खोज के लिए जानी जाएगी; उतनी ही अपनी नई कथा-प्रविधि के लिए भी याद की जाएगी।

नैसर्गिक सुखों से वंचित जीवन

पल्लव

भोजन जीवन की आधारभूत आवश्यकता है और दो जून भोजन के लिए मनुष्य जीवन की तमाम लड़ाइयाँ हैं। आश्चर्य नहीं कि भोजन साहित्य का भी विषय बने। हमारे यहाँ धार्मिक सम्प्रदायों के साहित्य से लगाकर पुराणों और उपनिषदों तक में भोजन सम्बन्धी वर्णन हैं। हिन्दी में आधुनिक काल की पहली महान रचना 'अंधेर नगरी' में भोजन का रोचक वर्णन है तो प्रेमचन्द के यहाँ भोजन सम्बन्धी अनेक प्रसंग बार-बार मिलते हैं। 'कफ़न' जैसी महान कहानी में आए भोजन प्रसंग भला कौन भूल सकता है? स्वातंत्र्योतर भारत में अमरकान्त ने 'दोपहर का भोजन' शीर्षक से कहानी लिखी जिसमें जीवन की कठोर विडम्बना आई है। हरि भटनागर की कहानी 'सेवड़ी रोटियाँ और जले आलू' (संग्रह : नाम में क्या रखा है, 1997 में संकलित) भी भोजन और जीवन की विडम्बना की नई कहानी है। 'दोपहर का भोजन' में जहाँ रोज़गार का संकट जीवन के सबसे बड़े भय के रूप में उपस्थित हुआ है वहीं 'सेवड़ी रोटियाँ और जले आलू' पूँजीवाद की विकृति की अनुपम कहानी है—जहाँ मनुष्य को नैसर्गिक सुखों से भी वंचित किया जा रहा है। कहानी बहुत छोटी-सी है और इसे हरि भटनागर की कथा प्रविधि की प्रतिनिधि कहानी माना जा सकता है—जहाँ वे किसी मामूली जीवन प्रसंग के सहारे जीवन की महान विडम्बनाओं की तरफ़ इशारा करते हैं। इसके लिए हरि भटनागर बहुत निर्धन या निम्नवर्गीय जीवन-परिवेश का चुनाव करते हैं। शायद इसलिए कि जीवन की सबसे अधिक सचाई सबसे अधिक विषमताओं में प्रकट होती हो। कहना न होगा कि जीवन की ये सचाइयाँ और विडम्बनाएँ भौतिक हैं, सीधे दैनन्दिन की।

यहाँ एक ऐसे मज़दूर की कहानी है जो सुबह जल्दी काम पर जाता है और रात गए लौटता है। उसके पास घर के नाम पर एक छोटा सा कमरा है और पत्नी-बच्चे का परिवार। होता यह है कि नगीना सेठ के घर शादी होने से 'बायना' यानी शगुन के तौर पर खाने की थाली इस मज़दूर के यहाँ भी भेज दी गई। थाली में क्या-क्या है—'पूड़ी, कचौड़ी, खस्ता कचौड़ी, चार-पाँच तरह की सब्जियाँ, रायता, बूँदी, काले जाम वग़ैरह-वग़ैरह।' मज़दूर की पत्नी के लिए यह दावत अविस्मरणीय अनुभव है और वह इसे अविस्मरणीय बनाने के लिए हरसम्भव जतन करना चाहती है। उसे एक धुन सवार हो गई। देखिए तो—'जिस धुन के हवाले वह हो गई थी, उसमें बहते हुए उसने एक बार फिर सोचा

कि जब आदमी आएगा तो चौंक जाएगा। साफ़-सुथरा घर और स्वादिष्ट भोजन देखकर तो बौरा जाएगा। यह सोचते-सोचते उसने झाड़ू उठाई और कमरा झाड़ने लग गई।' यह कमरा कैसा है इसे देखना रोचक है। कमरा दस फ़ीट लम्बा, दस फ़ीट चौड़ा और क़रीब-क़रीब आठ फ़ीट ऊँचा था। 'लेकिन उसमें न लम्बाई दिखती थी, न चौड़ाई और न ही ऊँचाई।' कहानीकार ने कमरे का वर्णन इत्मीनान से किया है—"अगड़म-बगड़म चीज़ों ने जगह को लील लिया था। दो खाटें थीं जिनकी बाध झूलती हुई ज़मीन को छू रही थी। खाटों के ऊपर यानी सिर पर रजाई, कथरी, कम्बल लटक रहे थे। खाटों के बाजू से रसोई शुरू होती थी। सैकड़ों डिब्बे-डिबियों साबुत, टूटे-फूटे और जंग खाए का हुजूम शुरू होता था। चूल्हे के आगे राख और कोयले का ढेर था। चूल्हे पर जली-अधजली लकड़ियाँ रखी थीं। खाना बन चुकने के बाद चूल्हे पर लकड़ियाँ इसलिए रख दी जाती थीं कि गीली लकड़ियाँ सूख जाएँ। चूल्हे के सामनेवाले कोने पर मोरी थी जिसमें कीचड़-काई बड़ा-सा मुँह बाए थी। मोरी के मुहाने पर आठ-दस ईंटें जमाई गई थीं जो क़रीब-क़रीब पानी-कीचड़ में आधी डूबी थीं। मोरी के ऊपर टाँड में अल्लम-गल्लम चीज़ें यानी चार-छह चैले, पन्द्रह-बीस कंडे, टूटे छाते, जर्जर रजाइयाँ, ईंटें भरे थे। मोरी से थोड़ा हटकर, खाट के सामनेवाली दीवार पर देवी-देवताओं और फ़िल्मी हीरो-हीरोइनों के कैलेंडरों का रेला था। दीवार कहीं से नज़र नहीं आती थी। लगता था, कैलेंडर की दीवार है। धुएँ और सीलन से कैलेंडरों का असली रंग-रूप दब-मिट-सा रहा था। कैलेंडरों के बीच में एक आला था, तेल से चीकट होता हुआ। आले के कोर पर ही संध थी जिसमें बीसों जली-अधजली अगरबत्तियाँ और उसकी सींकें खुसी थीं। आले में फ्रेम जड़ा शंकर भगवान का चित्र था जिसे आधा कीड़े खा गए थे, आधा जो बचा था उसे पानी के छींटों, अगरबत्तियों के धुओं और चन्दन-रोली के छापों ने ढक लिया था।" यह भारतीय मज़दूर का घर है जो शहर में आ गया है और छोटे से कमरे में गुज़ारा कर रहा है। आगे देखिए—"दरवाज़े पर बच्चे का झूला था जिसकी डोरियाँ गाँठदार थीं।" ये गाँठे गृहस्थी की गाँठे हैं जिनका मूल कारण निर्धनता है। ऐसी निर्धनता जो जीवन के सभी छोटे-बड़े सुखों को निगलती जा रही है।

कहानी में सफ़ाई वाला प्रसंग आगे इस तरह आया है—"वह कमरा झाड़ती जा रही थी और कूड़ा-दर-कूड़ा निकलता जा रहा था। खाट के नीचे कूड़ा, डिब्बे-डिबियों पर कूड़ा, मोरी पर कूड़ा, किवाड़ के नीचे कूड़ा। वह हैरान रह गई कि घर में इतना कूड़ा आख़िर आया कहाँ से? और वास्तव में, घर में जैसे कूड़े के अलावा कुछ था ही नहीं! ओढ़ने-बिछौने, खाट, बर्तन-भाँड़े सब कूड़ा हो रहे थे। कूड़े-करकट को झाड़कर निकाला जा सकता है, इन सामानों को कैसे निकाला जाए? नहीं, इन सामानों को वह नहीं फेंक सकती! वे उसकी गृहस्थी हैं! बीसों साल की जमा पूँजी! उन्हीं ने उसे जिलाए रखा। अब वह उन्हें फेंक क्यों दे? सब सामानों को वह झाड़-पोंछकर जमाने लगी। खाटें उसने बाहर धूप में पटकीं। उन पर बीसों लट्ठ जमाए। खटमलों का बड़ा-सा कुनबा था जो निकाले जाने पर खाट के नीचे मचलता-सा नाराज़गी जतला रहा था। गालियाँ देते हुए उसने सबको पैर के अँगूठे से मसल डाला और खाटों को फिर उन्हीं जगहों पर जमा दिया। रसोई के बर्तन-भाँड़े और डिब्बे-डिबियों को रगड़-रगड़कर साफ़ किया। राख

और कोयले हटाए। मोरी पर झाड़ू फेरी।" वह यहीं नहीं रुकी, यह दावत मुश्किल से कभी-कभार नसीब होनेवाली दावत है भला इसे यादगार क्यों न बनाए। तो आगे—"सिर नवाते-नवाते जिस बात का ख़याल उसे आया, वह था गोबर से घर लीपना। लीप देने से घर का हुलिया बदल जाएगा। यह सोचते ही वह घर से बाहर निकली और पड़ोस से गोबर ले आई और फुर्ती से फ़र्श लीपने लग गई।" यानी घर को चकाचक साफ़ किया। इस परिश्रम के फलस्वरूप उसे भी भूख लग आई। लेकिन वह बहुत ख़ुश है। कहानी में आया है—"घर की साफ़-सफ़ाई की उसे इंतहा ख़ुशी थी। उस पर नगीना सेठ के घर से आया खाना इस सोच से उसकी भूख जाग गई एकाएक। लगा, पेट में आँतों ने करवट ली। खौलता पानी दौड़ गया। उसने तो सबेरे से कुछ नहीं खाया।" खाना घर में है, भूख लगी है और चख लेने की सुविधा भी। लेकिन, लेकिन नहीं। जब खाना आया था तब थाली को रसोई वाली जगह पर रखते हुए उसने अपने पर नियंत्रण किया था—"रखते-रखते उसने एक बार फिर उन चीज़ों को ग़ौर से देखा जो तरह-तरह की ख़ुशबू बिखेर रही थीं। उसकी आँखें फैली की फैली रह गईं। ज़ाहिर है कि उसके मुँह में फिर पानी आ गया। लेकिन उसने अपने को सँभाला। हालाँकि वह सोच चुकी थी कि उन चीज़ों को चख ज़रूरी लेगी।" तब यह हुआ था कि घर में मौजूद छोटा बच्चा इस खाने की ज़िद कर बैठा लेकिन "उसने बच्चे को भी कुछ नहीं दिया। वह ज़िद कर बैठा। उसने उसे समझाया कि बाबू के आने पर देगी। वह ठनक गया। ज़मीन पर लोट गया। उसने उसकी परवाह नहीं की।" अब जब घर की सफ़ाई हो गई है और बच्चा भूख से लड़ता-रोता-झींकता सो गया है तब। क्या अब वह चख नहीं सकती? उसे चख तो लेना ही चाहिए। लेकिन उसे बच्चे की याद आ गई। देखिए—"पेट पर हाथ फेर, घुटनों पर हथेलियाँ टिकाकर वह उठी और बच्चे के पास आ खड़ी हुई। बच्चा उघारी खाट पर तेज़-तेज़ साँस लेता मुँह बाए सो रहा था। चमड़ी उसकी गंदुमी और इतनी झीनी थी कि सीने की एक-एक हड्डी गिनी जा सकती थी। साँस के साथ नीचे दबकर ऊपर हड्डियों से चमड़ी ऐसे टकराती कि लगता, चमड़ी न होकर बरसाती पन्नी हो। बच्चे की इस हुलिया से उसे कचोट हुई कि अभी तक वह बच्चे से ग़ाफ़िल क्यों रही? काफ़ी देर तक खड़े-खड़े वह बच्चे में डूबी रही। फिर बच्चे के बगल बैठ गई। फिर लेट गई। बच्चे के सिर पर हाथ फेरते-फेरते खर्राटे भरने लगी।"

अब कहानी का चरम है जब पति घर आ गया है। उसका हाल देखिए—"दीवार से साइकिल टिका वह झुके कंधों पलभर को खड़ा रहा। स्थिर-सा। मानो साइकिल ने उसे थका दिया हो और अब वह उससे राहत पाया हो। गहरी साँस छोड़ता, वह बढ़ा, अपने को घसीटता हुआ-सा और चूल्हे के सामने आ बैठा। और थकी-उनींदी आँखों खाने का इन्तज़ार करने लगा। जैसे कह रहा हो कि जल्दी खाना दे, नहीं तो वह यहीं सो जाएगा।" ख़ैर। यह जीवन का दुर्लभ अवसर है। जाने फिर कब ऐसा हो। और तब "पत्नी ने हुलसते हुए जब थाली सजाकर दी तो उसने सूनी आँखों खाना देखा और सब कुछ अपनी लम्बी हड़ीली उँगलियों से मीड़ डाला और सुस्त हाथ से बड़े-बड़े कौर बनाकर धीरे-धीरे खाने लगा। चपर-चपर। झपकते हुए। लग रहा था कि हाथ में दम ही न हो, ज़बरदस्ती मुँह तक ले जा रहा हो।" इसी ढंग से वह सारा खाना खा गया और

पत्नी हैरत में है। यह कैसा आदमी है जो यंत्र की भाँति खाता गया और कुछ बोला तक नहीं, कोई तारीफ़ तक नहीं, कोई प्रतिक्रिया, सवाल या दिलचस्पी तक नहीं। यही ट्रेजडी है—"सोचा कुछ था और हो कुछ रहा था। उसके दिल में आग-सी जलने लगी। लेकिन उसने ज़ब्त किया। ढिबरी की पीली रोशनी में आदमी को देखती जा रही थी जो लस्त-सा खाने से जूझ रहा था। आँखें बन्द थीं। हाथ था जो मशीनी तौर से मुँह तक जाता और मुँह था जो हाथ के आते ही मशीनी तौर से खुल जाता था। यह प्रक्रिया काफ़ी देर तक चलती रही। जब हाथ को थाली में कुछ नहीं मिला तो उसने मुँह खोला और छत की ओर करके उसमें ढेर-सा पानी डाला। इसके बाद उसने थाली में हाथ धोए, कुल्ला किया, पाजामे के पाँयचे से झुककर नाक पोंछी और लम्बी डकार लेकर खाट पर किसी सूखी डाल की तरह गिर पड़ा। और धीरे-धीरे आँखें मीच लीं।"

स्वाभाविक था कि पत्नी को क्रोध आता। "पत्नी का ग़ुस्सा आसमान पर था। उसने उसे झिंझोड़ डाला सेठ नगीना के यहाँ से पकवान आए, तू कुछ बोला ही नहीं, चर गया जानवरों की तरह..." पति का बयान सुनिए—"सेठ नगीना के यहाँ से पकवान! जैसे उसे विश्वास न आ रहा हो, फिर यकायक बोला तूने दिए क्यों नहीं?" वह भी उतना ही चौंका हुआ और अचरज में डूबा है जब पत्नी ने कहा कि "और तूने खाया क्या? पकवान ही तो थे!!!" अब इस पर पति की प्रतिक्रिया इस समूची ट्रेजडी को गहरा देती है—"आदमी ने कुहनियाँ ढीली छोड़ दीं। मुरदार आवाज़ में कहा, मुझे तो ऐसा कुछ नहीं लगा। उसने बुरा-सा मुँह बनाया सेवड़ी रोटियाँ और जले आलू के सिवा..."

अमरकान्त की कहानी में गृहलक्ष्मी का नाम सिद्धेश्वरी है, यहाँ हरि भटनागर इन पति-पत्नी का कोई नाम नहीं देते लेकिन दोनों की नियति एक जैसी है। दोनों कहानियों में स्त्रियाँ अन्त में भूखी हैं और दोनों रोने के सिवाय कुछ नहीं कर सकतीं। यह स्त्री पूँजीवादी व्यवस्था के अन्तिम पायदान पर है और निर्ममता यह है कि उसका जीवनसाथी इस व्यवस्था के हाथों इस क़दर शिकार है कि उससे सामान्य मनुष्यता का आचरण भी निभाया नहीं जा रहा। उसकी इन्द्रियाँ पराधीन हो गई हैं और वह इस तरह ग़ुलाम हो चुका है कि अन्न का स्वाद लेने योग्य भी नहीं बचा। यही पूँजीवादी व्यवस्था का असली चरित्र है—कहानी जिसकी आलोचना कर रही है। यह व्यवस्था कभी-कभार जीवन में एकाध बार ख़ुशी का अवसर तो दे रही है लेकिन इस अवसर का लाभ उठाने और आनन्द ले सकने की सामर्थ्य वह नहीं देती। हरि भटनागर की यह कहानी इस पूँजीवादी प्रपंच को उघाड़ती है और पाठक को जीवन के मामूली सुखों से भी वंचित किए जा रहे लोगों के साथ खड़ा कर देती है।

क्षमा करो हे वत्स!

देवेन्द्र

निजी त्रासदी का मर्मान्तक वृत्तान्त

बलराज पांडे

स्वातंत्र्योत्तर हिन्दी कहानी में छोटे-बड़े कई आन्दोलन चले कुछ रचनाकारों ने उन आन्दोलन से जुड़कर और कुछ ने निर्लिप्त रहकर महत्त्वपूर्ण कहानियाँ लिखीं। सन् 1980 के बाद कई महत्त्वपूर्ण सामाजिक, राजनीति और आर्थिक परिवर्तनों के बावजूद कहानी किसी आन्दोलन के नाम से नहीं जानी गई है और कहानीकारों ने अपनी रचनात्मक क्षमता के द्वारा अपनी उल्लेखनीय उपस्थिति दर्ज कराई। इस दौर की कहानी में ऐसे कई नाम हैं, जिन्होंने सत्ता और सामाजिक व्यवस्था में अपनी रचनाओं के द्वारा सार्थक हस्तक्षेप किया। 'शहर कोतवाल की कविता', 'नालन्दा पर गिद्ध' 'क्षमा करो हे वत्स' जैसी कहानियों के द्वारा व्यवस्था पर सवाल खड़े करनेवाले ऐसे ही कथाकार हैं देवेन्द्र। इनके अब तक दो कहानी-संग्रह प्रकाशित हैं—'शहर कोतवाल की कविता' और 'समय बे-समय'। लेकिन इन्हें कहानीकार के रूप में प्रतिष्ठा मिली 'नालन्दा पर गिद्ध' तथा 'क्षमा करो हे वत्स' से। मेरी समझ से कहानी लिखने की प्रेरणा और परिवेश उन्हें कथाकार काशीनाथ सिंह से मिला।

'क्षमा करो हे वत्स!' (हंस, सितम्बर, 1995) एक सत्य घटना पर आधारित लेखक के अपने बेटे अंशुल के महज़ नौ-दस साल के जीवन की कहानी है। जब देवेन्द्र एक मुलाक़ात में अवधेश प्रधान और मुझसे अपने बेटे के अपहरण और हत्या से जुड़ी बातों का ब्यौरा दे रहे थे। तब अत्यन्त भावुक होकर अवधेश प्रधान ने उन्हें सलाह दी थी कि इन बातों को एक लेखक के रूप में लिखकर आप 'जनसत्ता' को भेज दीजिए। लेख तो सामने नहीं आया, लेकिन लेखक ने अपने रचनात्मक क्षमता का उपयोग करते हुए सारे घटनाक्रम को आधार बनाकर उसे एक कहानी का रूप दे दिया और कहानी भी ऐसी बनी जो दिल दहला देनेवाली थी। शायद ही कोई संवेदनशील पाठक होगा कि कहानी को पढ़ते हुए उसकी आँखें भर न आई हों। ऐसा इसलिए हो पाया है कि लेखक ने कहानी को रचते हुए बेहद ईमानदारी बरतने की कोशिश की है, यहाँ तक कि अपने प्रति अत्यन्त निर्मम होकर कहानी में वह ख़ुद उपस्थित होता है। इसलिए कहानी का शीर्षक 'क्षमा करो हे वत्स' से स्पष्ट है कि यह अन्य विशेषताओं के साथ एक अपराबोध की भी कहानी है। जैसा कि कहानी में ज़िक्र है यह शीर्षक नामवर सिंह की एक कविता से लिया गया है, जो इस महाजनी सभ्यता में पैसों के

आधार पर बनते-बिगड़ते मानवीय सम्बन्धों की ओर संकेत करती है। प्रेमचन्द ने बहुत पहले 'महाजनी सभ्यता' नामक निबन्ध में हमें अगाह किया था कि बाप-बेटे, भाई-बहन, स्त्री-पुरुष के आत्मीय रिश्ते महाजनी सभ्यता के आधार पर तय किए जाएँगे। इस कहानी में अपराधबोध और व्यर्थताबोध घुल-मिल गए हैं, क्योंकि लेखक महसूस करता है कि वह स्वयं को अपनी 'माँ की इच्छाओं और भावनाओं के अनुरूप ढाल न सका।' हर माँ की तरह कथाकार की भी चाहत है कि बेटे की ज़िन्दगी पटरी पर आए, लेकिन यहाँ सब कुछ अपने चाहने से होता कहाँ है?

कहानी के शुरू में माँ के अतिरिक्त एक गीता भी आती है। ज्ञातव्य है जिस संग्रह में यह कहानी संकलित है उस संग्रह को अंशुल के साथ-साथ गीता को भी समर्पित किया गया है। यह गीता भी जीवन में कभी लौटनेवाली नहीं है। अंशुल और गीता दोनों मानो कथाकार की ज़िन्दगी में रोशनी के टुकड़े थे जो हमेशा के लिए सिर्फ़ अन्धकार छोड़ जाते हैं, तभी जब सामाजिक व्यवस्था या अन्य कारणों से हमारे आत्मीय रिश्ते ख़त्म कर दिये जाते हैं, तभी सामाजिक रिश्तों के प्रति भी हमारे मन में एक निचाटपन घर कर जाता है और सब कुछ व्यर्थ लगने लगता है। ऐसी स्थिति में अपनी शर्तों पर जीने का निर्णय लेनेवाला कोई भी संवेदनशील व्यक्ति यही कहता है, जैसा सोचा था, वैसा जी नहीं पाया और जो जी रहा हूँ, उसका कोई मुकम्मल तर्क नहीं। वैसे हमारे देश की एक बड़ी आबादी ऐसी है जो अधिकतम आज़ादी के साथ अपनी ज़िन्दगी नहीं जी पाती। कहा जाता है कि निर्भय होकर जीने से बड़ा सुख संसार में दूसरा कुछ भी नहीं है। हम ठीक इसके विपरीत पाते हैं कि हमारी सामाजिक और आर्थिक स्थितियाँ हमें निर्भय होकर, आज़ादी के साथ जीने में सबसे बड़ी बाधा बनकर उपस्थित होती हैं। इसमें राजसत्ता की भूमिका भी कम नहीं होती। इसके परिणामस्वरूप व्यक्ति के साथ ही समाज की प्रगति भी अवरुद्ध होती है।

ज़िन्दगी की ऐसी ही बेतरतीबी में लेखक को हतप्रभ कर देनेवाली सूचना मिलती है कि 'बेटे अंशुल का अपहरण कर लिया गया है।' अपहरण और वह भी बच्चे का अपरहण हमारे समाज की क्रूरतम घटनाओं में एक है। अब तो अपहरण एक उद्योग भी बन गया है। अब यह सिर्फ़ दुश्मनी साधने के लिए नहीं बल्कि पैसा ऐंठने के लिए होने लगा है। लेकिन कहानी में लेखक के मन में अपहरण को लेकर एक द्वंद्व चलता रहता है। यह द्वंद्व अपहरण की घटना को झुठलाना चाहता है। लेखक अपने परिवार और गाँव के लोगों के साथ निभ रहे रिश्तों के कारण भी आश्वस्ति चाहता है कि मेरे बेटे का अपहरण कोई क्यों करेगा? अपहरण सम्बन्धी त्रासद घटना की सूचना को ज़्यादा विस्तार न देकर लेखक निकट अतीत की उन स्मृतियों को कहानी में प्रस्तुत करता है, जिनमें बाप-बेटे का दिलचस्प संवाद है। इस संवाद में न सिर्फ़ बाप-बेटे की एक-दूसरे के प्रति आत्मीयता दिखती है, बल्कि बेटे की प्रत्युत्पन्नमति भी स्पष्ट होती है। लेखक ने इसे 'विनोदमयी संवाद-क्रीड़ा' नाम दिया है। यह संवाद-क्रीड़ा पाठक को तनाव से मुक्ति देती हैं, लेकिन बच्चे के साथ पाठक की आत्मीयता भी गहरी होती है। किसी के साथ संवाद की स्थिति में बच्चा विजयी होना चाहता है। यह 'क्षमा करो हे वत्स' के अंशुल की ही नहीं, हर बच्चे की प्रवृत्ति होती है। लेखक ने

यहाँ बाल मनोविज्ञान का अच्छा विश्लेषण प्रस्तुत किया है। यह विश्लेषण वही प्रस्तुत कर सकता है जिसकी बच्चों की ज़िन्दगी में गहरी दिलचस्पी हो। अपने दोस्त से यह कहना कि यह बच्चा 'मुझे कुछ विलक्षण क़िस्म का लगता है' बिलकुल सूक्ष्म और तटस्थ विश्लेषण पर आधारित है। अंशुल का विजेता होने का भाव कहानी में आए अन्त्याक्षरी प्रतियोगिता वाले प्रसंग में भी स्पष्ट हुआ है। लेखक ने भी स्वीकार किया है कि "पति-पत्नी के बीच तनाव का सबसे ज़्यादा शिकार बच्चा होता है। पत्नी से हमारे रिश्ते हर स्तर पर ठंडे हो चुके थे।" तो सवाल यह है कि क्या इस तनाव के मूल में बेरोज़गारी है? क्योंकि माँ के व्यंग्य का कारण भी लेखक का बेरोज़गार होना है। मेरे प्रणाम के जवाब में माँ ने पूछा—"कहीं नौकरी का कुछ हुआ?" कहानी में यह भी ज़िक्र है 'बेटा गाँव पर आँखें खोल रहा था और उसके बारे में जब भी मैं सोचता, अपने आप कंठ से ये पंक्तियाँ फूट पड़तीं—

क्षमा करो हे वत्स! आ गया युग ही ऐसा।
आँख खोलतीं कलियाँ भी कहती हैं पैसा।

इसी तरह एक जगह यह भी आया है—ओमप्रकाश द्विवेदी ने पूछा—"कोलम्बस कैसा है?" मैंने कहा—"वह मुझे खोज रहा है और मैं नौकरी।" कहानी में जिन उपर्युक्त पंक्तियों का ज़िक्र है, उनसे स्पष्ट है कि नौकरी का मिलना-न-मिलना यानी हमारी आर्थिक स्थिति हमारे रिश्तों को काफ़ी हद तक प्रभावित करती है और यही वजह है कि हमें "अपनी आवारा और अराजक दुनिया में सुकून मिलता है।" यहाँ मुझे ज्ञानरंजन की कहानी 'घंटा' के पेट्रोला की याद आती है। यहाँ ध्यान इस बात पर भी जाता है कि आवारा और अराजक दुनिया में जाने के लिए हमें मजबूर कौन करता है? आज जितने सत्ताधारी दल हैं, सब युवा शक्ति की दुहाई देते हैं, लेकिन युवा शक्ति को 'योग्यता के अनुसार काम और ज़रूरत के अनुसार पारिश्रमिक' देने की बात कोई नहीं करता। वैसे यहाँ यह भी सवाल उठा सकता है कि जहाँ कोई आर्थिक समस्या नहीं है, वहाँ क्या स्त्री-पुरुष के रिश्तों में तनाव नहीं है? हमें यह स्वीकार करने में कोई हर्ज नहीं होना चाहिए कि तनाव सिर्फ़ आर्थिक समस्या के कारण ही नहीं होता। मानव-मन अनेक प्रकार की जटिलताओं से भरा हुआ है। अगर विवेक से काम न लिया और कब किस वजह से हमारा अहं प्रबल होकर विकराल रूप धारण कर लेगा, कहा नहीं जा सकता।

पुलिस यानी कार्यपालिका और न्यायपालिका किसी भी सत्ता के संचालन में निर्णायक भूमिका निभाती हैं। कहानी में लेखक ने अपने देश की इन दोनों संस्थाओं की विस्तार से व्याख्या की है। बच्चे के अपहरण जैसी हृदय-विदारक घटना पर पुलिस की निष्क्रियता चौंकानेवाली है। पुलिस को सक्रिय करने के लिए लेखकों-पत्रकारों को डी. आई. जी. (पुलिस) का दरवाज़ा खटखटाना पड़ता है, फिर भी स्थानीय पुलिस जानती है कि उसे क्या करना है। हम सभी जानते हैं कि यदि पुलिस चाह ले तो अपराधी का पता आसानी से लगा सकती है, लेकिन पुलिस यह भी जानती है कि जब अपराध ही नहीं होंगे तो उसे पूछेगा कौन? फिर असली समस्या तो ऊपरी कमाई की है। यह ऊपरी कमाई ऊपर तक यानी सत्ता के शीर्ष पर बैठे हुए लोगों तक अपनी पहुँच रखती

है। लेखक ने कहानी में ज़िक्र किया है कि "एक कांस्टेबुल भी किसी मंत्री का खूँटा पकड़कर बैठा है।" कोई चाहे तो इसे लोकतंत्र का सौन्दर्य भी कह सकता है। लेकिन वास्तव में हमारे देश की पुलिस आम जन की समस्याओं के प्रति जितनी उपेक्षा और उदासीनता दिखाती है तथा सचाई का जितनी क्रूरता से दमन करती है, उसके विरोध में जितना कुछ कहा जाए, वह कम ही है।

लोकतंत्र का एक खंभा न्यायपालिका को भी माना जाता है, लेकिन सत्तर वर्षों के अपने लोकतंत्र को कमज़ोर करने में कार्यपालिका के साथ-साथ न्यायपालिका की भी बड़ी भूमिका है। कहानी में लेखक ने देश की ढुलमुल न्याय व्यवस्था पर आक्रोश व्यक्त किया है। जिन्हें हम हृदयहीन सम्मान के साथ 'न्यायमूर्ति' 'योर आनर' 'जी हुजूर' आदि शब्दों से बार-बार सम्बोधित करते हैं, उनके लिए लेखक का कहना है कि "आप मरे हुए शब्दों के ग़ुलाम रखवाले हैं। आप शब्दों के मामूली क्लर्क हैं। अपराधियों द्वारा बनाए क़ानून के व्याख्याता भी नहीं हैं आप।" वास्तव में देश की न्यायपालिका के अन्याय के हम सभी भुक्तभोगी हैं। उपर्युक्त वाक्यों के द्वारा लेखक ने अपना ही नहीं, सम्पूर्ण भारतीय जनमानस के भाव को व्यक्त किया है। यहाँ न्यायालय में जाना एक यातना-गृह में जाने से कम डरावना नहीं है। न्यायालय में सिर्फ़ पैसे वालों का खेल चलता है। बहुत-से मुकदमों में तो कई पीढ़ियाँ गुज़र जाती हैं और परिणाम नहीं आता। हत्या के मुकदमों में जब तक आप मज़बूत गवाह नहीं पेश करेंगे, तब तक सिद्ध ही नहीं होगा कि हत्या हुई है और हुई भी है तो हत्यारा कौन है, इसे सिद्ध करना साधारण आदमी के बूते की ब़ात नहीं है। कहानी में यह आया भी है कि अपराधी की सच्ची शिनाख़्त के लिए "हम कहाँ से वे गवाह लाएँगे जिन्होंने हत्या करते देखा हो। अगर यही होता तो हत्या क्यों हो पाती?" कहा जाता है कि देश का शासन सुचारु रूप से चलाने के लिए अंग्रेज़ों ने जो क़ानून बनाए, वही आज भी लागू हैं। पता नहीं, जिस मामले में ब्रिटेन की अदालत तीन-चार महीने में फ़ैसला सुना देती है, वैसे ही मामले में भारत की अदालत पन्द्रह-बीस वर्ष क्यों लगा देती है। कहानी में न्यायपालिका पर उठाए गए सवाल इस बात की माँग करते हैं कि हमारी न्याय-व्यवस्था ऐसी होनी चाहिए कि जनता को न्याय के लिए साल-छह महीने से ज़्यादा इंतज़ार न करना पड़े। अब तो यह भी कहा जाने लगा है कि मिलनेवाला न्याय एक प्रकार का अन्याय ही है।'

हर माँ-बाप अपने बच्चे को विशिष्ट पहचान देना चाहता है। कुछ आई. ए. एस., आई. पी. एस. के द्वारा तो कुछ इंजीनियर, डॉक्टर बनाकर अपनी पीठ थपथपाते हैं। कम ही ऐसे माँ-बाप होते हैं जो अपने बच्चों के मन को पढ़कर, उनकी रुचियों को जान-समझकर उनके भविष्य की दिशा निर्धारित करते हैं। बच्चे के नामकरण के लिए कोलम्बस की याद और फिर उसकी घुमक्कड़ी के परिणामस्वरूप एक द्वीप की खोज का कहानी में जिस तरह वर्णन आया है, वह लेखक की इतिहास दृष्टि, जीवन-शैली और बच्चे के व्यक्तित्व-निर्माण की आकांक्षा का परिचायक है। कुछ देर के लिए कहानी की घटना-योजना को स्थगित कर हम इतिहास के बहुत ही उपेक्षित पात्र कोलम्बस को पढ़ने के लिए विवश हो जाते हैं। लेखक की यह दुनिया के ऐतिहासिक और सर्वाधिक महत्त्व प्राप्त व्यक्तित्वों के विश्लेषण की अपनी विशिष्ट दृष्टि ही है कि उसे

बुद्ध, सिकंदर, नेपोलियन, गांधी आदि की अपेक्षा कोलम्बस ज़्यादा प्रभावित करता है। लेखक का कोलम्बस के माध्यम से यह सन्देश है कि असफलता, आवारगी और भटकाव भी मनुष्य के जीवन को कभी-कभी ज़्यादा समृद्ध कर जाते हैं। इससे जीवन, समाज और देश-दुनिया को समझने में काफ़ी मदद मिलती है। हम व्यवस्थित होने की प्रक्रिया में ज़िन्दगी को सफल तो बना लेते हैं, लेकिन उसे नीरस होने से बचा नहीं सकते। बच्चे को कोलम्बस नाम देने के पीछे लेखक का यह मंतव्य स्पष्ट है कि अपने जीवन में बच्चा ऐसा संघर्ष करे और ऐसी उपलब्धि हासिल करे जो सामान्य से थोड़ा अलग हटकर हो या जो उसे विलक्षण बनाए।

'क्षमा करो हे वत्स!' कहानी में हिन्दू रीति से होनेवाले शादी-विवाह की कठोर आलोचना की गई है। समाज-सुधार की प्रक्रिया में हमने कई पुरानी रूढ़ियों, परम्पराओं और रीति-रिवाजों को या छोड़ा है या उनमें अपेक्षित परिवर्तन किए हैं। हमारे समाज में अभी ऐसी स्थिति नहीं बन पाई है कि बालिग लड़के-लड़कियाँ अपनी मर्ज़ी से विवाह कर सकें। प्रेम विवाह में तो प्रायः हत्या और आत्महत्या की घटनाएँ ज़्यादा होती हैं। परम्परागत विवाह में अधिकतर संख्या ऐसे लोगों की होती है जो कुढ़ते या कुंठित होते अपनी ज़िन्दगी बिता देते हैं। लेखक स्त्री-पुरुष के सम्बन्धों के सन्दर्भ में समाज द्वारा थोपी गई नैतिकता पर भी अपनी तीव्र प्रतिक्रिया कहानी में देता है। उसका कहना है कि "चरित्र सिर्फ़ कमर के नीचे की स्थिति है।" इसी को यौन शुचिता भी कहते हैं और यह स्त्रियों पर ज़्यादा लागू की जाती है। यहीं स्पष्ट होता है कि हमारा पुरुष वर्चस्व वाला समाज स्त्री के प्रति कितना क्रूर है। हम महसूस करते हैं कि वैवाहिक सम्बन्धों को जितना उदार और लचीला होना चाहिए, वैसी स्थिति का निर्माण करने में हमारा समाज अभी तक सफल नहीं हो पाया है। कहानी में लेखक ने इस समस्या को प्रमुखता से उठाया है। अपने समाज में हम देखते हैं कि पति-पत्नी के ख़राब सम्बन्धों का सबसे बुरा प्रभाव बच्चों पर पड़ता है। बच्चों को एक साथ माता और पिता दोनों का स्नेह चाहिए होता है। इस कहानी में अंशुल का बार-बार कहना कि "मुझे लखीमपुर कब ले चलेंगे" इस ओर संकेत है कि उसे पिता का प्यार जितना मिलना चाहिए उतना मिल नहीं पा रहा है। गाँव की दो-चार दिन की यात्रा में पिता और पुत्र दोनों एक-दूसरे के साथ इस क़दर रहते हैं मानो परस्पर स्नेह से अपने समूचे ख़ालीपन को एकबारगी भर लेना चाहते हों।

हमारे जीवन को जो सत्ताएँ प्रभावित करती हैं, उनमें समाज-सत्ता प्रमुख है। हमारे कई स्वतंत्र निर्णय इसलिए व्यावहारिक रूप नहीं ले पाते क्योंकि हमारा मस्तिष्क इस एक वाक्य का दबाव महसूस करता है कि 'लोग क्या कहेंगे।' इस दबाव के चलते हमारी वाजिब बातें सामने नहीं आ पातीं। यदि समाज सत्ता के विपरीत हम कोई निर्णय लेते हैं तो हमारे अस्तित्व पर ही संकट आ जाता है। 'क्षमा करो हे वत्स' में लेखक ने इस समाज सत्ता की भी भरपूर आलोचना की है, जैसे—'घूस, भ्रष्टाचार, मक्कारी, दूसरे की ज़मीन हड़पकर जाना आदि हमारे समाज का स्वीकृत यथार्थ है।' समाज की इस आलोचना के घेरे में प्रोफ़ेसरों का भी समाज आता है, जिसे लेखक ने बहुत नज़दीक से देखा है। वह स्वयं उस समाज का एक अंग भी रहा है। लेखक की चिन्ता

है कि जो उत्तरदायित्व इस बुद्धिजीवी वर्ग को निभाना चाहिए, वह निभा नहीं पाता। यह वर्ग 'क्रीतदास' बनकर रह गया है। तुच्छ स्वार्थों की पूर्ति के लिए लोगों के सामने रिरियाना, पीठ पीछे एक-दूसरे की निन्दा, चापलूसी और धन इकट्ठा करने के लिए हर हथकंडे अपनाना इस बुद्धिजीवी वर्ग का क्रियाकलाप है। इस सबके अतिरिक्त 'सेक्सुअली फ्रस्ट्रेशन' से यह वर्ग सर्वाधिक पीड़ित रहता है। आदर्श और व्यवहार का फ़र्क़ इस वर्ग की एक और विशेषता है। लेखक की अपने वर्ग की यह कठोर आलोचना सिद्ध करती है कि वर्तमान समाज के दिशाहीन होने में उसकी कितनी बड़ी भूमिका है। एक प्रकार से कहानी में उच्च शिक्षा पर सवाल उठाया गया है कि उच्च शिक्षा के लिए ज़िम्मेदार लोग ही जब दिशाहीन हैं तब विद्यार्थियों को वे कौन-सी दिशा देंगे।

मैंने शुरू में संकेत किया है कि 'क्षमा करो हे वत्स' एक अपराधबोध की कहानी भी है। यह लेखक की ईमानदार स्वीकृति है कि दूसरे-दूसरे कारणों के साथ ही बेटे की उपेक्षा में कहीं-न-कहीं उसकी भी ज़िम्मेदारी बनती है। आम तौर पर ऐसी स्थितियों में आदमी अपने को निर्दोष सिद्ध करने का प्रयास करता है, लेकिन कहानी में लेखक ने पत्नी के साथ अपने तनावपूर्ण सम्बन्धों को छिपाया नहीं है। आज जिस प्रकार के परिवेश में हम रह रहे हैं, उसमें 'एडजस्टमेंट' मुश्किल हो रहा है। ऐसे हम पुराने की दुहाई तो देते हैं, लेकिन उसे स्वीकार नहीं सकते। आज संयुक्त परिवार की कौन कहे, अपने माँ-बाप भी फ़ालतू लगने लगे हैं। अपने बच्चों का पालन-पोषण अब बोझ बनता जा रहा है। पहले की अपेक्षा स्त्री अधिक जागरूक हुई है। वह चाहती है कि घर सँभालने की ज़िम्मेदारी, बच्चों के पालन-पोषण की ज़िम्मेदारी पुरुष भी उठाए। वह पुरुष वाली स्वतंत्रता भी चाहती है। हमारा पुरुष वर्चस्व वाला समाज इन सभी चीज़ों के लिए अपने को अभी तैयार नहीं कर पा रहा है। स्त्री-पुरुष के तनावपूर्ण सम्बन्धों का, जैसा कहानी में ज़िक्र भी है, सबसे ज़्यादा विपरीत प्रभाव बच्चों के मन-मिज़ाज पर पड़ता है। हम समझते हैं कि बच्चा कुछ समझता नहीं है, लेकिन प्रतिकूल परिवेश बच्चों की मन:स्थिति पर प्रत्यक्ष-अप्रत्यक्ष रूप से ज़रूर अपना प्रभाव छोड़ता है। बच्चों का गुमसुम रहना, चिड़चिड़ाना, जल्दी किसी की बात न मानना इसी का परिणाम है। कहानी में अंशुल की ज़िद या बहुत-सी बातों को न मानने की प्रवृत्ति से आजिज़ आकर पिता का सिटकुन से मारना पति-पत्नी के तनाव का ही परिणाम है। लेखक ने अपने बेटे के मारने और उसके रोने के दृश्य को जो वर्णन किया है, वह वास्तव में रुला देनेवाला है। लेखक चाहता तो इस घटना को कहानी में लाने से बच सकता था, लेकिन ऐसा न कर वह ख़ुद को कठघरे में खड़ा करने से परहेज नहीं करता।

उदास और निराश जीवन को दिलचस्प बनाने में बच्चों की बहुत बड़ी भूमिका होती है, बशर्ते आप उनके साथ रहें, बोलें-बतियाएँ, उनकी भावनाओं को समझें। आधुनिकता की अन्धी दौड़ में आज परिवार और समाज में बच्चे सर्वाधिक उपेक्षित हो रहे हैं। स्थिति तो इतनी भयावह होती जा रही है कि स्त्रियाँ अपनी कोख में बच्चा रखना पसन्द नहीं करतीं। अब कोख बिक रही है और दूसरी स्त्री की कोख में पले बच्चे के प्रति कितना मोह होगा, इसका अन्दाज़ा लगाया जा सकता है। जब बच्चे 'चिल्ड्रेंस होम' या 'क्रचेज' में पलेंगे तो बाल-लीला पर कविताएँ या कहानियाँ कहाँ

से आएँगी? यह सरकार का नहीं, परिवार और समाज का दायित्व है कि बच्चों के बचपन की हत्या न होने दें और इन्हें एक तनावमुक्त वातावरण में पलने व बढ़ने दे, ताकि फिर किसी कथाकार को यह न लिखना पड़े—"कुत्तों और बिल्लियों को भी/कब मारा गया था इस तरह गाँव में/किसे खोज रही हो माँ.../रेत के इस बवंडर में/चक्कर खाते हुए, कुछ भी नहीं आएगा आप के हिस्से/आपकी थकान रह जाएगी/मरीचिका की इस यात्रा में/हम अब कभी और कहीं नहीं मिलेंगे पापा!!"

अबाबील की उड़ान

सारा राय

एक विषाद-भरी संवेदनात्मक लय

जयप्रकाश

सारा राय की कहानी 'अबाबील की उड़ान' (इसी नाम के संग्रह 1997 में संकलित) हिन्दी कहानी के बहुप्रचलित रूपकल्प से अलग अपना सर्वथा नया तानाबाना बुनती है और कथ्य तथा शिल्प दोनों धरातलों पर भिन्न तरीक़े से यथार्थ को स्वायत्त करती है। इधर की कहानियाँ प्राय: घटनात्मक वास्तविकता को लक्ष्य कर रची गईं और उस पर पूरी तरह एकाग्र जान पड़ती हैं। मगर 'अबाबील की उड़ान' का यथार्थ घटनाओं की बजाय जीवनानुभव के संवेदनात्मक और स्मृतिपरक गतिचित्रों से निर्मित महीन अभिव्यक्ति में चरितार्थ होता है। नैरेटर यहाँ तटस्थ प्रेक्षक की तरह निर्लिप्त भाव से कथात्मक वास्तविकता को प्रस्तुत करनेवाला असंलग्न और अदृश्य वक्ता न होकर संवेदना के स्तर पर कहानी की अन्तर्वस्तु से सीधे साक्षात्कार कर और उसमें अन्तर्लीन होकर रचनेवाला सजग प्रस्तोता है। यहाँ कथात्मक अनुभव की तहों तक पैठ कर सारा राय ने उसकी रेशा-रेशा बुनावट को बारीक़ी के साथ पकड़ा है और एक ऐसी अभिव्यक्ति में ढाल दिया है, जिसमें सघन स्मृतियों का भरा-पूरा अनुभव-संसार अत्यन्त अर्थगर्भित ढंग से प्रकट होता है। जैसे जल की सतह पर एक कंकड़ डाल देने पर उससे उत्पन्न लहरों के वर्तुल धीरे-धीरे विस्तार पाकर अन्तत: जल में विलीन हो जाते हैं, 'अबाबील की उड़ान' का अनुभव-संसार ठीक उसी तरह एक धीमी लय में फैलते हुए अन्त में अनुभव के उसी जल में समा जाता है। कहानी दरअसल यहाँ वर्तुलों के बनने की प्रक्रिया की छाप या उसका साक्ष्य बनकर प्रकट होती है।

कहानी के बनने की यह प्रक्रिया कुछ उलटी जान पड़ती है। कहानी रचने की प्रचलित पद्धति तो यही है कि अनुभव कथानक में ढलकर लगभग नियतिपरक ढंग से क्रमश: घटनात्मक विस्तार के ज़रिये आख़िरकार उपसंहार के उस क्षण तक पहुँचता है जहाँ कथा का मर्म साकार हो उठे। सामान्यत: कोई भी कहानीकार सृजन के दौरान कहानी के अन्त, जिसे पुरानी भाषा में उपसंहार कहा जाता था, तक पहुँचने की कोशिश में समूची ऊर्जा झोंक देता है। इस तरह एक सुगठित कहानी आकार लेती है। मगर सारा राय तो न कोई लक्ष्य तय करती हैं, न उन्हें कहीं पहुँचने की जल्दी है। वे अनुभव को कहानी की काया में धैर्य के साथ सिरजती हैं, इस बात की परवाह किए बिना कि वह किसी लक्ष्य, या कि कहानी के मर्मबिन्दु, को पा सकेगा अथवा नहीं। उन्होंने यहाँ

सिर्फ़ इतना ही किया कि अनुभव को सघन विवरणों में पूरी एकाग्रता के साथ आकार देने की कोशिश की है। इसलिए यह देखकर विस्मय होता है कि जिस कथा-मर्म की तलाश में कोई रचनाकार अन्त-बिन्दु तक पहुँचने के लिए बेचैन हो रहा होता है, वह जैसे 'अबाबील की उड़ान' कहानी के विवरणों में यत्र-तत्र लगातार झाँकता प्रतीत होता है और अन्त में जब वह अपनी विलक्षण कौंध के साथ प्रकट होता है तो पाठक चौंकता नहीं, संवेदनात्मक ऊष्मा से भर उठता है। इसलिए सारा राय की कहानियों को पढ़ना एक अलग तरह का अनुभव है, जहाँ लेखक की तरह पाठक को भी उपसंहार या कथा-मर्म तक पहुँचने की हड़बड़ी छोड़नी पड़ती है। वह लेखक के साथ एक अनिश्चित यात्रा पर चल पड़ता है और कहीं पहुँचने की कोशिश में व्यग्र होने की बजाय कथा की मूल संवेदना के साथ एकाकार होने लगता है। कहने की ज़रूरत नहीं है कि ऐसी कहानियों में स्वभावत: पूर्वानुमेयता नहीं होती।

इस कहानी में सारा राय ने सूक्ष्मतर ब्यौरों में आयत्त यथार्थ को गढ़ने के लिए 'देखने' की ऐन्द्रिक क्रिया का बख़ूबी इस्तेमाल किया है। पूरी कहानी एक-के-बाद-एक प्रकट होते दृश्यों की अविरल श्रृंखला में गुँथी हुई है। इस तरह साकार हुई दृश्यात्मक वास्तविकता यहाँ सिनेमा के-से चाक्षुष विवरणों में प्रसार लेती और संवेदना के गतिशील बिम्बों में विन्यस्त हो जाती है। निर्मल वर्मा ने सारा राय की कहानियों में देखने की विलक्षणता को उचित ही लक्ष्य किया था और कहा था—"कहानी में देखने का सुख उससे कहीं अधिक उज्ज्वल और उन्मुक्त होता है जो हम दैनिक दुनिया की लगी-बँधी रूटीन दुनिया में देखते हैं। यथार्थ-जीवन की रेल-पेल में केवल अवकाश के क्षणों में ही विगत का जायज़ा ले पाते हैं। कुछ याद रह जाता है—कुछ हमेशा के लिए बह जाता है, किन्तु कहानी में देखना ही परखने का काम देता है। कहानी के तथ्य और अवकाश की स्पेस में कोई विभाजन-रेखा नहीं है, सारा राय की कहानियाँ इस महत्त्वपूर्ण तथ्य को नई रोशनी में उजागर करती हैं।" निर्मल वर्मा ने तथ्य और अवकाश के स्पेस की अविभाज्यता को स्पष्ट करते हुए उनकी कहानियों के सन्दर्भ में 'ऊपर की धूप और नीचे के अँधेरे' से मिलकर बने एक 'झिलमिलाते लैंडस्केप' का उल्लेख भी किया है जिसे सारा राय 'कथ्यात्मक धागे में बाँधकर समेटने का प्रयास करती हैं।'

'अबाबील की उड़ान' कहानी के सन्दर्भ में इस कथ्यात्मक धागे से बँधे झिलमिलाते लैंडस्केप की तलाश करें तो ज़ाहिर है, यह प्रकट वास्तव-संसार और भीतर के अँधेरे यानी अन्तर्लोक के गुह्य प्रदेश के बीच निर्मित कोई बेठोस-सी जगह होगी जहाँ सुख-दुःख में लिथड़ी कोई बीती हुई दुनिया, कुछ झीनी और अचीन्ही-सी, उभरती है। 'अबाबील की उड़ान' में यह दुनिया मृत्यु की पसरती छाया के बीच मानो शनैः-शनैः दुःख की लहर बनकर उमड़ती है। घनघोर बारिश के बीच जैसे रह-रहकर आशंका-भरी बिजली चमकती हो, इस कहानी में मृत्यु एक अज्ञात भय की कौंध बनकर अनिष्ट की घनी बदली के बीच बार-बार तड़ित-संकेत की तरह प्रकट होती है। आठ बरस की रेशमा की मासूमियत और उसके बड़े भाइयों की खिलंदड़ वृत्ति के साथ बचपन की बेफ़िक्र मौज़-मस्ती में डूबे जीवन के सहज आनन्द, कुतूहल, विस्मय और कल्पना की अबोध उड़ान के बीच लगातार अपशकुन की परछाइयाँ मँडराती हैं, जिन्हें बहुत महीन संकेतों

में सारा राय ने ख़ूबसूरती से बुना है। इसे समझने के लिए कहानी के कुछ प्रसंगों पर ग़ौर करें—

एक प्रसंग है, जिसमें खेल-खेल में हौज में नहाने के मज़े के दरम्यान सहसा भाइयों में से किसी ने नीलिमा को धक्का दे दिया। "दूसरे ही पल वह रोती, साँस के लिए फड़फड़ाती ऊपर आई और एक छलाँग में हौज के बाहर कूदकर वह घर की तरफ़ भागी।" थोड़ी देर बाद रेशमा ने देखा कि "भाई अपनी ख़ाकी रंग की निकर पहने पीठ के बल पानी पर तैर रहा था। उसकी पसलियों का उभार साफ़ नज़र आ रहा था। वह बिलकुल साँस नहीं ले रहा था। तो इसका मतलब यह था कि वह लोग आज फिर मरनेवाला खेल खेल रहे हैं। बारी-बारी से सब मरेंगे और समय गिना जाएगा कि कौन सबसे देर तक शव बना रह सकता है। लाशें इसी तरह से पानी पर तैरती हैं, रेशमा ने सुना था। आँखें बन्द कर पानी में लेटे रहो तो सचमुच लगता था कि दुनिया कहीं दूर, बहुत दूर चली गई है और बदन पर पानी का लहराता एहसास और बन्द आँखों के पर्दे पर धूप और छाया के बदलते रंगों के अलावा कुछ नहीं सूझता था। कभी-कभी यही मरने का खेल घास पर खेलते थे। एकदम सीधे खड़े रहो होकर बिना पुट्ठे या किसी जोड़ को हिलाए, घास पर गिरना होता था, पेड़ की तरह। क्या मरना सचमुच इतना सुखद होता है?"

दूसरा प्रसंग है : "एक बार रेशमा ने वह साँप देखा था जो अब्दुल माली ने मारकर पलाश के पेड़ के नीचे डाल दिया था। भूरा-भूरा सा था, क़रीब एक मीटर लम्बा, वह पास जाकर देखना चाह रही थी पर नीलिमा बड़ी ज़ोर से चिल्लाई थी, नहीं, उसकी आँखें मत देखना, उनमें तुम्हारी तस्वीर छप जाएगी और साँप का साथी समझेगा, तुमने उसे मारा है। फिर वह तुमसे बदला लेने आएगा। यह सुनकर रेशमा के रोंगटे खड़े हो गए थे।"

तीसरा प्रसंग है : "कई दिनों तक उसको मरने के ख़्वाब आते रहे। एक दूर तक फैला हुआ मैदान था, धूमिल-से आकाश के नीचे। किनारे लगे घने सिरस के पेड़ों की वजह से अँधेरा छा गया था। काफ़ी बड़ा मजमा था, जिसके सिरे पर काला चोगा पहने एक इनसान, आदमी या औरत, कुछ साफ़ दिख नहीं रहा था। एक पीले से पुराने पड़ते हुए काग़ज़ से मरनेवालों के नाम पढ़ रहा था। जो अभी मरे नहीं थे उनके नाम के आगे मरने की तारीख़ भी दर्ज थी। लेकिन जब वह उनके नाम तक पहुँचता था, रेशमा की आँख एक ख़ामोश चीख़ के साथ खुल जाती थी।"

"भाई कहते थे कि किसी मरे हुए इनसान को अगर ख़्वाब में देखो तो उसकी तरफ़ हरगिज़ नहीं जाना चाहिए, चाहे वह कितना भी बुलाए। अगर चले गए तो तुम भी मर जाओगे। कई बार उसने बिलासी बुढ़िया को ख़्वाब में देखा था। बिलासी उनके घर चौका-बर्तन करने आया करती थी। फिर एक दिन सुनने में आया कि वह मलेरिया का शिकार हो गई है। रेशमा के ख़्वाब में वह हँसती हुई उसे बुला रही थी। उसके पोपले मुँह से कोई आवाज़ नहीं निकल रही थी। रेशमा उससे दूर भागना चाह रही थी, लेकिन जैसा कि उसके ख़्वाबों में अक्सर होता था, वह आगे नहीं बढ़ रही थी।"

फिर एक और प्रसंग है—"उसको वह दिन याद आया जब वह प्लाज़ा टॉकीज़ में भाइयों के साथ पिक्चर देखने गई थी। उस दिन किसी खराबी की वजह से कुछ देर

के लिए पिक्चर की आवाज़ ग़ायब हो गई थी। बिना किसी तरह के शोर के बस लोग पर्दे पर चल-फिर रहे थे।" इसके बाद साधु के आने का विवरण है जिसमें अम्मा के दिए दान से असन्तुष्ट होकर साधु ने रेशमा के मन में ज़हर घोलते हुए अपशकुन-भरे वचन कहे थे—"यह तुमने अच्छा नहीं किया। अभी तो मैं जा रहा हूँ मगर दस तारीख़ को देखना।" एक जगह अपशकुन का ज़िक्र है : रेशमा ने गिद्ध तो देखे थे लेकिन पीले रंग के गिद्ध वह पहली बार देख रही थी। वे गहरे पीले रंग के थे, जैसे कि किसी ने उनको हल्दी से रँग दिया हो।..."अम्मा ने बताया कि ये गिद्ध बहुत दूर से आते हैं। कई साल हुए एक बार और आए थे। ये मामूली पंछी नहीं हैं। इनके आने का कुछ मतलब तो ज़रूर होता है। क्या कोई अनहोनी बात होनेवाली है?...अम्मा कुछ देर बोली नहीं। उनके चेहरे पर आशंका की छाया फैल गई थी। थोड़ी देर चुप रहने के बाद उन्होंने कहा ये छिड़बड़ी मनहूस होती हैं।"

ऐसे अनेक संकेत कहानी में लगातार उभरते हैं जो ऊपर से सहज-सामान्य नज़र आते हैं और किशोरावस्था की देहरी की ओर बढ़ती रेशमा और उसके भाई-बहन के रहस्य, कुतूहल और मासूमियत से भरे अनुभव-संसार का स्वाभाविक हिस्सा हो सकते हैं। लेकिन उनके पृष्ठभूमि में सन्देह, विस्मय, अज्ञात भय और आशंका के झिलमिलाता रहस्य भी विद्यमान है। थोड़ी गहराई में जाएँ तो इन रहस्यपूर्ण संकेतों को समझ पाना मुश्किल नहीं है। साँप के दिखाई देने, बिलासी की मौत होने, प्लाज़ा टॉकीज़ में फ़िल्म देखते वक़्त अचानक दृश्य से आवाज़ ग़ायब हो जाने, रेशमा को बार-बार मरने के ख़्वाब आने, लेटे हुए भाई को ऊपर से लाँघ जाने, दिन और रात के संधि-स्थल को शैतान का वक़्त कहे जाने के प्रसंग में या सेमल के पेड़ की डालों के वीरान हो जाने के प्रतीकार्थ में मृत्यु के अन्तःस्फुट संकेत छिपे हैं। इन्हें कहानी के अन्त में भाई की मृत्यु की हृदय-विदारक सूचना की संगति में देखें तो सहसा उनका निहितार्थ मार्मिक ढंग से उजागर हो उठता है। क्या विडम्बना है कि हौज में निस्पन्द लेटे हुए मृत्यु का अभिनय करने का खेल कहानी के अन्त में पानी में डूबने से हुई भाई की मृत्यु की निर्मम वास्तविकता में बदल जाता है। लेकिन अनिष्ट की परछाइयों से घिरे ये संकेत ऐसी कथात्मक स्वाभाविकता में गूँथे गए हैं कि अन्त में जाकर ही उनके अभिप्राय खुलते हैं। अंडरटोन में कहानी कहने की यह कला हिन्दी में अत्यन्त विरल है।

यहाँ छोटे-छोटे स्मृति-बिम्बों की श्रृंखला में रची अनुभूति की मार्मिक सघनता के साथ अवसाद की छाया धीरे-धीरे गहराती फैलती है और एक अबूझ रहस्य-वृत्त निर्मित करती है जहाँ कुछ अप्रत्याशित और अज्ञात घटित होने जा रहा है। वह नितान्त अननुमेय है। लेकिन घट्यमान के संकेत कहानी निरन्तर देती चल रही होती है। यह सूक्ष्म और सांकेतिक विवरण-कौशल के साथ सम्भव हुई अद्‌भुत कहानी है। पूरी कहानी में अनिष्ट के आगमन की आहट सतत सुनाई देती है जैसे कि वह पूर्व-नियत हो। दुःख और आशंकाओं से भरी रेलयात्रा में रेशमा के भीतर भाई के साथ घटित अनिष्ट के लिए कहीं एक मासूम अपराधबोध जन्म लेता है। उसे याद आता है, घास पर लेटे हुए भाई को लाँघ जाने पर उसने कहा था—"किसी लेटे हुए इनसान के ऊपर से लाँघकर नहीं जाना चाहिए। नहीं तो वह बढ़ता नहीं है, हमेशा वैसा का वैसा ही रह जाता है।" डूबने से भाई

की मृत्यु हो जाने की सचाई उजागर होने पर रेशमा कहीं ख़ुद को अपराधी मानने लगती है। मगर रेलगाड़ी की खिड़की से दूर आसमान में कहीं उड़ती दिखाई दे रही चिड़ियों के अबाबील होने का अनुमानकर वह कयास करती है कि अगर वह अबाबील है तो भाई ज़रूर वापस आएगा। रेशमा के पास इस मासूमियत-भरे विश्वास का पुख़्ता आधार है, जिसे ख़ुद भाई ने बताया था कि सारी चिड़ियों में सबसे ऊपर उड़नेवाली अबाबील को कोई शिकारी नहीं पकड़ सकता। इस विश्वास और उसके साथ जुड़े सन्देह के बीच झूलते अधर में कहानी का सत्य स्पन्दित होता है।

यथार्थ के प्रत्यक्ष आयाम में घटित होने पर भी इस कहानी का मर्म प्रत्यक्ष घटनात्मक स्तर पर प्रकट नहीं होता। वह रेशमा के निश्छल अन्तर्जगत के भीतर-ही-भीतर सुलगते ताप में, उसकी अबूझ-सी आस्था और दुश्चिन्ता से भरी कशमकश में विकसित होता है। ज़ाहिर है, वह आयातित या आरोपित नहीं, उसे किसी प्रत्याशित सत्य या निष्कर्ष से प्रमाणित करने की आवश्यकता भी नहीं, वह किसी परिणति को भी प्राप्त नहीं होता, एक वेदना-भरे अनुभव का समूचा वृत्त जैसे उसके भीतर से धीरे-धीरे उभरता है और पाठक उसके जादू से घिर जाता है। प्रत्यक्ष वास्तविकता को अन्तर्जगत के अनजान इलाक़ों में स्थगित कर उसकी अन्तर्ध्वनियों को सुनने की यह बारीक़ कला है। घटनात्मक वास्तविकता के कोलाहल से दूर यह एक विषाद-भरी लय है जो धीरे-धीरे संवेदना की सतह पर फैलती है।

चिट्ठी

अखिलेश

युवा दोस्तों की ज़िन्दा संवेदनाएँ

प्रियम अंकित

अखिलेश की कहानी 'चिट्ठी' (हंस, 1989) के अन्तिम शब्द हैं—"उस दिन अलग होने से पहले हमने तय किया 'हममें से यदि कोई कभी सुखी हुआ तो सारे दोस्तों को ख़त लिखेगा।' लम्बा समय बीत गया इंतज़ार करते, किसी दोस्त की चिट्ठी नहीं आई। मैंने भी दोस्तों को कोई चिट्ठी नहीं लिखी है।"

अब जरा कहानी के इस अंश पर ग़ौर फ़रमाइए—

"मंडली में कई लोग थे, प्रदीप, रघुराज, कृष्णमणि त्रिपाठी, विनोद, दीनानाथ, त्रिलोकी, मदन मिश्र आदि। हम विश्वविद्यालय के बेहद पढ़े-लिखे लड़कों में थे। हमारी पढ़ाई-लिखाई वह नहीं थी, जो गुरुओं के पाजामे का नाड़ा खोलने से आती है। हम उस तरह के पढ़नेवाले भी नहीं थे, जो प्रकट हो जानेवाले ग्रस्त रोगी की तरह अपने बाड़े में ही दुबके रहते हैं। राजनीतिक रुझान भी थी हमारी।"

अब सवाल यह है कि जो 'अपने गुरुओं का नाड़ा खोलने' से यानी प्रभावशाली लोगों की चापलूसी करने से इनकार करता है, इस व्यवस्था से असन्तुष्ट रहते हुए बेहतर व्यवस्था के निर्माण की उम्मीद रखते हुए 'राजनीतिक रुझान' भी रखता है, क्या आज वह उम्र के किसी मोड़ या मुकाम पर सुखी रह सकता है? यह कहानी हमें बेचैन करती है, क्योंकि वह इस सवाल को बड़ी शिद्दत से उठाती है। जब हमारे दौर के आर्थिक, सामाजिक और राजनीतिक संगठन समझौतापरस्तों के हवाले हों, हमारे शासक दिन-ब-दिन लंपट होते जा रहे हों, संवेदनहीन होना ही सफलता पाने की पहली शर्त बन गई हो और ऐसी सफलता ही सुख का पैमाना बन गई हो तो जिस चिट्ठी को लिखे जाने की बात कहानी में की गई है, वह बग़ैर संवेदनहीन हुए कैसे लिखी जा सकती है!

ग़ालिब का एक शेर है—

दिल ही तो है न संग-ओ-ख़िश्त दर्द से भर न आए क्यूँ
रोएँगे हम हज़ार बार कोई हमें सताए क्यूँ

इस चिट्ठी को लिखने के लिए हमें दिल को 'संग-ओ-खिश्त' करना होगा, 'दर्द' से भर आने के बजाय बेदर्द होना होगा और रोने-रुलाने को एक बेकार का समय व्यर्थ

करनेवाला कर्म समझना होगा। इस चिट्ठी का ना लिखा रह जाना ही शायद इस बात का सबसे बड़ा प्रमाण है कि संवेदनाएँ आज भी ज़िन्दा हैं।

'चिट्ठी' कहानी ज़िन्दा संवेदनाओं की कहानी है, क्योंकि यह मित्रता या दोस्ती की कहानी है। पारम्परिक परिभाषा है कि दोस्त वह जो आपका सुख और दुख बाँटे। अखिलेश की यह कहानी मित्रता की परम्परा के अनूठे विस्तार पर रौशनी डालती है। सुख बाँटने को तो हर कोई लपकता है। लेकिन जो मित्र होता है, वह लपकता नहीं है, बल्कि दिल ख़ुद चाहता है कि उससे अपना सुख बाँटा जाए। दुख बाँटने को कोई तैयार नहीं होता, सिवाय दोस्त के, जो ख़ुद आगे आकर और दुनिया को ठेंगा दिखाकर दुख इस तरह बाँटता है कि दिल हल्का महसूस करता है। इसीलिए दोस्त सबसे बड़ा राजदार होता है। मित्रता गुंडों, राजनेताओं आदि के बीच भी होती है, लेकिन वह महज़ रस्मी होती है और स्वार्थों पर टिकी होती है। जब स्वार्थसिद्धि होना बन्द, तो मित्रता ख़त्म। लेकिन इस कहानी की मंडली की मित्रता स्वार्थ-सम्बन्धों पर नहीं टिकी है। इस मित्रता का आधार वे मूल्य हैं जिनमें इस मंडली के सभी सदस्य अपनी आस्थाओं के साथ शरीक हैं। ये मूल्य समाज की सड़ी-गली मान्यताओं से विद्रोह करनेवाले मूल्य हैं। मंडली के सभी सदस्य युवा और विद्यार्थी हैं। इस मंडली के मूल्य भी ताज़गी और उमंग की त्वरा में रचे-पगे हैं। मकान-मालिक विद्यार्थियों को कमरा नहीं देना चाहते, 'शराफत' और खोखली पड़ चुकी नैतिक मान-मर्यादाओं की रक्षा के नाम पर। लेकिन इस मंडली के सदस्य भी 'ऐरे-ग़ैरे' नहीं हैं, जो इन मर्यादाओं और तथाकथित 'शराफत' के जंग खाए सीखचों के सामने घुटने टेक दें। उन्होंने भी ठान रखा है, कि मकान वहीं लेंगे, जहाँ 'नैसर्गिक सौन्दर्य' यानी सुन्दरियाँ हों। इसके लिए वे मुस्टंडों के जमावड़े वाली चाय की दुकान से लेकर उन घरों की तलाश में भटकते हैं जिनकी छतों पर 'शलवार, कुर्ते, दुपट्टे या अन्तरंग वस्त्र लटकते होते।' लेकिन वाचक अपनी मंडली के सभी सदस्यों के लिए कहता है कि 'हम' लंपट, लुच्चे या ऐसे गिरे हुए नहीं थे। ध्यान दीजिए कि यहाँ वाचक 'मैं' नहीं, 'हम' शब्द का इस्तेमाल करता है। सच्ची मित्रता में व्यक्तिवाद नहीं होता, बल्कि व्यक्तिवाद को ठेंगा दिखाती सामूहिकता होती है। 'हम' सामूहिकता का और इस सामूहिकता पर अद्वितीय भरोसे का प्रतीक है।

युवाओं के बीच विपरीत लिंग के प्रति आकर्षण सहज होता है। लेकिन पतनशील मूल्यों को पोसते समाज की सामन्ती मानसिकता इस आकर्षण को हीन नज़रों से देखती है। चिट्ठी कहानी को आए एक अर्सा हो चुका है। लेकिन इस सामन्ती मानसिकता में कोई कमी नहीं आई है। खाप पंचायतों में युवाओं का क़त्ल-ए-आम जारी है। चिट्ठी कहानी के युवा पात्र 'हम' की ताक़त के बूते, यानी आपसी भरोसे से उपजी सामूहिकता में अटूट विश्वास के बल पर समाज के सामन्ती संस्कारों को चुनौती देते जान पड़ते हैं। समाज उन्हें भले ही लंपट मान लेता, लेकिन बकौल वाचक—"हम ऐसे गिरे हुए नहीं थे। सीमा का अतिक्रमण हराम था हमारे लिए।" उनकी तरफ़ अनेक लड़कियाँ लपकती थीं, वे सभी अपने-अपने विभाग के हीरो थे, लेकिन सभी इतने 'नैतिक' थे कि अवसर को ठुकरा देते थे। सवाल है कि यह कैसी नैतिकता है, जो अवसरों को

लपकने के बजाय ठुकरा देने में विश्वास रखती है? सही अर्थों में ये अवसरवाद की मुख़ालफ़त करनेवाला एक नैतिक बोध है।

जिस दौर में चिट्ठी की रचना हुई, यह वह समय था जब पूँजीवाद की चतुर्दिक जीत के जश्न पूरी दुनिया में मनाए जानेवाले थे। प्रतिबद्धता और पक्षधरता जैसे मूल्यों को अप्रासंगिक करार देते हुए अवसरों को लपकने की गलाकाट प्रतिस्पर्धा के एक समूचे युग ने युवा-पीढ़ी को ललकारना शुरू कर दिया था। विकास के नाम पर सही अर्थों में विकास के बजाय विस्थापन को बेशर्मी से बरता जा रहा था। बेरोज़गारों की तेज़ी से लगातार बढ़ती संख्या के आगे मुट्ठी भर 'अवसरों' को उछालकर हमारे सत्ताधीशों ने अपनी सफलता पर इतराना शुरू कर दिया था। सारे मूल्यों को दरकिनार कर जैसे भी हो अवसरों को लपकने की नई संहिता नवधनाढ्य मध्यवर्ग द्वारा प्रशंसित होने लगी थी। ऐसे में अवसरों को ठुकरा देने का अर्थ बहुतों की नज़रों में जानबूझकर आत्मघात की तरफ़ बढ़ना होता। लेकिन जो आत्मविश्वास से भरपूर है, वह आत्मघाती नहीं होता। कहानी में मित्रमंडली के सभी सदस्य जोश और आत्मविश्वास से युक्त हैं! वे गणेश प्रसाद जैसे दोयम दर्जे के अध्यापकों और विभागाध्यक्षों की भर्त्सना उनके मुँह पर करते हैं। जहाँ विभाग के अन्य छात्र-छात्राएँ गणेश प्रसाद की नाराज़गी मोल लेने की सोच भी नहीं सकते, वहीं ये मित्र उसकी श्रेष्ठता के आभामंडल को तहस-नहस करके उसकी नाराज़गी मोल लेते हैं। गणेश प्रसाद जैसे अध्यापक समझौतापरस्त अवसरवादिता के प्रतीक हैं। इस मित्रमंडली की वैचारिक भंगिमाएँ और व्यावहारिक क्रियाकलाप इसी समझौतापरस्ती और अवसरवाद के ख़िलाफ़ विद्रोह का प्रतीक हैं।

चिट्ठी कहानी राजनीतिक रूप से मुखर कहानी है। छात्रसंघों की राजनीति का जो चित्रण इस कहानी में मिलता है, वह कमोबेश पूरे देश की राजनीति और राजनीतिक संगठनों पर धारदार कटाक्ष है—"दरअसल आज़ादी के बाद इस विश्वविद्यालय के छात्रसंघ का इतिहास रहा है कि अध्यक्ष की कुर्सी पर किसी ठाकुर या ब्राह्मण ने ही पादा है और प्रकाशन मंत्री की कुर्सी कोई हिजड़ा-भड़वा टाइप का ही आदमी गंधवाता रहा है।" यह कहानी मंडल आयोग की सिफ़ारिशें लागू होने से पहले लिखी गई थी। आज मंडल आयोग की सिफ़ारिशें लागू हुए बीस वर्ष से अधिक हो चुके हैं। अभिधात्मक रूप से यह कथन आज भले ही 'पिछड़' गया हो, लेकिन इसकी व्यंजना की धार अभी तक कहीं से भी कम नहीं हुई है। आज कोई भी राजनीतिक संगठन हो, सवर्णों का, पिछड़ों का या अति पिछड़ों का, सबके अपने-अपने 'पवित्र' मठ बन चुके हैं और इन मठों के सामने साष्टांग दंडवत लगातार जारी है। इसलिए बहुखंडी जी और 'जनेऊ' आज भी भारतीय राजनीति में बेरोक-टोक घूम रहे हैं।

कहानी का अन्त बड़ा मार्मिक है। यह मित्रमंडली दुनियावी सफलता के लिहाज़ से नाकामयाब है। वे नाकामयाब हैं, क्योंकि वे मनुष्यता और संवेदना के पक्ष में खड़े हैं। अपने कथ्य की बहुध्वन्यात्मकता को कहानी में भाषा के अद्भुत इस्तेमाल द्वारा प्रतिष्ठित किया गया है। श्लेष, वाक्पटुता, खिलंदड़पन और व्यंग्य के अद्भुत प्रयोग द्वारा यथार्थ की क्रूरताओं, विसंगतियों और विडम्बनाओं को चित्रित करती कहानी की यह सधी हुई भाषा अपनी प्रासंगिकता को आज तक लगातार सिद्ध करती आ रही है।

पिंटी का साबुन

संजय खाती

गाँव में उपभोक्तावाद का प्रवेश

मनोज खरे

'पिंटी का साबुन' (1990) लोककथा की सुगंध लिये एक नाजुक-सी लगनेवाली, किन्तु गम्भीर कहानी है। यह कहानी उस दौर में लिखी गई थी, जब भारतीय अर्थव्यवस्था में उदारीकरण एवं वैश्वीकरण के नारे बुलन्द हो रहे थे और 'बाज़ार' को ख़ुदा मान लेने की अनुगूँज के बीच 'उपभोक्तावाद' नये सिरे से अपनी कमर कस रहा था। इस दौर की अनेक कहानियाँ बाज़ारवाद के हमलों और दुष्प्रभावों को अनेक स्तरों पर व्यक्त करती हैं। उन तमाम कहानियों के बीच यह कहानी अन्तर्वस्तु के बहुप्रसार के बजाय कथा शिल्प के प्रचलित कलेवर में कहने की कोशिश करती है। संजय खाती ने इस कहानी में सहज और सरल तरीक़े से उपभोक्तावाद की घुसपैठ के चलते सामाजिक सम्बन्धों के ताने-बाने में होनेवाले बदलाव को चिन्हित किया है।

कहानी के केन्द्र में उत्तरांचल का एक सीधा-सरल पहाड़ी गाँव है जो उपभोक्ता वस्तुओं की घुसपैठ से पूरी तरह अछूता है। यहाँ तक कि गाँव के बाशिंदे नहाने के साबुन से भी अनजान हैं, जो कि कहानी में उपभोक्तावाद के प्रतीक के रूप में प्रस्तुत हुआ है। गाँववासियों की सामूहिक स्मृति में 'साबण' डिप्टी साहब की बिटिया पिंटी के साथ दर्ज है जो कभी दस-पन्द्रह बरस पहले एक बार गाँव आई थी। संजय खाती ने इस सामूहिक स्मृति की रचना एक किंवदंती के रूप में बख़ूबी की है—"कहते हैं, पिंटी जहाँ खड़ी हो उससे एक कोस दूर तक फूलों की-सी बास महकती थी।" ग्रामीण जीवन में आम तौर पर व्याप्त रहनेवाली अन्य किंवदंतियों की तरह कहानी में गढ़ी गई यह किंवदंती कहानी के तत्कालीन परिवेश को विश्वसनीय बनाने में महत्त्वपूर्ण भूमिका अदा करती है।

गाँव में साबुन का प्रत्यक्ष प्रवेश कथानायक गोपी या गोपिये के मार्फ़त होता है। गोपिया एक युवक है जो पास के एक क़स्बे में लगे मेले में एक कम्पनी द्वारा विज्ञापन अभियान के लिए आयोजित की गई दौड़ में पुरस्कार के रूप में साबुन की ख़ुशबूदार गुलाबी टिकिया अनायास ही जीत लेता है। युवक के हाथ साबुन क्या आता है, पूरे गाँव में खलबली मच जाती है। गाँव में साबुन का आना बरसों से सुने जानेवाले पिंटी के क़िस्से के सच हो जाने के समान था। "हर कोई साबुन देखने को बेकल था। सारे गाँव में जंगल की आग की तरह यह बात फैल गई थी। लोग मुझे रोक लेते, कोई बहाना खोजकर चले आते।"

लेकिन साबुन गोपिये ने जीता था। साबुन पर उसका एकाधिकार था। वह उस अनूठी चीज़ को बिना किसी से साझा किए ख़ुद ही भोगना चाहता था। काका द्वारा क़स्बे से गाँव के रास्ते में ही साबुन जबरन छीनने की कोशिश से गोपिये को सबकी नीयत में खोट दिखाई देने लगी थी। "वे चाहते कि मै उनको साबुन दिखा दूँ। जब मैं, इनकार कर देता तो वे नाराज़ हो जाते, डाँट-डपट करते। अलबत्ता वे मुझे सूँघ ज़रूर लेते। साबुन न दिखाने की मेरी इस ज़िद से घरवालों को शर्मिन्दगी का सामना करना पड़ता होगा। बाद में मुझे वे अपनी गालियों का निशाना बनाते। काका जब भी सामने आता धमकी भरे इशारे करता। दो-एक बार तो उसने अकेले में मेरा गला भी दबाया। कुंती हमेशा मुँह फुलाए रहती। उससे मेरी झड़प हो जाए तो बापू मुझे अपने ढाई किलो के हाथ से झापड़ मारने में जरा देर नहीं करते। इजा मुझसे हमेशा चिड़चिड़ाते हुए बात करती।" वहाँ तक कि गोपी को लगता कि "सारी दुनिया गिद्धों की तरह मेरे उस छोटे से सुख को नोचने के लिए बेताब थी।" गोपी की यह समझ उपभोक्ता वस्तुओं के प्रति आम धारणा की अभिव्यक्ति है जो उपभोक्ता वस्तुओं को सुख का साधन समझती है।

'पिंटी का साबुन' उपभोक्तावाद के कारण गाँव के सहज और आत्मीय सम्बन्धों में हो रहे कायाकल्प की शिनाख़्त करती है। साबुन की एक टिकिया के आने से एक-एक करके दोस्तनुमा काका, इजा (माँ), बापू (पिता), कुंती (बहन) और कक्षा के सहपाठी गोपी के 'दुश्मन' बनते चले जाते हैं। उसने "जान लिया था कि जो भी साबुन देख लेगा, उसकी नीयत में खोट आ जाएगी।" सम्बन्धों में बढ़ती कड़ुवाहट गोपी के प्रति परिवार के सदस्यों के रूखे और कटु होते व्यवहार में प्रकट होने लगती है। माँ के द्वारा पिटाई से गोपी का अन्तर्मन आहत हो जाता है तो दूसरी ओर काका के सिर पर भारी लोटा मार देने के बाद भी काका का गोपी की शिकायत करने के बजाय बहाना बनाना, उसे अपने व्यवहार के प्रति सोचने पर मजबूर करता है। ऐसे में जब रात में गिरी बर्फ़ में साबुन की टिकिया गलकर लोंदे में बदल जाती है तो पुनः माँ के आगोश में गोपी फूट पड़ता है। साबुन की टिकिया के ख़ात्मे के साथ ही उपभोक्ता वस्तुओं के विभेदकारी चरित्र के बरक्स गोपी को सम्बन्धों की स्वाभाविक ऊष्मा का पुनः अहसास होता है। "और सहसा मुझे लगा, बर्फ़ का एक विशाल ढेर पिघल रहा है। मेरा मन रुई की तरह हल्का और हल्का होने लगा। उस क्षण हवा का कोई झोंका आता तो मैं सचमुच ही उड़ने लगा होता।"

व्यक्ति, परिवार और समाज में उपभोक्ता वस्तु—साबुन से आए बदलावों के अन्तर्गत कथाकार वर्गीय विभेद को भी समेटता है। सम्बन्धों में आनेवाली दूरियाँ वस्तुतः धन के आने से होनेवाली विकृतियों की ओर इशारा करती हैं। यह दूरी सिर्फ़ भाई-भाई के बीच की नहीं, वरन् धनवान और विपन्न के बीच की है। यह दूरी वर्गभेद को दर्शाती है। एक वर्ग उनका जिनके पास साबुन है और दूसरा जिनके पास साबुन नहीं है। यह वर्ग-विभेद स्कूल के समतामूलक माहौल में होनेवाले बदलाव में शिद्दत से प्रकट होता है। साबुन की ख़ुशबू सूँघकर और कहानी सुनकर स्कूल के लड़के बौरा जाते हैं। सब उसके आगे-पीछे घूमना और क़रीब आना चाहते हैं। गोपी को साबुन के कारण लड़कों के बीच वीआईपी जैसा दर्ज़ा मिल जाता है। "जब लड़के हुड़दंग मचा रहे होते, तब मैं दीवार पर बैठा टाँगे

हिलाता रहता। वे कबड्डी में एक-दूसरे को रगेदते, गीले खेतों में घुसकर ककड़ियाँ खोजते, चोरी से नीबू तोड़ लाते, नदी में नंगे होकर नहाते, पिरूल में फिसलते। वे हमेशा चीख़ते-चिल्लाते, गुत्थमगुत्था होते, कपड़े फाड़ लेते या बदन छिला लेते। मैं बैठे-बैठे उनको देखता और उँगलियाँ चटखाता।"

कहानी उपभोक्ता वस्तुओं के प्रति लोगों की ललक और उनमें छुपे गर्वपूर्ण उपलब्धिबोध की भी पहचान बख़ूबी करती है। "साबुन से नहाकर उस दिन मुझे लगा था, किसी भी क्षण मैं उड़ने लगूँगा। अपने आँगन की मुँडेर से मैं छलाँग लगाता और कई बार ऐसा होता कि मैं उड़ने लगता। ऊँचे और ऊँचे पहाड़ों के ऊपर मैं कबूतरों की तरह तैरता जाता। दूर-दूर तक जाने कितने देश, कितने गाँव एक साथ मेरे नीचे सरकते जाते। बदन में सनसनी सी होने लगती। नीचे देखता तो अपना घर छोटा-सा दिखाई देता—खिलौने जैसा। और इजा, बापू, काका, कुंती, सारे लोग कैसे दिखाई देते जैसे चींटी जितने को गए हों। मैं सारी दुनिया के ऊपर तैरता। सब कुछ मेरे नीचे। कोई मुझ तक नहीं पहुँच सकता था।" संजय खाती की 'पिंटी का साबुन' एक गम्भीर कथ्य की अतिशय सहजता के साथ प्रस्तुति का अनुपम उदाहरण है। कहानी की भाषा लोककथात्मक शैली का रंग लिये हुए है। संजय खाती का भाषाई संयम देखते बनता है। कहानी में न एक शब्द ज़्यादा लगता है, न एक शब्द कम। समकालीन कहानी में लम्बे कलेवर और यथार्थ की सघन प्रस्तुति करती कहानियाँ तो बहुत हैं, पर इतने सधे रूप में अपने समय के यथार्थ को प्रतीकीकृत करती कहानियाँ कम ही देखने को मिलती हैं।

'पिंटी का साबुन' में गढ़े गए वृत्तान्त की आलोचना बहुधा अप्रामाणिकता के आधार पर की गई है। इसका कारण कदाचित् साबुन को उपभोक्तावाद के रूपक के रूप में प्रस्तुत करना है। समकालीन कालक्रम में यह रूपक न पूरी तरह से फंतासी की रचना करता है और न ही पूरी तरह वास्तविकता का। इस कारण कथात्मक प्रवाह कहीं-कहीं भटकता सा प्रतीत होता है। फिर भी घटनाओं और प्रसंगों का संयोजन इतनी सहजता से किया गया है कि बदलता हुआ यथार्थ हम तक पहुँचता है। ज़ाहिर है कहानी एक 'गल्प' भी है और कथाकार अपने अभिप्रेत के लिए कथा स्थितियों की वास्तविकता से परे भी जोखिम लेता है। 'पिंटी का साबुन' के रूपक-वृत्तान्त को इसी आशय से स्वीकारना चाहिए। कहानी की सादगी और सहजता उसे विशिष्ट बना देती है। लगता है आज भी कहानी की ख़ुशबू हवाओं में पिंटी के साबुन की तरह कोसों-कोस दूर तक तैर रही है।

साज़-नासाज़

मनोज रूपड़ा

जुनून को जीने की जद्दोजहद

कृष्णमोहन

जैसा कि कहते हैं, यथार्थ प्रायः कल्पना से अधिक नाटकीय और प्रभावशाली होता है। 1990-92 के दौरान देश-दुनिया में हुई उथल-पुथल ने ऐसा दृश्यांतर उपस्थित किया कि एकबारगी तो उसके ऐतिहासिक सारतत्त्व को आत्मसात् करके उसका रचनात्मक रूपान्तरण करना मुश्किल हो गया। लेकिन तूफ़ान की पहली लहर के गुज़र जाने के बाद हमारी संवेदना इस युगान्तर के वास्तविक आशयों को धीरे-धीरे पहचानने लगी। नये परिवर्तनों से रू-ब-रू होने के साक्ष्य तो पूरे दशक में ही मिलते रहे थे, लेकिन कहानी के क्षेत्र में बीसवीं सदी के आख़िरी दशक की संवेदना का एक प्रतिफल मनोज रूपड़ा की कहानी 'साज़-नासाज़' (हंस, 1995) में देखने को मिला। पहली बार हंस में छपने के बाद, यह कहानी इसी नाम के कहानी-संग्रह में है और वागर्थ में पुनः प्रकाशित भी हुई थी।

कहानी की शुरुआत में ही वाचक मुम्बई में समुद्र तट पर लेटे हुए सोचता है कि "काश इस शहर में मेरा भी कोई दोस्त होता।" क्योंकि इस महानगर में "जिस्मों की लथपथ नज़दीकियत के बावजूद कोई भी चीज़ मुझे छू नहीं पा रही थी।" यह हमारे समय की एक मूलभूत संवेदना को व्यंजित करनेवाला वाक्य है। अलगाव और अकेलेपन की समस्या तो हमेशा रही है, लेकिन एक मूल्य के रूप में मैत्री और एकजुटता की स्थापना इसी युग में हुई। ध्यान रहे कि यह मैत्री पुराने क़िस्म के प्रेम अथवा साथीभाव (कॉमरेडशिप) से अलग है। वाचक को दोस्त के रूप में बूढ़ा सेक्सोफ़ोन प्लेयर मिलता है, जो समुद्री तूफ़ान के सामने सेक्सोफ़ोन को कुछ इस क़दर बजाता है मानो उसके फेफड़ों से अंधड़ उठ रहे हों और "बाहर के तूफ़ान का सामना वह अन्दर के तूफ़ान से कर रहा हो।" वाचक का बूढ़े के बारे में यह अनुमान ख़ुद उसके और उसके दौर के बारे में भी सच है, क्योंकि दूसरों के बारे में सोचते हुए भी दरअसल हम अपनी ही मनोदशा का परिचय देते हैं। आलोचकों ने इस कहानी को आधुनिक इलेक्ट्रॉनिक वाद्ययंत्रों के आने के कारण पुराने वाद्ययंत्रों को बजानेवाले कलाकारों के बर्बाद हो जाने की त्रासदी की कथा माना है। मैनेजर पांडेय के अनुसार, "इस कहानी में भारतीय फ़िल्म संगीत की दुनिया में जापानी सिंथेसाइजर के आने से विभिन्न साज़ों के कलाकारों की जो उपेक्षा, दुर्गति और दुर्दशा शुरू हुई उसे गहरी संवेदनशील के साथ लेखक ने पहचाना और व्यक्त किया है।" (आलोचना की सामाजिकता, वाणी प्रकाशन, पृ. 178)

कहानी में यह प्रसंग है। वह बूढ़ा एक जापानी सिंथेसाइजर के लिए कहता है कि "हम सबकी बदहाली का एकमात्र ज़िम्मेदार यही है।" बस, इसी से यह 'पूँजीवाद विरोधी' तर्क मिल जाता है, पर आजकल लिखी जानेवाली कहानी इतनी इकहरी नहीं हैं। कहने को तो बूढ़ा यह सब भी कहता है, "सिर्फ़ राबर्ट ही क्यों उस समय तो ए ग्रेड का हर आर्टिस्ट इसी घमंड में रहता था कि उनके 'स्किल' को कोई मात नहीं दे सकता। लेकिन उनके 'स्किल' और मार्केट की ज़रूरत के बीच जो गैप आ गया था वो उन्हें दिखाई नहीं दिया।" ज़ाहिर है कि 'सिंथेसाइजर' को अपनी पीढ़ी का 'एकमात्र हत्यारा' मानने की अपेक्षा यह दृष्टिकोण अधिक सन्तुलित और विवेकपूर्ण है। सबसे बढ़कर यह कि कहानी किसी 'उपेक्षा, दुर्गति और दुर्दशा' की नहीं है। वह इसकी पृष्ठभूमि भर हो सकती है। कहानी तो इस परिस्थिति से उबरने के लिए जारी इनसानी जद्दोजहद की है। लेकिन इसे समझने के लिए थोड़ा प्रयास करना पड़ता है।

दरअसल, इस कहानी को समझने के लिए इसमें सेक्सोफ़ोन की भूमिका और बूढ़े के साथ उसके सम्बन्ध को समझना होगा। वाचक जब बूढ़े से पूछता है कि क्या उसने सारी ज़िन्दगी सेक्सोफ़ोन के 'नशे' में ही गुज़ार दी तो उसका जवाब है, "नहीं, पहले मैं थोड़ा होश में रहता था और तब से सेक्सोफ़ोन के साथ वही सलूक करता था जो एक बदमिज़ाज घुड़सवार अपने घोड़े के साथ करता है। लेकिन जब से मैं नशे में रहने लगा हूँ तब से यह मेरे ऊपर सवार हो गया है और तुम शायद नहीं जानते बदला लेने के मामले में इसके जितना शातिर और माहिर दूसरा कोई साज़ नहीं है। अभी कुछ ही देर पहले तुमने देखा होगा, वह मुझे कितनी बुरी तरह बजा रहा था। अगर समुद्र की ऊँची लहर ने मुझे उससे छुड़ाया न होता तो आज वह मेरी जान ही ले लेता।"

कहानी में नशे का प्रयोग दो अर्थों में किया गया है। सेक्सोफ़ोन का नशा और शराब का नशा। जहाँ तक सेक्सोफ़ोन का सम्बन्ध है, इस फंतासीमय विवरण में वह महज़ एक वाद्ययंत्र न रहकर हर उस चीज़ का प्रतीक बन गया है जिसके आकर्षण में पड़कर व्यक्ति अपनी सुध-बुध खो बैठता है। मसलन प्रेम, कला, विचारधारा और क्रान्ति।

लगाव चाहे जैसा और जितना हो, सवाल यह है कि व्यक्ति सचेत रूप से उसका व्यवहार करेगा या ख़ुद उसके उपयोग की चीज़ एक 'ऑब्जेक्ट' बन जाएगा। यह मसला पुराने ज़माने से ही हमारे सामने रहा है। प्रेम के रूपक का प्रयोग करते हुए कबीर ने माना था कि 'सीस उतारकर' ज़मीन पर रखने यानी बिना शर्त सम्पूर्ण समर्पण करने के बाद ही प्रेम के घर में प्रवेश मिलेगा। आधुनिक युग तक कमोबेश यही विचार चलता रहा। लेकिन आशंका भी बनी रही कि सिर जब पहले ही कट जाएगा तो उस घर में प्रवेश करेगा कौन, और करके भी क्या करेगा। प्रेम में किया गया समर्पण प्रिय को निरंकुश भी तो बना सकता है। फिर क्या होगा? विचारधारा और क्रान्ति के क्षेत्र में 'ऐतिहासिक नियति' के सामने समर्पण करने का हश्र हम देख ही चुके हैं। शीराज़ा बिखर जाने के बाद भी सवाल उठानेवालों को सन्देह की दृष्टि से देखा जाता है। यह 'समर्पणवाद' और कुछ नहीं उच्चस्तरीय सम्मोहन है, कंडीशनिंग है। इसी 'प्रेतबाधा' से ग्रस्त वह बूढ़ा सेक्सोफ़ोन में 'मीठे ज़हर' का शिकार होकर धीमी मृत्यु की तरफ़ बढ़ रहा है और ख़ुद को शहादत का दर्जा देने की तैयारी कर रहा है। उसकी इस प्रवृत्ति को भाँपकर वाचक

उससे पूछता है, "शराब और व्यर्थ के चूतियापों में डूबकर क्या तुम उस महान दुःख का अपमान नहीं कर रहे हो? क्या उस दुःख को तुम सब्लीमेट (उदात्तीकृत) नहीं कर सकते?" बूढ़ा बदले में उसे 'विवश निगाहों' से देखता है मानो वाचक ने "उसे किसी मरी हुई पीड़ा को ज़िन्दा करने का आग्रह किया हो।"

आगे बढ़ने से पहले बूढ़े के बारे में वाचक के कुछ विचारों से अवगत हो लेना चाहिए। उसके साथियों और उसके बारे में वाचक कहता है, "वे उस तरह के धुनी लोग थे जो न तो दुनिया का कोई लिहाज़ करते हैं, न अपने आपको कोई रियायत देते हैं, वे अपने लिए कोई संकीर्ण सीमा निर्धारित नहीं करते। उनमें कोई केन्द्रीय भाव या विशेष गुण नहीं होता।" वाचक का दूसरा कथन, "...उसके पागलपन में अगर मुझे वह युक्तिसंगत व्यवस्था न दिखाती, जिसे हम 'जीनियम' कहते हैं, तो शायद मैं उसे वहीं छोड़कर चला जाता।" इस 'केन्द्रीय भाव' और पागलपन में भी रहनेवाली 'युक्तिसंगत व्यवस्था' के महत्त्व को हम पहले देख चुके हैं। 'तिरिछ' के पिता की तरह ही यह बूढ़ा मनोविक्षेप में भी तर्कसंगत तो है, लेकिन किसी केन्द्रीय भाव के चलते यह अपने सबसे शक्तिशाली आवेग के प्रवाह में ख़ुद ही बह जाता है और आत्मविनाश की हद तक चला जाता है।

आख़िरकार, वाचक के कहने-सुनने का कुछ असर पड़ता प्रतीत होता है और घर आकर सफ़ाई करने के बाद वह नहा-धोकर, अच्छे कपड़े पहनकर सेक्सोफ़ोन और अर्से से इसी रोज़ के लिए सँभालकर रखी पीटर स्कॉच की बोतल लेकर राबर्ट की क़ब्र पर आता है, जिसकी आज पुण्य तिथि है। क़ब्र के सामने पहुँचकर वह समारोही अन्दाज़ में सेक्सोफ़ोन और शराब की बोतल को 'आमने-सामने' करता है और पूरी बोतल सेक्सोफ़ोन में उड़ेल देता है। इस तरह वह एक ज़हर की काट दूसरे ज़हर से करता है। उसके बाद वह उसके माउथपीस को लम्बी फूँक लगाता है और सेक्सोफ़ोन का स्वर सीधे आगे छूट निकलता है—"सिर्फ़ आगे और किसी अज्ञात अन्त की तरफ़ बढ़ती अराजकता।" वाचक को लगता है कि वह "बीते दिनों की ख़ून-ख़राबे से सनी यादों से अपने उत्तप्त और क्षुधित फेफड़ों को शान्त कर रहा है।" इस संगीत के वास्तविक श्रोता 'कुछ क़ब्रें', 'कुछ सलीबें' और 'कुछ उजड़े हुए बूढ़े दरख़्त' हैं।

यहाँ प्रयुक्त शब्द 'अराजकता' पर ग़ौर करें। लेखकों-कलाकारों के जीवन में यह शब्द तो नहीं, पर इसका अर्थ बहुत गौरवान्वित होता रहा है। इसका सीधा-सा अर्थ है किसी नियम अथवा व्यवस्था को न मानना। रूमानी लोग इसे व्यवस्था-विरोधी (एंटी एस्टैब्लिशमेंट) समझते हैं, लेकिन दरअसल यह व्यवस्था के पक्ष में होता है। क्योंकि उसके विरोध को यह व्यवस्थित नहीं होने देता और ख़ुद इसके अव्यवस्थित रहने से व्यवस्था का कुछ बनता-बिगड़ता नहीं।

"जब साये लम्बाई की आख़िरी हद तक पहुँच गए, परिन्दे दरख़्तों पर वापस लौट आए और अँधेरा आहिस्ता-आहिस्ता कायनात को घेरने लगा" यानी जब 'असली श्रोता' विदा होने को हुए तब बूढ़े ने सेक्सोफ़ोन से मुँह हटाया। उसने स्वीकार किया कि यह बिटनिक धुन थी और राबर्ट बिटनिक का भक्त था। हालाँकि ख़ुद उसने जॉर्ज और इंडियन क्लासिकल के बीच का रास्ता चुना है जिसमें सम से चलकर सम पर वापस आने का

क़ायदा है। वाचक उससे पूछता है कि "क्या तुम्हें नहीं लगता कि तुम्हारी धुनें 'क़ायदे' से छुटकारा पाकर किसी ग़लत रास्ते में अटक गई हैं। बूढ़ा सिर झुकाकर यह मानता है कि उसकी फूँक में अब पहले जैसी सिफ़त नहीं रही। यह कमज़ोरी उसी अराजकता के चलते आई है लेकिन वाचक उसे छोड़ता नहीं।" सिफ़त है, उतनी ही जितनी किसी कलाकार के भीतर होनी चाहिए। कोई भी हादसा कलाकार के अन्दर की खलिश को ख़त्म नहीं कर सकता, अगर उसके अन्दर ज़रा-सी भी ईमानदारी है।" ईमानदारी का स्पष्टीकरण वह इस प्रकार देता है—"हाँ, जब हम अपनी कमज़ोरियों का दोष समय पर मढ़ने लगते हैं, तब हम किसी और के साथ नहीं, ख़ुद अपने साथ बेईमानी करते हैं।" यह सुनकर पहले तो बूढ़ा ग़ुस्से में आता है फिर ढीला पड़ जाता है। वाचक की टिप्पणी है कि "उस स्खलन में सिर्फ़ तात्कालिक उत्तेजना का ही नहीं, बल्कि एक पूरी उम्र से अर्जित अकड़ का अन्त था।" इसके बाद वह अपनी कुछ शारीरिक मजबूरियों का हवाला देता है जिसके जवाब में वाचक उसके सामने यह चुनौती रखता है कि "मैं देखना चाहता हूँ कि तुम सेक्सोफ़ोन बजा सकते हो कि नहीं। अभी तक तो वह तुम्हें बजा रहा था।" बूढ़ा इस चुनौती को स्वीकार कर लेता है और वाचक की आश्वस्ति के साथ कहानी ख़त्म होती है।

इस तरह यह कहानी दीवानगी में भी होशमन्दी की माँग करती है। क्या पूँजीवाद-विरोध के नाम पर नई तकनीक को ख़ारिज किया जा सकता है? बूढ़ा कलाकार अपने आत्मतत्त्व की खोज करके इससे उबरता है। उसका दोस्त इसमें उसकी मदद करता है, उसे राह दिखाता है। बहरहाल, कहानी पर वापस आएँ तो इसमें हमारे समय का एक केन्द्रीय प्रश्न जेरे बहस है कि कला, विचारधारा, क्रान्ति, प्रेम और यहाँ तक कि धर्म के साथ मनुष्य का सम्बन्ध क्या होना चाहिए। उसे किसी प्रदत्त स्थिति, वह कोई अवधारणा हो या उसका आन्तरिक आवेग, से शासित होना चाहिए या अपनी शर्तों पर उससे सम्बन्ध बनाना चाहिए। मनुष्य भी यहाँ कोई अमूर्त मानव नहीं, ठोस और अपनी निजता से सम्पन्न व्यक्ति है। कहानी का पक्ष भी स्पष्ट है। यह अगर व्यक्तिवाद है तो हम इसे सकारात्मक व्यक्तिवाद कहना पसन्द करते हैं। सामूहिकता में एक सुरक्षा भी छिपी होती है। लेकिन आत्मनिरीक्षण और आत्मालोचना के हमारे युग में सुरक्षा का यह विकल्प उपलब्ध नहीं है। चुनौतियों का सामना होने पर शुतुरमुर्गी प्रवृत्तियाँ भी उभरती हैं, इसलिए उन पर अधिक ध्यान देने की ज़रूरत नहीं है। मूलतः यह प्रश्न अपने फ़ैसलों की ज़िम्मेदारी और जवाबदेही से जुड़ा है, और इस जवाबदेही से बचा नहीं जा सकता। जैसा कि इस कहानी का मन्तव्य भी है, अपने वक़्त को दोष देने के बजाय उसे यह श्रेय देना चाहिए कि उसने हमें निर्णायक भूमिका निभाने के लिए चुना है। अगर हम इस चुनौती का सामना नहीं कर पाएँगे तो आनेवाली पीढ़ियाँ करेंगी। हाँ, कहानी के ही एक सूत्र का सहारा लेकर हम कह सकते हैं कि हिन्दुस्तानी फेफड़े को हिन्दुस्तानी क़ायदा नहीं छोड़ना चाहिए चाहे वह मसला सेक्सोफ़ोन बजाने का ही क्यों न हो।

'साज़-नासाज़' में अगर नई चेतना अपनी परम्परा में व्याप्त कमज़ोरियों को दूर करने के लिए उसे बदलती है तो नई सदी के आरम्भिक वर्ष में आई योगेन्द्र आहूजा की कहानी 'एक पुरानी कहानी' में साहित्य की विद्रोही परम्परा के एक बड़े प्रतिनिधि

मुक्तिबोध हैं जो शासकवर्गीय कुचक्रों से लोहा लेते हुए अतीत की परिवर्तनकामी परम्परा का पुनर्संस्कार करते हैं, और अपने समय पर अपनी अमिट छाप छोड़ते हैं। ग़ौरतलब है कि इन दोनों कहानियों में अलग-अलग दौर के प्रतिनिधियों के बीच जो अन्त:क्रिया अथवा बहस है वह समस्या के प्रति अपनाए जानेवाले दृष्टिकोण और रवैये को लेकर है। यह उसके प्रति व्यक्ति का आत्मिक रिस्पांस है, वैचारिक रिस्पांस नहीं। दूसरे शब्दों में समस्या के किसी विशिष्ट हल का आग्रह नहीं है। क्योंकि वैचारिक समाधान हर युग के अलग होते हैं, लेकिन उन्हें पहचानने और व्यवहार में लानेवाली दृढ़ और अदम्य आत्मा (स्पिरिट) और उसके सरोकार एक होते हैं।

बाज़ार में रामधन

कैलाश बनवासी

बाज़ारवाद से आहत किसानी मूल्य

सूरज पालीवाल

"मान लो अगर दाऊ या महाराज तुम्हें चार हज़ार दे रहे होते तो तुम क्या हमें बेच दिये होते?" यह कैलाश बनवासी की कहानी 'बाज़ार में रामधन' (वसुधा, कहानी विशेषांक : 1996) का लगभग अन्तिम संवाद है, जो बाज़ार से लौटते हुए बैलों से कहलवाया गया है। पशुओं को बोलना नहीं आता, यह सौभाग्य मनुष्य को ही मिला है पर जब पशु बोलते हैं, तो मनुष्यता पर बड़ा सवाल लगाते हैं। रामधन के बैल भी सामान्य नहीं हैं, उन्हें बाज़ार होता समाज और समाज को निगलता बाज़ार स्पष्ट दिखाई दे रहा है। वे बाज़ारवाद पर भाषण तो नहीं दे सकते लेकिन उसकी निर्मम अनिवार्यता से परिचय अवश्य कराते हैं। इसलिए तीसरी बार बाज़ार से लौटते हुए जब रामधन उन्हें बेचने से मना करता है तो वे कहते हैं, "बेचना तो पड़ेगा एक दिन! आख़िर तुम हमें कब तक बचाओगे, रामधन? कब तक?" बाज़ार के दबाव के सामने टिक पाना रामधन जैसे छोटी जोत के किसान के लिए सम्भव नहीं है पर वह किसानी संस्कारों की वजह से यह मानने को भी तैयार नहीं है कि वह अपने पिता की धरोहर को इस प्रकार बेच सकेगा। इसलिए उपस्थित परिस्थितियों को अनदेखा करते हुए "जवाब में रामधन मुस्करा दिया—एक बहुत फीकी और उदास मुस्कान...अनिश्चितता से भरी हुई। रामधन अपने बैलों से कह रहा है, देखो...हो सकता है अगली हाट में मुन्ना तुम्हें लेकर आए।" जैसे रामधन कह रहा हो मेरे लिए तुम्हें बेच पाना सम्भव नहीं है और यदि तुम्हें बेचना आज की अनिवार्यता है भी तो मुन्ना ही बेचेगा। कहानी अन्त से आरम्भ की ओर चलती है। बैलों को बेच पाना रामधन के लिए सम्भव नहीं है पर उसी के छोटे भाई मुन्ना के लिए सम्भव है। इस पर कहानी के आरम्भ में विचार किया गया है। मुन्ना पढ़ा-लिखा है, उसने बाज़ार को देखा है इसलिए बाज़ार के तर्क भी उसके पास हैं। रामधन मुन्ना के तर्कों से सहमत तो नहीं है पर आज के समाज में उन्हें नकारने की सीमा से भी परिचित है। इसलिए बैलों को नहीं बल्कि स्वयं को सांत्वना देते हुए मुन्ना का नाम लेता है।

कुछ लोग 'बाज़ार में रामधन' पर चर्चा करते हुए प्रेमचन्द की बहुचर्चित कहानी 'दो बैलों की कथा' का ज़िक्र करते हैं। पर दोनों कहानियाँ अलग-अलग धरातल पर लिखी गई हैं। दोनों को पढ़ते हुए उनके समय को विशेष ध्यान में

रखना चाहिए। प्रेमचन्द सामन्ती समाज में मानवीय सम्बन्धों की कहानी लिख रहे थे, जिसमें दो बैल किसान के साथ जिस आत्मीयता के साथ जुड़े रहते हैं उससे जो परिवार बनता है उसमें बैल भी परिवार के मनुष्य सदृश सदस्य ही होते हैं। सामन्ती समाज में किसान के लिए बैलों का कोई विकल्प नहीं होता था, इसलिए दरवाज़े पर अच्छे और मातबर बैल प्रतिष्ठा का प्रश्न माने जाते थे। 'बाज़ार में रामधन' इससे सर्वथा भिन्न है। इसमें आरम्भ से अन्त तक बाज़ार है। बाज़ार चाहे कितना भी छोटा हो, पर अपनी ख़रीद-फ़रोख़्त में वह उतना ही अमानवीय और लेन-देन पर आधारित है, जितना अमेरिका के किसी बड़े शहर का बाज़ार या कोई अमेरिकन बड़ी डील। कहानीकार इस छोटे बाज़ार का चित्र बनाते हुए कहते हैं, "यह बालोद का बुधवारी बाज़ार है। बालोद इस ज़िले की एक तहसील है। कुछ साल पहले तक यह सिर्फ़ एक छोटा-सा गाँव हुआ करता था। जहाँ किसान थे, उनके खेत थे, हल-बक्खर थे, उनके गाय-बैल थे, कुएँ और तालाब थे, उनके बरगद, नीम और पीपल थे। पर अब यह एक छोटा शहर है—शहर की सारी ख़ूबियाँ लिये हुए। आसपास के गाँव-देहातों को शहर का सुख और स्वाद देनेवाला। इसी बालोद के हफ़्तावार भरनेवाले बुधवारी बाज़ार की बात है। रामधन अपने एक जोड़ी बैल लेकर वहाँ बेचने पहुँचा था।"

यह भारत के एक छोटे-से गाँव का शहर में बदलते जाने का परिचय है, जिसमें सारी परम्परागत चीज़ें तथा किसानों से सम्बन्धित आवश्यक वस्तुएँ समाप्त होती जा रही हैं। वहाँ अब वे चीज़ें आ रही हैं जो गाँव-देहातों को शहर का सुख और स्वाद देनेवाली हैं। शहर का सुख और स्वाद अपनी पूरी चालाकियों के साथ गाँव पर छा गया है, इसलिए गाँव की सामूहिकता और परस्पर आत्मीयता समाप्त होती जा रही है। पूरे देश में जिस प्रकार का शहरीकरण हो रहा है, वह किसी से छिपा नहीं है। अब देहातों पर कहानी न लिखे जाने का कारण उनका आमूल और त्वरित गति से परिवर्तन है, जिसे समझ पाना कठिन हो रहा है। हमारे अधिकांश कथाकारों के मानस में या तो बहुत पुराना गाँव है या शहर और गाँव की संवेदना को एकमेव करनेवाला कल्पनातीत गाँव। 'बाज़ार में रामधन' इसलिए महत्त्वपूर्ण कहानी है कि इसमें झरती संवेदनाओं के बीच उन्हें सहेजने की असफल मानवीय समझ को बहुत करीने से उकेरा गया है। यह कहानी दो विपरीत ध्रुवों पर चलती है। एक ओर रामधन है तो दूसरी ओर मुन्ना। रामधन किसानी संस्कारों का आदमी है, जो वर्तमान परिवर्तनों और दबावों से अनभिज्ञ अपने अतीत से चिपका हुआ है। वह यह सोच भी नहीं सकता कि जो बैल उसके पिता की धरोहर हैं, वे कभी बेचे भी जा सकते हैं। बैलों से रामधन के अत्यन्त आत्मीय लगाव का वर्णन कहानी में किया गया है। वह बैलों को अपने घर का सदस्य और घर की इज़्ज़त मानता है।

किसान जीवन के तीन स्थायी मूल्यों के लिए रामधन बैलों को बेचने के पक्ष में नहीं है। पहला, बैल पिता की धरोहर हैं, दूसरा, बिना बैलों के किसान का कोई सम्मान नहीं होता तथा तीसरा, ये बैल अब हमारे घर के सदस्य हो गए हैं। तीनों मूल्य तर्क से भी नहीं काटे जा सकते। कोई भी किसान या गाँव का आदमी इन

तीनों को नकार नहीं सकता पर रामधन जैसे किसानों की स्थिति यह है कि वह इन अकाट्य तर्कों को अपने ही भाई मुन्ना से कह नहीं पा रहा है, उसे समझा नहीं पा रहा है। वह समझा भी नहीं सकता था, कहकर कैलाश बनवासी न केवल रामधन की मन:स्थिति से परिचित कराते हैं बल्कि मुन्ना की ज़िद और उस पर हावी होते बाज़ार की अनिवार्यता को भी रेखांकित करते हैं। कहानी में रामधन और मुन्ना के लिए अलग-अलग तर्क दिये गए हैं, इन तर्कों की निर्मिति भी बाज़ार के दबाव ही हैं, "ख़ैर! तो रामधन और उसकी पत्नी मेहनत-मजूरी करके ही अपना पेट पाल सकते हैं और पाल रहे हैं। लेकिन मुन्ना क्या करे? वह तो वहाँ गाँव का पढ़ा-लिखा नौजवान है, जिसे स्कूली भाषा में कहें तो देश को आगे बढ़ानेवालों में से एक है। वह पिछले दो सालों से नौकरी करने के या खोजने के नाम पर इधर-उधर घूम रहा है। परन्तु अब वह इनसे भी ऊब चुका है और कोई छोटा-मोटा धन्धा करने का इच्छुक है। लेकिन धन्धा करने के लिए पैसा चाहिए और पैसा? भइया, बैलों को बेच दो।" रामधन के पास तर्क नहीं है केवल भावुकता है। वह बड़ा भाई होने का लाभ उठाते हुए गुस्से में कहता है, "अगर कुछ बनना है, कुछ करना है तो पहले उतना कमाओ! इसके लिए घर की चीज़ क्यों ख़राब करता है? पहले कमा, इसके बाद बात करना। हम तेरे लिए घर की चीज़ नहीं बेचेंगे, समझे।" घर की चीज़ बेकार में पड़े रहने के लिए नहीं होती। हर चीज़ की अपनी उपयोगिता होती है, यदि उसकी उपयोगिता समाप्त हो गई है या उसका बेहतर विकल्प विकसित हो गया है तो उसे बेचने में कोई हानि नहीं है—यह मुन्ना का तर्क है। गाँव में अब ट्रैक्टर आ गए हैं, अधिकांश किसान उन्हीं से अपनी खेती करा रहे हैं, घर पर बैलों को बाँधकर रात-दिन उनकी सेवा में लगे रहना अब मुन्ना जैसे आधुनिक पढ़े-लिखे नौजवान के लिए गर्व का विषय नहीं रह गया है। बाज़ारवाद के ज़माने में झूठे गर्व का कोई मतलब नहीं है, गर्व करने के पुराने आधारों पर बाज़ार प्रहार करता है, उन्हें धीरे-धीरे अप्रासंगिक करार कर समाप्त करता है और उनकी समाप्ति के लिए उसी घर से तर्क और आधार खड़ा करता है। वह बाहर से आक्रमण नहीं करता बल्कि घर के अन्दर से ही उन्हें तोड़ता है। इस कहानी में भी रामधन और मुन्ना के तर्कों को पुराने और नये के अन्तर के रूप में ही देखा जाना चाहिए। हर युवक की तरह मुन्ना को भी रोज़गार चाहिए। नौकरी मिल नहीं रही इसलिए कोई धन्धा ही शुरू करे और धन्धा अब पुराने बनिये की दुकानों की तरह नहीं रह गया है। धन्धे के लिए चमक-दमक की अधिक ज़रूरत है। घर में पैसा है नहीं। बेचने के लिए बैलों के अलावा और कोई चीज़ प्रत्यक्ष नहीं दिखाई दे रही है। इसलिए बैल ही हैं जिन्हें बेचकर खेती और धन्धा दोनों साथ-साथ किए जा सकते हैं। मुन्ना का यह तर्क उचित ही है। कहानी का कसाव यह कि रामधन का अतीत उसका पीछा नहीं छोड़ता और मुन्ना की आवश्यकताएँ निरन्तर नये तर्क गढ़ती हैं। इन तर्क-वितर्कों से परिवार की स्थिति तनावपूर्ण हो जाती है। परिस्थितियाँ रामधन को कोई निर्णय नहीं लेने देतीं लेकिन मुन्ना लगातार अपनी बात पर आरूढ़ होकर बैलों को बेचने पर आमादा है। कई दिनों तक उसकी बात को अनसुना किया जाता रहा तो एक दिन उसने सारी सीमाएँ लाँघते हुए कह ही दिया, "कहने

को तो मुन्ना यहाँ तक कह गया था कि इन बैलों पर सिर्फ़ तुम्हारा ही नहीं मेरा भी हक़ है।" ज़ाहिर है कि कहानी में जिस संयुक्त परिवार का वातावरण निर्मित किया गया है, उसमें छोटे भाई मुन्ना का यह कहना अपनी तमाम सीमाएँ लाँघने के समान है।

पिता की मृत्यु के बाद मुन्ना और बैलों को रामधन ने ही पाला है। इसलिए वह दोनों से प्यार भी करता है वह नहीं चाहता कि मुन्ना की ज़िद के कारण पिता की धरोहर बैल बेचे जाएँ। यह कहानी ऊपर से तो ऐसी लगती है मानो बैलों का बेचा जाना और न बेचा जाना ही इसका प्रमुख उद्देश्य है। पर वास्तव में ऐसा है नहीं। बैल तो घर, गाँव और निजी सम्बन्धों में आ रहे बाज़ारवाद की अनिवार्यता को साकार करने के माध्यम हैं। सही तो यह है कि बाज़ारवाद उन चीज़ों पर प्रहार कर रहा है जो आपकी धरोहर रही हैं या आप जिन्हें अपने घर की शोभा मानकर सहेजते रहे हैं। बाज़ार उन्हें बेचकर एक ज़रूरी जिंस बना देना चाहता है। ऐसा नहीं है कि रामधन बहुत समझदार आदमी है, वह बाज़ारवाद से लड़ना जानता है या चाहता है। बाज़ारवाद उसकी समझ की सीमा में है ही नहीं, वह तो उन मर्यादाओं की रक्षा के लिए अकेला खड़ा है, जो उसके पिता ने निर्मित की थीं। कहना न होगा कि घर में अभी तक माँ ज़िन्दा है, हालाँकि पूरी कहानी में माँ के ज़िन्दा होने की सिर्फ़ सूचना भर दी जाती है बाक़ी वह चुप है। ज़ाहिर है कि माँ भी नहीं चाहती होगी कि उसके पति की धरोहर को इस प्रकार बाज़ार में बेचा जाए। रामधन के द्वंद्व का कारण भी यही है वरना क्या कारण है कि रोज़ाना की झिक-झिक से परेशान पत्नी भी बैलों को बेचने की कह रही है पर रामधन सबकी उपेक्षा करते हुए उन्हें बेचने को तैयार नहीं होता। आख़िरी बार भी वह उन्हें बचा ही लाता है यह जानते हुए कि "गाँव वाले उसके इस उजबकपने पर फिर हँसेंगे..." रामधन इन बातों को अच्छी तरह समझता है। वह सब कुछ जानते हुए भी बैलों को नहीं बेच सकता। यह निर्णय केवल रामधन का नहीं है बल्कि भारतीय किसान का प्रातिनिधिक निर्णय है। इसके विरोध में मुन्ना है, जिसे अपना भविष्य बैलों को बेच देने में ही दिखाई दे रहा है। कहानीकार ने बहुत समझदारी के साथ पण्य वस्तु के रूप में बैलों को ही दिखाया है। घर में ऐसा कुछ है भी नहीं, जिसे बेचकर मुन्ना धन्धा कर सके। यदि ज़मीन बेची जाती तो रामधन क्या करता और यदि घर बेचा जाता तो वे सब कहाँ रहते? घर में पैसा और जेवर नहीं हैं इसलिए बैल ही पण्य वस्तु बचते हैं जिन्हें बेचकर मुन्ना अपना धन्धा शुरू कर सकता है। कहानी में तनाव बैलों को लेकर ही है। बैल की जगह और कोई वस्तु होती तो शायद इतना तनाव न हो पाता। कहना न होगा कि बैलों को बेचने के पीछे जो तर्क दिया जा रहा है वह ट्रैक्टर से खेती कराने का है। बैलों के विकल्प के रूप में मशीन को रखा गया है। मशीन का बेचा जाना बाज़ार की अनिवार्यता है। मशीन आधुनिक है, वह क्रमश: अत्याधुनिक भी हो सकती है। उसे रोज़ाना बदला जा सकता है। एक मशीन का विकल्प दूसरी मशीन हो सकती है पर बैलों के विकल्प के रूप में मशीन को रखा जाना कठिन है, दुरूह भी। यह न केवल विकल्प की समस्या है बल्कि रूढ़बद्ध संस्कारों को किसी आधुनिक विकल्प के लिए तैयार करने की समस्या भी

है। इसलिए इस प्रकार के निर्णय सहज नहीं लिये जा सकते। कहानी में रामधन के परिवार को जिस यंत्रणा से गुज़रते हुए दिखाया जा रहा है, उसके मूल में परिवार की निजी और अपरिहार्य वस्तु बैलों को बेचकर किराये की मशीन यानी किराये के ट्रैक्टर से काम कराना है। ज़ाहिर है कि अपनी दुनिया में सिमटा भारतीय किसान इस प्रकार के किसी आधुनिक विकल्प को स्वीकार करने के लिए बहुत दिनों तक तैयार नहीं था। जो चीज़ उसके पास है उसकी जगह किराये की वस्तु को स्वीकार करना निश्चित ही कठिन निर्णय है।

क्या रामधन वास्तव में बैलों को बेचने का नाटक कर रहा है? बैल तो आख़िरी बार लौटते हुए यह प्रश्न रामधन से ही पूछते हैं लेकिन उनके साथ यह प्रश्न इस कहानी पर भी तारी रहता है। वास्तव में रामधन बैलों को बेचने ले जाता रहा है। यदि ऐसा होता तो वह कभी का बेच चुका होता। बाज़ार में वही दाम नहीं मिलता जिसकी उम्मीद लगाकर आप वहाँ गए थे। बाज़ार के रेट बाज़ार ही तय करता है। पर वहाँ तो रेट पहले से ही तय हैं, बाज़ार की ज़रूरतों और उसकी चालाकियों से दूर रामधन रेट स्वयं तय करता है और अपने निर्णय पर अडिग भी रहता है। इससे लगता है कि वह नहीं चाहता कि बैल बेचे जाएँ या कभी वह ख़ाली हाथ लौटकर घर जाए। ख़ाली हाथ लौटना उसके लिए मरणांतक स्थिति से गुज़रने जैसा था। यह बात वह किसी से कह तो नहीं पाता पर अपने निर्णय के लिए चालाक तर्क ज़रूर गढ़ता है। जिस रामधन को गाँव के लोग, बाज़ार के दलाल, पत्नी और भाई बहुत सीधा और उजबक समझते हैं, उस रामधन को अपने बैलों के साथ लौटते हुए कितना आनन्दित कर रहा है, कहानीकार के शब्दों में इसे पढ़िए—"रामधन अपने बैलों की रस्सी थामे, बीड़ी पीते हुए चुपचाप लौट रहा है। पैदल। साँझ ख़ूब गहरा चुकी है और अँधेरा चारों ओर घिर आया है। वह किसी गाँव के धूल अटे कच्चे रास्ते से गुज़र रहा है। जब आप ध्यान से देखेंगे तो पाएँगे, वे दो बैल और रामधन नहीं, बल्कि आपस के तीन गहरे साथी जा रहे हैं। हाँ, तीन गहरे साथी। बैलों के गले की घंटियाँ आसपास की ख़ामोशी को तोड़ती हुई, उनके चलने की लय में आराम से बज रही हैं टुन-टुन-टुन-टुन... क्या आप सिर्फ़ यही सुन रहे हैं? तो फिर ग़लत सुन रहे हैं। आप ध्यान से सुनिए, वे आपस में बातें कर रहे हैं।"

बैलों से रामधन बातें कर रहा है और बैल भी आम आदमी की तरह रास्ता काटने के लिए गप्पें नहीं मार रहे, क़िस्सा नहीं सुना रहे बल्कि बाज़ारवाद की चिन्ता से आहत हुए प्रश्न करते हैं, "मान लो अगर दाऊ या महाराज तुम्हें चार हज़ार दे रहे होते तो तुम क्या हमें बेच दिए होते? यह सामान्य प्रश्न नहीं है इसलिए घर और बाज़ार से दूर साँझ के झुटपुटे में अकेले और अँधेरे रास्ते में पूछा गया है। बैलों को अपने बेचे जाने की चिन्ता नहीं है, इसलिए कि वे जानते हैं, "बेचना तो पड़ेगा एक दिन!" चिन्ता उन्हें रामधन की है, जो अपने निर्णय के कारण घर और गाँव में अकेला पड़ गया है। अकेला आदमी बाज़ार से नहीं लड़ सकता, इस तथ्य को बैल जानते हैं पर रामधन नहीं। भारतीय किसान अपनी परम्परा, धरोहर और घर की मर्यादा को बचाए रखने के लिए बहुत दिनों तक वास्तविकता की अनदेखी करता रहता है, यह उसकी

नियति है। उसकी इस नियति का लाभ बाज़ार उठाता है, होरी के साथ भी यही हुआ और रामधन के साथ भी यही होगा। होरी ज़मींदार और मिल मालिक के गठबन्धन को समझ नहीं पाता इसलिए मानकर चलता है कि ज़मींदार के तलुए सहलाकर वह बच जाएगा। इसी तरह रामधन अपने भोलेपन में यह मानकर चलता है कि उसके नहीं बेचने से बैल नहीं बिकेंगे? कहानी का अन्त रामधन की अनिश्चितता से भरी फीकी और उदास मुस्कान के साथ बीड़ी बुझने से होता है। यह अन्त रामधन और बैलों के भविष्य का संकेत है।

लेखक परिचय

नामवर सिंह : जन्म 1926। हिन्दी के मूर्धन्य आलोचक। कविताएँ भी लिखीं। **महत्त्वपूर्ण पुस्तकें—**'बकलम खुद', 'छायावाद', 'इतिहास और आलोचना', 'कविता के नये प्रतिमान', 'दूसरी परम्परा की खोज', 'वाद विवाद संवाद', 'आलोचक के मुख से', 'काशी के नाम', 'हिन्दी के विकास में अपभ्रंश का योग', 'कहानी : नई कहानी', 'आधुनिक साहित्य की प्रवृत्तियाँ' और 'पृथ्वीराज रासो : भाषा और साहित्य'। अनेक पुस्तकों का सम्पादन। इसके अलावा 'आलोचना और विचारधारा', 'साहित्य की पहचान', 'साथ साथ', 'सम्मुख', 'कविता की ज़मीन और ज़मीन की कविता', 'प्रेमचन्द और भारतीय समाज', हिन्दी का गद्य पर्व', 'ज़माने से दो दो हाथ' सहित उनके उत्तरवर्ती लेखन, वक्तव्यों और साक्षात्कारों की बारह सम्पादित पुस्तकें। साप्ताहिक 'जनयुग' एवं 'आलोचना' त्रैमासिक का सम्पादन। कई संस्थाओं में अध्यापन। भारतीय भाषा केन्द्र, जे.एन.यू. में प्रोफ़ेसर पद से सेवानिवृत्त हुए। साहित्य अकादेमी पुरस्कार, हिन्दी अकादमी, दिल्ली का शलाका सम्मान, उत्तर प्रदेश हिन्दी संस्थान का साहित्य भूषण सम्मान, शब्दसाधक शिखर सम्मान, महावीर प्रसाद द्विवेदी सम्मान सहित अनेक सम्मान प्राप्त हुए। 19 फरवरी, 2019 को निधन।

विश्वनाथ त्रिपाठी : जन्म 1931। प्रतिष्ठित आलोचक। **उल्लेखनीय पुस्तकें—**'प्रारम्भिक अवधी', 'हिन्दी आलोचना', 'हिन्दी साहित्य का संक्षिप्त इतिहास', 'लोकवादी तुलसीदास', 'मीरा का काव्य', 'देश के इस दौर में' (परसाई पर केन्द्रित), 'पेड़ का हाथ' (केदारनाथ अग्रवाल पर केन्द्रित), 'कुछ कहानियाँ : कुछ विचार', 'जैसा कह गया' (कविता संकलन), 'नंगातलाई का गाँव' (स्मृति आख्यान) और 'व्योमकेश दरवेश' (संस्मरण), 'कहानी के साथ-साथ', 'आलोचना का सामाजिक दायित्व'। गोकुलचन्द्र शुक्ल आलोचना पुरस्कार, डॉ. रामविलास शर्मा सम्मान, सोवियत लैंड नेहरू पुरस्कार, हिन्दी अकादमी का साहित्यकार सम्मान, शमशेर सम्मान, मैथिलीशरण गुप्त सम्मान, भारत भारती सम्मान, मूर्तिदेवी सम्मान, व्यास सम्मान प्राप्त। **सम्पर्क :** बी-5, एफ-2, दिलशाद गार्डेन, दिल्ली–110 095

मधुरेश : जन्म 1939। ख्यातिप्राप्त आलोचक। पिछले लगभग पाँच दशकों से हिन्दी कथालोचना में सक्रिय हिस्सेदारी। अनेक पुस्तकों का लेखन एवं सम्पादन। **उल्लेखनीय पुस्तकें—**'आज की हिन्दी कहानी : विचार और प्रतिक्रिया', 'सिलसिला',

'राहुल का कथा कर्म', 'हिन्दी कहानी का विकास', 'हिन्दी कहानी : अस्मिता की तलाश', 'हिन्दी उपन्यास का विकास', 'नई कहानी : पुनर्विचार', 'हिन्दी आलोचना का विकास', 'हिन्दी उपन्यास : सार्थक पहचान', 'अमृतलाल नागर : व्यक्तित्व और रचना संसार', 'होना भीष्म साहनी का' 'ऐतिहासिक उपन्यास : इतिहास और इतिहास दृष्टि' आदि। साहित्य अकादेमी के लिए देवकी नन्दन खत्री, रांगेय राघव, भैरव प्रसाद गुप्त और अमरकान्त पर मोनोग्राफ़ भी लिखे हैं। समय माँजरा सम्मान, गोकुलचन्द्र शुक्ल आलोचना पुरस्कार, प्रमोद वर्मा आलोचना सम्मान, मान बहादुर सिंह लहक सम्मान समेत कई पुरस्कारों से सम्मानित। **सम्पर्क :** 372, छोटी बमनपुरी, बरेली–243 003

राजेन्द्र कुमार : जन्म 1943। प्रसिद्ध आलोचक, कवि एवं सम्पादक। हिन्दी विभाग, इलाहाबाद विश्वविद्यालय से प्रोफ़ेसर पद से सेवानिवृत्त। **प्रमुख पुस्तकें**—'ऋण गुणा ऋण', 'हर कोशिश है बगावत' (कविता-संग्रह), 'अनन्तर तथा अन्य कहानियाँ (कहानी-संग्रह), 'प्रतिबद्धता के बावजूद', 'शब्द घड़ी में समय' (निबन्ध-संग्रह), 'कथार्थ और यथार्थ', 'कविता का समय-असमय', 'आलोचना के आसपास', 'साहित्य में सृजन के आयाम और विज्ञानवादी दृष्टि' (आलोचना), इलाचन्द्र जोशी पर मोनोग्राफ़। कई पुस्तकों और पत्रिकाओं का सम्पादन। उत्तर प्रदेश हिन्दी संस्थान सम्मान, गणेश शंकर विद्यार्थी सम्मान, मीरा स्मृति सम्मान एवं कुँवरपाल सिंह स्मृति सम्मान प्राप्त। **सम्पर्क :** 12 बी/1, बन्द रोड, एलनगंज, इलाहाबाद–211 002

अर्चना वर्मा : जन्म 1946। कवि, कथाकार और आलोचक। **प्रमुख पुस्तकें**—'कुछ दूर तक' और 'लौटा है विजेता' (कविता-संग्रह), 'स्थगित' और 'राजपाट तथा अन्य कहानियाँ' (कहानी-संग्रह), 'मास्टर दा' (उपन्यास) 'निराला के सृजन सीमान्त : विहग और मीन' और 'अस्मिता विमर्श का स्त्री स्वर' (आलोचना) स्त्री-विमर्श पर अधिक खुलेपन एवं व्यापकता के साथ लिखते हुए नये आयामों को प्रस्तुत किया। हिन्दी की प्रमुख पत्रिका 'हंस' और 'कथादेश' के साथ अनेक वर्षों तक सम्पादन कार्य से सम्बद्ध। मिराण्डा हाउस, दिल्ली विश्वविद्यालय में एसोसिएट प्रोफ़ेसर पद से सेवानिवृत्त होने के बाद स्वतंत्र लेखन किया। 17 फरवरी, 2019 को निधन।

रविभूषण : जन्म 1946। सुपरिचित मार्क्सवादी आलोचक एवं स्तम्भ लेखक। राँची विश्वविद्यालय के हिन्दी विभाग के पूर्व अध्यक्ष और प्रोफ़ेसर। लगभग तीस वर्षों तक प्रभात ख़बर में स्तम्भ लेखन और बीस-बाईस वर्षों तक दीपावाली विशेषांक का अतिथि सम्पादन। **प्रमुख पुस्तकें :** 'रामविलास शर्मा का महत्त्व' और 'वैकल्पिक भारत की तलाश'। विविध विषयों पर लिखे लेखों की पाँच पुस्तकें प्रकाशनाधीन। जन-संस्कृति मंच के राष्ट्रीय कार्यकारी अध्यक्ष। **सम्प्रति :** दैनिक समाचार-पत्र 'जनसन्देश टाइम्स' में साप्ताहिक तथा मासिक पत्रिका 'सबलोग' में नियमित स्तम्भ लेखन। **सम्पर्क :** 204, रामेश्वरम कॉम्पलेक्स, साउथ ऑफ़िस पाड़ा, डोरंडा, राँची–834 002 (झारखंड)

दिविक रमेश : जन्म 1946। वरिष्ठ कवि, प्रतिष्ठित बाल साहित्यकार तथा अनुवादक। **कई कविता-संग्रह एवं एक काव्य नाटक—**'खंड-खंड अग्नि'। बाल साहित्य की अनेक पुस्तकें। 'नये कवियों के काव्य शिल्प सिद्धान्त', 'संवाद भी विवाद भी', 'कविता के बीच से', 'साक्षात त्रिलोचन', 'समझा-परखा' आलोचना की पुस्तकें और 'हिन्दी कहानी का समकालीन परिवेश' सहित कई किताबों का सम्पादन। गिरजा कुमार माथुर स्मृति पुरस्कार, सोवियत लैंड नेहरू पुरस्कार, दिल्ली हिन्दी अकादमी के तीन सम्मान—साहित्यिक कृति पुरस्कार, साहित्यकार सम्मान और बाल साहित्य पुरस्कार समेत बाल साहित्य पर कई पुरस्कार प्राप्त। **सम्पर्क :** एल-1202, ग्रेंड अजनारा हेरिटेज, सेक्टर-74, नोएडा–201 3301 **ईमेल :** divikramesh34@gmail.com

जानकीप्रसाद शर्मा : जन्म 1950। सुपरिचित आलोचक। उर्दू और हिन्दी में आवाजाही के लिए विख्यात। **आलोचना की किताबें—**'उर्दू साहित्य की परम्परा', 'रामविलास शर्मा और उर्दू', 'उर्दू अदब के सरोकार', 'शानी (साहित्य अकादेमी मोनोग्राफ़)', 'कविता की नई काइनात', 'कहानी का वर्तमान', 'कहानी : एक संवाद', 'उपन्यास : एक अन्तर्यात्रा' और 'गाहे-बगाहे'। शानी रचनावली का सम्पादन। उर्दू से हिन्दी अनुवाद की अनेक पुस्तकें। हिन्दी अकादमी, दिल्ली का हिन्दी सेवा सम्मान, 2016। **सम्पर्क :** बी-330, अशोक नगर, शाहदरा, दिल्ली–110 093

बलराज पांडेय : जन्म 1950। कवि, कहानीकार और आलोचक। **प्रमुख पुस्तकें—**'कहानी आन्दोलन की भूमिका', 'डायरी में साहित्य' और एक कविता-संग्रह 'लोग शरमाना भूल गए हैं'। प्रतिष्ठित पत्रिकाओं में समीक्षात्मक लेख और संस्मरण प्रकाशित। हिन्दी विभाग, बी.एच.यू. से सेवानिवृत्त प्रोफ़ेसर एवं अध्यक्ष। **सम्पर्क :** एन-1/65 ई, 48, शिवप्रसाद गुप्त कॉलोनी, सामनेघाट, वाराणसी–5 (उत्तर प्रदेश)

सूरज पालीवाल : जन्म 1951। सुपरिचित आलोचक। कथालोचना में विशेष कार्य। **प्रमुख पुस्तकें—**'फणीश्वरनाथ रेणु का कथा संसार', 'रचना का सामाजिक आधार', 'संवाद की तह में', 'आलोचना के प्रसंग', 'मैला आँचल : एक विमर्श', 'साहित्य और इतिहास दृष्टि', 'महाभोज का महत्त्व', 'समकालीन हिन्दी उपन्यास', 'हिन्दी में भूमंडलीकरण का प्रभाव और प्रतिरोध', 'इक्कीसवीं सदी का पहला दशक और हिन्दी कहानी', 'कथा विवेचन का आलोक'। प्रेमचन्द पुरस्कार, पंजाब कला एवं साहित्य अकादेमी पुरस्कार, डॉ. रामविलास शर्मा आलोचना सम्मान आदि प्राप्त। साहित्य विद्यापीठ, महात्मा गांधी अन्तरराष्ट्रीय विश्वविद्यालय, वर्धा से सेवानिवृत्त अध्यक्ष एवं अधिष्ठाता। **सम्पर्क :** surajpaliwal@yahoo.com

शम्भुगुप्त : जन्म 1954। सुपरिचित आलोचक। प्रारम्भ में कविता, कहानी लेकिन अब आलोचना पर केन्द्रित। हिन्दी की प्राय: सभी पत्रिकाओं में आलोचनाएँ प्रकाशित। **प्रमुख पुस्तकें—**'मैंने पढ़ा समाज', 'कहानी की समकालीन चुनौतियाँ' और 'कहानी : वस्तु और

अन्तर्वस्तु', 'कहानी की अन्दरूनी सतह', 'कहानी : यथार्थवाद से मुक्ति'। 'अभिव्यक्ति' पत्रिका (कोटा) का युवा आलोचना पुरस्कार, डॉ. रामविलास शर्मा आलोचना सम्मान, स्पन्दन आलोचना पुरस्कार, अर्जुन कवि जनवाणी पुरस्कार प्राप्त। स्त्री अध्ययन विभाग, महात्मा गांधी अन्तरराष्ट्रीय हिन्दी विश्वविद्यालय, वर्धा से सेवानिवृत्ति के बाद स्वतंत्र लेखन। **सम्पर्क :** 21, सुभाष नगर, एन.ई.बी., अग्रसेन सर्किल के पास, अलवर–310 001 (राजस्थान) **ईमेल :** shambhugupt@gmail.com

चन्द्रकला त्रिपाठी : जन्म 1954। सुपरिचित लेखिका। आलोचना सहित कई विधाओं में लेखन। 'वसंत के चुपचाप गुज़र जाने पर', 'शायद किसी दिन' (कविता-संग्रह), 'इस उस मोड़ पर' (कथा डायरी), 'चन्ना तुम उगिहो' (उपन्यास), 'अज्ञेय और नई कविता' (आलोचना)। हिन्दी की प्रतिष्ठित पत्रिकाओं में निरन्तर लेखन। आकाशवाणी से वार्ताओं का प्रसारण। महिला महाविद्यालय, काशी हिन्दू विश्वविद्यालय में अध्यापन और प्राचार्या पद से सेवानिवृत्त। शुकदेव सिंह स्मृति सम्मान, गाथांतर सम्मान और सुचरिता गुप्ता अकादमी सम्मान प्राप्त। **सम्पर्क :** प्लॉट नं. 59, लेन नं. 8ए, महामनापुरी कॉलोनी विस्तार, पो.आ. : बी.एच.यू., वाराणसी–221 005
ईमेल : vntchandan@gmail.com

रामकली सराफ : जन्म 1955। चार दशक से साहित्य समीक्षा एवं आलोचना में सक्रिय। **प्रमुख पुस्तकें**—'नई कहानी : परिवेश और परिप्रेक्ष्य', 'नई कहानी : विघटन एवं विसंगति', 'समकालिन कविता की प्रवृत्तियाँ', 'साहित्य संचरण विविध आयाम', 'मध्ययुगीन काव्य प्रतिभाएँ', 'सामाजिक-सांस्कृतिक परिप्रेक्ष्य और आधुनिक साहित्य' और 'नई कहानी : संवेदना और स्वरूप'। कई पुस्तकों सम्पादन और 'पंख देती राह' काव्य-संग्रह। सेवानिवृत्त प्रोफ़ेसर एवं अध्यक्ष, हिन्दी विभाग एवं संकाय प्रमुख, कला संकाय, बी.एच.यू.। **सम्पर्क :** शिल्पायन एन1/ए-1-61, शशिनगर कॉलोनी, सामनेघाट रोड, लंका, वाराणसी–221 005
ईमेल : saraframkali@gmail.com

सदानन्द शाही : जन्म 1958। कवि, आलोचक और सम्पादक। **प्रमुख किताबें**—'असीम कुछ भी नहीं', 'सुख एक बासी चीज़ है', 'माटी-पानी' (कविता-संग्रह) 'स्वयंभू', 'परम्परा और प्रतिरोध'। दस खंडों में 'हरिऔध रचनावली' का सम्पादन। साहित्यिक पत्रिका 'साखी', 'कर्मभूमि' एवं 'भोजपुरी जनपद' का सम्पादन। विश्व भोजपुरी सम्मान, शब्दम सम्मान और शुकदेव सिंह स्मृति कबीर सम्मान प्राप्त। बी.एच.यू. के हिन्दी विभाग में प्रोफ़ेसर। **सम्पर्क :** 'साखी', एच 1/2, बी.डी.ए. फ़्लैट्स, नरिया, वाराणसी–221 005 **ईमेल :** sadanandshahi@gmail.com

रोहिणी अग्रवाल : जन्म 1959। वरिष्ठ आलोचक और कहानीकार। **उल्लेखनीय पुस्तकें—**'हिन्दी उपन्यास में कामकाजी महिला', 'समकालीन कथा-साहित्य : सरहदें और सरोकार', 'स्त्री लेखन : स्वप्न और संकल्प', 'साहित्य की ज़मीन और स्त्री मन के उच्छ्वास', 'हिन्दी कहानी : वक़्त की शिनाख़्त और सृजन का राग', 'हिन्दी उपन्यास : समय से संवाद', 'एक नज़र कृष्णा सोबती पर', 'हिन्दी उपन्यास का स्त्री पाठ', 'कथालोचना के प्रतिमान' और 'साहित्य का स्त्री स्वर'। कहानी-संग्रह : 'घने बरगद तले', 'आओ माँ हम परी हो जाएँ'। हरियाणा साहित्य अकादेमी द्वारा कहानी एवं आलोचना पर तीन बार 'स्पन्दन आलोचना सम्मान', वनमाली कथा आलोचना सम्मान, रेवांत मुक्तिबोध सम्मान, डॉ. शिव कुमार मिश्र स्मृति सम्मान, डॉ. रामविलास शर्मा स्मृति सम्मान, नारी शक्ति सम्मान, श्रेष्ठ महिला रचनाकार सम्मान प्राप्त। हिन्दी विभाग, महर्षि दयानन्द विश्वविद्यालय, रोहतक से प्रोफ़ेसर पद से सेवानिवृत्त।
सम्पर्क : 258, हाउसिंग बोर्ड कॉलोनी, रोहतक–124 001 (हरियाणा)
ईमेल : rohini1959@gmail.com

सत्यकाम : जन्म 1959। आलोचक, सम्पादक, यात्रा और संस्मरण लेखक। **प्रमुख पुस्तकें—**'उपन्यास : पहचान और प्रगति', 'आलोचनात्मक यथार्थवाद और प्रेमचन्द,', 'प्रेमचन्द की कहानियाँ : पुनरावलोकन', 'नई कहानी नये सवाल' और 'भारतीय उपन्यास की दिशाएँ'। 'दिनकर : व्यक्तित्व और रचना के आयाम' और 'माटी की महक' का सम्पादन। 'वितुशा की छाँव' (संस्मरण) और अनेक पुस्तकों का अनुवाद। अनेक शोधपत्र, लेख और समीक्षाएँ प्रकाशित। सोफिया विश्वविद्यालय, बल्गारिया में दो वर्ष विज़िटिंग प्रोफ़ेसर। **सम्पर्क :** सम-कुलपति, इग्नू मैदान गढ़ी, नई दिल्ली–110 068 **ईमेल :** satyakamji@gmail.com

जयप्रकाश : जन्म 1959। सुपरिचित आलोचक। कथा आलोचना में विशेष कार्य। प्रतिष्ठित पत्रिकाओं में साहित्य-संस्कृति से सम्बन्धित विभिन्न विषयों पर पिछले पच्चीस वर्षों से लेखन। **उल्लेखनीय पुस्तकें—**'कहानी की उपस्थिति' और 'लोक का अन्तःसंसार'। छत्तीसगढ़ी लोक-संस्कृति पर एकाग्र पत्रिकाओं 'गम्मत' और 'लोक मड़ई' का सम्पादन। मुक्तिबोध सम्मान और अखिल भारतीय वनमाली कथा आलोचना सम्मान प्राप्त। वर्तमान में शासकीय विश्वनाथ यादव तामस्कर स्नातकोत्तर स्वशासी महाविद्यालय, दुर्ग (छत्तीसगढ़) में अध्यापन। **सम्पर्क :** jaishabdsetu@gmail.com

आनन्दप्रकाश त्रिपाठी : जन्म 1960। अध्येता और समीक्षक। **प्रमुख पुस्तकें—** 'स्वतंत्रतापूर्व भारतीय समाज की संघर्ष चेतना और हिन्दी उपन्यास', 'कहानीकार अमृतलाल नागर', 'अमृतलाल नागर : रचना के विविध रंग', 'अमृतलाल नागर के उपन्यास'। अनेक पुस्तकों का सम्पादन। पत्रिकाओं में अनेक लेख और

आकाशवाणी, सागर से कुछ कहानियों और वार्ताओं का प्रसारण। साहित्यिक पत्रिका 'शब्दशिखर' का सम्पादन। सम्पादन के लिए अम्बिका प्रसाद दिव्य अलंकरण। **सम्प्रति :** हिन्दी विभाग, डॉ. हरीसिंह गौर विश्वविद्यालय, सागर में प्रोफ़ेसर। **सम्पर्क :** कथायन, पटेल का बगीचा, यादव कॉलोनी, सागर–470 001 (म. प्र.)
ईमेल : aptripathihindi@gmail.com

मनोज खरे : जन्म 1961। पेशे से विद्युत इंजीनियर और बिजली क़ानूनों के जानकार। कथा साहित्य, चित्रकला, संगीत एवं समसामयिक विषयों में गहन रुचि। समाचार-पत्रों में स्तम्भ लेखन और कार्टूनिंग। अनेक आलेख और राजनीतिक-सामाजिक व्यंग्य चित्र प्रकाशित। **सम्प्रति :** छत्तीसगढ़ राज्य विद्युत वितरण कं. लि. में प्रबंध निदेशक। **सम्पर्क :** ए-15/7, सेक्टर-3, उदया सोसायटी, टाटीबंध, रायपुर– 492 099 (छ. ग.)
ईमेल : kharemanoj61@gmail.com

अरुण होता : जन्म 1965। सुपरिचित आलोचक। कोलकाता केन्द्रीय विश्वविद्यालय में प्रोफ़ेसर। कथालोचना में विशेष सक्रियता। 'भूमंडलीकरण, बाज़ार और समकालीन कहानी', 'कविता का समकालीन प्रमेय' और 'आधुनिक हिन्दी कविता : युगीन सन्दर्भ' समेत आलोचना की दस तथा अनुवाद की तीन पुस्तकें प्रकाशित। अनेक प्रतिष्ठित पत्रिकाओं में निरन्तर लेखन। साहित्य अकादेमी मध्य प्रदेश से आलोचना के लिए आचार्य रामचन्द्र शुक्ल पुरस्कार, लमही सम्मान, प्रथम गोपाल राय समीक्षा स्मृति सम्मान। **सम्पर्क :** 2 एफ, धर्मतल्ला रोड, क़स्बा, कोलकाता–700 042 (पश्चिम बंगाल)
ईमेल : ahota5@gmail.com

रीता सिन्हा : जन्म 1965। सुपरिचित लेखिका। अध्यापन का लम्बा अनुभव। 'पुनर्सृजन : अन्तर्दृष्टि और यथार्थबोध' और 'समकालीन कथा साहित्य का सौंदर्यशास्त्र' (आलोचना), 'डेस्कटॉप' और 'इनबॉक्स के अधूरे पन्ने' (कहानी-संग्रह) और 'ठहर गया बसंत' (कविता-संग्रह)। विभिन्न पत्र-पत्रिकाओं में रचनाएँ प्रकाशित। कई सम्पादित पुस्तकों में लेख। पटना दूरदर्शन और आकाशवाणी से कहानियों और कविताओं का प्रसारण। नई धारा रचना सम्मान, 2016 और जेपी अन्तरराष्ट्रीय एवार्ड, 2017। **सम्प्रति :** ऐसोसिएट प्रोफ़ेसर, हिन्दी मानविकी विद्यापीठ, इग्नू, मैदान गढ़ी, नई दिल्ली। **सम्पर्क :** reetasinha369@gmail.com

आभा गुप्ता ठाकुर : जन्म 1969। अध्यापन, लेखन और रंगकर्म में गहरी रुचि। **प्रमुख किताबें**—'तुम शिव नहीं हो' (काव्य-संग्रह), 'समय के निकष पर मोहन राकेश का रंगकर्म', 'रंगयात्रा', 'रंगपट' (भाग-1 और 2)। 'संस्कृति का ताना-बाना' (अनुवाद)। अनेक पत्र-पत्रिकाओं में लेखन। कई नाटकों का निर्देशन। प्रेमचन्द शोध संस्थान, लमही की पूर्व समन्वयक। **सम्पर्क :** प्रोफ़ेसर, हिन्दी विभाग, बी.एच.यू., वाराणसी–221 005
ईमेल : agtbhuvn@gmail.com

कृष्णमोहन : जन्म 1970। आलोचना में उल्लेखनीय कार्य। **प्रमुख पुस्तकें**—'मुक्तिबोध : स्वप्न और संघर्ष', 'आधुनिकता और उपनिवेश', 'कहानी समय' और 'आइनाखाना'। महत्त्वपूर्ण पत्रिका 'परख' के चार अंकों का सम्पादन। अनुवाद के क्षेत्र में भी कुछ कार्य। आलोचना के लिए देवीशंकर अवस्थी सम्मान और सुधीर कक्कड़ के उपन्यास 'द एसेटिक ऑफ़ डिजायर' का 'कामयोगी' नाम से अनुवाद पर साहित्य अकादमी पुरस्कार प्राप्त। **सम्प्रति :** हिन्दी विभाग, बी.एच.यू. में प्रोफ़ेसर। **सम्पर्क :** krishanmohanbanaras@gmail.com

भरत प्रसाद : जन्म 1970। कवि, कहानीकार और आलोचक। **उल्लेखनीय पुस्तकें**—'एक पेड़ की आत्मकथा', 'बूँद बूँद रोती नदी' (काव्य-संग्रह), 'और फिर एक दिन', 'चौबीस किलो का भूत' (कहानी-संग्रह), 'नई क़लम : इतिहास रचने की चुनौती', 'बीहड़ चेतना का पथिक : मुक्तिबोध', 'सृजन की इक्कीसवीं सदी', 'कविता की समकालीन संस्कृति', 'प्रतिबद्धता की नई ज़मीन' (आलोचना)। सृजन सम्मान, अम्बिका प्रसाद दिव्य रजत अलंकरण, युवा शिखर सम्मान, मलखान सिंह सिसौदिया कविता पुरस्कार, पूर्वोत्तर साहित्य परिषद पुरस्कार प्राप्त। **सम्पर्क :** प्रोफ़ेसर एवं अध्यक्ष, हिन्दी विभाग पूर्वोत्तर पर्वतीय विश्वविद्यालय, शिलांग–793 022 (मेघालय) **ईमेल :** deshdhar@gmail.com

बसंत त्रिपाठी : जन्म 1972। कवि और आलोचक। **प्रकाशित पुस्तकें**—'मौजूदा हालात को देखते हुए', 'सहसा कुछ नहीं होता', 'उत्सव की समाप्ति के बाद', 'नागरिक समाज' (कविता-संग्रह), 'शब्द' (कहानी-संग्रह) और 'प्रसंगवश' (आलोचना) के अलावा कुछ पुस्तकों का सम्पादन। सूत्र सम्मान-2007 और लक्ष्मण प्रसाद मंडलोई सम्मान-2011 प्राप्त। **सम्प्रति :** इलाहाबाद विश्वविद्यालय के हिन्दी विभाग में एसोसिएट प्रोफ़ेसर। **सम्पर्क :** 302, बृज हरि अपार्टमेंट, इमंड रोड, अशोक नगर, प्रयागराज–211 001 **ईमेल :** basantgtripathi@gmail.com

राकेश बिहारी : जन्म 1973। पेशे से कॉस्ट अकाउंटेंट। कहानी तथा कथालोचना दोनों विधाओं में समान रूप से सक्रिय। हिन्दी की प्रतिष्ठित पत्रिकाओं में निरन्तर लेखन। 'वह सपने बेचता था', 'ग़ौरतलब कहानियाँ' (कहानी-संग्रह), 'केन्द्र में कहानी' और 'भूमंडलोत्तर कहानी' (कथालोचना)। सम्पादन : 'स्वप्न में वसंत', 'खिला है ज्यों बिजली का फूल', 'पहली कहानी : पीढ़ियाँ साथ-साथ' (निकट), 'समय, समाज और भूमंडलोत्तर कहानी' (संवेद), 'बिहार और झारखंड मूल की स्त्री कथाकारों पर केन्द्रित' आर्य सन्देश का विशेषांक, 'अकार-41', दो खंडों में प्रकाशित 'रचना समय' के कहानी विशेषांक का सम्पादन। वर्ष 2015 के लिए 'स्पन्दन' आलोचना सम्मान से सम्मानित। **सम्पर्क :** brakesh1110@gmail.com

आशीष त्रिपाठी : जन्म 1973। कवि, आलोचक और सम्पादक। कविता, नाटक और रंगमंच के क्षेत्र में विशेष कार्य। **प्रमुख पुस्तकें—**'एक रंग ठहरा हुआ' (कविता-संग्रह), 'समकालीन हिन्दी रंगमंच और रंगभाषा' (आलोचना)। पत्र-पत्रिकाओं में अनेक समीक्षाएँ और लेख। प्रो. नामवर सिंह की बारह पुस्तकों सहित अनेक पुस्तकों का सम्पादन। नामवर सिंह के साथ 'रामचन्द्र शुक्ल रचनावली' का सम्पादन। कविता-संग्रह पर 'लक्ष्मण प्रसाद मंडलोई स्मृति सम्मान' और आलोचना के लिए स्पन्दन सम्मान 2016। **सम्प्रति :** हिन्दी विभाग, बी.एच.यू. में प्रोफ़ेसर।
सम्पर्क : ashishhindibhu@gmail.com

विवेक श्रीवास्तव : जन्म 1973। कवि, कहानीकार और आलोचक। **एक पुस्तक—**'उपन्यास और कविता : विधाओं का जनतंत्र'। विभिन्न पत्रिकाओं में कविताएँ, कहानियाँ और लेख प्रकाशित। पत्रिका 'शीर्षक' और 'वसुधा' के कुछ अंकों का सम्पादन। उर्मिला प्रसाद शुक्ल युवा कवि पुरस्कार प्राप्त। **सम्प्रति :** इन्दिरा गांधी राष्ट्रीय मुक्त विश्वविद्यालय के क्षेत्रीय केन्द्र, जबलपुर में वरिष्ठ सहायक क्षेत्रीय निदेशक पद पर कार्यरत। **सम्पर्क :** फ़्लैट सं.-309, एफ-ब्लॉक, दत्त टाउनशिप, स्पोर्टस क्लब के सामने, तिलहरी, जबलपुर–482 021 (म. प्र.) **ईमेल :** vivekshri@hotmall.com

जितेन्द्र श्रीवास्तव : जन्म 1974। कवि और आलोचक। **प्रमुख पुस्तकें—**'इन दिनो हालचाल', 'अनभै कथा', 'सुन्दर-असुन्दर', 'बिलकुल तुम्हारी तरह' और 'कायांतरण' (कविता-संग्रह), 'भारतीय समाज, राष्ट्रवाद और प्रेमचन्द', 'शब्दों में समय', 'आलोचना का मानुष मर्म', 'सर्जक का स्वप्न', 'विचारधारा, विमर्श और समकालीन कविता' और 'उपन्यास की परिधि' (आलोचना)। अनेक पुस्तकों का सम्पादन। कृति सम्मान, रामचन्द्र शुक्ल पुरस्कार, भारत भूषण अग्रवाल स्मृति पुरस्कार, विजयदेव नारायण साही पुरस्कार, डॉ. रामविलास शर्मा आलोचना सम्मान, भारतीय भाषा परिषद का युवा पुरस्कार, देवीशंकर अवस्थी सम्मान प्राप्त। **सम्प्रति :** प्रोफ़ेसर, हिन्दी संकाय, मानविकी विद्यापीठ, ब्लॉक-एफ, इग्नू, मैदानगढ़ी, नई दिल्ली–110 068
सम्पर्क : jitendra82003@gmail.com

मनोज कुमार सिंह : जन्म 1975। साहित्य अध्येता। इतिहासबोध, आदि और मध्यकालीन हिन्दी साहित्य का विशेष अध्ययन और अकादमिक गतिविधियों में गहरी रुचि। **प्रकाशित पुस्तकें—**'नई कविता का समाजशास्त्र' और 'रहिए अपने गाँवा जी'। अनेक शोध पत्र और आलेख प्रकाशित। 'धुर पूरब की संत वाणी' पर यू.जी.सी. का माइनर शोध प्रोजेक्ट। **सम्प्रति :** हिन्दी विभाग, बी.एच.यू. में प्रोफ़ेसर।
सम्पर्क : drmnjkmrsngh25@gmail.com

टेकचन्द : जन्म 1975। युवा कथाकार और समीक्षक। **प्रकाशित पुस्तकें—**'दौड़ तथा अन्य कहानियाँ', 'मोर का पंख तथा अन्य कहानियाँ' और 'मोक्ष तथा अन्य कहानियाँ'

(कहानी-संग्रह), 'दाई' (उपन्यास), हिन्दी की प्रतिष्ठित पत्र-पत्रिकाओं में निरन्तर लेखन। हरियाणा दलित साहित्य अकादेमी का डॉ. अम्बेडकर विशिष्ट सेवा-सम्मान, 2006 और राजेन्द्र यादव हंस कथा सम्मान, 2014 प्राप्त। **सम्प्रति :** दिल्ली विश्वविद्यालय के श्रद्धानन्द महाविद्यालय में अध्यापन। **सम्पर्क :** मकान नं. 166, नाहरपुर गाँव, सेक्टर-7, रोहिणी, दिल्ली–110 085 **ईमेल :** tekchand.du@gmail.com

प्रियम अंकित : जन्म 1976। आगरा में अंग्रेज़ी के प्राध्यापक। हिन्दी साहित्य कभी विषय के रूप में न पढ़ा न पढ़ाया, किन्तु हिन्दी आलोचना में उल्लेखनीय कार्य। हिन्दी कहानियों ख़ासतौर से युवा हिन्दी कहानीकारों की कहानियों पर प्रतिष्ठित पत्रिकाओं में छपे आलोचनात्मक लेख काफ़ी चर्चित रहे। विभाजन पर केन्द्रित उपन्यासों पर आलोचनात्मक लेखन भी काफ़ी चर्चित रहा। आलोचना की एक किताब—'पूर्वाग्रहों के विरुद्ध'। देवीशंकर अवस्थी सम्मान से सम्मानित।
सम्पर्क : priyamankit@gmail.com

राजीव कुमार : जन्म 1976। युवा कहानीकार और आलोचक। भारतीय ज्ञानपीठ से एक कहानी-संग्रह 'तेजाब' प्रकाशित। इसी संग्रह के लिए भारतीय ज्ञानपीठ का वर्ष 2010 का नवलेखन पुरस्कार। विभिन्न पत्र-पत्रिकाओं में अनेक आलेख एवं समीक्षाएँ प्रकाशित। बनास जन पत्रिका के कथाकार रवीन्द्र कालिया और अखिलेश पर केन्द्रित विशेषांकों का सम्पादन। **सम्पर्क :** rajeevmanchi_rediffmail.com

मिथलेश शरण चौबे : जन्म 1976। युवा कवि और समीक्षक। हिन्दी की प्रतिष्ठित पत्र-पत्रिकाओं में कविताएँ, समीक्षाएँ और आलेख प्रकाशित। 'लौटने के लिए जाना' (कविता-संग्रह) और 'कुँवरनारायण का रचना संसार' (आलोचना)। रमेशदत्त दुबे युवा रचनाकार सम्मान, 2015 और कविता-संग्रह की पांडुलिपि पर साहित्य भंडार तथा मीरा फ़ाउंडेशन, इलाहाबाद का मीरा स्मृति पुरस्कार, 2015 प्राप्त। 'समास' के कुछ अंकों में सम्पादन सहयोग। **सम्प्रति :** महाविद्यालय में अध्यापन।
ईमेल : sharan_mc@rediffmail.com

पल्लव : जन्म : 1977। युवा आलोचक और सम्पादक। गद्य आलोचना में विशेष रुचि। **प्रकाशित पुस्तकें—**'कहानी का लोकतंत्र' और 'लेखकों का संसार'। कवि नन्द चतुर्वेदी पर साहित्य अकादेमी का मोनोग्राफ़। 'असग़र वजाहत रचना संचयन' और 'अँजुरी भर फूल' (अजित कुमार रचना संचयन) सहित कुछ पुस्तकों का सम्पादन। साहित्यिक पत्रिका 'बनास जन' का सम्पादन। भारतीय भाषा परिषद का युवा साहित्य पुरस्कार, वनमाली सम्मान, आचार्य निरंजननाथ सम्मान, राजस्थान पत्रिका सृजन पुरस्कार और पाखी आलोचना सम्मान प्राप्त। **सम्प्रति :** दिल्ली के हिन्दू कॉलेज में अध्यापन। **सम्पर्क :** 393 डीडीए, ब्लॉक-सी एंड डी, कनिष्क अपार्टमेंट, शालीमार बाग़, नई दिल्ली–110 088 **ईमेल :** pallavkidak@gmail. com

सत्यपाल शर्मा : जन्म 1977। युवा अध्येता और समीक्षक। **प्रकाशित पुस्तकें**— 'रामविलास शर्मा का कवि कर्म', 'हिन्दी कविता : एक अन्त:यात्रा', 'दिनकर : भाषा, संस्कृति और राष्ट्रवाद', 'आलोचना के क्षण' और 'वैश्विक परिदृश्य में भक्ति काव्य की प्रासंगिकता'। कुछ पुस्तकों तथा शोध जर्नल 'शोध हस्तक्षेप' का सम्पादन। उत्तर प्रदेश हिन्दी संस्थान का 'शब्द शिल्पी' सम्मान प्राप्त। **सम्प्रति :** हिन्दी विभाग, बी.एच.यू. में प्रोफ़ेसर। **ईमेल :** satyapalsharmabhu@gmail.com

आशुतोष : जन्म 1978। सुपरिचित युवा कथाकार। हिन्दी की प्रमुख पत्रिकाओं में कहानियाँ और आलेख प्रकाशित। नवसाहित्यिक विमर्शों एवं कथा-आलोचना में विशेष रुचि। 'मरें तो उम्र भर के लिए' और 'उम्र पैंतालीस बतलाई गई थी' (कहानी-संग्रह)। कहानियों का अंग्रेज़ी, तेलुगु और ओडिया में अनुवाद और अनेक कहानियों का मंचन। भारतीय ज्ञानपीठ नवलेखन अनुशंसा पुरस्कार, युवा पुरस्कार भारतीय भाषा परिषद, कोलकाता। **सम्प्रति :** डॉ. हरीसिंह गौर वि.वि. सागर (म.प्र.) के हिन्दी विभाग में असिस्टेंट प्रोफ़ेसर। **सम्पर्क :** prominentashu786@gmail.com

प्रभाकर सिंह : जन्म 1979। युवा अध्येता और समीक्षक। साहित्य का इतिहास, कविता और भाषा विमर्श में विशेष रुचि। **प्रकाशित पुस्तक**—'आधुनिक साहित्य : विकास और विमर्श'। **सम्पादित पुस्तकें**—'संस्कृत साहित्य में रामकथा', 'उपन्यास मूल्यांकन के नये आयाम' और 'रीतिकाव्य : मूल्यांकन के नये आयाम'। प्रतिष्ठित पत्रिकाओं में कई लेख और कुछ कविताएँ प्रकाशित। उत्तर प्रदेश हिन्दी संस्थान का 'शब्द शिल्पी' सम्मान प्राप्त। **सम्प्रति :** हिन्दी विभाग, बी.एच.यू. में प्रोफ़ेसर। **ईमेल :** prabhakarsinghbanars@gmail.com

राहुल सिंह : जन्म 1981। युवा आलोचक। **प्रकाशित पुस्तकें**—'विचार और आलोचना', 'अन्तर्कथाओं के आईने में उपन्यास' और 'विश्व सिनेमा का बाईस्कोप'। प्रतिष्ठित पत्रिकाओं में निरन्तर लेखन। सीताराम शास्त्री स्मृति पुरस्कार 2018, वनमाली युवा कथा आलोचना सम्मान 2019, देवीशंकर अवस्थी आलोचना सम्मान 2020 प्राप्त।
सम्प्रति : ए.एस. महाविद्यालय, देवघर में अध्यापन।
ईमेल : alochakrahul@gmail.com

मृत्युंजय पांडेय : जन्म 1982। युवा आलोचक। कथालोचना में विशेष सक्रिय। **आलोचनात्मक पुस्तकें**—'कवि जितेन्द्र श्रीवास्तव', 'कहानी से संवाद', 'कहानी का अलक्षित प्रदेश', 'रेणु का भारत', 'कविता के सम्मुख', 'साहित्य, समय और आलोचना'। **सम्पादन :** 'नई सदी : नई कहानियाँ' (तीन खंडों में), 'प्रेमचन्द : निर्वाचित कहानियाँ', 'जयशंकर प्रसाद : निर्वाचित कहानियाँ'। श्रेष्ठ आलोचना के लिए देवीशंकर अवस्थी सम्मान। **सम्प्रति :** असिस्टेंट प्रोफ़ेसर, हिन्दी विभाग, सुरेन्द्रनाथ कॉलेज (कलकत्ता विश्वविद्यालय), महात्मा गांधी रोड, कोलकाता-700 009
ईमेल : pmrityunjayasha@gmail.com

बृजराज सिंह : जन्म 1983। कविता लेखन के साथ आलोचना में कार्य। विभिन्न पत्र-पत्रिकाओं में कविताएँ और लेख प्रकाशित। भोजपुरी में भी लेखन। 'सपने पूरे तो हों' (कविता-संग्रह), 'यही हैं मेरे लोग' (साखी पत्रिका द्वारा काव्य पुस्तिका)। 'मन्नन द्विवेदी गजपुरी' साहित्य अकादेमी, नई दिल्ली से आलोचनात्मक पुस्तक। **सम्प्रति :** अध्यापन। **सम्पर्क :** हिन्दी विभाग, कला संकाय, दयालबाग एजुकेशनल इंस्टिट्यूट, दयालबाग, आगरा–282 005 **ईमेल :** brijrajsingh@gmail.com

राजीव रंजन प्रसाद : जन्म 1983। युवा अध्येता और राष्ट्रीय स्तर के पत्र-पत्रिकाओं में नियमित प्रकाशन। भाषा, साइकोलॉजी, सिनेमा और पत्रकारिता लेखन में गहरी रुचि। राजभाषा हिन्दी के अन्तर्विषयक एवं वैश्विक भूमिका व प्रचार-प्रसार को लेकर लगातार प्रयत्नशील। **सम्प्रति :** राजीव गांधी विश्वविद्यालय के हिन्दी विभाग में सहायक आचार्य एवं पीजीडीएफएच कोर्स के कॉर्डिनेटर इंचार्ज। इन दिनों आईसीएसएसआर, नई दिल्ली की शोध परियोजना के अन्तर्गत 'अरुणाचली लोक-साहित्य और मीडिया : अत:क्रिया एवं अन्त:सम्बन्ध' विषय पर कार्यरत। **ईमेल :** rajeev.prasad@rgu.ac.in

धर्मेंद्र प्रताप सिंह : जन्म 1985। युवा समीक्षक। जनसत्ता, लमही, गगनांचल, शोध सृजन, शोध समीक्षा, वाक् सुधा, आंबेडकर इन इंडिया में तीस से अधिक लेख और शोध पत्र प्रकाशित। **सम्प्रति :** सहायक आचार्य, हिन्दी एवं तुलनात्मक साहित्य विभाग, केरल केन्द्रीय विश्वविद्यालय, तेजस्विनी हिल्स, पेरिया डाक, कासरकोड, केरल–671320 **ईमेल :** dpsingh777@gmail.com

दिव्यानंद : जन्म 1990। युवा समीक्षक। पहल, हंस, ज्ञानोदय, बनास जन, आदि पत्रिकाओं में आलेख प्रकाशित। सवा चार वर्ष भारत की कंपनी 'ओ.एन.जी.सी.' में कॉरपोरेट सर्विस का अनुभव। **सम्प्रति :** सहायक प्रोफ़ेसर, स्नातकोत्तर हिन्दी विभाग, तिलका माँझी भागलपुर विश्वविद्यालय, भागलपुर-812007
ईमेल : angiradevmp@gmail.com

नीरज खरे : इस पुस्तक के सम्पादक और सहयोगी लेखक।